中國史學基本典籍叢刊

# 兩漢紀

〔東漢〕荀悦撰
〔東晉〕袁宏
張烈點校

中華書局

**圖書在版編目(CIP)數據**

兩漢紀/(東漢)荀悅,(東晉)袁宏撰;張烈點校. —北京:中華書局,2017.8(2024.8 重印)
(中國史學基本典籍叢刊)
ISBN 978-7-101-12652-5

Ⅰ.兩… Ⅱ.①荀…②袁…③張… Ⅲ.中國歷史-兩漢時代-編年體 Ⅳ.K234.043

中國版本圖書館 CIP 數據核字(2017)第 151809 號

責任編輯:許 桁
責任印製:陳麗娜

中國史學基本典籍叢刊
**兩 漢 紀**
(全二册)
〔東漢〕荀 悦 〔東晉〕袁 宏 撰
張 烈 點校
*
中 華 書 局 出 版 發 行
(北京市豐臺區太平橋西里 38 號 100073)
http://www.zhbc.com.cn
E-mail:zhbc@zhbc.com.cn
三河市宏盛印務有限公司印刷
*
850×1168 毫米 1/32 · 37½印張 · 4 插頁 · 669 千字
2017 年 8 月第 1 版 2024 年 8 月第 5 次印刷
印數:5401-5900 册 定價:158.00 元

ISBN 978-7-101-12652-5

# 漢紀

〔東漢〕荀悦撰
張烈點校

# 點校説明

兩漢紀,係漢紀與後漢紀的合稱。後人爲了便於區别此二書,如同區别前漢、後漢兩個朝代一樣,有時又稱漢紀曰前漢紀。

漢紀,荀悦(一四八——二〇九)撰。悦字仲豫,潁川潁陰(今河南許昌市)人,東漢末政論家、史學家。後漢書卷六二有傳。悦年十二能説春秋。初被曹操徵辟,後爲獻帝黄門侍郎,累遷祕書監、侍中。時獻帝好典籍,常苦班固漢書文繁難讀,「乃令悦依左傳體以爲漢紀三十篇」(後漢書荀悦傳),將八十餘萬言的紀傳體漢書改編爲十八萬餘言的編年體漢紀。文字雖省略五分之四,「然辭約事詳,論辨多美」(同上)。袁宏因之稱悦「才智經綸,足爲佳史」(後漢紀序)。近人梁啓超謂「善鈔書者可以成創作」(中國歷史研究法第二章)。荀悦漢紀就是我國史學上第一部善鈔書而成的創作,它推動了往後編年史著述的發展。爾後張璠、袁宏等人都相繼撰寫出了編年體斷代史。唐代史論家劉知幾把漢紀編年體裁擺到與漢書紀傳體裁同等地位。他説「班荀二體,角力争先。欲廢其一,固已難矣」(史通二體）。北宋司馬光撰寫資治通鑑，明言「仿效荀悦簡要之文」（劉恕通鑑外紀序）。南宋王應麟也説司馬光「推本荀悦漢紀，以爲通鑑」（玉海卷四九）。由此可見，漢紀在我國史學史上之於編年體，起了繼往開來的作用。所以我們不能因其鈔書而成，便可忽視它的史學價值和歷史影響。

荀悦並非全係鈔書，他對漢書有所訂正增補。如漢書高帝紀十年云「夏五月，太上皇后崩。秋七月癸卯，太上皇崩，葬萬年」。漢紀則作「夏五月，太上皇崩。秋七月癸卯，太上皇葬萬年」。兩相比較並經查考，顯然漢書有誤，漢紀記載是可信的。再如漢書賈捐之傳「父子同川而浴，相習以鼻飲」句，漢紀作「父子同卧，而俗相習以鼻飲」；漢書宣帝紀元康三年詔書「粲而不殊」語，漢紀則作「放而不誅」，文義皆應以漢紀爲長。在史事記載方面，諸如漢書溝洫志所録歌讚鄭國、白公二渠的民謡，漢紀增録了「水流竈下，魚跳入釜」兩句形象動人的文辭。漢紀卷二九所載王閎諫語，司馬光驚嘆「不知荀悦何從得之」（通鑑考異卷一）。李燾亦稱「諫大夫王仁、侍中王閎諫疏，班書皆無之」（文獻通考卷一九三）。其它如「君蘭」、「君蕳」、「端」、「瑞」、「興」、「譽」、「寛」、「竟」諸字漢書與漢紀互異者，歷代學人皆兩存之。所以顧炎武認爲「後有善讀者仿裴松之注三國志之體，取此不同者注於漢書之下，足爲史家之一助」（日知録卷二六）。由此可見，漢紀一書還是具有一定史料價值的。

後漢紀，袁宏（三二八——三七六）撰。宏字彦伯，陽夏（今河南太康縣）人，東晋文學家、史學家。曾爲桓温府記室，東陽太守。晋書卷九二有傳。袁宏曾覽閱當時流行的各家後漢書，因不滿其繁穢雜亂，遂親自動手，綜合東觀漢紀、謝承後漢書、司馬彪續漢書、華嶠後漢書、謝沈後漢書、漢山陽公記、漢靈獻起居注、漢名臣奏以及各郡國耆舊名人傳記數百卷，前後歷時八年，撰成後漢紀初稿。後來袁宏見張璠所撰後漢紀載東漢末年之事甚詳，遂摭拾其文以補充已著後漢紀，終於定稿爲三十卷。而「其著述體例及論斷，全仿荀悦前漢紀爲之」（王鳴盛十七史商榷卷三八）。然四庫總目評云：「荀悦因班固舊文剪裁聯絡，袁紀則抉擇去取自出鑑裁，撰寫實較漢紀爲難。」在指導思想上，袁宏認爲「史傳之興，所以通古今而篤名教也」（後漢紀自序）。因而他對荀紀略有微詞，言其「名教之本，帝王高義，韞而未敘」（同上）。所以他在撰寫後漢紀時，往往藉史事的記敘與評論「弘敷王道」（同上），闡發名教綱常。因此袁紀所反映出的封建正統名教倫理道德觀念，較之荀紀更爲强烈。但袁紀仍不失爲重要史籍。在唐代，「世言漢中興史者，范、袁二家而已」（劉知幾史通古今正史）。北宋司馬光撰寫資治通鑑，關於日期的確定等等，亦多依從袁紀。所以我們認爲，袁紀綜合多部史籍寫成，且成書早於范曄後漢書。它實與范書相輔相成，成爲研究東漢一代歷史的必讀要籍。

關於兩漢紀的版本。就漢紀而言，李燾曾言自仁宗天聖以來已無善本（見文獻通考卷一九三）。今天我們所能見到的最早版本，是明嘉靖二七年（一五四八）黄姬水所刊行的南宋王銍輯本。經過半個世紀，到明神宗萬曆二六年（一五九八），又刊行了南京國子監本（簡稱南監本）。該本以黄氏本爲底本，依據史記、漢書、後漢書等史籍作了某些參校而成，然質量亦不甚精，馮班爲之校勘作跋。其跋云：「崇禎庚辰七月十八日，燈下閱完荀袁兩紀於破山鶯轉谷。茲因監本字多差訛，其中事蹟姓氏地名貧無書籍，止將綱目粗加參考，殊爲殘缺。俟班、范全書得備，當覆繙以畢未精之業也。」清康熙年間，襄平蔣國祥、蔣國祚所刊行的兩漢紀，亦以黄氏本爲底本，前漢紀以宋本參校，後漢紀以監本參校，又蔣國祚撰兩漢紀字句異同考一卷附之，是爲樂三堂本。該本「較舊本稍完善焉」（見四庫全書總目編年史類）。道光初，兩廣總督阮元開設學海堂刻書。迨至光緒二年，學海堂始刊行兩漢紀，又以黄氏本爲底本，陳澧、陳璞吸取前人成果，進一步爲之校勘。且陳璞撰寫了兩漢紀校記附之。故學海堂本較樂三堂本爲優。情況儘管如此，此次整理兩漢紀，徵求有關專家意見，仍采用四部叢刊本，即上海涵芬樓影印的明嘉靖黄姬水刊本爲底本。其所以如此，理由有三：一、黄氏本是學術界公認的最早善本，國家圖書館善本室所藏、臺灣中央圖書館善本書目所載的善本兩漢紀，皆以黄氏本爲主；二、黄氏本是流傳南宋本的最早的版本，以後其它各種版本皆以黄氏本爲底本，是支流，除此以外，至今未發現别的版本體系，我們追源溯流，故以黄氏本作底本爲宜；三、黄氏本以後的各個版本，基本上皆以史記、漢書、後漢書作了校勘，皆羼入了一些史、漢成分。故仍以黄氏本作底本較爲穩妥。

歷來校勘兩漢紀的學人甚多，除以上所述諸人外，還有黄丕烈、吴慈培、鈕永建、傅增湘等人。鈕永建撰有前、後漢紀校釋各三卷，收入溥良所輯之南菁札記中。此次整理兩漢紀，除以南監本、龍谿精舍本（即民國六年鄭國勛以樂三堂本爲底本的翻刻本，以下簡稱龍谿本）、學海堂本作校本外，並斟酌吸取了歷代學人的校勘成果。此外，由於漢紀是漢書改編而成，漢書部分篇幅據史記改編而成；後漢紀雖然先成書於後漢書，但兩者史料來源基本相同，袁紀所引諸書，「乃竟少有出范書外者」。且袁紀所引諸書中的「精實之語，范氏摭拾已盡」（王鳴盛十七史商榷卷三八）。因之兩漢紀中某些文理不順或史實失誤之處，亦依史記、漢書和後漢書進行校正。三國志成書於袁宏紀之前，故亦間有依三國志校正袁紀者。其校正填補的字句，置於方括〔　〕中以示之；其所删底本中訛誤之字，置於圓括（　）中排印小號字以示之。這樣處理，既保存了底本原貌，又便於讀者直接具體瞭解校改情況。底本中的「已」、「巳」、「已」常有混淆，則逕改不出校記。底本中的日期與史、漢、後漢書不一致者，除了確有必要校改外，一般只注出異文，以資讀者比較。漢紀中的職官則依漢書百官公卿表改正。書中的「山東」、「關西」、「隴右」、「河西」等地區泛稱，都標上專名號。「本志」、「本傳」都標上書名號。

本書在整理過程中，蒙田餘慶、王利器、張政烺、趙守儼諸先生熱情支持與指導，國家圖書館善本室提供多種版本校對的方便；整理過後，蒙曹相成先生審讀全稿並作了許多改正，王利器先生書寫封面題箋，在此特致謝意。由於我本人水平有限，不免仍有差錯，敬希讀者批評指正。

點校者　張烈　一九八四年一月初寫
一九八六年二月改定
二〇一二年六月修訂

# 刻兩漢紀序

夫史以述王道，辨人紀，彰厥軌迹，以昭法戒，蓋聖人之耳目，來世之龜鏡也。苟是非善惡不足以示懲勸，觀廢興則雖侈聞淫綴、雕琢爾匠者，無所取焉。史官之設，肇自軒后，虞、夏、商、周，載在詩、書。王迹熄而人倫廢，孔子乃遵周公之制，立百王之法，而作春秋。春秋者，事經之標的也。慨夫惇史邈而行灕，素文没而言絶。後有作者，罕臻兹理。故號良史之才者，議論頗繆于聖人；近通人之作者，甄明或闕于前史。又況情文不類，出二家下者乎！若乃漢侍中悦、晉太守宏，性静詞華，圖書掌七閣之祕；學該才逸，文章擅一時之宗。潁川托疾，文若禮敬于微年；牛渚高情，謝尚晤譚于申旦。憤操攬權，明哲炳幾先之見；當温厚遇，不阿秉亮直之貞。著中鑒則本仁義以獻替，賦北征則溯尼父之風流。抱結遐志，洩而爲文。故其書也，要在達道義，章法式，篤名教之本，發帝王之藴。如論災沴，則本疇之休咎，陳天人之際也；如論夷狄，則本謨之即叙，嚴夏夷之防也。六臣三諫，惋遇主之難也；三游四弊，悼養士之失也。典經儒家，斯文教化之任也；井田封建，中正協和之思也。忠邪著消長之幾，王霸析德刑之辨。禮究承天立政之端，樂契穆倫導俗之本。作營玩好，迪鏤彤貴異之懲；内嬖外戚，述倖佞亢寵之戒。言多準經，議不悖聖，其于作者亦云庶幾矣。且書有二體：曰書，曰紀。書之體創自馬遷，紀之體沿於左氏。閎衍周贍，區分條燦，一家之言，固不可少。而平易質直，綜括簡要，辭約而事詳，則紀爲得焉。故杜預有曰：「記事者以日繫月，月繫時，時繫年，所以紀遠近，別同異也。」兩漢紀者，則左氏體也。品擬其文，並爲嘉藻。荀則典麗婉通，緬嗣西京之絶響；袁則渾深爾雅，一湔江左之靡風。誠藝林之珉玉，史家之圖籥矣。但其刊布弗廣，遂致湮晦。昔大復何舍人得荀氏書抄本于徐太宰家，刻于高陵，涇野吕公序之曰：「予曩在史館，數問荀氏書，弗獲見，而恨校讎之無副，若袁氏書則尤所希覯者也。」宋紹興間，汝陰王銍謂比班、范，史缺裂不傳矣，況今日哉！支硎楊公嘗造先子五嶽山人，語及荀、袁之書，亟爲歎賞，云：「往時曾于雲間朱氏覽宋刻本，真天府閟笈也，惜未祈借，爲可悵懊，乃今不可復覩矣。」後不逾月，有持一編售者，則朱氏本也。先子傾囊購焉，將序刻，未暇，而先子已矣。噫！神物有歸，幸獲張華之劍；奇姿未耀，敢私桓氏之珠。輒復梓行，以永流播。愴焉述事，聊承堂構之心；率爾蕪辭，豈盡作者之意？可慨也已。嗚呼！著策所以立公言也，權衡所以立公正也，書契所以立公信也。然譽或倖得，毁有外來，心迹之間，沉隱莫察，微瑕掩瑜，尺朱蓋紫，自古然矣。悲夫，悲夫！此仲豫所以有未克之談，而彦伯所以有恨然之歎者也。

嘉靖歲戊申夏四月朔日　士雅山人吴黄姬水譔

# 漢紀目録

附録

# 漢紀序

漢祕書監侍中荀悅

凡漢紀十二世，十一帝，通王莽二百四十二年。一祖三宗。高祖定天下，孝惠、高后值國家無事，百姓安集。太宗昇平，世宗建功，中宗治平，昭、景稱治。元、成、哀、平歷世陵遲，莽遂篡國也。凡祥瑞：黄龍見，鳳凰集，麒麟臻，神馬出，神鳥翔，神雀集，白虎仁獸獲，寶鼎昇，寶磬神光見，山稱萬歲，甘露降，芝草生，嘉禾茂，玄稷降，醴泉涌，木連理。凡災異大者：日蝕五十六，地震十六，天開地裂、五星集于東井各一，太白再經天，星孛二十四，山崩三十四，隕石十一，星隕如雨二，星晝見三，火災二十四，河、漢水大汎溢爲人害十，河汎一，冬雷五，夏雪三，冬無冰二，天雨血，雨草，雨魚，死人復生，男子化爲女子嫁爲人婦生子，枯木更生，大石自立。建安元年，上巡省幸許昌，以鎮萬國。外命〔亢〕〔元〕輔征討不庭，〔一〕内齊七政允亮聖業，綜練典籍，兼覽傳記。其三年，詔給事中祕書監荀悅抄撰漢書，略舉其要，假以不直，尚書給紙筆，虎賁給書吏。悅于是約集舊書，撮序表、志總爲帝紀，通比其事，〔例〕〔列〕繫年月。〔二〕其祖宗功勳、先帝事業、國家綱紀、天地災異、功臣名賢、奇策善言、殊德異行、法式之典，凡在漢書者，本末體殊，大略粗舉；其經傳所遺闕者，差少而求志，勢有所不能盡繁重之語，凡所行之事，出入省要，删略其文。凡爲三十卷，數十餘萬言，作爲帝紀，省約易習，無妨本書，有便於用，其旨云爾。會悦遷爲侍中，其五年書成乃奏，記云四百有一十六載，謂書奏之歲，歲在庚辰。昔晉之乘，楚之檮杌，魯之春秋，虞、夏、商、周之書，其揆一也。皆古之令典，立之則成其法，棄之則墜於地，瞻之則存，忽焉則廢，故君子重之，漢書紀其義同矣。凡漢紀有法式焉，有監戒焉；有廢亂焉，有持平焉；有兵略焉，有政化焉；有休祥焉，有災異焉；有華夏之事焉，有四夷之事焉；有常道焉，有權變焉；有策謀焉，有詭説焉；有術藝焉，有文章焉：斯皆明主賢臣，命世立業，群后之盛勳，髦俊之遺事。是故質之事實而不誣，通之萬方而不泥。可以興，可以治；可以動，可以靜；可以言，可以行。懲惡而勸善，奬成而懼敗。茲亦有國之常訓，典籍之淵林。雖云撰之者陋淺，而本末存焉爾，故君子可觀之矣。

**【校勘記】**

〔一〕外命（亢）〔元〕輔　從黄校本改。

〔二〕（例）〔列〕繫年月　從黄校本引舊鈔本改。

# 兩漢紀上 漢紀

## 高祖皇帝紀卷第一

昔在上聖，唯建皇極，經緯天地，觀象立法，乃作書契，以通宇宙，揚于王庭，厥用大焉。先王以光演大業，肆於時夏，亦惟翼翼，以監厥後，永世作典。夫立典有五志焉：一曰達道義，二曰彰法式，三曰通古今，四曰著功勳，五曰表賢能。於是天人之際、事物之宜，粲然顯著，罔不（能）備矣。〔一〕世濟其軌，不殞其業，損益盈虛，與時消息，雖臧否不同，其揆一也。是以聖上穆然，惟文之卹，瞻前顧後，是紹是（維）〔繼〕。〔二〕臣悅職監秘書，攝官承乏，祇奉明詔，竊惟其宜。謹約撰舊書，通而敘之，總爲帝紀，列其年月，比其時事，撮要舉凡，存其大體，旨少所缺，務從省約，以副本書，以爲要紀。未克厥中，亦各其志；如其得失，以俟君子焉。

漢興，繼堯之胄，承周之運，接秦之弊。漢祖初定天下，則從火德，斬蛇著符，旗幟尚赤，自然之應，得天統矣。其後張蒼謂漢爲水德，而賈誼、公孫弘以爲土德，及至劉向父子，乃推五行之運，以子承母，始自伏羲，以迄于漢，宜爲火德。其序之也，以爲易稱「帝出乎震」，故太皞始出于震，爲木德，號曰伏羲氏。共工氏因之爲水德，居(水)〔木〕火之間，〔三〕霸而不王，非其序也。炎帝承木生火，固爲火德，號曰神農氏。黄帝承之，火生土，故爲土德，號曰軒轅氏。帝少昊滅，帝摯承之，土生金，故爲金德，號曰金天氏。帝顓頊承之，金生水，故爲水德，號曰高陽氏。帝嚳承之，水生木，故爲木德，號曰高辛氏。帝堯始封于唐，高辛氏衰，而天下歸之，號曰陶唐氏，故爲火德。即位九十載，禪位于帝舜，號曰有虞氏，故爲土德。即位五十載，禪位于伯禹，號曰夏后氏，故爲金德。四百四十二年，湯伐桀，王天下，號曰殷，爲水德。六百二十九年，武王滅紂，王天下，號曰周，爲木德。七百六十七年，秦昭王始滅周，而諸侯未盡從，至昭王之曾孫政，遂并天下，是爲始皇帝，有天下十四年，猶共工氏焉，非其序也。自周之滅及秦之亡，凡四十九年，而漢祖滅秦，號曰漢，故爲火德矣。在昔陶唐(氏)之後，〔四〕有劉累者，以御龍事孔甲，爲御龍氏，在商爲豕韋氏，在周爲唐杜氏，其適晋國者爲范氏，別處秦者爲劉氏。當戰國時，劉氏徙于魏，遷于沛之豐邑，處中陽里，而高祖興焉。

漢高祖諱邦，字季。初，昭靈后嘗息大澤之陂，夢與神遇。是時雷電晦冥，太上皇視之，見蛟龍臨之。遂有娠，而生高祖。隆準龍顔，美須髯，左股有七十二黑子。寬仁愛人，有大智度。曾爲泗水亭長。嘗從王媪、武負貰酒，每飲醉，留寢，其家上嘗見光怪。負等異之，輒折契棄券而不責。單父人呂公好相人，有女，以爲貴。避讎于沛，沛令求其女，不與。及見高祖狀貌，公奇之，因以女妻焉。是爲呂后，生孝惠、魯元公主。嘗有老父過，乞漿，相呂后、孝惠、魯元公主，皆大貴也。及見高祖，乃大喜曰：「夫人兒子蒙君之力也，君貴不可言也。」遂去，不復見。高祖以亭長送徒驪山，夜行，經豐西澤中，有蛇當道，拔劍斬之，遂過。後人至者，見一老嫗哭蛇曰：「此白帝子也，向赤帝子遇而殺之。」嫗因忽然不見。高祖亡，避吏於山澤中。呂后常知其處，云高祖所在，上有赤色雲氣。占氣者〔云〕「山東有天子氣」，〔五〕秦始皇帝乃東遊，欲以厭之。秦二世胡亥元年秋七月，發閭左屯漁陽。陽城人陳勝字涉，陽夏人吴廣字叔，皆爲屯長。行至蘄，會天大雨，度已失期。失期，法當斬，遂因天〔下〕之怨〔下〕謀叛。〔六〕陳勝以繒爲書，置魚腹中，曰「陳勝王」，令人賣之。士卒得魚者，故已怪之矣。又令吴廣夜於叢祠中構火作狐鳴，曰：「大楚興，陳勝王。」衆乃大驚，遂殺其將尉，號令徒屬，稱大楚。勝爲大將軍，廣爲都尉，攻掠城邑。至陳，衆數萬人，勝自立爲楚王。大梁人張耳、陳餘諫曰：「將軍出萬死之計，爲天下除殘賊。今始至陳爲王，是示天下私也。不如立六國後，自爲樹黨。進師而西，則野無交兵，縣無守城，誅暴秦，安據咸陽，以令諸侯，天下可圖也。」勝不聽，以陳人武臣爲將軍，耳、餘爲校尉，北徇趙地。當此之時，楚將徇地者甚衆，楚兵數千聚黨者不可勝數。以吴廣爲假王，監諸將。以周文爲將軍，衆十餘萬，西至戲水，蓋百二十萬矣。秦令將軍章邯赦驪山作徒七十萬人以擊之。是時吴廣別圍滎陽不能下，將軍田臧等謀曰：「假王驕，不可與計謀。」乃矯陳王命，誅吴廣，進兵而西。是歲，太白再經天。占曰：「法爲大兵，天下易王。」九月，沛人殺其令，高祖爲沛公，蕭何爲丞相，曹參、周勃以中涓從，夏侯嬰、樊噲爲舍人。蕭何即沛主獄吏；曹參，沛獄掾；嬰，沛廄騶；勃以織簿爲産；噲以屠狗爲事，皆公之舊也。是時，沛公在外黄，兵衆數百人。蕭何等欲應陳勝，故召沛公立之，收沛子弟，得三千人。而項籍亦起兵會稽。籍，字羽，故楚將項燕之孫也。羽初起時，年二十四。身長八尺二寸，目重瞳子，力能扛鼎。與季父項梁避讎於吴。梁好爲辯説，陰有大志，吴中賢士大夫皆出梁下。梁乃與籍殺會稽太守殷通，佩其印綬，自號爲會稽將，籍爲裨將，徇下（邳）縣。〔七〕張耳、陳餘既至趙，説豪傑曰：「秦爲亂政虐刑，殘賊天下，北有長城之役，南有五嶺之戍，内外搔動，百姓罷弊，財匱力盡，重以苛法，使天下父子不相聊生。陳王奮臂爲天下唱始，莫不響應。於此時不成封侯之業者，非人豪也。因天下之力，誅無道之秦。報父兄之讎，而成大業者，此壯士之一時也。」皆然其言。乃收兵數萬人，遂下趙十餘城。武臣自號爲武信（軍）〔君〕，〔八〕進軍圍范陽。范陽人蒯通爲其令徐公説武信(軍)〔君〕〔九〕曰：「范陽令欲以其城先下君，而君不利之，則諸守皆爲金城湯池，不可攻也。君計莫若以黄屋朱輪以迎范陽令，使馳騖乎燕、趙之郊，則邊城皆喜，相率而降，此由以下坂而走丸也。」武信(軍)〔君〕乃以侯(印)迎徐公。〔一〇〕燕、趙聞之，降者三十餘城。耳、餘聞諸將徇地者多畏以讒得罪，又怨陳王不以己爲將軍。〔故勸武臣反，武臣遂自立爲趙王，耳爲丞相，餘爲大將軍。〕〔一一〕陳王欲誅其家，柱國房君賜諫王曰：「秦王未亡，而誅趙王家，是復生一秦也。不如因賀之，令進兵擊秦。」勝從之。耳、餘與趙王謀曰：「王王趙，非楚意也。楚已誅秦，必加兵於趙。不如北徇燕地以自廣，南據大河，北有燕、代，楚雖勝秦，不敢制趙。若不勝秦，必重趙。趙承秦、楚之弊，可以得志於天下。」乃使韓廣北徇燕地。燕人欲立廣，廣曰：「母在趙，不可也。」燕人曰：「夫以楚之强，不敢害趙，趙獨安敢害將軍之家！」廣乃自立爲王，而趙亦歸其家。趙王略地燕界，間行，爲燕軍所得，因之以求割地。趙使請王，燕輒殺之。有廝養卒請使燕軍，説燕將曰：「夫張耳、陳餘與武臣俱杖馬策下趙數十城，豈樂爲人臣哉！顧其勢初定，且以長幼相次，先立武臣以持趙心。今趙地已服，此二人名爲求王，實欲令燕殺之而分王其地。夫以一趙尚陵少燕，今以兩賢王立，左提右挈而賁直義，破燕必矣。」燕乃遣趙王，廝養卒爲御而歸。魏人周(市)〔市〕爲陳王定魏。〔一二〕魏人欲立市，市曰：「國家昏亂，忠臣乃見。」乃請於陳王，立故魏公子咎爲魏王。故齊王田氏之族儋亦殺縣令，自立爲齊王。章邯敗楚軍，殺周文於邯鄲〔一三〕，殺田臧於敖倉。楚將皆敗，秦遂攻陳，破之。

沛公二年冬十月，秦將圍沛公於豐，出與戰，敗之。十一月，沛公引兵之薛，令雍齒守豐。趙將李良爲章邯所招，遂叛，以兵襲武臣。武臣死，張耳、陳餘出走。十二月，陳勝之御莊賈殺陳勝以降秦。楚人葬之碭，謚曰隱王。勝故中涓人吕臣復收餘兵攻陳，以殺莊賈。是時，勝先令將軍秦嘉掠地，及勝死，嘉立景駒爲楚王。初，勝嘗與人傭耕，相謂曰：「富貴無相忘！」耕者笑曰：「汝今傭耕，何富貴也？」勝曰：「鷰雀安知鴻鵠之志哉！」及勝爲王，耕者叩門曰：「吾欲見涉。」勝見之。出入輕慢，益發舒勝貧賤故〔情〕，〔一四〕毁傷威重。勝斬之。故人皆棄而去，由是無親勝者。以朱房爲（忠）〔中〕正，〔一五〕胡武爲司過，以苛察爲忠。而勝任之，是故諸將不親附，此其所以亡也。雍齒以豐叛，降于魏。春正月，張耳、陳餘收趙衆擊李良。良敗走，歸章邯。耳、餘乃立舊趙之後趙歇爲趙王。〔一六〕沛公將見景駒，遇張良于留。良，韓人，其先五世相韓。及韓亡，良弟死，不葬，悉以家財求客報讎强秦。秦始皇東游，良募力士擊之，誤中副車。亡匿下邳，游于圯上，有一老父至，直墮其履，顧謂良曰：「孺子，下取履！」良甚怪愕，爲其老，乃取履，跪而進之。父曰：「孺子可教矣。後五日，與吾會此。」及期，而良後至，老父怒之。凡三期而良先至，老父乃喜，遺書一編，曰：「讀此即爲王者師。後十三年見我于(齊)〔濟〕北，〔一七〕(穀)〔穀〕城山下黄石即我矣。」〔一八〕遂去，不復見，其書乃太公兵法也。良乃以説沛公，沛公善之。良曰：「沛公殆天所授。」故遂屬焉。項梁以八千人渡江，聞陳嬰已下東陽，欲與連和。嬰者，故東陽令(吏)〔史〕，〔一九〕縣中欲立爲王。嬰母曰：「汝家世貧賤，今暴得大名，不祥。不如以兵屬人，事成猶得封侯；事不成，禍有所歸，而易以亡。」嬰遂以兵屬梁。黥布亦以兵屬梁焉。布，六人也。少時客相之，當黥而王。及其黥也，乃欣然而喜。輸徒驪山，遂亡，走至江中，聚徒屬而從項梁。夏四月，項梁殺景駒及秦嘉，止薛。沛公往從之，梁益沛公兵，遂攻豐，拔之。雍齒奔魏。居巢人范增，〔二〇〕年七十餘，説梁曰：「秦滅六國，楚最無罪。自懷王入秦不反，楚人憐之，故語曰：『楚雖三户，亡秦必楚。』今陳勝首事，不立楚後，其勢不長。今君起江東，楚蜂起之將皆争附君者，以君世世楚將，爲能復立楚後也。」梁乃求懷王之孫心，心爲人牧羊。六月，楚心立，號曰懷王。陳嬰爲上柱國；梁爲大將軍，號武信(軍)〔君〕〔二一〕；封沛公爲武安侯，爲碭郡長。張良亦説項梁立韓公子成爲韓王，良爲司徒，略韓地。章邯遣兵攻魏，魏將周市請救于齊、楚。市以二國師不至，章邯擊殺市，遂圍臨濟，魏王咎僞使其人納降而自殺。章邯進伐齊，殺田儋。儋從弟榮收餘兵保東阿。齊王建之弟田假自立爲齊王，田角爲相，田簡爲將軍。〔二二〕章邯圍東阿，沛公、項梁救之，大破章邯。秋七月，大雨霖，至于八月。

田榮歸，逐田假，立儋子市爲王，己爲相，榮從弟横爲將軍。田假奔楚，田角、田簡奔趙。項梁遂追秦軍，使召齊王兵俱西。榮曰：「楚殺田假，趙殺角、簡，乃出兵。」梁曰：「田假窮來投我，我不忍殺。」齊使曰：「夫虺蝮螫手則斷手，螫足則斷足，爲其害體也。夫田假、角、簡之在楚、趙，豈有手足之戚，何故不殺？」梁不聽，齊遂不肯出兵。沛公、項梁敗秦師于雍丘，斬秦將李由。而梁益輕秦，有驕色。故楚令尹宋義諫曰：「臣聞戰勝將驕卒惰者敗。今(年)〔卒〕少惰矣，〔三〕秦兵日盛，臣爲君畏之。」梁不聽，使宋義于齊，遇齊使者。義曰：「武信君必敗。公徐行即免，疾行必及禍矣。」九月，章邯大破楚於定陶，項梁死。齊使徐行，不及禍也。魏王咎之弟豹復收衆，自立爲魏王。楚懷王都彭城，約諸侯曰：「先入咸陽者王之。」章邯既敗項梁，以楚不足憂，乃北伐趙，大破之。趙王歇保鉅鹿。秦將王離圍之，章邯軍其南，築甬道而輸之粟。楚救趙，以宋義爲上將，號曰卿子冠軍，項羽爲次將，范增爲下將。遣沛公別西入關。于是灌嬰以中涓從。嬰，洛陽販繒者也。是時曹參數有戰功，封爲執帛(侯)，〔四〕號建成君。

沛公三年冬十月，齊將田都叛田榮，將兵助楚。十有一月，楚師至于河上。項羽謂宋義曰：「疾引兵渡河，我擊其外，趙應其内，破秦軍必矣。」義曰：「不然。今秦攻趙，戰勝則兵罷，我承其弊；不勝，則我鼓行而西，必舉秦矣。故不如鬭秦、趙。夫擊輕鋭，我不如公；坐運籌策，公不如我。」因令軍中曰：「猛如虎，狠如羊，貪如狼，强不可令者，皆斬。」遣其子襄相齊，身送之至無鹽，飲酒高會。羽曰：「將軍戮力伐秦，而久留不行。歲饑民貧，卒食半菽，軍無見糧，乃更飲酒高會，不因趙（與）食〔與〕并擊秦，〔二五〕乃曰『承其弊』。夫以秦之强，攻新造之趙，其勢必舉趙。趙亡而秦益强，何弊之承！且國兵新破，王寢不安席，掃境内而屬之將軍，國家安危，在此一舉。今不卹士卒而徇私，非社稷之臣也。」羽乃晨朝宋義，即入帳中斬宋義頭以出，令軍中曰：「宋義與齊王謀反，王陰令籍誅之。」乃使報命於王。王以羽爲大將軍。十有二月，項羽濟河，沈船破釜，燒廬舍，令人持三日糧。至則圍王離，與秦軍遇，九戰九勝，絶甬道，大破秦軍，虜王離。當此時，諸侯救鉅鹿者十餘壁，莫敢進。及楚擊秦，諸侯皆從壁上望，楚戰士無不一當十。又羽〔兵〕呼聲動天地，〔二六〕諸侯軍人人莫不怖懼。於是既破秦軍，羽見諸侯（上）將，〔二七〕入轅門，膝行而前，莫（不）〔敢〕仰視。〔二八〕羽者由是爲諸侯上將軍，兵皆屬羽焉，於是羽威權遂振四海。初，宋義與項羽將五萬距秦三將。當王離與羽大戰時，精兵四十萬衆，并章邯軍故也。是時枉矢西流如火流星蚍行，〔二九〕若有首尾，廣長如一匹布著天。矢星墜至地，即石也。枉矢所觸，天下所共伐也。凡枉矢之行，以亂平亂，項羽伐秦之應。沛公又敗秦軍于栗邑。陳餘遺章邯書曰：「白起爲秦將，南拔鄢、郢，北坑馬服，攻城略地，不可勝計，卒賜死于杜郵。蒙（括）〔恬〕北逐戎人，〔三〇〕開榆中之地數千里，竟死于〔雲〕陽〔周〕。〔三一〕何者？功多而秦不能封，因以法誅之。今將軍爲將三年，所亡失以十萬數，而諸侯並起。丞相趙高專政日久，今事急，恐二世誅之，必因以法誅將軍以塞責，使人更代以免其禍。將軍居外久，多內隙，有功必死，無功亦死。且夫天亡秦，愚智皆知之。今將軍內不能直諫，外爲亡國將，孤立而欲長存，豈不哀哉！」章邯狐疑，陰與項羽約，未決。鉅鹿之圍，陳餘以數萬人軍在鉅鹿北，力不能救趙。張耳令張黶、陳釋召餘，餘遣黶、釋將五千人當秦軍，皆没。及罷圍，耳責怒餘。餘曰：「所以不進死，欲報秦也。今赴秦軍，如以肉餧虎，當何益也？」耳又以爲餘殺黶、釋，餘怒曰：「不意君之望臣深也！」乃解印綬去，耳取之，遂收其軍。餘與數百人之河上漁獵。初，耳、餘爲刎頸交，俱隱身爲里監門，餘常父事耳，由是有隙。春二月，沛公過高陽。酈食其爲里監門，年六十餘，縣中謂之狂生，乃求見沛公。沛公方踞牀，令兩女子洗足。食其長揖不拜，曰：「足下必欲舉義兵，誅無道秦，不宜踞見長者。」沛公輟洗，謝之。食其進計曰：「天下之郡，陳留當衝，四通五達之郊也，又多積粟。臣請使其令下公。即不聽，舉兵攻之，臣爲內應，破陳必矣。」於是沛公引兵隨而攻之，遂取陳留，號食其爲廣野君。食其言弟商，以爲將軍。時商聚黨數千人，以兵屬焉。夏六月，沛公攻宛，韓王使張良從。南陽太守呂齮保城，不下，沛公欲遂西。張良曰：「强秦在前，宛兵在後，此危道也。」乃圍宛。宛急，南陽太守吕齮擬自殺。其舍人陳恢逾城出見沛公，曰：「宛吏懼死，皆堅守。足下盡力攻之，死傷者必衆；引兵西去，宛必隨之。足下前則失咸陽之約，後有强宛之患。不如降之，封其守，引其甲卒而西。（北）〔諸〕城未下者，〔三〕必開門而待足下矣。」沛公曰：「善。」秋七月，封南陽太守齮爲殷侯，封陳恢爲千户侯。引兵而西，無不下者。軍所過不虜掠，秦民喜。章邯遂降項羽，盟于殷墟之上。立邯爲雍王，置軍中；長〔史〕欣爲上將，〔三〕將秦降卒前行。八月，沛公攻武關。趙高殺二世以請和，求分王關中，沛公不聽。高乃立二世兄之子嬰爲王。嬰立誅滅趙高，遣兵距嶢關。張良曰：「秦兵尚强，未可輕也。願益張旗幟諸山上爲疑兵，令酈食其持重寶以啗秦將。」秦將果欲連和俱西，沛公欲聽之。良曰：「今獨其將欲叛，士卒恐不從。〔不〕從必危，〔四〕不如因其懈而擊之。」乃擊秦軍，大破之，遂至藍田。

【校勘記】

〔一〕罔不（能）備矣　從陳璞校删。

〔二〕是紹是（維）〔繼〕　從黄丕烈校勘本（以下簡稱黄校本）改。

〔三〕居（水）〔木〕火之間　從學海堂本改。

〔四〕陶唐〔氏〕之後　從黄校本補。

〔五〕占氣者〔云〕山東有天子氣　從黃校本補。

〔六〕遂因天〔下〕之怨〔下〕謀叛　據南監本、龍谿本、學海堂本改。

〔七〕徇下(邳)縣　從漢書項籍傳刪。

〔八〕武臣自號爲武信(軍)〔君〕　從南監本、龍谿本、學海堂本、漢書張耳陳餘傳改。

〔九〕徐公説武信(軍)〔君〕　從南監本、龍谿本、學海堂本、漢書張耳陳餘傳改。

〔一〇〕乃以侯〔印〕迎徐公　從漢書蒯通傳補。

〔一一〕〔故勸武臣反……餘爲大將軍〕　從黃校本補。

〔一二〕魏人周(市)〔市〕　從龍谿本、學海堂本改。按「市」同「韍」，音fú。

〔一三〕邯鄲　史記陳涉世家作「澠池」。

〔一四〕益發舒勝貧賤故〔情〕　從紐永建校補。

〔一五〕以朱房爲(忠)〔中〕正　從學海堂本、史記陳涉世家改。房，漢書陳勝傳作「防」。

〔一六〕乃立舊趙之後趙歇爲趙王　紐永建校云：史記張耳陳餘傳趙歇王趙在擊李良前。

〔一七〕後十三年見我于(齊)〔濟〕北　從黃校本、漢書張良傳改。

〔一八〕(榖)〔穀〕城山下黃石即我矣　從龍谿本、學海堂本、漢書張良傳改。

〔一九〕故東陽令(吏)〔史〕　從史記項羽本紀改。

〔二〇〕居巢人范增　紐永建校云：史記項羽本紀裴駰集解引荀悦漢紀云：「范增，阜陵人。」按今紀無文，蓋已爲後人據史、漢改也。

〔二一〕梁爲大將軍號武信（軍）〔君〕　從龍谿本、學海堂本、史記項羽本紀改。

〔二二〕田簡　漢書項籍傳作「田間」。

〔二三〕今（年）〔卒〕少惰矣　從龍谿本、學海堂本改。

〔二四〕封爲執帛（侯）　紐永建校云：史記曹相國世家：「於是乃封參爲執帛。」無「侯」字。漢書曹參傳同。裴駰集解引張晏曰：「執帛，孤卿也。」顏師古引鄭氏曰：「執帛，楚爵也。」按此執帛即爲爵名，不當復有「侯」字。

〔二五〕不因趙（與）食〔與〕并擊秦　從南監本、龍谿本、學海堂本乙正。

〔二六〕又羽〔兵〕呼聲動天地　從史記項羽本紀補。

〔二七〕羽見諸侯（上）將　紐永建校云：按史記作「諸侯將」，無「上」字。漢書項籍傳同。紀文蓋涉下「諸侯上將軍」而誤。

〔二八〕莫（不）〔敢〕仰視　從龍谿本、學海堂本改。

〔二九〕如火流星虵行　火，黄校本作「大」。

〔三〇〕蒙（括）〔恬〕　從南監本、龍谿本、學海堂本改。

〔三一〕竟死于〔雲〕陽〔周〕　從漢書項籍傳改。

〔三二〕（北）〔諸〕城未下者　從學海堂本、漢書高帝紀改。

〔三三〕長〔史〕欣爲上將　從南監本、龍谿本、學海堂本補。

〔三四〕〔不〕從必危　從黄校本、漢書張良傳補。

# 兩漢紀上　漢紀

## 高祖皇帝紀卷第二

漢元年冬十月，五星聚于東井，從歲星也。東井，秦之分野。五星所聚，是謂易行，有德者昌，無德者殃。沛公至霸上。秦王子嬰素車白馬，係頸以組，奉皇帝璽降于軹道傍。沛公執之以屬吏。於是秦遂亡矣。本傳曰：「賈生之過秦曰：『秦孝公據崤、函之固，擁雍州之地，君臣固守以闚周室，有席卷天下，并吞八荒之心。當此之時，商君佐之，內立法度，務耕織，修守戰之備，外連横而鬬諸侯。于是秦人拱手而取西河之外。及惠文、武、昭襄蒙故業，因遺策，南取漢中，西取巴、蜀，東割膏腴之地，收要害之郡。諸侯恐懼，會盟而謀弱秦，合從締交，相與爲一。常以十倍之地，百萬之軍，仰關而攻秦。秦人開關延敵，九國之師逡巡而不敢進。秦無亡矢遺鏃之費，而天下已困矣。於是從散約敗，爭割地而賂秦。秦有餘力而制其弊，追亡逐北，伏尸百萬，流血漂櫓，因利乘便，宰割天下，分裂山河。强國請伏，弱國入朝。及至始皇，奮六世之餘烈，振長策而御宇內，吞二周而亡諸侯，履至尊而制六合。南取（北）〔百〕粵之地，〔一〕以爲桂林、象郡。百越之君頫首係頸，委命下吏。乃使蒙恬北築長城而守藩籬，（郤）〔卻〕匈奴七百餘里。〔二〕然後踐華爲城，因河爲池，據億丈之峻，臨不測之深以爲固。良將勁弩，守要害之地，信臣精卒，陳利兵而誰何。天下已定，始皇之心，自以關中之固，萬世之業也。於是廢先王之典，焚百家之言，以威力爲至道，以權詐爲要術，百姓失望而天下懷怨矣。故陳涉起於行陣之間，將數（萬）〔百〕之衆，〔三〕轉鬬而攻秦。斬木爲兵，揭竿爲旗，天下雲合響應，（嬴）〔贏〕糧而影從，〔四〕山東豪傑並起而亡秦族矣。夫秦以區區之地，致萬乘之權，然後以六合爲家，崤、函爲宮。一夫作難而七廟隳，身死人手，爲天下笑者，何也？仁義不施，而攻守之勢異也。』」沛公入咸陽，宮室、婦女、珍寶、犬馬之飾甚盛，欲留之。張良諫沛公曰：「秦爲無道，故使沛公得至于此。今始至秦，即安其樂，此助桀爲虐也。」乃還軍霸上。諸將皆爭取秦寶貨，蕭何獨悉收秦圖書。十有一月，沛公與秦人約法三章：殺人者死，傷人者刑，及盜抵罪。吏人皆安堵如故。民爭獻牛酒，又讓不受，於是民知德義矣。沛公乃遣兵距關，欲王關中。是時項羽率諸侯兵四十萬衆，號百萬衆，西至新安。〔降〕卒心不服，〔五〕出怨言，羽乃夜擊之，坑秦降卒二十餘萬人。十有二月，遂至鴻門，欲擊沛公。項羽季父〔項伯〕告張良令出。〔六〕良曰：「今事急，亡去則不義。」乃告沛公，令見項伯，〔項伯〕自解于項羽。〔七〕沛公遂見羽於鴻門。亞父范增欲擊沛公，羽不聽。范增謂項莊曰：「汝入以劍舞，因擊沛公。」項莊既舞，項伯常以身蔽沛公。於是甚急，賢成君樊噲聞之，杖劍楯衝門而入，立於帳下。羽曰：「壯士哉！賜之巵酒豚肩。」既飲酒，拔劍切肉，肉盡。因責讓羽曰：「沛公先定關中，以待大王。今大王聽讒臣之言，乃欲誅沛公，臣恐天下解心疑大王也。所以遣兵守關者，以備他盜也。」羽默然，遂無誅〔沛公之意〕。〔八〕沛公乃還霸上。范增怒曰：「吾屬今爲沛公虜矣！」羽遂殺子嬰，收其寶貨、婦女而東。燒秦宮室，火三月不滅。韓生説羽令都關中。羽曰：「富貴不歸故鄉，如衣錦夜行。」韓生曰：「人謂楚人曰沐猴而冠，果然。」羽聞之，怒殺韓生。羽所過殘賊，秦人失望。春正月，羽陽尊懷王爲義帝，徙之長沙，都郴。羽自立爲西楚霸王，王梁、楚地九郡，都彭城。立沛公爲漢王，王巴、蜀、漢中四十一縣，都南鄭。三分關中，立秦三將：章邯爲雍王，司馬忻爲塞王，〔九〕董翳爲翟王。黥布爲九江王。徙趙王歇爲代王。立張耳爲常山王。徙魏王豹爲西魏王。徙燕王廣爲遼東王。燕將臧荼爲燕王。徙齊王（市）〔巿〕爲膠東王。〔一〇〕齊將田都爲齊王。趙將司馬卬數有功，立爲殷王。瑕丘申陽先下河南，迎楚王於河上，〔一一〕立陽爲河南王。吳芮率百越佐諸侯，立芮爲衡山王。義帝柱國共敖別將擊河南，〔一二〕功多，立敖爲臨江王。舊齊王建之孫田安，初以濟北數城降，立爲濟北王。田榮背項梁，陳餘不從入關，故皆不王。然素聞餘賢，封南皮三縣。爲鄱君別將枚鋗功多，〔一三〕封〔舊〕〔十萬〕户侯。〔一四〕夏四月，諸侯皆就國。漢王欲叛楚，蕭何諫曰：「雖王漢中之惡，不猶愈於死乎？且語稱『天漢』，其稱甚美。夫能屈於一人之下，則伸於萬人之上，湯、武是也。願大王王漢，撫其民以致賢人，收用巴、蜀，還定三秦，天下可圖也。」乃就國。賜曹參爵爲建成侯，樊噲爲臨武侯。張良〔説曰：「願王。」〕燒絶棧道，〔一五〕示無還心。」良因絶棧道而還於韓。於是沛公遂至南鄭，封呂公爲臨泗侯。淮陰人韓信爲治粟都尉。初，信家貧，常寄食於下鄉亭長，亭長妻厭之，乃自絶而去。釣於下邳城下，有漂母憐信，食信數十日。信曰：「富貴，我必厚報母。」母怒曰：「大丈夫不能自食，吾豈求報乎！」淮陰市有少年衆辱信曰：「能死，殺我；不能死，出我跨下。」信遂俛而出其跨下，市人大笑之。信母死，家貧無以葬，乃行營高敞葬地，令其傍可置萬家者。後事項羽，爲郎中，羽不能用而去，歸於漢。坐事當斬，已伏鑕，仰視，乃見夏侯嬰，曰：「王不欲取天下邪？而斬壯士！」太僕嬰言之於王，赦之不誅，以爲都尉。蕭何知其賢。王不能用，信亡。蕭何遽自追之，不及以聞，三日乃至。王怒曰：「何之？」何曰：「追亡者耳。」王曰：「諸將亡者十輩，公無所追，追信，詐也。」何曰：「諸將易得耳。大王必欲定天下，非信無可用者。」王乃以爲大將軍。何曰：「大王性素慢人，每拜大將軍，若召小兒，此信所以去也。宜立壇場，齋七日，設九賓禮而拜之。」既拜信，衆咸驚焉。信見王曰：「今東向爭天下，豈非項王也？」王曰：「然。」信曰：「大王自料勇悍仁強孰與項王？」王曰：「不如也。」信再拜曰：「唯，信亦以爲大王不如也。然項王喑嗚叱咤，千人皆靡，然不能屬任賢將，此特匹夫之勇耳。項王與人恭謹，人有疾病，流涕與之分食，至於封賞，悋而不能與，此特匹婦之仁耳。雖王天下，不居關中，都彭城。又背義帝約，而以親（疎）〔愛〕王，〔一六〕諸侯不平。所過無不殘滅，百姓不附。雖名爲伯，實失天下心，故曰其強易弱。今大王誠能反其道，任天下武勇，何所不誅！以天下城邑封功臣，何所不服！以義兵從思東歸之士，何所不勝！且三秦王詐其衆降諸侯，項王詐坑秦降卒二十餘萬人，唯邯、忻、翳等三人得脱。秦人父兄怨此三人，痛入骨髓。大王入關，秋毫一無所取，除秦苛法，吏人無不欲得大王王秦。於諸侯之約，大王當王關中。王失職之蜀，秦人無有不恨者。今大王舉兵而東，三秦可傳檄而定也。」於是王大喜，自以爲得信晚也。五月，與韓信俱東，蕭何留守蜀。王進兵襲雍王，章邯敗走廢丘，令將軍樊噲圍之。王遂東。田榮怨項羽不肯王己，又不令市徙膠東。市畏楚，亡之國。六月，田榮殺（市）〔市〕，〔一七〕自立爲齊王，而擊田都。都亡走楚。田榮與彭越將軍印綬，令反，徇梁地。越者，昌邑人也。初，少年相聚百餘人，請越爲長，與期會，十餘人後至。越曰：「請斬最後至一人。」衆皆笑曰：「何至如是？」越遂斬之，立約束而盟。徒屬皆驚，而不敢仰視。後衆萬餘人，在鉅野中，無所屬。乃受榮印綬，擊殺濟北王安。榮遂并三齊之地。遼東王韓廣不肯徙之國，故燕王臧荼殺廣，并其地。塞王忻、翟王翳來降。項王殺韓王成，以張良從漢入秦故也。以故吴令鄭昌爲韓王，距漢。張良遺項羽書曰：「漢〔王〕失職之蜀，欲得關中，如約則止，不敢反也。」又以齊反書遺羽曰：「齊欲滅楚國。」羽以故不〔南〕〔西〕，〔一八〕而北擊齊，〔徵〕兵〔九江〕。〔一九〕九江王稱疾，遣四千人助楚。是歲，實乙未也。

二年冬十月，項羽使九江王布殺義帝於郴。陳餘既怒張耳，且怒項羽之不王己也，乃請兵於齊以伐趙，破常山趙王。張耳欲走楚，齊客有甘公者説耳曰：「漢王入秦，五星從歲星於東井，其占曰『當以義取天下』。漢入秦可謂能義矣。楚雖强，後終屬於漢。」耳乃走漢。漢以故秦柱下史陽武人張蒼爲常山太守。陳餘迎趙王歇反之於趙，立餘爲代王。餘以趙王弱，乃使夏説爲國相居代，餘相趙。張耳間行歸漢，漢以爲成信侯。河南王、韓王來降。十有一月，立舊韓王孫信爲韓王。使諸將略地，若一郡降者，封萬户侯。王使人招陳餘，陳餘曰：「漢殺張耳，乃從。」漢乃求人類耳者送其首，餘將從漢，聞耳詐死，乃止。春正月，項羽伐齊，殺田榮，齊降於楚。羽焚其城郭，殺降卒，繫虜老弱，齊復叛楚降漢。漢王立社稷於長安。施恩惠，賜人爵。蜀、漢人從軍者，家復租税二歲。關中人從軍者，復租一歲。人年五十已上能善道教訓者，復傜役。常以十月賜民牛酒。蕭何守關中，治櫟陽宫，定約束，轉漕給軍，專任關中事。是時沛人王陵聚黨數千人在南陽，始來從漢。項羽得陵母，漢使至楚，羽使母招陵。陵母見使者曰：「爲我告陵，漢王長者也，終事之，無二心。」因伏劍死。三月，魏王豹降，陳平因魏無知始來。陳平，陽武人也。家貧，好讀書，少時嘗爲里中社宰，分肉甚平均，父老善之。平曰：「嗟乎！使平宰天下，亦如此肉矣。」事魏王及項羽，不能用。歸漢，漢王與參乘，令典護諸將。諸將皆怒曰：「大王一旦得楚之亡卒，乃命監護長者！」王愈益任用之。王至洛陽，新城三老董公說王曰：「臣聞『順德者昌，逆德者亡』，『兵出無名，事故不成』，『明其爲賊，敵乃可服』。項王殺義帝，是天下之賊也。夫仁者不以勇，義者不以力，若三軍之衆爲之素服，以告諸侯，而事東伐，此湯、武之舉也。」王善之。乃與義帝發喪，大臨三日，素縞以告諸侯。夏四月，田横立榮子廣爲齊王，横爲相，止城陽。項羽與齊戰。漢王率諸侯之師凡五十六萬人東襲楚。至外黄，彭越將三萬人歸漢。漢拜爲相國，令定梁地。王遂入彭城，悉收楚美人寶貨，置酒高會。羽聞之，留其將擊齊，自以精兵三萬人歸，晨襲漢軍於濉水上。從旦至日中，殺漢士卒十餘萬人，皆入濉水，濉水爲之不流。漢軍大敗，圍王三匝。會天大風揚砂，晝晦，楚軍大亂，而王得與數十騎遁去。道逢孝惠、魯元公主，載行。楚追急，輒推墮之。夏侯嬰嘗收載之，遂得免。而太公、吕后被獲于楚。時諸侯皆復歸楚，楚進兵而西。蕭何悉發關中卒詣軍，韓信亦收餘兵與王會，擊楚于京、索間，大敗之。騎將灌嬰又敗楚騎于滎陽東，故楚師不能復進。陳平爲亞將，屬韓信。或曰：「陳平雖美丈夫，如冠玉耳，未有所知也。平居家盜淫其嫂，在官受金。」王以讓魏無知，無知曰：「大王所知者，行也；臣所言者，能也。顧其計誠足以益國耳，又何疑？」王以平爲護軍中尉，盡監護諸將。諸將乃不敢言。王謂群臣曰：「誰能爲我說九江王，令背楚，項羽必留。（必）〔得〕留三月，〔二〇〕我之取天下可以萬全。」有儒者隨何請使。至九江，三日不得見。何說太宰曰：「今臣所言是耶，大王所欲聞；非耶，何等二十人伏斧鑕於淮南市，以明大王背漢而與楚也。」太宰言之於王而見之。何曰：「竊見大王之與楚，何也？」王曰：「寡人北面而臣事之。」何曰：「大王臣事楚者，以爲可託國也。項王伐齊，身自負版築，以爲士卒先。大王宜悉舉淮南之衆，身爲先鋒；乃發四千人以助楚。夫北面而臣事人者，固若是乎？漢王戰於彭城，項王未出齊也，大王宜掃淮南之衆日夜會戰，今無一人渡淮者，垂拱而觀其孰勝。夫託國于人，固若是乎？大王提空名以向楚，而欲厚自託，臣竊危之。夫楚兵雖强，負不義之名，以其背盟約而殺義帝也。漢王收諸侯之兵，還守成皋、滎陽下，獨深溝高壘，分卒守徼乘塞。楚人還兵，間行以梁地，深入敵國八九百里。楚欲戰則不得，攻城則力不能，老弱轉輸千里之外。漢堅守不動，進則不得前，退則不得解，楚亦不足恃也。楚勝則諸侯自危懼而相救，夫楚之强，適足以致天下之兵耳。臣非以淮南之衆足以亡楚也。今大王舉兵而背攻楚，楚王必留數月，漢之取天下可以萬全。大王不與萬全之漢，而自託于危亡之楚，臣竊惑之。」布陰許之。會楚使至，方急責布發兵，何直入曰：「九江王已歸漢，楚何得以令發兵！」布甚愕。何因令布殺使者而起兵。項羽使龍且擊淮南，而身攻下邑。六月，漢王歸櫟陽，引水灌廢丘，章邯自殺。壬午，立子盈爲太子，赦罪人。關中大饑，米斗五千，人相食。秋八月，如滎陽，使酈食其説魏王豹。豹曰：「漢王侮慢人，駡詈諸侯王如奴虜耳，吾不忍復見也。」食其還，王問：「魏大將軍誰也？」曰：「柏直也。」王曰：「此將其口尚乳臭，不能當韓信，騎將馮敬不能當灌嬰，步將項他不能當曹參，吾無患矣。」乃以韓信爲左丞相，與曹參、灌嬰俱擊魏。韓信聞魏不以周叔爲大將軍，乃喜，遂進兵。僞陳船欲渡臨晋，魏聚（伏）兵以距之。〔二〕信乃伏兵從（下）〔夏〕陽以木罌缶渡軍，〔三〕襲安邑，虜魏王豹。初，豹有姬曰薄姬，許負相之，當生天子，豹恃此而反。豹敗，王遂納薄姬，是生文帝。

三年冬十月，韓信、張（良）〔耳〕及曹參等破代，〔三〕擒夏説。進伐趙，獲趙王歇，斬成安君陳餘。韓信之伐趙也，廣武君李左車説成安君陳餘曰：「漢兵乘勝遠鬬，其鋒不可當也。臣聞『千里餽糧，士有飢色；樵蘇後爨，師不宿飽』。今井陘之道，車不得方軌，騎不得成列，行數百里，其勢糧食必在後。願足下假臣奇兵三萬人，從間路絶其輜重；足下深溝高壘，勿與戰。彼前則不得鬬，退則不得還，野無所掠，不十日，兩將之頭可懸于麾下矣。」陳餘曰：「韓信兵號數萬，千里徑來襲我，亦（不）〔已〕罷勞。〔二四〕今我二十萬避而不擊，後有大者，何以距之？諸侯謂吾怯，而輕來伐我。」不聽。韓信使人闚之，知其不用廣武君計，乃敢進兵。未至井陘口三十里，止舍。夜半，選輕騎二千人，人持一赤幟，從間道萆山而望趙軍。信戒曰：「趙見我走，必空壁逐我，汝疾入，拔趙幟，立漢赤幟。」乃使萬人先行，背水爲陣。平旦，信建大將旗鼓，出井陘口。趙開壁擊之，大戰良久。於是信、耳佯不勝，僞棄旗鼓，走還水上軍。趙空壁争漢旗鼓，逐信、耳。於是二千（旗）〔騎〕馳入趙壁，〔二五〕皆拔趙幟，立漢赤幟二千。趙軍不能敗水上軍，乃還，見漢赤幟，大驚，以爲漢皆已破趙衆矣，遂亂而走。趙將雖斬之，不能禁。於是漢兵夾擊，大破之。既而諸將問信曰：「兵法：『右背山陵，前左水澤。』今將軍令臣等反背水陣，何也？」信曰：「『置之死地而後生』，此兵法也。且信非得素拊循士大夫也，所謂『驅市人而戰』，故置之死地，既人人自爲戰；即與生地，皆走，尚安得而用之乎！」諸將皆服曰：「非所及也。」信令軍中曰：「生得廣武君，購千金。」信得之，乃東面師事之，問曰：「吾欲北攻燕，東伐齊，何如？」對曰：「『敗軍之將不可以語勇，亡國之大夫不可以圖存。』又何問焉！」信曰：「向使成安君聽子之計，則信亦將爲子擒矣。」固問之。對曰：「足下威振諸侯，名聞海内，然士卒罷勞，其實難用。今足下舉倦弊之兵，頓之燕堅城之下，情見力屈，曠日糧竭。若燕不拔，齊必距境以自强。二國相持，則劉、項之權未有所分也。不如按甲休兵，日享士（卒）大夫，〔二六〕北首燕路，然後使一乘之使，奉咫尺之書，燕不敢不從。燕從而臨齊，齊雖有智者，亦不能爲齊計也。兵法固有『先聲而後實』者，此之謂也。」信曰：「善。」乃發使使燕，燕聽命。於是請立張耳爲趙王，以拊循趙衆。

甲戌晦，日有食之。十二月，九江王布及隨何至。布爲楚所攻敗，故間行而來。王拒楚於成皋，與酈食其謀（撓）〔橈〕楚權。〔二七〕食其曰：「昔湯伐桀，封其後于杞；武王伐殷，封其後于宋。秦滅六國，使無立錐之地。大王誠復六國之後，彼皆戴仰大王德義，願爲大王臣妾。德義已行，南面稱伯，楚必斂衽而朝。」王曰：「善。趨刻印。」未行，張子房至。王以問之，良曰：「大事去矣。」漢王方食，良曰：「臣請借前筯以籌之：昔湯、武封桀、紂之後者，度能制其死命也。今大王能制項籍之死命乎？其不可一矣。武王入殷，表商容之閭，釋箕子之囚，封比干之墓，今大王能乎？其不可二矣。發鉅橋之粟，散鹿臺之財，以賑貧窮，今大王能乎？其不可三矣。偃革爲軒，倒戢干戈，示不復用武，今大王能乎？其不可四矣。休馬華山之陽，示無所爲，今大王能乎？其不可五矣。息牛桃林之埜，示天下不復輸積，今大王能乎？其不可六矣。天下遊士離親戚，捐墳墓，去故舊，從大王遊者，日夜望尺寸之地。今乃立六國後，遊士各歸事其主，從親戚及故舊，〔二八〕大王誰與取天下乎？其不可七矣。且楚唯無强，六國復（撓）〔橈〕而從之，〔二九〕大王安得復臣之哉？其不可八矣。誠用此計，大事去矣。」漢王輟食吐哺，罵酈生曰：「竪儒，幾敗乃公事！」令趣銷印。荀悦曰：夫立策决勝之術，其要有三：一曰形，二曰勢，三曰情。形者，言其大體得失之數也；勢者，言其臨時之宜也，進退之機也；情者，言其心志可否之意也。故策同事等而功殊者何？三術不同也。初，張耳、陳餘説陳涉以復六國，自爲樹黨；酈生亦説漢王。所以説者同而得失異者，陳涉之起也，天下皆欲亡秦；而楚、漢之分未有所定，時天下未必欲亡項也。且項羽率從六國攻滅强秦之時，勢則不能矣。故立六國，於陳涉所謂多己之黨而益秦之敵也。且陳涉未能專天下之地也，所謂取非其有以與人，行虚惠而獲實福也。立六國，于漢王所謂割己之有以資敵，設虚名而受實禍也。此同事而異形也。及宋義待秦、趙之斃，與昔卞莊刺虎同説者也。施之戰國之時，鄰國相攻，無臨時之急，則可也。戰國之立，其日久矣，一戰勝敗，未必以存亡也。其勢非能急於亡敵國也，進乘利，退自保，故累力待時，乘敵之斃，其勢然也。今楚、趙所起，其與秦勢不並立，安危之機，呼吸成變，進則成功，退則受禍。此同事而異勢者也。伐趙之役，韓信軍于泜水之上，而趙不能敗。彭城之難，漢王戰于濉水之上，士卒皆赴入濉水，而楚兵大勝。何則？趙兵出國迎戰，見可而進，知難而退，懷内顧之心，無必死之計；韓信軍孤在水上，士卒必死，無有二心，此信之所以勝也。漢王深入敵國，飲酒高會，士卒逸豫，戰心不固；楚以强大之威而喪其國都，項羽自外而入，士卒皆有憤激之氣，救敗赴亡之急，以決一旦之命，此漢之所以敗也。且韓信選精兵以守，而趙以内顧之士攻之；項羽選精兵以攻，而漢以怠惰之卒應之。此同事而異情者也。故曰權不可預設，變不可先圖，與時遷移，應物變化，設策之機也。陳平進謀曰："項王大臣不過數人，大王能捐數萬斤金，間楚君臣，使相疑惑，可以破楚必矣。"乃與陳平金四萬斤，不問出入。平多行反間，謂項羽曰："諸將功多矣，而終不得裂地而王，欲與漢爲一以滅楚，分王其地。"項王疑之。夏四月，楚圍漢王于滎陽。歷陽侯范增欲急擊滎陽，項羽不信。增怒，乞骸骨歸，未到彭城，疽發背而死。五月，紀信謂王曰："臣請誑楚，可以間出。"紀（侯）〔信〕乃乘王車，〔三〇〕出東門曰："漢王降楚。"楚軍皆稱萬歲，之城東觀，漢王得與數十騎出城西門。令御史大夫周苛與魏王豹守滎陽。周苛曰："反國之王，難與共守。"苛乃殺魏豹。項羽見紀信，非漢王，乃大驚怒，燒殺紀信。王自西入關，收兵復東。轅生説曰："今出武關，項王必引兵而南，大王深壁勿與戰。項羽用兵疾如雷電，令成皋、滎陽間且得休息。使韓信等輯河北趙地，連燕、齊，君王乃復屯滎陽。如此則楚所備者多，力分於漢。王得休息，後與之戰，破楚必矣。"漢王從之。王復出軍宛、葉間，項羽果引而南，漢兵深壘自守。是時彭越等擊楚，得項聲、薛公于下邳，殺之。羽乃自擊彭越，越敗走。羽乃引兵還，拔滎陽，獲周苛。謂苛曰：「吾方以公爲將軍，封萬户侯，能爲我盡節否？」苛瞋目駡之，羽怒，乃烹之。遂圍成皋，下之，所殺亦無數。秋七月，有星孛于大角。大角爲王坐，本志以爲楚王亡之徵也。八月，王饗師河南，欲復戰。郎中（令）鄭忠説曰：〔三一〕「王高壁深壘，勿與戰。」王乃使從兄劉賈與盧綰將兵入楚地，佐彭越，焚楚積聚，復擊破楚師於燕西，下梁地十七城。九月，〔羽〕東擊彭越，〔三二〕令大司馬曹咎、長史欣守成皋。酈食其説王曰：「夫敖倉，天下轉輸久矣，臣聞其下乃有積粟甚多。楚人不堅守敖倉，乃引兵而東，令士卒分守成皋，此天所以資漢也。且兩雄不俱立，楚、漢又相持不決，百姓騷動，海内摇蕩，農夫（失）〔釋〕耒，〔三三〕紅女下機，天下之心未有所定。願大王急復進兵，收滎陽，據敖倉之粟，塞成皋之險，杜太行之道，距飛狐之口，守白馬之津，以示諸侯形制之勢，則天下知所歸矣。今燕、趙已定，唯齊未下，雖數十萬之師，未可以歲月破也。臣請得奉明詔説齊王，使爲漢稱東藩臣。」王曰：「善。」乃進兵復守敖倉。〔使〕食其説齊王曰：〔三四〕「知天下所歸，即齊國可得而有也。」齊王曰：「天下何歸？」曰：「〔歸漢。夫〕漢王定三秦，〔三五〕出武關，而誅殺義帝之賊，收天下之兵，紹諸侯之業；降城即以侯其將，得賂即以分其士卒，與天下同其利，豪傑俊才皆樂爲之用；諸侯之兵四面而會，蜀、漢之粟方船而下。項王有殺義帝之名，有背約之負；於人之功無所記，於人之罪無所忘；戰勝而不得其賞，拔城而不得其封；非項氏莫敢用事；爲人刻印刓而不能授，積財而不能散。故天下叛之，賢才怨之。故天下歸漢，可坐而策也。夫漢王發蜀、漢，定三秦；涉西河之外，授上黨之兵；北破趙、魏，誅成安君；此黄帝之兵，非人之力，天之所授也。今以據敖倉之粟，塞成皋之險，守白馬之津，杜太行之坂，距飛狐之口，天下後服者先亡矣。王疾下漢，社稷可得而保也。」齊王以爲然，乃罷守兵，與食其日縱酒焉。

## 【校勘記】

〔一〕南取（北）〔百〕粤之地　從南監本、學海堂本、漢書陳勝項籍傳改。

〔二〕（郤）〔卻〕匈奴七百餘里　從學海堂本、漢書陳勝項籍傳改。

〔三〕將數（萬）〔百〕之衆　從賈誼過秦論、史記秦始皇本紀改。

〔四〕（嬴）〔贏〕糧而影從　從龍谿本改。

〔五〕〔降〕卒心不服　從黄校本補。

〔六〕項羽季父〔項伯〕告張良令出　從龍谿本、學海堂本補。

〔七〕（項伯）自解于項羽　從龍谿本删。

〔八〕遂無誅〔沛公之意〕　從黄校本補。

〔九〕司馬忻爲塞王　南監本、史記項羽本紀、漢書項籍傳皆作「司馬欣」。此紀卷一亦作「司馬欣」。

〔一〇〕從齊王（市）〔巿〕爲膠東王　從龍谿本改。

〔一一〕迎楚王於河上　王，疑作「兵」。紐永建校云：史記項羽本紀「楚」下無「王」字，漢書同。按是時楚王爲懷王，未聞至河上，史漢是。

〔一二〕共敖別將擊河南　鈕永建校云：按史記項羽本紀、漢書項籍傳並作「將兵擊南郡」，不云「河南」。是時立共敖爲臨江王，都江陵。攷裴駰史記集解引漢書音義云「本南郡改爲臨江國」。又漢書地理志：江陵正屬南郡。項氏所封諸侯王皆就其所據地，則共敖所封，定爲南郡無疑。荀紀誤。

〔一三〕枚鋗　漢書項籍傳作「梅鋗」。

〔一四〕封（舊）〔十萬〕户侯　從龍谿本、學海堂本、漢書項籍傳改。

〔一五〕張良〔説曰願王〕燒絶棧道　從黄校本補。

〔一六〕而以親（疎）〔愛〕王　從漢書韓信傳改。

〔一七〕田榮殺（市）〔巿〕　「市」訛，逕改。

〔一八〕羽以故不（南）〔西〕　從黄校本改。

〔一九〕〔徵〕兵〔九江〕　從黄校本補。

〔二〇〕（必）〔得〕留三月　從黄校本、學海堂本、史記高祖本紀改。

〔二一〕魏聚（伏）兵以距之　從陳璞校删。

〔二二〕乃伏兵從（下）〔夏〕陽以木罌缶渡軍　從漢書韓信傳改。

〔二三〕韓信張（良）〔耳〕　從漢書韓信傳改。

〔二四〕亦（不）〔已〕罷勞　從陳璞校改。

〔二五〕於是二千（旗）〔騎〕馳入趙壁　從龍谿本、學海堂本改。

〔二六〕日享士（卒）大夫　從史記淮陰侯列傳删。

〔二七〕謀（撓）〔橈〕楚權　從漢書張良傳改。

〔二八〕及故舊　及，漢書張良傳作「反」。

〔二九〕復（撓）〔橈〕而從之　從漢書張良傳改。

〔三〇〕紀（侯）〔信〕乃乘王車　從南監本、龍谿本改。

〔三一〕郎中（令）鄭忠　從漢書高帝紀删。

〔三二〕〔羽〕東擊彭越　從陳璞校補。

〔三三〕農夫（失）〔釋〕耒　從黄校本改。

〔三四〕〔使〕食其説齊王　從黄校本補。

〔三五〕〔歸漢夫〕漢王定三秦　從黄校本補。

# 兩漢紀上　漢紀

## 高祖皇帝紀卷第三

四年冬十月，韓信將伐齊，聞既和，欲還。蒯通説信曰：「將軍受詔擊齊，未有詔止，何以得無行乎！且酈生一儒士，（仗）〔伏〕軾下齊七十餘城，〔一〕將軍以數十萬衆，乃下趙五十餘城。勞苦將士數年，反不如一豎儒之功乎！」信遂襲齊。齊王以酈生爲賣己，乃烹之。齊王走高密。項羽東伐外黄。外黄數日乃降，羽令男子十五已上詣城東，欲悉坑之。外黄令舍人兒年十三，説羽曰：「彭越强刼外黄，外黄恐，故且降，以待大王。大王又欲坑之，百姓豈有所歸心哉！從此以東，梁地十餘城皆懼，莫敢下矣。」羽赦之。羽初之（東）山〔東〕，〔二〕屬大司馬曹咎、長史忻曰：「漢即挑戰，愼勿與戰，〔勿〕令得東而已。〔三〕我十五日必定梁地。」而漢果挑戰，楚軍不出。使人辱之，數日，咎怒，渡兵汜水上。士卒半渡，漢擊破之，盡得楚國寶貨。曹咎、長史忻皆自殺。王遂進兵取成皋。羽下梁十餘城，聞曹咎破，乃還。羽於廣武間爲高祖，置太公於其上，曰：「漢不急下，吾烹太公。」王不聽。羽怒，欲殺太公。項伯曰：「夫爲天下者不顧其家，殺之無益，但益怨耳。」羽從之。使人謂曰：「願與王挑戰，面决雌雄。」王笑謝之，曰：「吾寧鬬智，不鬬力。」羽令壯士挑戰。漢使善射者樓煩射楚三人，殺之。羽大怒，即自出，瞋目叱之。樓煩目不能視，手不能發，走還入壁。王使間問之，乃羽也。王大驚。於是王與羽臨廣武間而語，王數羽曰：「汝背約王我於蜀、漢，其罪一也。矯殺卿子冠軍而自立，其罪二也。受命救趙，不還報命，擅劫諸侯入關，其罪三也。與懷王約，入咸陽無暴（勍）〔掠〕，〔四〕汝燒秦宮室，掘始皇塚，多取財寶，其罪四也。殺秦降王子嬰，其罪五也。詐坑秦卒二十萬，其罪六也。皆王諸（侯）〔將〕善地，〔五〕而徙逐其主，令臣下争叛，其罪七也。出義帝于彭城而自都之，多自與己地，其罪八也。殺義帝于江南，其罪九也。夫爲人臣自欲争天下，大逆無道，其罪十也。吾以義兵誅殘賊，使刑餘罪人擊公，何苦乃與公挑戰！」羽怒，伏弩射王中胸。王乃捫足曰：「虜中吾指！」王疾甚，入成皋。中尉周昌爲御史大夫。田横請救于楚。十有一月，楚使龍且救齊，號二十萬衆，與齊合軍。或謂龍且曰：「漢兵遠戰窮寇，其鋒不可當。齊、楚自居其地，兵易敗散。不如深壁自守，命齊王使其信臣招所亡城，亡城聞王在，楚來救，必自叛漢。漢二千餘里客居其間，勢無所得食，（無）可〔無〕戰而降也。」〔六〕龍且曰：「救齊而降之，吾有何功？今戰而勝之，齊之半可得而有。吾平生時知韓信之爲人，易與耳。」遂將兵與韓信夾濰水而陣。信乃夜令人爲萬餘囊，盛沙以壅水上流，信引兵半渡，擊龍且。信佯不勝，走還。龍且追之，渡水。信使人決壅，龍且軍太半不得渡。即急破之，斬龍且，虜齊王廣。田横復立爲齊王，戰敗而亡。信遂平齊，使人言于王曰：「齊國多詐，請爲假王以鎮之。」王大怒。張良、陳平躡王足，諫曰：「方漢不利，寧能禁信之自王乎？不如因而立之。」春二月，遣張良立信爲齊王，徵其兵擊楚。曹參爲左丞相。楚使武涉招信，信曰：「吾嘗事項王，不見用。事漢，漢深信我，我背之不祥。」武涉已去，蒯通説信曰：「漢王敗滎陽，傷成臯，還走宛、葉間，此所謂智勇俱竭者也。楚兵困于京、索之間，迫于西山而不能進，三年于此矣。鋭氣挫于險塞，糧用盡于内藏。當今兩主之命懸於足下，爲足下計者，莫若兩存之，三分天下，鼎足而居，其勢莫敢先動。以足下之賢，有甲兵之衆，據强齊，從燕、趙，出空虚之地以制其後，因民之欲，西向爲百姓請命，天下孰敢不聽！足下按齊國之固，有淮、泗之地，深拱揖讓以懷諸侯，則天下君王相率而朝齊矣。」信曰：「吾豈可見利而背恩！」通曰：「常山王、成安君爲刎頸之交，而卒相滅；大夫種存亡越，伯勾踐，身死。語曰：『野禽（磾）〔殫〕，〔七〕走狗烹；飛鳥盡，良弓藏；敵國滅，謀臣亡。』故以交友言之，則不過陳、張；以君臣言之，則不過勾踐、大夫種。推此二者，足以觀之矣。且臣聞之，勇略振主者身危，功蓋天下者不賞。足下涉西河，虜魏王，擒夏説，下井陘，誅成安君之罪，以（全）〔令〕於趙，〔八〕脅燕定齊，南（擁）〔摧〕楚人之兵數十萬之衆，〔九〕遂斬龍且，西向以報，此所謂功無二于天下而英略不世出者也。足下挾不賞之功，戴振主之威，歸楚，楚人不信；歸漢，漢人震恐。足下欲持此安歸乎？夫勢在人臣之位，而有高天下之名，臣竊危之。夫隨廝養之役，失萬乘之權；守擔石之禄，闕卿相之位。計成而不能行者，事之禍也。故猛虎之猶豫，不如蜂蠆之致螫；孟賁之狐疑，不如童子之必至矣。夫功者難成而易敗，時者難值而易失。願足下無疑。」信猶豫不忍背漢，又自以功高，漢終不奪我齊，遂謝通。通去，乃佯狂爲巫。秋七月，立黥布爲淮南王。八月，初爲算賦。令軍士死者，吏爲衣衾棺斂，傳送其家。四方歸心焉。漢王遣侯公説項羽，求太公。羽乃與漢約，中分天下，割洪溝以西爲漢，以東爲楚。九月，歸太公、呂后。封侯公爲平國君。項羽解而東歸。漢王欲西，張良、陳平諫曰：「今漢有天下太半，而諸侯皆附漢，楚兵疲食盡，此天亡之時也，不如因其幾而取之。」

五年冬十月，王追項羽至陽夏南，與韓信、彭越期，皆不至會。楚擊漢軍，大破之。王復深壘自守。王謂張良曰：「諸侯不從，奈何？」對曰：「大王能取（雎）〔睢〕陽以東、北至穀城盡以王彭越，〔一〇〕從陳以東傅海與韓信，則兩人必至，而楚敗矣。」王從之。信、越皆至。十有二月，諸侯皆會垓下，圍項羽數重。夜聞漢軍四面皆作楚歌，羽驚曰：「漢已盡得楚乎？是何楚人歌之多也！」夜起飲帳中，有美人曰虞姬，有駿馬曰騅。羽乃慷慨悲歌曰：「力拔山兮氣蓋世，時不利兮騅不逝。騅不逝兮可奈何！虞兮虞兮奈若何！」羽遂上馬，（乃）從八百餘騎，〔二〕直夜潰圍南出。平明，漢軍乃覺之，命騎將灌嬰以五千騎追羽。羽至陰陵，迷失道路，漢軍追及之。至東城，乃有二十八騎。追者數千。羽謂其騎曰：「吾起兵八歲矣，身經九十餘戰，所當者破，未嘗敗。今困于此，固天亡我，非戰之罪也。今日固決死，願為諸君決戰。」於是引其騎因四隤山為圓陣。漢軍圍之數重。羽謂其騎曰：「吾為公取彼一將。」於是羽大呼馳下，漢軍皆披靡，遂取漢一將。騎將楊喜追羽，羽還叱，喜人馬皆驚，（僻）〔辟〕易數里。〔三〕羽分其騎為三處，漢軍不知羽所在，分軍為三處，復圍之。羽乃馳擊漢軍，復取一都尉，殺百人。羽復聚其騎，亡兩騎。於是羽引軍東至烏江，亭長曰：「江東雖小，地方千里，眾數十萬，亦足以王也。願大王急渡。今獨臣有船，漢軍至，無以渡。」羽曰：「籍與江東子弟八千人渡江而西，今無一人還者，縱江東父兄憐而王我，我何面目見之哉？吾（之）〔知〕公長者也。〔三〕吾騎此馬五歲，常以一日行千里，吾不忍殺之，以賜公。」乃令騎皆去其馬，短兵接戰，復殺漢軍百人。羽亦被十餘創，乃自剄而死。楚地悉平，獨魯後降。初，懷王封羽為魯公，故以魯為號，葬羽於穀城山下。漢王為之發哀，封項伯等四人為列侯，賜姓劉氏。本傳曰：「項羽背關懷楚，放逐義帝，自矜功伐，而不師古，霸王之業，始欲以力征經營天下，五年卒亡，身死東城，尚不覺悟，以爲非己之罪，豈不過哉！」春正月，徙齊王韓信爲楚王，都下邳。信乃賜所從食漂母千金。召下鄉亭長曰：「公，小人也，爲惠不終。」賜錢百萬。召辱己少年曰：「壯士哉！」以爲中尉。赦天下殊死已下。群臣上皇帝尊號，王辭讓而後受。二月甲午，皇帝即位于（氾）〔汜〕水之陽。〔四〕以十月爲正，從火德，色尚赤，以應斬白蛇、神母之符。尊王后曰皇后，太子曰皇太子，追尊先媼曰昭靈夫人。鄱君吳芮率百越佐諸侯，立芮爲長沙王。越王無諸率閩中兵以佐滅秦，立無諸爲（越）〔閩粵〕王。〔五〕於是皇帝西都洛陽。夏五月，兵皆罷。令人保其山澤者各歸其田里，自賣爲人奴婢者免（其）〔爲〕庶人。〔六〕上置酒南宮，問群臣曰：「吾所以得天下，羽所以失之者何？」王陵對曰：「陛下使人攻城略地，因以賞之，與天下同其利。項羽嫉賢妬能，有功者害之，賢者疑之，戰勝不蒙其功，得地不獲其利，所以失天下也。」上曰：「公知其一，未知其二。夫運籌帷幄之中，決勝千里之外，吾不如子房；鎮國家，撫百姓，給餉饋，吾不如蕭何；連百萬之衆，戰必勝，攻必取，吾不如韓信。三者皆人傑也，吾能用之，所以取天下也。羽有一范增，賢而不能用，此所以爲我擒也。」上問韓信曰：「公相我能將幾何？」信曰：「陛下不過能將十萬。」又問韓信：「公能將幾何？」對曰：「臣多多益辦耳！」上曰：「何爲爲我臣？」信曰：「陛下雖不能將兵，而善將將。此所謂天授，非人力也。」是時田横與賓客五百人亡在海中，上遣使赦横罪，曰：「横來，大者王，小者侯；不來，將加誅。」横曰：「臣烹酈食其，今聞其弟酈商爲將，臣畏懼，不敢奉詔。」帝乃詔商曰：「田横至，敢有動者族誅！」横詣洛陽，至尸（卿）〔鄉〕亭三十里，〔一七〕謂其從者曰：「横與漢王並南面稱孤，今漢王爲天子，而横爲亡虜，其辱已甚矣。且横嘗烹人之兄，今與其弟並肩事主，彼雖畏詔，横獨不愧于心哉？且陛下不過欲一見我面貌耳。今斬吾頭，馳三十里，容貌未及變。」乃沐浴自刎，令客奉其首。〔一八〕上曰：「嗟乎！起自布衣，兄弟三人更立爲王，豈不賢哉！」爲之流涕，而拜其二客爲都尉，以王禮葬之。二客穿其塚傍，皆自刎而從之。上聞，大驚，以横客爲皆賢，聞其餘五百人在海島中，使使召之，聞横死，亦皆自殺。楚將季布亦已亡匿，投濮陽周氏。漢購之急，周氏乃髡鉗布，與家僮數十人，至魯朱家而賣之。朱家心知是季布，因買之，置田舍。乃見滕公，〔説〕曰：〔一九〕「季布何罪？臣各爲其主用耳。上始得天下，以私怒求一人，何示不廣也！且季布之賢，不南走越，即北走胡。夫忌壯士以資敵國，此伍子胥所以鞭荆王之墓也。」夏侯嬰爲言之。上乃赦布，拜爲郎中，後爲中郎將。布立然諾之信，時人爲之語曰：「得黄金百鎰，不如季布一諾。」朱家者爲任俠，所藏活者甚衆，豪士以百數。不伐其功，諸所嘗施，唯恐見之。賑人先於貧賤。衣不兼綵，食不重味，專以赴人之急。及布尊貴，朱家遂不復見之。上欲都洛陽，戍卒婁敬求見，説上曰：「陛下都洛陽，豈欲與周室比隆哉？」上曰：「然。」敬曰：「陛下取天下與周室異。周之先自后稷，堯封之邰，積德十餘世。公劉避狄居豳。太王以狄伐故，去豳，杖馬策之岐，國人爭歸之。文王爲西伯，始受命。武王伐殷，八百諸侯不期而會孟津之上。成王即位，周公之屬傅焉，乃營成周，都洛邑。以爲此天下中，四方納貢職，道里均矣，有德則易以王，無德則易以亡。凡居此者，欲務以德致人，不欲阻險，令後世驕奢以虐人。及周之衰，分而爲二，天下莫朝，周不能制，形勢弱矣。今陛下用兵取天下，大戰七十，小戰四十，使百姓肝腦塗地，曝骨中野，哭泣之聲未絕，傷夷者未起，而欲比隆周室，臣竊以陛下爲不侔矣。夫秦地被山帶河，四塞以爲固，卒然有急，百萬之衆可具。因秦之資膏腴之地，此所謂金城天府之國。陛下都關中，山東雖亂，秦地可全而有也。」上問群臣，群臣皆山東人，咸言「周七、八百年，秦二世而亡。且洛陽東有成皋，西有澠池，背河向洛，其固不敵，此亦足恃也。」上疑焉，問張良。張良曰：「洛陽雖有此險，其中小，不過數百里，四面受敵，此非用武之國。夫關中左崤、函，右隴、蜀，沃野千里，南有巴、蜀之饒，北有胡（宛）〔苑〕之利，〔二〇〕阻三面而守，獨以一面東制諸侯。〔諸侯〕安定，〔二一〕河渭漕輓，足以西給京師；諸侯有變，順流而下，足以委輸。此所謂金城千里，天府之國。婁敬之説是也。」於是上即日車駕西入關，治櫟陽宮。拜婁敬爲郎中，號奉春君，賜姓劉氏。六月壬辰，大赦天下。八月，燕王臧荼反，上自將擊燕。九月，虜臧荼，立太尉盧綰爲燕王。綰與上同里，同日生，少相愛，後以將軍從擊項羽有功，故立爲（代）〔燕〕王。〔二〕丞相張倉從擊臧荼有功，封北平侯。倉明習天下圖書，善用算術，故命以列侯居相府，主郡國上計也。

六年冬，命復天下縣邑。或有告楚王信謀反。上問左右，左右皆曰：「發兵以擊之。」陳平曰：「陛下用兵之精，孰與韓信？」上曰：「無能過也。」平曰：「陛下將有敵信者無？」上曰：「莫能及。」平曰：「臣竊爲陛下危之。」上曰：「奈何？」平曰：「信未知有告反者。古者天子巡狩，會諸侯。陛下僞出遊雲夢，會諸侯于陳。信必郊迎，因而執之，此一士之力。」上從之。遂執信。執信反無驗，黜信爲淮陰侯。田肯賀上曰：「甚善，陛下得韓信，而又王關中也。夫齊，東有瑯邪、即墨之饒，南有泰山之固，西有濁河之阻，北有渤海之利，地方二千里，帶甲百萬衆，此亦東秦。非親子弟，莫可使王齊者也。」上曰：「善。」賜肯金五百斤。春正月丙午，立劉賈爲荊王，王五十三縣。高帝兄弟四人，長曰伯，早卒，追號爲武哀侯，封子信爲刮羹侯。〔三〕初，上微時，數將客過嫂食。嫂饜食之，陽爲羹盡，刮釜。上聞惡之，故號其子爲刮羹侯。次兄曰喜，字仲，立仲爲代王。弟曰交，字游，好讀書，有才藝。從上征伐有功，立（楚）〔交〕爲楚王。〔四〕長庶子肥爲齊王，王七十縣，以曹參爲齊相國。徙韓王信于太原，都晉陽。封蕭何爲酇侯，父母兄弟封侯食邑者十餘人，以蕭何舉宗從征伐故也。封曹參爲平陽侯，張良爲留侯，陳平爲户牖侯，後徙爲曲逆侯，周勃爲絳侯，樊噲爲舞陽侯，酈商爲武成侯。食其子疥從征伐，以父故，封疥爲高梁侯。夏侯嬰爲汝陰侯，灌嬰爲潁陽侯，周昌爲汾陰侯。大功臣封者二十餘人，其餘功未得行封。上從南宫複道上望見群臣往往聚語，上曰：「此何謂也？」張良曰：「陛下所封，皆蕭曹故人，所誅皆平生仇讎。此屬畏不得封，又恐過失及誅，此相與謀反。」上憂之，曰：「爲之奈何？」良曰：「急封雍齒。」雍齒，上最所憎惡，群臣共知，後從征伐有功。上即封雍齒，群臣喜曰：「雍齒且封，我屬無患矣！」於是趣有司定功行封。（行）封王陵爲定國侯。〔二五〕陵始爲縣豪，上兄事之，以其從上晚，故後。行封凡百四十有三人。〔二六〕是時民人散亡，居可得而數者纔十二三，是以大侯不過萬户，小者不過五六百户。封爵之日，誓曰：「使黄河如帶，太山如礪，國以永存，爰及苗裔。」又申以丹書之信，重以白馬之盟，作〔十〕八（十）侯之位次。〔二七〕陳平之始封，平辭曰：「非臣之功也。」上曰：「吾用先生之（渫）〔謀〕，〔二八〕戰勝克敵，非功而何？」對曰：「非魏無知安得進？」上曰：「若子可謂不背本矣！」乃復賞無知。張良素多疾病，乃稱疾，曰：「臣家五世相韓，及韓亡，不愛萬金之資，爲韓報讎强秦，天下震動。今以三寸舌爲王者師，封萬户，位爲列侯，此布衣之極，於臣足矣。願棄人間事，欲從赤松子遊耳。」乃學道，不食穀，遂不仕。良爲人容貌美麗，如婦人女子。初，季布異父弟丁公爲楚將，逐上。上迫急，顧謂丁公曰：「兩賢豈相戹哉！」丁公引兵而還。天下既定，斬丁公以徇軍，曰：「自今以後，爲人臣者莫效丁公也！」以蕭何功最高，群臣皆曰：「臣等被甲執兵，多者百餘戰，攻城略地，各有等差。蕭何無有汗馬之勞，徒持文(物)〔墨〕論議而已，〔二九〕今居臣等上，何也？」上曰：「諸君知獵乎？發縱指示獸者人也，追得獸者狗也。諸君徒能走得獸，功狗也；蕭何發縱，功人也。」及奏位次，群臣咸曰：「曹參宜第一。」謁者關內侯鄂千秋進曰：「曹參雖有野戰之功，此特一時之事耳。夫上與楚相距五年，失軍亡衆，跳身遁者數矣，蕭何嘗從關中遣軍補其處。非上所詔命，而數萬之衆會上乏絶者數矣。楚、漢相距滎陽數年，軍無見糧，蕭何常轉漕給食。陛下雖亡山東，蕭何常存關中以待陛下，此萬世之功也。奈何以一旦之功而加萬世之功哉！」於是令何爲第一，帶劍上殿，入朝不趨。上曰：「吾聞進賢受上賞，蕭何功雖高，待鄂君廼得明。」於是因鄂千秋所食關內侯邑二千户，封爲安平侯。其吏二千石從入蜀、漢，定三秦者，皆世世復其家。上置酒，衆辱隨何曰：「爲天下安用腐儒哉！」何曰：「陛下發步卒五萬人、騎五千，能以取淮南乎？」上曰：「不能。」何曰：「以二十人使淮南王至，如陛下之意，是臣之功賢于步卒五萬、騎五千也。」上曰：「吾方圖子之功。」以何爲護軍中尉。上五日一朝太公，太公家令説〔太〕公曰：〔三〇〕「天無二日，土無二王。皇帝〔雖〕子，〔三一〕乃人主也，太公雖父，乃人臣也。奈何令人主朝人臣！如此，威重不得申。」後上朝太公，太公擁篲，迎門却行，欲拜。上大驚，扶太公。太公曰：「帝，人主，奈何以我亂天下法！」上善家令言，賜黃金五百斤。荀悦曰：孝經云：「故雖天子，必有尊也，言有父也。」王者必父事三老以示天下，所以明有孝也。無父猶設三老之禮，況其存者乎！孝莫大於嚴父，故后稷配天，尊之至也。禹不先鯀，湯不先契，文王不先不窋。古之道，子尊不加於父母，家令之言於是過矣。夏五月丙午，詔曰：「人之至親，莫大於父。故父有天下傳歸於子，子有天下尊歸於父，此人道之極也。朕平暴亂，以安天下，斯皆太公之教訓也。尊太公爲太上皇。」秋九月，匈奴圍(太原)韓王信於馬邑。〔三一〕信降匈奴。

七年冬十月，上自征太原。匈奴冒頓單于拒漢。漢使者闚匈奴者十輩，皆曰：「易擊。」上使婁敬往，還曰：「匈奴見羸弱，似有伏兵，不可擊。」上怒曰：「齊虜妄言，(阻)〔沮〕吾軍。」〔三二〕械繫之。上至平城，匈奴果圍上於白登七日。用陳平謀，説匈奴閼氏夫人，得開圍一角，上乃遁出。其計秘，世莫得聞也。士卒歌之曰：「平城之下禍甚苦，七日不食，不能彎弓弩。」上既還，謝敬曰：「不用公言，以困平城。」乃斬前使者十餘輩，封敬二千户，號建信侯。先是，有月(暈)〔暈〕圍于昴、參、畢七重，〔三四〕本志以爲「昴、畢之間爲天街。〔街〕北，〔三五〕羌胡也；街南，中國也。昴爲匈奴，畢爲邊兵。平城之應」云。匈奴攻代。代王喜棄國歸洛陽，廢爲(部)〔郃〕陽侯。〔三六〕辛卯，立皇子如意爲代王。春二月，上自平城還。見蕭何治宫室於長安，甚盛，上怒曰：「何治之過度！」對曰：「天子以四海爲家，非壯麗無以重皇威，且無令後世有以過也。」乃遷都長安。是時威儀未設，群臣争功，醉呼，或拔劍擊柱。上患之。博士叔孫通請制禮儀，上曰：「度吾所能行者。」通乃與弟子百餘人共起朝儀，大朝會長樂宫，陳車騎、旌旗、兵衛，群臣列位，百官執職，成禮而罷，莫不祗肅。於是上歎曰：「吾乃今日知爲皇帝之貴。」拜通爲（泰）〔奉〕常，〔三七〕賜金五百斤，弟子皆爲郎中。夏四月，行如洛陽。婁敬進計和匈奴，請以魯元公主妻單于。單于因之爲女婿，有子則爲外孫，後世可以漸臣也。上將行之。吕后涕泣，固請留之。乃止。更以宗室女爲公主，妻單于，結和親，歲致金幣賂遺之。

【校勘記】

〔一〕（仗）〔伏〕軾下齊七十餘城　從學海堂本、漢書蒯通傳改。

〔二〕羽初之（東）山〔東〕　從龍谿本、學海堂本乙正。

〔三〕〔勿〕令得東而已　從龍谿本、漢書項籍傳補。

〔四〕入咸陽無暴（勍）〔掠〕　從南監本、龍谿本、學海堂本改。

〔五〕皆王諸（侯）〔將〕善地　從龍谿本、漢書高帝紀改。

〔六〕（無）可〔無〕戰而降也　從龍谿本、學海堂本、史記淮陰侯列傳乙正。

〔七〕野禽（礋）〔殫〕　從龍谿本、學海堂本改。

〔八〕以（全）〔令〕於趙　從漢書蒯通傳改。

〔九〕南（擁）〔摧〕楚人之兵　從漢書蒯通傳改。

〔一〇〕大王能取（睢）〔睢〕陽以東　從龍谿本改。

〔一一〕（乃）從八百餘騎　從黄校本删。

〔一二〕（僻）〔辟〕易數里　從龍谿本、學海堂本、漢書項籍傳改。

〔一三〕吾（之）〔知〕公長者也　從龍谿本、學海堂本改。

〔一四〕皇帝即位于（汜）〔氾〕水之陽　從漢書高帝紀改。張晏注云：「在濟陰界，取其氾愛弘大而潤下也。」

〔一五〕立無諸爲（越）〔閩粤〕王　從漢書高帝紀改。

〔一六〕免（其）〔爲〕庶人　從南監本、龍谿本、學海堂本改。

〔一七〕至尸（卿）〔鄉〕亭三十里　從龍谿本、漢書田横傳改。

〔一八〕漢書田儋傳田横附傳「首」下有「從使者馳奏之高帝」句。

〔一九〕〔説〕曰　從黄校本補。

〔二〇〕北有胡（宛）〔苑〕之利　從漢書張良傳改。

〔二一〕〔諸侯〕安定　從學海堂本、漢書張良傳補。

〔二二〕故立爲（代）〔燕〕王　從南監本改。

〔二三〕封子信爲刮羹侯　漢書楚元王傳作「羹頡侯」。

〔二四〕立（楚）〔交〕爲楚王　從南監本、龍谿本、學海堂本、漢書高帝紀改。

〔二五〕（行）封王陵爲定國侯　從龍谿本删。又漢書王陵傳作「安國侯」。

〔二六〕行封凡百四十有三人　鈕永建校云：按漢書高惠高后文功臣表高祖功臣侯百四十七人，合外戚四人，王子二人，凡百五十三人。據此則紀文「四」字當改從「五」。

〔二七〕作〔十〕八（十）侯之位次　從漢書高惠高后文功臣表乙正。

〔二八〕吾用先生之（渫）〔謀〕　從南監本、龍谿本、學海堂本改。

〔二九〕徒持文（物）〔墨〕論議而已　從漢書蕭何傳改。

〔三〇〕家令説〔太〕公曰　從漢書高帝紀補。

〔三一〕皇帝〔雖〕子　從南監本、漢書高帝紀補。

〔三二〕匈奴圍（太原）韓王信於馬邑　從漢書高帝紀删。

〔三三〕（阻）〔沮〕吾軍　從黄校本、漢書劉敬傳改。

〔三四〕月（暈）〔暈〕圍于昴參畢七重　從南監本、龍谿本、學海堂本改。此句當從漢書天文志作「月暈，圍參畢七重」。

〔三五〕〔街〕北　從漢書天文志補。

〔三六〕廢爲（部）〔郃〕陽侯　從龍谿本、學海堂本改。

〔三七〕拜通爲（泰）〔奉〕常　從龍谿本、學海堂本改。蔣國祚云：「按奉常秦爵，至景帝六年改奉常爲太常，高祖時宜仍稱奉常。」按：漢書叔孫通傳作「奉常」。

# 兩漢紀上　漢紀

## 高祖皇帝紀卷第四

八年冬，上擊韓王信餘寇于東垣，建武侯靳歙有功，〔一〕遷爲車騎將軍。上還過趙，趙相貫高伏兵柏人亭，欲爲逆。上宿心動，曰：「柏人者，迫於人也。」乃去之。初，上過〔趙〕，〔二〕趙王甚卑恭。上箕踞駡詈，甚辱之。貫高謂王曰：「皇帝遇王無禮，請殺之。」王嚙其指出血，曰：「先人亡國，賴皇帝得復，德流乎子孫。君無出口。」高等私相謂曰：「吾王長者，終不背德，何（謂）〔爲〕汙王？〔三〕事成，歸之于王；不成，獨身坐之。」乃陰獨爲謀，而王不知。十有一月，令士卒從軍死者送歸于縣，給衣衾，長吏視葬，祠以少牢。十有二月，至自東垣。春三月，行如洛陽。令〔賈〕人無得衣錦繡綺縠絺紵。〔四〕九月，至自洛陽。

九年冬十月，淮南王、趙王、楚王來朝，〔五〕置酒前殿。上爲太上皇壽，曰：「始者，大人常以臣不如仲能治産業，今臣之業孰與仲多？」殿上皆稱萬歲。十有一月，徙郡國大族豪傑名家十餘萬户以實關中，婁敬之計也。十有二月，行如洛陽。趙相貫高逆謀發覺，同謀者趙午等十餘人皆自刎死。高曰：「若皆死，誰當明王不反？」乃就檻車，送詣長安，言王不知，考治身無完者，終不復言。上曰：「壯士哉！」令人私問之，高曰：「人情豈不各愛其親戚乎？今吾三族皆以論死，豈以王易吾親戚哉！」具以情對，上乃詔赦趙王。嘉貫高之節，乃赦之。高曰：「所不死者，欲明王不反。今王已出，吾責塞矣。且人臣有篡弑之名，將何面目復事上哉！」乃仰天絶吭而死。趙王張敖尚魯元公主故，封敖爲宣平侯。荀悦曰：貫高首爲亂謀，殺主之賊，雖能證明其王，小亮不塞大逆，私行不贖公罪。春秋之大義，居正罪無赦。趙王掩高之逆心，失「將而必誅」之義，使高得行其謀，不亦殆乎！無藩國之義，滅死可也，侯之，過歟！初，捕趙王，詔有敢從者夷三族。趙王郎中田叔、孟舒〔五〕等十人髡鉗爲王家奴，從王就獄，後上聞田叔、孟舒皆賢，〔六〕召見之。漢朝廷臣無能出其右者，皆以爲郡守。春正月，徙代王如意爲趙王。夏六月乙未晦，日有食之。

十年冬十月，淮南王、梁王、燕王、荊王、楚王、齊王、長沙王來朝。夏五月，太上皇崩。秋七月癸卯，太上皇葬于萬年。〔七〕八月，令諸侯王皆立太上皇廟于國都。上欲廢太子，立戚夫人子如意。群臣争之，不能得。御史大夫周昌固争之，上問其狀。昌爲人剛直少言，對曰：「臣雖口不能言，然心知其不可。陛下必欲廢太子，立戚夫人子如意，臣期不奉詔。」

昌嘗奏事，上方擁戚夫人，昌還走。上追之，騎昌（頃）〔項〕上，〔八〕問曰：「我何如主？」曰：「陛下桀、紂主也。」上笑之。後上嘗心不樂，悲歌，群臣不知所謂。符璽御史郎趙堯進曰：「陛下所爲不樂者，非以爲趙王年少，而戚夫人與吕后有隙，萬歲之後不能自全也？」上曰：「然。」堯曰：「宜爲趙王置貴强相，吕后、太子、群臣素所憚者。」上曰：「誰可使？」對曰：「周昌可相趙王。」上謂昌曰：「吾極知其左遷，然吾憂趙王，非公莫可相者。」乃以昌爲趙相，以趙堯代昌爲御史大夫。初，趙人方與公謂昌曰：「君之吏趙堯，奇士也，且代君位。」昌笑曰：「堯年少，刀筆吏耳，何至是乎！」卒如方與公言。九月，〔代相〕陳豨〔反，豨少時，常稱慕魏公子無忌之養士，及爲相守邊〕，〔九〕接下賓客，從車千餘乘。初，豨適代時，辭淮陰侯韓信。韓信既廢，恐懼怨望，乃與豨謀曰：「趙、代，精兵處也。公反于外，上必自出。吾從中起，天下可圖也。」豨反，上欲自擊之。建成侯周緤泣曰：「陛下常自行，是無人可使。」初，緤從上，每有不利，終無離上之心。上以爲「愛我」，賜上殿不趨。上遂東至邯鄲，選壯士可令將者四人，各封千户侯。左右皆曰：「此人何功，而封千户？」上曰：「非爾所知。夫陳豨反，趙、代皆豨之有。吾以羽檄徵天下兵，未有至者，今獨邯鄲中兵至。吾何愛四千户，不以慰趙子弟心乎！」復求樂毅之後，得樂叔，封樂鄉侯，號曰華成君。令吏民爲豨所劫略，皆赦其罪。問豨將，皆故賈人。曰：「吾知易與之矣。」乃多與金購豨將，將多降。是時，沛人任敖素善於上，上以客從，拜爲上黨太守，堅守不下，封敖廣阿侯。御史大夫趙堯擊豨有功，封江邑侯。詔御史曰：「獄之疑者，吏或不敢決，或有死者久而不能論，無罪者久繫。自今已後，有疑獄者，各讞所屬二千石；二千石不能決，移之廷尉；廷尉不決，具奏以聞。」

十一年冬十月，遣周勃征代地。春正月，淮陰侯韓信謀反，與陳豨爲内應，欲夜詐詔諸官徒奴以襲呂后、太子。其舍人告之。呂后與蕭何謀，詐令人從上所來，言陳豨已死，群臣皆賀。遂執信，斬之，夷三族。信方斬，歎曰：「悔不用蒯通之言，爲女子所執。」上自邯鄲至洛陽，召蒯通，將烹之。通曰：「臣聞狗各吠非其主。當彼之時，臣但知有齊王信，不知有陛下。且秦失其鹿，天下争逐之，高材輕足者先得。當此之時，争欲爲陛下所爲，顧力不能，可盡烹邪！」乃赦之。上使使者拜丞相蕭何爲相國，益封五千户，令卒五百人、一都尉爲相國衛。諸群臣皆賀，故秦東陵侯邵平獨揖曰：「禍自此始矣。上暴露於外，而君守其内，非有矢石之難，而益封置衛者，以今淮陰侯新反於中，有疑君心。夫置衛者衛君，非所以寵君也。(顧)〔願〕君讓封勿受，〔一〇〕以家財給軍。」何從之，上大悦。立皇子恒爲代王，都晋陽。赦天下。三月，梁王彭越反，誅三族。上擊陳豨時，徵兵梁王，梁王但遣將往。上怒之，梁王欲自行。其將扈輒曰：「王始不行，見讓而往，即爲擒矣，不如遂發兵反。」梁王不聽，稱疾。梁王太僕有罪亡者，告彭越與扈輒謀反。上捕囚越，赦爲庶人，徙之蜀。道逢呂后於路，涕泣曰：「無罪，願歸昌邑。」呂后與俱還洛陽，謂上曰：「彭越壯士，徙之蜀，自貽後患，不如遂誅之。」呂后令其舍人告彭越復謀反，乃誅之，夷三族，梟其首，令曰：「敢有收視者，輒捕之。」梁太傅欒布爲彭越使于齊，還，報命首下，祠而哭之。上欲烹之，方提頭趨湯鑊，布曰：「願一言而死。」曰：「陛下非彭越，項氏不亡。今天下已定，彭王剖符受封，亦欲傳之萬世。今一徵兵，王不自行，而疑以爲反。反形未見，以苛察誅之，臣恐功臣人人自危。彭王已死，臣生不如死，請就湯鑊。」上赦之，拜爲都尉。於是醢彭越，以醢遍賜諸侯。淮南王英布聞越死，見醢，乃驚恐，陰有疑謀。立皇子恢爲梁王，皇子友爲淮陽王。夏四月，上行自洛陽。〔一〕五月，遣楚人陸賈使南越，立尉佗爲王。（他）〔佗〕者，〔二〕秦時爲南海郡尉，因天下之亂，遂有南越。賈至，尉佗椎髻箕踞見賈。賈曰：「足下中國之人，親戚昆季墳墓在真定。今足下反天性，棄冠帶，欲以區區之越與天子抗行爲敵國，禍且及身矣。天子聞君王南越，不助天下誅暴秦，將欲移兵於王。天子爲百姓勤勞，遣臣授君王印綬，剖符通使。王（且）〔宜〕郊迎，〔三〕北面稱臣，乃欲以新造未集之越，屈强於此。漢誠聞之，掘燒王先人墳墓，夷滅宗族，遣一偏將將十萬師以臨越，越人即殺王降漢，如反手耳。」於是尉佗乃蹷然起坐，而謝曰：「吾居蠻夷中久，殊失禮儀。」因問賈曰：「我孰與蕭何、曹參賢？」賈曰：「王則賢矣。」復問：「我孰與皇帝賢？」賈曰：「皇帝起豐沛，討暴秦，誅强楚，爲天下興利除害，繼五帝、三王之業，統治中國，政由一家，自天地剖判已來未曾有也。今王衆不過數十萬，皆蠻夷，崎嶇山海，譬猶漢之一郡，何乃比於漢也！」佗大笑曰：「吾不起中國，故王此。使我起中國，何遽不若漢？」乃遂受符印，稱王。賜賈橐，中裝直千金，餘贈送亦千金。賈還報命，拜太中大夫。賈時上前説詩、書。上駡之曰：「吾居馬上得天下，安用詩、書乎！」賈對曰：「陛下居馬上得之，寧能馬上治之乎？且湯、武逆取而順守，文武並用，久長之道。昔吴王夫差（拯）〔極〕武而亡，〔四〕秦任刑法不變而滅。向使秦已兼天下，行仁義，法先王，陛下安得而有之？」上有慙色，謂賈曰：「試爲我著秦之所以失天下，吾所以得天下，及古今成敗之國。」〔五〕賈凡著書十二篇。每奏一篇，上讀之，未嘗不稱善。號其書曰新語。秋，淮南王黥布謀反，謂其將曰：「上老矣，厭兵，必不能自來。諸將獨韓信與彭越，今皆死矣，餘不足畏。」遂反。汝陰侯問故楚令尹薛公曰：「布何故反？」對曰：「往年殺韓信，今年殺彭越，此三人者，同功一體之人。自疑禍及其身，故反耳。」夏侯嬰乃言薛公於上，上召問之。薛公對曰：「布出上計，則山東非漢之有也；出中計，勝敗之數未可知；布出下計，陛下高枕而卧耳。」上曰：「何謂上計？」對曰：「東取吴，西取楚，并齊與魯，傳檄燕、趙，固守其所，山東非漢之有。」「何謂中計？」對曰：「東取吴，西取楚，并齊、韓，取魏，據敖倉之粟，塞成皋之口，勝敗之數未可見也。」「何謂下計？」「東取吴，西取楚，歸重於越，身歸長沙，陛下無患矣。」上曰：「此計將安出？」曰：「必出下計。布故驪山徒耳，致萬乘之王，此皆爲身，不顧其後，不爲百姓萬世之業也。」上曰：「善。」封薛公爲千户侯。上遂自征布，赦死罪已下，皆令從軍。立皇子長爲淮南王。布果東擊楚。楚王分軍爲三，欲以相救爲奇兵。或謂楚將曰：「諸侯自戰其地爲散地。今分軍爲三，布散其一，兩軍散走，安能相救！」不聽。布果敗其一軍，而二軍皆走。布遂與帝遇于蘄西會甀。布兵精甚，其置陣如項羽軍，上惡之。上謂布曰：「何苦反？」布曰：「我欲爲帝耳。」上罵之，遂戰，布敗。

十二年冬十月，上破布軍。布走江南，長沙王使人殺之。上擊布也，數使使勞相國。或謂何曰：「君居關中，甚得百姓心，上畏君傾動關中。君何不多買人田宅，賤貰貸以自汙！不然，上心不安。」何從〔之〕。〔一六〕上還過沛，悉召故人父老子弟置酒。上自歌曰：「大風起兮雲飛揚，威加海内兮歸故鄉，安得猛士兮守四方！」上乃起舞，忼慨傷懷，泣數行下。歎息曰：「游子悲故鄉，吾萬歲之後魂魄猶思沛。其以沛爲朕湯沐邑，復其人，世〔世〕無所與。」〔一七〕又以豐比沛。既至長安，立豐縣。豐之枌榆故廬社，皆如舊制也。周勃定代，斬陳豨。或言燕王綰與豨通謀，上召盧綰。盧綰謂其臣曰：「往年族淮陰侯、彭越皆吕后計。今上疾病，吕后婦人，專欲誅異姓及大功臣。」遂稱疾不行。上怒，使樊噲將兵擊之。綰將其家屬與數千騎居長城下，欲候上差自入謝之。上立沛侯濞爲吴王。濞者，郃陽侯仲之子也。已拜，上相曰：「汝面狀有反相。漢後五十年東南有亂，豈非汝也？然天下一家，慎勿反也！」濞頓首曰：「不敢。」上過魯，以大牢祀孔子。十有二月，還京師，民遮道上書數千人，言相國强賤買民田宅。上笑曰：「相國亦愛利乎？」使相國自謝民。後蕭何爲民復請上林苑中空地，令民得入田，無收稾爲禽獸食。上怒曰：「相國多受賈人金錢，爲人請吾苑！」乃詔下廷尉。王衛尉諫曰：「相國何罪，繫之暴也？」上曰：「吾聞李斯相秦，有善歸主，有惡自與。今相國多受賈人錢，爲請吾苑，以自媚於人。」王衛尉曰：「事苟有便於人而請之，宰相職也。陛下奈何乃疑相國受賈人金乎！且陛下拒楚數年，及陳豨反時，上自將兵往，當時相國守關中，關中摇足則關西非陛下之有。相國不以此時爲利，乃今利賈人金錢乎？且秦以不聞其過而亡天下，夫李斯之分過，又何足法哉！」上乃令相國復其位。詔爲秦始皇帝置守塚三十家，〔一八〕楚隱王（一）〔十〕家，〔一九〕復無所與。春二月，熒惑守心，星占曰：「王者惡之。」立皇子建爲燕王。上擊黥布時，爲流矢所中。疾甚，呂后迎良醫。良醫曰：「可治。」上怒曰：「吾以布衣提三尺取天下，此非天命乎？命乃在天，雖扁鵲何益！」遂不使治。呂后問曰：「陛下即百歲之後，蕭相國終，孰可代者？」上曰：「曹參可。」又問其次，曰：「王陵可，然少戇，陳平可以佐之。平智有餘，然難獨任。周勃厚重少文，然安劉氏者必勃也，可爲太尉。」又問其次，上曰：「過此以後，非乃所知。」先是上嘗疾困，惡見人，詔户者無納群臣。群臣莫敢入。十餘日，樊噲乃排闥直入，大臣隨之。上獨枕一宦者卧。噲等見上，流涕曰：「陛下疾甚，大臣震恐，久不見臣等計事，顧獨枕一宦者。嗟乎！陛下獨不見趙高之事乎？」上笑而起。初，上欲廢太子，吕后聞之，使留侯爲太子計。留侯曰：「上有所不能致者四人，曰東園公、夏黄公、甪里先生、綺里季，皆逃在山中。然上高之。今令太子卑辭安車，迎此四人來，以爲客，時隨入朝，則一助也。」吕后從其計，四人果來，年皆八十，鬚眉皓白，故謂之「四皓」。初，黥布反時，上欲使太子將兵擊布。四人相謂曰：「凡來將以安太子。太子將兵，事危矣。有功則位無益也，無功從此受禍。」乃令吕后對上泣涕而言：「黥布善爲兵，諸將皆陛下故人，今乃令太子獨將兵擊之，恐諸將莫肯爲用，且懼布聞之，鼓行而西耳。陛下雖疾，强載輜車，卧而護之，諸將不敢不盡力。」上乃自行，及還，其疾稍〔甚〕，〔二〇〕愈欲易太子。太〔保〕〔傅〕叔孫通固諫曰：〔二一〕「晉獻公以驪姬故，廢太子申生而立奚齊，晉國大亂數十年；秦不早定扶蘇，胡亥詐詔自立，使滅絶秦祀。臣敢以死争之。」上雖聽之，而心欲廢太子。及讌置酒，太子侍，四人從。上怪而問之，四人前對，各言姓名。上乃驚曰：「吾召公等，不奉詔，今侍太子者何？」四人對曰：「陛下喜駡輕士，臣等義不受辱，故亡。今聞太子仁孝，愛人敬士，天下莫不延頸願爲太子死者，臣等故來。」上曰：「煩公等幸卒調護太子。」四人退，上召戚夫人指示曰：「吾欲易太子，彼四人者爲之輔，羽翼已成，難摇動也。」太子遂定。春三月，詔曰：「吾有天下十二年于今，與天下賢士大夫共安輯之。至于褒賞功臣，可謂無負矣。其不義背天下約擅起兵者，與天下共伐誅之。」夏四月甲辰，帝崩于長（安）〔樂〕宫。〔三二〕吕后畏諸將大臣，與審食其謀，欲盡誅大臣，數日不發喪。酈商謂辟陽侯曰：「今陳平、灌嬰將十萬衆守滎陽，樊噲、周勃將二十萬衆定燕、代，此四人聞帝崩，諸將皆誅，必連兵還鄉京師。大臣内叛，諸將外反，亡可翹足而待。」審食其言之於吕后，乃以丁未發喪，大赦天下。盧綰聞上已崩，遂亡入匈奴中。五月丙辰，皇帝葬長陵。本志曰：〔三三〕「高祖入秦，初順人心作三章之約。天下既定，命蕭何定律令，韓信申軍法，張蒼定章程，叔孫通制禮儀，陸賈造新語。又與功臣剖符作誓，丹書鐵券，藏之宗廟。雖日不暇給，規模弘遠矣。」

讚曰：高祖起於布衣之中，奮劍而取天下，不由唐、虞之禪，不階湯、武之王，龍行虎變，率從風雲，征亂伐暴，廓清帝宇，八載之間，海内克定，遂（何）〔荷〕天之衢，〔三四〕登建皇極，上古已來，書籍所載，未嘗有也。非雄俊之才，寬明之略，歷數所授，神祇所相，安能致功如此！夫帝王之作，必有神人之助，非德無以建業，非命無以定衆，或以文昭，或以武興，或以聖立，或以人崇，焚魚斬蛇，異功同符，豈非精靈之感哉！書曰：「天工，人其代之。」易曰：

「湯、武革命，順乎天而應乎人。」其斯之謂乎！故觀秦、項之所亡，察大漢之所興，得失之驗，可〔見〕于茲矣。〔二五〕太史公曰：「夏政忠，政忠之弊野，故殷承之以敬。以敬之弊鬼，故周承之以文。以文之弊薄，救薄莫若忠。三王之道周而復始。周、秦之間，可謂文弊。秦不改，〔文〕〔反〕酷刑。〔二六〕漢承秦弊，得天〔下〕〔統〕矣。」〔二七〕

## 【校勘記】

〔一〕建武侯靳歙　漢書靳歙傳、功臣表及史記高祖功臣表均作「信武侯」。

〔二〕上過〔趙〕　從黄校本、吴慈培校補。

〔三〕何〔謂〕〔爲〕汙王　從龍谿本、學海堂本改。

〔四〕令〔賈〕人無得衣錦繡綺縠絺紵　從漢書高帝紀補。

〔五〕淮南王　漢書高帝紀「淮南王」下有「梁王」二字。

〔六〕孟舒〔等十人髡鉗爲王家奴從王就獄後上聞田叔孟舒〕皆賢　從黄校本補。

〔七〕夏五月太上皇崩秋七月癸卯太上皇葬于萬年　資治通鑑考異卷一云：「漢書五月太上皇后崩，七月癸卯太上皇崩，葬萬年。荀紀五月無『后』字，七月無『崩』字。蓋荀悦之時，漢書本尚未訛謬故也。今從之。」可知此處荀紀無誤，通鑑從之。

〔八〕騎昌（頃）〔項〕上　從南監本、龍谿本、學海堂本改。

〔九〕〔代相〕陳豨〔反豨少時常稱慕魏公子無忌之養士及爲相守邊〕　從黃校本補。豨，漢書韓信傳作「豨」。

〔一〇〕（顧）〔願〕君讓封　從南監本改。

〔一一〕上行自洛陽　漢書高帝紀「洛陽」下有「至」字。

〔一二〕（他）〔佗〕者　從上文、龍谿本改。下改同。

〔一三〕王（且）〔宜〕郊迎　從學海堂本、漢書陸賈傳改。

〔一四〕昔吳王夫差（拯）〔極〕武　從龍谿本、學海堂本改。

〔一五〕及古今成敗之國　國，漢書陸賈傳同。南監本、龍谿本、學海堂本作「故」。

〔一六〕何從〔之〕　從南監本、龍谿本補。

〔一七〕世〔世〕無所與　從漢書高帝紀補。

〔一八〕置守塚三十家　三，漢書高帝紀作「二」。

〔一九〕楚隱王（一）〔十〕家　從南監本、龍谿本、學海堂本、漢書高帝紀改。

〔二〇〕其疾稍〔甚〕　從漢書張良傳補。

〔二一〕太（保）〔傅〕叔孫通　保，漢書叔孫通傳作「傅」，當是。

〔二二〕帝崩于長（安）〔樂〕宮　從學海堂本、漢書高帝紀改。

〔二三〕本志曰　鈕永建校云：「『本志』當作『本紀』。御覽八十七引荀悦漢紀曰：『高祖開建大業，統辟元功，度尚規矩，不可尚矣。是時天下初定，而庶事莫制，故韶夏之音未有聞焉。』以上三十八字，不見今漢紀，當據補。

〔二四〕（何）〔荷〕天之衢　從學海堂本改。

〔二五〕可〔見〕于兹矣　從學海堂本補。

〔二六〕（文）〔反〕酷刑　從學海堂本、史記高祖本紀改。

〔二七〕得天（下）〔統〕矣　從學海堂本、史記高祖本紀改。

# 兩漢紀上　漢紀

## 孝惠皇帝紀卷第五

皇帝五月丙寅即位，年十六，尊高后曰皇太后。凡帝母稱皇太后，帝祖母稱太皇太后，適稱皇后，妾稱夫人。又有美人、良（娣）〔人〕、七子、八子、長使、少使之號。〔一〕武帝制婕好、娙娥、容華、充衣，〔二〕而元帝加昭儀之號。昭儀位視丞相，爵比諸侯王。婕好視上卿，爵比列侯。娙娥視中二千石，爵比關内侯。容華視真二千石，爵比太上造。美人視二千石，比少上造。八子視千石，爵比中更。充衣視九百石，〔三〕爵比左更。七子視八百石，比右庶長。良人視七百石，〔四〕比左庶長。長使視六百石，比五大夫。少使視四百石，比公乘。又有五官，視三百石。順常視二百石。（涓和娱保林良使者）〔無涓、共和、娱靈、保林、良使、夜者〕皆視百石。〔五〕上家人子、中家人子視有秩斗食。賜吏民爵。其喪事，將軍已下至佐長吏，賜金錢各有差。六百石已上，有罪當刑械者，皆容繫之。民年七十已上，十歲已下，有罪當刑者，免之。吏六百〔石〕已上及故二千石家，〔六〕唯給軍賦，役無有所預。叔孫通爲太常，定園陵、宗廟及高祖廟〔諸儀法〕，〔七〕奏武德、文始、五行之舞。武德者，高祖所作，以象天下樂已行、武以除亂也。文始舞者，本舜韶舞也，高祖更名文始舞。五行舞者，本周舞也，秦始皇更名五行舞。太祝迎神于廟門外，奏嘉至，猶古降神之樂也。皇帝入廟門，奏（禮）〔永〕至，〔八〕以爲行步之節，猶古采薺、肆夏也。乾豆上，奏登歌不以管絃，欲使在位者遍聞之，猶古清廟之樂歌；再終也，下奏休成之樂，美神明既（嚮）〔饗〕也。〔九〕皇帝既就東厢坐定，奏永安之樂，美禮已成也。令郡諸侯王立高廟。

元年冬，改諸侯王相國爲丞相。十二月，趙王如意薨，謚曰隱王。先是太后囚戚夫人于永巷，髡鉗之，令舂。且歌曰：「子爲王兮母爲虜，終日常舂兮與死同伍！相去數千里，誰可使告汝？」吕后聞之，曰：「欲倚弱子邪？」召趙王欲誅之，趙相周昌令王稱疾。使者三反，王不行。吕后乃召周昌，周昌至。復使召趙王。上知太后怒，自迎王於霸上，夾與起居。數月，上晨出苑中獵，趙王不能早起，太后鴆而殺之。周昌乃謝病不朝見。吕后乃斷戚夫人手足，去眼熏耳，飲以喑藥，使居鞠室中，名曰「人豕」。召帝視之。帝驚，乃大哭，因病，歲餘不能起。使人謂太后曰：「此非人所爲。臣不堪爲太后子，終不能治天下！」遂不聽政事。賜民爵，初元年故也。凡賜民爵，所以宣恩惠，慰人心，必有所由也。徙淮陽王。

春正月，城長安。

二年冬十月，齊王來朝。王，上之庶兄也。上與王讌飲太后前。置王上坐，如家人禮。太后怒，酌鴆酒，令齊王爲壽。齊王起，上亦起。太后恐，自反巵酒。王怪之，因僞醉而出。齊内史令王獻城陽郡，以尊魯元公主爲湯沐邑。太后嘉而許之，乃遣王歸國。春正月癸酉，有兩龍見於蘭陵人家井中，乙亥夕，始不見。本志以爲「其後趙王幽死之象」。隴西地震。天開東北，廣十餘丈，長二十餘丈。本志曰：「地動，陰有餘；天裂，陽不足。人主微之應。」夏五月，大旱。郃陽侯仲薨。七月，相國蕭何薨，謚文終侯。初，何病，上自臨問：「百歲之後，誰可代君者？」對曰：「知臣莫若君。」上曰：「曹參何如？」對曰：「陛下得之矣。何死不恨！」初，何買田宅必居窮僻處，爲家不治園屋。且曰：「後世賢，師吾約；不賢，毋爲勢家所奪。」癸巳，齊丞相曹參爲相國。初，參在齊，召長老諸先生數百人，問以時政，長老諸先生言，人人殊異。膠西蓋公治黄、老術，曰：「治道貴清静，而民自定。」參乃師蓋公，齊國大治。初，田榮欲叛項羽，劫齊處士，不預者死。齊處士東郭先生、梁石君隱在劫中。及榮敗，二人愧之，隱居深山。蒯通謂曹參曰：「彼東郭先生隱居不出，君未嘗卑禮下節以求士也。願足下禮之。」參曰：「諾。」皆以爲上客。而齊人安期生嘗干項羽，項羽不用其策。已而羽欲封之，亦不肯受封。曹參聞蕭何薨，告其舍人曰：「趣治行，吾且入相矣。」使者召參。參始微時，與蕭何善，及爲齊相，有隙。至何疾，所推賢惟參。參爲相國，遵何之政。擇郡國吏謹厚者即除爲丞相史，其文刻深，務聲名者輒斥去之。日夜飲酒。見人有細過，專覆蓋之，府中無事。上怪而問參不治政事之意，參對曰：「陛下聖德，孰與高皇帝？」上曰：「朕安敢望先帝！」又問：「陛下視臣孰與蕭何？」上曰：「君似不及也。」參曰：「陛下言之是也。高皇時，與蕭何定天下，法令既具，陛下垂拱，臣等守職，遵而勿失，不亦可乎？」上曰：「善。」民歌之曰：「蕭何爲法，較若畫一；曹參代之，守而勿失。載其清淨，民因寧謐。」

三年春，發京師六百里内男女十四萬六千人築長安城，三十日罷。以宗室女爲公主，妻匈奴單于。夏五月，立閩越君繇爲東甌王。〔一〇〕初繇與諸粵俱佐諸侯伐秦，繇功未録，故立爲王，都〔東〕甌（東），〔一一〕號東甌。六月，發諸侯王、列侯徒屬一萬人城長安。〔一二〕秋七月，都廐災。南越王尉佗稱臣奉貢。殞石〔于〕緜諸一。〔一三〕

四年十月，立皇后張氏。帝長姊魯元公主女也。太后欲爲重親，故配帝。荀悦曰：夫婦之際，人道之大倫也。詩稱：「刑于寡妻，至于兄弟，以御于家邦。」易稱：「正家道，家道正而天下大定矣。」姊子而爲后，昏於禮而黷於人情，非所以示天下，作民則也。群臣莫敢諫，過哉！春二月，〔一四〕舉民孝弟力田者復其身。三月，大赦天下。除民挾書律。長樂宮鴻臺災。雨血于〔宜陽〕，〔一五〕一頃。本志以爲「血者，洪範所謂赤祥也。一曰凡雨血，有大誅」。三月，未央宮冰室災。丙子，織室災。本志以爲「冰室奉供養之饋，織室供宗廟衣服，皇后之象也。天（誠）〔戒〕若曰，〔一六〕皇后無〔奉〕宗廟之德云耳，〔一七〕後嗣果絶。」其于洪範爲火不炎上，視不明之咎。洪範（者）〔著〕天人之變，〔一八〕其法本于五行，通于五事，善惡吉凶之應，于是在矣。「五行：一曰水，二曰火，三曰木，四曰金，五曰土。水曰潤下，火曰炎上，木曰曲直，金曰從革，土爰稼穡。」「田（臘）〔獵〕不宿，〔一九〕飲食不享，出入不節，奪民農時，及有姦謀，則木不曲直」。「〔棄〕法律，〔二〇〕逐功臣，殺太子，以妾爲妻，則火不炎上」。「好治宮室，飾臺榭，内淫亂，犯親戚，侮父兄，則稼穡不成」。「好攻戰，輕百姓，（亂）飾城郭，〔二一〕侵邊境，則金不從革」。「簡宗廟，不禱祠，廢祭祀，逆天時，則水不潤下」。「五事：一曰貌，二曰言，三曰視，四曰聽，五曰思」。「（水）〔木〕爲貌，〔二二〕貌曰恭，恭作肅，肅，時雨若，厥福攸好德。貌失，厥咎狂，厥罰常雨，厥極惡。時則有服妖，時則有龜孽，時則有鷄禍，時則有下體生於上之痾，時則有青眚、青祥。惟金沴木。金爲言，言曰從，從作乂，乂，時陽若，厥福康寧。言失，厥咎僭，厥罰常陽，厥極憂。時則有詩妖，時則有介蟲之孽，時則有犬禍，時則有口舌之痾，時則有白眚、白祥。惟火沴金。火爲視，視曰明，明作哲，哲，時燠若，厥福壽。視失，厥咎舒，厥罰常燠，厥極疾。時則有草妖，時則有嬴蟲之孽，時則有羊禍，時則有目痾，時則有赤眚、赤祥。惟水沴火。水爲聽，聽曰聰，聰作謀，謀，時寒若，厥福富。聰失，厥咎急，厥罰常寒，厥極貧。時則有鼓妖，時則有魚孽，時則有豕禍，時則有耳痾，時則有黑眚、黑祥。惟土沴水。土爲思，思曰心，心曰叡，叡作聖，聖，時風若，厥福考終命。思失，厥咎霧，厥罰常風，厥極凶短折。時則有脂夜之妖，時則有華孽，時則有牛禍，時則有腹心之痾，時則有黃眚、黃祥。惟金、木、水、火沴土。皇之不極，厥咎眊，厥罰常陰，厥極弱。時則有射妖，時則有龍蛇之孽，時則有馬禍，時則有下人伐上之痾，時則有日月亂行，星辰逆行」。此洪範之大體也。

五年十月，雷；桃、李、杏、棗實，常燠也。春正月，發京師六百里内男女十四萬五千人築長安城，三十日罷。三月，上遊離宮。叔孫通曰：「古者春常獻果，〔三〕今櫻桃始熟，願陛下取獻宗廟。」諸果獻自此始。初，通秦時徵爲待詔。陳勝等起反，二世詔問群臣、博士。群臣、博士咸曰：「『君親無將，將而必誅』。宜急發兵擊反賊。」二世怒。通進曰：「今明主在於上，法令具於下，安得有反賊乎！此真狗盜鼠竊耳。」二世乃按誅諸言反者，而拜通爲博士。出曰：「幾不免虎口！」乃遂亡，後從漢。及天下定，通乃召魯諸生學者以定儀法。魯（召）〔有〕二人不肯行，〔四〕曰：「公爲人臣不忠，專面諛，不諫苟免。今兵革未休，死傷者未收，乃欲定禮樂。公去矣，無汙我！」通曰：「子真鄙儒，不知時變。」乃去之。漢諸禮儀皆通所定，然猶草創，未能具備矣。夫禮樂，聖人之所以興化致治，太平之本也。本志曰：「五經之道同歸，而禮樂之用宜急。治身者斯須忘禮，則暴慢及之，爲國者一朝忘禮，則荒亂及之。人含天地陰陽之氣，有善惡喜怒哀樂之情。（人）〔天〕稟（異）〔其〕性而不能節也，〔二五〕唯聖人能爲之節而不能絶也，故象天地而制禮樂，所以通神明，立人倫，正情性，節萬事者也。有男女之情，有妬忌之心，爲制婚姻之禮；有交接長幼之序，爲制鄉飲之禮；有哀死思遠之情，爲制喪祭之禮；有（爲崇）〔尊尊〕敬上之心，〔二六〕爲制朝覲之禮。喪有哭踊之節，樂有歌舞之容，正人足以副其情，邪人足以防其失。故婚姻之禮廢，則夫婦之道缺，而淫僻之罪多；鄉飲酒之禮廢，則長幼之序失，而争訟之獄繁；喪紀之禮廢，則骨肉之恩薄，而背死忘（生）〔先〕者衆矣；〔二七〕朝覲之禮廢，則君臣之位失，而侵凌之漸起矣。故孔子曰：『安上治民，莫善於禮；移風易俗，莫善於樂。』禮節民心，樂和民聲，政以行之，刑以防之。禮樂刑政四達而不悖，則王道備矣。樂以治内而爲同，禮以修外而爲異，同則和親，異則畏敬；和親則無怨，畏敬則不争。揖讓而治天下者，禮樂之謂也。二者並行，合爲一體。畏敬之意難見，則著之於享獻辭受，登降跪拜；和親之説難形，則發之於詩歌詠言，鍾石管絃。盡其敬意而不多其財賄，盡其歡心而不（留）〔流〕其聲音。〔二八〕孔子曰：『禮云禮云，玉帛云乎哉？樂云樂云，鍾鼓云乎哉？』言明王設禮樂之本也。故知禮樂之情者能作，識禮樂之文者能述，作者謂之聖，述者謂之明。王者必因先王之禮樂，順時施宜，有所損益，即人之心，稍稍制作，至于太平而大備。周監於二代，禮文尤具，故稱〔禮〕經（禮）三百，〔二九〕威儀三千。於是教化浹洽，民用和睦，災害不生，禍亂不作，囹圄空虛三十餘年。孔子美之曰：『郁郁乎文哉！吾從周。』及其衰也，諸侯縱橫，逾越法度，惡禮制之害己，去其篇籍。遭秦滅學，遂以亂亡。夫樂可以善民心，其感人深，移人疾，是故先王著其教焉。夫民有血氣心知之性，而無哀樂喜怒之常，應感而動，然後心術形焉。是故纖微譙傺之音作，而民憂思；闡諧慢易之音作，而民康樂；麤厲猛奮之音作，而民剛毅；廉直正誠之音作，而民肅敬；寬裕和睦之音作，而民慈愛；流僻邪放之音作，而民淫亂。故先王制雅、頌之聲，本之情性，稽之度數，制之禮儀，合生氣之和，導五常之性，使之陽而不散，陰而不（奪）〔集〕，〔三〇〕剛氣不怒，柔氣不懾，四暢〔交〕於中而發於外，〔三一〕各安其位而不相奪，足以感動民之善心，不使邪氣得襲焉，是先王立禮樂之方也。黃帝作咸池，顓頊作六莖，帝嚳作五英，堯作大章，舜作大韶，禹作大夏，湯作大濩，武王作大武，周公作勺。咸池，備矣；六莖，澤及根莖也；五英，茂也；大章，章之也；韶，繼也；夏，大也；濩，救也；武，言以武功定天下；勺，言酌先王之道。自夏以往，其流不可得聞也，殷頌猶有存者。周詩既備，而器用陳張，周官具矣。夫禮樂者，威儀足以充目，聲音足以動耳，詩歌足以感心，故聞其音而德和，省其詩而志正，觀其數而法立。是以薦之郊廟則鬼神享，作之朝廷則（君）〔群〕臣和，〔三二〕立之學官則萬民協。莫不虛己竦神，悅而承流，是以海内通知上德，被服其風，光耀日新，化上遷善，而不自知其所以然，至于萬物化，天地順而嘉應（祥）〔降〕。〔三三〕故詩云：『鍾鼓煌煌，磬管鏘鏘，降福穰穰。』書云：『擊石拊石，百獸率舞。』至於末世衰亂，殷紂斷棄先祖之正樂，乃作淫聲，用變亂正聲，以悅婦人。周道既缺，而王官失業，雅、頌相錯，禮樂大壞，諸侯設兩觀，乘大輅，大夫八佾舞于庭，政遂陵遲而不變。於是桑間、濮上，鄭、衛、宋、（楚）〔趙〕之聲並出，〔三四〕内則致疾短壽，外則亂政傷民。巧僞之人因而飾之，以熒亂富貴之耳目。庶人以求利，列國以相（闓）〔間〕。〔三五〕故秦穆公遺戎樂而由餘去，齊人饋女樂而孔子行，自此禮樂喪矣。」漢興，乃復存之禮樂，古事稍稍增集。夏，大旱，江河水少，谿谷水絶。八月，相國曹參薨，謚懿侯。九月，長安城成。十月，安國侯王陵爲右丞相，陳平爲左丞相。賜民爵，户一級。

六年十月，齊王肥薨，謚悼惠王。夏六月，武陽侯樊噲薨，謚曰武侯。留侯張良薨，謚文成侯。高帝十四年，留侯果得穀城山下黄石，及薨，與石并葬。復置太尉官，周勃爲太尉。太尉，秦官，掌武事。自先王之立官，名雖不同，其致一也。昔伏羲氏龍〔師〕名〔官〕，〔三六〕神農氏火師火名，黄帝雲師雲名，少昊氏鳥師鳥名。顓頊以來，爲民師民名，有重黎、勾芒、祝融、后土、蓐收、玄冥之官。唐、虞致羲和四子，〔三七〕十有二牧，禹作司空，平水土；棄作后稷，播種百穀；契作司徒，訓五品；臯陶作士官，正五刑；垂作共工，利器用；益作朕虞，育草木鳥獸；伯夷作秩宗，典三禮；夔作典樂，和神人；龍作納言，出入帝命。夏、殷所聞略焉，周官則備矣。天官冢宰，地官司徒，春官宗伯，夏官司馬，秋官司寇，冬官司空，是爲六卿。太師、太傅、太保，坐參天子而議政事，不統職。又立三少爲副，曰少師、少傅、少保，是爲三孤，兼卿而九。秦兼天下，建皇帝之號，改立臣官。漢因循而不革，從簡易，隨時之宜。丞相，金印紫綬，有左右丞相，佐天子助治萬機。高帝更名相國，緑綬。復爲丞相。御史大夫，位上卿，副丞相，銀印青綬。太尉有長史。丞相置兩長史。御史大夫置兩丞：一曰中丞，外督部刺史；一曰内史，掌祕書，受公卿奏事，舉掌劾章。秩皆千石。武帝置丞相司直，掌（左）〔佐〕丞相舉不法，〔三八〕秩比二千石。前、後、左、右將軍，掌武衛，本周末官，秦因之，金印紫綬，位上卿。（太）〔奉〕常，〔三九〕掌郊廟祭祀禮樂典經，景帝更名太常（卿）。〔四〇〕郎中令，掌宫殿門户，宿衛屬官，武帝更名光禄勳。衛尉，掌宫門衛（士）屯兵，〔四一〕諸（侯）〔候〕司馬。〔四二〕太僕，掌輿馬屬官。廷尉，掌刑辟。典客，掌諸（侯）歸義蠻夷。〔四三〕景帝更名大行（令），〔四四〕武帝更爲大鴻臚。宗正，掌視親屬官。治粟内史，掌（寶）〔穀〕貨，〔四五〕景帝更名大（司）農令，〔四六〕武帝更改爲大司農。少府，掌山海河澤之稅，及供養内職屬官。

凡九卿，秩皆中二千石，丞皆千石。廷尉無丞，有正監，秩比千石。中尉，掌徼巡京師，位秩與卿同，武帝更名執金吾。太子太傅、少(府)〔傅〕，〔四七〕古官也。將作少府，掌治(宗)〔宮〕室事，〔四八〕景帝更名大匠。詹事，掌后、太子家(令)，〔四九〕景帝更名長信少府，(武)〔平〕帝更名長樂少府。〔五〇〕將(作)〔行〕官與詹事同并職，〔五一〕景帝更名大長秋。成帝省詹事，并大長秋。典屬國，(事)掌蠻夷降者，〔五二〕(武)〔成〕帝省，〔五三〕職并〔大〕鴻臚。〔五四〕內史，掌京師，景帝分置左右內史，武帝更名〔右〕內史爲京兆尹，〔五五〕左內史爲左馮翊。主爵中尉，掌列侯，景帝更名爲都尉，武帝更名爲右扶風。自太子太傅至右扶風，秩比二千石，丞六百石，皆秦官。唯內史爲周官。司隸，〔五六〕周官，漢爲司隸校尉。〔城門校尉〕，〔五七〕掌京師城門屯兵。中壘校尉，掌北軍壘門內外及掌四城門。〔五八〕屯騎校尉掌騎士。步兵校尉掌上林苑門屯兵。越騎校尉掌騮騎馬。〔五九〕長水校尉〔掌長水宣曲胡騎〕。〔六〇〕胡騎校尉掌池陽胡騎。射聲校尉掌待詔射聲〔士〕。〔六一〕虎賁校尉掌(輜重騎士)〔輕車〕：〔六二〕皆武帝時置之。西域都尉并加官，以騎都尉使護西域，有副校尉，宣帝置也。自司隸已下至副校尉，秩比二千石，有左右丞，(秋)〔秩〕六百石。〔六三〕五官中郎將、左右〔中郎〕將(軍)，〔六四〕秩比二千石。光祿大夫，秩比二千石。太中大夫，秩比(二)千石，〔六五〕掌論議。諫(議)大夫，秩比(六)〔八〕百石。〔六六〕奉車都尉掌御乘輿，駙馬都尉掌駙馬，秩皆〔比〕二千石。〔六七〕侍中、左右〔曹〕諸(曹)吏、散騎、中常侍，〔六八〕皆加官，〔所加〕皆列侯、將軍、〔卿〕大夫、（騎）〔將〕都尉、尚（封令）〔書〕、太醫（令）、太官令至郎中，〔六九〕無常員，多至數十人。侍中、中常侍，皆加官，得入禁中。其後侍中或特縮諸曹吏（綬）〔受〕尚書奏事，〔七〇〕諸吏（問）〔得〕舉劾，〔七一〕按不法。散騎並乘車輿。給事中、黄門亦加官，所加或大夫、博士、議郎，掌顧問應（帝）〔對〕，〔七二〕位次中常侍。侍郎左右有給事中、黄門侍郎，位從將軍、大夫官，皆秦制也。凡爵二十級：一曰公士，二曰上造，三曰簪（裹）〔褭〕，〔七三〕四曰不更，五曰大夫，六曰官大夫，七曰公大夫，八曰公乘，九曰五大夫，十曰左庶長，十一曰右庶長，十二曰左更，十三曰中更，十四曰右更，十五曰少上造，十六曰大上造，十七曰駟（馬）車庶長，〔七四〕十八曰大庶長，十九曰關内侯，二十曰通侯。以賞功勞，皆秦制。諸侯王，高帝初置之，金印紫綬，〔掌〕治其〔國〕。〔七五〕監官，掌監郡縣，秩（比）六百石，〔七六〕後爲刺史。郡守，掌治其郡。郡（都）尉，〔七七〕掌（左）〔佐〕守典（武）職。〔七八〕皆有丞。縣令、長，掌治其縣。萬户以上爲令，秩比千石，下至六百石；而不滿萬户爲長，秩（皆）五百石〔至三百石〕。〔七九〕皆有丞、尉，皆秦制。列侯所食縣曰國，皇太后、公主所食曰邑，有蠻夷曰道。荀悦曰：諸侯之制，所由來尚矣。易曰：「先王建萬國，親諸侯。」孔子作春秋爲後世法，譏世卿不改世侯。昔者聖王之有天下，非所以自爲，所以爲民也，不得專其權利，與天下同之，唯義而已，無所私焉。封建諸侯，各世其位，欲使親民如子，愛國如家，於是爲置賢卿大夫，考績黜陟，使有分土而無分民，而王者總其一統，以御其政。故有暴禮於其國者，則民叛於下，王誅加於上。是以計利慮害，勸賞畏威，各兢其力，而無亂心。及至天子失道，諸侯正之；王室微弱，則大國輔之；雖無道，不得虐於天下。賢人君子，有所周流，上下左右，皆相夾輔，凡此所以輔相天地之宜，以左右民者也。故民主兩利，上下俱便，是則先王之所以能永有其世也。然古之建國，或小或大，監前之弊，變而通之。夏、殷之時，蓋不過百里，故諸侯微而天子强，桀、紂得肆其虐，紂脯邢侯而醢九侯，以文王之上德，不免於羑里。周承（之）〔其〕弊，〔八〇〕故大國方五百里，所以崇寵諸侯而自抑損也。至其末流，諸侯强大，更相侵伐，周室卑微，禍亂用作。秦承其弊，不能正其制以求其中，而遂廢諸侯，改爲郡縣，以一威權，以專天下。其意主以自爲，非以爲民，深淺之慮，德量之殊，豈不遠哉！故秦得擅其海內之勢，無所拘忌，肆行奢淫，暴虐天下，然十四年而滅亡。故人主失道，則天下遍被其害；百姓一亂，則魚爛土崩，莫之匡救。賢人君子復無息肩，衆庶無所遷徙，此民主俱害，上下兩危。漢興，承周、秦之弊，故兼而用之。六王、七國之難作者，誠失之於强大，非諸侯治國之咎。其後遂皆郡縣治民，而絕諸侯之權矣，當時之制，未必百王之法也。凡（長）吏秩〔比〕二千石〔已〕上，〔八一〕皆銀印青綬。比六百石已上，皆銅印墨綬。比二百石已上，皆銅印黃綬。其後雖不及六百石，其長、相皆墨綬。除八百石、五百石秩。荀悅曰：先王之制祿也，下足以代耕，上足以充祀。故食禄之家，不與下民争利，所以厲其公義，塞其私心。其或犯逾之者，則繩以政法。是以君子勸慕，小人無怨。若位（苟）〔尊〕禄薄，〔八二〕（外）〔内〕而不充，〔八三〕憂匱是卹，所求不贍，則私利之（制）〔智〕萌矣；〔八四〕放而聽之，則貪利之心濫矣；以法繩之，則下情怨矣。故位必稱德，禄必稱爵，故一物而不稱，則亂之本也。今漢之賦禄薄而吏非員者衆，在位者貪於財産，規奪官民之利，則殖貨無厭，奪民之利不以爲耻。是以清節毁傷，公義損缺，富者比公室，貧者匱朝夕，非〔所〕爲（所）濟俗也。〔八五〕然古今異制，爵賦不同，禄亦如之，雖不及古，度時有可嘉也。

七年春正月辛酉朔，〔八六〕日有食之。是謂正朔，王者惡之。夏五月，〔八七〕日有食之。〔八八〕秋八月，帝崩于未央宫。太后哭而淚不下。侍中張辟彊者，張良子，年十五餘，謂陳平曰：「太后泣不下淚者，畏君等危吕氏。宜請吕産、吕禄爲將，監南、北軍事，太后必喜，君等免禍。」平從之。太后果喜，而泣之淚下。九月，皇帝葬于安陵。

讚曰：本紀稱「孝惠内修親親，外禮傅相，優寵齊悼、趙隱，恩愛篤矣，可謂寬仁之主。遭吕太后虧損至德，枉流濫哉，深可悲矣！」

## 【校勘記】

〔一〕良（姊）〔人〕　從漢書外戚傳改。下文亦作「良人」。

〔二〕充衣　漢書外戚傳作「充依」。

〔三〕充衣視九百石　漢書外戚傳作「視千石」。漢書百官公卿表無九百石秩。

〔四〕良人視七百石　漢書外戚傳作「視八百石」。漢書百官公卿表無七百石秩。

〔五〕（涓和娱保林良使者）〔無涓共和娱靈保林良使夜者〕　從南監本、漢書外戚傳改。

〔六〕吏六百〔石〕以上　從學海堂本、漢書惠帝紀補。

〔七〕定園陵宗廟及高祖廟〔諸儀法〕　從漢書叔孫通傳補。

〔八〕奏（禮）〔永〕至　從漢書禮樂志改。

〔九〕美神明既（嚮）〔饗〕也　從漢書禮樂志改。

〔一〇〕立閩越君繇爲東甌王　繇，史記東越傳、漢書兩粤傳均作「摇」。甌，漢書惠帝紀作「海」。

〔一一〕都〔東〕甌（東）　從漢書兩粤傳乙正。

〔一二〕徒屬一萬人　一，漢書惠帝紀作「二」。

〔一三〕殞石〔于〕緜諸一　從龍谿本、學海堂本補。

〔一四〕春二月　二，漢書惠帝紀作「正」。

〔一五〕雨血于〔宜陽〕　從龍谿本、學海堂本補。

〔一六〕天（誠）〔戒〕若曰　從龍谿本、漢書五行志改。

〔一七〕皇后無〔奉〕宗廟之德　從陳璞校、漢書五行志補。

〔一八〕洪範（者）〔著〕天人之變　從南監本、龍谿本改。

〔一九〕田（臘）〔獵〕不宿　從南監本、龍谿本改。

〔二〇〕〔棄〕法律　從漢書五行志、南監本、龍谿本、學海堂本補。

〔二一〕（亂）飾城郭　從漢書五行志、陳璞校删。

〔二二〕（水）〔木〕爲貌　從龍谿本、學海堂本改。

〔二三〕古者春常獻果　漢書叔孫通傳作「古者有春嘗菓」。

〔二四〕魯（召）〔有〕二人不肯行　從漢書叔孫通傳改。

〔二五〕（人）〔天〕稟（異）〔其〕性　從漢書禮樂志改。

〔二六〕有（爲崇）〔尊尊〕敬上之心　從學海堂本、漢書禮樂志改。

〔二七〕而背死忘（生）〔先〕者衆矣　從漢書禮樂志改。

〔二八〕盡其歡心而不（留）〔流〕其聲音　從學海堂本、漢書禮樂志改。

〔二九〕故稱〔禮〕經（禮）三百　從漢書禮樂志乙正。

〔三〇〕陰而不(奪)〔集〕 從學海堂本、漢書禮樂志改。

〔三一〕四暢〔交〕於中 從漢書禮樂志補。

〔三二〕作之朝廷則(君)〔群〕臣和 從漢書禮樂志改。

〔三三〕天地順而嘉應(祥)〔降〕 從學海堂本改。

〔三四〕鄭衛宋(楚)〔趙〕之聲並出 從漢書禮樂志改。

〔三五〕列國以相(聞)〔間〕 從學海堂本、漢書禮樂志改。

〔三六〕伏羲氏龍〔師〕名〔官〕 從漢書百官公卿表補。

〔三七〕唐虞致羲和四子 致，漢書百官公卿表作「命」。

〔三八〕掌(左)〔佐〕丞相舉不法 從漢書百官公卿表改。

〔三九〕(太)〔奉〕常 從學海堂本、漢書百官公卿表改。

〔四〇〕更名太常(卿) 從漢書百官公卿表删。

〔四一〕掌宮門衛(士)屯兵 從漢書百官公卿表删。

〔四二〕諸(侯)〔候〕司馬 從漢書百官公卿表改。

〔四三〕掌諸(侯)歸義蠻夷 從漢書百官公卿表删。

〔四四〕更名大行〔令〕 從漢書百官公卿表補。

〔四五〕掌（寶）〔穀〕貨　從漢書百官公卿表改。

〔四六〕景帝更名大（司）農令　從漢書百官公卿表删。

〔四七〕少（府）〔傅〕　從學海堂本、漢書百官公卿表改。

〔四八〕掌治（宗）〔宫〕室事　從漢書百官公卿表改。

〔四九〕掌后太子家（令）　從漢書百官公卿表删。

〔五〇〕（武）〔平〕帝更名長樂少府　從漢書百官公卿表改。

〔五一〕將（作）〔行〕官與詹事同并職　從漢書百官公卿表改。

〔五二〕（事）掌蠻夷降者　從漢書百官公卿表删。

〔五三〕（武）〔成〕帝省　從漢書百官公卿表改。

〔五四〕職并〔大〕鴻臚　從漢書百官公卿表補。

〔五五〕更名〔右〕内史爲京兆尹　從漢書百官公卿表補。

〔五六〕司隸　漢書百官公卿表作「司隸校尉」。

〔五七〕〔城門校尉〕　從漢書百官公卿表補。

〔五八〕及掌四城門　漢書百官公卿表作「外掌西域」，可能是「四城」之訛，荀紀當是。

〔五九〕掌駟騎馬　漢書百官公卿表作「掌越騎」。

〔六〇〕〔掌長水宣曲胡騎〕 從漢書百官公卿表補。

〔六一〕掌待詔射聲〔士〕 從漢書百官公卿表補。

〔六二〕掌（輜重騎士）〔輕車〕 從漢書百官公卿表改。

〔六三〕（秋）〔秩〕六百石 從學海堂本、漢書百官公卿表改。

〔六四〕左右〔中郎〕將（軍） 從漢書百官公卿表改。

〔六五〕太中大夫秩比（二）千石 從漢書百官公卿表删。

〔六六〕諫（議）大夫秩比（六）〔八〕百石 從漢書百官公卿表删改。

〔六七〕秩皆〔比〕二千石 從漢書百官公卿表補。

〔六八〕左右〔曹〕諸（曹）吏 從漢書百官公卿表乙正。

〔六九〕〔所加〕皆列侯將軍〔卿〕大夫（騎）〔將〕都尉尚（封令）〔書〕太醫（令）太官令至郎中 從漢書百官公卿表改。

〔七〇〕諸曹吏（綬）〔受〕尚書奏事 從漢書百官公卿表改。

〔七一〕諸吏（問）〔得〕舉劾 從學海堂本改。

〔七二〕掌顧問應（帝）〔對〕 從學海堂本、漢書百官公卿表改。

〔七三〕三曰簪（裹）〔裊〕 從漢書百官公卿表改。

〔七四〕駟（馬）車庶長　從漢書百官公卿表删。
〔七五〕〔掌〕治其〔國〕　從漢書百官公卿表補。
〔七六〕秩（比）六百石　從漢書百官公卿表删。
〔七七〕郡（都）尉　從漢書百官公卿表删。
〔七八〕掌（左）〔佐〕守典〔武〕職　從漢書百官公卿表改補。
〔七九〕秩（皆）五百石〔至三百石〕　從漢書百官公卿表改補。
〔八〇〕周承（之）〔其〕弊　從南監本、龍谿本、學海堂本改。
〔八一〕凡（長）吏秩〔比〕二千石〔已〕上　從漢書百官公卿表删補。
〔八二〕若位（苟）〔尊〕禄薄　從黄校本改。
〔八三〕（外）〔内〕而不充　從黄校本改。
〔八四〕則私利之（制）〔智〕萌矣　從龍谿本改。
〔八五〕非〔所〕爲（所）濟俗也　從龍谿本、學海堂本乙正。
〔八六〕辛酉　漢書惠帝紀作「辛丑」。
〔八七〕夏五月　漢書惠帝紀作「夏五月丁卯」。
〔八八〕日有食之　漢書惠帝紀作「日有食之既」。

# 兩漢紀上　漢紀

## 高后紀卷第六

初，高后命孝惠張皇后取後宫美人子養之，而殺其母，以爲太子，立爲皇帝。皇帝年幼，高后臨朝稱制。立兄子台爲楚王，〔一〕台弟産爲梁王，禄爲趙王，封諸吕六人爲列侯。高皇后將王諸吕，問右丞相王陵。王陵曰：「高皇帝定天下，刑白馬而盟曰：『非劉氏而王者，天下共擊之。』」問左丞相陳平、太尉周勃。平、勃對曰：「高帝定天下，王諸劉；今陛下稱制，王諸吕，無所不可。」后喜。罷朝，陵讓平、勃曰：「諸君背要，何面目見高帝於地下！」（勃）〔平〕曰：〔二〕「面折廷諍，臣不如君；安漢社稷，君不如臣。」后乃左遷陵爲帝太傅，實奪之相權。陵謝病免，杜門不出。冬十一月，徙（左）〔左〕丞相陳平爲右丞相，〔三〕辟陽侯審食其爲左丞相。食其，沛人也。初，吕后獲於楚，食其常以舍人侍，得幸。及爲丞相，不典治相，監宫中事，（加）〔如〕郎中令，〔四〕群臣皆因決事。先是或毁食其於惠帝，惠帝欲誅之。平原君朱建爲説惠帝幸臣閎籍孺曰：「君幸於帝，天下莫不聞者。今辟陽侯幸于太后而下吏，道路皆言君讒之。今日辟陽誅，明日太后含怒，亦誅君耳。」於是籍孺懼，入言於帝而出之。朱建者，故黥布相也。布之反，建諫止之。高帝賜建號平原君。建爲人口辯，初名廉直，行不苟合。辟陽侯欲交建，建不肯。及建母死，家貧，無以收葬。陸賈乃見辟陽侯曰：「平原君母死。」辟陽侯曰：「平原君母死，何乃賀我？」賈曰：「平原君必不知君者，爲其母。今其母死，家貧，無以葬之。君誠能厚送葬之，則彼爲君死矣。」食其乃奉百金。列侯、貴人以食其故，往贈送之，凡百金，〔五〕而建受之。及呂氏之誅，〔食〕其卒見全者，〔六〕皆建之力也。後淮南厲王長誅食其，建以食其客故，事及之，建自殺。

元年春正月，詔曰：「孝惠帝欲除三族辠及妖言令，議未決而崩，今除之。」賜民爵，户一級。夏五月，丙申，趙王宫中叢臺災。立孝惠美人子五人：强爲淮陽王，不疑爲恒山王，弘爲襄城侯，朝爲軹侯，武爲(壼)〔壺〕關侯。〔七〕秋七月，桃李花。高后怒御史大夫趙堯之爲趙王謀也，免堯(之)〔官〕抵罪。〔八〕上黨太守任敖爲御史大夫。

二年春正月，詔班序列侯功臣位次，藏于高廟，世世勿絶嗣。二月乙卯晦，地震，羌道、武都道山崩。夏六月，日蝕。秋七月，恒山王不疑薨，立襄城侯弘爲恒山王。行(五)〔八〕銖錢之制。〔九〕夏殷以前無文焉，周制則有文。凡錢外圓内方，輕重以銖。周景王以錢輕，更鑄大錢，文曰「寶貨」，肉好（外）〔皆〕有周郭。〔一〇〕秦錢文曰「半兩」，重如其文。漢興，復輕之。齊悼惠王子章入宿衞，封朱虛侯。

三年夏，江水、漢水溢，流四千餘家。秋，星晝見。伊水、洛水溢，流千六百餘家。汝水溢，流八百餘家。其在洪範爲水不潤下。

四年夏四月，少帝出怨言，知高后殺其母。后乃幽之于永巷，詔曰：「皇帝久病昏亂，不能奉宗廟。」廢之。五月，立恒山王弘爲皇帝。

五年春三月，南越王尉佗自稱南越武帝。〔一一〕是時禁南越關中市鐵器，尉佗曰：「先帝與我通使勿絶，今高后聽讒臣之言，別異蠻夷。此必長沙王計，欲倚中國，擊滅南越，自以爲功。今自稱越帝。」欲攻長沙。秋八月，淮陽王強薨。九月，發河東、上黨騎屯北地，備匈奴。

六年春，星晝見。夏四月，赦天下。秩長陵令二千石。六月，匈奴寇狄道，攻（河）〔阿〕陽。〔一二〕行五分錢。朱虛侯弟興居封東牟侯，皆入宿衞。

七年冬十二月，匈奴寇狄道。春正月，趙王友死于邸。呂氏女爲趙王后，王后妒，讒王於高后曰：「呂氏安得王？太后百年後，吾必擊之。」高后怒之。至邸，令衞士圍之，不得食，遂幽死，以民禮葬之長安，謚爲幽王。後徙梁王恢爲趙王。己丑晦，日有食之，既，在營室九度，爲宮室之中。高后惡之曰：「此爲我也！」星傳曰：「日者德也，月者刑也。日食修德，月食修刑。」則災異消矣。詩云：「日月告凶，不用其行。四國無政，曷用其良！」言人君失政，則日月失行。中道（南曰）〔者〕黃道，〔一三〕（南）〔北〕至東井，〔一四〕（北）〔南〕至牽牛，〔一五〕東至角，西至婁。夏至，日至東井，去極近，故晷短。立八尺之表，而晷長一尺五寸八分。冬至，日至於牽牛，去極遠，故晷長；立八尺之表，而晷長一丈三尺一寸四分。春分西至婁，去極中；秋分東至角，去極中；立八尺之表，而晷長七尺三寸六分。日爲陽，陽用事則日進而北，晝進而長，陽勝，故爲温暑；陰用事則日退而南，晝退而短，陰勝，故爲寒涼。洪範曰：「日月之行，則有冬有夏，有寒有暑。」此之謂也。至若南北失度，晷進而長則爲寒，退而短則爲暑。人君急則日晷進而疾，舒則日晷退而緩，故曰急恒寒若，舒恒燠若。一曰晷長爲潦，若晷短爲旱，若奢爲扶。扶者，邪臣進，正直疏，君子不足，姦人有餘。月有九行：黑道二，出黃道北；赤道二，出黃道南；白道二，出黃道西；青道二，出黃道東。立春、春分，從青道；立夏、夏至，從赤道；立秋、秋分，從白道；立冬、冬至，從黑道。然一決之於房，從中道。若月失道而妄行，出陽道則旱風，出陰道則陰雨。箕、軫之星爲風，畢星爲雨。故月失度入箕、軫則多風，入畢星則多雨。洪範曰：「星有好風，星有好雨，月之從星，則以風雨。」詩云：「月離于畢，俾滂沲矣。」言多雨也。凡災異所起，或分野之國：角、亢、〔互〕〔氐〕，韓、鄭也；〔一六〕房、心，宋也；尾、箕，燕也；斗、牛，吴也；牽牛、須女，越也；虚、危，齊也；營室、東壁，衛也；奎、婁，魯也；胃、昴、畢，趙也；觜、參，魏也；東井、鬼，秦也；柳、星、張，周也；翼、軫，楚也。荀悦曰：凡三光精氣變異，此皆陰陽之精也。其本在地，而上發於天也。政失於此，則變見於彼，由影之象形，響之應聲。是以明王見之而悟，勑身正己，省其咎，謝其過，則禍除而福生，自然之應也。詩云：「上天之載，無聲無臭。」其詳難得而聞矣，豈不然乎！災祥之報，或應或否。故稱洪範咎徵，則有堯、湯水旱之災；稱消災復異，則有周宣雲漢「寧莫我〔德〕〔聽〕」，〔一七〕稱易「積善有慶」，則有顔、冉夭疾之凶。善惡之效，事物之類，變化萬端，不可齊一，是以視聽者惑焉。若乃稟自然之數，揆性命之理，稽之經典，校之古今，乘其三勢以通其精，撮其兩端以御其中，參五以變，錯綜其紀，則可以髣髴其咎矣。夫事物之性，有自然而成者，有待人事而成者，有失人事不成者，有雖加人事終身不可成者，是謂三勢。凡此三勢，物無不然。以小知大，近取諸身。譬之疾病，〔有〕不治而自瘳者，〔一八〕有治之則瘳者，有不治則不瘳者，有雖治而終身不可愈者，豈非類乎？昔虢太子死，扁鵲治而生之。鵲曰：「我非能治死爲生也，能使可生者生耳。」然太子不遇鵲亦不生矣。若夫膏肓之疾，雖醫和亦不能治矣。故孔子曰「死生有〔節〕〔命〕」，〔一九〕又曰「不得其死然」，又曰「幸而免」。死生有〔節〕〔命〕，其正理也；不得其死，未可以死而死；幸而免者，可以死而不死。凡此皆性命三勢之理。推此以及教化，則亦如之。何哉？人有不教而自成者，待教而成者，無教化則不成者，有加教化而終身不可成者。故上智下愚不移，至於中人，可上下者也。是以推此以及天道，則亦如之，災祥之應，無所謬矣。故堯、湯水旱者，天數也；洪範咎徵，人事也。魯僖澍雨，乃可救之應也；周宣旱應，難變之勢也；顏、冉之凶，性命之本也。猶天迴日轉，大運推移，雖日遇禍福，亦在其中矣。今人見有不移者，因曰人事無所能移；見有可移者，因曰無天命；見天人之殊遠者，因曰人事不相干；知神氣流通者，人共事而同業。〔二〇〕此皆守其一端，而不究終始。易曰：「有天道焉，有地道焉，有人道焉。」言其異也。兼三才而兩之，言其同也。故天人之道，有同有異。據其所以異而責其所以同，則成矣；守其所以同而求其所以異，則弊矣。孔子曰：「好智不好學，其弊也蕩。」末俗見其紛亂，事變乖錯，則異心橫出，而失其所守，於是放蕩反道之論生，而誣神非聖之（義）〔議〕作。〔二一〕夫上智下愚雖不移，而教之所以移者多矣；大數之極雖不變，然人事之變者亦衆矣。且夫疾病有治而未瘳，瘳而未平，平而未復；教化之道，有教而未行，行而未成，成而有敗。故氣類有動而未應，應而未終，終而有變，遲速深淺，變化錯于其中矣。是故參差難得而均矣。天地人物之理，莫不同之。凡三勢之數，深不可識，故君子盡心力焉，以任天命。易曰：「窮理盡性，以至於命。」其此之謂乎！呂産爲相國，呂祿爲上將軍。立營陵侯劉澤爲瑯邪王。澤，高帝族昆弟。本以將軍擊陳狶有功，故封齊。齊人田生嘗遊乏資，以干澤，澤以三百金爲田生壽。乃謂太后所幸中謁者張釋卿曰：「太后欲王諸呂，(及)〔又〕重自發之，〔二二〕恐大臣不聽。今釋卿最幸于太后，何不諷大臣以聞太后，太后必喜。呂氏既王，萬户侯亦釋卿有。」釋卿從之。諸呂已爲王，高后賜釋卿金千斤，釋卿以其半進田生。田生不受，又説曰：「呂氏之王也，大臣未服。今劉澤於諸劉長，大臣所信，獨不見用，常有觖望也。今令太后裂地十餘縣以王之，彼喜而去，諸呂王益固矣。」遂封澤爲瑯邪王。夏五月，尊昭靈夫人爲昭靈后，武哀侯爲武哀王，高帝姊宣成夫人爲昭哀后。〔二三〕六月，趙王恢自殺。呂產女爲趙王后，(後宮)〔從官〕皆諸呂(女)也，〔二四〕擅權，王不得自恣。王有愛姬，王后鴆而殺之。王怒，悲憂自殺。呂后以爲用婦人言故自殺，無思奉宗廟之禮，廢其嗣。朱虛侯章怒呂氏專權，侍宴，高后令章爲酒令。章自請曰：「臣，將種也，請以軍法行酒令。」后可之。酒酣，章進起舞曰：「請爲太后作(歸)〔耕〕田之歌。」〔二五〕皇太后笑曰：「汝安知田事？試説之。」曰：「深耕穊稙，立苗欲疏；非其類者，鋤而去之。」高后嘿然。有頃，諸呂有一人亡酒，章追斬之。太后及諸左右大驚，以前許章軍法，無以罪也。因罷。自是諸呂憚章，大臣皆依朱虛侯兄弟以爲强。是時大臣憂諸呂之亂，陸賈説陳平、周勃曰：「天下安，注意相；天下危，注意將。將相和，則權不分。今爲社稷計，在二君掌握耳。何不能交太尉勃？」平以千金爲太尉結歡，勃亦如之，遂戮力同心。平乃賜賈金五百斤，僮百人。〔二六〕八月，燕王建薨。南越侵長沙，遣隆慮侯周竈將兵擊之。

八年春，封中謁者張釋卿爲列侯。諸中〔官〕、宦者令丞皆賜爵關内侯，〔二七〕食邑。高后夢見物如蒼狗，撠后腋，忽然不見。卜之云：「趙王如意爲祟。」遂病腋傷。夏，江水、漢水溢，流萬餘家。河内水溢，流萬家。秋〔九〕〔七〕月辛巳，〔二八〕高后崩于未央宮。諸呂恐爲大臣所誅，謀作亂，欲廢少帝而立呂產。朱虛侯婦呂祿女，密聞其謀，告章。章乃使人陰告其兄齊王〔嬰〕〔襄〕，〔二九〕令發兵西。章及興居欲從中與大臣爲内應，誅諸呂，立齊王。齊王令人誘瑯邪王，欲令興二國兵。瑯邪王既至，因留之。悉發瑯邪兵，以中尉魏勃爲將軍，并將之。呂產等遣大將軍灌嬰擊齊王〔嬰〕〔襄〕，乃陰與齊王約，留兵屯滎陽。曲周侯酈商其子寄與呂祿善，周勃、陳平使人執劫商，而令寄說呂祿曰：「高帝與呂后定天下，劉氏所立九王，呂氏所立三王，皆大臣之〔義〕〔議〕。〔三〇〕事已布告諸侯王，諸侯王以爲宜。今太后崩，少帝幼，足下不急之國守蕃，乃爲上將將兵，爲大臣諸侯所疑。何不速歸將軍印綬，因以兵屬太尉，請梁王亦歸相印，與大臣盟而之國？高枕而王千里，此萬世之利。」祿然其計，報產及諸呂，多以爲不便，計未決。祿信寄，與俱出遊，過其姑呂嬃。嬃怒曰：「汝爲將軍而棄軍，呂氏今無類矣！」乃悉出珠玉寶器散之堂下，曰：「無爲他人守也！」八月，太尉周勃復令寄謂禄曰：「帝使太尉守北軍，欲令足下之國，急歸將軍印綬，辭去。不然，禍且起。」禄遂解印屬典客，而以兵授勃。勃入軍門，行令軍中曰：「爲吕氏者右袒，爲劉氏者左袒。」軍皆左袒，勃遂統北軍兵。而朱虚侯將率千人入未央宫，斬吕産。辛酉，斬吕禄。諸吕無問長幼，皆斬之。大臣謀，以爲少帝及諸王皆非惠帝子，欲盡誅之，立齊王。議者曰：「王暴戾，虎冠之。〔三一〕代王母家薄氏，君子也。且代王，親高帝子，於今爲長，仁孝聞於天下。以子則順，以賢則大臣安。」乃迎代王。東牟侯興居與太僕夏侯嬰陰共入宫中誅少帝。於是告齊王，令罷兵。諸吕之始王也，吕后畏大臣及有口辯者。陸賈爲太中大夫，自度不能争之，乃謝病免。於是以所使越時囊中裝千金以與五子，各二百斤，令爲産業。賈常安車駟馬，從歌鼓瑟侍者十人，與其子約曰：「過汝家給人馬酒食，極歡十日。有寶劍直百金，所(取)〔死〕家得寶劍。〔三二〕一歲中往來及過他家，卒不過再三。」遊於漢庭公卿之間，名聲甚顯。及誅吕氏，立孝文，賈頗有力。本傳曰：「當孝文之時，天下以酈寄爲賣友。賣友者，謂見利而忘義。若寄父爲功臣而又被執劫，雖權賣吕禄，以安社稷，義存君親，可矣。」淮南丞相張蒼爲御史大夫。

讚曰：本紀稱孝惠、高后之時，海内得離戰争之苦，君臣俱無爲。故惠帝拱己，高后女主制政，不出房闥，而天下晏然，刑罰罕用，民務稼穡，衣食滋殖(笑)〔矣〕。〔三三〕及福祚諸吕，大過漸至，縱橫殺戮，鴆毒生於豪强。賴朱虚、周、陳惟社稷之重，顧山河之誓，殲討篡逆，匡救漢祚，豈非忠哉！王陵之徒，精潔心過於丹青矣！

【校勘記】

〔一〕立兄子台爲楚王　鈕永建校云：「漢書外戚傳、史記吕后本紀並云吕王。」張守節正義云「初吕台爲吕王，後吕産王梁，更名『梁』曰『吕』」。是吕台封爲吕王，吕産亦曾爲吕王，紀有誤。

〔二〕(勃)〔平〕曰　從漢書陳平傳改。

〔三〕從〔左〕丞相陳平爲右丞相　從漢書陳平傳補。

〔四〕(加)〔如〕郎中令　從漢書王陵傳改。

〔五〕凡百金　百金，漢書朱建傳作「五百金」。

〔六〕〔食〕其卒見全者　從史記陸賈列傳、吴慈培校補。

〔七〕武爲(壼)〔壺〕關侯　從龍谿本、學海堂本改。

〔八〕免堯(之)〔官〕抵罪　從龍谿本、學海堂本改。

〔九〕行(五)〔八〕銖錢之制　從學海堂本、漢書高后紀改。

〔一〇〕肉好(外)〔皆〕有周郭　從漢書食貨志改。

〔一一〕自稱南越武帝　漢書高后紀作「南武帝」。

〔一二〕攻(河)〔阿〕陽　從漢書高后紀改。師古注曰：「狄道屬隴西。阿陽，天水之縣也。今流俗書本或作河陽者，非也。」

〔一三〕中道(南曰)〔者〕黄道　從漢書天文志改。

〔一四〕(南)〔北〕至東井　從學海堂本、漢書天文志改。

〔一五〕(北)〔南〕至牽牛　從學海堂本、漢書天文志改。

〔一六〕角亢(互)〔氐〕韓鄭也　從龍谿本、學海堂本改。

〔一七〕寧莫我(德)〔聽〕　從龍谿本、學海堂本改。

〔一八〕〔有〕不治而自瘳者　從學海堂本補。

〔一九〕死生有(節)〔命〕　從黄校本、陳璞校改。

〔二〇〕知神氣流通者人共事而同業　陳璞校云：兩句間有脱字，以上皆荀悦論，無校。

〔二一〕而誣神非聖之(義)〔議〕作　從龍谿本改。

〔二二〕(及)〔又〕重自發之　從漢書荆燕吴傳改。

〔二三〕宣成夫人　漢書高后紀作「宣夫人」。

〔二四〕(後宫)〔從官〕皆諸吕(女)也　從漢書高五王傳改。

〔二五〕（歸）〔耕〕田之歌　從漢書高五王傳改。

〔二六〕平乃賜賈金五百斤僮百人　漢書陸賈傳：「陳平乃以奴婢百人，車馬五十乘，錢五百萬，遺賈爲食飲費。」

〔二七〕諸中〔官〕宦者令丞　從漢書高后紀補。

〔二八〕秋（九）〔七〕月辛巳　從學海堂本、漢書高后紀改。

〔二九〕告其兄齊王（嬰）〔襄〕　從漢書高五王傳改。下改同。

〔三〇〕皆大臣之（義）〔議〕　從學海堂本、漢書高后紀改。

〔三一〕王暴戾虎冠之　漢書高五王傳作「母家駟鈞惡戾，虎而冠者也」。

〔三二〕所（取）〔死〕家得寶劍　從南監本、龍谿本、學海堂本改。

〔三三〕衣食滋殖（笑）〔矣〕　從南監本、龍谿本、學海堂本改。

# 兩漢紀上　漢紀

## 孝文皇帝紀上卷第七

初，大臣迎王於代。郎中令張武議曰：「大臣未可信。王宜稱疾無行，以觀其變。」中尉宋昌曰：「群臣之議皆非也。夫秦失其政，豪傑並起，然卒踐天子位者，劉氏也，天下絶其望，一也。高帝王子弟，犬牙相制，所謂盤石之宗也，天下服其强，二也。漢興，除秦苛政，人人自安，難摇動，三也。今大臣雖欲爲變，百姓不爲使，其黨豈能專一邪？且内有朱虚、東牟之親，外有諸侯之强，必無異心矣。高帝子獨淮南王與大王，大王又長，賢聖聞於天下，故大臣迎大王，大王勿疑。」卜之，兆得大横。占曰：「大横庚庚，余爲天王，夏啓以光。」王乃令舅薄昭見太尉周勃。還，王乃行。群臣迎于渭橋。太尉周勃進曰：「請避左右以聞。」宋昌曰：「所言公，公言之；所言私，王者無私。」勃乃跪上天子璽。王謝曰：「至邸議之。」閏月朔，之代邸。王西向讓帝位者三，南向讓者再，遂即皇帝位，拜宋昌爲衛將軍，領南北軍。赦天下。賜民爵一級，酺五日。

元年冬十月，皇帝見于高廟。車騎將軍薄昭迎皇太后于代。封太尉周勃萬户，賜金五千斤。丞相陳平、將軍灌嬰邑各三千户，金三千斤。〔一〕朱虛侯章、襄平侯通二千户，金千斤。十有二月，立趙幽王子遂爲趙王，徙瑯琊王澤爲燕王。除收孥相坐法律。春正月，有司請早建太子，上謙讓不聽。有司固請，上曰：「諸侯王功臣多有賢者，而不必子〔二〕；人其以朕忘賢與有德者而專于其子，非所以憂天下。」有司請曰：「立嗣必子，所從來久矣。今適宜立而更求諸侯宗室，〔三〕非高帝之志。子啓最長，敦厚慈仁，請建以爲太子。」上許焉，而立之。封將軍薄昭爲軹侯。三月，立皇太子母竇氏爲皇后。初，孝惠時出宮人以賜諸王各五人，竇姬家在清河，賂主者吏，願至趙。吏誤置代伍中，竇姬泣啼而行。既至代，幸於主，生景帝。而代（皇）〔王〕后及其四子皆先亡，〔四〕故竇姬爲皇后。兄長君；弟廣國，字少君，家於長安。絳侯等曰：「吾屬命乃懸於此兩人。爲選賢人，令與居止。」由此皆爲退讓君子。詔曰：「今方春和，草木群生之物皆有以自樂，而吾百姓鰥寡孤獨窮困之人，（咸）〔或〕阽於死亡，〔五〕而莫之省憂。朕爲民父母，將何如？其議所以賑貸之。」於是出布帛米肉之賜，其肉刑（卹）〔耐〕罪已上不用此令。〔六〕楚元王交薨。丞相平病，讓位於太尉。周勃爲（左）〔右〕丞相，〔七〕位第一，平爲（右）〔左〕丞相，〔八〕位第二。大將軍灌嬰爲太尉。上問勃：「天下一歲決獄、錢穀出入幾何？」謝不知，甚愧之。上以問平，平曰：「陛下即問決獄，責廷尉；問錢穀，責治粟内史。」上曰：「君所主者何事？」對曰：「陛下不知臣駑下，使臣待罪宰相。宰相在上佐天子，調理陰陽，下遂萬物之宜，外鎮撫四夷，内親附百姓，使公卿大夫各得其職。」上曰：「善。」勃出，謂平曰：「君素不教我對！」平曰：「處其位，獨不知任？」或謂勃曰：「君誅諸呂，立代王，威鎮天下，〔九〕受厚賞，處尊位，久即禍及身矣。」勃謝病歸相印，平轉爲右丞相。太中大夫陸賈使越，上賜尉佗書曰：「朕頃以南越王自治之。〔一〇〕雖然，王之號爲帝。兩帝並立，（豈）無一乘之使以通其道路，〔一一〕是争也；争而不讓，仁者不由也。王之昆弟在真定，已使人存問，修治王先人冢墓。願與王分棄前患，從今已來，與王通使如故。故使賈喻意。」〔而越王乃稽首請爲蕃臣，奉職貢，去帝制，因爲書謝。自稱〕南越蠻夷大長老夫臣佗曰：〔一二〕「高后聽信讒臣，別異蠻夷。故改號聊以自娱，自帝其國，未敢有害於天下。老夫夙興夜寐，寢不安席，食不甘味，凡以不得事漢故也。陛下幸哀憐臣，通使如故，老夫死骨不朽，不敢爲帝！謹北面因使者奉獻。」夏四月，齊、楚地震，山崩二十九所，同日俱大發，潰水出。本志曰：「爲水沴土。」六月，令郡國無來獻。封衛將軍宋昌爲壯武侯。又令列侯從高帝入蜀、漢者皆增邑，吏二千石已上從高帝者皆食邑。齊王襄薨。

二年冬十月，丞相平薨，謚獻侯。十有一月乙亥，周勃復爲左丞相。癸卯晦，日有食之。詔舉賢良方正直言極諫者。是時上勤於政事，躬行節約，思安百姓，身衣弋綈，所幸慎夫人衣不曳地，幃帳無文。嘗欲爲露臺，計直百金，曰：「此中民十家之産。」遂不爲也。太中大夫賈誼説曰：「管子有言：『倉廩實知禮節。』民不足而可治者，未嘗聞也。古人有言曰：『一夫不耕，或受之飢；一女不織，或受之寒。』生之有時，而用之無度，物力必匱。且歲有飢(餓)〔穰〕，〔一三〕天之常行，即不幸有方二三千里之旱，國何以相卹？卒然邊境有急，數百萬之衆，國家何以饋之？方今之務，務在絶末伎遊食之巧，驅民而歸之於農。」太子家令晁錯復説上曰：「今土地人民不減於古，無堯、湯水旱之災，而畜積不及古者，何也？以地有餘利，民有遺力，生穀之土未盡墾耕，山澤之利物未盡出，遊食之士未盡歸農。夫飢寒切于肌膚，慈母不能以保赤子，君安能以有民！夫金玉寶貨，飢不可食，寒不可衣，然而衆貴之者，以上用之故也。其爲物輕微易藏，在於把握，可以周流海内，而無飢寒之患。此令臣下輕倍其主，而民易去其鄉，盗賊有所勸，而逃亡者得輕資矣。粟米布帛生於地，長於時，聚於(市)〔力〕，〔一四〕非可一日而成，一日不得則飢寒並至。是故明王貴五穀而賤金玉。〔一五〕今農夫五口之家，其服作者不過二人，其能耕者不過百畝，百畝之收不過(三)百石。春耕夏種，秋收冬藏，四時之間，無日休息。又給縣官供徭役，憂病艱難其中。勤苦如此，然復時被水旱蝗蟲之災，急政暴賦，朝令暮(得)〔改〕。〔一六〕有者貴賣，無者倍舉，是賣田宅鬻子孫以償債者衆也。而商賈大者積儲倍息，小者坐列販賣。故其男不耕耘，女不蠶織，衣必重綵，食必重肉；無農夫之苦，有百千之得。因其富厚交通王侯，力過吏勢，以利相傾，乘良策肥，千里遊遨。此商人所以兼農人，農人所以流亡也。今漢法律賤商人，商人已富貴矣；尊農夫，農夫已貧賤矣。故主之所貴，俗之所賤；法之所卑，吏之所尊。上下相反，好惡相忤，而欲國富法立，不可得矣。當今之務，在於本農，使民勸業而已。欲人務農，在貴粟；貴粟之道，在於使民以粟爲賞罰。今募天下入粟塞下，即得拜爵，得以除罪。如此，富人有爵，農人有粟，粟有所行，而國用足矣。不過三年，塞下之粟必多矣。」上從之。荀悦曰：聖王之制，務在綱紀，明其道義而已。若夫一切之計，必推其公義，度其時宜，不得已而用之，非有大故，則不由之。春正月，詔開籍田。漢初，國家簡易，制度未備，衣食貲糧無限，富者衍溢，貧者或不足。若蜀郡卓氏家僮千有餘人，程鄭七八百人，皆擅山川銅鐵之利，運籌算，上爭王者之利，下(固)〔錮〕齊民之業。〔一七〕若宛孔氏之屬，連車騎以交通王侯，貿易貨賂，雍容垂拱，坐取百倍，皆犯王禁，陷於不軌。荀悦曰：先王立政，以制爲本。三正五行，服色曆數。承天之制，經國序民。列官布職，疆理品類。辯方定物，人倫之度。自上已下，降殺有序。上有常制則政不頗，下有常制則民不二；官無淫度則事不悖，民無淫制則業不廢。貴不專寵，富不獨奢，民雖積財無所用之。故世俗易足而情不濫，姦宄不興，禍亂不作。此先王所以綱紀天下，統成大業，立德興功，爲政之德也。故曰：謹權量，審法度，修廢官，四方之政行矣。本傳曰：「先王之制，自天子公侯卿大夫已下，至於抱關擊柝者，其爵禄奉養死生之制各有差品，小不得僭大，賤不得逾貴。夫然，故上下有序而民志悉定。於是(裂)〔辯〕土地之宜，〔一八〕教之種殖畜養以時，而用之有節。草木未落，斤斧不入於山林；豺獺未祭，羅網不布於野澤；鷹隼未擊，罾弋不施於蹊隧。既順時而取物，然(而)〔猶〕山不槎(孽)〔蘖〕，(田)〔澤〕不伐夭，〔一九〕豚魚麛(卯)〔卵〕，〔二〇〕咸有常禁。所以順時宣氣，蕃阜庶物，畜足功用，如此之備。然後從四民因其土宜，任其智力；安其居，樂其業，甘其食而美其服；欲寡而事節，財足而不争。及至周室道衰，禮法隳壞，諸侯刻桷丹楹，大夫山節藻棁。其流至於士庶，莫不離制度，稼穡之人少，商賈之人多，穀不足而貨有餘。陵遲至於桓、文之後，禮義大壞，上下相冒，國異政，家殊俗，奢靡不制，僭差無極。於是商通難得之貨，工作無用之器，士設反道之行，以追時好而取世資。僞民倍實而要名，姦夫犯難而求利，篡殺取國者爲王公，劫奪成家者爲侯伯。禮義不足以制君子，刑戮不足以威小人。富者木土被文繡，犬馬餧菽粟；貧者(短)〔裋〕褐不完，〔二一〕食(疏)〔菽〕飲水。〔二二〕俱爲編户齊民，而以財力相(窘)〔君〕，〔二三〕雖爲僕虜，猶無慍色。故夫飾變詐爲姦軌，自足乎一世之間；

守道隨理，不免乎飢寒之患。其化自上興，由法度之無限也。故易曰：『君以財成，輔相天地之宜，以左右民』，『備物致用，立象成器以爲天下利。』立制度之謂也。」太子太傅張相如免，太中大夫石奮爲太子太傅。奮，趙人也。初爲小吏，事高帝恭敬謹慎，甚見親信，於是以選傅太子。立趙王遂弟辟彊爲河間王，朱虛侯章爲城陽王，東牟侯興居爲濟北王。立皇子武爲代王，參爲太原王，揖爲梁王。夏五月，詔曰：「古有誹謗之木，所以通諫者。今法有誹謗妖言之罪，是使衆臣不敢盡心，而上無由聞其過。今其除之。」秋九月，初與郡守爲銅虎、竹使符。

三年冬十月丁酉晦，日有食之。十一月（乙）〔丁〕卯晦，又食之。〔二四〕詔曰：「前遣列侯之國，辭未行。丞相朕之所重，其爲朕率列侯之國。」遂免勃就國。十二月，太尉灌嬰爲丞相，罷太尉官。四月，城陽王章薨。淮南王長殺辟陽侯審食其。初，高帝八年過趙，趙王獻美人，幸，有身，生厲王長。趙王不敢内之，築外宮而處之。及貫高事，盡捕王家，厲王母亦在繫中。其弟趙廉因辟陽侯言吕后，〔二五〕吕后妬，不肯白，辟陽侯不强争。厲王以生，母以恚自殺。趙廉奉厲王詣長安，高帝憐之，令吕后母之。厲王有才力，力能扛鼎。怨辟陽侯不赦其母，乃造辟陽侯，即自袖金椎椎殺之。馳詣闕，肉袒請罪。上赦之不治。五月，匈奴寇北地、河（内）〔南〕，〔二六〕丞相灌嬰擊之。衛將軍軍長安。上自至高（都）〔奴〕，〔二七〕因幸太原，見群臣故人，皆賜之。舉功行賞。復晋陽、中都民三歲租。留太原，遊十餘日。濟北王興居聞上自擊胡，乃發兵反。秋，大旱。七月，上自太原還。八月，將軍柴武擊濟北王興居。興居自殺。赦諸與興居反者。

四年冬十二月，丞相灌嬰薨，謚隱侯。〔二八〕正月，御史大夫張蒼爲丞相，袁盎爲御史大夫。時御史大夫韋孟缺，是時上徵河東太守季布，欲以爲御史大夫。聞其使酒，乃不用，遣歸郡。夏五月，復諸劉有屬籍者，家無所與。六月，雨雪。秋九月，封齊悼惠王子七人爲列侯。絳侯周勃有罪，逮繫詔獄。勃在國，常恐懼，每郡守使丞尉行縣，勃常被甲持兵。人有告勃欲反，下廷尉。吏侵辱之，勃以千金與獄吏，吏乃止。勃以公主爲証。公主，孝文女，〔勃〕太子勝尚之。〔二九〕及薄昭爲言薄太后，〔一〕〔因〕請上曰：〔三〇〕「絳侯奉高帝璽，持兵於北軍，此時猶不反，今居一小縣，乃反邪！」上赦勃，復爵邑，就國。勃出曰：「吾常將百萬衆於北軍，安知獄吏之貴哉！」作顧成廟。

五年春二月，地震。夏四月，除盜鑄錢令。更造四銖錢。賈誼諫曰：「法使民得顧租鑄錢，錢敢雜以鉛鐵他巧者，其罪黥。然鑄錢之情，非僞雜巧，則不得贏；辨利巧之甚微，〔三一〕其利甚厚。夫事有招禍，法有起姦，今令細民操造幣之勢，各隱屏而鑄作，因欲禁其厚利，絶其微姦，雖黥罪日報，其勢不止。農事棄捐，采銅日多，姦不可絶已。」潁川人賈山上書諫曰：「夫錢者無用之器，而可用易富貴。富貴者，人主之操柄，令〔民〕爲之，〔三〕是與人主共操柄，不可長也。」上不聽。又上書言前世之戒曰：「昔秦賦斂重數，以奉奢侈。起咸陽至雍，離宮三百，鐘鼓幃帳，不移而具。爲阿房之殿，高十數仞，東西五里，南北千步。爲宮室之盛乃至於此，使其後世曾不得聚廬而託處焉。爲馳道於天下，東窮燕、齊，南極吳、楚，江湖之上，濱海之觀畢至。道廣五十步，三丈而樹，又築其外，隱以金椎，樹以青松。爲馳道之麗乃至於此，使其後世曾不得邪徑而託足焉。葬於驪山，（使）〔卒〕徒數十萬人，〔三〕曠日十年。下達三泉，采合金石，冶銅錮其內，漆塗其外，被以珠玉，飾以翡翠，中成遊觀，上成山林。爲葬埋之奢乃至於此，使其後世曾不得蓬塊而託葬焉。百姓不勝其役，疲獘者不得休息，飢寒者不得衣食，無罪而死刑者無所告訴，人與之爲怨，家與之爲讎，天下以壞，宗廟將滅絶矣。始皇居絶滅之中猶不自知，乃東巡狩至會稽、瑯邪，刻石紀功，自以爲過於堯、舜。以古謚法爲少，更以數爲謚，欲以一至萬世。而死不盈數月，天下四面攻之，兵破於項羽，地奪於劉氏，豈不哀哉！始皇不自知無輔弼之臣，無進諫之士，縱恣行誅，是以道諛者偷合苟容，比其德則聖於堯、舜，論其功則賢於湯、武，天下已潰而莫之告也。詩云：『匪言不能，胡斯畏忌』，『聽言則對，訟言如醉。』〔三四〕此之謂也。故聖王之制，史在前書過失，工誦箴諫，瞽誦詩諫，公卿比諫，士傳言諫，庶人謗於道，商旅議於市。然後君得聞其過而改之，見義而從之，所以永有天下也。今陛下將興堯、舜之道，猶自勉以厚天下，損食膳，不聽樂，減外徭，止歲貢；省廐馬以賦郡傳，去諸苑以賦農夫，出帛十萬匹以賑貧乏；禮高年，平刑獄，天下悦喜。臣聞山東吏有布詔令，民雖老病，或扶杖而往聽之，願少須臾無死，思見德化之所成，功業之所就矣。今聞或者陛下從方正賢俊之士，與之射獵，以傷大業，臣竊悼之！願止射獵，以歲二月定明堂，造太學，修先王之道，以成萬世之基。」上輒優容而納其言，然明堂、太學猶未足興。是時吴王即山鑄錢，而幸臣鄧通亦賜銅山得自鑄錢，吴王、鄧通錢甚盛矣。通，蜀人也。上嘗夢欲上天而不能，有一黄頭郎推之，顧見其衣後穿。覺而求之漸臺，見郎中鄧通衣後穿如夢中所見，遂寵幸之。通亦謹身媚上而已，不得預政事。有善相者相通，云：「當貧餓死。」故賜通銅山，得自鑄錢。上嘗親讌飲通家。得上病癰，通嘗吮之。上曰：「誰最憐我者？」通曰：「莫若太子。」上令太子吮癰而色難。通前吮之，太子慙，由是心恚通。及即位，以通盜去徼〔外〕鑄錢，〔三五〕遂盡按，没入財物。卒窮餓，寄死人家。徙代王武爲淮陽王，徙太原王參爲代王。

六年冬十月，桃李花。十一月，淮南王長謀反，發覺，徙蜀郡，道死於雍，謚曰厲。初，長居國驕恣，不用漢法，出稱警，入稱蹕，自作法令。上令將軍薄昭與長書，責之曰：「大王以千里爲宅居，以萬人爲臣妾，此高皇帝之厚德。今大王所行危〔王〕〔亡〕之道，〔三六〕高皇帝之神靈必不廟食於大王之手矣。昔周公誅管、蔡以寧周室，高（宗）〔帝〕廢代王以便事，〔三七〕濟北舉兵，皇帝誅之以安漢。故周行之於前，漢用之於後。今大王欲以親戚之意故望於上，大王終不可得也。宜急改行，上書謝罪。」王得書不悅。復令人使閩越、匈奴，與棘蒲侯太子柴奇謀反。群臣廷尉雜奏，表請論如法制。詔曰：「朕不忍致法，其赦長死罪，廢王。」有司請徙長蜀郡邛（都）〔郵〕。〔三八〕於是盡誅所與謀者。載長以輜車，令縣次傳送，給肉日五斤，酒五升。令美人、才人得幸者十人從之。長在道，怨，不肯食而死。乃以民禮葬于雍，置守墓三十家。而誅諸縣送傳不謹者。淮南王之徙也，中郎將楚人袁盎諫曰：「淮南王爲人剛强，行道有不遂，陛下有殺弟之名。奈何！」上曰：「吾將苦之耳，令還之。」及長死，上悲號甚恨。盎曰：「陛下有高世之名三，此不足毀名。陛下在代時，太后嘗病，三年，陛下目不交睫，睡不解衣冠，湯藥非陛下口所嘗不進。夫曾參以布衣猶難之，陛下親以王者行之，孝過曾參遠矣。諸呂用事，大臣專制，陛下從代來，乘六乘之傳，馳不測之淵，雖賁、育之勇不及陛下。陛下至代邸，西向讓天下者三，南向讓者再。夫許由一讓而名立，陛下五讓，過於許由四矣。陛下遷淮南王，欲使改過，有司宿衛不慎，故病死。」上意乃解。上從霸陵欲西馳下峻阪，盎進攬轡。上曰：「將軍怯邪？」盎曰：「臣聞聖主不乘危，陛下乘六騑，馳不測之山，比有馬驚車敗，陛下縱自輕，柰高廟、太后何？」上乃止。上幸上林苑。皇后、慎夫人在禁中，嘗同坐。及坐郎署，盎却慎夫人席。慎夫人怒，不肯坐。上怒，起。盎因前説曰：「臣聞尊卑有序，上下協和，妾主豈可同坐哉！陛下所幸慎夫人，適所以禍之。獨不見『人豕』乎？」上乃悦，以語慎夫人。夫人賜盎金五十斤。宦者趙同數毁盎，盎患之。盎兄子種謂盎曰：「宜庭辱之，使其毁不用。」後上出，趙同參乘，盎伏之車前曰：「古者天子所共與六尺乘輿者，皆天下豪俊。今漢雖乏人，陛下獨柰何與刑餘之人共載！」上笑，推同下。同泣下車。

七年夏四月，赦天下。六月辛酉，〔三九〕未央宫闕罘罳災。本志以爲「東闕所以朝諸侯之門也，罘罳在外，諸侯之象也，僭大之咎也。」典客馮敬爲御史大夫。

八年夏，封淮南王子四人：安爲阜陵侯，勃爲安陽侯，賜爲周陽侯，良爲東城侯。梁王太傅賈誼知上將復王之，諫曰：「淮南王悖逆無道，陛下幸赦而遷之，疾病而死，天下誰不以王死之爲大當！今復尊罪人之子，適足以負謗於天下耳。雖割之而王四子，四子一心，此非有白公、子胥興於廣都之中，必有專諸、荆軻起於兩楹之間矣。」誼又上書言前世事曰：「大臣强者先反，欲天下之治安，莫若衆建諸侯而少其力。力少則易制，國小則無邪心。令海内之勢如身之使臂，臂之使指，莫不從制，從制則天下安矣。割地定則爲若干國，令諸侯王子孫各以次（授）〔受〕先祖之分地。〔四〇〕其地衆而子孫少者，建以爲國，空而置之，

（頒）〔須〕其子孫生者，〔四一〕舉使君之，示無所私焉。今進言者皆曰天下已治，臣獨以爲未也。夫抱火厝於積薪之下而寢其上，火未及然，因謂之安，方今之勢，何以異此！今大國之王幼弱，漢之傅相方握其事。數年之後，諸侯王皆冠，血氣方剛，漢之傅相稱疾而罷，彼自丞尉已下（偏）〔徧〕置私人，〔四二〕則難作矣。射獵之娛與安危之機孰急？以天子之位，乘今之時，尚爲難治。假使陛下居齊桓之處，將（能）〔不〕九合諸侯而一匡天下乎？〔四三〕假使韓信、彭越、黥布此數公存者，當此之時，陛下即位，能自安乎？今爲漢治者，無勤勞之苦，不乏鐘鼓之樂，可使諸侯軌道，天下順治也。承奉宗廟至孝也，以育群生至仁也，垂法立業至明也。當時大治，使後世誦聖德，使顧成之廟稱爲太宗，上配太祖，與漢罔極。以陛下之明達，因使少知治體者得在下風，致此非難也。陛下誰憚之而久不爲此？今天下之勢方倒懸。天子者，天下之首；蠻夷者，天下之足。夷狄徵令，主上之操也；天（下）〔子〕供貢，〔四四〕臣下之禮也。足反居上，首顧居下，倒懸如此，莫之能解，甚爲執事羞之。陛下何不試以臣爲屬國之官，必繫單于頸而制之死命。不獵猛敵而獵田豕，臣竊爲陛下不取。又今賣童僕者，爲之文繡，衣之絲屨；富人嘉會，以綺縠覆墻屋。是故天子后服所以廟而不宴者也，今庶人屋壁得爲帝服，倡優下賤得爲后飾，天下之不危者，殆未之有也。三代有天下之長，而秦享世之短，其故可知也。古之王者，太子始生，而教固以行矣。成王在襁褓之中，召公爲太保，周公爲太傅，太公爲太師。太保保其身體，太傅傅其德義，太師導之教訓。又爲置之三少，皆上大夫，少保、少傅、少師，是與太子宴者也。逐去邪人，不使見邪行者。皆選天下端士孝弟博聞有道術者以衛翼之，使與太子居處出入。故生則見正事，聞正言，行正道，左右前後皆正人。孔子曰：『幼成若天性，習慣若自然。』及太子少長，即入於太學，承師〔問〕道（問）。〔四五〕既冠成人，免於保傅之嚴，則有記過之史，徹膳之宰，誹謗之木，敢諫之鼓。春朝朝日，秋暮夕月，所以明敬也。養三老五更，所以明孝弟也。行以和鸞，步中采薺，趨中（大）〔肆〕夏，〔四六〕所以明有度也。其於禽獸，見其生不忍其死，聞其聲不食其肉，故遠庖厨，所以長恩，且明有仁也。三代所以長久者，其輔翼太子必有此具也。及秦即不然。棄禮義辭讓而上告愬刑罰，使趙高傅胡亥而教之獄，所習非斬劓人則夷三族。故胡亥今日即位而明日射殺人，忠諫者謂之誹謗，深計者謂之妖言，視殺人如劓刈草菅。豈惟胡亥之性惡哉？所以導之者非其理也。人主之所慎，在其所趣舍。以禮義治民者，積禮義；以刑罰治民者，積刑罰。禮義積而民和親，刑罰積而民怨倍。教化行而民康樂，法令行而民哀戚。哀樂之感，禍福之應也。古者聖王制爲等列，而天子加焉，故其尊不可及也。廉耻節儉以治君子，大臣有罪，賜死而無戮辱。古者大臣有大譴呵，則白冠氂纓，盤水加劍，造請室而請罪於上，不執縛係引而行；有大罪，北面跪而自裁，上不使人挫（拆）〔折〕而刑之，〔四七〕曰：『子大夫自有過耳！吾遇子有禮矣。』上設廉恥以遇其臣，臣下則厲節行以報其上。」上善其言。自是大臣有罪，不及刑獄。誼又以爲「代邊近匈奴。而梁、淮陽皆小，不足以禦捍〔諸侯。請以淮南地益淮陽，割淮陽北邊地及東郡益梁，足以捍〕齊、趙，〔四八〕淮陽足以捍吴、楚，則無山東之憂，(萬)〔此二〕世之利。〔四九〕昔秦苦心勞力以除六國，今陛下垂拱以成六國之禍，不可以言智也。雖身之無事，萬年之後，傳之弱子，不可以言仁愛。」後(止)〔上〕徙淮陽王武爲梁王，〔五〇〕王四十餘城。有長星出于東方。

九年(夏)〔春〕，〔五一〕大旱。

## 【校勘記】

〔一〕金三千斤　三，漢書文帝紀作「二」。

〔二〕諸侯王功臣多有賢者而不必子　此與下文義不連貫。漢書文帝紀作「諸侯王宗室昆弟有功臣，多賢及有德義者，若舉有德以陪朕之不能終，是社稷之靈，天下之福也，今不選舉焉，而曰必子」。

〔三〕今適宜立　適，通「嫡」，吴慈培改作「釋」，漢書文帝紀亦作「釋」。

〔四〕代(皇)〔王〕后　從漢書外戚傳、吴慈培校改。

〔五〕（咸）〔或〕阽於死亡　從漢書文帝紀改。

〔六〕（郵）〔耐〕罪已上不用此令　從龍谿本、學海堂本改。

〔七〕周勃爲（左）〔右〕丞相　漢代尚右。下文有「平轉爲右丞相」句，此處應作「右丞相」。「左」訛，逕改。

〔八〕平爲（右）〔左〕丞相　「右」訛，逕改。

〔九〕威鎮天下　鎮，吳慈培校作「振」。漢書周勃傳作「鎮」。

〔一〇〕朕頃以南越王自治之　鈕永建校云「頃」當作「領」。漢書兩粤傳作「吏曰：『得王之地不足以爲大，得王之財不足以爲富，服嶺以南，王自治之。』」

〔一一〕（豈）無一乘之使　從漢書兩粤傳删。

〔一二〕〔而越王乃稽首請爲蕃臣奉職貢去帝制因爲書謝自稱〕南越蠻夷大長　從黄校本補。

〔一三〕且歲有飢（餓）〔穰〕　從漢書食貨志改。

〔一四〕聚於（市）〔力〕　從學海堂本、漢書食貨志改。

〔一五〕百畝之收不過（三）百石　從漢書食貨志删。

〔一六〕朝令暮（得）〔改〕　從漢書食貨志改。

〔一七〕下（固）〔錮〕齊民之業　從吳慈培校、漢書貨殖傳改。

〔一八〕於是（裂）〔辯〕土地之宜　從漢書貨殖傳改。

〔一九〕然（而）〔猶〕山不槎（孽）〔蘖〕（田）〔澤〕不伐夭　從漢書貨殖傳改。

〔二〇〕豚魚麛（卯）〔卵〕　從龍谿本、學海堂本改。

〔二一〕貧者（短）〔裋〕褐不完　從漢書貨殖傳改。

〔二二〕食（疏）〔菽〕飲水　從漢書貨殖傳改。

〔二三〕而以財力相（窘）〔君〕　從漢書貨殖傳改。

〔二四〕十一月（乙）〔丁〕卯晦又食之　丁卯，從黃校本改。漢書文帝紀亦作「丁卯」。鈕永建校云：兩食並以晦，前晦在丁，則後晦不得在乙。班書作「丁」是也。

〔二五〕其弟趙廉　漢書淮南王傳作「趙兼」。

〔二六〕匈奴寇北地河（內）〔南〕　從漢書文帝紀改。師古注：「北地郡之北，黃河之南，即白羊所居。」

〔二七〕上自至高（都）〔奴〕　從漢書文帝紀改。

〔二八〕隱侯　史記、漢書表傳並作「懿侯」。

〔二九〕〔勃〕太子勝尚之　從學海堂本補。

〔三〇〕（一）〔因〕請上曰　從龍谿本、學海堂本改。

〔三一〕辨利巧之甚微　漢書食貨志及新書鑄錢篇皆作「殺之甚微」。

〔三二〕令〔民〕爲之　從漢書賈山傳補。

〔三三〕(使)〔卒〕徒數十萬人　從漢書賈山傳改。

〔三四〕聽言則對詋言如醉　漢書賈山傳作「譖言則退」。詩雨無正作「聽言則答，譖言則退」。

〔三五〕盜去徼〔外〕鑄錢　從南監本、漢書佞幸傳補。

〔三六〕今大王所行危(王)〔亡〕之道　從南監本、龍谿本、漢書淮南厲王傳改。

〔三七〕高(宗)〔帝〕廢代王　從漢書淮南厲王傳改。

〔三八〕徙長蜀郡邛(都)〔郵〕　從吴慈培校改。鈕永建校云：史、漢淮南傳並作「蜀嚴道邛郵」。索隱曰「縣蠻夷曰道」。嚴道有邛來，山有郵置，故曰「嚴道邛郵」。按漢無邛都縣，明荀紀誤。

〔三九〕六月辛酉　漢書文帝紀作「六月癸酉」。

〔四〇〕以次(授)〔受〕先祖之分地　從漢書賈誼傳改。

〔四一〕(須)〔須〕其子孫生者　從南監本、龍谿本、學海堂本、漢書賈誼傳改。

〔四二〕(偏)〔徧〕置私人　「偏」誤。以意改。徧同「遍」。

〔四三〕將(能)〔不〕九合諸侯　從漢書賈誼傳改。

〔四四〕天(下)〔子〕供貢　從吴慈培校、賈誼治安策改。

〔四五〕承師〔問〕道(問)　從南監本、學海堂本、漢書賈誼傳乙正。

〔四六〕趙中（大）〔肆〕夏　從學海堂本、漢書賈誼傳改。

〔四七〕上不使人挫（拆）〔折〕而刑之　從南監本、龍谿本、學海堂本改。

〔四八〕禦捍〔諸侯請以淮南地益淮陽割淮陽北邊地及東郡益梁足以捍〕齊趙　從黄校本補。

〔四九〕（萬）〔此二〕世之利　從漢書賈誼傳改。

〔五〇〕後（止）〔上〕從淮陽王　從南監本、龍谿本、學海堂本改。

〔五一〕九年（夏）〔春〕　從南監本、漢書文帝紀改。

# 兩漢紀上　漢紀

## 孝文皇帝紀下卷第八

十年冬，上行幸甘泉。將軍薄昭有罪，自殺。張釋之爲郎，十年不得調，用欲歸。袁盎賢之，言於上，以爲謁者僕射。上幸上林苑，釋之從，登虎圈。上問上林尉禽獸簿，尉不能對。虎圈嗇夫代尉對，響應無窮。上曰：「爲吏不當如此邪？」詔釋之拜嗇夫欲爲上林令。釋之進曰：「陛下以周勃、張相如何如人？」上曰：「長者也。」釋之曰：「此兩人稱爲長者，言事曾未出口，豈若嗇夫喋喋利口捷給哉！且秦任刀筆吏，争以苛察相高，故政陵遲至於土崩。今以嗇夫口辯而超遷之，臣恐天下隨風而争口辯，無實。上之化下，疾於影響，舉錯不可不察。」上曰：「善。」乃止。拜釋之爲公車令。時梁王來朝，與太子共載入朝，不下司馬門。釋之禁止，不得入朝，劾奏不敬。上乃免冠謝太后，曰：「教兒子不謹。」太后使使承詔赦太子及梁王，乃得入朝。後爲中郎將，從上至霸陵。上望北山，悽然傷懷，謂群臣曰：

「嗟乎！以北山石爲椁，用紵絮斮漆，其堅豈可動哉！」左右皆曰：「善。」釋之進曰：「使其中有可欲，雖錮南山，猶可隙；使其中無可欲者，雖無石椁，又何戚焉？」上稱善。

十一年冬十有一月，上行幸代。春正月，上至自代。夏六月，梁王揖薨，〔一〕無子，國除。揖，上之少子也。好讀書，上愛之，故以賈誼爲傅。王墮馬薨。誼自傷爲傅無狀，旦暮哭泣，歲餘亦卒。誼時年三十。〔二〕初，河南太守吴公以誼爲門下吏。吴公以治郡第一徵入爲廷尉，薦誼爲博士，至太中大夫。時年二十餘，表陳政事，建立制度。上以誼才任公卿，絳侯、灌嬰等害之，上乃疏之。後誼爲長沙王太傅。誼過湘水，作賦，以辭弔屈原。爲傅數年，上復思誼，乃徵之。上方坐宣室，感鬼宰事，與誼言，至半夜，移席就之。既罷，上曰：「吾久不見賈生，自謂勝之，今見不如也。」以爲梁王太傅。賈誼謂漢土德，所著述凡五十八篇。匈奴寇邊狄道。

十二年冬十有二月，河決東郡酸棗，潰金堤。春正月，賜諸侯王女邑各二千户。二月，出孝惠後宮美人，令得嫁。三月，詔曰：「孝弟，天下之大順也。力田，爲生民之本也。三老，衆民之師也。廉直，吏民之所表也。朕甚嘉此二三大夫之行。其遣謁者勞賜各有差，及問民所疾苦。」是歲，吴有馬生角，在耳前，上向。右長三寸半，左角長二寸半，圍皆二寸。本志以爲「吴後舉兵爲逆之象」也。

十三年夏，除祕祝之官，詔曰：「祕祝之官（祕）〔移〕過於下，〔三〕朕弗取，其除之。」名山大川，其在諸侯封内，各有自奉祠，天子之官不領。齊及（濟）〔淮〕南國廢，〔四〕令太祝歲時（至）〔致〕祠。〔五〕夏五月，詔除肉刑。時齊太倉令淳于公有罪當刑。淳于公有女五人，無男，嘗駡其女曰：「生女不生男，緩急無有益！」小女緹縈自傷泣，乃隨父到長安，上書曰：「妾父爲吏，齊國皆稱廉平，今坐法當刑。妾聞夫死者不可復生，刑者不可復贖，雖欲改過自新，其道無由。妾願没身爲官奴，以贖父刑，使得自新。」天子悲憐其意，遂下令曰：「夫訓導不純而愚民陷焉。或欲改行爲善，其道無由也。夫刑者至斷支體，刻肌膚，終身不復，何其刑之痛而不得理也！其除肉刑，有以易之。」遂改定律。六月，詔除民田租。荀悦曰：古者什一而税，以爲天下之中正也。今漢民或百一而税，可謂鮮矣。然豪强富人占田逾侈，輸其賦太半。官收百一之税，民收太半之賦。官家之惠優於三代，豪强之暴酷於亡秦。是上惠不通，威福分於豪强也。今不正其本，而務除租税，適足以資富强。夫土地者，天下之本也。春秋之義，諸侯不得專封，大夫不得專地。今豪民占田，或至數百千頃，富過王侯，是自專封也；買賣由己，是自專地也。孝武時，董仲舒嘗言宜限民占田；至哀帝時，乃限民占田不得過三十頃。雖有其制，卒不得施行，然三十頃有不平矣。且夫井田之制，宜於民衆之時，地廣民稀勿爲可也。然欲廢之於寡，立之於衆，土地既富，列在豪强，卒而規之，並有怨心，則生紛亂，制度難行。由是觀之，若高帝初定天下，及光武中興之後，民人稀少，立之易矣。就未悉備井田之法，宜以口數占田，爲立科限，民得耕種，不得買賣，以贍〔弱〕民（弱），〔六〕以防兼并，且爲制度張本，不亦宜乎！雖古今異制，損益隨時，然紀綱大略，其致一也。本志曰：「古者建步立畝，六尺爲步，步百爲畝，畝百爲夫，夫三爲屋，屋三爲井，井方一里，是爲九夫。八家共之，一夫一婦受私田百畝，公田十畝，是爲八百八十畝，餘二十畝以爲廬舍。出入相交，（佇）〔守〕望相接，〔七〕疾病相救。民受田，上田夫百畝，中田夫二百畝，下田夫三百畝。歲更之，換易其處。其家衆男爲餘夫，亦以口受田如（此）〔比〕。〔八〕士工商家受田，五口乃當農夫一人。有賦有稅：稅謂公田什一及工商衡虞之（人）〔入〕也，〔九〕賦謂供車馬〔甲〕兵士徒之役也。〔一〇〕民年二十受田，六十歸田。種穀必雜五種，以備災害。田中不得有樹，以妨五穀。力耕數芸，收穫如寇盜之至。還廬種桑，菜茹有畦，瓜瓠果蓏殖於疆畔。鷄豚狗彘無失其時，女修蠶織，五十則可以衣帛，七十可以食肉。五家爲比，五比爲閭，四閭爲族，五族爲黨，五黨爲州，五州爲鄉，萬二千五百户。比長位下士，自此已上，稍登一級，至鄉爲卿矣。於是閭有序而鄉有庠，序以明教，庠以行禮而視化焉。春令民畢出於野，其詩云：『同我婦子，饁彼南畝，田畯至喜。』〔冬〕則（冬）畢入於邑，〔一一〕其詩云：『嗟我（父）〔婦〕子，〔一二〕曰爲改歲，入此室處。』春則出民，閭首平旦坐於右壟，〔三〕比長坐於左壟，畢出而後歸，夕亦如之。入者必持薪樵，輕重相分，斑白不提挈。冬則民既入，婦人同巷夜績，女工一月得四十五（功）〔日〕。〔四〕必相從者，所以省費燭火，同巧拙而合習俗也。男女有不得其所者，因而相與歌詠，各言其情。是月，餘子以在序室。八歲入小學，學六（家）〔甲〕四方五行書計之事；〔五〕十五入大學，學先王禮樂，而知君臣之禮。其秀異者移鄉學，學於庠序之異者移於國學，學乎（小）〔少〕學。諸侯歲貢（小）〔少〕學之異者移於天子之學，〔六〕學于太學，命曰造士，然後爵命焉。孟春之月，群（后）〔居〕將散，〔七〕行人振木鐸以徇於路，以采詩，獻之太師，比其音律，以聞於天子。三年耕則餘一年之畜，故『三年有成』，成此功也。故王者三載考績，三考黜陟。九年耕餘三年之食，進業日升，謂之升平。三升曰泰，二十七年餘九年食，謂之大平。而王業大成，刑措不用，王道興矣。故語曰：『如有王者，必世而後仁。』「書曰：『天秩有禮』，『天罰有罪』。故聖人因天秩而制五禮，因天罰而制五刑。建司馬之官，設六軍之衆，因井田而制軍賦。地方一里爲井，井十爲通，通十爲成，成方十里；成十爲衆，衆十爲同，同方百里；同十爲封，封十爲畿，畿方千里。故四井爲邑，（四）邑（四）爲丘。〔八〕丘，十六井，有戎馬一匹，牛三頭。四丘爲甸。甸，六十四井，有戎馬四匹，兵車一乘，牛十二頭，甲士三人，步卒七十二人，干戈備具，是謂司馬之法。〔九〕一同百里，隄封萬井，除山川坑塹，城池邑居，園囿街路，〔一〇〕三千六百井，定出賦六千四百井，戎馬四百匹，兵車百乘，此卿大夫（菜）〔采〕地之大者，〔二一〕是謂百乘之家。一封三百（六）〔一〕十六里，〔二二〕隄封十萬井，定出賦六萬四千井，戎馬四千匹，兵車千乘，此諸侯之大者，謂之千乘之國。天子畿方千里，隄封百萬井，定出賦六十四萬井，戎馬四萬匹，兵車萬乘。戎馬車徒干戈素具，春振旅以蒐，夏（茇）〔拔〕舍以苗，〔二三〕秋治兵以獮，冬大閱以狩，皆於農隙以講事焉。五國爲屬，屬有長；十國爲連，連有率；三十國爲卒，卒有正；二百一十國爲州，州有牧。（牧有）連（卒）〔率〕比年簡車徒，〔二四〕卒正三年簡輿徒，群牧五年大簡輿徒，此先王制土定業，班民設教，立武足兵之大法也。」上過渭橋，有人在橋下，乘輿馬驚，捕之屬廷尉。釋之訊之，曰：「遠縣人也。聞蹕，匿橋下。久，已爲行過，即出，見車騎，即走耳。」釋之奏：「犯蹕罰金。」上怒曰：「此人親驚吾馬，馬賴和柔；即令他馬，固不傷敗我乎？」釋之奏曰：「法者，天子之所與，天下共之。今如重之，是法不信於民。廷尉，天下之平，今一傾，天下用法皆爲之輕重，民安措其〔手〕足乎？」〔二五〕上曰：「善。廷尉當如是也。」其後有人盜高廟坐前玉環者，下廷尉，奏當棄市。上大怒曰：「此人無道，乃盜先帝器！吾欲（置）〔致〕之族矣。」〔二六〕釋之曰：「法如是足矣。而有萬一，愚人取長陵一（杯）〔抔〕土，〔二七〕陛下何以加其法？」上乃許之，曰：「廷尉當如是也。」釋之以議法公平，甚重於朝廷。嘗公卿大會，立庭中。有王生者，年老矣，善爲黃、老言，以處士召見。顧謂釋之曰：「爲我結韈！」釋之跪而結之。既罷，或以責王生。王生曰：「吾老矣，且賤，自度終無益於張廷尉。張廷尉方爲名臣，故使結韈，欲以重之。」

十四年冬，匈奴老上單于寇邊，以十四萬騎入蕭關，殺北地都尉〔孫〕卬，〔二八〕遂至彭（城）〔陽〕，〔二九〕使騎兵入燒回中宮，候騎至雍，起烽火通甘泉。上遣（王）〔三〕將軍屯隴西、北地、上郡；〔三〇〕中尉周舍爲衛將軍，郎中令張武爲車騎將軍，軍渭北，（單于）〔車千〕乘，〔三一〕騎卒十萬。上親勞軍，勒兵（車）〔申〕令，〔三二〕賜吏卒。上欲自征匈奴，群臣諫，不聽。皇太后固止之，乃止。東陽侯張相如爲大將軍，內史欒布皆爲將軍，〔三三〕擊匈奴出塞。師還時，上輦過郎署，見郎署長馮唐年七十餘矣。問曰：「父老何自爲郎？家安在？」對曰：「臣趙人。」上曰：「吾居代時，尚食監高袪數謂我言趙將李齊之賢，戰於鉅鹿下。吾每飯食，意未嘗不在鉅鹿下也。父老知之〔乎〕？」〔三四〕對曰：「齊尚不如廉頗、李牧之爲將也。臣大父趙時爲將卒，善廉頗；臣父爲代郡將時，善李牧。〔三五〕故知其爲人也。」上曰：「嗟乎！吾得廉頗、李牧之爲將，豈憂匈奴哉！」唐曰：「陛下雖得之，不能用。」上怒，起入禁中。良久，召唐曰：「公衆辱我，獨無閑處也？何以言之，吾不能用也？」唐謝，因對曰：「臣聞古之王者之遣將也，跪而推轂，曰：『自閫以內寡人制之，自閫以外將軍制之；軍功爵賞，皆決於外。』李牧爲趙將居邊，軍市之租皆自用饗士卒，賞賜決於外，不從中覆也。委任而責成功，牧乃得展其智力，北逐單于，破東胡，滅澹林，西抑强秦，南距韓、魏。當此之時，趙幾霸。會趙王遷立，用郭開讒，而殺李牧，是以爲秦所滅。今臣聞魏尚爲雲中守，軍市之租盡以給士卒，出私養錢，五〔月〕〔日〕一殺牛，〔三六〕以饗士卒軍人，是以匈奴遠遁，不敢近雲中之塞。虜嘗大入，尚率車騎擊之，所傷殺甚衆。上功幕府，誤差六級，文吏以法繩之。陛下下之吏，削爵，罰及之。其賞不行，吏奉法必用。臣愚以爲陛下〔法太明〕賞太輕，〔三七〕罰太重。由此言之，陛下雖得頗、牧，弗能用也。」上悦。是日，令唐持節赦魏尚，復以爲雲中守。拜唐爲車騎都尉，主中尉及郡〔國〕車騎士。〔三八〕至景帝時爲楚相，卒爲名臣。荀悦曰：以孝文之明也，本朝之治，百寮之賢，而賈誼見逐，張釋之十年不見省用，馮唐白首屈於郎署，豈不惜哉！夫以絳侯之忠，功存社稷，而猶見疑，不亦痛乎！夫知賢之難，用人不易，忠臣自古之難也。雖在明世，且猶若茲，而況亂君闇主者乎！然則屈原赴湘水，子胥鴟夷於江，安足恨哉！周勃質朴忠誠，高祖以爲安劉氏者，必勃也。既定漢室，建立明主，眷眷之心，豈有異哉！狼狽失據，塊然囚執，俛首撫襟，屈於獄吏，豈不愍哉！夫忠臣之於其主，猶孝子之於其親，盡心焉，盡力焉。進而喜，非貪位；退而憂，非懷寵。結志於心，慕戀不已，進得及時，樂行其道。故仲尼去魯曰「遲遲而行」，孟軻去齊，三宿而後出境，彼誠仁聖之心。夫賈誼過湘水弔屈原，惻愴慟懷，豈徒忿怨而已哉！與夫苟患失之者異類殊意矣。及其〔傳〕〔傅〕

梁王，〔三九〕梁王薨，哭泣而從死，豈可謂不忠乎！然人主不察，豈不哀哉！及釋之屈而思歸，馮唐困而後達，有可悼也。此忠臣所以泣血，賢俊所以傷心也。上方憂匈奴，太子家令晁錯上書言兵事，曰：「臣聞用兵臨戰，合刃之急者三：一曰得地形，二曰卒服習，三曰器用利。兵法曰：丈五之溝，漸車之水，山林積石，山川丘阜，草木所在，此步兵之地也，車騎二不當一。土山平陵，漫衍相屬，平原廣野，此車騎之地也，步兵十不當一。平易相遠，山谷幽澗，仰高臨下，此弓弩之地也，短兵百不當一。兩陣相近，平地淺草，可前可後，此長戟之地也，劍楯二不當一。（藿）〔萑〕葦竹蕭，〔四〇〕草木蒙（籠）〔蘢〕，〔四一〕枝葉接茂，此矛鋋之地也，長戟二不當一。曲道相伏，險阨相薄，此劍楯之地也，弓弩三不當一。士不選練，卒不服習，起居不精，動靜不集，趨利不及，避難不畢，前擊後解，與金鼓之指相失，此多不習勒卒之過也，百不當十。兵不完利，與空手同；甲不堅密，與袒裼同；弩不可以及遠，與短兵同；射不能中，與無矢同；中不能入，與無鏃同；此將不省兵之禍也，五不當一。故兵法曰：器械不利，以其卒與敵也；卒不可用，以其將與敵也；將不知兵，以其主與敵也；君不擇將，以其國與敵也。此四者，兵之要也。臣又聞小大異形，强弱異勢，險易異備。夫（畢）〔卑〕身以事强，〔四二〕小國之形也；〔合小以攻大，敵國之形也〕；〔四三〕以蠻夷攻蠻夷，中國之形也。今匈奴地形伎藝與中國異。上下山坂，出入谿澗，中國之馬弗與也；險道傾側，且馳且射，中國之騎弗與也；風雨疲勞，飢渴不困，中國之人弗與也：此匈奴之長技也。若夫平原易地，輕車突騎，此匈奴之衆易撓亂也；勁弩長戟，射疏及遠，則匈奴之弓弗能格也；堅甲利刃，長短相雜，遊弩往來，什伍俱前，則匈奴之兵弗能當也，材官騶發，矢道同的，則匈奴之革笥木薦弗能支也；下馬地鬬，劍戟相接，去就相薄，則匈奴之足弗能給也：此中國之長技也。匈奴之長技三，中國之長技五。陛下興數十萬之衆，以誅數〔十〕萬之匈奴，〔四四〕衆寡之計，以一擊十之術也。雖然，兵者凶器，戰者危事。以大爲小，以强爲弱，在俛仰之間耳。夫〔小〕〔以〕人之死爭勝，〔四五〕跌而不振，則悔之無及也。帝王之道，出於萬全。今降胡義渠蠻夷之屬來歸義者，其衆數千人，飲食長技與匈奴同，可賜之堅甲絮衣、勁弩利矢，益以邊郡之良騎。令明將能知其習俗、和輯其心者以將之，即有阻險，則以此當之；平地通道，則以輕車材官制之。兩軍相當表裏，各用其技，橫加之以衆，此萬全之術。傳曰：『狂夫之言，而明主擇焉。』臣錯愚陋，昧死上狂言，唯陛下裁擇。」上嘉之，而賜璽書寵答曰：「皇帝敬問太子家令：所言兵體，聞之。書曰『狂夫之言，而明主擇焉。』今則不然。言者不狂，而擇者不明，是以萬聽而萬不當也。」錯復上言云：「遠方之士守塞，一歲而更，不知胡人之能，不如選常居之者，令室家田作，具以備之。以便爲之高城深壍，其外復爲一城，其內城間百五十步。要害之處，通山川之道，調立城邑，毋下千家，爲中〔國〕〔周〕造籬落。〔四六〕先爲屋室，次〔其〕〔具〕田器，〔四七〕〔及〕〔乃〕募罪人及免徒復作令居之；〔四八〕不足，募以〔一〕〔丁〕奴婢贖罪及輸奴婢欲以拜爵者；〔四九〕不足，乃募民之欲往者。皆賜高爵，復其家；予冬夏衣裳、廩食，能自給而止。郡縣之民，得買其爵以自增。其無夫若無妻者，縣官買與之。人情非有匹敵，不能久安其居。塞下之人，禄利不厚，不可使久居危難之地。胡人入驅而能止其所驅者，以其半與之，縣官爲贖其民。如是，則邑里相救助，赴胡不避死亡。非以德上也，欲全親戚而利其財。此與東方之〔戎〕〔戍〕卒不習地勢而心畏胡者，〔五〇〕功相萬也。」上從之。錯復言：「古之徙遠方以實空虛也，相其陰陽之和，審其土地之宜，然後營立邑城，通田作之道，正阡陌之界。先爲之築室，家有一堂兩內，門户之開閉，置器物焉。民至者有居，作有所用，此民所以輕去故鄉而勸之新邑也。爲之致醫巫，以救疾病，以修祭祀，男女有婚姻，死生相卹，墳墓相從，室家完安，此使民樂其處而有長居之心也。臣又聞古之制邊縣以備敵也，使五家爲伍，伍有長；十長一里，里有假士；四里一連，連有假率；十連一邑，邑有假候：皆擇其邑之賢才習地形知民情者，居則習於射法，出則教民於應敵。故卒伍成於內，則軍正定於外。服習以成，勿令遷徙，幼則同遊，長則共事。夜戰則聲相知，足以相救；晝戰則眼相見，足以相識；歡愛之心，足以相死。然後勸之以重賞，威之以重罰，則死不旋踵矣。〔五一〕」春三月，詔曰：「昔先王遠施不求其報，望祠不祈其福，右賢左戚，先民後己，至明之極也。今聞祠官祝釐，皆歸福於朕躬，不爲百姓，朕甚愧之，是重吾不德也。其令祠官致敬，無有所祈。」魯人公孫臣上書，言秦爲水德，從所不勝，漢當爲土德，其符當有黃龍見。丞相張倉好律歷，以漢爲水德，河水决金隄，其符也。公孫臣言非，是以罷之。於是從倉議，色尚外黑内赤，以此從水德。

十五年春，黃龍見於成紀。上召公孫臣爲博士，從土德也。夏四月，上幸雍，始郊見五帝，修名山大川之祀。秋九月，舉賢良直言，上策之曰：「有司舉賢良明於國家之大體，通於人情之終始，及能直言極諫者，二三大夫之行當此三道，朕甚嘉之，故登大夫於朝，親諭朕志。大夫其上三道之要，永惟朕之不德，吏之不平，政之不宣，民之不寧，四者之闕，悉陳其志，無有所隱。著之於篇，朕親覽焉。」太子家令鼂錯對曰：「臣聞五帝神聖，其臣莫能過，故自親事，動静上配天，下順地，中得人。衆生之類無不覆也，根著之徒無不載也，昭以光明無偏異也。德上及飛鳥，下及水蟲草木，諸產皆被其澤。然後陰陽調，萬物茂，妖孽藏，符瑞出，澤潤天下，光被四海。此治國大體之功也。臣聞三王臣主皆賢，故合謀相（附）〔輔〕，〔五二〕政達於人情。人情莫不欲壽，三王生而不傷也；人情莫不欲富，三王厚而不困也；人情莫不欲安，三王寧而不危也；人情莫不欲逸，三王節其力而不盡也。其爲法令，合於人情而後行之；動衆使民，出於人情而後爲之。情之所惡，不以强人；情之所欲，不以禁民。是以天下樂其政而歸其德，百姓和親，國家安寧。此明於人情終始之功也。臣聞五霸不及其臣，故屬以國，任之以政。五霸之佐，謹身履法，奉公無私；見賢不居其上，受禄不過其量；興利除害，明賞慎罰；直言極諫，補主之過，德匡天下，威正諸侯。此人臣極諫直言之功也。臣聞秦之衰世，任法戮而信讒賊，宫室過度，嗜欲無極，法令煩（僭）〔憯〕，〔五二〕刑罰暴酷，姦邪之吏乘其亂法以成其威，上下瓦解，内外咸怨，故絶嗣亡世，爲異姓福。此吏不平，政不宣，民不寧之禍也。」對奏，擢爲太中大夫。齊王（肥）〔則〕薨，〔五三〕無子，國除。

十六年夏四月，上郊祀五帝於渭陽。趙人新垣平以望氣見上，言「長安東北有神氣，成五采色，若人冠冕焉。天下此瑞，宜立祠祠上帝，以合符應。」於是始作渭陽五帝廟，同宇，五殿，五門，各如其帝色。上親郊祀，有輝光然屬天。於是拜平爲上大夫。五月，分齊爲六國，立齊悼惠王子六人：將閭爲齊王，志（在）〔爲〕濟北王，〔五四〕辟光爲濟南王，賢爲淄川王，印爲膠西王，雄渠爲膠東王。立淮南厲王三子：安爲淮南王，勃爲衡山王，賜爲廬江王。建成侯良薨，無後。秋九月，得玉杯，刻曰「人主延壽」。新（原）〔垣〕平令人獻之，〔五五〕詐言闕下有神玉氣。令天下大酺。是歲，淮陽相申屠嘉爲御史大夫。

後元年冬十月，新（原）〔垣〕平詐發覺，遂謀反，誅夷三族。春三月，孝惠皇后張氏薨。

二年夏，上幸雍，還，幸棫陽宫。六月，代王參薨。匈奴和親。八月戊辰，丞相張倉既免相，年老，口中無齒，以女子爲乳母，年百餘歲卒。著書八十篇，言陰陽律歷事。蒼之妻妾百數人。庚午，御史大夫申屠嘉爲丞相，開封侯陶青翟爲御史大夫。〔五六〕有天狗下梁野。天狗如大流星，有聲，在其地，類狗，光炎如火，照數頃地。

三年春正月，行幸代。秋大雨，晝夜不絶四十五日。藍田山水出，流一百餘家。漢水出，壞民室八十餘家，所殺三百餘人。

四年夏四月丙寅晦，日有食之。五月，赦天下。免諸官奴婢爲庶人。上幸雍。

五年春正月，行幸隴西。三月，行幸雍。六月，齊城門下有狗生〔角〕。〔五七〕秋七月，行幸代。

六年冬，匈奴三萬騎入上郡，三萬騎入雲中。車騎將軍李勉屯飛狐口，〔五八〕將軍蘇隱屯勾注，〔五九〕將軍張武屯北地，周勃子亞夫爲將軍次細柳，將軍劉禮次霸上，將軍徐厲次棘門，以備胡。單于退遠。上自勞軍，至霸上及棘門軍，直馳入，大將軍以下出入以騎送迎拜謁。已而之細柳軍，軍吏被甲執鋭，彀弓弩持滿。天子先驅曰：「天子將至！」軍尉曰：「軍中但聞將軍令，不聞天子詔。」有頃，上至，不得入。於是使使持節召將軍亞夫曰：「吾欲入勞軍。」亞夫傳言開壁門。尉謂車騎曰：「將軍令，軍中不得驅馳。」於是天子按轡徐行。至中營，將軍亞夫持兵揖，曰：「介胄之士不拜，請以軍禮見。」天子爲之改容式車，使人稱詔謝：「皇帝敬勞將軍。」成禮而去。既出軍門，群臣驚。上曰：「嗟乎！此真將軍也！霸上、棘門如兒戲耳。」月餘，三軍皆罷。拜亞夫爲中尉。上戒太子曰：「即有急緩，周亞夫可任將軍。」夏，大旱，蝗。令諸侯無入貢，弛山澤，減諸服御，損郎吏員，發倉庫以賑貧民。令得（買）〔賣〕爵。〔六〇〕

七年春正月辛未朔，日有食之。夏六月，封竇廣國爲章武侯，拜中（軍）尉周亞夫爲車騎將軍。〔六一〕己亥，帝崩于未央宮。遺詔曰：「蓋聞萬物之萌生，靡有不死。死者天地之理，物之自然，奚可甚哀！當今之世，咸喜生而惡死，皆厚葬以破其業，重服以傷其生，吾甚不取。且朕以不德，獲保社稷，託君王之上，二十餘年。（當）〔常〕畏過行，〔六二〕以羞先帝之遺德；永惟年之不長，懼于不終。今乃幸以天年得終時復供養高廟，朕之不明與嘉之，其奚悲哀之有！其令天下吏民臨三日，皆釋服。無禁娶婦嫁女祠祀飲酒食肉。當給（桑）〔喪〕事服臨者，〔六三〕皆無跣足。絰帶無過三寸。無布車及兵器。無發民哭臨。殿中當臨者，皆以旦夕各十五舉聲，禮畢罷。非旦夕臨，無得擅哭。〔以下，〕〔六四〕服大功十五日，小功十四日，纖七日，釋服。它不在令者，皆以此令（此數）〔比類〕從事。〔六五〕布告天下，使明知朕意。霸陵山川宜因其故，無有所改。所幸慎夫人已下至少使，〔六六〕得令嫁。」己巳，〔六七〕皇帝葬霸陵。

荀悦曰：書云：「高宗諒闇，三年不言。」孔子曰：「古之人皆然。」「三年之喪天下之通喪」。由來者尚矣。今而廢之，以虧大化，非禮也。雖然，以國家之重，慎其權柄，雖不諒闇，存其大體可也。乙卯，故韓王信之子頽當及孫嬰率其衆來降，封頽當爲弓高侯，嬰爲襄城侯。

讚曰：本紀稱「孝文皇帝宮室苑囿車馬御服無所增益。有不便，輒弛以利民。身衣弋綈，慎夫人雖幸，衣不曳地，幃帳無文繡，以示敦樸。愛費百金，不爲露臺。及治霸陵，皆瓦器，不得以金銀銅錫爲飾，因其山，不起墳。南越王尉佗自立爲帝，以德懷之。匈奴背約，令守邊備，不發兵深入，無動勞百姓。吴王詐病不朝，賜以（机）〔几〕杖。〔六八〕群臣袁盎等諫説雖切，常假借之。張武等受賂金錢，重加賞賜，以愧其心。專務以德化民，是以海内殷富，興於禮義，斷獄數百，幾致刑措。」登顯洪業，爲漢太宗，甚盛矣哉！楊雄有言：「文帝親屈帝尊以申亞夫之軍令，〔六九〕曷爲不能用頗、牧？彼將有所感激云爾。」

## 【校勘記】

〔一〕梁王楫　楫，漢書文三王傳作「揖」。

〔二〕誼時年三十　漢書賈誼傳作「年三十三」。

〔三〕祕祝之官（祕）〔移〕過於下　從南監本、龍谿本、學海堂本改。

〔四〕齊及（濟）〔淮〕南國廢　從漢書郊祀志改。
〔五〕歲時（至）〔致〕祠　從黄校本、漢書郊祀志改。
〔六〕以贍〔弱〕民（弱）以意乙正。
〔七〕（佇）〔守〕望相接　從龍谿本、學海堂本改。
〔八〕亦以口受田如（此）〔比〕　從學海堂本、漢書食貨志改。
〔九〕工商衡虞之（人）〔入〕也　從學海堂本改。
〔一〇〕賦謂供車馬〔甲〕兵士徒之役　從吴慈培校補。
〔一一〕〔冬〕則（冬）畢入於邑　從學海堂本、漢書食貨志乙正。
〔一二〕嗟我（父）〔婦〕子　從學海堂本、漢書食貨志改。
〔一三〕閭首平旦坐於右壟　壟，漢書食貨志作「塾」。
〔一四〕女工一月得四十五（功）〔日〕　從學海堂本、漢書食貨志改。
〔一五〕學六（家）〔甲〕四方五行書計之事　從學海堂本、漢書食貨志改。
〔一六〕學乎（小）〔少〕學諸侯歲貢（小）〔少〕學之異者　從學海堂本、漢書食貨志改。
〔一七〕群（后）〔居〕將散　從學海堂本、漢書食貨志改。
〔一八〕〔四〕邑（四）爲丘　從漢書刑法志乙正。

〔一九〕是謂司馬之法　漢書刑法志作「乘馬之法」。
〔二〇〕街路　漢書刑法志作「術路」。
〔二一〕此卿大夫（菜）〔采〕地之大者　從漢書刑法志改。
〔二二〕一封三百（六）〔一〕十六里　從學海堂本、漢書刑法志改。
〔二三〕夏（茇）〔拔〕舍以苗　從漢書刑法志改。
〔二四〕（牧有）連（卒）〔率〕比年簡車徒　從漢書刑法志改。
〔二五〕民安措其〔手〕足　從黄校本、漢書張釋之傳補。
〔二六〕（置）〔致〕之族矣　從漢書張釋之傳、黄校本改。
〔二七〕愚人取長陵一（杯）〔抔〕土　從南監本、學海堂本、漢書張釋之傳改。
〔二八〕殺北地都尉〔孫〕卭　「孫」原缺。蔣國祚考云：案師古注功臣表缾侯孫單父卭以北地都尉匈奴入力戰死事。子侯，文帝十四年封，與此正合。卭，當爲孫卭。闕一字即「孫」字。
〔二九〕遂至彭（城）〔陽〕　從龍谿本、漢書匈奴傳改。
〔三〇〕上遣（王）〔三〕將軍　從學海堂本、漢書文帝紀改。
〔三一〕（單于）〔車千〕乘　從學海堂本、漢書文帝紀改。
〔三二〕勒兵（車）〔申〕令　從黄校本、學海堂本改。

〔三三〕漢書文帝紀「大將軍」下有「建成侯董赫」。

〔三四〕父老知之〔乎〕　從漢書馮唐傳、陳璞校補。

〔三五〕臣大父趙時爲將卒善廉頗臣父爲代郡將時善李牧　漢書馮唐傳作「臣大父在趙時，爲官帥將，善李牧。臣父故爲代相，善李齊」。鈕永建校云：漢書馮唐傳作「趙時爲官帥將」，史記馮唐傳作「趙時爲官卒將」。裴駰集解云「徐廣曰『一云官士將』」。駰案：晉灼曰「百人爲徹行，亦皆帥將也」。小司馬索隱云：「案國語闔閭卒百人爲徹行，行頭皆官帥。」賈逵注：「百人爲一隊也，官帥，隊大夫也。」據集解、索隱説，則馮唐大父實爲趙時隊大夫。荀紀作「將卒」，文與史記漢書異。蓋本作「卒將」，傳寫者誤倒也。百人爲卒，故隊大夫亦曰卒將。

〔三六〕五（月）〔日〕一殺牛　從學海堂本、漢書馮唐傳改。

〔三七〕〔法太明〕　從漢書馮唐傳、黄校本補。

〔三八〕郡〔國〕車騎士　從漢書馮唐傳、黄校本補。

〔三九〕及其（傳）〔傅〕梁王　從龍谿本改。

〔四〇〕（藋）〔萑〕葦竹蕭　從龍谿本、學海堂本、漢書鼂錯傳改。

〔四一〕草木蒙（籠）〔蘢〕　從龍谿本、漢書鼂錯傳改。

〔四二〕夫（畢）〔卑〕身以事强　從漢書鼂錯傳改。

〔四三〕〔合小以攻大敵國之形也〕　從黄校本、漢書鼂錯傳補。
〔四四〕以誅數(十)萬之匈奴　從漢書鼂錯傳删。
〔四五〕夫(小)〔以〕人之死爭勝　從學海堂本、漢書鼂錯傳改。
〔四六〕爲中(國)〔周〕造籬落　從黄校本改。漢書鼂錯傳作「爲中周虎落」。
〔四七〕次(其)〔具〕田器　從龍谿本、學海堂本、漢書鼂錯傳改。
〔四八〕(及)〔乃〕募罪人　從學海堂本、漢書鼂錯傳改。
〔四九〕以(一)〔丁〕奴婢贖罪　從學海堂本、漢書鼂錯傳改。
〔五〇〕此與東方之(戎)〔戍〕卒　從漢書鼂錯傳改。
〔五一〕故合謀相(附)〔輔〕　從黄校本、漢書鼂錯傳改。
〔五二〕法令煩(僭)〔憯〕　從吴慈培校、漢書鼂錯傳改。
〔五三〕齊王(肥)〔則〕　從黄校本、漢書諸侯王表改。
〔五四〕志(在)〔爲〕濟北王　從南監本、龍谿本、學海堂本改。
〔五五〕新(原)〔垣〕平令人獻之　從學海堂本、漢書文帝紀改。
〔五六〕開封侯陶青翟爲御史大夫　陶青翟，蔣國祚考云：「此陶青翟當是陶青」。陳璞校云：「百官表作陶青。」

〔五七〕齊城門下有狗生〔角〕　從學海堂本、西漢年紀補。

〔五八〕車騎將軍李勉　李，漢書文帝紀作「令」。

〔五九〕將軍蘇隱　隱，漢書文帝紀作「意」。

〔六〇〕令得（買）〔賣〕爵　從漢書文帝紀改。

〔六一〕中（軍）尉周亞夫　從漢書周勃傳周亞夫附傳刪。

〔六二〕（當）〔常〕畏過行　從龍谿本、學海堂本改。

〔六三〕當給（桑）〔喪〕事服臨者　從龍谿本、學海堂本改。

〔六四〕〔以下〕　從漢書文帝紀補。

〔六五〕（此數）〔比類〕從事　從漢書文帝紀改。

〔六六〕慎夫人以下　漢書文帝紀作「歸夫人以下」。

〔六七〕己巳　漢書文帝紀作「乙巳」。

〔六八〕賜以（机）〔几〕杖　從龍谿本改。

〔六九〕文帝親屈帝尊　蔣國祚考作「親屈至尊」。

# 兩漢紀上　漢紀

## 孝景皇帝紀卷第九

皇帝丁未即位。秋九月，有星孛于西方，其本值尾、箕，末至牽牛及天漢，十六日不見。

元年冬十月，詔曰：「蓋聞古者祖有功而宗有德，孝文皇帝德厚侔於天地，利澤施四海，而廟樂不稱，朕甚懼焉。其奏昭德、四時之舞。」丞相嘉等奏尊孝文廟爲太宗，奏昭〔德〕、四時之舞，〔一〕令郡國皆立太宗廟。四時舞孝文所作，以明天下之安和。夏〔六〕〔四〕月，〔二〕御史大夫陶青翟使匈奴，結和親。〔三〕五月，令民田收半租。太中大夫任〔成〕〔城〕周仁爲郎中令。〔四〕〔仁〕爲人陰重不泄，〔五〕衣敝不飾，甚見親信。上自幸其家者再，賞賜甚厚。仁常固讓，諸侯群臣贈遺無所受。

二年冬十一月，有星孛于西南。令天下男子年二十始賦。〔六〕春三月，立皇子德爲河間王，閼爲臨江王，〔余〕〔餘〕爲淮陽王，〔七〕非爲汝南王，彭祖爲廣川王，發爲長沙王。夏四月壬午，太皇太后崩。六月，丞相申屠嘉薨。時内史鼂錯貴幸，穿太上皇廟壖垣爲舍門。嘉奏請誅錯，〔錯〕自歸上。〔八〕上曰：「此非真廟垣，又我使爲之，錯無罪。」嘉曰：「悔不先誅錯，爲所賣。」遂歐血而死。嘉爲人廉直。初，鄧通侍文帝，有慢〔禮〕。〔九〕嘉曰：「朝廷之禮，不可不肅！」文帝曰：「君勿言，吾私之。」罷朝，嘉檄召通。通恐，入言文帝。帝曰：「若往，吾今召若。」通至，嘉責之曰：「朝廷者，乃高皇帝之朝廷，通小臣，乃敢戲殿上，大不敬，當斬。」通頓首，出血，不赦。文帝使使持節召通，謝丞相曰：「此吾弄臣也，君釋之。」通乃得免。秋八月丁巳，御史大夫陶青翟爲丞相，左内史鼂錯爲御史大夫。封蕭何（曾）孫嘉爲列侯。〔一〇〕先是嘉兄則有罪失侯。梁王來朝，上與讌飲太后前，上從容言：「萬歲之後傳於王。」詹事竇嬰者，太后從兄子，進曰：「天下者，高帝之天下，父子相傳，漢之法矣，陛下何得傳梁王！」太后怒，絶嬰屬籍，遂免。匈奴和親。

三年冬十月，膠東下密人年七十餘，生角，角有毛。本志曰：「老人，吴王象也。年七十七，國象也。人不當生角，猶諸侯不當舉兵向京師。七國將反之應也。」十有一月，白項（鳥）〔烏〕與黑項（鳥）〔烏〕共鬬楚國（苦）〔吕〕縣，白項（鳥）〔烏〕不勝，〔一一〕墮泗水中，死者過半。〔一二〕十有二月，吴城門自傾，大船自覆。本志以爲「金沴木也」。吴地以船爲家，天戒若曰「國家將傾覆矣」。春正月，淮陽王正殿災。吴王濞、膠西王卬、楚王（戍）〔戊〕、趙王遂、濟南王辟光、淄川王賢、膠東王熊渠皆謀反。〔一三〕初，上爲太子時，吳王太子入朝，與上博，争道，無禮於上，上以博局擲之而死。送喪至吳，吳王怒曰：「天下一家，何必來葬！」復遣還長安。後稱疾不朝，陰懷逆謀。時齊人鄒陽、淮陰人枚乘皆遊吳。乘諫曰：「夫以一縷之絲繫千鈞之重，上懸無極之高，下垂不測之深，雖至愚之人，猶知其絶矣。以君所爲，危於累卵，難於上天；若變所爲，易於反掌，安於太山。今欲極天命之壽，敝無窮之樂，終萬乘之權，不出反掌之易，以居太山之安，而欲乘累卵之危，走上天之難，此愚臣之所大惑也。」陽亦數諫，吳王不聽。乘、陽皆去遊梁。鼂錯説上曰：「吳王驕恣，陰有逆謀。今削之亦反，不削亦反。削之，其反疾，而禍小；不削，則其反遲，而禍大。」於是楚、趙有罪先削。吳王恐禍及身，己爲使者自見膠西王合謀，發使約諸侯七國同謀；南使南越，北連匈奴。吳王下令國中曰：「寡人年六十二，身自將；小兒年十四，亦爲士卒先。諸君年上與寡人同，下與小兒等，皆發。」移書郡國曰：「漢賊臣鼂錯侵奪諸侯地。陛下多疾志逸，不能省察。欲舉兵誅之。敝國雖小，精兵可得五十萬人；南越分其卒半以隨寡人，寡人又得三十萬；趙王固與胡王有約。寡人節衣食，積金錢，修甲兵，聚糧食，夜以繼日，至今三十餘年。寡人金錢布天下，諸侯王日用之不能盡。今人有能得大將者，賜金五千斤，封邑萬户。以城邑降者，封萬户。若率萬人降者，如大將軍科。他皆以差受爵。」吳、楚反書上聞。鼂錯議欲令上自將兵，身留居守，計未定。錯素與袁盎有郤，錯言盎前爲吴相，宜知王謀而蔽匿不言，使至於是，欲請治盎，計未定。盎密聞之，乃夜因告竇嬰求見上，言吴所以反故。錯方與上調兵食。上問盎，盎對曰：「吴王無能爲也。」上曰：「吴王即山鑄錢，煮海爲鹽，誘天下豪傑，白頭舉事，何以言吴無能爲也？」盎對曰：「吴王銅鹽之利則有之，安得豪傑而誘之！吴王若得豪傑，亦將轉而爲義，則不反矣。吴之所誘者，無賴子弟、亡命鑄錢姦人，故相誘以反。」錯曰：「盎筴之善。」上問計將安出，盎曰：「願屏左右。」上屏人，獨錯在。盎曰：「臣所言，人臣不得知。」乃屏錯。錯趨避東廂，意甚恨。盎對曰：「吴、楚言晁錯擅削諸侯地，故先共誅錯，復其故地而罷兵。今計獨有斬錯，發使使吴、楚七國，赦其罪，復其故地，則兵可無血刃而俱罷。」上默然良久，遂從其計，斬錯東市。拜盎爲太常，使使至吴。吴王曰：「吾欲爲東帝矣。」即劫盎，使爲將。盎不聽，使一都尉以五百人圍守盎，欲殺之。初，盎爲吴相時，從吏私盜姦盎侍婢，吏懼（走），〔一四〕而盎馳自追之，遂以侍婢及侍兒賜之。及見拘，從吏適在守盎，位爲司馬，乃夜與盎俱亡而還。枚乘獻書諫吴王曰：「昔秦西距胡、戎之難，北備榆中之關，南距羌、筰之塞，東當六國之鋒。六國乘信陵之籍，明蘇秦之要，（厲）〔一五〕荆軻之威，并力一心以備秦。然卒滅六國而并天下，何則？地利不同，而民輕重不等也。今漢據全秦之地，兼六國之衆，修戎、狄之義，而南朝羌、筰，此其地與秦地相什而民相百，大王所明知也。今夫佞諛之臣，不論骨肉之義，民之輕重，國之大小，以爲吳禍，此臣所以爲大王患也。夫舉吳兵以〔資〕〔訾〕於漢，〔一六〕譬猶蠅蚋之附群牛，腐肉之齒利劍，鋒刃始接，則無事矣。天下聞吳率失職諸侯，責先帝之遺詔，今漢親誅其三公以謝前過，是大王之威加於天下，而功越於湯、武矣。夫吳有諸侯之位，而實富於天子；有隱匿之名，而居過於中國。此臣之所爲大王樂也。今大王還兵疾歸，可十得其半。不然，漢知吳有吞天下之心，赫然加怒，羽林黄頭循江而下，襲大王之都；虜東海之地，絶吳餉道；梁王飾車騎，習戰射，積粟固守，以〔逼〕〔備〕滎陽，〔一七〕待吳之饑。大王雖欲反都，亦不得已。今大王去千里之國，而制於十里之内。張、韓之將北地，弓高宿衛左右，兵不得下壁，軍不得休息，臣竊哀之。」吳王不聽。二月辛巳朔，日有蝕之。邯鄲有狗與豕交。本志以爲「趙王勃亂失類，外交匈奴，似犬豕之行也。」絳侯周勃子亞夫爲太尉，將三十六軍擊吳、楚。竇嬰爲大將軍，賜金〔五十〕〔千〕斤。〔一八〕嬰陳金廡下，軍吏過，輒令取爲用，金無入家者。嬰屯兵滎陽。曲周侯酈寄擊趙，將軍欒布擊齊。太尉至霸上，趙涉以布衣遮道説太尉曰：「吳、楚聞將軍出兵，必置伏兵姦人於崤、澠阨塞之間。且兵事尚神密，將軍何不從此右〔關〕去，〔一九〕趣藍田，出武關，指洛陽，不過差一二日，直入武庫，擊桴鳴鼓。〔二〇〕諸侯聞之，以將軍從天降而下也。」亞夫從之。已而使之搜崤澠間，果得吳伏兵。乃請涉爲護軍。亞夫既至洛陽，見劇孟，喜曰：「七國舉事而不用孟，吾知其無能爲也。」孟者，洛陽人。爲任俠，行似魯朱家。亞夫問故父客鄧都尉計策安出，對曰：「吳、楚兵鋭甚，難與争鋒。莫若引兵東北壁昌邑，以梁委吳，吳必盡鋭攻之。將軍深溝高壘，勿與戰，使輕兵絶淮、泗之口，斷吳餉道。使吳、梁相弊而糧食竭，以全制其虚，吳必破矣。」從之。吳攻梁，梁王急請救亞夫，亞夫不往。梁王上書請救，上詔亞夫救梁王。亞夫不奉詔，堅壁昌邑，而使其淮泗口兵絶吳餉道。楚乏糧，挑戰，亞夫終不出。夜，軍中驚，而内相攻擊擾亂，至於帳下。亞夫堅卧不起。有頃，乃自定矣。吳夜攻營壁東南，亞夫使爲備西北。吳精兵果奔西北，不得入。吳、楚既飢乏，乃引兵去。亞夫出精兵追擊，大破之。是時，弓高侯韓頽當爲將軍，擊吳、楚，功冠諸侯。吳王棄軍，與壯軍數千人亡走江南，保丹徒，遂〔盡虜之〕。〔二〕三月，吳、楚平，越人斬吳王頭以降。吳之圍梁也，梁將張羽、韓安國距之。羽能力戰，安國能持重，故吳兵不能進。楚王(戍)〔戊〕軍大敗，〔三〕自殺。(戍)〔戊〕初與吳通謀，大中大夫申公、白公諫，不聽，胥靡之，衣赭衣，杵臼舂於市。初，魯有穆生及申公、白公，皆與元王俱學詩於浮丘伯。浮丘伯者，荀卿門人也。元王常禮此三人。穆生不飲酒，常爲設醴。及王(戍)〔戊〕一朝失不設醴，穆生將去。申公、白公止之曰：「不爲先王乎？」穆生曰：「先王之禮吾三人者，爲道之存也；今而忽之，是亡道。亡道之君，胡可與久處！易稱『知幾其神乎！』不去，楚人將鉗我於市。」遂謝病而去。申公、白公獨留，故及於難。膠東、膠西、濟南、甾川、趙王皆伏誅。徙廣川王爲趙王。初，七國反，連齊。齊王城守，留濟南、膠東、淄川三國兵共圍齊。齊王使路中大夫使於天子，天子令還報齊堅守。路中大夫還，三國將劫而與之盟，令反其言曰：「吳已破漢矣。」大夫既許，至城下，望見齊王，言漢發兵百萬，使太尉擊破吳、楚，方引兵救齊，必堅守。三國之兵殺之。齊被圍急，陰與三國約，未定，會路中大夫至，復堅守。漢將聞齊初有謀，欲擊齊。齊王將閭懼，自殺。上以齊迫脅，非其罪，乃立其太子壽爲齊王。濟北王志亦初與諸侯通謀，後乃堅守，聞齊王自殺而得立嗣，志亦欲自殺。齊人公孫玃止之，〔二三〕因爲説梁王曰：「夫濟北之地，東接强齊，南當吳、越，北脅燕、趙，此四分五裂之國，權不足以自守，勢不足以扞寇，雖墜（猶失也）言於吳，〔二四〕非其正計也。昔鄭祭仲許宋人立公子突以全其君，春秋賢之，爲其以生易死，以存易亡。嚮使濟北先見情實，則吳必先屠濟北，招燕、趙而總之。如此，山東之從結而無郄矣。今吳、楚之王練諸侯之兵，驅徒衆（而）〔西〕與天子爭衡。〔二五〕濟北獨厲節堅守不下，使吳失據而無助，跬行而獨進，瓦解土崩，敗而無救者，未必非濟北之力。以區區之濟北而與諸侯爭强，是猶羔犢而扞虎狼也。守職志不撓，可謂誠一矣。功（議）〔義〕如此，〔二六〕尚見疑於上。願大王詳思惟之。」梁孝〔王〕悅，〔二七〕馳以聞。濟北王得不坐，徙封於甾川。徙衡山王爲濟北王。吳之反也，衡山王勃堅守無二心，故謚曰貞王。徙廬江王賜爲衡山王。初，吴、楚使至淮〔南〕，〔二八〕王欲發兵應之。其相曰：「主必應之，臣願爲將。」王屬之兵，相因守城而距吴、楚。會漢救兵至，故淮南王得以完全。初，晁錯改制，削諸侯地。錯父從潁川來，諫止之。錯曰：「不然，社稷不安。」父曰：「劉氏安矣，晁氏危矣！」遂歸去之，曰：「吾不忍見禍及其身。」乃服藥而死。後十餘日，吴、楚反，晁氏族矣。初，謁者僕射鄧公〔以〕校尉擊吴、楚，〔二九〕還，上書言軍事。上問：「吴、楚反，聞晁錯死，兵罷否？」對曰：「吴、楚爲謀數十年，發怒削地，以誅錯爲名，其意不在錯也。且晁錯患諸侯强大，故請削之，以安京師，萬世之利。計畫始行，卒受大戮，内杜忠臣之口，外爲諸侯復讎，臣竊爲陛下不取也。」上喟然長息曰：「公言善，吾亦恨之。」夏六月，立元王子平陸侯禮爲楚王，續元王後。初，諸侯得自除吏，御史大夫已下官屬擬於天子，國家唯〔爲〕置丞相，〔三〇〕黄金印。自吴、楚反之後，奪諸侯權，爲置二千石，去丞相曰相，銀印。其後惟得衣食租税而已，貧或乘牛車。時欒布有功，封鄃侯。爲燕相，有治迹，民爲之立生祠。立皇子（湍）〔端〕爲膠西王，〔三一〕勝爲中山王。賜民爵一級。徙淮（南）〔陽〕王（余）〔餘〕爲魯王。〔三二〕徙汝南王非爲江都王，王故吴國也。非年十五，有才氣。吴之反也，非上書請擊吴，上賜非將軍印。吴破，以軍功封，賜天子旌旗。荀悦曰：江都王賜天子旌旗，過矣。夫唯盛德元功有天子之勳，乃受異物，則周公其人也。凡功者，有賞而已。孔子曰：「必也正名乎！」唯器與名不可以假人，人君之所司也。夫名設於外，實應於内；事制於始，志成於終。故王者慎之。

四年春，復置諸關，用傳出入。夏四月己巳，立皇子榮爲皇太子，徹爲膠東王。六月，赦天下。賜民爵一級。七月。臨江王閼薨，謚〔哀〕，〔三三〕無子，國除。

五年春正月，作陽陵邑。夏，募民徙陽邑，〔賜〕錢〔户〕二十萬。〔三四〕遣公主妻匈奴單于。

六年冬十有二月，雷，雨霖。秋九月，皇后薄氏廢。皇后，薄太后兄女。上爲太子時，太后取以配上。無寵，無子，故廢。梁王來朝，上使乘輿駟馬，逆梁王於〔闕〕〔關〕下。〔三五〕入則侍帝，出則同輿。梁王侍郎、謁者著金貂，出入天子殿門，與漢官無異。居其國驕僭，營東苑方三百餘里，廣（睢）〔睢〕陽城七十里。〔三六〕得賜天子旌旗，千乘萬騎，出稱警，入言蹕，擬於天子。珠玉寶器多於京師。招延遊士，四方並至。梁王親而有功，太后少子，愛之。太后心欲以爲漢嗣，大臣袁盎等十餘人議於前，不聽。梁王怒之，陰使人刺殺盎、其餘人。〔三七〕〔賊〕未得。〔三八〕上疑梁王所爲。先是，齊人公孫詭、羊勝多奇邪計，初見梁王，梁王賜千金，官至中尉，號將軍，常爲王内謀。上使使案梁，捕勝、詭，勝、詭等自殺。上召故雲中太守田叔使案梁王，具得其事。還報曰：「陛下無以梁爲事也。今梁王不就誅，是漢法不行也；若其伏法，太后食不甘味，卧不安席，此憂在陛下。」上善之，以爲魯相。枚乘、鄒陽數諫梁王，不聽。及梁王事急，梁王賞（賜）〔陽〕千金，〔三九〕令求方略士。齊人王先生多奇〔計〕，〔四〇〕鄒陽往見之。王先生曰：「必見王長君。」長君者，王（夫）〔美〕人兄也。〔四一〕陽發悟於心，遂見長君曰：「竊聞長君女弟幸於後宮，而長君行迹多不順道理。今梁事既窮竟，梁王恐誅。此太后怫鬱泣血，無所發怒，側目切齒於貴臣，恐長君危於累卵。長君誠爲上言之。得無竟梁事，太后厚德長君，而長君之女弟幸於兩宮，金城之固也。昔舜之弟象日以殺舜爲事，而舜封之有庳。仁人之於兄弟也，不含怒，不宿怨，厚親愛而已。魯公子慶父使僕人殺子般，季友不探其情而誅焉，春秋以爲（失）親親之道。〔四二〕以此說天子，僥倖梁事得不（奏）〔治〕。」〔四三〕長君曰：「敬諾。」入言之。及梁內史韓安國亦因長公主解說，梁王卒得不治。初，陽爲勝、詭所讒，王因囚之，將殺之。乃從獄中上疏曰：「臣聞忠無不報，信不見疑，蓋有以然，今定虛矣。〔四四〕昔者荆軻慕燕丹之義，白虹貫日，太子畏之；衛先生爲秦畫長平之策，太白蝕昴，昭王疑之。夫精（誠）變於天地，〔四五〕而信不喻於兩主，豈不哀哉！今臣盡忠畢義，〔四六〕左右不明，卒從吏訊，爲世所疑。是使荆軻、衛先生復出，而燕、秦不悟矣。昔玉人獻寶，楚王誅之；李斯竭忠，胡亥極刑。是以箕子佯狂，接輿避世，恐遭此患也。願大王察玉人、李斯之意，然後改楚王、胡亥之聽，無使臣爲箕子、接輿所笑。夫偏聽生姦，獨任成亂。是以魯聽季孫之説而逐孔子，宋信子罕之計而囚墨翟。夫以孔、墨之辨，不能自免於讒諛，而二國以危者，何則？衆口爍金，積毀銷骨。臣聞明月之珠，夜光之璧，以闇投之，人莫不按劍而怒。何則？無因而至前也。蟠木根柢，輪囷離奇，而爲萬乘之器者，以左右先爲之容也。故女無美惡，入宮見妒；士無賢愚，入朝見嫉。昔司馬喜臏脚於宋，卒相中山；范雎折脅於魏，卒爲應侯。此二人者，信必然之畫，捐朋黨之私，挾孤特之交，故不能自免於讒諛之人。是以申徒狄蹈雍之河，徐衍負石入海，皆不容於世，義不苟取比周於朝。百里奚乞食於路，秦穆公授之以政；寧戚飯牛車下，齊桓公任之以國。此二人者，豈素宦於朝，假譽於左右哉？感於心，合於行，堅如膠漆，衆口所不能離，豈惑於浮辭哉？是以聖主不牽於卑辭之語，不奪於衆多之口，獨化於陶鈞之上，而觀乎昭曠之道。臣聞盛飾入朝者不以私汙義，砥礪名號者不以利傷行。今欲使天下寥廓之士誘於威重之權，脅於勢位之貴，回面汙行，以事諂諛之人，而求親近於左右，則士有伏死窟穴巖石之中耳，安肯盡忠信而趣闕下者哉！」書奏梁王，梁王立出之，以爲上客。枚乘以數諫吴王，上拜乘弘農都尉。乘久爲諸侯上客，不樂爲郡吏，後（患）〔自〕免，〔四七〕遊於梁。田叔既至魯，魯民以王取財邀相自言者百餘人。叔取渠率少笞，怒之曰：「王非汝主邪？何敢自言王！」王慙，乃取中府錢令償之。相曰：「王自使人償之。今令相償之，是王爲惡而相爲善。」王好遊獵，叔常從，王輒休相就館。叔坐苑外，曰：「吾王暴露，獨何爲舍？」王以故不復出遊。

七年冬十有一月庚寅，日有蝕之。春正月，皇太子榮廢爲臨江（山）王。〔四八〕榮者，帝長子，栗姬之子。上常囑諸子於栗姬曰：「百歲後，善視之。」栗姬素怨，言不遜。上乃廢姬及太子，栗姬以憂死。二月，罷太尉官。夏四月乙巳，立皇后王氏。初，皇后嫁爲金王孫妻，其母（藏）〔臧〕兒卜相之，〔四九〕當貴，乃奪金氏而内太子宫。王后方娠身，夢日入懷，遂生男。丁巳，立膠東王徹爲太子，實王皇后子也。中尉衛綰爲太子太傅。綰，太陵人也，爲人謹慎敦厚。上爲太子時，常召文帝左右近臣飲酒，綰獨稱疾不行。及上即位，將幸上林，詔綰參乘。上謂綰曰：「今君知所以參乘乎？乃我爲太子時，召君不來，故文皇帝有遺言曰：『綰，長者，善遇之。』」六月乙巳，丞相陶青翟免，太尉周亞夫爲丞相。是歲，太僕周舍爲御史大夫。〔五〇〕

中元元年夏四月，赦天下，賜民爵一級。封周昌孫荀爲列侯。〔五一〕

二年春，令諸侯王薨及列侯初封及之國，大鴻臚奏謚、誄、策。列侯薨及諸侯王太傅初除之官，大行奏謚、誄、策。王薨，遣光禄大夫弔襚祠（贈）〔賵〕，〔五二〕視喪事，因立嗣。列侯薨，遣太中大夫弔祠，視喪事，立嗣。其葬，國得發民輓喪，穿復土，治冢無過三百人〔畢〕事（畢）。〔五三〕春二月，臨江王榮坐侵宗廟壖垣爲宫，上徵榮。臨江官屬祖榮於北門外，升車軸折。父老泣曰：「我王不還矣！」至邸，王詣中尉。郅都責訊王，王恐，自殺。葬藍田，有鷰數千萬頭銜土置冢上。百姓憐之。無子，國除。郅都，河東人也。爲人剛勇而有氣，公廉。常稱曰：「背親事君，固當奉節死職，終不顧妻子矣。」嘗從上入上林，賈姬在厠，野豕入厠。上目都，都不行。上欲持兵救賈姬，都伏上前曰：「亡一姬復一姬進。陛下縱自輕，奈高廟、太后何？」上還，豕亦不傷賈姬。都爲中尉，丞相條侯至貴倨也，而都揖之。貴戚宗室側目而視，號曰〔蒼〕鷹。〔五四〕是時濟南瞷氏三百餘家，豪猾放縱，二千石莫能折也。及都爲濟南相，誅瞷氏首惡，郡中震慄，道不拾遺，旁十餘郡畏都如大府。後爲鴈門太守，匈奴不敢近鴈門。胡王爲偶人像都，令騎射，莫能中，其見憚如此。匈奴中以法，帝欲釋之。太后以臨江王之死也，怨之，遂斬都。是時，寧成、周陽由此皆嚴剋爲治。成爲濟南都尉，郅都爲〔守〕。〔五五〕前後都尉皆步入府門，因吏謁見如縣令。及成至，直凌都出其上。然都素聞其聲，亦與結歡。後成爲中尉，其治放郅都，其廉弗及也。自此之後，吏治多放成、由者已。是時，季布弟季心亦任俠，立然諾作，氣蓋關中，方數千里，士爭爲之死。心爲中尉司馬，郅都爲中尉，不敢加也。夏四月，有星孛於西方。立皇子越爲廣川王，寄爲膠東王。秋七月，更郡〔守〕爲太守，〔五六〕尉爲都尉。九月，封楚、趙傅相死事者四人子爲列侯。甲戌晦，日有蝕之。

三年冬十有一月，罷諸侯王御史大夫官。夏四月，旱。秋九月，蝗。有星孛于西方。〔五七〕戊戌晦，日有蝕之，既。丞相周亞夫免，御史大夫周舍爲丞相。立皇子乘爲清河王。太子太傅衛綰爲御史大夫。

四年春三月，起德陽宫。夏，蝗。秋，赦天下（從）〔徒〕作陽陵者死罪；〔五八〕欲腐刑者，許之。十月戊午，日有蝕之。

五年夏四月，立皇子舜爲常山王。六月，赦天下，賜民爵一級。秋八月己酉，未央東闕災。九月，詔曰：「獄者，人之大命，死者不可復生。諸獄疑，雖文致於法，人心不厭者，輒讞之。」

六年冬十月，行幸雍，祠五（峙）〔時〕，〔五九〕十有二月，定鑄錢僞黄金（法）棄市令。〔六〇〕春三月，雨雪。夏四月，梁王武薨，謚曰孝王。時梁王北（山）獵，（梁）有獻牛，〔六一〕足出背上。本志以爲「牛禍，思心務亂之咎也」。乃分梁爲五國，盡封梁孝王男五人，女五人皆食湯沐邑。五月丙戌，立梁孝王子明爲濟川王，彭爲濟東王，〔六二〕定爲山陽王，〔不〕識爲濟陰王，〔六三〕不疑爲衡山王。詔令吏二千石車朱兩（輪）〔轓〕，千石至六百石車朱左（輪）〔轓〕。〔六四〕詔有司減笞法。自除肉刑之後，笞五百、三百，率多死者。故定律，笞五百曰三百，三百曰二百，〔六五〕猶尚不全。又詔曰：「笞者所以教之也。其（宜）定捶令：〔六六〕長五尺，其本大一寸，末大半寸，皆平其節。當臀笞者不得更人，笞畢一人，笞乃更人。」自是笞者得全。六月，匈奴入鴈門，至武威、酒泉邑，〔六七〕入上郡，取苑馬。吏卒戰死者二千人。〔六八〕秋七月辛亥晦，日有蝕之。

後元元年春正月，詔曰：「獄者，重事也。其疑獄，有令讞之而後不當，讞者不爲失。」三月，赦天下，賜民爵一級，中二千石、諸侯相爵右庶長。夏，大酺五日。五月，地震。秋七月（丙午丞相周舍免）乙巳，先晦一日，日有蝕之。〔丙午，丞相周舍免〕。〔六九〕八月壬辰，御史大夫衛綰爲丞相，衛尉直不疑爲御史大夫。不疑，南陽人也。好黃、老術，隱名迹。初爲郎，其同舍郎有告歸者，誤持其同舍郎金去。郎意不疑，不疑買金償之。後告歸者還，乃知之。或毀不疑淫嫂，不疑曰：「我乃無兄。」終不自明矣。吳、楚反時，爲將軍，封塞侯。條侯周亞夫下獄死。時〔亞夫子〕爲父買尚方工官甲稍五百枝可以葬者。〔七〇〕取庸治之，不與顧直。庸怒，而上變反告之，事連亞夫。召至廷尉，責問：「君侯欲反邪？」亞夫曰：「臣所買乃葬器，何謂反乎？」吏曰：「君侯縱不反地上，即反地下耳。」初，捕亞夫，亞夫欲自殺，其夫人止之，及至廷尉，因不食五日，歐血死。亞夫爲河內太守，許負相之，曰：「君（侯）〔後〕三年爲侯，〔七一〕八年爲將，九年爲相，貴重，於人臣無二。其後當餓死。縱理入口，餓死法也。」居三歲，兄勝有罪免，文帝封亞夫續絳侯，後盡如負言。上欲廢栗姬、太子，亞夫固爭之，不得。上由是疏之。而梁孝王以吳、楚之圍，怨亞夫不救，每朝，常與太后言亞夫之短。

太后欲封(其)〔皇后〕兄王信，〔七二〕上謙讓不許。太后曰：「人生各以時行耳。竇長君在時不得侯，及死，其子彭祖乃侯。吾甚恨之！帝趣侯信也！」上曰：「請得與丞相計之。」亞夫曰：「高皇帝約『非劉氏不王，非有功不侯。不如約者，天下共擊之』。」上默然，遂不封。荀悦曰：高皇帝刑白馬而盟曰：「非劉氏不王，非有功不侯。不如約者，當天下共擊之。」〔是權時之言以脅驕放者而已。夫立王侯必天子也，而曰天下共擊之〕，〔七三〕是教下犯上而興兵亂之階也，若後人不修，是盟約不行也。書曰：「法惟上行，不惟下行。」若以爲典，未可通也。匈奴徐盧等五人降，上欲封之。亞夫曰：「彼背其王，陛下何以責人臣守節哉？」上曰：「丞相議不可用。」乃悉封之。荀悦曰：春秋之義，許夷狄者，不一而足也。若以利害由之，則以功封。其逋逃之臣，賞有等差，可無列土矣。上(常)〔嘗〕居禁中，〔七四〕召亞夫賜食。獨置大胾，無臠，又不置箸。亞夫心不平，顧謂掌席者取箸，亞夫前食。既出，上目送之，曰：「此(快快)〔怏怏〕，〔七五〕非少主之臣也！」亞夫以數忤上意，故得罪也。

二年冬十月，詔省列侯之國。春，匈奴入鴈門，太守馮敬與戰，死。發車騎材官屯鴈門。以歲不登，禁食馬粟。食馬粟者，沒入之。封皇后兄王信爲孟侯。〔七六〕夏四月，詔曰：「雕文刻鏤，傷農事者也；錦繡纂組，害女功者也。農事傷則饑之本，女功害則寒之原。夫饑寒並至，能不爲非者寡矣。朕親耕，后親桑，以奉宗廟粢盛祭服，以爲天下先；不受獻，減太官，省徭賦，欲天下務農蠶，常有畜積，以備災害。强無凌弱，衆不暴寡，耆老以壽終，孤幼得遂長。今歲或不登，民食頗寡，其咎安在？或詐爲吏，以貨賂爲市，盜奪百姓，侵侮萬民。縣丞長吏，縱姦法與盜，甚無謂也。其令二千石各修其職；不事官職耗亂者，丞相以聞，請其罪。布告天下，使明知朕意。」自漢初務勸農，累世承業，至是始天下殷富，家給人足。京師之錢累百巨億，貫朽而不可校。太倉之粟充實露積於外，腐敗而不可食。衆庶街巷有馬，阡陌之間成群。守閭閻者食粱肉；爲吏者長子孫；居官者以官爲姓號。人人自愛而重犯法，仁義興焉。

三年春正月，詔「萬民采黄金珠玉者，坐臧爲盜」。詔曰：「高年者人所尊敬，鰥寡孤獨者人所哀憐也。其令八歲以下、八十以上及孕子未乳當鞫繫者，無訟繫之。」甲午，帝崩于未央宮。遺賜諸侯王、列侯馬二駟，吏二千石黄金二斤，民户百錢。出宮人，復終身。

讚曰：本紀稱「周、(泰)〔秦〕之弊，〔七七〕密文峻法，而姦不勝。漢興，掃除苛政，與民休息。至於孝文，加之恭儉，孝景遵業，五六十載之間，至於移風易俗，黎民醇厚。周云成、康，漢稱文、景，美矣！」

## 【校勘記】

〔一〕奏昭〔德〕四時之舞　從南監本、龍谿本、學海堂本、漢書禮樂志補。

〔二〕夏〔六〕〔四〕月　從南監本、漢書景帝紀改。

〔三〕陶青翟　漢書百官公卿表作「陶青」，此當爲開封侯陶青。

〔四〕太中大夫任（成）〔城〕周仁爲郎中令　鈕永建校云：按班書百官表孝景元年大中大夫周成爲郎中令，不云任成。班書周仁傳云「其先任城人也」。然則任城者，仁之邑里。「成」當作「城」。因據改。

〔五〕〔仁〕爲人陰重不泄　從南監本、龍谿本、學海堂本補。

〔六〕男子年二十始賦　賦，漢書景帝紀作「傅」。作「傅」當是。

〔七〕（余）〔餘〕爲淮陽王　從漢書景帝紀改。

〔八〕〔錯〕自歸上　從陳璞校補。

〔九〕有慢〔禮〕　從黄校本補。

〔一〇〕封蕭何（曾）孫嘉爲列侯　從南監本、漢書蕭何傳删。

〔一一〕白項（鳥）〔烏〕與黑項（鳥）〔烏〕共鬭楚國（苦）〔吕〕縣白項（鳥）〔烏〕不勝　從漢書五行志改。

〔一二〕死者過半　漢書五行志作「死者數千」。

〔一三〕楚王（戌）〔戊〕　從龍谿本、學海堂本改。

〔一四〕吏懼〔走〕　從龍谿本、學海堂本補。

〔一五〕〔厲〕荆軻之威　從漢書枚乘傳補。

〔一六〕舉吴兵以（資）〔訾〕於漢　從漢書枚乘傳改。李奇注：訾，量也。

〔一七〕以（逼）〔備〕滎陽　從漢書枚乘傳、吴慈培校改。

〔一八〕賜金（五十）〔千〕斤　從南監本、漢書竇嬰傳改。

〔一九〕從此右（關）去　從漢書周亞夫傳删。

〔二〇〕擊⿰木⿰斥卩鳴鼓　⿰木⿰斥卩，正寫作「⿰木⿰㡿卩」，「柝」本字。意爲木梆。

〔二一〕〔盡虜之〕　原脱，據漢書周亞夫傳補。

〔二二〕楚王（戌）〔戊〕　從南監本、龍谿本、學海堂本改。下改同。

〔二三〕齊人公孫玃　玃，漢書賈鄒枚路傳作「玃」。

〔二四〕雖墜（猶失也）言於吴　從漢書賈鄒枚路傳删。

〔二五〕驅徒衆（而）〔西〕與天子争衡　從學海堂本、漢書賈鄒枚路傳改。

〔二六〕功（議）〔義〕如此　從學海堂本、漢書賈鄒枚路傳改。

〔二七〕梁孝〔王〕悦　從龍谿本、學海堂本補。

〔二八〕吴楚使至淮〔南〕　從漢書淮南王傳、黄校本補。

〔二九〕鄧公〔以〕校尉擊吴楚　從龍谿本、學海堂本補。

〔三〇〕國家唯〔爲〕置丞相　從黄校本補。

〔三一〕立皇子（湍）〔端〕爲膠西王　從漢書景帝紀改。

〔三二〕徙淮（南）〔陽〕王（余）〔餘〕爲魯王　從漢書景十三王傳改。

〔三三〕謚〔哀〕　「哀」爲缺文。鈕永建校云：考班書景十三王傳閼爲臨江哀王，則紀文所闕乃「哀」字也，當據補。

〔三四〕〔賜〕錢（户）二十萬　從學海堂本、漢書景帝紀改。

〔三五〕逆梁王於（闕）〔關〕下　從學海堂本、漢書文三王傳改。

〔三六〕廣（睢）〔睢〕陽城　「睢」訛，逕改。

〔三七〕陰使人刺殺盎其餘人　漢書文三王傳「盎」下作「及他議臣十餘人」。

〔三八〕〔賊〕未得　從漢書文三王傳補。

〔三九〕賞（賜）〔陽〕千金　從龍谿本、學海堂本改。

〔四〇〕齊人王先生多奇〔計〕　從漢書鄒陽傳補。

〔四一〕王（夫）〔美〕人兄也　從漢書鄒陽傳改。

〔四二〕春秋以爲(失)親親之道　從漢書鄒陽傳删。

〔四三〕僥倖梁事得不(奏)〔治〕　從龍谿本、學海堂本改。

〔四四〕今定虚矣　語不可解，漢書鄒陽傳作「徒虚語耳」。

〔四五〕夫精(誠)變于天地　從景佑本、金陵局本、漢書删。

〔四六〕臣盡忠畢義　義，漢書鄒陽傳作「議」。

〔四七〕後(患)〔自〕免　從南監本、龍谿本、學海堂本改。

〔四八〕皇太子榮廢爲臨江(山)王　從龍谿本、漢書景帝紀删。

〔四九〕其母(藏)〔臧〕兒　從吴慈培校改。

〔五〇〕太僕周舍爲御史大夫　鈕永建校云：按班書百官公卿表景帝七年太僕劉舍爲御史大夫，中元三年御史大夫劉舍爲丞相。史記將相名臣表景帝七年御史大夫舍、中元三年御史大夫桃侯劉舍爲丞相。史記功臣表稱「舍，景帝時爲丞相」。據此則舍爲劉襄之子，荀紀作周舍，非。中元三年御史大夫周舍爲丞相，與此同誤。

〔五一〕封周昌孫荀爲列侯　鈕永建校云：班紀作「封故御史大夫周苛、周昌孫子爲列侯」。史記景帝紀作「封御史大夫周苛孫平爲繩侯，故御史大夫周昌子左車爲安陽侯」。三文互異。考班書周昌傳云「景帝復封昌孫左車爲安陽侯」。史漢功臣表皆云昌孫左車，與荀紀昌孫荀異，又不載周苛孫事，未知孰是。

〔五二〕弔禭祠(贈)〔賵〕　從龍谿本、漢書景帝紀改。

〔五三〕無過三百人〔畢〕事(畢)　從學海堂本、漢書景帝紀乙正。

〔五四〕號曰〔蒼〕鷹　從龍谿本補。

〔五五〕郅都爲〔守〕　從學海堂本、漢書酷吏傳補。

〔五六〕更郡〔守〕爲太守　從漢書景帝紀補。

〔五七〕有星孛于西方　漢書景帝紀作「有星孛於西北」。

〔五八〕赦天下(徙)〔徒〕　從學海堂本、漢書景帝紀改。

〔五九〕祠五(峙)〔畤〕　從學海堂本改。

〔六〇〕定鑄錢僞黃金(法)棄市令　從漢書景帝紀刪。

〔六一〕梁王北〔山〕獵(梁)有獻牛　從漢書五行志改。

〔六二〕彭離爲濟南王　漢書文三王傳作「濟東王」。

〔六三〕〔不〕識爲濟陰王　從漢書文三王傳補。

〔六四〕二千石車朱兩(輪)〔轓〕千石至六百石車朱左(輪)〔轓〕　從學海堂本、漢書景帝紀改。

〔六五〕三百曰一百　漢書刑法志作「三百曰二百二百曰一百」。

〔六六〕其（宜）定捶令　「宜」衍，逕刪。

〔六七〕至武威酒泉邑　漢書景帝紀作「至武泉」。鈕永建校云：班紀有脱，荀是。

〔六八〕吏卒戰死者三千人　三，漢書景帝紀作「二」。

〔六九〕（丙午丞相周舍免）乙巳先晦一日日有蝕之〔丙午丞相周舍免〕　從漢書景帝紀乙正。鈕永建校云：干支乙巳在丙午前，史記以免相繫日食後是也，當據正。

〔七〇〕時〔亞夫子〕爲父買尚方工官甲稍五百枝　從學海堂本補。又「甲稍五百枝」，漢書周亞夫傳作「甲楯五百被」。

〔七一〕君（侯）〔後〕三年爲侯　從漢書周亞夫傳改。

〔七二〕太后欲封（其）〔皇后〕兄王信　從漢書周亞夫傳改。

〔七三〕〔是權時之言以脅驕放者而已夫立王侯必天子也而曰天下共擊之〕　從黄校本補。

〔七四〕上（常）〔嘗〕居禁中　從龍谿本改。

〔七五〕此（快快）〔怏怏〕　從龍谿本改。

〔七六〕封皇后兄王信爲孟侯　漢書外戚傳作「蓋侯」，漢書外戚恩澤侯表作「蓋靖侯」。鈕永建校云：外戚傳作「蓋侯」是，荀紀「孟侯」形近誤。

〔七七〕周（泰）〔秦〕之弊　從龍谿本、學海堂本、漢書景帝紀改。

# 兩漢紀上　漢紀

## 孝武皇帝紀一　卷第十

皇帝甲子即位，年十六。二月癸酉，孝景帝葬陽陵。三月，尊太后母(藏)〔臧〕兒爲平原君，〔一〕封田蚡、田勝爲列侯。(藏)〔臧〕兒初爲槐里王仲妻，生太后，後改嫁長陵田氏，生蚡及勝。

建元元年冬十月，詔舉賢良方正。丞相衛綰奏：「所舉賢良，或治刑名縱横之術，亂國政，罷之。」春三月，〔二〕赦天下，賜民爵一級。民年八十復二算，九十復甲卒。行三銖錢。夏四月，詔民年九十已上復子若孫，令奉供養。五月，詔修山川之祀。六月，丞相衛綰免。丙寅，魏其侯竇嬰爲丞相，武安侯田蚡爲太尉。秋七月，詔省衛士卒萬人。罷苑馬，賜貧民。遣使者安車蒲輪、束帛加璧，徵魯申公，議立明堂。申公年八十餘矣，上問以政事，對曰：「爲治者不致於多言，顧力行何如耳。」拜爲太中大夫。漢興，草創尚簡易，未甚用儒者，而竇太后好黃、老術，故諸博士具官待問，未有進者。至上即位，乃崇立太學矣。

二年冬十月，丞相竇嬰、太尉田蚡皆免，御史大夫趙綰、郎中令王臧下獄死。蚡、嬰、綰、臧皆同心欲興太學，建立明堂以朝諸侯。而嬰請無奏事太皇〔太〕后，〔三〕又罷竇氏子弟無行者，絶屬籍，故謗毀日至。竇太后怒，皆抵之罪。明堂遂不立。春二月丙戌朔，日有蝕之。三月己未，太常許昌爲丞相。〔四〕夏四月戊申，有星如日夜出。初置茂陵邑，徙郡國豪傑於茂陵。河内郭解在徙中，衛將軍爲言「解家貧，不應徙。」上曰：「解布衣，權至使將軍知之，此不貧也！」及解徙，諸公贈送出千餘萬。解任俠，睚眦（上崖下柴）觸死於塵中者甚衆，〔五〕藏匿亡命，攻剽作姦，不可勝數。然折節恭約，厚施而薄望。解嘗出，有人箕踞視之者。解問其姓名，客欲殺之。解不聽，乃陰使吏脱其徭役。其人乃肉袒謝罪。解（娣）〔姊〕子與人爭，〔六〕不直。人殺之，自歸解。解曰：「吾兒不直。公殺之，故當。」縱之。諸公聞之，皆多賢解。洛陽人有相仇者，賢豪居其間以十數人，不能和。解客乃令解見仇家，仇家聽命。解夜至夜去，解乃謂仇家曰：「解如何從他郡奪人邑中權乎！且須士大夫復居其間，乃聽之。」其居家夜過半後，門閭住車嘗十餘乘。有與解忤者，少年輒爲報仇，不使解知也。解兄子爲解殺人，爲其家人上書自訟之，又殺之闕下。上捕解，解亡，過臨晋籍少翁。少翁素不知解，然慕其名，送之出關，自殺以絶口（語）。〔七〕其得人率如此。豪賢知與不知，聞聲争與交歡。後捕得解，所犯皆在赦前。後有謗毁解者，客殺之，斷其舌，解實不知。有司奏解無罪。時公孫弘爲(丞相)〔御史大夫〕，〔八〕以爲「解布衣，以睚眦殺人，雖不知，甚於知」。遂族之。

荀悦曰：世有三遊，德之賊也。一曰遊俠，二曰遊説，三曰遊行。立氣勢，作威福，結私交以立强於世者，謂之遊俠。飾辨辭，設詐謀，馳逐於天下以要時勢者，謂之遊説。色取仁以合時，好連黨類，立虚譽以爲權利者，謂之遊行。此三遊者，亂之所由生也。傷道害德，敗法惑世，失先王之所慎也。國有四民，各修其業。不由四民之業者，謂之姦民。姦民不生，王道乃成。凡此三遊之作，生於季世，周、秦之末尤甚焉。上不明，下不正，制度不立，綱紀廢弛。以毁譽爲榮辱，不核其真；以愛憎爲利害，不論其實；以喜怒爲賞罰，不察其理。上下相冒，萬事乖錯。是以言論者計薄厚而吐辭，選舉者度親疎而舉筆；善惡謬於衆聲，功罪亂於王法。然則利不可以義求，害不可以道避也。是以君子犯禮，小人犯法，奔走馳騁，越職僭度，(節)〔飾〕華廢實，〔九〕兢趨時利。簡父兄之尊而崇賓客之禮，薄骨肉之恩而篤朋友之愛；忘修身之道而求衆人之譽，割衣食之業以供饗宴之好。苞苴盈於門庭，(騁)〔聘〕問交於道路，〔一〇〕書記繁於公文，私務衆於官事。於是流俗成矣，而正道壞矣。遊俠之本生於武毅不撓，久要不忘平生之言，見危授命，以救時難而濟同類。以正行之者，謂之武毅；其失之甚者，至於爲盜賊也。遊説之本生於使乎四方，不辱君命，出境有可以安社稷、利國家，則專對解結，辭之繹矣，民之慕矣。以正行之者，謂之辨智；其失之甚者，主於爲詐紿徒衆矣。遊行之本生於道德仁義，汎愛容衆，以文會友，和而不同，進德及時，樂行其道，以立功業於世。以正行之者，謂之君子；其失之甚者，至於因事害私爲姦軌矣。其相去殊遠，豈不哀哉！故大道之行，則三遊廢矣。是以聖王在上，經國序民，正其制度，善惡要於(公)〔功〕罪，〔一一〕而不淫於毁譽，聽其言而責其事，舉其名而指其實。故實不應其聲者謂之虚，情不覆其貌者謂之僞；毁譽失其真〔者〕謂之誣，〔一二〕言事失其類者謂之罔。虚僞之行不得設，誣罔之辭不得行；有罪惡者無僥倖，無罪過者不憂懼；請謁無所行，貨賂無所用，民志定矣。民志既定，於是先之以德義，示之以好惡，奉業勸功，以用本務，不求無益之物，不畜難得之貨，絶靡麗之飾，遏利欲之巧，則淫流之民定矣，而貪穢之俗清矣。息華文，去浮辭，禁僞辨，絶淫智，放百家之紛亂，一聖人之至道，則虚誕之術絶，而道德有所定矣。尊天地而不瀆，敬鬼神而遠之，除小忌，去淫祀，絶奇怪，正人事，則妖僞之言塞，而性命之理得矣。然後百姓上下皆反其本，人人親其親，尊其尊，修其身，守其業。於是養之以仁惠，文之以禮樂，則風俗定而大化成矣。

三年春，河水決，溢於平原，大飢，人民相食。賜茂陵徙者户錢二十萬，田二頃。初作便門橋。秋七月，有星孛於西北。濟(北)〔川〕王明廢，〔一三〕遷房陵，坐殺太傅、中(尉)

〔傳〕。〔一四〕閩越圍東甌，告急。上以問太尉武安侯田蚡，蚡以爲「越人相攻，其常事也，又數反覆，不〔足〕煩中國，〔一五〕自秦時棄之，不内屬」。有詔太中大夫嚴助詰蚡曰：「但患力不能救，德不能覆，誠能，何棄之？且秦時舉咸陽而棄之，何乃越乎！今小國以窮困告急於天子，天子不能救，當安所〔訴〕，又何以子萬國？」乃遣助使持節發會稽兵救之。未〕至，〔一六〕閩越走。九月丙子晦，日有蝕之。起上林苑。時上使太中大夫吾丘壽王舉籍盩厔以東，宜春以西，北至阿城，屬之南山，隄封頃畝價直，欲除以爲苑。侍郎東方朔進諫曰：「臣聞謙遜靜愨，天應以福；驕盈奢靡，天應以禍。鄠、鄗之間號曰土膏，其價畝直一金。規以爲苑，上乏國〔家〕之用，〔一七〕下奪農桑之業，不可一也。盛荊棘之〔大〕〔林〕，〔一八〕崇虎狼之墟，壞民冢墓，發民廬舍，令幼小懷土而思，耆老流淚而悲，不可二也。斥而營之，垣而囿之，馳騎逐東西，車輦鶩南北，有深溝大渠險阻之危，不可三也。務苑囿之大，不卹農時，非所以强國富民也。夫殷作九市之宮而諸侯叛，楚靈王起章華之臺而楚人散，秦興阿房之殿而天下亂。」上乃賜金百斤，拜爲太中大夫。然猶起上林苑。朔字曼倩，平原人也。好學，稱爲滑稽。年二十三，初爲郎中，上書自稱「待詔公車奉禄薄」。朔謂侏儒曰：「上欲盡殺汝。」侏儒大恐，皆叩頭號泣。上召問朔。朔對曰：「侏儒長三尺，臣朔長九尺三寸，俸禄正等侏儒。侏儒飽欲死，臣朔飢欲死。臣言可用，宜異其禄，不可用，罷之，無但虛索長安米也。」

上大笑，使待詔金馬門，稍稍親近之。上置守宫於盆下，使筮者射之，莫能中。朔自請布卦，射之曰：「臣欲以爲龍，復無角；臣欲以爲蛇，復有足。跂跂脈脈善緣壁，此非守宫，當是蜥蜴。」上曰：「善。」復使射他物，連中，輒賜帛。時有幸倡優郭舍人等曰：「朔幸中耳。」乃復覆置樹上寄生於盆中，曰：「朔知之，榜臣百；不中，賜臣帛。」朔曰：「是寠數也。」舍人曰：「朔果不能中。」朔曰：「濕肉爲膾，乾肉爲脯；樹上爲寄生，盆下爲寠（數）。」〔一九〕朔乃榜舍人百。朔對問響應，權變鋒出，文章辭令（縱）横無窮。〔二〇〕上頗倡優畜之，然而時發忠直之言極諫，尤亦以此異焉。朔因設客難己，用位卑以自慰諭。又設非有先生之論，其辭曰：「非有先生仕於吴，默然無言者三年。吴王怪而問之，曰：『可以談矣。』先生伏而唯唯，王曰：『可以談矣。』先生曰：『於戲！可言乎哉？〔二一〕談何容易！』王曰：『何爲其然也？寡人將聽焉。』先生對曰：『昔關龍逢深諫於桀，王子比干直言於紂，此二臣者，皆盡忠極慮，將以爲君之榮，除君之禍也。然以蒙不辜之戮，爲天下笑。飛廉、惡來巧言利口以進其身，陰奉雕琢刻鏤之好以納於上，快耳目之欲，以苟容爲度而見親近。故宗廟崩弛，國家丘墟。夫卑身（賤）體（賤），〔二二〕悦色微辭，愉愉呴呴，終無益於（王）（主）上之治，〔二三〕即志士仁人不忍爲也。儼然而作矜莊之貌，深言直諫，上以拂人主之邪，下以除百姓之害，則忤於時主之心，離於衰世之法。故養性愛命之士莫肯進也，遂隱居深山以詠先聖之風。是以伯夷、叔齊餓于首陽之下，後世稱其人。〔二四〕如是，邪主之行固足畏也，故曰談何容易！』於是吳王瞿然易容，爲坐而聽之。先生曰：『昔伊尹負鼎（於）〔干〕湯，〔二五〕太公釣於渭濱而遇文王。心合意同，謀無不成，計無不從，誠得其君也。故能誅暴亂，總遠方，一統類，美風俗，而王業興矣。太公、伊尹以如此，龍逢、比干獨如彼，豈不哀哉！故曰談何容易！』於是吳王默然，俛而深思，仰而泣，曰：『嗟（呼）〔乎〕，殆哉！〔二六〕余國之不（忘）〔亡〕也，〔二七〕緜緜哉，聯聯哉！』於是（立）〔正〕明堂之朝，〔二八〕齊君臣之位，舉賢才，（而）〔布〕德惠，〔二九〕施仁義；恭儉節約，減後宮之費，損車馬之用；放鄭聲，遠佞人，省庖厨，去奢靡；卑宮室，壞苑囿，填池塹，以與貧民；開内藏以賚貧乏，存耆老，卹孤獨；薄賦斂，省刑罰。行此三年，陰陽調和，萬物咸宜；國無災害之變，民無飢寒之色，蓄積有餘，囹圄空虚；鳳凰來集，麒麟在郊；遠方異俗，慕義向風。治亂之道，存亡之端，若此易見，然而人主莫肯爲也。悲夫！」

是時上以安車蒲輪迎枚乘，乘年老，道死。而乘子皐亦以談説，能爲辭賦，得幸比朔。上好自擊熊豕，郎中司馬相如從上獵長楊。長卿上疏諫曰：「臣聞物有同類而殊能者，故力稱烏獲，捷言慶忌，勇則賁、育。然臣之愚，竊以爲人誠有之，獸亦宜然。今陛下好陵險阻，射猛獸，卒然遇逸群之獸，駭於不存之地，犯屬車之清塵，輿不及還轅，馬不及旋踵，人不暇施巧，雖有烏獲、逢蒙之技而不及用，枯木朽株盡爲患難矣。〔三〇〕是以胡、越起於轂下，而羌、夷接軫矣，豈不殆哉！雖曰萬全而無害，然本非天子所宜近也。且夫清道而後行，中路而後馳，猶時有銜橛之變。況涉乎豐草，馳乎丘墟，前有利獸之樂，內無存變之計，其爲害也不難！」〔三一〕上善之。相如字長卿，蜀郡成都人也。初，家貧，與臨邛令王吉相善。富人卓王孫置酒請令，并請相如。相如善鼓琴，王孫寡女字文君，好音，夜奔相如，遂與俱歸成都。後家貧，夫妻酤酒臨邛。卓王孫耻之，杜門不出，後不得已，乃厚分財物遺文君。而相如作子虛賦，上得讀而善之，曰：「朕獨不得與此人同時！」或對曰：「司馬相如所作也。」上驚，乃召相如，復奏上林賦，拜爲郎（中）。〔三二〕子虛、上林皆言苑囿之美，卒歸之於節儉，因託以諷焉。相如口吃，而善著書。

四年夏，有氣赤如血。六月，旱。秋七月，〔三三〕有星孛於東北。江都相陳人鄭當時爲內史，每朝，候上閑，未嘗不言天下之長者。其推轂名士常以爲賢於己，祿賜盡以饋士大夫，家無餘財，賓客甚盛。及中廢，賓客衰落。先是下邽翟公爲廷尉，賓客填門；及廢，門外可設雀羅。復廷尉，客復往，翟公大板署其門曰：「（一生）一死（一生），〔三四〕乃知交情；一貧一富，乃知交態；一貴一賤，交情乃見。」冬十月，地震。是歲，武強侯嚴青翟爲御史大夫。

五年春正月己巳朔，日有蝕之。行半兩錢，罷三銖錢。初置五經博士。博士本秦官，掌通古今，員至數十人，漢置五經而已。太常選人年十八以上好學，補弟子。郡國有好文學，敬鄉里者，令與計偕，受業太常，補弟子。一歲輒課，通經一藝，補文學掌故；高弟爲郎中；其秀才異等，太常以名聞；其下才不事學者，罷之。是時，廬江人文翁爲蜀郡太守。其爲人愛學，好教化。見蜀地僻陋，有蠻夷之風，文翁乃選郡縣小吏有才器者，輒給資用，令詣博士受業，還皆以爲右職，用察舉之。又修起學宮於城中，學者復除傜役。常選學（宫）〔官〕童子，（所）〔使〕在便坐受書每事。〔三五〕常出（入）行縣，〔三六〕益從諸生明經修行傳教，出入縣邑，見而榮之。由是蜀邑大化，學者比齊、魯焉。郡國學校官自文翁始也。夏四月，平原君薨。五月，大蝗。秋八月，廣川王越薨，清河王乘薨。

六年春三月乙未，〔三七〕遼東高廟災。夏四月壬子，高園便殿災。上素服五日。其後太中大夫董仲舒居家推其意，以高廟不當居遼東，高園便殿不當居陵旁，於禮不當立。廟在外，像諸侯不正者；高園在內，像大臣不正者。天戒若曰「去諸侯大臣貴幸（而）〔不〕正者」云爾。〔三八〕時太中大夫主父偃素妬嫉仲舒，竊其書奏之。仲舒下獄，吏當死，詔宥之。本志以爲淮南王、田蚡之應也。五月丁亥，太皇太后崩。六月癸未，〔三九〕丞相許昌免，武安侯田蚡爲丞相。有星孛于東北方。秋七月，〔四〇〕有星出于東方，長終天。〔四一〕本志曰：「是爲蚩尤之旗，以彗星而終，後曲，見則天子征伐四夷之應也。」閩越圍南越，南越守天子約，不敢發兵。上遣大司農韓安國帥師出會稽，大行王恢出豫章救之。淮南王安上書諫曰：「越，方外之國，斷髮文身之人，不可以冠帶之國法度治之。自三代之盛明，胡、越不與受正朔，非强不能服也，以爲不居之地，不牧之民，不足以煩中國。古者封内甸服，封外侯服，侯（外）〔衛〕賓服，〔四二〕蠻夷要服，戎狄荒服，遠近之勢異也。越人名爲蕃臣，實不給（給）〔上〕事。〔四三〕自相攻擊耳，陛下以兵救之，是反以中國勞蠻夷也。且越人故數反覆非一，〔一〕不奉詔，〔四四〕舉兵誅之，臣恐中國兵革無時得息也。間歲以來不登，民生未復。今發兵行數千里，（舉輪）〔輿轎〕而踰嶺，〔四五〕拖舟而入水，行數千里，夾以深林叢竹，又多蝮蛇猛獸，夏月暑時，則生吐泄霍亂之病，曾未接兵，死傷者必衆多。或以越人衆兵强，能作難邊地。臣竊聞之，與中國異。限以高山，人迹隔絶，車道不通，天地所以絶内外也。其入中國，必先下嶺水，嶺水之山峭峻，漂石破舟，不可大船運糧下也。越人欲爲變，必先（由）〔田〕（於）〔餘〕干界内，〔四六〕積糧食，而入山伐材治船。邊地守候（城）〔誠〕使謹防，〔四七〕越人有伐材，輒收捕之，焚其積聚，雖百越，無奈邊城何也！臣聞越卒不下數十萬人，所以入者，五倍乃足，挽車奉餉不在其中。且越非有城郭邑里也，處谿谷之間，篁竹之中，習於水鬭，便於用舟。中國之人不知其地勢，不能服其水土，雖有强兵，百不當一，臣安竊爲陛下重之。臣聞閩越王弟甲殺其王，甲以誅死，其民衆未有所屬。陛下若欲納之中國，遣重臣臨問存卹，施德垂賞，此必携幼扶老以歸聖德。若無用之，則（斷）〔繼〕其絶世，〔四八〕存其亡國，建其侯王，此必委質爲藩臣矣。陛下以方寸之印，(尺)〔丈〕二之組，〔四九〕鎮撫方外，不勞一卒，不頓一戟，而威德並行，天下歸服。今以兵深入其地，此必震恐，以有司爲欲屠滅之也，必雉兔逃竄，深入阻險，背而去之，則復群聚；留而守之，卒勞糧乏，丁壯從軍，老弱饋餉，男子不耕，婦人不織，居者無食，行者無糧。萬民苦於兵事，逃亡必衆，隨而誅之，不可勝盡，盜賊必起。臣聞秦時嘗使尉(他)屠(雎)〔睢〕擊南越，〔五〇〕又使監禄鑿渠通道，越逃入山林，不可得攻。留軍屯守空地，曠日彌久，士卒勞倦，越人乃出擊之。秦師大敗，乃發兵戍。〔五一〕當此之時，内外騷動，百姓疲弊，行者不還，往者莫返，天下之人皆不聊生，逃竄相聚，群爲盜賊，是故山東之難興矣。兵者凶器也，一方有急，四面皆(聳)〔從〕。〔五二〕臣恐變故姦邪從此始矣。易曰：『高宗伐鬼方，三年克之。』以盛德之天子伐小蠻夷而猶三年，言用兵之難也。陛下以四海爲境，九州爲家，八藪爲園，江、漢爲池，人徒之衆足以奉千官之供，租稅之入足以供乘輿之御。玩心神明，秉執聖道，負黼扆，憑玉几，南面而聽斷，號令天下，莫不響應，使元元之民皆安土樂業，則澤被萬世，施之無窮。天下之安，猶若太山而四維，夷狄之地，何足以爲一日之間煩汗馬之勞！詩云：『王猶允塞，徐方既來。』」是時兵已出，未逾五嶺，會閩越王弟餘善殺王以降，漢罷兵。上嘉淮南王之意，美將帥之功，乃遣嚴助喻淮南之意，且諷切南越。南越頓首，遣太子隨助入侍。是時嚴助薦邑子朱買臣爲太中大夫，買臣因說：「東越王故居泉山，一夫守險，千夫不能上。今更徙南五百里，居大澤中。今發兵浮海，直至泉山，陳舟列〔騎〕〔兵〕，〔五三〕席卷南行，必破滅也。」上即拜買臣會稽太守。上謂之曰：「富貴不歸故鄉，如衣錦夜行。今還故鄉，富貴於子如何？」買臣頓首謝上。既到郡，與橫海將軍韓説等俱擊東越，大破，有功。初，買臣家貧，好讀書，樵薪自給，吟詠且行，時人謂之癡。其妻恥之而去，買臣笑曰：「我年五十當貴，今四十八矣。待我富貴，當報汝勤苦。」其妻恚曰：「嘻！公終餓死耳，何以報我？」遂改嫁。其後買臣嘗負薪於墓間。故妻與其夫俱上冢，以爲得志，見買臣飢寒，呼飲食之。後數歲爲會稽太守，故妻與其後夫治道，甚窮乏。買臣命後車載其夫婦，置後園中，給衣食。經數月，妻自縊死。東海太守汲黯爲主爵都尉。黯，字長孺，東郡人也，好直諫。上曰：「吾欲興政治，法堯、舜，何如？」黯曰：「陛下内多欲而外施仁義，如何欲效堯、舜之治乎！」上大怒，變色而罷朝。群臣共數黯，黯曰：「天子置公卿輔弼之臣，寧令從旨順意，陷主於不義乎？」自丞相宴見，上或時不冠；至見黯，必冠。上嘗在武帳，不冠，望見黯奏事，避入幃中，使人可其奏。其見敬禮如此。初，〔南〕〔東〕越人相攻，〔五四〕黯爲中謁者使越，不至而報上曰：「越人相攻，其常俗也，不足勞天子之使者。」河内失火，燒千餘家，使黯視之。還曰：「人家屋相比火相連，乃不足爲怪，臣憂有甚於此者。憂河内飢民相食，臣謹以按節發河内粟以賑飢民。請受矯制之罪。」上賢而赦之。上嘗問嚴助曰：「汲黯何如人？」助曰：「使黯任職居官，無以逾人，然至其輔少主，威四夷，守城〔廓〕〔郭〕，〔五五〕愛百姓，雖自謂賁、育不能奪也。」上曰：「然。古有社稷之臣，黯近之矣。」御史大夫嚴青翟免，大司農〔朝〕〔韓〕安國爲御史大夫。〔五六〕

【校勘記】

〔一〕〔藏〕〔臧〕兒　從漢書外戚傳改。下改同。

〔二〕春三月　漢書武帝紀作「春二月」。

〔三〕請無奏事太皇〔太〕后　從南監本、龍谿本補。

〔四〕三月己未太常許昌爲丞相　鈕永建考云：班書百官公卿表、史記漢興以來將相名臣表皆作「三月乙未」。按荀紀于此上云「春二月丙戌朔日有食之」，班書武帝紀同。考乙未去丙戌，近者止九日，遠者六十九日。以二月丙戌朔計之，則三月無乙未日，惟己未去丙戌三十五日，計干支正相值。蓋荀紀是，兩表寫誤也。

〔五〕（上崖下柴）係「睚眦」二字的注音，當删。

〔六〕解〔娣〕〔姊〕子與人争　從南監本、龍谿本、學海堂本、漢書游俠傳改。

〔七〕自殺以絶口〔語〕　從漢書游俠傳删。

〔八〕時公孫弘爲（丞相）〔御史大夫〕　從漢書游俠傳改。

〔九〕（節）〔飾〕華廢實　從龍谿本改。

〔一〇〕（騁）〔聘〕問交於道路　從龍谿本改。

〔一一〕善惡要於（公）〔功〕罪　從學海堂本改。

〔一二〕毀譽失其真〔者〕謂之誣　從龍谿本補。

〔一三〕濟（北）〔川〕王明廢　從漢書武帝紀改。

〔一四〕坐殺太傅中（尉）〔傅〕　從學海堂本、漢書武帝紀改。

〔一五〕不〔足〕煩中國　從漢書嚴助傳補。

〔一六〕當安所〔訴又何以子萬國乃遣助使持節發會稽兵救之未〕至　從龍谿本、學海堂本補。

〔一七〕上乏國〔家〕之用　從龍谿本、漢書東方朔傳補。

〔一八〕盛荆棘之（大）〔林〕　從漢書東方朔傳改。

〔一九〕盆下爲窶〔數〕　從南監本、龍谿本、學海堂本補。

〔二〇〕辭令〔縱〕横無窮　從南監本、龍谿本、學海堂本補。

〔二一〕可言乎哉　漢書東方朔傳作「可乎哉」。

〔二二〕夫卑身〔賤〕體（賤）　從南監本、龍谿本、學海堂本、漢書東方朔傳乙正。

〔二三〕無益於（王）〔主〕上之治　從龍谿本、學海堂本、漢書東方朔傳改。

〔二四〕後世稱其人　人，漢書東方朔傳作「仁」。

〔二五〕昔伊尹負鼎（於）〔干〕湯　從學海堂本、漢書東方朔傳改。

〔二六〕嗟（呼）〔乎〕殆哉　從漢書東方朔傳、黄校本改。

〔二七〕余國之不（忘）〔亡〕也　從龍谿本、學海堂本、漢書東方朔傳改。

〔二八〕於是（立）〔正〕明堂之朝　從學海堂本、漢書東方朔傳改。

〔二九〕（而）〔布〕德惠　從龍谿本、學海堂本、漢書東方朔傳改。

〔三〇〕枯木朽株盡爲患難矣　漢書司馬相如傳無「患」字。

〔三一〕其爲害也不難　漢書司馬相如傳作「不亦難矣」。

〔三二〕拜爲郎（中）　從漢書司馬相如傳刪。

〔三三〕秋七月　漢書武帝紀作「秋九月」。

〔三四〕（一生）一死〔一生〕　從龍谿本、學海堂本乙正。

〔三五〕學（宫）〔官〕童子（所）〔使〕在　從漢書循吏傳改。

〔三六〕常出（入）行縣　從漢書循吏傳刪。

〔三七〕六年春三月　三月，漢書武帝紀作「二月」。

〔三八〕貴幸（而）〔不〕正者　從南監本、龍谿本、學海堂本改。

〔三九〕六月癸未　漢書百官公卿表作「六月癸巳」。此當作「癸巳」。

〔四〇〕秋七月　漢書武帝紀作「秋八月」。

〔四一〕長終天　漢書武帝紀作「長竟天」。

〔四二〕侯（外）〔衛〕賓服　從漢書嚴助傳改。

〔四三〕實不給（給）〔上〕事　從南監本、學海堂本、漢書嚴助傳改。

〔四四〕〔一〕不奉詔　從南監本、學海堂本、漢書嚴助傳補。

〔四五〕（轝輪）〔輿轎〕而踰嶺　從學海堂本、漢書嚴助傳改。

〔四六〕必先（由）〔田〕（於）〔餘〕干界内　從南監本、龍谿本、學海堂本、漢書嚴助傳改。

〔四七〕（城）〔誠〕使謹防　從漢書嚴助傳改。

〔四八〕則（斷）〔繼〕其絶世　從南監本、龍谿本、學海堂本改。

〔四九〕（尺）〔丈〕二之組　從漢書嚴助傳改。

〔五〇〕臣聞秦時嘗使尉（他）屠（睢）〔睢〕擊南越　從龍谿本、漢書嚴助傳删改。

〔五一〕乃發兵戍　兵，漢書嚴助傳作「適」。

〔五二〕四面皆（聳）〔從〕　從漢書嚴助傳改。

〔五三〕陳舟列（騎）〔兵〕　從吴慈培校、漢書朱買臣傳改。

〔五四〕（南）〔東〕越人相攻　從漢書汲黯傳改。

〔五五〕守城（廓）〔郭〕　從龍谿本、學海堂本改。

〔五六〕大司農（朝）〔韓〕安國　從龍谿本、學海堂本改。

# 兩漢紀上　漢紀

## 孝武皇帝紀二卷第十一

元光元年冬，初令郡國貢孝廉各一人。董仲舒始開其議。仲舒，廣川人也。初，景帝時爲博士，下帷讀書，弟子以次傳授其業，或莫見面。蓋三年不闚其園，其精專如此。進退容止，非禮不行，學士皆尊師之。後應賢良舉，上策曰：「夫守文之君，當塗之士，皆欲明先王之道以戴翼世主者甚衆，然猶不能，豈所操持失其統歟？固天降命不可復反歟？必推之於大(中)〔衰〕而後息歟？〔一〕三代受命，其符安在？災異之變，何稱而起？性命之情，或夭或壽，或仁或鄙，習聞其號，未昭其理。今欲風流而令行，輕刑而姦改，何修而臻於此？具明以喻朕意，靡有所隱。」仲舒對曰：「臣謹按春秋以觀天人之際，甚可畏也。國家將有失道之敗，而天乃先出災害以譴告之；不知自省，又降怪異以驚恐之；尚不知變，而後傷敗乃至。自非大無道之世，天欲盡扶持而全安之，事在勉强而已。勉强學問，則聞見博而智益明矣；勉强行道，則德日起而大有功矣。詩云『夙夜匪解』，書云『懋哉懋哉』，皆勉强之謂也。昔周道衰於幽、厲，非道亡也，而幽、厲不由道也。宣王修文、武之業，周道粲然復至矣。非天降命不可復反也，所操持悖謬失其統也。臣聞非人力所致而自至者，此受命自然之符也。天下同心歸之，若子歸父母，亦是受命之符也。夫天瑞應精誠而至。書曰：『白魚入於王舟，有火復於王屋，流爲赤烏。』此蓋受命之符也。及末代衰微，廢德義，任刑罰；刑罰不中，則生邪氣；邪氣積於下，怨惡畜於上；上下不和，則陰陽繆戾而妖孽生矣。此災異所緣而起也。臣聞命者天之令也，性者生之質也，情者人之欲也。或夭或壽，或仁或鄙，陶冶而成之，不能純粹，又治亂之所生，故不能齊一也。堯、舜行德則民仁壽，桀、紂行暴則民鄙夭。夫下之從上，猶泥之在鈞，唯陶者之所爲。『綏之斯安，動之斯來』，此之謂也。臣謹按春秋求王道之端，（傳）〔得〕之於正。〔二〕正次王，王次春。春者，天之所爲也；正者，王之所爲也。其意曰，上承天之所爲，下以正己所爲也。然則王者所爲必則於天道，天道之大者在於陰陽。陽爲德，陰爲刑，刑德不失而歲功成。今廢先（生）〔王〕德教之官，〔三〕而獨任執法之吏，而欲德化之被四表，固難成也。春秋謂一爲元，一者萬物所從始也，元者辭之所謂本也。謂一爲元者，示太（治）〔始〕而欲正其本也。〔四〕故爲人君者，正其本心以正朝廷；朝廷正，以正萬民；〔五〕萬民正，以正四方；四方正，遠近莫不皆正也。則陰陽調而風雨時，群生和而萬物植，福祥畢至而王道成矣。孔子曰：『鳳鳥不至，河不出圖，吾已矣夫！』自傷（不）〔可〕能致此物，〔六〕而身卑賤不能致也。今陛下居得致之位，又有能致之資，然而天地未一應瑞者，凡以教化之不立，而萬民不正故也。民之從利，如水之走下，非教化隄防之，不能禁也。聖人之繼亂世，掃除其迹而去之，復修教化而崇起之。夫秦滅先聖之道，爲苟且之治，故立十四年而亡，其遺毒餘戾至今未滅。琴瑟不調，甚者必解而更張之；爲政而不行，（之）甚者必變而更化之。〔七〕漢承暴秦之後，宜變其迹，乃可善治。三代相救，夏尚忠，商尚敬，周尚文。今漢宜少損周之文，用夏之忠。王者有改制之名，無變道之實。然所祖不同者，救病扶衰，所遭之變然也。」又曰：「古所謂功者，以任官稱職爲美，〔八〕不謂積日累久也。小材雖累日，不離於小官；賢才雖未久，不害爲宰相。是以有司竭其務，治其業。今則不然，累日以取貴，積久以致官，是以賢不肖不得其真。宜勿以日月爲功，誠以賢能爲實。使郡國各擇吏民之賢者，歲貢一人，以給宿衛。所貢得賢者有賞，不肖者行罰。如此率天下，賢能可得而官也。」又曰：「積小者大，慎微者著。積善在身，猶長日加益，人不知也；積惡在身，猶火之消膏，人不見也。非明乎情性，察乎流俗者，孰能識之？天之所分與，與之齒者去其角，傅其翼者兩其足。是所受者大，不得取其小也。古之食禄者不食於民力，是與天意同也。昔公儀休相魯，去織婦，拔園葵，曰：『（邑）〔臣〕也已食祿矣，〔九〕又奪園夫（妻）女工之利乎！』〔一〇〕夫遑遑求財利，常恐匱乏者，庶人之意也；遑遑求仁義，常恐不能化民者，大夫之意也。易曰：『負且乘，致寇至。』此言處君子之位者，不可以庶人行也。」又曰：「春秋大一統（一）者，〔一一〕天地之常經，古今之通義也。今師師異道，人人異論，〔一二〕百家殊方，旨意不同，是以上無以持一統；法制數變，下不知所守。臣愚以爲諸不在六藝之科，非孔氏之術者，皆絶其道，勿使並進。邪僻之説滅息，然後統紀可一，法度可明，民知所從矣。」仲舒對策，擢爲江都相。時易王甚驕而好勇，問仲舒曰：「越王與大夫種、后庸、范蠡謀伐吴，遂滅之。孔子稱殷有三仁焉，寡人亦以越有三仁。」仲舒對曰：「（若）〔昔〕魯君伐齊，〔一三〕問柳下惠曰：『吾伐齊，何如？』對曰：『不可。』歸而有憂色，曰：『吾聞伐國者不（可）問仁人，〔一四〕此問何爲至於我哉！』徒見問耳，且猶羞之，況設詐而伐吴乎？由是言之，越（曾）〔本〕無一仁矣。〔一五〕仁人者，正其誼不謀其利，明其道不計其功。是故仲尼之門，五尺之童羞稱五伯，爲其先詐力而後仁義也。」王曰：「善哉！」及其去位居家，絶不問家産業，以修學著書爲事。所著凡百二十篇，〔一六〕而説春秋事復數十篇。朝廷有大議，使者就其家而問之，國家大議多仲舒發之。春二月丙辰晦，日有食之。（車）〔驍〕騎將軍李廣屯雲中，〔一七〕車騎將軍程不識屯鴈門，以備匈奴，六月罷。廣，隴西人也。爲將得士衆心，無部曲行陣，善就水草頓舍，人人自便，不擊刁斗自衛，幕府少文書。而程不識正行伍部曲，營陣擊刁斗自衛，吏治軍簿至明，士卒不得自便，而俱爲名將。夏四月，赦天下。復七國宗室削絶屬籍。五月，詔舉賢良。秋七月癸未先晦一日，日有蝕之。是歲，天星盡動搖。上問候星者，對曰：「星搖，民將勞也。」

二年冬十月，行幸雍，祠五時。始詔公卿議（伏）〔伐〕匈奴。〔一八〕匈奴者，其先夏后氏之苗裔，其在于古曰淳維。匈奴始祖名薰粥氏、山戎、獫狁是也。始祖居於北邊，隨水草畜牧而轉徙，居無城郭耕田之業，然亦各有分地。無文法，以言語爲約束。其俗寬則射獵，急則習戰。長兵則弓矢，短兵則矛鋋。見利則進，不利則退。食肉衣皮。壯者食肥美，老者飲食其餘。父死則妻其〔後〕母，〔一九〕弟兄死皆娶其妻。其俗有名不諱，無文字。〔二〇〕自商、周已來，世爲中國患。至匈奴，姓攣鞮氏，國人稱之曰「撑黎孤塗若單于」。匈奴謂天爲「撑黎」，謂子爲「孤塗」，若言天子也；「單于」者，廣大之貌，言其單于然也。置左右賢王、左右谷蠡王、左右大將（軍）、左右大當户，〔二一〕凡二十四長。其大臣皆世官職。左賢王將居東方，〔二二〕〔直〕上谷之東北，〔二三〕接穢貊、朝鮮；右賢王將居西方，〔二四〕（治）〔直〕上郡西，〔二五〕接（互）〔氐〕、羌；〔二六〕而單于庭直代郡、雲中。歲正月，諸王長少會單于庭。〔二七〕五月，大會龍庭，而祭其先祖、天地、鬼神。秋，大會蹛林，校閲人畜。其法：拔刃尺者死，盜者没入其家財。單于朝拜日，夕拜月。其座，長左而北面。日尚戊己。其送死有棺槨衣衾，而無封樹喪服；近幸臣妾從死者，多至數十人。舉事常隨月，月盛壯則進兵，月虧則退兵。其攻戰，斬首虜則賜一巵酒，而〔所〕得（所）虜獲因以與之，〔二八〕得人因爲奴婢。故其戰，人人自趣利。秦始皇時，使蒙恬將數十萬衆北擊胡，悉收河南地，因河爲塞，築四十四縣臨河，徙遣人民以充之。因山險谿峻繕治之，起臨洮至遼東萬餘里。是時匈奴單于曰頭曼，頭曼不勝秦，北徙十有餘年。頭曼太子名冒頓，殺父而立。是時東（吴）〔胡〕强盛，〔二九〕使使請冒頓千里馬。冒頓問群臣，群臣皆曰：「此匈奴寶馬也，勿與。」冒頓曰：「柰何與鄰國愛一馬乎？」遂與之。又使人請冒頓一閼氏。冒頓問左右，左右皆怒，請擊之。冒頓曰：「柰何與鄰國愛一女子乎？」復以與之。東胡以冒頓爲畏己，愈驕。匈奴間有棄地，不居者千里，東胡又使求之。冒頓問群臣，群臣或曰：「此棄地，與之。」於是冒頓大怒曰：「此地者，國之本也，何與之有！」斬言與地者。即上馬，令有後出者斬，遂東襲擊東胡。東胡不設備，遂破滅東胡。西擊月（氐）〔氏〕，〔三〇〕（東）〔南〕并樓煩、白羊、河南，〔三一〕悉收秦所奪地，遂入侵燕、代。北服渾窳、屈射、丁零、（高）〔鬲〕昆、新黎之國。〔三二〕控弦之士四十餘萬。自上古已來，唯冒頓爲强大，高帝有平城之圍。〔高后〕時冒頓爲書戲慢，〔三三〕甚不敬。高后怒，詔群臣議擊之。樊噲曰：「願將十萬衆，横行匈奴中。」中郎將季布曰：「噲可斬也！高帝困於平城，噲爲（大）〔上〕將軍，〔三四〕不能以四十萬解高祖之圍，而欲以十萬（乘）〔衆〕横行匈奴中，〔三五〕是面謾也。且夷狄如禽獸，得其善言不足喜，得其惡言不足怒。」高后曰：「善。」乃遣使報單于書，卑辭厚答，遺以御車二乘、馬（十騎）〔二駟〕。〔三六〕單于又遣使來謝。至文帝，遺老上單于書，封以尺一牘，（印）〔辭〕曰：〔三七〕「皇帝敬問單于。」單于報以尺二牘，封皆大，辭曰：「天地所生日月所置匈奴大單于敬問皇帝。」自是數侵邊。及單于背約，寇邊無已，於是上議伐之。（太）〔大〕行王恢曰：〔三八〕「匈奴和親率不過數歲。請擊之。」御史大夫韓安國以爲「匈奴輕疾之兵也，至如飈風，去如流電，居處無常，難得而制。今將卷甲親舉，深入長驅，從行則迫脅，横行則中絶，徐行則後利，疾行則糧絶，難以爲功。聖人以天下爲度者也，不以私怒傷天下公議。故高帝始結和親，孝文遵其約，二聖之迹足以爲效。」王恢曰：「五帝不相襲禮，三王不相沿樂，各因時宜也。且言擊之者，固非發兵而深入也，將順單于之欲，誘而致之於邊，選驍騎羽林壯士陰爲之備。吾勢已定，或營其左，或營其右，或當其前，或當其後，單于必可擒也。」上從恢議。夏六月，護國將軍韓安國、驍騎將軍李廣、輕車將軍公孫賀、屯騎將軍王恢、材官將軍李息襲匈奴。〔三九〕陰使鴈門馬邑豪聶壹詐亡入匈奴，謂單于曰：「吾能斬馬邑令以降，則物可盡得也。」單于愛信之，令歸爲間。壹乃詐斬死罪囚頭，懸邑城上以示單于使者。使者還，單于乃將十萬騎入武（川）〔州〕塞。〔四〇〕是時漢兵三十餘萬伏馬邑旁草中，王恢、李息約從代出擊輜重。單于未到馬邑百餘里，鴈門尉吏行徼，〔四一〕單于大驚而還，曰：「吾得尉吏，天也。」以爲天王。乃遠走，兵追至塞，不及乃罷。上大怒，恢首謀，不出兵擊單于輜重也，恢自殺。時主父偃上書諫伐匈奴，曰：「臣聞怒者逆德，兵者凶器，争者末節，數（戰）〔窮〕武，〔四二〕未有不悔者也。始皇務勝不休，欲攻匈奴，李斯諫曰：『匈奴無城郭之居，委積之守，遷徙鳥竄，難得而制也。輕兵深入，糧食必絶；運糧以行，重不及事。得其地不可以耕而食也，得其人不可役而畜也。勝必殺之，非仁德也。疲弊中國，甘心匈奴，非完計也。』始皇不聽，出兵攻胡，却地千里，皆斥鹵，〔四三〕不生五穀。然後發天下丁男以戍河北，飛蒭輓粟以遠轉輸，率三十（鐘）〔鍾〕而致一石，〔四四〕天下所以叛也。夫兵久則變生，事苦則慮易。周書曰：『安危在出令，存亡在所用。』願陛下熟計之。」偃凡上十事，〔四五〕其一事諫伐匈奴，九事爲律令。〔四六〕燕人徐樂上書曰：「天下之患，在於土崩，不在瓦解。秦之末世，天下大壞，是謂土崩。吴、楚七國之時，是謂瓦解。今關東比年穀不登，民多困窮，不安其處，故易動。易動者，土崩之勢也。故明主之要，其在於使天下無土崩之勢而已。」臨淄人嚴安上書曰：「今天下奢侈，車馬衣裘宫室皆競修飾。夫養失而泰，樂失而淫，禮失而采，教失而僞。僞、采、淫、泰，非範民之道也，是以天下逐利（而）〔無〕已。〔四七〕臣願爲民制度以防其淫，使富貧不相（懼）〔耀〕以和其心。〔四八〕心和志定，則盜賊消，刑罰少，陰陽和，萬物蕃也。昔秦北構禍於胡，南樹怨於越，宿兵於無用之地。丁男被甲，丁女轉（輪）〔輸〕，〔四九〕苦不聊生，自經於野樹，死者相望。故絶世滅祀，窮兵之禍也。周失之弱，秦失之强，不變〔之〕患也。」〔五〇〕此三人同日上書。上皆召見，謂之曰：「公等家皆安在？何相見之晚也！」皆拜郎中。而偃一歲四遷，至太中大夫。上自即位，好士。既舉賢良，赴闕上書自（衛）〔衒〕者甚衆。〔五一〕其上第者見尊寵，下者賜帛罷。若嚴助、朱買臣、吾丘壽王、司馬相如、主父偃、徐樂、嚴安、東方朔、枚皋、膠倉、終軍、嚴忌等皆以材能並在左右。每大臣奏事，上令助等辨論之，中外相應以義理之文。秋九月，令民大酺五日。

三年春，河水徙，自頓丘東南入于渤海。夏五月，封高帝功臣後五人並爲列侯。河決濮陽，汎十六郡。發卒十萬救河決。起龍淵宮。

四年冬十有二月，魏其侯竇嬰棄市。初，嬰之貴重也，田蚡常奉事之。及嬰廢，而蚡甚用事。蚡從嬰請田，嬰弗與，曰：「老僕雖棄，寧可以勢奪乎！」故太僕潁川灌夫，與嬰善，亦怒蚡。蚡聞之曰：「蚡事魏其侯無所不可，而愛數頃田？且灌夫何預也？」灌夫家在潁川，横甚。蚡乃請案灌夫家事，灌夫亦持蚡陰事。賓客和之，俱止。蚡取燕王女爲夫人，太后詔列侯宗室皆當賀。嬰過要灌夫，欲與夫俱行。夫不欲往。嬰曰：「事已和矣。」固請，與行。夫行酒，至蚡，蚡曰：「不得持滿。」夫怒蚡，因嘻笑曰：「將軍貴人也，釋之！」次至〔臨〕汝（陰）侯灌賢，〔五二〕程不識方相與耳語，未得持酒。夫乃發怒罵賢及程不識。蚡謂夫曰：「程、李俱爲東西衛尉，今衆辱程將軍，獨不爲李將軍（故）〔地〕乎？」〔五三〕李將軍者，李廣也，夫素所敬也。夫曰：「今日斬頭穿胸，何知程、李乎！」座稍稍罷出，蚡令騎留夫。或按夫頭令謝，夫怒，不肯謝。蚡乃麾騎縛夫，召（御）〔長〕史曰：〔五四〕「今日召宗室，有詔。」灌夫駡坐不敬，繫居室。按其前事，遣吏分捕灌夫支屬，皆棄市。竇嬰欲救灌夫，其夫人止之。嬰曰：「終不令灌仲孺死，嬰獨生。」乃（還）〔匿〕其家，〔五五〕竊出上書。召見，具言灌夫事，不足誅。上欲赦之，蚡固争之。上令兩廷尉辨其事，御史大夫韓安國兩順之，主爵都尉汲黯是竇嬰，内史鄭當時亦是竇嬰而復不堅其辭，莫敢對。上怒内史曰：「公平生數言魏其侯、武安侯之短長，今日廷論，乃局趣效轅下駒，吾并斬若屬矣！」即罷起。太后怒不食，曰：「我在也，而人皆藉吾兄弟，令我百歲後，皆爲魚肉乎！」上使御史（薄）〔簿〕責嬰，〔五六〕劾繫都司空。嬰令兄子上書，幸復召見。初，景帝時，嬰常受遺詔曰：「事有不便，輒以便宜上書。」案尚書，大行無遺詔。詔書獨藏在嬰家。丞相乃奏劾嬰矯先帝令，遂棄市。而灌氏族矣。春三月，丞相田蚡薨。蚡疾，一身盡痛，若有人擊之者。呼曰：「服罪，服罪！」上使見鬼者瞻之曰：「魏其侯與灌夫共手笞之。」蚡初折節好士，以采名譽。每奏事，語移日，所言輒聽，薦人或起家至二千石。上曰：「君除吏盡未？吾亦欲除吏。」其用事如此。後甚驕恣，嘗請考工地欲以益宅。上怒曰：「何不遂取武庫！」蚡治宅舍，（請）甲〔諸〕第，〔五七〕田園極膏腴。前堂羅鍾鼓，立曲旃；後(室)〔堂〕婦女以百數。〔五八〕珍物玩好狗馬，不可勝數。淮南王安來朝，蚡以太尉迎安霸上，謂安曰：「上未有太子，大王最賢，高帝孫，如一旦晏駕，非大王當立，誰哉？」淮南〔王〕大喜，〔五九〕多厚贈蚡。至灌夫事，上不直蚡，以太后故屈。及後聞淮南王事，上曰：「若武安侯在，族之矣。」初，魏其侯用事，賓客甚盛。後廢棄，客皆移於武安侯，唯灌夫獨不去。初，灌夫父張孟爲潁陰侯灌嬰舍人，得幸，嬰進之，至二千石，故冒灌氏姓。吴、楚反時，孟以校尉戰死。時夫從軍，不肯隨〔喪〕歸，〔六〇〕願取吴王(頭)若將軍〔頭〕以報父讎。〔六一〕於是被甲持戟，募軍中壯士所善願從者數十人。及出壁門，莫敢進。獨兩人及騎奴十餘人馳入吴軍之麾下，所殺傷數十人，不復得前。還，獨與一騎歸。夫身中大創十餘處，幾至於死。創少瘳，復請行。太尉固留之，乃止。由是勇義聞於天下。夏四月，隕霜殺草。五月，地震。赦天下。丁巳，平棘侯薛澤爲丞相，御史大夫韓安國免。秋九月，中尉張歐爲御史大夫，以仁厚見尊重。

五年春正月，河間王德薨，謚獻王。德好學，修禮樂，造次必於儒者。道術之士自四方至者，皆得古文之書。先是來朝，上策問三十餘事，具推道術而對，文約旨明，上甚重之。夏，發巴、蜀民治南夷道。南夷道君長有十數，夜郎最大。其西，靡漠之屬以十數，(靡漠)〔滇〕最大。〔六二〕自(靡漠)〔滇〕以北，〔六三〕君長以十數，邛都最大。皆椎髻，耕田，有聚邑。其外，西自桐師以東，〔北〕至葉榆，〔六四〕名爲（越巂）〔巂〕、昆明，〔六五〕皆編髮，隨畜遷徙，無常居，〔大〕〔無〕君長，〔六六〕地方可數千里。自（越巂）〔巂〕以東北，〔六七〕君長以十數，莋都最大。自莋都以東北，君長以十數，冉駹最大。其俗，或土著，或移徙。自冉駹以東北，君長以十數，白馬最大。此皆巴、蜀外西南夷也。初，楚（莊）〔威〕王使將軍莊蹻循江略地黔中（南）以西。〔六八〕蹻至（靡漢地）〔滇池〕，〔六九〕方三百里，其旁平地肥饒數千里，既克定之。會秦奪楚巴、黔中郡，道塞不通，蹻因以其衆王（靡漠）〔滇〕，〔七〇〕變服，從其俗。秦時嘗通（伍人）〔五尺〕之道於此，〔七一〕諸國頗置長吏。漢興，皆棄之。及（太）〔大〕行王恢之救越也，〔七二〕使鄱陽令唐蒙使於南越。越食蒙以枸醬，蒙問所從來，曰：「從西北牂牁江，江（漢）廣數（千）里，〔七三〕出（鄱）〔番〕禺城下。」〔七四〕蒙因上書曰：「南越地東西皆萬餘里，名爲外臣，實一州主。今以長沙、豫章往來，水道絶難。竊聞夜郎精兵可數十萬，若從夜郎浮船下牂牁，出其不意，此制越一奇也。可通夜郎道，爲置吏。」上許之。乃拜蒙中郎將，〔七五〕發巴、蜀兵千餘人，奉幣帛見夜郎侯，喻以威德，爲置長吏。旁小邑皆貪漢贈帛，以爲道遠漢，（中）〔終〕不能有也，〔七六〕故皆且聽命。司馬相如亦言西南夷邛、莋可置（都）〔郡〕。〔七七〕上悦之。以相如爲中郎將往喻意，皆聽命。後西南夷數反，發兵興徭役，費用甚多。相如知其難通，業已建之，乃假巴、蜀之論以諷上，且以宣其使旨於百姓，曰：「『蓋聞天子之於夷狄也，其義羈縻勿絶而已。今已罷三郡之士，通夜郎之途，三年於兹，〔七八〕而功不竟，士卒勞倦，萬民不贍；今又接之以西夷，百姓力屈，恐不能卒業，此使者之累也。夫邛、筰、西僰之人，與中國不並也其已久矣。仁者不能以德來，强者不能以力并，意者殆不可乎！夫割齊民以附夷狄，弊所恃以事無用，鄙人固陋，不識所謂。』使者答曰：『蓋世有非常之人，然後有非常之事；有非常之事，然後有非常之功。非常者，固常人之所異也。故曰非常之人，黎民懼焉；及臻厥功，天下（異）〔晏〕然也。〔七九〕夫賢君之踐位也，豈將委瑣偓促，拘文牽俗，循誦習傳，當世取悦而已（或）〔哉〕！〔八〇〕將必崇論宏議，創業垂統，爲萬世規。故馳騖於兼〔容〕并（容）包，〔八一〕而勤思乎參天兩地。今封疆之内，冠帶之倫，咸獲嘉祉，靡有闕遺矣。而夷狄殊俗之國，遼絶異黨之地，舟車不通，人迹罕至，政教未加，〔流〕風（流）猶微，〔八二〕内之則犯義侵禮於邊，外之則邪行横作，放殺其上，君臣易位，尊卑失序，父兄不辜，冲幼奴虜，係縲嗥泣。内鄉而怨，曰：「蓋聞中國至仁，德洋恩普，品類群物，靡不樂其所，今獨曷爲遺忘己！」舉踵（恩）〔思〕望，〔八三〕如枯旱之望雨，上聖之心，又焉能已矣？故乃北出師以討强胡，南馳使以誚勁越。四面之人風德，（三）〔二〕方之君鱗集仰流，〔八四〕願得受號者以億計。故乃關沬、若，徼牂牁，鏤靈山，梁孫原，創道德之塗，垂仁義之統，將博恩廣施，遠撫長駕，使疏逖不閉，〔曶〕爽（曶）昧闇得曜光明，〔八五〕偃甲兵於此，息攻伐於彼。遐邇同體，中外禔福，不亦康乎！夫拯民於沈溺，奉至尊之休德，反衰世之淩遲，繼周室之絶業，〔八六〕天子之急務也。百姓雖勞，惡得已乎？方將增泰山之封，加梁父之事，鳴和鸞而揚雅、頌，上咸五帝，下登三王。觀者未覩旨，聽者未聞音，夫鷦鵬已翔於寥廓，而羅者猶視於藪澤，豈不哀哉！』」是時，又發卒萬人治鴈門阻險。

秋七月，大風拔木。乙巳，皇后陳氏廢。皇后，堂邑侯陳午女也。午即嬰孫也。嬰封堂邑侯。午尚長公主嫖。上爲太子時，長公主有力焉。故太后取公主女配太子。及爲皇后，驕恣擅權，寵十餘年，無子；又挾婦人媚道，故廢。時長公主寡居，五十餘矣。有董偃者，年十三，隨其母賣珠於主家。主見其姣好，因留第中。出則執轡，入則侍内。使散財交士，令府中曰：「董君所散，一日金滿百斤，帛滿千匹，乃白之。」其後主稱疾。疾瘳，請上臨之，欲因是以見董偃。上曰：「願謁主人公。」公主脱簪珥，徒跣，頓首謝，因引偃。偃著緑幘碧韝，伏殿下，上爲之起，寵遇之。自是董偃貴寵聞於天下。後上爲主置酒宣室，使謁者引納董君。侍郎東方朔避戟而前曰：「董偃有斬罪三，安得入乎？偃以人臣私侍公主，其罪一也。敗男女之禮，以傷王制，其罪二也。偃不遵經學，以奢侈狗馬干上之欲，始爲淫首，其罪三也。」上默然，良久曰：「吾〔業〕以〔業〕設酒，〔八七〕後而改之。」朔曰：「不可！夫宣室，先帝之正處也，非法度之正不得入也。故淫亂之漸，其變爲篡，豎貂爲淫而易牙作患，慶父誅而魯國全，管、蔡戮而周室安。」上曰：「善。」更置酒北宮，引納董君。賜朔金三十斤。自偃之後，諸公主行多僻恣者矣。上妹之子尚上女夷安公主，驕放犯罪死。左右爲之請，上流涕曰：「廢先帝之法，吾何面目入郊廟乎！」乃哀不能自勝。朔進曰：「臣聞樂太甚則陽溢，悲太甚則陰損。聖王爲政，賞不避仇讎，誅不阿親戚。陛下行之，天下幸甚！臣昧死再拜上千萬壽。」上嘗問朔曰：「吾欲化天下，豈有道乎？」朔對曰：「孝文帝自衣弋綈，足履革舄，集上書囊以爲殿帷；以道德爲麗，以仁義爲準。於是天下昭然大化。今陛下崇苑囿，起建章，左鳳闕，右神明，號千門萬户；木土衣綈繡，犬馬被繢罽；宫人簪瑇瑁，垂珠璣；設戲車，教馳逐，飾文采奇怪；撞千石之鐘，擊雷霆之鼓，作（排）〔俳〕優，〔八八〕舞鄭女。上爲淫侈如此，而欲民不奢佚，事之難也。陛下誠能用臣朔之計，摧甲乙之帳，焚之於四達之衢，却走馬（之街）示不復用，〔八九〕則堯、舜之隆可與比而治也。」朔又上書自訟獨不得大官，因陳農戰强國之計數萬言，專用商鞅、韓非之語，文旨放蕩，頗復以恢諧，終不見用。八月，螟蟲。徵賢良文學，上策之曰：「蓋聞上古至治，畫衣冠，異章服，而民不犯；陰陽和，風雨時；父不哭子，兄不哭弟；人迹所及，（跛）〔跂〕行喙息，〔九〇〕咸得其宜。今何修而臻此乎？仁義禮智四者之宜，安所施設？天人之符，廢興何如？」菑川人公孫弘對曰：「臣聞厚賞重刑未足以勸善禁非，必信而已矣。是故因能而任官，則分職治；去無用之言，則事情得；不作無用之器，則賦斂省；不奪民時，不妨民力，則百姓富；有德者進，無德者退，則朝廷明；有功者上，無功者下，則群臣悅；罰當罪，則姦邪止；賞當功，則群下勸：凡此八者，治之本也。故養民者，禁之則不争，治之則不怨，有禮則不暴，愛之則親上，此有天下之急也。罰不違義，則民服而不離；和不遠禮，則民親而不慢。故畫衣冠，異章服，而民不犯者，此道素行也。臣聞之，氣同則相從，聲比則相應。人主和德於上，則萬類和洽於下。故心和則氣和，氣和則形和，形和則聲和，聲和則天地之和應也。故曰：陰陽和，風雨時，甘露降，五穀登，山不童，澤不涸，嘉禾興，朱草生，此和之至也。故形和則無疾，無疾則不（失）〔夭〕。〔九一〕故父不哭子，兄不哭弟。遠方民物莫不蒙化，此和之極也。臣聞之，致利除害，愛憎無私，謂之仁；明是非，立可否，謂之義；進退有度，尊卑有分，謂之禮；擅殺生之柄，通壅塞之路，謂之權；審輕重之數，論得失之道，使遠近情僞必見於上，謂之智術：凡此四者，治之大用也。得其要術，則天下安樂。法設而不用；不得其術，則主昏於上，官亂於下。故天無私親，順之則和起，逆之則害生，此天人之符也。」時對者百餘人，太常奏弘第居下。策上，擢弘對爲第一。召入見，容貌甚麗，拜爲博士，待詔金馬門。弘又上疏曰：「先世之吏正，故其民篤；今世之吏邪，故其民薄。政弊而不行，令倦而不聽。夫〔使〕邪吏行弊政，〔九二〕用倦令治薄民，不可得而治，此政之所以失也。臣聞周公旦治天下，朞年而變，三年而化，五年而定。唯〔陛〕下之所志。」〔九三〕上以書答焉，問：「弘稱周公之治，（强朕）〔弘能〕

自視孰與周公賢？」〔九四〕對曰：「臣愚淺薄，無敢比於周公！雖然，愚心曉然見治道之所以然也。夫虎豹牛馬，禽獸之不可制者，及其教馴服習，唯人之從。臣聞揉曲木者不累日，銷金石者不累月，夫人之於利害好惡，豈比禽獸木石之類哉？朞年而變，臣弘常切遲之。」〔九五〕上嘉異其言。

## 【校勘記】

〔一〕大（中）〔衰〕而後息　從學海堂本、漢書董仲舒傳改。

〔二〕（傳）〔得〕之於正　從學海堂本、漢書董仲舒傳改。

〔三〕廢先（生）〔王〕德教之官　從南監本、龍谿本、漢書董仲舒傳改。

〔四〕示太（治）〔始〕而欲正其本　從龍谿本、學海堂本改。

〔五〕朝廷正以正萬民　漢書董仲舒傳作「正朝廷以正百官，正百官以正萬民」。

〔六〕自傷（不）〔可〕能致此物　從學海堂本、漢書董仲舒傳改。

〔七〕（之）甚者必變而更化之　從漢書董仲舒傳刪。

〔八〕以任官稱職爲美　美，漢書董仲舒傳作「差」。顔師古注：差，次也。

〔九〕（邑）〔臣〕也已食禄矣　從南監本、龍谿本、學海堂本改。

〔一〇〕又奪園夫(妻)女工之利乎　從漢書董仲舒傳刪。

〔一一〕春秋大一統(一)者　從漢書董仲舒傳刪。

〔一二〕師師異道人人異論　漢書董仲舒傳作「師異道人異論」。

〔一三〕(若)〔昔〕魯君伐齊　從南監本、龍谿本、學海堂本改。

〔一四〕不(可)問仁人　從漢書董仲舒傳刪。

〔一五〕越(曾)〔本〕無一仁矣　從黄校本、漢書董仲舒傳改。

〔一六〕所著凡百三十篇　百三十篇，漢書董仲舒傳、藝文志並作「百二十三篇」。

〔一七〕(車)〔驍〕騎將軍李廣　從學海堂本、漢書董仲舒傳改。

〔一八〕始詔公卿議(伏)〔伐〕匈奴　從南監本、龍谿本、學海堂本改。

〔一九〕父死則妻其〔後〕母　從漢書匈奴傳補。

〔二〇〕無文字　史記匈奴列傳作「無姓字」。漢書匈奴列傳作「有名不諱而無字」。

〔二一〕左右大將(軍)　從漢書匈奴傳刪。

〔二二〕左賢王　漢書匈奴傳無「賢」字。

〔二三〕〔直〕上谷之東北　從漢書匈奴傳補。

〔二四〕右賢王　漢書匈奴傳無「賢」字。

〔二五〕（治）〔直〕上郡西　從漢書匈奴傳改。

〔二六〕接（互）〔氐〕羌　從龍谿本、學海堂本改。

〔二七〕諸王長少會單于庭　漢書匈奴傳無「王」字。

〔二八〕而〔所〕得（所）虜獲因以與之　從漢書匈奴傳乙正。

〔二九〕是時東（吳）〔胡〕强盛　從龍谿本、學海堂本改。

〔三〇〕西擊月（氐）〔氏〕　從龍谿本改。

〔三一〕（東）〔南〕并樓煩白羊河南　從學海堂本、漢書匈奴傳改。

〔三二〕丁零（高）〔鬲〕昆　從學海堂本改。

〔三三〕〔高后〕時冒頓爲書　從漢書匈奴傳補。

〔三四〕噲爲（大）〔上〕將軍　從漢書匈奴傳改。

〔三五〕以十萬（乘）〔衆〕横行匈奴　從南監本、龍谿本、漢書匈奴傳改。

〔三六〕馬（十騎）〔二駟〕　從漢書匈奴傳改。

〔三七〕（印）〔辭〕曰　從漢書匈奴傳改。

〔三八〕（太）〔大〕行王恢　從龍谿本、漢書匈奴傳改。

〔三九〕護國將軍韓安國……屯騎將軍王恢　漢書武帝紀作「韓安國爲護軍將軍，王恢爲將屯將軍」。

〔四〇〕武〔川〕〔州〕塞　從漢書匈奴傳改。

〔四一〕鴈門尉吏行徼　漢書匈奴傳「徼」下有「見寇，保此亭，單于得，欲刺之。尉吏知漢謀，乃下，具告單于」句。

〔四二〕數（戰）〔窮〕武　從南監本、龍谿本、學海堂本改。

〔四三〕皆斥鹵　斥，龍谿本作「澤」。

〔四四〕率三十（鐘）〔鍾〕而致一石　從學海堂本、漢書主父偃傳改。

〔四五〕凡上十事　十，漢書主父偃傳作「九」。

〔四六〕九事爲律令　九，漢書主父偃傳作「八」。

〔四七〕是以天下逐利（而）〔無〕已　從漢書嚴安傳改。

〔四八〕富貧不相（懼）〔耀〕　從學海堂本、漢書嚴安傳改。南監本、龍谿本作「踰」。

〔四九〕丁女轉（輪）〔輸〕　從南監本、龍谿本、學海堂本、漢書嚴安傳改。

〔五〇〕不變〔之〕患也　從龍谿本補。

〔五一〕上書自（衛）〔衒〕　從學海堂本改。

〔五二〕次至〔臨〕汝（陰）侯灌賢　從學海堂本、漢書田蚡傳改。

〔五三〕不爲李將軍（故）〔地〕乎　從龍谿本、學海堂本、漢書灌夫傳改。

〔五四〕召（御）〔長〕史曰　從漢書田蚡傳改。

〔五五〕乃（還）〔匿〕其家　從學海堂本、漢書竇嬰傳改。

〔五六〕上使御史（薄）〔簿〕責嬰　從漢書竇嬰傳改。

〔五七〕（請）甲〔諸〕第　從學海堂本、漢書田蚡傳改。

〔五八〕後（室）〔堂〕婦女　從學海堂本改。

〔五九〕淮南〔王〕大喜　從南監本、龍谿本、學海堂本補。

〔六〇〕不肯隨〔喪〕歸　從黃校本、漢書竇田灌韓傳補。

〔六一〕取吳王（頭）若將軍〔頭〕以報父讎　從黃校本、漢書竇田灌韓傳改。

〔六二〕（靡漠）〔滇〕最大　從漢書西南夷傳改。

〔六三〕自（靡漠）〔滇〕以北　從漢書西南夷傳改。

〔六四〕〔北〕至葉榆　從漢書西南夷傳補。

〔六五〕名爲（越雟）〔嶲〕　從漢書西南夷傳改。

〔六六〕（大）〔無〕君長　從學海堂本、漢書西南夷傳改。

〔六七〕自（越雟）〔嶲〕以東北　從漢書西南夷傳改。

〔六八〕楚（莊）〔威〕王使將軍莊蹻循江略地黔中（南）以西　從漢書西南夷傳改刪。

〔六九〕至（靡漢地）〔滇池〕　從漢書西南夷傳改。

〔七〇〕以其衆王（靡漢）〔滇〕　從漢書西南夷傳改。

〔七一〕秦時嘗通（伍人）〔五尺〕之道　從漢書西南夷傳改。

〔七二〕及（太）〔大〕行王恢　從龍谿本改。

〔七三〕江（漢）廣數（千）里　從漢書西南夷傳刪。

〔七四〕出（鄱）〔番〕禺城下　從漢書西南夷傳改。

〔七五〕乃拜蒙中郎將　漢書西南夷傳作「郎中將」，史記同。鈕永建校云：荀紀是，史記、漢書誤倒。

〔七六〕（中）〔終〕不能有也　從南監本、龍谿本、學海堂本改。

〔七七〕可置（都）〔郡〕　從學海堂本、漢書西南夷傳改。

〔七八〕二年於兹　二，漢書司馬相如傳作「三」。

〔七九〕天下（異）〔晏〕然也　從南監本、龍谿本、學海堂本改。

〔八〇〕當世取悦而已（或）〔哉〕　從南監本、龍谿本、學海堂本改。

〔八一〕故馳騖於兼〔容〕并（容）包　從南監本、龍谿本、學海堂本乙正。

〔八二〕〔流〕風（流）猶微　從南監本、龍谿本、學海堂本乙正。

〔八三〕舉踵（恩）〔思〕望　從龍谿本、學海堂本改。

〔八四〕（三）〔二〕方之君　從南監本、龍谿本、漢書司馬相如傳改。

〔八五〕〔曶〕爽（曶）　從南監本、龍谿本、漢書司馬相如傳乙正。

〔八六〕繼周室之絶業　室，漢書司馬相如傳作「氏」。

〔八七〕吾〔業〕以（業）設酒　從南監本、龍谿本、學海堂本乙正。

〔八八〕作（排）〔俳〕優　從龍谿本改。

〔八九〕却走馬（之街）示不復用　從南監本、漢書東方朔傳刪。

〔九〇〕（跛）〔跂〕行喙息　從龍谿本改。

〔九一〕無疾則不（失）〔夭〕　從學海堂本、漢書公孫弘傳改。

〔九二〕夫〔使〕邪吏行弊政　從南監本、龍谿本、漢書公孫弘傳補。

〔九三〕唯〔陛〕下之所志　從學海堂本、漢書公孫弘傳補。

〔九四〕（强朕）〔弘能〕自視孰與周公賢　從南監本、龍谿本、學海堂本改。

〔九五〕臣弘常切遲之　常，龍谿本作「嘗」，漢書公孫弘傳作「尚竊」。

# 兩漢紀上　漢紀

## 孝武皇帝紀三卷第十二

元光六年冬，初算商車。春，穿漕渠通渭。匈奴入上谷，殺略吏民。遣騎將軍公孫敖出代，輕車將軍公孫賀出雲中，驍騎將軍李廣出鴈門，車騎將軍衛青出上谷。衛青者，衛夫人子夫之弟也。父鄭季，河東平陽人也。初，季與主家僮衛媪私通，生（奇）青，〔一〕冒姓爲衛氏。青長姊君孺，即公孫賀妻也。嘗有相〔青〕者曰：〔二〕「貴人也，當封侯。」青曰：「人（婢）〔奴〕之生，〔三〕得無笞罵足矣，安得封侯乎！」及子夫自平陽公主家僮得幸於上，立爲夫人。陳皇后之〔母〕大長公主捕囚青，〔四〕欲殺之。公孫敖爲騎郎，與壯士（募）〔篡〕青。〔五〕上聞，乃召青爲建章監，侍中。子夫（女弟貴）〔姊少兒〕故與陳掌通。〔六〕上乃召貴掌及公孫敖，衛青之寵始隆矣。其時諸將皆無功，唯青頗斬首虜，賜爵關内侯。而李廣爲匈奴所生得。單于聞李廣賢，令曰：「得李廣，必生致之。」廣初被創，胡騎置兩馬間絡囊盛之。廣僞死，漸漸騰而上馬，抱胡兒而鞭馬南馳。匈奴數百騎追之，廣取胡兒弓射殺追騎，遂得免。後下吏，贖爲庶人。夏，大旱，蝗。六月，行幸雍。秋，匈奴盜邊，遣將軍韓安國屯漁陽。

元朔元年冬十有一月，詔曰：「夫十室之邑，必有忠信；三人並行，厥有我師。今或至闔郡不薦一人，是化不下究，而積行之君子擁於上聞也。且進賢受上賞，蔽賢蒙顯戮，古之道也。其議不舉賢者罪。」有司奏議曰：「古者諸侯貢士，一適謂之好德，再適謂之賢賢，三適謂之有功，乃加九錫；不貢士，一則黜爵，二則黜地，三則黜爵地畢。夫附下罔上者死，附上罔下者刑，與聞國政而無益於民者斥，在上位而不進賢者退，此所以勸善黜惡也。不舉孝，不奉詔，當以不敬論。不察廉，不勝任也，當免。」奏可。十有二月，江（東）〔都〕王非薨，〔七〕謚曰易王。非好勇，有氣力，治宮室，招四方豪傑，驕奢甚盛。春三月甲子，立皇后衛氏。赦天下。秋，匈奴入遼西，殺太守；入漁陽、鴈門，敗都尉。遣將軍衛青出鴈門，將軍李息出代，獲首虜數千級。東夷穢貊君南閭等口二十八萬人降，以爲蒼海郡。魯王餘薨，謚曰恭王。餘好治宮室苑囿狗馬。長沙王發薨，謚曰定王。王母唐姬，故程姬侍者。景帝召程姬，程姬有所避，而夜進其侍者。景帝醉，不知而幸之，遂有身。及生子，因名發。以母微無寵，故王居卑濕貧國。

二年冬，賜淮南王、淄川王（机）〔几〕杖，〔八〕無朝。春正月，令諸侯王得以邑土分子弟，於是藩國子弟畢侯矣。是時主父偃説上曰：「古者諸侯不過百里，今諸侯或連城數十，地方千里，緩則驕淫，急則怨叛，以法割削則邪逆萌生，近晁錯是也。今諸侯子弟或十數，適嗣代立，餘無尺土。願陛下令諸侯得推恩分子弟，彼人人喜得所願，實（不）分其國而久久稍弱。」〔九〕又曰：「茂陵初成，天下豪傑兼并之家，可使徙茂陵，内實京師，外銷姦猾。」匈奴入上谷、漁陽。遣將軍衞青、李息出雲中，西至符離，獲首虜數千級。收河南地，北置朔方、五原郡。封青爲長平侯。校尉蘇建有功，封平陵侯。建築朔方城。校尉張次公有功，封岸頭侯。二月乙亥晦，日有蝕之。夏，募民徙朔方十萬（户）〔口〕。〔一〇〕徙郡國豪傑於茂陵。秋，燕王定國有罪，自殺。無後，國除。定國與父康王姬姦，生子男一人，奪弟妻爲姬，與子女三人姦，故誅。齊王次昌自殺，無後，國除。先是主父偃常求納女於王宫，王太后不聽。時王内淫亂，主父偃言之於上。上拜偃爲齊相，以正其事。偃驗王後宫宦者，辭及王與姊妹姦。偃使人以此動王。王年少，恐懾，自殺。公孫弘以爲「齊王以憂死，無後，偃本首惡，非誅偃無以謝天下」。遂族偃。偃，齊人也。初，遊説山東不遇，乃曰：「丈夫生若不五鼎食，死即當五鼎烹！」即西入關。既獲貴寵，賓客輻輳；及其死也，莫之收視，唯孔奮葬之。上聞之，謂孔奮爲長者。

三年春，罷蒼（梧）〔海〕郡。〔一一〕三月，赦天下。夏，匈奴伊（雅）〔稚〕斜單于入代，〔一二〕殺太守；入鴈門，殺略千餘人。六月庚申，皇太后崩。御史大夫張歐免，内史公孫弘爲御史大夫。秋，罷西南夷屯。公孫弘以爲疲弊中國以奉無用之地，請罷之。築朔方城。令人大酺五日。

四年冬，行幸甘泉。夏，匈奴入代、定襄、上郡，殺數千人。

五年春，大旱。車騎將軍衞青將三萬騎出高（關）〔闕〕，〔一三〕驍騎將軍公孫賀、游擊將軍蘇建、强弩將軍李蔡出朔方，〔一四〕將軍李息、將軍張次公出右北平，凡十餘萬騎，擊匈奴右賢王。右賢王方飲酒，以爲漢兵遠不能至也。衞青徑夜至，圍右賢王。右賢王大驚，乃將數百騎馳，潰圍北遁，僅以身免。得右賢王裨將十餘人，衆男女萬五千餘人，畜産數千萬，〔一五〕還師屯於塞上。詔即軍中拜青爲大將軍，益封八千七百户，而封青三子爲列侯。青固辭子封，上不聽。將軍公孫賀、李蔡、護軍都尉公孫敖、校尉李朔、趙不虞、戎奴都尉韓説，皆以功封列侯。衞青既登大將軍，貴寵甚盛，自公卿以下莫敢不拜，唯汲黯與亢禮。或以責黯，黯曰：「夫以大將軍之尊而有揖客，反不重乎？」大將軍聞而賢之。夏六月，詔禮官勸學，明禮崇化，舉遺逸以（屬）〔厲〕賢才。〔一六〕秋，匈奴入代，殺都尉。冬十有一月乙丑，〔一七〕丞相薛（光）〔澤〕免。〔一八〕御史大夫公孫弘爲丞相，封平津侯。丞相未有以侯拜者，至弘始拜而封。丞相封侯，自弘始也。荀悦曰：丞相始拜而封，非典也。夫封必以功，不聞以位。孔子曰：「如有(可)〔所〕譽，〔一九〕必有所試矣。」譽必待試，況於賞乎！易曰：「鼎折足，覆公餗。其(刑)〔形〕渥，〔二〇〕凶。」若不勝任，覆亂鼎實，刑將加之，況於封乎！初，弘牧豕於海上，年四十餘，乃學春秋。嘗爲博士，使匈奴，不稱上意，罷。後應賢良舉，上甚賢之，起徒步，數年位至宰相，年八十矣。弘於是起客館，延賢人，與參謀議。(情)〔請〕博士置弟子員，〔二一〕學者益廣。故人賓客皆仰衣食。身爲布被，脱粟飯，一肉食，家無餘財。主爵都尉汲黯數面詰弘於上前曰：「弘每與臣等議事，至上前，即背之以從欲，大不忠。」上問弘，弘曰：「知臣者以爲忠，不知臣者以爲不忠。」黯又曰：「公孫弘位爲三公，而爲布被，是詐也。」上問弘，弘曰：「臣聞管仲相齊，有三歸之奢，桓公以霸，上不僭於君；晏子相齊，食不重肉，妾不衣帛，齊因以治，下不比於民。今弘布被，誠詐也，欲以爲名。且無黯之忠，陛下安聞此言？」上以弘爲有讓，益厚待之。弘爲人慎厚，事後母孝謹。辨論有理，習文法吏(變)事，〔二二〕飾以儒術。每朝會議，開陳其兩端，令人主自擇，不肯面折廷争。然外寬内深，意忌主父偃。偃嘗與弘有郄，竟報其私。弘與仲舒同學，不如仲舒，仲舒以弘爲諛。膠西王縱恣，數害長吏，乃言仲舒使相膠西王。王素聞仲舒賢，善待之。仲舒正身率下，所居而治。

六年春二月，大將軍〔衛青、中將軍〕公孫敖、左將軍公孫賀、前將軍趙信、右將軍蘇建、後將軍李廣、强弩將軍李沮，〔二三〕凡十餘萬騎出定襄，斬首虜三千級。還，休士馬於定襄、雲中、鴈門。赦天下。夏四月，衛青復出，將六將軍逾絶漠北，大剋獲。蘇建、趙信以三千騎獨遇單于，戰敗。信遂降匈奴。建獨以身免，歸。大將軍議其罪，議郎周霸等曰：「自大將軍出，未曾斬一裨將，（令）〔今〕建棄軍，〔二四〕可斬，以明軍威。」軍正閎、長史安曰：「不然。兵法『小敵之堅，大敵擒也』。建以數千當單于數萬，力戰（百）〔一日〕餘，〔二五〕士盡死，無二心。自歸而斬之，是示後人無返意也。」青曰：「善。青幸得以（肺肝）〔肺附〕待罪行陣之間，〔二六〕不患無威，而霸説我以明軍威，甚失人臣意。且以臣之尊寵不敢擅誅於外，其歸天子，天子自裁之。於是以諷人臣不敢專權，不亦可乎？」將吏皆（曰）〔曰〕「善」。〔二七〕遂囚建（上）至長安。〔上〕赦之，〔二八〕贖爲庶人，憂死。六月，詔曰：「朕聞五帝不相復禮，三代不相同法，所由殊路而建德一也。今中國一統而北邊未安，朕甚悼之。其置武功賞官，以寵戰士。」校尉張騫從衛青有功，封博望侯。騫者，漢中人也。初爲郎，應募，使月氏。時匈奴殺月氏王，遂西徙。故漢欲與月氏擊匈奴。騫行，爲匈奴所得。留騫十餘歲，與妻，有子，然騫常持漢節不失。後亡到月氏，月氏未有報匈奴意。騫留（月氏）歲餘，〔二九〕乃還，並南山，從羌中來歸，復爲匈奴所得。留之歲餘，會單于死，國内亂，騫乃與其胡妻來歸漢，拜爲太中大夫。初，騫行百餘人，十三年乃歸，唯騫與（唐）〔堂〕邑氏奴二人得還。〔三〇〕騫身所到大宛、大月氏、大夏、康居，而傳聞其旁國名，具爲上言之。西域本三十六國，後分爲五十四國，皆在匈奴之西。婼羌國、沮沫國、精絶國、戎盧國、渠勒國、皮山國、烏(秏)〔秅〕國、西夜國、蒲犂國、依耐國、無雷國、損毒國、桃槐國、休循國、疏勒國、尉頭國、烏貪國、卑(陵)〔陸〕國、渠類谷國、(隋)〔郁〕立師國、單桓國、蒲類國、西沮彌國、劫(日)國、(孫)〔狐〕胡國、(三)山國、車師(山)國，〔三一〕凡二十七國，小國也，小者七百户，上者千户也。(抒)〔扜〕彌國、于闐國、難(完)〔兜〕國、莎(東)〔車〕國、温宿國、龜兹國、尉梨國、危(項)〔須〕國、鄢耆國，〔三二〕凡此九國，次大國，小者千餘户，大者六七千户。南北有大山；東則接漢，阸以玉門、陽關；西則限以葱嶺(中山)。〔三三〕中央有大河，其河有兩源：一出葱嶺，一出于闐。于闐在南山下，河北流，與葱嶺河合，東注蒲昌海。蒲昌海一名鹽澤，去陽關三(千)〔百〕餘里，〔三四〕廣長三(四)百里。〔三五〕其水停居，(東)〔冬〕夏不增減，〔三六〕皆以爲潛行地下，南出於積石山，爲中國河云。自玉門、陽關出西域有(四)〔兩〕道：〔三七〕行從鄯善旁出南山，西行至莎居，爲南道；南道西逾葱嶺則出大月氏、安息。自車師旁北山西行至疏勒，爲北道；北道西逾葱嶺(葱嶺)則出大宛、康居、奄蔡、鄢耆。〔三八〕西域諸國，大率土著，有城郭田畜，與匈奴異俗，皆役屬匈奴。匈奴賦税之，取給焉。皮山國去長安萬五千里。自皮山以西至大頭痛山、小頭痛山，身熱、赤土之坂，令人身熱無色，頭痛嘔吐，驢畜盡然。又有三池、盤石、懸(渡)〔度〕之坂，〔三九〕(校)〔狹〕者尺七寸，〔四〇〕長者徑三十里。臨峥嶸不測之淵，行者步騎相持，繩索相牽引，三千餘里(乃到縣度〕。〔四一〕烏孫王號昆彌，治赤城，去長安八千九百里。户十二萬，口六十萬，大國也。地方五千餘里，東接匈奴，西界大宛，南與城郭諸國接。其俗與匈奴同。其處土多雨寒，而國多馬。故屬匈奴，後稍强盛，徒羈縻而已，不肯往朝會。罽賓國，王治修蘇城，〔四二〕去長安萬二千里。〔四三〕土地平坦，温和，有苜蓿、雜果、奇木，種五穀稻，多蒲桃、竹、漆，治園池。民雕文刻鏤，治宮室，織罽，刺文繡，好酒食。有金銀銅錫以爲器。有市肆〔然〕，〔四四〕以銀爲錢，文爲騎馬，曼爲人面。出封牛、水牛、犀、象、大狗、沐猴、孔雀、珠璣、珊瑚、琉璃。其他畜與諸國同。安息國，王治潘兜城，去長安萬一千六百里。〔四五〕地方數千里，城郭數百。有車船、商賈。書革，旁行爲書記。其俗與罽賓國同。亦以銀爲錢，文爲王面，曼爲夫人面。一王死輒改其錢。出犬、馬、大雀。大宛國，王治貴山城，去長安萬二千五百五十里。户〔四十〕〔六〕萬。〔四六〕與安息同俗。出蒲萄、苜蓿，以蒲萄爲酒，富人藏酒至萬餘石，數十年不敗。出馬，馬汗血，言其先天馬子也。大月氏本匈奴同俗，居燉煌、祁連山間。匈奴老上單于殺月氏王，以其頭爲飲器。月氏乃遠去，西過大宛，擊大夏而臣之，國都嬀水。其土地與安息同俗。其餘小衆不能去者，保南山，號小月氏焉。大夏本無大君長，往往置小君長，有五翕侯：一曰〔未〕〔休〕密翕侯，〔四七〕二曰雙靡翕侯，三曰貴〔霜〕翕侯，〔四八〕四曰〔肸頓〕翕侯，〔四九〕五曰高附翕侯。康居國，在烏孫西北，去長安萬二千三百里。户十二萬，口六十萬。與大月氏同俗。奄蔡國，在康居西北，去長安萬二千里。與康居同俗。臨大澤，無津涯，蓋北海(河)也。〔五〇〕烏弋國，去長安萬五千三百里。出獅子、犀牛。其錢文爲人頭，曼爲騎馬。自烏弋行可百餘日，至條支國，去長安萬二千三百里，臨西海。出善幻人。有大鳥，卵如甕。長老傳聞條支西有弱水，西王母所居，亦未嘗見。條支西行可百餘日，近日所處。〔五一〕禹本紀言「河出崑崙，崑崙高萬二千五百餘里，日月所以相避隱爲光明」。自張騫使大夏之後，窮河源，(隱悉)〔惡〕覩所謂崑崙者乎？〔五二〕故言九州山川，尚書近之矣，禹本紀、山經有所考焉。十有一月癸酉晦，〔五三〕日有蝕之。

元狩元年冬十月，行幸雍，祠五畤。獲白麟，一角而五蹄。有奇木，衆枝旁出，復合於上。上以問群臣。謁者終軍對曰：「昔武王中流未濟，白魚入於王舟。(令)〔今〕郊禮未見於神祇，〔五四〕而獲獸以饋，此天所以示饗，而上通之符合也。蓋六鷁退飛，逆也；白魚登舟，順也。夫明闇之徵，上亂飛鳥，下動淵魚，各以類推。今野獸并角，明同本也；衆枝内附，示無外也。若此之應，殆將有解編髮，削左衽，襲冠帶，要衣裳，而慕化者焉。可恭己而待之。宜因昭時令日，改定告元，(苴)〔苴〕白茅於江、淮，〔五五〕發嘉號於營丘，以應緝熙，使著事者有所紀焉。」由是改元朔爲元狩。是歲，北地匈奴名王率衆來降。十一月，淮南王安、衡山王賜謀反，誅之。安好讀書，招致賓客方術之士數千人，作内書二十一篇，外書甚衆，又有中書八卷，言神仙黃白之事。上以安屬諸父，甚尊重之。初，安朝，上使作離騷〔賦〕〔傳〕，〔五六〕旦受詔，食時畢。上每與燕會，昏暮乃罷。建元六年，彗星見。或謂安曰：「天下兵當大起。」安心以爲上未有太子，天下有變，諸侯並爭，乃治戰攻具，積金錢，賂遺郡國遊士。群臣賓客，江、淮間多輕薄，妄以妖言阿諛安，又以厲王遷徙感激之。後安坐擁閼求奮擊匈奴者雷被等，廢格明詔，當棄市，官削三縣。安由是怨望，反謀益甚。初，將作亂，召中郎伍被欲與計事，呼之曰「將軍」。伍被曰：「王安得此亡國之言邪？昔者子胥諫吳王，吳王不用，曰：『吾今見麋鹿遊於姑蘇之臺。』今臣將見王宮中生荊棘而露霑衣也。」於是繫被父母，囚之三月。王復召被曰：「將軍許寡人乎？」被曰：「否。臣將爲大王劃計耳。」王曰：「天下治乎，亂乎？」被曰：「竊觀朝廷紀綱之敘皆得其理，上之舉錯遵古之道，雖未太平，然猶爲治也。」王曰：「公以爲大將軍何如人也？」被曰：「臣聞大將軍遇士大夫以禮，與士卒有恩，衆皆樂爲用。騎上下山谷若飛，材力絕人。常爲士卒先；須休，乃敢舍；穿井得水，乃敢飲；軍罷，士卒已逾河，乃渡。上所賜金錢，盡以賞賜。雖古名將，不能過也。」王不悅，復曰：「公以吳王之起兵，非也？」被曰：「吳王賜號爲劉氏祭酒，受〔机〕〔几〕杖而不朝，〔五七〕王四郡之衆，地方數千里。舉兵而西，破敗而還，身滅祀絕，爲天下笑。〔夭〕〔夫〕以吳衆不能成功者何？〔五八〕誠逆天違理而不見時也。」王曰：「男子之所死者，一言耳！且吳王何知反？今我令（樓）緩輕兵先要（城）〔成〕皋之口，〔五九〕周被下（穎）〔潁〕川之兵，〔六〇〕（蹇）〔塞〕轘轅，〔六一〕守伊闕之道，陳定發南陽之兵，守武關。河南太守獨有洛陽耳，何足憂？人言『絕（城）〔成〕皋之口，〔六二〕天下不通』。據（大）〔三〕川之險，〔六三〕招天下之兵，公以爲何如？」被曰：「臣見其禍，未見其福。」後王恐謀泄，謂被曰：「吾欲遂發兵。天下勞苦有（聞）〔間〕矣，〔六四〕諸侯頗有失行者，皆自疑。我舉兵而西向，必有應者；無應，則還略衡山。勢不得不發。」被曰：「略衡山以（致）〔擊〕廬江，〔六五〕有潯陽之船，守下雉之城，結九江之浦，杜豫章之口，强（努）〔弩〕臨江而守，〔六六〕以禁南郡之下，東保會稽，南通勁越，屈强江、淮之間，可以延歲月之壽矣，未見其福。」王曰：「陳勝、吳廣奮臂大呼，比至戲，衆百二十萬。今吾國雖小，精兵可二十萬，公何言無福？」被曰：「臣不敢避子胥之誅，願王無爲吳王之聽。往者秦爲無道，殘賊天下，殺儒術之士，燔詩、書，棄禮義，任刑法，轉海濱之粟致乎（江）西〔河〕。〔六七〕當此之時，男子疾耕不足於糧餽，女子紡績不足以蓋形。遣蒙恬築長城，東西數千里。曝兵露師，（嘗致千百）〔常數十〕萬，〔六八〕殭屍滿野，流血千里。於是百姓力屈，欲爲亂十室而五。又使徐福入海求神仙，多齎童男女三千餘人，五種百工而行。徐福至平原大澤，止王不來。於是百姓怨痛，欲爲亂者十室而六。又使尉佗逾五嶺，攻百越，佗知中國勞極，乃止王南越。行者不還，往者莫返，於是百姓心離瓦解，欲爲亂者十室而七。

興百萬之衆，作阿房之宮，收大半之賦，發閭左之戍。父不寧子，兄不安弟，政苛刑慘，民皆引領而望，側耳而聽，悲號仰天，叩心怨上，欲爲亂者十室而八。於是勝、廣大呼，劉、項並會，天下嚮應，百姓願之，若枯旱之望雨，故能起行陣之間，以成帝王之業。今大王見高祖得之易，獨不見近世之吴、楚乎！當今陛下臨制海内，一齊天下。口雖未言，聲疾雷電；令雖未發，行化如神。心有所懷，威動千里；下之應上，猶影響也。大將軍材能非直章邯、楊熊也。且大王之兵衆未能十分吴、楚之一，天下安寧又萬倍於秦時。王以陳勝論之，臣竊以爲過矣。臣聞箕子過故國而悲泣，作麥秀之歌，痛紂之不用比干也。孟子曰：『紂貴爲天子，死曾不如匹夫。』是紂先自絶於天下矣，非死之(曰)〔日〕天去之(見)〔也〕。〔六九〕臣竊悲大王棄千乘之君，將賜絶命之書，爲群臣先，身死於東宫也。」被因流涕而起。後復召被曰：「苟如公言，不可徼幸邪？」被曰：「必不得已，被有愚計。方今諸侯無異心，百姓無怨氣。朔方之地廣美，徙者不足以實其地，可僞爲丞相、御史(詐)〔請〕書，(詔)徙郡國豪傑及耏罪已上，〔七〇〕〔以〕赦令除，〔七一〕家産五十萬已上，皆徙朔方郡，益發兵卒，急其會日。又僞爲左右都(尉)司空、上林(都)、中〔都〕官詔獄(官)書，〔七二〕(罪)〔逮〕諸侯太子及幸臣。〔七三〕如此則民怨，諸侯懼，因使辯士隨而説之，儻可以徼倖。」王曰：「如此可也。然吾以爲不至於此。」詐作皇帝玉璽，丞相、御史大夫、中二千石、將軍、都官令丞及旁近郡太守、相、都尉印綬，

(因)漢使(持)節法(官)〔冠〕。〔七四〕欲如伍被計，又使人僞得罪而西，(使)〔事〕大將軍、丞相；〔七五〕一旦發兵，則刺殺大將軍衛青，而說丞相弘已下如發蒙耳。又曰：「汲黯喜直諫，守節死義，唯悼黯也。」〔七六〕欲發國中兵，恐(丞)相、二千石不聽謀，僞失火宮中，(丞)相、二千石救火，〔七七〕因殺之。又欲令人持羽檄從南方來，呼曰「南越兵入」，(又)欲因以發兵。〔七八〕後王更以他事，大臣多逮繫獄者，無所任，未敢發兵。伍被知事已發覺，詣吏自告與淮南王謀反蹤跡如此。上以被雅辭多稱漢美，欲勿誅。廷尉張湯爭之曰：「被首爲反計，罪無赦。」遂族被。而淮南王自殺，黨與死者數萬人。初，嚴助之使南越，淮南王與相結。及淮南王來朝，厚賂遺助，交私論議。廷尉張湯以爲助腹心之臣，而外交諸侯，當誅，助坐棄市。有司以衡山王淮南王親弟，請追捕衡山王。上曰：「諸侯各以其國爲本，不當相坐。」會衡山王謀發覺。初，衡山王陰知淮南王謀，畏淮南王并其國，以爲淮南王發西，欲起兵江、淮間而有之，陰與淮南王約束，作反具。公卿(詣)〔請〕遣宗正、大行治衡山王，〔七九〕王聞之自殺。

十有二月，大雨雪，民凍死。夏四月，赦天下。乙卯，〔八〇〕立皇太子據。遣謁者巡行天下，賜民年九十已上及鰥寡孤獨、三老、孝悌力田帛，各有差。五月乙巳晦，日有蝕之，從旁左。太史占曰：「凡日蝕，從上失君，從旁失臣，從下失人。」匈奴入上谷，殺數百人。

## 【校勘記】

〔一〕生（奇）青　從南監本、龍谿本、學海堂本刪。

〔二〕嘗有相〔青〕者　從南監本補。

〔三〕人（婢）〔奴〕之生　從南監本、龍谿本、學海堂本、漢書衛青傳改。

〔四〕陳皇后之〔母〕大長公主　從陳璞校補。漢書衛青傳云：「皇后，大長公主女也。」

〔五〕與壯士（募）〔篡〕青　從學海堂本改。

〔六〕子夫（女弟貴）〔姊少兒〕　從漢書衛青傳改。

〔七〕江（東）〔都〕王非　從學海堂本、漢書景十三王傳改。

〔八〕賜淮南王淄川王（机）〔几〕杖　從南監本、龍谿本改。

〔九〕實（不）分其國　從漢書主父偃傳、吴慈培校改。

〔一〇〕募民徙朔方十萬（户）〔口〕　從學海堂本、漢書武帝紀改。

〔一一〕罷蒼（梧）〔海〕郡　從學海堂本、漢書武帝紀改。

〔一二〕匈奴伊（雅）〔稚〕斜單于　從學海堂本、漢書匈奴傳改。

〔一三〕車騎將軍衛青將三萬騎出高（關）〔闕〕　從南監本、龍谿本、漢書武帝紀改。漢書武帝紀作「大將軍衛青」。鈕永建校云：青出塞時未嘗爲大將軍，荀作「車騎將軍」，義長於彼。

〔一四〕强弩將軍李蔡　漢書李廣傳李蔡爲輕車將軍。漢書衛青傳李沮爲强弩將軍。
〔一五〕畜産數千萬　千，當作「十」。漢書衛青傳作「數十百萬」。
〔一六〕舉遺逸以（屬）〔厲〕賢才　從龍谿本、學海堂本、漢書武帝紀改。
〔一七〕冬十有一月乙丑　陳璞校云：「此應屬六年事。緣漢書不記此月事於六年，首即書春。後人校此書遂次於五年末。」按陳説是。漢在太初改曆以前以十月爲歲首，而漢紀將此月日與漢書百官公卿表同次於元朔五年，當誤。
〔一八〕丞相薛（光）〔澤〕免　從漢書百官公卿表改。
〔一九〕如有（可）〔所〕譽　從龍谿本、學海堂本改。
〔二〇〕其（刑）〔形〕渥　從易原文改。
〔二一〕（情）〔請〕博士置弟子員　從南監本、龍谿本、學海堂本改。
〔二二〕習文法吏（變）事　從漢書公孫弘傳删。
〔二三〕大將軍〔衛青中將軍〕公孫敖　從學海堂本補。
〔二四〕（令）〔今〕建棄軍　從黄校本、漢書衛青傳改。
〔二五〕力戰（百）〔一日〕餘　從漢書衛青傳改。
〔二六〕青幸得以（肺肝）〔胏附〕待罪行陣之間　從學海堂本、漢書衛青傳改。

〔二七〕將吏皆〔曰〕善　從龍谿本、學海堂本補。

〔二八〕遂囚建(上)至長安〔上〕赦之　從文意乙正。

〔二九〕騫留〔月氏〕歲餘　「月氏」原脱，從南監本、龍谿本、學海堂本補。

〔三〇〕唯騫與(唐)〔堂〕邑氏奴二人得還　從漢書張騫傳改。

〔三一〕烏(耗)〔秅〕國　卑(陵)〔睦〕國　(隋)〔蘘〕立師國　劫(日)國　(孫)〔狐〕胡國　(三)山國　車師(山)國　從漢書西域傳删改。

〔三二〕(拚)〔扜〕彌國　難(完)〔兜〕國　莎(東)〔車〕國　危(項)〔須〕國　從漢書西域傳改。

〔三三〕西則限以葱嶺(中山)　從漢書西域傳删。

〔三四〕去陽關三(千)〔百〕餘里　從漢書西域傳改。

〔三五〕廣長三(四)百里　從漢書西域傳删。

〔三六〕(東)〔冬〕　從學海堂本、漢書西域傳改。

〔三七〕出西域有(四)〔兩〕道　從學海堂本、漢書西域傳改。

〔三八〕北道西逾葱嶺(葱嶺)則出大宛　從漢書西域傳删。

〔三九〕三池盤石懸(渡)〔度〕之坂　從漢書西域傳改。

〔四〇〕(校)〔狹〕者尺七寸　從南監本、龍谿本、學海堂本改。

〔四一〕三千餘里〔乃到縣度〕　從漢書西域傳改補。三，西域傳作「二」。
〔四二〕王治修蘇城　漢書西域傳作「循鮮城」。
〔四三〕去長安萬二千里　漢書西域傳「千」下有「二百」。
〔四四〕有市肆（然）　「然」衍，逕删。
〔四五〕去長安萬二千六百里　二，漢書西域傳作「一」。
〔四六〕户（四十）〔六〕萬　從漢書西域傳改。
〔四七〕一曰（未）〔休〕密翕侯　從學海堂本、漢書西域傳改。
〔四八〕三曰貴〔霜〕翕侯　從漢書西域傳補。
〔四九〕四曰〔肸頓〕翕侯　從漢書西域傳補。
〔五〇〕蓋北海（河）也　從學海堂本、漢書西域傳删。
〔五一〕近日所處　鈕永建云：「所」下脱「入」字。
〔五二〕（隱悉）〔惡〕覩所謂崑崙者乎　從南監本、學海堂本、漢書西域傳改。
〔五三〕十有一月癸酉　癸酉，漢書五行志作「癸丑」。
〔五四〕（令）〔今〕郊禮未見於神祇　從龍谿本、學海堂本改。
〔五五〕（苴）〔苴〕白茅於江淮　從南監本、龍谿本、學海堂本改。

〔五六〕上使作離騷〔賦〕〔傳〕　從漢書淮南王傳改。

〔五七〕受〔机〕〔几〕杖而不朝　從南監本、龍谿本改。

〔五八〕〔天〕〔夫〕以吴衆不能成功者何　從南監本、龍谿本、學海堂本改。

〔五九〕今我令〔樓〕緩輕兵先要〔城〕〔成〕皋之口　從漢書伍被傳改。顔師古注云：流俗書本上「緩」字上加「樓」字，非。

〔六〇〕周被下〔潁〕〔潁〕川之兵　從龍谿本、學海堂本改。

〔六一〕〔蹇〕〔塞〕轘轅　從學海堂本、漢書伍被傳改。

〔六二〕絶〔城〕〔成〕皋之口　從龍谿本、學海堂本改。

〔六三〕據〔大〕〔三〕川之險　從學海堂本、漢書伍被傳改。

〔六四〕天下勞苦有〔聞〕〔間〕矣　從南監本、龍谿本、學海堂本改。

〔六五〕以〔致〕〔擊〕盧江　從學海堂本、漢書伍被傳改。

〔六六〕强〔努〕〔弩〕臨江而守　從龍谿本、學海堂本改。

〔六七〕致乎〔江〕西〔河〕　從學海堂本、漢書伍被傳改。

〔六八〕〔嘗致千百〕〔常數十〕萬　從漢書伍被傳改。

〔六九〕非死之〔曰〕〔日〕天去之〔見〕〔也〕　從南監本、龍谿本、學海堂本改。

〔七〇〕可僞爲丞相御史(詐)〔請〕書(詔)徙郡國豪傑及耏罪已上　從漢書伍被傳改。耏，一作「耐」。

〔七一〕〔以〕赦令除　從漢書伍被傳補。

〔七二〕又僞爲左右都(尉)司空上林(都)中〔都〕官詔獄(官)書　從學海堂本、漢書伍被傳改。

〔七三〕(罪)〔逮〕諸侯太子及幸臣　從漢書伍被傳改。

〔七四〕(因)漢使(持)節法(官)〔冠〕　從學海堂本、漢書伍被傳改。

〔七五〕(使)〔事〕大將軍丞相　從學海堂本、漢書伍被傳改。

〔七六〕唯悼黯也　陳璞校云：悼，疑「憚」之誤。

〔七七〕(丞)相二千石不聽謀僞失火宮中(丞)相二千石救火　從漢書淮南王傳删。

〔七八〕(又)欲因以發兵　「又」衍，逕删。

〔七九〕公卿(詣)〔請〕遣宗正大行　從學海堂本、漢書衡山王傳改。

〔八〇〕乙卯　漢書衡山王傳作「丁卯」。

# 兩漢紀上　漢紀

## 孝武皇帝紀四卷第十三

二年冬十月，行幸雍，祠五畤。春三月戊寅，丞相公孫弘薨。壬辰，御史大夫李蔡爲丞相，張湯爲御史大夫。驃騎將軍霍去病將萬騎出隴西，逾烏盭，討〔遬〕濮（連），〔一〕（陟）〔涉〕狐奴，〔二〕歷五國，（生）〔幾〕獲匈奴單于子。〔三〕轉戰五日，〔四〕過鄢耆山千有餘里，合短兵，鏖皐蘭下，斬（虜）〔盧〕侯王，〔五〕執混邪王〔子〕及相國、都尉，〔六〕收休屠王祭天金人。去病者，衛青姊少兒子也。父霍仲孺爲縣吏，給事平陽公主家，與少兒私通，生去病。去病初以侍中爲嫖姚校尉，從衛青擊匈奴有功，封冠軍侯。及至是（也）〔役〕，〔七〕增封（一）〔二〕千二百户。〔八〕夏，馬生余吾水中。南越獻馴象、能言鳥。將軍去病、公孫敖出北地二千餘里，過居延，斬首虜三萬餘級。匈奴入鴈門，殺略數百人。遣衛尉張騫、郎中令李廣將兵出右北平。廣將四千餘騎（付）〔副〕之，〔九〕與張騫異道。匈奴數萬騎圍廣，廣軍士震恐。廣乃使其子敢從數十騎，直貫突胡騎中，出其左右而還。謂廣曰：「胡騎易與耳。」軍士心乃安。（稍）爲（營）〔圜〕陣外向，〔一〇〕胡急擊之，矢下如雨。漢兵死者過半，射矢且盡。廣乃〔令〕持滿無發，〔一一〕廣身自以大箭射其裨將，〔一二〕殺數十人，〔一三〕胡虜稍稍解去。會日暮，吏士無人色，而廣意氣自如。明旦，復力戰，而張騫以萬騎至，匈奴乃解去。廣騎略盡，獨得以身免，亦殺虜三千餘人。廣既歸，以其所殺獲自當，無罪無賞。張騫以後期當斬，贖爲庶人。廣亦爲庶人。廣（常）〔嘗〕夜遊田間飲，〔一四〕還，霸陵尉呵止廣。廣騎曰：「故李將軍。」尉曰：「今將軍尚不得夜行，何故也！」止廣宿亭下。居無幾何，匈奴入遼西，召拜廣右北平太守。廣請尉俱，至軍所而斬之。江都王建有罪，自殺。初，易王薨，建居服外舍，召易王所幸淖姬等十九人及女弟信臣等與姦通。建遊章臺，令〔四女〕子乘小船，〔一五〕建蹈覆其船，四人皆溺，二人死。復遊雷陂，天大風，建使郎二人乘小船入波中。船覆，郎溺投水，乍見乍没。建臨視之，大笑以爲樂，卒皆死。宮人女子有過，輒裸令擊鼓，或置樹上，久者三十日乃得衣；或從狼（齒）〔嚙〕殺之。〔一六〕建觀而笑之。或閉人令餓死。凡殺人無辜者三十五人。建欲令人與禽獸交而生子，令宮人與羝羊及狗交。自知罪多，國中人欲告之，建遂謀反，作黃屋蓋，刻皇帝璽，作漢節。賂閩越，約有急相助。建時載其父所賜天子旌旗出入。後事發覺，有司奏「建無道，雖桀、紂之惡不至於是。當以謀反法誅」。廷尉、宗正即問建，建自殺。〈本傳云：「魯哀有言：『寡人生於深宮之中，長於婦人之手，未嘗知憂，未嘗知懼。』信哉斯言！雖欲不危亡，不可得也。是以古之人以宴安爲鴆毒，無德而富貴，謂之不幸。漢興，諸侯王率多驕淫失道。何則？沈溺於放恣之中，居勢使之然也。自凡人猶繫於習俗，何況哀公之倫乎！夫唯大雅，卓爾不群，河〔澗〕〔間〕獻王近之矣。」〔一七〕膠東王寄薨。淮南王謀反時，寄漸聞其事，私作戰守備。及後治淮南王事，上令下吏，辭出之。寄後自傷悔，發病死，不敢置祠。後上立寄長子賢爲王。秋，混邪王率衆四萬餘人來降，封爲列侯。單于怒〔曰〕混邪王、休屠王數爲漢所破。〔一八〕單于欲誅之，故二王謀降漢。休屠王後悔，混邪殺之，并其衆以降，合四萬餘人。置五屬國以處之，以其地爲武威、酒泉郡。而休屠王子曰日磾，與母閼氏及弟倫俱没入官，輸黄門養馬。休屠王祭天作金人，故曰金氏。上遊後庭視馬，後宫滿〔側〕。〔一九〕廄掌養事數十人莫不竊視，〔日〕磾獨不敢視，〔二〇〕馬又肥好。日磾長八尺二寸，容貌甚嚴麗。上異而問之，以狀對。即日拜爲馬監，後爲光禄大夫，侍中。上甚信愛之，賞賜累千金，出則參乘，入則侍帷幄。貴戚左右皆曰：「陛下〔安〕〔妄〕得一胡兒，〔二一〕而反貴重之！」上益厚焉。日磾母教二子有法度，母病死，上圖母形於甘泉宫。日磾每朝，見母畫像，常拜泣而後去。日磾二子皆爲上〔弄〕〔弄〕兒。〔二二〕其後弄兒壯大，不謹，自殿下與宫人戲，日磾見之，即殺之。上大怒，日磾言其狀，上爲泣而心敬。日磾侍左右數十年，未嘗忤視。上賜(守)〔出〕宮女，〔二三〕不敢近之，其謹慎如此。

三年春，有星孛於東方。夏，大旱。五月，赦天下。立膠東康王少子慶爲六安王。慶，寄之愛子也。上憐焉，故立之。封蕭何曾孫慶爲酇侯。先是慶父則嗣，有罪免。故以弟子勝嗣，有罪免侯。故以兄子慶嗣何後。秋，匈奴入右北平、定襄，殺略千餘人。遣謁者舉吏民能假貸貧民者，一以名聞。是時混邪王新降，縣官費衆，倉庫空竭，貧民流徙，皆仰給貸於縣官，縣官無以賑之。河南人卜式以錢二十萬與太守助廩貧民。時富民多匿財者，唯式願出家財。上召拜爲郎中，〔二四〕賜爵左庶長，復田十頃，布告天下，以諷百姓。式以田畜爲事，有羊千餘頭。先是時擊匈奴，式上書願輸家財半以助邊。上問式：「欲官乎？」對曰：「不願。」又問：「家有冤乎？」曰：「無也。以爲天子誅匈奴，賢者宜盡節，有財者宜輸之，則匈奴可滅也。」時丞相公孫弘以爲「此非人情。不軌之臣不可以爲化」。不許之。及式爲郎中，〔二五〕上乃使式牧羊上林苑中，羊肥息。上見，問而善之。式曰：「非獨羊，治民亦猶是。以時起居，惡者輒去之，無令敗群。」上奇其言，拜緱氏令，吏民便之。減隴西、北地、上郡戍卒半。是歲，發謫吏卒穿昆明池。

四年春，有司言關東流民凡七十二萬五千口，縣官無以衣食賑廩，用度不足，請收銀錫以白鹿皮造白金及皮幣以足用。是時禁苑有白鹿，而少府多銀錫。乃以白鹿皮方尺，緣以繢，爲皮幣，直三十萬。〔二六〕王侯宗室朝覲，必以皮幣薦璧，然後得行。又以銀錫爲白金三品：其一重八兩，圓之，其文龍，名「白撰」，直三千；其二差小，而方之，其文曰馬，直五百；其三復小，（隨）〔橢〕之，〔二七〕其文曰龜，直三百。銷半兩錢，更鑄五銖錢，重如其文。又盜鑄作弊，罪死。於是孔僅爲大司農丞，領管鹽鐵。桑弘羊，洛陽賈人子，以能心計，年十三，爲侍中。言利事皆（刻）〔析〕秋毫，〔二八〕而始筭緡錢及車船矣。其後弘羊請置大司農部丞數十人，分（王）〔主〕郡國，〔二九〕各得往置均輸鹽鐵官，令遠方各以其物商賈所販賣爲賦，而相（準）〔灌〕輸。〔三〇〕置平準官于京師，都受天下委輸。諸物官盡籠天下之貨物，貴則賣之，賤則買之。富商大賈無所侔大利，物皆反其本，而物不得踴貴。故抑天下之物，名曰「平準」。又請令民得以粟補吏，罪人得以贖死，及入粟爲吏復各有差，於是民不益賦而國用饒足。乃賜弘羊爵左庶長，黄金二百斤。會天大旱，上令百官請雨。太子傅卜式言於上曰：「縣官當衣食租税而已，今弘羊令吏坐市列肆，販賣求利。獨烹弘羊，天乃雨。」是時董仲舒説上曰：「古税民不過什一，使民歲不過三日。民財用内足以養老盡孝，外足以事上供税，下足以畜妻子，故民悦而從上。至秦則不然，用商鞅之法，改帝王之道，除井田之制，富者田連阡陌，貧者無立錐之地。（人）〔又〕專川澤之利，〔三一〕管山林之饒，〔三二〕荒淫越制；邑有人君之尊，里有王侯之富，〔三三〕小民安得不困！又加月（有吏）〔爲更〕卒，〔三四〕征衛屯戍，一歲力役，

(四)〔三〕十倍於古；〔三五〕田稅口賦，二十倍於古。或耕豪(傑)〔民〕之田，〔三六〕見稅什五。故常衣馬牛之衣，食犬豕之食。又重以貪暴之吏，刑戮妄行，民無所聊生，逃亡山林，並爲盜賊，斷獄一歲以(十)〔千〕萬數。〔三七〕漢興，遵而未改。古井田法雖難卒行，宜少近古，限民占田，塞兼并之路。鹽鐵皆歸於民。去奴婢，除專殺之威。薄賦斂，省徭役，以寬民。然後可治也。」其言未施行。有星孛於東北。夏，有長星出於西北。大將軍衛青將四將軍出定襄，將軍去病出(伐)〔代〕，〔三八〕各萬餘騎，步兵數十萬。青到漠北，圍單于，斬首萬九千級。單于遁走，追至寘顏山，乃還。去病與左賢王戰，斬首虜七萬餘級，封狼居胥山，乃還。前將軍李廣、右將軍趙食其皆後期。廣自殺，食其贖死。廣與大將軍別道，迷而後期。大將軍遣長(吏)〔史〕責問廣，〔三九〕令詣幕府對。〔廣〕謂其麾下曰：〔四〇〕「廣結髮與匈奴大小七十餘戰，今迷而失道，豈非天邪！且廣年已六十餘，終不能使復對刀筆吏矣！」遂自刎死。百姓聞之，知與不知，莫不垂泣。廣初文帝時以良家子從軍，文帝奇其才，曰：「使廣遭高帝，萬户侯豈足道哉！」及吳、楚反時，戰昌邑下，顯名。後爲上郡太守。匈奴入上郡，上使中貴人助廣擊匈奴。中貴人將數十騎出，見匈奴三人，與戰，射傷中貴人，殺其騎且盡。中貴人走告廣，廣曰：「此必匈奴射鵰者。」乃從百餘騎馳，射殺二人，生得一人。匈奴數千騎望見廣，以爲誘騎，驚，出兵上山而陣。廣直前，(來)〔未〕至匈奴二里止，〔四一〕令皆下馬解鞍。有白馬將軍出護兵。廣射殺之，復還，解鞍縱馬。胡兵怪之，卒不敢擊。會日已暮，胡以爲漢有伏兵，乃夜遁走。嘗獵，見草中石，以爲伏虎，射之，入石没羽，視之，石也。他日射之，終不能入。廣之軍吏士卒，多以軍功封侯者，而廣終不得封。初，西羌反，廣誘降者八百餘人，而同日盡殺之。望氣者王朔曰：「禍莫大於殺已降，此將軍所以不封侯也。」

五年春三月甲午，丞相李蔡有罪，自殺。〔四一〕坐賜葬地陽陵二十畝，〔四二〕盜取長陵三畝，〔四三〕又侵神道壖地一畝葬其中。行五銖錢。徙天下大姦猾吏民於邊。關内侯郎中令李敢怨衞青之恨其父也，乃擊青傷之，諱而匿之。居無幾何，敢從上甘泉，霍去病怨敢傷青，射殺敢。上爲諱，云「鹿觸殺之」。夏四月乙丑，太子太傅嚴青翟爲丞相。〔四四〕

六年冬十月，雨水無冰。夏四月乙巳朔，立皇子閎爲齊王，賜策曰：「惟元狩六年夏四月乙巳，皇帝使御史大夫張湯廟立皇子閎爲齊王，曰：『嗚呼！小子閎，受茲青土。朕承天序，唯崇稽古，建爾國家，封于東土，世爲漢藩輔。嗚呼！念之哉，（龔）〔共〕朕之詔。〔四五〕惟命不于常，人之好明德顯。厥有不臧，無乃凶于乃國，害于爾躬。嗚呼！保國有民，可不慎歟！王其勗哉！』」立皇子旦爲燕王，胥爲廣陵王，皆賜策。六月乙卯，詔遣博士六人分巡天下，存孤寡，恤廢病，賑窮乏，勸孝悌，舉獨行之君子。秋七月，〔四六〕大司馬驃騎（大）將軍霍去病薨。〔四七〕發屬國玄甲陣自長安至茂陵，爲塚塋象祁連山，謚曰景桓侯。去病爲將，敢深入赴利，不顧其難，然士卒或乏糧食。上嘗教之孫、吳兵法，對曰：「顧方略如何耳，其不蹈用古兵法。」上爲治第，對曰：「匈奴不滅，臣何以家爲！」去病後甚貴寵，而衛青稍衰。賓客故人皆去青而事去病，唯故益州刺史任安不肯去。初，去病既壯大，乃自知爲霍仲孺子。會爲驃騎將軍擊匈奴，道出河東，乃迎見仲孺，大爲置田宅奴婢而去。還，復過之。仲孺小子光，字子孟，時年十餘歲。因將光西入關，（仕）〔任〕光爲郎，〔四八〕遷侍中。去病死後，光爲奉車都尉、光祿大夫，出則同車，入侍左右，出入禁闥二十餘年，小心謹慎，未嘗有過，甚見親信。

元鼎元年夏五月，赦天下，大酺五日。六月，得寶鼎於河東汾水上，薦見於宗廟，藏於甘泉宮。鼎大八尺一寸，高三尺六寸。群臣伏賀曰：「陛下得周鼎。」侍中光祿大夫吾丘壽王獨曰：「非周鼎。」（王）〔上〕怒，〔四九〕召而問之，對曰：「周有明德，上天報應，鼎爲周出，故爲周寶。今陛下恢崇大業，天瑞並至。昔秦始皇親出鼎於彭城（縣）而不能得，〔五〇〕天祚有德而寶鼎自出，此天所以與漢，乃漢寶，非周寶也。」上曰：「善。」賜金五十斤。初，公孫弘奏禁民無持弓弩，曰：「一賊彎弩，百吏不敢前，此盜賊所以（難容）〔蕃〕也。」〔五一〕上下（共）〔其〕議。〔五二〕壽王對曰：「大射之禮，自天子達於庶人，三代之道也。臣聞聖人合射以教人，不聞弓矢以爲禁也。攻奪之罪死，而猶不（禁人）〔止者，大〕姦之〔於〕重誅（而）固不避也。〔五三〕

臣恐邪人挾之，吏不能止；良民自衛，而抵罪犯禁，是擅賊威而奪民救也。竊以爲無益於禁姦，而令學之者不得修其業，不甚便。」上以難弘，弘屈服焉。壽王字子贛，涿郡人也，後（生）〔坐〕事誅。〔五四〕濟東王彭離有罪，廢徙上庸。博士徐偃使循行天下郡國，矯制（使）〔膠〕東、魯國鼓鑄鹽鐵。〔五五〕御史大夫張湯劾奏偃法至死。偃對曰：「爲春秋之義，大夫出疆，有可以安社稷，利國家，存萬民者，專之可也。」湯不能屈其義。有詔使中謁者終軍問其狀，終軍（語）〔詰〕偃曰：〔五六〕「古者諸侯國異政，家殊俗，安危之勢呼吸成變，故有專己之義。今天下爲一，春秋之義，王者無外。偃（修）〔巡〕封域之中，〔五七〕而辭以出境，何也？且鹽鐵，郡國有餘藏，且二國廢，不足爲（利）害，〔五八〕而以安社稷爲辭也。偃以前三（十）〔奏〕不許，〔五九〕而直矯制作威福，此明王所必加誅也。凡偃鑄鐵，欲及春耕種贍民器。今魯之鼓鑄，當先具其器備，至秋乃能舉火。此言與實倍也。『枉尺直尋』，孟子猶稱不可；今所犯罪重，所就者少，偃自以爲必死而爲之邪？將幸誅不加，欲以采名也？」偃辭屈，下御史大夫服罪。終軍，濟南人也。年十八選爲博士，到府受遺，太守賢而友之，軍揖太守而去。（徙而）〔步〕入關，〔六〇〕關吏與繻，曰：「還（常）〔當〕合符。」〔六一〕軍曰：「大丈夫西遊，終不徒還。」棄繻去。及軍爲謁者，使行郡國，建節東出關，關吏識之，曰：「此使者，前棄繻生也。」

二年冬十有一月，御史大夫張湯有罪，自殺。御史中丞李文與湯有郄，湯所厚（吏）〔史〕

魯謁居陰使人上變告文姦事。〔六二〕事下湯治，論殺文而德厚謁居。謁居病，湯親爲之摩足。趙王素怨湯，上書告：「湯大臣，乃與吏謁居摩足，疑與爲大姦。」丞相長史朱買臣等素怨湯，亦言湯且欲爲請奏，所愛幸賈人田信等輒先知之，居物致富，與湯分之。上以問湯，湯不服罪。於是上使使迫責湯，湯爲書謝，因曰：「陷臣者，三長史也。」遂自殺。昆弟諸子欲厚葬之，湯母曰：「湯爲大臣，被惡言而死，何厚葬之有！」載以牛車，有棺無槨。上聞之，曰：「非此母不生此子。」乃盡誅買臣等。初，湯好文〔涉〕〔法〕深刻，〔六三〕與太中大夫趙禹共定律令。禹官至少府，亦深刻。然禹意在奉公孤立，而湯佞智以謏世主，接士大夫，造請諸公，不避寒暑，以得聲譽。上甚信用之。每朝奏事，日旰忘食，丞相充位而已，天下事皆決於湯。湯嘗病，上親問疾。匈奴嘗求和親，群臣議上前，博士狄山以和親爲便。湯曰：「此愚儒無知。」山曰：「臣固愚，愚忠，不若湯詐忠也。」上作色曰：「吾使山居一郡，能無使虜入盜乎？」山曰：「不能。」曰：「居一縣？」又曰：「不能。」復曰：「居一鄣？」山自度〔辯〕窮，〔六四〕且下吏，因曰：「能。」遣山乘一鄣。至月餘，匈奴斬山頭而去。自是群臣畏湯，莫敢言矣。湯子安世少爲郎，給事〔中〕尚書，〔六五〕精勤於職，休沐未嘗出行。後上方幸河東，亡書三篋，詔問莫能知，唯安世識之，具作其事。後購得本書，以相校，無所遺失。上奇其才，擢爲尚書郎中令。安世寬仁，與〔父〕行異。〔六六〕十有二月，丞相嚴青翟下獄死。春，起柏梁臺。三月，大雨雪。辛亥，太子太傅趙周爲丞相。夏，大雨水，關中餓死者以千數。秋九月，詔曰：「仁不異遠，義不辭難。江陵飢寒，下巴、蜀之粟致之江陵，遣博士分循天下。吏民有能救飢困者，具舉以聞。」

三年冬十月，徙函谷關於新安，以故關爲弘農縣。十有一月，令民有告緡者以其半與之。春正月戊子，陽陵園災。夏四月，雨雹。關東郡國七十餘縣飢，〔六七〕人相食。常山王舜薨，謚曰憲王。王子勃嗣，有罪，廢徙房陵。立憲王中子平爲真定王。徙代王義爲清河王。

四年冬十月，行幸雍，祠五畤。東行幸汾陰。十有一月甲子，立后土祠于汾陰。禮畢，行幸滎陽。還至洛陽，詔問周王後，得孽子嘉，封爲周子南(軍)〔君〕，〔六八〕以奉周祀。春二月，中山王勝薨，謚曰靖王。勝樂酒，好內色，有(男)子百二十餘人。〔六九〕夏封方術士欒大爲樂通侯，位上將軍。欒大，膠東人也。以方術言於上曰：「臣嘗往東海中，見安期、羨門之屬。臣師曰：『黃金可成，河水決可塞，不死之藥可得，仙人可致也。』然臣恐效文成將軍，則方術之士掩口不能言矣。」文成將軍者，齊人也，姓李，字少翁，以方術進，拜爲文成將軍。上以客禮待之。於甘泉宮中畫太一諸鬼神像所設祭祀，欲以致其神。歲餘，其方不效，乃爲帛書以飯牛，僞言牛腹中有奇書，殺而視之。上識其手書，問之果服，乃誅。上既殺文成而悔之，及得欒大，甚喜。乃大敢爲(之)〔大〕言，〔七〇〕處之不疑。上使驗小方，鬬棊，棊自相觸。大言能致其師，「陛下必欲致之，則貴其使者，（今）〔令〕有親屬，〔七一〕以客禮待之。」上乃拜大爲五利將軍、天士將軍、地士將軍、大通將軍，凡四將軍，四印。賜列侯甲第，（同十）〔僮千〕人，〔七二〕乘輿廄馬，帷帳器物以充其家。以衛長公主妻之，齎黃金萬斤。上親至其家，自公主大臣將軍卿相已下皆致酒其家。刻玉印曰「天道將軍」，使者衣羽衣，夜立白茆上；大亦衣羽衣，立白茆上受印綬，以示不臣。於是五利將軍嘗夜祠其家，欲下其神。後裝欲入東海中，云求其師。至太山，不敢入海。上使人隨而驗之，皆妄言不效。先是方士李少君乃言能致物却老。少君嘗坐武安侯家，有老人年九十餘，少君（及）〔乃〕言與〔老〕人大（夫）〔父〕遊獵處，〔七三〕老人爲兒時識其家處，一坐盡驚。上有古銅器，以問少君。少君對曰：「此器齊桓十年陳於柏寢下。」案其刻銘，果齊桓公器。時皆謂少君數百歲人也。少君言「祠竈可致物，如丹砂可化爲黃金，黃金成以爲飲食器則益壽，而蓬萊仙人可得見也。見之以封禪則不死，黃帝是也」。其後方多不效，而少君病死，道士以爲化去不死也。齊人公孫卿言「黃帝得寶鼎而神化登於天，讖書言漢興正當黃帝之運，漢之聖德者在高祖之孫」。上曰：「嗟乎！誠得如黃帝，吾視去妻子如脱屣爾。」拜卿爲郎，使候神於太室。是時言神怪方術者以萬數，入海求仙人者數千人。上幸東萊，夜見大人長數丈，就之則不見，見大人迹。諸方士後皆無驗，上益厭倦，然猶羇縻不絶，冀望其真。上嘗疾病，有巫爲上致神君，貴者曰太一，其次曰太禁、司命之屬，皆從之。云非可見，但聞其言，言與人音等也。時去則若風肅然。嘗以夜至，或以晝至，或居室帷幄中。上禮〔祓〕之，〔七四〕然後入。因巫爲主人，關通飲食，所欲言，〔行下〕。〔七五〕又置〔禱官〕〔壽宮〕，〔七六〕張羽旗，設祭具以祀。神君所〔言〕，〔七七〕上使人記之。其言世俗所知，亦無〔餘〕〔絶〕殊者，〔七八〕而上心甚善之。其事祕，〔七〕〔世〕莫傳也，〔九〕而信以爲神矣。荀悦曰：易稱「有天道焉，有地道焉，有人道焉」，各當其理而不相亂也。過則有故，氣變而然也。若夫大石自立，僵柳復起，此形神之異也。男子化爲女，死人復生，此含氣之異也。鬼神髣髴在於人間，言語音聲，此精神之異也。夫豈形神之怪異哉？各以類感，因應而然。善則爲瑞，惡則爲異；瑞則生吉，惡則生禍。精氣之際，自然之符也。故逆天之理，則神失其節，而妖神妄興；逆地之理，則形失其節，而妖形妄生；逆中和之理，則含血失其節，而妖物妄生。此其大旨也。若夫神君之類，精神之異，非求請所能致也，又非可以求福而禳災矣。且其人不自知其所然而然，況其能爲神乎！凡物之怪亦皆如之。春秋傳曰：「作事不時，怨讟起於民，則有非言之物而言者。」當武帝之世，賦役煩衆，民力凋弊，加以好神仙之術，迂誕妖怪之人四方並集，皆虚而無實，故無形而言者至矣。於洪範言「僭則生時妖」，此蓋怨讟所生時妖之類也。故通於道，正身以應萬物，則精神形氣各返其本矣。秋，馬生渥洼水中。九月辛巳，丞相趙周下獄死。丙申，御史

大夫石慶爲丞相。〔八〇〕立常山憲王舜少子商爲泗水王。〔八一〕

【校勘記】

〔一〕討（遬）〔濮〕（連）從南監本、龍谿本、漢書霍去病傳改。

〔二〕（陟）〔涉〕狐奴　從南監本、漢書霍去病傳改。

〔三〕（生）〔幾〕獲匈奴單于子　從學海堂本、漢書霍去病傳改。

〔四〕五日　漢書霍去病傳作「六日」。

〔五〕斬（虜）〔盧〕侯王　從漢書霍去病傳改。

〔六〕執混邪王〔子〕　從漢書霍去病傳補。

〔七〕及至是（也）〔役〕　從南監本、龍谿本改。

〔八〕增封（一）〔二〕千二百户　從南監本、漢書霍去病傳改。

〔九〕廣將四千餘騎（付）〔副〕之　從南監本、龍谿本改。

〔一〇〕（稍）爲（營）〔圜〕陣外向　從漢書李廣傳改。

〔一一〕廣乃〔令〕持滿無發　從漢書李廣傳補。

〔一二〕廣身自以大箭射其裨將　大箭，漢書李廣傳作「大黄」。

〔一三〕殺數十人　漢書李廣傳作「數人」。

〔一四〕廣（常）〔嘗〕夜游田間飲　從龍谿本、漢書李廣傳改。

〔一五〕令〔四女〕子乘小船　從漢書景十三王傳補。

〔一六〕或從狼（齒）〔嚙〕殺之　從龍谿本、學海堂本改。吴慈培校改「從」作「縱」。按從、縱通。

〔一七〕河（澗）〔間〕獻王近之矣　從南監本、龍谿本、學海堂本改。

〔一八〕單于怒（曰）混邪王休屠王　從漢書匈奴傳删。

〔一九〕後宮滿〔側〕　從學海堂本、漢書金日磾傳補。

〔二〇〕〔日〕磾獨不敢視　從漢書金日磾傳、吴慈培校改。

〔二一〕陛下（安）〔妄〕得一胡兒　從學海堂本、漢書金日磾傳改。

〔二二〕日磾二子皆爲上〔弄〕兒　從南監本、龍谿本、學海堂本補。

〔二三〕上賜（守）〔出〕宫女　從學海堂本、漢書金日磾傳改。

〔二四〕上召拜爲郎中　郎中，漢書金日磾傳爲「中郎」。

〔二五〕及式爲郎中　漢書卜式傳無「中」字。

〔二六〕直三十萬　漢書食貨志作「四十萬」。

〔二七〕（墮）〔橢〕之　從學海堂本、漢書食貨志改。

〔二八〕皆(刻)〔析〕秋毫　從南監本、龍谿本、學海堂本改。

〔二九〕分(王)〔主〕郡國　從南監本、龍谿本、學海堂本改。

〔三〇〕而相(準)〔灌〕輸　從學海堂本、漢書食貨志改。

〔三一〕(人)〔又〕專川澤之利　從學海堂本、漢書食貨志改。

〔三二〕營山林之饒　營，漢書食貨志作「管」。

〔三三〕里有王侯之富　王，漢書食貨志作「公」。

〔三四〕又加月(有吏)〔爲更〕卒　從漢書食貨志改。

〔三五〕(四)〔三〕十倍於古　從學海堂本，漢書食貨志改。

〔三六〕或耕豪(傑)〔民〕之田　從學海堂本、漢書食貨志改。

〔三七〕斷獄一歲以(十)〔千〕萬數　從漢書食貨志改。

〔三八〕將軍去病出(伐)〔代〕　從南監本、龍谿本、學海堂本改。

〔三九〕大將軍遣長(吏)〔史〕　從吳慈培校、漢書李廣傳改。

〔四〇〕〔廣〕謂其麾下　從黃校本補。

〔四一〕(來)〔未〕至匈奴二里止　從漢書李廣傳改。

〔四二〕〔坐〕賜葬地陽陵二十畝　從吳慈培校、漢書李廣傳補。

〔四三〕盜取長陵三畝　三畝，漢書李廣傳作「三頃」。

〔四四〕夏四月乙丑太子太傅嚴青翟　乙丑，太子太傅，漢書百官公卿表作「乙卯」、「太子少傅」。

〔四五〕（龔）〔共〕朕之詔　從漢書武五子傳改。

〔四六〕七月　漢書武帝紀作「九月」。

〔四七〕大司馬驃騎（大）將軍　從漢書武帝紀刪。

〔四八〕（仕）〔任〕光爲郎　從漢書霍光傳、吴慈培校改。

〔四九〕（王）〔上〕怒　從龍谿本、學海堂本改。

〔五〇〕出鼎於彭城（縣）　從漢書吾丘壽王傳刪。

〔五一〕盜賊之所以（難容）〔蕃〕也　從漢書吾丘壽王傳改。

〔五二〕下（共）〔其〕議　從學海堂本、漢書吾丘壽王傳改。

〔五三〕而猶不（禁人）〔止者大〕姦之〔於〕重誅（而）固不避也　從學海堂本、漢書吾丘壽王傳改。

〔五四〕後（生）〔坐〕事誅　從龍谿本、學海堂本改。

〔五五〕矯制〔使〕膠東魯國　從漢書終軍傳補。

〔五六〕終軍（語）〔詰〕偃　從南監本、學海堂本、漢書終軍傳改。

〔五七〕偃（修）〔巡〕封域之中　從南監本、漢書終軍傳改。

〔五八〕不足爲〔利〕害　從漢書終軍傳補。

〔五九〕偃以前三(士)〔奏〕不許　從南監本、龍谿本、學海堂本改。

〔六〇〕(徙而)〔步〕入關　從漢書終軍傳改。

〔六一〕還(常)〔當〕合符　從龍谿本、學海堂本改。

〔六二〕湯所厚(吏)〔史〕魯謁居　從學海堂本、漢書張湯傳改。

〔六三〕好文(涉)〔法〕深刻　從黃校本改。

〔六四〕山自度〔辯〕窮　從漢書張湯傳補。

〔六五〕給事(中)尚書　從漢書張湯傳刪。

〔六六〕與〔父〕行異　從龍谿本補。

〔六七〕關東郡國七十餘縣飢　七十餘縣，漢書武帝紀作「十餘」。

〔六八〕封爲周子南(軍)〔君〕　從南監本、龍谿本、學海堂本改。

〔六九〕有(男)子百二十餘人　從漢書景十三王傳刪。

〔七〇〕乃大敢爲(之)〔大〕言　從南監本、龍谿本、學海堂本改。

〔七一〕(今)〔令〕有親屬　從南監本、龍谿本、學海堂本改。

〔七二〕(同十)〔僮千〕人　從學海堂本、漢書郊祀志改。

〔七三〕少君(及)〔乃〕言與〔老〕人大(夫)〔父〕遊獵處　從南監本、龍谿本、學海堂本改。

〔七四〕上禮〔祓〕之　從陳澧校、漢書郊祀志補。

〔七五〕所欲言〔行下〕　從漢書郊祀志補。

〔七六〕又置(禱官)〔壽宮〕　從學海堂本、漢書郊祀志改。

〔七七〕神君所〔言〕　從學海堂本、漢書郊祀志補。

〔七八〕亦無(餘)〔絶〕殊者　從吳慈培校、漢書郊祀志改。

〔七九〕(亡)〔世〕莫傳也　從南監本、龍谿本、學海堂本改。

〔八〇〕御史大夫石慶爲丞相　漢書百官公卿表繫此於元鼎五年。

〔八一〕常山憲王舜少子奝　奝，漢書武帝紀作「商」。

# 兩漢紀上　漢紀

## 孝武皇帝紀五卷第十四

五年冬十月，行幸雍，祠五畤，遂（登）〔逾〕隴〔登〕崆峒而還。〔一〕十有二月辛巳朔旦，〔二〕冬至。始立泰畤於甘泉。夏五月，諫（議）大夫終軍、使者安國少季使南越，〔三〕欲令入朝，比内諸侯。軍自請願受（大冠衣）長纓，〔四〕必羈越王之頸致之闕下。軍既至越，王聽命。上大悦，賜南越王大臣印綬，令一用漢法，使者留鎮撫之。王太后皆莊嚴將入朝，越相吕嘉不欲内屬。初，尉佗言「事天子期無失禮，要之不可以怵好言入見，亡國之勢也」。故（他）〔胡〕欲入朝而不果。〔五〕王太后置酒請使者及嘉等，欲因使者權，謀因以誅嘉。使者相倚伏，莫敢發。嘉覺之，則趨出稱疾，陰謀作亂。令國中曰：「王少年。〔六〕太后中國人，與使者安國少季私通，專欲内屬，無顧我越民社稷萬世之計。」遂攻殺太后及王，盡殺使者。齊相卜式上書，願父子將兵死南越，以盡臣節。上不遺而賢之，賜爵關内侯，黄金四十斤，田十頃，布告天下。丁丑晦，日有食之。秋，有蛙、蝦蟇鬬闕下。上遣伏（博）〔波〕將軍路博德、樓船將軍楊僕、戈船將軍嚴（助）、下瀨將軍（祖廣明）〔甲〕因擊南越，〔七〕別道出，咸（陽）會番禺城下。〔八〕九月，列侯坐獻黃金酎祭宗廟不如法奪爵者百六十人。（欒大）樂通侯〔欒大〕坐誣罔腰斬。〔九〕西羌衆十餘萬人反，與匈奴通使，攻安定，圍枹罕。匈奴入五原，殺太守。

六年冬十月，遣將軍李息征西羌。上將幸緱氏，至（安）〔左〕邑桐鄉，〔一〇〕聞南越破，因改桐鄉爲聞喜縣。春，至汲新中鄉，得呂嘉首，因以〔新〕中鄉爲獲嘉縣。〔一一〕以南越地爲南海、蒼梧、鬱林、合浦、交阯、九真、日南、珠崖、儋耳九郡。又遣將軍韓説平西南夷，以其地爲武都、牂牁、越巂、沈黎、文山五郡。秋，東越王餘善反，遣横海將軍韓説等擊之。又遣浮（海）〔沮〕將軍公孫賀出九原，〔一二〕（强弩）〔匈河〕將軍趙破奴出令居，〔一三〕擊匈奴，皆出塞二千餘里，不見虜而還。乃分武威、酒泉（郡）〔地〕置張掖、燉煌〔郡〕，〔一四〕徙民以實之。是歲，齊相卜式爲御史大夫。

元封元年冬十月，上自帥師巡邊，置十二部將軍，勒兵十八萬騎，連旍旗徑（十）〔千〕餘里，〔一五〕歷上郡、西河、五原，出長（安）城北，〔一六〕登單于臺，望朔方，臨北（海）〔河〕，〔一七〕威震匈奴。遣使者（邴）〔郭〕吉告烏維單于曰：〔一八〕「南越王頭已懸於漢矣。今天子自將待邊，單于能戰，亟來；不能，則臣服。何但逃伏漠北寒苦之地爲！」單于（壟）〔讋〕焉。〔一九〕單于怒，因吉，遷之北海上，然終不敢出。上還，祠黃帝於(泰)〔橋〕山，〔二〇〕迺歸甘泉。東越殺其王餘善以降。遷其民於江、淮之間，遂空其地。春正月，行幸緱氏，登崇高，〔二一〕聞聲稱萬歲者三，群臣吏卒莫不稱皆聞之。於是封太室，以三百户爲奉邑，禁民無伐其山木，復其民。遂東巡海上。御史大夫卜式貶爲太子太傅，內史倪寬爲御史大夫。夏四月癸卯，上遂登封太岳。初議封禪，諸儒對者五十餘人，未有所定。先是，司馬相如病故，有遺書言封禪事。上以問內史倪寬，寬曰：「陛下躬發聖德，統(緝)〔楫〕群元，〔二二〕宗祀天地，薦禮百神，精神所嚮，徵兆必報，天地並應，瑞符著明。封太山，禪梁父，昭姓考瑞，帝王之盛節也。將舉(太)〔大〕事，〔二三〕優游數年，使群臣人人自(晝)〔盡〕，〔二四〕終莫能成。唯天子建中和之極，兼總條貫，金聲玉振，以順成天慶，垂萬世之基。」上乃自制禮儀，采儒術以文焉。拜寬爲御史大夫，從封禪。行自太山，復東巡海至(竭)〔碣〕石。〔二五〕自遼西歷北邊九原，歸於甘泉。初，梁相有褚大通(通)五經，〔二六〕爲博士，時倪寬爲弟子。及御史大夫缺，上徵大(通)，〔二七〕自以爲得御史大夫。至洛陽，聞寬爲之，大(通)大笑。及至，與寬議封禪於上前，大(通)不及寬，乃退而服曰：「上誠知人。」賜太山所過民年七十以上及孤老帛，秋無出租算。賜天下民爵，(爵)女子百户牛酒。〔二八〕五月，歸甘泉。秋，有星孛於東井，又孛於三台。本志以爲其後衛太子亂之應。齊王閎薨，無子，國除。

二年冬十月，行幸雍，祠五時。春正月，行幸緱氏，遂至東萊。夏四月，祠太山。至瓠子，臨決河，令從臣等將軍已下皆負薪塞河，作瓠子之歌。赦所過徒，賜孤獨高年米。行還，築通天臺于甘泉，作飛廉館於長安。公孫卿言「仙人可見，陛下每在常處，故不見」。故作通天臺以候神。朝鮮王反，殺遼東〔太守〕〔都尉〕，〔二九〕募天下死罪擊朝鮮。朝鮮本秦時屬遼東。漢興以爲其遠，難守，故遼水爲塞。盧綰之反也，燕人衞滿亡命聚黨千餘人在遼，居秦故地，稍稍侵屬其東小蠻夷而王之，地方數千里，保塞外爲臣。傳子到孫〔至〕右渠，〔三〇〕抗命不賓，故於是而伐之。六月，甘泉宮中生芝草，九莖。上嘉之，乃赦天下，作芝房之歌。秋，作明堂於太山下。遣樓船將軍楊僕、左將軍荀彘將應募罪人擊朝鮮。又遣將軍郭昌等平西南夷未服者，以爲益州郡。

三年春，作角〔抵〕〔觝〕戲，〔三一〕以享外國朝獻者，三百餘里内人皆觀。夏，朝鮮斬其王右渠以降，以其地爲樂浪、臨屯、玄菟、〔貞〕〔真〕番四郡。〔三二〕楊僕坐失亡多免爲庶人，荀彘坐爭功棄市。秋七月，〔濟〕〔膠〕西王瑞薨。〔三三〕瑞數犯法，有司請誅瑞，上不忍，凡再削國，去太半。瑞怨讟。瑞杜其南門，從一門出入。宮室府庫壞漏，財物以巨萬計，盡腐，終不復收省。吏二千石欲以法治瑞，瑞輒求其罪詰之，〔三四〕無罪者藥之，所殺傷二千石甚衆。無子，國除。武都〔互〕〔氐〕人反，〔三五〕分徙酒泉郡。十二月，雨雹如馬頭。

四年冬十月，行幸雍，祠五畤。通回中道，遂北出蕭關，至代而還，行幸河東。春三月，祠后土，有神光集于靈壇，一夜三見。夏，大旱，民多（渴）〔暍〕死。〔三六〕秋，匈奴寇邊，遣將軍郭昌屯朔方。

五年冬，上南巡至于盛唐，望祀虞舜于九嶷。登灊天柱山，自潯陽浮江，親射鮫魚于江中，獲之。遂北至琅邪，傍（蒲浪）海，〔三七〕所過禮祀名山大川。春三月，還至泰山，增封。甲子，祀高祖於明堂以配天，因朝諸侯王、列侯，受郡國計。夏四月，赦天下。賜鰥寡帛，貧窮者粟，所幸縣無出租賦。大司馬大將軍衛青薨，謚曰烈侯。青既尊貴，而平陽侯曹孛有惡病就國（薨），〔三八〕長公主問：「列侯誰賢者？」左右皆言大將軍。公主笑曰：「此常騎從我，柰何？」左右曰：「於今尊貴無比。」於是主諷太后，太后白之，上乃詔青尚平陽公主，與主合葬，起（家像）〔冢象〕廬山。〔三九〕初置刺史部十（二）〔三〕州。〔四〇〕詔曰：「蓋有非常之（人）〔世〕，〔四一〕必有非常之功，非常之功必待非常之人，故馬或奔踶而至千里，士或負俗之累而立成功名。其令州郡察吏民有茂才異等可（謂）〔爲〕將相及使絶國者，〔四二〕以聞。」

六年冬，幸回中。春，作首山宮。三月，行幸河東，祠后土。赦汾陰殊死已下，賜天下貧民帛。益州昆明反，遣將軍郭昌擊之。夏，京師民觀角觝于上林。秋，大旱，蝗。

太初元年冬十月，行幸太山。十有（二）〔一〕月甲子朔旦，〔四三〕冬至，祠上帝於明堂。己西，〔四四〕柏梁臺災。夏侯始昌先言其災日。始昌，魯人也。明於陰陽，以術進而爲梁王太傅。上甚重之，以選爲昌〔邑〕王太傅。〔四五〕十有二月，禮(蒿)〔高〕里，〔四六〕祠后(上)〔土〕。〔四七〕東臨渤海，望祀蓬萊。還，受計於甘泉宮。春二月，起建章宮。夏五月，正律曆，以寅月爲正首。色尚黃，數用五，定官名，正律曆，協音樂。昔夏以寅月爲正，殷以丑月爲正，周以子月爲正，承三統。十一月，乾之初九，其位在子，天氣始起，生陰陽之化，故子爲天統。六月，坤之初六，其位在未，陰受陽任，成剛柔之刑，其衡在丑，故十二月爲地統。正月，乾之九三，萬物湊出於地，人奉之而(承)〔成〕之，〔四八〕故寅爲人統。自夏、殷及周三變而復，故漢用夏正。天統始施化於子半，日萌生而色赤。地統受之於丑始，化而色黃，〔至丑〕半，〔四九〕日(色)〔牙〕化而白。〔五〇〕人統受之於寅始，孽成而黑，至寅半，日生色青。故夏色尚黑，殷色尚白，周色尚赤。律曆：一曰備數，二曰和聲，三曰審度，四曰嘉量，五曰權衡。參伍以變，錯綜其數，(校)〔效〕之氣物，〔五一〕和之心耳，以達自然之數，以順性命之理。數者，一、十、百、千、萬也。本起黃鍾之數，始於一，積之無窮，以周備事物之數，職在太史，〔羲、和〕掌之。〔五二〕聲者，宮、商、角、徵、羽。所以諧八音，正情性，移風俗也。八音者，土曰缶，匏曰笙，皮曰鼓，竹曰管，絲曰絃，石曰磬，金曰鍾，木曰(祝)〔柷〕敔。〔五三〕角者，觸也，物出於地，(載)〔戴〕芒角也。〔五四〕徵者，祉也，物盛而繁祉也。宮者，中也。商者，量也，物盛而可量度也。羽者，宇也，物聚而覆宇之也。合之五行，則角爲木，於五常爲仁，於五事爲貌；商爲金，爲義，爲言；徵爲火，爲禮，爲視；羽爲水，爲智，爲聽；宫爲土，爲信，爲思，爲心。宫爲君，商爲臣，角爲民，徵爲事，羽爲物。六律：律，法也，以統氣類物。子曰黄鍾，寅曰太族，辰曰姑洗，午曰蕤賓，申曰夷則，戌曰無射。六吕：吕，助也。以助陽宣氣。未曰林鍾，酉曰南吕，亥曰應鍾，丑曰大吕，卯曰夾鍾，巳曰中吕。黄鍾：黄，中色也；鍾，種也，言以中色布種物也。大吕：吕，助陽也。太族：族，（湊）〔奏〕也，言（湊）〔奏〕地上爾也。〔五五〕夾鍾：夾，輔陽也。姑洗：姑，固也；洗，潔也。言固潔物也。中吕，陰始起未發，居中而助陽也。蕤賓：蕤，繼也；賓，導也。言陽導物而〔陰〕繼之也。〔五六〕林鍾：林，（居）〔君〕也，〔五七〕言陰受陽任（居鍾）〔種〕物也。〔五八〕夷則：夷，傷也；則，法也。言陽正法，使陰夷當傷之物也。南吕：南，任也；陰受陽任成物也。無射：射，厭也，陽究陰成，終而復始，無厭之也。應鍾，陰應陽而後鍾物也。五聲之本，生於黄鍾。黄鍾之律，長九寸爲（管）〔宫〕，〔五九〕或損或益，以定五聲。九六相生，陰陽之應。故三分黄鍾損一，下生林鍾；三分林鍾益一，上生太蔟；三分太蔟損一，下生南吕；三分南吕益一，上生姑洗；三分姑洗損一，下生應鍾；三分應鍾益一，上生蕤賓；三分蕤賓損一，下生大吕；三分大吕益一，上生夷則；三分夷則損一，下生夾鍾；三分夾鍾益一，上生無射；三分無射損一，下生中吕。

陰陽相生，自黃鍾始而左轉，八八六十四爲（位）〔伍〕。〔六〇〕其法皆用銅。職在太樂，太常掌之。度者，分、寸、尺、丈、引也，所以度長短也。本起於黃鍾之長。以秬黍之中者，一黍廣，度之九十分，黃鍾之長。一黍爲一分，十分爲一寸，十寸爲尺，十尺爲丈，十丈爲一引，而五度審矣。職在內官，廷尉掌之。量者，（籥）〔龠〕、合、升、斗、斛也，〔六一〕所以量多少。本起黃鍾之龠，以秬黍之中者千有二百實爲一龠，十龠爲合，十合爲升，十升爲斗，十斗爲斛，而五量爲嘉矣。龠者，興也；合者，合也；升者，登也；斗者，聚也；斛者，角也。職在太倉，大司農掌之。權衡者，所以平輕重，銖、兩、斤、鈞、石也。本起黃鍾之重。龠容千有二百黍，重十二銖。二十四銖爲兩，十六兩爲斤，三十斤爲鈞，四鈞爲石。銖者，從微至見，可殊異也。兩者，兩〔黃〕鍾之重也；〔六二〕〔二十四銖而成兩者〕，〔六三〕二十四氣（爲）〔之〕象。〔六四〕斤者，明也；三百八十四銖，爲易二篇之（文）〔爻〕，〔六五〕陰陽變動之象；十六兩爲斤，斤者，四時乘四方之象也。鈞者，以平均物也；三十斤，一月之象也。石者，大也，權之大者也；四鈞，四時之象也；重一百二十斤，十二月之象也。而五權備矣。物與權均而生衡，衡運而生規，規圓而生矩，矩方而生繩，繩直而生〔準〕，〔六六〕物定矣。是謂五則。君臣用焉，以定國禮。百工由焉，以爲法式。職在鴻臚，鴻臚掌之。夫推曆，生律，制器，權衡規矩，準繩度量，探賾索隱，鉤深致遠，莫不用焉。匈奴單于好殺伐，左右大都尉欲殺單于以降漢。於是使因杅將軍公孫敖築受降城於塞外。事覺，左右大都尉誅死。秋八月，行幸安定。發天下謫民遣〔二〕〔貳〕師將軍李廣利征大宛。〔六七〕（秋）大蝗，〔六八〕自東方飛至燉煌。

二年春正月戊申，丞相石慶薨。慶即奮之小子，世以淳厚爲行。奮四子皆以孝謹位至二千石，故景帝并其號曰萬石君。萬石君過宮門闕必下車步走，見路馬必軾，子孫勝冠者在側，雖燕必冠，申申如也。童僕（侃侃）〔訢訢〕如也，〔六九〕唯謹爾。上賜食於家，稽首俯伏而食，如在上前。其執喪哀戚。而子孫遵教，亦如之。以敬謹聞于郡國。奮長子建爲郎中令。建奏事，事下，建讀之，而馬字少一點，建驚恐曰：「死罪矣！」其畏懼如此。有言於上，屏人言極切；廷見若不能言。慶爲太僕，從出，上問車中幾馬，慶以鞭數馬畢，乃舉手曰：「六馬。」慶於兄弟最爲輕易，然猶如此。諸〔子〕孫皆孝，〔七〇〕唯建最甚。萬石君卒，建在喪，扶杖乃能行，歲餘亦死。初，慶爲齊相，齊（相）〔國〕慕其家行，〔七一〕不言而治。及爲丞相，厚謹而已。太僕公孫賀爲丞相。二月，行幸河東，祠后土。令天下大酺五日，膢五日，祠門户，比臘。夏五月，藉吏民馬，補車騎馬。秋，蝗。遣浚稽將軍趙破奴將二萬騎出朔方擊匈奴，爲匈奴八萬騎所圍，遂没其軍。破奴居匈奴中十餘年，後亡歸漢。冬十有二月，御史大夫倪寬卒。初，寬以儒學進。家貧，受業博士，常爲弟子都養。時行賃作，帶經而鋤，休息輒誦讀。爲廷尉卒（吏）〔史〕，〔七二〕以不習吏事，除爲從史，徙之北地視畜數年。還，廷尉適有疑奏，以再見（御史）〔御矣〕，〔七三〕掾（吏）〔史〕莫知所爲。〔七四〕寬言其意，事即得可。後上問張湯：「前奏事非（掾）〔俗〕吏所爲，〔七五〕誰爲之？」湯對曰：「臣從史倪寬」。湯由是以寬爲奏讞掾，徙爲侍御史。見上，問尚書經義數事，爲太中大夫。遷左内史，民甚信重之。後有軍發，左内史粟負租課殿，當免。吏民聞之，輸租襁負不絶，課更以最。

三年春正月，行巡狩海上。膠東相王延廣爲御史大夫。夏四月，還，修封泰山，禪石閭。遣光禄大夫徐息築五原塞，〔七六〕外列城，西北到盧朐山，遊擊將軍韓説將兵屯之。强弩（將軍）〔都尉〕路博德築居延城。〔七七〕秋，匈奴（句）黎湖（塗）單于入定襄、雲中，〔七八〕殺略數千人；入張掖、酒泉，殺都尉。

四年春正月，貳師將軍李廣利斬大宛王首，獲汗血馬。初，廣利將騎六千、步兵數萬人至貳師城下取善馬。西至郁（夷）〔成〕城，〔七九〕當道小國各城守，不肯給食，食乏而還。往來二歲，到燉煌，士卒十遺二三。上書請罷兵。上大怒，乃益發兵卒六萬人，負從者不豫。牛十萬，馬二萬，驢騾馲駝以（十）萬數，〔八〇〕多齎糧。轉運奉軍，天下騷動。廣利遂進兵，當道小國皆送迎，給廩食。徑到大宛城，圍宛三十餘日。宛中貴人共殺其王毋（寮）〔寡〕，〔八一〕奉其首，出食給軍，悉出善馬。漢擇取其善馬十匹，〔八二〕中馬三千餘匹。乃共（興）〔與〕立宛貴人（妹）〔昧〕察爲王，〔八三〕與盟而還。諸所過小國，皆遣子弟從入獻見，因爲質焉。還玉門關

（死）者萬餘人，〔八四〕馬（數）千餘匹。〔八五〕〔後〕行，〔非〕乏食，〔八六〕戰死〔不〕甚多，〔八七〕將吏貪，不愛士卒，故死亡者多。上以爲萬里而伐，不録其過，乃封廣利爲海西侯；封騎士趙弟殺郁城王〔者〕爲新時侯；〔八八〕拜卿三人，二千石數百人，千户以下千有餘人。廣利者，李夫人兄也。廣利弟延年，性知音，善歌舞，上愛之。乃爲新聲變曲，聞者莫不感動。而李夫人亦善舞，甚姣麗，有寵。李夫人病篤，上自臨候之。夫人蒙被，上問，而謝曰：「妾聞婦人貌不修飾，不見君父。妾不敢宴（墮）〔婧〕見。」〔八九〕上曰：「夫人病甚，殆將不起，宜見我囑託兄弟乎？將加賜千（斤）〔金〕而與兄弟尊官（乎）。」〔九〇〕李夫人答曰：「尊官在帝，不在一見。」上固欲見之，夫人遂轉向（璧）〔壁〕，〔九一〕歔欷不復言。於是上不悦而起。姊妹讓之曰：「貴人獨不見囑託兄弟邪？何爲恨上如此？」夫人曰：「所以不見帝者，乃所以深託兄弟也。夫以色事人者，衰則愛弛，愛弛則恩絶。上所以戀戀者，乃以〔我〕爲平生容貌。〔九二〕今見我顏色毁壞，必有（咄）〔吐〕棄我意，〔九三〕（當）〔尚〕復肯追思憫録其兄弟哉！」〔九四〕及夫人卒，上以厚禮葬之，圖畫其形於甘泉宮，而尊重其兄弟廣利爲將軍，延年爲協律都尉。上思念李夫人不已，有方士少翁言能致其神。乃夜張燭，設帷幄，陳酒食，而令上居他帷，遥見好女子如李夫人還帳坐，而眇然不得就視。初，上發讖書曰：「神馬當從西北來。」後得烏孫好馬，名曰「天馬」。及得宛馬，馬汗血，言其先天馬子也，名曰「天馬」。更名烏孫馬曰「西北極馬」。

上甚好宛馬，每使使者相望於道，率（十）〔一〕輩大者數百人，〔九五〕小者百餘人；一歲中使多者十餘輩，少者五六輩；遠者八九歲，近者五六歲而還。不能無侵盜（弊）〔幣〕物，〔九六〕及使失旨者，輒案重罪以激怒之，因復求使自贖，而是使無窮已，而輕犯法。募吏民自占，使者無問所從來，皆遣之。而漢使窮河源矣。外國朝貢並至，上乃悉從外國客，巡行至海上，大都多人民則過之，觀（名）〔民〕人府庫之饒，〔九七〕厚賞賜，作角觝戲，出奇戲酒池肉林以觀示之。秋，起明光宮。冬行，幸回中。徙弘農都尉治武關，税出入者以給吏卒食。大宛既破，外國振恐。上欲遂困匈奴，下詔曰：「高皇帝遺朕平城之憂，高后時單于書絕悖逆。齊桓公復九世之讎，春秋大之。」於是復圖匈奴矣，遣中郎將蘇武至匈奴。匈奴留武，不得歸。武固執漢節，不肯降。

天漢元年春正月，行幸甘泉，郊泰畤。三月，行幸河東，祠后土。匈奴使使來獻大羽、白氂。夏，大旱。五月，赦天下。秋，發謫戍屯五原。監軍御史穿北軍壘垣以爲賈區宇，軍正丞胡建欲誅之，陰約其從卒。監軍御史與諸校尉列坐，建趨至拜謁，因令卒引御史斬之。諸校尉驚愕，不知所謂。建遂上奏曰：「監軍御史穿北軍垣以爲賈利，於使文吏議，不至重〔法〕。〔九八〕（高皇帝）〔黄帝李〕法曰：〔九九〕『壁壘已定，穿踰不由路，是謂姦人，姦人者殺之。』臣謹按軍法曰：『正無屬將軍，將軍有罪以聞，二千石（二千石）以下行軍法焉。』〔一〇〇〕臣謹案以法斬。」上壯其節，制書答曰：「『國容不入軍（容），軍容不入國（容）』，〔一〇一〕何文吏也，建有何疑焉？」是歲，濟南太守王延年爲御史大夫。

二年春，行幸東海，還幸回中。夏五月，貳師將軍李廣利將三萬騎出酒泉擊匈奴，斬首虜萬餘級。因杅將軍出西河，騎都尉李陵將步卒五千出居延，與鞮汗單于戰，斬首萬餘級。陵兵敗，降匈奴。陵者，李廣孫，敢兄當户之子。上使陵爲貳師將軍督輜重。陵稽首曰：「願得自當一隊。」上曰：「吾無騎與汝。」陵曰：「不用騎，願以少擊衆，步兵五千人涉單于庭。」上壯而許之。陵至峻稽山，與單于相遇，以騎三萬攻陵。陵千餘弩俱發，應（統）〔弦〕皆倒。〔一〇二〕虜還走上山，陵追擊之，殺數千人。單于大驚，召左右賢王，馳兵八萬騎攻陵。陵且戰且却，南行數日，抵山谷中。復大戰，斬首三千餘級。引兵東南，五日，抵大澤葭葦中，虜從上風縱火，燒陵，陵亦令軍縱火以自救。南行至山下，單于在山上，使其子將騎擊陵。陵自步鬭樹木間，復殺虜數千，因發連弩射，單于下走。是日捕得生口，言「單于曰：『此漢精兵也，（曰）〔日夜〕引吾南行近塞，〔一〇三〕得無有伏兵乎？』諸軍長皆曰：『單于自將數萬騎擊漢數千人不能勝，後無以復使邊臣，令漢益輕匈奴。（匈奴）復力戰山谷間，〔一〇四〕尚四五十里得平地，不能破，乃還。』」是日，戰數十合，復力戰，殺傷虜二千餘人。虜不利，欲去。會陵軍中候管敢爲校尉所辱，亡降匈奴，具言「軍無後救，射矢且盡」。單于大喜，進兵使騎並擊漢軍，疾呼曰：「李陵、韓延年趨降！」遂遮道攻陵，四面射，矢下如雨。陵矢且盡，即棄（軍）〔車〕去。〔一〇五〕士卒尚三千餘人，徒斬車輻持之，軍吏持尺刀，抵入山谷。單于入遮，從山上墜石下，士卒多死，不得行。陵曰：「兵敗，吾死矣！」軍吏或勸陵降，陵曰：「吾不死，非壯士也。」陵嘆曰：「使人有數十矢，足以免矣，今無兵復戰。」令軍士人持三升糒，一片冰，令各散去遮虜鄣相待。陵與延年俱上馬，壯士從者數十人。虜千騎追之，延年死。陵曰：「無面目以報陛下！」遂降。士卒分散，脱至塞者四百餘人。陵敗處去塞百餘里。單于以大女妻陵，立爲右校王。上聞〔陵〕降，〔一〇六〕大怒，大臣憂懼。太史公司馬遷上言陵功，以陵之不死，宜欲得當以報漢也。初，上遣貳師將軍出時，令陵爲助兵，及陵與單于相持，而貳師無功。上以遷欲沮貳師，爲陵游説。後捕得匈奴生口，言陵教單于爲兵法。上怒，乃族陵家，而下遷腐刑。陵聞之曰：「教單于爲兵者，乃緒也，非陵也。」李緒者，故塞外都尉，先是降匈奴。陵痛其家以緒誅，乃使人刺殺緒。司馬子長既遭李陵之禍，喟然而嘆，幽而發憤，遂著史記，始自黄帝，以及秦、漢，爲太史公記。後爲中書令，尊寵任職。益州刺史任安與遷書，責以不推賢貢士。遷報書曰：「僕賴先人緒業，得待罪輦轂下，〔三〕〔二〕十餘年矣。〔一〇七〕嘗厠下大夫之列，陪外庭末議，不能引綱維，盡思慮。今以虧形，在闒茸之間，當何言哉！昔衛靈公與雍渠載，孔子適陳；商鞅因景監見，趙良爲之寒心；（童）〔同〕子參乘，〔一〇八〕袁絲變色：自古而耻之。柰何使刀鋸之餘，薦天下之豪俊哉！僕少負不羈之氣，長無鄉曲之譽，幸得奉薄伎，出入周衛，而事乃有大謬。夫僕與李陵，趣舍異路，素非相善也。然觀其爲人，事親孝，與士信，臨財廉，取與義，常思奮不顧身以徇國家之急，僕以爲有國士之風。夫人出萬死不顧一生之計，赴公家之難，斯亦奇矣。今舉事一不當，而全軀保妻子之臣隨而媒孽其短，僕誠痛心。且李陵提步卒不滿五千，深踐戎馬之地，足歷王庭，垂餌虎口，横挑强胡，挫億萬之師。虜救死扶傷不給，悉舉引弓之民，一國共攻之。轉鬬千里，矢盡道窮，救兵不至，士卒死傷如積。然李陵一呼勞軍，軍士無不奮躬流涕，（沫）〔沬〕血飲泣，張空（捲）〔卷〕，〔一〇九〕冒白刃，北首争死敵場，雖古名將，不見過也。身雖陷敗，其所摧破，亦足暴功於天下。僕以爲陵之不死，（貞）〔直〕欲得當報漢也。〔一一〇〕時主上聞陵敗，食不甘味，聽朝不怡，憂懼不知所出。僕竊不自量，欲效其款款之愚，因推此意以言之，欲以廣主上之意。上以僕非沮貳師，而爲陵遊説，遂下之於吏。拳拳之忠，終不能自明，（列）身非木石，〔一一一〕獨與法吏爲伍，深幽囹圄之中，誰可告愬者！僕聞太上不辱先，其次不辱身，其次不辱色，其次不辱辭令。且臧獲婢妾猶能引決，僕所以隱忍苟活，身陷糞土之中而不辭者，私心有所不盡，疾没世而名不稱於後世也。昔西伯拘而演周易；仲尼厄而作春秋；屈原放逐，乃賦離騷；左丘明失明，厥有國語；孫子臏足，兵法修列。僕竊不自量，託於無能之辭，欲網羅天下放逸舊文，亦欲以究天人之際，通古今之變，成一家之言。僕誠以著此書，藏之名山，傳之後人，雖萬被戮，豈有悔哉！」太史公記凡百三十篇，五十餘萬言。遷父談，亦爲太史公。自敘其先重黎之後，世掌天地官也。本傳曰：「司馬遷據左氏春秋、國語，采世（家）〔本〕、戰國策，〔一二〕逮楚漢春秋，接其後事，迄于（大）〔天〕漢。〔一三〕其言秦、漢，詳矣。至於采摭經傳，分散百家之事，甚多疏略，或有抵忤。又其是非頗謬於聖人，論大道則先黄、老而後六經，序游俠則退處士而進姦雄，述貨殖則崇姦利而羞貧賤，此其所蔽也。然（則）〔自〕劉向、（楊）〔揚〕雄博極群書，〔一四〕皆稱遷有良史之才，服其善序事理，辯而不華，質而不野，其文直，其事核，不虛美，不隱惡，故謂之實録。」泰山、琅邪群盜徐勃等阻山攻城，斷道路。遣直指使者暴勝之等衣繡衣，仗斧鉞，分部逐捕。刺史郡守已下皆伏誅。

三年春二月，御史大夫王延年有罪，自殺。執金吾杜周爲御史大夫。初搉酒沽。三月，行幸太山，修封禪，（寺）〔祠〕明堂，〔一五〕因受計。還北（海）〔地〕，〔一六〕祠恒山，瘞玄玉。夏，大旱。四月，赦天下。所過無出田租。秋，匈奴入鴈門，太守坐畏懦棄市。

四年春正月，朝諸侯王於甘泉宫。貳師將軍李廣利將六萬餘騎、步兵七萬人出朔方，因杅將軍公孫（厫）〔敖〕將萬騎、步兵三萬人出鴈門，〔一七〕遊擊將軍韓説將步兵三萬人出五原，强弩將軍路博德將步兵萬餘人與貳師將軍會，與匈奴戰，不利，皆引還。夏四月，立皇

子髆爲昌邑王。秋九月，令死罪（人）〔入〕贖錢五十萬減死一等。〔二八〕

## 【校勘記】

〔一〕遂（登）〔逾〕隴〔登〕崆峒而還　從黄校本、漢書武帝紀改。
〔二〕十有二月　漢書武帝紀作「十有一月」。
〔三〕諫（議）大夫終軍　從漢書終軍傳删。
〔四〕軍自請願受（大冠衣）長纓　從漢書終軍傳删。
〔五〕故（他）〔胡〕欲入朝而不果　從漢書兩粵傳改。
〔六〕少年　漢書兩粵傳作「年少」。
〔七〕上遣伏（博）〔波〕將軍路博德樓船將軍楊僕戈船將軍嚴（助）下瀨將軍（祖廣明）〔甲〕因擊南越　從學海堂本、漢書武帝紀改。
〔八〕咸（陽）會番禺　從後漢書兩粵傳删。
〔九〕（欒大）欒通侯〔欒大〕坐誣罔腰斬　從漢書武帝紀乙正。
〔一〇〕至（安）〔左〕邑桐鄉　從漢書武帝紀改。
〔一一〕因以〔新〕中鄉爲獲嘉縣　從漢書武帝紀補。

〔一二〕又遣浮(海)〔沮〕將軍公孫賀　從學海堂本、漢書武帝紀改。

〔一三〕(强弩)〔匈河〕將軍趙破奴　從漢書武帝紀改。

〔一四〕乃分武威酒泉(郡)〔地〕置張掖燉煌〔郡〕　從漢書武帝紀改。

〔一五〕連旌旗徑(十)〔千〕餘里　從漢書武帝紀改。

〔一六〕出長(安)城北　從漢書武帝紀删。

〔一七〕臨北(海)〔河〕　從漢書武帝紀改。

〔一八〕遣使者(邴)〔郭〕吉　從漢書匈奴傳改。

〔一九〕單于(壟)〔讋〕焉　從學海堂本、漢書武帝紀改。

〔二〇〕祠黄帝於(泰)〔橋〕山　從學海堂本、漢書武帝紀改。

〔二一〕登崇高　崇，漢書武帝紀作「嵩」。

〔二二〕統(緝)〔楫〕群元　從學海堂本、漢書倪寬傳改。

〔二三〕將舉(太)〔大〕事　從南監本、龍谿本、學海堂本改。

〔二四〕使群臣人人自(晝)〔盡〕　從學海堂本、漢書倪寬傳改。

〔二五〕至(竭)〔碣〕石　從南監本、龍谿本改。

〔二六〕梁相有褚大通(通)五經　從學海堂本、漢書倪寬傳删。

〔二七〕上徼大（通）　從漢書倪寬傳删。下改同。

〔二八〕（爵）女子百户牛酒　「爵」衍，逕删。

〔二九〕殺遼東（太守）〔都尉〕　從學海堂本、漢書武帝紀改。

〔三〇〕傳子到孫（至）右渠　「至」衍，逕删。

〔三一〕作角（抵）〔觝〕戲　從龍谿本、學海堂本改。

〔三二〕（貞）〔真〕番四郡　從漢書武帝紀改。

〔三三〕（濟）〔膠〕西王瑞　從學海堂本、漢書武帝紀改。瑞，漢書武帝紀作「端」。後人兩説並存。

〔三四〕輒求其罪詰之　詰，漢書景十三王傳作「告」。

〔三五〕武都（互）〔氐〕人反　從學海堂本、漢書武帝紀改。

〔三六〕民多（渴）〔暍〕死　從學海堂本、漢書武帝紀改。

〔三七〕傍（蒲浪）海　從漢書武帝紀删。

〔三八〕而平陽侯曹孛有惡病就國（薨）　從漢書衛青傳删。曹孛，衛青傳作「曹壽」。

〔三九〕起（家像）〔冢象〕廬山　從龍谿本、學海堂本、漢書衛青傳改。

〔四〇〕初置刺史部十（二）〔三〕州　從漢書武帝紀改。

〔四一〕蓋有非常之（人）〔世〕　從黄校本改。

〔四二〕可（謂）〔爲〕將相及使絶國者　從南監本、漢書武帝紀改。

〔四三〕十有（二）〔一〕月　從南監本、龍谿本、漢書武帝紀改。

〔四四〕己酉　龍谿本、漢書武帝紀作「乙酉」。

〔四五〕爲昌〔邑〕王太傅　從漢書夏侯始昌傳補。

〔四六〕禮（蒿）〔高〕里　從學海堂本、漢書武帝紀改。顏師古注云：「今流俗書本此高字有作蒿者，妄加增耳。」

〔四七〕祠后（上）〔土〕　從龍谿本、學海堂本改。

〔四八〕人奉之而（承）〔成〕之　從黄校本、漢書律曆志改。

〔四九〕〔至丑〕半　從學海堂本、漢書律曆志補。

〔五〇〕日（色）〔牙〕化而白　從學海堂本、漢書律曆志改。

〔五一〕（校）〔效〕之氣物　從學海堂本、漢書律曆志改。

〔五二〕〔羲和〕掌之　從漢書律曆志補。

〔五三〕木曰（祝）〔柷〕敔　從南監本、漢書律曆志改。

〔五四〕（載）〔戴〕芒角也　從學海堂本、漢書律曆志改。

〔五五〕族（湊）〔奏〕也言（湊）〔奏〕地上爾也　從漢書律曆志改。

〔五六〕言陽導物而〔陰〕繼之也　從黄校本補。
〔五七〕林（居）〔君〕也　從學海堂本、漢書律曆志改。
〔五八〕陰受陽任（居鍾）〔種〕物也　從漢書律曆志改。
〔五九〕黄鍾之律長九寸爲（管）〔宫〕　從漢書律曆志、吴慈培校改。
〔六〇〕八八六十四爲（位）〔伍〕　從漢書律曆志改。
〔六一〕量者（籥）〔龠〕合升斗斛也　從漢書律曆志、吴慈培校改。下改同。
〔六二〕兩〔黄〕鍾之重也　從漢書律曆志、吴慈培校補。
〔六三〕〔二十四銖而成兩者〕　從漢書律曆志補。
〔六四〕二十四氣（爲）〔之〕象　從漢書律曆志改。
〔六五〕爲易二篇之（文）〔爻〕　從學海堂本、漢書律曆志改。
〔六六〕繩直而生〔準〕　從漢書律曆志補。
〔六七〕遣（二）〔貳〕師將軍　從龍谿本、學海堂本改。
〔六八〕（秋）大蝗　從漢書武帝紀、陳璞校删。
〔六九〕（侃侃）〔訢訢〕如也　從漢書萬石君傳改。黄校本作「誾誾」。
〔七〇〕諸〔子〕孫皆孝　從漢書萬石君傳補。

〔七一〕齊(相)〔國〕慕其家行　從漢書萬石君傳改。
〔七二〕爲廷尉卒(吏)〔史〕　從漢書倪寬傳改。
〔七三〕以再見(御史)〔卻矣〕　從龍谿本、學海堂本、漢書倪寬傳改。
〔七四〕掾(吏)〔史〕莫知所爲　從學海堂本、漢書倪寬傳改。
〔七五〕非(掾)〔俗〕吏所爲　從學海堂本、漢書倪寬傳改。
〔七六〕徐息　漢書武帝紀作「徐自爲」。
〔七七〕强弩(將軍)〔都尉〕路博德　從漢書武帝紀改。
〔七八〕匈奴〔句〕黎湖(塗)單于　從漢書武帝紀改。
〔七九〕西至郁(夷)〔成〕城　從學海堂本、漢書李廣利傳改。
〔八〇〕驢騾駝駝以(十)萬數　從漢書李廣利傳删。
〔八一〕共殺其王毋(寮)〔寡〕　從南監本、龍谿本、學海堂本、漢書西域傳改。
〔八二〕漢擇取其善馬十匹　漢書李廣利傳作「數十」。
〔八三〕乃共(興)〔與〕立宛貴人(妹)〔昧〕察爲王　從龍谿本、學海堂本、漢書李廣利傳改。
〔八四〕還玉門關(死)者萬餘人　從漢書李廣利傳删。
〔八五〕馬(數)千餘匹　從漢書李廣利傳删。

〔八六〕〔後〕行〔非〕乏食　從漢書李廣利傳補。

〔八七〕戰死〔不〕甚多　從漢書李廣利傳補。

〔八八〕封騎士趙弟殺郁城王〔者〕爲新畤侯　從漢書李廣利傳補。

〔八九〕妾不敢宴（墮）〔婧〕見　從學海堂本、漢書外戚傳改。

〔九〇〕將加賜千（斤）〔金〕而與兄弟尊官（乎）　從學海堂本、漢書外戚傳改。

〔九一〕夫人遂轉向（璧）〔壁〕　從南監本、學海堂本改。

〔九二〕乃以〔我〕爲平生容貌　從黄校本補。

〔九三〕必有（咄）〔吐〕棄我意　從學海堂本、漢書外戚傳改。

〔九四〕（當）〔尚〕復肯追思憫録　從龍谿本、學海堂本改。

〔九五〕率（十）〔一〕輩大者數百人　從吴慈培校、漢書張騫傳改。

〔九六〕侵盜（弊）〔幣〕物　從南監本、學海堂本、漢書張騫傳改。

〔九七〕觀（名）〔民〕人府庫之饒　從南監本、龍谿本、學海堂本改。

〔九八〕不至重〔法〕　從學海堂本、漢書胡建傳補。

〔九九〕（高皇帝）〔黄帝李〕法曰　從學海堂本、漢書胡建傳改。

〔一〇〇〕二千石（二千石）以下行軍法焉　從龍谿本、學海堂本删。

〔一〇一〕國容不入軍(容)軍容不入國(容)　從吴慈培校、漢書胡建傳删。

〔一〇二〕應(統)〔弦〕皆倒　從南監本、龍谿本、學海堂本改。

〔一〇三〕(曰)〔日夜〕引吾南行近塞　從南監本、漢書李陵傳改。

〔一〇四〕(匈奴)復力戰山谷間　從漢書李廣傳删。

〔一〇五〕即棄(軍)〔車〕去　從學海堂本、漢書李廣傳改。

〔一〇六〕上聞〔陵〕降　從龍谿本補。

〔一〇七〕(三)〔二〕十餘年矣　從漢書司馬遷傳改。

〔一〇八〕(童)〔同〕子參乘　從南監本、龍谿本、學海堂本改。

〔一〇九〕(沫)〔沬〕血飲泣張空(捲)〔弮〕　從學海堂本、漢書司馬遷傳改。

〔一一〇〕(貞)〔直〕欲得當報漢也　從南監本、龍谿本、學海堂本改。

〔一一一〕(列)身非木石　從漢書司馬遷傳删。

〔一一二〕采世(家)〔本〕戰國策　從漢書司馬遷傳改。

〔一一三〕迄于(大)〔天〕漢　從漢書司馬遷傳改。

〔一一四〕然(則)〔自〕劉向(楊)〔揚〕雄　從龍谿本、漢書司馬遷傳改。

〔一一五〕(寺)〔祠〕明堂　從南監本、龍谿本、學海堂本改。

〔二六〕還北(海)〔地〕　從學海堂本、漢書武帝紀改。

〔二七〕因杅將軍公孫(敷)〔敖〕　從南監本、學海堂本、漢書武帝紀改。

〔二八〕令死罪(人)〔入〕贖錢　從景佑本漢書武帝紀改。

# 兩漢紀上　漢紀

## 孝武皇帝紀六卷第十五

太始元年春正月，因杅將軍公孫敖坐妻爲巫蠱，腰斬。徙郡國吏民豪傑於茂陵，〔空〕〔陵〕在雲陽。〔一〕己巳晦，日有蝕之。夏六月，赦天下。

二年春正月，行幸回中。秋，大旱。九月，募死罪入贖錢五十萬減死罪一等。御史大夫杜周卒。周，南陽人也。爲吏深刻。爲廷尉，詔獄繁多，二千石繫者新故相因，不減百餘人。郡國一歲或千餘章。大者連罪證案數百人，小者數十人；遠者數千里，近者數百里。會詔獄，因責〔如〕章告，〔二〕不服，以掠笞而定之。於是聞有罪者，皆亡匿。繫獄久者十餘年赦而相告言，大抵盡誣以爲不道，廷尉及中都官詔獄罪至六七萬人，吏所增加十餘萬人。嘗冬獄未竟，會立春，有寬大令，周蹋地歎曰：「復假吾數十日，足吾事矣！」其酷暴如此。及爲御史大夫，兩子夾河爲郡守，貲累巨萬。治民皆酷暴，而少子延年字幼公，行寬厚云。

光禄大夫暴勝之爲御史大夫。〔三〕趙中大夫白公穿渠，引涇水，首起池陽谷口，尾入（擽）〔櫟〕陽〔注〕渭中，（廣）袤〔一〕〔二〕百里，〔四〕溉田四千五百餘頃，因名曰白渠。民得饒，歌之曰：「田於何所？池〔陽〕、谷口。〔五〕鄭國在前，白渠在後。舉鍤成雲，決渠爲雨。水流竈下，魚跳入釜。涇水一石，其泥數斗。且溉且糞，長我禾黍。衣食京師，百萬餘口。」〔六〕言此兩渠之饒也。鄭國，昔韓國之小水（土）〔工〕也。〔七〕韓患秦東伐，欲罷勞之，乃遣鄭國説秦，令鑿渠引涇水自中山以西抵（壼）〔瓠〕口爲渠，〔八〕緣北山，東注洛水，三百餘里，以溉田。中作而情覺，秦欲殺鄭國。鄭國曰：「始臣爲（計）〔間〕，〔九〕然渠成亦秦之利。臣爲韓延數年之命，而爲秦建萬世之功。」秦以爲然，卒使就渠，溉田四萬餘頃，收皆一畝一鍾。於是關中沃野，無凶年之憂，秦以富强，因以名爲鄭國渠。昔魏文侯時，西門豹爲鄴令，有令名。至文侯曾孫襄王與群臣飲酒，王祝曰：「令吾臣皆如西門豹之爲臣也！」史起進曰：「魏氏之行田以百畝，鄴獨以三百畝，〔一〇〕是惡田也。漳水在傍，西門豹不知用之。若知而不興，是不仁也；若其不知，是不智也。夫仁智而豹未之盡，何足法也！」於是以史起爲鄴令，遂決漳水溉鄴，以富魏之河内。民歌之曰：「鄴有〔賢〕令（名）〔兮〕爲史公，〔一一〕決漳水兮溉鄴（傍）〔旁〕。〔一二〕終古斥鹵兮生稻（糧）〔粱〕，〔一三〕百姓豐足，民用寧康。」皆言水之大利也。

三年春正月，行幸甘泉宮，饗外國客。二月，令天下大酺五日。行幸東海，獲赤鴈。幸琅邪，（祀）〔禮〕日成山。〔一四〕登之罘，山稱萬歲。冬，賜行所過户錢五千，鰥寡孤獨帛人二匹。

四年春二月，〔一五〕行幸泰山。壬午，祀高祖於明堂，以配上帝，因受計。癸未，祀孝景皇帝於明堂。甲申，修封（禪）。〔一六〕丙（戌）〔戌〕，〔一七〕禪石閭。夏四月辛亥，行幸不其山，祀神於交門宫，若有神饗坐拜者。五月，行還，幸建章宫，大置酒，赦天下。秋七月，趙地有蛇自郭外入，與邑中蛇群鬭孝文廟下，邑中蛇死。冬十月甲寅晦，日有蝕之。十有二月，行幸雍，祠五時，遂至安定、北地。

征和元年春正月，行還，幸建章宫。三月，趙王彭祖薨，謚敬肅。彭祖巧佞足恭心刻，好法律，常以詭詐求相、二千石，言語微短，輒書以迫劫之，及汙以姦利。二千石無能滿歲者，輒被罪刑。夏，大旱。冬十有二月，發三輔騎士大搜上林，閉長安城門索之，十有一日乃解。巫蠱起。

二年春正月，丞相公孫賀下獄死。是時朝廷多事，督責大臣。初，賀頓首流涕，不受印綬，上不聽。賀懼曰：「禍從此始矣！」賀子敬聲有罪下獄。是時詔捕京師大俠陽陵朱安世，不能得。賀自請，遂捕安世以贖子罪。上許之。果得安世。安世大笑曰：「丞相禍及族矣。」遂從獄中上書告敬聲與陽石公主私通，及使巫者祭祀，馳道埋桐偶人，呪咀上。事下有司案驗賀，窮治所犯，遂父子俱死獄中，而家族矣。涿郡鐵官鑄冶，銷金皆飛上天。三月丁巳，涿郡太守劉屈氂爲丞相。夏四月，大風發屋拔樹。閏月，諸邑公主、陽石公主皆坐巫蠱死。行幸甘泉宮。秋七月，使使者江充掘巫蠱於太子宮。巫蠱之禍始自朱安世，成於江充。充，趙人也。爲敬肅王上客。趙太子丹疑充以己陰事語王，收捕充不得，盡殺其父兄。充亡入關上書，告趙太子罪至死，會赦得免。充爲人魁岸，容貌甚壯。初，上見充望而異之，謂左右曰：「燕(國)〔趙〕固多奇士。」〔一八〕以充爲直指使者，督三輔盜賊。充從上至甘泉還，逢太子家人乘車行馳道中，充以屬吏，奏没入其車馬。太子使人謝罪，不聽，遂奏。上曰：「人臣當如是矣。」大見信用，遷水衡都尉。後上使充治巫蠱事，充將胡巫掘地求桐人及爲他姦怪，徵驗，輒收拷，燒(金)〔鐵〕鉗灼，〔一九〕强服之。民輒相引以巫蠱，劾以大逆不道，死者數萬人，莫敢訟其冤。充與太子有隙，恐上一旦晏駕，爲太子所誅，因言(官)〔宮〕中有巫蠱氣。〔二〇〕上令案道侯韓說、黄門蘇文等助充。充先治後宮希幸御夫人，以次及皇后，遂及太子宮，云得桐木人。太子少傅石德謂太子曰：「上疾甚，在甘泉，皇后諸(吏)家〔吏〕請問皆不報，〔二一〕上存亡未可知，而姦臣如此，太子獨不念秦扶蘇邪？今無以自明，乃收充窮治姦詐。」壬午，太子詐令客爲使者，收捕充等，韓說格死，蘇文亡歸甘泉。太子使人白(太)〔皇〕后，〔二二〕(太)后發武庫兵、長樂宮衛士。〔二三〕太子親臨罵充曰：「趙亡虜！亂趙國父子未足邪！今乃亂吾父子！」遂斬充以徇，告百官曰：「江充反。」炙胡巫於上林中。長安擾亂，言太子反。上聞，怒，詔丞相發三輔近縣兵捕反者。太子懼，遣使者矯制赦長安中都官囚徒，發武庫兵。召監北軍使者任安發北軍兵，安受節，已而閉軍門，不肯應太子。太子因而驅四市人，合數萬人，逢丞相，合戰五六日，死者數萬人，流血入溝中。庚寅，太子敗，出走，南奔覆（盆）〔盎〕城門，〔二四〕得出。皇后自殺。司直田仁部不閉城門，坐令太子得出。丞相欲斬之，御史大夫暴勝之曰：「司直二千石，當先請之。」丞相乃止。上聞之大怒，責問勝之曰：「司直縱反者，丞相斬之，是也，大夫何敢擅之？」勝之自殺。任安坐受太子節，懷二心，與田仁皆腰斬。諸太子賓客皆誅。其隨太子發兵以反，法族之。吏士（刻）〔劫〕掠者，〔二五〕皆徙燉煌。荀悅曰：任安之斬也，是開後人遂惡而無變計也。易曰：「不遠復，無祇悔，元吉。」太子在外，始置屯兵長安城諸城門；以太子持赤節，故更節加以黃毛。上怒甚，群臣憂惶，莫知所出。（壼）〔壺〕關三老上書曰：〔二六〕「臣聞父猶天，母猶地，子猶萬民也。天平地寧，陰陽和調，萬物乃茂；父慈母愛，室家得中，子乃孝順。陰陽不和則萬物夭傷，父子不和則〔室〕家喪亡。〔二七〕昔孝己孝而被謗，伯奇仁而放流，骨肉至親，父子相疑。何則？積毀之所生也。今皇太子爲漢適嗣，承萬世之業，繼祖宗之重，親，皇帝之宗子也。江充閭閻之隸臣耳，陛下顯而用之，（御）〔銜〕至尊之命以迫蹴太子，〔二八〕造飾姦詐，親戚隔絕。

太子進不得見上，退則困於亂臣，獨含冤結憤而無告訴，不勝忿忿之心，起而殺充，恐懼逋逃，子盜父兵以救難者，欲自免耳，臣竊以爲無邪心。詩云：『讒人罔極，交亂四國。』往者江充讒趙太子，天下誰不聞？其罪固宜誅戮。陛下不省察，深過太子，發盛怒，舉大兵而攻之。又使三公自將，智者不敢言，辯士不敢説，臣竊痛之。唯陛下寬心慰意，無患太子之罪，〔二九〕亟罷兵甲，無令太子久亡。臣不勝惓惓，出一旦之命，待罪建章闕下。」書奏，上感悟之。八月辛亥，太子死於湖。太子亡到，主人家貧，織屨以給太子。太子有故人，陰使求之，發覺。吏圍捕太子，太子閉室自經。男子張富昌爲卒，足蹋户開，新安令李壽趨抱解太子，主人公格鬬死，皇孫二人皆遇害。後巫蠱事多不信。上知太子之無罪也，乃封李壽爲抱侯，張富昌爲蹋踶侯。〔三〇〕而高廟令田千秋復訟太子冤曰：「臣夢見一白頭翁教臣上言曰：『子弄父兵，罪當可赦；天子之子，過誤殺人，何罪哉！』」上悟曰：「是高廟之〔神〕靈〔臣〕使公覺朕也，〔三一〕公當遂爲吾輔佐。」乃擢拜千秋爲大鴻臚。而族江充家，焚蘇文於横橋上，及湖加兵於太子〔者〕皆族之。〔三二〕作思子臺於湖，天下聞而悲之。癸亥，地震。九月，大鴻臚商丘成爲御史大夫。立趙敬肅王小子偃爲平干王。匈奴入上谷、五原，殺略吏民。

三年春正月，行幸雍，祠五畤，至安定、北地。匈奴入酒泉，〔三三〕殺兩都尉。二月，〔三四〕貳師將軍李廣利將十萬人出五原，〔三五〕御史大夫商丘成將二萬人出西河，〔三六〕重合侯馬通將四萬騎出酒泉。(城)〔成〕至峻稽山,〔三七〕多斬首虜。通至天(柱)山,〔三八〕虜引去,因招降車師。皆引還。廣利兵敗,降匈奴。夏五月,赦天下。六月壬寅,丞相屈氂下獄,腰斬。屈氂者,中山靖王子也。貳師初與屈氂辭曰:「願君早請昌邑王爲太子。太子若立,君有何憂哉?」屈氂許諾。屈氂女爲廣利子妻,而昌邑王,李夫人子也。故欲共立之。上聞其言而惡之。後屈氂妻坐爲巫蠱,呪咀,屈氂腰斬,妻梟首。廣利妻子亦見收。廣利聞之,懼,降于匈奴,遂族矣。秋,大蝗。

四年春正月,行幸東萊,臨大海。二月丁酉,有隕石于雍,二。時天晴晏然無雲,有紅氣蒼黃色,若飛鳥集成陽宫南。隕星于雍,聲聞四百餘里,墜而爲石,其色黑如毉。三月,上行幸鉅(鹿)〔定〕。〔三九〕還幸泰山,修封(禪)。〔四〇〕庚寅,祠高祖于明堂。癸巳,禪石閭。夏六月,還幸甘泉。丁巳,大鴻臚田千秋爲丞相。千秋無他材能術學,敦厚有智,居位自稱,逾於前後數公。是時天(子)〔下〕疲於兵革,〔四一〕上亦悔之,而搜粟都尉桑弘羊與丞相、御史大夫奏言:「故輪臺以東皆故國處,有溉灌田。其旁小國少錐刀,貴黄鐵綿繒,〔四二〕可以易穀。臣愚以爲可遣屯田卒詣輪臺,置校尉二人,通利溝渠,田一歲,有積穀。募民敢徙者詣田所,就畜積爲産業,稍稍築亭,連城而西,以威西國,輔烏孫,爲便。」事上,上乃下詔深陳既往之悔,曰:「前有司(則)〔奏〕欲益民賦以助邊用,〔四三〕是困老弱孤獨也。今又請田輪臺。

曩者，朕之不明，興師遠攻，遣貳師將軍。古者出師，卿大夫與謀，參以蓍龜，不吉不行。乃者遍召群臣，又筮之，卦得大過，爻在九五，曰：『匈奴困敗。』方士占星氣，大卜蓍龜，皆爲吉，匈奴必破，時不可失。卜諸將，貳師最吉。朕親發貳師，詔之必無深入。今計謀卦兆皆反謬，貳師軍敗，士卒離散略盡，悲痛常在朕心。今有司請遠田輪臺，欲起亭燧，是唯益擾天下，非所以（憂）〔優〕民也。〔四四〕朕不忍聞。當今務在禁苛暴，止擅賦，務本勸農，無乏武備而已。」由是不復出軍。封丞相爲富民侯而勸耕農。自是田多墾闢，而兵革休息。本志曰：「孝武之世，圖利制匈奴，患其兼從西國，結黨南羌，乃表河（曲）〔西〕列四郡，〔四五〕開玉門關，通西域，以斷匈奴之右臂，隔絶南羌、月支。單于失援，由是遠遁（漢）〔漠〕北，〔四六〕而漢南無王庭。遭（直）〔值〕文、景玄默，〔四七〕養民五世，天下殷富，財力有餘，士馬强盛。故能積群貨：覩犀象、瑇瑁，則開犍爲、朱崖七郡；感蒟醬、竹杖，則開牂牁、越巂；聞天馬、葡萄，則通大宛、安息。自是之後，明珠、文貝、犀象、翠羽之珍盈於後宫，氍毹、琪瑠、蒲萄、龍文、魚目、汗血名馬充於黄門，巨象、獅子、猛獸、大雀之群實於外囿。殊方異物，四面而至。於是廣開上林，穿昆明池，營千門萬户之宫，立神明通天之臺，造甲乙之帳，絡以隋珠荆璧，天子負黼黻，襲翠被，憑玉几，而居其中。設酒池肉林以饗四夷之客，作巴渝都盧、海中碭極、漫演魚龍、角觝之戲以觀視之。及賂遺贈送，萬里相奉，師旅之費，不可勝計。至於用度不足，以榷酒沽，管鹽鐵，〔鑄〕白金，〔四八〕造皮幣，算至船車，租及六畜。民力屈，財貨竭，因之以凶年，群盜並起，道路不通，直指之使始出，衣繡衣，持斧鉞，斬斷於郡國，然後勝之。是以末年遂棄輪臺之地，而下哀痛之詔，豈非聖人之所悔哉！且通西域，近有〔隴〕〔龍〕堆，〔四九〕遠則葱嶺，身熱、頭痛、懸度之阸。淮南、杜欽、〔楊〕〔揚〕雄之論，〔五〇〕皆以爲此天地所以分別區域，隔絶内外也。書曰『西戎即序』，禹但就而序之，非威德之盛無以致其貢物也。西〔戎〕〔域〕諸國，〔五一〕各有君長，兵衆貧弱，無所統一，雖屬匈奴，不相親附。匈奴徒能得其馬畜旃罽，而不能總帥與之進退。與漢隔絶，道里尤遠，得之不爲益，失之不爲損。盛德在我，無取於彼。」「夫匈奴之爲患久矣，漢興已來，忠言嘉謀之臣，曷嘗不運籌算相與爭於廟堂之上乎？然總其要，歸兩科而已。縉紳之儒則守和親，介胄之士則言征伐，皆偏見一時之利害，未究匈奴之始終也。昔和親之論，發於婁敬。是時天下初定，新遭平城之難，故從其言。

孝惠、高后遵而不違，匈奴寇盜不爲衰止，單于反加驕慢。逮至孝文，與通關市，妻以漢女，厚賜其賂，歲以千金，而匈奴數背約束，邊地屢被其害。是以文帝中年，感惟前後，無益於邊，乃赫然發憤，遂身貫戎服，親御鞍馬，從六郡良家材力之士，馳射上林，講習戰陣，聚天下精兵，軍於廣武，顧問馮唐，與論〔師〕〔將帥〕，〔五二〕喟然歎息，思古名臣，此則和親無益之明效也。仲舒親見四世之事，猶欲復守舊文，頗增其要約。以爲『義感君子，利動貪人。〔又〕

如匈奴者，〔五三〕非可以仁義議也，獨可説（者）以厚利，〔五四〕結之於天耳。故與厚利以敦其意，與盟於天以堅其（要）〔約〕，〔五五〕質其愛子以累其心，匈奴雖欲展轉，柰失重利何，柰欺上天何，柰殺愛子何。夫賦斂行賂不足以當三軍之費，城郭之固無以異於貞士之約，而使邊城守境之臣父兄緩帶，稚子含哺，胡馬不闚於長城，而羽檄不行於中國，不亦便於天下乎！』察仲舒之論，考諸行事，乃知未有合於當時，而有闕於後世也。當武帝時，雖征伐剋暴，而士馬物故略與相當；雖開河南之野，建朔方之郡，亦棄造陽之北九百餘里。匈奴之民每來降漢，單于亦輒拘留漢使以相報復，其桀驁尚如此，安肯以愛子爲質乎？此不合當時之言也。若不置質，空約和親，是襲孝文既往之悔，而長匈奴無已之詐也。夫不選守邊境武略之臣，修鄣隧備塞之具，礪長戟勁弩之械，恃吾所以待寇。而務賦斂於民，遠行貨賂，割剥百姓，以奉寇讎。信甘言，守空約，而冀胡馬之不闚，不亦過乎！及至後世，匈奴衰弱，乃遣子入侍。而單于（或）〔咸〕棄其子，〔五六〕苟貪財利，不顧言約，虜掠所獲，歲億萬計，而和親賂遺，不過千（斤）〔金〕，〔五七〕安肯不棄質而重利也！仲舒之言，於是過也。夫先王度中土，立封畿，分九州，列五服，均土貢，〔五八〕制内外，（或）〔五九〕修刑政，或昭文德，遠近之勢異也。是以春秋内諸夏而外夷狄。夷狄之人，貪而好利，被髮左衽，人面獸心，其與中國殊章服，異習俗，食飲不同，言語不通。是以聖王禽獸畜之，不與約誓，不就攻伐；約之則費賂而見欺，攻之則師勞而致寇；得其土不可耕而食，得其民不可撫而畜也。是以明王外而不內，疏而不戚，政教不及其民，正朔不加其國；來則懲以禦之，去則備而守之。其慕義貢獻，則接以禮讓，羈縻不絕，使曲在彼，蓋聖人制禦蠻夷之常道也。」秋七月〔六〇〕辛酉晦，日有蝕之，不盡如鉤。

後元元年春正月，行幸甘泉，郊泰畤，遂幸安定。昌邑王髆薨，謚曰哀王。夏六月，御史大夫商丘成有罪，自殺。侍中僕射馬何羅與弟重合侯通謀反，侍中駙馬都尉金日磾、奉車都尉霍光、（驃）騎都尉上官桀討之。〔六一〕初，何羅與江充善，而通以誅太子時有功封之。及上滅充家，何羅兄弟懼。日磾視其志意非常，陰察其動靜。羅亦覺之，不敢發。上幸林光宮，日磾疾卧廬中。何羅與弟通及小弟安成謀殺使者，矯節制以發兵。明旦，上卧未起，何羅無何從外入。日磾心動，入坐户內。須臾，何羅袖白刃從東厢〔入〕上，〔六二〕見日磾，色變，走趨卧內欲入，觸寶瑟而僵。日磾得抱何羅，因傳曰：「何羅反！」左右欲格之，上恐并中日磾，上曰：「勿格。」日磾捽投何羅殿下，得擒縛之，窮治，皆伏辜。秋七月，地震，往往（踴）〔涌〕出水。〔六三〕

二年春正月，朝諸侯王、宗室于甘泉宮，賜宗室。二月，行幸盩厔五柞宮。上疾篤，侍中光禄大夫霍光問嗣焉。上曰：「君未喻前畫意邪？立少子，君行周公之事矣。」先是上畫周公輔成王朝諸侯圖以賜光。光頓首讓曰：「臣不如日磾。」日磾曰：「臣外國人，將令匈奴輕漢。」三月乙卯，〔六四〕拜光（禄）〔爲〕大（夫）司馬大將軍，〔六五〕日磾爲車騎將軍，太僕上官桀爲左將軍，搜粟都尉桑弘羊爲御史大夫，皆拜牀下，與丞相田千秋俱受遺詔，輔少主。燕王旦、廣陵王胥皆多過失，不得爲嗣。少子弗陵者，鉤弋夫人趙婕妤之子也。初，上巡狩過河間，望氣者言此邑中有奇女子氣，上使召之。既至，兩手皆捲，上自捫之，即時伸。由是得號爲捲夫人，居鉤弋宮，大有寵。姙身十四月而生子，上曰：「昔堯十四月而生，鉤弋子亦然。」名其所生門曰堯母門。初，上欲立鉤弋子爲太子，以其母年少，女主持政，心難之。會鉤弋有過，乃譴，以憂死。乙酉，〔六六〕立皇子弗陵爲皇太子。丁丑，〔六七〕帝崩於五柞宮，入殯於未央宮。

讚曰：本紀稱「漢承百王之弊，高祖撥亂反正，文、景務在養民，至於稽古禮文之事，猶多闕焉。孝武之初立，卓然罷黜百家，表章六藝。遂疇咨海内，舉其俊乂與立功。興太學，修郊祀，改正朔，定曆數，協音律，作（禮）〔詩〕樂，〔六八〕建封禪，禮百神，紹（國典）〔周後〕，〔六九〕（發）號令文章，〔七〇〕粲然可述。後嗣得遵洪業，而有三代之風。如武帝之雄才大略，不改文帝之恭儉以濟斯民，雖詩、書所稱，何以加焉！」

## 【校勘記】

〔一〕（空）〔陵〕在雲陽　從龍谿本、學海堂本改。漢書武帝紀作「徙郡國豪桀于茂陵雲陵」。師古注：「此當言雲陽，而轉寫者誤爲陵耳。」

〔二〕因責〔如〕章告　從學海堂本、漢書杜周傳補。

〔三〕光禄大夫暴勝之爲御史大夫　漢書百官公卿表繫此事於太始三年三月。

〔四〕尾入（擽）〔櫟〕陽〔注〕渭中（廣）袤（一）〔二〕百里　從學海堂本、漢書溝洫志改。

〔五〕池〔陽〕谷口　從南監本、龍谿本、學海堂本補。

〔六〕百萬餘口　漢書溝洫志作「億萬之口」。

〔七〕昔韓國之小水（土）〔工〕也　從南監本、龍谿本、學海堂本改。

〔八〕抵（壺）〔瓠〕口爲渠　從學海堂本、漢書溝洫志改。

〔九〕始臣爲（計）〔間〕　從學海堂本、漢書溝洫志改。

〔一〇〕鄴獨以三百畝　三，漢書溝洫志作「二」。

〔一一〕鄴有〔賢〕令（名）〔兮〕爲史公　從漢書溝洫志改。

〔一二〕決漳水兮溉鄴（傍）〔旁〕　從漢書溝洫志改。

〔一三〕終古斥鹵兮生稻（糧）〔粱〕　從漢書溝洫志、吳慈培校改。

〔一四〕（祀）〔禮〕日成山 從漢書武帝紀改。孟康注：禮日，拜日也。

〔一五〕春二月 二，漢書武帝紀作「三」。

〔一六〕修封（禪） 從漢書武帝紀刪。

〔一七〕丙（戊）〔戌〕 從南監本、龍谿本改。

〔一八〕燕（國）〔趙〕固多奇士 從吴慈培校、漢書江充傳改。

〔一九〕燒（金）〔鐵〕鉗灼 從漢書江充傳改。

〔二〇〕因言（官）〔宫〕中有巫蠱氣 從南監本、龍谿本、學海堂本、漢書江充傳改。

〔二一〕皇后諸（吏）家〔吏〕請問皆不報 從學海堂本、漢書武五子傳乙正。

〔二二〕太子使人白（太）〔皇〕后 從學海堂本、漢書武五子傳改。

〔二三〕（太）后發武庫兵 從學海堂本、漢書武五子傳刪。

〔二四〕南奔覆（盆）〔盎〕城門 從龍谿本、漢書劉屈氂傳改。

〔二五〕吏士（刻）〔劫〕掠者 從漢書劉屈氂傳改。

〔二六〕（壼）〔壺〕關三老上書曰 從龍谿本改。陳璞校云：漢書「三老」下有「茂」字。師古注云「荀悦紀云令狐茂」。西漢年紀考異云「荀紀以爲令狐茂」。是唐宋時所見本皆然。今并「茂」字無之，經妄削矣。

〔二七〕父子不和則〔室〕家喪亡　從漢書武五子傳補。

〔二八〕（御）〔銜〕至尊之命以迫蹴太子　從南監本、學海堂本、漢書武五子傳改。

〔二九〕太子之罪　龍谿本作「太子之非」。

〔三〇〕乃封李壽爲抱侯張富昌爲踼踶侯　漢書武五子傳作「封李壽爲邘侯，張富昌爲題侯」。一說「踼」當衍。

〔三一〕是高廟之（神）靈（臣）使公覺朕也　從龍谿本、學海堂本、漢書田千秋傳改。

〔三二〕加兵於太子〔者〕皆族之　從漢書武五子傳補。

〔三三〕匈奴入酒泉　漢書武帝紀「入」下有「五原」。

〔三四〕二月　二，漢書武帝紀作「三」。

〔三五〕李廣利將十萬人　十，漢書武帝紀作「七」。

〔三六〕商丘成將二萬人　二，漢書匈奴傳作「三」。

〔三七〕（城）〔成〕至峻稽山　從龍谿本、學海堂本、漢書武帝紀改。

〔三八〕通至天（杜）山　從學海堂本、漢書武帝紀刪。

〔三九〕上行幸鉅（鹿）〔定〕　從漢書武帝紀改。

〔四〇〕修封（禪）　從漢書武帝紀刪。

〔四一〕是時天（子）〔下〕疲於兵革　從龍谿本、學海堂本改。

〔四二〕貴黄鐵綿繒　漢書西域傳作「黄金采繒」。

〔四三〕前有司（則）〔奏〕欲益民賦　從龍谿本、學海堂本、漢書西域傳改。

〔四四〕非所以（憂）〔優〕民也　從漢書西域傳改。

〔四五〕乃表河（曲）〔西〕列四郡　轉引自漢書西域傳校勘記從王念孫説改。

〔四六〕由是遠遁（漢）〔漠〕北　從龍谿本、學海堂本改。

〔四七〕遭（直）〔值〕文景玄默　從漢書西域傳改。

〔四八〕〔鑄〕白金　從漢書西域傳補。

〔四九〕近有（隴）〔龍〕堆　從龍谿本、學海堂本、漢書西域傳改。

〔五〇〕淮南杜欽（楊）〔揚〕雄之論　從龍谿本、漢書西域傳改。

〔五一〕西（戎）〔域〕諸國　從漢書西域傳改。

〔五二〕與論（師）〔將帥〕　從學海堂本、漢書匈奴傳改。

〔五三〕（又）如匈奴者　從漢書匈奴傳删。

〔五四〕獨可説（者）以厚利　從漢書匈奴傳删。

〔五五〕與盟於天以堅其（要）〔約〕　從漢書匈奴傳改。

〔五六〕而單于（或）〔咸〕棄其子　從漢書匈奴傳改。
〔五七〕不過千（斤）〔金〕　從龍谿本、學海堂本改。
〔五八〕均土貢　均，漢書匈奴傳作「物」。
〔五九〕〔或〕修刑政　從漢書西域傳補。
〔六〇〕秋七月　七，漢書武帝紀作「八」。
〔六一〕（驃）騎都尉　從漢書武帝紀删。
〔六二〕何羅袖白刃從東廂（入）上　從漢書金日磾傳删。
〔六三〕往往（踴）〔涌〕出水　從龍谿本、學海堂本、漢書武帝紀改。
〔六四〕乙卯　漢書百官公卿表作「丁卯」。
〔六五〕拜光（禄）〔爲〕大（夫）司馬大將軍　從漢書霍光傳改。
〔六六〕乙酉　漢書武帝紀作「乙丑」。
〔六七〕丁丑　漢書武帝紀作「丁卯」。
〔六八〕作（禮）〔詩〕樂　從漢書武帝紀改。
〔六九〕紹（國典）〔周後〕　從學海堂本、漢書武帝紀改。
〔七〇〕（發）號令文章　從漢書武帝紀删。

# 兩漢紀上　漢紀

## 孝昭皇帝紀卷第十六

皇帝戊辰即位，年八歲，謁高廟。三月甲申，孝武帝葬茂陵。帝姊鄂邑公主益（陽）〔湯〕沐邑，〔一〕爲長公主，共養省中。大將軍霍光秉政，領尚書事，車騎將軍金日磾、左將軍上官桀副焉。夏六月，赦天下。秋七月，有星孛於東方。濟北王寬坐誖人倫，祝詛，有司請誅。上遣大鴻臚利召王，王以刃自刎死。賜長公主及宗室昆弟各有差。追尊趙婕妤爲皇太后，起雲陵。冬，匈奴入朔方，殺略吏民。發軍屯西河，左將軍桀行北邊。

始元元年春二月，黄鵠下建章宫太液池中。公卿上壽。賜諸侯王、列侯、宗室金錢各有差。己亥，上耕于（鈞）〔鉤〕盾弄田。〔二〕益封燕王、廣陵王及鄂邑長公主各萬三千户。夏，爲太后起園廟雲陵。益州廉頭、姑繒，牂柯談指、同並二十四邑皆反。遣水衡都尉吕破胡募吏民及發犍爲、蜀郡奔命擊益州，大破之。有司請河内屬冀州，河東屬并州。秋七月，赦天下，賜民百户牛酒。大雨，渭橋絶。八月，齊孝王孫劉澤謀反，欲殺青州刺史雋不疑，發覺，皆伏誅。遷不疑爲京兆尹，賜錢百萬。金日磾輔政歲餘，病困，大將軍光白封日磾，卧授印綬。一日，薨，賜葬具冢地，送以輕車介士，軍陳至茂陵，謚曰敬侯。閏月，遣故廷尉王平等五人持節行郡國，舉賢良，問民所疾苦、冤、失職者。冬，無冰。

二年春正月，大將軍光、左將軍桀皆以前捕斬反虜侍中僕射莽（阿）〔何〕羅、重合（候）〔侯〕馬通功封，〔三〕光爲博陸侯，桀爲安陽侯。時衛尉王莽子男忽侍中，揚語曰：「帝病忽常在左右，安得遺詔封三子事！群兒自相貴耳。」光聞之，切讓王莽，莽酖殺忽。以宗室毋在位者，舉茂才劉辟彊、劉長樂皆爲光禄大夫，辟彊守長樂衛尉。三月，遣使者振貸貧民毋種、食者。秋八月，詔曰：「往年災害多，今年蠶麥傷，所振貸種、食勿收（弄）〔責〕，〔四〕毋令民出今年田租。」冬，發習戰射士詣朔方，調故吏將屯田張掖郡。

三年春二月，有星孛于西北。秋，募民徙雲陵，賜錢田宅。冬十月，鳳凰集東海，遣使者祠其處。十一月壬辰朔，日有食之。

四年春三月甲寅，立皇后上官氏。赦天下。詞訟在後二年前，皆勿聽治。初，桀子安娶霍光女，結婚相親。光每休沐出，桀常代光入決事。鄂邑蓋長公主私近子客河間丁外人，上與大將軍聞之，不絶主驩，有詔外人（付）〔侍〕長主。〔五〕長主内周陽氏女，令配耦帝。

時上官安有女，即霍光外孫，安因光（命）〔欲〕內之。〔六〕光以爲尚幼，不聽。安素與丁外人善，說外人曰：「聞長主內女，安子容貌端正，誠因長主時得入爲后，以臣父子在朝而有椒房之重，成之在於足下，漢家故事常以列侯尚主，足下何憂不封侯乎？」外人（憙）〔喜〕，〔七〕言于長主。長主以爲然，詔召安女入爲婕妤，（女）〔安〕爲騎都尉。〔八〕月餘，遂立爲皇后。以后父封桑樂侯，食邑千五百户，遷車騎將軍。夏六月，皇后見高廟。賜長公主、丞相、列侯、中二千〔石〕以下及郎吏、宗室錢帛各有差。〔九〕徙三輔富人雲陵，賜錢，户十萬。秋七月，詔曰：「比歲不登，民匱于食，流庸未盡還，往時令民共出馬，其止勿出。諸給中都官者，且減之。」（各）〔冬〕〔一〇〕，遣大鴻臚田廣明擊益州。廷尉李种坐故縱死罪棄市。

五年春正月，追尊皇太后父爲順成侯。夏陽有男子乘黄犢車詣北闕，自謂衛太子。上使公卿、中二千石雜識視之，聚觀者數萬人。右將軍勒兵闕下，以備非常。丞相已下至者並不敢言。京兆尹雋不疑後至，叱從吏收之。或曰：「是非未可知，且安之。」不疑曰：「昔衛蒯聵違命出奔，輒拒而不納，春秋美之。今衛太子得罪先帝，亡不即死，今自來此，是罪人也。」遂送（詣）〔詔〕獄，〔一一〕窮治姦詐，遂訊服。本夏陽人也，姓成名方遂，居湖，以卜筮爲事。有故太子舍人嘗就方遂卜，謂之曰：「子之貌甚似衛太子。」遂緣其言，乃詣闕。廷尉（還）〔逮〕，〔一二〕召其鄉里張禄（者）〔等〕皆識知之。〔一三〕方遂坐誣罔，腰斬。一云姓張，名延年。

霍光曰：「大臣當用經術士，方明於大義。」光欲以女妻不疑，固辭，畏盛滿也。後以病免於家。夏六月，封皇后父驃騎將軍上官安爲〔桑〕樂（鄉）侯。〔一四〕罷儋耳、（番禺九）真〔番〕郡。〔一五〕秋，大鴻臚田廣明、軍正王平擊益州，斬捕虜三萬餘人，獲畜産五萬餘頭。

六年春正月，上耕於上林。二月，詔有司舉賢良文學，問民疾苦。議罷鹽鐵、榷酤。中郎將蘇武自匈奴還。武，京兆人，故將軍建之子。初，使匈奴，張勝爲副，及假（節使）〔吏〕常惠等從。〔一六〕是時渾邪王姊子（勾町）〔緱〕王及長水虞常皆前歸漢，〔一七〕後降在匈奴中，復欲歸漢，謀殺匈奴近臣衛律。律者，本長水胡人也，生在漢中，後降匈奴。〔虞〕常（惠）素與勝善，〔一八〕勝知其謀。會事發覺，勝乃語武。武驚曰：「事如此，必及我。見禍乃死，後矣。」欲自殺，常惠等止之。單于召武受辭，武曰：「屈節辱命，何面目以生！」引佩刀自刎，絶半日，復蘇。單于嘉其節，欲降之。後疾愈，單于將殺虞常等，召武皆會，欲因此際降武。先擊虞常等，令衛律以劍擊勝，勝請降。律後以劍擬武，武不動。律曰：「律前負漢歸匈奴，賜號稱王，擁衆數萬。蘇君今日降，明日復然。空以身膏草野，誰復知之！君因我降，與君爲兄弟。今不聽吾計，雖欲復見我，尚可得乎？」武怒，罵律曰：「汝爲人臣不忠，背叛於夷狄，何用見汝爲兄弟乎？」律知武終不可脅。單于欲必降之，乃置武大窖中，絶不與飲食七日。天雨雪，武嚙雪與旃毛并咽之，數日不死。單于徙武北海上無人處，使牧羝羊，曰：

「羊有乳，乃得歸漢。」武掘野鼠草實而食之，杖漢節牧羊，卧起操持，節毛盡落。五、六年，單于弟於靬王(戈)〔弋〕獵海上。〔一九〕見武能結網紡繳，(擎)〔檠〕治弓弩，〔二〇〕於靬王愛之，陰給衣食，賜武馬畜。三歲餘，於靬王死，丁零盜武牛羊，武復窮厄。會李陵降匈奴，單于使陵降武，謂武曰：「陵來時，子卿太夫人已死，妻已更嫁，昆弟或抵罪，或疾病死，室家已盡。今單于必欲降子卿，子卿終不得歸矣。人生如朝露，何久自苦如此！陵始來時，忽忽如狂，自以痛負漢，子卿不欲降，何以過陵？」武曰：「臣事君，猶子事父也。子爲父死無所恨。願勿復言。」陵與武飲酒數日，復曰：「子卿一聽陵言。」武曰：「自(已)分〔已〕死久矣！〔二一〕少卿必欲降武，武請畢今日之歡，效死於子前！」陵見其至誠，喟然歎曰：「嗟乎，義士！陵與衛律，罪上通天。」因泣下沾衿，與武決去。後武聞武帝崩，南向號哭數日，嘔血。及上即位，與匈奴和親。漢使至匈奴，常惠數私見使，教之曰：「陛下親射上林中，得白鴈，足有繫帛丹書，言武等在荒澤中。」使者以語單于。單于驚，謝使者曰：「武等實在。」許遣之。於是李陵置酒賀武曰：「今足下還歸，名揚於匈奴，功顯於漢朝，雖竹帛所載，丹青所畫，何足以過子卿！陵雖駑怯，漢且(貫)〔貰〕陵罪，〔二二〕得全其老母，得奮大恥之節志在，庶幾乎曹劌於柯之盟，此陵宿昔所不忘也。今漢收族陵家，爲世大戮，陵當復何顧乎？吾已矣！令子卿知吾意耳。異域之人，一別長絶！」陵起舞，歌曰：「經萬里兮渡沙漠，爲〔君〕將(軍)兮奮匈奴。〔二三〕路窮絶兮矢（石推）〔刃摧〕，〔二四〕士衆滅兮名已隤。老母已死，雖欲報恩將安歸（兮）！」〔二五〕單于遂遣武歸漢，而陵終匈奴中。初，武使出百餘人，在匈奴十九年，凡從還者九人。詔武謁孝武陵園廟，拜爲典屬國，賜錢二百萬，公田（十）二頃，〔二六〕宅一區。常惠、徐勝、趙終、王良等拜〔中〕郎（中），〔二七〕賜帛各二百匹。其六人賜錢各十萬，歸家，復終身。夏，大旱，雩。秋七月，罷榷酤官。取天水、隴西、張掖各二縣以爲金城郡。鉤町侯無波帥其君長人民擊反者有功，立無波爲鉤町王。

元鳳元年春，立泗水戴王子煖爲泗水王。〔二八〕戴王前薨，以無子，國除。後宮有遺腹子煖，相、内史不以奏言。上聞而憐之，乃立煖爲王。相、内史下獄。武都氐人反，遣執金吾馬適建等將三輔、太常徒，皆（兒）〔免〕刑擊之。〔二九〕夏六月，赦天下。秋七月乙亥晦，日有蝕之，既。九月，鄂邑長公主、燕王旦、左將軍上官桀、桀子驃騎將軍安、御史大夫桑弘羊皆謀反，伏誅。上官桀父子驕放，長公主供養上於内，桑弘羊爲國興利，自伐其功，各欲爲子弟黨類求官，以私于光，光不聽。由是與光争權，欲害之。詐使人爲燕王旦上書，言「光出都肄（邸）〔郎〕羽林，〔三〇〕道上稱（驚）〔警〕蹕，〔三一〕太官先置。又擅調發益幕府校尉。光專權自恣，疑有非常。」候光休沐日奏之。桀欲從中下其事，弘羊當與大臣共執退光。書奏，上不肯下。（及）〔召〕光，〔三二〕光入。上曰：「此書詐也，將軍無罪。」光曰：「陛下何以知之？」上曰：「以將軍之廣明，都肄邸，皆道屬耳。調校尉未滿十日，燕王何以得知之？且將軍爲非，不須益幕府校尉。」時上年十四，左右尚書皆驚，而上書者果亡。後桀等數毀光，上輒怒曰：「大將軍忠臣，先帝所屬以輔朕躬，敢有毀者坐之！」自是桀等不敢言，乃謀令公主置酒請光，伏兵殺之，因廢帝，誘迎立燕王。燕王至，殺之，因立桀爲帝。燕王與驛者書相報，許立桀爲王，外連諸郡國（郡國）豪傑以千數。〔三三〕燕王以爲事必成，令群臣皆裝。是時天大雨，虹下屬燕王宫，宫中井水皆竭，有黄鼠舞燕王殿前端門中，視之不去，一日一夜，死者數千。殿上户自閉，不可開。厠中豕群出，壞竈（御）〔銜〕釜六（十）〔七〕枚置殿門前。〔三四〕烏鵲自鬭宫中，烏死。天火燒燕南城門。大風壞宫城樓，（板）〔拔〕樹木。〔三五〕流星墜地。后妃已下皆恐，王驚病。燕占災者言：「當有兵圍城，其在十月，漢當有大臣戮死者。」會蓋主舍人父燕倉知其謀，以告（太）〔大〕司農楊敞，敞告諫（議）大夫杜延年以聞。〔三六〕桀等伏誅。燕王聞之，謂相平曰：「事已敗，遂發兵乎？」相平曰：「左將軍已死，百姓皆知之，不可發也。」王憂懣，會賓客群臣，置酒。會使者至，賜王璽書曰：「與王骨肉至親，敵吾一體，乃與他族異姓謀害社稷，親其所疏，疏其所親，有悖逆之心，無忠愛之義。如使古人有知，當何面目復奉齊酹見高祖之廟乎！」旦以綬自絞死，后夫人隨王死者二十餘人。詔赦燕太子建爲庶人，謚曰刺王，赦燕吏民。杜延年、燕倉皆封侯，楊敞以大臣不即以聞，不封。其爲桀等所誤，未發覺者，除其罪。本志以爲「烏鵲鬭燕王宮中，烏死，近黑祥也。楚王（戌）〔戊〕時，〔三七〕烏鵲群鬭於野而白者死；燕王一烏一鵲鬭於宮而黑者死，俱誅。反亂之祥，同占理合，此天人之明表也。楚（亢）〔炕〕陽舉兵於外，〔三八〕大敗於野，故衆烏白而金色者死；燕王陰謀未發，獨王自殺於內，故一烏如水色者死。此天道精微之效也。（無）〔燕〕南城門者，〔三九〕通漢道也。天火燒之者，燕往來通言數謀之戒也。豕出者，近豕禍也。聽之不聰，暴急之咎也。壞竈陳釜於庭者，示不復用也，而宮室將廢焉。黃鼠舞端門者，近黃祥也。思心（務）〔霧〕亂之應，〔四〇〕將敗死亡之象也」。庚午，右扶風王訢爲御史大夫。

二年夏六月，赦天下。問民所疾苦。

三年春正月，泰山有大石自立，高丈五尺，大四十八圍，入地八尺，三石爲足。石自立後，有白頭烏數千下集其旁。昌邑社中枯木復生。上林苑中枯柳斷而自起復生，有蟲食其葉，成文曰「公孫病已當立」。符節令魯人眭弘治春秋，曉災異，上書言：「大石自立，僵柳復起，當有匹庶爲天子者。枯樹復生，故廢之家公孫氏當復興乎？漢家承堯之後，有傳國之運，當求賢人禪帝位以退，自封百里，以順天命。」孟意亦不審知其所在。孟坐（誤）〔設〕妖言惑衆，〔四一〕伏誅。及宣帝起民間而立，以弘子爲郎。〔四二〕冬，遼東烏丸反，天子拜范明友爲度遼將軍，擊之，斬首六千餘級，獲三王首。

四年春正月甲戌，丞相車千秋薨。千秋者，本齊田氏也。以年老，上優之，得乘小車上殿，故世謂之小車丞相，因氏焉。二月乙丑，御史大夫王訢爲丞相。訢始爲范陽令，暴勝之爲直指使者，欲斬之。訢解衣伏躓，仰曰：「使者專殺生之柄，威振郡國，今斬一訢不足以增威，不如特有所寬，以明恩貸，令盡死力。」勝之遂赦之不誅，薦訢，徵爲右輔都尉，遂進至丞相。大司農楊敞爲御史大夫。夏四月，（渡）〔度〕遼將軍范明友以破烏丸功，〔四三〕及前定益州功，封平陵侯。平樂監傅介子使持節，誅樓蘭王。是時樓蘭殺漢使者，介子自請於霍光曰：「願往殺之，以威示諸國。」於是齎金幣揚言以賜外國，樓蘭王不承之，介子陽引而西曰：「天子以金幣賜諸國，而不來，我將西矣。」多出金幣以示其（驛）〔譯〕使。〔四四〕樓蘭王貪漢物，因往見使者。介子曰：「天子使我私報。」王隨介子入帳中，屏人語，壯士二人從後刺之，刃交於胸。左右皆散走，介子告喻以「王負漢，罪大矣。天子遣我誅王，當更立太子前在漢者。漢兵方至，無敢動，動則滅國矣。」遂立其王子安師。持斬王首歸懸北闕。封介子爲義陽侯。五月丁亥，孝文廟正殿災。六月，赦天下。

五年春正月，廣陵王來朝。秋，罷象郡。冬十一月，大雷。十二月庚午，〔四五〕丞相王訢薨。

六年夏，赦天下。右將軍光祿勳張安世以宿衞忠謹，封富平侯。烏丸復犯塞，（渡）〔度〕

遼將軍范明友擊之。〔四六〕冬十有一月乙丑，〔四七〕御史大夫楊敞爲丞相。敞，華陰人也，以謹厚爲霍光所親。少府蔡義爲御史大夫。

元平元年春二月，詔減口賦錢什三。庚辰，〔四八〕有流星，大如月，西行，衆星皆從之。乙丑，有雲如狗，朱色，尾長二丈，（俠）〔夾〕漢西行。〔四九〕本志以爲「大星如月者，諸大臣之象也。天以東行爲順，西行爲逆，此大臣將行權以安社稷。星占曰：『太白散爲天狗，爲卒起。卒起（身）〔見〕，〔五〇〕禍無時，大臣運柄，將安社稷。』」夏四月癸未，帝崩於未央宮。無嗣。大臣議所立，武帝子獨有廣陵王胥。胥本以行失道，先帝所不用。光心計不安。郎有上書言「周（大）〔太〕王廢太伯而立王季，〔五一〕文王廢伯邑考而立武王，唯在所宜，雖廢長立少可也。廣陵不可以承宗廟」。言合光心。光以書示丞相敞等，乃擢郎爲九江太守。即日承皇太后詔，迎昌邑王賀。賀者，武帝孫，昌邑哀王子也。六月壬申，皇帝葬於平陵。賀即位，行淫亂。光憂懣，恐及禍，以問大司農田延年，議欲以廢王。延年曰：「伊尹廢太甲以安殷宗廟，後世稱忠。將軍若如此，即漢之伊尹也。」光乃引延年爲給事中，與車騎將軍張安世定謀。是時天陰，晝夜不見日月二十餘日。賀欲出，光祿大夫夏侯勝當車諫曰：「天久陰不雨，臣下有謀上者，陛下出欲何之？」賀怒，縛勝以屬吏。光以爲安世泄語，安世實不知。乃召問勝，勝曰：「在洪範『皇之不極，厥罰恒陰，即有下伐上』。」〔五二〕光與安世大驚，由是重經術士。遂召丞相已下群臣會議未央宫，光曰：「昌邑王行淫亂，恐危社稷，如何？」群臣皆失色，莫敢對者。田延年前，離席按劍，曰：「先帝屬將軍以幼孤者，以將軍忠賢能安劉氏也。今群下鼎沸，社稷將危，如使漢家絶嗣，將軍雖死，何以見先帝於地下？今日之議，不可旋踵。群臣後應者，臣請以劍斬之。」光謝曰：「九卿責光是也。」於是議者皆叩頭：「唯大將軍命。」光遂白皇太后。皇太后被珠襦，坐武帳中。群臣〔已下〕皆以次上殿，〔五三〕召昌邑王聽詔。奏曰：「昌邑王典喪，服斬衰，無悲哀之心，居道上不素食，使從官略人子女私内傳舍。引昌邑從官騶奴三百人，常與居禁闥内，戲笑殿中。爲書曰：『皇帝問侍中君卿：使御史府令高昌奉黄金千斤，賜君卿娶妻十人。』今大行在前殿，發樂府器，引納昌邑樂人，鼓吹俳倡歌舞。乘法駕驅馳北宫。召皇太后御小馬車，使官奴騎乘遊戲。與孝昭宫人蒙等淫亂。取諸侯王、列侯墨綬、〔黄綬〕以并佩昌邑郎官者免奴。〔五四〕即位二十七日，使者旁午，持節詔諸官署徵發，凡一千一百二十七事。荒淫迷惑，失帝王義。五刑之屬，莫大於不孝。周襄王不能事母，春秋絶之於天下。昌邑王不可以承宗廟，當廢。臣請有司以(大)〔太〕牢告祀高廟。」〔五五〕皇太后詔曰：「可。」王曰：「天子有爭臣七人，雖無道不失其天下。」光曰：「皇太后詔廢，安得稱天子！」遂下解玉璽組綬，奉上皇太后。王出，群臣隨送。王西面拜，曰：「臣愚戇，不任漢事。」遂起就乘輿副車。光送至昌邑邸，光謝曰：「王行自絶於天下，臣等負王，不敢負社稷。」光涕泣而去。王歸昌邑，賜湯沐邑二千户。昌邑群臣坐無輔導之訓，悉誅三百餘人。〔五六〕唯中尉王吉，字子（暘）〔陽〕，〔五七〕郎中令龔遂，字少卿，以忠（真）〔直〕數諫，〔五八〕得減死罪一等。河南王式字翁思，爲賀師。治事使者責問式：「何以無諫書？」式曰：「臣以三百五篇詩授王，至於忠臣孝子之篇，未嘗不反覆爲王言之；至於危亡失道之君，未嘗不流涕爲王言之。臣以三百五篇詩諫王，何以爲無書？」亦得減死，爲世儒宗。初，賀之在國也，好遊獵，無節度。王吉上疏諫曰：「大王不好經術而好逸遊，伏軾撙銜，馳騁不止，口（捲）〔倦〕於叱咤，〔五九〕手勤於轡箠，身勞於車輿；朝則冒（霜）霧〔露〕，〔六〇〕晝則犯埃塵，夏則爲大暑之所（爆）〔暴〕炙，〔六一〕冬則爲風雪之所偃薄。非所以養性命，隆仁義也。夫廣厦之下，旃茵之上，明師在前，勸頌在後，上及唐、虞之隆，下及殷、周之盛，考仁聖之風，習治國之道，忻忻然發憤忘食，日新其德，其樂豈徒銜鑣之間哉！」王每放縱失道，吉輒諫争。龔遂亦數直諫，陳禍福，號泣謇謇無已。王曰：「郎中令何爲哭？」遂曰：「臣痛社稷危也。」面刺王過，王至掩耳趨走，曰：「郎中令善愧人。」及國中皆畏憚焉。及王之徵也，吉、遂又數納諫，王不能用，遂至於廢。於是迎衛太子之孫病已而立焉，是爲孝宣帝。荀悦曰：昌邑之廢，豈不哀哉！書曰「殷王紂自絶於天」，易曰「斯其所取災」，言自取之也。故曰有六主焉：有王主，有治主，有存主，有哀主，〔六二〕有危主，有亡主。體正性仁，心明志固，動以爲人，不以爲己：是謂王主。尅己(怒)〔恕〕躬，〔六三〕好問力行，動以從義，不以縱情：是謂治主。勤事守業，不敢怠荒，動以先公，不以先私：是謂存主。悖逆交争，公私並行，一得一失，不純道度：是謂哀主。情過於義，私多於公，制度殊限，政令失常：是謂危主。親用讒邪，放逐忠賢；縱情遂欲，不顧禮度；出入遊放，不拘儀禁；賞賜行私以越公用，忿怒施罰以逾法制；遂非文過，知而不改；忠信擁塞，直諫誅戮：是謂亡主。故王主能致興平；治主能行其政；存主能保其國；哀主遭無難則庶幾得全，有難則殆；危主遇無難則幸而免，有難則亡；亡主必亡而已矣。夫王主爲人而後己利焉，治主從義而後情得焉，存主先公而後私焉。故遵亡主之行而求存主之福，行危主之政而求治主之業，蹈哀主之跡而求王主之功，不可得也。夫爲善之至易，莫易於人主；立業之至難，莫難於人主；至福之所隆，莫大於人主；至禍之所加，莫深於人主。夫行至易，以立至難，便計也；興至福而隆至禍，厚實也。其要不遠，在乎所存而已矣。雖在下才，可以庶幾！然迹觀前後，中人左右多不免於亂亡。何則？况於宴安，誘於謟導，放於情欲，不思之咎也。仁遠乎哉？存之則至。是以昔者明王戰戰兢兢，如履虎尾，勞謙日昃，夙夜不怠，誠達於此理也。故有六主，亦有六臣：有王臣，有良臣，有直臣，有具臣，有嬖臣，有佞臣。以道事君，匪躬之故，達節通方，立功興化，是謂王臣。忠順不失，夙夜匪懈，順理處和，以輔上德，是謂良臣。犯顏逆意，抵失不撓，直諫過非，不避死罪，是謂直臣。奉法守職，無能往來，是謂具臣。便辟苟容，順意從諛，是謂嬖臣。傾險讒害，誣下惑上，專權擅寵，唯利是務，是謂佞臣。或有君而無臣，或有臣而無君，同善則治，同惡則亂，雜則交爭，故明主慎所用也。六主之有輕重，六臣之有簡易，其存亡成敗之機，在於是矣，可不盡而深覽乎！

讚曰：本紀稱：「昔者周成王以孺子繼統，而〔有〕管、蔡四國流言之變。〔六四〕孝昭以幼年即位，亦有燕、蓋、上官逆亂之謀。成王不疑周公，孝昭卒任霍光，各因其時以成〔名〕，〔六五〕大矣哉！承孝武奢侈餘弊師旅之後，海內虛耗，户口減半，霍光知時務之要，輕徭薄賦，與民休息。至〔始〕元（始）、元鳳之間，〔六六〕匈奴和親，百姓充實。舉賢良文學，問民所疾苦，議鹽鐵，罷（摧）〔榷〕沽，〔六七〕尊號爲『昭』，不亦宜乎！」

## 【校勘記】

〔一〕鄂邑公主益（陽）〔湯〕沐邑　從南監本、龍谿本、學海堂本改。

〔二〕上耕于（鈞）〔鉤〕盾弄田　從南監本、龍谿本、學海堂本、漢書昭帝紀改。

〔三〕莽（阿）〔何〕羅重合（候）〔侯〕　從龍谿本、學海堂本改。

〔四〕所振貸種食勿收（弄）〔責〕　從學海堂本、漢書昭帝紀改。

〔五〕有詔外人（付）〔侍〕長主　「付」訛，逕改。
〔六〕安因光（命）〔欲〕内之　從吴慈培校改。
〔七〕外人（熹）〔喜〕　從龍谿本、學海堂本改。
〔八〕（女）〔安〕爲騎都尉　從南監本、龍谿本、學海堂本改。
〔九〕列侯中二千〔石〕以下　從南監本、龍谿本補。
〔一〇〕（各）〔冬〕　從南監本、龍谿本、學海堂本改。
〔一一〕遂送（詣）〔詔〕獄　從學海堂本、漢書雋不疑傳改。
〔一二〕廷尉（還）〔逮〕　從學海堂本、漢書雋不疑傳改。
〔一三〕召其鄉里張禄（者）〔等〕　從漢書雋不疑傳改。又「張禄」，該傳作「張宗禄」。
〔一四〕上官安爲〔桑〕樂（鄉）侯　從漢書昭帝紀改。
〔一五〕罷儋耳（番禺九）真〔番〕郡　從漢書昭帝紀改。
〔一六〕假（節使）〔吏〕常惠等　從漢書蘇建傳蘇武附傳改。
〔一七〕（勾町）〔緱〕王　從漢書蘇建傳蘇武附傳改。
〔一八〕〔虞〕常（惠）素與勝善　從漢書蘇建傳蘇武附傳改。
〔一九〕於軒王（戈）〔弋〕獵海上　從龍谿本，學海堂本改。

〔二〇〕（擎）〔檠〕治弓弩　從龍谿本、漢書蘇建傳蘇武附傳改。

〔二一〕自（已）分〔已〕死久矣　從學海堂本、漢書蘇建傳蘇武附傳乙正。

〔二二〕漢且（貫）〔貰〕陵罪　從漢書蘇建傳蘇武附傳改。

〔二三〕爲〔君〕將（軍）兮奮匈奴　從漢書蘇建傳蘇武附傳改。

〔二四〕路窮絶兮矢（石推）〔刃摧〕　從南監本、漢書蘇建傳蘇武附傳改。

〔二五〕雖欲報恩將安歸（兮）　從漢書蘇建傳蘇武附傳删。

〔二六〕公田（十）二頃　從漢書蘇建傳蘇武附傳删。

〔二七〕常惠徐勝趙終王良等拜〔中〕郎（中）　從漢書蘇建傳蘇武附傳乙正。

〔二八〕泗水戴王子援　援，漢書昭帝紀作「煖」。

〔二九〕皆（兄）〔免〕刑擊之　從龍谿本、學海堂本、漢書昭帝紀改。

〔三〇〕光出都肄（邸）〔郎〕羽林　從漢書霍光傳改。

〔三一〕上稱（驚）〔警〕蹕　從龍谿本、學海堂本改。

〔三二〕（及）〔召〕光　從南監本、學海堂本、漢書霍光傳改。

〔三三〕諸郡國（郡國）豪傑　從漢書武五子傳删。

〔三四〕壞竈（御）〔銜〕釜六（十）〔七〕枚　從南監本、漢書五行志改。

〔三五〕（板）〔拔〕樹木　從學海堂、漢書武五子傳改。

〔三六〕以告（太）〔大〕司農楊敞敞告諫（議）大夫杜延年　從龍谿本改。「議」逕删。按西漢無「諫議大夫」官名，東漢才有。

〔三七〕楚王（戍）〔戊〕　從龍谿本、學海堂本改。

〔三八〕楚（宂）〔炕〕陽舉兵於外　從學海堂本、漢書五行志改。

〔三九〕（無）〔燕〕南城門者　從龍谿本、學海堂本改。

〔四〇〕思心（務）〔霿〕亂之應　從龍谿本、學海堂本改。

〔四一〕孟坐（誤）〔設〕妖言惑衆　從漢書眭孟傳改。

〔四二〕以弘子爲郎　弘，黄校本作「孟」。按眭弘即眭孟。「弘」爲名，「孟」爲字。

〔四三〕（渡）〔度〕遼將軍范明友　從學海堂本、漢書昭帝紀改。

〔四四〕以示其（驛）〔譯〕使　從漢書傅常鄭甘陳段傳、吴慈培校改。

〔四五〕庚午　漢書百官公卿表作「庚戌」。

〔四六〕（渡）〔度〕遼將軍范明友　從學海堂本、漢書昭帝紀改。

〔四七〕乙丑　漢書百官公卿表作「己丑」。

〔四八〕庚辰　漢書昭帝紀作「甲申」。

〔四九〕（俠）〔夾〕漢西行　從漢書天文志改。
〔五〇〕卒起（身）〔見〕　從龍谿本、學海堂本、漢書天文志改。
〔五一〕周（大）〔太〕王廢太伯　從龍谿本改。
〔五二〕在洪範　漢書夏侯勝傳作「洪範傳」。
〔五三〕群臣（已下）皆以次上殿　從漢書霍光傳、吴慈培校删。
〔五四〕墨綬〔黄綬〕　從黄校本、漢書霍光傳補。
〔五五〕有司以（大）〔太〕牢告祀　從龍谿本改。
〔五六〕悉誅三百餘人　三，漢書霍光傳作「二」。
〔五七〕字子（暘）〔陽〕　從南監本、龍谿本、漢書王吉傳改。
〔五八〕以忠（真）〔直〕數諫　從龍谿本、學海堂本改。
〔五九〕口（捲）〔倦〕於叱咤　從黄校本、漢書王吉傳改。
〔六〇〕朝則冒（霜）霧〔露〕　從漢書王吉傳改。
〔六一〕夏則爲大暑之所（爆）〔暴〕炙　從南監本、龍谿本、漢書王吉傳改。
〔六二〕有哀主　哀，疑作「衰」。
〔六三〕尅己（恕）〔恕〕躬　從龍谿本、學海堂本改。

〔六四〕而〔有〕管蔡四國流言之變　從南監本、龍谿本、漢書昭帝紀補。

〔六五〕各因其時以成〔名〕　從學海堂本、漢書昭帝紀補。

〔六六〕至〔始〕元（始）元鳳之間　從龍谿本、學海堂本、漢書昭帝紀乙正。

〔六七〕罷（擢）〔榷〕沽　從龍谿本、學海堂本、漢書昭帝紀改。

# 兩漢紀上　漢紀

## 孝宣皇帝紀一卷第十七

宣帝初生數月，遭巫蠱事，幽於郡邸獄。廷尉監魯國邴吉字少卿，治巫蠱事於郡邸獄，憫曾孫之無辜，擇女徒謹厚者，使保養曾孫，置閑燥處。望氣者言長安獄中有天子氣，於是武帝遣使者分條中都官獄中繫者，欲盡殺之。及使者至，郡邸獄官閉門拒使者，曰：「皇〔曾〕孫在此。〔一〕他人無辜死猶不可，況親曾孫乎！」使者自夕至明不入，還以聞，因劾奏吉。武帝亦悟，曰：「天使之然也。」赦天下郡邸獄。巫蠱者亦不決，曾孫拘繫五年，吉私給衣食，占視甚有厚恩。後收養於掖庭。〔掖庭〕令張賀，〔二〕嘗事衞太子，奉養曾孫甚謹，以私財供給之。既壯，爲取暴室嗇夫許廣漢女爲妻，因依廣漢兄弟及祖母家史氏。受詩於東海澓中翁，高才好學。足下有毛，〔三〕居止數有神光照曜。每買餠，所從買家輒大售，亦以此自怪。秋七月庚申，徵入未央殿，封〔陽〕武〔陽〕侯，〔四〕遂即皇帝位，見於高廟，年十八。

八月己巳，丞相楊敞薨。九月，大赦天下。戊寅，御史大夫蔡義爲丞相。年老短小，兩吏扶(下)〔夾〕乃能行。〔五〕衆庶咸曰：「大將軍苟可用專制者。」〔六〕光聞之曰：「以爲天子師宜爲丞相，何謂乎？」初，義以詩(受)〔授〕昭帝，〔七〕其人守學，無咎而已。戊辰，左馮翊田廣明爲御史大夫。冬十有一月，立皇后許氏。群臣方議所立，上乃求微時故劍，群臣知其旨，乃奏立許婕妤爲皇后。父廣漢自以刑人不宜居位，封爲昌城君，後封平恩侯。皇〔太〕后歸長樂宮。〔八〕長樂宮初置屯衛。

本始元年春正月，遣使者持節詔諸郡國，謹牧養民以風化。大將軍霍光稽首歸政，上謙讓不聽，遂委任焉。事皆先聞光，然後奏御。益封光萬七千户，賞賜黄金七千斤，錢六千萬，雜綵繒三萬疋，奴婢百七十人，馬三千匹，甲第一區。將軍張安世封萬户(侯)，〔九〕其餘各以次受封。夏四月庚午，地震。五月，鳳凰集膠東、千乘。赦天下。賜吏民爵。勿收田租賦。六月，詔曰：「故太子在湖，未有謚號。歲時祀，其議謚，具置園邑。」有司奏請：「禮『爲人後者，爲人之子』，故降其父母不得祭，尊祖之義也。陛下爲孝昭後，承祖宗之祀，制禮不逾(閾)〔閑〕。〔一〇〕臣愚以爲親謚父宜曰悼考，母曰悼后，(此)〔比〕諸侯(國)〔園〕，〔一一〕置奉邑三百户。故皇太子〔謚〕曰戾(園)，〔一二〕置奉邑二百家。史良(姊)〔娣〕號曰戾夫人，〔一三〕置守家四十家。〔一四〕園置長丞，周衛奉守如法。」太子有妃，有良(姊)〔娣〕，〔一五〕有孺子，凡(二)〔三〕

等，〔一六〕〔子〕皆（爾）〔稱〕皇孫。〔一七〕史良（姊）〔娣〕者，〔一八〕魯國人也。兄曰恭，有三子，曰高、曾、玄，後皆封列侯。悼后王氏，涿郡人。兄曰無辜，〔一九〕封平昌侯；次曰武，封〔樂〕昌（樂）侯。〔二〇〕賜外祖（父）母號曰博平君，〔二一〕食邑萬一千户。追尊外祖父（母）乃始爲（恩）〔思〕成侯，〔二二〕詔涿郡治塚，置園邑四百家，長丞奉守如法。秋七月，立燕（刺）〔剌〕王太子建爲廣陽王，〔二三〕廣陵王胥少子弘爲高密王。廷尉史鉅鹿路温舒上書曰：「臣聞齊有無知之禍，桓公以興；晋有驪姬之難，文公用霸。近世趙王不終，諸吕作亂，而孝文又爲太宗。由是觀之，禍亂之作，以開有德也。昭帝即世無嗣，大臣憂懣，昌邑即位，淫亂而廢，是乃皇天所以開至聖也。夫繼變亂之後，必有儁異之德，此〔聖〕賢所以推天命也。〔二四〕臣聞春秋正即位，大一統而慎始也。陛下初登至尊，與天合符，宜改前世之失，正〔始〕受（始）之統，〔二五〕蕩滌煩文，除民疾苦，存亡繼絶，以應天意。夫獄者，天下之大命。書曰：『與其殺不辜，寧失不經。』今治獄者皆欲人死，非憎之也，上下相繼，以刻爲明，深者獲功名，平者多後患。故治獄者皆欲人死，非憎之也，自安之道在人之死也。夫人之情，安則樂生，痛則思死，捶楚之下，何求而不得？故囚人不勝痛，則飾妄辭以示之；吏治者利其（殺）〔然〕，〔二六〕則指導以明之；上奏畏（抑）〔卻〕，則鍛錬而周（密）内之。〔二七〕蓋奏者當成之時，雖咎繇聽之，猶以爲死有餘罪。何則？文致之法明也。語曰：『畫地爲獄誓不入，刻木爲吏議不對。』此皆嫉吏悲痛之辭。故曰天下之患，莫不甚於獄。」〔二八〕上善其言，遷廣陽（王和）〔私〕府長（史）。〔二九〕後爲臨淮太守，治有異迹。

二年春，大司農田延年有罪，自殺。延年，齊人也。以定策安社稷，封陽城侯。官發僦民車牛三萬乘，載沙便橋下，送置陵上，車直錢一千，延年詐增車直二千，坐盜益三千萬。御史大夫田廣明謂霍光曰：「春秋之義，以功覆過。當廢昌邑王時，非田子賓大事莫成。今縣官出三千萬錢與之，何苦乎！」光曰：「然，子賓實勇士！當發大義時，震動朝廷。」光因舉手撫心曰：「使我至今日病悸！曉大司農通往就獄，得與公卿議之。」延年曰：「幸得縣官寬我耳，何面目入牢獄！」遂自刎而死。夏四月，詔有司議孝武廟樂。六月庚午，尊孝武廟曰世宗，奏盛德、文始、四時、五行之舞。凡武德、昭德、盛德之舞所以尊祖宗也。諸帝廟皆當奏文始、四時、五行之舞。武帝巡狩所幸郡國，皆當立廟。告祠（祠）世宗廟日，〔三〇〕有白鶴集後庭，以立世宗廟告祠孝昭寢廟，復有鴈五采集殿前。西河郡立世宗廟，有神光興於殿側，又興於房中，如燈火狀。廣川郡立世宗廟，殿上有鐘音，房户自開，夜有光，殿上盡明。初，議立世宗〔廟樂〕，〔三一〕長信少府夏侯勝以爲「武帝多殺士衆，竭民財力，奢侈無度，不宜立廟〔樂〕」。〔三二〕勝坐毀謗詔書，毀先帝，不道，及丞相長史黄霸阿不舉劾，皆下獄。久繫，霸欲從勝受業，勝辭死罪。霸曰：「朝聞道，夕死可矣。」勝賢其言，遂（受）〔授〕霸尚書。〔三三〕繫更再冬，講不怠。會赦勝出，爲諫（議）大夫、給事中，〔三四〕薦霸揚州刺史。霸字次公，淮陽人。勝字長公，夏侯始昌之族子。勝爲人質朴，無威儀，見上時誤謂上爲君，或自稱字上前，上（欲）〔亦〕以是親信之。〔三五〕嘗見，出道上語，上聞而讓之，勝（爲人質朴無威儀見上時誤謂上爲君或自稱字上前上亦以是親信之嘗見出道上語上聞而讓之勝）〔三六〕曰：「陛下言善，臣故揚之。堯言布於天下，至今誦之。臣以可傳故耳。」朝廷每有大議，上謂勝曰：「先生通正言，無懲前事。」初，皇太后聽政，霍光以（令）〔白〕太后從勝受尚書。〔三七〕及勝卒，太后縞素五日，儒者以爲榮。

三年春正月癸亥，皇后許氏崩。初，霍光夫人顯有小女欲貴。皇后當產，疾。顯陰使醫淳于衍行毒藥。後有人上書告諸醫治疾無狀者，皆收繫。顯恐，急具狀諮光，因曰：「既已失計爲之，無令吏急衍！」光驚愕，默然。後奏上，置衍勿論，事不發覺。夏，大旱。五月，御史大夫田廣明爲祁連將軍，與蒲類將軍趙充國、虎牙將軍田順、度遼將軍范明友、前將軍韓增凡兵十五萬，與校尉常惠持節護烏孫兵，並擊匈奴。初，匈奴數侵邊，又西伐烏孫。武帝欲與烏孫共擊匈奴，故以江都王建女細君爲公主，妻烏孫昆彌，昆彌以馬千匹爲聘禮。漢爲公主備屬官、內官、侍御數百人。公主自爲宮室居，歲時與昆彌飲食，言語不通，公主悲愁。上聞而憐之，間歲遣使者遺之甚厚。細君卒，復以楚王戊之孫女解愁爲公主以繼之。於是匈奴復侵烏孫昆彌，昆彌與公主上書，請共擊匈奴。烏孫自將五萬騎，常惠與烏孫獲匈奴父行與嫂、名王、都尉已下四萬餘級，牛馬駱駝七十餘萬頭。烏孫皆自取其虜獲。時匈奴聞漢大出兵，皆將老弱驅畜產遠遁逃，故漢軍所得少。而祁連將軍、虎牙將軍有罪，皆自殺。常惠封長（羆）〔羅〕侯。〔三八〕匈奴由是人民畜產死亡者衆，而國虛耗矣。其冬，單于自將擊烏孫，會天大雨雪，一日深一丈餘，匈奴人民畜產凍死，還者十無一二。於是丁零乘弱攻其北，烏丸入其東，烏孫入其西。又重以飢餓，死者十三，匈奴大困。諸國（霸）〔羈〕屬者皆瓦解，〔三九〕攻盜不能治，匈奴遂弱矣。六月乙丑，丞相蔡義薨。甲辰，長信少府韋賢爲丞相，大司農魏相爲御史大夫。

四年春正月，遣使賑貧民。減太官，損膳省宰，樂府減樂人。三月乙亥，立皇后霍氏，光女也。賜丞相以下至郎吏金帛各有差。赦天下。夏四月壬寅，郡國四十九地震，或山崩泉出，宗廟隳落。上素服，避正殿。五月，大赦。鳳凰集北海安丘。秋，廣川王去有罪，廢徙上庸，自殺。去者，惠王越之孫。初，事師受易，師數諫正之。去後以師爲內史掾，師數使內史禁切王家，欲以示正之。去怒，陰使人殺師父子，不發覺。其後用幸姬昭信等之讒，殺姬昭平等二人；恐語泄，復殺婢三人。昭信又曰：「夢見昭平等。」去曰：「虜乃敢復見，不畏我邪！」掘屍，皆燒之爲灰。後立昭信爲后，又陰譖幸姬（陶）望卿，〔四〇〕疑與郎吏有私。

去即裸望卿，令諸姬各持燒鐵共灼之。望卿走投井，未死。割其脣鼻，斷其舌。昭信與去共支解，置大鑊中，又取桃灰毒藥并煮之連日。復殺其女弟都。後去數召姬榮愛與之飲酒，昭信譖之，投井中。出之未死，燒（兩）〔刀〕灼潰兩眼，〔四一〕生割兩股，銷鉛錫灌口中。愛死，支解以棘埋之。諸得幸者，昭信皆譖殺，凡十四人，皆埋宮中。昭信又謂去曰：「諸姬淫（泆）〔佚〕難禁，〔四二〕請閉諸舍門，無令得妄出入。」使其大婢爲僕射，主外永巷，盡閉封諸舍門，上鑰於（太）后。（太）后置酒，〔四三〕乃召見。昭信與去從十餘婢傳歌遊戲。望卿母求二女屍，昭信令奴殺之。後捕奴，得辭伏狀。內史相劾狀奏之，有司請捕誅去。上不忍致法，廢，徙之（蜀）〔上庸〕。〔四四〕昭信棄市。

地節（九）〔元〕年春正月，〔四五〕有星孛於西方，〔去〕太白二丈。〔四六〕本志云：「太白爲天之將軍，彗孛加之，掃滅之象也。」三月，假郡國貧民田。夏六月，詔宗室屬籍未盡而罪絕者復屬，使得自新。冬十有一月，楚王延壽謀反，自殺。十有二月癸亥晦，日有蝕之。

二年春正月庚午，〔四七〕大司馬（大）將軍霍光疾病，〔四八〕上自臨問，爲之涕泣。及薨，皇太后親自臨喪。太中大夫、御史持節護喪事。中二千石治幕府墓塚上。賜金錢、繒絮，繡被百領，衣五十篋，（壁）〔璧〕玉珠璣玉（含梓）〔衣，梓〕棺、便房、黄腸題湊各一具，〔四九〕樅木外藏椁一十五具。東園溫明秘器，皆如乘輿制度。載光柩以輼輬車，黄屋左纛，發材官輕車北軍五校士軍陣至茂陵以送葬，謚曰宣成侯。疇其爵邑，復其後世，如蕭相國。子禹嗣，爲（左）〔右〕將軍。〔五〇〕復使光兄（子）〔孫〕雲侍中奉車都尉，〔五一〕雲弟樂平侯山領尚書事，示不專政，以優崇霍氏也。夏四月戊辰，立皇太子，大赦天下。霍光既薨，光夫人顯改光生時所造塋制而更奢大之。起三出闕，築神道，北臨昭臺，南出罘罳，〔五二〕盛飾，輦道通屬永巷，而幽良人婢妾以守之。廣治第舍，作乘輿駕輦，加畫繡茵馮，黄金塗，韋絮薦輪，侍婢以五綵絲輓顯於第中遊戲。與光所幸監奴馮子都淫。而禹、山等繕治第宅，走馬馳逐。及山兄冠（軍）〔陽〕侯雲當朝謁，〔五三〕數稱疾，私出遊獵，或遣蒼頭代朝謁，莫敢譴者。而顯及諸女，晝夜出入長信宫殿中，無度。及上立太子，顯怒，不飲食，嘔血三日，曰：「此乃民間子，安得立？后有子，反當爲王邪！」後教皇后鴆太子。皇后數召太子賜食，阿保必先嘗之，后挾毒藥不得行。霍氏與御史大夫家争道，欲蹋大夫門，御史叩頭謝，奴乃去，其放縱如此。御史大夫魏相上書，言「霍氏驕奢，恐浸大不可制。宜有損奪其盛權，以固萬世之基，全功臣之後。」又故上事皆有二封，其一封録尚書，副當先發，所言不善，輒不奏。相復白去副封，以防雍塞。上善之，詔相給事中。相字弱翁，濟陰人也。於是上親政事，群臣得以徑奏封事。上五日一聽朝，丞相以下各依職奏事，采納其言，考試功能。侍中尚書雖功勞當遷，輒厚加賞錫，不數改易。樞機周密，品式具備，是以上下相安，莫有苟且之意。及拜刺史郡守輔相，〔五四〕輒親見問，觀其所由，退而考察其行，以質其言，有名實不相應者必知其所以然。上嘗曰：「庶民所以安於田里而無怨恨嘆息之心者，政平訟理也。與我共此者，其惟良二千石乎！」以爲長吏者，民之本也，數變易則下不安；民知其上久，不敢欺罔，則民從化。故二千石不可數遷徙，有治理之效者，輒璽書勉勵，增秩賜金，或爵至關內侯。公卿缺，輒選所長而遷次用之。故民安其土，吏勸其業矣。時頗修武帝故事，宮室車服盛於昭帝時，任用能吏。諫（議）大夫王吉上書曰：〔五五〕「今世俗吏治民者，非有禮義仁信稱旨可世世通行者也，徒設刑以守之。欲以爲治者，不知其所由，〔以〕意（以爲）穿鑿，〔五六〕各取一切。是以百里不同風，千里不同俗，國異政，人殊俗，詐僞萌生，刑罰無極，質朴日消，恩愛浸薄。孔子曰『安上治民，莫善於禮』，非虛言也。願陛下承天心，發大義，與大臣公卿延及儒生，述禮樂，明王制，驅一世之民致於仁壽之域，則治何以不若成、康，壽何以不若高宗？竊見當世趨務不合於道者，謹以條奏。」吉又以「世俗嫁娶太早，未知有爲父母之道而有子，是以教化不明而人多夭。聘妻送女無節，則貧人恥不相及，故有不舉子者。夫得任子弟爲官，失舉賢之義。又漢家列侯尚公主，諸侯（列）〔則〕國（入）〔人〕承（公）〔翁〕主，〔五七〕使男事女，夫屈於婦，逆陰陽之位，皆宜改正。」時上不納吉言，乃謝病歸。荀悅曰：尚公主之制，人道之大倫也。昔堯〔釐〕降（釐）二女於嬀汭，〔五八〕嬪於虞。易曰：「帝乙歸妹，以祉元吉。」春秋稱王姬歸於齊，古之達禮也。男替女凌，則淫暴之變生矣。禮自上降，則昏亂於下者衆矣。三綱之首，可不慎乎！夫成大化者必稽古立中，務以正其本也。凡吉所言，古之道也。

三年春正月，詔曰：「膠東相王成勞來不怠，流民自至者八萬餘口，治有異等。其秩成中二千石，賜爵關内侯。」夏四月戊辰，車騎將軍光禄勳張安世爲大司馬，車騎將軍如故。京師大雨雹。大行治禮丞蕭望之上疏，願口陳災異。上在民間，時素聞蕭長倩名，曰：「此東海蕭生邪？」問其狀，對曰：「春秋魯昭公三年大雨雹，是時季孫專權，卒逐昭公。向使魯公察其變，宜無此害。附枝大者敗本心，私家盛者公室危。陛下以聖德居位，思政求賢，此堯、舜之用心也。然祥瑞未臻，陰陽不和，是大臣任政，一姓專權之所致也。惟明主親萬機，舉賢良以爲腹心，公道立則姦邪塞，姦邪塞則私權廢矣。」對奏，拜望之爲謁者。是時招賢良，納直言，多上書言便宜者，輒下望之問狀，或用或罷，所獻奏皆可。望之遷諫(議)大夫，〔五九〕丞相司直，歲中三遷。初，霍光秉政，長史邴吉薦王仲翁與望之等數人。時吏民見光者，皆露索，去刀兵，兩吏挾持之。望之獨不聽，自引出閤。光令吏勿持。既見，責曰：「將軍輔翼幼君，將流大化，是以天下之士延頸企踵，爭願自效。(令)〔今〕士見者皆露索挾持，〔六〇〕恐非周公輔相成王之禮，致白屋之意也。」於是光獨不用望之，而仲翁等皆補大將軍(吏)〔史〕。〔六一〕三歲間，〔六二〕仲翁至光禄大夫給事中，而望之以對策甲科爲郎，署小苑東門長。〔六三〕仲翁出從，傳呼甚寵，顧謂望之曰：「不肯碌碌，反抱關木。」望之曰：「各從其志。」望之復失郎，至是乃得用焉。是時光兄（子）〔孫〕中郎將冠軍侯雲、樂平侯山皆以過就第。〔六四〕山陽太守張敞上書曰：「臣聞公子季友有功於魯，大夫趙衰有功於晋，大夫田（寬）〔完〕有功於齊，〔六五〕皆疇其官位，延及子孫，後田氏簒齊，趙氏分晋，季氏專魯。仲尼作春秋，迹盛衰，譏世卿尤甚。今朝臣皆明言，〔六六〕陛下褒寵大將軍以報功德足矣。宜罷（王）〔三〕侯，〔六七〕皆就國。明詔以恩德不聽，群臣以義固争之，久而後許之，天下必以陛下爲不忘功德，而以朝臣爲知禮。今朝廷不聞直聲，而令明詔自親其文，非策之得者也。今兩侯已出，人情不能相遠也，以臣心度之，大司馬及其枝屬必有畏懼之心。夫近臣自危，非（寬）〔完〕計也。」〔六八〕上善其言。五月甲申，丞相韋賢以老病，錫金鞍車駟馬，薨於家。子弘爲太常丞。賢以弘當爲嗣，太常職當陵廟，煩劇多過，敕令自免。弘懷讓，不去官。及賢病篤，弘坐宗廟事繫獄，未決。室家問賢當爲後者，賢恚恨不肯言。於是門下生與賢宗家計議，共矯賢令，使家丞上書言大行，以小子〔大〕河（南）都尉玄成爲後。〔六九〕玄成聞當嗣，即佯狂，驗，不得已乃使封爵。上高其行，以玄成爲河南太守。弘爲（大）〔太山〕都尉，〔七〇〕遷爲東海（大）〔太〕守。〔七一〕後玄成爲列侯，侍祠孝惠廟，雨淖，不駕馬車而騎馬至廟下，〔七二〕削爵爲關内侯。玄成自傷貶父爵，乃爲詩自責曰：「惟我小子，不肅會同，（墜）〔媠〕彼輿服，〔七三〕黜此附庸。赫赫顯爵，自我墜之；微微附庸，自我招之。誰爲忍愧，〔七四〕寄之我顏；孰將遐（狂）〔征〕，〔七五〕從之夷蠻。於赫三事，匪俊匪作，於蔑小人，〔七六〕終焉其度。誰謂華高，（跋）〔企〕其齊而；〔七七〕誰謂德廣，厲其庶而。嗟我小子，（不）〔于〕貳其尤，〔七八〕墜彼令爵，（由）〔申〕此擇辭。〔七九〕四方群后，我監我視，威儀輿服，唯肅是履！」六月壬申，御史大夫魏相爲丞相。太子太傅邴吉爲御史大夫。少傅東海疏廣字仲翁，爲太子太傅。平恩侯許伯爲太子少，（傅以太子尚幼伯）欲使其弟舜監護太子家事。〔八〇〕上以問廣，廣對曰：「太子國儲副君，官屬師友，必取天下英俊，不宜獨親外家。且太子有太傅，有少傅，官屬以備，今復取舜監護家事，非所以廣太子德於天下也。」上善其言而止。廣兄子受爲太子家令，亦恭謹而好禮。上幸太子宮，受迎謁應對，及置酒侍宴，奉觴上壽，辭禮閑雅，上甚歡悦。頃之，拜受爲少傅。父子並爲師傅，每朝，太傅在前，少傅在後，朝廷以爲榮。九月壬辰，〔八一〕地震。冬十月，詔舉方正直言極諫之士。罷車騎將軍、右將軍屯兵。詔池苑未幸御者假與貧民，郡國宮館勿修治。流民還鄉者假公田，貸種食，且勿算事。冬十有一月，詔郡國舉孝弟有行義者各一人。十有二月，初置廷尉平四人，秩六（千）〔百〕石。〔八二〕（諫議大夫）〔涿郡太守〕鄭昌上疏言：〔八三〕「今明主躬垂明聽，雖不置廷尉平，獄將自正。若開後嗣，不若删定律令。律令一定，愚民知其所避畏，姦吏無所弄權柄。今不正其本而救其末，世衰毁，則廷尉平招權而爲亂首矣。」省（汶）〔文〕山郡，〔八四〕并蜀郡。

## 【校勘記】

〔一〕皇〔曾〕孫在此　從漢書丙吉傳補。

〔二〕〔掖庭〕令張賀　從黄校本補。

〔三〕足下有毛　漢書宣帝紀「足」上有「身」。

〔四〕封〔陽〕武（陽）侯　從漢書宣帝紀乙正。

〔五〕兩吏扶（下）〔夾〕乃能行　從龍谿本、學海堂本、漢書蔡義傳改。

〔六〕大將軍苟可用專制者　可用，漢書蔡義傳作「用可」。

〔七〕以詩（受）〔授〕昭帝　從漢書蔡義傳、吴慈培校改。

〔八〕皇〔太〕后歸長樂宮　從學海堂本、漢書宣帝紀補。

〔九〕將軍張安世封萬户（侯）　從漢書宣帝紀删。

〔一〇〕制禮不逾（闐）〔閑〕　從漢書武五子傳改。

〔一一〕（此）〔比〕諸侯（國）〔園〕　從龍谿本、漢書武五子傳改。

〔一二〕故皇太子〔謚〕曰戾（園）　從漢書武五子傳補删。

〔一三〕史良（姊）〔娣〕號曰戾夫人　從漢書武五子傳改。

〔一四〕置守冢四十家　四，漢書武五子傳作「三」。

〔一五〕有良（姊）〔娣〕　從學海堂本、漢書外戚傳改。

〔一六〕凡（二）〔三〕等　從學海堂本、漢書外戚傳改。

〔一七〕〔子〕皆（爾）〔稱〕皇孫　從龍谿本、學海堂本、漢書外戚傳補改。

〔一八〕史良（姊）〔娣〕　從學海堂本、漢書外戚傳改。

〔一九〕兄曰無辜　辜，漢書外戚傳作「故」。

〔二〇〕封〔樂〕昌（樂）侯　從漢書外戚傳乙正。

〔二一〕外祖（父）母號曰博平君　從漢書外戚傳删。

〔二二〕追尊外祖父（母）乃始爲（恩）〔思〕成侯　從漢書外戚傳删改。

〔二三〕立燕（剌）〔刺〕王太子建　從龍谿本、學海堂本、漢書宣帝紀改。

〔二四〕此〔聖〕賢所以推天命也　從南監本、龍谿本、學海堂本補。

〔二五〕正〔始〕受（始）之統　從漢書路温舒傳乙正。

〔二六〕吏治者利其（殺）〔然〕　從南監本、龍谿本、學海堂本、漢書路温舒傳改。

〔二七〕上奏畏（抑）〔卻〕，則鍛鍊而周（密）内之　從南監本、漢書路温舒傳改。

〔二八〕莫不甚於獄　漢書路温舒傳作「莫甚於獄」。

〔二九〕遷廣陽（王和）〔私〕府長（史）　從學海堂本、漢書路温舒傳改。

〔三〇〕告祠（祠）世宗廟日　從漢書郊祀志删。

〔三一〕議立世宗〔廟樂〕　從漢書夏侯勝傳補。

〔三二〕不宜立廟〔樂〕　從漢書夏侯勝傳補。

〔三三〕遂（受）〔授〕霸尚書　從龍谿本、學海堂本改。

〔三四〕爲諫（議）大夫　「議」衍，逕删。

〔三五〕上（欲）〔亦〕以是親信之　從漢書夏侯勝傳改。南監本、學海堂本「亦」作「更」。

〔三六〕（爲人質朴無威儀見上時誤謂上爲君或自稱字上前上亦以是親信之嘗見出道上語上聞而讓之勝）　重出，逕删。

〔三七〕霍光以（令）〔白〕太后從勝受尚書　從漢書夏侯勝傳改。

〔三八〕常惠封長（羆）〔羅〕侯　從漢書常惠傳改。

〔三九〕諸國（霸）〔羈〕屬者皆瓦解　從南監本、龍谿本、學海堂本改。

〔四〇〕又陰譖幸姬〔陶〕望卿　從南監本、龍谿本補。

〔四一〕燒（兩）〔刀〕灼潰兩眼　從南監本、龍谿本改。

〔四二〕諸姬淫（泆）〔佚〕難禁　從南監本、龍谿本、學海堂本改。

〔四三〕上鑰於(太)后〔太〕后置酒　從漢書景十三王傳删。
〔四四〕徙之(蜀)〔上庸〕　從漢書景十三王傳改。
〔四五〕地節(九)〔元〕年　從南監本、龍谿本、學海堂本改。
〔四六〕〔去〕太白二丈　從漢書五行志補。
〔四七〕二年春正月　正，漢書宣帝紀作「三」。
〔四八〕大司馬〔大〕將軍　從漢書宣帝紀補。
〔四九〕(壁)〔璧〕玉珠璣玉(含梓)〔衣梓〕棺　從南監本、龍谿本、學海堂本、漢書霍光傳改。
〔五〇〕爲(左)〔右〕將軍　從漢書霍光傳改。
〔五一〕復使光兄(子)〔孫〕雲　從漢書霍光傳改。下改同。
〔五二〕北臨昭臺南出罘罳　漢書霍光傳作「北臨昭靈南出承恩」。
〔五三〕及山兄冠(軍)〔陽〕侯雲當朝謁　從漢書霍光傳改。
〔五四〕郡守輔相　漢書循吏傳作「刺史守相」。輔，吴慈培校當作「傅」。
〔五五〕諫(議)大夫王吉　從漢書王吉傳改。
〔五六〕〔以〕意(以爲)穿鑿　從漢書王吉傳補删。
〔五七〕諸侯(列)〔則〕國(入)〔人〕承(公)〔翁〕主　從漢書王吉傳改。

〔五八〕昔堯〔釐〕降（釐）二女　從龍谿本、學海堂本乙正。

〔五九〕望之遷諫（議）大夫　從漢書蕭望之傳刪。

〔六〇〕（令）〔今〕士見者皆露索挾持　從漢書蕭望之傳改。

〔六一〕而仲翁等皆補大將軍（吏）〔史〕　從漢書蕭望之傳改。

〔六二〕二歲間　二，漢書蕭望之傳作「三」。

〔六三〕署小苑東門長　長，漢書蕭望之傳作「候」。

〔六四〕是時光兄（子）〔孫〕　從漢書霍光傳改。

〔六五〕大夫田（寬）〔完〕有功於齊　從學海堂本、漢書張敞傳改。

〔六六〕今朝臣皆明言　皆，漢書張敞傳作「宜有」。

〔六七〕宜罷（王）〔三〕侯　從漢書張敞傳改。

〔六八〕非（寬）〔完〕計也　從南監本、龍谿本、學海堂本改。

〔六九〕〔大〕河（南）都尉玄成　從漢書韋賢傳改。

〔七〇〕（大）〔太山〕都尉　從學海堂本、漢書韋賢傳改。

〔七一〕東海（大）〔太〕守　從龍谿本、學海堂本改。

〔七二〕不駕馬車　漢書韋賢傳「馬車」上有「駟」字。

〔七三〕（墜）〔婧〕彼輿服　從學海堂本、漢書韋賢傳改。
〔七四〕誰爲忍愧　爲，漢書韋賢傳作「能」。
〔七五〕孰將遐（狂）〔征〕　從學海堂本、漢書韋賢傳改。
〔七六〕於蔑小人　人，漢書韋賢傳作「子」。
〔七七〕（跂）〔企〕其齊而　從漢書韋賢傳改。
〔七八〕（不）〔于〕貳其尤　從漢書韋賢傳改。
〔七九〕（由）〔申〕此擇辭　從學海堂本、漢書韋賢傳改。
〔八〇〕（傳以太子尚幼伯）欲使其弟舜監護太子家事　從漢書疏廣傳删。
〔八一〕九月壬辰　壬辰，漢書宣帝紀作「壬申」。
〔八二〕秩六（千）〔百〕石　從南監本、龍谿本改。
〔八三〕（諫議大夫）〔涿郡太守〕鄭昌上疏言　從漢書刑法志改。
〔八四〕省（汶）〔文〕山郡　從漢書宣帝紀改。

# 兩漢紀上　漢紀

## 孝宣皇帝紀二卷第十八

四年春正月，封蕭何〔玄〕孫建〔世〕爲酇侯。〔一〕詔民有（太）〔大〕父母、父母喪，〔二〕勿繇事。夏五月，山陽、濟陰雹如鷄子，地深一尺五寸，殺二十餘人，飛鳥皆死。詔曰：「自今子有匿父母，妻匿夫，孫匿（太）〔大〕父母，皆勿治。其父母匿子，夫匿妻，大父母匿孫，罪殊死以下，皆詣廷尉以聞。」立廣川惠王孫文爲廣川王。秋七月，大司馬霍禹謀反，誅。初，霍氏顯殺許后，事頗漏泄而未察，上乃徙霍氏諸女婿在內及爲將校者皆爲郡守。更以禹爲大司馬，罷其屯兵。霍氏由是恐懼，而顯乃以許后〔事〕告禹等。〔三〕禹等驚恐曰：「縣官所以斥逐諸女婿，必以是故也。」霍雲所親張（放）〔赦〕謂雲曰：〔四〕「可令太夫人言於太后，先殺丞相及平恩侯。移徙陛下，在太后耳。」男子張章告之，事下廷尉。執金吾捕（霍山及）張（放）〔赦〕等，〔五〕後有詔勿捕。山等愈恐，曰：「惡端已見之，久（尤）〔猶〕未發，〔六〕發即族我矣，不如先之。」遂謀反，令太后爲博平君置酒，召丞相、平恩侯，因令其女婿光禄勳范明友等承太后制，引斬丞相、平恩侯，因廢帝而立禹。會發覺，雲、山、明友等自殺，禹具五刑，顯腰斬。先是禹夢見第門皆壞，〔七〕有人發第端門屋瓦投之地，就視之，則不見。先是茂陵徐福上疏曰：「霍氏太盛，陛下即愛厚之，宜以時抑割，〔八〕無令亡。」書三上，輒不報聞。霍氏既誅，而告霍氏反者金安（王）〔上〕等五人皆封侯。〔九〕或爲徐生上書曰：「臣聞客有過主人者，見其竈直突，旁有積薪。客曰：『更爲曲突，遠徙其薪，不者恐有火患。』主人不聽。俄而其家失火，鄰人救之，幸而得息。於是殺牛置酒，謝其鄰，灼爛者在上，其餘以功次坐，而言曲突者不得與焉。或謂主人曰：『向使聽客之言，不費牛酒，終無火患。今論功請客，不及曲突徙薪。曲突徙薪反無恩澤，焦頭爛額復爲上客邪？』主人乃悟而請之。向使徐福之言早行，國無列土之費，而臣亡逆亂之敗矣。」上乃賜福帛（千）〔十〕疋，以爲郎（中）。〔一〇〕初，禹與張安世長子千秋俱爲郎中，將兵從擊匈奴還。霍光問千秋戰鬭方略、山川形勢，千秋口對兵事，畫地成圖，無所忘失。光復問禹，禹不能對。光由是賢千秋，以禹爲不才，乃歎曰：「霍氏世衰，而張氏興矣。」八月己酉，皇后霍氏廢，處昭臺宮。九月，詔曰：「今繫者或以笞無辜飢寒（凍）〔瘐〕死獄中，〔一一〕何爲用心逆人道也！朕甚痛之。其令郡國歲上繫囚以笞掠若病死者所坐名、縣、爵、里，丞相御史課殿最以聞。」十有二月，清河王延年有罪，廢遷

〔防〕〔房〕陵。〔一二〕渤海太守龔遂以治民有績徵。先是渤海左右數郡歲饑，盜賊並起，二千石不能禁。遂以選爲太守，時年七十餘，形貌短小。上望〔見〕而心輕之，〔一三〕問遂曰：「渤海擾亂，將何以息其盜賊？」遂對曰：「渤海遐遠，不沾聖化，其民困於饑寒而吏不卹，故使陛下赤子盜弄陛下之兵於潢池中爾。今欲使臣勝之邪，將安之邪？」上聞遂對，甚悅，曰：「選用賢良，故欲安之也。」遂曰：「臣聞治亂民猶治亂絲，不可急也；唯緩之，然後可治。臣願陛下詔丞相御史且勿拘臣以文法，得一切以便宜行事。」上許之，加錫黃金。未至郡，郡界遣兵以迎遂。遂於是移書罷追捕盜賊吏。〔民〕諸持鉏鉤田器皆爲良民，〔一四〕吏無得問；持兵者乃爲盜賊。悉遣迎兵還，單車至府，郡中翕然，盜亦皆罷。又多劫掠，聞教令即時解散，皆持鉏鉤。於是郡內悉平，民安土樂業。乃開倉廩假貸貧民，選用良吏，慰安〔收〕〔牧〕養焉。〔一五〕齊俗奢侈，好爲末伎，不作田種。遂乃躬率以節約，使民賣刀劍，買牛犢，曰：「何爲帶牛而佩犢乎！」勸民農桑，課民收斂，數年之間，民皆富足，而獄訟息止。上徵遂到，將見，議曹掾王生謂遂曰：「天子即問君何以爲理者，君宜曰：『皆聖主之德，非小臣之力也。』」上嘉其言有讓，歎曰：「君安得長者之言而稱之也？」遂對曰：「議曹掾教戒臣。」上拜遂爲水衡都尉，而王生爲水衡丞，以褒顯遂。

元康元年春正月，龜茲王及其夫人來朝。龜茲夫人即烏孫公主女也。自以得尚漢外孫，故請朝。上納之，贈賜甚厚焉。號夫人曰公主。龜茲王樂漢衣服制度，歸國治宮室，作徼道周衛，出入傳呼，撞鐘鼓，如漢家儀。外國爲之語曰：「驢非驢，馬非馬，龜茲王所謂騾也。」以杜陵東原上爲初陵，更名杜縣爲杜陵。徙丞相、將軍、列侯、吏二千石、貲百萬者於杜陵。鳳凰集太山、陳留，甘露降於未央宫。三月，赦天下（徙）〔徒，賜〕勤事（者賜）吏、民爵，〔一六〕鰥寡孤獨帛。夏五月，立皇考廟，益奉明（國）〔園〕百户爲奉明縣。〔一七〕有司奏言：「禮『父爲士，子爲天子，祭以天子』。悼考園宜稱尊號曰皇考，立廟置縣。尊戾夫人曰戾太后，置園廟奉邑，益戾園各滿三百家。」復高祖功臣絳侯周勃等〔百〕三十六人子孫，〔一八〕世世勿絶嗣。其無（敵）〔適〕後者，〔一九〕復其次。秋八月，詔舉通文學者。冬，置建章衛尉。

二年春正月，詔曰：「書曰『文王作罰，刑茲無赦』，今吏修身奉法，未能有稱，朕甚憫焉。其赦天下，厲精更始。」二月乙丑，立皇后王氏。賜丞相以下至郎從官（錦）〔錢〕帛各有差。〔二〇〕王氏之先有功於高祖，賜爵關内侯。至王皇后父奉光，上在民間時與相識，有女當適人，夫輒死。及上即位，乃納之後宫，爲婕妤。是時諸愛寵婕妤皆有子，上懲霍后之欲鴆太子也，以王婕妤無子（有寵），〔二一〕乃立之，以母養太子。封父奉光爲邛城侯。夏五月，詔曰：「吏用法式，或以心巧，析律二端，深淺不平，增辭飾非，以成其罪。奏不如實，上無由得知。或擅興徭役，飾廚傳，稱過客，越職逾法，以取名譽。二千石皆察官屬，勿用此人。

今民頗被疾疫之災，其令郡國被災甚者，無出今年租。」詔曰：「聞古者天子之名，難知而易諱。而今百姓多上書觸諱以犯罪，朕甚憐之。其改諱詢，觸諱在令前者，赦之。」冬，京兆尹趙廣漢有罪，腰斬。廣漢字子都，涿郡人也。坐殺人不辜，丞相按驗之。廣漢疑丞相夫人殺侍婢，以此脅丞相。丞相按之愈急，廣漢乃將吏突之丞相府，召其夫人跪堂下，收奴婢十餘人考問其事。丞相上書自陳曰：「妻實不殺婢，婢有過自殺耳。」丞相司直劾奏「廣漢摧辱大臣，欲以劫持奉公，不道。」上乃下廣漢廷尉獄，又坐殺人不辜治罪，吏民守闕號泣者數萬人。初，廣漢爲京兆尹，廉明，抑强扶弱，小民得職，而吏士盡心，其盜賊姦邪纖微皆知之。長安少年數人會窮里空舍謀欲劫人，語未及竟，廣漢知之，使吏捕治之，具伏。富人蘇回爲郎，二人私劫質之。有頃，廣漢至，曉賊曰：「釋質，束手，善相遇，幸逢赦。」賊驚愕，即出，叩頭。廣漢爲跪謝曰：「幸全活郎，甚厚！」遂送獄，勑吏謹遇之，給酒肉。冬當斷，預爲調〔官〕〔棺〕斂具，〔二〕皆曰：「死無所恨矣！」廣漢嘗召湖都亭長，湖亭長西經界上，界上亭長戲曰：「爲我通問趙君。」湖亭長至，廣漢曰：「界上亭長謝我，何故不爲致問？」其摘姦發伏如神，皆此類也。廣漢奏令長安遊徼獄〔吏〕秩百石，〔三〕其後百石吏皆差自重，不敢枉法。京兆〔政〕清〔正〕，〔四〕長老稱之，以漢興京兆尹無及廣漢者，百姓追思而歌之。初爲潁川太守，誅大姓首惡，郡中震慄。一切治理，威名流聞匈奴，及匈奴降者言匈奴中皆聞廣漢。然好用新進少年，率多果敢之計，侵犯貴戚大臣，卒以此敗焉。車師王烏貴（靡）初和於匈奴，〔二五〕後降漢，又恐匈奴攻之，懼而奔烏孫。漢使者鄭吉田於渠黎，乃迎車師妻子傳送長安，賞賜甚厚，四夷朝會，常尊顯而示之。乃立車師太子軍宿爲車師王，徙居渠黎。而吉等田車師故地，匈奴爭之，而攻漢屯田者。趙充國等議，欲因匈奴衰弱，出兵擊之。丞相諫曰：「臣聞救亂誅暴，謂之義兵，兵義者王；敵加於己，不得已而應之者，謂之應兵，兵應者勝；爭恨小故，不勝憤怒者，謂之忿兵，兵忿者敗；利人土地寶貨者，謂之貪兵，兵貪者破；恃國家之大，矜人民之衆，欲見威於敵者，謂之驕兵，兵驕者滅：此非但人事，乃天道也。自頃匈奴常有善意，所得漢民輒奉歸之，未有犯於邊境，雖爭田車師故地，不足以置意中國。今諸將軍欲興兵入奪其地，臣愚不知此兵欲何名也。今邊境困乏，難以動兵。『軍旅之後，必有凶年』，言民以愁苦之氣，傷陰陽之和也。兵出雖勝，必有後憂。今郡國守相率多不精選，風俗尤薄，水旱不時，郡國盜賊繁多。今左右不憂，乃欲發兵報纖微之忿於遠夷，此乃所謂『季孫之憂不在顓臾，而在蕭牆之内』也。」上乃棄車師之地。丞相又奏言：「古有羲和之官以承四時之節，以敬授民事。人君動静，奉順陰陽，則和氣應而災害不生。自高皇帝時，有主四時之官。臣願陛下選用明經通知陰陽者四人，各主一事，明言所職，以順陰陽。」上從之。丞相勑掾吏案事郡國若休告還府，輒白四方得失異聞，盜賊災變，輒奏言之，以廣視聽。是歲，烏孫昆彌上書，願以漢外孫楚公主子元貴靡爲嗣，得復尚漢公主。上以楚公主弟子相夫妻之，送至燉煌。聞烏孫昆彌死，元貴靡不得立，乃還。（荅）〔楚〕公主侍者馮嫽常持節爲漢公主使外國，〔二六〕外國敬信之，號曰馮夫人。上乃徵馮夫人問烏孫狀，而遣謁者送馮夫人（軺）〔錦〕車持節，〔二七〕詔昆彌烏（孫）就（居）〔屠〕以爲小昆彌，〔二八〕而立元貴靡爲大昆彌，兩昆彌之號自此始也。

三年春，神雀集泰山。有（烏）〔鳥〕五色以萬數，〔二九〕飛過京師，翱翔屬縣。賜諸侯王、將軍、列侯、二千石（至）〔金〕，〔三〇〕郎從官帛，各有差。賜天下吏民爵，鰥寡孤獨高年帛。三月，詔曰：「蓋聞象有罪，而舜封之有痺。骨肉之親放而不誅，其封故昌邑王賀（子）爲海昏侯。」〔三一〕又曰：「御史大夫邴吉、中郎將史（魯）〔曾〕、史玄、長樂衛尉許舜、侍中光祿大夫許延壽皆與朕有舊恩。〔三二〕故掖庭令張賀輔導朕躬，厥功茂矣。詩不云乎？『無德不報。』其封賀子侍中中郎彭祖爲陽都侯，追謚賀爲哀侯。吉、（魯）〔曾〕、玄、舜、延壽皆列侯。〔三三〕故人及郡邸獄復作嘗有阿保之功者，皆以差受祿賜。」是時掖〔庭〕宮婢（名）則令民夫上書，〔三四〕自陳嘗有阿保之功。下掖庭令問則，則辭引御史大夫邴吉知狀。吉識之，謂則曰：「汝嘗坐養皇〔曾〕孫不謹，〔三五〕督笞之，安得有功？獨渭城胡組、淮陽郭徵卿有恩耳。」詔求組、徵卿，皆已死，有子孫，皆受厚賞。免則爲庶人，賜錢十萬。上見具問則，乃知吉有舊恩，賢其不言。會吉病篤，封吉爲博陽侯，就加印綬，及其生存也。太子太傅夏侯勝曰：「臣聞有陰德者，必饗其樂以及子孫。今者吉未獲報而病甚，非其死疾也。」後吉瘳，上書固辭封，上不聽。及杜陵陳遂字長子，上微時，與上遊戲博奕，數負遂。上即位，稍見進用，至太原太守，乃賜遂璽書曰：「制詔太原太守：官尊祿重，可以償遂博負矣。妻君寧時在旁，知狀。」遂乃上書謝恩曰：「事在元平元年赦前。」其見厚如此。元帝時遂爲京兆尹，後至廷尉。遂孫（尊）〔遵〕字孟公，〔三六〕以好賓客著名。身長八尺餘，容貌甚偉。貴戚豪傑咸敬重之，所在輻（湊）〔輳〕，〔三七〕莫不震動。爲河南太守，作私書與京師故人，召善書吏十人於前，遵憑几口授與書吏，且省官事書數百封，親疎各有意義。河南人大驚。性善書，與人尺牘，莫不藏之以爲榮。然好酒奢放，不拘禮度。與張敞之孫張竦字伯松相善，而竦好學問，節約自守。並著名字，仕官相及。遵謂竦曰：「足下苦身自約，而我放意自恣，官爵功名，不減於子，而我獨差樂，顧不優耶！」竦曰：「人各有長短。子欲學我亦不能，吾欲效子亦敗矣。」夏六月，立皇（太）子欽爲淮陽王。〔三八〕欽者，張婕妤之子也。好經學法律，聰達有才，上甚愛之。而張婕妤最幸，有寵，上有意欲立張婕妤子欽。然以太子起於細微，上少時依許氏，及即位，而許后以殺死，故不忍廢也。是歲，皇太子冠，既學，通論語、孝經。太傅疏廣謂少傅受曰：「吾聞『知止不辱，知足不殆』，〔三九〕功成名遂而身退，天之道也。」即日廣、受俱謝病，上疏乞骸骨。上以其年老，皆許之，賜黃金各二十斤，而皇太子贈以金五十斤。公卿大夫故人邑子爲祖道於東都門外，送者車數百兩。及道路觀者莫不歎息，皆曰：「賢哉二大夫！」廣（漢）既歸東海，〔四〇〕令其家供酒食，（諸）〔請〕族人鄉里相與娛樂。〔四一〕數問其家金盡未。昆弟諸老謂宜爲子頗立產業，廣曰：「吾自有舊田廬，子孫勤力於中，足以供衣食。今復增益之，但教子孫怠惰耳。賢而多財，則損其志；愚而多財，則益其過。且夫富者人之所怨，吾既無以教化（其）子孫，不欲益其過而生其怨。又此金者，聖主所以惠老臣也，故樂與（其）鄉黨宗族共受其賜，〔四二〕以盡吾餘日，不亦可乎！」於是宗正陽成侯劉德者，辟彊之子也，亦抑損自守，家產不過百金，餘與昆弟賓客，終不積財。霍光秉政，欲以女妻德，德不敢娶，畏盛滿也。好黃、老術，有智略，少時數召見，武帝謂之「千里駒」。德治淮南獄，盡得淮南秘書。德小子向字子政，幼而誦習之，以爲奇，奏言黃金可成。上令向典（向萬）〔尚方〕鑄作事，〔四三〕費金甚多，不驗。向坐僞鑄黃金下獄，當死。德上書訟向。有司奏德訟子罪，失大臣之體。會德病卒，上亦奇向有才，（德）〔得〕減死〔論〕。〔四四〕後（論）立穀梁春秋，〔四五〕上因令向受穀梁春秋傳。與諸儒講五經於石渠，拜郎中給事黃門，遷諫（議）大夫給事中。〔四六〕向後爲宗正。向爲人簡易無威儀，廉清樂道，不交接世俗，專精思於經術，晝讀書傳，夜觀天文，或〔不〕寢（不）達旦。〔四七〕

四年春正月，詔曰：「朕惟耆老之人，髮齒墮落，血氣衰微，亦無暴虐之心。今或罹文法，拘執囹圄，不終天命，朕甚憐之。自今以來，諸年八十已上，非誣告殺傷人，他皆勿坐。」遣太中大夫李强等十二人循行天下，存問孤寡，觀風俗，察吏治得失，舉茂才異〔論〕〔倫〕之士。〔四八〕二月，河東霍徵史等謀反，誅。三月，詔曰：「乃者，神雀五采以萬數集長樂、未央、北宮、高寢、甘泉泰畤殿中及上林苑。朕之不逮，寡厚德，屢獲嘉祥，非朕之任。其賜天下吏民爵，三老、孝弟力田、鰥寡孤獨〔帛〕各有差。」〔四九〕秋八月，賜功臣嫡後黃金，人二（千）〔十〕斤。〔五〇〕賜故右扶風尹翁歸子黃金百斤，以奉其祭祀。翁歸字子（沉）〔況〕，〔五一〕其清潔，語不及私，温良謙退，不以行能驕人。然任刑威，京師畏之。其奸邪遊俠，皆有名藉。盜賊發其比伍，輒使以類推迹其所過抵，率常如其言。初，田延年爲河東太守，召見故吏五六十人，令有文者東，有武者西。翁歸獨伏不肯起，對曰：「文武兼備，惟所施設。」延年乃與語，大奇之，自以爲不及翁歸，遂舉孝廉。後爲東海太守，過辭廷尉于定國。欲以邑子二人囑託，且令坐後堂待見，及與翁歸語終日，不敢見之。已而謂其邑子曰：「此賢將，汝不任事也，且不可干以私。」丙寅，大司馬衛將軍張安世薨。安世以大司馬領尚書事，職典樞機，謹慎周密。（再）〔每〕定大政，〔五二〕已決，輒稱病出，聞有詔令，乃大驚，使吏之丞相府問焉。自朝廷大臣莫知其預議也。常有所薦，其人來謝安世，安世大恨之，以爲「舉能達賢，豈有私謝耶？」後絶不通。有郎功高不調，自言安世，安世曰：「以君之功高，明主所知。」絶不許。已而郎果自遷。幕府長史或謂安世曰：「將軍爲明主股肱，而士無所進，議者以爲譏。」安世曰：「明主在上，賢不肖較然，人臣自修而已，安知士而薦之？」其匿名迹遠權勢皆如此。然安世家僮七百人，各有伎巧，積累纖微，故能（值）〔殖〕其貨，〔五三〕富將擬過霍氏。然身衣（戈）〔弋〕綈，〔五四〕夫人紡績，車服甚節。安世薨，子延壽爲嗣，自以身無功德，何以久堪先人大國，數上書讓減户邑。又因從弟陽都侯彭祖口陳至誠。彭祖，初上微時與同硯席讀書，上親之。上以延壽爲有讓，乃徙封平原侯，户口如故，租税減半。遣使至烏孫，求車師前王。是歲，車師王烏貴（靡）自烏孫至，〔五五〕賜第舍，令與妻子居。是時比年豐，嘉穀玄稷降於郡國，金芝九莖産於函德殿銅池中，九真獻奇獸，南郡獲白虎，獻其皮骨爪牙，神雀仍集。

## 【校勘記】

〔一〕封蕭何（玄）〔世〕孫建〔世〕　從漢書高惠高后文功臣表、蕭何傳補。漢書宣帝紀作「曾孫」，亦誤。

〔二〕民有（太）〔大〕父母　從漢書宣帝紀、吴慈培校改。下改「太」爲「大」同。

〔三〕而顯乃以許后〔事〕告禹等　從南監本、龍谿本、學海堂本補。

〔四〕張（放）〔赦〕謂雲曰　從漢書霍光傳改。

〔五〕執金吾捕（霍山及）張（放）〔赦〕等　從漢書霍光傳删改。

〔六〕久（尤）〔猶〕未發　從漢書霍光傳改。

〔七〕先是禹夢見第門皆壞　漢書霍光傳無「夢見」二字。

〔八〕宜以時抑割　割，漢書霍光傳作「制」。

〔九〕金安（王）〔上〕等五人皆封侯　從南監本、龍谿本、學海堂本改。

〔一〇〕上乃賜福帛（千）〔十〕疋以爲郎（中）　從漢書霍光傳改。

〔一一〕飢寒（涷）〔瘐〕死獄中　從學海堂本、漢書宣帝紀改。

〔一二〕清河王延年有罪廢遷（防）〔房〕陵　從漢書宣帝紀改。延年，宣帝紀無「年」。

〔一三〕上望〔見〕而心輕之　從漢書循吏傳、黄校本補。

〔一四〕（民）諸持鋤鉤田器　從漢書循吏傳删。

〔一五〕慰安（收）〔牧〕養焉　從學海堂本、漢書循吏傳改。

〔一六〕赦天下（徙）〔徒賜〕勤事（者賜）吏民爵　從學海堂本、漢書宣帝紀改。

〔一七〕益奉明（國）〔園〕百户爲奉明縣　從漢書宣帝紀改。又宣紀無「百」字。

〔一八〕絳侯周勃等〔百〕三十六人子孫　從漢書宣帝紀補。

〔一九〕其無（敵）〔適〕後者　從南監本、龍谿本、學海堂本改。

〔二〇〕至郎從官（錦）〔錢〕帛各有差　從學海堂本、漢書宣帝紀改。

〔二一〕王婕妤無子（有寵）　從黄校本、漢書外戚傳删。

〔二二〕預爲調（官）〔棺〕斂具　從南監本、龍谿本、學海堂本、漢書趙廣漢傳改。

〔二三〕長安遊徼獄〔吏〕秩百石　從漢書趙廣漢傳、吴慈培校改。

〔二四〕京兆〔政〕清（正）　從吴慈培校、漢書趙廣漢傳改。

〔二五〕烏貴（靡）　從漢書西域傳删。

〔二六〕（荅）〔楚〕公主侍者馮嫽　從學海堂本、漢書西域傳改。

〔二七〕（軺）〔錦〕車持節　從漢書西域傳改。

〔二八〕詔昆彌烏（孫）就（居）〔屠〕　從學海堂本、漢書西域傳改。

〔二九〕有（烏）〔鳥〕五色以萬數　從南監本、龍谿本改。

〔三〇〕二千石（至）〔金〕　從學海堂本、漢書宣帝紀改。

〔三一〕其封故昌邑王賀（子）爲海昏侯　從漢書宣帝紀删。

〔三二〕中郎將史（魯）〔曾〕　從學海堂本、漢書宣帝紀改。

〔三三〕吉（魯）〔曾〕玄舜延壽　從漢書宣帝紀改。

〔三四〕掖〔庭〕宫婢（名）則　從學海堂本、漢書丙吉傳改。

〔三五〕坐養皇〔曾〕孫不謹　從漢書丙吉傳補。

〔三六〕遂孫（尊）〔遵〕　從龍谿本、學海堂本、漢書遊俠傳改。

〔三七〕所在輻（湊）〔輳〕　從龍谿本改。

〔三八〕立皇（太）子欽　從龍谿本、學海堂本、漢書宣帝紀刪。

〔三九〕知足不殆　此從漢書疏廣傳。殆，當作「辱」。老子第三十七章：「知足不辱，知止不殆，可以長久。」

〔四〇〕廣（漢）既歸東海　從漢書疏廣傳刪。

〔四一〕（諸）〔請〕族人鄉里　從漢書疏廣傳改。

〔四二〕故樂與（其）鄉黨宗族共受其賜　其，逕刪。受，漢書疏廣傳作「饗」。

〔四三〕上令向典（向萬）〔尚方〕鑄作事　從龍谿本、學海堂本改。

〔四四〕（德）〔得〕減死〔論〕　從南監本、龍谿本、學海堂本改。

〔四五〕後（論）立穀梁春秋　從龍谿本、學海堂本刪。

〔四六〕遷諫（議）大夫給事中　從漢書楚元王傳刪。

〔四七〕或〔不〕寢（不）達旦　從學海堂本乙正。

〔四八〕舉茂才異（論）〔倫〕之士　從南監本、學海堂本、漢書宣帝紀改。

〔四九〕鰥寡孤獨〔帛〕各有差　從漢書宣帝紀補。

〔五〇〕人二（千）〔十〕斤　從學海堂本、漢書宣帝紀改。

〔五一〕翁歸字子（沉）〔況〕　從學海堂本、漢書尹翁歸傳改。

〔五二〕（再）〔每〕定大政　從學海堂本、漢書張湯傳改。

〔五三〕故能（值）〔殖〕其貨　從南監本、龍谿本、漢書張湯傳改。

〔五四〕身衣（戈）〔弋〕綈　從南監本、漢書張湯傳附子安世傳改。

〔五五〕車師王烏貴（靡）　從漢書西域傳删。

# 兩漢紀上　漢紀

## 孝宣皇帝紀三卷第十九

神爵元年春正月，行幸甘泉，郊（秦）〔泰〕時。〔一〕三月，行幸河東，祠后土。賜天下勤事吏及民爵，鰥寡孤獨高年帛。所賑貸貧民勿收。行所過無出田租。詔曰：「夫江海，百川之大者，今闕無祀。其令祠官以時祠江海及洛水。」膠東王相張敞爲京兆尹。敞字子高，河東人。先是敞爲山陽太守，郡内清治，上書自請曰：「山陽户九萬三千，計盜賊未得者一十七人，〔二〕他課皆如此。臣久居閑處而忘國事，非忠臣也。請治劇郡。」時膠東盜賊並起，長吏不能治，乃拜敞爲膠東王相。至郡，明設購賞，開賊盜令相捕斬除罪。吏追捕有功，上名尚書調補縣令者數人。〔三〕國中清平。王太后數遊獵，敞上書諫曰：「臣聞秦王好淫聲，（華）〔葉〕陽后爲之不聽鄭、衛之曲；〔四〕楚莊王好畋獵，樊姬爲之不食鳥獸之肉。口非惡甘旨，耳非惡絲竹也，所以抑心意，絶嗜慾者，將欲率二君全宗祀也。禮，君母出門則乘（駢）

〔輧〕輜，〔五〕下堂則從傅母，進退則鳴佩玉，内飾則結紉綢繆。此則至尊至貴所以自斂制，不自恣縱之義也。今〔太〕后姿質淑美，〔六〕慈愛寬仁，諸侯莫不聞之，而少以畋獵縱恣爲名，於是以此上聞，亦未宜也。唯觀覽於往古，〔合〕〔全〕行於來今，〔七〕令后姬有法則，臣下有所稱頌。」及爲京兆尹，長安多盜賊，自趙廣漢後，守尹皆不稱職。敞到，則求問長安父老偷長，得數人，皆温厚，出從僮騎，閭里以爲長者。敞皆召見責問，赦其罪，令致諸偷。偷長曰：「今君一旦召詣府，恐諸偷驚散，請一切受署。」敞皆〔捕〕〔補〕爲吏，〔八〕遣歸休。置酒，諸小偷悉賀，飲酒醉，偷長陰以赭土汙其衣。吏坐里門，閱出衣赭汙者悉收，一旦乃得數百人。由此桴鼓希鳴，市無偷盜。敞治京兆，修廣漢之迹。其方略耳目不及廣漢，然頗以經術儒雅以輔其政，不純用刑，故能免於戮。西羌反。夏四月，後將軍趙充國討西羌。充國字翁孫，隴西人也，時年七十六。初，出兵，上問誰可將者，充國曰：「無逾老臣。願陛下以兵屬老臣，勿以爲憂。」上笑曰：「諾。」充國既行，常以遠斥候爲務，行必有戰備，止必堅營壁，尤能持重，愛士卒，先計而後戰。遂至西部都尉府，日饗軍士。虜數挑戰，充國堅守。於是酒泉太守辛武賢奏言：「郡兵皆屯備南山，北邊空虛，勢不能久。或曰至秋冬乃進兵，此虜在境外之策也。今虜朝夕爲寇，胡地苦寒，漢馬不能冬，屯兵在武威、張掖、酒泉萬騎已上，可以悉發，以七月上旬齎三十日糧，分兵並出張掖、酒泉，合擊罕、开在鮮水之上者。

虜以畜產爲命，今皆離散，兵出，雖不盡誅，且奪其畜產，虜其妻子，復引軍還。冬復擊之，大兵仍出，虜必（振）〔震〕壞。」〔九〕上下其書於充國，充國以爲「武賢欲輕引萬騎爲兩道出張掖、酒泉，回遠千里。以一馬自馱負三十日食，爲米二（斗）〔斛〕四（升）〔斗〕，〔一〇〕麥八斛，又有衣裝兵器，難以追逐。勤勞而至，虜必商軍進退，稍稍引去，逐水草，入山林。隨而深入，虜必據前險，守後阨，以絕糧道，必有傷危之憂。而武賢以爲可奪〔其〕畜產，虜〔其〕妻子，〔一一〕此殆空言，非至計也。又武威、張掖皆當北塞，有通谷水草。臣恐匈奴與羌有謀，且欲大入，其郡兵尤不可悉發。先零首爲叛逆，他種劫略。故臣欲捐罕、开闇昧之過，隱而勿彰，先行先零之誅以振動之，宜悔過反善，因捨其罪，選良吏撫循和輯，此全師保勝安邊之長策也。」上下其書。公卿議者咸以爲先零兵盛，而負罕、开之助，不先破罕、开，則先零亦未可圖也。上乃拜侍中許延壽爲強弩將軍，即拜酒泉太守武賢爲破羌將軍，賜璽書嘉納其奏。因以書敕切讓充國曰：「將軍不早及秋共水草之利爭其畜食，欲至冬，虜皆畜食，多藏匿山林中依險阻，將軍士卒寒，手足皸瘃，寧有利乎？將軍不念中國之費，而欲以歲數而勝微，將軍誰不樂此者！今詔破羌將軍武賢等擊罕、开，將軍其自引兵便道西並進，雖不相及，使虜聞東方北方兵並來，分散其心意，離其黨與，雖不能殄滅，當有瓦解者。勿復有疑。」夏六月，有星孛于東方。秋七月，大旱。充國上書曰：「臣前奉詔告諭罕、开，宣天子至德以解其謀，罕、开之屬皆知明詔。今先零已爲寇日久，而罕、开未有所犯。今先擊罕、开，釋先零，赦有罪，誅無辜，（去）〔起〕一難，〔一二〕就兩害，誠非陛下本計也。先零欲爲背叛，故與罕、开解仇結約，其心恐漢兵至而罕、开背之。先擊罕、开，而先零必救之，以堅其交，迫脅諸小國種，〔一三〕附者稍集。虜兵浸多，〔誅之〕用力數倍，〔一四〕恐國家憂累（四）〔由〕十年數，〔一五〕不一二歲而已。臣之愚計，先誅先零，則罕、开之屬不煩兵而服之矣。以今進兵，誠未見其利。」上乃璽書報，從充國計擊先零。充國引兵至先零，虜久屯（娶）〔聚〕，〔一六〕解弛，望見大軍，（乘）〔棄〕車重，〔一七〕欲渡湟水，水道阨狹。充國曰：「此窮寇，不可迫也。緩之則走不顧，急之則還致死。」乃徐行驅之，虜赴水溺死數百人，（乃）降〔及〕斬首五百餘（級）〔人〕。〔一八〕虜遂敗走，獲牛馬羊十萬餘頭，車四（十）〔千〕餘兩。〔一九〕兵至罕、开地，令軍無燔燒聚落芻牧田中。罕、开羌聞之，喜曰：「漢兵果不擊我！」豪靡忘使人來言：「願得故地。」充國以聞，未報。靡忘自來歸充國，充國（以聞）賜飲食，〔二〇〕遣還諭種人。罕、开竟不煩兵而降。上賜充國書，令破羌將軍爲充國副，進兵擊先零。時先零降者萬餘人。充國度其必壞，欲罷騎兵，留屯田。或諫曰：「將軍數不奉詔，一旦繡衣來責，將軍身且不能保，何國家之能安？今此利病之間，又何足爭？」充國曰：「是何言之不忠也！今漢兵久不決，四夷卒有動搖，相因而起，雖有智者不能善其後事也。諸君徒欲自營，不爲國計也。吾固以死爭之，明主可以忠言。」遂上屯田罷兵狀，奏曰：「虜易以計破，難以用兵，臣愚以爲擊之不便。今吏士馬牛穀糧芻藁之費甚衆，轉輸不能給。願罷騎兵，留屯田兵士，屯要害處，益畜積，省大費。謹上屯田處器用簿。」上報曰：「如將軍計，虜何時伏誅，兵當何時得決？其熟計，復奏。」充國上狀曰：「帝王之兵，以全取勝。今虜亡其美地茂草，寄託遠遁，骨肉離心，人有叛志，(散)〔般〕師屯田，〔二一〕以待其變，此坐支解羌虜之具也。臣謹條屯田便宜十二事：分步兵九校，吏士(各)萬人，〔二二〕留屯田以爲武備，因田致穀，威德並行，一也。排抑羌虜，使不得肥饒之地，(分)〔貧〕破其衆，〔二三〕成相叛之漸，二也。居民得並田作，不失農業，(二)〔三〕也。〔二四〕軍馬一月之食，度支田(士)〔士〕一歲，〔二五〕罷騎兵以省大費，四也。至春省甲士卒，漕運穀至臨羌，以示胡虜，揚威武折衝之具，五也。以閑暇時伐材木，繕治郵亭，充入金城，六也。兵出，(不)乘危徼倖，〔二六〕不出，使虜因竄於風寒之地，罹於疾疫霜露之患，坐得必勝之道，七也。亡經險阻遠追死傷之患，八也。內無損威武之重，外不令虜得乘間之勢，九也。(日)〔又〕無驚動河南大小罕、开，〔二七〕使生他變之憂，十也。治湟陿中道橋，令可至鮮水，以制西域，申威西極，使師從枕席上過，十一也。既省大費，徭役豫息，以戒不虞，十二也。」詔復報曰：「將軍獨不計虜兵將攻擾屯田者，及殺略人民，將何以止之？大小罕、开前言：『我告漢軍先零所在，兵久不往，得無不分別人而并擊我耶？』其意常恐。今兵不出，得無變生，(於)〔與〕先零爲一？〔二八〕熟計復奏。」充國奏曰：「虜失地遠客，分散飢寒，皆聞天子明詔令相捕斬之賞。臣愚以爲其勢自壞。今留屯田，地勢平易，多高山遠望之便，部曲相保，塹壘木樵，便兵飾弩，烽火相連，勢足并力，以逸待勞，兵之大利。騎兵雖罷，虜見屯田爲必擒之具，必有土崩以歸〔德〕之意，〔二九〕宜不久矣。今虜馬羸瘦，必不敢捐其妻子於他種中，遠來爲寇。又見屯田兵精，必不敢將其累重還歸故地。若爲小寇，勢不足患。臣聞『戰不必勝，不苟接刃；攻不必取，不苟勞衆。』釋坐勝之道，乘從危之勢，兵不見其利，而内自疲弊，貶重自損，非所以示蠻夷也。又大兵一出，還不可復留，湟中亦不可空，如是，徭役自復發也。且匈奴不可不備，烏桓不可不憂。今見轉運煩費，傾國家不虞之用以贍一隅，臣愚以爲不便。且校尉臨衆宣明威德，奉厚幣，撫循罕、开羌衆，喻以明詔，必無異心，不足以疑故出兵。臣今奉詔出塞，引軍遠攻，罷天子之精兵，散車甲於山野，雖無尺寸之功，偷得避嫌之便，而無後咎，此人臣不忠之利，非明主社稷之福也。臣不敢避斧鉞之誅，謹昧死以聞。」充國初奏事，議臣非難充國十七人，中十五人，最在後十三人。〔三〇〕有詔詰前言不便者，皆頓首服。於是詔報聽之。京兆尹張敞上書言：「充國兵在外，已經夏發，隴西以北，安定以西，吏民給輸，田事廢，〔業〕〔素〕無餘積，〔三一〕雖羌虜必破，來春民必困乏。願令諸有罪，非盜賊受財殺人犯不道者，皆得以差入穀此八郡贖罪。務益致穀，以備預百姓之急。」事下有司，左馮翊蕭望之曰：「民含陰陽之氣，有(仁)〔好〕義〔欲〕利(慾)之心，〔三二〕在上之教化。雖堯、舜在上，不能去民〔欲〕利(慾)之心，〔三三〕而能令其〔欲〕利(慾)不勝(仁)〔好〕義也；〔三四〕雖桀、紂在上，不能去民好義之心，而能令其好義不勝〔欲〕利(慾)也。〔三五〕故堯、舜、桀、紂之分，在於義利而已矣，故道民不可不慎也。令民以粟贖罪，則富室得生，貧者獨死，是貧富異刑而法不一也。人情，父兄(內)〔囚〕縶，〔三六〕聞以財得生，爲人子弟者將不顧死傷之患，敗亂之行，以赴財利，求〔救〕親戚。〔三七〕一人得生，十人(已)〔以〕死。〔三八〕如此，則伯夷之行壞，公綽之名滅。政教一傾，不可卒復。古者藏財於(人)〔民〕，〔三九〕不足則取之，有餘則與之。故詩云『爰及矜人，哀此鰥寡』，上惠下也。又曰『雨我公田，遂及我私』，下(惠)〔急〕上也。〔四〇〕今西邊之役，民失作業，雖戶賦口斂以贍其用，古之通道也，百姓莫以爲非。以死救生，恐未可。陛下布德施教，教化既成，堯、舜無以加也。今議開利路以傷既成之化，臣竊痛之。」上復下其議。敞曰：「令罪人出錢減死，便於煩擾良民橫興賦斂。又諸盜賊及殺人犯不(盜)〔道〕者，〔四一〕皆不得贖；首匿、見知縱犯、所不當得爲(人)之屬，〔四二〕議者或頗言其法(不)可蠲除，〔四三〕今因此令贖，(甚)明〔甚〕，〔四四〕何(傷教)化〔之〕所亂？〔四五〕甫刑之罰，小過赦，薄罪贖，有金選之品，其所從來久矣，何賊之所生？今涼州方秋饒之時，民尚(饑)〔飢〕乏，〔四六〕況至來春，必將大困。不早慮賑卹必全之策，而引常經以難。(常人)常人可與守經，〔四七〕未可與從權也。」望之復對曰：「先帝聖明，賢良在位，立憲垂法，爲無窮之基，故今布令曰〔四八〕：『邊郡數被兵，（難）〔離〕飢寒，〔四九〕夭絶天年，父母相失，〔五〇〕天下共給其費。』（故）〔固〕爲軍旅卒暴之事。〔五一〕臣聞天漢四年，常使罪人贖罪，出錢五十萬減死一等，豪强吏民請奪假借，至爲盜賊以贖罪，姦邪並起。臣以爲使死罪贖之敗也，故曰不便。」時丞相、御史大夫以爲羌虜且破，轉輸略足相給，遂不施行敞議。賜大司農朱邑子黄金百斤，以奉祭祀。邑字仲卿，廬江人。身爲列卿，居處節約，俸禄以供九族鄉黨，家無餘財。敦厚公正，不可交以私，上甚重之。將死，屬其子曰：「我故桐鄉嗇夫，其民愛我，必葬我桐鄉。後世子孫奉祀，不如桐鄉。」桐鄉民爲起立祠，〔五二〕歲時常祭之。是歲，韓增爲大司馬車騎將軍，封龍（額）〔頟〕侯。〔五三〕

二年春正月乙丑，甘露降；鳳凰集於京師，群鳥從之，有萬數。夏五月，西羌平，斬其首惡大豪楊玉首以降，置金城屬國以處降羌。赦天下。後將軍充國還，所善浩星賜迎，説充國曰：「衆人皆以破羌、强弩將軍出擊，斬首獲降，虜以破壞。然有識者以爲虜勢窮困，兵雖不出，必自服矣。雖然，將軍即見上，宜歸功於二將軍。」充國曰：「吾年老矣，爵位已極，豈嫌伐一時之功哉！兵勢，國之大事，當爲後法。老臣不以（余）〔餘〕命一爲陛下言兵之利害，〔五四〕卒死，誰當復言之者？」卒以其意對，上然其計。武賢由是怨充國，上書告充國子中郎將印前從軍在西羌時，言「車騎將軍張安世常不快上意，上數欲誅之。印家將軍爲上言安世事孝武皇帝數十年，稱忠謹，宜見全恕。由是得免。」卬又坐禁止而入至充國幕府司馬中亂屯兵。卬下吏，自殺。充國乞骸骨，賜金、安車駟馬免，罷就第。充國初以司馬從（二）〔貳〕師將軍擊匈奴，〔五五〕大爲虜所困。漢軍乏食數日，死傷者多，充國與壯士百餘人潰圍陷陣，（二）〔貳〕師引軍隨之，〔五六〕遂得解。身被二十餘創，武帝歎之，擢爲車騎將軍長史。太始之際，與霍光定策（要）〔安〕宗廟，〔五七〕封營平侯。秋，匈奴大亂，日逐王先賢（單于）〔撣〕來降。〔五八〕時衛司馬會稽人鄭吉使護鄯善西南道，以攻破車師。日逐王請降於吉，吉發諸國兵五萬人迎日逐王，口萬二千人、小王將十二人及河曲，頗有亡者，吉追斬之，遂將詣京師。封日逐王爲歸德侯，吉爲安遠侯。使吉并護車師以西北道，故號都護。都護之號，自吉始也。於是吉始于西域而立幕府，治（塢）〔烏〕壘城，〔五九〕鎮撫諸國。漢之號令頒於西域，始自張騫而成於鄭吉。九月，司隸校尉蓋寬饒下獄，自殺。寬饒，魏人，爲儒學者所宗。剛直公清，數干犯上意。在位久不遷，越先之者多，寬饒自伐其行能，意終不滿。時上方用刑法，任中書官，寬饒奏封事曰：「方今聖道浸微，儒術不行，以刑（獄）〔餘〕爲周、召，〔六〇〕以法律爲詩、書。」又引易傳言：「五帝官天下，三王家天下，家以傳子孫，官以傳聖賢，若四時之運，成功者去，不得其人，不居其位。」書奏，上以寬饒爲怨謗，下其書。時執金吾議，以爲寬饒旨意欲求禪，大逆不道，遂下獄。諫（議）大夫鄭昌上書曰：〔六一〕「司隸校尉食不求飽，居不求安，進有憂國之心，退有死身之義，〔六二〕上無許、史之屬，下無金、張之託，職在司察，直道而行，多仇少與，上書諫國事，下有司劾以大辟。臣幸得與大夫之後，官以諫爲名，不敢不言。」上不聽，遂下廷尉，寬饒引佩劍自殺。寬饒爲司隸，京師肅清。居貧，子弟常步行自戍北邊。然性頗深刻，刺舉無所迴避，貴戚大臣，人人相與爲怨。平恩侯許伯入第，丞相、御史大夫、中二千石皆賀，寬饒不賀。許伯請之，乃往，從西階上，東向特坐。許伯自酌，寬饒曰：「無多酌我，我有酒狂。」丞相笑曰：「次公醒而如狂，何必酒也？」坐皆屬目卑下之。酒酣作樂，長信少府檀長卿起舞，爲沐猴與狗鬬，坐皆大笑。寬饒不悅，仰視屋而歎曰：「富貴無常，忽輒易人，（如）此〔如〕傳舍，〔六三〕所閱多矣。唯謹慎者得久矣，君侯可不戒之！」因起趨出，劾奏長信少府以列卿而猴舞，失禮不敬。上欲罪少府，許伯爲請，乃止。寬饒初爲衛尉司馬。先是，司馬在部，見衛尉拜謁，嘗爲衛尉徭役使市買。寬饒按舊令，遂揖衛尉。衛尉私使寬饒，寬饒以令詣府門謁辭尚書。尚書責問衛尉，由是不敢私使，而司馬不拜。寬饒爲司馬，斷其（單）〔襌〕衣，〔六四〕令短，躬按行士卒，撫循之甚有恩信。及歲盡交代，上臨饗罷衛士卒，數千人皆（扣）〔叩〕頭請留一年，〔六五〕以報寬饒厚德。匈奴單于遣名王奉獻，賀正（月），〔六六〕始和親。

三年春，起樂遊苑。二月丙辰，〔六七〕丞相魏相薨。四月戊辰，御史大夫邴吉爲丞相。吉起刑法小吏，及爲丞相，以禮讓臨下。掾吏嘗有罪，輒與長休假，無按驗。吉曰：「丞相府有按吏之名，〔吾〕竊陋焉。」〔六八〕公府不按吏，自吉始也。（御史）〔馭吏〕嗜酒，〔六九〕醉，嘔吐吉車茵。西曹白命斥之，吉曰：「以醉〔飽〕之失去士，〔七〇〕此人將安所容乎？西曹忍之，此不過汙丞相車茵耳。」後邊虜入塞，發奔命卒至。此馭吏習邊事，見驛騎持赤白囊，知虜入塞，遽白吉，因曰：「恐虜復入，長吏皆老，不任兵馬，宜可預視。」吉即按省。未畢，有召問至，吉具對。御史大夫不能詳知，所以得譴讓。而吉見謂憂邊思職。吉歎曰：「士無不可容。向不聞馭（史）〔吏〕之言，〔七一〕何見勞勉之有？」吉嘗逢見（郡）〔群〕鬬，〔七二〕死傷橫道邊，不問。前行，見人逐牛，牛吐（血）〔舌〕喘息。〔七三〕吉使騎問：「逐牛行幾里已喘？」掾吏獨謂丞相前後失問，以譏吉，吉曰：「人鬬相殺，長安令、京兆尹之職，歲盡丞相課其殿最，奏行賞罰而已。丞相不親小事，非所以道路問也。方春少陽用事，未可以暑，恐牛近行用暑喘，此時氣失節，恐有所傷害。三公典調陰陽，職當所憂，是以問之。」吉子顯爲議曹掾，從（禮）〔祠〕高祖廟，〔七四〕至夕牲（曰）〔日〕，〔七五〕乃使出取（齊）〔齋〕衣。〔七六〕吉怒曰：「宗廟至重，而顯不敬，亡吾爵者必顯也。」秋七月甲子，大鴻臚蕭望之爲御史大夫。八月，詔曰：「吏不廉平則治道衰。今小吏皆勤事，而俸祿薄，欲無侵漁，難矣。其益吏百石已下俸五十斛。」〔七七〕是歲，光祿大夫梁丘賀爲少府。賀字長翁，琅邪人。初，以能心計，爲武騎，後爲郎。上祠孝昭廟，先驅旌頭大劍挺墮於地，首陷泥中，刃向上乘輿，馬驚。於是上召賀筮之，曰：「有兵，〔七八〕不吉。」上還，乃使有司代祠。是時霍氏外孫任宣爲代郡太守，坐謀反誅。宣子章爲公車丞，夜亡，乃玄袪服入廟執戟郎閒，欲爲逆。〔七九〕發覺，伏誅。其後明而入廟，自此始也。賀以筮有應，由是近幸，爲〔太中〕大夫，〔八〇〕至少府。爲人小心周密，上信重之。賀明易，賀子臨亦精於易，爲黃門侍郎，講論於石渠。

四年春二月，詔曰：「迺者鳳凰甘露降集京師，嘉瑞並見。修興五帝、太一、后土之祠，鸞鳳翱翔，降集於旁。（齊）〔齋〕戒之暮，〔八一〕神光顯著。及薦鬯之夕，神光交錯。或登於天，或降於池，從四方來集於壇。上帝嘉饗，海内承福。其赦天下，賜民爵，鰥寡高年帛。」夏五月，〔八二〕潁川太守黃霸以治行尤異秩二千石，賜爵關内侯，加賜黃金百斤。潁川吏民有行義者爵，人二級，力田一級，其（真）〔貞〕潔順女賜帛。〔八三〕霸爲政，尚先教化而後刑罰。務農桑，節用殖財，去食穀馬。聰明盡知下情。嘗使吏人有所按察，吏還，霸勞曰：「甚苦！食於道旁乃爲烏所盜肉。」吏大驚，以爲神，以霸且知其委曲，毫氂不敢有隱。民有鰥寡孤獨死者，霸告吏曰：「某處大木可爲棺，某亭猪子可爲祭。」吏往，皆如其言。吏民不知所出，皆稱神明。姦人去入他境。郡丞老，病耳聾，督郵（自）〔白〕欲逐之，〔八四〕霸不聽。或問其故，曰：「數易長吏，送故迎新之費乃爲姦吏因緣，〔八五〕公私費耗甚多，皆出於民，新長吏又未必賢。凡治道，去其太甚耳。」霸外寬内明，得吏民心，户口歲增，治爲天下第一。五月，詔郡國舉賢良。匈奴遣弟呼留若勝之來朝。冬十月，有鳳十一集杜陵。十有一月，河南太守嚴延年有罪，棄市。延年爲治嚴酷，冬月傳屬縣囚會府下，流血數里，河南號曰「屠伯」。府丞年老頗悖，素畏延年，恐見中傷。延年實親厚之，而丞愈自恐，自筮得死卦，乃求告至京師，上書言延年罪名十事。拜奏，因飲藥自殺，以明不欺。事下按驗，有此數事。延年坐誹謗政理，不道。先是延年母從東海來，適見報囚，母怒延年曰：「天道神明，人不可獨殺。行矣，去汝東歸，除掃墓地待汝耳。」母還歸，復爲宗族昆弟言之，後歲餘而誅矣。延年雖酷，然敏於政事，令行禁止，郡國肅清。先是爲涿郡太守，豪强放縱，盜賊横行，吏民皆曰：「寧負二千石，無負豪强大家。」延年至，則按誅大姓高氏等，所殺十人，〔八六〕郡中畏慄，道不拾遺。初，上即位，延年爲御史，劾奏霍光「擅廢立主上，無人臣禮，大不道。」奏雖寢，朝廷肅然敬憚之。延年兄弟五人，皆有吏才，至二千石大官。東海賢〔知〕於嚴母，〔八七〕號曰「萬石嚴嫗」。延年次弟彭祖，有才藝，學春秋，明傳經注記，即名嚴氏春秋也。官至左馮翊、太子太傅，不求當世，爲儒者宗。或謂彭祖曰：「天時不勝人事，君不修小禮曲意，無貴人左右之助，經義雖高，不至宰相矣。願少自勉！」彭祖曰：「大凡通經術，故當修先王之道，何可委曲從俗，苟求富貴乎！」卒以太傅官終。十有二月，鳳凰集上林。

## 【校勘記】

〔一〕郊(秦)〔泰〕時　從南監本、龍谿本、學海堂本改。

〔二〕計盜賊未得者一十七人　一，漢書張敞傳作「七」。

〔三〕調補縣令者數人　數人，漢書張敞傳作「數十人」。

〔四〕(華)〔葉〕陽后　從學海堂本、漢書張敞傳改。

〔五〕(駢)〔輧〕輜　從吴慈培校、漢書張敞傳改。

〔六〕今〔太〕后姿質淑美　從學海堂本、漢書張敞傳補。

〔七〕(合)〔全〕行於來今　從漢書張敞傳改。

〔八〕敞皆(捕)〔補〕爲吏　從南監本、龍谿本、學海堂本改。

〔九〕虜必(振)〔震〕壞　從吴慈培校、漢書趙充國傳改。

〔一〇〕爲米二(斗)〔斛〕四(升)〔斗〕　從南監本、龍谿本、學海堂本、漢書趙充國傳改。

〔一一〕奪〔其〕畜産虜〔其〕妻子　從黄校本、漢書趙充國傳補。

〔一二〕(去)〔起〕一難　從學海堂本、漢書趙充國傳改。

〔一三〕迫脅諸小國種　漢書趙充國傳無「國」字。

〔一四〕〔誅之〕用力數倍　從漢書趙充國傳補。

〔一五〕憂累（四）〔由〕十年數　從學海堂本、漢書趙充國傳改。

〔一六〕虜久屯（娶）〔聚〕　從龍谿本、學海堂本改。

〔一七〕（乘）〔棄〕車重　從學海堂本、漢書趙充國傳改。

〔一八〕（乃）降〔及〕斬首五百餘（級）〔人〕　從漢書趙充國傳改。

〔一九〕車四（十）〔千〕餘兩　從學海堂本、漢書趙充國傳改。

〔二〇〕充國（以聞）賜飲食　從漢書趙充國傳、吴慈培校删。

〔二一〕（散）〔般〕師屯田　從漢書趙充國傳改。

〔二二〕吏士（各）萬人　從漢書趙充國傳删。

〔二三〕（分）〔貧〕破其衆　從漢書趙充國傳改。

〔二四〕（二）〔三〕　從學海堂本改。

〔二五〕度支田（土）〔士〕　從學海堂本、漢書趙充國傳改。

〔二六〕（不）乘危徼倖　從漢書趙充國傳删。

〔二七〕（日）〔又〕無驚動　從南監本、龍谿本、學海堂本、漢書趙充國傳改。

〔二八〕（於）〔與〕先零爲一　從學海堂本、漢書趙充國傳改。

〔二九〕必有土崩以歸〔德〕之意　從漢書趙充國傳補。

〔三〇〕議臣非難充國十七人中十五人最在後十三人　漢書趙充國傳作「初是充國計者什三，中什五，最後什八」。

〔三一〕（業）〔素〕無餘積　從漢書蕭望之傳改。

〔三二〕有（仁）〔好〕義（欲）〔欲〕利（慾）之心　從學海堂本、漢書蕭望之傳改。

〔三三〕不能去民（欲）〔欲〕利（慾）之心　從學海堂本、漢書蕭望之傳改。

〔三四〕而能令其（欲）〔欲〕利（慾）不勝（仁）〔好〕義也　從學海堂本、漢書蕭望之傳改。

〔三五〕好義不勝（欲）〔欲〕利（慾）也　從學海堂本、漢書蕭望之傳改。

〔三六〕父兄（内）〔囚〕縶　從南監本、龍谿本、學海堂本改。

〔三七〕求〔救〕親戚　從漢書蕭望之傳補。

〔三八〕十人（已）〔以〕死　從漢書蕭望之傳改。按：「已」、「以」雖通，這裏作「以」文義較明。

〔三九〕古者藏財於（人）〔民〕　從漢書蕭望之傳改。「人」係唐避諱改。

〔四〇〕下（惠）〔急〕上也　從學海堂本、漢書蕭望之傳改。

〔四一〕犯不（盜）〔道〕者　從學海堂本、漢書蕭望之傳改。

〔四二〕爲（人）之屬　從龍谿本、學海堂本、漢書蕭望之傳刪。

〔四三〕其法（不）可蠲除　從漢書蕭望之傳刪。

〔四四〕（甚）明〔甚〕　從學海堂本、漢書蕭望之傳乙正。

〔四五〕何（傷教）化〔之〕所亂　從學海堂本、漢書蕭望之傳改。

〔四六〕民尚（饑）〔飢〕乏　從漢書蕭望之傳、黄校本改。

〔四七〕（常人）常人可與守經　從漢書蕭望之傳删。

〔四八〕故令布令曰　漢書蕭望之傳作「故金布令甲曰」。

〔四九〕（難）〔離〕飢寒　從學海堂本、漢書蕭望之傳改。離，通「罹」。

〔五〇〕父母相失　母，漢書蕭望之傳作「子」。

〔五一〕（故）〔固〕爲軍旅卒暴之事　從學海堂本、漢書蕭望之傳改。

〔五二〕爲起立祠　漢書循吏傳「起」下有「家」字。

〔五三〕封龍（額）〔頟〕侯　從龍谿本改。按「額」、「頟」通，不改亦可。

〔五四〕老臣不以（余）〔餘〕命　從龍谿本、學海堂本改。

〔五五〕（二）〔貳〕師將軍　從學海堂本、漢書趙充國傳改。

〔五六〕（二）〔貳〕師引軍隨之　從學海堂本、漢書趙充國傳改。

〔五七〕定策（要）〔安〕宗廟　從南監本、龍谿本、學海堂本改。

〔五八〕日逐王先賢（單于）〔撣〕來降　從漢書宣帝紀改。

〔五九〕治(塢)〔烏〕壘城　從學海堂本、漢書鄭吉傳改。

〔六〇〕以刑(獄)〔餘〕爲周召　從學海堂本、漢書蓋寬饒傳改。

〔六一〕諫(議)大夫鄭昌　從漢書蓋寬饒傳刪。

〔六二〕退有死身之義　身，漢書蓋寬饒傳作「節」。

〔六三〕(如)此〔如〕傳舍　從學海堂本、漢書蓋寬饒傳改。

〔六四〕斷其(單)〔禪〕衣　從漢書蓋寬饒傳改。

〔六五〕皆(扣)〔叩〕頭　從龍谿本改。

〔六六〕賀正〔月〕　從漢書宣帝紀補。

〔六七〕二月丙辰　漢書宣帝紀作「三月丙午」。

〔六八〕〔吾〕竊陋焉　從漢書丙吉傳補。

〔六九〕(御史)〔馭吏〕嗜酒　從龍谿本、學海堂本、漢書丙吉傳改。

〔七〇〕以醉〔飽〕之失　從漢書丙吉傳補。

〔七一〕馭(史)〔吏〕之言　從龍谿本、學海堂本、漢書丙吉傳改。

〔七二〕吉嘗逢見(郡)〔群〕鬭　從學海堂本、漢書丙吉傳改。

〔七三〕牛吐(血)〔舌〕喘息　從龍谿本、學海堂本改。

〔七四〕從〔禮〕〔祠〕高祖廟　從學海堂本、漢書丙吉傳改。

〔七五〕至夕牲〔曰〕〔日〕　從南監本、龍谿本、學海堂本、漢書丙吉傳改。

〔七六〕取〔齊〕〔齋〕衣　從南監本、龍谿本改。

〔七七〕其益吏百石已下俸五十斛　五十斛，漢書宣帝紀作「十五斛」。

〔七八〕有兵　漢書儒林傳作「有兵謀」。

〔七九〕乃玄袪服入廟執戟郎間欲爲逆　漢書儒林傳作「夜玄服入廟，居郎間，執戟立廟門，待上至，欲爲逆」。

〔八〇〕爲〔太中〕大夫　從漢書儒林傳補。

〔八一〕〔齊〕〔齋〕戒之暮　從漢書宣帝紀改。按「齊」即「齋」或字，以改爲宜。

〔八二〕夏五月　漢書宣帝紀作「夏四月」。

〔八三〕〔真〕〔貞〕潔順女賜帛　從漢書黄霸傳改。

〔八四〕督郵〔自〕〔白〕欲逐之　從南監本、龍谿本、學海堂本、漢書黄霸傳改。

〔八五〕乃爲姦吏因緣　乃，漢書循吏傳作「及」。

〔八六〕所殺十人　十人，漢書酷吏傳作「數十人」。

〔八七〕東海賢〔知〕於嚴母　從南監本、漢書酷吏傳補。

# 兩漢紀上　漢紀

## 孝宣皇帝紀四卷第二十

五鳳元年春正月，上幸甘泉宮，郊（大）〔泰〕畤。〔一〕皇太子冠。賜列侯嗣子爵（王）〔五〕大夫，〔二〕男子爲父後者爵一級。冬十有二月乙酉朔，日有蝕之。左馮翊韓延壽有罪，棄市。延壽字長公，燕人也。先是爲東郡太守，放散官錢，奢僭逾制。御史大夫蕭望之按驗之，丞相邴吉以爲更大赦，不須考。會御史當按問東郡事，望之因令并得問之。延壽聞之，即按劾望之在左馮翊時放散（稟）〔廩〕犧官錢數十萬，〔三〕吏掠治急，引與望之爲姦。延壽劾望之，按殿門禁止望之。望之自奏「職在總領天下，聞事不得不問，而爲延壽所拘持」。上由是不直延壽，各令窮竟所考。望之果無事實，而御史按驗東郡，具得延壽事。（事）都（肄）〔肄〕試騎士，〔四〕治飾兵車，畫龍虎朱雀。延壽駕駟馬車，羽葆，鼓車歌車。功曹引車，駕駟馬，載棨戟。五騎爲伍，分左右部，軍正、假司馬、（十）〔千〕人持幢傍轂。〔五〕延壽坐射室，騎吏持戟夾階列衛。騎士兵車四面營陣，被甲鞮鍪居馬上，抱弩負籣。又使騎士戲車弄馬。又取官銅物，（侯）〔候〕月蝕鑄作劍鉤（鐔）〔鐔〕，〔六〕放效尚方。取官錢帛，私假徭役吏民。及飾車騎甲用三百萬以上。於是望之劾奏延壽上僭不道。事下公卿，公卿議以延壽前既無狀，又誣訴典法大臣，欲以解罪，狡猾不道，坐棄市死。然延壽爲治，甚得吏民心，吏民數千人送至渭橋，老小扶持車轂，莫不涕泣。初，延壽以父義諫燕刺王而死，霍光顯賞其子，擢延壽爲諫（議）大夫，〔七〕遷潁川太守，承趙廣漢之後。初，廣漢患郡俗名黨大族相依，以憑凌長吏，乃陰交構之，以生其隙。於是吏民多相怨讎，風俗澆薄。延壽乃道之以禮讓，和輯其俗，俾有制度爲之禮節，養生送死不逾禮法。百姓遵用其教，賣偶人車馬下埋（爲）〔僞〕物者，〔八〕棄之市道。徙爲東郡太守，政理大行，吏民畏而愛之。其或欺負之者，延壽痛自刻責：「豈〔其負〕□□之，〔九〕何以至此？」吏民聞之，自傷悔，不復欺犯，其縣尉至〔自〕刺死。〔一〇〕及門下掾自剄，人救之不死，因失瘖不能言。延壽聞之自傷，對掾吏涕泣，遣醫治之甚厚，復其家。延壽嘗出，臨上車，騎吏一人後至，勑功曹議罰。府門卒當車前願有所言，因曰：「孝經云：『資於事父以事君，而敬同。』今旦明府早駕，久駐而不出。騎吏父至府門，騎吏趨出，父適返，會明府登車。以敬父而受罰，得無毁大化乎？」延壽車中舉手曰：「微子，太守不自知過。」還舍，召見府門卒，遂特用之。卒是老書生，聞延壽賢，故自隱於門下。以延壽在東郡治爲天下最，及守馮翊，行縣至高陵，邑人有兄弟訟田自言者，延壽大傷之，深自責，稱病不聽事，卧傳舍，而縣令、丞、三老亦自繫待罪。於是訟者深自悔，皆髡鉗肉袒謝罪，請以田相讓，及死不復敢爭。延壽見，勉勵之，乃起視事。郡中翕然，轉相勸勵。周偏二十四縣，莫復以自言者。推其至誠，吏民不忍欺也，治官茂矣。

二年春正月，行幸雍，祠五時。夏四月，大司馬車騎將軍韓增薨。增者，故韓王信之曾孫，安道侯說之子。增爲人寬和自守，以温顔遜辭承上接下，歷事三主，甚重於朝廷。五月，將軍許延壽爲大司馬車騎將軍。秋八月，詔曰：「夫婚姻之道，人倫之大者；酒食之會，所以行禮樂也。今郡國二千石或擅爲苛禁，禁民嫁娶不得具酒食相賀召。由是廢鄉黨之禮，使民無所樂，非所以導民也。詩不云乎，『民之失德，乾餱以愆』。勿爲苛禁。」匈奴握衍單于爲其衆所叛，〔一〕兵敗而自殺。於是匈奴大亂，五單于爭立。議者多云匈奴爲害日久，今可因其亂舉兵滅之。蕭望之對曰：「春秋晉士（丐）〔匄〕興兵侵齊，〔二〕聞齊侯卒而還，君子大其不伐喪，以爲恩足以服孝子，義足以動諸侯。前單于慕化和親，夷狄莫不聞矣。不幸爲賊臣所殺，而今伐之，是乘亂而幸災也。兵不以義動，恐勞而無功。宜遣使者弔問，輔其微弱，救其災患，四夷聞之，咸貴中國之仁義。若遂蒙恩得復其位，必稱臣服從，此德義之盛也。」上從之。壬午，御史大夫蕭望之貶爲太子太傅。太傅黃霸爲御史大夫。

是時邴吉年老，上重之，望之奏言：「三公非其人，則三光不明，今歲星少光，〔一三〕咎在臣等。」上以望之意在輕丞相，詰問望之，望之免冠置對。後丞相司直奏言：「故事，丞相病，明日御史大夫輒問病；朝奏事會廷中，差處丞相後；丞相謝，御史大夫稍揖進之。今丞相數病，望之不問；會廷中，與丞相均禮。又望之自擅使守（吏）〔史〕自給車馬，〔一四〕至杜陵視家事。少（吏）〔史〕冠法冠，〔一五〕爲妻先引，又使買賣，私所附益凡十三萬三千。」〔一六〕上由此策貶之。冬十有一月，匈奴呼遬累單于率衆來降，封爲列侯。十有二月，平通侯楊惲坐怨望，不道，腰斬。惲，丞相敞（弟）〔子〕，〔一七〕以發霍氏反事，封（光禄勳）〔平通侯〕。〔一八〕公廉好義，讓千萬財分昆弟宗族。然自伐其賢能，性好刻害，〔一九〕（好）發人陰伏，〔二〇〕輕慢士人，卒以此敗。太僕戴長樂與惲有隙，告之曰：「（安）〔高〕昌侯乘車奔入北掖門，〔二一〕惲曰：『嘗聞奔車抵殿門，門關折，馬死，而昭帝崩。今復如此。』惲觀西（關）〔閣〕上，〔二二〕指桀、紂畫像曰：『天子過此，一二問其過，可以得爲師矣。』〔畫〕人有堯、舜不稱而言桀、紂。〔二三〕又曰：『天久陰不雨，春秋所記，夏侯君所言。上行必不至河東矣。』（上以）〔以主上〕爲戲語，〔二四〕悖逆絶理。」下廷尉。廷尉奏大逆不道，請捕治之。上不忍致法，免爲庶人。居家治産業，起室宅。安定太守西河孫會宗，智略之士也，與惲書戒之，以爲「大臣廢退，當闔門恐懼，不當治産業，通賓客也。」惲報書曰：「自惟罪過已重，長爲農夫，故修賈豎之事，耕桑以給公上，不意當復以此爲讖也。夫西河郡地，魏文侯所興，有段干木、田子方遺風，尚節儉，明去就之分。今足下離舊土，臨安定，山谷間昆戎舊壤，子弟貪鄙，豈習俗移人，於今乃覩子之志矣！方今盛漢之隆，願勉旃，無多談。」惲兄子安平侯譚（爲）〔謂〕惲曰：〔二五〕「西河太守杜侯前以過絀，今復徵爲御史大夫。（候）〔侯〕罪薄，〔二六〕又有功勞，且復用。」惲曰：「有功何益？縣官不（定）〔足〕爲盡力。」〔二七〕譚曰：「縣官實然，蓋司隸、韓馮翊俱盡力吏，皆坐事誅。」騶馬猥佐成告之，下廷尉按驗，得惲與會宗書。上惡〔之〕，〔二八〕遂誅惲，妻子徙合浦。譚坐不諫止惲，與相應答，有怨望語，免爲庶人。公卿奏收朋黨友，皆免官。京兆尹張敞亦被奏，獨寢不下。會敞使捕賊掾吏絮舜有所按驗，〔舜〕以敞當免，〔二九〕曰：「五日京兆尹耳。」不肯爲按事。敞聞之，即收舜强致之死罪。舜家自告，上欲令敞自便利，即先下敞坐楊惲事免。敞詣闕上印綬，因從闕下〔亡命〕。〔三〇〕於是京兆吏民解（施）〔弛〕，〔三一〕桴鼓起。而冀州（都）〔部〕中有大賊。〔三二〕上思敞功效，即下詔所在召敞，拜冀州刺史。廣川王同族劉調等爲賊窟藏於王家，敞自將吏民兵車數百兩圍王宮，果得調等於殿屋重轑中。乃斬調，懸其首於王宮門。因劾奏王。上不忍致法，削其户。冀州盜賊禁止。遷太原太守，郡中清净，所在治理。荀悦曰：天子無私惠，王法不曲成。若張敞之比，以議能之法宥之可也；使之亡，非也。

三年春正月癸卯，丞相邴吉薨，謚曰定侯。子顯嗣，有罪，上不忍絕，削爵爲關内侯。

二月壬辰，御史大夫黃霸爲丞相。霸長於治民，及爲丞相，綱紀風采不及魏相、丙吉、于定國。三月，行幸河東，祠后土，神光並見，燭燿齊宮，十有餘刻。辛丑，鳳凰集長樂宮，文章五采，留十餘刻，吏民並覩。賜民爵一級，鰥寡孤獨帛。令民大酺五日。時天下殷富，數有嘉應。益州刺史王（褒）〔襄〕欲宣風化於其民，〔三三〕王褒作中和、樂（職）、宣布歌詩，〔三四〕選好事童子何武等令依鹿鳴之聲習而歌之。上召武等觀之，皆賜帛，曰：「此盛德之事，吾何以當之！」益州刺史因奏王褒有逸才，能爲文。上乃徵之，待詔，後召褒爲頌，頌聖主得賢臣之意。褒對曰：「春秋五始之要，在乎審己正統而已。夫賢者，國家之器用也。所任賢，則趣舍省而功施普；器用利，則事力少而成效多。故工之用鈍器也，勞筋苦骨，終日矻矻。及至巧冶鑄干將之朴，清水淬其鋒，越砥斂其鍔，水斷蛟龍，陸（剌）剸犀革，〔三五〕忽若彗（汜）〔氾〕畫塗。〔三六〕如此，乃使離婁督繩，公輸削墨，雖崇臺五層，延袤百尺，而不溷者，工用相得也。故服絺綌之涼者，不苦盛暑之鬱（懊）〔燠〕；〔三七〕襲狐貉之煖者，不憂至寒之悽慘。何則？有（其）具者易其備。〔三八〕夫賢人君子，亦聖（主）〔王〕之所以易海內也。〔三九〕昔周公躬吐握之勞，故有（周室）〔圄空〕之隆；〔四〇〕齊桓設庭燎之禮，故有匡合之功。由是觀之，明君人者勤於求賢而佚於得人。人臣亦然。故世必有仁聖之王，而後有賢明之臣。故虎嘯而風起，龍興而致雲，蟋蟀候秋吟，蜉蝣出以陰。易曰：『飛龍在天，利見大人。』詩曰：『思皇多士，生此王國。』故聖王必待賢臣而弘功業，儁士亦俟明主以顯其德。上下俱欲，歡然交欣，千載一會，愉悦無斁，翼乎如鴻毛之(遇)〔過〕順風，〔四一〕沛乎若巨魚之縱大壑。其得意如此，則胡禁不止，何令不行？化溢四表，横被無窮，遐夷貢獻，萬祥必臻。是以聖主不偏闚望而視(以)〔已〕明，〔四二〕不殫傾耳而聽(以)〔已〕聰；〔四三〕恩從祥風(遨)〔翺〕，〔四四〕德與和氣遊，太平之責塞，優游之望得；遵遊自然之勢，恬淡無爲之場，休徵自至，壽考無疆，何必偃仰屈伸若彭祖，呴嘘呼吸如喬、松，眇然絶俗離世哉！詩云：『濟濟多士，文王以寧。』信乎其以寧也！」是時，上頗好神仙，故褒對及之。頃之，拜褒爲諫(議)大夫，〔四五〕數爲辭賦。方士言益州有金馬、碧雞之寶，可祭致之，使褒祠焉。褒道病死。六月辛巳，〔四六〕西河太守杜延年爲御史大夫。安和寬裕，論議持平，稱爲名臣。是歲，置西河屬國都尉，以處匈奴降者。

四年春正月，廣陵王胥有罪，自殺。胥好倡樂逸遊，力能扛鼎，空手搏羆豕猛獸。動作無法度，昭帝時數使巫祝(禱)〔詛〕。〔四七〕上即位，胥曰：「太子孫何以反得立？」復祝詛如前。楚王延壽謀反，胥與私通書。延壽既誅，辭連及胥，有詔勿治，後復祝詛。胥宫中棘生十莖，〔四八〕莖赤，葉白如素。池中水變赤，魚死。有鼠舞王後庭中。後祝詛事發覺，有司按驗，胥惶恐自殺，謚曰厲王。其子爲庶人。匈奴單于〔稱〕臣，〔四九〕(道)〔遣〕弟谷蠡王入侍。〔五〇〕以邊(寨)〔塞〕無寇，〔五一〕減戍卒十二。大司農丞耿壽昌〔善〕爲筭，能(商)〔商〕功利，〔五二〕奏言：「故事，歲漕關東穀四百（餘）〔萬〕斛以給京師，〔五三〕用卒六萬人。宜糴三輔、弘農、河（南）〔東〕、上黨、太原郡穀足給京師，〔五四〕可以省關東漕卒半。」又奏邊郡皆築倉，以穀賤時增價而糴，以利農；貴時減價出糶，以贍貧民，名曰常平倉。民便之。乃賜壽昌爵關內侯。是時糴穀甚賤，農人少利，故設常平倉。而蔡揆以好農而爲使者，〔五五〕勸農於郡國。昔李悝爲魏文侯作盡地力之教，以爲地方百里，提封九萬頃，除山澤邑居三分減一，爲六萬頃，治田勸農則畝益三斗，〔五六〕不勸損亦如之，增減轉爲穀百八十萬石矣。〔五七〕故農事不可以不勸，糴甚貴則傷民，糴甚賤則傷農；民傷則離散，農傷則國貧。故甚貴甚賤，其傷一也。善爲國者，使民無傷而農益勸。今五口之家，治田百畝，歲常不足以自供，若不幸即有疾病死喪之費，則至於甚困。是以民不勸耕，而糴至於甚貴也。是故善平糴者，必視歲上中下。上熟自四，中熟自三，下熟自倍，饑亦如之。故上熟官糴三而舍一，中熟官糴二而舍一，下熟官糴一而舍一，使民適足，價平則止。小饑則發小熟之所斂而（糴）〔糶〕之，〔五八〕中饑則發中熟之所斂而（糴）〔糶〕之，〔五九〕（太）〔大〕饑則發大熟之所斂而（糴）〔糶〕之，〔六〇〕以相贍補。故雖遭饑饉，（糴）〔糶〕不甚貴而民不散，〔六一〕穀價常平。行之魏國，魏國强富。夏四月辛丑朔，日有蝕之。是謂正月朔，慝未作，春秋左氏傳以爲重〔異〕。〔六二〕遣丞相、御史掾吏二十四人循行天下，舉冤獄，察擅爲苛禁深刻不改者。

甘露元年春正月，行幸甘泉，郊泰畤。匈奴呼韓（王）〔邪〕單于遣子右賢王銖婁渠堂入侍。〔六三〕而呼韓邪兄左賢王自立爲郅支單于，遣子入侍。三月丁巳，〔六四〕大司馬車騎將軍許延壽薨。夏四月，黃龍見新豐。建章、未央、長樂宮鍾及筍簴銅人皆生毛，長一寸許。甲申，〔六五〕太上皇廟災。甲辰，孝文廟災。上素服五日。冬，呼韓邪單于遣弟左賢王朝賀。

二年春正月，立皇（太）子囂爲定陶王，〔六六〕後徙爲楚王。詔曰：「乃者鳳凰甘露降集，黃龍登興，醴泉滂流，枯槁榮茂，神光並見，咸受禎祥。其赦天下。減民筭三十。賜諸侯王、丞相、將軍、二千石金錢各有差。賜民爵，女子百户牛酒，鰥寡孤獨高年帛。」珠崖郡亂。夏四月，遣護軍都尉張祿將兵擊之。御史大夫杜延年賜安車駟馬，免。五月己丑，廷尉于定國爲御史大夫。秋九月，立皇子宇爲東平王。冬十月，幸雲陽宮。營平侯趙充國薨，謚曰壯武侯。〔六七〕以功德與霍光等圖畫相次於未央宮：第一曰大司馬大將軍博陸侯霍光，次曰衛將軍富平侯張安世，次曰車騎將軍龍（額）〔頟〕侯韓增，〔六八〕次曰後將軍營平侯趙充國，次曰丞相高平侯魏相，次曰丞相博陵侯邴吉，次曰御史大夫建平侯杜延年，次曰宗正（楊德）〔陽城〕侯劉德，〔六九〕次曰少傅梁丘賀，次曰太子太傅蕭望之，次曰典屬國蘇武。皆有功德，知名當世，以明著中興輔佐，列於方叔、（邵）〔召〕虎、仲山甫焉。〔七〇〕至成帝時，西羌（常）〔嘗〕有（驚）〔警〕，〔七一〕成帝思將帥之臣，詔黃門侍郎楊雄即充國畫像而頌之，曰：「明靈惟（先）

〔宣〕，〔七二〕戎有先零。先零猖狂，侵我西疆。漢命虎臣，惟後將軍，整我六師，是討是震。既臨其域，喻以威德，有守矜功，謂之弗克。請奮其旅，于罕之羌，天子命我，從之鮮陽。營平守節，屢奏封章，料敵制勝，威謀靡亢。遂克西戎，（旅）〔旋〕師于京，〔七三〕鬼方賓服，罔有不庭。昔周之宣，有方有虎，詩人歌之，乃列于雅。在漢中興，充國作武，糾糾桓桓，亦紹厥緒。」

三年春正月，行幸甘泉宮，郊泰畤。匈奴呼韓邪單于爲郅支所破，遂稱臣，來朝。上議其儀，丞相霸、御史大夫定國議以爲「聖主先諸夏而後夷狄，其禮儀宜如諸侯王，位次（其）〔在〕下」。〔七四〕太子太傅蕭望之議曰：「單于夷狄禮儀非正朔所加，故稱敵國，宜待以不臣之禮，位在諸侯王上。蠻夷稽首稱藩，中國讓而不臣，此羈縻之義，謙厚之（禮）〔福〕也。〔七五〕書曰『戎狄荒服』，言其來往荒忽無常。如使匈奴後嗣（不）闕於朝（饗）〔享〕，〔七六〕不爲叛臣。信讓行乎蠻夷，福祚延於無窮，此萬世之長策也。」上令單于在諸侯王上，贊謁稱藩臣而不名。賜以璽綬冠帶、衣裳、安車、駟馬、黄金、錦繡、繒絮。使有司導單于先行就邸。荀悦曰：春秋之義，王者無外，欲一於天下也。書曰「西戎即序」，言皆順從其序也。〔戎狄〕道（理）〔里〕遼遠，〔七七〕人（物）〔迹〕介絶，〔七八〕人事所不至，血氣所不沾，不告諭以文辭。故正朔不及，禮（義）〔教〕不加，〔七九〕非（導）〔尊〕之也，〔八〇〕其勢然也。王者必則天地，天無不覆，地無不載，故盛德之主則亦如之。九州之外謂之（藩）〔蕃〕國，〔八一〕蠻夷之君列於五服。詩云：「（目）〔自〕彼氐、羌，〔八二〕莫敢不來王。」故要荒之（地）〔君〕必奉王貢，〔八三〕若不供職，則有辭讓號令加焉，非敵國之謂也。故遠不間親，（狄）〔夷〕不亂華，〔八四〕輕重有序，賞罰有章，此先王之大禮。故舞四夷之樂於四門之外，不備其禮，故不見於先祖，獻其志意音聲而已。望之欲待以不臣之禮，加之（以）王公之上，〔八五〕僭度失序，以亂天常，非禮也。若以權時之宜，則異論矣。二月，單于罷歸。遣衞（將軍）〔尉〕、車騎（將軍）〔都尉〕、騎都尉萬六千騎送單于。〔八六〕單于歸幕南，保光祿城，而郅支單于遠遁，匈奴遂定。詔曰：「乃者鳳凰集新蔡，衆鳥四面行列而立，以萬數。其賜汝南太守帛百疋，新蔡長吏、三老、孝弟力田、鰥寡孤獨帛各有差。賜吏民爵二級。無出今年租。」三月己巳，丞相黄霸薨。五月甲午，御史大夫于定國爲丞相。初，定國父于公爲東海郯縣獄吏，郡決曹掾，〔八七〕決獄甚明，理法者皆無恨。郡中爲之立生祠。東海有孝婦，少寡，無子，養老姑甚謹，姑欲嫁之，終不肯去。姑告鄰人曰：「我年老，久累丁壯。」其後姑自剄而死，姑女告「婦殺我母」。吏驗治甚急，孝婦自誣服。具獄上府，于公以爲婦孝養姑十餘年，以孝聞於天下，必不殺也。太守不聽，于公爭不得，乃抱具獄，哭於府門上，因辭病去。郡中枯旱三年。及後太守方召于公，于公曰：「前有孝婦不當死，枉誅，咎儻在是乎？」於是太守殺牛自祭孝婦，因表其墓，天乃大雨。于公其里門閭壞，父老方共治之。于公曰：「少高大，令容駟馬高蓋。我治獄多陰德，子孫必興。」故人爲之語曰：「于公高門以（侍）〔待〕封，〔八八〕嚴母除地以望喪。」定國少爲文法吏，及在卿位，乃迎師學春秋，身執經，北面備弟子禮。謙讓恭敬，士雖貧賤徒步，皆與均禮。爲廷尉八年，〔八九〕持法平端。朝廷稱之曰：「張釋之爲廷尉，天下無冤民；于定國爲廷尉，天下自不冤。」然好飲酒，至一石不能亂，〔九〇〕益精明。邴吉之薨也，薦杜延年、于定國、陳萬年，皆以次見用。後太僕陳萬年爲御史大夫。萬年，沛人也。外行廉平，內行修飾，在位稱職。然善事人。邴吉疾病，中二千石以下謁問疾。〔九一〕吉遣家丞謝之，已皆去，唯萬年獨留，昏夜乃歸。好爲曲意如此。子咸，剛直有異才。萬年嘗召咸牀下教戒之，咸睡，頭觸屏風。萬年怒之，咸叩頭謝曰：「（且饒）〔具曉〕所言，〔九二〕大人乃教咸諂也。」萬年乃不復言。咸（復）〔後爲〕御史中丞，〔九三〕執法殿中，公卿以下皆敬憚之。頗言石顯長短，爲顯所奏，坐漏洩省中語（一）〔下〕獄，〔九四〕減死。後歷州郡，所在令行禁止，官至少府。其治嚴酷，倣嚴延年。然性奢侈，其廉不及。詔諸儒博士講五經同異於石渠，太子太傅望之平其議，上親稱制臨決焉。乃立梁丘易、大小夏侯尚書、穀梁（公羊）春秋、（左氏傳）博士。〔九五〕冬，烏孫公主求歸，年七十餘矣。〔上書曰：「年老思土，願歸骸骨。」上愍而迎之〕，〔九六〕與烏孫男女二人俱來，賜田宅奴婢，朝見儀比於公主焉。

四年夏，廣川王海陽有罪，廢遷房陵。冬十月丁卯，未央宮宣室閣災。〔九七〕

黄龍元年春正月，行幸甘泉，郊泰畤。匈奴呼韓邪單于來朝，禮賜如初。二月，單于歸國。詔曰：「朕既不明，數申詔公卿大夫順民所疾苦。今吏或以不禁姦邪爲寬大，縱釋有罪爲不苛，或以酷惡爲賢，皆失其中。奉詔宣化如此，豈不謬哉！方今天下少事，賦役省減，兵革不動，而民多貧，盜賊不止，其咎安在？上計簿務爲欺謾，以避其課。三公不以爲意，朕將何任？御史〔察〕計簿，〔九八〕有疑不實者，按之，使真僞無相亂。」三月，有星孛于王良、閣道，入紫微宫。〔九九〕是歲，未央宫殿輅軨宫中雌雉化爲雄，毛衣變而不鳴，無距。冬十有二月甲(戍)〔戌〕，〔一〇〇〕帝崩於未央宫。

讚曰：本紀稱「孝宣之治，信賞必罰，綜核名實，政事文學法治之士咸精其能，至於伎巧器械之資，後世鮮能及之，亦足以知吏稱其職，民安其業。遭(植)〔值〕匈奴乖亂，〔一〇一〕推亡固存，申威北狄，單于慕義，稽首稱藩。功光祖宗，業垂後嗣，可謂中興，德侔殷高宗、周宣矣」。漢武之世，得賢爲盛，公孫弘、倪寬以鴻漸之翼困於燕雀，卜式發迹於牧羊之間，非遇其時，焉能致斯位乎！孝武踐祚，方用文武，求賢如不及，始以蒲輪迎枚生，見主父偃而歎息。群士慕義，異人並出，卜式試於蒭牧，桑弘羊擢於賈豎，衛青奮於奴僕，日磾出於降虜，斯亦當時(板)〔版〕築(牧)〔飯〕牛之徒明矣。〔一〇二〕漢之得人，於斯爲盛，儒雅則公孫弘、董仲舒、倪寬，篤行則石建、石慶，質直則汲黯、卜式，推賢則韓安國、鄭當時，定律令則趙禹、張湯，文章則司馬相如，滑稽則東方朔、枚皐，應對則嚴助、朱買臣，曆數則唐都、洛下閎，協律則李延年，運籌則桑弘羊，奉使則張騫、蘇武，將帥則衛青、霍去病，受遺則霍光、金日磾，其餘不可勝紀。是以興造功業，制度遺文，後世莫及。至孝宣承統，繼修鴻業，亦講論六藝，招選茂異，而蕭望之、梁丘賀、夏侯勝、韋玄成、嚴彭祖、尹更始以儒術進，劉向、王褒以文章顯，將相則張安世、趙充國、魏相、邴吉、于定國、杜延年，治民則黄霸、王成、龔遂、邵信臣、韓延壽、尹翁歸、趙廣漢、張敞之屬，皆有功迹，見於後世，參（其）〔之〕名臣，〔一〇三〕亦其次也。

【校勘記】

〔一〕郊（大）〔泰〕時　從龍谿本改。

〔二〕賜列侯嗣子爵（王）〔五〕大夫　從龍谿本、學海堂本、漢書宣帝紀改。

〔三〕（稟）〔廩〕犧官錢　從學海堂本、漢書韓延壽傳改。

〔四〕（事）都（肆）〔肄〕試騎士　從漢書韓延壽傳删改。

〔五〕（十）〔千〕人持幢傍轂　從漢書韓延壽傳改。

〔六〕(侯)〔候〕月蝕鑄作劍鉤(鐸)〔鐔〕　從龍谿本、學海堂本、漢書韓延壽傳改。

〔七〕擢延壽爲諫(議)大夫　從漢書韓延壽傳删。

〔八〕下埋(爲)〔僞〕物者　從南監本、龍谿本、學海堂本改。

〔九〕豈〔其負〕□□之　原空四格，從南監本、龍谿本補二字。漢書韓延壽傳作「豈其負之」。

〔一〇〕縣尉至〔自〕刺死　從黄校本、漢書韓延壽傳補。

〔一一〕匈奴掘衍單于　漢書匈奴傳作「握衍朐鞮單于」。

〔一二〕晋士(丐)〔匄〕興兵　從龍谿本、學海堂本改。

〔一三〕今歲星少光　漢書蕭望之傳作「今首歲日月少光」。

〔一四〕自擅使守(吏)〔史〕自給車馬　從學海堂本、漢書蕭望之傳改。

〔一五〕少(吏)〔史〕冠法冠　從學海堂本、漢書蕭望之傳改。

〔一六〕私所附益凡十三萬三千　漢書蕭望之傳作「十萬三千」。

〔一七〕惲丞相敞(弟)〔子〕　從黄校本、漢書楊敞傳改。

〔一八〕封(光禄勳)〔平通侯〕　從漢書楊敞傳改。

〔一九〕性好刻害　漢書楊敞傳無「好」字，文義較長。

〔二〇〕〔好〕發人陰伏　從漢書楊敞傳補。

〔二一〕（安）〔高〕昌侯　從學海堂本、漢書楊敞傳改。
〔二二〕惲觀西（關）〔閣〕　從學海堂本、漢書楊敞傳改。
〔二三〕〔晝〕人有堯舜　從漢書楊敞傳補。
〔二四〕（上以）〔以主上〕爲戲語　從漢書楊敞傳改。
〔二五〕（爲）〔謂〕惲曰　從學海堂本改。
〔二六〕（候）〔侯〕罪薄　從南監本、龍谿本、學海堂本改。
〔二七〕縣官不（定）〔足〕爲盡力　從南監本、龍谿本、學海堂本、漢書楊敞傳改。
〔二八〕上惡〔之〕　從吴慈培校、漢書楊敞傳補。
〔二九〕〔舜〕以敞當免　從吴慈培校、漢書張敞傳補。
〔三〇〕因從闕下〔亡命〕　從南監本、龍谿本、學海堂本補。
〔三一〕吏民解（施）〔弛〕　從黄校本、學海堂本、漢書張敞傳改。
〔三二〕冀州（都）〔部〕中有大賊　從漢書張敞傳改。
〔三三〕益州刺史王（褒）〔襄〕　從學海堂本、漢書王褒傳改。
〔三四〕中和樂〔職〕　從漢書何武傳補。
〔三五〕陸（剌）〔輴〕犀革　從黄校本、漢書王褒傳改。

〔三六〕忽若彗（氾）〔汜〕畫塗　從黃校本、漢書王褒傳改。

〔三七〕盛暑之鬱（懊）〔燠〕　從南監本、龍谿本、學海堂本、漢書王褒傳改。

〔三八〕有〔其〕具者易其備　從漢書王褒傳、吴慈培校補。

〔三九〕亦聖（主）〔王〕之所以易海内也　從漢書王褒傳改。

〔四〇〕故有（周室）〔罔空〕之隆　從南監本、龍谿本改。

〔四一〕鴻毛之（遇）〔過〕順風　從漢書王褒傳改。

〔四二〕視（以）〔已〕明　從漢書王褒傳改。

〔四三〕聽（以）〔已〕聰　從漢書王褒傳改。

〔四四〕從祥風（遨）〔翺〕　從漢書王褒傳改。

〔四五〕拜褒爲諫（議）大夫　從漢書王褒傳删。

〔四六〕六月辛巳　漢書百官公卿表作「六月辛酉」。

〔四七〕使巫祝（禱）〔詛〕　從南監本、龍谿本改。

〔四八〕胥宫中棘生十莖　漢書武五子傳作「胥宫園中棗樹生十餘莖」。

〔四九〕匈奴單于〔稱〕臣　從漢書宣帝紀補。

〔五〇〕（道）〔遣〕弟谷蠡王入侍　從漢書宣帝紀改。

〔五一〕以邊（寨）〔塞〕無寇　從漢書宣帝紀、吴慈培校改。

〔五二〕〔善〕爲筭能（商）〔商〕功利　從龍谿本、學海堂本、漢書食貨志改。

〔五三〕穀四百（餘）〔萬〕斛　從學海堂本、漢書食貨志改。

〔五四〕弘農河（南）〔東〕上黨　從漢書食貨志改。

〔五五〕蔡揆　揆，漢書食貨志作「葵」。

〔五六〕治田勸農　勸農，漢書食貨志作「勤謹」。

〔五七〕增減轉爲穀百八十萬石　轉，漢書食貨志作「輒」。

〔五八〕小熟之所斂而（糴）〔糶〕之　從學海堂本、漢書食貨志改。

〔五九〕中熟之所斂而（糴）〔糶〕之　從學海堂本、漢書食貨志改。

〔六〇〕（太）〔大〕饑則發大熟之所斂而（糴）〔糶〕之　從學海堂本、漢書食貨志改。

〔六一〕（糴）〔糶〕不甚貴　從漢書食貨志改。

〔六二〕春秋左氏傳以爲重（異）　從漢書五行志補。

〔六三〕匈奴呼韓（王）〔邪〕單于　從學海堂本、漢書宣帝紀改。

〔六四〕三月　南監本、漢書宣帝紀、百官公卿表皆作「二月」。

〔六五〕甲申　漢書宣帝紀作「丙申」。

〔六六〕立皇（太）子囂爲定陶王　從漢書宣帝紀删。

〔六七〕謚曰壯武侯　壯武侯，漢書趙充國傳作「壯侯」。

〔六八〕龍（額）〔頟〕侯韓增　從龍谿本改。按「額」、「頟」通。

〔六九〕（楊德）〔陽城〕侯劉德　從龍谿本、漢書蘇建傳改。

〔七〇〕方叔（邵）〔召〕虎仲山甫　從龍谿本、漢書蘇建傳改。按「邵」、「召」通。

〔七一〕西羌（常）〔嘗〕有（驚）〔警〕　從龍谿本、漢書趙充國傳改。

〔七二〕明靈惟（先）〔宣〕　從漢書趙充國傳改。

〔七三〕（旅）〔旋〕師于京　從學海堂本改。

〔七四〕位次（其）〔在〕下　從學海堂本、漢書蕭望之傳改。

〔七五〕謙厚之（禮）〔福〕也　從學海堂本、漢書蕭望之傳改。

〔七六〕如使匈奴後嗣（不）闕於朝（饗）〔享〕　從漢書蕭望之傳改。

〔七七〕〔戎狄〕道（理）〔里〕遼遠　從通鑑漢宣帝甘露二年所引荀紀文改。

〔七八〕人（物）〔迹〕介絶　從通鑑漢宣帝甘露二年所引荀紀文改。

〔七九〕禮（義）〔教〕不加　從通鑑漢宣帝甘露二年所引荀紀文改。

〔八〇〕非（導）〔尊〕之也　從通鑑漢宣帝甘露二年所引荀紀文改。

〔八一〕謂之（藩）〔蕃〕國　從通鑑漢宣帝甘露二年所引荀紀文改。

〔八二〕（目）〔自〕彼氐羌　從龍谿本、學海堂本改。

〔八三〕要荒之（地）〔君〕　從通鑑漢宣帝甘露二年所引荀紀文改。

〔八四〕（狄）〔夷〕不亂華　從通鑑漢宣帝甘露二年所引荀紀文改。

〔八五〕加之（以）王公之上　從通鑑漢宣帝甘露二年所引荀紀文删。

〔八六〕遣衛（將軍）〔尉〕車騎（將軍）〔都尉〕　從漢書宣帝紀改。

〔八七〕郡决曹掾　漢書于定國傳無「掾」字。

〔八八〕于公高門以（侍）〔待〕封　從南監本、龍谿本改。

〔八九〕爲廷尉八年　八年，漢書于定國傳作「十八年」。

〔九〇〕至一石不能亂　一，漢書于定國傳作「數」。

〔九一〕中二千石以下謁問疾　以下，漢書陳萬年傳作「上」。

〔九二〕（且饒）〔具曉〕所言　從南監本、龍谿本、學海堂本改。

〔九三〕咸（復）〔後爲〕御史中丞　從南監本、龍谿本改。

〔九四〕洩省中語（二）〔下〕獄　從龍谿本、學海堂本改。

〔九五〕穀梁（公羊）春秋（左氏傳）博士　從漢書宣帝紀删。

〔九六〕〔上書曰年老思土願歸骸骨上慇而迎之〕　從黄校本補。

〔九七〕未央宫宣室閤災　閤，漢書宣帝紀作「閣」。按「閤」、「閣」通。

〔九八〕御史〔察〕計簿　從漢書宣帝紀補。

〔九九〕入紫微宫　微，漢書宣帝紀無「微」字。

〔一〇〇〕冬十有二月甲（戌）〔戌〕　從龍谿本、學海堂本改。

〔一〇一〕遭（植）〔值〕匈奴乖亂　從龍谿本、學海堂本、漢書宣帝紀改。

〔一〇二〕（板）〔版〕築（牧）〔飯〕牛之徒　從漢書公孫卜式兒寬傳贊、黄校本、吴慈培校改。

〔一〇三〕參（其）〔之〕名臣　從南監本、龍谿本改。

# 兩漢紀上　漢紀

## 孝元皇帝紀上卷第二十一

皇帝癸未即位，〔一〕年二十六。初，宣帝寢疾，引外屬侍中樂陵侯史高、（大）〔太〕傅蕭望之、少（府）〔傅〕周堪至（京）〔禁〕中，〔二〕拜高爲大司馬車騎將軍，望之爲前將軍光禄勳，堪爲光禄大夫，皆受遺詔輔政，領尚書事。望之薦諫（議）大夫劉向以博學忠直爲散騎宗正給事中。〔三〕

初元元年春正月辛丑，孝宣皇帝葬杜陵。赦天下。賜諸侯王、公〔主〕、列侯金，〔四〕二千石以下錢帛，各有差。封皇〔太〕后兄侍中中郎將王舜爲安平侯。〔五〕丙午，立皇后王氏。封皇后父禁爲陽平侯。禁即魏郡元城人也。其先齊田氏，濟北王安之後，其子孫廢爲庶人，時人謂之王家田氏焉。禁父字翁孺，武帝時爲繡衣御史，捕逐群盜黨與及長吏，多所縱活。而暴勝之奏殺二千石以下，及通行酒食相連坐者，大郡至斬萬有餘人。〔六〕翁孺以奉使不稱職免。翁孺歎曰：「吾聞活千人者有封子孫，吾所活萬餘人矣，後世其興乎！」翁孺徙居魏郡，元城人建公曰：「昔春秋時沙麓崩，晋史卜之曰：『陰爲陽雄，土火相乘，沙麓崩後六百四十五年，宜有聖女興。』其齊田氏乎！元城東郭五鹿墟即沙麓地也，今翁孺徙，正值其地，日月當之矣。」皇后字（正）〔政〕君。〔七〕方娠（正）〔政〕君，夢月入懷。長大許嫁，未入門，夫輒死。禁怪之，相者言：「當大貴。」年十八，宣帝時入掖庭，爲家人子以配太子。一見殿內，即幸有娠，生男，即成帝也。遣使者徵瑯邪王吉、貢禹。吉年老，道病卒。禹至，拜諫（議）大夫。王吉與禹相善，世稱「王陽在位，貢公彈冠」。言其趣舍同也。始，吉居長安，東家有棗枝垂吉庭中，吉婦取其棗以啗吉。吉後知之，乃去其婦。東家見吉去婦，欲伐樹，鄰人止之，因固請吉。婦還，里中爲之語曰：「東家有樹，王陽去婦，東家樹完，去婦復還。」其勵節如此。貢禹字少翁。初〔爲〕河南令，〔八〕以職〔事〕爲府官所責，〔九〕免冠謝。禹曰：「冠一免，豈可復冠！」遂去官，以明經潔行自修。上既見禹，虛己問以政事。禹曰：「古者宮室有制度，宮女不過九人，秣馬不過八匹；墻塗而不雕，木磨而不刻，車服器物皆不文畫，苑囿不過數十里，與民共之。高祖、孝文、孝景皇帝（修）〔循〕古節儉，〔一〇〕宮女不過十餘人，厩馬不過百餘匹。後世轉爲奢侈，臣下亦相倣效。故大夫僭諸侯，諸侯僭天子，天子過天道。今齊三服官作工數千人，一歲所費數千萬，杯碗器物皆文畫，金銀飾之。厩馬數萬匹，民飢而死，或人相食，廐馬食粟，患其大肥，乃日步作之。王者受命於天，爲民父母，固當如是乎！武帝時，又多取好女至數千人，以填後宮。及棄天下，昭帝幼弱，霍光不知禮正，多藏金銀財物鳥獸六畜之類，凡百九十物。又取後宮女置園陵，大失禮，逆天心。後遂遵之，使天下〔承〕化（成），〔一〕下及百姓，皆逾制度。唯陛下大減損輿服御物，三分去二。察後宮賢女留二十餘人，餘悉歸之。及諸園陵女無子者，宜皆遣之。廐馬可無過數十匹。獨舍長安城南苑以爲田獵之囿，餘皆復爲田以賜貧民。天生聖人，蓋爲萬民，非獨令自娛樂而已。此獨可以聖心參諸天地，揆之往古，不可與臣下議也。若其阿意順旨，隨君上下，臣禹不勝（眷眷）〔拳拳〕，〔二〕不敢不盡愚〔心〕。」〔三〕上喜納其忠，詔三輔、太常、郡國公田及苑可省者以賑貧民。凡禹所言，後多施行之。夏四月，光禄大夫王褒等七人循行天下，〔四〕存問耆老鰥寡孤獨失職之民，登延賢俊，招顯側陋，觀風俗之化。詔〔郡〕國被災害甚者無出今年租賦。〔五〕江（淮）〔海〕陂湖園池以貸貧民，〔六〕勿收租稅。賜宗室屬籍者馬一匹至二駟，孝弟力田、鰥寡孤獨帛，吏民五十户牛酒。秋八月，〔上郡〕屬國降胡萬餘人亡入匈奴。〔七〕九月，關東諸郡國十一大水，人飢相食。詔宮館希幸御者勿繕治，減食穀馬、食肉獸。詔列侯舉茂才。匈奴呼韓邪單于上書言民衆困乏，詔雲中、五原郡轉二萬斛穀以給之。

二年春正月，行幸甘泉，郊泰畤。賜雲陽民爵一級，女子百户牛酒。立皇弟音爲清河王。〔一八〕二月戊午，隴西地震，毁落太上皇廟，敗〔獂道〕縣〔道及〕城郭〔宫〕〔官〕寺屋室，〔一九〕壓殺人衆。山崩地裂，水泉皆湧。三月，立廣陵厲王太子〔弟〕霸爲王。〔二〇〕罷黄門乘輿及狗馬，水衡禁苑、少府佽飛外池、嚴籞池田假於貧民。詔郡國災甚者無出租賦。赦天下。夏四月，立皇太子。賜御史大夫爵關内侯，中二千石右庶長，天下當爲父後者爵一級，列侯錢各有差。荀悦曰：賞罰者，國家之利器也。所以懲惡勸善，不以喜加賞，不以怒增刑，列侯重爵不可以虚加也。秋七月己酉，地震。詔舉直言極諫之士。東海翼奉字少君，待詔對曰：「臣聞人氣内逆，則感動天地；天變見於星氣日蝕，地變見於奇物震動。所以然者，陽〔用其精，陰〕用其形，〔二一〕猶人有五臟六體，五臟象天，六體象地。故五臟病則氣色變於面，六體病則伸屈見於形。〔二二〕地震者，陰氣盛也。古者朝廷必有同姓以明親親，必有異姓以明賢賢。今左右無同姓，獨以舅后之家爲親，異姓之臣又疏。二后之黨滿朝，陰氣之盛，不亦宜乎！臣又聞建章、未央宫人各以百數，皆不得天性。宜爲設員，出其過制〔者〕。〔二三〕今異至不應，災將隨之，其法爲大水。然極陰生陽，反爲大旱，甚則將有火災。春秋宋伯姬〔災〕是也。」〔二四〕奉又上疏曰：「臣聞昔盤庚改邑以起殷道，聖人美之。今國家郊禘寢廟祭祀之禮多不應古，宫室苑囿奢侈。臣愚以爲誠難安居而易改作，欲陛下徙都洛陽，安成周之居，兼盤庚之德，改正制度，無有繕治宫室不急之費，三歲可餘一歲之畜。臣聞天道有常，王道無常，無常者所以應有常。必有非常之主，然後立非常之功。願陛下留神慮。」上異其言。奉好災異占候之術，爲博士、諫（議）大夫。〔二五〕是時史高典治尚書事，而蕭望之爲副。然望之名儒，有師傅恩，上信任之，多所貢薦，高充位而已。長安令楊興説高曰：「將軍以親戚輔政，貴於天下無二，然衆庶議論休譽不專在將軍，何也？（此）〔彼〕誠有所聞。〔二六〕以將軍幕府，海内莫不仰望，而所舉不過私門賓客，乳母子弟，人情忽不自知，然一夫竊議，語流天下。夫富貴在身而列士不（舉）〔譽〕，〔二七〕是有狐白之裘而反衣之。古人疾其如此，故卑體勞心，以求賢爲務。傳曰：以賢難得故曰事不待賢，以食難得故曰飽不俟食，惑之甚者。今平原文學匡衡才智有餘，經學絶倫，但以無階朝廷，故隨牒在遠方。將軍誠召在幕府，即學士翕然歸心；薦之朝廷，必爲國器。以是顯示庶衆，名流後世，不亦可乎！」高然其言，辟衡爲議曹史，薦爲郎中。時蕭望之、周堪、劉向及侍中金敞（安上子）中正敢言。〔二八〕此四人者，同心輔政。而中書令弘恭、僕射石顯比於史高，與望之不同。恭、顯皆嘗坐法腐形爲宦者，自宣帝見任用矣。及上即位，多不親政事，遂委顯等。望之以爲尚書政本，宜以賢明之選，自武帝遊晏後庭，〔故用宦者，非國舊制，又違古不近刑人之義，白〕欲更用士人，〔二九〕由是大與高、恭、顯等有隙。待詔鄭朋、華龍等者，皆傾巧人也，行汙穢，欲入，堪等不納。更入許、史，因求見上，怨毀望之等。恭、顯遂令朋、龍等上書，告望之欲罷車騎將軍，疏退許、史。侯望之休沐日，令一人上書，事下恭、顯。恭、顯奏「望之及堪、向黨與相構，譖訴大臣，謗毀親戚，欲以專權，爲臣不忠，誣上不道，請詔謁者召致廷尉」。上不省爲下獄，可其奏。後聞繫獄，上驚曰：「非但廷尉問邪？」乃責顯、恭，即日出望之等，令視事。顯、恭因令史高言上曰：「陛下新即位，未有德化聞於天下，先驗師傅，既下獄又虛出之，宜因决免之。」於是詔收望之印綬，及堪、向、敞連坐，皆免，而朋、龍爲黄門（侍）郎，〔三〇〕自此忠臣退而奸臣用事。六月，關東大饑，齊地人相食。秋七月，詔吏發倉廩府庫賑飢寒者。上重望之不已，乃下詔曰：「故前將軍望之傅朕八年，厥功茂矣。其賜爵關内侯，食邑六百户，給事中，朝朔望。」上方欲以望之爲宰相，會望之子（侍中）散騎（常侍）中郎（將）伋上書訟望之前事，〔三一〕事下有司，奏「望之前所坐明白，無譖訴者，而教子上書，稱引無辜之言，失大臣之體，大不敬，請捕之。」顯、恭等知望之素高節不屈，奏曰：「望之深怨望，歸非於上，自以託師傅恩德，終不坐。非頗屈於牢獄，抑其怏怏之心，則聖朝無以施德厚。」上曰：「蕭太傅素剛直，安肯就獄？」顯等曰：「人命至重，望之所坐罪，必無所憂。」上乃可其奏。顯等於是遣謁者促召望之，因命太常急發執金吾圍其第。（侯）〔使〕者至，〔三二〕望之欲自殺，其夫人止之，以爲非天子意。望之以問門下生朱雲，素剛直，好節士，教之自裁。望之乃歎曰：「吾嘗備位宰相，年

〔餘〕〔踰〕六十矣，〔三三〕而入獄以求生，不亦鄙乎！」遂飲藥而卒。上聞之大驚，〔附〕〔拊〕手曰：〔三四〕「吾固疑其不就獄，果然殺吾賢相！」太官方上食，不肯食，涕泣哀慟左右。於是召顯等責問，皆免冠謝，良久乃解。其子伋嗣爵關内侯，歲時常遣使者祀望之家，暨終世。望之八子，育、咸、由、伋皆至九卿。育初爲茂陵令，會考課，時漆令以殿責問，育爲之請扶風，扶風大怒曰：「君課〔等〕〔第〕六，〔三五〕裁自脱耳，何暇與左右言？」及罷出，傳茂陵令詣後曹，當以職事對。育直出不還，書佐隨牽之，育按劍曰：「蕭育杜陵男子，何詣後曹！」遂趨出，欲去官。明旦，會詔召入，拜司隸，過扶風府門，而官屬掾吏數百人皆拜謁於車下。咸、由所在皆以功績著聞，名流後世。是歲，丞相府家雌雞伏子，漸化爲雄，有冠距，鳴。弘恭病死，石顯爲中書令。車騎〔將軍〕〔都尉〕韓昌、光禄大夫張猛送呼韓邪侍子以歸。〔三六〕昌、猛見單于益盛，又聞大臣多勸單于北歸者，恐既北則難約束，因與單于盟約曰：「漢與匈奴〔各〕〔合〕爲一家，〔三七〕世世子孫無得相詐相殺。有盜竊相報，行其誅賞；其有寇，發兵相救。敢有背約，受天不祥。令子孫世世盡無違盟。」昌、猛與單于登〔弱〕〔諾〕水東山，〔三八〕〔刺〕〔刑〕白馬，〔三九〕以月支王頭所爲飲器飲血盟而旋。公卿議者以爲「單于雖北，猶不能爲害。昌、猛擅以國家世世子孫詛盟，罪至不道」。有詔昌、猛以贖論，勿解盟。

三年春，令諸侯相位在郡守下。珠崖郡山南縣反，上博謀群臣，欲擊之。待詔賈捐之對曰：「臣聞堯、舜聖之盛也，禹入聖域而不優，故孔子稱堯曰『大哉』，舜曰『韶，盡美矣』，禹曰『吾無間然矣』。以三聖之德，地不過數千里，東漸於海，西被於流沙，北盡朔裔，南暨聲教，〔四〇〕豫聲教者則治之，不欲豫者不强治。殷、周之時，東不過江、黄，西不過氐、羌，南不過蠻荆，北不過朔方。而君臣歌德，頌聲並作。及秦興兵遠攻，貪外虚内，而天下内叛。孝文偃武行文，時有獻千里馬者，詔曰：『鸞旗在前，屬車在後，師行三十里爲程，騎行五十里爲程，朕乘千里馬，獨安之乎？』乃還馬，勑四方無來獻。當此時，天下無事，斷獄數百。及孝武皇帝，西連諸國至於安（西）〔息〕，〔四一〕東過碣石至於樂浪，北却匈奴（數）萬里，〔四二〕南制南海爲八郡。兵革數起，父戰於前，子鬬於後，女子乘亭鄣，孤兒啼於道，老母寡婦飲泣街巷，設虚祭於道傍，招神魂於萬里之外。廓地泰大，征伐不休，而天下斷獄（餘數萬人）〔萬數，民賦數百〕。〔四三〕今關東困乏，至有嫁妻賣子，此社稷之憂。詩云：『蠢爾蠻荆，大邦爲讎。』言聖人起則後服，中國衰則先叛，自古而患之，何況反覆南方萬里外之蠻乎！駱越之人，父子同卧，而俗相習以鼻飲，〔四四〕與禽獸無異。有之不足郡縣置也，棄之不足惜也，不擊之不損威。臣竊以往時羌（渾）〔軍〕言之，〔四五〕暴師曾不滿一年，兵出不逾千里，費四十餘萬（錢）〔萬〕，〔四六〕大司農錢盡，乃以少府禁錢續之。今陛下不忍悁悁之忿，欲驅士衆捐之大海之中，快心幽冥之地，非所以拯饑饉、全元元也。方之往古則不合，施之當今又不便。臣愚以爲本非冠帶之國，禹貢所不及，春秋所不理，皆可宜廢之，無以爲。」上以問丞相定國、御史大夫陳萬年。萬年以爲當擊之，定國以捐之議是。上乃罷珠崖郡，民欲内屬者處之，不欲者勿强。上數見捐之，言多納用，後爲石顯所毁，稀復得見。其後長安令楊興以才能幸於上，捐之欲因求見，謂興曰：「令我得見上，言君蕳，〔四七〕京兆尹立可得。我前後所薦，皆如其言。」興曰：「縣官嘗言興逾勝薛大夫，我易助也。使君房爲尚書令，勝五鹿充宗甚遠。」捐之曰：「令我得代充宗，君蕳爲京兆尹，京兆尹郡國之首，尚書百官本也，天下宜大治，士則不隔矣。」興曰：「石顯上所信用，今且以合意，則得入矣。」捐之因與興共爲奏，稱薦石顯，又薦興京兆尹。顯聞其議，白之。乃下興、捐之獄。有司劾捐之、興懷詐僞，更相薦舉，漏泄省中語，罔上不道。捐之棄市，興减死。夏四月乙未，茂陵白鶴館災。本志以爲「白鶴館五里走馬之館，不當在山陵昭穆之地。天戒若曰，去貴幸逸遊不正之臣，勿在正位。病石顯之象也。」赦天下。夏，旱。立長沙(煬)〔煬〕王弟宗爲王。〔四八〕封故海昏侯賀子爲侯。六月，詔曰：「朕惟衆庶之飢寒，遠離父母妻子，勞於非業之作，衛於不居之宫，其罷建章、甘泉衛士，令各就農。」詔丞相、御史舉天下明陰陽者各三人。

〔四年春正月，行幸甘泉宫，郊泰畤。三月，行幸河東，祠后土，赦汾陰徒，所過無出租賦，賜民爵一級，女子百户牛酒，鰥寡孤獨高年帛。皇后曾祖父濟南平陵王伯墓門梓柱更

生枝葉，上出屋。本志以爲王氏將興之象也。」〔四九〕

五年春正月，以周子南君爲周承休侯，次位諸侯王。三月，行幸雍，祠五畤。夏四月，有星孛於參。詔太官無日殺，所供各減半，乘輿秣馬無乏正事而已。罷角觝戲、上林宫館希幸御者、齊三服官、北假官田、鹽鐵官、常平倉。博士弟子無置員，以廣學者。省刑罰凡七十餘事。御史大夫陳萬年卒。六月辛酉，長信少府貢禹爲御史大夫。禹奏言：「古者民無賦筭口錢，今民生子三歲則出口錢，故民重加困，産子輒不舉，甚可痛之。宜令今兒生七歲去齒乃出口錢，年〔二〕十〔二〕乃筭。」〔五〇〕又奏言：「武帝時令人犯法贖罪，入粟者補吏，是以國亂民貧，盜賊並起。郡國畏法，則使巧能欺上府者以爲右職；姦宄不勝，則取勇猛苛暴能威服下者使居大位。故無義而有財者顯於世，欺謾而便巧者尊於朝，悖逆而勇猛者貴於官，行爲犬豕，財富勢足，是爲賢耳。故謂居官而致富者爲雄桀，處姦而得利者爲壯士，兄勸其弟，父勉其子，俗之敗壞，乃至於此！宜除贖罪之法。選舉不以實，及有贓者，輒行其罪，無但免官。則貴孝弟，賤賈人，進賢能廉直，而天下治矣。」十有二月丁未，貢禹卒。丁巳，長信少府薛廣德爲御史大夫。初，郅支單于怨漢擁護呼韓邪單于，乃求其侍子。漢遣衛司馬谷吉送之，郅支單于乃殺吉，遂依康居而居焉。時諸葛豐爲司隸，劾舉無所迴避，京師爲之語曰：「間何闊，逢諸葛。」上嘉之，加豐光禄大夫侍中。許章不奉法度，賓客犯法，〔與〕章相連。〔五二〕豐按劾章，欲奏其事，適逢章私出，豐駐車舉節詔章〔曰〕：「下！」（獄）〔欲〕收。〔五三〕章窘迫，馳車去，豐追之。章因而入宮，自歸於上。豐亦上奏，因收奪豐節。司隸去節，自豐始也。

## 【校勘記】

〔一〕皇帝癸未即位　癸未，漢書宣帝紀作「癸巳」。

〔二〕（大）〔太〕傅蕭望之少（府）〔傅〕周堪至（京）〔禁〕中　從龍谿本、學海堂本、漢書儒林傳、漢書蕭望之傳改。

〔三〕望之薦諫（議）大夫劉向　從漢書楚元王傳刪。

〔四〕賜諸侯王公〔主〕列侯金　從漢書宣帝紀補。

〔五〕封皇〔太〕后兄侍中中郎將王舜　從漢書宣帝紀補。

〔六〕大郡至斬萬有餘人　郡，漢書元后傳作「部」。

〔七〕皇后字（正）〔政〕君　從吳慈培校、漢書元后傳改。下改同。

〔八〕初〔爲〕河南令　從學海堂本、漢書貢禹傳補。

〔九〕以職〔事〕爲府官所責　從龍谿本、學海堂本補。

〔一〇〕（修）〔循〕古節儉　從吴慈培校、漢書貢禹傳改。

〔一一〕天下〔承〕化（成）　從吴慈培校、漢書貢禹傳改。

〔一二〕不勝（眷眷）〔拳拳〕　從吴慈培校、漢書貢禹傳改。

〔一三〕盡愚〔心〕　從吴慈培校、漢書貢禹傳補。

〔一四〕光禄大夫王褒等七人循行天下　漢書元帝紀「光」上有「遣」字。七，元紀作「十二」。

〔一五〕詔〔郡〕國被災害甚者　從漢書元帝紀補。

〔一六〕江（淮）〔海〕陂湖園池　從吴慈培校、漢書元帝紀改。

〔一七〕〔上郡〕屬國降胡　從吴慈培校、漢書元帝紀補。

〔一八〕立皇弟音爲清河王　音，漢書元帝紀作「竟」。

〔一九〕敗〔豲道〕縣（道及）城郭（宫）〔官〕寺屋室　從學海堂本、漢書元帝紀改。

〔二〇〕太子（弟）霸爲王　從漢書元帝紀删。

〔二一〕陽〔用其精陰〕用其形　從漢書翼奉傳補。

〔二二〕伸屈見於形　形，漢書翼奉傳作「貌」。

〔二三〕出其過制〔者〕　從漢書翼奉傳改。

〔二四〕春秋宋伯姬（災）是也　從吴慈培校、漢書翼奉傳删。

〔二五〕爲博士諫(議)大夫　從漢書翼奉傳删。

〔二六〕(此)〔彼〕誠有所聞　從漢書匡衡傳、吴慈培校改。

〔二七〕而列士不(舉)〔譽〕　從學海堂本、漢書匡衡傳改。

〔二八〕及侍中金敞(安上子)中正敢言　從漢書蕭望之傳删。

〔二九〕〔故用宦者非國舊制又違古不近刑人之義白〕欲更用士人　從黄校本、漢書蕭望之傳補。

〔三〇〕爲黄門(侍)郎　從漢書蕭望之傳删。

〔三一〕望之子(侍中)散騎(常侍)中郎(將)伋　從吴慈培校、漢書蕭望之傳删。

〔三二〕(候)〔使〕者至　從學海堂本、漢書蕭望之傳改。

〔三三〕年(餘)〔踰〕六十矣　從學海堂本、漢書蕭望之傳改。

〔三四〕(附)〔拊〕手曰　從南監本、龍谿本、學海堂本改。

〔三五〕君課(等)〔第〕六　從南監本、龍谿本改。

〔三六〕車騎(將軍)〔都尉〕　從吴慈培校、漢書匈奴傳改。

〔三七〕漢與匈奴(各)〔合〕爲一家　從龍谿本、漢書匈奴傳改。

〔三八〕登(弱)〔諾〕水　從吴慈培校、漢書匈奴傳改。

〔三九〕(剌)〔刑〕白馬　從龍谿本、學海堂本改。

〔四〇〕北盡朔裔南暨聲教　漢書賈捐之傳作「朔南暨聲教」。

〔四一〕至於安〔西〕〔息〕　從學海堂本、漢書賈捐之傳改。

〔四二〕北却匈奴〔數〕萬里　從漢書賈捐之傳删。

〔四三〕而天下斷獄〔餘數萬人〕〔萬數民賦數百〕　從漢書賈捐之傳改。

〔四四〕父子同卧而俗相習以鼻飲　卧、俗，漢書賈捐之傳作「川」、「浴」。

〔四五〕以往時羌〔渾〕〔軍〕言之　從漢書賈捐之傳改。

〔四六〕費四十餘萬〔錢〕〔萬〕　從學海堂本、漢書賈捐之傳改。

〔四七〕言君蕳　蕳，漢書賈捐之傳作「蘭」。

〔四八〕立長沙〔煬〕〔煬〕王弟宗爲王　從龍谿本改。

〔四九〕〔四年春正月……王氏將興之象也〕　從龍谿本、學海堂本補。

〔五〇〕年〔二〕十〔二〕乃筭　從龍谿本、學海堂本、漢書貢禹傳乙正。

〔五一〕〔與〕章相連　從漢書諸葛豐傳補。

〔五二〕詔章〔曰〕下〔獄〕〔欲〕收　從漢書諸葛豐傳改。

# 孝元皇帝紀中卷第二十二

永光元年春正月，行幸甘泉，郊泰畤。免雲陽徒。賜民爵一級，女子百户牛酒，鰥寡孤獨高年帛。所過無出田租。上留射獵，御史大夫薛廣德上書言：「竊見關東困極，民人流移。陛下日日撞亡秦之鍾，聽鄭、衛之樂，馳騁干戈，縱姿於野，不卹百姓，臣誠悼之。今士卒暴露，從官勞倦，願陛下亟反宫，與天下同憂樂。」上即日還宫，詔丞相、御史大夫舉質樸敦厚遜讓有行者。三月，殞霜殺麥苗。詔曰：「朕之不明，無以知賢，佞人在位，哲人壅蔽，民漸俗薄，去禮觸刑，豈不哀哉！其赦天下，令勵自新，各務農畝，無田皆假貸種食。〔賜〕吏〔賜〕六百石以上爵五大夫，〔一〕勤事吏爵二級，民一級，女子百户牛酒，鰥寡孤獨高年帛。」秋七月己未，大司馬車騎將軍史高賜金安車駟馬，免。上自酹祭宗廟，出便門，欲御樓船，薛廣德當乘輿，免冠頓首曰：「宜從橋。」上曰：「大夫冠。」廣德曰：「陛下不聽臣言，臣自刎頸，以血汙車輪，陛下不得渡矣！」上不悦。先驅光禄大夫張猛曰：「主聖臣直。從橋安，乘船危，御史大夫言可聽。」上曰：「曉人不當如是耶！」乃〔廻〕〔從〕橋。〔二〕廣德病，賜安車駟馬，免。辛亥，太傅韋玄成爲御史大夫。九月戊子，侍中衛尉王接爲大司馬車騎將軍。接者，宣帝舅王無敬之子也。〔三〕冬十有二月，丞相于定國賜安車駟馬，免。子永嗣位，至御史〔大夫〕。〔四〕尚館陶公主施。施者，宣帝長女也，賢而有行，永以選尚焉。周堪復爲光禄勳，與張猛皆給事中，見親任，而石顯等數譖毁之。劉向以草莽臣上書曰：「臣聞舜命九官，濟濟相讓，和之至也。衆賢和於朝，則萬物和於野。故蕭韶九成，鳳凰來儀；擊磬拊石，百獸率舞。及至周〔之〕〔文〕，〔五〕開基西郊，雜集衆賢，莫不肅和，崇推讓之風，以息忿争之訟。周詠文王之德，其詩曰：『於穆清廟，肅雍顯相；濟濟多士，秉文之德。』武王、周公繼政，朝臣和於内，萬國歡於外，故得萬國之歡心，以事其先祖。其詩曰：『有來雍雍，至止肅肅，相維辟公，天子穆穆。』諸臣和於下，天應報於上。故周頌曰『降福穰穰』，『貽我來麰』。下至幽、厲之際，朝廷不和，轉相非怨，詩人疾而刺之曰：『民之無良，相怨一方。』衆小人在位而〔從〕邪議，〔六〕潝潝相是而背君子，其詩曰：『潝潝訿訿，亦孔之哀！謀之其臧，則具是違；謀之不臧，則具是依！』君子獨處守正，不撓衆〔枉〕〔枉〕，〔七〕勉强以從王事，則反見憎毒譖愬，其詩曰：『黽俛從事，不敢告勞。無罪無辜，讒口嗸嗸！』當此之時，日月薄蝕而無光，其詩曰：『日有蝕之，亦恐之醜！』又曰：『日月鞠凶，不用其行。』天變見於上，地變動於下，水泉沸騰，山谷易處。其詩曰：『百川沸騰，山冢卒崩，高岸爲谷，深谷爲陵。』霜降失節，不以其時，其詩曰：『正月繁霜，我心憂傷；民之訛言，亦孔之將！』此皆不（知）〔和〕，〔八〕賢不肖易位之所致也。自此之後，天下大亂，厲王奔彘，幽王見弒。尹氏世卿而專恣，諸侯背叛而不朝。二百四十二年之間，日蝕三十六，地震五，山陵崩阤二，彗星見三，野鷄夜鳴，常星不見，夜中星隕如雨者一，火（炎）〔災〕十四。〔九〕長狄入中國三。五石隕墜，六鶂退飛，冬麋，有蜚，鸜鵒來巢，晝晦，冬無冰，李梅冬實。七月霜降，草木死。八月殺菽。大雨雹，雷電失序。水旱饑饉，蝗螽俱出，衆災並起。當此之時，禍亂輒應，弒君三十六，亡國五十二，諸侯奔走，不得保其社稷者，不可勝數。周室多禍：晉敗其師於貿戎；鄭傷桓王；戎執其使；五大夫爭權，三君更立，莫能正理。遂至陵遲，不能復興。由此觀之，氣和致祥，氣乖致異；祥多者其國安，異衆者其國危，天地之常（德）〔經〕，〔一〇〕古今之通義也。當今邪正雜糅，忠讒並進；章交公車，人滿北軍。朝臣乖忤，分曹爲黨，更相譖愬，不可稱言。是以災異並起，皆妖氣之所致也。夫履（襄）〔衰〕周之迹，〔一一〕脩詩人之（刺）〔刺〕，〔一二〕而欲成太平，致雅頌，猶却行而求及前人也。讒邪所以並進者，由上多疑心，既已用賢（令）〔人〕行善政，〔一三〕而或譖之，則賢人退而善政消矣。懷多疑之心者，來讒賊之口；

持不斷之意者，開群枉之門。讒邪進者賢人退，群枉盛者正士消。故易有否、泰，善惡相消。詩曰：『雨雪麃麃，見晛聿消。』昔舜、禹與驩兜、共工雜處堯朝，周公與管、蔡並居周位，當是之時，皆迭進相毁，流言相謗，豈可勝道哉！帝堯、成王能賢舜、禹、周公而消共工、管、蔡，故以大治。孔子與季、孟俱事於魯，李斯與叔孫通並宦於秦，定公、始皇賢李斯與季、孟而消孔子、叔孫通，〔一四〕故以大亂。夫治亂之端，在於所信任；信任既賢，在於堅固。詩云：『我心匪石，不可轉也。』言守善固也。昔孔子與顏淵、子貢更相稱舉，不爲朋黨；禹、稷、皋陶更相汲引，不爲比周。何則？忠於爲國而無邪心也。故賢人在上位，引其類聚於朝，故易曰：『〔見〕〔飛〕龍在天，〔一五〕大人造也。』在下位則與類俱進，故易曰：『拔茅連茹以其彙，征吉。』今姦邪與賢臣並進，在交〔戰〕〔戟〕之内，〔一六〕數設危險之言，欲以傾移主上。此天地所以見誡，災異所以重至也。自古聖王未有無誅而治者，故舜有四方之罰，孔子有兩觀之誅。今以陛下之聖明，宜深思天地之心，察兩觀四放之意，鑒否、泰之卦，觀雨雪之詩，歷唐、周之所進以爲法，原秦、魯之所消以爲戒，考祥應之福，省災異之禍，以揆當時之變，仰鑒前古之事，宜放遠佞人之黨，廣開衆正之路，決斷狐疑，分明去就，則百異消滅，衆祥並至，太平之基，萬世之利。』顯等見其書，而愈與許、史比周而怨向，向等遂禁錮十餘年。

初，上内重周堪而患諸譖愬，無所信。時長安令楊興嘗稱舉堪，上欲以爲助，乃問興曰：

「朝臣不可光禄勳，何也？」興，傾巧士也，謂上疑堪，因順旨曰：「非獨不可於朝廷，自州里亦不可。臣前見堪等與劉向謀毀骨肉，議者以爲當誅，故臣前言不可也。」上曰：「然此何罪而當誅也？今宜如何？」興曰：「臣愚以爲賜爵爲關内侯，食邑三百户，勿令典事。明主不忘師傅之恩，此最計之得者。」上由是疑焉，又惜其才，乃遷堪爲河東太守，張猛爲槐里令。後下詔曰：「河東太守堪，先帝賢臣，命之傅朕。論議正直，〔有〕憂國之心。〔一七〕以不阿尊事貴，孤特寡助黜退。往者衆臣每(有)〔見〕災異，〔一八〕託咎此人。朕迫逼於俗，不得專心。堪出之後，天變仍臻，衆亦晻然。堪治郡未期年，而三老官屬有識之士稱説其美，使者過郡，靡人不稱。此固足以彰先帝知人，朕有以自明也。其復徵堪拜光禄大夫，給事中，領尚書事。」堪病卒，而顯遂誣張猛，令自殺。顯知專權，恐左右耳目一旦(聞)〔間〕己者，〔一九〕乃時還誡，取一信以爲驗。顯嘗出使，自白(日)〔曰〕恐後漏盡還，〔二〇〕請稱詔開門。上許之。顯故投夜還，稱詔開門。後果有人上書告顯專命矯詔，上笑以其書示顯。顯因泣下曰：「陛下過私小臣，屬任以事，群下無不妬嫉欲陷害者，類如此非一。愚臣微〔賤〕，〔二一〕誠不能以一身快萬衆，任天下怨也。願歸樞機之職，充後宮掃除之役，死無所恨。」上以爲然而憐之，數勞勉之，益信任，厚其賞賜，貲至萬數。初，顯殺望之，知天下怨己，因薦貢禹而深禮事之，明進賢不妬望之。其設變詐以自解免，皆此類也。顯見左將軍馮奉世父子爲公卿著名，心欲附之，因薦奉世中子謁者逡爲侍中。逡因言顯專權不可任，上怒，免逡歸郎官。後御史大夫缺，群臣皆薦昭儀兄野王。上以問顯，顯曰：「九卿無出野王上。（曰）然昭儀兄也，〔二二〕恐後世以陛下越度衆賢，私後宮之親。」上曰：「善，吾不見是。」乃不用。野王曰：「人皆以内寵貴，我獨以内寵賤。」自此公卿以下，畏顯重足一跡矣。荀悦曰：夫佞臣之惑君主也甚矣！故孔子曰「遠佞人」，非但不用而已，乃遠而絶之，隔塞其源，戒之極也。察觀其言行，未必合於道〔而悦于己〕者，〔二三〕必（此）〔佞〕人也；〔二四〕〔察觀其言行，未必悦于己而合於道者，必正人也〕。〔二五〕此亦察人情之一端也。僞生於多巧，邪生於多慾，是以君子不尚也。禮，與其奢也，寧儉；事，與其煩也，寧略；言，與其華也，寧質；行，與其綵也，寧朴。孔子曰：「政者，正也。」夫要道之本，正己而已矣。平直真實者，正之主也。故德必核其真，然後授其位；能必核其真，然後授其事；功必核其真，然後授其賞；罪必核其真，然後授其刑；行必核其真，然後貴之；言必核其真，然後信之；物必核其真，然後用之；事必核其真，然後脩之。一物不稱，則榮辱賞罰，從而繩之。故衆正積於上，萬事實於下，先王之道，如斯而已矣。

二年春二月，大赦天下。賜民爵一級，女子百户牛酒，鰥寡孤獨、高年、孝弟力田帛。丁酉，御史大夫韋玄成爲丞相，（左）〔右〕扶風鄭弘爲御史大夫。〔二六〕弘所在著名迹，法度條教爲後世所稱。三月壬戌朔，日有蝕之。六月，詔曰：「元元之民困於饑饉，朕爲民父母，德不能覆而加其刑，甚自傷焉。其赦天下。」時災異數發，上問言事得失者，博士匡衡上疏曰：「夫朝廷者，天下之楨榦。公卿大夫相與修禮恭讓，則民不爭；好仁樂施，則民不暴；上義高節，則民興行；寬柔和順，則衆相愛。此四者，明王所以不嚴而治也。朝有變色之言，則下有爭鬬之患；上有自專之士，則下有不讓之人；上有尅勝之佐，則下有傷害之心；上有好利之臣，則下有盜竊之民：皆在本也。詩云：『（京）〔商〕邑翼翼，〔二七〕四方（是則）〔之極〕。』〔二八〕今長安天子之都也，親承聖化，其習俗無以異於遠方，郡國來者無所法則，或見侈靡而倣效之。宜正之本朝，使海内昭然易其視聽，道德興於京師，淑問揚於疆外，然後大教成也。傳曰：『審好惡，治性情，而王道興矣。』治性情之道，必强己之不足，而審己之有餘。蓋聰明疏通者戒於大察，寡聞少見者戒於擁蔽，勇猛剛强者戒於太暴，仁愛温良者戒於無斷，沈静安舒者戒於後時，廣心浩大者戒於遺忘。審己之所當戒，而齊之以義，然後中和之化應，而僞巧之徒不敢比周而妄進矣。今俗吏致治，不奉禮讓，而尚苛暴，貪財而慕勢，故犯法者衆，姦邪不止。陛下哀愍吏民觸法抵禁，比年大赦。而今日赦令，明日犯（出）〔法〕，〔二九〕相隨而入獄。不改其原，雖歲赦之，刑猶不息。」是時赦令數，故衡對及之。荀悦曰：大赦者，權時之宜，非常典也。漢興，承秦兵革之後，（太）〔大〕愚之世，〔三〇〕比屋可刑，故設三章之法，（太）〔大〕赦之令，〔三一〕蕩滌穢流，與民更始，時勢然也。後世承業，襲而不革，失時宜矣。若惠、文之世，無所赦之。若孝景之時，七國皆亂，異心並起，姦邪非一；及武帝末，賦役繁興，群賊並起，加太子之事，巫蠱之禍，天下紛然，百姓無聊，人不自安；及光武之際，撥亂之後：如此之比，宜（無）〔爲〕赦矣。〔三二〕君臣失禮，政教陵遲，犯法者衆，亡命流竄而不擒獲，前後相積，布滿山野，勢窮刑蹙，將爲群盜；或刑政失中，猛暴横作，怨枉繁多，天下憂慘，群獄姦昏，難得而治。承此之後，宜爲赦也。或赦大逆，或赦輕罪，或赦一方，或赦天下，期於應變濟時也。秋七月，西羌反，遣右將軍馮奉世擊之。奉世，字子明，上黨人也，徙杜陵。初，前將軍韓增舉之，自宣帝時爲名臣矣。上議出兵，奉世曰：「虜無過三萬人，而兵法當倍，用六萬。然羌衆弓矛之兵耳，器不鋒利，可四萬人，〔一月足以決矣。」議者皆以爲當今民方收斂時，不可多發，萬人〕守屯足矣。〔三三〕〔議發萬人。〕〔三四〕奉世曰：「國家戰守之備久廢，夷狄皆有輕邊（吏）之心。〔三五〕今以萬人分屯數處，虜見兵少，必無畏懼，戰則兵挫，守則不足。如此，怯弱之形見，羌人乘利，諸種並會，臣恐中國之役不得止於四萬人也。故少發師而曠日，與一舉而疾決，功相萬倍。」固爭之，不能得。有詔益二千人。於是奉世將萬二千騎，以兩裨將至隴西，分兵數處。又別遣校尉救民於廣陽（上）谷。〔三六〕羌虜衆多，漢兵爲羌所敗，殺兩校尉。奉世具上地形部衆多少之計，願益三萬六千乃足。上乃大爲發兵六萬人，拜太常任千秋爲奮（威）〔武〕將軍以助之。〔三七〕奉世上書，願得其衆，不煩大將。上不聽，遂並進兵，羌虜大破，斬首數千級，餘皆走出塞。八月，天雨草如莎，相摎結如彈丸。是歲，有獻雄鷄生角者。本志以爲「黄龍（元）初〔元〕永光雞變三見，〔三八〕王氏僭位之萌也。黄龍元年而宣帝崩，上即位，皇后將立，應是正宫之中雌雞爲雄。不鳴不將無距者，貴始萌而未成也。（元）初〔元〕元年，〔三九〕封王婕妤父（爲）丞相（由内）〔少〕史禁爲平陽侯，〔四〇〕婕妤立爲皇后，故應是也。丞相府史家雌雞爲雄，即丞相内史女之應也。伏子者，明已有子。將距者，尊已成也。以永光二年禁薨，子（奉）〔鳳〕嗣侯，〔四一〕爲侍中衛尉，始見用。雄雞生角，明布威行權從此始也，卒成簒之漸矣」。

三年春，西羌平，軍罷。奉世還，以有功賜爵關内侯，食邑五百户。三月，立皇（太）子康爲濟（陰）〔陽〕王。〔四二〕夏四月癸未，大司馬王接薨。七月壬戌，左將軍許嘉爲大司馬車騎將軍。嘉，上之元舅，即廣漢弟延壽之子。廣漢無子，嘉奉其祀。冬十有一月己丑，地震，雨水，大霧。復鹽鐵官、博士弟子員。以用不足，民多復除故也。

四年春二月，赦天下，所賑貸貧民勿收責。三月，行幸雍，祠五時。六月甲戌，孝宣帝園東闕災。戊寅晦，日有蝕之。詔曰：「蓋聞明王在上，忠臣布職，則群生和樂，方外蒙澤。今朕闇於王道，夙夜憂懼，不通其理，靡瞻不眩，靡聽不惑，是以教令多違，民心未得，邪説虚進，事無成功。此天下所著聞也。公卿大夫好惡未同，或緣姦作邪，侵削細民，元元安所歸命哉！詩不云乎，『今此下民，亦孔之哀！』自今以後，公卿大夫其勉思天戒，慎身修永，以輔朕之不逮。直言盡意，無有所諱。」秋七月，〔四三〕罷衛思后園及戾后園。冬十月乙丑，罷祖〔宗〕廟在郡國者。〔四四〕先是貢禹奏言：「古者天子七廟，今〔孝惠、〕孝景皆親盡，〔四五〕宜毁。及郡國廟不依古禮，宜〔止〕〔正〕。」〔四六〕未及施行，而禹卒。於是追思禹言，乃下詔議，丞相玄成、御史大夫弘等十七人皆曰：〔四七〕「臣聞祭者皆由中出，生於心者也。惟聖人爲能饗帝，孝子爲能饗親。立廟於京師之居，躬親承事，四海之内各以其職來祭，尊尊之大義也，五帝、三〔五〕〔王〕不易之道也。〔四八〕詩云：『有來雍雍，至止肅肅。』春秋之義，父不祭於支庶之宅，君不祭於臣僕之家，王不祭於下土諸侯。臣等愚以爲宗廟在郡國，一切勿修。」奏可。因罷昭靈后、武哀王、昭哀后、衛思后、戾太子、戾后園，皆不奉祀，置〔夷〕〔吏〕守而已，〔四九〕諸陵分屬三輔。以渭城〔壽陵〕亭部北原上〔以〕爲初陵。〔五〇〕詔曰：「往者緣臣子之義，奏徙郡國民以奉園陵，今百姓遠棄先祖墳墓，破業失産，親戚分離，人懷思慕之心，家有不自安之意。是以東垂被虚耗之災，關中有無聊之民，非久長之策。詩不云乎，『民亦勞止，訖可小康，惠此中國，以綏四方。』初陵無置縣邑，使天下安土樂業，無有摇動之心。」又罷先后父母奉邑。

五年春正月，行幸甘泉，（效）〔郊〕泰畤。〔五一〕三月，行幸河東，祀后土。秋，潁川水出，流殺人民。吏、從官縣被害者與告。士卒遣還。冬，上幸長楊，布車騎，大獵。十有二月乙酉，毁太上皇、孝惠帝寢園。是時丞相、列侯、中二千石、博士等四十四人奏議曰：「禮，〔王者〕始受命，〔五二〕諸侯始封之君，皆爲太祖。繼太祖，五廟皆迭毁。毁廟，主藏於太祖，五年而再殷祭，言一禘一祫。祫祭者，言毁廟及未毁廟之主合食於太祖，父爲昭，子爲穆，孫復爲昭，古之正禮。祭義曰：『王者禘其祖之所自出，而以祖配之。』而不爲立廟，親盡也。立親廟四，親親也。周之所〔以〕立七廟者，〔五三〕以后稷始封，文、武受命而王，是以三廟不毁，與親廟四而七焉。非有后稷始封，文、武受命之功，皆親盡而毁。成王承二王之業，制禮作樂，功德茂盛，廟猶從毁，以行爲謚而已。臣愚以高祖受命定天下，宜爲高帝太祖之廟，世世不毁。太上皇、孝（文）〔惠〕、孝（惠）〔文〕、孝景廟皆親盡，〔五四〕宜毁。皇考廟親未盡，如（是）〔故〕。」〔五五〕（宜皆就太祖廟序昭穆如禮。）〔五六〕大司馬許嘉等二十九人以爲孝文皇帝德化茂盛，宜爲帝者太宗之廟。廷尉忠以爲孝武皇帝改正朔，易服色，攘四夷，宜爲世宗之廟。諫（議）大夫尹更始等十（六）〔八〕人以爲皇考廟上序於昭穆，〔五七〕非正禮，宜毁。於是上重序昭穆，猶立廟而已。世宗留不毁。

建昭元年春正月戊辰，有石隕於梁國，六。三月，行幸雍，祀五畤。秋八月，有白蛾群飛蔽日，從東都門至軹道。冬，河間王元有罪，廢遷房陵。罷孝文太后、孝昭太后寢園。上幸虎圈鬭獸，後宮昭儀等皆坐。熊逸出圈，攀檻欲及上。左右貴人傅昭儀等皆驚走，馮婕好直前當熊而立，左右格殺熊。上問婕妤曰：「人情驚懼，何故當熊？」對曰：「妾聞猛獸得人而止，恐至御座，故以身當之。」上嗟歎而嘉之。傅昭儀甚慙，由是與婕妤有隙。婕妤即右將軍馮奉世之女。傅昭儀者，少爲上官太后才人，自上爲太子，得進幸。爲人有才略，善事人，下至宮人左右，飲酒酹地，皆（況）〔祝〕延之。〔五八〕甚寵，有男，是爲定（國）〔陶〕恭王。〔五九〕上欲殊於後宮，故曰昭儀，位次皇后。昭儀之號，自此始也。

## 【校勘記】

〔一〕〔賜〕吏（賜）六百石以上　從南監本、龍谿本、漢書元帝紀乙正。

〔二〕乃（迴）〔從〕橋　從南監本、龍谿本、學海堂本改。

〔三〕宣帝舅王無敬　敬，漢書外戚傳作「故」。

〔四〕至御史〔大夫〕　從吴慈培校、漢書于定國傳補。

〔五〕及至周（之）〔文〕　從學海堂本、漢書楚元王傳改。

〔六〕衆小人在位而〔從〕邪議　從漢書楚元王傳補。

〔七〕不撓衆（杅）〔枉〕　從龍谿本、學海堂本、漢書楚元王傳改。

〔八〕此皆不（知）〔和〕　從學海堂本、漢書楚元王傳改。

〔九〕火（炎）〔災〕十四　從學海堂本、漢書楚元王傳改。

〔一〇〕天地之常（德）〔經〕　從漢書楚元王傳改。

〔一一〕夫履（襄）〔衰〕周之迹　從南監本、龍谿本、學海堂本、漢書楚元王傳改。

〔一二〕詩人之（剌）〔刺〕　從龍谿本改。

〔一三〕既已用賢（令）〔人〕行善政　從龍谿本、漢書楚元王傳改。

〔一四〕定公始皇賢李斯與季孟　當從漢書楚元王傳乙正作「季孟與李斯」。

〔一五〕（見）〔飛〕龍在天　從龍谿本、漢書楚元王傳改。

〔一六〕在交（戰）〔戟〕之內　從南監本、學海堂本、漢書楚元王傳改。

〔一七〕〔有〕憂國之心　從漢書楚元王傳補。

〔一八〕衆臣每（有）〔見〕災異　從吳慈培校、漢書劉向傳改。

〔一九〕（聞）〔間〕已者　從南監本、龍谿本、學海堂本、漢書佞幸傳改。

〔二〇〕自白（日）〔曰〕　從學海堂本改。

〔二一〕愚臣微〔賤〕　從漢書佞幸傳補。

〔二二〕(曰)然昭儀兄也　從龍谿本、漢書佞幸傳删。

〔二三〕未必合於道〔而悦于己〕者　從黄校本補。

〔二四〕必(此)〔佞〕人也　從黄校本改。

〔二五〕〔察觀其言行未必悦于己而合於道者必正人也〕　從黄校本補。

〔二六〕(左)〔右〕扶風鄭弘　從漢書百官公卿表改。

〔二七〕(京)〔商〕邑翼翼　從漢書匡衡傳改。

〔二八〕四方(是則)〔之極〕　從漢書匡衡傳改。

〔二九〕明日犯(出)〔法〕　從南監本、龍谿本、學海堂本改。

〔三〇〕(太)〔大〕愚之世　從通鑑引荀悦論改。

〔三一〕(太)〔大〕赦之令　從南監本、龍谿本、學海堂本改。

〔三二〕宜(無)〔爲〕赦矣　從吴慈培校、通鑑引荀悦論改。

〔三三〕〔一月足以决矣議者皆以爲當今民方收斂時不可多發萬人〕守屯足矣　從黄校本、漢書馮奉世傳補。

〔三四〕〔議發萬人〕　從龍谿本補。

〔三五〕輕邊〔吏〕之心　從吴慈培校、漢書馮奉世傳補。

〔三六〕救民於廣陽（上）谷　從漢書馮奉世傳刪。
〔三七〕奮（威）〔武〕將軍　從漢書馮奉世傳改。
〔三八〕黄龍（元）初〔元〕　從漢書元帝紀乙正。
〔三九〕（元）初〔元〕元年　從漢書五行志乙正。
〔四〇〕封王婕妤父（爲）丞相（由内）〔少〕史禁爲平陽侯　從學海堂本、漢書五行志改。
〔四一〕子（奉）〔鳳〕嗣侯　從學海堂本、漢書五行志改。
〔四二〕立皇（太）子康爲濟（陰）〔陽〕王　從漢書元帝紀删改。
〔四三〕七月　漢書元帝紀作「九月」。
〔四四〕罷祖〔宗〕廟　從吴慈培校、漢書元帝紀補。
〔四五〕今〔孝惠〕孝景皆親盡　從吴慈培校、漢書韋賢傳補。
〔四六〕宜（止）〔正〕　從吴慈培校、漢書韋賢傳改。
〔四七〕御史大夫弘等十七人皆曰　十七，漢書韋玄成傳作「七十」。
〔四八〕五帝三（五）〔王〕不易之道也　從南監本、龍谿本、學海堂本改。
〔四九〕置（夷）〔吏〕守而已　從學海堂本、漢書韋玄成傳改。
〔五〇〕以渭城〔壽陵〕亭部北原上（以）爲初陵　從漢書元帝紀改。

〔五一〕（效）〔郊〕泰畤　從南監本、龍谿本、學海堂本改。

〔五二〕〔王者〕始受命　從黄校本補。

〔五三〕周之所〔以〕立七廟　從吴慈培校、漢書韋賢傳補。

〔五四〕孝（文）〔惠〕孝（惠）〔文〕　從漢書韋賢傳乙正。

〔五五〕如（是）〔故〕　從漢書韋賢傳改。

〔五六〕（宜皆就太祖廟序昭穆如禮）　從漢書韋賢傳删。

〔五七〕諫（議）大夫尹更始等十（六）〔八〕人　從漢書韋賢傳改。

〔五八〕皆（況）〔祝〕延之　從龍谿本、學海堂本、漢書外戚傳改。

〔五九〕是爲定（國）〔陶〕恭王　從學海堂本、漢書外戚傳改。

# 兩漢紀上　漢紀

## 孝元皇帝紀下卷第二十三

二年春正月，行幸甘泉，郊泰畤。三月，行幸河東，祠后土。益三河郡太守秩中二千石。户十二萬爲大郡。夏四月，赦天下。六月，立皇子興爲信都王，興母婕妤爲昭儀。閏月丁酉，太皇太后上官氏崩。冬十有一月，齊、楚地震，大雨雪，深五尺，樹折屋壞。魏郡太守京房棄市。房字君明，東郡人也。爲郎中，以言災異屢中。上親幸房，嘗宴見，問上曰：「幽、厲之君何以危，所任何人也？」上曰：「君不明也，而任巧佞。」房曰：「知其巧佞而任之耶，將以爲賢也？」上曰：「賢之。」房曰：「今何以驗之不賢？」上曰：「以其時亂君危而知之。」房曰：「齊桓公、秦二世亦嘗聞二君而非笑之，時任豎刁、易牙、趙高，治政日亂，〔一〕何不以幽、厲卜之而覺悟乎？」上曰：「惟有道者能以往知來耳。」臨亂之君各賢其臣，令皆覺悟，安得危亡？」房因免冠頓首，曰：「春秋紀二百四十二年災異，以示萬世之君。今陛下即位以來，災異並出，人民饑饉，盜賊不禁，視今爲治邪，亂邪？所任者誰與？」房旨謂石顯，上亦知之，曰：「然幸其愈於彼，又以爲不在此人。」房曰：「夫前世之君亦皆然矣。臣恐後之視今，猶今之視昔也。」是時房奏考功課吏法，上令房上弟子曉考功者，欲試用之。房薦上弟子姚平、任良，「願以爲刺史，臣得通藉殿中，爲奏事，以防擁隔」。〔二〕石顯等進言，用弟子不若師。上欲以房爲刺史，顯等知刺史當得徑奏事，因言爲刺史恐太守不與同心，宜以爲郡守。房自請歲盡得乘傳奏事，上許之。房既拜，上封事曰：「辛酉以來，霧氣衰去，太陽清明，〔三〕臣獨欣然，以爲陛下有所定也。然少陰倍力而乘消息，臣疑陛下獨不得如意。臣出之後，恐爲執事者所蔽，身死而功不成。及辛巳，霧氣復乘，太陽侵(危)〔色〕，〔四〕此上大夫侵陽之氣，而上意疑也。己卯、庚辰之間，必有隔絶臣令不得乘傳奏事者。」房未發，顯果白詔止房無乘傳奏事。房至新豐，復上奏曰：「臣以六月言遯卦不(交)〔効〕，〔五〕法曰：『道人始去，寒，涌水爲災。』至七月，涌水出。臣弟子姚平謂(房)〔臣〕曰：〔六〕『房可謂知道，未可謂信道也。今湧水出，道人當(遯)〔逐〕死，〔七〕尚復何言！』臣獨謂曰：『陛下(與)〔於〕臣尤厚，〔八〕雖死，臣猶言也。』平又謂曰：『房可謂小忠，未可謂大忠也。昔秦之時，趙高用事，有正(生)〔先〕者，〔九〕非(剌)〔刺〕高而〔死〕，〔一〇〕高威自此而成。故秦之亂也，正先趨之也。』今臣守郡，竊恐未(効)〔效〕而死。〔一一〕惟陛下無使〔臣〕塞涌水之災異，〔一二〕當正（生）〔先〕之必死，〔一三〕爲姚平所笑。」房至（陝）〔陜〕，〔一四〕復上封事曰：「乃者丙戌小霧，〔一五〕丁亥霧哀去，〔一六〕然少陰并力而乘消息，戊子益甚，至壬辰五十分霧氣復起。〔一七〕此消息欲正，（離）〔雜〕卦之黨并力而爭，〔一八〕安危之機不可不察。己丑有還風，盡辛卯，而太陽復侵（危）〔色〕，〔一九〕至癸巳，日月相薄，此邪陰用事而太陽爲之疑也。臣去稍遠，太陽侵奪，願陛下察焉。」房去月餘，竟徵下獄。房妻父張博，淮陽王之舅也。欲爲淮陽王求入朝，謂房曰：「淮陽王入朝可以爲助。」因使房爲淮陽王求入朝奏草，又房爲上道幽、厲之事，出對御史大夫鄭弘道之。顯告房、張博誹謗朝廷，詿誤諸侯，闚導以邪意，漏泄省中語。博腰斬。房棄市，時年（三）〔四〕十一。〔二〇〕房治易，事梁人焦（贛贛）〔贛。贛〕爲（外）〔小〕黃令，〔二一〕以伺候先知姦邪，盜賊不得發。嘗曰：「得我道以亡身者京生。」其説長爲災變，分爲六十四卦，更直日用事，有占驗焉。鄭弘坐與房言，免光禄勳。匡衡爲御史大夫。

三年夏，令三輔都尉及（太）〔大〕郡都尉秩皆二千石。〔二二〕六月甲辰，丞相韋玄成薨。秋七月，御史大夫匡衡爲丞相。戊辰，衛尉李延壽爲御史大夫。〔二三〕（副校尉）〔西域都護〕甘延壽、〔副校尉〕陳湯矯制發戊己校尉屯田吏士及西域羌、胡兵攻郅支單于。〔二四〕冬，斬郅支首，傳詣京師。時郅支强暴，東擊烏孫，西脅大宛諸國。漢遣使三輩至康居求谷吉等尸，郅支不肯奉詔，而困辱漢使，上書驕慢曰：「康居困危已久，願歸强漢。」〔於〕是湯與延壽等謀曰：〔二五〕「郅支單于威名遠震，（今）〔侵〕烏孫、（脅）大宛，〔二六〕〔常爲康居畫計〕，〔二七〕欲降伏（康居）〔之〕。〔二八〕如得此〔三〕〔二〕國，〔二九〕北擊伊妻，西取安息，南排月支，數（月）〔年〕之間，〔三〇〕城郭諸國危矣。郅支分離，所在絶遠，無城郭强弩之守，如發兵直詣城下，彼亡則無所之，守則不足以自保，千載之功可一朝而定。」延壽以爲然，欲奏請之。湯曰：「國家與公卿議，大策非衆所見，事必不從。」會延壽久病，湯獨矯制發諸國兵。延壽聞之起，大驚，欲止之。湯按劍叱延壽曰：「大衆已集，豎子欲沮吾衆耶？」延壽遂從，漢〔胡〕兵合四萬餘人。〔三一〕延壽、湯上疏自劾奏矯制，陳言形勢兵狀。即引兵分爲六校尉，其三校尉從南道逾葱領經大宛，其三校尉從北道入赤谷，過烏孫，經康居。〔康居〕萬餘騎救之，〔三二〕數奔營，不利，輒却。漢兵遂燒木城，城中人皆入土城。漢兵四面推櫓楯，並入土城。單于被創死。得漢使節及谷吉等所齎帛書。凡斬閼氏、太子、名王以下千五百級，生虜百四十五人，降虜五千餘人。〔三三〕上議其功，丞相匡衡、〔御史〕大夫李延壽及石顯皆以爲「延壽、湯擅興師矯制，〔三四〕幸得不誅，不宜加爵土。」又遣吏訊驗湯私盜金事，皆不與湯。故（宗）正〔宗〕劉向上疏曰：〔三五〕「郅支單于殺漢使吏士以百數，事暴於外國，傷威毀重。陛下赫然欲討之，意未嘗忘。延壽、湯承聖旨，倚神靈，總百蠻之軍，攬城郭之兵，出萬死之計，入絶域之地，遂陷康居，屠五重城，搴翕侯之旗，斬郅支之首，懸旌萬里之外，揚威昆山之西，而掃谷吉之（助）

〔恥〕，〔三六〕立昭明之功，蠻夷率服，稽首來賓，群臣之功，莫有大焉。昔周大夫方叔、尹吉甫爲宣王誅玁狁，而百蠻從之，其詩曰：『嘽嘽焞焞，如霆如雷，顯允方叔，征伐玁狁，蠻荆來威。』易曰：『有嘉折首，獲非其醜。』〔三七〕今延壽、湯所誅，威振天下，雖易之折首、詩之雷霆不能及也。吉甫之歸，周厚賜之，其詩曰：『吉甫燕喜，既多受祉，來歸自鎬，我行永久。』千里之鎬猶以爲遠，況萬里之外！齊桓先有匡周之功，後有滅項之罪，君子計功補過。近事貳師李廣利〔損〕〔捐〕五萬之衆，〔三八〕糜億萬之費，經四年之勞，而厪獲駿馬四十匹，〔三九〕雖獲宛王之首，不足復費，而私罪甚衆。孝武以爲萬里之伐，不録其過，厚加封賞。今康居之國盛於大宛，郅支之號重於宛王，殺漢使甚於留馬。延壽、湯不煩漢〔使〕〔士〕，〔四〇〕不費斗儲，比於貳師，功德相百倍。且常惠隨欲擊之烏孫，鄭吉迎自來之日〔遂〕〔逐〕，〔四一〕猶皆列土受爵。故言威武勤勞則大於方叔、吉甫，列功覆過則優於齊桓、貳師，近事之功則高於長羅、安遠。大功未著，小惡數布，臣竊痛之！」上於是赦湯等矯制貪穢小罪，封延壽爲〔宜城〕〔義成〕侯，〔四二〕湯爲關內侯，食邑各三百户，延壽爲長水校尉，湯爲射聲校尉。延壽，北地人也。本爲羽林士，超逾羽林亭樓，以材力進。湯字子公，山陽人也，家貧無行。初，富平侯張〔敞〕〔勃〕舉湯爲茂材。〔四三〕湯待遷，父死不奔喪，坐下獄。論〔敞〕〔勃〕舉非其人，削户二百。會〔敞〕〔勃〕薨，謚曰謬侯。湯立功西域，世以爲張〔敞〕〔勃〕知人。初，宣帝時，前將軍韓增舉馮奉世以爲衛侯，使持節送大宛諸國客。時莎車（王）與諸國共殺漢所置莎車王萬年，〔四四〕并殺漢使者奚充國。匈奴發兵攻（莎）車師，〔四五〕不能下。而莎車遣〔使〕揚言曰：〔四六〕「北道諸國已降匈奴矣。」於是攻劫南道，與之盟而背漢，鄯善以西皆絶不通。奉世以莎車日强，其勢難制，必危西域。乃矯以節告諭諸國王，各發其兵，合萬五千人（追）〔進〕擊莎車。〔四七〕莎車王自殺，傳其首詣長安。諸國遂平，威振西域。宣帝謂韓增曰：「賀將軍舉得人也。」議封奉世以爲侯。丞相、將軍皆曰：「大夫出疆，有可以安國家，定社稷，專之可也。宜加爵位。」少府蕭望之以爲「奉使有所指，而擅矯制違命。今封奉世關内侯，後奉使者競逐利，要功於夷狄，爲國家生事，不可長也」。宣帝從望之議。及甘延壽之封也，杜延年子欽上疏追訟奉世前功曰：「比罪則郅支薄，量功則莎車衆，用師則奉世寡，制勝則奉世於邊境爲功多，慮危則延壽於國家爲禍深。其違命生事則與奉世同，延壽割地而封，奉世獨不見録。臣聞功同賞異則勞臣疑，罪均刑别則百姓惑。願陛下下有司議之。」上爲前世事，不録。荀悦曰：（成）〔誠〕其功義足封，〔四八〕追録前〔事〕可也。〔四九〕春秋之義，毁泉臺則惡之，舍中軍則善之，各由其宜也。夫矯制之事，先王之所慎也，不得已而行之。若矯大而功小者，罪之可也；矯小而功大者，賞之可也；功過相敵，如斯而已可也。權其輕重而爲之制，宜焉。

四年春正月，以討郅支單于功告祠郊廟。赦天下。夏六月甲申，中山王竟薨。藍田地震，山崩，壅灞水。安〔陽〕〔陵〕岸崩，〔五〇〕壅涇水，涇水逆流。

五年春二月，赦天下，賜民爵一級，女子百户牛酒，三老、孝弟力田、鰥寡孤獨帛。夏六月庚申，復戾后園。壬申晦，日有食之。秋七月庚子，復太上皇寢廟園、原廟、昭靈后、武哀王、衞思后、昭哀后廟園。上寢疾，夢祖宗譴罷郡國廟園，上少弟楚孝主亦夢焉。上召問丞相匡衡，議欲復，衡言不可。衡乃禱高祖、孝文、孝景廟，陳言「禮正咎在臣，衡當受其咎，皇帝宜蒙福祐」。盡禱諸廟。上疾久不平，皆復脩舊祀如故。山陽社中大槐樹，吏民伐斷之，其夜樹自復立故處。

竟寧元年春正月，匈奴呼韓邪單于來朝。單于〔諸〕〔請〕妻漢女以自親，〔五一〕賜單于待詔掖庭王嬙字昭君爲閼氏。單于上書願保塞，請罷邊備塞。上下有司議，皆以爲便。郎中令侯應以爲不可許。上詰問狀，對曰：「臣聞北邊塞至遼東，外有陰山，東西千餘里，草木茂盛，多禽獸，本冒頓單于依阻其中，治作弓矢，是苑囿也。至孝武出師征伐，斥奪其地，攘之於〔漢〕〔漠〕北。〔五二〕建塞徼，起亭隧，築外城，而設屯戍以守之，然後邊境得少安。漠北地平，少草木，多大砂，匈奴來寇抄，無所藏隱，從塞以南，徑深山大谷，往來差難。邊境長老言匈奴失陰山後，過之無不哭。如罷備邊戍卒，示夷狄之大利，不可一也。今聖德廣被，單于稽首來臣。夫夷狄之情，困則卑辱，强則驕逆，天性然也。前以罷外城，省亭燧，今纔足候望通烽火而已。古者安不忘危，不可復罷，一也。中國有義禮之則，刑罰之禁，（臣）愚〔民〕猶〔犯〕禁（犯），〔五三〕又況單于，能必其衆不犯約哉！二也。自中國尚設關梁以制諸侯，所以絶臣下之覬覦也。設塞徼，置屯戍，非獨爲單于而已，亦爲諸屬國降民，本故匈奴之人，恐其思舊逃亡，四也。近西羌保塞，與漢交通，吏民貪利，侵盗其畜産妻子，以此怨恨，起而背叛，世世不絶。今罷乘塞，則生慢易忿争之漸，五也。往者從軍多没不還者，其子孫貧困，一旦走出，從其親戚，六也。又邊人（奴）〔奴〕婢（奴）怨苦，〔五四〕欲走者多，自知匈奴中樂，無奈邊候急切何。時有走塞者，七也。盗賊桀黠，群輩犯法，如其窘急，亡走北出，則不可制，八也。起塞以來百有餘年，非皆以土（坦）〔垣〕也，〔五五〕或因山巖石，木柴僵落，谿谷之間，稍（率）〔平之〕，〔五六〕徒卒築治，費功久遠，不可勝計。臣恐議者不深慮其始終，欲以一切息傜役，十年之後，百年之内，卒有他變，障塞敗壞，亭（戍）〔戍〕滅絶，〔五七〕當發戍屯治繕，累世之功不可卒就，九也。若罷（戍）〔戍〕卒，〔五八〕省候望，單于自以保塞守衛，必深（得）〔德〕漢，〔五九〕請（永）〔求〕無已。〔六〇〕小失其意，則不可測。開夷狄之隙，以虧中國之固，十也。非所以永持至安，威制百蠻之長策。」上乃使車騎〔將〕軍口喻單于曰：〔六一〕「中國亦有關梁，非徒以備外，亦以防中國之姦邪放縱，出爲寇害，故爲制度以專衆心。」遂不罷塞焉。皇太子冠。初，定陶恭王有才藝，曉音樂，而太子頗有酒色之失，王皇后無寵。上有意欲立定陶王爲太子，數稱其才。樂陵侯史丹者，悼皇后之舅，史恭之孫，爲侍中，護太子家。於是丹進曰：「所謂才者，敏而好學，温故知新，皇太子是也。若乃器人于絲竹鼓鼙之間，是則陳惠、李(欽)〔微〕高於匡衡，〔六二〕可爲相國也。」於是上默〔然〕而笑。〔六三〕後上疾甚，數問景帝時立膠東王故事，丹涕泣，因以死爭之。上亦以太子先帝所愛，卒不易。二月，御史大夫李延壽卒。三月丙寅，太子太傅張譚爲御史大夫。癸未，復孝惠寢廟園、孝文太后、孝昭太后寢廟園等。夏五月壬辰，帝崩于未央宮。匡衡復奏言：「前以上體不平，故復諸祀，卒不蒙福。請悉罷。」於是毁太上皇、孝惠、孝景帝廟，罷孝昭太后、昭靈太后、武哀王、昭哀后寢廟園。丞相、御史大夫奏石顯及其黨，皆免官。顯徙居故鄉濟南，憂懣不食，道病死。顯之歸也，留其器物什數百萬，以與故所厚(萬)〔萬〕章。〔六四〕章不受，曰：「石氏之禍，(萬)〔萬〕氏反當爲福耶！」章者，長安大俠。爲京兆尹門下督，嘗從至殿中，侍中諸貴人爭趨揖章，莫與京兆尹言者。後京兆尹不復從章。章既游俠，亦得顯力。及王(遵)〔尊〕爲京兆尹，〔六五〕誅豪桀，乃殺章。荀悦曰：自漢興以來至於兹，祖宗之治迹可得而觀也。(開)〔高〕祖開建大業，〔六六〕統辟元功，度量規矩不可尚也。時天下初定，庶事草創，故韶、夏之音未有問焉。孝文皇帝克己復禮，躬行玄默，遂(至)〔致〕昇平，〔六七〕而刑罰幾措，時稱古典。未能悉備制度，玄雅禮樂之風闕焉，故太平之功不興。孝武皇帝規(恢)〔恢〕萬(世)〔事〕之業，〔六八〕安固後嗣之基，內修文學，外耀武威，延天下之士，濟濟盈朝，興事創制，無所不施，先王之風，燦然復存矣。然猶好其文不盡其實，發其始不(要)〔克〕其終，〔六九〕奢侈無限，窮兵極武，百姓空竭，萬民疲弊。當此之時，天下騷動，海內無聊，而孝文之業衰矣。孝宣皇帝任法審刑，綜核名實，聽斷精明，事業修理，下無隱情，是以功光前世，號爲中宗，然不甚用儒術。從諫如流，下善齊肅，賓禮舊老，優容寬直，其仁心文德足以爲賢主矣。而佞臣石顯用事，隳其大業，明不照姦，決不斷惡，豈不惜哉！昔齊桓公任管仲以霸，任豎刁以亂，一人之身，唯所措之。夫萬事之情，常立於得失之原，治亂榮辱之機，可不惜哉！楊朱哭多岐，墨翟悲素絲，傷其本同而末殊。孔子曰「遠佞人」，詩云「取彼譖人，投畀豺虎」，疾之深也。若夫石顯，可以痛心泣血矣，豈不疾之哉！初，宣帝任刑法，元帝諫之，勸以用儒術。宣帝不聽，乃嘆曰：「亂我家者，必太子也。」故凡世之論政治者，或稱教化，或稱刑法；或言先教而後刑，或言先刑而後教；或言教化宜詳，或曰教化宜簡；或曰刑法宜略，或曰刑法宜輕，或曰宜重：皆引爲政之一方，未究治體之終始，聖人之大德也。聖人之道，必則天地，制之以五行，以通其變，是以博而不泥。夫德刑並行，天地常道也。先王之道，上教化而下刑法，右文德而左武功，此其義也。或先教化，或先刑法，所遇然也。撥亂抑强則先刑法，扶弱綏新則先教化，安平之世則刑教並用。大亂無教，大治無刑。亂之無教，勢不行也；治之無刑，時不用也。教初必簡，刑始必略，則其漸也。教化之隆，莫不興行然後責備；刑法之定，莫不避罪然後求密。未可以備，謂之虐教；未可以密，謂之峻刑。虐教傷化，峻刑害民，君子弗由也。設必違之教，不量民力之未能，是陷民於惡也，故謂之傷化；設必犯之法，不度民情之不堪，是陷民於罪也，故謂之害民。莫不興行，則毫毛之善可得而勸也，然後教備；莫不避罪，則纖芥之惡可得而禁也，然後刑密。故孔子曰：「不嚴以涖之，則民不敬也。嚴以涖之，動之不以禮，未善也。」是言禮刑之並施也。「吾未如之何」，言教之不行也。「可以勝殘去殺矣」，言刑之不用也。周禮曰：「治新國，用輕典。」略其初也。春秋之義，貶纖芥之惡，備至密也。孔子曰：「行有餘力，則可以學文。」簡於始也。「繪事後素」，成有終也。夫通於天人之理，達於變化之數，故能達於道。故聖人則天，賢者法地，考之天道，參之典經，然後用於正矣。

讚曰：本紀稱：「孝元皇帝多才藝，善史書。鼓琴，吹洞簫，自度聲曲，分別節度，窮極要妙。少好儒術，及即位，徵用儒生，委之以政，貢、薛、韋、匡迭爲宰相。而上牽制文義，優游不斷。然寬弘盡下，出於恭儉，號令温雅，有古人之風烈。」

## 【校勘記】

〔一〕治政日亂　治政，漢書京房傳作「政治」。

〔二〕擁隔　漢書京房傳作「壅塞」。按壅、雍、擁通。

〔三〕太陽清明　清，漢書京房傳作「精」。

〔四〕太陽侵（危）〔色〕　從龍谿本、學海堂本、漢書京房傳改。

〔五〕遯卦不（交）〔効〕　從吴慈培校、漢書京房傳改。

〔六〕姚平謂（房）〔臣〕　從龍谿本、學海堂本、漢書京房傳改。

〔七〕道人當（遯）〔逐〕死　從南監本、龍谿本、學海堂本、漢書京房傳改。

〔八〕（與）〔於〕臣尤厚　從漢書京房傳改。

〔九〕有正（生）〔先〕者　從南監本、龍谿本、學海堂本改。

〔一〇〕非（剌）〔刺〕高而〔死〕　從南監本、龍谿本、學海堂本、漢書京房傳改。

〔一一〕竊恐未（効）〔效〕而死　從學海堂本、漢書京房傳改。按「效」爲正字。

〔一二〕無使〔臣〕塞涌水之災異　從學海堂本、漢書京房傳改。

〔一三〕當正（生）〔先〕之必死　從南監本、龍谿本、學海堂本改。

〔一四〕房至（陜）〔陝〕　「陝」訛，逕改。

〔一五〕丙戌小霧　霧，漢書京房傳作「雨」。

〔一六〕丁亥霧衰去　漢書京房傳作「丁亥蒙氣去」。

〔一七〕霧氣復起　霧，漢書京房傳作「蒙」。

〔一八〕（離）〔雜〕卦之黨　從南監本、龍谿本、學海堂本、漢書京房傳改。

〔一九〕太陽復侵（危）〔色〕　從南監本、龍谿本、學海堂本、漢書京房傳改。

〔二〇〕時年（三）〔四〕十一　從漢書京房傳改。

〔二一〕（戇戇）〔贛贛〕爲（外）〔小〕黄令　從漢書京房傳改。

〔二二〕令三輔都尉及（太）〔大〕郡都尉　從龍谿本、學海堂本改。

〔二三〕李延壽　漢書陳湯傳作「繁延壽」。

〔二四〕（副校尉）〔西域都護〕甘延壽〔副校尉〕陳湯　從漢書甘延壽陳湯傳改補。

〔二五〕〔於〕是湯與延壽等謀　從龍谿本、學海堂本補。

〔二六〕（令）〔侵〕烏孫（脅）大宛　從學海堂本、漢書陳湯傳改。

〔二七〕〔常爲康居畫計〕　從漢書陳湯傳補。

〔二八〕欲降伏（康居）〔之〕　從漢書陳湯傳改。

〔二九〕如得此（三）〔二〕國　從漢書陳湯傳改。

〔三〇〕數（月）〔年〕之間　從吳慈培校、漢書陳湯傳改。

〔三一〕漢〔胡〕兵合四萬餘人　從漢書陳湯傳補。

〔三二〕〔康居〕萬餘騎救之　從漢書陳湯傳補。

〔三三〕五千餘人　漢書陳湯傳作「千餘人」。

〔三四〕〔御史〕大夫李延壽　從漢書陳湯傳、吳慈培校補。

〔三五〕故〔宗〕正（宗）劉向上疏　從龍谿本、學海堂本乙正。

〔三六〕而掃谷吉之（助）〔恥〕　從南監本、龍谿本、學海堂本改。

〔三七〕獲非其醜　非，景祐本漢書陳湯傳作「匪」。

〔三八〕（損）〔捐〕五萬之衆　從黃校本、漢書陳湯傳改。

〔三九〕駿馬四十四　四，漢書陳湯傳作「三」。

〔四〇〕不煩漢（使）〔士〕　從漢書陳湯傳改。

〔四一〕來之日（遂）〔逐〕　從南監本、龍谿本、學海堂本改。

〔四二〕封延壽爲（宜城）〔義成〕侯　從漢書甘延壽傳改。

〔四三〕富平侯張（敞）〔勃〕　從學海堂本、漢書陳湯傳改。

〔四四〕時莎車（王）　從漢書馮奉世傳刪。

〔四五〕匈奴發兵攻（莎）車師　從漢書馮奉世傳删。
〔四六〕而莎車遣〔使〕揚言　從漢書馮奉世傳補。
〔四七〕（追）〔進〕擊莎車　從吴慈培校、漢書馮奉世傳改。
〔四八〕（成）〔誠〕其功義足封　從學海堂本、通鑑引録改。
〔四九〕追録前〔事〕可也　從通鑑引録補。
〔五〇〕安（陽）〔陵〕岸崩　從漢書元帝紀改。
〔五一〕單于（諸）〔請〕妻漢女　從南監本、龍谿本、學海堂本改。
〔五二〕攘之於（漢）〔漠〕北　從南監本、龍谿本、學海堂本改。
〔五三〕（臣）愚〔民〕猶〔犯〕禁（犯）　從南監本、龍谿本、學海堂本改。
〔五四〕〔奴〕婢（奴）怨苦　從南監本、龍谿本乙正。
〔五五〕非皆以土（坦）〔垣〕也　從龍谿本、學海堂本、漢書匈奴傳改。
〔五六〕稍稍（率）〔平之〕　從漢書匈奴傳改。
〔五七〕亭（戌）〔戍〕　從龍谿本改。
〔五八〕若罷（戌）〔戍〕卒　從龍谿本改。
〔五九〕必深（得）〔德〕漢　從南監本、學海堂本、漢書匈奴傳改。

〔六〇〕請（永）〔求〕無已　從南監本、龍谿本、學海堂本改。

〔六一〕車騎〔將〕軍　從學海堂本、漢書匈奴傳補。

〔六二〕陳惠李（欽）〔微〕　從南監本、龍谿本、漢書史丹傳改。

〔六三〕上默〔然〕而笑　從漢書史丹傳、黄校本補。

〔六四〕以與故所厚（萬）〔萬〕章　從漢書游俠傳改。

〔六五〕及王（遵）〔尊〕爲京兆尹　從學海堂本、漢書游俠傳改。

〔六六〕（開）〔高〕祖開建大業　從南監本、學海堂本改。

〔六七〕遂（至）〔致〕昇平　從吴慈培校改。

〔六八〕孝武皇帝規（恢）〔恢〕萬（世）〔事〕　從龍谿本改。

〔六九〕不（要）〔克〕其終　從黄校本改。

# 兩漢紀上　漢紀

## 孝成皇帝紀一卷第二十四

皇帝以宣帝時生，號曰「世適皇孫」。宣帝愛之，自名曰驁，字太孫，（帝）〔常〕置左右。〔一〕三歲而宣帝崩。及爲太子，嘗被急召，不敢絶馳道行。元帝遲之，以狀對。帝悦，乃著令，令太子得絶（馳）道行，〔二〕自此始也。六月乙未，〔三〕即皇帝位。元舅侍中衛尉（平）陽〔平〕侯王鳳爲大司馬大將軍，〔四〕領尚書事。有司奏言：「乘輿、狗馬、禽獸皆非〔禮〕，不宜以葬。」〔五〕奏可。秋七月，孝元皇帝葬渭陵。冬十有一月，大赦天下。

建始元年春正月乙丑，皇〔曾〕祖（宗）悼考廟災。〔六〕本志以爲「悼考廟不正，不宜立。王鳳秉政，不正之象也」。（故）立〔故〕河間王弟良爲河間王。〔七〕有星孛於營室。罷上林詔獄。二月，賜諸侯王以下至吏二千石黄金，吏千石以下至二百石、宗室有屬籍者、三老，孝弟力田、鰥寡孤獨錢帛，各有差，吏民五十户牛酒、粟五斛。大赦天下。右將軍長史姚尹使匈奴還，去塞百餘里，暴風火起，燒殺尹等十餘人。〔八〕封舅王崇爲安（城）〔成〕侯，〔九〕賜舅譚、商、立、根、逢時五人等爵關内侯。王鳳兄弟八人，第二曰曼，早亡，不侯。夏四月，黄霧四塞，終夜，下著地如黄土塵。上問群臣，諫（議）大夫楊興、博士駟勝等以爲「陰氣侵陽氣之象。高祖之約，非有功不侯，今太后諸弟皆以無功而侯，非高祖之約，故天爲見異，以譴失行」。言者以爲然。鳳於是乃懼，上書言：「陛下初即位，思慕諒闇，故詔臣鳳典領尚書事，上無以明聖德，下無以益政治。今有孛星赤黄之異，咎在臣鳳，伏願顯戮以謝天下。今諒闇（日）〔已畢〕，〔一〇〕大義皆舉，宜親覽萬機，以當天心。」因乞骸骨辭歸。上報曰：「朕承先帝（盛）〔聖〕緒，〔一一〕涉道未深，不明事情，是以陰陽錯繆，日色無光，赤黄之氣充塞天下，咎在朕躬。今大將軍引過，自欲辭尚書事，歸大將軍印綬，罷大司馬官，是明朕委任大將軍庶幾有惑。其專心固意，輔朕不逮。」六月，有蠅數萬集未央殿中朝者坐。秋，長信少府邵信臣奏罷上林宫館希幸御者二十五所。又奏冬生菜，强加温火，非時而生，〔有傷於〕人，〔一二〕不宜以供奉養。信臣字翁卿，九江人也。始爲南陽太守，乃爲民興利，開通溝渠水門，灌溉三萬餘頃。禁止嫁娶送終奢靡。其化大行，吏民親愛之曰邵父。上賜信臣黄金四十斤，遷河南太守，治化當爲第一，遂入爲少府。八月戊午，有兩月相承，晨在東方。京房易傳曰：「君弱而婦人强，爲陰所乘，則兩月並出。」九月戊子，有流星大如瓠，出於文昌宫，光燭地，長四五丈，委曲虵形，以貫紫微宮。冬十有二月，作長安南北郊。罷甘泉、汾陰祀，匡衡之議也。衡奏議曰：「帝王之事莫大於承天〔之序〕，〔三〕承天之序莫大於郊祀。祭天之南郊，就（天）〔陽〕之義也；〔四〕祭地之北郊，則陰之象也。往者，孝武皇帝居甘泉宮，即於雲陽立泰畤。今行幸長安，郊見皇天反北之太陰，祠后土反東之少陽，事與古制殊。又至雲陽，行（鷄）〔谿〕谷中，〔一五〕阸狹百餘里，汾（陽即）〔陰則〕渡大川，〔一六〕有風波舟楫之危，皆非聖主所宜數乘。郡縣治道供帳，吏（人）〔民〕困苦，〔一七〕百（姓）〔官〕煩費。〔一八〕勞所保之民，行危險之地，殊未合於承天之意也。昔周文、武郊於酆、鎬，成王郊於洛邑，各因其居宜。可徙郊長安。」又言：「郊柴饗（地）〔帝〕之義，〔一九〕埽地而祭，尚質也。歌大呂舞雲門以（俟）〔候〕天神，〔二〇〕歌太簇舞咸池以祀地祇，其牲用犢，其席用藁秸，其器用陶匏，皆因天地之性。以爲神祇功德至大，雖修精微而備庶物，猶不足以報功，故尚質貴誠，以彰天地之德。今甘泉〔泰畤〕紫（微殿）〔壇〕〔二一〕，有文章刻鏤、黼黻文繡之飾，（又致）〔及玉〕、女樂、石壇、仙人祠，〔二二〕瘞鑾輅、騂駒、偶人、龍馬之屬，皆宜勿修。」又：「雍鄜、密上下畤及陳倉寶雞祠，本秦侯以其意所立，非禮也。及北畤，皆高祖未定時立，不宜復修。」奏可。本志：「初，秦文公獵於汧、渭之間，卜居而吉。文公夢黄虵自天而下屬於地，其口〔止〕於鄜衍。〔二三〕文公問史敦，史敦曰：『此上帝之徵，君宜祠之。』於是作鄜畤，郊祭白帝焉。文（王）〔公〕獲（古）〔若〕石，〔二四〕（缶）於陳倉北坂上祠之。〔二五〕其神嘗以夜下，光輝如流星，從東南來集於祠壇，至地則若雄雞，其聲殷云，野雉夜雊，名曰陳寶。其神或歲數來，或歲不至。後秦（文）〔宣〕公作密畤祠青帝。〔二六〕後秦靈公於吴陽作上畤，祠黄帝；作下畤，祀炎帝。及高祖自漢中東擊項藉入關，問群臣曰：『吾聞天有五帝，今所祠有四，何也？』群臣莫知其説。高祖曰：『吾知之矣，乃待我而具五也。』乃立黑帝祠，曰北畤。而洪範八政，三曰祀。祀者，所以昭孝事祖宗，通神明也。旁及四夷，莫不修之；下及鳥獸，豺獺有祭。是以皇王爲之典禮。故有神民之官，各司其序，使不相亂也。民神異業，敬而不黷，故神降之嘉瑞，災禍不至。及乎末世，饗祀無度，昏黷齊明而神不蠲，嘉瑞不降而災禍至矣。昔共工氏霸有九州，其子曰勾龍，能平水土，故祠爲社。烈山氏王天下，有子曰柱，能播殖嘉穀，故祠爲稷。虞書曰『肆類於上帝，禋於六宗，徧於群神。又巡於四岳而柴祭焉』。及殷之十三世，帝武丁祭之。明日，有雉登鼎耳以雊。武丁懼而修德，夢得傅説版築以爲相，殷道復興，號曰高宗。其後五世，帝乙慢神悖禮，震死。及至周公相成王，郊祀后稷以配天，宗祀文王於明堂以配上帝。凡天子祭天下名山大川，懷柔百神，咸秩無文。五嶽視三公，四瀆視諸侯。諸侯祭其疆内名山大川，大夫祭其門、户、井、竈、中霤，是謂五祀，士庶人祭祖考而已。淫祀有禁。及季氏旅於泰山，仲尼譏之曰：『務民之義，敬鬼神而遠之。先王正人事而已，不苟求福於神祇。不由其道，則神不饗也。』又有八神祠：一曰天主，祠天齊，居臨淄南郊山下；二曰地主，祠太山梁父；三曰（嶽）〔兵〕主，〔二七〕祠蚩尤，在東平陸監（卿）〔鄉〕；〔二八〕四曰陰主，祠三山；五曰陽主，祠之罘山；六曰月主，祠（之）萊山，〔二九〕皆在齊北；七曰日主，祠成山，成山斗入海，〔三〇〕最居齊東北，以迎日出；八曰四時主，祠琅邪。八祠所從來久矣，莫知其所起；或曰齊太公以來作之。八神祀，上過則因祀之，去則已。」長安南北郊之日，有大風拔甘泉泰畤中木，十圍以上者皆出。

二年春正月，罷雍五畤。二月辛巳，上始郊祀長安南郊，有神光並見。閏月，以渭城延陵亭爲初陵。詔舉賢良方正。二月，北宮井水溢出，南流。元帝時童謡歌曰：「井水溢，滅竈煙，灌玉堂，流金門。」本志以爲「陰象，春秋前有鸜鵒之謡，後有來巢之驗，卒有昭公居外之應。井，陰也；竈，陽也；玉堂、金門，至尊之居。陰盛而滅陽，竊有宮室之象，王氏之應」。又有童謡歌曰：「邪徑敗良田，讒巧害忠賢。桂樹花不實，黄雀巢其顛。故爲人所羨，今爲人所憐。」本志（以）爲「桂樹色赤，〔三一〕漢家之象；不實，無嗣也；黄雀，王氏之象；〔巢〕顛，〔三二〕將有漢室」。辛丑，上始祀后土於北郊。丙午，立皇后許氏。大將軍許嘉女也。罷少府技巧官。夏，大旱。東平王（牟）〔宇〕有罪，〔三三〕削一縣。秋，罷太子博望苑，賜宗室朝請者。減乘輿厩馬。丞相匡衡又奏：「郡國候神方士使者所祠，凡六百八十三所，其二百八所應祀，或疑無明文不可奉祀。其餘四百七十五所不應祀，請罷之。」又奏：「高帝、武帝、宣帝所立山川群祠凡百二十餘所，非典，皆罷之。候神方士、使者、副使、待詔七十餘人，皆罷歸。」

三年春，赦天下囚徒。賜孝弟力田爵三級。〔三四〕諸逋租賦賑貸勿收。秋，關中大雨水四十餘日。京師人無故相驚，言大水至，百姓奔走號呼，長安中大亂。上親御前殿，召公卿議。大將軍王鳳以爲太后及上與後宮可御舟船，令吏民百姓上長安城。群臣皆從王鳳議。王商者，宣帝舅，樂昌侯武之子，曰：「自古無道之國，水猶不冒入城郭。今政治和平，何爲當有大水一旦暴至？此必訛言，不宜令民上城，重驚百姓耳。」（止）〔上〕乃止。〔三五〕有頃，長安中稍稍自定。上歎美商之固守，數稱其議。鳳甚慙，自恨失言。渭城女子陳持弓年九歲，走入城門，入未央宮掖庭殿門，門衛者莫見，至勾楯禁中，覺而得。本志以爲「民以水相驚者，陰氣盛也。小女入宮殿者，下人將因女寵而居有宮室之象也。名曰持弓，有似周家（壓）〔檿〕弧之祥。〔三六〕易曰：『弧矢之利，以威天下。』後有王莽篡天下，陳氏之後也。」秋八月癸丑，大司馬將軍許嘉賜金、安車駟馬，免。御史大夫張譚坐（遷）〔選〕舉不實免。〔三七〕冬十月，光祿大夫尹忠爲御史大夫。十二月戊申朔，（十）〔日〕有蝕之。〔三八〕其夜，地震未央宮中。詔舉方正、直言極諫。長安人谷永者，衛司馬谷吉之（水）〔子〕，〔三九〕對策曰：「災異之發，各以象其類。日蝕須女之分，〔四〇〕地震宮墻之内，二咎同日發，厥咎不遠。意者陛下志在閨闈，不衈政事，舉措失中，内寵大盛。誠留意於正身，勉强於力行，損宴私之志，放淫溺之樂，罷倡優之笑，絶不饗之義，循禮而動，力行不倦，無淫於酒色，無逸於游畋，未有其身正而臣下邪者也。夫婦之際，安危之機也。昔舜釐正二妃，以崇聖德；幽王惑於褒姒，而周室淪亡。誠修後宫之政，明尊卑之序，貴不專妬，賤者咸進，各得其職，以廣繼嗣之統，息白華之怨，後宫親屬，勿預政事，以遠皇甫之類，損女黨之權，未有閨門理而天下亂者也。夫治遠自近始，習善在左右。昔龍作納言，帝命惟允；四輔既備，成王靡有過事。經曰：『亦惟先正克左右。』未有左右正而百官枉者也。治天下者尊賢考功則治，簡賢退功則亂。誠審思知人之術，論才選士必稱其職，明度量以旌其能，考功實以定其德，無以比周之虚譽，〔四一〕無聽浸潤之譖愬，則抱功修職之吏無蔽擁之憂，比周邪僞之徒不得妄進，小人日消，英乂日隆。經曰：『三載考績，三考黜陟幽明。』未有功賞得於前，衆賢布於官而不治者也。堯遭洪水之災，天下無乖叛之難者，德厚恩深，無怨於天下也。秦居平土，一夫大呼而天下分崩離析者，刑罰深酷，吏行殘賊。誠宜選温良尚德之士以親百姓，以治民命，務省徭役，不奪民時，使咸安土樂業。經曰：『懷保小民，惠鮮鰥寡。』〔四二〕未有德厚吏良而民叛者也。此五者，王政之綱紀。臣聞災異，皇天所以譴告人主，猶嚴父之明誡。經曰：『嚮用五福，威用六極。』傳曰：『六沴作見，若不恭御。六（沴）〔罰〕既侵，〔四三〕六極其下。』惟陛下留神。」大將軍武庫令杜欽對曰：「臣聞日蝕地震，陽微陰盛。臣者君之陰，子者父之陰，婦者夫之陰，夷狄者中國之陰。春秋傳日蝕三十六，地震五，或夷狄侵中國，或政權在臣下，或妻不承夫，或臣子背君父，事雖不同，其類一也。臣竊睹人事以考變異，則本朝大臣無不自安之人，外戚親屬無乖剌之心，關東諸侯無（疆）〔彊〕大之國，〔四四〕邊陲夷狄無逆禮之節，此殆爲後宮。日以戊申蝕，時加未。戊未，土也，（宮）中〔宮〕之部。〔四五〕其夜地震未央宮殿中，此必適妾將有爭寵相害而爲患者。陛下內推至誠，深思其變，則咎異何足消滅！如不留神聽於庶事，奢侈縱欲，雖無變異，社稷之憂也。」欽字子夏，目偏盲，與茂陵杜業同姓字，俱好學，以才能稱，故京師謂欽爲「盲子夏」。欽乃作小冠以自別，於是更謂欽爲「小冠子夏」。欽素依附王氏，說鳳曰：「禮，一娶九女，所以極陽數，廣繼嗣，重祖宗者也。必（即）〔鄉〕舉求窈窕之女，〔四六〕不問其色，所以助治內也。娙（姊）〔娣〕雖缺，〔四七〕亦不復補，所以養壽塞爭。故后妃有貞淑之行，則胤嗣有賢聖之君；制度有威儀之節，則人君有壽考之福。廢而不由，則女德無厭；女德無厭，則壽命不究於高年。書云『或四三年』，言逸欲之生害也。男子五十，好色未衰；婦人四十，容貌改前。以改前之容侍於未衰之年，而不以禮爲制，則其源不可以救而後來異態；後來異態，則正后自疑而支庶有間適之心。是以晋獻公被納讒之謗，申生受無辜之罪。今聖主富於春秋，未有適嗣。將軍輔政，宜因初始之隆，〔尊〕〔遵〕九女之制，〔四八〕爲萬世之法。夫少，戒之在色，小弁之作，可爲寒心。」鳳白太后，太后以爲故事無之。鳳又不能立制度，修故事而已。越巂山崩。丁丑，丞相匡衡免。初，封樂安鄉侯，以〔關〕〔閩〕陌爲界。〔四九〕初元〔元〕年，〔五〇〕誤以平陵陌爲〔關〕〔閩〕陌，〔五一〕多四百頃。積十餘年，郡乃定國界，上計薄，言丞相府。衡諷掾屬郡不從故所，郡即復以四百頃付樂安鄉侯衡收租穀。有司奏衡監臨〔主〕守〔主〕〔車〕〔專〕地盜土，〔五二〕於是坐免爲庶人。衡字〔雉〕〔稚〕圭，〔五三〕東海人。父世爲農夫，家貧好學，傭作以供資用，〔尤〕〔又〕精力過絶人，〔五四〕善説詩。衡子咸，亦明經術，位歷九卿。

四年春正月癸卯，有石隕於稾，四，隕於肥累，二。罷中書宦官，初置尚書員五人。三月甲申，左將軍王商爲丞相。夏四月，雨雪。五月，謁者丞陳臨殺司隸校尉袁豐於殿中。秋，桃李實。大雨水十餘日，河決東郡金隄，沈溉兗、豫，入平原、千乘、濟南，凡灌四郡三十三縣，敗毀官寺民屋廬四萬所。九月，長安城南鼠巢樹上，桐柏尤多，巢中無子。冬十有一月，〔五五〕御史大夫尹忠以河決不憂職，自殺。壬戌，少府張忠〔爲〕御史大夫。〔五六〕河隄使者王延世以竹落長四丈，大九圍，盛石，以兩船夾載而下之，二十六日，〔五七〕河隄成。上嘉其功，拜爲光禄大夫，賜爵關内侯，黄金百斤。是歲，京輔都尉王尊領京兆尹。尊字子貢，涿郡人也，爲人果勇。初，爲護羌校尉，送軍糧。而羌反，絕糧道，羌兵數萬圍尊。尊以千餘騎突羌虜得免。後爲益州刺史。先是，瑯邪王陽爲益州刺史，行部至邛（僰）〔郲〕九折阪，〔五八〕歎曰：「奉先人遺體，奈何數乘此險！」後以病去。及尊行部至阪上，問吏曰：「此非王陽所畏阪邪？」叱其御者驅之，曰：「王陽爲孝子，王尊爲忠臣。」居部二歲，徼外蠻夷皆歸附。會坐事（坐）免官。〔五九〕會南山群賊數百人爲吏民害，發校尉將射士千餘人捕逐，歲餘不能擒。於是以尊爲京輔都尉，領京兆尹事。旬月之間，盜賊清平。乃以尊復爲東郡太守。河水盛溢，尊殺白馬祠水神，親執圭璧，使巫（莢）〔筴〕祝，〔六〇〕暮因止宿隄上。吏民數千人爭叩頭求之，尊宿隄上，終不去。及水盛隄壞，吏民皆走，惟主簿泣在尊旁。尊立不動，而水波稍稍却。上嘉尊勇節，秩尊中二千石，賜黄金二十斤。

河平元年春正月，匈奴復（秣）〔株〕絫單于遣右賢王伊邪莫演奉獻，〔六一〕來朝正月。既罷，使者送至蒲阪。伊邪莫演言「我欲降。即不受我，我自殺，終不復還歸」。公卿議者咸言宜如故事，受其降。光禄大夫谷永、議郎杜欽以「單于屈體稱臣，奉使朝賀，無有二心。而今反受其逋逃之臣，是貪一夫之得而失一國之心，開有罪之臣，絕慕義之君。假如單于初立，欲委身中國，未知利害，使人詐降以卜吉凶，如受之，虧德沮善，（今）〔令〕單于自疏，〔六二〕或使者詐僞反間，欲因其生隙，受之適合其（笑）〔契〕，〔六三〕使得歸曲而（貴）〔責〕

直。〔六四〕此誠邊〔塞〕安危之源，〔六五〕師旅動靜之首，不可不詳，不如勿受。」上從之，問其降狀，曰：「我病狂，妄言耳。」遣歸，復位如故，又不肯令見漢使。二月庚子，泰山桑谷有鳶焚其巢，巢然墮地，有三鳶鷇燒死。長安男子石良、劉歆相與同居，有物如人狀在室中，擊之，爲狗而走。後有數人被甲持弓弩至良家，良等格擊之，或死或傷，皆狗也。自二月至六月乃止。夏四月乙亥晦，〔六六〕日有蝕之，不盡如鉤，在東井六度。光禄大夫劉向曰：「四月交於五月，〔月〕同於孝惠，〔六七〕日同於孝昭。東井，京師地，且〔説〕〔既〕，〔六八〕其占恐害繼嗣。」大赦天下。六月，罷典屬國官，并大鴻臚官。秋九月，復太上皇廟園。是時刑書煩多，上詔曰：「周之甫刑大辟之屬有二百，今〔大〕辟之刑千有餘條，〔六九〕律令煩多，欲以曉喻衆庶，不亦難乎！所以夭絶無辜，豈不哀哉！其議減死刑及可蠲除約省者，令較然易知。書不云乎『惟刑之恤』！其審核之，務〔惟〕〔準〕古法，〔七〇〕朕將盡心覽焉。」時有司不能廣宣主恩，建立法度，徒〔學〕〔舉〕細微小事，〔七一〕以塞詔書而已。本志曰：「昔周五刑之典，墨罪五百，劓罪五百，宮罪五百，剕罪五百，殺罪五百，所謂刑平國用中典者。至穆王命甫侯作五刑，以詰四方。墨罰之屬千，劓罰之屬千，剕罰之屬五百，宮罰之屬三百，大辟之罰其屬二百。凡五刑之屬三千，稍稍煩多矣。及至戰國，韓任申不害，秦用商鞅，起連坐之法，造參夷之誅，增加肉刑、大辟，爲鑿〔額〕〔顛〕、抽脅、鑊烹之刑，〔七二〕而法禁等酷矣。至高祖初入秦，約法三章，號爲寬略，網漏吞舟之魚，然時尚有夷三族之令：『當三族者，先黥，劓，〔斬〕左右指，〔七三〕笞殺之，梟其首，菹其骨肉於市。其誹謗詈詛者，有先斷其舌。』故謂之具五刑。高后元年，除三族罪。至於孝文，遂除肉刑，而斬右趾者棄市，斬左（足）〔趾〕者笞五百，〔七四〕劓罪笞三百，率不勝笞多死。孝景詔定捶令，笞者乃得全。及孝武之時，酷吏擊斷，姦軌不勝。於是使張湯、趙禹之屬，修定法令，作見知故縱、監臨部主之法，緩深故之罪，急縱出之誅。其後有姦猾巧法，轉相比況，死罪決事比至萬三千四百七十二事。文書盈於（机）〔几〕閣，〔七五〕典掌不能偏覩。是以郡國承用者班駮，或罪同而論異。姦吏因緣爲市，所欲活即傅生議，所欲陷則與死比。宣帝即位，深悼之，始置廷尉平。元帝初立，下詔曰：『夫法令者，所以抑暴扶弱，欲其難犯而易避。今法律煩多，自典者不能分明，而欲以羅元元之不逮，斯豈刑之中哉！〔七六〕其議定出令。』及至孝成，重下明詔，及公卿卒不能定。昔荀卿言曰：『俗說曰，古有象刑，無肉刑，是不然矣。以爲古之人莫觸其罪邪，豈獨無肉刑哉，亦不用象刑矣。若有重罪而直輕其刑，是殺人者不死，傷人者不刑。罪至重而刑輕，民無所畏，亂莫大焉。夫德不稱位，能不稱官，賞不當功，刑不當罪，不祥莫大焉。』所謂『象刑惟明』，言象天道而作刑。荀卿之言既然，今之除肉刑者，本欲以全人也。今去髡鉗一等，轉而入於大辟。以死罔民，失其本意矣。故死者甚衆，刑重之所致也。至乎穿窬之盜，忿怒傷人，吏爲姦（賊）

〔贓〕，〔七七〕若此之惡，髡鉗之罰又不足懲也。故刑者甚衆，民既不畏，又曾不耻，刑輕之所生也。死刑既重，而生刑太輕，民易犯之。故俗之能吏，公以殺盜爲威，專殺者勝任，奉法者不治，亂名傷（治）〔制〕，〔七八〕不可勝條。是以網密而姦不塞，刑繁而民愈慢，由刑不正之故。宜原其本，删定律令，正其大辟。其餘罪次，於古當生，〔今〕觸死者，〔七九〕皆可募行肉刑。及傷人，盜，吏受財枉法者，皆從古刑，詆欺文致細微之法，悉蠲除之。如此，則刑可畏而禁易避，吏不專殺，法無二門，輕重當，民命全矣。」

二年春正月，沛郡鐵官鑄鐵不下，隆隆如雷聲，又如鼓音。工十三人皆驚走，音止乃還。視地陷數尺，爐分爲十一，爐中（消）〔銷〕鐵散如流星飛去。〔八〇〕夏四月，楚國雨雹，大如釜。六月，封舅（禁）〔譚〕爲平（陽）〔阿〕侯，〔八一〕（莽）〔商〕爲成都侯，〔八二〕立爲紅陽侯，根爲曲陽侯，逢時爲高平侯，同日受封，故世（爲）〔謂〕「五侯」。〔八三〕王氏子弟皆卿大夫侍中諸曹，分據勢職，盈滿朝廷，政事皆決〔於鳳〕。〔八四〕左右常薦劉向少子歆通達有異才，上召見，甚悦之，欲以爲中常侍，取衣冠。臨當拜，左右曰：「未知大將軍旨意。」上曰：「此小事，何須問大將軍？」左右叩首固争之。上於是語鳳，鳳以爲不可，乃止。當權用事如此。公卿見鳳側目而視，郡國刺史、太守、相皆出其門。時五侯群弟，競爲奢侈，起治第（治）〔室〕。〔八五〕百姓歌之曰：「五侯俱起，曲陽最怒，壞決高都，連境外杜，土山漸臺，象西白虎。」其奢汰如此。

然皆通敏人事，好士養賢、傾財施與，以相高尚。時谷永與齊人樓護俱爲五侯上客，各有所親，不得左右。唯護盡入其門，各得其歡心。交結士大夫，無所不傾。護，醫者子也。爲人短小精辨，議論常依名節，聽之者皆竦。時人爲之語曰：「谷子雲之筆札，樓君卿之脣舌。」言其甚見信用也。及護母死，送葬引車至二三千乘，閭里爲之語曰：「五侯治喪，〔樓〕君卿爲天水太守，〔八六〕免歸家，大司馬王商親枉車騎至其閭巷弔問之。是時谷口有鄭子真，西蜀有嚴君平，皆修行自保，非其食不食。鳳慕其名，以禮聘子真，子真遂不屈。君平卜於成都市，以卜筮爲業，而可以惠人。人有非正之問，則依蓍龜以言利害，與人子言依於孝，與人弟言依於順，各因其勢導之以善。曰：「從吾言者已過半矣。」或曰：「閱數人，得百錢，足以自養。」則閉肆下帷而授老子經，博覽無不通，依老子之旨著五十餘萬言。李(疆)〔彊〕爲益州牧，〔八七〕將發京師，謂揚雄曰：「吾真得嚴君平爲吏矣。」雄曰：「君備禮而待之，其人可見，不可屈也。」(疆)〔彊〕以爲不然。〔八八〕及見君平，不可屈之，歎曰：「揚子雲誠知人，可謂哲矣。」

## 【校勘記】

〔一〕(帝)〔常〕置左右　從漢書成帝紀改。

〔二〕得絶〔馳〕道行　從漢書成帝紀、吴慈培校補。

〔三〕乙未　漢書成帝紀作「己未」。

〔四〕（平）陽〔平〕侯王鳳　從漢書成帝紀改。

〔五〕非〔禮〕不宜以葬　從漢書成帝紀補。

〔六〕皇〔曾〕祖（宗）悼考廟災　從漢書成帝紀改。

〔七〕（故）立〔故〕河間王弟良　從龍谿本、學海堂本乙正。

〔八〕燒殺尹等十餘人　十餘，漢書成帝紀作「七」。

〔九〕封舅王崇爲安〔成〕侯　從漢書成帝紀補。

〔一〇〕今諒闇（日）〔已畢〕　從南監本、龍谿本改。

〔一一〕朕承先帝（盛）〔聖〕緒　從南監本、龍谿本改。

〔一二〕〔有傷於〕人　從漢書循吏傳補。

〔一三〕莫大於承天〔之序〕　從漢書郊祀志補。

〔一四〕就（天）〔陽〕之義也　從漢書郊祀志改。

〔一五〕行（鷄）〔谿〕谷中　從南監本、龍谿本、學海堂本、漢書郊祀志改。

〔一六〕汾（陽即）〔陰則〕渡大川　從漢書郊祀志改。

〔一七〕吏(人)〔民〕困苦　從漢書郊祀志改。

〔一八〕百(姓)〔官〕煩費　從學海堂本、漢書郊祀志改。

〔一九〕郊柴饗(地)〔帝〕　從學海堂本、漢書郊祀志改。

〔二〇〕以(侯)〔候〕天神　從南監本、龍谿本、學海堂本改。

〔二一〕今甘泉〔泰畤〕紫(微殿)〔壇〕　從漢書郊祀志改。

〔二二〕黼黻文繡之飾(又致)〔及玉〕　從學海堂本、漢書郊祀志改。

〔二三〕其口〔止〕於鄜衍　「止」原缺，從學海堂本、漢書郊祀志補。

〔二四〕文(王)〔公〕獲(古)〔若〕石　從學海堂本、漢書郊祀志改。

〔二五〕(缶)於陳倉北坂　從漢書郊祀志删。

〔二六〕後秦(文)〔宣〕公作密畤　從漢書郊祀志改。

〔二七〕(嶽)〔兵〕主　從學海堂本、漢書郊祀志改。

〔二八〕在東平陸監(卿)〔鄉〕　從龍谿本、漢書郊祀志删。

〔二九〕祠(之)萊山　「之」衍，逕删。

〔三〇〕成山　漢書郊祀志作「盛山」。

〔三一〕本志〔以〕爲　從文意補。

〔三二〕〔巢〕顛　從漢書五行志、陳璞校補。

〔三三〕東平王（牟）〔宇〕　從漢書成帝紀改。

〔三四〕賜孝弟力田爵三級　三，漢書成帝紀作「二」。

〔三五〕（止）〔上〕乃止　從南監本、龍谿本、學海堂本改。

〔三六〕有似周家（壓）〔檿〕弧之祥　從學海堂本、漢書五行志改。

〔三七〕張譚坐（遷）〔選〕舉不實免　從龍谿本、漢書百官公卿表改。

〔三八〕（十）〔日〕有蝕之　從南監本、龍谿本、學海堂本改。

〔三九〕衛司馬谷吉之（水）〔子〕　從南監本、龍谿本、學海堂本改。

〔四〇〕日蝕須女之分　須，漢書五行志作「婺」。

〔四一〕無以比周之虛譽　以，漢書谷永傳作「用」。

〔四二〕惠鮮鰥寡　鮮，漢書谷永傳作「于」。按尚書無逸作「鮮」。

〔四三〕六（沴）〔罰〕既侵　從漢書谷永傳改。

〔四四〕關東諸侯無（疆）〔彊〕大之國　從龍谿本、學海堂本改。

〔四五〕（宮）中〔宮〕之部　從黃校本、漢書杜周傳附杜欽傳改。

〔四六〕必（即）〔鄉〕舉求窈窕之女　從學海堂本、漢書杜周傳附杜欽傳改。

〔四七〕姪(姊)〔娣〕雖缺　從龍谿本、學海堂本改。

〔四八〕(尊)〔遵〕九女之制　從吴慈培校改。漢書杜周傳作「建九女之制」。

〔四九〕以(關)〔閩〕陌爲界　從學海堂本、漢書匡衡傳改。

〔五〇〕初元〔元〕年　從學海堂本、漢書匡衡傳補。

〔五一〕以平陵陌爲(關)〔閩〕陌　從學海堂本、漢書匡衡傳改。

〔五二〕臨〔主〕守(主)(車)〔專〕地盜土　從學海堂本、漢書匡衡傳改。

〔五三〕衡字(雉)〔稚〕圭　從吴慈培校、漢書匡衡傳改。

〔五四〕(尤)〔又〕精力過絶人　從學海堂本、漢書匡衡傳改。

〔五五〕冬十有一月　漢書成帝紀作「冬十月」。

〔五六〕少府張忠〔爲〕御史大夫　從學海堂本、漢書百官公卿表補。

〔五七〕二十六日　二，漢書溝洫志作「三」。

〔五八〕邛(僰)〔郲〕　從吴慈培校、漢書王尊傳改。

〔五九〕會坐事(坐)免官　從南監本、龍谿本、學海堂本删。

〔六〇〕使巫(莢)〔筴〕祝　從黄校本改。漢書王尊傳作「策」。策，通「筴」。

〔六一〕匈奴復(秣)〔株〕絫單于　從漢書匈奴傳改。

〔六二〕（今）〔令〕單于自疏　從漢書匈奴傳改。

〔六三〕受之適合其（笑）〔契〕　從龍谿本改。

〔六四〕使得歸曲而（貴）〔責〕直　從南監本、龍谿本、學海堂本改。漢書匈奴傳作「直責」。

〔六五〕誠邊〔塞〕安危之源　從南監本、龍谿本、學海堂本補。

〔六六〕夏四月乙亥晦　乙亥，漢書成帝紀作「己亥」。

〔六七〕〔月〕同於孝惠　從漢書五行志補。

〔六八〕且（說）〔既〕　從漢書五行志改。

〔六九〕今〔大〕辟之刑千有餘條　從南監本、龍谿本、學海堂本、漢書刑法志補。

〔七〇〕務（惟）〔準〕古法　從吳慈培校、漢書刑法志改。

〔七一〕徒（學）〔舉〕細微小事　從學海堂本、漢書刑法志改。

〔七二〕鑿（額）〔顛〕　從漢書刑法志改。

〔七三〕〔斬〕左右指　從漢書刑法志補。

〔七四〕斬左（足）〔趾〕笞五百　從黄校本、漢書刑法志改。

〔七五〕文書盈於（机）〔几〕閣　從漢書刑法志改。

〔七六〕斯豈刑之中哉　漢書刑法志作「豈刑中之意哉」。

〔七七〕吏爲姦〔贓〕〔臧〕　從學海堂本、漢書刑法志改。
〔七八〕亂名傷〔治〕〔制〕　從漢書刑法志改。
〔七九〕〔令〕觸死者　從漢書刑法志補。
〔八〇〕爐中〔消〕〔銷〕鐵　從南監本、龍谿本改。
〔八一〕封舅〔禁〕〔譚〕爲平〔陽〕〔阿〕侯　從學海堂本、漢書元后傳改。
〔八二〕〔莽〕〔商〕爲成都侯　從學海堂本、漢書元后傳改。
〔八三〕世〔爲〕〔謂〕五侯　從學海堂本、漢書元后傳補。
〔八四〕政事皆決〔於鳳〕　從黄校本補。
〔八五〕起治第〔治〕〔室〕　從南監本、學海堂本、漢書元后傳改。
〔八六〕〔樓〕君卿　從龍谿本補。
〔八七〕李〔韁〕〔彊〕爲益州牧　從龍谿本改。
〔八八〕〔韁〕〔彊〕以爲不然　從龍谿本改。

# 兩漢紀上　漢紀

## 孝成皇帝紀二卷第二十五

三年春正月，楚王囂來朝。詔曰：「〔囂〕孝弟仁慈，〔一〕在國二十餘年，纖介之過未嘗聞。書不云乎『用德彰厥善』。其封囂子勳爲廣戚侯。」二月丙戌，犍爲地震，山崩，擁江水逆流。〔二〕秋八月乙卯晦，日蝕。光禄大夫劉向校中祕書，謁者陳農使，使求遺書於天下，故典籍益博矣。劉向典校經傳，考集異同，云「易始自魯商瞿子木受於孔子，以授魯（橋）〔橋〕庇子庸，〔三〕子庸，王孫授江東馯臂子弓，子弓授燕人周醜子家，子家授東武孫虞子乘，子乘授齊國田何子裝。及秦焚詩、書，以易爲卜筮之書，獨不焚。漢興，田何以易授民。故言易者，本之田何焉。菑川人楊叔〔元〕傳其學，〔四〕武帝時爲（大）〔太〕中大夫，〔五〕由是有楊氏學。梁人丁寬受易田何，爲梁孝王將軍距吴、楚，著易説三萬言。寬授槐里田王孫，王孫授沛人施讎、東海孟喜、琅邪梁丘賀。讎爲博士，喜爲丞相掾，由是有施、孟、梁丘之學。此三家者，宣帝之時立之。京房（授）〔受〕易於梁人焦延壽，〔六〕獨得隱士之説，託之孟氏。劉向校易，説皆祖之田何。唯京房爲異黨，不與孟氏同。由是有京氏學，元帝時立之。東萊人費直治易，長於〔卦〕筮，〔七〕無章句，徒〔以〕彖、象、繫辭、（十篇）文言〔十篇〕解説上下經。〔八〕沛人高相略與費氏同，專説陰陽災異。此二家未立於學官，唯費氏經與魯古文同。尚書本自濟南伏生，爲秦博士。及秦焚書，乃壁藏其書。漢興，伏生求其書，亡數十篇，得二十九篇。文帝欲徵，伏生時年九十餘，不能行，遣鼂錯往（授）〔受〕之。〔九〕千乘人歐陽（伯）和〔伯〕傳其學。〔一〇〕而濟南張生傳尚書，授夏侯始昌，始昌傳族子勝，勝傳從兄子建，建又事歐陽（氏）〔高〕，〔一一〕頗與勝異。由是爲大小夏侯之學，宣帝時立之。魯恭王壞孔子宅以廣其宮，得古文尚書多十六篇，及論語、孝經，武帝時孔安國家獻之，會巫蠱事，未列於學官。詩始自魯申公作（古）〔詁〕訓；〔一二〕燕人韓嬰爲文帝博士，作詩外傳；齊人轅固生爲景帝博士，亦作詩外、内傳。由是有魯、韓、齊之學。趙人有毛公爲河間獻王博士，作詩傳，自謂得子夏所傳。由是爲毛詩，〔未〕列於學官。〔一三〕禮，始於魯高堂生，傳士禮十八篇，〔一四〕多不備。魯人徐生善爲禮容，文帝時爲禮官大夫，宣帝時爲少府。后倉最爲明禮，而沛人戴聖、戴德傳其業，由是有后倉、大小戴之學。其禮古經五十六篇，出於魯壁中，猶未能備。歆以周官十六篇爲周禮，王莽時，歆奏以爲禮經。置博士。樂，自漢興，制氏以知雅樂聲律世在樂官，但紀鏗鏘鼓舞而已，不能言其義。河間獻王與毛公等共采周官與諸子樂事者乃爲樂記。及劉向校祕書，得古樂記二十三篇，與獻王記不同。春秋，魯人穀梁赤、齊人公羊高各爲春秋作傳。景帝時胡母子都與董仲舒治春秋公羊，皆爲博士。瑕丘人江公治穀梁，與仲舒議春秋，不及仲舒。武帝時遂崇立公羊。而東平嬴公受其業，昭帝時爲諫（議）大夫，〔一五〕授魯國眭孟，孟授東海嚴彭祖，彭祖授顏安樂。由是有顏、嚴之學。沛人蔡千秋治穀梁，與公羊家並議帝前。帝善穀梁説，擢千秋爲諫（議）大夫，遂立穀梁。始，魯人左丘明又爲春秋作傳。漢興，張蒼、賈誼皆爲左氏訓〔故〕，〔一六〕劉歆尤善左氏。平帝時，立左氏春秋、毛詩、逸禮、古文尚書，後復皆廢。及論語有齊、魯之説，又有古文。凡經皆古文。凡書有六本，謂象形、象事、象意、象聲、轉注、假借也；有六體，謂古文、奇字、篆書、隸書、〔繆篆、〕蟲書也。〔一七〕秦時獄官多事，省文從易，施之於徒隸，故謂之隸書。昔周之末，孔子既歿，後世諸子各著篇章，欲崇廣道藝，成一家之説，旨趣不同，故分爲九家。有儒家、道家、陰陽家、法家、名家、墨家、縱横家、雜家、農家。儒家者流，蓋出於司徒之官，明教化者也。道家者流，蓋出於史官，明成敗興廢，然後知秉要持權，故尚無爲也。陰陽家者流，蓋出於羲和之官，敬順昊天，以授民時者也。法家者流，蓋出理官也。名家者流，蓋出於（理）〔禮〕官。〔一八〕名位不同，禮亦異數，故正名也。墨家者流，蓋出於清廟之官。〔一九〕茅屋采椽，是以尚儉；宗祀嚴父，是以右鬼神；養三老五更，是以兼愛；選士大射，是以尚賢；順四時五行，〔三〇〕是以非命；以孝示天下，是以尚同。縱横家者流，蓋出行人之官。遭變用權，受命而不受辭。雜家者流，蓋出於議官。農家者流，蓋出於農稷之官。各引一端，高尚其事。其言雖殊，譬猶水火，相滅亦相生也。捨所短取所長，足以通萬方之略矣。又有小説家者流，蓋出於街談巷議所造。及賦誦、兵書、術數、方伎，皆典籍苑囿，有采於異同者也。」劉向卒，上復使向子歆繼卒父業，而歆遂撰群書而奏七略，有輯略，有六藝略，有諸子略，有詩賦略，有兵書略，有術數略，有方伎略，凡萬三千二百六十九卷。自是以來，稍稍復增集。荀悦曰：經稱「立天之道曰陰與陽，立地之道曰柔與剛，立人之道曰仁與義」。陰陽之節在於四時五行，仁義之大體在於三綱六紀。上下咸序，五品有章；淫則荒越，民失其性。於是在上者則天之經，因地之義，立度宣教以制其中，施之當時則爲道德，垂之後世則爲典經，皆所以總統綱紀，崇立王業。及至末俗，異端並生，諸子造誼，以亂大倫，於是微言絶，群議繆焉。故仲尼畏而憂之，詠歎斯文，是聖人篤文之至也。若乃季路之言：「何必讀書，然後爲學？」棘子成曰：「君子質而已矣，何以文爲！」夫潛地窟者而不覩天明，守冬株者而不識夏榮，非通炤之術也。然博覽之家不知其穢，兼而善之，是大田之莠與苗並興，則良農之所悼也；質樸之士不擇其美，兼而棄之，是崑山之玉與石俱捐，則卞和之所痛也。故孔子曰：「博學於文，約之以禮，亦可以弗畔矣。」夫孝武皇帝時董仲舒推崇孔氏，抑絀百家。至劉向父子典校經籍，而新義分方，九流區别，典籍益彰矣。自非至聖之崇，孰能定天下之疑？是以後賢異心，各有損益。中興之後，大司農鄭衆、侍中賈逵各爲春秋左氏傳作解注。孝桓帝時，故南郡太守馬融著易解，頗生異説。及臣悦叔父故司徒爽著易傳，據爻象承應陰陽變化之義，以十篇之文解説經意。由是兖、豫之言易者咸傳荀氏學，而馬氏亦頗行於世。爽又著詩傳，皆附正義，無他説。又去聖久遠，道義難明，而古之尚書、毛詩、左氏春秋、周官，通人學者多好尚(好)之，〔二一〕然希各得立於學官也。是時夜郎王興與勾町王及各諸外國更相攻伐，遣大中大夫張匡持節以和解之。興不承詔命，刻木(爲)〔象〕漢(使)〔吏〕而射之。〔二二〕於是以臨邛陳立爲牂牁太守。立喻告興，興不從命，立奏請誅之而未報。立從數(千)〔十〕人出行縣，〔二三〕至興國且同亭，召興。興以從邑(各)〔君〕數(百)〔十〕人詣〔立〕。〔二四〕立責數興，因斬興頭。(巴)〔邑〕君曰：〔二五〕「〔將軍〕誅無狀，〔二六〕請出曉士衆。」皆釋兵降。勾町王等(其王)震(怒)〔恐〕，〔二七〕乃入粟、牛羊以勞士衆。立還歸郡，興妻父翁指與興子(務)邪〔務〕收餘兵迫脅旁邑。〔二八〕立奏募諸蠻夷與都尉長(吏)〔史〕攻翁指等蠻夷，〔二九〕共斬其首以降，西夷遂平。會巴、蜀郡多盜賊，徙立爲巴郡太守，秩中二千石，爵左庶長。後徙天水太守，勸耕農，爲天下最，賜黃金四十斤。

四年春正月，匈奴單于來朝，引見白虎殿。丞相王商坐未央廷。商爲人有威重，長八尺餘，身體盛大，容貌絶人。單于見商謁拜，商起，離坐與言。單于仰視商容貌，遷延却退，甚畏敬之。赦天下。二月，單于罷歸。三月癸丑朔，日有蝕之。遣光禄大夫博士孟嘉等行（次）〔決〕河所，〔三〇〕傷敗不能自存者，賑貸收葬之。壬辰，〔三一〕長陵臨涇岸崩，壅水。夏四月壬寅，丞相王商免。王鳳既以議水事恨商，而瑯邪郡有災害，商按太守楊肜。鳳爲肜請，商不聽，遂奏免肜，而按果寢不下。鳳由是重怨商，乃令人誣告商與父侍婢姦；商女弟淫逸，使奴殺其夫，又疑商教殺之。上欲勿治，鳳固争之，遂收丞相印綬。商免三日，發病而歐血死。荀悦曰：王商言水不至，非以見智也，非以傷鳳也，將欲忠主安民，事不得已，而鳳以爲慨恨；馮婕妤之當熊，非欲見勇也，非欲求媚也，非以高左右也，惻怛於心將以救上，而傅昭儀以爲隙。皆至於死，真可痛乎！夫獨智不容於世，獨行不畜於時，是以昔人所以自退也。雖退猶不得自免，是以離世深藏，以天之高而不敢舉首，以地之厚而不敢投足。詩云：「謂天蓋高，不敢不跼；謂地蓋厚，不敢不蹐。哀今之人，胡爲虺蜴！」本不敢立於人間，況敢立於朝乎！自守猶不免患，況敢守於時乎！無過猶見誣枉，而況敢有罪乎！閉口而獲誹謗，況敢直言乎！雖隱身深藏猶不得免，是以甯武子佯愚，接輿爲狂，困之至也。人無狂愚之慮者，則不得自安於世。是以屈原怨而自沉，鮑焦憤而矯死，悲之甚也。雖死猶懼形骸之不深，魂神之不遠，故徐衍負石入海，申屠狄蹈甕之河，痛之極也。悲夫！以六合之大，匹夫之微，而一身無所容焉，豈不哀哉！是以古人畏患苟免，以計安身，撓直爲曲，斲方爲圓，穢素絲之潔，推亮直之心；是以羊舌職受盜於王室，蘧伯玉可卷而懷之，以死易生，以存易亡，難乎哉！夏六月丙午，光祿大夫張禹爲丞相。禹字子文，河内人。上爲太子時，禹爲博士，以論語、孝經授上，而博士鄭寬中以尚書授上，皆賜爵關内侯。禹爲人謹厚，然内殖貨財，多買田至四百頃，皆涇、渭溉灌，極（高）〔膏〕腴上賈，〔三〕財物皆稱是。庚戌，楚王囂薨。山陽火生石中，改元爲陽朔。

陽朔元年春二月丁未晦，日有蝕之。三月，赦天下。冬，京兆尹王章下獄死。章，泰山人也。好節義，敢直言。元帝時爲左曹中郎將，爲石顯所排，免。上即位，大將軍王鳳專權，舉章爲司隸校尉，貴戚皆敬憚之，以選爲京兆尹。章雖爲鳳所舉，疾鳳專權，不親附鳳。乃奏封事，召見，言鳳誣罔不忠，不堪任用。上悟，謂章曰：「微京兆尹直言，吾不聞（吾）社稷計！〔三〕且惟賢知賢，君試爲朕求可以自輔者。」因薦琅邪太守馮野王。上欲以代鳳，時鳳弟侍中王音私聽之，告鳳。鳳懼，稱病就第，乃上書乞骸骨，辭旨甚哀切。太后聞之，流涕不食。上少而親鳳，亦不忍廢鳳，復起視事。先是鳳進小婦弟爲美人，已嘗適人。章以爲羌、胡尚殺首子以盪腸，以正世，而鳳進已出之女，不忠不敬。於是尚書劾奏章「知野王前以王舅出補吏而薦，欲令在朝阿附諸侯。又比上於夷狄，非所宜言。」罪至大逆，死獄中，妻子徙合浦。初，章學長安，疾病，無被，卧牛衣中，與妻子辭訣，涕泣。其妻怒之曰：「仲卿！京師尊貴在朝廷者誰逾仲卿也？今疾病困厄，不自激卬，乃反涕泣，何其鄙也！」及上封事，妻止之曰：「人當知足，獨不念牛衣中事邪？」章曰：「非女子所知也。」及章下獄，妻子皆收繫。章小女年十二，夜起號泣曰：「我君死矣！獄上呼囚常至九，今八而止。我君素剛，先死者必我君也。」章果已死，衆庶愍而痛之。先是王尊爲京兆尹，及章死，王吉子駿爲京兆尹，皆有能名。故京兆爲之語曰：「前有趙、張，後有三王。」九江人梅福，以布衣因縣道上書言變事，曰：「故京兆尹王章質性忠直，非有反逆之辜，而戮及妻子。折直士之節，結諫臣之舌，（君）〔群〕臣皆知其非罪，〔三四〕然不能爭，天下以言爲戒，此最國家之大患也。群臣順旨，莫有執正。何明其然也？試取民所上書，陛下之所善者，試下之廷尉，必曰『非所宜言，大不敬』。以此卜之可見矣。方今君命圮絕而主威奪，外戚之權日以盛隆。漢興以來，社稷三危。吕、霍、上官皆母后之家，親親之道，全之爲右，當以賢師良傳，教以孝弟之道。今乃尊寵其位，授以魁柄，使之驕逆，至於夷滅，此失親親之大者也。」後福又上書曰：「臣聞不在其位而謀其政者，越職也。位卑而言高，觸罪也。越職觸罪，危言世患，雖伏鑕横分，臣之願也。守職不言，没齒全身，死之日，尸未腐而名滅，雖有齊景之位，伏櫪千駟，臣不貪也。故願一登文石之階，陟丹霄之途，當户牖之法坐，展平生之愚慮。雖無益於當時，有遺於後世，此臣寢所以不安，食所以忘味也。昔武王伐紂，未及下車而存五帝之後，封殷於宋，紹夏於杞，明著三統，示不獨有。春秋經曰：『宋殺其大夫。』穀梁傳曰：『其不稱名氏，以其（存）〔在〕祖位尊之也。』〔三五〕此言孔子故殷後也，雖非正統，封其子孫以爲殷〔後〕，〔三六〕禮亦宜之。傳曰『賢者子孫，宜有土地』，而況聖人，又殷之後哉！今仲尼之廟不出闕里，孔氏子孫不免編户，以聖人之德而歆匹夫之祀，非皇天之意也。今陛下誠能據仲尼之素功，以封其子孫，則國家必獲其福，又陛下之名與天無極。何則？追聖人之素功，封其子孫，未有法也；若能爲之，後世必以爲法。不滅之名，可不勉哉！」福自以疏遠，又譏切王氏，前後數上書，輒不見納。及後王莽專政，福一朝棄妻子，去九江，人傳以爲僊去。其後，有人見福於會稽，變姓名爲市門吏。〔三七〕

二年春，寒失節。三月，赦天下。御史大夫張忠卒。夏四月丁卯，侍中太僕王音爲御史大夫。五月，除吏八百石、五百石秩。秋，關東大水。八月甲戌，定陶王康薨。

三年三月，有石隕於東郡，八。夏六月，潁川鐵官徒申屠聖等百八十人殺長吏，盜庫兵，自稱將軍，經歷郡國。遣丞相長史、〔御史中〕丞逐（持）〔捕〕，〔三八〕以軍興從事，皆伏辜。秋八月丁巳，大司馬大將軍王鳳薨。鳳病篤，上臨問，執其手，垂泣曰：「將軍而有不諱，平

（陵）〔阿〕侯譚次將軍矣。」〔三九〕鳳頓首泣曰：「譚等雖於臣至親，行皆奢侈，不如御史大夫音謹（飾）〔飭〕，〔四〇〕臣敢以死爭之。」初，譚倨，不肯事鳳，而音恭敬，鳳薦之。鳳薨，音爲大司馬車騎將軍秉政，而譚（鎮）〔領〕城門兵。〔四一〕音以從舅越次，小心親職，上嘉焉，封安陽侯。而譚見音越度，與音有隙，不受城門職而薨，上閔悔之，乃令成都侯（立）〔商〕作特進，〔四二〕領城門兵，得舉吏如大將軍府。郎中魏郡杜業說音曰：「恩深者其養謹，愛至者其報（祥）〔詳〕。〔四三〕夫戚而不見異，親而不見殊，孰能無怨？此棠棣、角弓之所爲作也。昔秦伯有千乘之國，而不能容其母弟，春秋譏焉。周、邵則不然，忠以相輔，義以相匡，不以聖德獨兼國寵，分職於陝，並爲輔弼。故内無怨恨之隙，外無輕侮之嫌，俱饗天佑，兩荷高（明）〔名〕，〔四四〕蓋以此也。竊見成都侯明詔所以優寵，將軍宜承順聖意，加異往時，每事凡（誼）〔議〕，〔四五〕必與及之。昔魏文侯悟大雁之獻而父子益親，陳平供一飯之饌而將相加歡，所接雖在楹陛俎豆之間，其爲國折衝厭難，豈不遠哉！」音甚納其言。而業後爲涼州刺史。冬十月丁卯，光祿勳于永爲御史大夫。

四年春二月，赦天下。夏四月，雨雪。秋九月壬申，東平王宇薨。閏月壬戌，御史大夫于永卒。

鴻嘉元年春正月癸巳，少府薛宣爲御史大夫。二月壬午，行幸初陵，赦作徒。以新豐戲鄉爲昌陵縣，奉初陵。賜天下民爵一級，女子百户牛酒，鰥寡孤獨高年帛。逋貸(不)〔未〕入者勿收。〔四六〕三月庚戌，丞相張禹賜金、安車駟馬，免。夏四月庚辰，御史大夫薛宣爲丞相。宣，東海人也。爲人清淨有恩，好威儀，進止雍容，甚可觀也。然經術淺薄，長於政事。初爲不其丞。瑯邪太守趙貢者，廣漢兄子，謂宣曰：「薛君丞相德也，我兩子亦中丞相史。」察宣孝廉，遂歷州郡，所在樹名迹，衆職修治。及爲丞相，頗號煩碎，而趙公兩子除爲丞史。京兆尹王駿爲御史大夫。詔民年未滿十歲賊鬭殺人及犯殊死者，上請廷尉以聞，得減死。冬，黄龍見真定。

二年春，行幸雲陽。二月，博士行鄉飲酒禮，有雉飛集于庭，歷階升堂而雊，後集諸府，又集(丞)〔承〕明殿門屋上。〔四七〕大司馬音上書言災異天戒，後日上詔音曰：「朕聞捕得雉，毛羽頗摧折，類拘執者，得無人爲之邪？」對曰：「皇天見災異，欲以(戒)〔誡〕人主，〔四八〕不知誰爲佞諂之計，詿誤聖德。左右阿諛者甚衆，不待臣音。臣音復諛如是，而使陛下不覺(悮)〔悟〕，〔四九〕大禍且至，臣音當先受誅。陛下即位十五年，繼嗣不立，而日夜出遊。外有微行之害，内有疾痛之憂，而終不改。天尚不能感動陛下，〔臣〕何敢望？〔五〇〕獨有極言，待死而已。」是時，上好爲微行，谷永諫曰：「易稱『得臣無家』，言王者得臣天下，故無私家也。今陛下棄萬乘之至貴，樂家人之賤事，厭高美之尊號，好匹夫之卑字，崇聚僄輕無義之人以爲私客，置私田於〔民〕間，〔五一〕畜私奴婢車馬北宮。數挺身獨行，與小人晨夜相隨，烏集醉（鮑）〔飽〕吏民之家，〔五二〕亂服共坐，混淆無別。典門户奉宿衛之臣執干戈於空宮，公卿百僚不知陛下所在積數年。昔虢公爲無道，有神降曰『賜爾土田』，言將以庶人受土田也。諸侯聞（日）〔田〕猶爲失國。〔五三〕而況王者畜私田財物，爲庶人之事乎！」時太后及諸舅皆憂上無繼嗣，數爲微行，故推谷永令切諫，而爲之內應。詔舉敦厚行義能直言者。夏，徙郡國豪傑資五百萬以上五千餘户於昌陵。五月癸未，有石隕於杜郵，三。六月，立中山憲王孫（宏）〔雲客〕爲廣德王。〔五四〕

三年夏四月，赦天下。大旱。五月乙亥，天水冀南山大石鳴，聲隆隆如雷，有頃乃止，聞於平襄二百四十里，野雉皆鳴。石長一丈三尺，廣厚略等，民俗名曰石鼓。石鼓鳴，有兵云。秋八月乙卯，孝景廟北闕災。冬十有一月甲寅，皇后許氏廢。許后聰慧，善史書，自爲妃至上即位，常寵於上，後宮希得進。時數有災異，谷永、杜欽等皆陳咎在於後宮。上然其（官）〔言〕。〔五五〕於是省（咸）〔減〕掖庭後宮椒房用度。〔五六〕皇后上疏自陳，以爲上誠太迫急。上於是采言事者之意以報之，曰：「建始元年正月，白氣出〔營室〕。〔五七〕營室者，後宮也。正月於尚書爲皇極。皇極，王氣之極。白氣者，西方之氣也，於春當廢。今正於皇極之月，興廢氣於後宮，著繼嗣之微，賤人將起也。至其九月，流星出於文昌，貫紫微宮，臨鉤陳，此又彰顯前災，著其〔在〕內也。〔五八〕其後則北宮井溢，南流逆理，數郡水出，流殺人民。訛言相驚，僮女入宮，此陰氣盛溢，違綱〔絶〕紀之應也。〔五九〕鼠巢於野樹，鳥〔鬪〕〔焚〕其巢於泰山之域。〔六〇〕易曰：『鳥焚其巢，旅人先笑而後號咷。喪牛於易，凶。』言王者處民之上，如鳥之處巢，不卹百姓，百姓叛而去之，若鳥之自焚其巢也，雖先快意〔恍〕〔悦〕笑，〔六一〕後必號咷而無及也。百姓喪其君，若〔亡〕牛〔亡其毛〕耳，〔六二〕故稱凶。泰山，易姓告代之處，今正於岱宗之山，甚可懼也。夏四月己亥朔，日有蝕之於東井。東井，京師地也。己，土也；亥，水也。明陰氣盛，咎在內也。虧君體於戊己，著絶世於皇極。於東井者，禍敗及京都也。變怪衆備，未來益重。成〔刑〕〔形〕之禍月以迫切，〔六三〕不救之患日侵屢深，咎敗灼灼若此，豈可以忽哉！書曰：『惟先格王正厥事。』〔六四〕皇后其刻心秉德，稱順婦道，深惟無忽！」是時〔后〕〔後〕宮多新愛，〔六五〕而皇后寵益衰。后姊安平侯夫人謁等爲后求媚道，呪詛後宮姙娠者。太后大怒，下吏考問，謁等誅死，而后廢處昭臺宮內，親屬皆歸故〔都〕〔郡〕山陽。〔六六〕本志以爲「是後趙飛鷰爲皇后，〔姊〕〔妹〕爲昭儀，〔六七〕姊妹專寵，卒害皇子，果絶嗣。後上暴崩，昭儀自殺，皇后亦誅。此災異之應，非許后之咎也。一〔日〕〔曰〕王氏貴戚將生易代之禍云。」〔六八〕

趙婕妤譖愬班婕妤挾媚道呪詛。上考問，對曰：「妾聞『死生有命，富貴在天』。爲善尚不蒙福，爲邪欲何以望？若使鬼神有知，不受不臣之愬；如其無知，愬之何益？故不敢爲也。」上善其對而憐之，賜黃金百斤。班婕妤恐終必見危，求供養太后於長信宮，上許焉。初，上遊於後庭，嘗欲班婕妤同輦載，辭曰：「觀古之圖（書）〔畫〕，〔六九〕賢聖之君皆有賢臣在側，三代末主乃有嬖女，今欲同輦，得無近褒姒之幸乎？」上善其言而止。婕妤兄伯爲光禄大夫侍中。上嘗設燕飲，坐及率群諸侍〔中〕皆引滿（座中）〔舉白〕，〔七〇〕與伯談笑大謔。時帷坐屏風畫紂醉（據）〔踞〕妲己，〔七一〕上指問伯：「紂爲無道，乃至是乎？」伯對曰：「書云『乃用其婦人之言』，何有（倨）〔踞〕婦於朝，〔七二〕所謂衆惡歸之，不如是之甚也。」上曰：「苟不若此，此圖何戒？」對曰：「『沈湎于酒』，微子所以去；『式號式呼』，大雅所以留連。詩、書淫亂之戒，原皆在於酒。」上慨然嘆曰：「嗟乎！吾久不見班生，今日復聞讜言。」因罷坐。太后聞之，爲涕泣而言曰：「班侍中本大將軍所舉，宜寵異之，益求其比，以輔聖德。」伯弟遊，博學有雋才，爲右曹中郎將，以選進讀群書。上器其能，賜以秘書之副。有子曰嗣，顯名當世。遊弟穉，少爲黃門郎、屬國都尉。廣漢男子鄭躬等六十餘人攻官寺，（募）〔篡〕囚徒，〔七三〕盜庫兵，自稱山君。

## 【校勘記】

〔一〕（囂）孝弟仁慈　從南監本、龍谿本、學海堂本補。

〔二〕擁江水　擁，漢書成帝紀作「雍」，吴慈培校爲「壅」。按「雍」、「擁」、「壅」通。

〔三〕以授魯（槁）〔橋〕庇子庸　從學海堂本、漢書儒林傳改。

〔四〕楊叔〔元〕　從漢書儒林傳校勘記引王先謙説補。

〔五〕武帝時爲（大）〔太〕中大夫　從漢書儒林傳改。

〔六〕京房（援）〔受〕易於梁人焦延壽　從南監本、龍谿本、學海堂本改。

〔七〕長於〔卦〕筮　從漢書儒林傳補。

〔八〕徒〔以〕彖象繫辭（十篇）文言〔十篇〕　從漢書儒林傳改。

〔九〕遣晁錯往（授）〔受〕之　從南監本、龍谿本、學海堂本、漢書儒林傳改。

〔一〇〕千乘人歐陽（伯）和〔伯〕　從學海堂本、漢書儒林傳乙正。

〔一一〕建又事歐陽（氏）〔高〕　從漢書儒林傳改。

〔一二〕魯申公作（古）〔詁〕訓　從黄校本改。漢書儒林傳作「訓故」。

〔一三〕〔未〕列於學官　從黄校本、漢書藝文志補。

〔一四〕傳士禮十八篇　八，漢書儒林傳作「七」。

〔一五〕昭帝時爲諫（議）大夫　「議」衍，逕删。下改同。按西漢時無「諫議大夫」官名，東漢時方有此官名。

〔一六〕皆爲左氏訓〔故〕　從漢書儒林傳補。

〔一七〕隸書〔繆篆〕蟲書也　從漢書藝文志補。

〔一八〕蓋出於（理）〔禮〕官　從學海堂本、漢書藝文志改。

〔一九〕出於清廟之官　官，漢書藝文志作「守」。

〔二〇〕順四時五行　五，漢書藝文志作「而」。

〔二一〕多好尚（好）之　「好」衍，逕删。

〔二二〕刻木（爲）〔象〕漢（使）〔吏〕而射之　從漢書西南夷傳改。

〔二三〕立從數（千）〔十〕人出行縣　從學海堂本、漢書西南夷傳改。

〔二四〕興以從邑（各）〔君〕數（百）〔十〕人詣〔立〕　從學海堂本改。漢書西南夷傳作「興將數十人往至亭，從邑君數十人入見立」。

〔二五〕（巴）〔邑〕君曰　從學海堂本、漢書西南夷傳改。

〔二六〕〔將軍〕誅無狀　從南監本、龍谿本補。

〔二七〕勾町王等（其王）震（怒）〔恐〕　從南監本、學海堂本、漢書西南夷傳改。

〔二八〕與興子（務）邪〔務〕　從漢書西南夷傳乙正。

〔二九〕長（吏）〔史〕　從漢書西南夷傳改。

〔三〇〕行（次）〔決〕河所　從學海堂本改。

〔三一〕壬辰　辰，漢書成帝紀作「申」。

〔三二〕極（高）〔膏〕腴　從漢書張禹傳、吳慈培校改。

〔三三〕吾不聞（吾）社稷計　從漢書元后傳、陳璞校删。

〔三四〕（君）〔群〕臣皆知其非罪　從南監本、龍谿本、學海堂本、漢書梅福傳改。

〔三五〕以其（存）〔在〕祖位　從漢書梅福傳改。

〔三六〕封其子孫以爲殷〔後〕　從漢書梅福傳補。

〔三七〕變姓名爲市門吏　吏，漢書梅福傳作「卒」。

〔三八〕遣丞相長史〔御史中〕丞逐（持）〔捕〕　從龍谿本、漢書成帝紀補改。

〔三九〕平（陵）〔阿〕侯譚　從學海堂本、漢書元后傳改。

〔四〇〕御史大夫音謹（飾）〔飭〕　從學海堂本改。

〔四一〕而譚（鎮）〔領〕城門兵　從漢書元后傳、黄校本改。

〔四二〕成都侯（立）〔商〕作特進　從漢書元后傳改。

〔四三〕愛至者其報（祥）〔詳〕　從南監本、龍谿本、漢書杜鄴傳改。

〔四四〕兩荷高（明）〔名〕　從南監本、龍谿本、漢書杜鄴傳改。

〔四五〕每事凡（誼）〔議〕　從學海堂本、漢書杜鄴傳改。

〔四六〕逋貸（不）〔未〕入者勿收　從漢書成帝紀、黄校本改。

〔四七〕又集（丞）〔承〕明殿門屋上　從龍谿本、學海堂本改。

〔四八〕欲以（戒）〔誡〕人主　從黄校本改。

〔四九〕而使陛下不覺（悮）〔悟〕　從南監本、龍谿本改。

〔五〇〕〔臣〕何敢望　從南監本、龍谿本補。

〔五一〕置私田於〔民〕間　從南監本、龍谿本、學海堂本補。

〔五二〕烏集醉（飽）〔飽〕吏民之家　從龍谿本、學海堂本改。

〔五三〕諸侯聞（曰）〔田〕猶爲失國　從南監本改。漢書五行志作「諸侯夢得土田，爲失國祥」。

〔五四〕立中山憲王孫（宏）〔雲客〕爲廣德王　從漢書成帝紀改。

〔五五〕上然其（官）〔言〕　從南監本、龍谿本、學海堂本改。

〔五六〕省（咸）〔減〕掖庭後宮　從南監本、龍谿本、學海堂本改。

〔五七〕白氣出〔營室〕　從吴慈培校、漢書外戚傳補。

〔五八〕著其〔在〕内也　從南監本、龍谿本、學海堂本補。

〔五九〕違綱〔絶〕紀之應也　從漢書外戚傳補。

〔六〇〕鳥（聞）〔焚〕其巢　從龍谿本、學海堂本、漢書外戚傳改。

〔六一〕雖先快意（恍）〔悦〕笑　從龍谿本、學海堂本改。

〔六二〕若（亡）牛〔亡其毛〕耳　從漢書外戚傳改。

〔六三〕成（刑）〔形〕之禍　從南監本、學海堂本、漢書外戚傳改。

〔六四〕惟先格王正厥事　格，漢書外戚傳作「假」。

〔六五〕是時（后）〔後〕宫多新愛　從黄校本、漢書外戚傳改。

〔六六〕歸故（都）〔郡〕　從龍谿本、漢書外戚傳改。

〔六七〕（姊）〔妹〕爲昭儀　從南監本、龍谿本、學海堂本改。

〔六八〕一（日）〔曰〕王氏貴戚　從南監本、龍谿本、學海堂本改。

〔六九〕觀古之圖（書）〔畫〕　從漢書外戚傳改。

〔七〇〕諸侍〔中〕皆引滿（座中）〔舉白〕　從學海堂本、漢書敘傳改。

〔七一〕醉（據）〔踞〕妲己　從漢書敘傳改。

〔七二〕何有（倨）〔踞〕婦於朝　從漢書敘傳改。

〔七三〕（募）〔篡〕囚徒　從漢書成帝紀改。

# 兩漢紀上　漢紀

## 孝成皇帝紀三卷第二十六

四年秋，雨魚於〔新〕〔信〕都，〔一〕長五〔尺〕〔寸以下〕。〔二〕勃海、清河河水溢，灌縣邑三十一，壞官亭民舍四萬餘所。丞相〔御〕史李尋以爲〔三〕「陰氣盛溢，水則爲之長，故一日之內，晝減夜增，所謂水不潤下，猶日月變見於天也。應之以政，災變自除。議者常欲求索九河故迹而穿之，宜因其決，且可勿塞，以觀其勢。河所居之處，稍刮除，自成水迹，跳出沙土，然後順天心而圖之，必有成功，而財力寡」。於是止不塞。冬，鄭躬之黨侵廣漢，衆且萬餘。拜河東都尉趙護爲廣漢太守，發郡中及蜀郡合三萬人擊之，旬月平，遷護執金吾，賜金百斤。

永始元年春正月癸丑，太官凌室災。戊午，戾〔太〕后園闕災。〔四〕北海出大魚，長六丈，高一丈，四枚。二月，河南郵亭樗樹生枝，狀如人頭，眉目鬚皆具，無髮耳。京房易傳曰：

「王者德衰，下人將起，則有木爲人狀。」夏四月，封趙婕妤父臨爲〔成〕陽（城）侯。〔五〕五月，封舅曼子侍中騎都尉王莽爲新都侯。莽幼孤貧獨，折節恭約，謹身學業。平陽侯鳳薨，以託太后，而成都侯商願分户邑封莽。當世名士多爲莽言者，上由是賢之，遂封遷光禄大夫侍中。莽遂交結將相卿大夫，救贍名士，賑於賓客，家無餘財。故在位者更相推薦，遊談者爲之言說，故虛譽日洽，傾其諸父矣。六月丙寅，立皇后趙氏。本長安宮人，後屬陽阿公主，善歌舞，號曰飛燕。上微行陽阿公主家，見而説之，及女弟俱爲婕妤，貴傾後宫。許后之廢也，欲立爲皇后，太后甚難之。太后（娣）〔姊〕子淳于長數往來傳言，〔六〕勸太后立之。先是諫（議）大夫王仁上疏言：〔七〕「臣聞立后妃者，王教之（太）〔大〕端，〔八〕三綱之本理，治道所由廢興也，社稷所以存亡也。故夏之興也以塗山，亡也以妹嬉；殷之興也以有（娥）〔娀〕，〔九〕亡也以妲己；周之興也以文母，亡也以褒姒。夫三代安危，後王所觀。是以聖王必審舉措，察操行，以計勝色者昌，以色勝計者亡。無（監）〔鹽〕、宿瘤，〔一〇〕天下之醜女也，齊（一）〔二〕君以計勝色，〔一一〕立爲后，皆以折衝安國。今許后以罪廢，遂事已往。（如）〔於〕是欲立后妃，〔一二〕宜得殊異於前，上當奉宗廟，下令萬民有所法則。河魴河鯉，齊姜宋子，詩人所高。萬乘之主，當持久長，非一切畢決目前者。驪姬亂晉，吳姬危趙，夫媵妾非天下之母，爲翫弄可也。昔姜后崇禮，宣王中興；樊姬正言，楚莊成霸。願留思察小臣惓惓之心！」

上不聽，竟立之。諫（議）大夫劉輔諫曰：〔一三〕「夫妙選有德之（士）〔世〕，〔一四〕考卜窈窕之女，以承宗廟，順神祇之心，猶懼或失之。今乃觸情縱恣於卑賤之女，欲以母天下，不畏於天，不愧於人，惑莫大焉。語曰：『腐木不可以爲柱，卑人不可以爲主。』〔一五〕天人之所不與也，必有禍而無福，市道皆知其非，朝臣莫肯一言，臣竊傷之。」上怒，使御史收輔繫掖庭秘獄，群臣不知（所）〔其〕故。〔一六〕於是左將軍辛慶忌、右將軍廉褒、光禄勳師丹、太中大夫谷永俱上書曰：「竊見諫（議）大夫劉輔，前以縣令求見，擢爲諫（議）大夫，〔一七〕此其言必有卓（絶）〔詭〕切至，〔一八〕當於聖心者。旬月之間，收下詔獄。小罪宜隱忍；如有大惡，宜暴之理官，與衆共之，不宜困于掖庭秘獄。公卿已〔下〕見陛下進用輔亟，〔一九〕而折傷之暴，人有懼心，莫敢正言，非所以昭有虞之聽，廣德美之風也。臣等竊傷之。」上乃徙繫共工獄，減死罪一等，論爲鬼薪。終於家。趙皇后既立，寵乃少衰，而弟絶幸。爲昭陽舍，其中庭彤朱，而壁髹漆，切皆銅沓黄金塗，白玉陛，〔壁帶爲〕金釭，〔二〇〕函藍田璧，明珠、翠（具）〔羽〕飾之，〔二一〕自有宮室已來，未之有也。初謡曰：「燕燕尾涏涏，張公子，時相見。木門倉琅根，燕飛來，啄皇孫，皇孫死，燕啄矢。」本志以爲「燕者，飛燕。『木門蒼琅根』，宮門銅鋪也，言其將尊貴也。張公子，謂富平侯張放也」。即安世之孫，父臨，（上）〔尚〕敬武公主，〔二二〕放以公主子開（明）〔敏〕得幸。〔二三〕嘗與上遊讌，俱適陽阿公主家而見飛燕，故曰「時相見」。放娶皇后女弟，上爲供帳，賜以甲第及乘輿服飾，兩宮使者冠蓋相望不絕，賞賜以千萬數，號爲「天子娶婦，皇后嫁女」，甚爲貴寵。安世到臨，世履恭儉，臨每登閣殿，嘗歎曰：「（吕）〔桑〕霍爲我戒，〔二四〕豈不厚哉！」唯放爲驕（者）〔奢〕。〔二五〕是歲，昌陵猶未就，光禄大夫劉向上疏曰：「昔黄帝葬（喬）〔橋〕山，〔二六〕堯葬濟陰，丘壟皆（少）小。〔二七〕舜葬（倉）〔蒼〕梧，〔二八〕二妃不從。禹葬會稽，不改其畝。殷湯無葬處；文、武、周公葬於畢，秦穆公葬於雍祈年館下，樗里子葬於武庫，皆無丘壟之處。此聖帝明王賢君智士遠覽獨慮無窮之計也。其賢臣孝子亦承命順意而薄葬之，此誠奉安君父，忠孝之至也。孔子葬母於防，墳高四尺，遇雨而崩。延陵季子之適齊而反，其子道死，葬於嬴、博之間，穿〔不及泉〕，〔二九〕斂以時服，封墳掩坎，其高可隱，而號曰：『骨肉歸於（上）〔土〕，〔三〇〕命也，魂氣則無不之也。』孔子曰：『延陵季子之於禮合矣。』故仲尼孝子，延陵慈父，舜、禹忠臣，周公悌弟，其葬君親皆微薄矣，非苟爲約，誠便於禮也。至吴闔閭違禮厚葬，十餘年，越發之。秦惠文、武、昭、莊襄皆大其丘壟，多其（痤）〔瘞〕藏，〔三一〕咸盡發掘曝露，甚足悲也。秦始皇帝葬於驪山之阿，下錮三泉，上崇山陵，墳高五十餘丈，周廻五里，棺槨之麗不可勝原。項籍發掘其墓，後牧童亡羊，羊入其墓，牧者持火燒其棺槨。自古及今，葬未有盛於始皇者也，數年之間，外被項籍之禍，內罹牧豎之災，豈不哀哉！故德彌厚者葬彌薄，智愈深者葬益微。無德寡智者葬益厚，發掘必速。以此觀之，（照）〔昭〕然可見也。〔三二〕今昌陵增卑爲高，積土爲山，發民墳墓以萬數。死者恨於下，生者愁於上，怨氣結於陰陽，因之以饑饉，臣竊愍焉！以死者爲有知，發人墳墓，爲害多矣；若其無知，又焉用大？謀之賢智則不悅，以示衆庶則苦矣；若苟以悅愚夫淫奢之人，亦何爲哉！陛下慈仁篤美（其）〔甚〕厚，〔三三〕聰明疏達蓋世，宜弘漢家之德，以崇劉氏之業，而欲與亂秦之暴政競爲奢侈，比方丘壟，悅於愚夫之（日）〔目〕，〔三四〕隆於一時之觀，違賢智之心，忘萬世之安，臣竊爲陛下羞之。」上甚感向言，而不能從。有司議曰：「昌陵增卑爲高，積土爲山，度便房猶在平地，客土中不保幽冥之靈，外淺不固。卒徒功庸日以萬數，至爇脂火夜作，取土東山，與粟同價。作治數年，天下遍被其勞，國家疲弊，府庫空虛，下至衆庶，嗷嗷苦之。故陵因天性，據真（上）〔土〕，〔三五〕處勢高敞，傍近祖考，前已有十餘年功績，宜還復故陵。」上知不就，秋，詔罷昌陵。荀悅曰：夫葬之侈也，從來久矣。是以直節遂志之士，見其失而矯之。武帝時楊王孫者，學黃、老術，家業千金，厚自奉養，將終，告其子曰：「吾欲裸葬，以復吾真。死則爲布囊盛屍，入地七尺，既下，從足引脫取囊，以身親土。」其子不忍從命，往見友人祁侯。祁侯曰：「豈禮哉？」王孫曰：「蓋聞聖人因人之情，不忍其親，故爲制禮，今則越之，是以裸葬將以矯世也。夫厚葬誠無益於死者，而俗人競以相高，靡財殫（斃）〔幣〕，〔三六〕盡腐之地下。或乃今日入土而明日見發，此真與（曝）〔暴〕骸中野何異！〔三七〕夫死者，衆生之化，而物之歸也。歸者得至，化者得變，是各反其真。故謂之鬼，鬼之言歸也。其尸塊然獨居，豈有知哉？裹以幣帛，隔以棺槨，支體束絡，口含（金）玉〔石〕，〔三八〕欲化不得，鬱爲枯怗，千載之後，棺槨朽腐，乃得歸土，就其真宅。由此言之，焉用（遠宅）〔久客〕！〔三九〕故聖王不加力於無用，不殫財於無益，謂今費財厚葬，皆爲歸隔至，（生）〔死〕者不知，〔四〇〕（死）〔生〕者不得，〔四一〕是謂大惑。於戲！吾不爲也。」祁侯曰：「善。」遂裸葬焉。立城陽孝王子理爲王。秋八月丁酉，〔四二〕太皇太后王氏崩。九月乙巳晦，〔四三〕日有蝕之。京師知之，四方不見。

二年春正月乙巳，〔四四〕大司馬車騎將軍王音薨。二月癸未夜，星隕如雨，長二丈，繹繹未至地滅。乙酉晦，日有蝕之。四方見，京師不見。谷永對曰：「賦斂有不得所致也。四方見，京師不見，陰蔽也，天戒若曰，好治宮室，大增墳墓，賦斂滋重，百姓虛竭，禍在外也。元年日蝕，京師知之，四方不見，天戒若曰，沈湎於酒，君臣不別，禍在内也。」三月丁酉，成都侯王商爲大司馬衛將軍。御史大夫王〔駿〕卒，〔四五〕京兆尹翟方進爲御史大夫。秋八月，方進貶爲執金吾。冬，黑龍見東萊。十月己丑，丞相薛宣免。十一月壬子，光禄勳孔光爲御史大夫。光字子夏，孔子十四世孫。孔子生伯魚鯉，鯉生子思伋，伋生子上（白白）〔帛，帛〕生子家求，〔四六〕求生子真箕，箕生子羔穿。穿生子慎斌，斌爲魏相。慎生鮒，爲陳涉博士，死陳下。鮒弟子襄，惠帝時爲博士，長沙王太傅。襄生忠，忠生武〔及安國〕，〔四七〕武生延年。〔延年生〕安國位至臨淮太守。〔四八〕延年生霸，字次〔孺〕〔儒〕，〔四九〕元帝時爲太子太傅。時霸以太中大夫授太子經。元帝立，以霸爲師，賜爵關內侯，食邑八百户，號曰褒城君，給事中。霸爲人謙退，常稱「爵位太過，何德以堪之！」上欲致之相位，自貢禹之卒，薛廣德之免，輒欲拜霸。霸讓至三四，上知其誠，乃弗用。霸薨，上素服臨弔者再，賜東園秘器錢帛，册贈以列侯禮葬，謚曰〔列〕〔烈〕君。〔五〇〕霸生光，光爲尚書僕射，職典樞機十餘年，守法度，修故事。上有所問，據經法而對，不希上旨苟合，亦不强諫諍，以是久見委信。有所奏言，輒削其草，以爲彰人主之過，以〔訐爲〕〔奸〕忠直，〔五一〕人臣之大罪也。有所薦舉，唯恐其人聞知。休沐兄弟宴語，終不及省中事。或問温室中樹皆何等木，光默然不應，更答以他語，其重慎如此。執金吾翟方進爲丞相，封高陵侯。方進字子威，汝南人也。初，爲府小〔吏〕〔史〕，〔五二〕相於同郡蔡父。父曰：「小〔吏〕〔史〕有封侯骨，〔五三〕當以經術進。」乃辭後母，至京師學。後母憐其幼，隨至長安，織屨以給之。對策甲科，遷議郎，諸儒稱之。時宿儒胡常與方進同經，陰構毀之。方進伺常大都講日，遣生咨問疑義，因記其說。卒改意而親友。後爲丞相司直，從上至甘泉，行馳道中，司隸陳慶劾奏方進，没車馬。方進伺慶微過，劾奏免官。北地浩商殺義渠長，丞相請遣司隸與掾〔郡〕〔史〕部刺史逮賊。〔五四〕司隸涓勳奏言：〔五五〕「春秋之義，王人微者序於諸侯之上，尊王命也。今丞相欲遣宰士督察天〔下〕〔子〕，〔五六〕奉使大夫，專權作威，甚悖逆順之理。」乃止方進。於是伺動微過，劾奏勳左遷昌陵令。方進頻免兩司隸，朝廷憚之，其任勢立威以取世資，皆此類也。能探人主微旨，以濟其事。然方進內行修飾，事後母甚篤，爲丞相，後母猶存。及亡，既葬三十六日，除服視事，以爲身（被）〔備〕漢相，〔五七〕不敢（渝）〔踰〕國家之制。〔五八〕在位公潔，請託不行；然持法深刻。上行幸河南、雍，祠五畤。侍中淳于長賜爵關內侯，食邑千户。初，將作大匠解萬年奏請營作昌陵，常侍王閎數言昌陵不可成，長亦言之。上以趙皇后之立也，欲封長，乃詔曰：「常侍王閎前爲大司農中丞，上言昌陵不可成。朕以長言下閎章，公卿議者皆合長策。長首建至策，閎省息大費，民以康寧。宜賜爵關內侯，食邑千户。閎前賜爵關內侯，黄金百斤。罷昌陵，勿徙吏民。萬年佞邪不忠，雖遇赦令，不宜居京師。其徙萬年燉煌郡。」而陳湯俱徙燉煌。湯素與萬年相善，昌陵之計，湯與及之。又見黑龍，或私問湯，湯曰：「是謂玄門開。上數出入，不時微行，故龍非時出也。」是時丞相奏廢昌陵邑中屋，奏未下，湯以爲「上須順衆心，昌陵亦恐復發徙也」。湯坐非所宜言，大不敬，故徙。先是，湯上言康居王侍子非王子也，案驗實王子，湯坐下獄，當死。谷永（誦）〔訟〕湯曰：〔五九〕「臣聞楚有子玉得臣，文公爲之側席而坐；趙有廉頗、馬服，秦不敢闚兵井陘；漢有郅都、魏尚，匈奴不敢南牧。夫戰（尅）〔克〕之將，〔六〇〕不可不重也。蓋『君聞鼓鼙之聲，則思將帥之臣』。湯前出西域，忿郅支之無道，閔王誅之不加，策慮愊億，義勇奮發，興師猋逝，橫厲(馬)〔烏〕孫，〔六一〕逾(其)〔集〕都賴，〔六二〕屠三重之城，斬郅(之)〔支〕之首，〔六三〕報十年之(邊)〔逋〕誅，〔六四〕雪(邉)〔邊〕吏之宿恥，〔六五〕威振百蠻，武揚四海，自漢元已來，征伐方外之將，未嘗有也。昔白起爲秦將，南拔郢都，北破趙括，以纖芥之過，賜死杜郵，秦民憐之，莫不流涕。今湯親秉斧鉞，席卷乘勝，(歃)〔喋〕血(千)〔萬〕里之外，〔六六〕薦功祖廟，告類上帝。以言事爲罪，無炟赫之惡。周書曰：『記人之功，忘人之過，宜爲人君者也。』犬馬於人有功，尚加帷蓋之報，況國之功臣哉！竊恐陛下忽於鼓鼙之聲，不察周書之意，而忘帷蓋之施。愚臣庸淺，謂湯卒從吏議，百姓介然有秦民之恨，非所以勵死難之臣也。」上乃出湯，奪爵位爲士伍。及西域都護段會宗爲烏孫所圍，上書願發諸城堡及燉煌兵以自救。時大臣議數日不決，上召問湯，示以會宗奏。湯對曰：「此無可憂也。夫胡兵朴鈍，〔五〕而不當漢兵一。〔六七〕今聞頗得漢巧，然猶三而當一。兵法：『客倍主人半然後敵。』今圍會宗者人衆不足勝，陛下勿憂！且兵法輕行五十里，重行(四)〔三〕十里，〔六八〕而會宗欲發城郭諸兵，歷時乃至，所謂報讎之兵，非救急之兵也。」上曰：「其解可必乎？」湯知烏孫瓦合，不得久，故事不過數日，因對曰：「已解矣！」屈指計其日，曰：「不出五日，當有吉語至。」四日，軍書至，言已解矣。湯既徙燉煌，久之，議郎耿育上書訟「湯與延壽爲聖漢揚鉤深致遠之威，雪國家累年之耻，討絕域不羈之臣，係萬里難制之虜，豈有比哉！今湯塊然被讒，老棄燉煌，令威名折衝之臣旋踵及身，復爲郅支遺虜所笑，誠可悲也！至今奉使外蠻者，未嘗不陳郅支之誅以揚漢國之威。夫援人之功以懼敵，棄人之身以快讒，豈不哀哉！」天子乃還湯京師。

三年春正月乙卯晦，〔六九〕日有蝕之。夏，大旱。冬十一月，〔七〇〕復甘泉泰畤、汾陰后土、雍五畤、陳倉寶雞祠。上自以久無繼嗣，故復之。上頗好鬼神，四方多上書言祭祀方術事。谷永上説曰：「臣聞明於天地之性者，不可惑以怪神；知萬物之情者，不可罔以非類。諸非仁義之正道，不〔尊〕〔遵〕五經之法言，〔七一〕而稱奇鬼神，廣崇祭祀之方，求報應無福之祀，及言世有仙人，服食不終之藥，黄〔曰〕〔白〕變化之術，〔七二〕皆姦人惑衆，挾邪道、懷詐僞，以欺罔世主。聽其辭，洋洋滿耳，若將可遇；求之，蕩蕩若繫風捕影，終不可得。是以明王距而不聽，聖人絶而不語。昔周萇弘欲以鬼神之道輔尊靈王，而周室逾微，萇弘死。楚懷王隆祭祀，事鬼神，欲以獲福助，却秦師，而兵破地削，身辱國危。及秦始皇甘心神仙之道，而天下怨叛。漢興，辛垣平、齊人少翁、欒大之屬，皆言神仙鬼神之事，貴寵尊盛，卒無絲髮之效，皆伏誅。往事之迹〔足〕以揆今，〔七三〕惟陛下拒絶此類，無使姦人有所闚闇。」上善其言。

十二月，〔七四〕尉氏男子樊並等十三人殺陳留太守，劫掠吏民，自稱將軍，謀爲大逆。徒李譚等共格殺並等，皆封爲列侯。山陽鐵官徒蘇令等二百二十八人攻殺長吏，盜庫兵，自稱將軍，經歷郡國十九，殺東郡太守、汝南都尉。遣丞相長史、御史中丞持節逐捕。汝南太守嚴訢捕斬令等，遷大司農，賜黃金百斤。時上不親政事，貴戚驕恣，交通賓客，藏匿亡命。長安中群輩殺吏，受任報讎，相與探丸爲號，赤丸殺武吏，黑丸斬文吏，白丸主治喪；城中暮烟起，剽劫行者，死傷横道。乃選酷吏尹賞（等）守長安令，〔七五〕得以一切便宜從事。賞治長安獄，穿地方深各數丈，塹治爲槨，名曰「虎穴」。乃令吏民舉籍長安中輕俠少年、惡子弟、無市籍商（貶）〔販〕、不作業而鮮衣盛服者，〔七六〕得數百人，一日悉掩捕，皆（劫）〔劾〕以通行飲食群盜。〔七七〕賞親閱視之，十置其一，餘悉致之虎穴，百人爲輩，覆以大石。數日乃出其死者埋寺垣，外爲表其姓名，百日後令家得收葬。賞所留者皆其魁首，或故吏善家子失意隨輕俠者，於是舍其罪，詭令立功（百）〔有〕效者，〔七八〕因親用爲爪牙。由是賊盜止息，然道路噓嘻，有哀聲矣。賞爲江夏太守，坐殘賊免。

四年春正月，行幸甘泉宮，郊泰畤，神光降集紫殿。大赦天下。賜雲陽吏民爵，女子百户牛酒，鰥寡高年帛。三月，行幸河東，祠后土，賜如雲陽，行幸所過無出田租。夏，大旱。四月癸未，長樂臨華殿及未央宮司馬門皆災。六月甲午，霸陵園門闕災。詔曰：「聖王明禮制以序尊卑，異車服以昭有德，雖有其財，而無其尊，不得踰制，故民興行。方今世俗奢侈，靡有厭足。公卿列侯親屬近臣，四方所則，未聞修身遵禮，同心憂國者也。或有奢侈逸豫，務廣田宅，多畜奴婢，被服綺縠，設鍾鼓，備女樂，車服嫁娶葬埋過度。吏民慕效，故習以成俗，而欲望百姓節儉，家給人足，豈不難哉！詩不云：『鼓鍾于宮，聲聞于外』。又云：『赫赫師尹，民具爾瞻。』宜申勑有司，以漸禁之。青緑民所常服，且勿止。列侯近臣，宜各自省改。司隸校尉察不變者。」七月辛未朔，〔七九〕日有蝕之。冬十一月庚申，大司馬衛將軍王商賜金、安車駟馬，免。

## 【校勘記】

〔一〕雨魚於（新）〔信〕都　從漢書五行志改。

〔二〕長五（尺）〔寸以下〕　從漢書五行志改。

〔三〕丞相（御）史　從吴慈培校删。按漢書李尋傳云尋曾拜黄門侍郎、騎都尉之職，不云爲丞相史。

〔四〕戾（太）后園闕災　從吴慈培校、漢書成帝紀删。

〔五〕臨爲〔成〕陽（城）侯　從漢書成帝紀改。

〔六〕太后（娣）〔姊〕子淳于長　從漢書外戚傳改。

〔七〕先是諫（議）大夫王仁上疏言　陳璞校云：年紀考異：「此疏漢書無，今取荀紀。但時無諫議大夫，今去『議』字。按今本凡此官皆有『議』字。」

〔八〕王教之（太）〔大〕端　從龍谿本、學海堂本改。

〔九〕殷之興之以有（娀）〔娍〕　從學海堂本、鈕永建校改。

〔一〇〕無（監）〔鹽〕宿瘤　從南監本、龍谿本、學海堂本改。

〔一一〕齊（一）〔二〕君以計勝色　從南監本、龍谿本、學海堂本改。

〔一二〕（如）〔於〕是欲立后妃　從南監本、龍谿本、學海堂本改。

〔一三〕諫（議）大夫劉輔　「議」衍，逕删。

〔一四〕夫妙選有德之（士）〔世〕　從學海堂本、漢書劉輔傳改。

〔一五〕腐木不可以爲柱卑人不可以爲主　通鑑考異卷一云荀紀「柱」原作「珪」，「卑人」原作「人婢」。此係後人據漢書改。

〔一六〕群臣不知（所）〔其〕故　從學海堂本、漢書劉輔傳改。

〔一七〕諫（議）大夫　「議」衍，逕删。

〔一八〕必有卓（絶）〔詭〕切至　從漢書劉輔傳改。

〔一九〕公卿已〔下〕　從漢書劉輔傳補。

〔二〇〕〔壁帶爲〕金釭　從漢書外戚傳補。

〔二一〕明珠翠（具）〔羽〕　從龍谿本、學海堂本改。

〔二二〕(上)〔尚〕敬武公主　從南監本、龍谿本、學海堂本改。

〔二三〕公主子開(明)〔敏〕得幸　從漢書張湯傳改。

〔二四〕(吕)〔桑〕霍爲我戒　從漢書張湯傳改。

〔二五〕唯放爲驕(者)〔奢〕　從南監本、龍谿本、學海堂本改。

〔二六〕黄帝葬(喬)〔橋〕山　從南監本、龍谿本、學海堂本改。

〔二七〕丘壟皆(少)小　從龍谿本、學海堂本删。

〔二八〕舜葬(倉)〔蒼〕梧　從龍谿本改。

〔二九〕穿〔不及泉〕　從黄校本、漢書楚元王傳附劉向傳補。

〔三〇〕骨肉歸於(上)〔土〕　從南監本、學海堂本、漢書楚元王傳附劉向傳改。

〔三一〕多其(痊)〔瘞〕　從南監本、學海堂本改。

〔三二〕(照)〔昭〕然可見也　從南監本、龍谿本、學海堂本、漢書楚元王傳改。

〔三三〕慈仁篤美(其)〔甚〕厚　從南監本、學海堂本、漢書楚元王傳改。

〔三四〕悦於愚夫之(日)〔目〕　從南監本、龍谿本、學海堂本、漢書楚元王傳改。

〔三五〕據真(上)〔土〕　從南監本、龍谿本、學海堂本改。

〔三六〕縻財殫(弊)〔幣〕　從吴慈培校、龍谿本改。

〔三七〕(曝)〔暴〕骸中野　從漢書楊王孫傳、吳慈培校改。

〔三八〕口含(金)玉〔石〕　從學海堂本、漢書楊王孫傳改。

〔三九〕焉用(遠宅)〔久客〕　從學海堂本、漢書楊王孫傳改。

〔四〇〕(生)〔死〕者不知　從漢書楊王孫傳改。

〔四一〕(死)〔生〕者不得　從漢書楊王孫傳改。

〔四二〕八月丁酉　丁酉，漢書成帝紀作「丁丑」。

〔四三〕九月乙巳　乙巳，漢書五行志作「丁巳」。

〔四四〕春正月乙巳　乙巳，漢書成帝紀作「己丑」。

〔四五〕御史大夫王〔駿〕卒　從龍谿本、學海堂本補。

〔四六〕伋生子上(白白)〔帛帛〕生子家求　從漢書孔光傳改。

〔四七〕忠生武〔及安國〕　從漢書孔光傳補。

〔四八〕(延年生)安國位至臨淮太守　從漢書孔光傳刪。

〔四九〕字次(孺)〔儒〕　從漢書孔光傳改。

〔五〇〕謚曰(列)〔烈〕君　從南監本、龍谿本、學海堂本、漢書孔光傳改。

〔五一〕以(許爲)〔奸〕忠直　從漢書孔光傳改。

〔五二〕爲府小（吏）〔史〕　從學海堂本、漢書翟方進傳改。

〔五三〕小（吏）〔史〕有封侯骨　從學海堂本、漢書翟方進傳改。

〔五四〕司隸與掾（郡）〔史〕　從漢書翟方進傳改。

〔五五〕司隸涓勳奏言　漢書翟方進傳「司隸」下有「校尉」二字。

〔五六〕督察天（下）〔子〕　從學海堂本、漢書翟方進傳改。

〔五七〕以爲身（被）〔備〕漢相　從漢書翟方進傳改。

〔五八〕不敢（渝）〔踰〕國家之制　從吳慈培校改。

〔五九〕谷永（誦）〔訟〕湯　從吳慈培校、漢書張湯傳改。

〔六〇〕夫戰（尅）〔克〕之將　從龍谿本改。

〔六一〕横厲（馬）〔烏〕孫　從南監本、龍谿本、學海堂本改。

〔六二〕（其）〔集〕都賴　從南監本、龍谿本、學海堂本、漢書陳湯傳改。

〔六三〕斬郅（之）〔支〕之首　從龍谿本、學海堂本改。

〔六四〕十年之（邊）〔逋〕誅　從南監本、龍谿本、學海堂本改。

〔六五〕雪（邉）〔邊〕吏之宿恥　從龍谿本、學海堂本改。

〔六六〕（歃）〔喋〕血（千）〔萬〕里之外　從漢書陳湯傳改。

〔六七〕〔五〕而不當漢兵一　從龍谿本、學海堂本補。
〔六八〕重行（四）〔三〕十里　從學海堂本、漢書陳湯傳改。
〔六九〕春正月乙卯　漢書成帝紀、五行志作「己卯」。
〔七〇〕冬十一月　漢書成帝紀作「冬十月」。
〔七一〕不（尊）〔遵〕五經之法言　從漢書郊祀志、吴慈培校改。
〔七二〕黄（曰）〔白〕變化之術　從龍谿本、學海堂本改。
〔七三〕往事之迹〔足〕以揆今　從漢書郊祀志補。
〔七四〕十二月　漢書成帝紀作「十一月」。
〔七五〕尹賞（等）守長安令　「等」衍，逕删。
〔七六〕無市籍商（貶）〔販〕　從南監本、龍谿本、學海堂本改。
〔七七〕皆（劫）〔劾〕以通行飲食群盜　從學海堂本、漢書酷吏傳改。
〔七八〕詭令立功（百）〔有〕效者　從漢書酷吏傳改。
〔七九〕七月辛未朔　朔，漢書成帝紀作「晦」。

# 兩漢紀上　漢紀

## 孝成皇帝紀四卷第二十七

元延元年春正月，長安章城門牡自亡，函谷關亦然。谷永對曰：「章城門通露寢之門，函谷關距山東之險，城關守國之固，固將去焉，故門牡自飛。」壬戌，王商復爲大司馬衛將軍。三月，行幸雍，祀五時。四月，天清晏然無雲，殷殷有聲如雷，有流星，其首如瓶，長十餘丈，皎然赤白，從日下東南行，四面或大如杵，或如雞〔子〕，〔一〕燿燿而下如雨，自晡及昏而止。本志：「隕星而雨，爲王者失勢，諸侯起伯之異。」赦天下。秋七月，有星孛于東井。時谷永爲北地太守，方之官，上使使問永所欲言。對曰：「臣聞天生蒸民，不能自治，而立王者（通）〔以統〕理之，〔二〕方制海內非爲天子，列土封疆非爲諸侯，皆爲民也。垂三統，列三正，去無道，開有德，明天下者非一人之天下也。陛下承八世之功業，當陽九之標季，涉三七之節紀，遇無妄之卦運，值（六）百〔六〕之阸會。〔三〕加之以災異，因之以饑饉。內則有深宮後庭，將有驕臣悍妾醉酒狂悖卒起之敗；外則有諸夏下土，將有樊並、蘇令、陳勝、項籍之禍。此臣所以爲陛下破膽寒心也。願陛下正君臣之義，黜群小媟瀆之臣；修後宮之政，抑遠嬌妒之寵。（常）〔崇〕近婉順之行，〔四〕加惠失意之人，懷柔怨恨之士。保至尊之重，乘帝王之威；朝覲法駕而後出，陳兵清道而後行。減損諸宮用度，流恩廣施，問民疾苦，循行風俗，宣布聖德，以慰元元之心，防大姦之隙。至誠應天，則異禍消伏，何憂患之有？竊恐陛下公意未專，而私好尚存，弗肯爲耳！」上甚感其言，復永爲大司農。而終黨於王氏，每言無傷王氏之意，專正上身與後宮而已。（四月）光禄大夫劉向上奏曰〔五〕：「易曰：『觀乎天文，以察時變。』昔秦始皇之末及二世之初，日月薄蝕，山陵淪亡，（星）辰〔星〕出於四孟，〔六〕（大）〔太〕白再經天，〔七〕無雲而雷，枉（失）〔矢〕夜光，〔八〕熒惑襲月，孽火燒宮，野禽戲庭，都門内崩，大人見臨洮，〔九〕長星孛於大角，秦（民）〔氏〕以亡。〔一〇〕及項籍之敗，亦孛於大角。漢之入秦，五星聚東井，得天下之象也。（季夏）〔孝惠時〕有雨血，〔一一〕日蝕於衝，滅光星見之異。孝昭〔時〕，〔一二〕有太山卧石自立，〔一三〕上林苑中僵柳復起，大星如月西行，衆星隨之，此爲特異。孝宣興起之表也，天狗夾漢而西行，（天）久〔陰〕不雨二十餘日，〔一四〕昌邑不終之兆也。故觀秦、漢之易〔世，覽〕惠、昭之無後，〔一五〕察昌邑之不終，視孝宣之紹起，天之去就，豈不昭然哉！今日蝕（奎婁）〔尤屢〕星孛東井，〔一六〕攝提炎及紫宮，有識長老莫不振動，此變之大也。今同姓疏遠，母黨專政，禄去公室，權在外家，非所以强漢之宗，保守社稷，安固後嗣也。其事難一二而記，臣謹案圖上，猶須口説，願賜清閑之讌，指圖陳狀。」上納之，而終不能用。時上無繼嗣，災異浸數，向謂陳（陽）〔湯〕曰〔一七〕：「災異如此，而外家日盛，其漸必危劉氏。吾幸同姓末屬，累世（家）〔蒙〕國厚恩，〔一八〕身爲宗室遺老，歷事三（王）〔主〕。〔一九〕上以我爲先帝舊臣，（當）〔常〕優禮吾，〔二〇〕吾不言，誰當言者？」乃上封事曰：「臣聞人君莫不欲安而常危，莫不欲存而常亡，此皆失御臣之術也。今王氏一姓而朱輪華轂者二十三人，青紫貂蟬充牣宇内，魚鱗左右。大將軍秉事用權，五侯驕奢僭盛，並作威福，出入不待報命，擊斷自恣。尚書、九卿、州牧、郡守皆出其門，管執樞機，朋黨比周。行（汗）〔汙〕而寄治，〔二一〕身私而託公。稱舉者登進，忤恨者中傷；遊談者爲之説，執政者爲之言。（挑）〔排〕擯宗室，〔二二〕孤弱公族。數稱燕王、蓋主以疑上心，避諱吕、霍而不肯道。内有管、蔡之萌，外假周公之論，兄弟據重，宗族盤牙。歷自上古已來，未有其比。物盛則必有非常之變，先見其微象。今王氏先祖墳墓在濟南者，其梓柱生枝葉，扶疏上出屋，根插地中，雖孝昭立石起柳之異，無以過此之明也。夫事勢不兩大，劉氏、王氏亦不並立。陛下爲人子孫，守持宗廟，而令國祚移於外親，降爲皂隸，縱不爲身，柰宗廟何！婦人外夫家而内父母家，〔二三〕此亦非皇太后之福也。夫明者起福於無形，消禍於未然。宜發明詔，吐德音，援近宗室，黜遠外戚，皆罷令就第。使王氏永存，保其爵位，劉氏長安，不失社稷，所以褒睦内外，子子孫孫爲無疆之計也。如不行此，則田氏復起於今，六卿復起於漢，不可不深圖，不可不早慮，機事不密，則害成矣。」奏上，上召見向，悲嘆謂曰：「君且休矣，吾將思之。」以向爲中壘校尉。上欲用爲九卿，輒爲王氏所排，及在位大臣所抑，故終不遷大位，前後（四）〔三〕十餘年。〔二四〕年七十二卒。向卒後十三年，王氏篡。封蕭相國後喜爲酇侯。時（社）〔杜〕業説上繼絶侯之世，〔二五〕曰：「昔唐、虞協和萬方，致雍熙之政；虞、夏以多群后，（響）〔饗〕恭己之治；〔二六〕湯法三聖，殷民太平；周封八百，重譯來貢。是以内恕之君樂繼絶世，隆名之主安存亡國。至於武王伐紂，不及下車，德念深矣。成王察牧野之（尅）〔克〕，〔二七〕顧群后之勤，知其恩結於民心，功光於天府，故追先父之志，録遺老之策，高其位，大其宇，〔二八〕愛敬勑厲，命賜厚備。大孝之隆，於是爲至。（其）後世聖主嘆其功，〔二九〕無民而不思，所息之樹而猶不伐，況其（舊）〔廟〕乎？〔三〇〕是以燕、齊之後與周並傳，子繼弟及，歷載不隳。豈無邪辟，以祖宗之竭力，故支庶賴焉。漢初功臣亦皆剖符，受山河之誓。百餘年間而絶滅失姓，枯骨孤棄於丘墓，苗裔流絶於道路。以往況今，甚可悲傷。雖難盡繼，宜舉其隆功者。」於是封蕭何之後，其餘未録。冬十一月乙未，大司馬王商爲大將軍。辛亥，商薨。庚申，王根爲大司馬驃騎將軍。張禹以光禄大夫特進居家，爲天子師，甚見親任。禹既年老，自治塚塋，奏請平陵肥牛亭地。上許之，徙亭於他地。王根聞而爭之，曰：「此地當平陵寢廟衣冠出遊之地，又徙壞舊亭，非所宜。」上不聽。根由是害禹寵，數毀惡之。上逾敬厚禹。禹疾，上親臨問，（禹）拜〔禹〕牀下。〔三一〕禹曰：「老臣有（三）〔四〕男一女，〔三二〕愛女甚於男，遠嫁爲張掖太守蕭咸妻，不勝父子私（請）〔情〕，〔三三〕思與相近。」上即日徙咸爲弘農太守。禹小子未有官，禹數視其小子，即於牀前拜黃門侍郎，給事中。長子閎官至太常，第二子官至校尉。國家每有大政，與禹定〔議〕。〔三四〕時吏民多上書言災異譴切王氏者，上意然之，而未有以明也。及是，上乃車駕至禹家，辟左右，問禹以天變及民所言王氏事。（問禹）禹自見年老，〔三五〕子孫幼弱，又與曲陽侯王根有隙，恐爲所害。即謂上曰：「災異之事深遠難見，故聖人罕言命。性與天道，子貢不得聞。陛下宜以善應之，與天下同福慶，此經義意也。淺見鄙儒，亂道誤人，宜無信用。」上雅愛信禹，由是不疑王氏。曲陽侯及諸王氏子弟聞禹言，皆悦，遂親禹焉。故魯國博士朱雲上書求見，公卿在前。雲曰：「朝廷大臣皆尸祿素（飡）〔餐〕，〔三六〕願賜臣尚方斬馬劍，斷佞臣一人頭以勵其餘。」上問曰：「誰也？」曰：「安昌侯張禹。」上大怒曰：「小臣居下訕上，庭辱師傅，罪死不赦。」御史持雲下，雲攀檻，檻折。雲曰：「臣得下從龍逢、比干遊於地下，足矣！未知聖上何如主耳？」御史將雲去。左將軍辛慶忌者，武賢子也，免冠解印綬，叩頭殿下曰：「此臣素（着）〔著〕狂直之名於世。〔三七〕其言是，不可誅；其言非，固宜容之。臣敢以死爭。」叩頭流血，上意乃解。後將理檻，上曰：「勿易！因而輯之，以旌直臣。」

初，元帝時五鹿充宗與石顯皆貴幸，治梁丘易。帝令諸易家考合異同，充宗乘貴口辯，諸儒莫敢與抗，皆稱疾不會。有薦雲能説易者，雲攝（齊）〔齋〕升堂，〔三八〕抗辭而請，音動左右。既論，連拄充宗，諸儒爲之語曰：「五鹿嶽嶽，朱雲折其角。」由是爲博士，杜陵、槐里令。以忤於貴戚，遂稱疾，廢，因終於家。是歲，趙婕妤害後宮子。時許美人生男，婕妤大怒曰：「帝常與我言，不從後宮中往來，今許美人兒安從生乎？」以手自搏擊，以頭觸壁户柱，從牀上自投地，涕泣不食。上亦爲之不食。昭儀曰：「陛下常言『不負汝』，今竟負約，云何？」上曰：「要使天下無出趙氏上者，無憂也！」後使中黄門靳嚴封緑囊書與許美人，乃殺兒，置葦篋中，封。〔上閉户而〕發，〔三九〕昭儀與上共視之，復封函，詔掖庭丞籍武埋屏處，〔勿令人知〕。〔四〇〕武取埋獄垣下。又宮中學（女）〔事〕史曹才官幸御上，〔四一〕有脤，生兒掖庭才官令舍，（人）〔又〕令中黄門田閎持詔記與武：〔四二〕「取才官令舍婦人新生兒及婢六人，盡置暴室獄，無問男女，誰兒女也！」武迎置獄三日，復令閎持詔問：「兒死未？」武對曰：「未。」有頃，閎出。上與昭儀大怒曰：「何不殺？」武叩頭泣，即因閎奏封事曰：「陛下未有繼嗣，子無貴賤，宜皆留意！」奏入，上令閎持詔與（我）〔武〕，〔四三〕夜上水五刻，令持兒與中黄門王（愛）〔舜〕會掖門。〔四四〕武以兒付舜。舜受詔，内兒殿中，爲擇乳母告養，善視之，無令漏洩。時兒生八九日，昭儀聞之，大怒。後三日，詔賜才官藥，令自殺。才官曰：「我兒男也，額上有壯髮，類孝元帝。今兒安在？奈何令長信得聞之？」遂飲藥死，及婢六人皆自殺。後十餘日，詔取兒去，不知復何置之。

二年春正月，行幸甘泉，郊泰畤。（時）三月，〔四五〕行幸河東，祠后土。四月，立廣陵孝王子憲爲王。〔四六〕冬，行幸長楊宫，從胡客大校獵。初，烏孫（未）〔末〕振將殺大昆彌，〔四七〕會病死，漢誅未加。於是遣右中郎段會宗發戊己校尉諸（侯）國兵即誅（未）〔末〕振將太子番丘。〔四八〕會宗恐大兵入烏孫，驚番丘，逃亡不可得，即選精兵騎弩四十張，徑至昆彌所在，召番丘數其罪，以手劍擊殺之。小昆彌烏黎靡者，〔四九〕（未）〔末〕振將從兄子也，勒兵數千騎圍會宗，會宗謂言來誅之意：「今圍殺我，如去漢牛一毛耳。宛王、郅支懸頭於藁街，烏孫所知也。」小昆彌曰：「何不豫告我，令飲食之邪？」會宗曰：「豫告之，恐亡匿，爲大罪。即飲食之以付我，恐傷骨肉之恩耳。」昆彌咸服，號泣而罷。會宗還，賜爵關内侯。會宗，天水人也。

三年春正月丙寅，蜀郡岷山崩，擁江，水竭逆流，三日乃通。劉向以爲「岐山崩，三川竭，而周幽王亡。岐山，周之所興也。蜀郡，本漢所興。今所起之地山崩水竭，殆必亡矣。」二月，封侍中衛尉淳于長爲定陵侯。三月，行幸雍，祠五畤。

四年春正月，行幸甘泉館。二月，罷司隸校尉官。三月，行幸河東，祠后土。甘露降於京師，有石隕於關東，二。

綏和元年春正月，赦天下。二月戊午，御史大夫孔光貶爲廷尉，廷尉何武爲御史大夫。癸丑，立定陶王欣爲太子。〔五〇〕光禄師丹爲太子太傅。初，王祖母傅太后陰爲王求漢嗣，私事趙皇后及昭儀及帝舅王根，皆勸立定陶王。於是引大臣入禁中議，丞相方進、大司馬王根、右將軍廉褒、後將軍朱博皆以爲「定陶帝弟之子也，禮曰『昆弟之子猶子也』，『爲其後者爲之子也』，定陶王宜爲嗣」。孔光以爲「非禮，立嗣以親，中山王先帝之子，帝之親弟也，以尚書盤庚〔言〕〔殷〕之弟及王爲比，〔五一〕中山宜嗣。」上以「禮，兄弟不相入廟」，又皇后、昭儀有言，遂立定陶王。光以議不合上意，故左遷廷尉。荀悦曰：聖人立制必有所定，所以防忿争，一統序也。春秋之義，立嫡以長，立子以貴。是以言嫡無二也，貴有常也。以弟及兄，則貴有常矣。兄弟之子非一也，不可以爲典。雖立其長，猶非正也。且兄弟近而親，所以繼父也；兄弟子疏而卑，所以承亡也；〔五二〕俱非正統。〔拾〕〔捨〕親取疏，〔五三〕廢父立子，非順也；以弟繼父，近于義矣。春秋傳曰：「太子亡則立母弟，無則立長。」立均以順義，均則卜之道也。（立楚孝王孫景爲定陶王）封中山王舅馮參爲宜鄉侯，〔五四〕益封中山王三萬户，以慰王心。詔求殷後，封孔吉爲殷紹〔陽〕〔嘉〕侯。〔五五〕三月，進爵爲公，及周承休侯爲公，各食邑〔百里〕。〔五六〕行幸雍，祠五畤。夏四月乙丑，大司馬驃騎將軍王根爲大司馬，罷車騎、大將軍官。御史大夫何武更爲大司空，封(汜)〔氾〕鄉侯。〔五七〕益大司馬、大司空位秩如左丞相，是爲三公。先是武爲廷尉，奏言：「王者法天三光，備三公官，各爲分職。今丞相獨兼三公職，所以久廢而不治。宜建三公之官，分職(更)〔授〕任，〔五八〕以爲考功效。」至是乃置之。武字君〔公〕，〔五九〕蜀郡郫人。仁厚好進士，〔疾〕朋黨，〔六〇〕絶請託。其臨州郡，無赫赫之名，去後常見思。初，武兄弟五人皆爲吏，郡縣敬之。弟顯家有市籍租，顯數負其課。市嗇夫仇商捕辱顯家，顯怒之。武曰：「以吾家租稅不爲衆先，奉公吏不亦宜乎！」武即白於太守，召之爲吏，州里服焉。及爲三公，功名略比薛宣，其才不及也，而經術正直過之。時司空掾平陽何並字子廉，武高其志節，舉爲長陵令，道不拾遺。時邛城太后家貴寵，〔六一〕王林卿爲侍中，通輕俠，傾京師。免官歸，過長陵上塚，因留數日。並恐其犯法，自造門謁曰：「(誼)〔宜〕以時歸。」〔六二〕先是林卿殺人，埋塚舍下，並陰知之，非並時事，不發覺。林卿怨並遣之，北渡渭橋，〔六三〕令騎奴還，拔刀剥寺門建鼓。並即從吏兵追林卿，行數十里，林卿窘迫，令奴冠己冠，自身從間道馳去。及追及冠奴，遂收之。奴曰：「我乃奴耳。」並心知已失林卿，乃因曰：「王君困，乃稱奴，得免死邪？」並斬奴頭并所剥建鼓置都亭下，書其罪。吏驚駭，以爲林卿實死。由是威名流行，後爲潁川太守。潁川鍾元爲尚書令，領廷尉，甚用事有權。元弟威爲郡掾，犯罪贓千金。並過辭廷尉，廷尉爲弟免冠請一等之罪，並曰：「罪在(身)

〔君〕弟與君法律，〔六四〕不在太守。」既至郡，威所犯多在赦前，並敕吏驅使入函谷關，無令汙民間；不入關，乃收之。威留止洛陽，吏遂格殺之。及誅俠趙季、李款等，郡中清肅。並廉潔，妻子不到官。終潁川，遺令勿受賻賵，椁足周棺，棺足掩尸而已。其治名次黃霸。秋八月庚戌，中山王興薨。冬十月甲寅，大司馬根病免。十一月，立楚孝王孫景爲定陶王。定陵侯淳于長大逆不道，下獄死。長與廢許后姊嬚私通，許后因嬚賂遺長，欲求復爲婕妤。長受許后金錢乘輿服御物前後千餘萬，詐言欲白上，立爲左〔右〕皇后。〔六五〕嬚每入長信宮，長輒與嬚書，戲侮許后，慢易無所不言。交通書記，賂遺連年。曲陽侯根輔政以久病免，長次第當代根。王莽害長寵，因〔曰〕〔白〕根曰：〔六六〕「長私與許貴人姊交通，受其衣服。又見將軍久病，私喜，對人議〔謁〕〔語〕〔相〕署〔置〕。」〔六七〕根怒，令莽白之。上怒，免長官，就國。長素與涇陽侯立有隙，及長就國，因立子融厚賂立，立爲長固請。上疑之，下有司案驗。吏捕融，立令融自殺以滅口。上愈疑，遂〔遞〕〔逮〕長繫獄，〔六八〕窮治其罪。服戲謔長〔信〕〔定〕宮，〔六九〕謀立左皇后。長死於獄，妻子徙合浦，長母歸故鄉，立歸國，許貴人賜藥死。侍中光禄大夫莽以首發大姦，拜大司馬，時年三十八。莽既拔出同列，繼四父而輔政，欲令名譽過前，遂〔尅〕〔克〕己忘倦，〔七〇〕招延賢良，賞賜邑俸盡以享士。身執謙約，母病，公卿列侯遣夫人問疾，莽妻迎之，衣不曳地，著布蔽膝。見者以爲僮僕，使人問，乃知其夫人，其飾名如此。十二月，罷刺史，置州牧，秩二千石。是歲，犍爲得石磬十六枚，議者以爲善祥。劉向説上曰：「宜設辟雍，陳禮樂，以風化天下。雖不能具，夫禮樂以養人爲本，就有過差，是過於養人也。刑罰之過，或至死亡。今禮樂雖非唐、虞之典，刑〔罰〕亦非咎繇之則。〔七一〕而有司請定刑罰，至於禮樂，則曰不敢，是敢於殺人而不敢於養人也。有刑罰而無禮樂，大不備也。爲其俎豆管弦之間小不備，因是絶而不爲，是去小不備而就大不備也。教化比於刑罰，教化重而刑罰輕，是舍所重而急所輕也。且教化所恃以爲治，刑罰助治者也。今廢所治而獨立其所助，非所以（治）〔致〕太平也。〔七二〕夫承千歲之衰周，繼（妄）〔亡〕秦之餘緒，〔七三〕民漸漬惡俗，不親大化，終以不改。」上以向言下公卿，立辟雍，會向病卒，丞相、大司空營表長安城南，將立辟雍，未及作。

二年，春正月，行幸甘泉宮，郊泰畤。二月壬子，丞相翟方進薨。是時，熒惑守心，占者以爲大臣當應之，以塞災異。上召方進告之，方進不得已，乃自殺。上秘之，加贈禮，親臨喪。赦天下。大水。平襄縣有燕生雀，哺食至大，俱飛去。太僕厩馬生角，在左耳前，圍長各一寸八分。行幸河東，祠后土。三月丙午，〔七四〕帝崩於未央宮。上素康壯，無疾病，向晨欲起，因失音不能言，晝漏十刻而崩。衆皆歸罪於趙昭儀，昭儀自殺。富平侯張放素親幸，放不奉法度，太后及大臣以爲言，上涕泣而遣之就國。及上崩，放思慕哭泣而卒。荀悦曰：放非不愛上，忠不存焉。故愛而不忠，（人）〔仁〕之賊也。〔七五〕上崩，辟雍遂不立。左將軍孔光爲丞相。皇太后詔曰：「皇帝即位定郊祀已來，未有皇子，故復甘泉泰畤、汾陰后土祠，卒不蒙福。其復南北郊於長安如前。」夏四月己卯，皇帝葬延陵。自崩及葬三十四日。延陵在扶風，去長安六十二里。

讚曰：本記稱「孝成帝善修容儀，陞車正立，不內顧，不疾言，不親指，臨朝淵默，尊嚴若神，可謂穆穆天子之容貌也！博覽古今，容受直言。公卿稱職，威儀可述。遭世承平，上下和睦。然沈於酒色，趙氏內亂，外家擅朝，言之可爲於邑。建始已後，王氏始執國命，迄爲哀、平，莽遂篡位，蓋其威福所由來漸矣！」劉向、朱雲之忠言明矣，若得而用之，福祚未已。張禹不吐直言，佞於垂死，亦可痛哉！

**【校勘記】**

〔一〕或如雞〔子〕　從漢書天文志補。

〔二〕（通）〔以統〕理之　從黃校本、漢書谷永傳改。

〔三〕值（六）百〔六〕之阨會　從漢書谷永傳乙正。

〔四〕（常）〔崇〕近婉順之行　從漢書谷永傳改。

〔五〕（四月）光禄大夫　「四月」重出，刪。

〔六〕（星）辰〔星〕出於四孟　從南監本、龍谿本、漢書楚元王傳乙正。

〔七〕（大）〔太〕白再經天　從南監本、龍谿本、學海堂本、漢書楚元王傳改。

〔八〕枉（失）〔矢〕夜光　從南監本、龍谿本、學海堂本、漢書楚元王傳改。

〔九〕大人見臨洮　「大人」上原有二空格，無義，從龍谿本刪。

〔一〇〕秦（民）〔氏〕以亡　從南監本、龍谿本改。

〔一一〕（季夏）〔孝惠時〕有雨血　從南監本、學海堂本、漢書楚元王傳改。

〔一二〕孝昭〔時〕　從漢書楚元王傳補。

〔一三〕有太山臥石自立　太，龍谿本作「泰」。太、泰通。

〔一四〕（天）久〔陰〕不雨二十餘日　從學海堂本、漢書楚元王傳改。

〔一五〕觀秦漢之易〔世覽〕惠昭之無後　從南監本、龍谿本、學海堂本、漢書楚元王傳補。

〔一六〕今日蝕（奎婁）〔尤屢〕星孛東井　從學海堂本、漢書楚元王傳改。

〔一七〕向謂陳（陽）〔湯〕曰　從南監本、龍谿本改。

〔一八〕累世（家）〔蒙〕國厚恩　從龍谿本改。

〔一九〕歷事三（王）〔主〕　從南監本、龍谿本、學海堂本改。

〔二〇〕（當）〔常〕優禮吾　從龍谿本、學海堂本改。

〔二一〕行（汙）〔汙〕而寄治　從龍谿本、學海堂本改。

〔二二〕（挑）〔排〕擯宗室　從南監本、龍谿本、學海堂本改。

〔二三〕婦人外夫家而內父母家　漢書楚元王傳附劉向傳作「婦人內夫家而外父母家」。漢書當是。

〔二四〕前後（四）〔三〕十餘年　從漢書楚元王傳附劉向傳改。

〔二五〕（社）〔杜〕業　從學海堂本、漢書高惠高后文功臣表改。

〔二六〕群后（嚮）〔饗〕恭己之治　從南監本、漢書高惠高后文功臣表改。

〔二七〕成王察牧野之（尅）〔克〕　從龍谿本改。

〔二八〕大其宇　宇，漢書高惠高后文功臣表作「寓」。按「宇」、「寓」通。

〔二九〕（其）後世聖主嘆其功　從漢書高惠高后文功臣表刪。

〔三〇〕況其（舊）〔廟〕乎　從漢書高惠高后文功臣表改。

〔三一〕（禹）拜〔禹〕牀下　從南監本、漢書張禹傳乙正。

〔三二〕老臣有（三）〔四〕男一女　從漢書張禹傳改。

〔三三〕不勝父子私（請）〔情〕　從南監本、龍谿本、學海堂本改。

〔三四〕與禹定〔議〕　從南監本、龍谿本、學海堂本補。

〔三五〕（問禹）禹自見年老　「問禹」衍，逕刪。
〔三六〕尸禄素（飡）〔餐〕　從龍谿本、學海堂本改。
〔三七〕（着）〔著〕狂直之名　從南監本、龍谿本、學海堂本改。
〔三八〕攝（齊）〔齋〕升堂　從漢書朱雲傳改。
〔三九〕〔上閉户而〕發　從學海堂本補。
〔四〇〕〔勿令人知〕　從學海堂本、漢書外戚傳補。
〔四一〕又宫中學（女）〔事〕史　從學海堂本、漢書外戚傳改。
〔四二〕（人）〔又〕令中黄門　從學海堂本、漢書外戚傳改。
〔四三〕持詔與（我）〔武〕　從龍谿本、學海堂本改。
〔四四〕中黄門王（愛）〔舜〕　從龍谿本、學海堂本改。
〔四五〕（時）三月　從學海堂本刪。
〔四六〕立廣陵孝王子憲爲王　憲，漢書成帝紀作「守」。
〔四七〕烏孫（未）〔末〕振將　從龍谿本、學海堂本改。以下皆改作「末振將」，不另出校。
〔四八〕發戊己校尉諸（侯）國兵　〔侯〕衍，逕改。
〔四九〕小昆彌烏黎靡　烏，漢書西域傳作「安」。

〔五〇〕立定陶王昕爲太子　昕，漢書成帝紀作「欣」。

〔五一〕(言)〔殷〕之弟及王爲比　從學海堂本補。

〔五二〕所以承亡也　承，疑作「存」。

〔五三〕(拾)〔捨〕親取疏　從龍谿本、學海堂本改。

〔五四〕(立楚孝王孫景爲定陶王)　此爲十一月事，見於下文，該處當衍，逕删。

〔五五〕殷紹(陽)〔嘉〕侯　從龍谿本、學海堂本改。

〔五六〕食邑〔百里〕　從龍谿本、學海堂本補。

〔五七〕封(汜)〔氾〕鄉侯　從龍谿本、學海堂本改。

〔五八〕分職(更)〔授〕任　從黄校本、吴慈培校改。漢書朱博傳作「分職授政」。

〔五九〕武字君〔公〕　從南監本、龍谿本、學海堂本補。

〔六〇〕〔疾〕朋黨　從南監本、龍谿本補。

〔六一〕時邛城太后　城，漢書外戚傳作「成」。

〔六二〕(誼)〔宜〕以時歸　從龍谿本、學海堂本改。

〔六三〕北渡渭橋　渭，漢書何並傳作「涇」。

〔六四〕罪在(身)〔君〕弟　從南監本、龍谿本、學海堂本改。漢書何並傳作「弟身」。

〔六五〕立爲左(右)皇后　從學海堂本、漢書外戚傳删。

〔六六〕因(曰)〔白〕根曰　從南監本、龍谿本、學海堂本改。

〔六七〕議(謁)〔語〕(相)署〔置〕　從學海堂本改。

〔六八〕遂(遞)〔逮〕長繫獄　從南監本、龍谿本改。

〔六九〕詎長(信)〔定〕宮　從學海堂本、漢書淳于長傳改。

〔七〇〕遂(尅)〔克〕己忘倦　從龍谿本改。

〔七一〕刑〔罰〕亦非咎繇之則　從南監本、龍谿本、學海堂本補。

〔七二〕非所以(治)〔致〕太平　從南監本、龍谿本、學海堂本改。

〔七三〕繼(妄)〔亡〕秦之餘緒　從龍谿本、學海堂本改。

〔七四〕丙午　漢書成帝紀作「丙戌」。

〔七五〕(人)〔仁〕之賊也　從學海堂本、通鑑成帝綏和二年引荀悦論改。

# 兩漢紀上 漢紀

## 孝哀皇帝紀上卷第二十八

皇帝丙午即位，年十九。五月，立皇后傅氏，帝祖母定陶恭王太后從弟女也。封皇后父晏爲孔鄉侯。傅太后稱尊號，於是追尊定陶恭王爲恭皇（帝）。〔一〕傅太后爲恭皇太后，帝母丁太后曰恭（皇）后，〔二〕各置左右詹事，食邑如長信宮、中宮。追尊傅太后父爲崇德侯，〔三〕丁后父爲褒德侯。舅丁明封爲（安）陽（安侯），〔四〕舅子滿爲平周侯。追謚滿父忠爲懷德侯。〔五〕趙太后弟欽爲新城侯。〔六〕太傅師丹爲左將軍，賜爵關內侯。丹諫曰：「天下者，陛下之家也，肺腑何患不富貴！而多封爵外親及臣等，不宜（蒼）〔倉〕卒如此。」〔七〕不聽。六月，曲陽侯王根前定策封二千户，太僕安陽侯王舜有舊恩，益封五百户，丞相孔光、大司空何武各益千户。詔曰：「河間王良喪太后三年，治喪爲宗室儀表，益封萬户。」有司上奏：「王侯已下至庶人占田不得過三十頃，賈人不得占田，過科没入縣官。齊三服官、

（禁民）諸〔官織〕綺繡，〔八〕難成，害女工之物，皆止，無作〔輸〕。〔九〕除任子令、誹謗欺詆法。掖庭（官）〔宮〕人年三十以下，〔一〇〕出嫁之。官奴婢五十以上，免爲庶人。禁郡國無得貢獻名獸。益吏三百石以下俸。察（使）〔吏〕殘〔賊〕酷虐者，〔一一〕以時退免。有司不得舉赦前事。博士弟子父母〔死〕，〔一二〕與寧假三年。」秋七月丁巳，大司（空）〔馬〕王莽乞骸〔骨〕避丁傅，〔一三〕賜黃金、駟馬，免。庚午，左將軍師丹爲大司馬，封高鄉亭侯。八月庚申，鄭通里男子王褒衣絳衣，帶劍入北司馬門殿東門，上前殿，入非常室中，解帳組繫劍佩之，招殿前署長命曰：「天帝令我居此宮。」考問褒，故公車大〔誰〕卒，〔一四〕病狂忽忘，不自知入宮狀，下獄死。九月庚申，〔一五〕地震，自京師到北邊郡國三十餘處壞城郭，凡壓殺四百餘人。冬十月，大司空何武免。癸酉，大司馬師丹爲大司空。郎中令（哀）〔褒〕、黃門令殷由等言〔一六〕「定陶恭（王）〔皇〕太后、恭皇后皆不宜復引定陶藩國之名以冠大號，〔一七〕又宜爲恭皇（帝）立廟京師」。〔一八〕上下其議，皆以如哀等言。師丹獨議曰：「今定陶恭皇后以定陶爲號者，母從子妻從夫之義，今不宜復改。禮：爲人後者爲之子。陛下既（王）〔主〕，〔一九〕承先帝宗廟之（禮）〔祀〕，〔二〇〕義不得復奉恭皇（后）祭入其廟。〔二一〕今立京師，令臣下祭之，是無主也。又親盡自當毀，去一國太祖不隳之（禮）〔祀〕，〔二二〕而就無主當毀不正之禮，非所以尊厚恭皇（后）也」。〔二三〕丹由是不合上意。會有上書者云：「古者以龜貝爲貨，今以錢易之，民以故貧，宜復故幣。」上以問丹，丹對曰：「可改。」事下有司，議者以錢行已久矣，不可改。丹老，忘其前語，從公卿議。上以丹反覆二辭，言無所守。又丹使吏上書奏事，吏私寫其草，丁、傅子弟聞之，使人上書告丹漏洩省中語。下廷尉，遂奏免丹。丹上書還大司空、高樂侯印綬。丹字仲公，琅邪人。廉正守道，以儒術進。既廢，終於家。曲陽侯王根、成都侯王（商）〔況〕皆有罪。〔二四〕根就國，（商）〔況〕免爲庶人，〔二五〕歸故郡。詔曰：「乃者河南潁川郡水汛處浸殺人民，遣光祿大夫循行舉（籍），〔二六〕賜死者棺錢，人三千。其所傷縣邑及他郡國無出今年租賦。」博士申咸數言高陽侯薛宣爲丞相時，後母死，不行三年喪，不宜居相位。宣子況爲黃門侍郎，賕客楊明，欲令斫咸面，使不復用。會司隸校尉闕，恐咸爲之，遂使明斫咸於宮門外，斷鼻脣。事下有司，御史（大夫）〔中丞〕衆等議，〔二七〕以爲「況恐咸爲司隸舉奏宣，而公令明迫切宮闕，創戮近臣於大道人衆中，欲以隔塞聰明，抑絕論議之官，桀黠無所畏忌。禮：下公門，軾路馬，敬近臣，謂其近（主）〔君〕也。〔二八〕況首爲惡，明手傷人，功意俱惡。明當以重刑，況皆棄市」。廷尉以爲「況謀先定，非恐爲司隸造謀也。本爭私變，以父見謗，無他大惡，雖於掖門大道中，與凡民道爭無異。孔子曰：『必也正名乎！』明當以賊傷人，況與謀者皆削爵減死爲議」。（且）於（先）〔是〕況（竟）減死罪一等，〔二九〕徙燉煌。宣免爲庶人，卒於家。宣次子惠，亦至二千石。

建平元年春正月，有石隕於地，十六。是月，大赦天下。丁酉，光禄大夫傅喜爲大司馬。喜，（大）〔太〕后從父弟，〔三〇〕初爲右將軍。太后預政事，諫后，故收喜右將軍印綬，以光禄大夫養病。大司空何武、尚書令沛國唐林皆上書言：「喜行義修潔，忠誠憂國。夫忠臣，社稷之衛也。魯以季友治亂，楚以子玉輕重，魏以無忌折衝，項以范增存亡。故楚跨有南土，帶甲百萬，鄰國不以爲難，子玉爲將，文公側席而坐，及其死也，君臣相慶。百（端）〔萬〕之衆，〔三一〕不如一賢，故秦行千金以間廉頗，漢散（萬）金以疎亞父。〔三二〕喜立於朝，陛下〔之〕光輝，〔三三〕傅氏之廢興也。」上亦自重之，故復用之。丁未，有白氣着天，廣處如一疋布，長十餘丈，西南行，薨薨如雷，一刻而止。定襄有牡馬生駒，三足，隨群馬飲食。本志以爲「馬，武用，其後大司馬董賢幼少見用之象也」。新（都）〔成〕侯趙欽、（城）〔成〕陽侯趙訢皆有罪，〔三四〕免爲庶人，徙遼西。太皇太后詔外家王氏田非冢塋，皆以賜民。秋九月甲辰，有石隕於虞，二。冬十月壬午，京兆尹朱博爲大司空。中山王馮太后媛、弟宜鄉侯參皆自殺。時中山王疾，上使中謁者張由將醫至中山。由素有狂易疾，發怒去，歸長安。尚書（薄）〔簿〕責擅去事狀，〔三五〕由恐，誣言中山王太后咒詛上及（博）〔傅〕太后。〔三六〕太后素怒中山太后，遣御史按驗考訊，卒無所得，更使中謁者令史（陳）立與丞相長史、大鴻臚丞（親）〔雜〕治其事。〔三七〕立受傅太后旨，冀得封侯，治馮太后女弟習及寡弟婦君之等，死者十餘人。誣對言，服咒詛。立奏言：「咒詛謀反，大逆無道。」責問馮太后，無服詞。立曰：「當熊之上殿，何其勇也，今何怯也！」后曰：「此欲陷殺我！」乃飲藥而死。參家凡死十七人，宗族歸故國。張由歸，賜爵關内侯。立遷中（大夫）太僕。〔三八〕馮參兄弟四人：長兄野王爲大鴻臚，則直不曲，名重當世。次逡，次立，皆二千石，以治行稱。參好爲容儀，進止恂恂，甚可觀也。矜嚴直操，不屈於五侯貴寵之家。十有二月，有白氣出西南，從地上至天，出參下，貫天廁，廣如疋布，長十餘丈，十日而去。

二年春正月，〔三九〕有星孛於牽牛七十餘日。本志以爲「牽牛，日、月、五星所從起，曆數之元也。彗孛加之，改更之象」。丁丑，大司馬傅喜免，安陽侯丁明爲大司馬。大司空朱博奏言：「高皇置御史大夫，位次丞相，上下相監，選授有序，所以尊聖德，重國相也。今更司空，與丞相同位，中二千石未更爲大夫而爲丞相，權輕，非所以重國政也。」上從之，罷司空官。夏四月戊午，大司空朱博爲御史大夫。（論）〔荀悅〕曰：〔四〇〕丞相三公之官，而數變易，非典也。初，丞相，秦之制，本次國命卿，故置左右丞相，無三公之官。詩云：「夙夜匪懈，以事一人。」一人者，謂天子也。自上已下，必參而成位。易曰「鼎足」，以喻三公，所以參事統職。立官定制，三公蓋其宜也。乙亥，丞相孔光免，議太后失旨也。御史大夫朱博爲丞相，少傅趙玄爲御史大夫。博奏言尊恭皇太后號曰帝太（皇）太后，〔四一〕稱（宋）〔永〕信宮；〔四二〕

恭皇后曰帝太后，稱(永)〔中〕安宮。〔四三〕立〔恭皇〕廟於京師。〔四四〕赦天下徒。罷州牧，復刺史。荀悦曰：州牧數變易，非典也。古者諸侯之國百里而已，故易曰：「震驚百里。」以象諸侯之國也。夫國小人衆，易統也。古諸侯皆久其位，視民如子，愛國如家。於是建諸侯之賢者以爲牧，故以考績黜陟，不統其政，不御其民，惠無所積，權無所并，故牧伯之位，宜合古也。惟周制爲不然，大國不過五百里，而公、侯、伯、子、男以次小焉。今漢廢諸侯之制以爲縣治民者，本以强幹弱枝，一統於上，使權柄不分於下也。今之州牧，號爲萬里，總郡國，威尊勢重，與古之牧伯同號異勢。當周之末，天下戰國十有餘，而周室(廖)〔寥〕矣。〔四五〕今牧伯之制，是近於戰國之迹，而無治民之實。刺史令爲監御史，出督州郡而還奏事可矣。

六月庚申，太后丁氏崩，葬定陶，發濟陰、陳留近郡五萬人穿土。待詔〔夏〕賀良等奏天官曆、包元太平經十二卷，〔四六〕言「漢家曆運中衰，當再受命，宜改元易號」。太平經者，成帝時齊人甘忠〔可〕詐造，〔四七〕云「天帝使真人赤(松)〔精〕子教我此道」。〔四八〕時劉向奏言忠可〔可〕殺，〔四九〕假鬼神惑衆。下獄治服，未斷病死。而賀良受其書，劉歆以爲不合五經，不可施行。司隸解光、平陵李尋好之，勸上從賀良等議。時上多病，乃赦天下，改年爲太初元年，號陳聖劉太平皇帝，刻漏以一百二十爲度。秋七月，以渭城〔西北原上〕永陵〔亭部爲初陵〕。〔五〇〕賀良等又欲變亂政事，大臣爭以爲不可。賀良等奏言：「大臣皆不知天命，宜退丞相、御史大夫，以解光、李尋輔政。」時上疾自若，以其言無驗，遂下賀良等〔議〕〔吏〕，〔五一〕皆伏誅。光、尋等減死一等，徙燉煌。李尋字子〔良〕〔長〕，〔五二〕平陵人也。治尚書，好災異。初以待詔問，對曰：「陛下秉四海之衆，曾無楨幹之臣。朝廷無人，則爲亂賊所輕。惟陛下執乾剛之德，强志守度，進用忠良，無聽〔讒佞竭〕〔女謁〕邪臣之態。〔五三〕諸阿保乳母甘言悲辭之訴，斷而勿聽。勉大義，絶小不忍。」尋雖失其議於賀良，先言災異，數中，擢拜騎都尉，言多忠切。荀悦曰：夫内寵嬖近阿保御豎之爲亂，自古所患，故尋及之。孔子曰「惟女子與小人爲難養」，性不安於道，智不周於物。其所以事上也，唯欲是從，唯利是務；飾便假之容，供耳目之好；以姑息爲忠，以苟容爲智，以伎巧爲材，以佞諛爲美。而〔新〕〔親〕近於左右，〔五四〕翫習於朝夕，先意承旨，因間隨隙，以惑人主之心，求贍其私欲，慮不遠圖，不恤大事。人情不能無懈怠，或忽然不察其非而從之，或知其非不忍割之，或以爲小事而聽之，或心迷而篤信之，或眩曜而不疑之，其事皆始於纖微，終於顯著，反亂弘大，其爲害深矣，其傷德甚矣。是以明主唯大臣是任，惟正直是用，内寵便辟請求之事，無所聽焉。事有損之而益，益之而損；物有善而不〔可〕居，〔五五〕惡而不可避。甘醴有鴆毒，藥酒有治病。是以君子以道折中，不肆心則不縱體焉，惟義而後已。秋七月甲寅，丞相朱博、御史大夫趙玄、孔鄉侯傅晏有罪。博自殺，玄減死二等論，晏削邑三分去一。〔五六〕傅太后欲稱尊號，晏諂諛順旨。而晏與博結謀立尊號，博遂爲丞相。太后怨傅喜，使晏諷博令免喜。博素與晏交善，許之。御史大夫趙玄止之。（傳）〔博〕曰：〔五七〕「已許孔鄉侯矣。匹夫相要，尚得相死，何況至尊？博亦有死耳！」玄遂許可，奏免喜并（孔）〔汜〕鄉（侯）何武并免爲庶人。〔五八〕上疑博、玄受諷旨，即召玄尚書省問狀，玄辭服。有詔議其罪，議者以爲「春秋之義，姦以事上，常刑不赦」。遂抵罪。初，博、玄皆拜於上前，有音如鍾，殿中郎吏侍陛者皆聞。上以問黄門侍郎李尋，尋曰：「洪範所謂鼓妖者也。人君不聰明，爲衆所惑，空名而得進，即有（應）〔聲〕而無形，〔五九〕不知所從至。其傳曰其歲月日之中，則正卿受之。今以四月加辰巳有其異，是爲中焉。正卿謂執政大臣也。宜退丞相、御史大夫，以應天變。然雖不退，不（日）〔出〕期年，〔六〇〕其人自受其咎。」博，杜陵人也。始爲冀州刺史，行縣，吏民夜遮道自言者數百人。從事請留見自言（者），事（者）畢乃發，〔六一〕欲以觀試博。博心知之，告外趣駕。博出駐車見自言者，使從事明勑告吏民：「夫欲言縣丞尉者，刺史不察黄綬，各自詣郡。欲言二千石墨綬長吏者，行部還，詣治所。民爲吏所冤，欲言盗賊辭訟事者，各使詣屬所部從事。」駐車決遣，四五百人皆罷，如神。吏民大驚。後博徐問，果此老吏從事教民聚會。博殺此吏，自此州郡吏民畏服其威。後爲廷尉，自以不曉文法，恐官屬欺誣之，乃召見正監、典法掾吏曰：「試爲廷尉撰前世決難知者十餘事，〔六二〕得（爲）諸（君）覆思之。」〔六三〕於是共條白十事，召正監、掾吏坐而問，博處其輕重，十中八九。官屬服博才過人也。博初起爲亭長，爲人廉潔，不好酒色。食不重味，案上不過三杯。夜寢早起，妻稀見面。然好遊俠，欲〔士〕〔仕〕宦者薦舉之，〔六四〕欲報仇怨者解劍帶之。其趣事待士如流，而無大正，卒以此敗。是時茂陵原涉爲州里大俠。初，涉父爲南陽太守，死官，郡内賦斂千萬，時俗皆通受之。唯涉獨不受，行喪三年，由是名顯。年二十，治劇縣，爲谷口令，不言而治。〔居〕〔半〕歲去官，〔六五〕爲季父報仇。郡國豪傑有氣節者皆歸慕之。人無賢不肖傾身相待，所在闐門，閭里盡滿。然身衣服車馬甚節，妻子内困，專以振施貧窮赴急爲務。涉略似郭解，外温〔人〕〔仁〕謙遜，〔六六〕内隱忍，睚眦於〔塵〕埃〔塵〕，〔六七〕〔獨〕〔觸〕死者甚衆。〔六八〕王莽時以涉爲鎮戎大尹。荀悦曰：〔六九〕「天子建國，諸侯立家，自卿大夫已下至於〔上〕〔士〕庶人爲有等差，〔七〇〕是以民服其上而下無覬覦。孔子曰：『天下有道，政不在大夫。』百官有司奉治令以修所職，失職有誅，侵官有〔罪〕〔罰〕。〔七一〕夫然，故上下相順，庶事治焉。周室既衰，禮樂征伐自諸侯出。桓、文之後，大夫世權，陪臣執國命。陵遲以至於戰國，合從連衡，〔易〕〔力〕政争强。〔七二〕由此列國公子，魏有信陵，趙有平原，楚有春申，齊有孟嘗，皆籍王公之勢，競爲遊俠，鷄鳴狗盗，無不賓禮。而趙相虞卿棄國捐君，以周窮交拔魏齊之厄；信陵無忌竊符矯命，殺將專師，以赴平原之急：皆取重諸侯，顯名天下。搤腕遊談者，以四豪爲稱首。於是背親死黨之義成，〔七三〕守職奉上之道廢矣。及漢興，禁網疏闊，未之匡正。是以代相陳豨從車千乘，而吴濞、淮南皆招賓客以千數；外戚魏其、武安之徒皆競逐於京師，希交遊於天下；劇孟、郭解之徒皆馳騖於閭閻，權行州郡，力折公卿。衆庶覬其名迹，榮而慕之。雖陷刑辟，自爲殺身成名，若季路、仇牧，死而不悔也。故曾子曰：『上失其道，民散久矣。』非明王在上，示之以好惡，齊之以禮法，民何由知禁而反正乎！古之正法：五伯，三王之罪人也；六國，五伯之罪人也。夫四豪，六國之罪人也。況郭解之（論）〔倫〕，〔七四〕以匹夫之細，竊生殺之權，罪已不容於誅矣。然觀其温良汎愛，賙急謙退不伐，亦有絶異之資。惜乎不入（於）道德，〔七五〕苟放縱於末流，殺身亡宗，非不幸也。自魏其、武安、淮南之徒，〔七六〕天子切齒，至於衛、霍改節。然郡國豪傑處處皆有，京師親戚冠蓋相望，亦古今之常，莫足言者。唯王氏五侯賓客爲盛，而（婁）〔樓〕護爲（師）〔帥〕。〔七七〕諸公之間陳遵爲雄桀，閭里之俠獨涉爲魁首。」九月，光禄勳平當爲御史大夫。十月甲寅，御史大夫平當爲丞相，京兆尹王嘉爲御史大夫。

三年春正月，立廣德夷王弟廣漢爲廣平王。（九月）〔癸卯〕，〔七八〕帝（母）〔太〕太后所居桂宮正殿災。〔七九〕三月己酉，丞相平當薨。當字子思，平陵人也，以明經忠賢進。初拜丞相，以冬十月，賜爵關内侯。其春，上召欲詔封。當稱疾篤，宗族皆謂當曰：「何不强起受侯印綬爲子孫邪？」當曰：「吾在大位，已負素飡之責矣。起受侯印，還寢而死，死有餘罪。今不起者，爲子孫也。」後月餘卒。子晏亦以明經位至大司徒，封防鄉侯。有星孛於河鼓。夏四月丁酉，御史大夫王嘉爲丞相。嘉字公仲，平陵人也。爲九江、河南太守，治甚有聲名，剛直弘毅有威，上敬重之。河南太守王崇爲御史大夫。九月，〔八〇〕立魯頃王子郚鄉侯閔爲魯王。冬十月，汝南西平遂陽樗樹卧生枝葉如人形，青黄色，面白，頭有髭髮，凡長六〔尺〕〔寸〕一（寸）〔分〕，有耳。〔八一〕十一月壬子，復甘泉泰畤、〔汾陰〕后土祠，〔八二〕〔罷〕南北郊。〔八三〕東平王雲有罪，自殺；雲后謁棄市。是時無鹽、邑山有石立，自開道。故汝南太守孫寵以遊説顯名，與待詔河内息夫躬相結察事。躬陰與寵誣言告東平王雲欲以獲封，躬乃與中郎右師譚因中常侍宋弘上變事，告「東平王依往時泰山石立而宣帝興，雲與后日夜祝詛，冀獲非望」。下有司按驗，伏誅。是歲，零陵大樹偃仆地，圍一丈六尺，長十丈七尺。民斷其根，長七尺餘，皆枯。三月，樹自立故處。有大魚出於東萊，長丈八尺，高丈，一七枚，皆死。京房易傳曰：「后妃專權，厥妖木卧復立。棄正作淫，厥妖木斷復續。海出巨魚，邪人進，賢人疏。」

## 【校勘記】

〔一〕爲恭皇（帝） 從龍谿本、漢書哀帝紀删。

〔二〕丁太后曰恭〔皇〕后　從漢書哀帝紀補。

〔三〕傅太后父爲宗德侯　宗德侯，漢書哀帝紀作「崇祖侯」。

〔四〕舅丁明封爲（安）陽〔安侯〕　從龍谿本、學海堂本改。

〔五〕懷德侯　漢書哀帝紀作「平周侯」。

〔六〕欽爲新城侯　城，漢書哀帝紀作「成」。

〔七〕不宜（蒼）〔倉〕卒如此　從南監本、龍谿本改。

〔八〕（禁民）諸〔官織〕綺繡　從漢書哀帝紀改。

〔九〕無作〔輸〕　從漢書哀帝紀補。

〔一〇〕掖庭（官）〔宮〕人　從南監本、龍谿本、學海堂本、漢書哀帝紀改。

〔一一〕察（使）〔吏〕殘〔賊〕酷虐　從學海堂本、漢書哀帝紀改。

〔一二〕博士弟子父母〔死〕　從學海堂本、漢書哀帝紀補。

〔一三〕大司（空）〔馬〕王莽乞骸〔骨〕　從學海堂本、漢書哀帝紀改。

〔一四〕故公車大〔誰〕卒　從學海堂本、漢書五行志補。

〔一五〕九月庚申　庚申，漢書五行志作「丙辰」。

〔一六〕郎中令（哀）〔褒〕　從學海堂本、漢書師丹傳改。陳璞校云：漢書郎中令泠褒。年紀考異云：

「時無郎中令，荀紀作令褒，令亦姓。」
〔一七〕定陶恭（王）〔皇〕太后　從學海堂本、漢書師丹傳改。
〔一八〕又宜爲恭皇（帝）立廟　從漢書師丹傳删。
〔一九〕陛下既（王）〔主〕　從學海堂本改。
〔二〇〕宗廟之（禮）〔祀〕　從學海堂本、漢書師丹傳改。
〔二一〕不得復奉恭皇（后）祭入其廟　從漢書師丹傳删。
〔二二〕不隳之（禮）〔祀〕　從學海堂本、漢書師丹傳改。
〔二三〕非所以尊厚恭皇（后）也　從學海堂本、漢書師丹傳删。
〔二四〕成都侯王（商）〔況〕　從漢書哀帝紀改。
〔二五〕（商）〔況〕免爲庶人　從漢書哀帝紀改。
〔二六〕循行舉〔籍〕　從漢書哀帝紀補。
〔二七〕御史（大夫）〔中丞〕衆等議　從學海堂本、漢書薛宣傳改。
〔二八〕謂其近（主）〔君〕也　從龍谿本、學海堂本改。
〔二九〕（且）於（先）〔是〕況〔竟〕減死罪一等　從學海堂本改。
〔三〇〕（大）〔太〕后從父弟　從南監本、龍谿本、學海堂本改。

〔三一〕百(端)〔萬〕之衆　從南監本、龍谿本、學海堂本、漢書傅喜傳改。

〔三二〕漢散〔萬〕金　從漢書傅喜傳補。

〔三三〕陛下〔之〕光輝　從南監本、龍谿本補。

〔三四〕新(都)〔成〕侯趙欽(城)〔成〕陽侯趙訢　從漢書哀帝紀改。

〔三五〕尚書(薄)〔簿〕責　從漢書外戚傳改。

〔三六〕咒詛上及(博)〔傅〕太后　從南監本、龍谿本、學海堂本改。

〔三七〕中謁者令史(陳)立……(親)〔雜〕治其事　從漢書外戚傳改。

〔三八〕立遷中(大夫)太僕　從漢書外戚傳删。

〔三九〕二年春正月　正，漢書天文志作「二」。

〔四〇〕(論)〔荀悅〕曰　從龍谿本、學海堂本改。

〔四一〕號曰帝太(皇)太后　從漢書哀帝紀删。

〔四二〕稱(宋)〔永〕信宮　從龍谿本、漢書外戚傳改。

〔四三〕稱(永)〔中〕安宮　從漢書哀帝紀改。

〔四四〕立〔恭皇〕廟於京師　從漢書外戚傳補。

〔四五〕而周室(廖)〔寥〕矣　從南監本、龍谿本改。

〔四六〕待詔〔夏〕賀良等　從學海堂本、漢書李尋傳補。

〔四七〕齊人甘忠〔可〕　從學海堂本、漢書李尋傳補。

〔四八〕赤（松）〔精〕子教我此道　從學海堂本、漢書李尋傳改。

〔四九〕忠可〔可〕殺　從學海堂本補。

〔五〇〕以渭城〔西北原上〕永陵〔亭部爲初陵〕　從漢書哀帝紀補。

〔五一〕遂下賀良等（議）〔吏〕　從漢書李尋傳改。

〔五二〕李尋字子（良）〔長〕　從吳慈培校、漢書李尋傳改。

〔五三〕無聽（讒佞竭）〔女謁〕邪臣之態　從學海堂本、漢書李尋傳改。

〔五四〕而（新）〔親〕近於左右　從南監本、龍谿本、學海堂本改。

〔五五〕物有善而不〔可〕居　從黄校本補。

〔五六〕玄減死二等論晏削邑三分去一　二、三，漢書朱博傳分別作「三」、「四」。

〔五七〕（傳）〔博〕曰　從南監本、龍谿本、學海堂本改。

〔五八〕（孔）〔氾〕鄉〔侯〕何武　從學海堂本、漢書何武傳改。

〔五九〕有（應）〔聲〕而無形　從吳慈培校、漢書五行志改。

〔六〇〕不（日）〔出〕期年　從南監本、龍谿本改。

〔六一〕留見自言〔者〕事（者）畢乃發　從學海堂本、漢書朱博傳乙正。

〔六二〕決難知者十餘事　十餘，漢書朱博傳作「數十」。

〔六三〕得〔爲〕諸〔君〕覆思之　從漢書朱博傳補。

〔六四〕欲（士）〔仕〕宦者薦舉之　從龍谿本改。

〔六五〕（居）〔半〕歲去官　從學海堂本、漢書游俠傳改。

〔六六〕外溫（人）〔仁〕謙遜　從龍谿本、學海堂本改。

〔六七〕睚眦於〔塵〕埃（塵）　從南監本、龍谿本乙正。

〔六八〕（獨）〔觸〕死者甚衆　從南監本、龍谿本改。

〔六九〕荀悅曰　當作「本傳曰」。陳璞校云：三字疑誤，此下漢書游俠傳敍語，荀未必以爲己言也。

〔七〇〕至於（上）〔士〕庶人　從龍谿本、學海堂本改。

〔七一〕侵官有（罪）〔罰〕　從漢書游俠傳改。

〔七二〕（易）〔力〕政争强　從漢書游俠傳改。

〔七三〕背親死黨　親，漢書游俠傳作「公」。作「公」義長。

〔七四〕況郭解之（論）〔倫〕　從南監本、龍谿本、學海堂本改。

〔七五〕惜乎不入〔於〕道德　從漢書游俠傳補。

〔七六〕淮南之徒　徒，漢書游俠傳作「後」。
〔七七〕而（婁）〔樓〕護爲（師）〔帥〕　從學海堂本、漢書游俠傳改。
〔七八〕（九月）〔癸卯〕　從漢書哀帝紀改。
〔七九〕帝（母）〔太〕太后　從漢書哀帝紀改。
〔八〇〕九月　漢書哀帝紀作「六月」。
〔八一〕凡長六（尺）〔寸〕一（寸）〔分〕　從吴慈培校、漢書五行志改。
〔八二〕泰畤〔汾陰〕后土祠　從漢書哀帝紀補。
〔八三〕〔罷〕南北郊　從漢書哀帝紀補。

# 兩漢紀上 漢紀

## 孝哀皇帝紀下卷第二十九

四年春正月，關東民相驚走，或持籌相與，號曰「西王母籌」。道中相逢多至數千人，或披髮徒跣，斬斫門關，逾墻入屋，或乘騎奔馳，或致驛傳行，經歷郡三十六所，〔一〕至京師。又聚會祀西王母，設祭於街巷阡陌，博奕歌舞。又傳言：「西王母告百姓，佩此符者不死。不信我言，視户樞中有白髮。」故梁州刺史杜業以中正舉，對曰：「春秋災異，指象爲言語。籌者，所以記數也。民，陰，水類也。水以東流爲順走，而西行，反類逆上象也。度數放逸，妄以相與，違忤民心之應也。西王母，婦人之稱。博奕，男子之事。於街巷阡陌，明離(闕)〔闑〕內，〔二〕與(彊)〔疆〕外也。〔三〕臨衆盤樂，〔四〕(元)〔亢〕陽之應也。〔五〕白髮，衰老之象也，體尊性弱，難治易亂。門，人之所由。樞，其要也。(君)〔居〕人之所由，〔六〕執持其要，甚明著。今外戚丁、傅甚盛，皇甫、三桓，詩人所刺，春秋所譏，無以過此。指象昭昭，以覺聖朝，奈何不應也！」本志以爲「丁、傅所亂者小，此王太后與莽之應也」。二月，封帝太〔太〕后從弟傅商爲〔武〕〔汝〕昌侯，〔七〕太后同母弟子鄭業爲〔長〕〔陽〕信侯。〔八〕上將封傅商，問僕射〔平陽侯〕鄭崇，〔九〕諫以爲不可，因持書按出，不受詔。太后怒曰：「天子反爲一臣所制。」上乃下詔封商。崇以爲侍中董賢貴寵過度，數諫，由是重得罪。每以職事見責，發疾疽癰。欲言事，畏見罪；欲乞骸，復不敢。尚書令趙昌素害崇，知其見疏，因奏崇與〔外〕〔宗〕族通，〔一〇〕疑有姦，下獄死。荀悦曰：夫臣之所以難言者何也？其故多矣。言出於口則咎悔及身。舉過揚非則有干忤之禍，勸勵教誨則有刺上之譏。下言而當則以爲勝己，不當賤其鄙愚。先己而明則惡其奪己之明，後己而明則以爲順從。違下從上則以〔爲〕諂諛，〔一一〕違上從下則以爲雷同，與衆共言則以爲專美。言而淺露則簡而〔簿〕〔薄〕之，〔一二〕深妙弘遠則不知而非之。特見獨知則衆以爲蓋己，雖是而不見稱；與衆同之則以爲附隨，雖得之不以爲功。據事〔不〕盡理則以爲專必，〔一三〕謙讓不爭則以爲易。窮言不盡則以爲懷隱，盡説竭情則爲不知量。言而不効則受其怨責，言而事効則以爲固當。或利於上不利於下，或便於左不便於右，或合於前而忤於後。或應事當理，决疑定功，超然獨見，值所欲聞，不害上下，無妨左右，言立策成，終無咎悔。若此之事百不一遇，其知之所見萬不及一也。且犯言致罪，下之所難言也；咈旨忤情，上之所難聞也。以難言之臣干難聞之主，以萬不及一之時求百不一遇之知，此下情所以不上通。非但君臣，而凡言百姓亦如之。是乃仲尼所以憤嘆「予欲無言」也。三月，光禄勳賈延爲御史大夫。夏四月，天雨血山陽湖陵，廣三丈，長五丈，大者如錢，小者如麻子。京房易傳曰：「佞人禄，功臣戮，厥妖天雨血。」上欲封董賢，乃下詔曰：「孫寵、息夫躬本因賢告東平王，遂封賢爲高安侯，孫寵爲(防)〔方〕陽侯，〔一四〕躬爲宜(陽)〔陵〕侯，〔一五〕右師譚賜爵關内侯。」董賢，字聖卿，雲陽人。少爲太子舍人，美顔自喜。上即位，見幸，出則參乘，入侍左右，旬日之間賞賜巨萬，貴震朝廷。上嘗與晝寢，偏籍上袖，上欲起，賢未覺，不欲動賢，乃斷袖而起。又召賢女弟爲昭儀，及賢妻並旦夕侍左右。賜賢父恭爵關内侯，爲衛尉，賢妻父爲將作大匠。爲賢起大第北闕下，重殿洞門，土木之功窮極伎巧，檻梁衣以錦繡。下至賢家僮僕皆受上賜，及武庫禁兵，尚方珍寶。其選上等並在賢家，乘輿所服乃其副也。乃至東園秘器，珠襦玉柙皆以賜賢，無不備者。又令將作大匠爲賢起家義陵傍，内爲便房，剛柏題湊，外爲徼道，周(亘)〔垣〕數里，〔一六〕門闕罘罳甚盛。詔書罷苑，而以賜賢二千餘頃。賢第新成，無故門自壞。又上乳母王阿(聖)〔舍〕亦多受恩賜，〔一七〕及武庫兵器。執金吾東海毋(丘)將隆諫曰：〔一八〕「春秋之義，家不藏甲，所以抑臣威，損私力也。不以本藏給無用，不以民力供浮費，所以別公私，示正路也。賢等便僻弄臣，恩私微妾，陛下以天下公用給其私門，舉國威器供其家備。民力分於弄臣，武兵護其微妾，非所以正四方也。孔子曰：『奚取於三家之堂！』臣請收還武庫。」上不悅。諫（議）大夫鮑宣上書曰：〔一九〕「今朝廷無耆艾之臣，厚外親小僮及勳賢等皆在公門省户，陛下欲以共承天地，安海内，甚難。今國家空虛，用度不足，賊盜並起，吏爲殘虐，歲增於前。民凡有七亡：水旱爲災，一亡也；縣官重賦，二亡也；貪吏取受，三亡也；豪强大姓蠶食無厭，四亡也；苛吏徭役，農桑失時，五亡也；部落鳴鼓，男女遮列，六亡也；賊盜劫掠，七亡也。七亡尚可，又有七死：酷吏毆殺，一死也；治獄深刻，二死也；冤陷無罪，三死也；盜賊横殺，四死也；怨仇相殘，五死也；歲惡饑饉，六死也；時氣疾病，七死也。民有七亡而無一得，欲望國（富）〔安〕誠難；〔二〇〕民有七死而無一生，欲望刑措，誠難。陛下不能安之，民將安歸乎？奈何獨私外親與董賢！夫官爵非陛下之官爵，乃天下之官爵。陛下取非其官，官非其人，而欲望天悅民服，豈不難哉！孫寵、息夫躬辨足以移衆，權足以獨立，姦人之雄，宜時罷退。外親幼童未精通經術者，〔二一〕宜就師傅。急徵故大司馬傅喜使領外戚。故大司空何武、故丞相孔光、故將軍彭宣可任以政。龔勝爲司直，郡國皆慎選舉，三輔委輸大官不敢爲姦，可大任委也。陛下前以小過退武等，海内失望。陛下尚能容無功德者甚衆，不能忍武等邪！治天下者當用天下之心，不得自專快意而已。上之皇天見譴，下之衆元怨恨，次有諫諍之臣，陛下雖欲自薄而厚惡臣，天（地）〔下〕不聽也。」〔二二〕上以鮑子都名儒，遂優容之，深納其言。後徵武等爲三公，拜宣爲司隸校尉。後丞相光行園陵，行馳道中，宣出逢之，使吏拘止丞相吏，没入其車馬。宣坐摧辱宰相，事下御史，至司隸欲召捕宣從事，閉門不內。宣以拒使者不敬，下廷尉。博士弟子濟南王咸等舉幡太學下，曰：「欲救鮑司隸者立此幡下。」會者千餘人，守闕上書，遂免宣抵罪，減死一等。既免，乃適上黨，以爲其地宜畜牧，少强豪，因家焉。息夫躬上言：「災異屢發，法爲兵，恐有非常之變。可遣大將軍行邊，勒武備，斬一郡守，以威四夷，用以厭異。」上然之，以問丞相嘉。嘉曰：「臣聞動民以行不以言，應天以實不以文。下民細微，猶不可詐，上天神明而可欺哉！辯士見一端而妄措意，謀動干戈，設爲權變，非應天之道也。夫議政者，苦其諂諛傾險辯慧深刻也。諂諛則主德毁，傾險則下怨恨，慧辯則破正道，深刻則傷恩惠。惟陛下深察之。」上不聽，遂欲出兵。會董賢沮躬議，以爲不可，上乃免躬官，就國。未有第舍，寄居丘亭，姦人數守之。躬恐，每立亭中（祝）〔咒〕盗。〔二三〕人有告躬（祝）〔咒〕詛上者。〔二四〕逮躬繫獄，仰天大呼，因僵地，絶咽而死。躬母聖棄市，家屬徙合浦。四月，山陽方與女子田母臺懷子，先未生三月，兒啼腹中，及生，不舉，藏之陌上，三日，人過聞啼聲，母掘出收養之。是時豫章男子化爲女人，嫁爲婦，生一子。本志以爲「陽變爲陰，上變爲下，生一子，將復一世乃絶也。」夏六月，尊帝太〔太〕后爲皇太〔太〕后。〔二五〕秋八月，恭皇（后）園北（闕）〔門〕災。〔二六〕

元壽元年春正月辛卯，〔二七〕日有蝕之。赦天下。丁巳，（帝）皇〔太〕太后傅氏崩。〔二八〕三月，丞相王嘉下獄死。初，廷尉梁相疑東平王獄有誣辭，奏請傳詣長安，更下公卿議。尚書令鞠譚、僕射宗伯鳳以爲可許。上怒，三人皆免。嘉薦「相明習治獄，持平深重。譚頗知文雅，鳳經明行修，臣竊爲朝廷惜此三人」。上以此非嘉。後二十餘日，上益封董賢二千户，因下詔（曰）〔切責〕公卿〔曰〕：〔二九〕「朕即位已來，寢疾未平，反逆之謀相連不絕，賊亂之臣近侍帷幄。前東平王雲〔與后謁〕咒詛朕躬。〔三〇〕〔使侍醫伍宏等内侍案脈，幾危社稷，殆莫甚焉！昔楚有子玉得臣，晋文爲之側席而坐；近事，汲黯折淮南之謀。今雲等至有圖弑天子逆亂之謀者，是公卿股肱莫能悉心務聰明以銷厭未萌之故。賴宗廟之靈，侍中附馬都尉賢等發覺以聞，咸伏厥辜。書不云乎，『用德章厥善』。其封賢爲高安侯，南陽太守寵爲方陽侯，左曹光禄大夫躬爲宜陵侯。」〕〔三一〕嘉上言：「王者代天爵人，尤且慎之。裂地而封，不得其宜，感動陰陽，以致災異。今陛下體久不平，臣所以内懼也。孝經云：『天子有爭臣七人，雖無道，不失其天下。』臣謹封上詔書，不敢露見，臣非敢愛死而不盡法，恐天下聞之，故不敢自（殺）〔劾〕。」〔三二〕上怒，召嘉詣尚書，責問以「相等前坐不盡忠，外附諸侯，操持兩心，倍人臣之義。君位〔列三〕公，〔三三〕以分明善惡爲職，而稱舉相等，迷國罔上，近自君始，謂遠者何！」〔三四〕事下將軍中朝者。皆劾嘉迷國罔上不道。光禄大夫龔勝獨以爲「嘉坐薦相等，罪微薄，不應以迷國罔上不道，不可以示天下」。遂使謁者召嘉詣廷尉詔獄。使者到，掾吏涕泣，和藥進嘉。嘉引藥盃擊地，曰：「丞相備位三公，奉職負國，當伏刑都市以示萬姓。豈小兒女也，何爲咀藥而死！」嘉遂詣廷尉。使吏侵掠嘉，責之曰：「君由當有以負國，入獄不虛。」嘉喟然仰天歎曰：「幸得充位宰相，不能進賢退不肖，以此負國，死有餘責。」吏問賢不肖之名，曰：「賢是孔光、何武，不肖是董賢父子。」遂不食，歐血死。元始中，追録忠臣，封嘉子崇爲新甫侯，謚嘉曰忠侯。夏，御史大夫賈延免。五月乙卯，光禄大夫孔光爲御史大夫。秋七月，光爲丞相，何武爲御史大夫，由王嘉之舉也。光與武奏言：「迭毁之次，當以時定。臣請與群臣雜議。」於是光禄勳彭宣、博士左（丞）〔咸〕等五十三人皆以「祖宗已下，〔三五〕立五廟而迭毁，後雖有賢君，猶不得與祖宗並列。子孫雖欲褒而立之，鬼神不饗也。孝武帝雖有功烈，親盡宜毁」。王舜、劉歆議曰：「臣聞昔周宣北伐獫狁，詩頌其功。齊桓南伐楚，北伐山戎，春秋美之。及漢興，中國雖平，猶有四夷之患，其爲害久矣，非一世之漸也。孝武皇帝愍中國罷勞無安寧之時，乃南伐百越，起七郡（之師）；〔三六〕北攘匈奴，降十萬之衆，置（吾）〔五〕屬國，〔三七〕起朔方，以奪其肥饒之地；東伐朝鮮，起玄菟、樂浪，以斷匈奴之左臂；西伐大宛，并三十六國，起燉煌、酒泉、張掖，斷匈奴之右臂。單于孤特，遠遁（漢）〔漠〕北。〔三八〕四方無事，（却）〔斥〕地（遂）〔遠〕境，〔三九〕起十餘郡。功業既定，乃封丞相爲富民侯，以大安天下，富〔貴〕〔實〕百姓，〔四〇〕規模可見。招集天下賢俊，與協心同謀，興制度，改正朔，易服色，立天地之祀，〔四一〕建封禪，殊官號，存周後，定諸侯，永無逆爭之心，至今累代賴之。單于守藩，百蠻率服，萬世中興之功，未之有也。高祖建大業爲太祖，孝文德至厚爲太宗，孝武皇帝功至著爲世宗，此孝宣所以發德音也。禮記王制及春秋穀梁傳：天子七廟，諸侯五廟，大夫三廟。天子七日而殯，諸侯五，大夫三。天子七月而葬，諸侯五月，大夫三月。此喪事尊卑之序也，與廟數相應。又曰：『天子三昭三穆，與太祖之廟而七；諸侯二昭二穆，與太祖之廟而五。』是故德厚者流〔尊〕〔光〕，〔四二〕德薄者流卑。左氏傳曰：『名位不同，禮亦異數。』自上已下，降殺以兩而已。七廟者，其正法數，可常者。宗不在此數中。宗，變也，苟有功德則宗，不可預爲設數。故於殷，太甲爲太宗，大戊爲中宗，武丁爲高宗。周公爲無逸之戒，舉殷三宗以戒成王。由是言之，宗無常數，然則所以勸帝者之功德博矣。以七廟言之，孝武帝未宜毀；以所宗言之，則不可謂無功德。禮記曰：『功施於民則祀之，以勞定國則祀之，能救民患則祀之。』竊以孝武皇帝功德皆兼而有焉。凡此在於異姓猶祀之，況於先祖？或說天子五廟而無其文，說中宗、高宗者，宗其道而毀其廟。名與實異，非尊賢貴功之道也。詩云：『蔽芾甘棠，勿翦勿伐。』思其人猶愛其樹，況宗其道而毀其廟乎？迭毀之道自有常法，無〔殊〕功異德，〔四三〕固以親疏相推及。至祖宗之序，多少之數，經傳無明文，至尊至重，難以疑文虛説定也。孝宣皇帝舉公卿之議，用衆儒之謀，既以爲世宗廟，建之萬世，宣布天下。愚臣以爲孝武皇帝功烈如彼，孝宣皇帝崇立如此，不宜毁。」上賢歆議而從之。先是歆爲光禄，貴幸。歆奏請立左傳、毛詩、逸禮、古文尚書，諸儒咸不聽，歆移書太常博士，責讓之曰：「尚書、左氏皆古文舊書，並藏於秘府。往者綴學之士不思廢絶之闕，信口説而背傳記，是末師而非往古，至於國家大事，則幽冥莫知其原。然猶補殘守缺，挾恐見破之私意，而忘從善服義之公心，或懷妬嫉，不考情實，雷同相從，隨聲是非，豈不哀哉！此數家之事，皆先帝所親論，今上所考視，其爲古文舊書，皆有明驗，内外相應，豈苟而已哉！夫禮失求之野，古文不猶愈於野乎？與其過而廢之，寧若過而立之。必若專己守殘，黨同門，妬道真，違明詔，失聖意，以陷於文吏之議，甚爲二三君子不取也。」諸儒咸怨恨，而光禄大夫龔勝以歆移書乞骸。大司（農）〔空〕師丹奏歆非毁先帝所立，〔四四〕變亂舊章，遂不得立。八月，御史大夫何武免，前將軍光禄大夫彭宣爲御史大夫。上舅大司馬丁明免。〔四五〕明素重王嘉，以其死而憐之，故廢。董賢爲大司馬衛將軍，年二十二，雖爲三公，仍給事中，領尚書。賢私過孔光，光衣冠而出門外待之，望見賢車乃却入。賢至中門，光又退入閤。賢下車，光乃出拜，迎送甚卑恭。上聞之（嘉）〔喜〕，〔四六〕拜光二子爲諫（議）大夫常侍。賢由此權與人主侔。上置酒，與賢父子親屬宴飲。上放酒，從容顧賢而笑曰：「吾欲法堯禪舜，如何？」侍中王閎平阿侯之子諫曰：「成王戲以桐葉封弟叔虞於晉，周公入賀曰：『天子無戲言。』夫天下者，高帝之天下，非陛下之天下。陛下以藩王入嗣孝成皇帝後，當奉宗廟，傳於子孫無窮。漢帝制位，統業至重，不宜數有戲言！」上默然不悅，左右皆恐。於是遣閎出歸郎署二十日，長樂宮深爲閎謝。又御史大夫彭宣上封事，言安國危繼嗣事。上覺悟，召閎，遂上書諫曰：「臣聞王者立三公法三光，立九卿以法天，明君臣之義，當得賢人。易曰：『鼎折足，覆公餗。』喻三公非其人也。書曰：『元首明哉，股肱良哉！』以〔法〕天地。〔四七〕昔孝文皇帝幸鄧通，不過中大夫；孝武皇帝幸韓嫣，賞賜而已，皆不在大位。公孫弘以布被修德，擢備宰相。巧言令色，君子不貴。昔成湯拔伊尹於鼎俎，文王招呂尚於釣濱，武丁顯傅說於版築，桓公舉甯戚於擊角，皆以立霸王之功，騰茂績於無窮，豈以利耳悅目爲得意哉！今大司馬衞將〔軍〕高安侯董賢累世無功於漢朝，〔四八〕又無肺腑之連，復無名迹高行以矯世。陛擢數年，列備鼎足，典衞禁兵，主曆天文，無功封爵，父子兄弟橫蒙拔擢，賞賜空竭帑藏。萬民諠譁，偶言道路，誠不當天心也。昔褒神蚖變化爲人，實生褒姒亂周國。恐陛下有過失之譏，賢有小人不知進退之禍，非所以建卓爾，垂法後世。陛下采蒭蕘，賢負薪，冀有益於毫釐。」言雖不從，多(門)〔閎〕年少志強，〔四九〕卒爲賢恕之。

二年春正月，匈奴烏(孫留)珠〔留〕單于、烏孫大昆彌伊秩靡來朝。〔五〇〕伊秩靡即公主之外孫也。單于之將朝也，上書自請。時上有疾，左右咸言匈奴來朝，中國輒有大故。上由是難之，以問公卿，亦以爲虛費府庫，可且勿許。單于使辭去，未發，黄門郎揚雄上書諫曰：「六經之治，貴於未亂；兵家之勝，貴於未戰。今單于上書求朝，而國家不許，臣以爲匈奴從此隙矣。北（狄）〔地〕之（地）〔狄〕，〔五一〕五帝所不能臣，三王所不能制。以秦始皇之彊，蒙恬之威，帶甲（數百）〔四十餘〕萬，〔五二〕而不敢闚西河。漢以高祖之威靈，（四）〔三〕十萬衆困於平城。〔五三〕孝文時侵暴北邊，烽火通於甘泉，京師大（骸）〔駭〕，〔五四〕發三將軍屯細柳、棘門、霸上以備之。孝武即位，設馬邑之權，欲誘匈奴，覺而去，徒費財勞師。其後深惟社稷之計，規恢萬世之基，乃大興師數十萬，連兵十餘年。於是浮西河，絶大漠，破顛顏，襲單于王庭，窮極其地，封狼居〔胥〕山，〔五五〕禪於姑衍，以臨（澣）〔瀚〕海，〔五六〕虜名王貴人以百數。自是之後，匈奴震怖，遂求和親，然而未肯稱臣。夫前世豈樂傾無量之費，役無罪之人，快心於沙漠之北哉？以爲不一勞者不久逸，不蹔費者不永寧，是以忍百萬之師以投餓虎之口，殫運府庫之財填盧山之壑而不悔。至宣皇之初，而虜尚有桀心，欲掠烏孫，侵公主，發五將之師十五萬騎獵其南，長羅侯以烏孫五萬騎震其西，時鮮有所獲，徒奮揚威武，明漢兵若雷風耳。故北狄不伏，中國不得高枕也。其後匈奴内亂，五單于爭立，日逐、呼韓携國歸化，扶服稱臣，然尚羈縻之，不能專制。自此之後，欲朝者不拒，不朝者不强。故未服之時，勞師遠攻，傾國殫貨，伏尸流血，（陂）〔破〕堅敗敵，〔五七〕如彼之難也；既伏之後，慰籍撫循，交接賂遺，威儀俯仰，如此之備也。往時嘗屠大宛之城，蹈烏桓之壁，探姑繒之壘，藉蕩姐之場，倒〔朝〕鮮（卑）之旃，〔五八〕推南越之旗，近不過旬月之役，遠不離（三）〔一〕時之勞，〔五九〕故已犁其庭，掃其廬，立郡縣處之，雲徹席卷，後無餘災。唯北狄不然，真中國之仇也，三垂比之懸矣。今單于欵心歸義，此乃上世之遺莢（也），〔六〇〕神靈之所（相）〔想〕望。〔六一〕奈何距以來厭之辭，疏以無日之期，消往日之恩，開將來之隙！使自絶於漢，終無北面之心，威之不可，喻之不能，焉得不憂乎！夫（伯牛）〔百年〕勤之，〔六二〕一朝失之，費十而愛一，臣竊爲國不安也。」上乃召還匈奴使而許之。賜雄帛五十疋，黄金十斤。雄爲人博學有大志，性清淨，少嗜慾，簡易倜儻，口不能劇譚，默而沉思。居貧，或無擔石之儲，晏如也。非其義，雖富貴，不事也。給事黄門郎，與王莽、董賢同位。時莽、賢所薦，莫不拔擢，而雄三世不徙官，其淡榮寵如此。時人皆忽之，唯劉歆、范逡以禮敬之，沛國（譚）桓〔譚〕甚重之，〔六三〕鉅鹿侯芭師事之。雄好賦頌，又似司馬相如晚節，以爲無益而輟止。乃依易著太玄經，其文（五十萬）〔五千，説十餘萬言〕，〔六四〕筮之以三（十）筴，〔六五〕關之以休咎，播之以人事，義合五經，而辭解剥玄體十一篇，復爲章句。又著法言十四篇，欲以象論語。劉歆嘗問桓譚曰：「雄之文能傳乎？」譚曰：「必傳。顧君與我不見也。人情貴遠忽近，見雄容貌爵位不能動人，則輕其文。若後世遇明識君子，當度越諸子。」二月，單于、昆彌歸。夏四月〔壬辰晦〕，〔六六〕日有蝕之。五月，正三公官各分職。丞相孔光爲大司徒，御史大夫彭宣爲大司空，封長〔安〕〔平〕侯。〔六七〕六月戊午，帝崩于未央宮。時王莽以侯在第，太后召之，備佐喪事。莽白太后，收大司馬董賢印綬。賢與妻皆自殺，夜葬。莽疑其詐死，發其棺，至獄視之，因埋獄中。賢故吏沛朱詡自劾去大司馬〔掾〕〔府〕，〔六八〕收賢尸。莽怒，以他事殺之。賢家屬徙合浦。斥賣董氏財物凡〔三十五〕〔四十三萬〕萬。〔六九〕太后詔公卿舉可爲大司馬者，時群臣皆舉莽。前將軍何武與後將軍公孫禄謀曰：「往孝昭之世，外戚持權，幾危社稷。今不宜置異姓大臣持權，親疎相錯，爲國計〔不〕便。」〔七〇〕於是禄舉武可大司馬，武亦舉禄。莽諷有司更相劾奏互相舉，皆免就國。大司馬彭宣見莽專權，乞骸，莽白太后免宣就國。莽恨宣求退，故不賜安車與金。八月，王崇爲大司空。徵立中山王〔衎〕〔衎〕，〔七一〕元帝庶孫，中山孝王子是也，是爲孝平帝。九月壬辰，〔七二〕皇帝葬義陵。

讚曰：本紀稱「孝哀自爲藩王及太子，文辭博敏，幼有令聞。雅性不好聲色，時覽卞射武戲。覩孝成之世禄去公室，權柄外移，是故臨朝務攬主威，以則武、宣」。然董賢用事，大臣誅傷，有覆餗棟撓之凶。自初即位，有痿痺之疾，末年寖劇，享國不永，亂臣乘間，豈不哀哉！世主覽此，足以見成敗之基，收后族之權，清儉愛民，可垂統也。

## 【校勘記】

〔一〕經歷郡三十六所　漢書五行志作「經歷郡國二十六」。

〔二〕明離（闕）〔闑〕内　從漢書五行志改。

〔三〕與（彊）〔疆〕外也　從漢書五行志改。

〔四〕臨衆盤樂　衆，漢書五行志作「事」。

〔五〕（元）〔亢〕陽之應也　從黄校本改。元，漢書五行志作「炕」。

〔六〕（君）〔居〕人之所由　從漢書五行志改。

〔七〕封帝太〔太〕后從弟傅商爲（武）〔汝〕昌侯　從龍谿本、學海堂本、漢書哀帝紀改。

〔八〕鄭業爲（長）〔陽〕信侯　從學海堂本、漢書哀帝紀改。

〔九〕僕射（平陽侯）鄭崇　「平陽侯」衍，逕删。

〔一〇〕因奏崇與（外）〔宗〕族通　從漢書鄭崇傳改。

〔一一〕則以〔爲〕諂諛　從陳璞校補。

〔一二〕淺露則簡而（簿）〔薄〕之　從南監本、龍谿本、學海堂本改。

〔一三〕據事（不）盡理　從黄校本删。

〔一四〕孫寵爲（防）〔方〕陽侯　從學海堂本、漢書佞幸傳改。

〔一五〕躬爲宜（陽）〔陵〕侯　從學海堂本、漢書佞幸傳改。

〔一六〕周（亘）〔垣〕數里　從學海堂本、漢書佞幸傳改。

〔一七〕乳母王阿（聖）〔舍〕　從學海堂本、漢書毋將隆傳改。

〔一八〕毋（丘）〔將〕隆　從學海堂本、漢書毋將隆傳改。

〔一九〕諫（議）大夫鮑宣　「議」衍，逕删。

〔二〇〕欲望國（富）〔安〕誠難　從漢書毋將隆傳改。

〔二一〕外親幼童未精通經術者　漢書鮑宣傳無「精」字。

〔二二〕天（地）〔下〕不聽也　從吴慈培校、漢書鮑宣傳改。

〔二三〕每立亭中（祝）〔咒〕盜　從南監本、龍谿本改。

〔二四〕有告躬（祝）〔咒〕詛上者　從南監本、龍谿本改。

〔二五〕尊帝太〔太〕后爲皇太〔太〕后　從漢書哀帝紀補。

〔二六〕恭皇（后）園北（闕）〔門〕災　從學海堂本、漢書哀帝紀改。

〔二七〕春正月辛卯　辛卯，漢書哀帝紀作「辛丑」。

〔二八〕（帝）皇〔太〕太后傅氏崩　從漢書哀帝紀改。

〔二九〕因下詔（曰）〔切責〕公卿〔曰〕　從漢書王嘉傳改。

〔三〇〕前東平王雲〔與后謁〕咒詛朕躬　從漢書王嘉傳補。

〔三一〕〔使侍醫伍宏等内侍案脈……左曹光禄大夫躬爲宜陵侯〕　此段文脱，從漢書王嘉傳補。

〔三二〕故不敢自（殺）〔劾〕　從漢書王嘉傳改。

〔三三〕君位〔列三〕公　從南監本、龍谿本、學海堂本補。

〔三四〕謂遠者〔何〕　從學海堂本、漢書王嘉傳補。

〔三五〕博士左（丞）〔咸〕等五十三人　從學海堂本、漢書韋賢傳改。

〔三六〕起七郡（之師）　從漢書韋賢傳删。

〔三七〕置（吾）〔五〕屬國　從南監本、龍谿本、學海堂本、漢書韋賢傳改。

〔三八〕遠遁（漢）〔漠〕北　從南監本、龍谿本、學海堂本改。

〔三九〕（却）〔斥〕地（遂）〔遠〕境　從學海堂本、漢書韋賢傳改。

〔四〇〕富（貴）〔實〕百姓　從漢書韋賢傳改。

〔四一〕立天地之祀　祀，漢書韋賢傳作「祠」。

〔四二〕德厚者流（尊）〔光〕　從學海堂本、漢書韋賢傳改。

〔四三〕無〔殊〕功異德　從漢書韋賢傳補。

〔四四〕大司（農）〔空〕師丹　從漢書師丹傳改。

〔四五〕大司馬丁明免　漢書哀帝紀繫於「秋九月」。

〔四六〕上聞之(嘉)〔喜〕　從龍谿本、學海堂本、漢書佞幸傳改。

〔四七〕以〔法〕天地　從南監本、龍谿本、學海堂本補。

〔四八〕今大司馬衛將〔軍〕　從南監本、龍谿本、學海堂本補。

〔四九〕多(門)〔閔〕年少志强　從南監本、龍谿本、學海堂本補。

〔五〇〕匈奴烏(孫留)珠〔留〕單于　從南監本、漢書匈奴傳改。

〔五一〕北(狄)〔地〕之(地)〔狄〕　從漢書匈奴傳乙正。

〔五二〕帶甲(數百)〔四十餘〕萬　從漢書匈奴傳改。

〔五三〕(四)〔三〕十萬衆　從漢書匈奴傳改。

〔五四〕京師大(骸)〔駭〕　從南監本、龍谿本、學海堂本、漢書匈奴傳改。

〔五五〕封狼居〔胥〕山　從學海堂本、漢書匈奴傳補。

〔五六〕以臨(澣)〔瀚〕海　從南監本、龍谿本、學海堂本、漢書匈奴傳改。

〔五七〕(陂)〔破〕堅敗敵　從漢書匈奴傳改。

〔五八〕倒〔朝〕鮮(卑)之旃　從漢書匈奴傳改。

〔五九〕遠不離(三)〔二〕時之勞　從漢書匈奴傳改。

〔六〇〕上世之遺筴（也）　從漢書匈奴傳删。

〔六一〕神靈之所（相）〔想〕望　從龍谿本、學海堂本、漢書匈奴傳改。

〔六二〕夫（伯牛）〔百年〕勤之　從南監本、龍谿本、學海堂本、漢書匈奴傳改。

〔六三〕沛國（譚）桓〔譚〕甚重之　從龍谿本、學海堂本、漢書揚雄傳乙正。

〔六四〕其文（五十萬）〔五千説十餘萬言〕　從漢書揚雄傳文改。

〔六五〕筮之以三（十）筴　從漢書揚雄傳删。

〔六六〕夏四月〔壬辰晦〕　從吴慈培校、漢書哀帝紀補。

〔六七〕封長（安）〔平〕侯　從學海堂本、漢書哀帝紀改。

〔六八〕大司馬（掾）〔府〕　從漢書佞幸傳改。

〔六九〕斥賣董氏財物凡（三十五）〔四十三萬〕萬　從漢書佞幸傳改。

〔七〇〕爲國計（不）便　從漢書何武傳删。

〔七一〕徵立中山王（衎）〔衎〕　從南監本、龍谿本、學海堂本改。

〔七二〕九月壬辰　壬辰，漢書哀帝紀作「壬寅」。

# 兩漢紀上　漢紀

## 孝平皇帝紀卷第三十

皇帝壬寅即位，〔一〕九歲。大司徒孔光爲太傅，左將軍甄豐爲少傅，右將軍（馮）〔馬〕宫爲大司徒。〔二〕太皇太后臨朝，大司馬王莽秉政，百官總己以聽之。孝成趙皇后、孝哀傅皇后皆以前驕恣廢，自殺。莽以孔光名儒，歷相三主，太后所敬，天下所信（伏）〔服〕，〔三〕於是盛尊事光。莽素所不悦者皆（傳治）〔傅致〕其罪，〔四〕爲請奏光，光不敢不上。莽白太后，皆可其奏。皆免官，徙諸遠方。平阿侯仁，莽之從父兄也，中正直言；紅陽侯立，莽叔父。莽恐其害己，從容言於太后，皆奏遣就國。於是附順者皆拔擢之，忤恨者誅滅之。以王邑爲腹心，甄邯、甄豐主（訣）〔决〕斷，〔五〕平宴典機事，劉歆主文章，孫建爲爪牙。豐子尋、歆子棻、涿郡崔發、南陽陳崇皆以才能稱，得幸於莽，並在顯職。莽色厲而言方，欲有所爲，微見風采，黨與承旨而顯奏之，因固謙讓，示不得已，上以惑太后，下以取信於衆庶。

元始元年春正月，越裳氏重譯獻白雉一，黑〔雉〕二。〔六〕莽令益州諷使之也。群臣奏言莽功德比周公，宜賜號安漢公，益封三萬户，莽(因)〔固〕辭封。〔七〕孔光等以定策安宗廟，皆益封。二月丙辰，太傅孔光爲太師，車騎將軍王舜爲太保，(大司空)左將軍甄豐爲少傅。〔八〕立故東平(天)〔王〕雲太子開明爲王(孫)，〔九〕故桃鄉頃侯子成都爲中山王。封宣帝(玄)〔耳〕孫信等三十六人爲列侯。〔一〇〕自漢初至此，王子侯者凡四百八十人。令諸侯王、關内侯、列侯無子(而)有孫(者)若〔子〕、同産子皆得爲嗣。〔一一〕三月，〔一二〕置羲和官，秩二千石；外史、閭師，秩六百石。班教化。朔方廣牧女子趙春死，(官)〔棺〕斂六日，〔一三〕出在棺外，自言見死夫與父，曰：「年二十七，不當死。」本志曰：「死者又生，至陰爲陽，下人爲上。」丙辰，〔一四〕義陵寢神衣在匣中，自出在外牀上。夏五月丁巳朔，日有食之。赦天下。尊帝母中山孝王姬爲后。帝舅衛寶、寶弟玄爵關内侯，帝女弟四人號皆曰君，食邑各二千户。封周公後公孫相如爲褒魯侯，孔子後孔均爲褒成侯。追謚孔子爲褒成宣尼公。六月，長安女子生兒，兩頭異頸，面相向，四臂共胸，俱前向，尻上有目，長二寸。本志以爲「凡妖之作，以譴失正，各象其類。二首，上不一也；手多，下僭濫也；足少，不勝任也。下體生於上，不敬也；上體生於下，媟瀆也。人生而大，速成也；生而能言，好虚也。(郡)〔群〕妖推此類，〔一五〕或人不改，乃成凶。」秋九月，赦天下徒。

二年春，黄支國獻犀牛。三月癸酉，〔一六〕大司空王〔舜〕〔崇〕病〔死〕〔免〕。〔一七〕夏四月，立代孝王玄孫之子如意爲廣宗王，江都易王後盱眙侯宮爲廣川王，廣川惠王曾孫倫爲廣德王。封周勃、霍光、樊噲後皆爲列侯，酇商等子孫一百三十人爵關内侯，食邑。丁酉，少傅甄豐爲大司空。夏，大旱，蝗，青州尤甚。安漢公、四輔、公卿大夫、吏民爲百姓困乏獻田宅者二百三十人，以賦貧民。罷安定〔呼〕池苑，〔一八〕以爲安民縣。六月，有石隕於鉅鹿，二。秋九月戊申晦，日有蝕之。赦天下。是歲，光禄大夫孫寶爲大司農。寶字子嚴，潁川人也。初，御史大夫張忠欲令授子經，寶自劾去，忠謝之。後以爲主簿。或問寶曰：「高士不爲主簿，而子爲之，何也？」寶曰：「大夫薦用，一府不以爲非者，人安得獨自高？前日君男欲學文，而移寶自近。禮〔聞〕〔有〕來學，〔一九〕義無往教；道不可屈，身屈何傷？且不遇者何所不爲，況主簿乎！」忠聞之，甚慙，薦爲議郎。後爲丞相司直。紅陽侯立與南郡太守李尚共爲姦利，寶按〔劒〕〔驗〕，〔二〇〕劾立、尚。尚下獄死。立雖不坐，後卒以是廢。後爲京兆尹。處士侯文常稱疾，剛直不肯仕，寶以禮自請文，爲布衣交。會立秋〔曰〕〔日〕，〔二一〕文自請受署督郵。有杜稚季者，大俠也，善定陵淳于長，長深以託寶。文欲誅之，寶問其次，文曰：「豺狼當道，安問狐狸！」寶默然不應。稚季聞之，杜門不出外，穿後墻爲小户，旦暮自持鋤治園，不敢犯法。越巂郡上言黄龍游江中，大臣稱莽功德比周公。寶曰：「周公上聖，召公大賢，尚（尤）〔猶〕不悅。〔二二〕今有一事，（郡）〔群〕臣同聲，〔二三〕得非不美者乎！」時大臣皆失色，而竇不變。坐免官，終於家。

三年春，詔博采二王後及周孔世（卿）、列（候）〔侯〕在長安適子女，〔二四〕王氏女多在選中。莽恐與己女爭位，上書言：「莽女不宜與諸女並采。」太后以爲至誠，乃下詔曰：「王氏女，朕之外家，皆勿采。」於是吏民守（關）〔闕〕上〔書〕者千餘人，〔二五〕願得以安漢公女爲天下母。太后不得已，獨采莽女。群臣卿士僉曰：「安漢公女宜爲后，參以蓍龜，咸曰元吉。」乃考定娶禮，正十二女之宜。夏，安漢公奏車〔服〕制度之宜，〔二六〕吏民養生、送死、嫁娶、奴婢、田宅、器械之品，郡國學校教訓之禮。〔陽〕陵（陽）任橫等稱將軍，〔二七〕盜庫兵，攻（宮）〔官〕寺，〔二八〕皆伏誅。秋八月，天雨草，狀如莎，相摎結如彈丸。莽世子宇非莽隔絕衛氏，恐帝長大後怨，即私於帝舅衛寶，勸令帝母上書求入朝。莽白太后，不聽。宇與其妻兄呂寬及師吳章議其故，章以莽不可諫，而好鬼神，章因推類而説莽，令歸政於衛氏。宇使寬夜持血灑莽第，門吏發覺之。執宇送獄，及妻皆死，衛氏盡誅滅。窮治其事，呂寬所連及郡國豪傑素非己者，殺於市門，海内震焉。吳章者大儒，所教千有餘人，莽悉欲禁錮其門人，門人改名他師。時司徒掾平陵侯李敞獨自劾爲吳章弟子，收葬章尸。王舜聞而義之，比之欒布，表爲諫（議）大夫。

四年春正月，郊祀高祖以配天，宗祀文帝以配上帝。改殷紹嘉公曰宋公，周承休公曰鄭公。詔：「婦人非自犯法，男子八十已上十歲已下，〔二九〕家非坐不道，詔所（召）〔名〕捕，〔三〇〕〔它〕皆〔無〕得繫。〔三一〕其當驗（聞）〔問〕者，〔三二〕則驗問。」二月丁未，立皇后王氏，赦天下。遣太僕王惲等八（十）人，〔三三〕置副假節，巡行天下，觀風俗。賜九卿已下至六百石、宗室有屬籍者爵，各有差。賜民爵一級。鰥寡孤獨高年帛。時吏民上書者八千餘人，咸曰：「伊尹爲阿衡，周公爲太宰，七子皆封。」有司以爲宜如所言，遂假安漢公號爲宰衡，位上公。賜莽（大）〔太〕夫人號〔功〕顯君，〔三四〕食邑二千户，黄金印赤紱。子男皆封列侯。太后親臨前殿，莽拜於〔前〕，二子拜後，〔三五〕如周公故事。莽奏立明堂、辟雍，尊孝宣廟爲中宗廟。莽欲悦太后意，乃以（致）〔郅〕支功尊孝元廟爲高宗。〔三六〕爲學者築舍萬區，所益博士員經各五人，徵天下有才能及小學、異藝之士，前後至者數千人。群臣奏宰衡位在諸侯王上。初置西海郡，徙天下犯法者處之。時莽遣〔使〕多持金帛，〔三七〕誘塞外羌豪等獻地請降，曰：「聞太后聖明，安漢公至仁，天下太平。近歲已來，羌人無疾苦，故思樂内屬。」莽因奏言：「謹按已有東海，未有西海，請以羌獻地爲西海郡。」又賂匈奴令上書曰：「聞中國譏二名，故名囊知（互）〔牙〕斯，〔三八〕今更名智，以順制作。」梁〔王〕立有罪，〔三九〕徙廢漢中，自殺。分京師置前輝光、後丞烈二郡。更公卿、大夫、八十一元士，〔官〕名位次及十二州名、分界、郡國所屬。〔四〇〕冬，大風吹長安城東門屋瓦且盡。莽所遣使者八人行風俗還，言天下郡國齊同，詐爲郡國造歌謠，頌功德，凡三萬言。又奏市無二價，官無獄訟，民無盜賊，野無飢人，道不拾遺，男女異路，交致太平。

五年春正月，祫祭明堂。詔：「太上皇已來族親，各以世氏，郡國（致）〔置〕宗師以糾之，〔四一〕致教訓焉。考察不從教令有寃失職者，宗師因郵亭上書宗伯，以聞。」夏四月乙未，太師孔光薨，大司徒馮商爲太師。是時吏民上書薦莽者前後四十八萬七千五百七十二人，及諸侯王、公卿見者皆叩頭言，宜加賞於安漢公。於是詔策加莽九錫之命。羲和劉歆等四人治明堂、辟雍，王惲等八人使行風俗，（宜）〔宣〕明德化，〔四二〕皆封爲列侯。閏月，立梁孝王九世孫音爲梁王。冬十月乙亥，高原廟殿門災。本志以爲「高廟長安城中，原廟在渭北，不宜立」。初，惠帝爲出遊長樂宮，方築（復）〔複〕道在高廟道上。〔四三〕叔孫通曰：「子孫奈何乘高廟道上行？」帝懼，遂急毁之。叔孫通曰：「人君無過舉。願陛下因爲原廟渭（上）〔北〕，〔四四〕衣冠出遊之處立廟。（按：有缺文）〔四五〕太后導而臨朝，任莽非正之象也。冬十有二月，長樂少〔府平晏〕爲大司徒。〔四六〕丙子，〔四七〕帝崩於未央宮。時元帝統絶，宣帝有（孫五）〔曾孫五十餘人〕，〔四八〕畏其長也，言兄弟不得相爲後，乃徵（元）〔宣〕帝玄孫廣戚侯子嬰，〔四九〕三歲，〔五〇〕託以爲卜相最吉而立之。前輝光謝囂奏言武功（亭）長孟（宗）〔通〕浚井得白石丹書，〔五一〕言安漢公爲皇帝。符命之興，自此始也。莽遂謀爲居攝，以周公故事皆如天子之制。明年，改元爲居攝元年。莽奏言帝母丁姬、祖母傅太后葬不應禮，皆發其冢。既開，傅太后冢崩，壓殺數百人，臭聞數里。發丁姬冢，有火出四五丈，群燕御土投冢上。

讚曰：孝平之世，政自莽出，褒善顯功，以自尊盛。觀其文辭，方外百蠻，無思不服，休徵嘉應，頌聲並作。至於異見於上，民怨於下，莽亦不能文也。

居攝元年春二月，〔五二〕立嬰爲皇太子，號曰孺子。夏四月，安衆侯劉崇與（丞）相張紹謀曰：〔五三〕「安漢公必危劉氏。吾帥宗族爲先，海内必和之。」遂合黨萬餘人攻宛城，不能入而敗。紹者，張竦之從（弟）〔兄〕。〔五四〕竦與崇族父劉嘉詣闕自歸，莽赦之不罪。竦爲嘉作奏曰：「建（初）〔平〕元壽之間，〔五五〕大統幾絶。陛下聖德拯救，國命復延。臨朝統政，動以宗室爲始，登用九族爲先。故亂則統其理，危則致其安，禍則引其福，絶則接其繼，幼則代其任，夙夜孜孜不已，凡以爲天下，厚劉氏也。建辟雍，立明堂，班大法，流聖化。天下顒顒，引領而嘆，頌聲洋洋滿耳，人無愚賢男女，皆喻旨意。而劉崇獨懷悖惑之心，操畔逆之慮，惡不忍聞，罪不容誅，誠子臣之仇，宗室之讎也。是故親屬震落而告其罪，民人潰叛而棄其兵，進不跬步，退（不）伏〔其〕殃。〔五六〕臣聞叛逆之國，既以誅討，則瀦其宮以爲汙池，納垢濁焉，名曰凶墟。雖生菜茹，而民不食。四墻其社，覆上（淺）〔棧〕下，〔五七〕（着）〔著〕以爲誡。〔五八〕臣不勝憤憤之情，願爲宗室唱始，父子兄弟持畚荷鍤，馳到南陽，豬崇宮室，令如古制。及崇社宜如亳社。盛稱功德。」莽大悅，封爲（師）〔帥〕禮侯，〔五九〕七（日）〔子〕皆賜爵關内侯。〔六〇〕封竦淑德侯。長安爲之語：「欲得封，過張伯松；力戰鬭，不如巧作奏。」自後反者皆汙池云。群臣復白太后：「劉崇等所以謀反者，莽權輕也。宜尊莽以鎮海内。」五月甲辰，莽稱「假皇帝」。冬十月丙辰，日有食之。是歲，西羌龐恬、（傳）〔傅〕幡反，〔六一〕遣護羌校尉竇況（平）〔擊〕之。〔六二〕

〔其〕二年春，〔六三〕竇況破西羌。夏四月，〔六四〕更造貨：錯（力）〔刀〕，〔六五〕一直（三十）〔五千〕；〔六六〕契刀，一直五百；大錢，一直五十，與五銖並行。九月，東郡太守翟義立嚴鄉〔侯〕劉信爲天子。〔六七〕東平王雲子也。翟義，方進小子也。〔六八〕義將起兵，謂其姊子上蔡陳豐曰：「莽必代漢。吾父子受國厚恩，當爲國討賊。假令時不成，死國埋名，猶可以不慙先帝。汝其從我乎？」豐年十八，壯勇，許諾。遂與東郡劉宇、嚴鄉侯劉信、信弟璜結謀。初，信兄開明立爲王，無子，而信子匡嗣立爲東平王，故義并東平（王）而立信。〔六九〕義自爲大司馬柱天大將軍，以東平王傅蘇隆爲丞相，〔中尉皋〕丹爲御史大夫。〔七〇〕東平王孫（卿）〔慶〕素有智略，〔七一〕以明兵法，在京師。義乃詐移書以重罪傳逮慶。移書郡國，言「莽毒殺平帝，攝天子位，欲以絶漢。今天子已立，恭行天罰」。郡國振動，比到山陽，衆十餘萬。莽惶恐，抱孺子禱郊廟，作筴告，遣(諫議)大夫桓譚等告諭天下當反政之意。〔七二〕乃收族義家後母及兄宣，皆死。遣王邑、孫建等十八人將兵擊義，〔七三〕又置腹心七將軍屯關中以自備。冬十有二月，王邑等破翟義，斬劉璜。義與信棄軍亡。義捕得，傳尸長安，磔陳都市。信卒不得。初，聞兵，茂陵以西二十三縣賊盡發，趙明、霍鴻等自稱將軍，劫掠吏民，衆十餘萬，火見未央宮(殿)前〔殿〕。〔七四〕

其三年春，地震，大赦天下。明、鴻等皆破。莽自以威德遂盛，獲天人助，乃謀即真之事。秋七月，〔七五〕莽母功顯君死，意不在喪，〔七六〕爲緦縗服而加麻環絰，如天子弔諸侯之禮，自以爲攝天子位，不敢服其私親也。凡一弔會葬皆如初，令新都侯(崇)〔宗〕爲主，〔七七〕服喪三年。廣饒侯劉京上書言：「齊郡臨淄縣亭長(卒)〔辛〕當〔嘗〕(薨)〔夢〕見人曰：〔七八〕『天公使我告亭長，居攝皇帝當爲真。不信我，亭中當有新井。』亭長起視(庭)〔亭〕中，〔七九〕有新井百尺。」又太保〔屬〕臧(洪)〔鴻〕奏(新井亭長)符命，〔八〇〕言雍(巴郡)〔石〕得銅符帛圖，〔八一〕文曰：「天告帝符，獻者封侯。」莽於〔是〕改居攝三年爲初始元年。〔八二〕期門郎張充等(交)〔六人〕謀共劫莽，〔八三〕立楚王。發覺，誅死。梓潼人哀章作銅匱，爲兩檢：其一曰「天帝行璽金匱圖」，其二曰「赤帝〔行〕璽某傳與黃帝莽金策書」。〔八四〕某者，高皇帝名也。言莽爲真天子，圖書莽大臣八人，有王盛、王興，(袁)〔哀〕章因自竄其名，〔八五〕凡十一人，皆署官爵，爲輔佐。

以付高廟僕射，以聞。戊辰，莽到高廟拜受金匱，遂即天子位，改正朔，易服色，以十二月爲正，以雞鳴（時）爲〔時〕（朔），〔八六〕色尚黄。初，高帝時得秦玉璽，因服，命之名傳國璽，莽令王舜從太后求之。太后怒，罵舜：「汝不顧義。我漢家（寡）老〔寡〕婦，〔八七〕旦暮且死，用此璽俱葬。終不可得！」太后因號泣而言，左右莫不垂涕。舜悲不自勝，良久乃白太后曰：「臣等已無可言。莽必欲得之，太后寧能終不與邪！」太后恐欲劫之，乃出投之於地，曰：「我老已死矣，知汝兄弟不久滅族矣！」乃尊太后爲新室文母。莽以十〔二〕月癸酉朔爲建國元年。〔八八〕春，大赦天下。乃策命孺子曰：「咨爾嬰，昔皇天佑乃太祖，歷代十二，享國二百一十載，天之曆數在于予躬。詩不云乎『侯服于周，天命靡常』。封爾爲定安公，永爲新室賓。於戲！敬天之休，往踐乃位，無廢朕命。以平原、安德、漯陰、鬲、重丘合凡萬户爲（安）定〔安〕公國。〔八九〕立漢祖宗之廟於其國，與周後並，行其正朔、服色。」讀策畢，莽親執孺子手，流泣歔欷，曰：「昔周公攝位，終得復子明辟，今予獨迫皇天威命，不得如意！」哀嘆良久。中傅將（太）〔孺〕子下殿，〔九〇〕北面稱臣。百僚陪位，莫不感動。以孝平皇帝后爲（安）定〔安〕太后，〔九一〕復更號曰黄皇室主，欲嫁之，主不聽。莽案金匱，輔臣皆封拜：王舜爲太師，平晏爲太傅，劉歆爲國師，哀章爲國將，是爲四輔；甄邯爲大司馬，王尋爲大司徒，王邑爲大司空，是爲三公；甄豐爲更始將軍，王興爲衛將軍，孫建爲立國將軍，王盛爲前將軍，是爲四

(輔)將(軍)。〔九二〕凡十一人，以應符命之名。孺子居其邸，使者監護。勑阿保乳母不得與語，至壯大，不能名六畜。莽定諸侯王皆稱公，及四夷皆更爲侯。更作小錢，徑六分，文曰「小錢」，與「大錢」一直五十者爲二品，並行。夏四月，徐鄉侯劉快結黨千數，起兵於其國。快兄殷，故漢膠東王，時改爲扶(崇)公，〔九三〕國在即墨。快攻(校)〔殷〕，〔九四〕殷閉城拒。快敗走，死。莽增殷國爲萬户。復井田制。遣五威將軍王奇等班符命四十二篇於天下，以著代漢之符，赦天下。五威將軍皆乘乾文(軍)〔車〕，〔九五〕駕坤六馬，背負鷩鳥之毛，服飾甚偉。各置左右前後中帥，凡五帥。衣冠各如其方色。將軍持節，稱(大)〔太〕一之使；〔九六〕帥持幢，稱五帝之使。(各)〔冬〕雷，〔九七〕桐華。真定、劉都等謀起兵，發覺，誅。真定、常山大雨雹。

其二年，莽之九月，戊己校尉史陳良、終帶共殺校尉刁護，劫略吏士，自稱漢大將，亡入匈奴。十有二月，雷。更名〔匈奴〕單于號曰降奴服于(知)。〔九八〕時多作符命以得封侯，其不爲者戲曰：「獨天帝無除書？」自是莽乃禁之。初，甄豐、劉歆、王舜等建「安漢」、「宰衡」之號，非復〔欲〕令莽居攝也。〔九九〕及即真，歆、舜内懼，而豐性剛，形於顏色。豐子尋復作符命，〔言〕故漢氏平帝后黄皇室主爲尋妻。〔一〇〇〕莽發怒，收尋，皆死，連者數百人。詞及揚雄，時校書在天禄閣，使者欲收之，雄恐懼，自投閣下，幾死。莽聞之曰：「雄素不豫事，何故在此間？」請問其故，乃歆子棻從雄問奇字。有詔勿問。莽之爲人大口、蹷頤，露眼赤睛，大聲如嘶，長七尺五寸，好厚履高冠，反膺仰視。或云：「所（爲）〔謂〕鴟目虎喙豺聲也，〔一〇一〕故能噉人，亦〔當〕爲人所噉。」〔一〇二〕莽聞而誅之。王舜自莽即位，病悸而死。

其三年，遣謁者持節，安車印綬，拜楚國龔勝爲太子師友祭酒，秩上卿。使者之郡，太守、縣邑長吏、三老官屬、行義諸生千人入勝舍致詔書，勝因稱病篤。使者以印綬加勝，輒推去。使者（自上）〔言〕請留守，〔一〇三〕勝以秋涼發。勝知不免，謂門人高暉等曰：「吾蒙漢之厚恩，豈以一身事二姓？」遂不食十四日而死。有父老弔哭甚哀，曰：「嗟乎！薰以香自燒，膏以明自消。龔生竟夭天年，非吾徒也。」遂出，莫知其誰。勝字君賓，與同郡龔舍字長倩友善，故世稱兩龔，並著名節。勝，哀帝時爲諫（議）大夫，薦龔舍、甯壽，皆徵。勝曰：「竊見國御巫醫，尚爲駕御，賢士宜有駕。」於是詔從之。壽稱疾不至。舍至拜諫（議）大夫，以疾免，即就家拜太山太守。使者到縣，請舍到庭受拜。舍曰：「王者以天下爲家，何必於官？」〔一〇四〕遂就家拜之。至官數月，以疾乞骸歸。〔琅邪邴漢〕兄子曼容亦養志自修，〔一〇五〕爲官不肯過六百石，輒自免去。莽以安車迎齊薛方，曰：「堯、舜在上，下有巢、許，今則主上方隆唐、虞之德，亦猶小臣欲守箕山之節。」莽悅而聽之。喻糜郭欽、杜陵蔣詡字元卿，皆以郡守刺史，以廉（耻）〔直〕著名。〔一〇六〕齊國栗融字客卿、北海禽慶字子夏、蘇章字〔游卿〕、山陽曹竟字子期，〔一〇七〕皆大儒，俱不仕莽。池陽有小人影，長尺餘，或乘車馬，或步行，操持萬物，小大皆自稱，三日乃止。海濱蝗。〔一〇八〕河水汎清河以東數郡。莽徵能治河者至以百數。大略〔異〕者，〔一〇九〕長水校尉平陵關並言：「河決率（嘗）〔常〕於平原、東郡左右，〔一一〇〕其地形下而土疏惡也。聞禹治河，本空此地。以爲南北不過百八十里，（河）〔可〕空此地，〔一一一〕不爲官亭民室而已。」大司馬掾張（式）〔戎〕言：〔一一二〕「水性就下，行疾則自刮成空而稍深。河水重濁，號一石水六斗泥。今西方諸郡及京師民引河、渭水以溉田。春夏少水時，故河流遲，貯淤而稍淺；雨多（小）〔水〕暴至，〔一一三〕則溢決。而國家數隄塞之，稍益高於平地，猶築垣墻而貯水也。可順從其性，無復以灌溉，則水道通利，無溢決之害矣。」臨淮韓牧以爲「可略於禹貢九河處穿之，縱不能爲九，但爲四五，宜有益」。大司空掾王（璜）〔横〕言：〔一一四〕「河入渤海，地高於韓牧所欲穿處。往者天嘗連雨，東北風，海水溢，西南出，浸數百里，九河地悉爲海水漸矣。禹之行河水，本從西山下東北去。周（書）〔譜〕曰：『定王五年河徙』，〔一一五〕則今所行非禹之所穿也。又秦攻魏，決河灌其都，決處遂大，不可復補。宜却徙完平處，更開空，使緣西山足乘高地東北入海，乃無水災。」事亦無施行者。

其四年夏，赤氣出東方，竟天。東北西南皆反亂侵邊。

其五年一月，文母皇〔太〕后崩，〔一一六〕葬渭陵，與元帝合而溝（水）絶之。〔一一七〕立廟於長安，新室世世獻祭。元帝配食，坐於牀下。莽爲后服喪三年。西域焉耆國叛，殺都（尉）

〔護〕。〔一一八〕冬十有一月，孛星出。

其六年三月壬申晦，〔一一九〕日有蝕之。四月，（殞）〔隕〕霜，〔一二〇〕殺草木。六月，黃霧四塞。秋七月，大風拔樹木，北闕城門瓦飛。雨雹，殺牛羊。莽以周官、王制之文，置卒正、連帥、大尹，職如太守；屬長，職如都尉。置州牧，見禮如三公；（郡）〔部〕監二十五人，〔一二一〕位上大夫，各主五郡。皆世其官。分長安（城旁）六（卿）〔鄉〕，〔一二二〕置（六師）〔帥〕各一人。〔一二三〕分三輔爲六尉郡。河東、河南、河內、弘農、潁川、南陽爲六隧郡，置大夫，職如太守；屬正，職如都尉。及它官名悉改。大（都）〔郡〕至分爲（六）〔五〕，〔一二四〕郡縣以亭（長）爲名者三百六十。〔一二五〕其後數變更，一郡至五易名，而旋復其故。吏民不能記，每下詔書，輒繫其本名而兼言之。令天下小學，以戊子代甲子爲六旬首。

其七年春，日中星見。民訛言黃龍墮地，死黃山宮中，百姓奔走觀者萬數。莽制禮作樂，說六經，公卿旦入暮出，連年不決。十一公〔士〕分布勸農桑，〔一二六〕班令於天下。中郎〔將〕、繡衣執法在郡國，〔一二七〕乘權勢，更相奏舉，案章交錯道中，召會吏民，逮（補）〔捕〕證左，〔一二八〕白黑紛亂，貨賂相冒，守宮闕告訴者甚衆。莽自以專權得漢政，故咸自（擥）〔攬〕衆務，〔一二九〕常御燈火至明，不能治。有司受成苟免，因緣爲姦而已。上書者連年不決。縣宰（郵）〔缺〕者至數年兼領。〔一三〇〕一切競爲貪苛，拘繫〔郡〕縣獄者至連年，〔一三一〕逢赦乃得出。

衛士不交代者數年。冬，以郡縣災害，率減吏禄。終不得禄者，各因職爲姦利以自給。穀糴常貴，百姓窮困，起爲賊盜。邯鄲以北大雨，水出，流殺人。

其八年春二月，大雨雪，深者(二)〔一〕丈，〔一三二〕柏竹咸枯死。地震。莽詔曰：「地者有動有震，震者爲害，動者不害。故易稱曰：『坤動而静，辟脅萬物，萬物生焉。』」其好自誣飾，皆此類也。長平(觀)〔館〕西岸崩，〔一三三〕壅涇水，涇水不流。(郡)〔群〕臣上壽，〔一三四〕以爲土填水，匈奴滅亡之兆也。臣下從諛亦如之。秋七月丁酉，〔一三五〕霸(陵)城〔門〕災。〔一三六〕戊子晦，日有蝕之。翟義黨王孫慶捕得，莽使太醫尚方、巧屠共刳剥之，量度五藏，以竹挺尋脉，知所終始，云可以治病。

其九年，瑯琊女子吕母爲子(執)〔報〕仇，〔一三七〕黨衆浸多，至數萬人，號曰赤眉。莽親至南郊作威斗。威斗者，以五石銅爲之，形若北斗，長二尺五寸，欲以厭兵，令有司命人負之。

其十年正月朔，北軍南門災。莽一切收長吏家財五分之(曰)〔四〕以助邊。〔一三八〕令吏得告將，許奴告主。欲禁姦，姦愈甚。樊崇、刁子都等以飢餓相聚於瑯琊，〔一三九〕衆皆數萬。

其十一年，令太史更推三萬六千歲曆紀，六歲一改元，布告天下。時匈奴寇邊，莽乃大募，發丁男、死罪囚、吏民奴。一切(挽)〔税〕吏民，〔一四〇〕皆三十取一。(傅)〔博〕募有伎術者待以不次之位，〔一四一〕上言便宜者以萬數矣。或言能渡水不用舟楫，連馬接車，濟百萬之師；

或言不持斗儲，食藥物，（馬）〔三軍〕不飢；〔一四二〕或言能飛，一日千里。莽輒試之，取大鳥翮作翼，頭與身皆着毛，通引鐶鈕，飛數百步輒墮。莽知其不可用，苟欲獲其名，皆拜（大將）〔理〕軍，〔一四三〕賜以車馬，待詔發。遣大司馬武建伯嚴尤與將軍廉丹擊匈奴，皆賜姓（王大）〔徵氏〕。〔一四四〕凡十三部將四十萬衆，〔一四五〕齎三百日糧，欲同時並出塞，追匈奴，內之丁零，因分其地，立呼韓邪十五子。嚴尤諫曰：「匈奴爲害久矣，周、秦、漢皆征之，然皆未得上策者。周得中策，漢得下策，秦無策焉。當周宣王之時，玁狁內侵，命將驅之，盡境而反。其視夷狄之侵，譬猶蚊蚋之害，驅之而已。故天下稱明，是爲中策。漢武帝選將練兵，齎糧深入，雖有克獲之功，胡輒報之，兵連禍結（四）〔三〕十餘年，〔一四六〕中國罷耗，匈奴亦創艾，而天下稱武，是爲下策。始皇不忍小忿而輕民力，築長城之固，延袤萬里，輸轉之行，起於負海，疆（埸）〔場〕未定，〔一四七〕中國內竭，以喪社稷，是爲無策。今天下遭陽九之厄，（北）〔比〕年饑饉，〔一四八〕而北邊尤甚。今發四十萬衆，〔一四九〕齎三百日之糧，東據海岱，〔一五〇〕南取江、淮，然後能備。計其道（理）〔里〕，〔一五一〕一年尚未集合，兵先至者聚居暴露，師老械朽，勢不可用，此一難也。邊城空虛，不能奉軍糧，內調郡國，不相及屬，此二難也。計一人三百日食，用米十八斛，非牛力不能勝；牛又當自齎食，加二十四斛，〔一五二〕重矣。胡地沙鹵，多乏水草，以往事揆之，軍出不滿百日，牛必死盡，且餘糧尚多，人不能勝，此三難也。秋冬甚寒，春夏則多風，齎釜鍑薪炭，重不可勝，食糒飲水，以歷四時，師有疾疫之憂，勢不能久，此四難也。輜重自隨，則輕鋭者少，不得疾行，虜徑遁逃，勢不相及，幸而逢虜，則累輜重，如遇險阻，銜尾相隨，虜邀遮前後，危殆不測，此五難也。大用民力，功不可必立，臣伏憂之。」莽不聽。又復引古者名將樂毅、白起不用之意及（論）〔言〕邊事凡三篇。〔一五三〕及當出師庭議，尤固爭之，宜先憂山東。莽怒，策尤爲庶人，以董忠代之。師久屯不行，運轉不已爭天下搔動。翼平連率田況奏言民貲不實，莽復三十税一。以況忠言憂國，進爵爲伯，衆皆罵之。夙夜連率韓博上言：「有奇士巨毋霸，長一丈六尺，大九圍，〔一五四〕來至臣府曰：『欲奮擊匈奴。』出於蓬萊東南、五城西北。軺車不能勝，即以大車駟馬載霸詣闕。願陛下作大（思）〔甲〕高車，〔一五五〕賁育之衣，遣大將軍一人、虎賁百夫迎之於道。京師門不容者，開（太）高〔大〕之，〔一五六〕欲以示百蠻。」意欲以諷莽。莽聞而惡之。留霸新豐，更其姓曰巨（毋霸）〔母氏〕，〔一五七〕謂因文（母）太后（而）霸王符也。〔一五八〕博以非所宜言，棄市。

其十二年，〔一五九〕（大）〔不〕順時之令，〔一六〇〕春夏斬人都市。二月壬申，（月）〔日〕正黑。〔一六一〕七月，大風毁（玉）〔王〕露（臺）〔堂〕。〔一六二〕杜陵便殿乘〔輿〕虎文衣（載）〔藏〕在室匣中自出，〔一六三〕立於外堂上，良久乃委地。莽欲示萬世之基，乃營長安城南，隄封百頃，以起九廟。黄帝、虞舜、陳胡王、齊敬王、濟北閔王凡五廟不毁云；濟南伯王、元城孺王、陽〔平〕頃王、新都顯王。〔一六四〕黄帝廟東西南北各四十丈，高十七丈，餘各半之。金銀雕飾，窮極工巧，費用巨百萬，卒徒死者以萬數。鉅鹿馬適求舉燕兵以誅莽，發覺，誅死。南郡張霸、江夏羊（收）〔牧〕、王匡等起兵於緑林下江，〔一六五〕（共）〔衆〕皆萬餘人。〔一六六〕武功中水鄉民舍墊爲池。

其十三年，更州牧爲監，如刺吏。莽子臨與莽侍婢通，恐漏洩，乃謀殺莽，發覺，自殺。秋，隕霜殺菽，關東大饑。莽問群臣擒賊方略，故左將軍公孫禄徵來與議，禄曰：「太史令宗宣誣天文，以凶爲吉。太傅唐（遵）〔尊〕飾虚僞以取名。〔一六七〕國師劉歆顛倒五經，毁壞師法。明學男張邯、地理侯孫陽造井田，使民棄業。羲和（唐）〔魯〕匡設六管，〔一六八〕以勞工商。説符侯崔發阿諛以取容，令下情不得上通。宜誅此數子以慰天下！」莽怒，令虎賁扶禄出。時民皆飢愁，州縣不能慰安，又不得擅發兵，故盜賊浸多。唯翼平連率田況發四萬人，授以（庫）兵（車），〔一六九〕與刻石爲約。赤眉聞之，不敢入界。況自劾奏，莽切責況擅發兵，赦罪，詭以擒賊。況自請出擊賊，所向皆破。莽使況領青、徐二州牧。況請：「無出大將，選牧尹以下，明其賞罰，收合離散小國，徙其老弱置大城中，積穀并力固守。賊攻城，不得勢，必不能聚，所過乏食。以此招之則降，擊之則滅。今出大將軍，郡縣苦之，乃甚於賊。宜盡徵還乘傳使者，以休息郡縣。委任臣二州盜賊必平。」莽畏惡況，陰爲發代，賜況書，將代監其兵。況隨使者還，齊地遂敗。

其十四年閏月，霸橋災，數千人沃之不滅。關東民相食。蝗蟲蔽天，自東來，至長安，入未央宮。發吏民設購賞以捕之。時下江兵盛，新市朱鮪、平林陳(收)〔牧〕皆復聚衆。〔一七〇〕莽遣大將軍孔仁、嚴尤、陳茂擊之。前(州)〔所〕遣太師王匡、更始將軍廉丹擊赤眉，〔一七一〕匡、丹皆敗。莽知天下潰叛，乃分遣使除六管諸禁，詔令民不便者皆收還之。時世祖與伯升起兵，與平林、〔新市〕合攻棘陽。〔一七二〕十有二月，有星孛於張、箕。

其十五年二月辛巳，〔一七三〕劉聖公立爲更始皇帝，即世祖之族兄也。莽遣大司徒王尋、大司空王邑將兵號百萬擊更始，二公兵敗於昆陽，關(東)〔中〕震恐。〔一七四〕道士西門君惠謂莽從兄王涉曰：「讖云：『漢復興，劉秀爲天子。』天子，國師劉歆是也。」先是歆依讖改名秀。涉以語大司馬董忠，共語歆。歆(於)〔謂〕天文人事，〔一七五〕東方必成。歆亦怨殺其(二)〔三〕子，〔一七六〕又畏大禍將至，遂謀與忠劫莽東降。忠等誅死。歆、涉以親近，莽惡其人聞，遂隱誅，歆、涉自殺。莽師徒外破，大臣內叛，無所復信，憂懣不能食。性好小數，但爲厭勝之事，遣人壞漢園陵罘罳，云「無使民復思漢」，如此類也。崔發言「國有大災，則哭以厭之」。莽乃率群臣至南郊大哭。告天下諸生小民旦夕會哭，甚者除爲吁嗟郎。漢兵至，遂發莽先人墳墓，燒其棺槨，焚其九廟，火照城中。十一月戊申朔，〔一七七〕漢兵入城。城中人皆降。〔莽〕避火前殿，(莽)猶按式，〔一七八〕迴席隨斗柄而坐，曰：「天生德於予，漢兵其如予何！」庚戌，乃昇漸臺，執威斗，抱符命，群臣從者尚千餘人。王邑兵盡乃還，父子守莽。下晡時兵衆上臺，邑等戰死。邑者，成都〔侯〕王商之子也。〔一七九〕莽藏室中地隅間，校尉公孫賓就斬莽頭，〔一八〇〕軍人爭莽身，支（紛）〔分〕節解，〔一八一〕肌肉臠切。遂傳首（詔）〔詣〕更始于宛。〔一八二〕孝平后曰：「何面目復見漢家！」遂投火而死。后婉瘱有志操，自劉氏廢，稱疾不朝。會莽欲改嫁之，（令）〔令〕立國將軍孫建子將醫問疾，〔一八三〕后大怒，鞭其旁侍者，發怒不起。莽遂不敢逼之。鍾武〔侯〕劉（望）〔聖〕聚衆汝南，〔一八四〕稱尊號。嚴尤、陳茂投之，尤爲大司馬，茂爲丞相。十餘日，（望）〔聖〕兵敗，尤、茂并死。司命孔仁以兵降漢，乃嘆曰：「吾聞食人食者死其事。」乃自刎死。本傳曰：「王莽始起外戚，折節力行，以（安）〔要〕名譽，〔一八五〕宗族稱孝，朋友歸仁。及其居位輔政，成、哀之際，勤勞國家，直道而行，動見稱述。豈所謂『在家必聞，在國必聞』，『色取仁而行違』者？莽既不仁而有邪佞之材，又乘四父歷世之權，遭漢中微，國統三絶，而太后壽考爲之宗主，故得肆其姦慝而成簒奪之禍。推此言之，亦有天時，非人力也。及其竊位南面，處非所據，顛覆之勢險於桀、紂，而莽晏然自謂唐、虞復出。乃始恣睢，奮其威〔詐〕，〔一八六〕滔天虐民，窮凶極惡，毒被諸夏，亂（起）〔延〕蠻貊，〔一八七〕未足逞其欲焉。故海内（夏）〔囂〕然喪其樂生之心，〔一八八〕内外怨恨，遠近俱發，城池不守，支體分裂，遂令天下城邑爲墟，丘壠發掘，害徧生靈，延及朽骨，書傳所載亂臣賊子無道之人，考其禍敗，未有如莽之甚也。昔秦燔詩、書以立私議，莽誦六經以文姦言，同歸殊塗，俱用亡滅。此皆亢龍之絶氣，非命之運會，紫色（鼃）〔蠅〕聲，〔一八九〕餘分閏位，爲聖王之驅除云爾！」

王莽既敗，天下雲擾，大者（建）〔連〕州郡，〔一九〇〕小者據縣邑。公孫述稱帝於蜀；隗囂據隴擁衆，收集英雄，班彪在焉。彪即成帝婕妤之弟（之）稚〔之〕子也。〔一九一〕囂問彪曰：「往者周亡，戰國並爭，天下分裂，數代然後始定，（昔）〔意〕者縱横之事復起於今日乎？〔一九二〕將（乘）〔承〕運迭興在一人也？〔一九三〕願先生論之。」論曰：「周廢興與漢稍異。昔周立爵五等，諸侯從政，根本既微，枝葉强大，故其末流有縱横之事，其勢然也。漢家承秦之制，郡縣治民，臣無百年之柄。至於成帝，假借外家，哀、平祚短，國嗣三絶，危自上起，傷不及下。故王氏之貴，傾擅朝廷，能竊其位，不卹於人心。是以即位之後，天下莫不引領而嘆，十餘年間，中外騷動，遠近俱發，假號雲合，咸稱劉氏，不謀同辭。方今豪傑帶州域者，皆無七國世業之資。詩云：『皇矣上帝，臨下有赫，監觀四方，求民之（瘼）〔莫〕。』〔一九四〕今民皆謳吟思漢，鄉仰劉氏，已可知矣。」囂曰：「先生之言周、漢之勢可，至於〔但〕見愚人習識劉氏，〔一九五〕而謂漢家重興，疏矣！昔秦失其鹿，劉氏逐而得之，時民復知漢乎！」彪感其言，又閔禍患之不息，乃著王命論以救時難。其辭曰：「昔在帝堯之禪曰：『咨爾舜，天之曆數在爾躬。』舜亦以命禹。暨於稷、卨，咸佐唐、虞，光濟四海，奕世載德，至於湯、武，而有天下。雖遭遇異時，而禪代不同，至於應天順民，其揆一也。是故劉氏承堯之後，氏族之世，著於春秋。唐據火德，而漢運紹之，始起豐、沛，神母夜號，以彰赤帝之符。由是言之，帝王福祚，必有明聖顯應之德，豐功厚利積累之業，然後精誠通於神明，流澤加於生民，故爲神明所福饗，天下所歸往，未見亡命功德不紀而能崛起於此者也。〔一九六〕世俗見高祖起於布衣，不達其故，以爲適遭暴亂，得奮其劍，遊説之士比於逐鹿，捷者幸而得之，不知神器有命，不可以智力求也。悲夫！此世俗所以多亂臣賊子也。若然，豈徒晻於天道，又不覩於人事也！夫饑饉流離，單寒道路，思(短)〔裋〕褐之襲，〔一九七〕擔石之畜，所願不過一金，終於轉死溝壑。何(也)則？〔一九八〕貧窮亦有命也。況乎天子之貴，四海之富，神明之祚，可得而妄處哉？故雖遭罹阨會，竊其權柄，勇如信、布，强如梁、籍，成如王莽，然卒就鼎鑊伏鑕，烹煮分裂，又況么麼，不及數子(哉)，〔一九九〕而欲晻干天位者乎！是〔故〕駑蹇之乘不騁千里之塗，〔二〇〇〕燕雀之儔不奮六翮之用，楶棁之材不荷棟梁之任，斗(屑)〔筲〕之子不秉帝王之量。〔二〇一〕易曰：『鼎折足，覆公餗。』言不勝任也。當秦之末，豪傑並起，共推陳嬰而欲王之，嬰母止之曰：『自吾爲汝家婦，汝世貧賤，卒得富貴，不祥。不如以兵屬人，事成少受其利，不成禍有所歸。』嬰從其言，而陳氏以寧。王陵之母亦見項羽必亡(之)，〔二〇二〕劉氏將興。是歲，陵爲漢將，〔而母〕獲於楚，〔二〇三〕有漢使來，陵母見之曰：『告吾子，漢王長者，必得天下，爾謹順事之，無有二心。』遂對漢使伏劍而死，以固陵心。其後果定漢，陵爲相封侯。夫以匹婦之明，猶能推事理之致，探禍敗之機，〔二〇四〕傳宗祀於無窮，垂策書於春秋，而況丈夫乎！是故窮達有命，吉凶由人，嬰母知廢，陵母知興，審此四者，帝王之分決矣。蓋在高祖，其興也有五：一曰是堯、舜之苗裔，二曰體貌多奇異，三曰神武有徵應，四曰寬明而仁信，〔二〇五〕五曰知人善任使。加之以誠信好謀，達於聽受，見善如不及，用人（而）〔如〕由己，〔二〇六〕從諫如順流，趣時如響（起）〔赴〕，〔二〇七〕當食吐哺，納子房之策；拔足揮洗，揖酈生之說；悟戍卒之言，斷懷土之情；高四皓之名，割肌膚之愛，舉韓信於行陣，收陳平於亡命，英雄陳力，群策（必）〔畢〕舉：〔二〇八〕此高祖之大略也，所以成〔帝〕業焉。〔二〇九〕若乃靈瑞符應，又可略聞。夫初劉媪妊高祖夢與神遇，雷電晦冥，有龍蛇之怪。及長而多靈，有異於衆。是以王媪、武負感物而折券，呂公覩形而進女；秦皇東遊以厭其氣，呂后望雲而知其處；始受命則白蛇分，西入關則五星聚。故淮陰、留侯謂之天授，非人力也。歷古今之得失，驗行事之成敗，稽帝王之世運，考五者之所謂，趣舍不厭斯位，符（應）〔瑞〕不同斯（慶）〔度〕，〔二一〇〕而苟昧權利，越次妄據，外不量力，內不知命，則必喪保家之主，失天年之壽，遇折足之凶，伏斧鑕之〔誅〕。〔二一一〕英雄誠知淵覺悟，畏〔若〕禍戒，〔二一二〕超然遠覽，（昭）淵然深識，〔二一三〕收嬰、陵之明分，絕信、布之覬覦，距逐鹿之瞽說，審神器之受授，無貪不可幾者，爲二母之所笑，則福祚流於子孫，天祿永終矣。」彪知囂不寤，乃避難於河西。河西大將軍竇融訪問焉。舉茂才，爲徐令。彪子固，字孟堅。明帝〔時〕爲郎，〔二四〕據太史公司馬遷史記，自高祖至於孝武大功臣紹其後事，迄於孝平、王莽之際，著帝紀、表、志、傳以爲漢書，凡百篇。述其帝紀，其辭曰：

「皇矣漢祖，（篡）〔纂〕堯之緒，〔二五〕實天生德，聰明神武。秦人不綱，網漏於楚。爰茲發迹，斷蛇奮旅。神母告符，朱旗乃舉，越蹈秦郊，嬰來稽首。革命創制，三章是紀，應天順人，五星同晷。項氏畔（奐）〔換〕，〔二六〕絀我巴、漢，西土宅心，戰士憤怨。乘釁而起，席卷三秦，割據山河，保此懷民。股肱蕭、曹，社稷是經，爪牙信、布，腹心良、平。恭行天罰，赫赫明明。述高紀。

「孝惠短世，高后稱制，罔顧天顯，呂宗以敗。述惠紀。

「太宗穆穆，允恭玄默，化民以躬，率下以德。農不供貢，罪不收孥，（官）〔宮〕不新館，〔二七〕陵不崇（基）〔墓〕。〔二八〕我德如風，民應如草，國富刑清，登（高）〔我〕漢道。〔二九〕述文紀。

「孝景莅政，諸侯方命，克伐七國，王室以定。匪怠匪荒，務在農桑，著于甲令，民用寧康。述景紀。

「世宗曄曄，思弘祖業，疇咨熙載，髦俊並作。厥作伊何？百蠻是攘，恢我疆宇，外博四荒。武功既抗，乃迪斯文，憲章六學，統一聖真。封禪郊祀，祭秩百神；協律改正，享茲永年。述武紀。

「孝昭幼冲，冢宰惟忠。燕、蓋譸張，實叡實聰，罪人斯得，邦家和同。述昭紀。

「中宗明明，夤用刑名，時舉傅納，聽斷惟精。柔遠能邇，燀燿威靈，龍荒朔漠，莫不來庭。丕承祖烈，尚於有成。述宣紀。

「孝元翼翼，高明柔克，賓禮故老，優容亮直。外割禁苑，内損御服，離（官）〔宮〕不衛，〔三〇〕山陵不邑。閹尹之（疪）〔疵〕，〔三一〕穢我明德。述元紀。

「孝成皇皇，臨朝有光，威儀之盛，如珪如璋。壼闈恣趙，朝政在王，炎炎燎火，亦允不（揚）〔陽〕。〔三二〕述成紀。

「孝哀彬彬，克攬威神，凋落洪枝，（顛倒）〔底剭〕鼎臣。〔三三〕婉孌董公，惟亮天功，大過之困，實橈實凶。述哀紀。

「孝平不造，新都作宰，不周不伊，喪我四海。述平紀。」

凡漢有天下，地東西（萬）九千三百二里，〔三四〕南北萬（二）〔三〕千三百六十八里。〔三五〕隄封〔田一〕萬萬四千五百一十三萬六千四百五頃，〔三六〕除邑居、道路、山林、川澤，郡國不可闢者，定墾田八百二十七萬五百（六）〔三〕十（七）〔六〕頃。〔三七〕郡國〔一百〕三，〔三八〕（事三十）縣

〔邑〕一千三百一十四，〔二九〕道三十（三）〔二〕，〔三〇〕侯國二（事）〔百〕四十一。〔三一〕户千〔二百〕二十三萬三千六百一十二，〔三二〕口五千（六）〔九〕百五十九萬四千九百（九）〔七〕十八人。〔三三〕此在國家强盛之時。

凡漢紀，其稱年本紀、表、志、傳者，書家本語也。其稱論者，臣悅所論，粗表其大事，以參得失，以廣視聽也。惟漢四百二十有六載，皇帝撥亂反正，統武興文，永惟祖宗之洪業，思光啓于萬嗣，闡綜大猷，命立國典，以及群籍，於是乃作考舊，通連體要，以述漢紀。易稱「多識前言往行，以畜其德」。詩云「古訓是式」。中興已前一時之事，明主賢臣，規模法則，得失之軌，亦足以監矣。撰漢書百篇，以綜往事，庶幾來者亦有監乎此。其辭曰：

茫茫上古，結繩而治。書契爰作，典謨云備。明德惟馨，光於萬祀。其在中葉，實有陶唐。丕顯伊則，配天惟明。蕩蕩厥猷，有煥其章。至于有周，對日重光。於赫大漢，統辟元功。穆穆惟祇，二祖六宗。明明皇帝，（篡）〔纂〕承洪緒。〔三四〕遭國閔凶，困於荼蓼。實天生德，應運建主。矯矯俊臣，惟國作輔。綏我思成，有德思（祐）〔祜〕。〔三五〕撥亂反正，大建惟序。武功既列，廼贊斯文。禮惟前軌，命我小臣。爰著典籍，以立舊勳。綜往昭來，永監後昆！

侍中悅上

漢紀本凡〔十〕七萬二千四百三十二字，〔三六〕

王莽一萬字。莽攝政三年，即真十五年，合十八年。

## 【校勘記】

〔一〕皇帝壬寅即位　壬寅，漢書平帝紀作「辛酉」。

〔二〕右將軍（馮）〔馬〕宮爲大司徒　從漢書馬宮傳改。

〔三〕天下所信（伏）〔服〕　從龍谿本改。

〔四〕皆（傳治）〔傳致〕其罪　從漢書王莽傳改。

〔五〕甄豐主（訣）〔決〕斷　從黄校本、吴慈培校改。漢書王莽傳作「擊斷」。

〔六〕黑〔雉〕二　從龍谿本補。

〔七〕莽（因）〔固〕辭封　從漢書王莽傳改。

〔八〕（大司空）左將軍甄豐　從漢書平帝紀删。

〔九〕立故東平（天）〔王〕雲太子開明爲王（孫）　從龍谿本、漢書平帝紀改删。

〔一〇〕封宣帝（玄）〔耳〕孫信等　從漢書平帝紀改。

〔一一〕列侯無子〔而〕有孫（者）若〔子〕同産子　從學海堂本、漢書平帝紀改。

〔一二〕三月　三，漢書平帝紀作「二」。

〔一三〕（官）〔棺〕斂六日　從學海堂本、漢書五行志改。

〔一四〕丙辰　漢書平帝紀作「丙申」。

〔一五〕（郡）〔群〕妖推此類　從南監本、龍谿本、學海堂本改。

〔一六〕三月癸酉　三，漢書百官公卿表作「二」。

〔一七〕大司空王（舜）〔崇〕病（死）〔免〕　從漢書百官公卿表改。

〔一八〕罷安定〔呼〕池苑　從學海堂本、漢書平帝紀補。

〔一九〕禮（聞）〔有〕來學　從漢書孫寶傳改。

〔二〇〕寶按（劒）〔驗〕　從學海堂本、漢書孫寶傳改。

〔二一〕會立秋（曰）〔日〕　從南監本、龍谿本改。

〔二二〕尚（尤）〔猶〕不悦　從漢書孫寶傳改。

〔二三〕（郡）〔群〕臣同聲　從龍谿本改。

〔二四〕博采二王後及周孔世（卿）列（候）〔侯〕　從南監本、龍谿本、漢書王莽傳改。

〔二五〕吏民守（關）〔闕〕上〔書〕者　從龍谿本、漢書王莽傳改。

〔二六〕車〔服〕制度之宜　從南監本、龍谿本、學海堂本、漢書平帝紀補。

〔二七〕〔陽〕陵（陽）　從學海堂本、漢書平帝紀乙正。

〔二八〕攻（宫）〔官〕寺　從學海堂本、漢書平帝紀改。

〔二九〕十歲已下　十，漢書平帝紀作「七」。

〔三〇〕詔所（召）〔名〕捕　從學海堂本、漢書平帝紀改。

〔三一〕〔它〕皆〔無〕得繫　從漢書平帝紀補。

〔三二〕其當驗（聞）〔問〕者　從南監本、龍谿本、學海堂本改。

〔三三〕遣太僕王惲等八（十）人　從漢書平帝紀删。

〔三四〕賜莽（大）〔太〕夫人號〔功〕顯君　從龍谿本、學海堂本、漢書平帝紀改。

〔三五〕莽拜於〔前二子拜〕後　從漢書王莽傳補。

〔三六〕乃以（致）〔郅〕支功　從南監本、龍谿本、學海堂本改。

〔三七〕時莽遣〔使〕多持金帛　從漢書王莽傳補。

〔三八〕故名囊知（互）〔牙〕斯　從學海堂本、漢書王莽傳改。

〔三九〕梁〔王〕立有罪　從南監本、漢書平帝紀補。

〔四〇〕〔官〕名位次　從漢書平帝紀補。

〔四一〕郡國（致）〔置〕宗師以糾之　從學海堂本、漢書平帝紀改。

〔四二〕（宜）〔宣〕明德化　從南監本、龍谿本、學海堂本改。

〔四三〕方築(復)〔複〕道　從學海堂本改。

〔四四〕原廟渭(上)〔北〕　從漢書叔孫通傳改。

〔四五〕此處原有空白，表示有缺文。

〔四六〕長樂少〔府平晏〕爲大司徒　從漢書百官公卿表補。

〔四七〕丙子　漢書平帝紀作「丙午」。

〔四八〕宣帝有(孫五)〔曾孫五十餘人〕　從漢書王莽傳改。

〔四九〕乃徵(元)〔宣〕帝玄孫　從吴慈培校、漢書王莽傳改。

〔五〇〕三歲　三，漢書王莽傳作「二」。

〔五一〕奏言武功(亭)長孟(宗)〔通〕浚井　從漢書王莽傳改。

〔五二〕春二月　漢書王莽傳作「三月己丑」。

〔五三〕劉崇與(丞)相張紹謀　從漢書王莽傳删。

〔五四〕張竦之從(弟)〔兄〕　從漢書王莽傳改。

〔五五〕建(初)〔平〕元壽之間　從漢書王莽傳改。

〔五六〕退(不)伏〔其〕殃　從學海堂本、漢書王莽傳改。

〔五七〕覆上(淺)〔棧〕下　從龍谿本、漢書王莽傳改。

〔五八〕（着）〔著〕以爲誡　從龍谿本、漢書王莽傳改。

〔五九〕封爲（師）〔帥〕禮侯　從漢書王莽傳改。

〔六〇〕七（日）〔子〕皆賜爵　從學海堂本、漢書王莽傳改。

〔六一〕（傳）〔傳〕幡反　從南監本、龍谿本、學海堂本改。

〔六二〕竇況（平）〔擊〕之　從漢書王莽傳改。

〔六三〕〔其〕　從龍谿本補。

〔六四〕夏四月　四，漢書王莽傳作「五」。

〔六五〕更造貨錯（力）〔刀〕　從南監本、龍谿本、學海堂本改。

〔六六〕一直（三十）〔五千〕　從漢書王莽傳改。

〔六七〕立嚴鄉〔侯〕劉信爲天子　從龍谿本、漢書王莽傳改。

〔六八〕方進小子也　小，漢書翟方進傳作「少」。

〔六九〕故義并東平（王）而立信　從漢書翟方進傳删。

〔七〇〕〔中尉皋〕丹爲御史大夫　從學海堂本、漢書翟方進傳補。

〔七一〕東平王孫（卿）〔慶〕　從學海堂本、漢書王莽傳改。

〔七二〕遣（諫議）大夫桓譚　從漢書翟方進傳删。

〔七三〕遣王邑孫建等十八人　十八，漢書翟方進傳作「七」。

〔七四〕火見未央宮（殿）前〔殿〕　從漢書翟方進傳乙正。

〔七五〕秋七月　七，漢書王莽傳作「九」。

〔七六〕意不在喪　喪，漢書王莽傳作「哀」。

〔七七〕新都侯（崇）〔宗〕爲主　從漢書王莽傳改。

〔七八〕臨淄縣亭長（卒）〔辛〕當〔嘗〕（薨）〔夢〕見人曰　從南監本、龍谿本、學海堂本、漢書王莽傳改。

〔七九〕亭長起視（庭）〔亭〕中　從南監本、龍谿本改。

〔八〇〕又太保〔屬〕臧（洪）〔鴻〕奏（新井亭長）符命　從漢書王莽傳改。

〔八一〕言雍（巴郡）〔石〕得銅符帛圖　從漢書王莽傳改。

〔八二〕莽於〔是〕改居攝三年爲初始元年　從龍谿本、學海堂本改。

〔八三〕張充等（交）〔六人〕謀共劫莽　從漢書王莽傳改。

〔八四〕赤帝〔行〕璽　從漢書王莽傳補。

〔八五〕（袁）〔哀〕章因自竄其名　從南監本、龍谿本、學海堂本改。

〔八六〕以鷄鳴（時）爲〔時〕（朔）　從漢書王莽傳改。

〔八七〕我漢家（寡）老〔寡〕婦　從漢書王莽傳乙正。

〔八八〕莽以十〔二〕月癸酉朔爲建國元年　從漢書王莽傳改。

〔八九〕凡萬户爲（安）定〔安〕公國　從漢書王莽傳改。

〔九〇〕中傅將（太）〔孺〕子下殿　從學海堂本、漢書王莽傳改。

〔九一〕以孝平皇帝后爲（安）定〔安〕太后　從漢書王莽傳乙正。

〔九二〕是爲四（輔）將（軍）　從漢書王莽傳删。

〔九三〕時改爲扶〔崇〕公　從漢書王莽傳補。

〔九四〕快攻（校）〔殷〕　從南監本、龍谿本、學海堂本改。

〔九五〕皆乘乾文（軍）〔車〕　從南監本、龍谿本、學海堂本改。

〔九六〕稱（大）〔太〕一之使　從南監本、龍谿本改。

〔九七〕（各）〔冬〕雷　從龍谿本、學海堂本、漢書王莽傳改。

〔九八〕更名〔匈奴〕單于號曰降奴服于（知）　從漢書王莽傳改。

〔九九〕非復〔欲〕令莽居攝也　從漢書王莽傳補。

〔一〇〇〕〔言〕故漢氏平帝后黄皇室主爲尋妻　從漢書王莽傳補。

〔一〇一〕所（爲）〔謂〕鴟目虎喙豺聲也　從南監本、龍谿本改。

〔一〇二〕亦〔當〕爲人所噉　從漢書王莽傳補。

〔一〇三〕使者（自上）〔言〕請留守　從龍谿本改。

〔一〇四〕何必於官　於，漢書龔舍傳作「縣」。

〔一〇五〕〔琅邪邴漢〕兄子曼容亦養志自修　從漢書龔勝傳補。

〔一〇六〕以廉（恥）〔直〕著名　從吴慈培校、漢書王貢兩龔鮑傳改。

〔一〇七〕蘇章字〔游卿〕　從漢書王貢兩龔鮑傳補。

〔一〇八〕海濱蝗　海，漢書王莽傳作「河」。

〔一〇九〕大略〔異〕者　從漢書溝洫志補。

〔一一〇〕河決率（嘗）〔常〕於平原東郡　從漢書溝洫志改。

〔一一一〕（河）〔可〕空此地　從學海堂本、漢書溝洫志改。

〔一一二〕大司馬掾張（式）〔戎〕　從漢書溝洫志改。

〔一一三〕雨多（小）〔水〕暴至　從龍谿本、學海堂本改。

〔一一四〕大司空掾王（璜）〔横〕言　從漢書溝洫志改。

〔一一五〕周（書）〔譜〕曰　從漢書溝洫志改。

〔一一六〕文母皇〔太〕后崩　從吴慈培校、漢書王莽傳補。

〔一一七〕而溝（水）絶之　從漢書王莽傳删。

〔一一八〕殺都(尉)〔護〕　從漢書王莽傳改。
〔一一九〕六年　漢書王莽傳是年改元天鳳元年。
〔一二〇〕(殞)〔隕〕霜　從龍谿本改。
〔一二一〕(郡)〔部〕監二十五人　從學海堂本、漢書王莽傳改。
〔一二二〕分長安〔城旁〕六(卿)〔鄉〕　從學海堂本、漢書王莽傳改。
〔一二三〕置(六師)〔帥〕各一人　從漢書王莽傳改。
〔一二四〕大(都)〔郡〕至分爲(六)〔五〕　從學海堂本、漢書王莽傳改。
〔一二五〕郡縣以亭(長)爲名者　從學海堂本、漢書王莽傳删。
〔一二六〕十一公〔士〕分布勸農桑　從學海堂本、漢書王莽傳補。
〔一二七〕中郎〔將〕　從漢書王莽傳補。
〔一二八〕逮(補)〔捕〕證左　從龍谿本、學海堂本改。
〔一二九〕故咸自(擥)〔攬〕衆務　從南監本、龍谿本改。
〔一三〇〕縣宰(鄆)〔缺〕者　從學海堂本、漢書王莽傳改。
〔一三一〕拘繫〔郡〕縣獄者　從漢書王莽傳補。
〔一三二〕深者(二)〔一〕丈　從學海堂本、漢書王莽傳改。

〔一三三〕長平（觀）〔館〕西岸崩　從漢書王莽傳改。

〔一三四〕（郡）〔群〕臣上壽　從學海堂本、漢書王莽傳改。

〔一三五〕秋七月丁酉　丁，漢書王莽傳作「辛」。

〔一三六〕霸（陵）城〔門〕災　從漢書王莽傳改。

〔一三七〕吕母爲子（執）〔報〕仇　從龍谿本、學海堂本改。

〔一三八〕五分之（曰）〔四〕以助邊　從龍谿本、學海堂本改。

〔一三九〕刁子都　刁，漢書王莽傳作「力」。

〔一四〇〕一切（挽）〔税〕吏民　從龍谿本、學海堂本改。

〔一四一〕（傅）〔博〕募有伎術者　從學海堂本、漢書王莽傳改。

〔一四二〕（馬）〔三軍〕不飢　從漢書王莽傳改。

〔一四三〕皆拜（大將）〔理〕軍　從漢書王莽傳改。

〔一四四〕皆賜姓（王大）〔徵氏〕　從學海堂本改。

〔一四五〕凡十三部將四十萬衆　漢書匈奴傳作「十二部將三十萬衆」。

〔一四六〕兵連禍結（四）〔三〕十餘年　從漢書匈奴傳改。

〔一四七〕疆（埸）〔埸〕未定　「埸」訛，逕改。

〔一四八〕（北）〔比〕年饑饉　從南監本、龍谿本、學海堂本改。

〔一四九〕今發四十萬衆　四，漢書匈奴傳作「三」。

〔一五〇〕東據海岱　據，漢書匈奴傳作「援」。

〔一五一〕計其道（理）〔里〕　從南監本、學海堂本、漢書匈奴傳改。

〔一五二〕加二十四斛　二十四斛，漢書匈奴傳作「二十斛」。

〔一五三〕及（論）〔言〕邊事凡三篇　從漢書王莽傳改。

〔一五四〕長一丈六尺大九圍　漢書王莽傳作「長丈大十圍」。

〔一五五〕大（思）〔甲〕高車　從南監本、龍谿本、學海堂本、漢書王莽傳改。

〔一五六〕開（太）高〔大〕之　從漢書王莽傳改。

〔一五七〕更其姓曰巨（毋霸）〔母氏〕　從漢書王莽傳改。

〔一五八〕因文〔母〕太后〔而〕霸王符也　從漢書王莽傳補。

〔一五九〕其十二年　漢書王莽傳是年改元「地皇元年」。

〔一六〇〕（大）〔不〕順時之令　「大」訛，逕改。

〔一六一〕（月）〔日〕正黑　從龍谿本、學海堂本、漢書王莽傳改。

〔一六二〕大風毀（玉）〔王〕露（臺）〔堂〕　從學海堂本、漢書王莽傳改。

〔一六三〕乘〔輿〕虎文衣（載）〔藏〕在室匣中　從漢書王莽傳改。

〔一六四〕陽〔平〕頃王　從學海堂本、漢書王莽傳補。

〔一六五〕江夏羊（收）〔牧〕　從漢書王莽傳改。

〔一六六〕（共）〔衆〕皆萬餘人　從學海堂本、漢書王莽傳改。

〔一六七〕太傅唐（遵）〔尊〕　從漢書王莽傳改。

〔一六八〕羲和（唐）〔魯〕匡　從漢書王莽傳改。

〔一六九〕授以〔庫〕兵（車）　從漢書王莽傳改。

〔一七〇〕平林陳（收）〔牧〕　從漢書王莽傳改。

〔一七一〕前（州）〔所〕遣太師王匡　從龍谿本、學海堂本改。

〔一七二〕與平林〔新市〕合攻棘陽　從漢書王莽傳、黃校本補。

〔一七三〕二月　漢書王莽傳作「三月」。

〔一七四〕關（東）〔中〕震恐　從漢書王莽傳改。

〔一七五〕歆（於）〔謂〕天文人事　從學海堂本改。

〔一七六〕歆亦怨殺其（二）〔三〕子　從漢書王莽傳改。

〔一七七〕十一月　漢書王莽傳作「十月」。

〔一七八〕〔莽〕避火前殿（莽）猶按式　從學海堂本改。

〔一七九〕成都〔侯〕王商之子也　從漢書王莽傳補。

〔一八〇〕公孫賓就　漢書王莽傳作「公賓就」。

〔一八一〕支（紛）〔分〕節解　從漢書王莽傳改。

〔一八二〕傳首（詔）〔詣〕更始于宛　從漢書王莽傳改。

〔一八三〕（今）〔令〕立國將軍孫建　從龍谿本、學海堂本、漢書外戚傳改。

〔一八四〕鍾武〔侯〕劉（望）〔聖〕　從漢書王莽傳補改。

〔一八五〕以（安）〔要〕名譽　從龍谿本、學海堂本、漢書王莽傳改。

〔一八六〕奮其威〔詐〕　從漢書王莽傳補。

〔一八七〕亂（起）〔延〕蠻貊　從漢書王莽傳改。

〔一八八〕故海內（夏）〔囂〕然　從南監本、龍谿本補。

〔一八九〕紫色（⿰金黽）〔䵷〕聲　從學海堂本、漢書王莽傳改。

〔一九〇〕大者（建）〔連〕州郡　從學海堂本、漢書敘傳改。

〔一九一〕婕妤之弟（之）稚〔之〕子也　從學海堂本、漢書敘傳乙正。

〔一九二〕（昔）〔意〕者縱橫之事　從學海堂本改。

〔一九三〕將（乘）〔承〕運迭興在一人也　從漢書敘傳改。

〔一九四〕求民之（瘼）〔莫〕　從漢書敘傳改。

〔一九五〕至於〔但〕見愚人習識劉氏　從學海堂本、漢書敘傳補。

〔一九六〕未見亡命功德不紀　漢書敘傳作「未見運世無本」。

〔一九七〕思（短）〔裋〕褐之襲　從漢書敘傳改。

〔一九八〕何（也）則　從漢書敘傳删。

〔一九九〕不及數子（哉）　從學海堂本、漢書敘傳删。

〔二〇〇〕是〔故〕駑蹇之乘　從漢書敘傳補。

〔二〇一〕斗（屑）〔筲〕之子　從南監本、龍谿本改。

〔二〇二〕亦見項羽必亡（之）　從龍谿本、漢書敘傳删。

〔二〇三〕〔而母〕獲於楚　從漢書敘傳改。

〔二〇四〕探禍敗之機　敗，漢書敘傳作「福」。

〔二〇五〕寬明而仁信　信，漢書敘傳作「恕」。

〔二〇六〕用人（而）〔如〕由己　從漢書敘傳改。

〔二〇七〕趣時如響（起）〔赴〕　從漢書敘傳改。

〔二〇八〕群策(必)〔畢〕舉　從南監本、龍谿本、漢書敘傳改。
〔二〇九〕所以成〔帝〕業焉　從龍谿本、學海堂本改。
〔二一〇〕符(應)〔瑞〕不同斯(慶)〔度〕　從南監本、漢書敘傳改。
〔二一一〕伏斧鑕之〔誅〕　從南監本、龍谿本、學海堂本、漢書敘傳補。
〔二一二〕畏〔若〕禍戒　從南監本、龍谿本、學海堂本、漢書敘傳補。
〔二一三〕(昭)〔淵〕然深識　從南監本、龍谿本、學海堂本改。
〔二一四〕明帝〔時〕爲郎　從龍谿本、學海堂本、漢書敘傳補。
〔二一五〕(簒)〔纂〕堯之緒　從南監本、龍谿本、漢書敘傳改。
〔二一六〕項氏畔(奐)〔换〕　從漢書敘傳改。
〔二一七〕(官)〔宫〕不新館　從龍谿本、學海堂本、漢書敘傳改。
〔二一八〕陵不崇(基)〔墓〕　從漢書敘傳改。
〔二一九〕登(高)〔我〕漢道　從龍谿本、漢書敘傳改。
〔二二〇〕離(官)〔宫〕不衛　從龍谿本、學海堂本、漢書敘傳改。
〔二二一〕闔尹之(疕)〔疵〕　從南監本、龍谿本、學海堂本改。
〔二二二〕亦允不(揚)〔陽〕　從漢書敘傳改。

〔二三〕（顛倒）〔底剭〕鼎臣　從學海堂本、漢書敘傳改。

〔二四〕地東西（萬）九千三百二里　從漢書地理志删。

〔二五〕南北萬（二）〔三〕千三百六十八里　從漢書地理志改。

〔二六〕隄封〔田一〕萬萬四千　從漢書地理志補。

〔二七〕五百（六）〔三〕十（七）〔六〕頃　從漢書地理志改。

〔二八〕郡國〔一百〕三　從漢書地理志補。

〔二九〕（事三十）縣〔邑〕一千三百一十四　從漢書地理志改。

〔三〇〕道三十（三）〔二〕　從漢書地理志改。

〔三一〕侯國二（事）〔百〕四十一　從學海堂本、漢書地理志改。

〔三二〕户千〔二百〕二十三萬　從漢書地理志補。

〔三三〕口五千（六）〔九〕百五十九萬四千九百（九）〔七〕十八人　從漢書地理志改。

〔三四〕（篡）〔纂〕承洪緒　從南監本、龍谿本改。

〔三五〕有德思（祐）〔祜〕　從南監本、龍谿本、學海堂本改。

〔三六〕凡〔十〕七萬二千四百三十二字　荀悦漢紀自序云「凡三十卷，數十餘萬言」。據此補「十」。

## 漢紀三十卷安徽巡撫采進本

四庫全書總目卷四七

漢荀悦撰。悦字仲豫，潁陰人。獻帝時祕書監，侍中。後漢書附見其祖荀淑傳。稱獻帝好典籍，以班固漢書文繁難省，乃令悦依左氏傳體爲漢紀三十篇。詞約事詳，論辨多美。張璠漢紀亦稱其因事以明臧否，致有典要，大行於世。唐劉知幾史通六家篇以悦書爲左傳家之首，其二體篇又稱其「歷代寶之，有逾本傳；班荀二體，角力爭先」。其推之甚至。故唐人試士，以悦紀與史漢爲一科。文獻通考載宋李燾跋曰：「悦爲此紀，固不出班書，亦時有所删潤。而諫大夫王仁、侍中王閎諫疏，班書皆無之。」又稱「司馬光編資治通鑑，書太上皇事及五鳳郊泰畤之月，要皆舍班而從荀。蓋以悦修紀時，固書猶未舛譌」。又稱「其『君蘭』、『君蕳』、『端』、『瑞』、『興』、『譽』、『寬』、『竟』諸字與漢書互異者，先儒皆兩存之」。王銍作兩漢紀後序，亦稱荀袁二紀於朝廷紀綱、禮樂刑政，治亂成敗、忠邪是非之際，指陳論著，每致意焉。反復辨達，明白條暢，啓告當代，而垂訓無窮。是宋人亦甚重其書也。其中若壺關三老茂，漢書無姓，悦書云姓令狐。朱雲請上方劍，漢書作「斬馬」，悦書乃作「斷馬」。證以唐張渭詩「願得上方斷馬劍，斬取朱門公子頭」句，知漢書字誤。資考證者亦不一。近時顧炎武日知録乃惟取其宣帝賜陳遂璽書一條，及元康三年封海昏侯詔一條，能改正漢書三四字。其餘則病其敘事索然無意味，間或首尾不備。其小有不同，皆以班書爲長。未免抑揚過當。又曰紀王莽事自始建國元年以後，則云「其二年」、「其三年」，以至「其十五年」，以别於正統，而盡没其「天鳳」、「地皇」之號云云。其語不置可否。然不曰盡削而曰盡没，似反病其疏略者。不知班書莽自爲傳，自可載其僞號；荀書以漢系編年，豈可以莽紀元哉！是亦非確論，不足爲悦病也。是書考李燾所跋，自天聖中已無善本。明黄姬水所刊亦間有舛譌，康熙中蔣國祥蔣國祚與袁宏後漢紀合刻，後附兩漢紀字句異同考一卷，今用以參校，較舊本稍完善焉。

## 荀悦傳

後漢書卷六十二

悦字仲豫，儉之子也。儉早卒。悦年十二，能説春秋。家貧無書，每之人閒，所見篇牘，一覽多能誦記。性沈静，美姿容，尤好著述。靈帝時閹官用權，士多退身窮處，悦乃託疾隱居，時人莫之識，唯從弟彧特稱敬焉。初辟鎮東將軍曹操府，遷黄門侍郎。獻帝頗好文學，悦與彧及少府孔融侍講禁中，旦夕談論。累遷祕書監、侍中。

時政移曹氏，天子恭己而已。悦志在獻替，而謀無所用，乃作申鑒五篇。其所論辯，通見政體，既成而奏之。其大略曰：

夫道之本，仁義而已矣。五典以經之，群籍以緯之，詠之歌之，弦之舞之，前監既明，後復申之。故古之聖王，其於仁義也，申重而已。

致政之術，先屏四患，乃崇五政。

一曰僞，二曰私，三曰放，四曰奢。僞亂俗，私壞法，放越軌，奢敗制。四者不除，則政末由行矣。夫俗亂則道荒，雖天地不得保其性矣；法壞則世傾，雖人主不得守其度矣；軌越則禮亡，雖聖人不得全其道矣；制敗則欲肆，雖四表不得充其求矣。是謂四患。

興農桑以養其（性）〔生〕，審好惡以正其俗，宣文教以彰其化，立武備以秉其威，明賞罰以統其法，是謂五政。

人不畏死，不可懼以罪。人不樂生，不可勸以善。雖使契布五教，皋陶作士，政不行焉。故在上者先豐人財以定其志，帝耕籍田，后桑蠶宮，國無游人，野無荒業，財不賈用，力不妄加，以周人事。是謂養生。

君子所以動天地，應神明，正萬物而成王化者，必乎真定而已。故在上者審定好醜焉。善惡要乎功罪，毁譽効於準驗。聽言責事，舉名察實，無惑詐僞，以蕩衆心。故事無不覈，物無不切，善無不顯，惡無不章，俗無姦怪，民無淫風。百姓上下覩利害之存乎己也，故肅恭其心，慎修其行，内不回惑，外無異望，則民志平矣。是謂正俗。

君子以情用，小人以刑用。榮辱者，賞罰之精華也。故禮教榮辱，以加君子，化其情也；桎梏鞭撲，以加小人，化其刑也。君子不犯辱，況於刑乎！小人不忌刑，況於辱乎！若教化之廢，推中人而墜於小人之域；教化之行，引中人而納於君子之塗。是謂章化。小人之情，緩則驕，驕則恣，恣則怨，怨則叛，危則謀亂，安則思欲，非威强無以懲之。故在上者，必有武備，以戒不虞，以遏寇虐。安居則寄之内政，有事則用之軍旅。是謂秉威。

賞罰，政之柄也。明賞必罰，審信慎令，賞以勸善，罰以懲惡。人主不妄賞，非徒愛其財也，賞妄行則善不勸矣。不妄罰，非矜其人也，罰妄行則惡不懲矣。賞不勸謂之止善，罰不懲謂之縱惡。在上者能不止下爲善，不縱下爲惡，則國法立矣。是謂統法。

四患既蠲，五政又立，行之以誠，守之以固，簡而不怠，疏而不失，無爲爲之，使自施之，無事事之，使自交之。不肅而成，不嚴而化，垂拱揖讓，而海内平矣。是謂爲政之方。

又言：

尚主之制非古。釐降二女，陶唐之典。歸妹元吉，帝乙之訓。王姬歸齊，宗周之禮。以陰乘陽違天，以婦陵夫違人。違天不祥，違人不義。又古者天子諸侯有事，必告于廟。朝有二史，左史記言，右史書事。事爲春秋，言爲尚書。君舉必記，善惡成敗，無不存焉。下及士庶，苟有茂異，咸在載籍。或欲顯而不得，或欲隱而名章。得失一朝，而榮辱千載。善人勸焉，淫人懼焉。宜於今者備置史官，掌其典文，紀其行事。每於歲盡，舉之尚書。以助賞罰，以弘法教。

帝覽而善之。

帝好典籍，常以班固漢書文繁難省，乃令悦依左氏傳體以爲漢紀三十篇，詔尚書給筆札。辭約事詳，論辨多美。其序之曰：「昔在上聖，惟建皇極，經緯天地，觀象立法，乃作書契，以通宇宙，揚于王庭，厥用大焉。先王光演大業，肆于時夏。亦惟厥後，永世作典。夫立典有五志焉：一曰達道義，二曰章法式，三曰通古今，四曰著功勳，五曰表賢能。於是天人之際，事物之宜，粲然顯著，罔不備矣。世濟其軌，不隕其業。損益盈虚，與時消息。臧否不同，其揆一也。漢四百有六載，撥亂反正，統武興文，永惟祖宗之洪業，思光啓乎萬嗣。聖上穆然，惟文之恤，瞻前顧後，是紹是繼，闡崇大猷，命立國典。於是綴敘舊書，以述漢紀。中興以前，明主賢臣得失之軌，亦足以觀矣。」

又著崇德、正論及諸論數十篇。年六十二，建安十四年卒。

中國史學基本典籍叢刊

# 兩漢紀

〔東漢〕荀悦 撰
〔東晉〕袁宏
張烈 點校

中華書局

# 後漢紀

〔東晋〕袁宏撰
張烈點校

附録

# 後漢紀序

晋東陽太守袁宏

予嘗讀後漢書，煩穢雜亂，睡而不能竟也。聊以暇日，撰集爲後漢紀。其所掇會漢紀、謝承書、司馬彪書、華嶠書、謝沈書、漢山陽公記、漢靈獻起居注、漢名臣奏，旁及諸郡耆舊先賢傳凡數百卷。前史闕略，多不次叙，錯謬同異，誰使正之？經營八年，疲而不能定，頗有傳者。始見張璠所撰書，其言漢末之事差詳，故復探而益之。夫史傳之興，所以通古今而篤名教也。丘明之作，廣大悉備。史遷剖判六家，建立十書，非徒記事而已。信足扶明義教，網羅治體；然未盡之。班固源流周贍，近乎通人之作；然因籍史遷無所甄明。荀悦才智經綸，足爲嘉史，所述當世，大得治功已矣；然名教之本，帝王高義，韞而未叙。今因前代遺事，略舉義教所歸，庶以弘敷王道。前史之闕古者，方今不同其流，言異言行，趣舍各以類書。故觀其名迹，想見其人，丘明所以斟酌抑揚，寄其高懷。末吏區區，注疏而已。其所稱美止於事義，疏外之意殁而不傳，其遺風餘趣蔑如也。今之史書，或非古之人心，恐千載之外，所誣者多，所以悵怏躊躇，操筆悢然者也。

# 兩漢紀下　後漢紀

## 光武皇帝紀卷第一

孝景帝生長沙定王發。武帝世，諸侯得分封子弟，以〔泠〕〔泠〕道縣春陵封發中子買爲春陵節侯〔一〕。買生鬱林太守外，外生鉅鹿都尉回，回生南頓令欽，欽生光武皇帝。元帝時，節侯之孫孝侯以南方卑濕，請徙南陽。於是以蔡陽白水鄉爲春陵侯封邑，而與從昆弟鉅鹿君及宗親俱徙焉。湖陽人樊重女曰歸都，自爲童兒不正容不出於房，南頓君聘焉。生齊武王縯、魯哀王仲、世祖、新野寧平公主。

世祖諱秀，字文叔。初，南頓君爲濟陽令，而世祖生，夜有赤光，室中皆明。使卜者筮之，曰：「貴不可言。」是歲，嘉禾生，縣界大熟，因名曰秀。爲人隆準，日角大口，美鬚眉，長七尺三寸，樂施愛人，勤於稼穡。嘗之長安，受尚書，大義略舉。兄縯，字伯昇，慷慨有大節。王莽篡漢，劉氏抑廢，常有興復之志，不事產業，傾身以結豪傑，豪傑以此歸之。新野人鄧晨，字偉卿，家富於財。晨少受易，好節義，世祖與之善，以姊妻之，是爲新野公主。世祖與晨遊宛，穰人蔡少公，道術之士也，言：「劉秀當爲天子。」或曰：「是國師公劉子駿也。」世祖笑曰：「何知非僕耶？」坐者皆笑。當是時，莽行一切之法，犯罪輒斬之，名曰「不順時令」。晨謂世祖曰：「王莽暴虐，盛夏斬人，此天亡之時，宛下言儻能應也。」世祖笑而不應。宛人李通，字次元，父守爲王莽宗卿師。守身長八尺，容貌絶異，治家與子孫如官府。少事劉歆，好星曆讖記之言，云「漢當復興，李氏爲輔。」私竊議之，非一朝也。通嘗爲吏，有能名，見王莽政令凌遲，挾父守所言，又居家富佚，爲閭里豪，自免歸。從弟軼，亦好事者，謂通曰：「今四方兵起，王氏且亡，劉氏當興，南陽宗室獨有劉伯昇兄弟汎愛衆，可以謀大事。」通甚然之。世祖常避吏於宛，通遣軼候世祖。初，通同母弟申屠臣善爲醫術，以其難使也，緽殺之，故世祖不欲見軼。軼輒來不止，世祖乃强見之。軼徐達通意，殊不以申屠臣爲恨，世祖不得已，乃許之。往時通病卧室内，世祖與通兄儵、弟寵及軼語。儵等喜悦，竝言天下兵起，王氏亡敗之狀。世祖初以士君子道相慕，故往答之。及聞其語，大驚，不敢應，起入室候通。通握手，極歡移日，復言〔其〕〔及〕兵起及讖文，〔二〕世祖微難通曰：「即如是，當如宗卿師何？」通曰：「已自有度。」世祖深知通意，遂相結。初，琅邪吕母之子爲縣長所殺，吕母家産數百金，〔三〕志欲報怨，乃治酒，多買刀兵，少年隨其所乏而與之。如此數歲，財産單盡，少年相與償母，母涕泣曰：「所以相待，非治産求利也，欲以爲子報怨耳。諸君寧能相哀也！」少年壯之，又素被恩，皆許諾。聚衆數百人，母自號將軍，攻縣長及掾吏。既而解掾吏曰：「諸卿無罪，唯欲報長耳。」諸吏叩頭，爲長請，母曰：「吾子犯小罪，不當死，長殺之。殺人當死，又何請乎？」母遂手殺之，以其首祭子墓。自是莒人樊崇、東筦人逄安、東海人徐宣、謝禄並爲盜賊，〔四〕一歲間，衆各數萬人。王莽沐陽侯田況大破之，〔五〕遂殘州郡，所過抄掠百姓。初，崇等以困窮爲賊，無攻城略地之心，結聚浸盛，乃相與爲約殺人號令。〔六〕最尊者稱三老，其次從事、卒吏。王莽遣平均公廉丹、〔大〕〔太〕師王匡東擊之，〔七〕軍至定陶，莽詔丹曰：「倉廩盡矣，府庫空矣，可以怒矣，可以戰矣。」丹惶恐，夜召掾馮衍以書示之，衍因説丹曰：「張良以五世相韓，椎秦始皇於博浪之中，勇冠乎賁、育，名高乎泰山。將軍之先爲漢信臣，新室之興，英俊不附。今海内潰亂，百姓塗炭，民之思漢甚於詩人之思邵公也，愛其甘棠，况其子孫！民所歌舞，天必從之。方今爲將軍計，莫若先據大郡，鎮撫吏士，百里之内，牛酒日賜，納雄傑之士，詢忠智之謀，興社稷之計，〔八〕除萬民之害，則福流於無窮，勳著於不朽。與其軍覆於中原，身分於草野，功敗名滅，所及先祖者哉？聖人轉禍而爲福，智士因敗而爲功，願明公深計，而無與俗同。」丹不能從，進及睢陽，復説丹曰：「蓋聞明者見於無形，智者慮於未萌，况其昭晳者乎！凡患生於所忽，禍發於細微，敗不可悔，時不可失。公孫鞅曰：『有高人之行負非於世，有獨見之慮見疑於人。』故信庸庸之論，破金石之策，襲當世之操，失高明之德。夫決者智之君也，疑者事之役也。時不重至，公勿再計。」丹不聽。衍，奉世曾孫也。崇等欲戰，恐其衆與莽兵亂，乃皆朱眉以相識別，由是號曰赤眉。赤眉別校董憲等衆數萬人在梁郡。匡、丹攻拔無鹽，莽遣中郎將奉璽書勞匡、丹，進爵爲公。王匡（故）〔欲〕進擊憲，〔九〕廉丹以爲新拔城，罷勞，當且休士養威。匡不聽，引兵獨進，丹隨之，合戰成昌，兵敗。匡走，丹使吏持其印韍符節付匡曰：「小兒可走，吾不可。」遂止，戰死。校尉汝雲、王隆等二十餘人別鬭，聞之，皆曰：「廉公已死，吾誰爲生？」馳奔賊，皆戰死。莽傷之，下書曰：「惟公多擁選士精兵，衆郡駿馬倉穀帑藏皆得自調，忽於詔策，離其威節，騎馬呵譟，爲狂刃所害，嗚呼哀哉！賜謚曰果公。」國將褒章謂莽曰：〔一〇〕「皇祖考黃帝之時，中黃直爲將，破殺蚩尤。今臣居中黃直之位，願平山東。」莽遣章馳山東與太師匡并力，又遣大將軍陽浚守敖倉，司徒王尋將十餘萬屯雒陽，填南宮，大司馬董忠養士習射中軍北壘，大司空王邑兼三公之職。司徒尋初發長安，宿霸昌廄，亡其黃鉞，尋士房揚素狂直，廼哭曰：「此經所謂『喪其齊斧』者也。」自劾去。莽擊殺揚。四方盗賊往往數萬人，攻城邑，殺二千石以下。太師王匡等戰數不利，莽知天下潰畔，事窮計迫，廼議遣風俗大夫司國憲等分行天下，除井田、奴婢、山澤、六筦之禁，即位以來詔令不便於民者，皆收還之。待見未發，會世祖與通定謀，議期以材官都試騎士日，欲劫前隊大夫甄阜及屬正梁丘賜，因以號令大衆。乃使世祖與軼歸舂陵舉兵以相應，遣從兄子季之長安以事報父李守。季於道病死，守密知之，欲亡歸。素與邑人黄顯相善，時顯爲中郎將，聞之，謂守曰：「今關門禁嚴，君狀貌非凡，將以此安之？不如詣闕自歸，事既未然，脱可免禍。」守從其計，即上書歸死，章未及報，留闕下。會事發覺，通得〔士〕〔亡〕走。〔二〕莽聞之，乃繫守於獄，而黄顯爲請曰：「守聞子無狀，不敢逃亡，守義自信，歸命宫闕。臣顯願質。守俱東曉説其子，如遂悖逆，令守北向刎首以謝大恩。」莽然其書。會前隊復上通起兵之狀，莽怒，欲殺守，顯爭之，遂并被誅，及守家在長安者盡殺之。南陽亦誅通兄弟門宗六十四人，皆焚屍宛市。時劉縯召諸豪傑計議曰：「王莽暴虐，百姓分崩，今枯旱連年，兵革竝起，此亦天亡之時，復高祖之業，定萬世之秋也。」衆皆然之。於是分遣親客使鄧晨起新野，世祖與李通、李軼起於宛，伯昇自發舂陵子弟。諸家子弟恐懼，皆亡逃自匿，曰：「伯昇殺我。」及見世祖絳衣大冠，皆驚曰：「謹厚者亦復爲之。」乃稍自安。凡得子弟七八千人，部署賓客，自稱柱天都部使。宗室劉嘉往誘新市、平林兵，與其帥王鳳、陳牧等合軍而進，西擊長聚。世祖初乘牛，殺新野尉，乃得馬，進屠唐子鄉，殺湖陽尉。軍中分財物不均，衆恚恨，欲反攻諸劉。世祖歛宗人所得物悉與之，衆乃悦。進拔棘陽，與莽前隊大夫甄阜、屬正梁丘賜戰於小長安，漢軍大敗，還保棘陽。阜、賜乘勝留輜重藍鄉，(弘)〔引〕兵南渡。〔一二〕伯昇饗士設盟，潛師夜襲藍鄉，盡獲其輜重。十一月，有星孛于張，東南行，五日不見。孛星者，惡氣所生，或謂之彗星。張爲周分，其後世祖都洛陽，除穢布新之象。

更始元年正月，斬阜、賜，死者萬餘人。〔一三〕嚴尤、陳茂聞阜、賜死，馳欲據宛。伯昇乃焚積聚，破釜甑，與茂戰於育陽，〔一四〕大破之，斬首二千餘級。〔一五〕尤、茂走汝南，漢兵遂圍宛。伯昇自號柱天將軍，聖公稱更始將軍。王莽惡之，購伯昇五萬户，黄金十萬斤。使長安中諸(宫)〔官〕署及天下鄉亭皆畫伯昇像，〔一六〕使旦起射之。自阜、賜死後，降者十餘萬，無所統一。諸將請立君，南陽英雄及王常皆投歸伯昇；然漢兵以新市、平林爲本，其將帥起草野，苟樂放縱，無爲國之略，皆憚伯昇而狎聖公。二月辛巳，朱鮪等於(濟)〔淯〕水上設壇場，〔一七〕立聖公爲天子，議示諸將。伯昇曰：「諸公妄尊宗室甚厚，無益。然愚竊有所難，聞赤眉(垍)〔起〕青、徐，〔一八〕衆數十萬，其中必有諸劉，若南陽有所立，此必將内争。王莽未滅而宗室相攻，是疑天下而自損權，非所以破莽之道也。且首兵唱號，鮮有能遂，陳涉、項羽是也。舂陵去宛纔三百里，功德未有所施，遽自尊立，爲天(子)〔下〕準的，〔一九〕後人將得承吾弊，非計之善者也。爲將軍計，不如且稱王，王勢亦足以斬諸將。今赤眉所立者賢，相率而往從之，必不奪吾爵位。如無所立，破莽降赤眉，然後舉尊號，亦未晚也。」諸將多曰：「善，可且爲更始王。」將軍張斤拔劍擊地曰：〔二〇〕「疑事無功，今日之議，不得有二。」乃立聖公。聖公素懦弱，流汗不敢言。以次拜諸將，劉良爲國三老，王匡爲定國上公，王鳳爲成國上公，朱鮪爲大司馬，劉縯爲大司徒，陳牧爲大司空，世祖爲太常卿，餘皆九卿、將軍，改元爲更始元年。於是豪傑失望，劉稷擊魯陽，聞更始立，怒曰：「本宗室謀討王莽復社稷者，伯昇兄弟也，更始何爲者！」不肯詣宛，更始、大臣不悦。世祖惡之，謂伯昇曰：「事欲不善。」伯昇笑曰：「恒如是耳。」李軼初與世祖善，後諂新貴而疏世祖，世祖誡伯昇曰：「此人不可親也。」伯昇不從。平林兵圍新野，不能下，其宰潘臨登城曰：「願得劉公一信。」伯昇降之。伯昇威名日盛，更始君臣内不自安，頃時詔示縯七尺寶劍，申屠建隨獻玉玦示。樊宏曰：「昔鴻門之會，范增舉玦示項羽，指在高祖，建得無不善乎？」而縯不應。及世祖將至潁川，復深誡伯昇。三月，世祖與諸將略地(穎)〔潁〕川，〔二一〕父城人馮異、内鄉人銚期、潁陽人王霸、襄城人傅俊、棘陽人馬成，皆從世祖。異字公孫，通左氏春秋，好孫子兵法，爲郡功曹，監五縣事，與父城令苗萌共守。異出行屬縣，爲漢兵所得，異曰：「老母在城中，且一夫之用，不足爲强，願據五城以效功。」世祖善之。異歸謂萌曰：「觀諸將皆壯士屈起，如劉將軍，非庸人也，可以歸身，死生同命。」萌曰：「願從公計。」期字次況，身長八尺二寸，容貌壯異。父卒，期行喪三年，鄉里義之。世祖聞其氣勇有志義，召爲掾。霸字元伯，家世獄官。霸爲獄吏，不樂文法，慷慨有大志。其父奇之，使學於長安數年。歸，會世祖過潁陽，以賓客見世祖曰：「聞將軍興義兵，誅篡逆，竊不自量，貪慕威德，願充行伍，故敢求見。」世祖曰：「今天下散亂，兵革並興，得士者昌，失士者亡，夢想賢士共成功業，豈有二哉！」霸父謂霸曰：「吾老矣，不任軍旅，汝往勉之。」俊字子衛，成字君遷，以縣吏亭長從。夏五月，王莽遣大司徒王尋、大司空王邑將四十萬兵，號百萬衆，至潁川，嚴尤、陳茂復與二公遇。莽之遣二公也，欲盛威武，以震山東，至齎猛獸車甲攻戰之具，輜重千里。世祖與下江、新市、平林兵數萬人擊之於陽關，二公兵〔盛，漢兵〕反走，〔三〕世祖入昆陽，諸將惶怖，各欲歸保所得城。世祖曰：「昆陽即破，一日之間諸將亦滅，不同力救之，反欲歸守妻子財物耶？」諸將怒曰：「劉將軍何以敢如此？」世祖乃笑而去，唯王常然世祖之計。會候還，言大兵來，長數百里，不見頭尾，頗至城北矣。諸將乃遽更請劉將軍計之。世祖復爲陳相救之勢，諸將素輕世祖，及迫急，世祖爲畫成敗，皆從所言。時漢兵在城中者八九千人，世祖留王鳳、王常守昆陽，夜與宗佻、李軼、鄧晨十三騎出城。時二公至城下者且十萬人，世祖幾不得出。嚴尤説王邑曰：「昆陽城小而堅，今稱尊號者在宛，（然）〔亟〕進大兵向宛，〔三〕彼必奔走。宛下兵敗，昆陽自服。」邑不聽，遂環昆陽作營，圍之數重，雲車十餘丈，旗幟蔽野，金鼓之聲聞數十里，或爲地窟，或作衝車，弩射城中如雨，城中負户以汲。二公自以功在刻漏，校尉司馬請託郡縣，取受賄賂，不以軍事爲憂。有流星墮營中，正晝有雲氣若壞山，直於營而墮，不及地尺而滅，吏士皆壓僕。世祖既至定陵，晨，悉發諸營精兵救昆陽。諸將戀輜重，欲留兵守之，世祖曰：「今同心併力，以破二公，珍寶萬倍，大功可成；如爲所敗，身首無餘，何財物之有！」諸將聞二公兵盛，皆震懼。世祖爲陳天命曆數，説其意，請爲前行，諸將不得已皆從世祖。世祖將步騎千餘人居諸將前，二公遣步騎千餘人來合戰，斬首數十級。諸將喜曰：「劉將軍平生見小敵怯，今見大敵勇，甚可怪。」世祖復進，諸將乘之，斬首數百級，連戰輒勝，諸將益奮。棘陽人岑彭，字君然，以郡吏共嚴説守宛城，伯昇攻之數月，城中相食。是月，岑彭、嚴説舉城降，諸將欲誅之，伯昇曰：「彭爲郡吏，執心堅守，是其節也。舉大事當表義士，不如封之，以勸後人。」更始乃封彭爲歸德侯。更始入都太守府，封宗室諸將皆爲列侯者百餘人。宛城之拔，昆陽未知也。世祖爲書與城中，言宛下，兵復至昆陽。墜其書，二公得書恐。六月己卯，世祖選精兵三千，從城西水上奔二公陣，二公兵走北，殺司徒王尋。而昆陽城中兵亦鼓譟而出，中外竝擊。會大風雷雨，滍水盛〔溢〕〔二四〕，二公大衆遂潰奔走，赴水溺死以數萬，滍水爲之不流。王邑、嚴尤、陳茂輕騎逃去，漢軍獲其輜重車甲，連月不盡，或焚燒其餘。於是劉稷詣宛，李軼等共譖之。更始乃陳兵收稷，伯昇固争之，遂并殺伯昇，以光禄勳劉賜爲大司徒。時世祖在父城，乃詣宛謝之，不伐昆陽之功。更始以是慙，拜世祖爲破虜大將軍，封武信侯。秋八月，故鍾武侯劉望據汝南自立爲定漢王，嚴尤、陳茂皆歸之。王莽遣太師王匡、國將哀章守洛陽以距更始。更始遣西屏將軍申屠建、司直李松攻〔武〕關，〔二五〕定國〔上公〕王匡攻洛陽。〔二六〕三輔震動，長安中兵起，共攻莽。九月丙子，東海公孫賓就斬莽首。〔二七〕會申屠建、李松至，傳莽首及璽綬詣宛，更始視之，曰：「莽不如是，當與霍光等。」更始韓夫人言云：「不如此者，帝當那得之。」是月，王匡亦拔洛陽，執太師公王匡、國將哀章至宛，斬之。冬十月，劉望自立爲天子，嚴尤爲大司馬，陳茂爲丞相。更始使劉信擊之，望兄子回殺望降。嚴尤、陳茂走朗陵，爲故吏所殺。更始欲北之洛陽，以世祖爲司隸校尉。初，三輔官府吏東迎者見更始諸將數十輩，皆冠幘而衣婦人衣，大爲長安所笑，智者或亡入邊郡。及司隸官屬至，衣冠制度皆如舊儀，父老舊吏見之，莫不垂涕悲喜，曰：「何幸今日又見漢官威儀！」更始至洛陽，遣使降樊崇等。樊崇等與渠帥二十餘人至洛陽降，皆封爲列侯。其留者相率叛之，崇等即皆亡去，復領其衆分爲二隊，崇自開封出南陽，徐宣、謝禄等從陽翟擊河南。是時豪傑竝起，廬江張步起琅邪，劉芳起安定，董憲起東海，秦豐起黎丘，其餘赤眉、銅馬、青犢、高湖、董達等，衆各數萬，〔二八〕旬月之間，天下皆遍。隗囂字季孟，天水成紀人，少爲郡吏，著名涼州。季父崔，豪俠能得衆情，聞莽兵敗昆陽，更始立於宛，謀起兵以應漢。囂止之曰：「兵，凶事也，宗族何辜！」崔不從，收兵得數千人，攻莽鎮夷大尹李育，〔二九〕殺之。既而推囂爲主，不得已乃聘平陵人方望爲軍帥。望説囂曰：「今欲承天順民，輔漢而立者，乃在南陽。莽尚據長安，言爲漢無所受命，何以見信於衆乎？宜急立漢高廟，稱臣奉祠，所謂神道設教，求助民神者也。且禮有損益，質文無常，茅茨土階，致其肅（也）敬，〔三〇〕雖未備物，神明其捨諸！」囂從其言，遂立漢祖宗廟。祀畢，相與盟曰：「凡我同盟，允承天道，興輔劉宗，或懷姦慮，神明殛之。」囂乃勒兵十萬將攻安定，安定太守王向，莽從弟，譚之子，威行郡中，屬縣未敢叛。囂喻向以天命，向不從。囂復爲言重頓兵血刃，傷害吏士。終不聽，乃進兵，虜向，以徇百姓，然後行戮，安定悉降。而長安中亦起兵誅莽。囂遂分遣諸將徇隴西、武都、金城、武威、張掖、酒泉、燉煌，皆下之。

公孫述字子陽，茂陵人，成帝時爲清水長，兼治五縣，姦不得發，郡中謂有神。王莽時守導江卒正，復有能名。更始之立，南陽人宗成自稱將軍，收兵漢中，衆數萬人，遂至成都。是時導江治臨邛，述召縣中豪傑，謂之曰：「天下同苦新室思劉氏矣，故聞漢將軍至，馳迎道路。今百姓無辜，父子俘獲，室家燒（熕）〔燔〕，〔三一〕此寇賊，非義兵也。吾欲執郡自守，〔三二〕以待真主，諸公併力者即留，不欲者即去。」豪傑皆叩頭，願效死。乃發城中兵千餘人，述使人詐稱漢使者自東方來，拜受印綬，因號曰輔漢將軍兼益州牧。北至成都，衆數千人，遂攻宗成，大破之，盡有益州。李憲，潁川人，王莽時於廬江賊起，衆至十餘萬，莽以憲爲偏將軍，連年擊平之。莽敗，憲據郡守，自稱淮南王。張步，琅邪人，漢兵起，步亦聚衆千餘人擊攻傍縣數十城。劉芳，安定三(川)〔水〕人，〔三三〕本姓盧。王莽末，天下咸思漢，芳由是詐自稱武帝後，變姓名爲劉文伯。及莽敗，芳與三川屬國羌、胡起兵北邊。董憲字僑卿，東海朐人，父爲人所殺，憲聚客報冤，衆稍多，遂攻屬縣。秦豐，南郡黎鄉人，少時受律令，爲縣吏。漢兵起，與同鄉蔡張、趙京等起兵，衆數千人，攻宜城、襄陽諸縣，下之，自稱黎丘王。更始封劉永爲(舉)〔梁〕王。〔三四〕永故梁王子也，王莽時廢爲家人，更始立，詣洛陽，故得封。更始將使大將平河北，劉賜諸宗室無可使者，獨有世祖也。朱鮪等以爲不可，而左丞相曹(競)〔竟〕父子用事，〔三五〕馮異勸世祖厚結焉。由是以世祖爲大司馬，遣平河北。於是馮異、銚期、堅(譚)〔鐔〕、祭遵、臧宮、王霸皆以爲掾吏，〔三六〕從至河北，賓客多去者。世祖謂霸曰：「潁川從我者皆已亡矣，疾風知勁草，爾其勉之。」堅(譚)〔鐔〕字子汲，〔三七〕襄城人也，以縣吏從世祖。祭遵字弟孫，潁陽人，家富給，而遵惡衣服，不自修飾，又好經學。母死，負土成墳，以孝謹聞。常爲亭長所侵辱，遵結客殺亭長，縣中稱其儒而有勇也。世祖破二公於昆陽，還潁陽，遵以縣吏數進見。上愛其姿容，謂遵曰：「欲從我乎？」曰：「願從。」因署門下吏。臧宮字君翁，郟人，爲縣亭長，率賓客入下江兵中。昆陽之戰，諸將稱其勇，世祖察宮勤力少言，獨親納之。初，伯昇之遇害，世祖不敢制服，飲食笑言語如平常。馮異見世祖獨居，不御酒肉，被席有涕泣處，異獨寬解世祖。世祖曰：「卿勿妄言，何有是乎？」異因曰：「天下同苦王氏，思漢家，今下江諸將縱横恣意，所至虜掠財物，略人婦女，百姓已復失望，無所戴矣。今公專命方面，廣施恩德。有桀、紂之亂，乃見湯、武之功。民之飢渴，易爲飲食時也。宜急分遣官屬，理冤結，施恩惠。」於是乃遣異與銚期乘傳撫循百姓，所至二千石、長吏、三老皆具食，宥囚徒，除苛政，反漢官，申舊章。吏民大喜，牛酒盈路，皆辭而不受。南陽新野人鄧禹，字仲華，少以德行稱。嘗遊學長安，見世祖，知非常人也。更始立，人多薦舉，禹不肯從。聞世祖平河北，乃杖策追之，及世祖於鄴。世祖見禹甚喜，謂禹曰：「欲仕乎？」曰：「不願。」世祖曰：「即如是，欲何爲？」對曰：「使明公威德加於海内，禹得效其尺寸之功，垂名竹素，此其願也。」世祖留禹宿，禹因進説曰：「古人有言，聖人不得違時，時亦不可失也。歷觀往古聖明之興，因時立功，二科而已，天事與人事也。今以天事觀之，更始既立，而變方興；人事觀之，帝王大業，非凡夫所任。更始既是庸才，而其輔佐，無有忠良明智，深謀遠慮欲尊主安民者也。以古人度觀之，今敗可見也。公推誠接士，總覽英雄，天下之人皆樂爲驅馳，公之德，衆所歸也。初戰昆陽，破王莽四十萬衆，天下聞之，莫不震靡，公之武，衆所服也；軍政齊肅，少長有禮，賞善如不及，討惡如慮遥，公之文，衆所安也；聰明神武，所謂天下聖人也。民之歸治，如水趍海，以公之威德應民之望，收天下英雄而分授之。

河内被山帶河，足以爲固，其土地富貴，殷之舊都，公之有此，猶高祖之有關中也。進兵定冀州，北取幽、并胡馬之用，東舉青、徐，引負海之利。三州既集，南面以號令天下，天下不足定也。」上笑曰：「且相隨北去。」因勑左右，號禹曰鄧將軍。鉅鹿宋子人耿純，字伯山，説李軼曰：「將軍以龍虎之姿，風雲之時，奮迅而起。朞月之間，兄弟富貴，德信不聞於士民，功勞未施於百姓，而寵禄暴興，此智者之所忌也。兢兢自危，猶懼不終，而況沛然自足可以成功者乎？」軼奇之，乃授純節令，安集趙、魏。是時世祖在邯鄲，純見世祖長者，官屬齊肅，遂求自納焉。南陽宛人朱祐，〔三八〕字仲先，世祖之舊也。伯昇之起，以祐爲護軍。伯昇敗，祐常獨怨望，世祖每短絶之。祐自洛陽將之河北，劉嘉問祐曰：「子將何之？」祐曰：「將之長安。」嘉素奇世祖，知祐有舊，謂祐曰：「子與劉公善，胡不北乎？嘉有勞苦吏欲託之劉公。」祐曰：「若是，願與之俱。」乃給其車馬，使賈復、陳俊與祐俱北，及世祖於柏人。世祖復以祐爲護軍，常居中，親幸。祐從容問世祖曰：「更始政亂，公有日角之相，天之所命也。」世祖怒，將收之，乃不敢言。賈復字君文，南陽冠軍人，初事（武）〔舞〕陰李生，〔三九〕李生奇之，謂門人曰：「賈生容貌志氣如此，而勤於學，將相之器也。」嘗爲縣吏迎鹽河東，會盜賊起，同輩十餘人皆棄鹽去，復獨送至縣，縣中稱其信。及漢兵起，復聚衆數百人於羽山，既而將其兵屬劉嘉爲校尉。復見更始綱紀日替，令嘉遠爲之慮，乃説嘉曰：「臣聞圖堯、舜之事而不能至者，湯、武是也；圖湯、武之事而不能至者，桓、文是也；圖桓、文之事而不能至者，六國是也；圖六國之事而不能至者，亡六國是也。今漢氏中興，大王以親戚爲輔，天下未定而安所保，所保得無不可保乎？」嘉曰：「公言大，非吾任也，大司馬劉公在河北，可往投之。」去見上，上復奇之。又鄧禹亦稱有將帥才，於是署復爲都督，〔四〇〕解左驂以賜之。陳俊字子昭，南陽西鄂人也。少學長安，歸爲郡吏。漢兵起，爲劉嘉長史。既遇世祖，調補曲陽長，謂世祖曰：「欲與君爲左右，小縣長何足以留之？」俊即解印綬去。世祖以俊爲彊弩將軍，將中堅士。俊教習進退，皆應旗鼓，臨敵奮擊，所向皆破。世祖曰：「諸將皆如此，復何憂哉？」王昌字郎，邯鄲人。初，河間赤眉大衆將至，百姓騷動。郎明星曆，以爲河北有天子氣，素與趙繆王子林善，豪俠於趙，欲因此起兵。初，王莽時或稱成帝子子輿，爲莽殺之。郎於是詐稱子輿以誑動林等。林等亦欲以爲亂，乃與趙國大豪李育、張參先宣言赤眉將至，立劉子輿以動衆心，遂率車騎數百，晨入邯鄲，止王宫。十二月壬辰，郎自立爲天子，外遣將帥徇幽、冀，曰：「朕孝成皇帝子子輿者也，遭趙氏之禍。王莽篡弑，賴知命者將護朕躬，解形河濱，削迹趙、魏。王莽竊位，獲罪于天，天命祐漢，故使東郡太守翟義、嚴鄉侯劉信擁兵征討，出入胡、漢，普天率土，知朕隱在人間。今也南嶽諸劉爲朕先驅，朕觀天文，乃興于斯。而聖公未知，故且持帝號。今已詔聖公及翟太守騻與功臣詣行在所。荆州刺史、太守皆聖公、翟義所置，强者負力，弱者疑惑，頓兵傷士，元元喪氣，朕甚悼焉！故遣使者頒下詔書。」是時百姓思漢，言翟義不死。故郎稱之，從民望也。於是自趙國已東至于遼左皆從風而靡矣。茂陵人耿弇，字伯昭，父況，王莽時爲朔調連率。更始立，諸將略地者前後非一，弇乃辭況至京師，因獻貢以自固，弇時年二十一矣。至宋子，會王郎反，從（縣）吏孫倉、衛苞勸弇降邯鄲，〔四一〕弇按劍叱之曰：「所以涉難至長安者，欲以輔劉氏也。今我至京師，陳上谷、漁陽兵馬之用，還出太原、代郡，反覆數十日歸，發突騎以奔烏合之衆，如摧枯折腐耳。觀公等族滅不久。」孫倉、衛苞不從，皆亡去。弇聞世祖在盧奴，乃北謁之。世祖（置）〔署〕弇門下吏，〔四二〕弇因護軍。朱祐求歸發兵，世祖壯之。弇亦書與況，盛陳世祖度略，宜速來相見。況乃馳至昌平，遣小子舒獻馬焉。

## 【校勘記】

〔一〕以（冷）〔泠〕道縣春陵　從中華書局刊本後漢書光武帝紀春陵注宋雲彬校改。

〔二〕復言（其）〔及〕兵起及讖文　從南監本、龍谿本、學海堂本改。

〔三〕家産數百金　後漢書劉盆子列傳作「貲産數百萬」。

〔四〕莒人樊崇東宛人逄安　後漢書劉盆子列傳作「琅邪人樊崇崇同郡人逄安」。

〔五〕沐陽侯田況　後漢書劉盆子傳作「探湯侯」。

〔六〕殺人號令　後漢書劉盆子列傳作「殺人者死傷人者償創」。

〔七〕（大）〔太〕師王匡　從龍谿本改。

〔八〕社稷之計　後漢書馮衍列傳作「社稷之利」。

〔九〕王匡（故）〔欲〕進擊憲　從學海堂本、漢書王莽傳改。

〔一〇〕國將褒章　漢書王莽傳作「哀章」。

〔一一〕通得（士）〔亡〕走　從龍谿本、學海堂本改。

〔一二〕（弘）〔引〕兵南渡　從龍谿本、學海堂本改。

〔一三〕死者萬餘人　後漢書齊武王縯列傳作「斬首溺死者二萬餘人」。

〔一四〕戰於育陽　育，後漢書光武帝紀作「淯」。

〔一五〕二千餘級　後漢書齊武王縯列傳作「三千餘級」。

〔一六〕長安中諸（宮）〔官〕署　從後漢書齊武王縯列傳改。

〔一七〕朱鮪等於（濟）〔淯〕水上設壇場　從學海堂本、後漢書劉玄傳改。

〔一八〕聞赤眉（垍）〔起〕青徐　從龍谿本改。

〔一九〕爲天（子）〔下〕準的　從學海堂本、後漢書齊武王縯列傳改。

〔二〇〕將軍張斤拔劍擊地　斤，後漢書齊武王縯傳作「卬」。

〔二一〕略地(穎)〔潁〕川　從文意改。

〔二二〕二公兵〔盛漢兵〕反走　從太平御覽九十引東觀漢紀文補。

〔二三〕(然)〔亟〕進大兵向宛　從後漢書光武帝紀改。

〔二四〕滍水盛〔溢〕　從太平御覽九十引東觀漢紀文補。

〔二五〕李松攻〔武〕關　從後漢書劉玄列傳補。

〔二六〕定國〔上公〕王匡攻洛陽　從後漢書劉玄列傳補。

〔二七〕公孫賓就　袁紀與荀紀皆作「公孫賓就」，漢書、後漢書皆作「公賓就」。顏師古謂：「公賓，姓也；就，名也。」李賢引風俗通注云：「公賓，姓也。魯大夫公賓庚之後。」

〔二八〕高湖董達等衆各數萬　董達，鈕永建校云：按范書帝紀無「董達」，疑即「重連」之誤。重連，諸賊之一種也。下文「重連」或作「董連」，同誤。

〔二九〕鎮夷大尹李育　夷，後漢書隗囂列傳作「戎」。

〔三〇〕致其肅(也)敬　從南監本、後漢書隗囂列傳删。

〔三一〕室家燒(燌)〔燔〕　從龍谿本、後漢書公孫述列傳改。

〔三二〕吾欲執郡自守　執，後漢書公孫述列傳作「保」。

〔三三〕劉芳安定三（川）〔水〕人　從後漢書盧芳傳改。鈕永建校云：按續漢書郡國志安定郡有三水縣。注云「有左谷，盧芳所居」。芳爲三水人甚明，紀文作「三川」，誤。

〔三四〕封劉永爲（舉）〔梁〕王　從南監本、龍谿本、學海堂本改。

〔三五〕左丞相曹（競）〔竟〕父子用事　從後漢書馮異列傳改。李賢注：竟字子期。鈕永建校云：按漢人名字，其義多相應。竟字子期，謂以終始相期也。紀文作「競」不可通。

〔三六〕銚期堅（譚）〔鐔〕　從南監本、龍谿本、後漢書堅鐔列傳改。

〔三七〕堅（譚）〔鐔〕字子汲　從上文意改。

〔三八〕南陽宛人朱祐　祐，通鑑考異云：范書、袁紀朱祜皆作「祐」。按東觀記「祜」皆作「福」，避安帝諱。許慎説文「祜」字無解，云上諱。然則祜名當從示旁古今之古，不當作左右之右也。

〔三九〕初事（武）〔舞〕陰李生　從後漢書賈復傳改。鈕永建校云：按續漢志舞陰，南陽縣。紀文作「武陰」，誤。

〔四〇〕署復爲都督　都督，鈕永建校云：按光武時未有都督之官。范書賈復列傳云「署復破虜將督盜賊」。據此則復所署者，破虜將軍也。紀文作「都督」，殆必舊史有「督盜賊」句，相涉而誤。

〔四一〕從（縣）吏孫倉衞苞　從後漢書耿弇列傳删。

〔四二〕世祖（置）〔署〕弇門下吏　從後漢書耿弇列傳改。

# 兩漢紀下　後漢紀

## 光武皇帝紀卷第二

二年春正月，公到薊，王郎購公十萬户。薊中驚恐，言郎使者方至，太守已下皆出城迎。公見官屬議，耿弇曰：「今兵從南方來，不可南行。上谷太守耿況，漁陽太守彭寵，公邑人也，〔一〕發此兩（都）〔郡〕控弦强弩萬騎，〔二〕所向無前，邯鄲不足平也。」公曰：「卿言善。」時公官屬盡南方人，莫有欲北者，皆曰：「死南首，柰何北行？」公指弇曰：「是我北道主人。」公駕出，官屬不盡相及。弇與公相失，道路擾攘，皆欲擊公，銚期奮戟在前，嗔目叱之。至，城門已閉矣，攻之得出。兼晨夜，蒙霜雪，所過城邑不敢入，或絶日不食，至饒陽蕪蔞亭，馮異進豆粥，公曰：「得公孫豆粥，飢寒俱解。」公將出，或曰：「閉之。」亭長曰：「天下詎可知，何閉長者爲？」遂南行，至呼沱河，導吏還言河水流澌，無船不可渡。官屬皆失色，公遣王霸視之，信然。霸恐驚衆，不可渡，且前依水爲阻，即言「冰堅可渡」，士衆大喜，比至，冰合可涉。既渡，公謂霸曰：「安吾衆，令渡者，卿力也。」霸曰：「此明公至德，神靈之祐，雖武王渡河，白魚之應，無以加也。」公曰：「王霸權時以安衆，是天瑞也。爲善不賞，無以勸後，以霸爲軍正，賜爵關内侯。」於是未知所之。有老公在道旁，曰：「信都爲長安城守，去此八十里乃至。」信都太守任光、都尉李忠聞世祖至，開門出迎，世祖見光，喜曰：「伯卿兵少不足用，如何？」光曰：「可發奔命攻旁縣，不降者掠之，兵貪財物，可大致也。」以光爲左大將軍，封武成侯。忠爲右大將軍，封武固侯。光字伯卿，南陽宛人，好黄、老言，爲人純厚，鄉里愛之。〔知〕漢兵至宛，〔三〕或見光衣服鮮明，欲殺之，解衣未已，會安城侯劉賜適至，見光容貌長者，救全之。因率黨與從賜，爲偏將軍，與世祖共破二公於昆陽。後更始拜光爲信都太守。李忠字仲卿，〔四〕東萊人，以好禮稱，王莽時爲信都都尉。〔五〕更始立，以忠郡中爲所敬信，即拜忠爲都尉，兼璽書勞勉焉。王郎起，光與忠發兵固守，廷掾有持郎檄詣府者，光斬之，以令百姓。邳彤字偉君，信都人，王莽時分鉅鹿爲和成郡，以彤爲郡卒正。公之平河北，彤舉城降，復以彤爲太守。是時郡縣得王郎檄，皆望風響應，唯信都、和成二郡不降。彤聞公來失衆，使五官掾張萬將精騎二千詣公所。彤與公會信都，議者或言可因信都兵自送入關，彤庭對曰：「議者之言皆非也。何者？吏民思漢久矣，故更始之立，天下響應，當此之時，一夫大呼，無不捐城遁逃，虜伏請降，自上古已來，用兵之盛，未有如此者也。邯鄲劉胡子等假此威勢，惑亂吏民，詐以卜者王郎爲成帝子擁而立之，其衆烏合，無有根本之固。明公奮二郡之兵，揚嚮應之威，以攻則何城不剋，以戰則何軍不服？今釋此而西歸，非徒亡失河北，又驚動三輔，其墮損威重，安可量也？明公審無征伐之計，則雖信都之衆，難可合也。何者？明公西，則邯鄲、和成民不肯捐棄親戚而千里送公，其離散逃亡，誠可必見。」以彤爲後大將軍。世祖使宗廣守信都，李忠、邳彤征伐。耿純率宗族二百餘人，老者載棺而隨之，及賓客二千人，并衣襦迎公於貫。〔六〕鉅鹿人劉植亦率賓客數十人開城門迎。公大悦，以純爲前將軍，植爲驍騎將軍。衆益盛，乃渡呼沱，攻中山，所過郡縣望風影附。耿純使從弟訢歸燒宗室廬舍，公以問純，純曰：「竊見明公單車臨河北，非有府藏之畜、重賞甘餌以聚人者也，接下以至誠，待之以恩德，是以士衆旁來，思樂僵仆。今邯鄲自立，北州疑惑，純雖舉宗歸命，老弱充行，猶恐宗人賓客卒有異心，無以自固，燔燒廬舍，絶其反顧之望。」公善之。更始將相皆山東人也，咸勸更始都洛陽。丞相長史鄭興説更始曰：「陛下起自荆楚，無施於民，舉號南陽，而雄傑已誅王莽，開門而迎者，何也？苦王氏、思高祖之舊德也。今不久撫之，臣恐百姓心動，盜賊復起。議者欲平赤眉而後入關，是不守其本而争其末也，恐國家之守轉在函谷，雖卧洛陽，得安枕邪？」更始曰：「朕西決矣。」乃以興爲梁州刺史。二月，更始西至長安。自王莽之敗，西宫燔燒，東宫府市里、太倉、武庫皆如故。更始居於東宮，郎吏以次侍，更始媿，不能視。諸將後至者，更始勞之曰：「掠得幾返？」左右大驚。李松、趙萌説更始宜立諸功臣爲王，以報其功，朱鮪以爲高祖之約，非劉氏不得王。更始乃先封宗室劉祉爲定陶王，劉賜爲宛王，劉慶爲燕王，劉歙爲元氏王，劉嘉爲漢中王。後遂立王匡爲比陽王，王鳳爲宜城王，朱鮪爲膠東王，張卬爲淮陽王，王常爲鄧王，廖湛爲殷王，〔七〕申屠建爲平氏王，胡殷爲隨王，李通爲西平王，李軼爲武陰王〔八〕，成丹爲襄邑王，陳（茂）〔牧〕爲陰平王〔九〕，宋佻爲潁陰王。以李松爲丞相，趙萌爲大司馬，隗囂爲御史大夫。即拜張步爲輔漢大將軍，步弟弘爲衛將軍，藍玄武將軍，壽高密太守。步乃分兵略地，盡得琅邪、泰山、城陽、東萊、高密、膠東、北海、齊郡、濟南。拜董憲爲臨淮太守，憲還東海攻利城，耿況攻曲陽，皆下之。拜劉芳爲騎都尉，使鎮撫安定以西。更始以趙萌女爲夫人，有寵，委政於萌。更始日在後宮與婦女飲酒，諸將欲言事，更始醉，不能見，請者數來，不得已令侍中於帷中與語，諸將又識非更始聲，皆怨曰：「天下未可知，欲見不得。」而韓夫人尤嗜酒，手自滴酒，謂常侍曰：「帝方對我樂飲，閒時多，正用飲時即事來！」爲起，抵書按破之。議郎有諫者，言萌放縱，縣官但用趙氏家語署耳。更始怒，拔劍斫議郎。時御史大夫隗囂在旁，起謂左右曰：「無漏泄省中事。」萌嘗以私事扶侍中下斬之，侍中呼曰：「陛下救我。」更始言大司馬哀縱之，萌曰：「臣不奉詔。」遂斬之。如此者數。李軼等擅命於外，所置牧守交錯州郡，不知所從，强者爲（苦）〔右〕。〔一〇〕王匡、張卬之屬，横暴長安，三輔苦之。又所署官爵多群小，長安爲之語曰：「竈下養，中郎將。爛羊胃，騎都尉。」〔一一〕由是四方不信，豪傑離心。博士李淑諫曰：「方今賊臣始誅，王化未行，百官有司宜得其人。陛下本因下江、平林之勢假以成業，斯亦臨時之宜。事定之後，宜釐改制度，更延英俊，以匡王國。今者公卿尚書皆戎陣亭長，凡庸之隸而當輔佐之任，望其有益，猶緣木求魚，終無所獲。海内望此，知漢祚（永）〔未〕興〔一二〕。臣非有憎疾以求進也，但爲陛下惜此舉措，願陛下更選英彦以充廊廟，永隆周文濟濟之盛。」更始怒，收淑繫之詔獄歷年，至更始之敗乃免。初，隗囂被徵，將行，方望止之曰：「更始未可保，且觀百姓所歸。」囂不聽。以書謝囂曰：「足下將建伊、吕之業，任存亡之權，大事草創，雄傑未集。以望異域之人，疵瑕未曝於衆，可且依託，亦有所宗。望知大指，順風不讓，幸賴將軍尊賢廣謀，動有功，發中權，基業已定，英傑雲集，思爲羽翮比肩是也。望久以羈旅，抱空資託賓客之上，誠自媿也。假望懷介然之節，潔去就之分，又不貳其志矣。何則？范蠡收績於姑蘇，〔一三〕狐犯謝罪於始入。夫以二子之勤，從君二十餘年，蠡苞七術之機，犯爲舅氏之親，然至際會，猶釋罪削迹，請命乞身，蓋亦宜也。望聞烏氏有龍池之山，微徑南通，與漢相連，其旁有奇人，聊及閑暇，廣求其真，願將軍勉之而已。」囂固留，望遂去。囂詣長安，更始以囂爲右將軍，季父崔爲白虎將軍，義爲左將軍。既而崔、義謀叛西歸，囂懼其并誅，即求見而告其謀，二人誅死。更始以囂爲忠，故以爲御史大夫。方望既去隗囂，遂説安陵人弓林曰：「更始必敗，劉氏真人當受命。劉嬰本當嗣孝平帝，王莽以嬰爲孺子，依託周公以奪其位，以爲安定公，今在民間，此當是也。」林等信之，於長安求得嬰，將至臨涇，聚黨數千人，立嬰爲天子，望爲丞相，林爲大司馬。更始遣李松、蘇茂等擊，皆斬之。公之擊趙國，引兵入鉅鹿，降廣阿。更始初立，遣使徇諸國，〔一四〕曰：「先降者復爵位。」上谷太守耿況出迎使者，上印綬，使者無還意。功曹寇恂勒兵入，請印綬，使者曰：「天王使者，功曹欲脅之邪？」恂曰：「非敢脅使君，竊傷計之不詳也。今天下初定，國信未宣，使君立節銜命以臨四方，郡國莫不延頸傾耳，望風歸命。今至上谷而隳阻向化之心，〔一五〕生離叛之隙，何以復令他郡乎？且耿況在上谷，久爲吏民所親，今易之，得賢則造次未安，不賢則爲亂。爲使君計，莫若復況以安上谷，外以宣恩信。」使者不應，恂因顧叱左右以使者教召況，況至，恂前取印綬帶況，使者不得已，承詔授之，況遂拜受而出。恂字子翼，上谷（北）〔昌〕平人也〔一六〕，家世爲郡縣之著姓。恂好學，爲郡功曹，耿況甚重之。時王郎使上谷發兵，恂與門下掾閔業議：「邯鄲拔起不可信，王莽末時所難伯昇，今聞大司馬伯昇親弟，尊賢下士，所至見説，可歸附也。」況曰：「邯鄲兵强，不能獨距，如何？」對曰：「今據大郡，悉舉其衆，控弦萬騎，可以詳擇去就。恂請（束）〔東〕約漁陽太守與合爲一，〔一七〕邯鄲不足圖也。」耿弇之與公相失也，（聞）〔間〕行歸上谷〔一八〕，會適至，勸況發兵，乃遣寇恂至漁陽説太守彭寵。初，吴漢説寵曰：「漁陽、上谷突騎，天下所聞也，君何不率勉上谷共遣精鋭以詣劉公，并力擊邯鄲，此一時之功也。」護軍蓋延、狐奴令王梁亦勸寵，寵欲從之，其官屬不聽。漢知寵不得自專，乃辭去城外，思所以調其衆者。時道多飢民，見一諸生，漢使人召之，乃問所聞見，此生具説劉公所過爲郡縣所稱，言邯鄲劉子輿非劉氏也。漢乃獨爲檄發漁陽兵，使此生奉檄詣寵，寵官屬皆疑。會恂至，寵遂發兵，以漢行長史事，與都尉嚴宣、護軍蓋延、王梁等將步騎三千人共攻薊，誅王郎大將趙閎等，所過攻下郡邑，誅其將帥。將及廣阿，聞城中車騎甚衆，漢乃勒兵問曰：「此何兵？」曰：「大司馬公也。」時王郎亦遣大司馬略地，漢復問曰：「大司馬爲何公也？」對曰：「劉公也。」漢聞之喜，即進兵城下。初，聞二郡兵且至，或云王郎來，甚憂之。及聞外有大兵，公親乘城勒兵，傳問之，漢等答曰：「上谷兵爲劉公，諸部莫不喜躍，耿弇得所歸附矣。」耿弇拜於城下，具言發兵狀，公迺悉召入，咲曰：「邯鄲將帥數言我發漁陽、上谷兵，吾聊應一言我亦發之，何意二郡良爲吾來，方與士大夫共此功名耳。」乃皆以爲偏將軍，加況、寵大將軍，封列侯。吴漢爲人質厚少文，造次不能以辭自達，然沈勇有智略，鄧禹及諸將多知之，數相薦舉，乃得召見，遂見親信，常居門下。更始遣尚書令謝躬率六將軍討王郎，不能下。王郎遣將攻信都，信都大姓馬寵等開城内之，收太守宗廣及武固侯李忠母妻，而令親屬招呼忠。時寵弟從忠爲校尉，忠即時召見，責數以背恩反城，因格殺之。諸將皆驚曰：「家屬在人手中，殺其弟何猛也？」忠曰：「若縱賊不誅，則二心也。」公聞而美之，謂忠曰：「今吾兵已成矣，將軍可歸救老母妻子，宜自募吏民，能得家屬者賜錢千萬，來從我取。」忠曰：「蒙明公大恩，思得效命，誠不敢内顧宗親。」郎所置信都王捕繫後大將軍邳彤父弟及妻子，使爲手書呼彤曰：「降者封爵，不降族滅。」彤涕泣報曰：「事君者不得顧家，彤親屬所以至今得安於信都者，劉公之恩也，公方争國事，彤不得復念私也。」公乃使左大將軍任光將兵救信都，光兵於道散，降王郎，無功而還。會更始所遣將攻拔信都，敗走王郎兵，忠、彤家屬悉全，公因使忠行太守事，還歸信都，誅郡中反者數百人。公東擊鉅鹿，未下，耿純説公曰：「守鉅鹿士衆疲弊，雖屠其城，邯鄲存，不如以精鋭擊邯鄲。若王郎已誅，鉅鹿不戰自服矣。」公從之。夏四月，攻邯鄲，王郎使杜威持節詣軍，威曰：「實成帝遺體子也。」公曰：「設使成帝復生，天下亦不可得也，況詐子輿者乎？」威固請降，求萬户侯，公曰：「一户不可，顧得全身耳！」威曰：「邯鄲雖鄙，并力城守，尚曠日月，終不君臣俱降，但欲全身也。」乃辭去，少傅李立反，開城門。五月甲辰，破邯鄲，誅王郎。公得文書謗毁公者，皆燒之，曰：「令反側子自安也。」更始遣使封公爲蕭王，令罷兵，將有功者詣行在所，遣幽州牧苗曾之部。王幸温明殿，耿弇請(問)〔間〕，〔一九〕曰：「吏士死傷者多，願歸上谷益兵。」王曰：「王郎已破，河北略平，國家今都長安，天下大定，復用兵何爲？」弇曰：「王郎雖破，天下兵革乃始耳。今使者來，欲罷兵，不聽也。銅馬、赤眉之屬數千萬人，所向無前，聖公不能辦也，敗必不久。」王曰：「卿勿妄言，我(告)斬卿！」〔二〇〕弇曰：「大王哀厚弇如父子，故敢披赤心。」王曰：「我戲卿耳，何以言之？」弇曰：「百姓患苦王莽，復思劉氏，聞漢兵起，莫不歡喜從風，如去虎口得歸慈母，倒戟横矢不足以喻。更始未都長安時，百姓未具責也。今都長安即位，宫室成，以爲天子，而大臣專權，貴戚縱横。夫政令不出城，諸將虜掠甚於賊盜，百姓愁怨，天下失望，是以知必敗也。明公首事南陽，破昆陽下百萬衆。今復定河北，以義征伐，表善懲惡，躬自尅薄，發號嚮應，望風而至，天下至重，公可自取，無令他(往)〔姓〕得之。」〔二一〕王曰：「卿得無爲人道之？」弇曰：「此重事，不敢爲人道。」於是王謂鄧禹曰：「吾欲取幽州突騎，誰可使者？」禹曰：「吴漢文能柔未附，武足斷大事，可用也。」乃以漢爲大將軍，持節與耿弇發幽州十郡兵。幽州牧苗曾不肯調，漢將二十騎至無終，曾以漢無備，出迎漢。漢麾騎收曾，即誅之，遂取其軍，威振北州。漢將兵詣王所，諸將望見漢還，兵馬甚盛，皆曰：「此欲自將之，何肯與人？」及漢至，上公簿，〔二二〕請所付諸將，各多請之。王曰：「屬者恐其不與人，今所請又何多也？」諸將由是服焉。秋，王擊銅馬於清陽，〔二三〕破之。又擊高明、董連，〔二四〕大破之，衆十餘萬悉降，皆封其渠帥。諸將未能信賊，賊示二其心，王勑降賊各勒兵，王將輕騎入其營，渠帥曰：「王推赤心置人腹中，安得不投死？」由是遂安，悉以賊配諸將營。更始柱功侯李寶、益州刺史張忠徇益州，公孫述使弟將兵要之綿竹，大破寶、忠，由是威振益州。功曹李熊說述曰：「方今四海震盪，匹夫橫議，將軍割據千里，地十湯、武，奮發威德以投天隙，王霸之業成矣。宜改名〔號〕以鎮百姓。」〔二五〕述以爲然。乃自立爲蜀王，遣將軍侯丹守白水關，任滿據扞關。蜀地肥饒，民强兵實〔二六〕，遠方多歸之。邛人長貴殺王莽越巂太守，自立爲邛穀王，稱臣於述。塞外君長皆貢述。更始武陰王李軼據洛陽、尚書謝躬據鄴，各十餘萬。王患焉，將取河內以迫之，謂鄧禹曰：「卿言吾之有河內，猶高祖之有關中。關中人非蕭何誰能之，使一方晏然，高祖無西顧之憂者矣！吴漢之能，卿之舉矣，復爲吾舉蕭何。」禹曰：「寇恂才兼文武，有御衆才，非恂莫可安河內也。」王至河內，太守韓歆謀將城守備。武人衛文多奇計，馮異素知之。異言於王，使衛文說歆，令降，岑彭亦勸歆，遂從之。王以歆不即降，置之鼓下，將斬之。彭在城內，使人召彭。初，彭賴伯昇獲免，因以兵屬。伯昇被害，更爲朱鮪校尉。後爲潁川太守，將之官，道不通，乃將麾下數百人從邑人韓歆於河內。彭見王曰：「赤眉入關，更始危殆，四方蜂起，群雄競逐。竊聞大王開拓河北，此誠皇天祐漢，士民之福也。彭賴司徒公得全濟，今復遇大王，誠願出身自效，以報恩施。」王深納之。因言歆南陽人，可以爲用，乃赦之。於是以馮異爲孟津將軍，寇恂爲河內太守。王謂恂曰：「河內富實，帶河爲固，北通上黨，南迫洛陽，吾將因是以濟。高祖留蕭何守關中，吾（令）〔今〕委卿以河內。」〔二七〕恂乃伐（其）〔淇〕園竹以爲兵矢，〔二八〕收（淇）〔其〕租賦以給（年）〔軍〕糧，〔二九〕養馬二千匹以供軍用。劉隆字元伯，王之宗人。更始初，爲偏將軍，預於昆陽之戰。更始入關，請迎妻子，至洛陽，聞主在河北，隆單身歸王，王以爲騎都尉，使與馮異守洛陽。李軼聞隆歸王，乃盡殺隆妻子。河北既定，遣吴漢、岑彭擊謝躬，時拒五校於隆慮，令大將軍劉慶守鄴城。漢説魏郡太守陳康曰：「上智處危以求安，中智因危以爲功，下愚安危以自亡，危亡之至在人，所由不可不察。今京都敗亂，四方雲擾，劉公所向輒平之，公所見也。謝尚書不量力，内與蕭王違戾，外失河北之心，公所知也。公據孤危之城，堅守自安以待滅亡，義無所立，節無所成，不若開門内軍，轉禍爲福，免下愚之危，收中智之功，此計之至者也。」於是陳康乃收劉慶及躬妻子，開門内漢軍。躬聞漢等至，將輕騎歸，不知漢已得其城，與數百騎夜至鄴。時漢在城外，彭在城中，開門内躬，脅將詣傳，斬之。初，更始遣躬將馬武等六將軍與世祖俱定河北，及王郎平，躬與世祖復俱共在邯鄲中，不居城内。躬所領諸將多放縱，爲百姓所苦，躬不能整，又數與王違戾，常欲襲之，以爲兵强故止。然躬勤於吏事，每至所在，理冤結，决詞訟，王常稱之曰：「謝尚書真吏也。」躬由此不自疑。躬妻子嘗誡之曰：「終爲劉公所制焉。」馬武字子張，南陽湖陽人，少時避怨綠林，中起隨擊甄、阜二公兵，故王常親引之。邯鄲既平，王登臺從容謂武曰：「吾得漁陽、上谷突騎，欲令將軍主之，何如？」武讓不敢當，然歸心於王。武既降，置之帳下，每饗諸將，武斟酌於前，自以新屬也，甚卑恭，不敢與南陽時等，王善之。冬十二月，赤眉西入關，更始定國上公王匡、襄邑王成丹、抗威王劉均據河東〔三〇〕，丞相李松、大司馬朱鮪據弘農拒之。王度長安必危，方憂山東，關西未有所屬，乃以鄧禹爲前將軍，中分軍西入關，以韓歆爲軍帥，〔三一〕李文、程憲、李春爲祭酒，馮愔爲積弩將軍，樊崇爲驍騎將軍，宗歆爲大將軍，鄧尋爲建武將軍，耿訢爲赤眉將軍，左于爲軍師，〔三二〕戍士二萬。王送鄧禹於野王，王反而獵於道，見二人者即禽。王曰：「禽何向？」二人舉手西指曰：「此中多虎，臣每即禽，虎亦即臣，大王勿往也。」王曰：「苟有備，虎何患？」二人曰：「何大王之謬也！昔湯即桀於鳴條，而大城於亳，其備非不深也，武王即紂而殺之。故即人者人亦即之，雖有重備，豈能自守乎？」王不自得，顧謂左右曰：「此隱者也，將〔用〕之。」〔三三〕乃不辭而俱去。

## 【校勘記】

〔一〕上谷太守耿況漁陽太守彭寵公邑人也　按後漢書耿弇列傳況乃扶風茂陵人，不與光武同邑。

〔二〕發此兩(都)〔郡〕控弦强弩　從南監本、後漢書耿弇列傳改。

〔三〕(知)漢兵至宛　從後漢書任光列傳删。

〔四〕李忠字仲卿　後漢書李忠列傳作「仲都」。鈕永建校云：此蓋范書誤。

〔五〕王莽時爲信都都尉　後漢書李忠列傳云「王莽時爲新博屬長」。鈕永建云：王莽改信都尉曰屬長，紀從漢稱也。

〔六〕迎公於貫　鈕永建校云：本傳作「迎公於育」。注謂「育，縣名，故城在冀州」。按貫縣不見郡國志，范書是。

〔七〕廖湛爲殷王　殷王，後漢書劉玄列傳作「穰王」。

〔八〕李軼爲武陰王　武陰王，後漢書劉玄列傳作「舞陰王」。

〔九〕陳(茂)〔牧〕爲陰平王　後漢書劉玄列傳作「大司空陳牧爲陰平王」。鈕永建校云：更始將不聞有陳茂。紀文於更始爲天子時稱陳牧爲大司空，與范史大司空陳牧文正合。則爲陰平王者爲陳牧無疑。紀作「陳茂」誤。

〔一〇〕强者爲(苦)〔右〕　從南監本、龍谿本、學海堂本改。

〔一一〕騎都尉　後漢書劉玄列傳於此句下尚有「爛羊頭關内侯」句。

〔一二〕知漢祚(永)〔未〕興　從南監本、龍谿本、學海堂本改。

〔一三〕范蠡收績於姑蘇　後漢書隗囂列傳作「范蠡收責句踐」。

〔一四〕遣使徇諸國　後漢書寇恂列傳作「使使者徇郡國」。

〔一五〕今至上谷而隳阻向化之心　後漢書寇恂列傳作「今始至上谷而先墮大信，沮向化之心」。

〔一六〕上谷(北)〔昌〕平人也　從南監本、龍谿本改。

〔一七〕恂請(束)〔東〕約漁陽太守　從龍谿本、學海堂本改。

〔一八〕(聞)〔間〕行歸上谷　從南監本、龍谿本改。

〔一九〕請(問)〔間〕　從南監本、學海堂本、後漢書耿弇列傳改。

〔二〇〕我(告)斬卿　「告」衍，逕刪。

〔二一〕無令他(往)〔姓〕得之　從南監本、龍谿本、學海堂本改。

〔二二〕上公簿　後漢書吳漢列傳作「上兵簿」。

〔二三〕王擊銅馬於清陽　後漢書光武帝紀作「光武擊銅馬於鄡」。

〔二四〕又擊高明董連　後漢書光武帝紀作「高湖重連」。

〔二五〕宜改名〔號〕以鎮百姓　從南監本、後漢書公孫述列傳補。

〔二六〕民强兵實　鈕永建校云當作「兵强民實」。

〔二七〕吾(令)〔今〕委卿以河內　從南監本、龍谿本改。

〔二八〕恂乃伐(其)〔淇〕園竹　從南監本、龍谿本、學海堂本改。

〔二九〕收(淇)〔其〕租賦以給(年)〔軍〕糧　從南監本、龍谿本、學海堂本改。

〔三〇〕抗威王劉均　後漢書鄧禹列傳作「抗威將軍」。

〔三一〕以韓歆爲軍帥　帥，後漢書鄧禹傳作「師」。

〔三二〕宗歆爲大將軍鄧尋爲建武將軍耿訢爲赤眉將軍左于爲軍師　後漢書鄧禹列傳云「宗歆爲車騎將軍、鄧尋爲建威將軍、左于爲軍師將軍」。

〔三三〕將〔用〕之　從龍谿本、學海堂本補。

# 兩漢紀下　後漢紀

## 光武皇帝紀卷第三

建武元年春正月，鄧禹攻安邑，王匡、成丹、劉均等合兵十餘萬共擊禹，禹與戰不利，驍騎將軍樊崇臨陣死。會日暮兵疲，韓歆及諸將見戰敗而敵盛，皆諫禹，欲夜去，禹不聽。明旦癸(丑)〔亥〕，〔一〕匡等以六甲窮日，不出。禹得益治兵，勑軍中曰：「匡等雖出，無妄動！」令至營下乃擊。匡等悉至，禹鼓而竝進，大破之，斬劉均、河東太守楊寶，遂定河東。禹承制拜軍祭酒李文爲太守，悉更置令鎮撫之。王擊銅馬於元氏，〔二〕使耿弇、吳漢將精兵在前，大破之，追至慎水北。〔三〕漢兵乘勝薄之，賊皆殊戰，〔四〕漢軍大壞，王親揮刃以禦賊。未交鋒，耿弇射之，賊不得前。岸高不得上，王自投馬下，值突騎王豐，豐以馬授王，王撫豐肩曰：「幾爲賊所突。」馬武在後，戰甚用力，故賊不得進，軍士奔散者先保范陽。或言王已没矣，軍中恐懼，不知所爲。吳漢曰：「王兄子在南陽，何憂？」有頃，王至，衆乃復振。夜，賊引去。王退入漁陽，〔五〕破之。吳漢別追至右北平，斬首三千餘級。更始遣廩丘王田立、大司馬朱鮪、白虎公陳僑將三十萬衆助李軼守洛陽，馮異與李軼書曰：「愚聞明鏡所以照形，往事所以知今也。昔微子去殷而入周，項伯叛楚而歸漢，周勃迎代王而黜少帝，霍光尊孝宣而廢昌邑。彼皆畏天知命，重祖宗而憂萬民，覩存亡之符效，見廢興之必然，故能成功於一時，垂業於萬世。今長安壞亂，赤眉在郊，王侯搆難，大臣分離，朝無紀綱，而四方分崩，異姓竝起，此劉氏之憂也。故蕭王跋涉霜雪，躬當矢石，經營河北，英俊雲集，百姓歸往，豳、岐見慕，不足爲喻。今馬子張皆復親幸爵位如此，謝躬違戾伏辜如彼，又明效也。季文誠能覺悟，亟斷大計，論功古人，轉禍爲福，在此時矣。如猛將長驅，嚴兵圍城，雖有悔恨，亦無及已矣。」初，軼譖害伯昇，欲降而不自安，冀王開納之，乃報異書曰：「軼本與蕭王首謀造漢，約結死生，邂逅中道別離。今軼守洛陽，將軍鎮孟津，俱據機軸，千載一會，思成斷金，唯有深達蕭王，冀得進愚策以得佐國安人。」異奏軼書，王報異曰：「季文多詐，人不能得其要領。（今）〔令〕移其書告守、尉當警備者。」〔六〕衆以軼擁大衆，據名都，欲有降意，怪上露之也。軼書既布，朱鮪得其書，使人殺軼，雒陽大衆乖離，多出降者。蕭王之北，朱鮪使蘇茂將三萬人渡河襲温，鮪自將數萬人攻平陰。寇恂乃發屬縣兵，令與恂會温，軍吏皆諫曰：「洛陽兵渡河，前後不絕，宜待衆兵畢至，乃可擊之。」恂曰：「温者郡之（落）〔藩〕

蔽，〔七〕如失温，郡不可得守也。」遂馳赴之。明旦，陳兵未合，而馮異適至。恂乃令士卒乘城鼓噪，曰：「公兵至。」茂陣動，因奔擊，大破之。茂兵自投河，死者過半，斬其副將賈强，遂乘勝渡河環洛陽城，乃還。自是洛陽震恐，城門晝閉。初，傳聞朱鮪破河内，有頃，恂檄至，上大喜曰：「吾知寇子翼可任也。」三月，李松與赤眉戰於蓩鄉，松大敗。李熊説公孫述曰：「山東饑饉，人民相食，百姓塗炭，城邑丘墟。今蜀土豐沃，稼穡嘗熟，果實所生，不穀而飽。女工之業，覆衣天下。陸有器械之用，水浮轉漕之便。北據漢中，杜褒斜之險；東守巴郡，拒扞關之口；地方數千里，戰士百萬。見利則出兵而略地，無利則堅守而力農。東浮漢水以闚秦地，南順江流以震荆、揚。所謂用天因地，成功之資也。今君王之聲聞於天下，號位不定，志士狐疑，宜即大位，使遠人有知。」〔八〕述然其言。有龍出府殿中，夜有光，述以爲符瑞。夏四月，公孫述自立爲天子。廣（濮）〔漢〕人李業，〔九〕字巨遊，嘗爲郎，王莽居攝，謝病去，不應辟召，隱迹山谷。述素聞業名，欲以爲博士，因辭病不起。述羞不致業，乃遣大鴻臚尹融奉詔持鴆，曰：「業起則授大位，不起則賜鴆。」融喻業曰：「今天下三分，孰非孰是，何爲區區身投不測之泉！朝廷（募）〔慕〕名德，〔一〇〕於子厚矣。宜上奉知己，下爲妻子計之，身名俱全，不亦優乎！今阻疑衆心，凶禍立加，非計之得者也。」業乃歎曰：「危邦不入，亂邦不居，蓋爲此也。君子見危授命，何可誘以高位哉？」融見持心彌堅，復曰：「宜呼室家計之。」業曰：「丈夫内斷於心久矣，何妻子之爲乎？」遂仰鴆而死。袁宏曰：夫名者，心志之標牓也。故行著一家，一家稱焉；德播一鄉，一鄉舉焉。故博愛之謂仁，辨惑之謂智，犯難之謂勇。因實立名，未有殊其本者也。太上遵理以修實，理著而名流；其次存名以爲己，故立名而物懟；最下託名以勝物，故名盛而害深。故君子之人洗心行道，唯恐德之不修，義之不高。崇善非以求名，而名彰於外；去惡非以邀譽，而譽宣於外。夫然，故名盛而人莫之害，譽高而世莫之爭。末世陵遲，大路巇險，雖持誠行己，不求聞達，而讒勝道消，民怨其上，懼令名之格物。或伐賢以示威，假仁義以濟欲；或禮賢以自重。於是有顛沛而不得其死，屈辱而不獲其所，此又賢人君子所宜深識遠鑒、退藏於密者也。易曰「无咎（無）〔无〕譽」，〔二〕哀世之道也。若夫潔己而不汙其操，守善而不遷其業，存亡若一，滅身不悔者，此亦貞操之士也。嗚呼！大道之行，萬物與聖賢竝通，及其衰也，君子不得其死，哀哉！更始諸將懼赤眉至，申屠建等、御史大夫隗囂共勸更始讓帝位，更始不應。建等謀劫更始，未行其計。侍中劉能卿知其謀，告之，更始召申屠建，斬之。張卬、廖湛、胡殷於是自爲王，勒兵燒宮門；隗囂將賓客奔天水。更始與三王戰宮中，不勝，將妻子車騎百餘人東至新豐，從大司馬趙萌。萌以爲王匡、陳（收）〔牧〕、成丹皆與三王有謀，〔三〕可收斬之。更始乃召陳（收）〔牧〕、成丹，即斬之。王匡不應召，因并將（收）〔牧〕、丹兵歸長安，從三王於太子宮。趙萌、李松亦將其衆從更始於太倉中。五月，蕭王自漁陽過范陽，命收葬士卒死者。至中山，群臣上尊號曰：「大王初征昆陽則王莽敗亡，後伏邯鄲則北州平定，〔三〕此豈人力哉！三分天下而有其二，跨州據土，帶甲百萬。武功論之，無所與爭；文德論之，無所與讓。宜正號位，爲社稷計。」王不聽，諸將固請，王曰：「寇賊未平，四面受敵，何遽欲正位號乎？」諸將出，耿純進曰：「天下士大夫捐親戚，棄土壤，從大王於矢石之間者，其計固望攀龍鱗，附鳳翼，以成其志耳。今功業已定，天時人事已可知矣。而大王留時逆衆，不正位號，純恐士大夫望絶計窮，則有去歸之思，無從大王也。」王感其言，使馮異問以群臣之議，異至曰：「三王背叛，更始敗亡，天下無主，宗廟之憂在於大王。宜從衆議，上以安社稷，下以濟百姓。」王曰：「我昨夢乘赤龍上天，覺悟，心中悸動，此何祥也？」異再拜賀曰：「此天帝命發於精神，心中悸動，大王重慎之至也。」會諸生强華自長安奉赤伏符詣鄗，群臣復請曰：「受命之符，人應爲大。今萬里合信，周之白魚焉足比乎！符瑞昭晳，宜答天神，以光上帝。」六月己未，即皇帝位于鄗，改年爲建武元年，大赦天下，改鄗爲高邑。

袁宏曰：夫天生蒸民而樹之君，所以司牧群黎而爲謀主。故權其所重而明之，則帝王之略也；因其所弘而申之，則風化之本也。夫以天下之大，群生之衆，舉一賢而加于民上，豈以資其私寵，養其厚大？將開物成務，正其性命，經綸會通，濟其所欲。故立君之道，有仁有義。夫崇長推仁，自然之理也；好治惡亂，萬物之心也。推仁則道足者宜君，惡亂則兼濟者必王。故上古之世，民心純朴，唯賢是授，揖讓而治，此蓋本乎天理，君以德建者也。夫愛敬忠信，出乎情性者也。故因其愛敬，則親疏尊卑之義彰焉；因其忠信，而存本懷舊之節著焉。有尊有親，則名器崇矣；有本有舊，則風教固矣。是以中古之世，繼體相承，服膺名教，而仁心不二，此又因於物性，君以義立者也。然則立君之道，唯德與義，一民之心，莫大於斯，先王所以維持天下，同民之極，陳之千載不易之道。昔周、秦之末，四海鼎沸，義心絕於姬氏，干戈加於嬴族，天下無君，六合無主，將求一時之傑，以成撥亂之功，必推百姓所與，以執萬乘之柄，雖名如義帝，强若西楚，焉得擬議斯事乎！由是觀之，則高祖之有天下，以德而建矣。逮於成、哀之間，國嗣三絕，王莽乘權，竊有神器。然繼體之政，未爲失民，劉氏德澤，實繫物心。故立其寢廟，百姓覩而懷舊；正其衣冠，父老見而垂泣，其感德存念如此之深也。如彼王郎、盧芳，臧獲之儔耳，一假名號，百姓爲之雲集，而況劉氏之胄乎！于斯時也，君以義立，然則更始之起，乘義而動，號令禀乎一人，爵命班乎天下，及定咸陽而臨四海，清舊宫而饗宗廟，成爲君矣。世祖經略，受節而出，奉辭征伐，臣道足矣。然則三王作亂，勤王之師不至；長安猶存，建武之號已立，雖南面而有天下，以爲道未盡也。初，赤眉二道入關，至弘農，復大合，分其衆萬人爲一營。軍中嘗有齊巫，祠城陽景王。巫言景王大怒，當爲縣官則可，何故爲盜賊？有（災）〔笑〕巫（言）〔者〕輒病。〔一四〕方望弟陽怨更始殺其兄，乃説樊崇等曰：「更始荒亂，政令不行。將軍擁百萬之衆，西向帝城而無稱號，且爲群賊，不可以久。不如挾宗室以行誅伐，不敢不服。」崇等然之。又迫於巫言，乃求景王後，得七十餘人，唯盆子最親。是月，赤眉立盆子爲天子。盆子年十五，被髮徒跣，見衆人拜，恐怖欲啼。崇等自相署置。崇本先起，有勇力方略，自徐宣等皆宗之，然不能書。徐宣，故獄吏，通易經，於是推宣爲丞相，崇爲御史大夫。盆子者，故式侯萌子，王莽時廢爲家人，（更始）〔赤眉〕過式，〔一五〕略盆子與二兄恭、茂，俱在軍中。更始之詣洛陽，恭隨見南宮，恭前頓首曰：「故式侯世子，大漢復興，聖主在堂，不勝歡喜，願上壽。」有詔引上殿稱壽，曰：「九族既睦，平章百姓。」更始悦之，即封爲式侯。恭通尚書，以明經數幸言事，擢爲侍中，從更始入關。茂與盆子留赤眉中，嘗爲劉俠卿牧牛。盆子既立，猶朝夕拜俠卿，俠卿爲之跪。後祠景王於郭北，使盆子乘（鮮）〔軒〕車大馬，〔一六〕草中牧兒皆隨車觀，曰：「盆子在是中。」至祠所，盆子拜，崇等皆爲之拜。祠罷，復歸俠卿所。時欲出從牧兒戲，俠卿怒止，崇等亦不復候視也。秋七月、辛未，前將軍鄧禹爲大司徒，封酇侯。野王令王梁爲大司空，封武强侯。初，赤伏符曰：「王良主衛作玄武。」上以野王，衛（徒）〔徙〕也；〔一七〕玄武，水神也；大司空，水土之官也，乃以梁爲大司空。又以讖言，以平狄將軍孫臧行大司馬事，〔一八〕衆大不悦，僉曰：「吳漢、景丹應爲大司馬。」上曰：「景將軍舊將，〔一九〕是其人也。然吳將軍有建策之謀，又誅苗曾，收謝躬，其功大。」於是以吳漢爲大司馬，封（武）〔舞〕陽侯。〔二〇〕景丹爲驃騎大將軍。袁宏曰：夫天地之性非一物也，致物之方非一道也，是以聖人仰觀俯察而備其法象，所以開物成務以通天下之志。故有神道焉，有人道焉。微顯闡幽，遠而必著；聰明正直，遂知來物，神之所爲也。智以周變，仁以博施，理財正辭，禁民爲非，人之所爲也。故將有疑事，或言乎遠，必神而明之，以一物心，此應變適會，用之神道者也。辯物設位，官方授能，三五以盡其性，黜陟以昭其功，此經綸治體，用之人道者也。故求之神物，則著策存焉；取之人事，則考試陳焉。是善爲治者，必體物宜，參而用之，所以作而無過，各得其方矣。若夫讖記不經之言，奇怪妄異之事，非聖人之道。世祖中興，王道草昧，格天之功，實賴台輔。不徇選賢而信讖記之言，拔王梁於司空，委孫臧於上將，失其方矣。苟失其方，則任非其人，所以衆心不悦，民有疑聽，豈不宜乎！梁實負罪不暇，臧亦無所聞焉。易曰：「鼎折足，覆公餗。」此之謂也。上璽書勞鄧禹曰：「將軍與朕謀謨帷幄，決勝千里，孔子曰：『自吾有回，門人益親。』平定山西，功效尤著，爾作司空，敬敷五教。」禹遂渡汾陰，〔二一〕入夏陽，更始中郎將公乘歙將十萬衆拒禹於衙，禹擊破之。時赤眉入關，三輔擾亂，民無所歸，聞禹至衙，軍兵整齊，百姓喜悦，相隨迎禹，降者日以千數，號百萬衆。禹時年二十四，所止住儀節，白首耆老及諸將在軍下莫不飽滿，名震關西。八月壬子，初祠社稷于懷。是時上新即位，軍食不足，寇恂轉運不絕，百官賴焉，以爲奉上，上數璽書勞恂。茂陵人董崇說恂曰：「上新即位，四方未定，而以此時據大郡，內得人民，外破蘇茂，威震遠近，此讒人所因怨禍之時也。昔蕭何守關中，悟鮑生之言，而高祖悅。今君所將，皆宗族兄弟也，無乃以前人爲鏡戒哉！宜從功遂身退之計。」恂然其言，稱病不親事，自請從上征。上曰：「河內未可離也。」固請不聽，恂乃遣兄子寇張、姊子谷崇願爲前鋒。上悅，以爲偏將軍。廩丘王田立降。趙萌、李松攻三王，三王敗走，更始徙居長信宮。三王降赤眉，別兵出戰，李松拒之，赤眉生得松。時松弟汎爲城門校尉，赤眉使人誘汎曰：「開城活汝兄。」汎遂開城門。九月，赤眉入長安，更始出渭濱。式侯恭以盆子之立，自繫有司。赤眉入，吏民奔，式侯從獄中出，三械見，定陶王劉祉解其械，言帝在渭濱，遂相隨見更始於舟中。弘農太守公乘歙謂京兆尹解惲曰：「送帝入弘農，我自保之。」惲曰：「長安已敗，吏民不可信。」右輔都尉嚴本恐失更始，爲赤眉所誅，即曰：「高陵有精兵，可往。」時虎牙將軍劉順、定陶王劉祉、尚書任延君、侍中劉恭步將更始至高陵，嚴本將軍兵城守，外如宿衛，內實圍之。上聞更始失城守，未知所在，詔封更始爲淮陽王；敢有害及妻子者，罪大逆；其送詣吏者，封列侯。赤眉〔下書曰〕〔三〕：「更始降者以爲長沙王，過二十日者不受。」更始知嚴本所守，恐其（日）〔自〕

盡，〔三〕即遣劉恭請降。赤眉遣大司徒謝禄受之更始於庭下，議殺之。式侯與謝禄共請，不聽，遂更始去。式侯舉刃欲自刎，崇等共止之，乃捨更始，封爲畏威侯。式侯復守崇本求約，竟封更始爲長沙王，常依謝禄，式侯擁護之，頗得與故人賓客相見。故人有欲盗更始去者，事發，皆繫獄。於是禄閉更始，自是式侯不得見也。赤眉諸將日會爭功，各言所欲封，拔劍斫柱。稍得王莽時中黄門數十人，皆曉故事，頗得差，整數日，輒復亂。初，三輔畏赤眉兵强，又見更始降，諸縣營長皆遣使奉獻，絡繹道路。赤眉兵輒遮殺取其物，吏民由是皆城守，上書封拜者不關盆子。盆子日夜號泣，詣黄門中共卧起，登諸臺榭，諸黄門皆哀憐之。式侯知赤眉必敗，自恐兄弟俱死，即勸盆子歸璽綬，教習爲辭讓語。後崇等大會，式侯先於衆中跪言：「諸君共立恭弟爲君，德誠深厚，立且一年，散亂益甚，〔一四〕誠不足以相成，恐死而無益，願得兄弟退爲庶人，宜更求賢聖。今有君而更求，恐賢人不出，不如空其位，而博選賢聖，唯諸君省察。」崇等謝曰：「皆某等罪也。」盆子因下牀，解璽綬，叩頭曰：「今設爲縣官，而爲盗賊如故，流聞四方，莫不怨恨，不復信向。此皆〔一五〕非其人之所致也。〔一六〕願乞骸骨以避賢，兄弟備行伍。必欲殺盆子以塞事者，無所離死，誠冀諸君相哀之耳。」因涕泣戲欷，崇等及郎吏數百人無不感慟。崇等下座頓首曰：「無狀，負陛下，請自今已後相檢勑，不敢放縱。」因共扶盆子帶以璽綬。盆子號泣不得自在。崇等既罷，各閉門不出鹵掠，三輔聞之翕然，百姓爭入長安中，市里且滿。後二十餘日，赤眉貪其財物，因大放兵虜掠，因縱火燒宮室。三王謂謝禄曰：「三輔營家多欲得更始者，一朝失之，必合兵攻赤眉，不如殺之也。」於是謝禄使兵殺更始，式侯夜往葬之。諸將勸鄧禹取長安，禹曰：「璽書每至，輒曰無與窮寇爭鋒。〔二六〕今吾衆雖多，能戰者少，前無可仰之積，後無轉運之饒。赤眉新拔長安，財富日盛，鋒鋭不可當也。盜賊群居，無終日計，財貨雖多，變故萬端，非能堅守長安也。上郡、北地饒穀多畜，吾且休兵北道，就糧養士，觀其弊乃可圖也。」於是引軍北行，所至郡縣皆降。頃之，積弩將軍馮愔與車騎將軍宗歆在（愔）〔栒〕邑爭權，〔二七〕愔殺歆，與禹相攻。上聞之，遣尚書宋廣持節喻降馮愔及更始諸將王匡、（朝）〔胡〕殷（成丹）等。〔二八〕廣至安邑，盡誅之。隗囂之奔天水，復聚其衆，自稱西州大將軍。長安既壞，士人多奔隴西，囂虛己接之，以谷恭、范逡爲師友，趙秉、鄭興爲祭酒，申屠剛、杜林爲治書，王遵、周宗、楊廣、王元爲將帥。於是竇融始據河西。融字周公，右扶風平陵人也。融家貧，少時爲驃騎將軍王舜令史，汎愛好交游，女弟爲大司空王邑小婦，出入貴戚，結交豪傑，以任俠爲名。然事母兄，養弱弟，内行修整。漢兵起，融從王邑敗昆陽。漢兵得新豐，邑薦融可任用，莽拜融爲波水將軍，賜金千斤，引兵新豐。會三輔内潰，融降大司馬趙萌，萌以融爲校尉，絶重之，薦融於更始，拜爲鉅鹿太守。融見更始立，東方擾攘，融祖父爲張掖太守，從祖父爲護羌校尉，從弟又嘗爲武威太守，累世在河西，知其土俗，融心樂之，獨謂兄弟曰：「天下安危未可知，河西人民殷實，帶河爲固，張掖屬國精兵萬騎，欲求爲之，且以避世，一旦有緩急，杜絕河津，足以自守，此真遺種處也。」兄弟皆勸之。融乃辭讓鉅鹿，求張掖屬國都尉，萌爲言，竟得之。融大喜，遂將家屬而西，撫養吏民，結雄傑，懷集羌、胡，河西翕然而治。是時酒泉太守梁統、金城太守庫鈞、張掖都尉史苞、酒泉都尉竺曾、燉煌都尉辛彤皆州郡英俊，與融有舊。更始欲敗，融與統等議，皆以爲天下擾亂，未知所統，河西斗絕在羌、胡中，不同心并力則不能自守，權均力齊又不相率，當推一人爲將軍，共全五郡，觀世變動，皆曰「善」。以梁統爲太守，先共推之，統固辭曰：「昔陳嬰不受王者，以有老母，今統內親老，又德能鮮薄，不足以當督帥也。」統字仲寧，安定烏氏人，少治春秋，好法律，更始時爲中郎將，安集涼州，因爲酒泉太守。竇融典兵馬，又家世爲河西二千石，吏民所向，即共推融行河西五郡大將軍事。是時武威太守馬期、張掖太守任仲二人孤立無黨，融等議定移書告喻之，即時解印綬避位。於是梁統爲武威太守，史苞爲張掖太守，竺曾爲酒泉太守，辛彤爲燉煌太守。融居屬國，領都尉如故，置從事監察，而太守各治其郡，尊賢養士，務欲得吏民心，修騎射，明烽燧。羌、胡犯塞，融躬自擊之，諸郡相應，莫不富殖。初，更始遣將軍鮑永撫河東，北及并州。永好文德，雖爲將帥，常儒服從事。素重杜陵人馮衍，以爲謀主，同心戮力，以奉更始。上使諫議大夫儲伯持節徵永，〔二九〕時或傳更始猶存，永奪伯節，執而梏之，遣使至長安。知更始審被害，乃哭泣盡哀，罷兵，與衍幅巾詣上。上問永衆所在，永離席曰：「臣事更始不能令全，豈可以衆獲貴，故悉罷之。」上不悅。時魯郡多盜賊，以永爲魯郡太守，降者數千人。唯彭豐、虞休各將千人稱將軍，〔三〇〕不肯降，永數以恩禮曉喻之，猶不移。孔子闕里荆棘自除，從講堂至里門外。永異之，召府丞、魯令告曰：「方今世道艱難，而闕里無故荆棘自除，意者豈非夫子欲令太守行饗禮而誅姦惡邪？」乃求民好學者修學校之禮，召豐等觀禮。豐等持牛酒因謀欲害永，永覺之，手刃殺豐等，擒破黨與，封關内侯。於是馮衍未得官，永謂之曰：「昔高祖賞季布之罪，誅丁公之功。今遭明主，亦何憂哉？」衍曰：「人有挑其鄰之妻者，挑其長者，長者罵之，挑其少者，少者報之。俄而其夫死而娶其長者。或謂之曰：『非罵汝邪？』曰：『在人之所即欲罵我，在我之所即欲其罵人。』夫天（地）〔命〕難知〔三一〕，人道易守，守道之臣，何患死乎？」頃之，衍爲曲陽令，誅劇賊郭勝等，降五千餘人，論功當封，以讒不行。甲申，以故密令卓茂爲太傅，封褒德侯。茂字子康，南陽人，溫而寬雅，恭而有禮。其行己處物，在於可否之間，不求備於人，鄉黨老少雖行不逮，茂皆受而容之。常有認茂馬者，茂問亡馬幾時，曰：「有日月矣。」〔三二〕茂解馬與之，曰：「若非公馬，幸即歸我。」後馬主得馬，詣門謝之。茂以德行舉爲侍郎，給事黃門，遷爲密令。其治視民如子，舉善而教，口無惡言。民（常）〔嘗〕有言亭長受米肉者，〔三三〕茂問之曰：「亭長從汝求之乎？汝有事囑之受取乎？將平居以恩意遺之乎？」民曰：「往遺之而受。」茂曰：「遺之而受，何故言邪？」民曰：「聞君賢明，使民不畏吏，吏不敢取，民不敢與。」茂曰：「汝爲敝民矣。凡人所以貴於禽獸者，以其仁愛相敬也。鄰伍長老歲時致禮，人道如此，乃能勸愛。即不如是，側目相視，怨憎忿怒所由生也。吏固不當乘威力强請求耳，誠能禁備盜賊，制禦强暴，使不相侵，民有事爭訟，爲正曲直，此大功也。歲時修禮，敬往相見之，不亦善乎！」民曰：「苟如是，律何故禁之？」茂曰：「律設大法，禮順人情。今我以禮教汝，汝必無所怨；以律治汝，汝無所措手足。一門之内，小者可論，大者可殺也。且歸念之！」民曰：「誠如君言也。」茂教民制法，皆此類也。初，茂到官，吏民皆笑之，鄰縣及府官以爲下治，河南太守爲置守令。茂治自若，〔三四〕數年，教化大行，路不拾遺。天下嘗蝗，河南二十縣皆傷蝗，獨不入密境。是時王莽爲安漢公，置大司農六部丞，勸課農桑，茂遷京部丞，吏民老小皆啼泣道路。王莽居攝，茂以病免，常爲郡門下掾，不肯爲職吏。更始立，以茂爲侍中，〔三五〕從至長安，知更始政亂，以老乞骸，至是年七十餘矣。袁宏曰：夫帝王之道，莫大於舉賢；舉賢之義，各有其方。夫班爵以功，歷試而進，經常之道也。若大德奇才，可以光昭王道，弘濟生民，雖在泥塗，超之可也。傅巖磻溪之濱，頃居宰相之任，自古之道也。卓公之德，既已洽於民聽，光武此舉，所以宜爲君也。吴漢率耿弇等十將軍圍朱鮪於洛陽，〔三六〕數月不下。世祖以岑彭常隸於鮪也，使彭説之。鮪在城上，彭在城下，相勞如平生。彭因説鮪曰：「赤眉已得長安，更始爲三王所反，今公爲誰守乎？陛下受命平定燕、趙，盡有幽、冀之地，百姓歸心，賢俊雲集，誅討群賊，所向破滅。今北方清静，振大兵來攻洛陽，正使公有連城之守，猶不足當，今保一城，欲何望乎？」鮪曰：「大司徒被害時，鮪與其謀，誠自知罪深，故不敢降。」世祖曰：「夫建大事者不思小怨，今降，官爵可保，況誅罰乎？河水在此，吾不食言。」彭以告鮪。辛卯，鮪降，以爲平狄將軍，扶溝侯。冬十月癸丑，上都洛陽宫。十一月，蘇茂降，既而奔劉永，永以爲淮陽王。十二月，赤眉去長安，西略郡縣。

## 【校勘記】

〔一〕明日癸（丑）〔亥〕　從後漢書鄧禹列傳改。鈕永建校云：按六甲窮日者，謂甲子之盡日也。十干始甲而終癸，十二支始子而終亥。范書是，紀文寫誤。

〔二〕王擊銅馬於元氏　後漢書光武帝紀作「光武北擊尤來、大槍、五幡於元氏」。鈕永建校云：銅馬已於前一年破滅，餘衆十餘萬悉降，無復遺類。故關西號光武爲銅馬帝。此云擊銅馬，不可解。光武紀及耿弇、吴漢、馬武等傳皆云光武北擊尤來、大槍、五幡於元氏，不云擊銅馬。疑紀文有誤。

〔三〕追至慎水北　後漢書光武帝紀作「又戰於順水北」。李賢注：酈道元水經注云：「徐水經北平縣故城北，光武追銅馬、五幡，破之於順水，即徐水之別名也。」在今易州。本或作「慎」者，誤也。

〔四〕賊皆殊戰　殊戰，後漢書耿弇列傳作「殊死戰」。

〔五〕王退入漁陽　後漢書光武帝紀作「賊入漁陽，乃遣吴漢率耿弇、陳俊、馬武等十二將軍追戰於潞東，及平谷，大破滅之」。

〔六〕（今）〔令〕移其書告守尉　從南監本、後漢書馮異列傳李賢注引東觀記改。

〔七〕温者郡之（落）〔藩〕蔽　從南監本、龍谿本改。

〔八〕使遠人有知　後漢書公孫述列傳作「使遠人有所依歸」。

〔九〕廣（漢）〔漢〕人李業　從後漢書獨行列傳改。

〔一〇〕朝廷（募）〔慕〕名德　從後漢書獨行列傳改。

〔一一〕无咎（無）〔无〕譽　從龍谿本、學海堂本補。

〔一二〕陳（收）〔牧〕　從後漢書劉玄列傳改。下改同。

〔一三〕後伏邯鄲　後漢書光武帝紀作「後拔邯鄲」。

〔一四〕有（災）〔笑〕巫（言）〔者〕輒病　從後漢書劉玄劉盆子列傳改。

〔一五〕（更始）〔赤眉〕過式　從後漢書劉玄劉盆子列傳改。

〔一六〕使盆子乘（鮮）〔軒〕車大馬　從後漢書劉玄劉盆子列傳改。

〔一七〕衛（徒）〔徙〕也　從後漢書王梁列傳改。

〔一八〕平狄將軍孫臧　臧，後漢書景丹列傳作「咸」。

〔一九〕景將軍舊將　舊將，後漢書景丹列傳作「北州大將」。

〔二〇〕封（武）〔舞〕陽侯　從後漢書吴漢列傳改。

〔二一〕禹遂渡汾陰　後漢書鄧禹列傳「陰」下有「河」字。

〔二二〕赤眉〔下書曰〕　從學海堂本補。

〔二三〕恐其（日）〔自〕盡　從南監本、龍谿本、學海堂本改。

〔二四〕散亂益甚　後漢書劉盆子傳作「肴亂益甚」。

〔二五〕此皆〔立〕非其人之所致也　從後漢書劉盆子傳補。

〔二六〕璽書每至輒曰無與窮寇爭鋒　通鑑考異云：世祖賜禹書，責其不攻長安，不容有此語。二年十一月詔徵乃曰「毋與窮寇爭鋒」。袁紀誤也。

〔二七〕在（愔）〔栒〕邑爭權　從學海堂本、後漢書鄧禹傳改。

〔二八〕遣尚書宋廣持節喻降馮愔及更始諸將王匡（朝）〔胡〕殷（成丹）等　宋廣，後漢書鄧禹列傳作「宗廣」。　朝，從龍谿本、學海堂本、後漢書鄧禹列傳改作「胡」。沈家本後漢書瑣言謂聖公傳更始斬成丹，則此時已無成丹。「成丹」當衍，今删。

〔二九〕諫議大夫儲伯　後漢書鮑永列傳作「儲大伯」。

〔三〇〕彭豐虞休各將千人　虞休，後漢書鮑永列傳作「虞林」。

〔三一〕夫天（地）〔命〕難知　從學海堂本、後漢書馮衍列傳改。

〔三二〕有日月矣　後漢書卓茂列傳作「月餘日矣」。

〔三三〕民（常）〔嘗〕有言亭長　從龍谿本改。

〔三四〕茂治自若　後漢書卓茂列傳「治」下有「事」字。

〔三五〕以茂爲侍中　後漢書卓茂列傳作「以茂爲侍中祭酒」。

〔三六〕吴漢率耿弇等十將軍　十將軍，後漢書光武帝紀作「十一將軍」。

# 兩漢紀下　後漢紀

## 光武皇帝紀卷第四

二年春正月甲子朔，日有蝕之。本志曰：「日者陽精，人君之象也。君道虧，故日爲之蝕。諸侯順從則爲王者，諸侯專權則疑在日。〔一〕於是在危十度，〔二〕齊之分野，張步未賓之應也。」封諸有功者二十人，更封鄧禹爲梁侯，吴漢爲廣平侯，各食四縣。諸將各言所欲封，唯景丹辭櫟陽，丁綝請鄉亭。上謂丹曰：「關東數縣不當櫟陽萬户，富貴不歸故鄉，如衣錦夜行。」丹謝而受之。或謂丁綝曰：「人皆求縣，子何取鄉邪？」綝曰：「昔孫叔敖受封，必求墝埆之地。今綝能薄功淺，豈可遇厚哉！」壬辰，〔三〕立宗廟社稷于洛陽。漁陽太守彭寵、涿郡太守張豐反。銅馬餘人〔四〕，上率諸將追之，師及於薊，彭寵郊迎謁見，意頗不滿。上知寵不説，以問幽州牧朱浮。浮曰：「前吴漢北發兵時，上遺寵以所服劍，又手書慰納，用爲北面主人。寵望上至當迎問握手，特異於衆也。今誠失望。」上曰：「何等子而望獨異乎？」浮因曰：「王莽爲宰衡時，甄豐旦夕論議於前，常言『夜半客，甄長伯』。及莽即位，後豐見疏不説，父子誅死。」上大笑曰：「不及於此。」是時朱浮爲牧，年少，昭厲治迹，辟州郡名士，招王莽時故吏二千石，皆置幕府，欲收禮賢之名，多發漁陽倉穀給其貧民。寵以爲天下未平，軍旅並發，不宜多置官屬，費耗倉穀，頗不從其令。浮性隘急，發於睚眦，因峻文法，以司察寵；寵亦自伐其功，以爲群臣莫能及。吴漢、王梁爲三公，寵所遣也。寵曰：「如此，我當爲王。今但若是，陛下忘我邪？」是時北州殘破，漁陽獨完，有鹽鐵之積，寵多買金寶，浮數奏之。上輒漏泄，令寵聞，以脅恐之。是春，遣使徵寵，寵上書願與朱浮俱徵。又與吴漢、王梁、蓋延書，自陳無罪，爲朱浮所侵。上不許，而漢等亦不敢報書。寵既自疑，其妻勸寵曰：「天下未定，四方各自爲雄，漁陽大郡，兵馬最精，何故爲人所奏而棄此去？」寵與所親人議，皆勸寵反。上遣寵從弟子后蘭卿喻寵，寵因留之，遂發兵反，攻朱浮，分兵擊旁郡。上谷太守耿況遣子舒將突騎救浮，寵兵乃退。上遣游擊將軍鄧隆軍於潞，浮軍雍奴，相去百餘里，遣吏奏狀，曰：「旦暮破寵矣。」上大恐曰：「處營非也，軍必敗，比汝歸可知也。」寵遣萬餘人（長）〔出〕潞西與（險）〔隆〕相距，〔五〕而使精騎二千從潞南濟河襲隆營，大敗之。浮遠不能救，引兵而却，吏還説上語，皆以爲神也。真定王劉楊謀反，使耿純持節收楊。純既受命，若使州郡者，至真定，止傳舍。楊稱疾不肯來，與純書，欲令純往。

純報曰：「奉使見王侯牧，不得先往，宜自强來。」時楊弟林邑侯讓、從兄紺皆擁兵萬餘人，楊自見兵强而純意安静，即從官屬詣傳舍，兄弟將輕兵在門外。楊入，見純，接以禮敬，因延請其兄弟，皆至，純閉門悉誅之，勒兵而出，真定振怖，無敢動者。純還京師，自請曰：「臣本吏家子孫，幸遭大漢復興，聖帝受命，位至列將，爵爲通侯，天下略定，臣無所用志，願試治一郡，盡力以自效。」上笑曰：「卿復欲治人自著邪？」乃拜純爲東郡太守，詔純將兵擊泰山、濟南、平原數郡，皆平之。居東郡數年，抑强扶弱，令行禁止，後坐殺長吏免，以列侯奉朝請。嘗從上東征過東郡，百姓老小數千人隨車駕啼泣曰：「願得耿君。」上謂公卿曰：「純年少，被甲冑爲軍（吏耳）〔六〕，治郡何能見思若是！」百官咸嗟歎之。更始諸將多據南陽，聞更始死，世祖起河北，皆勒兵爲亂。上會諸將，以檄叩地曰：「郾最强，宛次之，誰當擊郾者？」賈復卒然對曰：「臣請擊郾。」上笑曰：「執金吾擊郾，吾復何憂？大司馬當擊宛。」於是賈復擊郾，吴漢擊南陽，皆平之。漢縱兵掠新野，破虜將軍鄧奉，新野人也，怒漢暴己邑，勒兵反襲漢，敗之。三月乙酉，〔七〕大赦天下。詔曰：「惟酷吏殘賊用刑深刻，獄多冤人，朕甚愍之。孔子不云乎？『刑罰不中，則民無所措手足。』其與諸中二千石、諸大夫議省刑罰。」更始之敗，劉永以兵略地，北至河南及陳、汝，以周建爲將軍，蘇茂爲大司馬，遣使拜張步爲齊王，董宫爲西海王〔八〕。夏四月，蓋延、王霸等擊劉永，永守城不出，盡收其麥，夜襲其城，永大驚，引兵走，延逆擊，大破之。永棄其軍，輕騎將母妻奔虞，虞人反，殺其母妻，永與麾下數十人奔譙。蘇茂、周建將三萬人攻延於浦西〔九〕，延逆擊，大破之。茂保廣樂，永保胡陵。〔一〇〕世祖使太中大夫戴兢使兖州，東昏人執以詣永，兢駡永曰：「若非國家敵也，猶今死耳。」永怒殺兢。甲午，封叔父良爲廣陽王，兄子章爲太原王，章弟興爲魯王，故定陶王劉祉爲城陽王，（外祖母）〔姊〕黄爲湖陽君。〔一一〕良嘗爲蕭令，坐法免，世祖、齊武王少孤，良撫循甚篤。及漢兵起，世祖以告良，良大怒，不聽，既而不得已，良從更始入關，甚見尊寵。更始敗，良乃歸世祖。章、興皆伯昇之子，既封爲王，世祖以其少貴，欲以吏事就其名，乃使章守平陰令，興守緱氏令。頃之，章遷梁郡太守，興遷弘農太守。興求賢好善，郡中翕然，朝廷每有異議，（之）〔必〕乘驛問興。〔一二〕祉字巨伯，世祖族兄也，爲人謙遜，爲宗族所敬。更始敗，祉間行詣世祖。是時宗室唯祉先至，上大悦，賞賜車服甚厚。五月，宛王劉賜將更始三子詣闕，皆（自）〔封〕爲列侯。〔一三〕封故元氏王劉歙爲泗水王，歙子終爲淄川王，故宛王劉賜爲順侯，〔一四〕劉順爲成侯，〔一五〕周後姬當爲周承休公，〔一六〕李通爲固始侯。歙字經世，〔一七〕世祖族父也。歙從兄稷有功於齊武王，歙子終又與上少相善，漢兵之尅新野，終之力也。上曰：「使歙父子並王者，所以顯報之也。」賜字子琴，順字平仲，皆世祖族兄也。更始敗，賜親至武關迎更始妻子，將詣洛陽，上以賜得爲臣之道，每嘉歎之。順與上同里，少相親厚。更始死，順東歸世祖。順素謹厚，以其事更始不失節，尤重之。初，更始使宛王劉賜、鄧王王常、西平王李通俱之國，鎮撫南方。通娶世祖妹，即寧平公主也。世祖即位，徵通爲光禄勳。〔一八〕上每征四方，嘗留通守京師，撫百姓，治宮室。六月戊戌，立皇后郭氏，皇子彊爲皇太子，大赦天下，增卿、謁者秩各一等。〔一九〕郭氏，真定人也，父昌孝謹，真定恭王以女妻昌。昌早終，其妻號爲郭主，好禮節儉，雖以王女之富，手常執作，有女曰聖通，男曰況。世祖自信都還，〔二〇〕納聖通，有寵，生皇子彊，以況爲城門校尉，緜蔓侯。〔二一〕雖皇后弟，賓客輻湊，而小心謹慎，謙恭愈篤。追贈昌爲安陽思侯。上數幸況第，賞賜甚厚，京師號況爲「金穴」。鄧禹遣兵上林中，率諸將謁高廟，收十一帝神主，送洛陽，〔二二〕掃除園陵，爲置吏卒，復就穀雲陽。漢中王劉嘉、來歙詣禹降。嘉字孝孫，世祖族兄，少孤，爲世祖父南頓君所養，遇之如子，與齊武王俱學長安，而與世祖尤相親。嘉之王漢中，都南鄭，衆數十萬。南陽人延岑起兵武當，衆數萬人，轉攻漢中，圍南鄭，嘉戰敗，餘衆走谷口。赤眉使廖湛將十餘萬兵擊嘉，嘉大敗之，斬廖湛，遂至雲陽。上素與嘉善，常開引之，來歙又勸嘉歸世祖，乃詣禹降。以嘉爲千乘太守，封順陽侯，嘉子廧爲黄李侯。來歙字君叔，南陽新野人。父沖，哀帝時爲諫（議）大夫，〔二三〕娶世祖姑，生歙。歙有才略，多通，慷慨有大志，兄弟五人，而世祖獨親愛之。漢兵起，王莽使人捕諸劉親屬，得歙（擊）〔繫〕之，〔二四〕賓客共篡出歙。

更始立，以歆爲吏，數正諫不用，謝病去。歆女弟爲劉嘉妻，遣人迎歆，因南就之。時或勸嘉未可降，宜觀天下形勢，歆爲陳成敗，深曉喻之，嘉乃從焉。上見歆，大悦，拜歆爲太中大夫。秋，濉陽反，〔二五〕劉永復入濉陽，吴漢、蓋延帥諸將圍之。九月，赤眉復入長安，鄧禹連戰，輒爲赤眉所敗。三輔飢，民人相食，諸有部曲者皆堅壁清野，赤眉虜掠少所得。上復詔鄧禹令勒兵堅守，慎無與窮寇交鋒，老賊疲弊，必當束手事吾也。以飽待飢，以逸擊勞，折捶而笞之耳。自馮（惜）〔愔〕殺宗歆後，〔二六〕禹威益損，又乏糧食，歸附者離散，上乃遣使徵禹。馮異西征，上勑異曰：「三輔遭王莽、更始之亂，又遇赤眉、延岑之弊，兵家縱横，百姓塗炭。將軍今奉辭討諸不軌，兵家降者，遣其渠帥皆詣京師；散其小民，令就農桑；壞其營壁，無使復聚。征伐非在遠戰掠地，多得城邑，要在平定安集之耳。吾諸將非不健鬬，然多好虜掠，爲小民害。卿本能檢吏民，勉自修整，無爲郡縣所苦！」於是異據華陰，以待赤眉。冬，太中大夫伏隆使青、徐，張步降，因除令長，多所懷服。上嘉歎隆功，比之酈生。步求爲齊王，隆曰：「高祖與天下約，非劉氏不得王。」步乃殺隆，受劉永封焉。隆字文伯，〔二七〕大司徒湛之子，以節操聞。上聞其死，爲之流涕。十二月戊子，詔曰：「維列侯爲王莽所廢，先祖魂神無所依歸，朕甚閔之。列侯身廢者國如故，身死若子孫見在，令繼其先焉。」河内太守寇恂坐繫治上書者免。會潁川不（静）〔靖〕，〔二八〕復以恂爲潁川太守，郡中悉平，封恂爲雍奴侯。是時賈復兵在汝南，其部將殺人，恂戮之。復怒曰：「吾與寇恂並立而爲其所陷，大丈夫豈有侵辱而不決之者乎？今與相見，欲手劍擊之。」恂謀好避之，終崇曰：「請以劍從，有變足以相當。」恂曰：「不然，昔藺相如不畏秦王而屈於廉頗者，爲國也。區區之趙尚有此義士，吾安可以忘之乎！」乃勑縣盛供具，執金吾軍入界者，一人皆二人待之。〔二九〕恂既迎復，道稱病而還，復欲追擊恂，而吏士皆醉，復遂去。上徵恂，恂至引入，時復在前，欲起，上曰：「天下未定，兩虎安得私鬬？」詔令並坐，極歡，遂共車出，結友而去。更拜恂爲汝南太守，郡中無事，乃修鄉校，〔聘〕能爲左氏春秋者，〔三〇〕親與學焉。是歲，鄧王王常將妻子詣洛陽，世祖曰：「每念往時艱難，何日忘之。莫往莫來，豈違平生之言哉？」常頓首曰：「臣蒙天命，遭值陛下，始遇宜秋，後會昆陽，幸賴威靈，輒成斷金，雖疏賤遼遠，不敢自疑。伏願陛下聖王，知臣本心。」上會百官，指常曰：「此人率勵諸將，輔翼漢家，心如金石，真漢忠臣也。」拜常爲漢忠將軍，封山桑侯。大司空王梁免。初，梁與諸將擊檀鄉，詔令兵事一屬大司馬吴漢，而梁獨發野王兵。上以梁不奉詔，詔梁留在所縣，梁以便宜進兵，上大怒，遣尚書宋廣持節收斬梁。〔三一〕廣檻車執梁詣京師，既至，赦之，以爲中郎將。赤眉去長安，東掠郡縣（也）。〔三二〕

三年春正月，立親廟于洛陽，即日拜馮異征西大將軍。鄧禹既被徵，與車騎將軍鄧弘還，至華陰，欲進兵擊赤眉。馮異曰：「赤眉衆多，可以恩信傾，難用兵力破也。」上令諸將屯澠池要其東，異相連綴擊其西，上自待其會，可一舉取之，萬全之計也。」禹、弘自以西征，又被徵當還，欲一戰決之。遂戰移日，禹軍大敗。馮異將兵救之，不勝，棄軍走，與麾下數人歸營。復收散卒堅壁。會赤眉飢困，乃謀擊之，大破之，降者八萬餘人，十餘萬東走宜陽。璽書勞異曰：「垂翅回谿，奮翼澠池；失之東隅，收之桑榆。」是時延岑據藍田，兵力最強，上嘗璽書慰之。其餘豪傑往往屯聚，多者萬人，少者數千人，轉相攻擊。百姓飢餓，黄金一斤五斗穀數。〔三三〕異轉鬬而屯上林中，道路不通，委輸未至，軍士皆以果實爲糧。延岑率豪傑攻異，異擊大破之。岑連戰不利，支黨皆叛，遂自武關走南陽。豪傑以異破赤眉，走延岑，皆遣使請降。異威震關中，乃修園陵，建官府，理枉直，禁盜賊，數年之間，上林成都。

是月，陝人蘇況反，殺弘農太守。上夜召景丹以檄示之曰：「弘農太守無任，爲賊所害，今聞赤眉從西方來，恐蘇況舉郡以迎之。弘農迫近京師，今將軍雖疾病，但卧而鎮之耳。」即拜丹爲弘農太守，將其所領，西至郡，十餘日，丹薨。閏月己亥，上幸宜陽，令司馬在前，中（書）〔軍〕次之，〔三四〕驍騎元戎分陣左右。赤眉震怖，遣劉恭請降，盆子與徐宣等二十餘人肉（祖）〔袒〕奉所得更始璽綬，〔三五〕積兵甲宜陽，西與熊耳山等。世祖陳兵臨洛水中，盆子、徐宣以次列於前，世祖曰：「卿等得無悔降邪？」宣曰：「臣等出長安東門，君臣議計，歸命聖德，百姓可與樂成，難與圖始，故不告衆耳。今日得降，猶去虎口而歸慈母，誠歡誠喜，無所恨也。」世祖曰：「卿所謂鐵中錚錚，庸中佼佼者也。」乃皆赦之，與妻子居洛陽，各賜宅一區，田二頃。其後樊崇謀反，誅。楊歆在長安時，遇廣陽王良有恩，〔三六〕賜爵關内侯，與徐宣俱歸鄉里，以壽終。式侯恭爲更始報殺謝禄，自繫獄，上赦之。世祖憐盆子，賞賜甚厚，以爲趙王郎中，病失明，賜滎陽官地以爲列肆，使食其税。鄧禹至宜陽，上大司徒、梁侯印綬，有詔還梁侯印綬，以爲右將軍。彭寵圍薊，耿況遣兵救之，使人招況，況輒斬其使。二月己未，告祠高廟，受傳國璽，賜天下長子爲父後者爵，人二級。中軍將軍杜茂爲驃騎大將軍。茂字諸公，南陽冠軍人，隨世祖征伐，數有戰功。三月，尚書伏湛爲司徒。湛字惠公，琅邪東武人，王莽時爲繡衣執法，遷後隊正，〔三七〕更始立，爲平原太守。遭倉卒，〔三八〕世莫不驚擾，而湛獨晏然，教授如故，謂妻子曰：「一穀不（昇）〔升〕〔三九〕，國君徹膳；今人皆飢，柰何獨飽？」乃以俸禄分賑鄉里，來客者百餘家。時郡中不安，湛移書屬縣不得相侵凌，天生蒸民，爲立君，非久亂也，且養老育幼，以待真主。門下督素有氣力，欲起兵，湛曰：「孔子誅少正卯，爲其惑衆也。」即誅督以示百姓，於是吏民信嚮，遠近獨完，湛之力也。吴漢圍廣樂，周建將十餘萬人救之，漢逆戰不利，墮馬傷膝，建等遂得入城。諸將謂漢曰：「大敵在前而公卧，衆懼矣。」乃裹瘡而起，椎牛饗士，曰：「賊兵雖多，乃劫掠群盜耳。勝不相讓，敗不相救，非有(伏)〔仗〕節死義同心者也。〔四○〕封侯之秋，諸將勉之！」吏士聞之，莫不激怒。明日，賊兵大出，圍營數重，漢乃被甲仗戟曰：「聞雷鼓聲皆大呼俱進，後至者斬。」遂鼓而進之，賊兵大破，廣、樂降。蘇茂、周建走胡陵，復圍(睢)〔睢〕陽。〔四一〕是時秦豐據黎丘，延岑據武鄉，董訢據堵鄉，鄧奉據新野，荆楚尤亂，上方圖之。以岑彭爲征南大將軍，與耿弇、賈復、朱祐、王常等并力征討。先圍董訢，鄧奉將萬人救訢，訢、奉兵甚精，諸將連戰不利，奉乘勝生執朱祐，上聞之大怒。夏四月，上自南征至葉，訢、奉將兵遮道，不得前。上謂岑彭曰：「此將軍之任也。」彭乃奮擊，破之。董訢、鄧奉走育陽，〔四二〕因朱祐請〔降〕。〔四三〕上以奉舊功臣，意欲赦之。耿弇曰：「奉背恩反逆，暴師連年，陛下既至，親在行陣，兵敗乃降，不誅奉無以懲惡。」於是誅奉。上以朱祐見獲，厚加賞賜，使復其位。耿弇破延岑，岑亡入蜀。五月乙卯晦，日有蝕之。大赦天下。劉永將慶吾斬永降，封吾爲列侯。蘇茂、周建立永子紆爲梁王，保垂惠。冬十二月，〔四四〕上幸舂陵，祠園廟，大置酒，與舂陵父老故人爲樂。遣岑彭、(傳)〔傅〕俊、臧宮擊秦豐。〔四五〕秦豐拒漢軍於鄧，彭等數月不得進，上數以讓，彭乃令軍中曰：「明旦軍會和成。」〔四六〕陰逸(因)〔囚〕，〔四七〕豐聞之，悉引軍西邀彭。彭乃直襲黎丘，黎丘震駭，豐遽歸救之。彭逆擊，大破之，遂圍黎丘。乃封彭爲舞陰侯。初，汝南人田戎起兵南郡，衆數萬人，屯夷陵，謀將降漢。戎妻兄辛臣，反覆人也，乃圖彭寵、張步、董憲、劉永、李憲、公孫述、隗囂、劉芳所得郡國，云「洛陽所得地如掌耳，且案兵觀形勢，何遽降哉？」戎曰：「吾衆不如秦豐，豐猶爲征南所圍，而況吾乎？降決矣。」乃順江入沔，將降岑彭，使辛臣與長史留守。臣盜戎珍寶及善馬，從陸道晨夜詣彭曰：「謹説戎降，戎在後方到。」因從彭營與戎書曰：「岑將軍已奏我封五千户侯，虚心相待，願急來，無拘前圖。」戎令臣留守而先至封侯，既以疑之矣。又長史檄至，知臣盜寶物善馬，猶是益猜，復反。彭擊戎，破之，還屯夷陵。隗囂遣使詣闕，上甚悦，素聞其聲，虚心相待，每報答之，常手書稱字。是歲，彭寵自立爲燕王，李憲自稱天子。

四年春正月甲申，大赦天下。耿況、耿舒取軍都，彭寵之邑也。於是更封況爲隃靡侯，舒爲牟平侯。祭遵、耿弇擊張豐，豐功曹執豐降。初，豐好方士，方士言豐當作天子，囊盛石（擊）〔繫〕豐肘云：〔四八〕「石中當出玉璽。」豐信之，故反。豐臨當誅，遵掾爲破其石，豐乃歎曰：「死亡所恨。」上使耿弇拒彭寵，弇上疏曰：「大兵未會，臣不能獨進。且臣家屬皆在上谷，京師無骨肉之親，願得還洛陽。」上報曰：「將軍出身爲國，功效尤著，何嫌何疑而求徵乎？其勉思方略以成功業。」耿況聞弇求徵，乃遣少子國入侍，上以爲黄門侍郎。初，上訪博通之士於司空宋弘，弘薦沛國人桓譚，以爲才學博聞，幾及劉向、揚雄，召拜議郎、給事中。上令譚鼓琴，奏其繁聲，乃得侍宴。弘聞之大恨，伺譚出時，正朝服，坐府上，遣召譚。

譚到，不與席，讓之曰：「吾所以薦子者，欲令輔國以道德也，而今數進鄭聲，亂雅、頌，非中正者也。能自改耶？不然，正罪法。」譚頓首辭謝，良久，乃遣之。後召群臣會樂，上使譚〔鼓琴，譚〕見弘，〔四九〕失其度。上怪而問之。弘乃離席上，免冠謝曰：「譚，臣所薦達，不能以忠導主，而令朝廷悅鄭聲，臣前召以責之，臣之罪也。」上謝弘，使譚反其服，後遂不復令給事中。是時天下草創，政治未立，譚既見退，上疏言時宜，曰：「國之廢興在於政事，得失在於輔佐。輔佐賢明，則俊士充朝，而治〔世〕合〔世〕務；〔五〇〕輔佐不明，則論〔時〕失〔時〕宜，〔五一〕而舉多過事。秉國之君，俱欲興化建善，而治殊事異者，所謂賢者異也。蓋善〔政〕者視俗而施教，〔五二〕察失而爲防，威德更興，文武迭用，然後政調於時，而躁民可定也。昔董仲舒言治國，譬若張琴焉，小不調者可因而就和也；及至大差謬，則解而更張之。夫更張難行，而拂衆者亡，是故賈誼以才逐，晁錯以智死。雖有殊能而莫敢談，懼於前事也。且設法禁者，非能盡天下之姦，又皆合衆人之所欲，大抵取便國利事，則可矣。」書奏不省。是時天子方篤於讖，而譚雅不善之。又以功賞薄，故令天下不時定，復上疏曰：「臣前獻策，未有詔報，不勝憤懣，復言其過。蓋天道性命，聖人難言也，自子貢等不得而聞，況後世淺儒能通之乎！或收古之圖書增益造飾，稱孔子並爲讖記，以誑誤人主，可不抑遠之哉！臣聞安平則尊道術之士，有難則貴介冑之臣。今聖朝以興復祖統，爲民臣主，而四方尚有未盡降歸者，此權謀未得也。臣譚伏觀陛下之用人，其說士則無異略奇謀若酈生、隨何者，將帥則無勇智習兵若韓信、吳起者，其降下無大恩重賞以誘，其後至或虜奪財物，使（徵又）〔各生〕狐疑，〔五三〕連歲月而不解。古人有言：『皆知取之而取，莫知與之而取。』〔五四〕陛下若能輕爵祿，與士大夫共之，而勿愛惜，則何招而不至，何說而不釋，何向而不開，何征而不剋！如此則能以狹爲廣，以遲爲速，亡者復得矣。」〔五五〕由此上逾不悅。譚字君山，有儁才，博覽無所不見，不爲章句訓（誥）〔詁〕，〔五六〕皆通其大義，數從劉歆、揚雄稽疑論議，至其有所得，歆、雄不能間也。好音樂鼓琴，性簡易，不修廉隅，頗以此失名譽。嘗疾俗儒高談弘論，不切時務，由此見排擯。哀、平間位不過郎，然王侯貴人皆願與之交。王莽居攝篡弒之間，天下諸儒莫不競褒稱德美，作符命以求容媚，譚獨嘿然無言，官止樂大夫。袁宏曰：桓譚以疏賤之質，屢干人主之情，不亦難乎！嘗試言之，夫天下之所難，〔難〕於干人主之心，〔五七〕一曰性有逆順，二曰慮有異同，三曰情有好惡，四曰事有隱顯，五曰用有屈伸，六曰謀有內外，七曰智有長短，八曰意有興廢。夫順之則喜，逆之則怒；同之則欣，異之則駭；好之則親，惡之則疏；過之欲隱，善之欲顯；屈者多恥，伸者多怒；語伏在內，志散在外；所長必矜，所短必忝；愛之欲興，憎之欲廢：此皆人君非必天下之正也。〔五八〕人臣所以干人君者，必天下之正也。然而八者之間，禍福不同，可不察也夫！一人行之，萬人議之，雖人君之所資，亦人君之所惡也。百姓有心，一人制之，雖百姓之所賴，亦百姓之所畏。而干人君之所惡，求其心入，天下所難(地)也；〔五九〕縱不致患於其胸中，固未能帖然也。故有道之君，知所處之地，萬物之所不敢干也，故柔情虛己，布其腹心，引而盡之，常恐不至，而況抑而劾之，使其自絶哉！自三代已前，君臣穆然，唱和無間，故可以觀矣。五霸、秦、漢其道參差，君臣之際，使人瞿然，有志之士，所以苦心斟酌，量時君之所能，迎其悦情，不干其心者，將以集事成功，大庇生民也。雖可以濟一時之務，去夫高尚之道，豈不遠哉！夏四月，吴漢擊五校賊，追之至東郡、平原，又破之。鬲縣五姓反，逐其守長，諸將曰：「朝擊鬲，暮可拔也。」漢怒曰：「敢至鬲下者斬，使鬲反者守長罪。」移檄告郡牧，〔收〕守長欲斬之。〔六〇〕諸將皆竊言「不擊五姓，反欲斬守長乎？」漢乃使人謂五姓曰：「守長無狀，復取五姓財物，與寇掠無異，今已收(擊)〔繫〕斬之矣。」〔六一〕五姓大喜相率而降，諸將曰：「不戰下人之城，非衆所及也。」嘗有寇夜攻，漢軍中驚擾，漢堅卧不動，軍中聞漢不動，皆還按部。漢乃選精兵夜擊，大破之。是時泰山豪傑與張步連兵，漢言於上曰：「非陳俊莫能安泰山也。」於是以俊爲泰山太守，行大將軍事。步聞之，遣兵迎俊於嬴下，俊擊，大破之，因攻下諸縣，遂定泰山。五月，上幸盧奴。初，上將征彭寵，過盧奴而還。諸將問吴漢曰：「敵未破而上還，何也？」漢曰：「陛下曉兵，還必不虛。」上告諸將曰：「狡賊出魏郡，在人後，故還也。」六月，上幸譙。〔六二〕王霸、馬武攻垂惠，蘇茂將兵救之。馬武與戰不利，從霸求救，霸閉營不出，軍吏爭之，霸曰：「賊兵精鋭，其衆又多，吾吏士心恐，而武軍挫退，此敗道也。今堅閉，示不相救，武軍困急，其戰自倍，賊衆疲勞，吾以精兵乘其弊，乃可剋也。」賊果大出，合戰良久，霸出精騎擊其後，賊皆破走。茂復求戰，吏士皆曰：「賊前已破，今易擊也。」霸曰：「不然。蘇茂遠來相救，糧食不足以久留，故挑戰，冀得一切之勝耳。今閉營休士，而勝可全，所謂不戰而詘人兵，善之善者也。」遂閉門堅守，勞賜吏士，城中數出挑霸，霸不動，茂果引兵去。秋八月，上幸壽春。馬武、劉隆圍李憲於舒。彭寵圍薊，朱浮不能守，單馬奔京師。尚書令侯霸奏浮構成寵罪，敗亂幽州，不能（伏）〔仗〕節死難，〔六三〕與寵相拒，罪當誅。上赦之。冬十月，〔六四〕上幸宛。朱祐、耿植圍秦豐，岑彭、（傳）〔傅〕俊擊田戎於夷陵。〔六五〕戎破走，（上）〔入〕蜀。〔六六〕彭遣積弩將軍（傳）〔傅〕俊至江南，〔六七〕偏將軍房充至交州，〔六八〕班行詔書，陳國家威德。於是交州牧鄧讓、蒼梧太守杜（稷）〔穆〕、交趾太守（楊）〔錫〕光，〔六九〕更始所用也，皆上書貢獻江南郡縣，亦信使通焉。十二月，上幸黎丘詔秦豐，〔豐〕出惡言。〔七〇〕朱祐等急攻之，豐將妻子降，祐轞車送洛陽。大司馬吴漢劾祐曰：「秦豐狡猾，連年固守，陛下親踰山川，遠至黎丘，開日月之信，而豐悖逆，天下所聞，當伏誅滅，以謝百姓。祐不即斬截以示四方，而廢詔命，聽受豐降，無將帥之任，大不敬。」上誅豐，不罪祐。是冬，馬援爲隗囂使來。援字文淵，茂陵人。長兄況，最知名，爲河南太守，封窮虜侯。（況）〔次〕兄余，〔七一〕中壘校尉，封致符子。次兄員，增山連率，皆二千石，封侯。援少有大志，諸兄奇之，年十餘歲，平陵朱勃與援同年，能説韓詩，援纔能書，退有慙色。況謂援曰：「小器速成，朱（教）〔勃〕智能盡於今日矣。〔七二〕後成人知謀，衆事皆從汝，稟受勿畏也。」援以況欲獎勵己，内以爲不然焉。援受齊詩，數年意不能守章句，乃辭況，欲至邊郡畜牧。況曰：「汝大才當晚成，良工不示人以璞，且從所好。」治裝未辦，會況卒，援行喪期年，常不離墓。時朱勃以試守渭城宰，援獨言朱勃終當何時稟仰我。頃之，或薦援有大略，由是爲（曹）〔郡〕督郵，〔七三〕送罪人司命府，援皆縱遣之，因亡命北地，以畜牧爲事。援父嘗爲牧帥令，兄員爲護宛吏者，故人賓客多從之。轉安定、天水、隴西數郡，豪傑望風而至，賓客自環嘗數十人。援田畜日廣，羊五六千頭，馬數百群，穀萬斛，乃歎曰：「凡殖財者，貴以施也，不則守錢奴耳。」乃散以賑昆弟舊故，乃還至長安。王莽末，盗賊起，〔莽從弟衛將軍林〕，〔七四〕求雄傑之士，〔辟〕援與原涉。〔七五〕〔涉〕爲潁川太守，〔七六〕援爲漢中太守。適至官，王莽敗，員亦亡去增山，俱之（梁）〔涼〕州，〔七七〕會隗囂（冀）用援爲綏德將軍，〔七八〕而公孫述稱帝於蜀，囂意未知所附，乃遣援南視。述素與援舊，以到當握手相迎也，乃盛陳陛戟見援，語言未悉，延援就客館。述備威儀，會百官，爲援立舊交之位。述磬折而入，鸞旗旄騎，警蹕〔就〕車，〔七九〕盛器服，賓客甚盛，欲留援。援曰：「天下雌雄未定，公孫不吐哺走迎國士，與圖成敗，乃修飾邊幅，如偶人形。此何足久留乎？」數月，辭去，還謂囂曰：「子陽若井底蛙，妄自尊耳！不如專意東方。」於是遣援與拒蜀侯國遊先俱奉章詣京師，初到，召詣尚書。有頃，中黄門一人引入，時在宣德殿，援拜，上大笑曰：「卿遨遊二帝間，見卿大慙。」援頓首辭謝，因曰：「當今之世，不但君擇臣，臣亦擇君。臣與公孫述同縣，少有娱，臣前至蜀，陛戟乃見臣。臣（遠）〔援〕異方來，〔八〕陛下何以知臣非刺客姦人，而簡易若是？」上復大笑曰：「卿非刺客，顧説客耳。」援對曰：「天下傾覆，盜賊自立名姓者不可勝數。今得見陛下，寥廓大度，同符高祖，乃知帝王自有真也。」上壯之，使從征伐，每召見讌語，夜至天明。援才略兼人，又好縱横之畫，故未得官，待詔而已。上遣太中大夫來歙持節送援。國遊先至長安，怨家殺遊先，其弟爲囂雲旗將軍。來歙恐其怨恨，即與援俱還長安。

【校勘記】

〔一〕則疑在日　續漢書五行志作「則其應多在日所宿之國」。

〔二〕在危十度　續漢書五行志作「在危八度」。

〔三〕壬辰　後漢書光武帝紀作「壬子」。

〔四〕銅馬餘人　陳璞校云「句上疑脱初字」。

〔五〕寵遣萬餘人（長）〔出〕潞西與（險）〔隆〕相距　從學海堂本改「長」爲「出」。據後漢書彭寵列傳改「險」爲「隆」。

〔六〕被甲胄爲軍〔吏耳〕　從南監本、龍谿本補。

〔七〕乙酉　後漢書光武帝紀作「乙未」。

〔八〕董宮爲西海王　宮，後漢書劉永列傳作「憲」。

〔九〕攻延於浦西　浦，後漢書蓋延列傳作「沛」。

〔一〇〕胡陵　後漢書劉永列傳作「湖陵」。

〔一一〕（外祖母）〔姊〕黄爲湖陽君　從後漢書宗室四王三侯列傳改。按該傳稱黄爲光武帝姊，建武二年封爲湖陽長公主。

〔一二〕（之）〔必〕乘驛問興　從南監本、龍谿本、學海堂本改。

〔一三〕皆（自）〔封〕爲列侯　從南監本、龍谿本、學海堂本改。

〔一四〕故宛王劉賜爲順侯　順侯，後漢書宗室四王三侯列傳作「慎侯」。

〔一五〕劉順爲成侯　成侯，後漢書宗室四王三侯列傳作「成武侯」。

〔一六〕姬當爲周承休公　姬當，後漢書光武帝紀作「姬常」。

〔一七〕歙字經世　世，後漢書宗室四王三侯列傳作「孫」。

〔一八〕徵通爲光禄勳　後漢書李通傳作「徵通爲衛尉」。

〔一九〕增卿謁者秩各一等　卿，後漢書光武帝紀作「郎」。

〔二〇〕自信都還　後漢書皇后紀作「至真定」。

〔二一〕以況爲城門校尉緜蔓侯　緜蔓侯，後漢書皇后紀作「緜蠻侯」。

〔二二〕十二帝神主　後漢書鄧禹列傳作「十一帝神主」。

〔二三〕父沖哀帝時爲諫（議）大夫　從後漢書來歙傳删。沖，來歙傳作「仲」。

〔二四〕得歙（擊）〔繫〕之　從南監本、龍谿本、學海堂本改。

〔二五〕濉陽反　濉，後漢書吴漢列傳作「睢」。

〔二六〕自馮（惜）〔愔〕殺宗歆後　從南監本、龍谿本改。

〔二七〕隆字文伯　後漢書伏湛列傳作「隆字伯文」。

〔二八〕會潁川不（静）〔靖〕　從陳璞校改。

〔二九〕一人皆二人待之　後漢書寇恂列傳作「一人皆兼二人之饌」。

〔三〇〕〔聘〕能爲左氏春秋者　從後漢書寇恂列傳補。

〔三一〕遣尚書宋廣　後漢書王梁列傳作「宗廣」。

〔三二〕東掠郡縣(也)　從龍谿本刪。

〔三三〕黄金一斤五斗穀數　後漢書馮異傳作「黄金一斤易豆五升」。

〔三四〕中(書)〔軍〕次之　從後漢書光武帝紀改。

〔三五〕肉(祖)〔袒〕奉所得更始璽綬　從南監本、龍谿本、學海堂本改。

〔三六〕楊歆在長安時遇廣陽王良有恩　後漢書劉盆子列傳作「楊音在長安時遇趙王良有恩」。

〔三七〕遷後隊正　後漢書伏湛傳作「遷後隊屬正」。

〔三八〕遭倉卒　後漢書伏湛傳作「時倉卒兵起」。

〔三九〕一穀不(昇)〔升〕　從南監本、龍谿本改。

〔四〇〕非有(伏)〔仗〕節死義　從南監本、後漢書吴漢列傳改。

〔四一〕復圍(雎)〔睢〕陽　「睢」訛，逕改。

〔四二〕鄧奉走育陽　後漢書岑彭列傳作「淯陽」。

〔四三〕因朱祐請〔降〕　從後漢書朱祐列傳補。

〔四四〕冬十二月　後漢書光武帝紀作「冬十月」。

〔四五〕遣岑彭(傳)〔傅〕俊　從龍谿本改。

〔四六〕明旦軍會和成　後漢書岑彭列傳作「使明旦西擊山都」。

〔四七〕陰逸(因)〔囚〕　從龍谿本改。

〔四八〕囊盛石(擊)〔繫〕豐肘　從南監本、學海堂本改。

〔四九〕上使譚〔鼓琴譚〕見弘　從學海堂本補。

〔五〇〕而治(世)合〔世〕務　從南監本、龍谿本乙正。

〔五一〕則論(時)失〔時〕宜　從南監本、龍谿本、學海堂本乙正。

〔五二〕蓋善〔政〕者　從龍谿本、學海堂本補。

〔五三〕使(徵又)〔各生〕狐疑　從南監本、龍谿本、學海堂本改。

〔五四〕皆知取之而取莫知與之而取　後漢書桓譚列傳作「天下皆知取之爲取而莫知與之爲取」。

〔五五〕亡者復得矣　後漢書桓譚列傳作「亡者復存失者復得矣」。

〔五六〕不爲章句訓(語)〔詁〕　從南監本、龍谿本、學海堂本改。

〔五七〕〔難〕於干人主之心　從南監本、龍谿本補。

〔五八〕此皆人君非必天下之正也　陳璞校云「句有訛脱」。

〔五九〕天下所難(地)也　從龍谿本、學海堂本删。

〔六〇〕〔收〕守長欲斬之　從南監本、龍谿本、學海堂本補。

〔六一〕今已收(擊)〔繫〕斬之矣　「擊」訛，逕改。

〔六二〕六月上幸譙　後漢書光武帝紀作「七月」。

〔六三〕不能（伏）〔仗〕節死難　從陳璞校改。

〔六四〕十月　後漢書光武帝紀作「十一月」。

〔六五〕岑彭（傳）〔傅〕俊　從南監本、龍谿本、學海堂本改。

〔六六〕（上）〔入〕蜀　從南監本、龍谿本改。

〔六七〕（傳）〔傅〕俊至江南　從南監本、龍谿本、學海堂本改。

〔六八〕偏將軍房究至交州　後漢書岑彭列傳作「偏將軍屈充移檄江南」。

〔六九〕蒼梧太守杜（稷）〔穆〕交趾太守（楊）〔錫〕光　從後漢書岑彭列傳改。

〔七〇〕〔豐〕出惡言　從龍谿本補。

〔七一〕（況）〔次〕兄余　「況」訛，逕改。

〔七二〕朱（敎）〔勃〕智能盡於今日矣　從南監本、龍谿本、學海堂本改。

〔七三〕由是爲（曹）〔郡〕督郵　從後漢書馬援列傳改。

〔七四〕〔莽從弟衞將軍林〕　從後漢書馬援列傳補。

〔七五〕〔辟〕援與原涉　從學海堂本、後漢書馬援列傳補。

〔七六〕〔涉〕爲潁川太守　從學海堂本補。

〔七七〕俱之（梁）〔凉〕州　從後漢書馬援列傳改。

〔七八〕會隗囂（冀）用援爲綏德將軍　從後漢書馬援列傳刪。

〔七九〕警蹕〔就〕車　從學海堂本、後漢書馬援列傳補。

〔八〇〕臣（遠）〔援〕異方來　從南監本、龍谿本、學海堂本改。

# 兩漢紀下　後漢紀

## 光武皇帝紀卷第五

五年春二月丙午，大赦天下。周建兄子誦以垂惠降。〔一〕劉紆、周建、蘇茂走下（丕）〔邳〕，〔二〕建道死。封孔子後孔安爲殷紹嘉公。初，彭寵徵書至潞縣，有火災，城中飛出城外，燔千餘家，殺人甚多。寵堂上聞蝦蟇聲，在爐火下，鑿地求之，無所得。數有變怪，卜筮及望氣者皆言兵當從中起。寵以其從弟子后蘭卿本上（府）所使來，〔三〕故不相親也，（今）〔令〕將屯於外。〔四〕寵奴子密等三人謀共劫寵，寵齋於便室，晝臥，三奴共縛著牀，告外吏：「大王解齋，吏皆休，旦乃白事。」乃從次呼諸奴婢，以寵教責問，便收縛，各置空室中。以寵聲呼其妻，妻入室，見寵縛，驚曰：「奴反邪？」奴格妻頭，擊頰。寵曰：「趣爲諸將軍辦裝。」兩奴將妻入取物，一奴守寵。寵謂守奴曰：「若小兒，我素所愛也，爲子密逼劫耳。解我縛，出閤則活矣。用女珠妻汝，家中財物皆以與汝。」奴意解之，視户外，見子密聽其語，遂不解。子密將妻入，取寵男女悉閉室中，收金珠衣物至寵所裝之，被馬六匹，使妻縫縑囊。昏夜後，解寵手，令作記告城門將軍：（令）〔今〕遣子密等至子后蘭卿所，〔五〕開城門出，勿稽留。」書成，斷寵及妻頭，置縑囊中，馳詣闕。封子密爲無義侯。寵尚書韓立、高宣等共立寵子午爲燕王，子后蘭卿爲將軍。數日，寵國師韓利斬午首詣祭遵，遵將兵誅寵支黨，漁陽遂平。上嘉耿況之功，以其久勞於邊，使光禄大夫樊密持節徵況，〔六〕還京師，賜以大第，甚見尊重。況年老多病，天子親數臨問，徵弇視疾。弇、舒並封列侯，國爲射聲校尉，復除二子廣、舉爲郎。諸子侍疾，並垂青紫，當世以爲榮。及薨，贈賜甚厚，謚曰（列）〔烈〕侯。〔七〕子國以當嗣，辭曰：「先侯愛少子霸。」上疏讓，天子許焉。國有籌策，數言邊事，天子器之，官至大司農。〔八〕三月，徙廣陽王良爲趙王。山陽人龐萌爲更始冀州牧，與世祖、謝躬俱平邯鄲，萌謂躬曰：「劉公不可信也。」躬以告世祖，世祖喻而安之。及上誅謝躬，而萌率衆降，上奪其衆，謂萌曰：「前在邯鄲，知之何速邪？」萌曰：「知之久矣。」萌爲人婉順，上親愛之，以爲侍中。嘗對諸將曰：「可以託六尺之孤，寄百里之命，龐萌是矣。」使萌爲平狄將軍，與蓋延俱定梁、楚地。萌與延爭權，懼延譖己，遂勒兵反。夏四月，〔九〕平狄將軍龐萌反，襲蓋延，破楚相孫萌，〔一〇〕自號東平王，引兵與董憲、蘇茂合。上嗟歎曰：「人不可知乃如是。」下詔曰：「吾嘗於衆人中言萌可爲社稷臣，將軍等得無笑吾言。老賊當族。

其勵兵馬，會〔睢〕〔䧳〕陽。」〔一一〕六月，上幸蒙。龐萌、董憲、蘇茂等將三萬人攻〔挑〕〔桃〕城，〔挑〕〔桃〕城告急。〔一二〕上將輕騎二千、步兵數萬晨夜至亢父，百官疲倦，可且宿，上不聽，復行十里，宿任城。明旦，諸將欲攻賊，賊亦勒兵待戰，上令諸將不得出。是時吴漢兵在東郡，馳使召之，萌等驚曰：「數百里晨夜行，以爲到當戰，而堅坐任城，致人城下，真不可〔往〕〔測〕也。」〔一三〕積二十餘日，吴漢到，乃進擊，大破之。萌、憲、茂復將數萬人屯昌慮，以兵拒新陽，吴漢進擊破之，遂守昌慮。是時河西隔遠，世祖都洛陽，未能自通，以隗囂稱漢年號，竇融等從受正朔。囂外受民望，内圖異計，遣説客張玄游説〔河〕西〔河〕，〔一四〕言「一姓不再興，今豪傑競逐，雌雄未分，宜與隴、蜀合從，高爲六國之勢，下成尉他之事。」融乃聚其衆而議之，曰：「漢承堯運，曆數延長，上之姓號，〔其〕〔具〕見於天文，〔一五〕自前博物道術之士言之久矣。故劉子駿改易名字以應其占，此皆近事暴著所共見也。以人事言之，今稱天子者數人，而洛陽甲兵最强，號令最明，加以祖宗之重，百姓所歸服，天人之應如此，他姓未能爭也。」衆皆以爲然。梁統恐衆惑其言，乃刺殺玄。是夏，竇融及五郡太守遣使詣闕。上先聞五郡全實在隗囂、公孫述之間，常欲招引之，會得其表，甚悦，遣使拜融爲凉州牧，璽書褒納之。秋八月，吴漢破昌慮，軍士高扈斬梁王紆降，〔一六〕蘇茂奔張步，董憲、龐萌走之朐，漢復守之。冬十月，上幸魯，使大司空祠孔子。使耿弇諸將擊張步，步盛兵祝阿，列營鍾城。弇攻祝阿，拔之。開其角，令弇鍾城，皆空壁走。將軍費敢以精兵守巨里。弇令軍中益治攻具，將攻巨里。步、濟南王費邑聞之，將兵救巨里。弇告諸將曰：「此即所求者，野兵不擊，何以城爲？所以治攻具者，（所）〔欲〕以誘致邑耳。」〔一七〕弇分兵守巨（野）〔里〕，〔一八〕自與邑戰，大破之。弇乃收所斬級以（歸）示巨里城中，〔一九〕城中恟懼，夜空城走。弇收其積聚，縱兵擊諸未下者，平三十餘營。時張步都劇，使弟藍將兵守西安。西安距臨淄三十里，〔二〇〕弇引營居臨淄、西安之間。西安城小而兵精，臨淄名大而不實。弇令軍中曰：「後五日攻西安。」藍聞之，晨夜爲守備。至（其）〔期〕夜半，〔二一〕令軍皆食，會明至臨淄城。軍吏爭之，以爲攻臨淄而西安必救，攻西安臨淄不能救。弇曰：「然吾故攻西安，今自憂城守；而吾攻臨淄，一日必拔，何救之有？吾得臨淄則西安孤，藍與劇斷絕，必復亡去，所謂擊一而得兩者也。且西安城堅兵精，攻之未可卒下，衆必多死傷。正使得其城，張藍引兵奔臨淄，如是臨淄更强，勒兵憑城，觀人虛實。吾深入敵境，後無轉輸，旬日之間，不戰而困，諸君適不見是耳。」弇遂攻臨淄，拔之。張藍聞臨淄拔，果將其衆走劇，去臨淄九十里。弇令軍中無得掠劇下，須步至臨淄乃擊之。步聞弇言大笑曰：「以尤來、大彤十餘萬衆，吾皆破之，今大〔耿〕兵少於彼，〔二二〕又皆疲勞，何足破乎！」弇上書曰：「臣據臨淄，深壍壘，張步必自來攻，臣以逸待勞，以實擊虛，旬日之間，步首自可獲。」上然其計。步果與三弟、故大彤帥（董）〔重〕異將二十萬衆至臨淄。〔三〕弇令都尉劉歆、太山太守陳俊勒兵城上，分陣城下。賊至北門，歆、俊兵皆反，步等乘虚並入攻弇營。弇登臺望之，見其營擾，乃下臺安之。既而將精兵擊步於東〔城〕下，〔四〕大破之。飛矢中弇股，引刀截之，軍中無知者。弇欲以疲步兵，明日將戰，陳俊曰：「步兵多，且可須上至。」弇曰：「上至，臣子當擊牛釃酒以待百官，反欲以賊遺君父邪？」遂縱兵合戰，復大破之。弇度步已困，乃罷兵，置左右翼。步夜果引去，伏兵夾擊，死者城中溝壍皆滿，得輜重二千餘兩。弇縱兵追擊至鉅昧，水上八十餘里，僵尸相屬。後數日，上至臨淄勞軍，百官列坐，上謂弇曰：「將軍正韓信也，韓信擊歷下以著名，今將軍攻祝阿以發迹，此非齊西界邪？」弇曰：「歷下即歷城，在祝阿東五十里，皆齊西界也。」上曰：「將軍嘗爲吾言，〔困〕〔因〕上谷兵以擊涿郡、漁陽，〔五〕進擊富平、獲索，因東攻張步，平齊地，以爲落落難合。今皆如將軍策，有其志者事竟成也。將軍有定齊之功，功出於大司馬，明如日月也。」張步既破，走還劇，而蘇茂適至，讓步曰：「我南陽兵精，不可待茂邪？」步曰：「負卿何言！兄弟走平壽。」上曰：「能相斬降者封之。」步乃斬蘇茂，肉袒軍門降。弇勒兵入城，樹十二郡旗，各以本郡詣旗下，衆尚十餘萬，輜重七千餘兩。封步爲安丘侯。於是琅邪未平，徙陳俊爲琅邪太守。齊地素聞俊名，始入界，盜賊大散。頃之，張步兄弟謀反，亡歸琅邪，俊擒討，盡誅之。上美其功，賜俊璽書曰：「將軍元勳大著，威振青、徐兩州，有警實得征之。」俊撫貧弱悉有義，令行郡中，百姓歌之。數上書自請擊隴、蜀，上報曰：「東州新平，大將軍之功也。負海猾夏，盜賊之處，國家以爲重憂，且勉鎮撫之。」初起太學（官）〔宮〕。〔二六〕十二月，盧芳自稱天子，入居九原，略有數郡。初，上問來歙曰：「今西州未附，子陽稱帝，吾方務静關東，西略未知所任，計將何如？」歙因自請曰：「臣嘗與隗囂相遇關中，其人始建爲漢之計。今陛下聖德隆興，臣願得奉一節，開以丹青之信，囂必歸命，則公孫自亡，勢不足圖也。」上然之，使歙持節喻指，往來數年矣。於是歙復與馬援使喻隗囂。囂與馬援卧起，問京師善惡，援答曰：「前到京師，凡數十見，每（待）〔侍〕對，〔二七〕夜至天明，援事主未常見也。材德驚人，勇（又）〔略〕非人敵，〔二八〕開心見誠，好醜無所隱，圖畫天下事良備，量敵决勝，闊達多大略與高帝等；經學博覽，政事文辯，未覩其比也。」囂曰：「必如卿言，勝高帝邪？」援曰：「不如也。高帝大度，無可無不可；今上好吏事，動循軌度，又不飲酒，所不如也。」囂大笑曰：「若是反不勝邪？」囂雖内不信，不得已，遣太子恂入侍。拜爲胡騎校尉，封鐫羌侯。援亦將家至京師，上書求將賓客屯田上林中，因宣揚國威，招來豪傑，以立尺寸之功，上許焉。是冬，大司徒伏湛免，尚書令侯霸爲司徒。霸字君房，河南密人也。矜嚴有威容，家累千金，不事産業，篤志詩、書，成、哀間仕爲郎，王莽時歷職有稱，爲臨淮太守。〔二九〕莽敗，霸保郡自守，吏民安之。更始初，遣謁者徵霸，百姓老弱相携啼泣，遮使者車，或當道卧，皆曰：「願乞復留霸等。」朞年，民至戒乳婦勿舉子，侯君當去，俱不能全耳。謁者恐霸就徵，失亡臨淮，於是不敢受璽書，具以狀聞。會更始敗，世祖即位，徵霸爲尚書令。是時朝廷新立，制度草創，政令有不便於民者，霸輒奏省之。霸辟太原人閔仲叔，既至，霸勞問之，不及政事。叔對曰：「始得明公辟，且喜且懼。何者？喜於爲明公所知，懼於虚薄不能宣益拾遺。今未越府閾，喜懼纔半，親知政教，已見掾吏。及見明公，喜懼皆去。何則？望明公問屬何以明政美俗，調陰陽，訓五品，令宇内〔人〕〔乂〕安也。〔三〇〕以叔爲不足問邪？不當辟也。如以爲任用而不使陳之，則爲失人。智者不私人以位，亦不失人，是以喜懼皆去。」因自劾去，後博士徵，不至，終於家。太子少傅王丹被徵，將至，侯霸遣子昱迎拜之，丹下車答拜。昱曰：「家公欲與公俱定恩分，何爲拜子孫邪？」丹曰：「君房有是言，丹未許也。」丹常受人言，有所薦及舉者有罪，丹坐免官，終不言。客甚慙，自絶於丹。丹俄爲太子太傅，使人呼客見之，〔謂曰〕：〔三一〕「何遇丹之薄也！」客自安如故。其子有同門生遭親喪，白丹，欲奔之。丹撻之五十，或問其故，丹曰：「世稱鮑叔、管夷吾，次則百里奚、蹇叔，近則王陽、貢禹，歷載彌久，如此其難也。張、陳凶其終，蕭、朱隙其末，故勑子孫友道難立，非保慎不惑，焉能終乎！」丹字仲回，京兆下邽人。王莽時，連徵不至。避世隴西，隱居養志，家累千金，好施周急。每歲時農畢，察强力多收者載酒肴而勞之。其墯懶不收者，耻不獲勞，無不力田者。聚落化之，遂以殷富。閭里犯罪者，喻其父兄而致之法；喪憂者量其資財爲之制度，丹親任其事。行之十年，民皆敦厚。陳遵者，豪傑之士也。〔三〕遵友人喪親，賻縑百匹。丹獨送縑一匹，曰：「如丹是縑，皆出機杼也。」遵有慙色，欲與丹相結，丹未之許也。更始時，遵北使匈奴，過辭於丹。丹謂遵曰：「俱遭亂世，唯我二人爲天地所遺。今子使絶域，無以相贈，贈子以不拜。」其高抗不屈，皆此類也。衛尉銚期、執金吾寇恂亦慕而友之，名重當世。頃之遜位，卒于家。是歲，徵會稽嚴光、太原周黨。光字子陵，少與世祖同學。世祖即位，下詔徵光，光變名姓，漁釣川澤。至是復以禮求光，光不得已，舁疾詣京師。上就見光曰：「子陵不可相助邪？」光臥而應曰：「士固有執節者，何至相逼乎？」天子欲以爲三公，光稱病而退，不可得而爵也。黨字伯況，舉動必以禮。赤眉之亂，所在殘破，至太原，聞黨德行，不入其邑，由是名重天下。三徵然後至，黨着短布單衣，穀皮綃頭，見於尚書。欲令黨改冠服，黨曰：「朝廷本以是故徵之，安可復更邪？」遂見，自陳願守所志，上聽之。詔曰：「許由不仕，有唐帝德不衰；夷、齊不食周粟，王道不虧。不忍使黨久逡巡于汙君之朝，其賜帛四十匹，遣歸田里。」博士范升奏毁黨曰：「臣聞堯不須許由、巢父而天下治，周不待伯夷、叔齊而王道成，巍巍蕩蕩，至今不絶。臣伏見太原周黨，使者三聘，乃肯就車。陛下親見詣庭，黨伏而不謁，偃蹇自高，逡巡求退，釣采華名，以誇主上。臣愚以爲黨等不達政事，未足進用。臣願與黨並論雲臺之上，考試圖國之道。不如臣言，請伏虛誣之罪。」書奏，天子示公卿。詔曰：「自古堯有許由、巢父，周有伯夷、叔齊，自朕高祖有南山四皓。自古聖王皆有異士，非獨今也。伯夷、叔齊不食周粟，太原周黨不食朕禄，亦各有志焉。」黨既退，著書上下篇，終於(沔)〔黽〕池，〔三三〕百姓賢而祠之。是時太原王霸、北海逢萌亦隱居養，俱被聘。霸到尚書，拜不稱臣，問其故，荅曰：「天子有所不臣，諸侯有所不友。」遂以疾歸，茅屋蓬户，不厭其樂。萌少給事亭長，慨然歎曰：「大丈夫焉能爲人役哉？」遂去就師。聞王莽居攝，子宇諫，莽殺之。萌會友人曰：「三綱絶矣，禍將及人。」即解衣冠挂東都城門，將家屬客於遼東。天下定，乃還琅邪不其山中，〔三四〕以德讓導鄰里，聚落化之。詔書徵，萌上道迷，不知東西。萌曰：「朝廷所以徵我者，以吾聰明睿智，有益於政耳。今方面尚不知，安能濟政？」即歸，後連徵不起。袁宏曰：夫金剛水柔，性之别也；員行方止，器之異也。故善御性者，不違金水之質；善爲器者，不易方員之用。物誠有之，人亦宜然。故肆然獨往，不可襲以章服者，山林之性也。鞠躬履方，可屈而爲用者，廟堂之材也。是以先王順而通之，使各得其性，故有内外隱顯之道(爲)〔焉〕。〔三五〕末世凌遲，治亂多端，隱者之作，其流衆矣。或利競滋興，静以鎮世；或時難迍邅，處以全身；或性不和物，退以圖安；或情不能嘿，卷以避禍(亂)。〔三六〕凡〔此〕之徒，〔三七〕有爲而然，非真性也；而有道之君皆禮而崇之，所以抑進取而止躁競也。嗚呼，世俗之賓，方抵掌而擊之，以爲譏笑，豈不哀哉！自王莽末，天下旱蝗，稼穀不成，至建武之初，一石粟直黄金一斤，而人相食。二年秋，野穀旅生，野蠶成繭，民收其實以爲衣糧。是歲，野穀生漸少，南畝益墾矣。

六年春正月丙辰，改春陵爲章陵，復比豐沛。劉隆等破舒城，斬李憲。二月，吴漢拔朐城，董憲、龐萌逃出。漢執其妻子，憲流涕謝吏士曰：「妻子皆已得矣，久苦諸公。」將十餘騎欲從間道詣上降，追兵至，皆斬之。於是天下粗定，唯隴、蜀未平。上乃休諸將於洛陽，分軍士於河内。數置酒會，諸將輒加賞賜。每幸郡國，見父老掾吏，問數十年事，吏民皆驚喜，令自以見識，各盡力命焉。初，軍旅間賊檄日以百數，上猶以餘暇講誦經書，自河圖洛書讖記之文無不畢覽。王元説隗囂曰：「天下成敗未可知，天水完富，士馬最强，宜北取西河，東收關中，按秦舊迹，表裏河山。元請以一丸泥爲大王東封函谷關，此萬世之一時也。既不能爲此，且畜養士馬，據隘自守，曠日持久，以待四方之變，圖王不成，其弊猶足以霸。要之，魚不可以脱於泉，一失權柄，神龍還與蝘同。前更始都長安，四方嚮應，以爲真定也。一朝壞敗，大王幾無所據。今南有公孫，北有文伯，江湖海濱，王公十數，而欲信儒生之語，棄千乘之基，羈旅危國以求安全，是由覆車之軌，計之不可者也。」囂心然之。是時公孫述遣兵出江關，敗南郡。上因欲天水伐蜀，從褒、斜、江關，路遠而多阻，莫若從西州，因便以舉則兵强財富。囂雖遣子入侍，而心懷兩端，常思王元之言，欲據一方，不欲早定。乃復上書，盛言蜀道危險，棧閣敗絶，丈尺之地，則不得通。述性嚴酷，上下相患，須其罪惡孰著，大呼響應之勢也。來歙素剛，聞囂有異議，遂發憤責囂曰：「國家以君爲知臧否，曉廢興，故爲手書以暢聖意。既遣伯春，復用邪惑之言，族滅之計，叛主負子，背忠信，傷仁義，吉凶之決在於今日。」欲前刺囂，而左右兵多。囂欲害歙，歙持節就車，囂逾怒，欲殺歙。王遵諫曰：「愚聞爲國者慎名與器，爲家者畏怨重禍。名器俱慎，則下伏其令；怨禍不輕，即家受其福。今將軍遣子質漢而外懷他心，名器逆矣。既違其命，又殺其使，輕怨禍矣。古者列國兵交，不絶其使，所以重兵貴和而不任戰也。春秋傳曰：『交兵，使通可也。』何況持王命質而犯之哉？上不合於正義，内不周於長利，苟行盜賊之短策，又何是非之能識？加以伯春委身已在闕庭，而屠漢使，此踐機試劍授刃於頸也。君叔雖單居，〔三八〕陛下之外兄也，屠之未損於漢，而隨以族敗。昔宋執楚使，遂有易子之禍。小國猶不可辱，況萬乘之主乎？」歙知黨多在西州，救助非一，遂得免。王遵亦豪傑士也，既而降漢，封上雒侯。初，囂問班彪曰：「往者周亡，戰國並争，天下分裂，數世然後始定，意者縱横之事，復起於今日乎？將承運迭興在一人也？願先生論之。」對曰：「周之興廢與漢不同。周立爵五等，諸侯從政，本根既微，枝葉强大，故其末流有縱横之事，其勢然也。漢家（乘）〔承〕秦之制，〔三九〕郡縣治民，臣無百年之柄，至成帝假借外家，哀、平短祚，國嗣三絶，危自上起，傷不及下。故王氏之貴，傾擅朝廷，能竊號位，而不根於民。是以即真之後，天下莫不引領而思漢。十餘年間，（天下）中外騷擾，〔四〇〕遠近俱發，假號雲合，咸稱劉氏，不謀而同辭。方今雄傑跨州城者，皆無七國世業之資。詩云：『皇矣上帝，臨下有赫。監視四方，求民之瘼。』今民謳吟思漢，嚮仰劉氏，已可知矣。」囂曰：「先生言周、漢之勢，可也，至於但見愚民習識劉氏姓號之故，而謂漢家復興，疏矣！昔秦失其鹿，劉季逐而得之，時民復知漢乎！」彪既感囂言，又（愍）〔愍〕狂狡之不息，〔四一〕迺著王命論以救時難。曰：「昔在帝堯之禪曰：『咨爾舜，天之歷數在爾躬。』舜亦以命禹。洎于稷、契，咸佐唐堯，光濟四海，奕世載德，至於湯、武，而有天下。雖遭遇異時，而禪代不同，至於應天順民，其揆一也。故劉氏承堯之祚，氏族之世，著乎春秋。唐據火德，而漢紹之，始起沛澤，則神母夜號，以彰赤帝之符。由是言之，帝王之祚，必有明聖顯懿之德，豐功厚利積累之業。然後精誠通乎神明，流澤加乎生民，故能爲鬼神所福饗，天下所歸往。未見運世無本，功德不紀，而得倔起在此位者也。世俗見高祖興於布衣，不達其故，以爲適遭暴亂，得奮其劍，遊説之士至比天下於逐鹿，捷者幸而得之，不知神器有命，不可以智力求。悲夫！〔此〕世（亂）所以多亂臣賊子者也。〔四二〕若然者，豈獨闇於天道哉？又不覩之於人事矣！夫饑饉流離，〔四三〕單寒道路，思有（短）〔裋〕褐之（襲）〔褻〕，〔四四〕擔石之蓄，所願不過一金，然終不免轉死溝壑。何則？貧窮亦有命也。況乎天子之貴，四海之富，神明之祚，可得而妄處哉！故遭罹厄會，竊其權柄，勇如信、布，强如梁、籍，成如王莽，然卒潤（其湯）鑊伏質，〔四五〕烹俎分裂，又況么麼，不及數子，而欲晻姦天位者乎！是故駑蹇之乘，不騁千里之路，鷰雀之儔，不奮六翮之用，楶棁之材，不荷棟梁之任，斗筲之子，不秉帝王之重。易曰：『鼎折足，覆公餗。』言不勝其任也。當秦之末，豪傑共推陳嬰而王之，其母止之曰：『自吾爲子家婦，而世貧賤，今卒富貴不祥，不如以兵屬人，事成少受其利，不成禍有所歸。』嬰從其言，而陳氏以寧。王陵之母亦見項氏之必亡，劉氏之將興也。是時陵爲漢將，而母獲於楚，有漢使來，陵母見之，謂曰：『願告吾子，漢王長者，必得天下，子謹事之，無有二心。』遂對漢使伏劍，以（國）〔固〕勉陵。〔四六〕其後果定於漢，陵爲宰相封侯。夫以匹婦之明，猶能推事理之致，探禍福之機，全宗祀於無窮，垂冊書於春秋，而況大丈夫之事乎！是故窮達有命，吉凶由人，嬰母知廢，陵母知興，審此二者，帝王之分決矣。蓋在高祖，其興也有五：一曰帝堯之苗裔，二曰體貌多奇異，三曰神武有徵應，四曰寬明而仁恕，五曰知人善任使。加以信誠好謀，達於聽受，見善如不及，用人如由己，從諫如順流，趨時如響起；當食吐哺，納子房之策；（濯）〔拔〕足揮洗，〔四七〕揖酈生之說；悟戍卒之言，斷懷土之情；高四皓之名，割肌膚之愛；舉韓信於行陣，收陳平於亡命，英雄陳力，群策畢舉：

此高祖之大略，所以成帝業也。若乃靈瑞符應，又可略聞矣。初，劉媼妊高祖而夢與神遇，震電晦暝，有龍蛇之怪。及長而多靈，有異於衆，是以王、武感物而折契，呂公觀形而進女；秦始皇東遊以厭其氣，呂后望雲而知其所處；始受命則白蛇分，西入關則五星聚。故淮陰、留侯謂之天（受）〔授〕，〔四八〕非人力。歷古今之得失，驗行事之成敗，稽帝王之世運，考五者之所謂，趣舍不厭斯位，符應不同斯度，而苟昧權利，越次妄據，外不量力，內不知命，必喪保家之主，失天年之壽，遇折足之凶，伏斧鉞之誅。英雄誠知其覺寤，畏若禍戒，（起）〔超〕然遠覽，〔四九〕淵然深識，收陵、嬰之明分，絕信、布之覬覦，拒逐鹿之瞽說，審神器之有授，無貪不可幾，爲二母之所笑，則福祚流於子孫，天祿永終矣。」囂不寤，彪乃轉之河西，大將軍竇融諮訪焉。彪字叔皮，右扶風安陵人。成帝時，彪姑爲婕妤，諸父昆弟貴幸當世。父稚，（王莽）〔哀帝〕時爲廣平太守。〔五〇〕莽攝政，欲文致太平，使侯者分行風俗，采頌聲，稚無所上，被劾爲延陵園郎，由是班氏不顯莽朝。彪幼好學，家有賜書，內足於財，好古之士父黨揚子雲已下莫不造其門。年二十而天下亂，因避地西州。及囂將背漢，竇融與書，責讓之曰：「將軍當厄會之際，乘不利之時，承事本朝，委身於國，忠孝冠周、霍，德讓配吳札，融等所以服高義，願爲役者也。忿悁之間，改節易圖，百年累之，一朝毀之，豈不惜乎！殆執事者貪功建謀，以至於此，融竊痛之！融聞智者不危衆以舉事，仁者不違義以要利。初事本朝，稽首北面，忠臣節也。及遣（百）〔伯〕春，〔五一〕垂涕相送，慈父恩也。俄而背之，謂吏士何？忍而出之，謂留子何？自起兵以來，轉相攻擊，城郭皆爲丘墟，生民轉於溝壑。今其存者，非鋒刃之餘，則流亡之孤。今傷痍之體未愈，哭泣之聲未絕。幸賴天運少還，而大將軍復重其難，是使瘡痍不得遂瘳，幼孤復見流離，庸人且爲流涕，況仁者乎！惟將軍省察之。」囂不納，融乃與五郡太守請師期，世祖嘉美之。夏四月，上幸長安，謁園陵。諸將議欲延囂日月之期，許爵其將帥，以散其謀。祭遵曰：「囂姦計久矣，今若案兵引日，則其謀益深，而公孫得固其姦謀，不如遂進。」上從之。遣吳漢（耿）〔耿〕弇諸將從隴道擊蜀。〔五二〕隗囂使王元據隴坻，伐樹木以塞隴道，諸將與戰不利，還屯三輔。馬援上書曰：「援自念事陛下，本無公輔之薦，左右之助，臣不自陳，陛下何因聞之。故臣不復避謷言，昧死陳誠。臣與囂往爲知交，今聞與來歙書，深更怨臣，自計無負於囂，遣臣東，謂臣曰：『僕北面稱臣，加以本欲爲漢，足下往觀其政。於汝意可，即專心矣。』臣還報以赤心，欲囂善耳，非欲陷於非義也。囂自挾姦心，盜憎主人，反欲歸怨於臣。臣欲遂退不言，則無以報陛下。願詣行在所，得露心腹，陳滅西州之術，然後退就壟畝，飯蔬飲水，隨四民之職，死無所恨。」上報許。援東詣京師，具言擊囂之計。上大悅，謂援曰：「吾方西誅隗囂，待詔勉卒所志。」是時建威將軍耿弇屯漆，征虜將軍祭遵屯汧，征西將軍馮異屯上林，大司馬吳漢在長安，中郎將來歙堅領衆軍在安民。援始將突騎五千匹，諸將每疑議，更請呼援，咸敬重焉。而來歙深與援善，囂復上疏曰：「吏民聞大兵卒至，驚恐自救，臣囂不能禁止。兵雖有大利，不敢廢臣子之節，親自追還。昔虞舜事父，大杖則走，小杖則受。臣雖不敏，不敢不勉。今臣之在本朝，如遂蒙恩，更得洗心，死骨不朽。」有司以囂慢，（請）誅其子恂。〔五三〕上不忍，復使歙至汧，賜囂書曰：「昔柴將軍與韓信書云：『陛下寬仁，雖有亡叛而後歸，輒復（泣）〔位〕號，〔五四〕不誅也。』故復賜書，深言則似不遜，略言則事不決。今若束手，復遣恂弟詣闕，有全爵祿之福。吾年已三十餘，在甲兵中十年，厭浮語虛辭。即不欲，勿報。」囂知世祖籌之明，乃遣使稱臣於蜀。公孫述以囂爲朔寧王，數遣兵助囂。太原人温序爲護羌校尉，行（步）〔部〕至襄武，〔五五〕爲囂將苟宇所執，欲生降之，謂序曰：「并勢力，天下可圖也。」序曰：「受國重任，本當效死，義不貪生。」宇復曉喻序，序怒叱之曰：「虜何敢脅漢將？」左右欲殺之，宇止之曰：「義士欲死節，賜劍令自裁。」序受劍，銜鬚歎曰：「既爲賊所迫，無令鬚汙土。」遂伏劍。上聞而憐之，賜洛陽城旁塚地，穀千斛，縑五百匹。除序子壽爲郎，遷鄒平侯相。壽夢序告之曰：「久客思鄉里。」壽即棄官，上書乞將序骸骨葬舊塋，詔許焉。冬十二月癸巳，詔曰：「間者以軍旅未解，用度不足，故行十一之稅。今往往屯田，其令郡國田租三十稅一，如舊制焉。」馮異在關中久，求還京師，上不聽。有人上書，言馮異專制關中，威福自由，號咸陽王。上以章示，異惶恐謝曰：「臣本諸生，遇受命之會，過蒙顧眄，充備行伍，班大將，爵爲通侯。雖受任方面，豫有微功，此皆國家謨謀，非臣所及也。臣伏自思，惟奉承詔旨，則戰無不剋，率臣私心，則未嘗不悔。陛下獨見之明，久而益遠，乃知『性與天道，不可得而聞』也。當兵革始起，豪傑競逐，臣在傾側之中，尚無過差之志，況天下平定，上尊下卑者乎！誠宜謹守愚忠，以自終始，伏願明主知臣素心。」詔曰：「將軍之於國家，義則君臣，恩猶父子。何嫌何疑，而有懼意？」是冬，馮異、岑彭朝京師，上謂公卿曰：「馮將軍是我兵起時主簿也。」使中黄門賜異珍寶衣服，詔曰：「倉卒（無）蕪蔞亭豆粥，〔五六〕呼沱河麥飯也。」異謝曰：「臣聞管仲謂桓公曰：『願君無忘射鉤，臣無忘檻車。』齊國賴之。臣願陛下無忘父城，則百寮蒙恩，天下幸甚。」後遣異將妻子西。彭亦數宴見，厚加賞賜。既而還南，使過家，上先人冢，〔五七〕詔大長秋朔望問（太）夫人起居。〔五八〕詔諸侯就國。耿純上書，願奮擊公孫述；又陳前在東郡誅涿郡太守朱英親屬，涿郡誠不自安。〔五九〕乃更封純爲東光侯，上曰：「文帝謂周勃曰：『丞相吾所重也，君爲我率諸侯就國！』今亦然哉。」（紀）〔純〕遂就國，〔六〇〕弔死問傷，國中愛之。袁宏曰：夫萬物云爲，趣舍不同，愛惡生殺，最其甚大者也。縱而不一，亂亡之道，故明王制設號令，所以一物心而治亂亡也。今誅惡之臣，内懼私憾，不慮其弊，從而易之，是下用情而法不一也。不一則多變，多變則害生，故王者之所保在於法一而不變乎！」靈壽侯邳肜薨。世祖既平邯鄲，遣任光還信都，更封陵鄉侯。李忠爲中水侯，遷丹陽太守，治甚有稱，爲天下第一。

## 【校勘記】

〔一〕周建兄子誦以垂惠降　後漢書光武帝紀作「捕虜將軍馬武、偏將軍王霸拔垂惠」。

〔二〕蘇茂走下（丕）〔邳〕　從龍谿本、學海堂本改。

〔三〕本上（府）所使來　從陳璞校删。

〔四〕（令）〔令〕將屯於外　從南監本、龍谿本、學海堂本改。

〔五〕（令）〔今〕遣子密等　從學海堂本改。

〔六〕使光禄大夫樊密持節　後漢書耿弇列傳李賢注引袁山松書曰：「使光禄大夫樊宏詔況」。

〔七〕謚曰（列）〔烈〕侯　從後漢書耿弇列傳改。

〔八〕官至大司農　鈕永建校釋：按耿弇傳耿國字叔慮，建武二十七年代馮勤爲大司馬，永平元年卒，不言爲大司農。本紀亦無文，袁紀殆誤。

〔九〕夏四月　後漢書光武帝紀作「三月」。

〔一〇〕破楚相孫萌　鈕永建校云：光武本紀云平狄將軍龐萌反，殺楚郡太守孫萌。按是時未立楚國，不應有相。蓋延傳亦作太守。

〔一一〕會（睢）〔睢〕陽　從龍谿本改。

〔一二〕攻（挑）〔桃〕城（挑）〔桃〕城告急　從龍谿本、學海堂本改。

〔一三〕真不可（往）〔測〕也　從龍谿本、學海堂本改。

〔一四〕游説〔河〕西（河）　從後漢書竇融列傳乙正。

〔一五〕（其）〔具〕見於天文　從南監本、龍谿本、學海堂本改。

〔一六〕軍士高扈斬梁王紆降　此説與後漢書劉永列傳同，與後漢書光武帝紀所記「吴漢拔郯獲劉紆」異。

〔一七〕（所）〔欲〕以誘致邑耳　從龍谿本改。

〔一八〕弇分兵守巨（野）〔里〕　從龍谿本、學海堂本改。

〔一九〕以（歸）示巨里城中　從後漢書耿弇列傳删。

〔二〇〕西安距臨淄三十里　三十里，後漢書耿弇列傳作「四十里」。

〔二一〕至（其）〔期〕夜半　從學海堂本、後漢書耿弇列傳改。

〔二二〕今大〔耿〕兵少於彼　從後漢書耿弇列傳補。

〔二三〕故大肜帥（董）〔重〕異　從龍谿本、學海堂本、後漢書耿弇列傳改。

〔二四〕擊步於東〔城〕下　從後漢書耿弇列傳補。

〔二五〕（困）〔因〕上谷兵以擊涿郡漁陽　從南監本、學海堂本改。

〔二六〕初起太學（官）〔宫〕　從龍谿本改。

〔二七〕每（待）〔侍〕對　從南監本、龍谿本、學海堂本改。

〔二八〕勇（又）〔略〕非人敵　從龍谿本、學海堂本改。

〔二九〕爲臨淮太守　後漢書侯霸傳作「後爲淮平大尹」。章懷太子李賢注「王莽改臨淮爲淮平」。

〔三〇〕令宇内（人）〔乂〕安也　從南監本、龍谿本改。

〔三一〕〔謂曰〕　從後漢書王丹列傳補。

〔三二〕豪傑之士也　後漢書王丹列傳作「關西之大俠也」。

〔三三〕終於（沔）〔黽〕池　從後漢書逸民列傳改。

〔三四〕琅邪不其山　不其山，後漢書逸民傳作「勞山」，係同地異名。

〔三五〕内外隱顯之道（爲）〔焉〕　從南監本、龍谿本、學海堂本改。

〔三六〕卷以避禍（亂）　從龍谿本删。

〔三七〕凡〔此〕之徒　從南監本、龍谿本、學海堂本補。

〔三八〕君叔雖單居　後漢書來歙列傳作「君叔雖單車遠使」。

〔三九〕漢家（乘）〔承〕秦之制　從後漢書班彪列傳改。
〔四〇〕（天下）中外騷擾　從後漢書班彪列傳刪。
〔四一〕又（慼）〔愍〕狂狡之不息　從龍谿本、學海堂本改。
〔四二〕〔此〕世（亂）所以多亂臣賊子者也　從漢書敘傳補刪。
〔四三〕夫饑饉流離　離，漢書敘傳作「隸」。
〔四四〕思有（短）〔裋〕褐之（襲）〔褻〕　從漢書敘傳改。
〔四五〕然卒潤（其湯）鑊伏質　從龍谿本刪。
〔四六〕以（國）〔固〕勉陵　從南監本、龍谿本、學海堂本改。
〔四七〕（濯）〔拔〕足揮洗　從漢書敘傳改。
〔四八〕謂之天（受）〔授〕　從南監本、龍谿本、學海堂本、漢書敘傳改。
〔四九〕（起）〔超〕然遠覽　從南監本、龍谿本、學海堂本、漢書敘傳改。
〔五〇〕（王莽）〔哀帝〕時爲廣平太守　從後漢書班彪列傳改。
〔五一〕及遣（百）〔伯〕春　從南監本、龍谿本、學海堂本改。
〔五二〕吴漢（取）〔耿〕弇　從南監本、龍谿本、學海堂本改。
〔五三〕〔請〕誅其子恂　從後漢書隗囂傳補。

〔五四〕輒復（泣）〔位〕號　從南監本、龍谿本、學海堂本改。

〔五五〕行（步）〔部〕至襄武　從學海堂本改。

〔五六〕倉卒（無）蕪蔞亭豆粥　從後漢書馮異列傳删。

〔五七〕使過家上先人冢　後漢書岑彭列傳作「有詔過家上冢」。

〔五八〕問〔太〕夫人起居　從後漢書岑彭列傳補。

〔五九〕涿郡誠不自安　後漢書耿純傳李賢注引續漢書作「今國屬涿誠不自安」。

〔六〇〕（紀）〔純〕遂就國　從南監本、龍谿本改。

# 兩漢紀下　後漢紀

## 光武皇帝紀卷第六

七年春正月丙申，詔天下繫囚，非殊死者一切勿治。是時海内新安，民得休息，皆樂吏職，而勸農桑，風俗和同，人自修飾。上惟王莽僞薄之化，思有以改其弊，於是黜虚華，進淳朴，聽言觀行，明試以功，名實不相冒，而能否彰矣。又念前世園陵太盛，王侯吏人轉相倣競，乃下詔曰：「世俗不以厚（薄）〔葬〕爲鄙陋，〔一〕富者過奢，貧者殫財，刑法不能禁，禮（儀）〔義〕不能止，〔二〕倉卒以來，乃知其咎。布告天下，令知忠臣孝子薄葬送終之義。」癸亥晦，日有蝕之。詔曰：「陰陽錯謬，日月薄蝕。百姓有過，在予一人，其赦天下。公卿百寮，各上封事，無有所諱。舉賢良方正各一人。」於是馮衍上書陳事：「一曰顯文德，二曰褒武烈，三曰修舊功，四曰招俊傑，五曰明好惡，六曰簡法令，七曰差禄秩，八曰撫邊境。」書奏，上將召見之，後以讒不得入。袁宏曰：夫讒之爲害，天下之患也。闇主則理固然矣。賢君而讒言不絶者，豈不哀哉！夫人君之情，不能不形於外。夫好惡是非之情形於外，則愛憎毀譽之變應於事矣。故因其所好而進之，因其所惡而退之，因其所是而美之，因其所非而疾之。惡而於無嫌之地，而人主不必悟者，讒人之所資也。夫讒人之心非專在傷物，處之不以忠信，其言多害也。何以知其然？夫欲合主之情，必務求其所欲，所惡者一人，所害者萬物，故其毀傷不亦衆乎！若夫聲色喜怒之際，虛實利害之間，以微售其言，焉可數哉！是以古之明君，知視聽之所屬，不能不關於物也；知一己之明，不能不滯於情也。求忠信之人而置之左右，故好惡是非之情未嘗宣於外，而愛憎毀譽之言無由而至矣。二月癸亥晦，〔三〕日有蝕之。是時宰相多以功舉，官人率由舊恩，天子勤吏治，俗頗奇刻，因是變也。太中大夫鄭興上疏曰：「臣聞國無政不用善，則取謫于日月之災，故政不可不慎也。其道務三而已：一曰擇人，二曰因民，三曰從時，此應變之要也。昔在帝堯，洪水滔天，帝求俾乂，嶽曰：『鯀哉。』帝知鯀不可，然猶屈己之是，從嶽之非，重違衆也。昔齊桓公避亂於莒，鮑叔從焉。既反國，鮑叔舉管仲，桓公從之，遂立九合之功。晉文公奔翟，從者五人，既得晉國，將謀元帥，趙衰以郤縠爲閱禮樂，敦詩、書，使將中軍，而五子下之，故能伏强楚於城濮，納天子於王城。今袞職有闕，朝論輒議功臣，功臣用則鮑、趙之舉息矣。願陛下上師陶唐，下覽齊、晉，以成屈己從衆之德，以濟群臣舉善之美。臣聞上竭聰明，則下懼其罪。故日者，君象也；月者，臣象也。君威亢急則臣道迫促，願陛下留神寬恕，以崇柔克之德。」不從。興字少贛，河南開封人。嘗從劉歆學講議，〔四〕歆美其才，學者皆師之。興既之凉州，坐事免。會赤眉作亂，東道不通，興乃歸隗囂。囂貳於漢，興每匡諫，言辭懇至。囂雖内不能悦，而外相崇禮。興求歸葬父母，囂不聽，而徙舍益禄。興見囂曰：「昔嘗同僚，故歸骸骨，〔五〕非敢爲用也，求爲先人遺類耳。幸蒙覆載，得自保全，今乞骸骨，而徙舍益禄。興聞事親之道，生事之以禮，死葬之以禮，祭之以禮，奉以周旋，不敢失墜。今爲父母乞身，得益禄而止，是以父母爲請也，無禮甚矣。將軍焉用之！」囂曰：「幸甚。」乃爲辦裝，使與妻子俱。上聞興歸，徵爲太中大夫。光禄勳杜林上書薦興曰：「執義堅固，敦於詩、書，好古博物，見疑不惑，宜侍帷幄以益萬分。」於是敬異焉。每朝有大議，輒訪問興。上嘗以郊祀事問曰：「欲以讖決之何如？」興對曰：「臣不爲讖。」上怒曰：「卿不言讖，非之邪？」興曰：「臣於書有所未學，而無敢非。」上乃解曰：「言不當若是邪！」興數言事，文辭温雅，然以不合旨，又不善讖，故不得親用。有子曰衆，以才學知名。其後皇太子及山陽王因虎賁將梁松束帛聘衆，衆謂松曰：「太子儲君，無外交之義，漢有舊制，蕃王不得私通賓客。」遂辭不受。松曰：「長者意，不可逆也。」衆曰：「犯禁得罪，不如守正而死。」太子及王聞之，嘉而不强。及梁氏敗，賓客多坐之，衆不染於辭。夏五月，前將軍李通爲大司空。秋，隗囂遣步騎三萬侵三輔，耿弇遺數百騎與戰，爲囂所破。囂將分兵取栒邑。馮異聞之，馳據其城，諸將皆曰：「虜兵乘勝，不可爭鋒。」異曰：「若虜得栒邑，則三輔動矣。攻者不足，守者有餘。今先據栒邑，以逸待勞，非所謂爭鋒也。」遂馳入栒邑，閉城偃旗鼓。囂將不知，直來攻城。異擊鼓建旗，成列而出，囂軍亂遁，異大破之，追奔數十里，於是北地諸豪帥相率而降。諸將多有言功者，異獨默然。上璽書勞異曰：「栒邑孤危，亡在旦夕，諸將狐疑，莫有先發。將軍獨決奇算，摧敵殄寇，功如丘山，猶若不足。雖孟反後入，〔六〕無以過也。今遣太中大夫。齎醫藥殯殮之具以賜吏士。其死傷者，大司馬已下親弔問之，以崇謙讓。」於是三軍之士莫不感悅。袁宏曰：謙尊而光，於是信矣。馮異能讓，三軍賴之。善乎，王之言謙也。楊朱有言：「行賢而去，自賢之心無所往而不美。」因斯以談，聖莫盛於唐、虞，賢莫高於顏回。虞書數德，以克讓爲首；仲尼稱顏回之仁，以不伐爲先。郄至矜善，兵在其頸；處父上人，終喪其族。然則克讓不伐者，聖賢之上美；矜善上人者，小人之惡行也。司馬法曰：「苟不伐則無求，無求則不爭，不爭則不相掩。」由此言之，民之所以和，下之所以順，功之所以成，名之所以立者，皆好乎能讓而不自賢矣。夫人君者，必量材任以授官，參善惡以毀譽，課功過以賞罰者也。士苟自賢，必貴其身，雖官當才，斯賤之矣。苟矜其功，必蒙其過，雖賞當事，斯薄之矣。苟伐其善，必忘其惡，雖譽當名，斯少之矣。於是怨責之情必存於心，希望之氣必形於色，此矜伐之士、自賢之人所以爲薄，而先王甚惡之者也。君子則不然。勞而不伐，施而不德；致恭以存其德，下人以隱其功；處不避汙，官不辭卑；唯懼不任，唯患不能。故力有餘而智不屈，身遠咎悔而行成名立也。且天道害盈而鬼神福謙，凡有血氣必有爭心，功之高者自伐之責起焉。故宋公三命，考父傴僂；晉帥有功，士燮後歸；孟側殿軍，策馬而入；三卿謀寇，冉有不對，其所以降身匿迹如此之甚也(何)〔哉〕！〔七〕誠知民惡其上，衆不可蓋也。夫逆旅之妾，惡者自以爲惡，主忘其惡而貴焉；美者自以爲美，主忘其美而賤焉。夫色之美惡定於妾之面，美惡之情變於主之心，況君子之人有善不敢識，有過不敢忘者乎！其爲美亦以弘矣。故揚子之言足師，逆旅之妾足誡也。

八年春正月，來歙自陽城將二千人斬山開道，徑至略陽，襲囂將金梁等，殺之，因保其城。上聞之，喜甚。左右怪上數破大敵，今得小城何足以喜。上以略陽囂之所阻，腹心已壞，則制其支體。先是吴漢諸將在長安者兵雖盛，以梁屯守不得上隴。及梁死，歙據略陽，乃爭馳赴之。上以爲囂失所恃矣，亡其要城，勢必悉以精鋭來攻，曠日久圍而城不拔，士卒頓弊，乃可乘危而進，皆追漢等還。囂果自將數萬人攻略陽，激水灌城，晝夜攻歙。歙率勵吏士，同心固守，數月不拔，囂衆疲弊。夏閏四月，上西征至漆，議者以爲車駕不宜入險，且遣諸將觀虛實。議未定，會馬援夜至，勸上曰：「囂衆瓦解，兵進必破。」以米爲山谷，於上前指衆軍所入處，上笑曰：「虜在吾目中矣。」車駕遂進。竇融與五郡太守將步騎數萬、輜重五千兩，與上會第一。上置酒引見融等，待以殊禮。囂衆大潰，城邑皆降，囂將妻子保西州。吴漢、岑彭引兵追守之。囂將王元入蜀。上嘉融功，以四縣封融爲安豐侯，融弟友爲顯親侯。於是以次封竺曾爲助義侯，梁統爲歸義侯，〔八〕史苞爲褒義侯，厙均爲輔義侯，辛肜爲扶義侯，既而皆遣還西。融兄弟竝受爵位，久專方面，懼不自安，數上書求代，上不許。

蜀人聞隗囂敗，百姓震動。成都郭外有秦時舊倉，王莽以來常空。公孫述乃詐使人言下倉出穀，〔九〕積如山陵，百姓空市鄽往觀之。述乃會百官問曰：「下倉竟出穀乎？」對曰：「無有。」述曰：「言隗王敗，亦復如此矣。」欲以此安衆心者也。蜀人荆邯説述曰：「兵者，帝王之大器，古今所不能廢也。昔秦失其政，豪傑竝起，漢祖無前人之遺迹，立錐之地，起於行陣之間，身自奮擊，與項羽戰，小大百餘，軍破身困者數矣。然猶不止，故軍敗復合，創愈復往。何則？前死成功愈於〔却〕就滅亡也。〔一〇〕隗囂遭遇運會，割有雍州，兵强士附，威加山東。時漢更始復失天下，衆心引領，四方瓦解。囂不及此時以爭天命，而退欲爲西伯之事，尊師章句，賓友處士，偃武息兵，卑辭事漢，喟然自以爲文王復生也。今漢帝釋西顧之憂，專精東伐，四分天下而有其三，則西州豪俊咸居心於山東，間使相聞，至於五分而有其四。則舉兵伐之，遂以屠潰，是則然矣。若天水已平，漢九分天下而有其八。陛下以梁州之地，内奉萬乘，外給三軍，百姓愁困，不堪上命，將有王氏自潰之變。臣之愚計，以爲宜與漢和親。不者當及天下之望未絶，豪傑尚可驅動，急以時悉發國内精兵，令田戎據江陵，臨江南之會，築壁堅守，傳檄吴、楚，則長沙以南必隨風而靡，令延岑出漢中，定三輔、天水，隴西拱手自得。如此，海内震摇，冀有大利也。」述欲從其言，蜀人及述兄弟以爲不可，述遂止。延岑等數請兵，願立功，終疑而不聽，由是皆怨，唯公孫氏任政。述性酷急，數誅殺，察於小事，如治清水而已。少爲郎，習漢家制度，出入法駕，鑾旗旄騎，置陳陛戟，輦出房闥。又立其兩子爲王，食犍爲、廣漢各數縣。或諫曰：「成敗未可知，戎士暴露，而王愛子，示無大志。」述不勝情，卒皆王之。(穎)〔潁〕川盜賊起，〔二〕京都騷動。秋八月，上還洛陽，謂執金吾寇恂曰：「卿著威信於(穎)〔潁〕川，獨卿能平之。從九卿復爲二千石，以憂國可也。」恂對曰：「(穎)〔潁〕川聞陛下西征，以爲隴、蜀未定，故狂狡乘間，相詿誤耳。如陛下升輿南面，臣願執鋭在前，賊必惶恐歸死。」即日車駕南轅至(穎)〔潁〕川，盜賊悉降。百姓遮道曰：「願從陛下復借寇君一年。」上乃留恂(穎)〔潁〕川，撫吏民，受餘降。冬十一月，公孫述將救囂，乘高卒至，漢兵未及陣，囂得逃出，入冀。漢軍食盡，吴漢、岑彭燒輜重，歸長安，天水諸縣復反爲囂。十二月，高句麗王遣使奉貢。東郡、濟陰盜賊起，大司空李通、横野將軍王常率舟師擊之。上以耿純威信著於衛地，即拜純爲太中大夫，與兵會於東郡。東郡聞純入界，盜賊九千餘人降，兵不戰而還。璽書復以純爲東郡太守。

九年春正月，征虜將軍祭遵薨。遵忠蓋廉潔，毀己財爲國，賞賜皆以賑吏士，身寢布被，妻子惡衣食，上以是重焉。雖在軍旅，其所進禮皆儒術之士，讌會遊處必雅歌投壺。遵喪至河南，詔遣百官詣喪所，上乃素服臨之，望城舉音哀慟。左右既還，復幸城門，過其車騎，涕泣不能已。詔河南尹護喪事，大司農給其費。喪禮成，復臨，祠以太牢，如孝宣帝臨霍光故事。贈以將軍侯印綬，謚曰（威）〔成〕侯，〔一二〕朱輪容車，介士（遵）〔道〕引。〔一三〕既葬，車駕復親臨墳墓，問其室家。上歎曰：「安得憂國奉公之臣如祭征虜者乎？」衞尉銚期進曰：「陛下念祭遵不已，群臣皆内懷慙懼。」遵之見思若此。是春，隗囂病死。囂將皆降，唯高峻不下。峻嘗降漢，已復歸囂，故懼誅，不降，立囂小子純。初，王莽末，天水童謠曰：「出吳門，望緹（雲）〔群〕，〔一四〕見一蹇人，言欲上天。令可上，地安得民？」囂少病蹇，吳門者，即冀郭門也。來歙説上曰：「隗囂雖死，西州未平。公孫述以隴西、天水爲蕃蔽，故得延其軀命。如二郡既平，則述計窮矣。昔趙以賈人爲將，高祖懸以重賞。今隴右新破，百姓饑饉，可以利動時也，宜益資軍實以誘未附。（令）〔今〕誠知國用不足，〔一五〕民勞於内，然天下未定，不得休息。」上從之。於是糧穀器物不絶於道。冬，來歙、馮異入天水，破述將王匡、田弁，〔一六〕諸縣悉降。自王莽末西羌寇隴西、金城，入塞内，隗囂不能討，因撫集以爲强。歙奏言非馬援莫能定，乃以援爲隴西太守。援至，擊先零，大破之，降者萬餘人。援上疏曰：「亢吾以西數十里一城，〔一七〕城皆完堅。舊制置塞，因山阻（每）〔海〕，〔一八〕其蹊徑輒有候尉，故虜不得妄動。即棄亢吾以西北，爲殖養虜根，內自迫促，宜及兵威，疾往除之。金城諸縣皆田地肥美，溉灌流通，自有本民易還充實，誠不宜有所斷棄。若二郡平定，流民還本業，不復爲國家憂。」於是詔竇融悉還金城客民三千餘户。〔一九〕援爲置長吏，繕治城郭，起塢候，勸耕田，郡（未）〔中〕樂業，〔二〇〕羌虜悉降。援以郡新復，務開寬信，舉大體而已。賓客故人滿門下。諸曹時白事，輒曰：「此丞掾之任，何足相煩。若大姓侵小民，黠羌不從令，此乃太守事耳。」旁縣嘗有報怨者，吏民驚言羌反，百姓奔城郭。狄道長請閉城門，發兵。援時方與賓客飲，大笑曰：「羌虜何敢復犯我。曉狄道長令歸寺，良怖急者，各牀下伏。」後稍定，郡中乃服。三月，封楚王子般爲菑丘侯。頃之，徙封杼秋侯。上幸沛，詔問郡中諸侯有事行者，太守言般至行爲諸侯師，天子嘉之，恩禮甚厚。吴漢、王霸諸將征劉芳於高柳，匈奴救芳，漢兵不利，引軍還。璽書以霸爲上谷太守。

十年夏，征西大將軍馮異攻洛門，未下，薨，謚曰節侯。異謙退不伐，每軍行止舍，諸將爭功，異嘗屏處大樹下，軍中號爲「大樹將軍」。上嘗分諸營吏士，問曰：「屬誰營邪？」皆曰：「願屬『大樹將軍』。」上以此重之。非合戰受敵，異嘗處衆營。後與諸將相逢，引車避之，士卒不得爭功。進止皆有旗幟，號爲嚴整。子彰嗣。上追思異功，封小子訢爲祈鄉侯。〔二一〕秋八月己卯，〔二二〕幸長安，祠高祖廟。上將討高峻，寇恂諫曰：「車駕止長安，隴西足以震懼，且去關東不遠，此從容一處而制四方。今士馬勞倦，遠履險阻，非萬乘之固也。前年潁川之役，可以爲戒。」上不從，進及汧，高峻不降。上謂恂曰：「公前止吾，今爲吾行矣。」恂至第一，峻遣軍師皇甫文詣恂，辭禮不屈。恂怒，將斬之。諸將曰：「高峻兵精，今欲降之，而斬其使，不可。」恂遂斬之，遣其副歸。峻即日開城與隗純等降。諸將皆賀，因曰：「敢問殺其軍師，何以反降？」恂曰：「皇甫文，峻之腹心，所取也。〔二三〕今來觀望，其意不屈，是不欲降。殺之，峻亡其半，〔二四〕以是動心，故知其必降。」諸將皆曰：「非所及也。」峻與諸隗徙關東。頃之，隗純將數十騎亡入匈奴，追斬之。吴漢、王霸擊劉芳，芳將胡騎會平城下，連戰，大破之。是時芳與匈奴連兵，烏丸數爲寇盜，緣邊愁苦。霸乃築塢候，起亭鄣，自代郡至平城三百餘里。霸數上書言邊事，宜與匈奴和親。又言委輸可從温水，以省陸轉之勞。後皆施行。霸愛士卒，死者解衣以斂之，傷者輟食以哺之。在上谷二十餘年，與匈奴數十百戰，士卒皆爭爲效力。是歲，執金吾寇恂、衛尉銚期薨。恂居九卿位，饗大國租，皆以施朋友，賑給故人。常曰：「吾所以自至於此者，士大夫之力也，可不共乎！」恂學行竝修，名重朝廷，議者稱其有宰相器。會恂早薨，莫不痛惜。謚曰威侯。恂兄弟及兄子、姊子以軍功侯者八人。恂數言閔業之忠，上以爲關內侯，官至遼西太守。袁宏曰：夫世之所患，患時之無才也；雖有其才，患主之不知也；主既知之，患任之不盡也。彼三患者，古今之同，而御世之所難也。觀寇恂之才，足居内外之任，雖躄撫河内，再綏潁川，未足展其所能也。及在汝南，延儒生，受左氏，何其閑也。晚節從容，不得預於治體。夫以世祖之明，如寇生之智能，猶不得自盡於時，況庸主乎！期爲將，嘗先登陷陣，手自斬獲。軍每不利，賴期得振者甚數。爲人重信義，雖破邑降城，未嘗虜掠。在朝見不善，必犯主之顔。上嘗與期門近出，期頓首車前曰：「臣聞古今之戒，變生不意，臣誠不願陛下微行數出。」天子爲之迴輿。期疾病，其母問嗣者，期曰：「受國重恩，常懷慙負。若死不知，何以報國，何議嗣乎？」上親自臨襚，謚曰忠侯。

十一年春三月己酉，上幸南陽，過章陵，祠園廟。初，公孫述遣大司徒任滿、翼江王田戎將數萬人據荆門，浮橋横江，以絶水道，營壘跨山，以塞陸路。上遣吴漢、岑彭、臧宫將六萬兵擊荆門，詔岑彭曰：「大司馬習用騎兵，不曉水戰，荆門之事，一由征南而已。」閏月，吴漢、岑彭率師攻之。時天東風，吹船逆流直衝浮橋，因放火燒之。風怒火盛，短兵接戰，蜀兵驚怖。大軍遂順風並進，所擊無前，任滿溺，死者數千人，〔三五〕田戎退保江州。岑彭遂長驅入江關，令兵無得鹵掠，所過不受牛酒，見耆老陳漢恩德。百姓無不欣悦，開門請降。吴漢、臧宮自後而進。六月，來歙、蓋延入武都，攻述將王元，破之。乘勝遂進，蜀人震恐，遣刺客刺歙。刀未出，歙召蓋延，延至見歙，涕泣不能仰視。歙叱延曰：「虎牙何以敢爾！今使者中刺客，無以報國，故呼巨卿，欲相屬以軍事，而反效兒女子啼泣乎！刀雖在身，不能勒兵斬卿邪！」延拭淚，具受所勑。辭畢，抽刀而卒。（立）〔上〕聞之，〔二六〕悼痛無已，贈中郎將印綬，謚曰節侯。喪還洛陽，車駕臨弔送葬，哀慟歔欷。所褒顯賞賜甚厚，長子褒嗣。上嘉歙忠節，封歙弟由爲宜西侯。歙爲人信厚，言行不相違，雖銜命數年出以喻囂，然往來之言皆可復也。上之臨喪，趙（玉）〔王〕良與張邯相逢，〔二七〕城門中道迫狹，叱邯旋，車（頃）〔傾〕，〔二八〕良怒，召門候岑遵困辱之。司隸校尉鮑永奏良大不敬。良尊重莫貳，上雖不從，而群臣嚴憚焉。永辟平陵人鮑恢爲都官從事，恢亦抗直不避强禦。詔曰：「貴戚且歛手，以避二鮑。」其見重如此。永字君長，上黨屯留人。父宣，守正不虧，爲王莽所誅。莽欲滅其子孫，上黨都尉路平承旨欲害永，太守苟諫嘉宣忠節，置永府中，護全之。永數爲諫陳安漢室、禽奸臣之策。諫戒永曰：「機事不密則害生，禍倚人門。」會諫喪，路平復收永弟升。會新太守趙興至，歎曰：「我受漢茅土，不能致身立節，鮑宣（之）死〔之〕，〔二九〕豈可害其子邪！」勑縣出升，復召永爲功曹。時有稱侍中止傳舍者，興欲出謁，永以爲非真不宜。興遂駕往，永當州門拔佩刀截鞅，興爲還車。數日，詔書下捕之，果矯稱使者，由是知名。自魯郡太守爲司隸，行縣至霸陵，過更始塚，引車將下，從事諫止之。永曰：「北面事人，忍不過其墓！雖以獲罪，司隸不避也。」遂下車盡哀。至右扶風，上苟諫冢。上曰：「奉使如此，可乎？」太中大夫張湛對曰：「仁者百行之宗，忠者禮義之主。仁不遺舊，忠不忘君，行之高者也。」上悦。初，雲陽人宣秉字巨卿，爲御史中丞，遷司隸校尉，務舉大體，闊略微細，其政嚴而不苛，百僚亦敬憚之。上幸其府，見秉布被瓦器，食則魚飧，歎曰：「雖楚之二龔，不能過也。」即賜幃帳器物，拜爲司徒司直。俸禄皆以分九族，家無擔石之儲。東海王良字仲子，亦爲司徒司直，行大司徒事，居貧守約，妻子不之官。司徒掾鮑恢嘗以事至蘭陵過良家，見一婦人負柴而入，不知是良妻也。恢謂曰：「我司徒掾也，將歸京師，夫人得無有書乎？」婦人曰：「苦掾，無書。」既而問焉，乃良之妻也。恢歎息而去。故良之清貧聞於天下。良謝病歸。天子備禮徵，不得已載病至京師，道過友人。友人閤門不內，曰：「不有忠言奇謨以取大位，是無其德也，曷爲往來屑屑不憚煩邪？」謝而不見。良遂稱病篤而歸，終身不起。冬，岑彭以江州城固而糧多，留馮俊守之。〔三〇〕彭引軍從涪江擊平曲，〔三一〕述遣汝寧王延岑、大司空公孫恢、將軍王元距廣漢，大司徒侯丹距黄石。彭令臧宮擊岑等，自泝都江擊侯丹，破之。時岑等盛兵（沉）〔沈〕水，〔三二〕官兵（則）〔財〕千餘人，〔三三〕降附者四五萬口，軍食不足，蜀民各堅壁觀形勢。宮欲還，恐爲虜所制。會謁者將數百兵詣岑彭，宮乃矯制取謁者兵，疏行陣而多旗鼓。蜀人聞漢兵卒至，登山望之，旌旗滿谷，呼聲動山，莫不震懼。宮因其懼，縱兵大破之，斬公孫恢，死者萬餘人，王元降，即遂乘勝而前，所至皆降。岑彭既破侯丹，晨夜兼行二千餘里，徑赴武陽，別遣精騎馳廣都，去成都數十里，所至皆奔散。（遂）〔述〕大驚，〔三四〕以杖擊地曰：「是何神也？」彭所營地名彭亡，彭惡之，欲徙，會日暮，其夜蜀遣刺客刺彭，彭死。彭首破荆門，長驅武陽，將兵齊整，爲巴、蜀所稱，百姓思之，爲立廟武陽，謚曰壯侯。上思彭功，封其庶子淮爲穀陽侯。上爲書喻公孫述，示以成敗。述得書歎息，以示光禄勳張隆，隆勸述降。述曰：「廢興命也。豈有降天子哉！」左右莫敢言。岑彭之死，吴漢將精兵二萬自夷陵出犍爲。

十二年春，吴漢到南安擊述弟永於魚涪津，破之，遂降武陽。〔三五〕初，漢入犍爲界，諸縣多城守，詔令漢直到廣都，據其心腹，諸城自下。漢意難之。既進兵廣都，諸城皆降。又詔漢曰：「廣都去成都五十里，述若來攻，待其困弊而攻之，勿與爭鋒。述若不來，轉營逼之，彼必堅壁。」漢以連戰輒勝，便進兵去成都十里。漢自將步騎二萬餘人水北作營，遣副將劉尚將萬餘人於南爲營，相去二十餘里。上聞之，大驚，讓漢曰：「如述出兵連綴副營，副營破，即公營亦破矣，恐公不能（自）還自天（上）也。〔三六〕幸尚無他者，急還廣都。」三月癸酉，詔曰：「巴、蜀民爲人所掠者，免爲庶人。」夏六月，黄龍見于河東。秋七月，馮駿破江州，殺田戎。九月，述遣司徒謝豐、執金吾袁吉將十餘萬人攻吳漢，分兵守劉尚。漢力戰不利，漢謂諸將曰：「吾與諸軍逾越險阻，轉戰千里，今深入敵地，在其城下，勝則成功，敗則無餘，成敗在一舉矣。前夾江爲營，戰數不利。今欲徙水北營合於水南，同心一力，人自爲戰，何有不克哉！」饗士秣馬，潛軍夜合水南營。述不知，乃分兵距水北營，自將攻水南營。漢迎擊，大破之，斬謝豐、袁吉。會臧宮至，兵馬甚盛，遂進軍城下。述自將數萬人出戰，吳漢縱鋭士奔之，刺述，洞胸。輿至營，以兵屬延岑，其夜述死。明旦，岑舉城降。吳漢悉滅公孫氏，并誅延岑。漢燔燒百姓，縱兵大掠。上聞之，詔讓吳漢、劉尚曰：「城中老母嬰兒，口以萬數，兵火大縱，可爲酸痛，甚違古人弔民之義！公等戴天履地，何忍行此邪？」初，漢軍糧盡，具舟將退，謂蜀郡太守張堪曰：「禍將至矣，軍有七日糧而轉運不至，必爲虜擒，不如退也。」堪乃止漢，使毀軍以挑述，述果出戰，遂以破述。成都既平，堪先入其城，府藏珍寶皆有簿券，秋毫無所取，慰撫吏民，蜀人喜悦。後遷漁陽太守，匈奴嘗以萬騎入漁陽，堪以數千騎擊破之，威震北邊，漁陽大治。堪字君遊，南陽宛人。明帝時問蜀郡計掾樊顯曰：「前後太守誰最賢？」顯曰：「漁陽太守張堪仁足以惠下，威足以擒姦。前公孫述破時，珍寶山積，捲握之物足富十世，而堪獨乘折轅車，布被囊而已。」上聞顯言，歎息良久。方徵堪，會病卒，天子悼惜之。大司空李通以疾罷。通以布衣唱謀，有佐命之功，又尚寧平公主，甚見親重。通性謙恭，常欲避權勢，自爲宰相，謝病不視事，連年乞骸骨，上輒優喻之，以三公歸第養疾。通後固請罷相，以特進侯奉朝請，常與高密、膠東侯參議大事。車駕每幸南陽，遣使使祠通父（守）冢。〔三七〕竇融與五郡太守還京師，官屬賓客轉轂千餘兩。融至，上涼州牧、張掖屬國都尉、安豐侯印綬，上遣使還侯印綬。引見，就諸侯位，賞賜恩寵傾京師。以梁統爲太中大夫。數月，拜竇融爲冀州牧，俄拜大司空。融以非國家舊臣，而爵位與吳公竝，〔三八〕每朝會進見，辭禮甚恭，上愈親厚之。融久不自安，數辭讓爵位，因侍中金遷口達至誠。又上疏曰：「臣融年五十三。有子年十五，質性頑鈍。臣朝夕教以經藝，不得令見天文、讖記。誠欲令肅恭畏事，恂恂修道，不願其才能，何況乃當傳以連城王侯故國哉？」每請間求見，上輒不許。融嘗罷朝，逡巡席後，上知融欲讓，使左右扶出之。他日將會，先詔融曰：「曩者知公欲讓，今相見，宜論他事，勿復言。」其殷勤若此。梁統在朝，數言便宜，上書陳法令輕重，宜遵舊典，曰：「臣聞人君之道，仁義爲主，仁者愛人，義者治理。愛人故爲之除殘，治理則爲之去亂。是以五帝有流殛之誅，三王有大辟之刑。所以經世教民，除殘去亂也。故孔子曰：『理財正辭，禁民爲非曰義。』高帝受命，奄有天下，制法定律，傳之後世，不易之科也。文帝寬柔，省去肉刑，他皆率由舊章，幾致刑措。武帝因資財富，多出兵命將，征伐遠方，軍沒民疲，豪傑犯禁，故增其二科，懲不盡節。宣帝聰明，親覽萬機，臣下奉憲，不失繩墨。元帝法令少所改更，而天下稱治。至於成帝繼體，哀、平即位日淺，丞相嘉等猥以數年之間，虧除先帝舊律百有餘事，咸不厭人心，尤妨政事。伏見陛下權時撥亂，博施濟民，功逾文、武，德侔高皇，而反循季世末節，襲秉衰微之軌，非所以還初反本，據元更始也。願陛下擇其善者而從之，其不善者而改之，定不易之典，垂無窮之制，天下幸甚。」事下公卿，光禄勳杜林諫曰：「夫人情挫辱，則節義之心損；刑網繁密，則苟免之行生。聖帝明王知其如此，故深識遠慮，動居其厚。故湯去三面之網，易著三驅之義，所以德刑參用，而示民有耻。漢德寬厚，民無二心，軍士左袒，樂爲劉氏，多恩之所致也。至其後世，不能以德，而勤於法。故有吹毛求疵，詆欺無限，桃李之饋，集以成事。〔三九〕於是家無全行，國無廉夫，上下相循，法不能止，而仁義之風替矣。陛下覽得失之要，深知其原，故破觚爲圓，（建）斲〔彫〕爲樸，〔四〇〕法簡易遵，網疏易從，海内頌政，不勝其喜。宜如舊制。」上從林議。統從封陵鄉侯，出爲九江太守，治甚有迹，吏民畏愛之。統有子九人，而松最知名。次竦，弱冠能教授，善屬文。袁宏曰：自古在昔有治之始，聖人順人心以濟亂，因去亂以立法。故濟亂所以爲安，而兆衆仰其德；立法所以成治，而民氓悦其理。是以有法有理，以通乎樂治之心，而順人物之情者。豈（可使）法逆人心而可使衆兆仰德，〔四一〕治與法違而可使民氓悦服哉？由是言之，資大順以臨民，上（言）〔古〕之道也；〔四二〕通分理以統物，不易之數也。降逮中世，政繁民弊，牧之者忘簡易之可以致治，御之者忽逆順之所以爲理。遂隳先王之大務，營一時之私議。於是乎變詐攻奪之事興，而巧僞姦吏之俗長矣。陵遲至於戰國，商鞅設連坐之令以治秦，韓非論捐灰之禁以教國，而修之者不足以濟一時，持之者不能以經易世。何則？彼誠任一切之權利，而不通分理之至數也。故論法治之大體，必以聖人爲準格；聖人之所務，必以大道通其法。考之上世則如彼，論之末世則如此。然則非理分而可以成治者，未之聞也。若乃變詐攻奪之事興，而飾智謀權册以勝之；巧僞姦利之俗長，而設禁網陷穽以餌之；患時世之莫從，懸財賞行罰以驅之；毒爲下之訐逆，厚威網殺伐以服之。斯所謂勢利苟合之末事，焉可論之以治哉！先王則不然。匡其變奪則去其所爭，救其巧僞則塞其淫情。人心安樂乃濟其難以悦之，又何不從之有焉？人（之）情惡侵則正其分以齊之，〔四三〕又何訐逆之有焉？推此以治，則雖愚悖凶戾者，其於身也，猶知法治，所以使之得所而安其性者也。故或犯治逆順，亂倫反性者，皆衆之所疾而法之所以加，是謷一人而千萬人悦，則法理之分得也。夫然則上下安和，天下悦服，又何論於法，逆於理，理與法違哉！

【校勘記】

〔一〕不以厚（薄）〔葬〕爲鄙陋　從學海堂本改。

〔二〕禮（儀）〔義〕不能止　從南監本、龍谿本改。

〔三〕二月癸亥晦　二，後漢書光武帝紀作「三」。

〔四〕嘗從劉歆學講議　後漢書鄭興列傳作「將門人從劉歆講正大義」。

〔五〕故歸骸骨　後漢書鄭興列傳作「今爲父母未葬請乞骸骨」。

〔六〕雖孟反後入　孟反，後漢書馮異列傳作「孟之反」。

〔七〕如此之甚也〔何〕〔哉〕　從龍谿本改。

〔八〕歸義侯　後漢書梁統列傳作「成義侯」。

〔九〕乃詐使人言下倉出穀　後漢書公孫述傳作「述即詐使人言白帝倉出穀如山陵」。

〔一〇〕前死成功愈於〔却〕就滅亡也　從後漢書公孫述列傳補。

〔一一〕〔穎〕〔潁〕川盜賊起　從南監本、龍谿本、學海堂本改。下改同。

〔一二〕謚曰〔威〕〔成〕侯　從學海堂本、後漢書祭遵列傳改。

〔一三〕介士〔遵〕〔道〕引　從學海堂本改。

〔一四〕出吴門望緹〔雲〕〔群〕　從後漢書隗囂列傳李賢注引續漢志改。按吴門，冀都門名。緹群，山名。

〔一五〕〔令〕〔今〕誠知國用不足　從龍谿本、學海堂本改。

〔一六〕破述將王匡田弇　王匡，後漢書馮異列傳作「趙匡」。

〔一七〕亢吾以西　亢吾，陳璞校云「當即范書之允吾谷」。按後漢書馬援列傳有「阻於允吾谷」語。

〔一八〕因山阻（每）〔海〕　從南監本、龍谿本、學海堂本改。

〔一九〕於是詔竇融　後漢書馬援列傳作「詔武威太守」。李賢注云「東觀記曰梁統也」。

〔二〇〕郡（未）〔中〕樂業　從學海堂本、後漢書馬援列傳改。

〔二一〕小子訢爲祁鄉侯　後漢書馮異列傳作「析鄉侯」。

〔二二〕八月己卯　後漢書光武帝紀作「己亥」。

〔二三〕所取也　後漢書寇恂列傳作「其所取計者也」。

〔二四〕峻亡其半　後漢書寇恂列傳作「峻亡其膽」。

〔二五〕任滿溺死者數千人　後漢書岑彭列傳作「溺死者數千人，斬任滿」。

〔二六〕（立）〔上〕聞之　從南監本、龍谿本、學海堂本改。

〔二七〕趙（玉）〔王〕良　從南監本、龍谿本、學海堂本改。

〔二八〕車（頃）〔傾〕　從南監本、龍谿本、學海堂本改。

〔二九〕鮑宣（之）死〔之〕　從後漢書鮑永列傳乙正。

〔三〇〕留馮俊守之　後漢書岑彭列傳作「馮駿」。

〔三一〕從涪江擊平曲　涪江，後漢書岑彭列傳作「墊江」。

〔三二〕岑等盛兵（沉）〔沈〕水　從後漢書光武帝紀改。該紀云「臧宮與公孫述將戰於沈水」。

〔三三〕官兵（則）〔財〕千餘人　從南監本、龍谿本、學海堂本改。

〔三四〕（遂）〔述〕大驚　從龍谿本、學海堂本改。

〔三五〕遂降武陽　後漢書吳漢列傳作「遂圍武陽」。

〔三六〕恐公不能（自）還自天〔上〕也　從龍谿本、學海堂本改。

〔三七〕遣使使祠通父（守）冢　從後漢書李通列傳删。

〔三八〕而爵位與吳公竝　後漢書竇融列傳作「在功臣之右」。

〔三九〕桃李之饋集以成事　後漢書杜林列傳作「果桃菜茹之饋集以成臧」。

〔四〇〕（建）斲〔彫〕爲樸　從學海堂本改。

〔四一〕豈（可使）法逆人心而可使衆兆仰德　「可使」衍，逕删。

〔四二〕上（言）〔古〕之道也　從南監本、龍谿本改。

〔四三〕人（之）情惡侵　從龍谿本、學海堂本删。

# 兩漢紀下　後漢紀

## 光武皇帝紀卷第七

十三年春正月戊子，詔曰：「往年勑郡國勿因計吏有所進獻，今故未止，非徒勞役道途所過，未免煩費，已勑太官勿復受。其遠方食物乘輿口實可以薦宗廟者，即如舊制。」時有獻善馬日行千里，寶劍直百金。馬以駕鼓車，劍以賜騎士。上雅性不喜聽音樂，手不持珠玉，征伐常乘革車，用事而已。及公孫述平，傳送鼓師葆車，然後乘輿器服漸備物焉。二月，馬武軍下曲陽以備胡寇。丁亥，〔一〕太原王章爲齊公，魯王興爲魯公。五月，殷紹嘉公爲宋公，周承休公爲衞公。〔二〕徙鄧禹爲高密侯，食四縣。上以禹功大，封弟寬爲明親侯。禹以特進奉朝請。袁宏曰：古之明君，必降己虛求以近輔佐之臣，所以寄通群方，和睦天人。古之賢臣，必擇木棲集以佐高世之主。主（以）〔務〕宣明，〔三〕不以道勝而不招；臣務對敭，不以時艱而不進。及其相遇，若合符契，功高而尊禮其人，師喪而不咎其敗，此三代君臣所以上下休〔喜〕〔嘉〕，〔四〕比德天地。末世推移，其道不純，務已尚功，釁自外入，君臣之契，多不全矣。唯燕然和樂，終始如一，風塗擬議，古之流矣。高祖之興，蕭公之力也，且蹔亡若失左右手。及天下已定，無所用之，賴鮑生之説以濟其身，狼〔虎〕〔顧〕塗跣，〔五〕卒入囹圄。子房玄算，高祖之蓍龜也。始者相得，非子房不謀也。海内既安，杜門不出，假託神仙，僅乃獲免。光武之在河北，未知身首安寄也。鄧生杖策，深陳天人之會，舉才任使，開拓帝王之略。當此之時，臣主歡然，以千載俄頃也。洎關中一敗，終身不得列於三公，俛首頓足，與夫列侯齊伍。嗚呼！彼諸君子，皆嘗乘雲龍之會，當帝者之心，鞠躬謹密，猶有若斯之難，而況以勢相從不以義合者乎！山桑侯王常、東光侯耿純薨。是時有上書言，宜令司隸校尉督察三公。司徒掾蒼梧陳元上疏曰：「臣聞師臣者帝，賓臣者王。〔六〕故武王以太公爲師，齊桓公以管夷吾爲仲父，古之道也。近魏文侯友田子，諸侯不敢入其境。高皇帝令相國奏事不拜，入殿不趨，所以寵大臣也。及新室王莽遭漢中衰，獨操國柄，以偷天下，〔況〕〔足〕已自喻，〔七〕不信群臣，奪公輔之任，損宰相之威，然不能禁天下之謀，〔八〕身爲世戮。故人君患在自驕，不患驕臣；失在自任，不在任人。方今四方未集，百姓未一，觀聽者注耳目之時也。陛下宜修文武之典，襲祖宗之德，屈節待賢，以示將來，不宜有司察公輔之名也。」上善其言。南陽太守杜詩上書曰：「臣聞唐、虞以股肱康，而文王以多士寧。是故詩稱『濟濟』，書曰『良哉』！臣詩竊見故大司徒伏湛自行束修，無所毁玷，篤信好學，守死善道，經爲人師，行爲儀表。在平原，吏民畏愛，遭世反覆，城郭不傾，秉節持重，不可推移。前陛下深見臧否，顯以宰相，微過斥退，久而不用。湛德足以左右王室，名足以昭示遠人。前者選擇諸侯以爲公卿，所以砥礪藩屏，勸進忠信。湛宜任宰相輔佐之官。」夏，詔徵。湛既到，即入見，賞賜浸渥，將用之，暴病薨。賜秘器，上親弔祠。伏氏世以經學清約相承，東州號曰伏不鬬，由家風化（道）〔導〕然也。〔九〕湛兄子恭，明帝時爲司空。大司徒侯霸薨，上傷惜之，親自臨弔。詔曰：「惟霸積善之德久而益彰，清潔之操白首彌厲。漢之舊制，丞相拜日，封爲列侯。頃以軍旅暴露，功臣未受國邑，（録）〔緣〕忠臣之心，〔一〇〕不欲先饗其寵，故未爵命。其追爵諡霸，使襲其後。」於是封霸爲則鄉侯，諡曰哀侯。臨淮吏民聞霸薨，莫不隕涕，共爲立祠，四時祭之。

十四年春正月，匈奴遣使來獻，中郎將劉襄使匈奴。夏四月辛巳，封孔子後孔志爲褒城侯。越嶲人任貴遣使降。九月，莎車王賢、〔鄯〕善王（心信）〔安〕遣使奉獻。〔一一〕濟南太守王梁薨。初，梁爲河南尹，穿渠引穀水以注洛陽城下，渠成而不流。有司奏劾梁，梁慙懼，上書乞骸骨。上乃徙梁爲濟南相，更封阜城侯。

十五年春二月，大司馬吴漢將馬武等徙鴈門、代郡、上谷民還中山以避胡寇。〔一二〕於是馬武殺軍吏，詔命武將妻子就侯國。武自歸京師，天子削武五百户，更封爲楊虚侯。武好酒，敢直言，時醉在上前，面折同列，言其短長，無所迴避。上恣聽之。上嘗與功臣宴飲，歷問曰：「諸君不遭際會，與朕相遇，能何爲乎？」鄧禹對曰：「臣嘗學問，可郡文學。」上笑曰：「言何謙也！卿鄧氏子，志行修整，可掾功曹。」各以次對，至武，曰：「臣以武勇顯，可爲守尉督盜賊。」帝笑曰：「且不爲盜賊，自致亭長，斯可矣。」袁宏曰：夫壽夭窮達，有生之分也；得失悲欣，萬物之情也。故推分而觀帝王之與布衣，竹柏之與朝菌，焉足言哉！以情而談，一顧之與躉毁，傾蓋之與脱驂，猶尚可爲歡戚，而況大斯哉！夫能與造化推移，而不以哀樂爲心者，達節之人也。自斯已還，屬於方域，得之不能不欣，喪之不能不戚。故原得失之大，而天下所必同者，莫尚於通塞乎！然才高者宜通，而懷寶以之陸沈；德薄者必卑，而鄙夫以之竊位。是則通塞可得而遇，否泰難得而期也。君子或因風雲之勢，以建山岳之功，乘日月之末光，以成一匱之業。雖著功美於當年，猶欣一遇於千載。若夫版築漁釣，織箔鼓刀，韞櫝胸懷與之朽爛者，焉可數哉！至如樂毅之遇於燕昭，屈原之事於楚懷，白起之用於秦王，范增之奉於項籍，雖終同顛沛，猶一申其志，誠未足以語夫通塞者乎！白首抱關，轉死溝壑者，何殊間哉！夫以鄧生之才，參擬王佐之略，損翮弭鱗，棲遲刀筆之間，豈以爲謙，勢誠然也！及其遇雲雨，騰龍津，豈猶吴漢之疇能就成天之構，馬武之徒亦與鸞鳳參飛。由此觀之，向之所謂通塞者，豈不然乎！初，有司請封皇子，天子弗許也。固請連年，乃從之。四月戊申，封皇子輔爲右翊公，英爲楚公，陽爲東海公，康爲濟南公，〔蒼爲東平公〕，〔一三〕延爲淮陽公，荆爲山陽公，衡爲臨淮公，焉爲左翊公，京爲琅邪公。是日，天子思李通之功，乃封通少子雄爲邵陵侯。袁宏曰：書稱「協和萬邦」，易曰「萬國咸寧」。然則諸侯之治建於上古，未有知其所始者也。嘗試言之曰：夫百人聚，不亂則散，以一人爲主，則斯治矣。有主則治，無主則亂。故分而主之，則諸侯之勢成矣；總而君之，則王者之權定矣。然分而主之，必經綸而後寧；總而君之，必統體而後安。然則經綸之方，在乎設官分職，因萬物之所能；統體之道，在乎至公無私，與天下均其欲。故帝王之作，必建萬國而樹親賢，置百司而班群才。所以不私諸己，共饗天下，分其力任，以濟民事。周禮：天子之田方千里，公之田方五百里，侯伯子男降殺之，謂之五等。雖富有天下，綜理不過王畿；臨饗一國，政刑不出封域。故衆務簡而才有餘，所任輕而事不滯。諸侯朝聘，所以述職納賦，盡其禮敬也；天子巡狩，所以觀察風教，知其善惡也。功德著於民者加地進律，其有不善者則明九伐之制。是以世禄承襲之徒，保其富厚而無苟且之慮；修績述官之疇，務善其禮不爲進取之計。故信義著而道化成，名器固而風俗淳，推之百世，可久之道也。爰自唐、虞，至于三代，文質相因，損益有物，諸侯之制存而不革，長世育民，所由遠矣。及王略不震，諸侯違度，官失其序，民移其業。然而衆國扶持，大小相制，雖彊毅之國不能擅一時之勢，豪傑之士無所騁嘯咤之心。昔周室微弱，政教陵遲，桓、文翼戴，二國是賴。憂勤王室，則諸侯慕而率從；振而驕之，則九國叛而不至。楚恃江、漢，秦據崤、函，心希九鼎，志存神器。然畏迫宗姬，忌憚齊、晉，歷載八百，然後降爲庶人，豈非列國扶疏，根深難拔已然之效哉？戰國之時，志在兼并，伐國而貪其民，得邑而置其私，而郡縣之勢萌矣。秦有天下，覽周之弊，毁廢五等，因而用之。傾天下之珍以奉一身之欲，舉四海之務以關一人之聽，故財有餘而天下分，怨不理而四海叛。高祖既帝，鑒秦之失，分裂膏腴，封殖子弟，至於將相功臣，租税而已。郡縣之官，即而弗改。夫畫土分民止於親戚，班爵施勞不逮功賢，猶賴宗室之固以折諸吕之難，況萬國親賢兼樹者哉！文帝時，賈誼言曰：「夫欲天下之安，莫若衆建諸侯而少其力。使海内之勢若身之使臂，臂之使指，則諸國之君，莫有異心，輻湊並進，而歸命天子矣。」文帝不從，卒有吴、楚之變。忿而懲之，大懼諸侯，推恩以分其國，因事以削其邑，枝葉既落，本根從焉。遂使王莽假託恩道，揖讓稱帝，豈不易哉！光武中興，振而復之，奄有天下，不失舊物，而建封略，一遵前制，諸侯禁網，日月增密。末世衰微，遂以卑弱，宗室懼於罪敗，同姓挫於庶民，一夫攘臂，故以能亂天下矣。由此觀之，五等之治，歷載彌長，君臣世及，莫有遷去。雖元首不康，諸侯不爲失政；一國不治，天下不爲之亂。故時有革代之變，而無土崩之勢。郡縣之立，禍亂實多。君無常君之民，尊卑迭而無別，去來似於過客。人務一時之功，家有苟且之計。機務充於王府，權重并於京師。一人休明，則王政略班海內；元首昏闇，則匹夫擬議神器。是以閨闥不淨，四海爲之鼎沸；天網一弛，六合爲之窮兵。夫安〔危之〕勢著於古今，〔一四〕歷代之君莫能創改，（不）〔而〕欲天下不亂，〔一五〕其可得乎？嗚呼，帝王之道可不鑒歟！癸丑，追尊兄縯曰齊武公，仲曰魯哀公。盧芳自匈奴入高柳。左馮翊蓋延薨。是時天下墾田多不實，百姓嗟怨。諸郡各使吏奏事，帝見陳留吏其牘下疏云：「潁川、弘農可問，河南、南陽不可問。」（詔）〔詰〕吏，〔一六〕吏詐言於長壽街上得之。東海公陽在幄後，因言曰：「吏受郡敕，欲以墾田民相比方〔耳〕。」〔一七〕詔難曰：「即如此，何故言河南、南陽不可問？」對曰：「河南帝城多近臣，南陽帝鄉多近親，故田宅不可問。」乃詰吏，吏具服如陽言。由是帝彌重陽也。

十六年春二月，交阯女子徵側、徵貳反，九真、日南、合浦竝爲盜賊。三月辛丑，日有蝕之。冬十月，盧芳降，封芳爲代王。是時天下刺史、太守以墾田不實下獄死者十餘人，於是南郡太守劉隆亦繫獄，上以隆功臣也，免爲庶人。上從容問虎賁中郎將馬援曰：「吾甚恨前殺牧守多也。」援曰：「死得罪，何多之有？但死者既往，不可復生。」上大笑，其順時不忤，皆此類也。援長七尺五寸，疏眉美鬚，博通多〔聞〕，〔一八〕閑於進對，善說前言往事。與上言舊時三輔長者、閭里豪傑，皇太子諸王聽之無倦。上知援智有餘，甚見親重。

十七年春二月乙未晦，日有蝕之。夏四月，上幸滎陽、潁川、章陵。六月癸巳，臨淮公衡薨。秋七月，廬江費登等反，〔一九〕虎賁中郎將馬援平之。冬十月辛巳，皇后郭氏廢，立皇后陰氏。初，郭后寵衰，數懷怨恚，（廢）〔上〕東門（侯）〔候〕郅惲上書曰〔二〇〕：「臣聞夫婦之間，父不能得之於子，君不能得之於臣，況臣欲得之於君乎？是臣所不敢也。〔二一〕雖然，願陛下念其不可，〔二二〕勿亂大倫，使天下有議社稷者。」上善之，曰：「惲恕己而量主，知我必不可以所私而輕天下者也。」陰后，南陽新野人。更始元年，世祖納后于宛。方北之洛陽，令后歸新野，止宛。宛中少黨諸陰、鄧鄉里豪，居能自讓。建武初，迎后於（育）〔淯〕陽，〔二三〕爲貴人。上以后性寬仁，欲立之。后輒退讓，自陳不足以當大位。時郭后以生太子彊，故遂立郭后。及后生東海王陽，而寵益盛。后性慈仁，十歲喪父，〔二四〕語及之，未嘗不流涕。上常言「希見親，不在已數十年」，語及之，輒涕者。追爵謚后父隆爲宣恩侯。〔二五〕以兄識爲侍中，封元庶侯；識弟興爲期門僕射；興弟就襲父爵，更封新陽侯。識字次伯，齊武王時以率宗人、賓客爲偏裨矣。及隨世祖征伐，數有戰功，將益其邑，識辭曰：「天下初定，將帥有功者衆，臣幸託屬掖庭，賞賜豐衍，如復加爵邑，此親戚受賞，國人計功也，不可以示天下。」上甚美之。興字君陵，筋力過人。其從出入，常操小蓋鄣翳風雨，泥塗狹隘躬自履涉，上所幸止必先入清宮。居則博觀五經，訪問〔收〕〔政〕事，〔二六〕尊賢下士，廣求得失，獻善替否，薦達後進，好施接人，門無游俠。與張宗等不相好，知其有用，猶稱其所長而達之。張汜之徒與興厚善，〔二七〕以爲華而少實，但私之以財，終不爲言，是以世稱其忠。起第宅，采〔棌〕〔椽〕麤朴，〔二八〕足避風雨。常稱豐屋之戒，若不修德，雖有崇臺廣廈，猶傳舍也。上嘗封興，置印綬〔於〕前，〔二九〕興〔國〕〔固〕讓曰〔三〇〕：「未有先登陷陣之功，而一家數人受爵、土，令天下觖望，〔至讓〕〔臣誠〕不願。〔三一〕臣蒙陛下、中宫恩澤至厚，可謂富貴已極，不可復加。」上見其讓切，不奪其志。皇后問故，興曰：「后不讀書記邪？『亢龍有悔』，多見不知量。外戚家〔若〕〔苦〕不知謙〔退〕，〔三二〕嫁女欲得因力配尊貴，娶婦求公主，愚心實不安也。富貴有極，當知足，驕奢益爲觀聽所譏。」后悦其言，不爲宗親求位以干王政。就剛强不順理，頗以貴勢傲物。扶風人井丹，高抗之士也。諸王、貴人更請丹，莫能致。就自以爲能致丹，詭諸王錢二萬，使人通丹，致之。〔三三〕丹不得已，乃詣，就爲丹設麥飯蔬食，丹推去之，曰：「以君侯爲能供美食，故相過耳，何謂如此？」就更爲置盛饌。及就起，左右進輦。丹笑曰：「聞桀乘人車，此其是邪？」坐中皆失色，莫之敢應。就即爲去輦，談論盡日，乃去。以其名高，就等無敢失意者，丹亦終身不仕。明帝初，就爲少府，子豐尚酈邑公主。公主驕妒，豐亦狷狹，遂殺公主。豐誅死，就自殺，家屬歸本郡。郭后既廢，太子太傅張湛稱疾引退，爲太中大夫。上欲以湛爲大司徒，湛至朝堂，坐遺小便，自稱疾篤，遂不用，卒于家。湛字子孝，右扶風平陵人。舉動必以禮，雖幽室閑處，不易其度，閨門之内，若嚴君焉。三輔歸之，以爲儀表。成、哀間爲二千石，王莽時歷守尉，建武初爲左馮翊，修禮教，明好惡，政化大行。嘗告歸平陵，望縣門而下車，主簿進曰：「明府位尊德重，不宜自輕。」湛曰：「禮，下公門，式路馬。孔子於鄉黨，恂恂如也。父母之國，所宜盡禮。」湛被徵，當還馮翊，曰：「舊令尹之政，必以告新令尹。」湛曰：「君以德進，湛以罪退。」逡巡而去。湛常乘白馬，上每有異政，輒言「白馬生且復諫矣」。壬午，徙（左馮）〔右〕翊公（輒）〔輔〕爲中山王，〔三四〕諸國公皆爲王。是歲，鳳皇五集潁川郡，衆鳥竝從，行列蓋地數頃，留止七十日。

十八年春二月，蜀郡史歆反，巴郡宕渠楊偉、徐客等各起兵以應歆。〔三五〕大司馬吴漢、臧宫擊之。壬午，上幸長安，祠園陵。夏四月，伏波將軍馬援、扶樂侯劉隆、樓船將軍殷志、平樂侯韓宇擊交阯。〔三六〕至合浦，殷志病死。援當浮海入交阯。船少，不足渡，乃問山行者。遂浮海隨山開道千餘里，自西至浪泊，擊徵貳等，降者數千人。韓宇後病死，援并將其衆追徵貳等，至禁溪，連破之。貳等各將數百人走。戊申，上幸河内。五月，代王芳復入匈奴。六月壬戌，赦益州殊死已下亡命者。秋，史歆等平，吴漢徙偉、客等二百餘户于長沙。冬十月庚辰，上幸南郡，還祠章陵。辛丑，追謚外祖父樊重爲壽張敬侯。重字君雲，家世温厚，三世不分財。重居家有法，子孫進見如吏。其治家，僮僕無遊手，身自隱親，故能殖其財，田至三百頃，資至巨萬。其興功造作，爲無窮之規。欲治器物，則先種梓漆，人皆笑之，然卒得其用。居家擬於邦君。外孫何氏兄弟爭財，重恥之，以田二頃解其訟，由是縣邑敬其德讓。重八十餘而終。不索假貸者可百餘萬，臨困，悉削文書，（不）〔下〕告兒子。〔三七〕債家聞之，皆爭往償之，諸子不受也。中子密字靡卿，〔三八〕初與齊武王共起義兵，湖陽收繫妻子，將殺之，湖陽令曰：「樊重父子有禮行於鄉里，正有大罪，且當在後，何可殺耶？」宗家亦有繫者，多被害，唯密妻子得免。後隨世祖征伐，數有勤勞，封壽張侯。密謙恭畏慎，不汲汲於官位，父子内相勑戒以「富貴盈溢，未有能終者。吾非不嘉榮勢也，〔三九〕天道惡盈而好謙，畏天道耳。前世貴戚可明戒也，保身全命，云不樂哉！」每當朝會，輒俯伏，須漏盡。雖令不朝，恐有謬誤，猶晨詣闕下。上以是尤重之。時見得失，乃獻便宜，輒自手書削藁。公卿朝見訪政事，終不敢對。疾病，上自臨視，垂涕問所欲，密自陳：「身無功，食大國，誠恐子孫不能保全大恩，令臣魂神慙負黄泉，願還壽張，食小鄉亭。」上悲傷其言，後復封密小子茂爲平望侯。臨薨，勑諸子薄葬，静掃閉户，物不得所下，與夫人同塚異藏，各自一延道。以死生各異，〔四〇〕棺柩一藏，不當復見，如有腐敗，傷孝子心。朝廷善之，謚曰恭侯。初，兵革起而皇妣薨，宗人樊（臣）〔巨〕公獨親殯斂。〔四一〕世祖即位，擢爲中大夫。固始侯李通薨，謚曰恭侯，賜甚盛，上及皇后親弔送葬。

十九年春正月，（巻）〔卷〕人傅鎮反，〔四二〕臧宮擊之。東海王陽曰：「賊相迫劫反耳，其中必有欲悔者。今圍之急，不如小緩之，令得亡逃。亡逃，亭長足以取之。」從之，賊果破走。馬援斬徵貳等。二月，封援爲新息侯，設牛酒勞軍士，因撫觴而言曰：「吾從弟少遊哀吾慷慨多大志，曰：『人生一世，但求衣食，仕官不過郡掾吏，守墳墓，護妻子，鄉里稱善人，斯可矣，安用餘爲？』當吾在浪泊西時，下潦上霧，毒氣浮蒸，仰視飛鳶跕跕墮水中，憶少游語，何可得也？今賴諸士大夫之力，而吾先受其賜，所以喜且愧也。」坐者聞之，莫不歎息之。袁宏曰：少游之言有心哉！人之性分，静躁不同，或安卑素，守隱約，顧視榮名，忽若脱屣。彼二塗者，終之以道，亦各一家之趣也。然功業難就，而卑素易從，而古今之士，莫不自託於功務，而莫肯於閑逸者，將自負其才，顧衆而動乎！然則榮名功業，非爲不善也。千載一遇，處智之地難也。若夫安素守隱，其於人間之懽，故以易而無累矣。然苟非夷塗，外物難必，螻蟻且能爲害，而況萬物乎！故久處貧賤，誠有志者之所耻也。歸終而言，取保家之主乎！詔援復擊九真，自無功至居風，斬首三千餘級，〔四三〕徙其渠帥數百家於零陵。援所過，令治城郭，修溉灌，申舊制，明約束，是後駱越常奉馬將軍故事。自郭氏廢後，太子（疆）〔彊〕不自安，〔四四〕郅惲勸之曰：「久處疑位，上違孝道，下近危殆。昔高宗賢君，吉甫令臣，及有纖芥，放逐孝子。春秋之義，母以子貴，太子宜引愆退身。」彊遂因左右陳誠，願備藩輔，世祖遲迴者久之，乃許焉。十月戊申，皇太子彊封東海王，食東海、魯國二郡，租賦之稅，車服之飾，加於諸王。（疆）〔彊〕上書讓〔四五〕東海，又因太子口陳至誠，上不許，以彊章示公卿而嘉歎之。袁宏曰：夫建太子以爲儲貳，所以重宗統，一民心也。非有大惡於天下，不可移也。世祖中興，後漢之業宜遵統一之道，以爲後嗣之法。今太子之德未虧於外，内寵既多，嫡子遷位，可謂失矣。然東海歸藩，謙恭之心彌亮；明帝承統，友于之情愈篤。雖長幼易位，興廢不同，父子兄弟，至性無間。夫以三代之道處之，亦何以過乎！惲字君章，汝南西平人，志氣高抗，不慕當世。王莽末，民不堪命，惲西至長安，上書諫莽曰：「臣聞智者順（命）以成德，〔四六〕愚者逆以取害，神器有命，正不可虛獲。上天垂戒，欲以陛下就臣位。陛下宜順天命，轉禍爲福；如不早圖，是不免於竊位也。天爲陛下嚴父，臣爲陛下孝子。父教不可廢，子諫不可難，〔四七〕惟陛下留神。」莽大怒，即下詔獄，劾惲大逆。猶以惲據正義，〔四八〕難即害之，使黄門近臣脅導惲，令爲病狂恍惚，不自知所言。惲終不轉曰：「所言皆天文聖意，非狂人所能造。」遂繫經冬，會赦得免，因南遊蒼梧。建武初，自蒼梧還鄉里，縣令卑身崇禮以爲門下掾，惲感其意，遂爲之屈。惲友人董子張父及叔父爲人所害。子張病困，惲往候子張。子張絶良久，氣復還，視惲歔欷。惲曰：「吾知子不悲天命長短，而痛心二父讎不復也。」子張卧，目擊惲。惲即起，將客追仇人，取其頭以示子張。子張悲喜，氣便絶。惲即詣令自首。令應之遲，惲曰：「爲交報仇，吏之私也。奉法不阿，君之義也。虧君生身，非節也。」〔四九〕趨出詣獄。令跣追之，拔刀自向曰：「子不出，吾以死明之。」惲隨令出。久之，爲郡功曹。汝南舊事：冬饗，百里内縣皆持牛酒到府讌飲。時太守歐陽歙饗禮訖，教曰：「西部督郵繇延，天資忠貞，禀性公方，典部折衡，推破姦雄。書曰：『安民則惠，黎民懷之。』蓋舉善以教，則不能者勸。今與衆儒共論延功，顯之于朝。太守敬嘉厥休，牛酒以養德。」主簿讀教，户曹引延受賜。惲前跪曰：「司正舉觥，以君之罪，告謝于天。明府有言而誤，不可掩覆。按延質性貪邪，所在荒亂，虐而不治，冤慝竝作，百姓怨之。而明府以惡爲善，股肱莫争，此既無君，又復無臣，君臣俱喪，孰舉有罪？君雖顛危，臣子扶持，不至於亡。惲敢再拜奉觥。」歙甚慙。門下掾鄭次都曰：「君明臣直，功曹言切，明府之德也，可無受觥哉？」太守曰：「實歙罪也。」敬舉觥，惲乃免冠曰：「昔虞舜輔堯，四罪咸服，讒言弗行，故能作股肱，帝用有歌。惲不忠，孔壬是昭，績言象龍，豺獸從政，〔五〇〕既誹謗而又露言，罪莫重焉。請收惲、延，以明好惡。」歙曰：「是吾過也。」遂不宴而罷。惲歸府，因稱病。延亦退。次都素清高，與惲厚，招惲去，曰：「道不同不相爲謀，自古而然。子直心，誠三代之道。繇延雖去，必復還。吾不忍見子有不容君之危，盍去乎！」惲曰：「孟軻以彊其君所不能爲忠也，量君之所不能爲賊也。惲業彊之矣。障君於朝而不死職以求直，罪也。延退，惲又去，不可。」次都遂去，隱於弋陽山中。居數月，延果復召，惲即去，從次都止，漁釣甚娛，留數十日。惲喟然歎曰：「天生俊士以爲民，無乃違命而亂倫乎？鳥獸不可與同群，子從我爲伊尹乎？將爲巢、許而辭堯也？」次都曰：「吾足矣。幸得全軀種類，還奉墳墓，盡其學問，道雖不行，施之有政，是亦爲政也。吾年耄矣，安得從子？子勉正命，勿勞神以害生。」各别去。惲客於江夏，郡舉孝廉爲郎，遷（帝）〔上〕東城門候。〔五一〕世祖嘗夜出，還，詔開（欲）〔門〕入，〔五二〕惲不內。上令從門舉火射帝面，惲對曰：「火明遼遠。」遂距不開。明日，惲諫曰：「昔文王不敢盤游于田，以萬民惟正。〔五三〕陛下既游獵山林，夜以繼晝，其如社稷宗廟何？暴虎馮河，可爲至戒，小臣所竊憂也。」由是上重之，令授太子詩，常講殿中。後爲梁令、長沙太守，崇教化，表異行。上使執金吾陰識護太子家，博士桓榮授太子經。二人者皆專心輔導，勸以德義，太子亦虛納焉。秋九月壬申，上幸南陽。冬十二月，越嶲太守任貴反，武威將軍劉尚平之。

二十年，夏六月，徙中山王輔爲沛王。秋，馬援自交趾還，位班九卿，賞賜甚厚。援將至京師，故舊迎之。平陵人孟冀，計謀之士也。以援自遠而還，勞而賀之。援曰：「我望卿有奇也，〔五四〕但復與衆人同語邪？武帝時，伏波將軍路博德開七郡，封符離侯，數百户。今我但平亂郡爾，猥封近縣且三千户。國家追録我和汧、隴間功，我自視功薄賞厚。人當功厚賞薄，於後乃長。先生欲何用相濟？」冀曰：「愚不及是。」援曰：「今尚有匈奴、烏桓擾北邊，我欲自請擊匈奴。男兒要欲死於邊野，以馬革裹屍還葬矣，反卧牀上於兒女子手中死邪？」冀曰：「諒爲烈士，當如此矣。」會匈奴入右北平，詔以事示，援遂自〔請〕擊北邊。〔五五〕十月，上幸東海、沛國，省五原郡，徙其吏民于河東。十二月，伏波將軍馬援出（定）襄〔國〕。〔五六〕上以援勤勞，賜縑千疋。援謂黄門竇固、太僕梁松曰：「凡人富貴，當使可復賤也。如公等貴欲不可賤，居高益堅，願思吾言。」有識聞援言，無不歎息。大司馬吴漢薨，〔五七〕謚曰忠侯，葬如霍光故事。漢性彊力，每從征伐，上未安，漢不敢息。軍有利鈍，諸將或失其度，漢常自厲吏士益治兵器。上時令人視之，曰：「吴公方修戰攻具。」上嘗曰：「吴公如此，隱若一敵國矣。」及在朝廷，唯公天下。嘗旱，公卿請雨不得，漢乃悉出其僮僕，一時免之。漢又嘗出征，妻子在後買田安業。漢還，讓妻子曰：「軍帥在外，吏士不足，何多買田宅乎？」遂盡以分付昆弟外家。其忠自天性，故能常任（禮）〔職〕，〔五八〕以功名終。是時上欲以衛尉陰興爲大司馬，興叩頭曰：「臣不敢惜身，誠恐虧損聖德。」辭讓至切，上以此聽之。乃以扶樂侯劉隆爲驃騎將軍，行大司馬事。

二十一年秋八月，馬援以三千騎出高柳，失道，還。匈奴、鮮卑寇遼東，太守祭肜率吏士擊之，斬首二千餘級。遂窮追出塞，復斬首千餘級，收其兵器，得馬數千疋。由是匈奴、鮮卑震服，不敢闚塞。彤乃思所以離間二寇，以分其勢。招呼鮮卑示以財利，鮮卑後不款塞，彤之計也。冬十月，匈奴入上谷、中山，殺掠吏民。西域鄯善王安、莎車王賢等十六國遣使奉獻，咸願請都護。上以中國初定，未遑外事，厚加賞賜遣之。大司空竇融以疾策罷，歲餘，行衛尉事。融數稱疾，乞骸骨，賜錢帛，太官致珍奇。弟顯親侯友薨。上愍融年衰，遣中常侍即其卧内彊進酒食。是時，郡國皆大水，百姓饑饉，光禄勳杜林上疏曰：「臣聞先王之道，明聖用而治同也。其見惡，如農夫之務去草焉。芟夷藴崇之，勿使能殖，防其漸也。狼子野心，奔馬善驚，成王深知其患，故以殷民六族分伯禽，七族分康叔，懷姓九族分唐叔，檢其姦軌。〔五九〕又遷其餘衆於成周，所以挫其彊禦之力，黜其驕恣之心。及漢初興，上稽舊章，同符在昔，徙齊諸田，楚昭、屈、景，燕、趙、韓、魏之後，以削弱六國彊宗。故邑里無見利之家，山澤無兼并之民，萬里一統，海内賴安。其後輒因衰麤之痛，脅以送終之義，故遂相率而陪園陵，無反顧之心。追觀往政，皆神道設教，彊幹百世之要也。是以永享康寧之福，而無怵惕之憂，繼嗣承業，恭己而治，蓋此之助也。今被災之民輕薄無重者，可徙於饒穀之郡，所以清散其凶，全其性命也。昔魯隱有賢行，將致國於桓，猶留連貪〔位〕，〔六〇〕不能早退。況草創豪帥本無業徒，因攘擾之時，擅有山川之利。雖遇災，然其狃泰之意，傲倖之望，蔓延無足，不可不察也。」上察林才堪任宰相，會司空缺，乃以林爲司空。林自爲九卿至三公，輒每上封事，及與朝廷之議，常依經附古，不苟隨於衆，爲任職相。上亦雅善之。雖在公卿，講授不倦，學者朝夕滿堂，士以慕之。初，林薦杜陵人申屠剛，抗直之士，嘗慕史魚、汲黯之爲人，避亂西州，每諫爭隗囂，義形於色。上以剛爲侍御史，遷尚書，謇謇多直言，無所屈撓。是時隴、蜀未平，上嘗欲近出，剛諫，上不聽。剛以頭軔乘輿，車輪不得前，乃止。剛數犯嚴顔，由是出爲陰平令，徵爲太中大夫，以病去，終于家。

## 【校勘記】

〔一〕丁亥　後漢書光武帝紀作「己亥」。

〔二〕五月殷紹嘉公爲宋公周承休公爲衛公　五月，後漢書光武帝紀此事繫於二月庚午。

〔三〕主（以）〔務〕宣明　從南監本、龍谿本、學海堂本改。

〔四〕上下休（喜）〔嘉〕　從南監本、龍谿本、學海堂本改。

〔五〕狼（虎）〔顧〕塗跣　從南監本、龍谿本、學海堂本改。

〔六〕賓臣者王　王，後漢書陳元列傳作「霸」。「霸」字義長。

〔七〕（況）〔足〕己自喻　從南監本、龍谿本改。

〔八〕然不能禁天下之謀　後漢書陳元列傳作「然不能禁董忠之謀」。

〔九〕由家風化（道）〔導〕然也　從南監本、龍谿本改。

〔一〇〕（録）〔緣〕忠臣之心　從龍谿本、學海堂本改。

〔一一〕莎車王賢〔鄯〕善王（心信）〔安〕　從後漢書西域列傳改。

〔一二〕遷中山以避胡寇　後漢書光武帝紀作「置常山關、居庸關以東」。

〔一三〕〔蒼爲東平公〕　從後漢書光武帝紀補。

〔一四〕夫安〔危之〕勢著於古今　從南監本、龍谿本、學海堂本補。

〔一五〕（不）〔而〕欲天下不亂　從南監本、龍谿本、學海堂本改。

〔一六〕（詔）〔詰〕吏　從學海堂本改。

〔一七〕相比方〔耳〕　從南監本、龍谿本補。

〔一八〕博通多〔聞〕　從南監本、龍谿本、學海堂本補。

〔一九〕廬江費登等反　後漢書光武帝紀作「妖巫李廣等群起據皖城」。

〔二〇〕（廢）〔上〕東門（侯）〔候〕　從學海堂本、後漢書郅惲列傳改。

〔二一〕是臣所不敢也　後漢書郅惲列傳作「是臣所不敢言」。

〔二二〕願陛下念其不可　後漢書郅惲列傳作「願陛下念其可否之計」。

〔二三〕迎后於（育）〔淯〕陽　從後漢書皇后紀改。

〔二四〕十歲喪父　後漢書皇后紀作「七歲失父」。

〔二五〕后父隆爲宣恩侯　後漢書皇后紀作「父陸爲宣恩哀侯」。

〔二六〕訪問（收）〔政〕事　從南監本、龍谿本、學海堂本改。

〔二七〕張氾之徒　氾，龍谿本作「汜」。

〔二八〕采（棌）〔椽〕麤朴　從龍谿本、學海堂本改。

〔二九〕置印綬〔於〕前　從後漢書陰識列傳補。

〔三〇〕興（國）〔固〕讓曰　從南監本、龍谿本、學海堂本改。

〔三一〕（至讓）〔臣誠〕不願　從南監本、龍谿本、學海堂本改。

〔三二〕外戚家（若）〔苦〕不知謙〔退〕　從南監本、龍谿本、學海堂本、後漢書陰識列傳改補。

〔三三〕詭諸王錢二萬使人通丹致之　後漢書逸民列傳作「乃詭說五王，求錢千萬，約能致丹，而別使人要劫之」。

〔三四〕徙（左馮）〔右〕翊公（輒）〔輔〕爲中山王　從後漢書光武帝紀改。

〔三五〕宕渠楊偉徐客等　後漢書吳漢列傳作「宕渠楊偉、朐䏰徐客」。

〔三六〕樓船將軍殷志　殷志，後漢書光武帝紀、馬援列傳並作「段志」。

〔三七〕（不）〔下〕告兒子　從龍谿本、學海堂本改。

〔三八〕中子密字靡卿　密，龍谿本、後漢書樊宏傳作「宓」。

〔三九〕吾非不嘉榮勢　嘉，後漢書樊宏列傳作「喜」。

〔四〇〕以死生各異　異，龍谿本作「里」。

〔四一〕宗人樊（臣）〔巨〕公　從後漢書宗室四王三侯列傳改。

〔四二〕（巷）〔卷〕人傅鎮反　後漢書光武帝紀作「妖巫單臣傅鎮等反，據原武」。原武即卷，故知「巷」誤，因據改。

〔四三〕斬首三千餘級　龍谿本作「五千餘級」。

〔四四〕太子（疆）〔彊〕不自安　從南監本、龍谿本改。

〔四五〕（疆）〔彊〕上書讓　同上注改。

〔四六〕順（命）以成德　從後漢書郅惲列傳删。

〔四七〕子諫不可難　後漢書郅惲列傳作「子諫不可拒」。

〔四八〕猶以惲據正義　後漢書郅惲列傳作「惲據經讖」。

〔四九〕虧君生身非節也　後漢書郅惲列傳作「虧君以生非臣節也」。

〔五〇〕績言象龍豺獸從政　後漢書郅惲列傳作「豺虎從政」，無「績言象龍」句。

〔五一〕遷（帝）〔上〕東城門候　從南監本、龍谿本、學海堂本改。
〔五二〕詔開（欲）〔門〕入　從龍谿本改。
〔五三〕以萬民惟正　後漢書郅惲列傳作「以萬人惟憂」。
〔五四〕我望卿有奇也　後漢書馬援列傳作「吾望子有善言」。
〔五五〕援遂自〔請〕擊北邊　從學海堂本補。
〔五六〕馬援出（定）襄〔國〕　從後漢書馬援列傳改。
〔五七〕大司馬吴漢薨　後漢書光武帝紀作「五月辛亥，大司馬吴漢薨」。
〔五八〕故能常任（禮）〔職〕　從後漢書吴漢列傳改。
〔五九〕檢其姦軌　檢，龍谿本作「收」。
〔六〇〕猶留連貪〔位〕　從龍谿本、學海堂本補。

# 兩漢紀下 後漢紀

## 光武皇帝紀卷第八

二十二年春閏月丙戌，上幸長安，祠園陵。夏五月乙未晦，日有蝕之。六月，伏波將軍馬援還京師。是時梁松貴幸，百僚憚之。援嘗小病，松來候，見援，獨拜牀下，援安然受之，松意不平。諸子曰：「梁伯孫貴重，將軍宜爲之禮。」援曰：「我乃其父友也。雖貴，何得失禮。」由是不爲權貴所愛。援外坦薄而内備，〔一〕禮事寡嫂，不衣冠不入閨。其於人汎愛多容，然見爵位而無實者，笑曰：「刀不應齒，士不聞耳，何足畜乎！」有奇異於衆者，雖在少賤，必異待之。援有籌策，世祖曰：「伏波論兵，常與吾合。」初，援交阯還，書誡其兄子嚴敦曰：「吾欲汝曹聞人過失，如聞父母之名，耳可得聞，口不可得言也。如論議人長短是非，此吾所大惡也，寧死不願聞子孫有此行也。汝曹知吾惡之甚矣，所以復言，欲汝曹不忘之爾。龍伯高敦厚周慎，口無擇言，謙約節儉，廉公有威，吾重之愛之，願汝曹效之。杜季良豪俠好義，憂人之急，父喪致客，數郡畢至，吾愛之重之，不願汝曹效之。效龍伯高之正不就，猶爲謹勑士，所謂刻鵠不成尚類鶩者也。效杜季良而不成，陷爲天下輕薄子，所謂畫虎不就反類狗者也。迄今季良尚未可知，郡將下車輒切齒，州郡以爲言，吾常爲之寒心，是以不願子孫效也。」季良名保，爲越騎司馬。保怨家上書，言保「所在惑衆，伏波將軍萬里還書以戒孤兄子，今在京師，與梁松、竇固等交」。上召責松，松叩頭流血。乃召問援，因取所與嚴敦書，即日免保官。時龍伯高爲山都長，擢爲零陵太守。秋九月，地震，詔南陽郡勿輸今年田租，南陽繫囚減死罪一等。是歲，匈奴國中亂，諸將多言可擊者。上以問朗陵侯臧宮，宮曰：「願得五千騎足以立功。」上笑曰：「常勝之家難與慮敵，吾方自思之。」遂不出師。匈奴之族由來尚矣，其在殷、周，則有山戎、獫狁之難；逮于秦、漢，而有匈奴强弱之勢，中國征之事詳矣。王莽時，欲分匈奴，匈奴大怒，縱兵犯塞，傷殺吏民。莽乃盛兵以擊匈奴，嚴尤諫曰：「臣聞匈奴爲害，所從來久矣。周、秦、漢征之，然皆未有得上策者。周得中策，漢得下策，秦無策也。當周宣王時，獫狁内侵，至于涇陽，命征之，盡境而還。視戎狄之侵，譬猶蚊虻之蟲，驅之而已，故天下稱明，是爲中策。武帝選將練兵，深入遠戍，雖有剋獲之功，胡輒報之，兵連禍結三十餘年，中國疲耗，匈奴亦困，而天下弊，是爲下策。秦始皇不忍小恥而輕民力，長城之固，延袤萬里，轉輸之行，起於負海，疆境既完，中國内竭，以喪社稷，是爲無策也。」莽不從，匈奴遂叛，北邊大擾。世祖之初，方憂中國，未遑外事也。初，匈奴右日逐王（北）〔比〕，〔二〕單于知牙斯之長子也。自呼韓耶單于死後，更令兄弟相傳。知牙斯死，傳弟臧咸；臧咸死，傳弟輿；輿立，欲傳其子，然其弟知牙（帥川）〔師以〕次當爲單于者也。〔三〕（皆）〔比曰〕：「以兄弟言之，〔四〕知牙（帥）〔師〕當立；〔五〕以子言之，我前單于長子也。」輿疑之。輿死，子焉鞮立；鞮死，弟滿奴立。比遂失次，怨恨。而匈奴國中旱蝗，連年草木皆盡，人畜死者過半。比乃遣人奉匈奴圖詣西河求和親，盡（牧）〔收〕南邊諸部呼衍、日逐等叛匈奴。〔六〕匈奴遣萬餘騎擊比，不勝。呼衍、日逐等共立比爲呼韓邪單于。孝宣時，其大父呼韓耶歸漢得成，故襲其號。於是有南、北單于。〔七〕

二十三年春正月，南郡蠻夷反，武威將軍劉尚擊破之，置江夏郡。三月，南單于遣使稱藩，願修舊約。天子議於公卿，咸以爲蠻夷猾夏，情僞難知，不可許。大司農耿國以爲今天下初定，〔八〕尤宜受之，令東撫烏桓，北拒匈奴，邊陲永息干戈之役，萬世之策也。上善而從之。使中郎將段柳使匈奴。〔九〕於是單于拜伏受詔，遣弟左賢王將兵擊北單于，連破之。北單于震怖，却地千里。單于既稱臣入居塞内，上書遣子貢獻，漢賜單于冠帶衣裳、黄金龜璽、什物各有數。單于乃分部諸帥以鄣北邊。北單于惶恐，願還所略漢人，數遣使詣武威求使者。皇太子以爲南單于新立，今若遣使，恐阻南單于意，故但報其書，不遣使者。冬十二月，武谿蠻夷反，遣劉尚擊之，尚軍没。驃騎大將軍杜茂、鬲侯朱祐、祝阿侯陳俊薨。朱祐貴儒學，論議常依古法。爲將帥受降追奔逐北，以破敵爲功，不問斬首多少。〔一〇〕軍吏以不得鹵掠，故或有怨者。徙封鬲侯，食邑七千餘户。自陳功薄而賞大，願受南陽五百户足矣。上不許。初，上學長安，嘗過祐。祐方講，留上，須講竟，乃共讌語。及上幸祐第，語及平生，上曰：「主人得無捨我講乎？」

二十四年春正月乙亥，大赦天下。大司空杜林薨，太僕張純爲大司空。林字伯山，右扶風茂陵人。父業，以文章顯。林少有俊才，好學問，沈深好古。家既多書，又外家張竦父子善文章，林從竦受書，漸漬内外，爲當世通儒。王莽敗，盜賊並起，林與弟成俱至河西。隗囂聞林名，故深敬待之，以爲治書，〔一一〕後以病去。囂欲超用之，遂稱篤疾。囂心恨林曰：「杜伯山天子所不能臣，諸侯所不能友，蓋伯夷、叔齊恥食周粟也。今且從師友之位，以從其志焉。」林雖困乏，終爲不屈。林嘗得漆書古文尚書一卷，獨寶愛之。每遭困阨，自以不能濟於衆也，猶握抱此經，獨歎息曰：「古文之學，將絶於此邪！」至建武初，弟成死，故林持喪東歸。囂既遣林，後悔，令刺客楊賢於隴遮刺林。賢見林自推車載弟喪，歎曰：「當今之世，誰能行義者？我雖小人，何忍殺義士！」亡去。上聞林已還，乃徵林，拜侍御史。引見，問經書故舊及西州事，上甚悦，賜車馬衣被。歲餘，遷司（馬）直。〔一二〕百僚知林以名得用，甚敬憚之。林既至京師，與英俊集會，咸敬林之博雅洽聞。河南鄭興、東海衞宏等皆長於古學，從劉歆受左氏春秋，定三統曆，及見林，皆推服焉。濟南徐兆〔一三〕始事衞宏，後皆更受。林以前所得一卷古文尚書示宏曰：「林危阨西州時，常以爲此道將絶也。何意東海衞宏、濟南徐生復得之邪！是道不墜於地矣。」

二十五年春正月，烏桓大人郝且等率衆貢獻，〔一四〕封其渠帥爲侯王。烏桓者，東胡也。漢初匈奴冒頓伐其國，餘類保烏桓山，因以爲號焉。其俗善騎射，隨水草放牧，居無常處。刻木爲信，無文字而衆不敢違犯。其先爲匈奴中亂，烏桓始盛，鈔擊匈奴，匈奴爲之轉徙數千里，（漢）〔漠〕南遂空。〔一五〕戊申晦，日有蝕之。初，劉尚軍没，議復遣將帥。時馬援年六十二矣，上憫其老，方内選擇，未有所定。援自請曰：「臣尚能被鎧上馬。」上試焉。援既據鞍，左右顧，乃下。遂遣之。冬十月，伏波將軍馬援、揚虚侯馬武、東牟侯耿舒擊（武）〔五〕谿。〔一六〕援謂所親杜愔曰：〔一七〕「吾受恩深厚，常恐不得死國事也。今得所，甘心瞑目，但畏長者家兒或〔在〕左右，〔一八〕或與共事，〔殊難得調，〕〔一九〕獨惡是爾。」南鄉侯鄧晨薨。初，晨爲常山、汝南太守，皆有名跡，爲吏民所愛。在汝南起鴻〔郤〕陂，〔二〇〕溉灌田數千頃，百姓于今利之。徵爲光禄大夫，數與宴見，陳説平生，晨從容白上曰：「僕竟辦之。」上大笑。晨疾病，天子手書慰問，中宮及寧平公主皆爲垂泣。既薨，使謁者招新野（王）〔主〕魂，〔二一〕備官屬，合葬于北邙山。上與皇后親臨送葬，賞賜甚厚，謚曰惠侯。

二十六年春正月，增吏俸自三公至于佐吏各有差。二月，馬援至臨鄉，大破蠻軍，斬首千餘級。蠻有二道，一曰壺頭，二曰充中。壺頭徑近而多險，充中遠而運糧難。初，上與諸將議所先擊，因以疑而未決。軍至長沙，中郎將耿舒上言先擊充中賊。援以爲延日費糧，不如進攻壺頭。賊乘高守隘，船不得進。會夏暑熱，吏士疫死者多，援亦病困，穿岸爲室，以避暑氣。賊每乘高鼓譟，援輒扶人觀之，左右壯其意，皆爲之流涕。耿舒與兄好畤侯弇書言：「舒前上言擊充中賊，糧雖難致，兵馬得用，軍人數萬，爭欲奮擊。今壺頭竟不得上，又大軍疾疫，皆如舒言。」弇奏舒書，上遣梁松〔乘〕驛責問援，〔二〕因代監軍。松未至而援已死。松與馬武等毀惡援於上。上大怒，收援將軍侯印綬。〔三〕是時軍士死者太半。謁者宋均軍不得返，與諸將議欲承制降賊，諸將莫敢應。均曰：「夫忠臣出境，有可安國家，專之可也。」均勒兵成列，稱詔降之，蠻夷震怖，即共斬其大帥降均。均爲置長吏而還。均自請矯制罪，天子嘉其功，賜以金帛。其後每有四方異議，數訪問焉。於是援家屬惶怖，不敢歸舊墓，買城西數畝地葬其中，賓客故人不敢送葬。故雲陽令朱勃詣闕上書曰：「臣聞王德聖政，不忘人之功，采其策不求備於衆。〔四〕故高祖赦蒯通，以王禮葬田横，令大臣曠然，咸不自疑。夫大將在外，讒言在内，微過輒記，大功不計，誠爲國之所慎也。故章邯畏誅而奔楚，燕將據聊而不下。豈其甘心未規哉，悼巧言之傷類也。竊見故伏波將軍新息侯馬援，以四年冬始歸正朔。當此之時，虜述矯號於益州，隗囂擁兵於隴、冀，豪傑盱睢且自爲政。援拔自西州，慕德效死，孤立貴人之間，曾無一言之佐，〔寧〕自知當要十郡之使，〔二五〕徼封侯之福邪？八年，車駕西征，衆議狐疑，援深建西州可破之策，隗囂尅定，援有力焉。及隴右未清，羌虜擾邊，援奉使隴西，奮不顧身，行關山間谷之中，揮戈先零之野，兵動有功，師進輒克，徽在虎賁，則有忠策嘉謀，於國用之。南征交阯，克平一州，使王府納越裳之貢，邊境無兵革之憂。間者使南，立陷臨鄉，師已有業，未竟而卒，吏士雖疫，援不獨存。夫戰或以久而立功，或以速而没師，深入未必爲是，不退未必爲非，人情豈樂久在遠地，不生歸哉！惟援得事朝廷二十二年，北征出塞，再南渡江，觸冒害氣，僵屍軍中，名滅爵絶，國土不傳。海内不知其過，衆庶未聞其罪，卒遇三夫之言，被誣罔之讒，家屬杜門，葬不歸墓，怨隙並攻，宗親怖慄。死者不能自列，生者莫爲之訟，臣竊傷之。夫操孤危之忠，而不能自免於讒，此義士之所悲也。惟陛下思竪儒之言，無使功臣懷恨於黄泉也。」書奏不報，歸田里。時梁松、竇固等在中，上問：「知朱勃乎？」對曰：「故雲陽令也。」以所上章使讀之，松、固驚，相謂曰：「如是，陛下不甚罪伏波也。」袁宏曰：馬援才氣志略，足爲風雲之器，躍馬委質，編名功臣之録，遇其時矣。天下既定，偃然休息，猶復垂白，據鞍慷慨，不亦過乎！嘗試言之：所以（寶）〔保〕才者，〔二六〕智也。才智之用，通物爲貴。苟才大者濟（智）〔世〕，〔二七〕小者獨善，則涉乎通濟者，其智彌廣矣。夫觀雲、機之功，則知班匠之巧；覩太平之業，則悟聖人之明。降斯以還，參差百品，雖智效一官，功覆一簣，亦才力之所會也。古之君子，遇有爲之時，不能默然而止，擊節驅馳，有事四方者，蓋爲斯也，然自非賢達不能量也。遭命世之君，傍日月餘光，廢興指授，稟其規略，故功名保全，身有餘地。若不值其主，而獨任其心，得一旅而志一邑，得一邑而圖一國，故事捷而攻之者衆，勳立而日就於難，又況顛沛險巇不測之慮哉！夫才智有餘功名不足者有矣，事業未半而勳過者有矣，所乘之勢異而難易之功殊也。而有爲之人幸而要之，雖徼一時之功，暴居視聽之右，外有駭物之患，内懷思慮之憂爾，中路悵然，欲退無途，其勢然也。善爲功者則不然，不遇其主則弗爲也。及其不得已，必量力而後處，力止於一戰則事易而功全，勞足於一邑則慮少而身安，推斯以往，焉有毁敗之禍哉！馬援親遇明主，動應銜轡，然身死之後，怨謗並興，豈非過其才爲之不已者乎！夏四月，初營壽陵。依孝文故事，務從省約，使迭興之後，與丘隴同體。凡帝即位，必營壽陵，具終器，漢之制也。上常聽朝至于日昃，講經至于夜分。或與群臣論政事，或説古今言行、鄉黨舊故，語及忠臣孝子、義夫節婦，侍對之臣，莫不悽愴激揚，欣然自得。雖非大政進止之宜，必遣問焉，所以勸群能也。皇太子從容言曰：「陛下有禹、湯之明，而失黄、老養性之道。今天下乂安，願省思慮，養精神，優游以自寬。」上答曰：「吾自以爲樂矣。」

二十七年夏，太僕趙喜爲太尉。〔二八〕是時南單于新稱藩，烏桓始入朝，上命喜思安邊之策，爲久長之計。喜乃議復代郡、朔方、五原、雲中、定襄、鴈門郡，遣諸王之國。喜字伯陽，宛人也。喜從兄爲人所殺，無子。喜年十五，結客爲報仇。更始初，舞陰大姓李氏擁兵自守，更始遣將降之，不下，曰：「聞趙氏有孤孫喜，信義著聞，願降之。」更始乃徵，喜時未二十，更始笑曰：「（璽）〔繭〕栗犢能服重致遠乎？」〔二九〕即以爲偏將軍，詣舞陰，降李氏，因入潁川，轉擊諸未下者。更始大喜曰：「卿名家駒也，努力勉之！」昆陽之戰，喜頗有功，拜爲中郎將，封勇功侯。更始敗，喜歸鄉里。初，喜與鄧奉善，奉之叛也，喜數與書切責之。時有言喜爲鄧奉計策以毀惡之者，詔喜屬建威將軍以功自贖，喜不自言。奉死後，上得喜書，驚曰：「趙喜真長者也。」即徵喜，待公車。時江南未通，以喜守簡陽，侯（桓）〔相〕將給兵騎之官。〔三〇〕喜自請不願，請單騎馳往，度其形勢，臨敵制宜，若將兵騎往彼，必爲吏民所疑。上許之。喜至簡陽，民閉城門，不肯納。喜便止城門外，問國中大夫素爲百姓所親信者，乃召問之。對曰：「（不）〔夫〕擁兵欲以自守，〔三一〕而至於爲賊，恐懼不能自反耳。」喜因告以「倉卒之時，非國家所疾，無自疑阻，懇爲陳恩信」。賊遂自縛詣喜降。後爲平原太守，甚有治迹，百姓歌誦之。

二十八年春正月，遣諸王就國。三月，臧宮上書，勸上征匈奴。詔曰：「有德之君，以所樂樂民；無德之君，以所樂樂身。樂民者，其祚延長；樂身者，不久而亡。故曰地廣者荒，德廣者彊。今無善政，災變不息，憂念歲闕。論語云：『吾恐季孫之憂，不在顓臾而在蕭牆之内也。』而復欲遠征乎？」冬十月癸酉，詔死罪下蠶室，其女子者宫。上會群臣問曰：「誰可傅太子者？」皆曰：「執金吾陰就可也。」〔三二〕博士張佚正色曰：「今陛下立太子，爲陰氏乎，爲天下乎？即爲陰氏，則陰侯可；爲天下，則固宜用天下之賢。」上曰：「善。欲置傅者以輔太子，今博士不難正朕，況太子乎？」即拜佚爲太子太傅，而以桓榮爲少傅，賜以輜車、乘馬。乃大會子弟，〔三三〕陳其車馬、印綬，曰：「此皆稽古之力也，可不勉邪！」於是皇太子經學始成。少傅(府)桓榮上疏曰：〔三四〕「臣幸得侍帷幄，經學淺短，無所補益聖質，夙夜慙愧。今太子經學已通，自有識以來，儲君副主莫能(傅)〔傳〕之，今太子獨能(傅)〔傳〕之，〔三五〕此誠萬國之福也。臣師道已盡，皆在太子矣。謹遣掾臣汜再拜歸道。」〔三六〕太子報曰：「陽以童蒙，承訓九載，不深達師意而猥見褒獎，非其實也。夫五經之道廣大，非天下之至精，其孰能與於此！自宰予之徒親事孔門，閑邪以度，猶尚怠懈晝寢，況於不才者乎？苟非其人，道不虛受。冉求曰：『非不悅子之道，力不足者。』歸道受謝非所敢聞。」是時禁網疏闊，王侯貴人多通賓客。壽光侯劉悝，〔三七〕更始少子也，得幸於沛王輔。悝怨盆子殺其父，因輔結客報，殺盆子兄故式侯恭。輔坐繫獄三日，由是捕諸王賓客，死者千餘人。初，馬援謂其司馬呂種曰：「建武初，名爲天地始開。從今已後，海内日當安樂耳。顧我嘗獨有所憂，國家諸子並壯，皆不防微，廣通賓客，門庭如市，吾恐自此大獄起矣。卿其慎之！」援兄女壻王磐，故平阿侯子也，好施愛士，名振江、淮間。後游京師，交結諸侯。援謂所親曰：「王子石傑士也，今若京師在長者間，用氣自行，陵折者多，必用亡身。」於是（臣仲）〔呂种〕、王磐、馮衍皆以諸王賓客下獄，〔三八〕（仲）〔种〕歎曰〔三九〕：「馬生之言其神乎！」（仲）〔种〕、磐死獄中。衍被赦出，廢于家，上言曰：「臣伏念帝王大體，古今通論，常獨慨然。夫以高祖之略而陳平之謀，毀之則疎，與之則親。〔四〇〕以文帝之明而魏尚之忠，繩之以法則爲罪，施之以德則爲功。逮至晚世，董仲舒言道德，見妬於公孫弘，李廣奮節於匈奴，見排於衛青，此忠臣所爲流涕也。臣衍自惟上無無知之薦，下無馮唐之説，乏董生之才，寡李廣之勞，而欲免讒口於當世，豈不難哉！臣之先祖，以忠貞之故，成私門之禍。而臣值兵革之際，不敢回行苟容以求世利，事君無傾邪之謀，將帥無鹵掠之心。今幸遭清明之世，飭躬自行之秋，〔四一〕而怨讎叢雜，譏議横世。蓋富貴易爲善，貧賤難爲工也。疏遠隴畝之臣，無望高闕之日，惶恐自陳，以救罪過。」書奏，天子不用，猶以前過也。衍字敬通，馮奉世之後，有奇才，博通無所不覽。王莽時，諸公多薦之者，衍辭不肯仕。衍有大度，自負其才，〔四二〕不能耦世取容，故遂坎壈失志，居常慷慨，庶幾名賢之風。家貧年老，常爲司隸從事。全椒侯馬成薨。

二十九年春二月丁巳朔，日有蝕之。遣使者舉冤獄，問鰥、寡。庚申，賜天下男子爵，各二級；鰥、寡、孤、獨、貧不能自存者粟，人五斛。夏四月乙丑，詔天下繫囚自殊死已下減本罪各一等，不孝不道不在此書。

三十年春二月甲子，上幸魯國、濟南。夏四月，徙左（馮）翊（公）〔王〕焉爲中山王。〔四三〕五月，旱，賜天下男子爵，人二級；鰥、寡、孤、獨、貧不能自存者粟，人五斛。冬十月丁酉，上幸魯國。太尉喜、司空純上書曰：「自古帝王治道之隆，未嘗不登封太山以告成功。書曰：『二月東巡狩至于岱宗。』封禪之義也。陛下受命中興，順天行誅，修復祖宗，撫寧萬國，天下曠然，咸蒙更生，夷狄慕義，符瑞並應。詩云：『受天之福，四海來賀。』誠宜封禪告成，以順天心。」詔曰：「是何言也？當今日月薄蝕，災異並臻，吏失其職，百姓怨讟，吾誰欺，欺天乎？」於是群臣不敢言。膠東侯賈復薨，謚曰剛侯。復嘗戰，被創甚，上大驚曰：「我所不令復別將者，爲其輕敵也，果然。失吾名將。」聞復婦孕，上曰：「女邪我取之，男也我與之，女勿憂妻子。」復數從，征伐未嘗破敗，數爲諸將潰圍解陣，身被十二創。上以復敢深入，稀令遠征，欲自將之，故少方面之功。諸將每論功，人人自伐，復獨默不言。上曰：

「賈君之勳，我自知之。」功臣中最見親禮。左〔右〕將軍官罷，〔四四〕以列侯就第，加位特進。爲人剛毅方直，慷慨有大節，闔門守静。朱祐等薦復宜爲宰相，世祖方以吏事責三公，故遂不用功臣。是時列侯唯膠東侯賈復、高密侯鄧禹、固始侯李通與公卿參議國事。

三十一年夏五月戊辰，賜天下男子爵，人二級；鰥、寡、孤、獨、貧不能自存者粟，人五斛。癸酉晦，日有蝕之。秋九月甲辰，詔死罪下蠶室，其女子者宫。鮮卑大人於仇賁率禮種人貢獻，封賁爲王。鮮卑亦東胡之餘也，别（禄）〔居〕鮮卑山，〔四五〕因號焉。其言語習俗與烏桓同，自爲冒頓所破，遠竄遼東，未有名通於漢，而與烏桓接。當是南北單于更相攻伐，而鮮卑遂以彊盛。

中元元年春正月，天子覽河圖會昌符，而感其言。於是太僕梁松復奏封禪之事，乃許焉。二月辛卯，上登封于太山，事畢乃下。是日山上雲氣成宫闕，百姓皆見之。甲午禪于梁父。袁宏曰：夫天地者萬物之官府，山川者雲（氣）〔雨〕之丘墟。〔四六〕萬物之生遂，則官府之功大；雲雨施其潤，則丘墟之德厚。故化洽天下則功配于天地，澤流一國則德合於山川。是以王者經略必以天地爲本，諸侯述職必以山川爲主。體而象之，取其陶育；禮而告之，歸其宗本。書云：「東巡狩至于岱宗，柴。」傳曰：「郊祀后稷，以祈農事。」夫巡狩觀化之常事，祈農撫民之定業，猶潔誠殷薦以告昊天，況創制改物，人神易聽者乎！夫揖讓受終，必有至德於〔天下；征伐革命，則有大功於〕萬物。〔四七〕是故王者初基則有封禪之事，蓋以其成功告於神明者也。夫東方者，萬物之所始；山嶽者，靈氣之所宅。故求之物本，必於其始；取其所通，必於所宅。崇其壇場，則謂之封；明其代興，則謂之禪。然則封禪者，王者開務之大〔體〕〔禮〕也。〔四八〕德不周洽，不得〔擬〕〔輒〕議斯〔建〕〔事〕；〔四九〕功不弘濟，不得髣髴斯禮。曠代一有，其道至高。故自黃帝、堯、舜至于三代，各一封禪，未有中修其禮者也。雖繼體之君，時有功德，此蓋率復舊業，增修前政，不得仰齊造國，同符改物者也。夫神道貞一，其用不煩；天地易簡，其禮尚質。故藉用白茅，貴其誠素；器用陶匏，取其易從。然則封禪之禮，簡易可也。若夫石函玉牒，非天地之性也。三月丙辰，司空張純薨。

純字伯仁，京兆杜陵人。父放，襲爵〔昌〕〔富〕平侯，〔五〇〕成帝時以遊讌得幸。而純以學行稱，哀、平世爲侍中、諸曹校尉，王莽時爲九卿，遭亂世保全侯爵。建武初，以先詣闕，復封故國，拜太中大夫，遷五官中郎將。有司奏，列侯非宗室不宜復國，上以純宿衛久，弗奪也。更封武始侯，食富平之半。純歷事先朝，明習故事。是時朝廷草創，舊典多闕，每有疑議，輒訪問純，自郊廟冠婚之禮，多所正定。純重慎固密，時有上書，輒削藁草。上甚重之，一日至數引見。及爲宰相，務存無爲，慕曹參之迹，所辟召皆當世通儒。純臨薨，勑家丞曰：「司空無功勞於國，猥蒙大恩，爵不當及子孫，其勿紹嗣。」純長子根，常被病，大行問嗣，家上小子奮。奮辭讓曰：「先臣遺令，臣兄弟不得襲爵，故臣不即是正。猥聞詔書，驚愕惶怖。臣兄哀臣幼小，故託稱疾病不聽。」奮字釋通，〔五一〕謙約節儉，闔門雍（穆）〔睦〕，〔五二〕租稅賑給宗族，常自困乏，官至司空。夏四月己卯，大赦天下。復梁父、奉高、（嬴）〔嬴〕，勿出今年田租。〔五三〕戊子，上幸長安，祀長陵。是時醴泉出，京師百姓痼疾，飲者皆愈。又有赤草生于泉側，郡國三十一上言甘露降。有司奏曰：「孝宣帝時每有嘉瑞，輒爲之改元，故有神雀、五鳳之號，所以奉答神祇，表彰德信也。」天子拒而不納，是以史官不得而記焉。六月，衛尉馮魴爲司空，〔五四〕賜爵關內侯。冬十月甲申，使司空魴告禮高廟曰：「高帝與群臣約，非劉氏不得王。呂太后王諸呂，滅亡三趙。賴神靈，諸呂伏誅，國家永寧。呂后不宜配食地祇、高廟。薄太后慈仁，孝文皇帝賢明，子孫賴之，福延至于今，宜配食地祇、高廟。今上薄太后尊號爲高皇后，遷呂后尊號爲高后。」袁宏曰：夫越人而臧否者，非憎於彼也；親戚而加譽者，非優於此也。處情之地殊，故公私之心異也。聖人知其如此，故明彼此之理，開公私之塗，則隱諱之義著，而親尊之道長矣。古之人以爲先君〔之〕體猶今（爲）君之體，〔五五〕推近以知遠，則先後之義均也。而況彰其大惡，以爲貶黜者乎！是歲，起明堂、辟雍、靈臺。初議靈臺位，上問議郎桓譚曰：「吾欲以讖決之，何如？」譚默然良久，曰：「臣不讀讖。」上問其故，譚復言讖之非。上大怒曰：「桓譚非聖人，無法。」將下斬之，譚叩頭流血，良久乃解。譚以屢不合旨，出爲六安太守丞，失意忽忽不樂，道病卒，時年七十餘。南陽人尹敏，字幼季，才學深通，能論議，以司空掾與校圖讖。敏言於上曰：「讖書聖人所作，然其中多近語，以字取，〔五六〕類俗人之辭，虛實難識，恐誤後生。」上不然其言。敏因書之闕，（因）〔又〕增之曰：〔五七〕「君無口，爲漢輔。」上讀（得）〔怪〕之，〔五八〕召敏問其故，敏曰：「臣見前人多增損圖書，是以因自著罪無狀。」上深非之而不罪，但令削去之。然以是沈滯，官止長陵（今）〔令〕。〔五九〕敏性恬淡，不慕功名，專好聖哲之書。初與班彪相善，每相與談，常日晏不食，晝即至夜，夜即至旦。彪曰：「相與久語，爲俗人所怪。然鍾子期死，伯牙破琴；惠施没，莊周杜門，相遇之難也。」

二年春正月辛未，初起北郊，祀后土。丁丑，倭奴國王遣使奉獻。二月戊戌，帝崩南〔宮〕前殿。〔六〇〕遺詔曰：「朕無益百姓，如孝文帝制度，務從約省。刺史、二千石、長吏皆無離城郭，無遺使，因督郵奉奏。」是日，太子即皇帝位，年（二十四）〔三十〕，〔六一〕尊皇后曰皇太后。凡帝妃稱皇后，帝母稱皇太后，祖母稱太皇太后，妾臣昭儀已下至中家人子二十等，漢之制也。光武中興，悉闕昭儀、家人之號，唯有貴人，金印紫綬。自美人、宮人、綵女，皆無秩禄，四時賞賜而已。是時諸王皆徵還，國遭大憂，新承王莽之亂，國失舊典，嗣帝與諸王居止同席，時上下（咸兩）〔沿襲〕，〔六二〕莫之與正。太尉趙喜横劍正色，扶諸王下，以正尊卑。

乃申宮衛，整禮儀，百官肅然。三月丁卯，葬光武皇帝于原陵。慎侯劉隆薨。夏四月丙辰，詔曰：「予末小子，奉承聖業，夙夜祗畏，不敢荒寧。先帝受命中興，德侔五帝，朕繼體守文，不知稼穡之艱〔難〕，〔六三〕懼有廢失，以墮先業，公卿百僚將何以輔朕之不逮？特進高密侯禹，明允篤誠，元功之首，其以禹爲朕之太傅，進見東向，以明殊禮。東平王蒼寬博有謀，可以託六尺之孤，臨大節而不可奪也，以蒼爲驃騎將軍。其賜天下男子爵，人二級，三老、孝悌、力田人三級；鰥、寡、孤、獨粟，人十斛。」上新即位，欲崇引親賢，優寵大臣，乃以山林之勞，封太尉喜爲節鄉侯，司空訢爲安鄉侯，司徒魴爲楊邑侯。〔六四〕蒼上疏讓曰：「陛下慈恩，哀臣蒼臨朝之日以爲命首，舉負薪之才，升君子之器。今勸賞之士怠於力行，臣誠內迫頑愚，辱汙輔將之位，必被詩人『赤紱』之刺。今方域晏然，要荒無警，將遵上德無爲之時也，文官猶宜并省，武官尤不宜建。昔虞〔氏〕〔舜〕克諧，〔六五〕君象有鼻，不及以政，誠不忍揚其惡也。前事之不忘，後事之師也。自漢已來，子弟無得在公卿位者。唯陛下遠遵舊典，終畜養之恩，不勝至願。願上驃騎將軍印綬。」上不聽蒼。以母弟輔政，盡心王室，其所賓禮，皆當世名士。初，太原人郇恁，隱居山澤，不求於世。匈奴嘗入太原，素聞其名，乃不入，郇氏舉宗賴之。建武中，徵恁不至，於是蒼復辟恁而敬禮焉。嘗朝會，上戲恁曰：「先帝徵君不至，驃騎辟君反來，何也？」對曰：「先帝秉德以惠下，故〔不〕得〔不〕來；〔六六〕驃騎執法以檢下，臣不敢不至。」月餘辭去，終于家。秋九月，隴西羌反。冬十一月，中郎將竇固、楊虚侯馬武征羌。十二月甲寅，詔自殊死已下聽贖罪各有差。

## 【校勘記】

〔一〕援外坦薄而内備　陳璞校云「薄」疑「白」之誤。

〔二〕匈奴右日逐王(北)〔比〕　從南監本、龍谿本、學海堂本改。

〔三〕其弟知牙(帥川)〔師以〕次當爲單于　從學海堂本改。

〔四〕(皆)〔比曰〕以兄弟言之　從學海堂本改。

〔五〕知牙(帥)〔師〕當立　從學海堂本改。

〔六〕盡(牧)〔收〕南邊諸部　「牧」訛，逕改。

〔七〕於是有南北單于　後漢書南匈奴列傳載建武二十四年冬，「比自立爲呼韓邪單于」。李賢注引東觀記曰：「十二月癸丑，匈奴始分爲南北單于。」由此可知匈奴分裂爲南北二部當在後兩年。

〔八〕大司農耿國　後漢書南匈奴列傳作「五官中郎將耿國」。

〔九〕段柳　後漢書南匈奴列傳作「段郴」。

〔一〇〕以破敵爲功不問斬首多少　後漢書朱佑列傳作「以克定城邑爲本，不存首級之功」。

〔一一〕以爲治書　後漢書杜林列傳作「以爲持書平」。

〔一二〕遷司（馬）直　從後漢書杜林列傳删。

〔一三〕濟南徐兆　南監本、後漢書杜林列傳作「徐巡」。

〔一四〕烏桓大人郝且　南監本、後漢書烏桓列傳作「郝旦」。

〔一五〕（漢）〔漠〕南遂空　從南監本、龍谿本、學海堂本改。

〔一六〕擊（武）〔五〕谿　從後漢書馬援列傳改。該傳稱武陵五溪蠻。水經注謂雄溪、樠溪、酉溪、潕溪、辰溪爲五溪。

〔一七〕援謂所親杜愔曰　後漢書馬援列傳作「杜愔」。

〔一八〕家兒或〔在〕左右　從南監本、龍谿本、學海堂本補。

〔一九〕〔殊難得調〕　從南監本、龍谿本、學海堂本補。

〔二〇〕在汝南起鴻〔郤〕陂　從後漢書鄧晨列傳補。

〔二一〕招新野（王）〔主〕魂　從南監本、龍谿本、學海堂本改。

〔二二〕上遣梁松〔乘〕驛　從後漢書馬援列傳補。

〔二三〕收援將軍侯印綬　後漢書馬援列傳作「追收援新息侯印綬」。

〔二四〕采其策不求備於衆　後漢書馬援列傳作「采其一美，不求備於衆」。

〔二五〕〔寧〕自知當要十郡之使　從學海堂本補。

〔二六〕所以（寶）〔保〕才者　從龍谿本、學海堂本改。

〔二七〕苟才大者濟（智）〔世〕「智」訛，逕改。

〔二八〕太僕趙喜爲太尉　後漢書光武帝紀作「趙熹」。

〔二九〕（璽）〔繭〕栗犢　從南監本、龍谿本、學海堂本改。

〔三〇〕侯（桓）〔相〕將給兵騎之官　從南監本、龍谿本、學海堂本改。

〔三一〕（不）〔夫〕擁兵　從龍谿本改。

〔三二〕執金吾陰就　陰就，後漢書桓榮列傳作「陰識」。

〔三三〕大會子弟　後漢書桓榮列傳作「大會諸生」。

〔三四〕少傅（府）桓榮上疏　從龍谿本、學海堂本删。

〔三五〕儲君副主莫能（傳）〔傳〕之今太子獨能（傳）〔傳〕之　從龍谿本改。後漢書桓榮列傳作「儲君副主莫能專精博學若此者也」。

〔三六〕掾臣氾　後漢書桓榮列傳、學海堂本作「氾」，龍谿本作「氾」，今從前説。

〔三七〕劉悝　後漢書光武十王傳作「劉鯉」。

〔三八〕於是（臣仲）〔吕种〕　從龍谿本、學海堂本、後漢書馬援列傳改。

〔三九〕（仲）〔种〕歎曰　從龍谿本、學海堂本改。下改同。

〔四〇〕與之則親　後漢書馮衍列傳作「轡之則親」。

〔四一〕飭躬自行之秋　後漢書馮衍列傳作「飭躬力行之秋」。李賢注「力行謂盡力行善道也」。

〔四二〕自負其才　龍谿本作「自度其才」。

〔四三〕從左（馮）翊（公）〔王〕焉爲中山王　從後漢書光武帝紀改。

〔四四〕左〔右〕將軍官罷　從後漢書賈復列傳補。

〔四五〕別（禄）〔居〕鮮卑山　從南監本、龍谿本、學海堂本改。

〔四六〕山川者雲（氣）〔雨〕之丘墟　從學海堂本改。

〔四七〕必有至德於〔天下征伐革命則有大功於〕萬物　從續漢書祭祀志劉昭注引袁宏論補。

〔四八〕王者開務之大（體）〔禮〕也　從續漢書祭祀志劉昭注引袁宏論改。

〔四九〕不得（擬）〔輒〕議斯（建）〔事〕　從續漢書祭祀志劉昭注引袁宏論改。

〔五〇〕襲爵（昌）〔富〕平侯　從後漢書張純列傳改。

〔五一〕奮字釋通　釋，學海堂本作「穉」。

〔五二〕闔門雍（穆）〔睦〕　從南監本、龍谿本改。

〔五三〕梁父奉高（羸）〔嬴〕勿出今年田租　從南監本、龍谿本、學海堂本改。

〔五四〕衛尉馮魴　衛尉，南監本、漢書光武帝紀作「太僕」。

〔五五〕古之人以爲先君〔之〕體猶今（爲）君之體　從學海堂本改。

〔五六〕其中多近語以字取　後漢書儒林列傳作「其中多近鄙別字」。

〔五七〕（因）〔又〕增之曰　從龍谿本改。

〔五八〕上讀（得）〔怪〕之　從南監本、龍谿本改。

〔五九〕官止長陵（令）〔令〕　從南監本、龍谿本、學海堂本改。

〔六〇〕帝崩南〔宮〕前殿　從後漢書光武帝紀補。

〔六一〕年（二十四）〔三十〕　從後漢書孝明帝紀改。按明帝在位十八年，通鑑云崩「年四十八」，故可斷即位時年三十。

〔六二〕時上下（咸兩）〔沿襲〕　從南監本、龍谿本、學海堂本改。

〔六三〕不知稼穡之艱〔難〕　從後漢書孝明帝紀補。

〔六四〕司空訢爲安鄉侯司徒魴爲楊邑侯　後漢書孝明帝紀作「司徒訢司空魴」。

〔六五〕昔虞（氏）〔舜〕克諧　從龍谿本改。

〔六六〕故（不）得〔不〕來　從學海堂本乙正。

# 兩漢紀下　後漢紀

## 孝明皇帝紀上卷第九

永平元年四月癸卯，封故衛尉陰興子慶爲鮦陽侯，博爲隱强侯，楚王舅子許昌爲龍舒侯。東海恭王彊建武二年立，母郭氏爲后，彊爲皇太子十七年而郭后廢，彊常戚戚不自安，數因左右及諸王陳其懇誠，願備藩國。光武不忍，遲迴者數歲，乃許焉。十九年，封爲東海王，二十八年，就國。帝以彊去就有禮，故優以大封，兼食魯郡，合二十九縣。賜虎賁旄頭，宮設鐘鼓之懸，擬於乘輿。彊臨之國，數上書讓還東海，又因皇太子固辭。帝不許，深嘉歎之，以彊書宣示公卿。初，魯共王好宮室，起靈光殿，甚壯麗，是時猶存，故詔彊都魯。中元元年入朝，（徙）〔從〕封岱，〔一〕因留京師。明年春，帝崩，冬，歸國。永平元年，彊病，顯宗遣中常侍鉤盾令將太醫乘驛視疾，詔沛王輔、濟南王康、淮陽王延詣魯。五月戊寅，彊病，因臨命終，上疏謝曰：「臣蒙恩得備藩輔，特受二國榮寵，巍巍無量，訖無報稱。自修不謹，連年被病，爲朝廷憂。皇太后、陛下慈愍惻至，動發中心。臣内省視，氣力羸劣，日夜寖劇，終不望復見闕庭，奉承帷幄，辜負重恩，銜恨黄泉，言之絶腸。惟皇太后、陛下加供養，數進御食，避風氣，終始天道。臣彊困劣，言不能盡意。願悉謝諸王，不意長不復相見。臣特蒙大恩，兼大國。政，小人也，猥當襲臣封，非所以全利之也。如皇太后、陛下深爲規度，誠願還東海。以臣無男之故，則處臣三女小國侯，此臣夙夜之願也。」彊薨問至，上與皇太后悲慟不自勝，乃詔諸王、京師親家皆詣東海奔喪，遣司空魴持節視喪事，賜旄頭、鸞輅、龍旗、虎賁，榮寵之盛，無與爲比，謚曰恭王。詔東海傅相曰：「王謙恭好禮，以德自終，其葬送之具，務從省約，以彰王卓爾之美。」子政嗣，淫慾無行，故彊以爲言。秋七月，西羌破走，餘種悉降，徙三輔。羌之先，三苗之裔也，其俗以父名母家姓爲號，〔二〕出十二世相與婚姻，妻後母，報嫂，無鰥男寡婦，故種類繁息。其爲兵，長於山谷，短於平地。男子兵死有名，且以爲吉；病終謂之劣，又以爲不祥。婦人産乳，丈夫被創，不避霜雪，得西方金氣焉。夏后氏衰，戎、狄在邠、岐之間。殷衰，周太王自邠之岐。周衰，幽王爲西戎所滅。故羌之爲患，自三代然也。袁宏曰：夫民之性也，各有所稟，生其山川，習其土風。山川不同，則剛柔異氣；土風乖則楚、夏殊音。是以五方之民厥性不均，阻險平易，其俗亦異。況乃殊類絶域，不賓之旅，以其所稟受有異於人。先王知其如此，故分其内外，阻以山川，戎狄蠻夷，即而序之。夫中國者，先王之桑梓也，德禮陶鑄，爲日久矣。有一士一民不行先王之道，必投之四裔，以同殊類。今承而内之，以亂大倫，違天地之性，錯聖人之化，不亦弊乎！昔伊川之祭，其禮先亡，識者觀之，知其必戎，況西羌、北狄雜居華土！嗚呼！六夷之有中國，其漸久矣。八月，戊子，徙山陽王爲廣陵王。是歲，太傅鄧禹、（如）〔好〕時侯耿弇薨。〔三〕謚禹曰元侯，弇曰愍侯。禹疾病，天子親數問，除二子爲郎，分禹國封三子爲列侯。禹内文明，外温恭，不事産業，常欲避權勢。有十三男，各命通一經。其閨門之訓，皆可爲後世法。長子震爲高密侯。次襲爲昌安侯。次爲車騎將軍，坐出塞追叛胡，〔四〕下獄死。第六子訓不好文學，禹以此非之。然好施愛士，濟人之急，士無貴賤見之如舊。以謁者使外國，爲烏丸校尉，徙杼秋侯。股爲居巢侯，楊州刺史。詔以股口無擇言，行無怨惡，宜蒙褒顯，以勸天下，乃徵股行執金吾事。

二年春正月辛未，祀光武皇帝於明堂，始服冕珮玉。禮畢，登雲臺，觀雲物。大赦天下。自三代服章，皆有典禮，周衰而其制漸微。至戰國時，各爲靡麗之服。秦有天下，收而用之，上以供至尊，下以賜百官，而先王服章，於是殘毁矣。漢初，文學既缺，時亦草創，輿服旗幟，一承秦制，故雖少改，所用尚多。至是天子依周官、禮記制度，官冕衣裳、珮玉乘輿，擬古式矣。袁宏曰：昔聖人興天下之大利，除天下之大患，躬親其事，身履其勤，使天下之民各安性命，而無夭昏之災。是以天下之民，親而愛之，敬而尊之。夫親之者欲其閒敞平懌，而無疾苦之患也。故爲之宮室，衛以垣墻，重門擊柝，以待暴客。敬之者，欲其崇高榮顯，殊異於衆。故爲之旗旌，表以服章，陛級懸絶，不可得而逾也。後之聖人知其如此，自民之心而天下所欲爲，故因而作制，爲之節文。始自衣裳，至于車服，棟宇垣墻，各有品數，明其制度，盡其器用。備物而不以爲奢，適務而不以爲儉。大典既載，陳于天下，後嗣因循，守其成法。故上無異事，下無移業，先王之道也。末世之主行其淫志，耻基堂之不廣，必壯大以開宮；恨衣裳之不麗，必美盛以修服；崇屋而不厭其高，玄黄而未盡其飾。於是民力殫盡而天下咸怨，所以弊也。故有道之主覩先王之規矩，察秦、漢之失制，作營務求厥中，則人心悦固而國祚長世也。二月甲子，立皇后馬氏，皇子坦爲皇太子。賜天下男子爵，各有差；鰥、寡、孤、獨、不能自存者粟，人五斛。后，馬援女也。后有四兄二姊，長兄廖及防、光、二姊與后同母。兄客卿幼而奇嶷。初，援南定百越，北征匈奴，謀議之士集於門下。客卿年六歲，能應接諸公，專對賓客。嘗有死罪亡命者，客卿逃匿之，不令人知。援甚奇器之，以爲壯大必任將相，故以秦時官號字焉。援薨後，客卿早死，太夫人悲傷發疾，恍惚昏亂。后時年十歲，幹治家事，勑制僮僕昆弟親屬，各得其宜。諸家皆以爲太夫人所爲也，後（問）〔聞〕之，〔五〕咸驚異焉。嘗疾，令卜者筮之，曰：「此女當爲帝妃，貴不可言。」久之，太夫人亡珠，直數萬錢，問相者，相者指一御婢：「此人盜之。」果如其言。太夫人奇之，乃令相諸女，見后驚曰：「我必爲此女稱臣，貴而少子。」太夫人曰：「得（世）〔無〕無子乎？」〔六〕相者曰：「有一子遽失，得人子力愈於自生子也。」年十三，以選入太子家。接侍同列，如承貴尊，先人後己，發於至誠，由是見寵。及有司奏立長秋宮，太后曰：「馬貴人德冠後宮，即其人也。」嘗從容問以政事，后輒推心以對，無不當意。時後宮未有姙育者，嘗言繼嗣當以位，薦達左右，如恐不及，其見寵者與之恩隆，未嘗與侍御者私語，其防閑慎微，皆此類也。性不喜出入遊觀。上時幸苑囿離宮，輒諫諍，辭意甚美，上納焉。誦易經，習詩、論語、春秋，略記大義，聽言觀論，摘發其要。讀光武本紀，至於獻千里馬、寶劍賜騎士，手不持珠玉，未嘗不歎息也。后志在克己，不以私家干朝廷。兄廖爲虎賁中郎，防、光爲黃門郎，訖明帝世不易官。三月，上初禮于學，臨辟雍，行大射禮，使天下郡國行鄉飲酒禮于學校。秋九月，沛王、濟南王、淮南王、東海王來朝。冬十月壬子，上臨辟雍，初養三老五更。於是士效禮樂三雍，儀制備矣。詔曰：「五更桓榮，以尚書教朕十有餘年。周頌曰：『視我顯德。』又曰：『無德不報。』其賜榮爵關内侯，食邑五千户。」榮病篤，上疏謝恩，讓還爵土。上憫傷之，臨幸其家，入巷下車，擁經趨進，躬自撫循，賜以牀帳衣服，於是諸侯大夫問疾者皆拜於牀下。及終，贈賜甚厚，上親變服臨送，賜冢塋。初，榮爲太常，上幸其府，令榮東面坐，設几杖之禮，而百官能通〔經〕義者及榮門下生數百人，〔七〕上親自下説，時有問難者，上謙而不答，曰：「太師在是也。」供賜畢，悉以餽賜。榮字春卿，沛國亢人。少給事郡縣長，師事九江朱〔公〕文。〔八〕家貧常賃，自供書夜誦讀，無懈怠，十五年不歸家，京師以此稱之。〔父〕〔師〕卒，〔九〕榮奔喪九江，負土成墳，因留教授徒衆數百人。王莽末，天下擾攘，兵革之間，窮厄絶糧。然抱持經書，與諸生逃匿山谷，講授不輟。建武中，大司徒辟榮，年已六十餘矣。時虎賁中郎將豫章何湯，榮門下生也，以選授皇太子經。世祖問湯何所師，對曰：「桓榮。」世祖即召榮，令説尚書，善其説。拜郎，賜錢十萬，入授皇太子，甚見尊重。每朝會，世祖輒令榮於公卿前説，因問長安時舊事，世祖曰：「得卿幾晚，善博士也。」榮叩頭曰：「臣經學淺薄，不如同門生揚州從事皐弘、郎中彭閎。」世祖曰：「俞，汝諧。」因除榮爲博士。榮謙恭有藴藉，每論難於前，常持禮讓，以義理相喻，不苟以言辭取勝，儒者以此高之。少子郁，字仲恩，傳父業，以任爲郎。榮卒，郁當襲爵，上書讓孤兄子，上不許，遷侍中。上以郁先師子，有禮讓，甚親厚焉。常居中論經，問以政事。甲子，幸長安，祠陵廟，遣使者祠蕭何、霍光，車駕過〔軾〕〔式〕墓所。〔一〇〕賜二千石令長已下各有差。十月，護羌校尉竇林有罪，下獄死。

三年春二月，太尉趙喜、司徒李訢坐事免，左馮翊郭丹爲司徒，南陽太守虞延爲太尉。

延，陳留東昏人。初爲細陽令，信行於民。棄官還家，太守傅宗聞其名，〔一〕署功曹。宗輿服出入擬於王侯，延每常進諫曰：「晏嬰相齊，裘不補；公儀相魯，拔園葵，去織婦。夫以約失之者鮮矣。」宗勃然不悦曰：「昔者諸侯，今之二千石也。」延以陪臣喻諸侯，豈其謂也？」延以不合意退去。宗後果以奢麗得罪，臨當伏刑，世祖使小黄門往視之，宗乃仰天歎曰：「恨不用功曹虞延之諫！」後車駕過外黄，〔二〕詔問陳留太守：「寧有功曹虞延邪？」太守對曰：「今爲南部督郵。」乃引見，問諫前太守時事，延具以狀對。詔問延外黄園陵寢殿祭器俎豆，悉曉其禮，由是遂見謝焉，賜錢百萬。郡中聞之，易視聽。辟司徒府，遷洛陽令。是時陰皇后家客馬成嘗爲姦宄，延收繫之。陰將軍書請之，前後不絶。延得一書，輒加笞二百。陰氏知延必殺之，乃言於世祖，以延多所枉濫。世祖親臨御道，勑延出獄中囚，其已論者居東，罪未决者居西。成自以罪已决，欲起就東。延前擊其頭，曰：「此民之蠹也，久依城社，不畏燻燒。今方考實，姦未窮盡。」成大呼稱冤。戟郎以戟承延頸，叱使置之。世祖知延不（移）〔私〕，〔三〕因謂成曰：「汝犯法身自取之，何以爲冤！」後數日，遂伏誅。上即位，遷南陽太守。新野功曹鄧衍，以外戚小侯得朝會，趨過殿庭，姿容甚麗，上顧謂左右曰：「朕之儀容，豈能若此！」左右曰：「陛下天子，此凡人，何足比焉！」雖然，上心好之，特賜輿馬衣服。南陽計吏歸具白延，延知衍行不配容，積三年而不用。於是上乃勑衍，令稱南陽功曹詣闕，拜郎中。後爲玄武司馬，不爲父行服。上聞之，慨然曰：「知人則哲，惟帝難之。虞延之言信哉！」衍慙懼，遂退位。上益奇延。甲子，賜天下男子爵，人二級；三老、孝悌、力田三級；鰥、寡、孤、獨、貧不能自存者粟，人五斛。夏四月辛酉，立皇子建爲千乘王，當爲廣平王。〔一四〕秋八月，有司議世祖廟樂，東平王（倉）〔蒼〕議曰：〔一五〕「漢制舊典，宗廟各奏其樂，不必相襲，以明其德也。高帝受命龍興，誅暴秦，天下各得其所，作武德之舞。孝文皇帝躬行節儉，澤施四海，制盛德之舞。光武皇帝受命中興，撥亂反正，登封告成，功德巍巍。夫歌所以詠德，舞所以象功，廟樂宜曰大武之舞。」從之。初起北宫，尚書僕射鍾離意諫曰：「陛下以天旱不雨，每自刻責，避正殿，損常膳，而天猶不雨，豈舉動失所，而政違天心者邪？昔湯遇旱以六事自責，曰：『政不節邪？使民疾邪？宫室營邪？〔一六〕女謁盛邪？苞苴行邪？讒夫昌邪？』今百姓須雨而天久旱，竊以爲北宫大作，是宫室營政不節之類也。〔一七〕自古已來，非患宫室小，但患民之不安。詩曰：『雨我公田，遂及我私。』言君臣相濟，上下同憂也。今天下疲弊，衣食不充，可謂憂矣。食禄於朝，備在近列，敢不以聞！」時詔賜降胡子縑，尚書（素）〔案〕事，〔一八〕誤以十爲百。上大怒，召（即）〔郎〕欲鞭之，〔一九〕意曰：「過誤者，人所有也。若以懈慢爲罪，臣居大官，皆在臣，臣請先受坐。」解衣就撻。上意解，皆原之。上性急，好以小察爲明，公卿大臣數被誣毁，尚書近臣尤甚，由是朝廷悚慄，事爲多苟且，以避誅責。意獨犯顏論事，數封還詔書，群臣獲怒者輒救請之。意薦彭城劉平，徵爲議郎，上數引見，遷侍中宗正。平薦舉承宮、郇恁，皆名士也，以老病，乞骸骨歸鄉里。平字公子，始以孝行稱，爲郡吏守菑丘長，政教大行，每屬縣〔有劇〕賊，〔二〇〕輒令平守之，所至皆治。更始時天下亂，平弟仲爲賊所害，平抱仲女棄己子而走。母欲還取之，平曰：「力不能兩全，仲不可以絶類也。」遂去不顧。平嘗出爲母求食，賊得平，將食之，平叩頭涕泣曰：「今旦爲老母采茹，〔二一〕母飢，待平爲命，願得反食母而還就死。」賊見其至誠，哀而遣之。平還，既食母，即白曰：「屬與賊期，義不可欺。」遂復還，賊皆大驚，相謂曰：「常聞烈士，今乃見之矣，吾不忍食子。」建武初，平狄將軍龐萌反攻太守孫萌，平爲主簿，冒白刃伏萌上，身被七創，嗥泣曰：「願以身代明府。」賊乃相顧曰：「義士也，勿殺。」遂解去。萌絶而復蘇，因涕泣相抱，後數日，萌竟死。後太守嘉其節義，舉孝廉，爲全椒長。使掾吏卒五日一來治所，餘日令各就農桑，官閒事簡，民人懷感，盜賊屏息，資賦增益，爲諸邑最。刺史太守行部，獄無囚徒，民各自以得職，不知所問。沛人趙孝亦以義行獲寵。孝字長平。初，天下亂，人相食。孝弟禮爲賊所得，孝聞之，則自縛詣賊，曰：「禮久餓羸瘦，不如孝肥飽。」賊大驚，不忍食，兩放之，謂曰：「歸持米糧來。」孝不能得，即復往，願就烹。賊義之，不害。建武初，天下新定，民皆乏食。孝每炊待熟，輒使禮夫婦出有所役，自在後與妻共蔬菜食。及禮還，告以食而以糧飯食之。如此者久，禮心怪之，微察悵恨獨然，遂不肯復出。兄弟怡怡，鄉黨服其義。州郡召，進退必以禮。天子素聞其行，詔拜爲諫議大夫，長樂衛尉。後復徵弟爲御史中丞，禮亦以恭謙有禮讓。上嘉孝兄弟篤行，欲寵異之，率常十日使禮至衛尉府，太官供食，令其相對盡歡，其見優若此數年。禮卒，贈賻甚厚，令孝以長樂衛尉從官屬送喪，葬于家。壬申，日有蝕之。是時刑法嚴峻，人懷憂懼。因是變也，鍾離意上疏曰：「陛下躬行孝道，修明經術，敬畏天地之禮，勞卹黎元之恩。然而天氣未和，日月不明，水泉湧溢，漂殺人民，咎在群臣不能宣化理職，人懷恐急。故百官不親，吏民不和，至於骨肉相殘，以逆和氣，雖加殺罰，猶不能止。故百姓可以德勝，不可以刑服，願陛下緩刑罰，順時氣，以調陰陽，垂之無極。」上雖不能用，然知其忠直，故不得久留中，出爲魯國相。爲治存大體，不求細過，百姓愛之。將終，遺言上書，陳刑法大峻，宜少寬假。上感其言，賜錢二十萬。意之出也，遂就北宮，及德陽殿成，會百官，上曰：「鍾離尚書在，不得成此殿也。」意字子阿，會稽山陰人。少爲督郵，亭長有受民酒禮者，府下記案治。意答曰：「詩曰：『刑于寡妻，至于兄弟，以御于家邦。』明政化之本，由近及遠。今宜明府内，以及諸外，且闕略遠縣細微事。」太守甚賢之，遂任以屬縣事。會稽大疾疫，死者以萬數，獨身自隱視，經給醫藥，全濟者甚多。辟司徒府，爲耿憲堂邑令，〔三〕視民如子，百姓懷之。邑民防廣，遺腹子也。爲父報讎繫獄，其母病死，廣哭泣不飲食。意憐傷之，解遣廣歸家，使得殯殮。丞掾皆以爲不可，意曰：「自令罪，非丞掾也。」廣殮母訖，即還入獄。意以狀聞，竟得以減死論。

冬十月，有事于世祖廟。初獻大武之舞，改太樂〔官〕曰〔宜〕〔太予〕。〔三〕袁宏曰：樂之爲用有自來矣。大章、簫韶於唐、虞，韶濩、大武於殷、周，所以殷薦上帝，饗祀宗廟，陳之朝廷，以穆人倫，古之道也。末世制作，不達音聲之本，感物乖化，失序乎情性之宜。故雖鐘鼓不足以動天地，金石不足以感人神，因輕音聲之用，以忽感導之方，豈不惑乎！善乎，嵇生之言音聲曰：「古之王者承天理，必崇簡易之教，仰無爲之理，君靜於上，臣順於下，大化潛通，天下交泰，群臣安逸，自求多福，默然化道，懷忠抱義，而不覺其所以然也。〔蓋〕和心足於內則美言發於外，〔四〕故歌以叙志，舞以宣情，然後文之以采章，昭之以風雅，播之以八音，感之以大和，導其神氣養而就之，迎其悦情致而明之，使心與理相順，言與聲相應，合乎會通，以濟其美。故凱樂之情見於金石，含弘〔乎〕〔光〕大，〔五〕顯於音聲也。若此已往，則萬國同風，芳榮齊茂，馥〔始〕〔如〕秋蘭，〔六〕不期而信，大道之隆莫盛於茲，太平之業，莫顯於此，故曰移風易俗莫善於樂。然樂之爲體，以心爲主，故無聲之樂，民之父母也。夫音聲和，此人情所不能已者也。是以古人知情不可放，故抑其所通；知慾不可絶，故因以致殺，故爲可奉之禮，制可導之聲也。口不盡味，耳不極音，揆始之中，爲之檢則，使遠近同風而不竭，亦所以結忠信，著不遷也。故鄉教庠序，革不修之，使絲竹與俎豆並存，羽旄與揖讓俱用，正言與和聲同發。使將聽是聲也必聞此言，將觀是容也必崇此禮，猶賓主升降，然後酬酢行焉。於是言語之節，音聲之度，揖讓之宜，動止之致，進退相須，共爲一體。君臣用之於朝，士庶用之於家，少而習之，長而不怠，心安志固，從善日遷，此先王用樂之意也。故朝宴聘享，嘉樂必存。是以國史采風俗之盛衰，寄之樂工，宣之以管絃，使言之者無罪，聞之者足以自戒，此先王用樂之意也。上與皇太(子)后幸南陽章陵，〔二七〕周觀舊廬，召見陰、鄧故人，賞賜各有差。

四年春二月辛亥，上親耕于藉田，將獵河內。驃騎將軍王蒼諫曰〔二八〕：「臣聞盛春，農事始興，於時令不聚民興功。傳曰：『田獵不宿，食飲不享，出入不節，則木不曲直。』此失春令故也。臣知車駕至約省，所過吏民諷誦甘棠之德。雖然，動之不以禮，非示四方規準也。陛下因行田野，見稼穡，經覽河川，逍遥駐留，弭節周旋。至秋冬乃振威靈，整法駕，備周衛，設羽旄。詩云：『抑抑威儀，惟民之隅。敬慎威儀，惟民之則。』不勝至心，謹手書陳愚。」上從之。秋九月戊寅，千乘王建薨。隴西太守鄧融下獄死。初，融在職不稱，功曹廉范知其必獲罪，乃謝病去，融甚望之。范改姓名，求爲廷尉卒。無何，融果徵下獄，范衛侍有異於常。融不意是范也，怪而問之曰：「卿何類我功曹？」范曰：「君誤耳，非是也。」融疾病，及死，范養視甚篤，終不自言，身自將車送喪至南陽，葬畢而去。范（自）〔字〕叔度，〔二九〕杜陵人。祖父丹，王莽時爲大司馬。范父遭亂，客死於蜀。范與母流離西州，天下定，乃歸鄉里。范年十五，辭母入蜀，迎父喪，母憐其小，謂曰：「汝家惟汝一身，遭世亂，恐滅絕不得奉宗祀。今僅得全，奈何復棄我遠去？」范固自請，母不能止，遂與客俱西入蜀。蜀郡太守張穆，丹之故吏也。聞范迎喪，遣吏資車馬布帛送范。范還不受，自〔與〕客步負喪，〔三〇〕經涉塗險，至葭萌下喪載舩。舩觸石破沒，范抱持骸骨，人前接，范不動，遂沒石間。衆傷其義，相與共鉤求一日乃得，共抱懸良久，乃蘇。穆聞之大驚，復馳遣將前資追與范，范曰：「前後相違，范所不行也。」遂辭不受，歸葬行服，關中高其行。袁宏曰：古之人明救卹之義，開取與之分，所以周急拯難，通乎人之否泰也。廉范厲然獨行，以任所重。其身殆亡，而親柩幾喪，非全通之道也。范既歸，事博士薛漢。初，范家之入蜀，以良田百餘頃屬故吏毛仲。范歸，仲子叔奉仲遺命以田歸范。范以物無常主，在人即有，悉推田與之。辟公府掾，會薛漢坐楚事誅，故人門生莫敢哭視，范獨往收之。吏以聞，帝大怒，召入詰責范，曰：「楚王無道，狡亂天下，范公府掾，不與朝廷同心，而反收斂罪人，何（人）〔邪〕？」〔三一〕范叩頭曰：「臣無狀，以謂漢等皆已伏誅，故不勝師資弟子之情，當萬死。」上怒稍解，問范：「爲廉頗後邪？」范對曰：「臣本趙人廉頗之後，大父丹爲王莽大司馬。」上乃曰：「怪范能若此！」因釋之。舉茂才，爲温令。數月，遷雲中太守，會胡虜反。故事：虜人入塞過五千人，移書旁郡，救至乃出。范聞警，即自以精兵赴之。虜盛，漢兵不能敵。范乃令軍士皆持炬，晨奔虜軍，大炬如星。虜見之，驚走。追擊，大破之。自此後，虜震怖，不敢犯雲中。累遷武(侯)〔威〕、蜀郡太守，〔三二〕所在有名迹。蜀(部)〔郡〕好文辯，〔三三〕喜相長短，范以寬厚化下，人民懷之。坐事免歸家，多散財物，以賑宗族。與洛陽亭長慶鴻爲刎頸之交，時人稱曰：「前有管、鮑，後有慶、廉。」鴻官至琅邪太守，所在有異迹。十月乙卯，司徒郭丹、司空馮魴免。丹字少卿，南陽穰人。少事淮陽公孫昌，西入關，棄符歎曰：「不乘傳車，終不出關。」是時昌爲王莽講學大夫，門下生甚衆，而昌獨禮異丹。由是嚴尤、王尋更辟請，皆不就。莽亦徵之，逃避十餘年。而更始立，徵丹爲諫議大夫，持節出關，安集南陽。初，世祖即位，諸將悉降，受爵邑。丹獨城守不下，乃裹節荷擔，經歷險〔阻，求謁〕更始妻子，〔三四〕還其節傳，然後歸田里。後舉高第，稍遷并州牧、左馮翊，皆有稱績。及在相位，清廉公正，與侯霸、杜林相善，亦齊名迹。十二月，陵鄉侯梁松下獄死。松有才能，明習漢家故事，以選尚舞陰公主，爲虎賁中郎將，世祖時貴幸用事。上即位，遷太僕卿，數爲私書請託郡縣，事發覺，免官。由是怨望，下獄誅。安豐侯竇融薨。融子穆尚内黄公主，而顯親(族及)〔侯友〕子固尚沮陽公主，〔三五〕穆長子勳尚東海恭王女(北)〔沘〕陽公主。〔三六〕穆爲城門校尉，固爲中郎將，監羽林，融從兄子林爲護羌校尉。竇氏一公，兩侯，三公主，四二千石，自祖及孫官府邸第相望，奴婢千餘人，於親戚功臣中莫與爲比。融年老，子孫放縱，多不遵法度。帝不能容，數下詔，比以竇嬰、田蚡故事。融惶懼，乞骸骨，上賜牛酒。策罷穆，以國在安豐，欲以安六侯歸，〔三七〕遂假作故六安王國，矯稱長公主家，上書自言。帝大怒，乃盡免穆等官，諸竇爲郎吏者皆遣歸故郡，留融京師。會融病薨，謚曰戴侯。穆居大第，富於財，天子使謁者監護其家，欲以全之。居數年，穆父子自以失勢，出怨言，使者奏焉，乃遣歸故郡。坐賂遺小吏，爲郡所考，穆及勳皆死獄中。詔融夫人與一孫還洛陽。固有才能，世祖時貴顯用事，及穆得罪，固亦廢于家。東平王蒼以輔政久，固請歸蕃。

五年春二月，詔曰：「東平王比上書願歸藩，上將軍印綬，謙讓日聞，至誠懇惻。蓋君子成人之美，今其聽焉。以驃騎長史爲東平王太傅，掾吏爲中大夫，令史爲王家郎，勿上將軍印綬。」蒼體貌長大，進止有禮，好古多聞，儒雅有識度。上嘗問蒼：「在家何者最爲樂？」對曰：「爲善最樂。」上嗟歎之。冬十一月，上幸鄴。

六年春正月，沛王、楚王、濟南王、東平王、淮陽王、琅邪王、中山王、東海王來朝。廬江獲寶鼎，納于太廟。冬十一月，行幸魯，祠。東海恭王、沛王、楚王、濟南王、東平王、淮陽王、瑯邪王皆會於魯。十二月，還，過陽城，遣使者祠中岳。太尉虞延爲司徒。〔三八〕延立朝正色，多所匡弼。陰氏憾延，欲毀傷之，使人告延（與）〔以〕楚王英謀反。〔三九〕延以英帝親，以爲不然，不受其言。後英事發覺，上切讓之。

七年春正月癸酉，皇太后陰氏崩。二月庚申，葬光烈陰皇后。徵東海相宋均爲尚書令。嘗有疑事，上大怒，召尚書郎執之。諸尚書皆叩頭謝，均獨正色曰：「夫忠臣守正，敢有二心！均雖死不易。」上聞而善之，即捨之，遷司隸校尉河（南）〔内〕太守，〔四〇〕政化大行。每疾，百姓耆老皆爲禱請，旦夕至府問訊起居。天子方欲以爲相，會有痼疾，上召入自視其疾。均見上，流涕謝曰：「天罰有罪，所苦浸篤，不復奉望帷幄！」上甚傷之，賜錢三十萬，卒於家。初，上好用能吏，卒多暴虐殘刻，終皆毀敗。均罷朝，相與言曰：「今選舉不得幽隱側陋，但得見長吏耳。太始時，京兆則趙廣（漢）、尹翁歸、蕭望之，〔四一〕丞相則魏相、黄霸，此數公者，治皆致平。今二千石殊無此。國家喜文法吏，以足止姦也。然文吏習爲欺謾，而廉吏清在一己，無益百姓，流亡盜賊所由而作也。均自欲叩頭爭之，時未可改也。久將自苦之，乃可言耳。」未及言，遷爲司隸校尉。後上聞其言，追而悲之。均字叔庠，南陽安衆人。初爲上蔡長，誅鉏豪右，姦猾震慄。府下禁民葬不得過制，均不行。督郵以讓縣，均曰：「夫送終踰制，過之厚也。國有不義之民，而罰其過禮者，恐非政治之先。」遷九江太守，五日一聽事，悉省掾吏，閉督郵府内，令與諸曹分休，屬縣無事，百姓安業。九江多虎，數傷民，先時常募吏民設檻餌捕之。均曰：「夫虎豹在山，黿鼉在淵，物性之所託也。江、淮之間有猛獸，猶江北之有雞（肫）〔豚〕也。〔四二〕今數爲民害，咎在貪殘，居職使然也。而令吏捕虎，非憂民之本也。今務退貪殘，進忠良，去窞餌，勿復課。」其後民傳言虎皆去東渡江。北海王薨，謚曰靜王。

【校勘記】

〔一〕（徙）〔從〕封岱　從後漢書光武十王列傳改。

〔二〕其俗以父名母家姓爲號　後漢書西羌傳作「或以父名母姓爲種號」。

〔三〕（如）〔好〕時侯耿弇薨　從南監本、龍谿本、學海堂本改。

〔四〕坐出塞追叛胡　後漢書鄧禹列傳作「徵行車騎將軍。出塞追畔胡逢侯，坐逗留，下獄死」。

〔五〕後（問）〔聞〕之　從後漢書皇后紀改。

〔六〕得（世）〔無〕無子乎　從龍谿本、學海堂本改。

〔七〕而百官能通〔經〕義者　從南監本、龍谿本、學海堂本補。

〔八〕師事九江朱〔公〕文　從後漢書桓榮列傳李賢注補。

〔九〕（父）〔師〕卒　「父」訛，逕改。

〔一〇〕過（軾）〔式〕墓所　從後漢書孝明帝紀改。
〔一一〕太守傅宗聞其名　傅，後漢書虞延列傳作「富」。
〔一二〕後車駕過外黄　後漢書虞延列傳作「二十年東巡，路過小黄」。
〔一三〕世祖知延不（移）〔私〕　從學海堂本、後漢書虞延列傳改。
〔一四〕當爲廣平王　後漢書孝明帝紀作「羡爲廣平王」。
〔一五〕東平王（倉）〔蒼〕　從龍谿本改。
〔一六〕宫室營邪　營，後漢書鍾離意列傳作「榮」。
〔一七〕宫室營政不節　營，後漢書鍾離意列傳作「榮」。
〔一八〕尚書（素）〔案〕事　從學海堂本、後漢書鍾離意列傳改。
〔一九〕召（即）〔郎〕欲鞭之　從後漢書鍾離意列傳改。
〔二〇〕每屬縣〔有劇〕賊　從學海堂本、後漢書劉平列傳補。
〔二一〕爲老母采茹　後漢書劉平列傳作「爲老母求菜」。
〔二二〕爲耿憲堂邑令　後漢書鍾離意列傳作「遷堂邑令」。
〔二三〕改太樂〔官〕曰（宜）〔太予〕　從學海堂本改。
〔二四〕〔蓋〕和心足於内　從南監本、龍谿本補。

〔二五〕含弘（乎）〔光〕大　從南監本、龍谿本、學海堂本改。

〔二六〕馥（始）〔如〕秋蘭　從南監本、龍谿本、學海堂本改。

〔二七〕上與皇太（子）后幸南陽章陵　從後漢書孝明帝紀删。

〔二八〕驃騎將軍王蒼　後漢書光武十王列傳作「東平憲王蒼」。

〔二九〕范（自）〔字〕叔度　從龍谿本、學海堂本改。

〔三〇〕自〔與〕客步負喪　從學海堂本改。

〔三一〕何（人）〔邪〕　從南監本、龍谿本、學海堂本改。

〔三二〕累遷武（侯）〔威〕蜀郡太守　從龍谿本、學海堂本改。

〔三三〕蜀（部）〔郡〕好文辯　從南監本、龍谿本改。

〔三四〕經歷險〔阻求謁〕更始妻子　從龍谿本、學海堂本、後漢書郭丹列傳補。

〔三五〕而顯親（族及）〔侯友〕子固尚沮陽公主　從學海堂本改。沮，後漢書竇融列傳作「涅」。

〔三六〕東海恭王女（北）〔沘〕陽公主　從後漢書竇融列傳改。

〔三七〕以國在安豐欲以安六侯歸　後漢書竇融列傳作「以封在安豐，欲令姻戚悉據故六安國」。

〔三八〕太尉虞延爲司徒　後漢書孝明帝紀在八年三月。

〔三九〕使人告延（與）〔以〕楚王英謀反　從學海堂本改。

〔四〇〕遷司隸校尉河〔南〕〔内〕太守　從後漢書宋均列傳改。

〔四一〕京兆則趙廣〔漢〕　從南監本、龍谿本補。

〔四二〕猶江北之有雞〔肫〕〔豚〕也　從龍谿本改

# 兩漢紀下　後漢紀

## 孝明皇帝紀下卷第十

八年冬十一月丙子，上臨辟雍，詔天下死罪贖各有差。壬寅，日有蝕之。詔群臣上封事，言得失。是時，北單于外求和親，而數爲邊害。上使越騎司馬鄭衆使匈奴，單于欲令衆拜，衆不爲之屈。單于圍守衆，欲脅服之。衆拔刃以自誓，單于恐，乃止，乃發使隨衆〔還〕，〔一〕漢議復使衆，衆疏諫曰：「臣伏料北單于所欲致漢使者，欲以離南單于，令西域諸國耳。故汲汲於致漢使，使既到，偃蹇自若。臣愚以爲於今宜且勿答。南單于本來歸義者，望呼韓邪之助，故歸心不二。烏桓慕化，并力保蕃。今聞北單于不屈，漢復通使不止，恐南單于必懷疑，而烏桓亦有二心。單于久居漢地，具知形勢，萬分離析，規爲邊害，其憂不輕。今幸有（渡）〔度〕遼之衆，〔二〕楊威北垂，雖勿答，不敢爲害。」上不從，而卒遣衆。衆又上言：「臣前使匈奴，與單于不和，而今復往，恐其必取勝於臣。臣誠不忍持大漢節信對旃裘跪拜，令以益匈奴之名，損大漢之强。」詔不聽。衆既西，道路間連續上書，固争。上大怒，追還，繫廷尉獄，會赦歸家。其後帝見匈奴使來者，問衆使時與單于争禮狀，皆言匈奴中傳以爲衆壯勇，往時蘇武不能過也。上乃復召衆爲軍司馬，稍遷大司農。

九年夏四月，詔以公田賜貧民各有差，長吏居職三年尤異者，與計偕。封皇子恭爲靈壽王，黨爲重喜王。

十年春二月，廣陵王荆有罪，自殺。荆，上母弟也，性急刻，喜文法，初封山陽王。世祖崩，荆與東海王彊書，勸彊起兵。彊恐懼，封上其書。天子秘其事，徙荆爲廣陵王。荆(爲)〔謂〕相工曰：〔三〕「吾貌類先帝。先帝三十得天下，我今亦三十，可起兵未？」相者告吏，荆自繫獄。上復不忍考訊，詔曰：「荆數年之間，大罪二矣。其赦荆罪，不得臣其吏民。」荆猶不悛，使巫祝詛上。上使長水校尉樊儵、任隗雜治荆獄，奏荆大惡當誅。上怒曰：「諸卿以我弟，故敢請誅之，即我子，卿等豈敢邪！」儵曰：「天下，高皇帝之天下，非陛下之天下也。春秋之義，『君親無將，將而誅之』。是以周公誅弟，季友鴆兄。臣等以荆屬託母弟，陛下留心，故復請之耳。如令陛下子，臣等專誅之矣。」荆自殺，上憐傷之，謚曰思王。封荆子元壽爲廣陵侯，食荆故國，不得臣吏民。儵字長魚，樊宏之子也。建武中，諸王争招致賓客，好事者皆與之周旋，更遣人請儵，儵精義於學，一無所應。及捕諸王客，儵不在其中，世祖以是器之。永平初，與公卿雜定郊祀禮儀及五經異義，立朝居正，多所匡諫，上亦敬重焉。儵弟鮪爲其子賞求楚王英女敬鄉公主，儵止之，曰：「建武時，吾家並蒙榮寵，一宗五侯。時特進一言，男可以尚主，女可以配王，但以臣子不當有外心，不宜與藩國婚姻，貴盛爲宗族患，〔四〕故不爲也。今爾有一子，柰何棄於楚乎？」鮪不從，遂與楚婚。是時儵卒，謚曰哀侯。儵病患（因）〔困〕，〔五〕猶不忘忠，悉條政不便於民者，未及言而薨。上遣小黄門張音問何遺言，音奏焉。上爲之流涕。以儵兩子郴、梵（爲郎。梵）謹於言行，〔六〕爲郎二十餘年，未嘗被奏劾。初，儵與郎承宮友善，薦之于朝，拜博士，遷左右中郎將，數納忠言，守正不希苟容，朝臣憚其節，名聞於匈奴。單于遣使來貢，求見宮。詔勑宮自整頓，宮對曰：「夷狄眩名，非識實也。聞臣虛稱，故欲見臣。臣醜陋（貌）寢，〔七〕見臣必生輕賤臣，不如選長大有威容者示之。」時以大鴻臚魏應示之。夏（曰）〔四〕月戊子，〔八〕大赦天下。閏月甲午，行幸南陽，祠章陵，祭於舊宅，作雅樂，奏鹿鳴，天子親御塤篪以娛嘉賓。

十一年春正月，沛王、楚王、濟南王、東平王、淮陽王、中山王、郎邪王、東海王來朝。

十二年春正月，置永昌郡。夏五月丙辰，賜天下男子爵，人二級；三老、孝悌、力田人三級；鰥、寡、孤、獨、不能自存者粟，人三斛。上以天下無事，俗頗奢靡，乃詔有司（甲）〔申〕舊章，〔九〕整車服。乙亥，司空伏恭以老病罷，大司農牟融爲司空。是時天子勤於萬機，公卿數朝會，輒延坐論政事。融明經術，善論議，朝廷皆服其能，天子數嗟嘆，以爲良宰相。融字子〔夏〕〔優〕，〔一〇〕北海安丘人也。少以名德稱，舉茂才，爲豐令，治有異迹。司徒范逡薦融忠正公方，經行純備，宜在本朝，并上其治狀。由是徵入爲司隸校尉，多所舉正，百僚敬憚之。數年，擢遷大鴻臚、大司農。

十三年春二月，上耕于藉田，賜觀者食。有一諸生，蒙首而言曰：「善哉，太公之遇文王也！」上使人報之曰：「生非太公，予亦非文王。」夏四月辛巳，幸滎陽，巡河渠，作水門，遂至太行，幸上黨。冬十月甲辰晦，〔一一〕日有蝕之。詔有司陳便宜，靡有所諱。刺史、太守詳理冤獄，（有）〔存〕卹鰥寡，〔一二〕勉思所涖焉。十二月，楚王英謀反。初，郭后生東海恭王彊、沛獻王輔、濟南王安康、阜陵質王延、中山簡王焉；陰后生明帝、東平獻王蒼、臨淮王衡、廣陵思王荆、琅邪孝王京；〔一三〕許姬生楚王英，號楚太后，世祖無寵。英最小，自帝爲太子時，英獨歸附上，上特親愛之，數加賞賜。英好遊俠，交通賓客，晚節喜黄、老，修浮屠祠。八年，上臨辟雍，禮畢，詔天下死罪得以縑贖。英遣郎中令詣彭城，〔一四〕曰：「臣託在藩蔽，無以率先天下，過惡素積，喜聞大恩，謹上黄縑二十五匹、白紈五匹，以贖其愆。」楚相以聞。詔曰：「楚王誦黄、老之微言，尚浮屠之仁祠，絜（齊）〔齋〕三月，〔一五〕與神爲誓，有何嫌懼而贖其罪？」因還其贖。男子燕廣告英與顔忠、王平等造圖書，謀反。有司奏英大逆不道，請誅。上以至親不忍，徙丹陽涇縣，〔賜〕湯沐邑五百户。〔一六〕英男子爲公侯王者食邑如故，楚太后留楚。宮婢才人鼓吹從英者無限，皆乘輜軿，帶持兵弩，行道射獵，極意歡娛。遣大鴻臚持節護送英丹陽。浮屠者，佛也。西域天竺有佛道焉。〔一七〕佛者，漢言覺，將悟群生也。其教以修善慈心爲主，不殺生，專務清淨。其精者號爲沙門。沙門者，漢言息(心)〔也〕，〔一八〕蓋息意去欲而歸於無爲也。又以爲人死精神不滅，隨復受形，生時所行善惡皆有報應。故所貴行善修道，以鍊精神而不已，以至無(爲)〔生〕而得爲佛也。〔一九〕佛身長一丈六尺，黄金〔色〕，〔二〇〕項中佩日月光，變化無方，無所不入，故能化通萬物而大濟群生。初，帝夢見金人長大，項有日月光，以問群臣。或曰：「西方有神，其名曰佛。其形長大。〔陛下所夢，得無是乎？〕」〔二一〕(而)〔於是遣使天竺〕問其道術，〔二二〕遂於中國而圖其形像焉。有經數千萬，以虛無爲宗，苞羅精麤，無所不統，善爲宏闊勝大之言。所求在一體之內，而所明在視聽之外。世俗之人以爲虛誕，然歸於玄微，深遠難得而測。故王公大人觀死生報應之際，莫不矍然自失。是歲，匈奴頻犯塞，中郎耿秉上書曰：「中國虛費，邊陲不寧，其患專在匈奴，以戰去戰可也。故君不可以怒而興師，將不可以慍而合戰，鼓之以仁義，爲國之寶矣。」天子內有圖匈奴志，陰納秉言，乃召入見，使具陳其狀。上善其言，以爲可任將帥，拜謁者僕射。每公卿論邊事，秉輒預其議。頃之，太僕祭肜、虎賁中郎將馬庚、顯親侯竇固、下博侯劉張、好畤侯耿忠等俱見，議兵事。秉以爲「孝武時始事匈奴，匈奴援引弓之類，并左衽之屬，故不可得而制也。漢既得河西四郡、及居延、朔方，徙民以充之，根據未堅，匈奴猶出爲寇。其後羌、胡分離，四郡堅固，居延、朔方不可傾拔，虜遂失其肥饒畜兵之地，惟有西域俄復内屬，呼韓邪單于請款塞，是故其勢易乘也。今有南單于，形勢相似；然西域尚未内屬，北虜未有釁作。臣愚以爲當先擊白山，得伊吾，破車師，通使烏孫諸國，以斷其右臂，未可先擊匈奴也。伊吾亦有匈奴南呼衍一部，破此復爲折其左角。觀往者漢兵出，匈奴輒爲亂。五單于争來，必不以五將出之故也。今可先擊白山，以觀其變，擊匈奴未晚也。」上善秉言。議者或以爲今兵出白山，匈奴必并兵相助，又當分其東以離衆，與秉計異。上更然之。

十四年夏四月，故楚王英自殺，以諸侯禮葬之。上遣中黄門視英妻子，慰勞楚太后，悉釋諸與英謀者，而封燕廣爲折姦侯。初，英獄起，内及京師諸侯，外連州郡豪傑，坐死及徙者以千數，而繫獄者尚數千人。顔忠、王平辭及隧鄉侯耿建、朗陵侯臧信、濩澤侯劉鯉、曲成侯竇建，〔三〕御史（寒）〔寋〕朗治其獄，〔四〕奏建等未嘗與忠相見，詰驗無實，爲平所枉，疑下無辜者衆。上曰：「建等未嘗見平、忠，何故引之？」朗曰：「所犯不道，冀引建等以自明。」上曰：「若四侯無事，何不出之而輕繫邪？」朗曰：「考之無事，恐海内發其姦者，故未奏之。」上怒曰：「吏持兩端，巧爲其辭，將下捶之。」朗曰：「願一言而死。」上曰：「誰共作章？」朗曰：「臣獨作之。」上曰：「何以不與三府議？」朗曰：「臣自知當族滅，不敢多汙良善。」上曰：「何故族滅？」朗曰：「臣考事一年，不能窮盡姦狀，（不）〔反〕爲罪人訟，〔二五〕自知無狀，雖族滅不恨。夫陷人死地復無憂責，是以考一連十，考十連百。公卿每朝，陛下問得失，皆言天下之惡，禍及九族，陛下大恩，裁止於身，天下幸甚。歸舍皆仰屋竊嘆，雖口不言，指揮可知，皆謂多寃獄，莫敢言者。今建等無驗，而陛下殺之，誠願留神省察，得其情實，使刑者不怨，死者不恨。故臣冒死懇言，誠不敢爲私。」上深納朗言，自幸洛陽寺，出者千餘人，天下即大雨。是時楚獄繫者數千人，天子盛怒，吏治之急，自誣死者甚衆。於是有司舉能治劇者，以袁安爲楚郡太守。安之郡，不入府舍，遥至獄所，〔二六〕案驗無實者，條上出之。府丞掾吏皆叩頭爭之，曰「不可」。安曰：「如有不合，太守當坐之，不以相及也。」遂別具奏。會帝感悟，即報許，得出四百餘家。頃之，徵入爲河南尹，召入見，上問以考楚事，名簿甚備，安具奏對，無所遺失，上以爲能也。問安本自何爲官，對曰：「臣本諸生。」上曰：「以尹故吏也，何意諸生邪！」安爲河南尹十年，號爲嚴明，然未嘗加罪鞫人。常稱曰：「凡士學問，上欲望宰相，下則牧守。錮人於聖代，尹所不爲也。」其下聞之，皆自激厲，名重朝廷。安字邵公，汝南（宛）〔汝陽〕人。〔二七〕嚴重有威，州里敬之。爲縣功曹，奉檄〔詣〕從事，〔二八〕從事因安致書於令。安曰：「公事邪，則有郵驛。今因功曹，是有私也。」辭不肯受，從事瞿然而止。舉孝廉，爲郎、謁者、陰平長、任城令，所在吏民畏而愛之。夏五月，封故廣陵王荆子六人爲列侯。詔曰：「執金吾鲂侍衛歷年，數進忠言，其還爵土，封爲楊邑侯。」封竇融孫嘉爲安豐侯。

十五年春二月庚子，令天下亡命贖，各有差。行幸彭城，止楚王館，悲慟，左右百官凄然。三月，行幸琅邪，及魯，祠孔子及七十二弟子。幸東平、定陶，祠定陶恭王。夏四月，封皇子暢爲汝南王、建爲千乘王、羨爲陳留王、衍爲下邳王、昞爲常山王、長爲濟陰王，徙重喜王黨爲樂（城）〔成〕王。〔二九〕賜天下男子爵，人三級，民酺五日。上使越騎校尉桓郁、郎中張酺授太子經。二人朝夕侍講，勸以經學。是時太子家頗爲奢侈，酺每正諫，甚見嚴憚。會平陽公主薨，太子同生也，哀戚過禮。酺以爲太子舉措宜動合禮度，因是上疏曰：「臣伏見皇太子仁厚寬明，發言高遠，卓然絶異，非人所能及也。今平陽公主薨，悲哀發中，形體骨立，恩愛惻隱，世希似是（見）。〔三〇〕臣愚淺不識大體，以爲宜選名儒高行，以充師傅，問訊起居之日，太傅時賜讌，所以宣德音，以成聖德也。侍中丁鴻仁而有讓，達於從政，謁者費惲資性敦篤，遵令法度，如並侍左右，必能發起微意，增廣徽猷者也。」乙巳，大赦天下。冬十一月乙卯，太白入于月。其占曰：「大將戮死，不出三年人主崩。」本志稱：「昔庖犧氏之王天下，仰則觀象於天，俯則觀法於地。然則天地設位而星辰運度備矣。易曰：『天垂象，聖人則之。』星官之書，始自黃帝。至高陽氏，使南正重司天，北正黎司地。唐、虞之時，則（伏犧氏）〔羲和〕掌焉。〔三一〕夏有昆吾，殷有巫咸，周有史佚，皆職典，預覩成敗，以佐時政者也。秦燔詩、書，愚百姓，六經典籍殘爲灰燼，星官之書全而不毀。漢興，司馬談父子以世家重黎氏之後，著天官書，班固序漢書，又有天文志。」（乙巳大赦天下）匈奴寇河西。〔三二〕

十六年春，天子遂前議，遣奉車都尉竇固、駙馬都尉耿秉、太僕祭彤、渡遼將軍吴常各將萬騎擊匈奴，〔三三〕出燉煌〔崑〕崙塞，〔三四〕擊南呼衍王，出塞千五百里，到蒲類海，破白山，走呼衍王，斬首（十）〔千〕餘級。〔三五〕秉出張掖居延塞，擊匈林王，到沐樓山，度（莫）〔漠〕六百里餘，〔三六〕絶無水草，得生口辭云：「匈林王轉北逐水草。」秉欲將輕騎追之，都尉秦彭止之而還。彤嘗與南單于左賢王信出朔方高闕塞擊温禺犢王於涿邪山，出塞九百餘里，見小山，爲信所誤，云是涿邪（王）山，〔三七〕無所得而還。是時秉（燭）〔獨〕有功，〔三八〕吴（嘗）〔常〕抵罪，〔三九〕彤下獄免。彤性剛嚴，行道不與信相得，故爲信所誤。彤自恨無功，出獄數日，歐血死。勑其子曰：「吾奉使不稱，微功不立，身死慙恨，義不可以受賞賜。汝等齎兵馬詣邊，乞效死前行，以副吾心。」其子逢上疏陳彤遺言，上方任彤，聞之，嗟歎者良久。子參從擊車師有功，遷遼東太守。烏丸、鮮卑追思彤不已，每朝京師，輒過拜彤冢，仰天號泣。彤字次孫，潁陽人。少孤，值更始之際，天下大亂，盜賊縱橫，野無煙火。而彤常在墓側，盡其哀心。賊每過，見其號泣不畏死亡，皆不犯也。後隨從兄遵從世祖，世祖以肜爲黄門郎，常宿衛左右。及遵薨無子，追傷之，以肜爲偃師長，令附近遵墓，四時祀之。遷襄賁令，皆有名迹。詔書勉勵，增秩一等，賜縑百匹。及在遼東，著績北邊。肜氣勇過人，開弓三百斤。多恩信，善權略，士卒爭爲效力。永平初，胡夷内附，野無風塵，乃悉罷邊兵，而徵肜爲太僕卿。肜在遼東十餘年，〔四〇〕無十金之資，天（下）〔子〕知其清。〔四一〕拜日，賜錢百萬，馬三匹，衣被刀劍，下至居家器物，無不備焉。每見，上輒嗟歎，以爲可屬以重任。嘗謂左右曰：「太僕，吾之禦侮者也。」竇固之破白山，遣從事郭恂、假司馬班超使西域。超到鄯善，鄯善王廣事超禮敬甚備，一旦忽疏。超謂官屬曰：「寧覺廣禮意益不如前日乎？」官屬曰：「胡人不能久，變無他故。」超曰：「明者覩於未萌，況兆已見。此必有北虜使來，故令其疑耳。」乃召侍胡逆問曰：「匈奴使到日，何故不白？」侍胡怖恐，曰：「到已三日，去此三十里。」超使閉侍胡，悉會所將吏士三十六人，大飲之。酒酣，超激怒之曰：「卿曹與我俱在絶域，欲成大功，以求富貴。今虜使到纔數日，而廣禮意即廢；如令鄯善收吾屬送匈奴，骸骨棄捐爲豺狼食。爲之柰何？」官屬咸曰：「今既在危亡之地，死生從司馬。」超復曰：「丈夫不入虎穴，不得虎子。寧我圖人，不爲人所圖。當今之計，獨有夜圍虜使，放火攻之，使不知我多少，震驚，可盡彌也。〔四二〕滅此虜，則鄯善破膽，功成事立矣。不然盡爲所擒，悔將何及？」皆曰：「當與從事議之。」超怒曰：「從事文墨吏，聞此必恐而謀泄，謀泄爲鄯善所吞，死而無益，非壯士也！」衆曰：「善。」超夜將吏士奔之，令十人持鼓，餘皆兵弩，乃順風縱火，擊鼓大呼。虜驚走，超手殺三人，吏士斬首數十級，餘悉燒死。明日，具告恂，恂大驚；又内恐超獨擅其功。超曰：「本與掾俱受任，此一家事，掾雖不行，超何心獨擅之？大小當共其禍福。」恂喜。超乃召鄯善王廣示以虜使首，舉國怖慄。超告以漢家威德，自今已後，勿復與北虜通。廣叩頭，樂屬漢，無二心。超還入塞，奉虜使首詣固，固具上超前後功。詔以超爲司馬，賜布二百匹。遣超使于窴國，欲增益其吏士，超自請願但將所從三十六人。超曰：「于窴大國，且遠。今欲出萬死立尺寸之功，雖將數百人往，無益於强。如有不虞，多益爲累耳。」遂出塞。是時于窴王廣德新破〔莎〕車（師），〔四三〕生得其王，匈奴遣節使監護其國。超至于窴。于窴俗信巫，疑事輒巫決之。超到數日，廣德以匈奴使在其國，禮意不備，未有定心。會巫言：「神怒，何故向漢？」屬匈奴者言漢使有馬，急取以祠神，神怒乃解。廣德遣國相私來比白超，願請馬以祠神。超曰：「馬可得，令巫自來受之。」有頃，巫到，超叱吏執之，遂斷巫頭，收私來比鞭笞數百，遣持巫頭往責讓廣德。廣德聞超前於鄯善誅虜使，納其貢，恐怖，遂舉兵攻殺匈奴使五十餘人，降超。超重賜王以鎮撫之，因留于窴竟冬。先是龜兹王建爲匈奴所立，倚其威，（功）〔攻〕破疏勒，〔四四〕殺其王忠，誅貴臣，因立左侯兜題（所）〔以〕

爲疏勒〔王〕。〔四五〕超令廣德發專驛自到疏勒，去兜題所治盤（囊）〔槖〕城九十里，〔四六〕遣吏陳憲等往降之。〔四七〕勑兜題本非疏勒種人，如不降，便劫之。憲既見兜題，無降意，又輕其單弱無備。憲遂前劫縛兜題，左右皆驚走，留二人守之。憲馳白超，超即往，悉召疏勒掾吏，告以龜兹爲匈奴擊疏勒，盡殺汝貴人而立兜題。兜題非汝本種，今漢使來，欲立故王種，爲汝（降）〔除〕害，〔四八〕無得恐怖。衆皆喜，超亦求索故王近屬得兄榆勒立之，更名忠，國中大悅。超問忠及官屬：「當殺兜題邪？生遣之邪？」咸曰「當殺之」。超曰：「殺之無益於事，當令龜兹知漢威德。」遂解遣之。疏勒由是與龜兹結怨，專心向漢。（起）〔超〕守盤（槖）〔槖〕城，〔四九〕忠據疏勒城。超字仲升，彪之少子也。俶儻不修小節，而內行甚謹，家貧，嘗傭寫書，投筆而嘆曰：「丈夫當爲傅介子、張博望立功絶域以取封侯耳，安能久執刀筆乎？」坐者笑之，〔超〕曰（超）：〔五〇〕「小子安知壯士之志哉！」行遇相者，謂超曰：「君布衣諸生耳，而相法當封侯萬里之外。」超問其故，相者曰：「君鷰頷虎頸，飛而食肉，以此知之。」秋七月，淮（南）〔陽〕王延謀反，〔五一〕徙爲阜陵王，食二縣。九月丁卯，令（死）罪（死）囚徒非大逆無道，減死一等，〔五二〕徙（戎）〔戍〕邊。〔五三〕北海王睦薨，謚曰敬王。睦少好學，世祖器之。上爲太子時，數侍讌會，入則談論接席，出則遊觀同輿，甚見親禮。是時法網尚疏，諸國得通賓客，睦不遠千里交結知識，宿德名儒莫不造其門，睦虛己折節，以禮接之，由是名聲藉甚。自爲王後，法禁益峻，睦乃謝絶賓客，放心音樂。歲終遣使朝京師，睦召使者問曰：「朝廷設問寡人，大夫何辭以對？」使者曰：「大王忠孝慈仁，敬賢樂士。臣雖螻蟻，敢不實對。」王曰：「吁，危我哉！是乃孤幼時進趨之行也。大夫其對以孤〔寵〕〔襲〕爵以來，〔五四〕志意衰墮，聲色是娱，犬馬是好。」使者受命而行。其抑絶名迹，深識機微如此。睦父靖王興薨，悉推財産與諸弟，雖車服珍寶皆不以介意，有要，然〔後〕隨〔以〕金帛贖之。〔五五〕能屬文，善史書，作春秋指義、終始論及賦頌數十篇。病臨困，帝以驛馬詔睦爲草書尺牘十首。

十七年秋八月丙寅，詔宥武威、張掖、酒泉、燉煌囚繫〔交〕〔右〕趾以下。〔五六〕冬十月，竇固、耿秉將萬餘騎〔師〕擊車師，〔五七〕王請降。於是固奏置西域都護、戊己校尉。陳穆爲都護，耿恭爲戊己校尉，關寵爲戊己校尉。恭屯金蒲城，寵屯折中城，相去千餘里。恭乃移檄烏孫大昆彌，〔宜〕〔宣〕喻威德，〔五八〕皆遣使獻馬，求入侍天子。恭字伯宗，況之孫。性慷慨，多大略，好將帥之事。

十八年春二月，詔固等罷兵還京師。三月，北匈奴左鹿蠡王將二萬騎，率焉耆、龜茲來〔攻〕車師，〔五九〕王安得死。焉耆、龜茲殺都護陳穆、副校尉郭恂，〔六〇〕遂攻金蒲城。耿恭令軍士皆持滿勿得發，告匈奴曰：「漢家神箭所中，創中皆沸。」於是乃發弩，皆應弦而倒，虜中矢者創中沸。大驚曰：「漢神可畏。」遂皆遁去。恭以疏勒傍有水，去王忠所據近，引兵居之。匈奴後來攻恭，〔六一〕恭募先登士四十人出城，奔斬首數十級。匈奴乃相與議曰：「前疎勒王守此城，攻不能下，絶其澗水即降」。因絶澗水，吏士無飲，窮困至笮馬糞汁飲之。恭於是城中穿井十五丈，〔六二〕不得水，吏士失色，恭嘆曰：「昔蘇武困於北海，猶能奮節；況恭擁兵近道，而不蒙祐哉！聞貳師將軍拔佩刀以刺山，而飛泉湧出；今漢神明，豈有當窮者乎！」乃整衣服向井再拜，爲吏士禱水，身自率士輓籠。有頃，飛泉湧出，大得水，吏士驚喜，皆稱萬歲。於是將水以示虜，虜兵大驚而去。丁亥，令天下亡命者贖罪，各有〔著〕〔差〕。〔六三〕夏四月，賜天下男子爵，人三級；鰥、寡、孤、獨、不能自存者粟，人三斛。秋八月壬子，帝崩于東宮。遺詔不起寢廟，藏主於世祖廟更衣臺。是日太子即皇帝位，年十八。壬戌，葬孝明皇帝于顯節陵。冬十月乙未，〔六四〕大赦天下。賜男子爵，人二級；其爲人父後者及三老、孝悌、力田，人三級；鰥、寡、孤、獨、貧不能自存者粟，人三斛。以衛尉趙喜爲太傅，司空牟融爲太尉，録尚書事。戊戌，蜀郡太守第五倫爲司空。倫字伯魚，京兆長陵人。其先齊諸田，徙充園陵，宗族多，故以次第爲氏。倫好黄、老，以孝行稱。王莽末，天下兵起，宗族及閭里聞倫勇而有義，争往附之。倫相率厲堅壘壁，銅馬、赤眉數十輩皆不能下。時米石萬錢，人相食，倫獨收養孤子、外孫，分糧共食，死生相守，鄉里以此賢之。太守鮮于褒見而異之，署倫爲吏。後褒坐事徵，把倫臂曰：「恨相知晚。」會蓋延爲京兆尹，事多犯法，倫數諫争，不合，遂沈滯曹吏。頃之，鮮于褒左遷爲高唐令。倫去吏，荷擔往候褒，褒引倫升堂，屬其妻子。復歸縣爲嗇夫。倫以久官不達，乃將家屬客河東，變易姓字，自稱王伯春，〔六五〕常載鹽往來太原、上黨，每所止客舍，輒爲掃除而去。道上號曰道士。久之，鮮于褒爲謁者，從車駕至長安。時閻興爲京兆尹，褒言倫於興，興聘求倫，倫復出爲郡吏。倫每讀詔書，常嘆曰：「〔皆〕〔此真〕聖主也，〔六六〕當何由得一見也。」等輩笑之曰：「説將尚不下，安能動萬乘邪？」倫曰：「未遇知己，道不同故耳。」舉孝廉，除郎中，補淮南王醫工長，〔六七〕隨王朝京師，官屬得會見問，世祖因問政事，倫具言治道所宜，世祖大悦。明日復召，至日夕，世祖謂倫曰：「聞卿爲吏搒婦公，不過從兄飯，寧有之邪？」倫對曰：「臣三娶妻皆無父。臣遭饑饉，米一石萬錢，不敢妄過人飯。」世祖曰：「爲市掾，人有遺卿母一箇餅者，〔六八〕卿從外來見之，奪母探口中餅出，信有之乎？」倫曰：「實無此。衆人以臣愚蔽，故爲生此語。」有詔拜倫爲扶夷長，〔未〕至〔苑〕〔縣〕，〔六九〕遷會稽太守，爲政清净不煩，化行於民。性節儉，雖爲二千石，常衣布襦，自斬馬草，妻子自炊。會稽俗信淫祀，皆以牛羊請禱。是以財盡於鬼神，産盡於祭祀。或家貧不能以時禱祀，至諱言牛不敢食其肉，發病且死先爲牛鳴，其畏懼如此。倫乃禁絶之，掾吏皆請諫不可。倫曰：「夫建功立事在於爲政，爲政當信經義。經言淫祀無福，非其鬼而祭之，諂也。今鬼神而祭之，有知，不妄飲食於民間；使其無知，又何能禍人？」遂移書屬縣，曉喻百姓，民不得有出門之祀，〔違〕者案論之，〔七〇〕有屠牛輒行罰。民初恐怖，頗搖動不安，倫勑之逾急，後遂斷絶，百姓遂以安業。永平中，坐事徵，百姓老小闐府門，皆攀車啼呼。朝發，至日中，才行五里。倫乃止亭舍，密乘船去。吏民上書守闕千餘人。是時上方案梁松事，多爲訟冤者。上患之，有詔公車諸爲梁氏及會稽太守書，皆勿受。倫免歸田里，躬耕以自給。起家守宕渠令，遷蜀郡太守。蜀地肥饒，民多富實，掾吏官屬皆鮮車肥馬。倫欲革化之，乃舉貧而有志者，多至九卿、郡守，名爲知人。上新即位，倫以遠郡入爲三司，舉清能也。初，耿恭被圍，明帝怒甚，將遣兵救之，師未出而帝崩。匈奴聞中國有喪，遂復圍之。糧盡，乃煮弩筋食之。恭與士卒同厲以恩義，皆無二心。匈奴遣使謂恭曰：「空於城中餓死，爲何不早降？降者封爲白屋侯，〔七一〕妻以子女。」恭手劍殺其使。相拒數月，（使）〔吏〕士消盡。〔七二〕戊己校尉關寵上書求救，事下公卿。司空第（伍）〔五〕倫以爲不可救。〔七三〕司（空）〔徒〕鮑昱以爲〔七四〕：「使人於死亡之地，有急如棄之，外示弱戎夷，内傷死難之臣。此際若不救之，後或邊上有警，陛下如何使人也？又戊己校尉纔十數人，匈奴圍之，數十日不下，是其弱效。兵家先名後實，可令燉煌、酒泉太守各將精騎，多其幡幟，倍道兼行以赴其急。匈奴疲困之兵必走。」〔帝然之。乃遣〕征西將軍耿秉屯酒泉，〔七五〕發燉煌、酒泉兵擊車師。甲辰晦，日有蝕之。天子避正殿，不聽事。詔曰：「朕以眇年，奉承宗祖，不能聿修洪業，以致災眚。思惟厥咎，在予一人。又群司百僚其勉修所職，各言其封事，靡有所諱。」是歲，兖、豫、徐州民被水旱災害，令勿收田租，以見穀廩賜貧民焉。

## 【校勘記】

〔一〕乃發使隨衆〔還〕　從南監本、龍谿本、學海堂本改。

〔二〕（渡）〔度〕遼之衆　從學海堂本改。

〔三〕荆（爲）〔謂〕相工曰　從南監本、龍谿本、學海堂本改。

〔四〕貴盛爲宗族患　後漢書樊宏列傳作「但以貴寵過盛，即爲禍患」。

〔五〕儵病患（因）〔困〕　從龍谿本、學海堂本改。

〔六〕郴梵〔爲郎梵〕謹於言行　從陳澧校、後漢書樊儵列傳補。

〔七〕臣醜陋〔貌〕寢　從南監本、龍谿本、學海堂本補。

〔八〕夏（曰）〔四〕月　從南監本、龍谿本、學海堂本改。

〔九〕乃詔有司（甲）〔申〕舊章　從南監本、龍谿本、學海堂本改。

〔一〇〕融字子（夏）〔優〕　從後漢書牟融列傳改。

〔一一〕冬十月甲辰晦　甲辰，後漢書明帝紀作「壬辰」。

〔一二〕(有)〔存〕卹鰥寡　從龍谿本、學海堂本改。

〔一三〕濟南王安康　後漢書光武十王列傳作「濟南安王康」。

〔一四〕詣彭城　後漢書光武十王列傳作「詣國相」。

〔一五〕絜(齊)〔齋〕三月　從後漢書光武十王列傳改。

〔一六〕〔賜〕湯沐邑五百户　從後漢書光武十王列傳補。

〔一七〕西域天竺　後漢書光武十王列傳作「西域天竺國」。

〔一八〕漢言息(心)〔也〕　從學海堂本改。

〔一九〕以至無(爲)〔生〕而得爲佛也　從後漢書光武十王列傳改。

〔二〇〕黄金〔色〕　從南監本、龍谿本、學海堂本補。

〔二一〕〔陛下所夢得無是乎〕　從後漢書光武十王列傳補。

〔二二〕(而)〔於是遣使天竺〕問其道術　從後漢書光武十王列傳改補。

〔二三〕灌澤侯劉鯉曲成侯竇建　後漢書寒朗列傳作「護澤侯鄧鯉、曲成侯劉建」。

〔二四〕御史(寒)〔蹇〕朗治其獄　從學海堂本改。通鑑考異云：范書作「寒」。陸龜蒙離合詩云：「初寒朗詠徘徊立」。袁紀作「蹇」。按今日有蹇姓，音「件」。與袁紀合，今從之。

〔二五〕（不）〔反〕爲罪人訟　從龍谿本、學海堂本改。

〔二六〕遥至獄所　後漢書袁安列傳作「先往案獄」。

〔二七〕汝南（宛）〔汝陽〕人　從後漢書袁安列傳改。按宛屬南陽。

〔二八〕奉檄〔詣〕從事　從後漢書袁安列傳補。

〔二九〕黨爲樂（城）〔成〕王　從後漢書明帝紀改。

〔三〇〕世希似是（見）　從陳璞校删。

〔三一〕則（伏犧氏）〔羲和〕掌焉　從南監本、龍谿本、學海堂本改。

〔三二〕（乙巳大赦天下）　句重出，删。

〔三三〕祭彤　彤，後漢書卷二〇作「肜」。

〔三四〕出燉煌〔崑〕崙塞　從鈕永建校補。

〔三五〕斬首（十）〔千〕餘級　從南監本、龍谿本、學海堂本改。

〔三六〕度（莫）〔漠〕六百里餘　從龍谿本改。

〔三七〕涿邪（王）山　從後漢書祭肜傳删。

〔三八〕是時秉（燭）〔獨〕有功　從南監本、龍谿本、學海堂本改。

〔三九〕吳（嘗）〔常〕抵罪　從南監本、龍谿本、學海堂本改。

〔四〇〕彤在遼東十餘年　十餘年，後漢書祭彤列傳作「幾三十年」。

〔四一〕天（下）〔子〕知其清　從後漢書祭彤列傳改。

〔四二〕可盡彌也　後漢書班超列傳作「可殄盡也」。

〔四三〕新破〔莎〕車（師）　從後漢書班超列傳改。

〔四四〕（功）〔攻〕破疏勒　從學海堂本改。

〔四五〕因立左侯兜題（所）〔以〕爲疏勒〔王〕　從學海堂本改。

〔四六〕去兜題所治盤（囊）〔槖〕城　從南監本、龍谿本、學海堂本改。

〔四七〕遣吏陳憲等往降之　後漢書班超列傳作「逆遣吏田慮先往降之」。

〔四八〕爲汝（降）〔除〕害　從南監本、龍谿本、學海堂本改。

〔四九〕（起）〔超〕守盤（彙）〔槖〕城　從南監本、龍谿本、學海堂本改。

〔五〇〕〔超〕曰（超）　從龍谿本、學海堂本乙正。

〔五一〕淮（南）〔陽〕王延謀反　從後漢書明帝紀改。

〔五二〕令〔死〕罪（死）囚徒　從後漢書明帝紀乙正。

〔五三〕徙（戎）〔戍〕邊　從南監本、龍谿本改。

〔五四〕對以孤（寵）〔襲〕爵以來　從後漢書宗室四王三侯列傳改。

〔五五〕有要然〔後〕隨〔以〕金帛贖之　從南監本、龍谿本、學海堂本改。

〔五六〕繫（交）〔右〕趾以下　從後漢書明帝紀改。

〔五七〕將萬餘騎（師）擊車師　從學海堂本删。

〔五八〕（宜）〔宣〕喻威德　從南監本、龍谿本、學海堂本改。

〔五九〕來〔攻〕車師　從陳璞校補。

〔六〇〕殺都護陳穆　穆，後漢書耿弇列傳作「睦」。

〔六一〕匈奴後來攻恭　後，後漢書耿弇列傳作「復」。

〔六二〕恭於是城中穿井　後漢書耿弇列傳無「是」字。

〔六三〕各有（著）〔差〕　從南監本、龍谿本、學海堂本改。

〔六四〕冬十月乙未　乙未，後漢書章帝紀作「丁未」。

〔六五〕自稱王伯春　後漢書第五倫列傳作「自稱王伯齊」。

〔六六〕（皆）〔此真〕聖主也　從南監本、龍谿本、學海堂本改。

〔六七〕補淮南王醫工長　後漢書第五倫列傳作「淮陽國」。

〔六八〕遺卿母一箇餅者　箇，後漢書第五倫傳李賢注引華嶠書作「笥」。

〔六九〕〔未〕至（苑）〔縣〕　從學海堂本改。

〔七〇〕〔違〕者案論之　從龍谿本、學海堂本補。

〔七一〕白屋侯　後漢書耿弇列傳作「白屋王」。

〔七二〕〔使〕〔吏〕士消盡　從南監本、龍谿本、學海堂本改。

〔七三〕第〔伍〕〔五〕倫　從南監本、龍谿本、學海堂本改。

〔七四〕司〔空〕〔徒〕鮑昱　從龍谿本、學海堂本改。

〔七五〕〔帝然之乃遣〕征西將軍耿秉　從後漢書耿弇列傳補。

# 兩漢紀下　後漢紀

## 孝章皇帝紀上卷第十一

建初元年春正月，燉煌太守王遵、酒泉太守（殷）〔段〕彭將兵五千人破車師。〔一〕耿恭遣吏范羌迎軍資於燉煌，羌還，與大軍俱西。及車師破，諸將欲還，羌請迎恭，諸將不肯。羌固請之，乃分兵二千人，至疏勒城。城中夜聞兵聲，以爲虜至，皆恐。羌呼曰：「我范羌也。漢兵來相迎。」恭等皆稱萬歲。乃開城門，恭見，悲喜垂涕相持。明日，隨軍俱還燉煌，吏士餘十三人。關寵病死，以喪歸。西域遂絕。恭至，司徒鮑昱以恭節過蘇武，宜蒙爵土之賞。不從。上拜恭爲騎都尉。先，恭未還，恭母亡，自恨不得親飯唅，追行喪服。詔使五官中郎將馬嚴以牛酒釋恭服。初，班超與疏勒城王忠首尾，吏士單少，徒以恩義相撫，數歲，幾爲龜茲所得。及西域没，超孤絕，有詔召超。超發，疏勒都尉黎弇以刀自刺（之）〔曰〕〔二〕：「漢（士）〔使〕棄我去，〔三〕勢不能白首，當復爲龜茲所屠。誠不忍見漢使去，故先自殺。」超到于闐，王侯以下涕泣，抱持超馬〔曰〕〔四〕：「依漢如父母，誠不可去。」超度于闐終不聽其東，又畢成本志，乃復從于闐還疏勒。超去後而兩城降龜茲，超收捕反者斬之，疏勒復安。是時天小旱，穀貴民饑。丙寅，詔曰：「比年饑旱，民頻流亡，朕甚懼之。公卿、二千石各推精誠，專以民事爲急。罪非殊死，且勿案驗，立秋如故事。有司明慎選舉，進柔良，退貪殘，順時令，理冤獄。『五教在寬』，帝典所美；『愷悌君子』，大雅所歎。露布天下，使明知朕意。」於是旱甚，上問司徒鮑昱曰：「將何以復災？」昱曰：「臣聞聖人治國，三年有成。陛下即位，未久就政，有得失未足致異。雖修禮樂，崇德教，亦足以移風。臣前爲汝南太守，典治楚事，但汝南一郡繫者千餘人，恐未能盡當其罪。先帝定大獄一起，〔五〕冤者過半。又諸徙家骨肉離散，孤魂不祀，骸骨流離，死生被毒。一人呼嗟，王道爲虧。宜一切還諸徙家〔屬〕，〔六〕使生者悅懌，死者得歸，興滅繼絶，和氣可致。」上從之。即詔坐楚、淮陽事徙者，令歸本郡。

袁宏曰：夫物有方，事有類，陽者從陽，陰者從陰，本乎天者親上，本乎地者親下，則天地人物各以理應矣。故干其一物是虧其氣，所犯彌衆，所以寒暑不調，四時失序，蓋由斯也。古之哲王，知治化本於天理，陶和在於物類。故道之德禮，威以刑戮，使賞必當功，罰必有罪，然後天地群生穆然交泰。故斬一木，傷一生，有不得其理，以爲治道未盡也，而況百姓之命乎！夫致之也有物，則病之也必深；化之也有由，則禳之也有術。是以炎夏餘虐以成水旱之災也，堯，湯尟撫足免黎民之患。由斯觀之，自三代以下，刑罰失中，枉死無辜，幾將半。而欲陰陽和調，水旱以時，其可得乎！若能寬以臨民，簡以役物，罰懼其濫，雖不能萬物調暢，同符在昔，免夫甚泰之災固遠矣。三月丙午，隱强侯陰博坐驕溢，膠東侯賈敏坐不孝，皆免爲庶人。甲寅，山陽、東平地震。詔三公、二千石舉賢良方正、能直言極諫之士各一人。夏四月丙戌，詔曰：「蓋褒德賞功，興亡繼絶，所以昭孝事親，以旌善人。故仁不遺德，義不忘勞，先王之令典也。故特進膠東侯佐命河北，列在元功。衛尉陰興忠貞愛國，先帝休之。今興子(輔向)〔博〕、復孫敏頑凶失道，〔七〕自陷刑以喪爵土，朕甚憐之。其封復子邯爲膠東侯，興子員爲隱强侯。」秋七月辛亥，詔以上林(兩禦)〔池籞〕田〔賦〕賜鰥、寡、貧窮不能自存者。〔八〕冬十一月，阜陵王延與子男魴等謀反。延奢泰驕佚，待下嚴刻。永平中，有上書告延謀反者，辭所連及，坐死徙者甚衆。有司奏誅延，明帝以至親不忍，徙阜陵王。延因以見侵，怨望，至是復有告延與子男魴等謀反者。有司〔請〕檻車徵延詣廷尉，〔九〕帝不聽。詔貶延爲阜陵侯，赦魴等罪，一切勿治。延在國，謁者一人當監護，不得與吏民通。司空長史江革爲五官郎將，每朝會，天子常(自)〔目〕禮之。〔一〇〕時(又)〔有〕疾，〔一一〕不會，輒令太官送殽醪，恩寵莫與爲比。於是京師貴戚衛尉馬廖、侍中竇憲等慕其行，各奉書致禮。革畏慎，一無所受，上益善之。革字次伯，齊國臨淄人也。居家專心於孝養，不爲修飾之行，務適親意而已。嘗自爲母炊爨，不任妻子。每至歲時當案比，革以母老不欲勞動，自在轅中輓車，不用牛馬，由是鄉里稱之曰「江巨孝」。太守嘗以禮召之，〔以〕母老不應。〔一二〕及母卒，哭泣不絕聲，常寢冢廬，服竟，不忍除。太守遣掾釋服，固請以爲吏。舉孝廉爲郎，補楚太僕。月餘，自劾去。楚王英馳遣官屬追之，遂不肯還。復使中傅贈送，辭不受。既爲中郎將，復上書乞骸骨，轉諫議大夫，告歸，遣子奐詣闕謝病篤。天子思革篤行，詔齊相曰：「諫議大夫江革，前以病歸，今起居如何？夫孝，百行之(本)冠，〔一三〕衆善之始也。國家每惟忠孝之士，未嘗不及革也。縣以見穀千斛賜『巨孝』。(嘗)〔常〕以八月長吏存問，〔一四〕致羊一頭、酒二斛，終身以顯異行。如有不幸，祠以中牢。」由是「巨孝」之名行於天下。廬江毛義以孝行稱，南陽人張奉慕其名，故往候之。坐定而府檄適至，以義爲守令，義喜甚，動於顏色。奉者，志尚士也，心賤之，自恨來，固辭去。義母死，棄官行服，進退必以禮，賢良公車徵，皆不至。張奉歎曰：「賢者之心，故不可測。往日之喜，乃爲親也。所謂家貧親老，不擇官而仕也。」天子聞而嘉之，賜穀千斛。八月，長吏問起居，加賜羊酒。汝南薛苞，〔一五〕字孟嘗，喪母，以至孝聞。後母憎苞，出令別居。苞日夜號泣，不肯去。被毆打，不得已，廬住門外，旦夕灑掃進養。父怒之，又廬於里頭，晨昏不廢。積歲，父母慙而還之。後行六年服，喪過其哀。而弟子求出居，苞不能止，乃中分財，奴婢引其老者。曰：「與我共事久，若不能使也。」田盧取其荒者，曰：「吾少時所治，意所戀也。」器取朽者，曰：「我服之久，身所安也。」徵拜侍中。苞性恬虛，以死自乞，有詔聽焉，禮如毛義。華嶠曰：孔子稱「孝莫大於嚴父，嚴父莫大於配天，則周公其人也」。子路曰：「傷哉，貧也！生無以養，死無以葬。」子曰：「啜菽飲水，孝也」，鍾鼓非樂云之本，而器不可去；三牲非孝養之主，而養不可廢。夫務器而忘本，樂之過也；崇養以傷行，養之累也。故定以道養，周公之禮，致四海之祭；定以義養，則仲由之粥，無驕慢之性。夫患啜菽粥之麤，千祿以求養，是以祿親也。孜孜於致孝，孝成而祿厚者，此能以義養也。孔子稱「孝哉閔子騫，人不間於其父母兄弟之言。」言其孝皆合於道，莫可復間也。先代石氏父子稱孝，子慶相齊，人慕其言而治此，殆所謂孝乎！「惟孝友于兄弟，施於有政，是亦爲政也」。若二子者，推至誠以爲行，行信於心而感於人，以成名受祿，可謂能孝養也。

二年夏四月，徙羌降者於河東。封汝南王舅陰堂爲西陵侯，楚王英子五人爲列侯，勿置（於不得臣）〔相臣吏人〕。〔一六〕戊子，有司依舊典，奏封諸舅。太后詔曰：「有舊典，舅氏一人封也。吾非謙而不爲，誠昧（有）〔所〕可耳。〔一七〕今水旱連年，民流滿道，至有餓餒者。而欲施封爵，上行之爲失政，臣受之爲喪軀，不可明矣。先帝嘗言『諸王財令半楚、淮陽，吾子不當與光武帝子等』。今何以馬氏比陰氏乎！且陰衛尉天下稱之，省中御者出，不及履而至門，此籧伯玉之敬也，又有好賢下士吐握之名；（親）〔新〕陽侯雖剛强，〔一八〕微失理，然有方略，據地談論，一朝無雙；原鹿貞侯勇猛誠信：此三人者，天下選臣豈可及哉！馬氏不及陰氏遠矣。吾不才，夙夜累息，常恐虧先后之法，有毛髮之罪，吾不釋也。言之不舍晝夜，而親屬犯之不止，治喪起墳，又不時覺，是吾言之不立，耳目之塞也。吾萬乘主，身服大練，食不求甘，左右旁人無香薰之飾，但〔著〕布帛，〔一九〕如是者欲以身率服衆也。以爲外親見之，當傷心自刻，但發笑言太后素好儉。前過濯龍門上，見外家車如流水馬如龍。吾亦不譴怒之，但絶其歲用，冀以默愧其心，而猶駑怠，無憂國忘家者。知臣莫若君，況親屬乎？」上固請封之，太后詔曰：「吾反覆念之，欲令兩善。豈徒欲獲謙虛之名，而令帝受不外施之（恩）〔嫌〕哉！〔二〇〕竇太后欲封皇父，（曲周）〔條〕侯言高祖要無軍功，〔二一〕非劉氏不封。今馬氏無功於漢，不得與陰、郭中興之后等也。今輦轂下民，食不造歲，湯火之憂也。柰何欲以此時封爵舅氏，令吾無面目於園陵，而令帝不知稼穡之艱難，不可明矣。吾（巨）〔懼〕富貴重疊，〔二二〕若再實木，根必傷也。且人所以欲封侯者，欲以禄養親，奉祭祀，身溫飽也。祭祀則受太官之賜，其身則御府之餘，尚未足邪，而必當一縣封乎？吾計之熟矣，勿有疑。至孝之行，安親爲上。今遭變異，穀價數倍，憂惶晝夜，坐起不安，而欲違慈母之拳拳！吾素剛急，有胸中氣，不可不慎。子之未冠由於父母，已冠成人則〔行〕子之志。〔二三〕念帝人君也，吾以未逾三年之故，自吾家族故得專之。穰歲之後，行子之志。吾但當含飴弄孫，不能復知政。」於是止，不封。初，明帝寢疾，馬防爲黄門郎，參侍醫藥。及太后爲明帝起居注，削去防名。上即位，太后詔三輔諸馬婚親，有囑託郡縣干亂吏治者，以法聞。防等治母喪，起墳逾制度，太后以爲言，即時削（滅）〔減〕。〔二四〕自後諸王、公主家莫敢犯者，率相效以素，被服如一，上下相承，不嚴而化。太后置織室於濯龍中，内以自娱，外以先女功。衣大練，御者禿帬不緣。諸主家朝請，望見后袍極麤疏，反以爲侍婢之數，就視，乃非。人知者莫不歎息。是時廖爲衛尉，防爲城門校尉，光爲越騎校尉。廖等皆好施愛士，藉以（各）〔名〕勢，〔二五〕賓客争歸之。言事者多以爲譏，雖天子亦不善也。秋，盧水羌反，以城門校尉馬防行車騎將軍，與長水校尉耿恭率師征之。司空第五倫諫曰：「臣愚以爲貴戚可封侯富之，不當豫於國事。何者？有過繩以法則負下。〔二六〕竊聞馬防當西征，臣誠以防親舅，皇太后慈仁，脱有纖芥之難爲意，此陛下之憂。」不從。防遂出征，大破羌。恭到隴西，上言「宜令車騎將軍防屯漢陽以爲威重。昔安封侯竇融懷集羌、胡，聞其懽心，子孫于今樂聞竇氏。大鴻臚固前擊白山、盧水，聞固至，三日而兵合，卒（剋）〔克〕白山、盧水，〔二七〕固之力也。宜復遣固奉大使」。又薦「臨邑侯劉復素好邊事，明略卓異，反以微過歸國。宜令以功自效，令復將烏桓兵，所向必剋」。由是忤於防。防令謁者李譚奏恭不憂軍，被詔怨望。徵下獄，免官〔歸〕本郡。〔二八〕上欲爲原陵、顯節陵（致國）〔置園〕。〔二九〕於是東平王蒼上疏諫曰：「臣竊見光武皇帝躬儉約之質，覩終始之分，初營壽陵，且遵古制。孝明皇帝大孝不違，奉而行之，不敢有所加焉。至於自奉之禮尤爲儉約，謙謙之美於斯爲盛。臣愚以爲園邑之興，由秦以來，非古之制。〔古者〕丘隴且不欲其著明，〔三〇〕豈況郛郭哉！上違先帝之心，下造無益之功，虛費國用，動摇百姓，非所以致和氣，祈豐年也。又以吉凶之教言之，（俗）〔亦〕不欲無故繕修丘墓，〔三一〕〔有〕所（有）興起。〔三二〕考之古法則乖禮典，稽之時宜則違民欲，求之吉凶未見其福。陛下追考祖禰，思慕無已，誠恐左右過議，以累聖心。臣蒼誠傷二帝之美，不暢於無窮也。」帝雅敬蒼，從之而止。

三年春正月己酉，大赦天下。詔東平王曰：「聞於師曰：『其物存，其人亡，不言哀而哀自至。』惟王孝友之性，豈不（能）〔然〕哉！〔三三〕今以光烈皇后衣一篋遺王，可時禮瞻，以慰凱風寒泉之思，又令後生子孫得見先后衣服。迄今魯國孔氏，猶有仲尼衣車，明德盛者光靈遠也。京都子孫亦各得一篋。光武皇帝衣以賦諸國，故不復送。」乙卯，廣平王、鉅鹿王、樂成王就國。三月癸巳，立皇后竇氏。賜天下男子爵，人二級；三老、孝悌、力田人三級；鰥、寡、孤、獨、貧不能自存者粟，人五斛。竇后，勳女也。勳尚沘陽公主，生四男二女，男憲，次景、篤、瓌及后。有容貌才能，帝聞之，數以問諸家。及后〔與〕女弟隨沘陽主入見長樂宮，〔三四〕進止得適，人事修備，奉事太后，下及侍御，貢御問遺，皆得其懽心。太后異之，上可意焉，遂〔召〕入掖庭。〔三五〕后性敏給，稱譽日聞。太后緣上意，乃立爲后，專後宮。追爵諡勳爲安成思侯，憲兄弟親幸，並侍宮省，賞賜日盛。自馬氏侯及王主親家，莫不畏憚。憲乘勢放縱，奪沁水公主田。主畏憲，不敢争。左右莫敢言。上嘗幸公主第，問以田事，憲託言借之。後上知焉，大怒，詔以田還主，切責憲曰：「此何異指鹿爲馬，久念使人驚怖。昔先帝每以舅氏田宅爲言，而憲反奪貴主田，何況小民哉！難彫之人不可汲引，吾捐棄汝等如孤雛腐鼠爾！」皇后毁服謝，良久乃解。由是帝不大受以位，唯憲至侍中、虎賁〔中〕郎將；〔三六〕（焉）〔篤〕、景、瓌皆黄門郎。〔三七〕秋八月辛巳，行車騎將軍防還京師，車駕親幸其第，後加賞賜。上美防功，令史官爲之頌，（不）〔又〕使防歲舉吏二人。〔三八〕冬十二月丁酉，以行車騎將軍、城門校尉如故，位逾九卿，班同三府，置（援）〔掾〕吏十人。〔三九〕上欲令衛尉馬廖朝會，居防上，將以優廖也。辭曰：「朝廷以爵，王道所由，黜陟之序，子得先父。大臣列國之綱紀，今以一臣亂朝廷，臣不敢當也。」是歲，班超率疎勒諸國破姑墨城，上書求助：「臣竊見先帝欲開西域，〔置〕校尉，〔四〇〕計思慮十有餘年，乃發大策，北擊匈奴，西使諸國。於是鄯善諸國咸願盡力，破滅龜兹，平通〔漢〕道。〔四一〕若爲百分西域，未得其一。臣誠願棄身曠野，竟卒聖朝本志。昔魏絳以晋大夫和集諸戎，況臣乘聖漢之威，萬死之志，冀必立鉛刀一割之用。前世議者皆曰取三十六國，號爲斬匈奴右臂，遂定西域。于今諸國西至日所入，莫不向化，各奉國珍，前後不絶，唯獨焉耆、龜兹未服從。臣初與官屬三十六人在疎勒，更遭厄難，今已五歲矣，大小皆言『依漢與天等』。以是效〔臣〕之，〔四二〕能通葱領，葱領通則龜兹可伐。今宜拜龜兹侍子白霸爲其國王，以步騎數百送之，與諸國連兵，歲月之間，龜兹可擒。今來四月到疎勒，臣請于闐、莎車、疎勒兵擊蠻夷，計之上也。臣區區，竊幸西域平定，陛下舉萬年之觴，布大喜於天下。」天子覽超奏，知西域〔功〕可成，〔四三〕議欲給超兵卒。平陵人徐幹等素善超，上疏願奮身佐超。上以幹爲假司馬，將弛刑及義從千人詣超。

四年春二月庚辰，太尉牟融薨。上痛惜，親自臨喪，賵賜出於豐厚。時融長子歸田里，上以其餘子多小，恐其喪有闕也，乃使太尉掾吏教其威儀。初，光武勤治，孝明好吏事，風聲相勸，俗頗苛刻。司空第五倫以爲政化之本，宜以寬和爲先。及上即位，崇寬而多恕，於是倫上疏褒稱，因以諷曰：「陛下即位，以寬臨下，舉賢良，選寬博，聖明殊絶，非群下所能及。詔書每下，務寬和而政急不解，欲節儉而奢泰不止，咎在俗弊，臣下不稱故也。臣聞爲政三年有成，必世而後仁。光武皇帝承王莽之後，加嚴猛爲政，因以成俗。是以郡國所舉，皆多辦職俗吏，不應寬博之選。臣聞『其身不正，雖令不從』，是以從上之行，不從其言，故曰以身教者〔訟〕〔從〕。〔四四〕今但進仁賢節儉者，不過數人，則俗必自化，由形直者則影不得曲矣。臣所以區區欲行寬和者，書記秦以酷急亡，王莽亦以苛法自滅，臣以爲大戒。夫陰陽和則歲豐，君臣同則化成，刺史、太守以下初拜京師及道出洛陽者，宜皆召見，可以博觀四方，因以察其人。諸上書言事，有不合者，但報歸田里，不宜（加）過〔加喜〕怒，〔四五〕以明在寬。」夏四月戊子，立皇子慶爲皇太子。賜天下爵，人二級；三老、孝悌、力田人三級；鰥、寡、孤、獨、貧不能自存者粟，人五斛。己（巳）〔丑〕，〔四六〕靈壽王恭爲彭城王，常山王炳爲淮南王，汝南王暢爲梁王。辛卯，封皇子伉爲千乘（令）〔王，全爲〕平春王。〔四七〕癸卯，封車騎將軍防爲順陽侯，衛尉廖爲潁陽侯，執金吾光爲親汲侯。廖等既受封，上書讓位，天子許焉，皆以特進歸第，於是竇氏始貴。司空第五倫上疏曰：「當今（承）〔承〕百王之弊，〔四八〕人民（又）〔文〕巧，〔四九〕咸趣邪路，莫能守正。虎賁將軍竇憲，椒房之親，出入省闥，年盛志美，卑謙樂善，此其好士之風也。然諸出入貴戚者，率皆疵瑕，禁固州縣，無守（納）〔約〕安貧之節，〔五〇〕希求進苟得之志，更相扇動，浮譽成雷，蓋驕佚所從生也。三輔議者，至云以貴戚〔廢錮，當復以貴戚〕澣濯之，〔五一〕猶解酲當以酒也。險陂趨勢之徒，誠不可親。臣愚願陛下中宮嚴敕憲閉門自守，無妄交通士大夫，防其未萌，慮於無形，令憲永保福祿，君臣交歡，無纖介之隙。此臣之願也。」倫志在奉公，言事無所隱。諸子或時諫止，輒叱遣之。每上事，自爲草，不復示掾吏。民或奏記，輒便封上之，曰：「臣任重憂深，不能出奇策異謀，吏民責讓臣者多謹，並封上。」其無私若此。然少藴藉，不修威儀，以此見輕。甲戌，司徒鮑昱爲太尉，南陽太守桓虞爲司徒。虞字仲春，左馮翊萬年人也。初爲魯令，以父母老，去官。二親既終訖，乃仕。稍遷南陽太守，表賢黜惡，校練名實，豪吏無所容其姦，百姓悦之。（爲）〔自〕建武以來，〔五二〕太守名稱無及虞者。及爲三公，無他異政。六月癸丑，皇太后馬氏崩。秋七月壬戌，葬明德皇太后。八月甲午，詔曰：「賈貴人者奉侍先帝，劬勞帷幄。建初之後，以至親供養長樂宫，昏定晨省，夙夜匪懈。今賜貴人赤綬，安車一駟，永巷宫人二百，御府雜帛二萬匹，大司農黄金千斤，錢二萬。（詔）〔朕〕既早離皇太后，〔五三〕幸復承子道，中心依依，昊天罔極。」貴人南陽人，明德馬后姊子也，以選入宫爲貴人，生章帝。馬后無子，母而養之。明帝謂馬后曰：「人未當自生子也，但患養之不勤，愛如己子則愛敬如親生矣。」於是馬后遇帝〔厚，帝〕感養育之恩，〔五四〕遂（帝）名馬氏爲外家，〔五五〕故（馬）〔賈〕氏不蒙舅氏之寵。〔五六〕袁宏曰：夫剛健獨運，乾之德也；柔和順從，坤之性也。是以制教者本於斯，男有專行之道，女有三從之義。君尊用專，故人子不加爵於其父；履柔體順，故國君可得崇禮於其母，古之道也。能封賈氏之號，不盡名稱之極，求之典籍，異乎春秋之義也。是秋，詔儒會白虎觀，議五經同異，曰白虎通。

五年春二月庚辰朔，〔日有食之。〕〔五七〕詔曰：「朕新離供養，罪惡著衆，上天降異，止于朕躬，非群司之咎，其咎朕而已。公卿能極諫朕之過失者，各舉一人。巖穴之德爲先，勿取浮華。」是時用永平故事，吏治尚嚴，尚書決事類近於重。尚書陳寵上疏曰：「臣聞先王之政，必以刑罰爲首，咨歎相戒者，重刑之至也。往者治獄嚴明，以刑姦慝，姦慝既平，宜濟之以寬。陛下即位，率由此義，數詔群寮，弘崇晏晏。而有司執事，未悉奉承，治獄者急於榜格，執憲者煩於詐欺，或因公行私以騁威福，違本離實，捶楚爲姦。夫爲政猶張琴瑟，大絃急者小絃絕。故子貢非臧孫之行猛，而美鄭（喬）〔僑〕之仁政。〔五八〕詩云：『不剛不柔，布政優優。』方今聖德充塞，照于上下，宜因此時隆先聖之務，蕩滌煩苛，輕薄捶楚，以祐蒼生，廣至德也。」帝納寵言，每事務於寬厚，其後遂詔有司禁絕慘酷之制五十餘事。寵性周密，時有所表薦，手書削草，人不得知。嘗稱人臣之義，苦不能慎。自在樞機，謝遣門人不復教授，絕知交，惟在公家。朝廷器之。皇后弟竇憲侍中，貴幸。憲薦真定張林爲尚書，上以問寵。對曰：「林雖有才能，而行貪穢。」憲深以恨寵，而上竟徵用林，卒以贓汙抵罪。夏五月戊辰，太傅趙熹薨。是時承平久，宮室臺榭漸爲壯麗，扶風梁鴻作五噫歌曰：「陟彼北邙兮，噫！覽觀帝京兮，噫！宮室崔嵬兮，噫！民之劬勞兮，噫！寮寮未央兮，噫！」上聞而非之，求索不得。鴻乃逃會稽，依大家皋伯通，以賃舂爲事。其妻息具食於鴻前，不敢失。伯通知其賢，以客禮待之。鴻當門吟詠，著書十餘篇。鴻病困篤，與伯通及會稽大夫語曰：

「昔延陵季札葬子於〔贏〕〔嬴〕、博之間，〔五九〕不歸其鄉里，慎勿令我妻子持尸具柩去。」衆曰：「要離古之烈士，今伯鸞之清高，可令相近。」葬要離墓旁，子孫歸扶風。」鴻字伯鸞，高抗不群。初，扶風世家多慕其名，欲以女妻之，被服華麗，鴻甚惡之。後鄉里孟氏有女容貌醜而有節操，多求者，女不肯往，至年三十無嫁處。父母問其所欲，曰：「得賢如梁伯鸞者可矣」。父母曰：「伯鸞清高，汝安能稱之哉？」後鴻聞而求之，遂許焉。爲服畢，女求作布衣麻履，及織作之具。乃衣新婦衣，入門積七日，鴻不答。婦跪牀下曰：「竊聞夫子高義，曾逐數婦，而妾亦偃蹇數夫，故來歸夫子，而不見采擇。」鴻曰：「吾欲得裘褐之人，可與俱隱深山爾。今若乃衣綺縞，〔傅〕白黑，〔六〇〕豈梁鴻所願者哉！」於是婦對曰：「妾恐夫子不願爾。妾有隱居之具。」乃起椎髻，衣布，操作具而前。鴻大悦曰：「此真梁鴻之妻也。能成我矣！」字之〔曰〕德耀，〔六一〕〔名〕孟光。〔六二〕無幾何，妻曰：「常聞夫子欲隱居避世，不欲榮爵，以致憂患，今何其嘿嘿也？得無欲低頭就之邪？」鴻曰：「諾。」乃相隨之霸陵山，耕耘織作，以供衣食，彈琴誦書，以娛其志。

六年春三月辛卯，琅邪王京薨，謚曰孝王。京，光烈皇后少子，而明帝母弟也。恩愛特隆，寵異諸國。京亦孝友謙讓，雅好經書。光烈皇后崩，帝手書以后之珍寶賜京。京好治宮室，窮極伎巧，殿宇墻壁，皆飾以金銀。六月丙辰，太尉鮑昱薨。昱字文淵，永之子也。

初爲司隸校尉，時匈奴新降，召〔皇〕〔昱〕詣尚書，〔六三〕使封胡降檄。世祖遣小黃門宗厲問昱「有所怪不」？昱對曰：「故事，通官文書不著姓，又當司徒露布，怪司隸下書也。」世祖曰：「欲令天下知忠臣子復爲司隸也。」及居三司，善其事，雖剛直不及永，猶其風也。昱子德，少爲黃門侍郎，修〔至〕〔志〕節，〔六四〕有名稱，官至大司農。辛未晦，日有食之。秋七月癸巳，大司農鄧彪爲太尉。東平王上疏請詔諸王朝，各賜裝錢千萬，東平王加五百萬。

七年春正月，沛王、東平王、中山王、東海王、琅邪王、廣陵王、榆鄉侯、東鄉侯朝，使中謁者以乘輿服、太官珍膳迎蒼於郊。是時國邸皆豫受賜，金帛牀帷充實其中，駕親自循行。上欲蒼先至，待以殊禮，詔滎陽令東平王至者徑追。會蒼與諸王俱至，滎陽使大鴻臚持節郊迎，詔沛王、東平王、中山王讚拜不名，天子親答拜，所以寵光榮顯，加於古典。每入宮殿，輒以迎至省闥及下廡。會上嘗坐，〔叚〕〔段〕皇后親拜於內，〔六五〕蒼等皆鞠躬辭謝不自安。歲餘，大鴻臚奏遣諸王歸國，上將留蒼，封女三人皆爲公主，賜以秘書列圖。有司復奏遣，上乃手書與蒼曰：「骨肉天性，昔念王久勞歷時，欲署大鴻臚奏，不忍下筆，顧授小黃門，中心戀戀，惻然不能言。」蒼發，上臨送之，流涕而別。復賜乘輿服御物，珍寶輿馬，錢布以億萬計。詔遣中使追問起居，相望於道。袁宏曰：章帝尊禮父兄，敦厚親戚，發自中心，非由外入者也。雖三代之道，亦何以過乎！嘗試言之曰：夫不足則相資，相資則見足，見足則無求，無求則相疎，常人之性也。何以知其然乎？夫終朝之飯，糟糠不飽，壺飡之饋，必習其鄰人者，甘所不足也。貴爲王侯，富有國家，聲色之娛，而忘其親戚者，安其餘也。故處不足，則壺飡豆羹不忘其鄰人；安其有餘，徒鈞天廣樂必遺其親戚，〔六六〕其勢然也。故親戚之弊常在於富貴，不在於貧賤，其可知矣。夫同陰以甜，眷然相應者，一遇之懽也。同生異處，敖然相忘者，不接之患也。故形神不接，雖兄弟親戚，可同之於胡、越。交以言色，雖殊途之人，猶有眷恨之心。由斯觀之，王侯貴人乘有餘之勢，處不接之地，唯意而欲，恩情含暢，六親和睦，蓋以鮮矣。古之聖人，懼其如此，故明儉素之道，顯謙恭之義，使富者不極其欲，貴者不博其高，里老且猶矜愛，而況兄弟乎！朝會以叙其儀，燕享以篤其親，聘問以通其意，玉帛以將其心。故欲不滿而和愛生，情意交而恩義著也。嗚呼，有國有家者，可不親乎！夏六月甲寅，廢皇太子慶爲清河王，皇子肇爲皇太子。初，宋貴人有寵，生太子慶。會竇后寵盛，心惡貴人，外令兄弟求宋氏微過，内令御者伺察貴人。貴人嘗病，思生菟，令家求之。竇后誣言欲呪咀，上信之，出貴人姊妹於丙舍，使小黄門蔡倫考之。竇后諷厲考者皆致以巫蠱事，送暴室，二貴人同時飲藥死，并葬於濯龍中。貴人扶風平陵人，其先惠將軍宋昌後也。父陽，〔六七〕恬於榮勢，不願仕官，專以事親色養。陽有女三人，〔六八〕選入掖庭，小貴人生太子慶，拜陽爲議郎。二貴人既死，陽免歸本郡，幽閉之。陽爲人仁厚，時人多救請者，遂得免焉。秋九月，行幸河內、魏郡。辛卯，令天下繫囚減罪各有差。冬十月，行幸長安，祀園陵。上召奉車（騎）都尉韋彪問以三輔舊事，〔六九〕彪對訖，因言巡省舊都，宜録先帝功臣及其子孫。上嘉納焉，即封蕭何、曹參、（霍光）後爲列侯，〔七〇〕擢爲鴻臚卿。彪字孟達，右扶風平陵人。高祖賢、曾祖（立）〔玄〕成皆致位丞相。〔七一〕彪父母卒，三年不出廬，毁瘠骨立，醫治數年乃能起，以至行聞。舉孝廉，爲郎中，以教授爲事。安貧樂道，恬於進趨，三輔自耆儒後學，莫不慕之。明帝聞彪之名，有詔拜謁者，賜以車馬衣服，稍遷尚書、魏郡太守。上即位，以病復爲議郎，遷左（右）中郎將、長樂衛尉。〔七二〕數陳政事，歸於寬厚。彪比上疏乞骸骨，天子重彪禮讓，拜爲奉車都尉，秩中二千石，賞賜禮侔於親戚。是時言事者多言郡國貢舉不以功次，養虛名者累進，故守職者益懈，而吏事陵遲。彪議曰：「伏惟明詔，憂勞百姓，察察不舍晝夜，垂恩選舉，必務得人。夫國以賢爲本，〔賢〕以孝爲行。〔七三〕孔子曰：『事親孝故忠可移於（官）〔君〕，〔七四〕是以求忠臣必於孝子之門。』夫人才行少能相兼，是以孟公綽優於趙、魏老，不可以爲滕、薛大夫。忠孝之人，治心近厚；鍛鍊之人，治心近薄。斯三代所以直道而行，在其所以磨之。故在士雖不磨，吏職有行美材高者，不可（以）純以閥閱取。〔七五〕然要歸在於選二千石。二千石賢，則貢舉皆得其人矣。」頃之，彪復稱疾歸家，賜布帛百匹，穀三千斛。彪清儉好施，禄賜分與宗族，家無餘財，著書十二篇，號韋卿子。

【校勘記】

〔一〕酒泉太守（殷）〔段〕彭　從後漢書章帝紀改。
〔二〕以刀自刺（之）〔曰〕　從南監本、龍谿本、學海堂本改。
〔三〕漢（士）〔使〕棄我去　從龍谿本、學海堂本改。
〔四〕抱持超馬〔曰〕　從後漢書班超列傳補。
〔五〕先帝定大獄一起　後漢書鮑永列傳作「先帝詔言，大獄一起」。
〔六〕還諸徙家〔屬〕　從後漢書鮑永列傳補。
〔七〕今興子（輔向）〔博〕　從龍谿本、學海堂本改。
〔八〕詔以上林（兩禦）〔池籞〕田〔賦〕　從後漢書章帝紀改。
〔九〕有司〔請〕檻車徵延　從學海堂本補。
〔一〇〕天子常（自）〔目〕禮之　從南監本、龍谿本改。
〔一一〕時（又）〔有〕疾　從南監本、龍谿本、學海堂本改。
〔一二〕〔以〕母老不應　從後漢書江革列傳補。
〔一三〕百行之（本）〔冠〕　從學海堂本改。
〔一四〕（嘗）〔常〕以八月長吏存問　從後漢書江革列傳改。

〔一五〕汝南薛苞　後漢書卷三九作「薛包」。

〔一六〕勿置（於不得臣）〔相臣吏人〕　從南監本、龍谿本、學海堂本改。

〔一七〕誠昧（有）〔所〕可耳　從龍谿本、學海堂本改。

〔一八〕（親）〔新〕陽侯　從學海堂本改。

〔一九〕但〔著〕布帛　從後漢書皇后紀補。

〔二〇〕不外施之（恩）〔嫌〕哉　從後漢書皇后紀改。

〔二一〕（曲周）〔條〕侯　從後漢書皇后紀改。

〔二二〕吾（巨）〔懼〕富貴重疊　從南監本、龍谿本、學海堂本改。

〔二三〕則〔行〕子之志　從學海堂本補。

〔二四〕即時削（滅）〔減〕　從南監本、龍谿本、學海堂本改。

〔二五〕藉以（各）〔名〕勢　從南監本、龍谿本、學海堂本改。

〔二六〕有過繩以法則負下　後漢書第五倫傳作「繩以法則傷恩，私以親則違憲」。

〔二七〕卒（剋）〔克〕白山盧水　從龍谿本改。

〔二八〕免官〔歸〕本郡　從學海堂本補。

〔二九〕欲爲原陵顯節陵（致國）〔置園〕　從學海堂本改。後漢書東平憲王蒼列傳作「欲爲原陵、顯節陵起縣邑」。

〔三〇〕〔古者〕丘隴且不欲其著明　從後漢書光武十王列傳補。
〔三一〕(俗)〔亦〕不欲無故繕修丘墓　從後漢書光武十王列傳改。
〔三二〕〔有〕所(有)興起　從南監本、龍谿本、學海堂本乙正。
〔三三〕豈不(能)〔然〕哉　從南監本、龍谿本、學海堂本改。
〔三四〕及后〔與〕女弟　從學海堂本補。
〔三五〕遂〔召〕入掖庭　從南監本、龍谿本補。
〔三六〕虎賁〔中〕郎將　從後漢書竇融列傳補。
〔三七〕(焉)〔篤〕景瓌皆黄門郎　從南監本、龍谿本、學海堂本改。
〔三八〕(不)〔又〕使防歲舉吏二人　從龍谿本、學海堂本改。
〔三九〕置(援)〔掾〕吏十人　從南監本、龍谿本、學海堂本改。
〔四〇〕〔置〕校尉　從南監本、龍谿本、學海堂本補。
〔四一〕平通〔漢〕道　從學海堂本補。
〔四二〕以是效(臣)之　從後漢書班超列傳删。
〔四三〕知西域〔功〕可成　從學海堂本補。

〔四四〕以身教者（訟）〔從〕　從龍谿本、學海堂本改。

〔四五〕不宜（加）過〔加喜〕怒　從後漢書第五倫列傳改。

〔四六〕己（巳）〔丑〕　從學海堂本改。

〔四七〕封皇子伉爲千乘（令）〔王全爲〕平春王　從學海堂本改。

〔四八〕當今〔承〕百王之弊　從後漢書第五倫列傳補。

〔四九〕人民（又）〔文〕巧　從南監本、龍谿本、學海堂本改。

〔五〇〕無守（納）〔約〕安貧之節　從南監本、龍谿本、學海堂本改。

〔五一〕至云以貴戚〔廢錮當復以貴戚〕澣濯之　從後漢書第五倫列傳補。

〔五二〕（爲）〔自〕建武以來　從南監本、龍谿本、學海堂本改。

〔五三〕（詔）〔朕〕既早離皇太后　從南監本、龍谿本、學海堂本改。

〔五四〕馬后遇帝〔厚帝〕感養育之恩　從南監本、龍谿本、學海堂本補。

〔五五〕遂（帝）名馬氏爲外家　從龍谿本、學海堂本删。

〔五六〕故（馬）〔賈〕氏不蒙舅氏之寵　從南監本、龍谿本、學海堂本改。

〔五七〕庚辰朔〔日有食之〕　從學海堂本補。

〔五八〕鄭（喬）〔僑〕之仁政　從龍谿本改。

〔五九〕葬子於（羸）〔嬴〕博之間　從南監本、龍谿本、學海堂本改。

〔六〇〕〔傳〕白黑　從學海堂本補。

〔六一〕字之〔曰〕德耀　從龍谿本、學海堂本補。

〔六二〕〔名〕孟光　從殿本後漢書逸民列傳補。

〔六三〕召（皇）〔昱〕詣尚書　從南監本、龍谿本、學海堂本改。

〔六四〕修（至）〔志〕節　從後漢書鮑永列傳改。

〔六五〕（叚）〔段〕皇后　從龍谿本、學海堂本改。

〔六六〕徒鈞天廣樂必遺其親戚　徒，疑當作「縱」。

〔六七〕父陽　陽，後漢書章帝八王傳作「楊」。

〔六八〕有女三人　後漢書章帝八王傳作「二人」。

〔六九〕上召奉車（騎）都尉　從後漢書韋彪列傳删。

〔七〇〕即封蕭何曹參（霍光）後爲列侯　後漢書韋彪列傳云「時光無苗裔，唯封何末孫熊爲酇侯」。今據删。又云「建初二年已封曹參後曹湛爲平陽侯，故不復及焉」。據此則「曹參」二字亦應當删。

〔七一〕曾祖（立）〔玄〕成　從南監本、龍谿本、學海堂本改。

〔七二〕遷左（右）中郎將　從後漢書韋彪列傳删。

〔七三〕〔賢〕以孝爲行　從學海堂本補。

〔七四〕故忠可移於〔官〕〔君〕　從後漢書韋彪列傳改。

〔七五〕不可〔以〕純以閥閱取　從龍谿本删。

# 兩漢紀下　後漢紀

## 孝章皇帝紀下卷第十二

八年春正月壬辰，東平王蒼薨。初，蒼疾病，上憂念蒼，使道上置驛馬，以知疾之增損。薨問至，上悲不自勝，詔東平〔傳〕〔傅〕録王建武以來所上章奏及作詞賦悉封上，〔一〕不得妄有闕。司空第五倫見上悼愴不已，求依東海王故事，自請護喪事。上〔以〕東海王行天子禮。〔二〕舊制無三公出者，乃遣大鴻臚持節護喪事，詔諸王及公主、京師諸侯悉詣東平〔王〕〔會〕葬。〔三〕哀策〔日〕〔曰〕〔四〕：「洛王丕顯勤王室，親命受策，昭于前世。出作蕃輔，克慎明德。昊天不弔，不報上仁，使屏余一人，煢煢靡有所終。今詔有司加賜鸞輅車乘，龍旂九旒，虎賁百人，謚曰獻王。」秋，即擇班超爲將兵長史，以徐幹爲司馬。遣衛侯李邑使烏孫，到于闐，上言西域功不可成，盛毁超云：「擁愛妻，抱愛子，安樂外國，無内顧心。」超聞邑言，歎曰：「身非曾参而有三至之讒，恐見疑於當世。」遂去其妻。上知超無二心，乃詔責邑。〔超〕遣邑將烏孫侍子還京師。〔五〕徐幹謂超曰：「邑前親毀君，欲敗西域，今可緣詔留之，遣他吏送侍子。」超曰：「是〔何〕言之狹也！〔六〕以邑毀超，故遣之。內省不疚，何恤邑言！今留之，一時快意，然非忠臣也。」於是疏勒王忠反，保烏即城。超乃立其府丞成大爲疏勒王。其後忠設詐僞降，願棄前罪，爲殺新王。超內知其謀而僞許之。忠大喜，將輕騎三百詣超。超密勒兵，待酒數行，超叱吏執忠斬之，放擊其衆，大破之。冬十二月，行幸陳留、梁國、淮陽、潁川。戊申，詔曰：「五經剖判，去聖彌遠，章句傳說，難以正義，恐先師道喪，微言遂絶，非所以稽古求道也。其令諸儒學古文尚書、毛詩、穀梁、左氏傳，以扶明學教，網羅聖旨。」古文尚書者，出孔安國。武世魯恭王壞孔子宅欲廣其宮，得古文尚書及禮、論語、孝經數十篇，皆古字也。恭王入其宅，聞琴瑟鐘磬之音，瞿然而止。孔安國者，孔子之後也。盡得其書，尚書多於伏生所傳六十篇，安國獻之。毛詩者，出於魯人毛萇，自謂子夏所傳，河間獻王好之。穀梁者，瑕丘江公受之魯申公。武帝時，董仲舒善說公羊，江公訥於口，辯義不如董仲舒，故穀梁學浸微，唯衞太子善穀梁。宣帝即位，聞衞太子好穀梁，乃求能爲穀梁學者，得沛人蔡〔子〕〔千〕秋與公羊家並說，〔七〕上善穀梁，後大儒蕭望之等廷論二家同異，多從穀梁，由是穀梁學復興。漢初，張蒼、賈誼、張敞皆修春秋左傳，誼爲左氏訓故。御史張禹與蕭生同官，數言左氏於望之，望之善之，及翟方進、賈誼、劉歆並傳左氏學，故言左氏者本之賈誼、劉歆。此四學雖傳於世，(官)〔至〕建武初，〔八〕議立左氏學，博士范(舛)〔升〕議譏毀左氏，〔九〕以爲不宜立。(愍)〔明〕帝即位，〔一〇〕左氏學廢，乃使郎中賈逵叙明左氏大義。逵又言古文尚書多與經、傳、爾雅相應，於是古文尚書、毛詩、周官皆置弟子，學者益廣。逵字景伯，右扶風平陵人，身長八尺二寸。弱冠能誦五經、左傳，兼通穀梁諸家之說，沈深有(司)〔用〕，〔一一〕其所學者可爲人師。明帝時爲郎，使與班固校書。帝即位，雅好古學，詔逵入講白虎觀，使說左氏傳，上善其說。逵母嘗病，上以逵居貧，欲賜之，以校書比例多，乃以錢二十萬，使潁陽侯馬防與逵。(逵讓)〔謂防〕曰〔一二〕：「逵母病甚，子貧無事於外，屢空，(王)〔且〕從孤竹於首陽矣。」〔一三〕其恩厚若此。遷衛士令。逵才學(該)〔皆〕通，〔一四〕其所著論爲學者所宗。性佚不修小節，當世以此譏焉，故不至大官。袁宏曰：堯、舜之傳賢，夏禹、殷湯授其子，此趣之不同者也。夏后氏賞而不罰，殷人罰而不賞，周人兼而用之，此德刑之不同者。殷人親盡則婚，周人百世不通，此婚姻之不同也。立子以長，三代之典也。文王廢伯邑考而立武王，廢立之不同者也。君親無將，將而必誅，周之制也。春秋殺君之賊一會諸侯，遂得列於天下，此褒貶之不同者。彼數聖者，受之哲王也。然而會通異議，質文不同，其故何邪，所遇之時異。夫奕者之思盡于一局者也，聖人之明周於天下者也，苟一局之勢未嘗盡同，則天下之事豈必相襲哉！故記載廢興，謂之典、謨；集叙歌謠，謂之詩、頌；擬議吉凶，謂之易、象；撰録制度，謂之禮、儀；編述名迹，謂之春秋。然則經籍者，寫載先聖之軌迹者也。聖人之迹不同，如彼後之學者，欲齊之如此，焉可得哉！故曰詩之（夫）〔失〕愚，〔一五〕書之失誣，易之失賊，禮之失煩，春秋之失亂，不可不察。聖人所以存先代之禮，兼六籍之文，將以廣物慣心，通于古今之道。今去聖人之〔世〕幾將千年矣，〔一六〕風俗民情治化之術將數變矣，而漢初諸儒多案春秋之中復有同異，其後殷書禮傳往往間出，是非之倫不可勝言，六經之道可得詳，而治體云爲，遷易無度矣。昔仲尼没而微言絶，七十子喪而大義乖，諸子之言紛然散亂，太史公談（泮）〔判〕而定之以爲六家，〔一七〕班固演其（所）〔説〕而明九流。〔一八〕觀其所由，皆聖王之道也。支流區別，各成一家之説。夫物必有宗，事必有主，雖治道彌綸，所明殊方，舉其綱契，必有所歸。尋史談之言，以道家爲統；班固之論，以儒家爲高。二家之説，未知所辯。（常）〔嘗〕試論之曰：〔一九〕夫百司而可以總百司，非君道如何情動，動而非已也。虚（不）〔無〕以應其變，〔二〇〕變而非爲也。夫以天下之事而〔爲〕以一人，〔二一〕即精神内竭，禍亂外作。故明者爲之視，聰者爲之聽，能者爲之使。（雖）〔惟〕三者爲之慮，〔二二〕不行而可以至，不爲而可以治，精神平粹，萬物自得。斯道家之大旨，而人君自處之術也。夫愛之者，非徒（筭）〔美〕其車服，〔二三〕厚其滋味；必將導之訓典，輔其正性，納之義方，閑其邪物。故仁而欲其通，愛而欲其濟，仁愛之至，於是兼善也。然則百司弘宣，在於通物之方，則儒家之筭，先王教化之道，居極則玄默之以司契，運通則仁愛之以教化。故道明其本，儒言其用，其可知也矣。夫大道行則仁愛直達而無傷，及其不足則抑參差而並陳。患萬物之多惑，故推四時以順，此明陰陽家之所生也。懼天下擾擾，竟故辯加位以歸真，此名家之所起。（表）〔畏〕衆寡之相犯，〔二四〕故立法制以止殺，此法家之所興也。慮有國之奢弊，故（則）〔明〕節儉以示人，〔二五〕此墨家之所因也。斯乃隨時之迹，總而爲治者也。後之言者，各演一家之理以爲天下法，儒、道且猶紛然，而況四家者乎？夫爲棺椁遂有厚葬之弊，喪欲速朽亦有棄尸之患，因聖人之言迹而爲支辯之説者，焉可數哉！故自此以往，略而不論。

元和元年春正月，日南獻白雉。夏四月己卯，封東平王子尚爲成都王。〔二六〕六月辛酉，沛王輔薨，謚曰獻王。輔好經書，矜嚴有法度，在國終始可觀，稱爲賢王。秋八月甲子，太尉鄧彪以老病罷，大司農鄭弘爲太尉。彪字智伯，南陽新野人。（父）以孝行稱，〔二七〕及〔父〕薨，〔二八〕讓國與異母弟。明帝高其節，詔聽之。辟府掾，稍遷太僕卿。遭後母喪，固〔辭〕疾乞身，〔二九〕以光禄大夫行服。服竟，還大司農，數月爲太尉。彪以禮讓（師）〔帥〕下，〔三〇〕在位爲百寮規誡，以疾上書乞骸骨。策曰：「惟君以曾、閔之行，禮讓之高，故慕君德禮，以屬黎民。貪與君意，〔三一〕其上太尉印綬，賜錢三十萬，俸二千石，禄終厥身。君專精養和，以輔天年。」詔太常四時致祭宗廟之胙，河南尹常以八月旦奉羊酒。癸酉，令天下繫囚減罪一等，死罪徙邊戍。九月，行幸〔章〕陵，〔三二〕祠舊宅園廟。（御）〔徵〕故臨淮太守朱暉爲尚書僕射。〔三三〕暉字文秀，南陽人也。少以節操聞。初，（堂）〔帝〕舅（信）〔新〕陽侯陰就方貴，〔三四〕慕暉名，自往候之，暉避不見。（後）〔復〕遣家丞致禮，〔三五〕暉閉門不受。後爲郡吏，太守阮況常以事干暉，暉不從。及卒，暉厚送其家，左右咸怪之。暉曰：「前阮君有求於我，恐以貨污君，故不與言。今重送者，欲以明吾心。」驃騎將軍蒼聞而辟之，甚禮敬焉。正月朔旦，蒼應奉璧入賀。故事，少府給璧。陰就驕貴，吏傲不奉法，求璧不可得。蒼坐朝堂，漏且盡而璧不至，不知所爲，顧謂掾屬曰：「若之何？」暉望見府主簿持璧，即往紿之曰：「我聞璧而未曾見，試觀之。」主簿以璧授暉，暉顧召令史奉之。主簿驚曰：「少府當以朝。」暉叱之曰：「將歸，暉獨不朝也！」主簿遽以白就。就曰：「朱掾義士，勿復求。」更以他璧朝。蒼罷，謂暉曰：「屬者掾自視孰與藺相如邪？」明帝幸長安，欲嚴宿衞，以暉爲衞士令。稍遷臨淮太守。暉好節槩，其所（投）〔拔〕用〔皆〕厲行士。〔三六〕其諸報怨以義犯法者，率皆爲求門户而生宥之；其不義者即時僵仆，不以汙獄門。故吏民畏愛之。暉剛於爲吏，見忌於上，故所在數被劾。去臨淮，屏居野澤，布衣蔬食，不與邑里通，鄉黨譏其介。南陽人大饑，暉盡其家貨分宗族故舊，〔三七〕不問餘焉。初，同縣張堪素有名，見暉，甚重之，接以友道。暉以其先達，未敢當也。後俱爲二千石，絶不復通。及南陽饑而堪已卒，暉聞其妻子貧窮，乃自往候視，贍賑之。其子頡怪而問之，暉曰：「吾以信心也。」其信義慎終，皆此類也。冬十月，行幸江陵。十二月，除諸禁固不得仕者，令得仕。

二年春正月，初令婦人懷胎者，當以二月賜穀三斛，復夫勿筭一歲。二月，鳳皇集于肥。行幸太山。丙子，大赦天下。復（改轉）〔博、奉〕高、（嬴）、〔嬴〕三縣無出租賦。〔三八〕三月，行幸魯，祠東海恭王。庚寅，祠孔子及七十二弟子。壬辰，行幸東平，幸王蒼宫，謂諸子曰：「思其人，至其鄉。其處存，其人亡。」因泣下沾襟。上幸蒼陵，爲備虎賁、鸞輅、龍旂以章顯之，賜御劍于陵前。初，蒼所將驃騎時吏丁〔牧〕、周栩以蒼敬賢下士，〔三九〕不忍去，爲王家大夫數十年，事祖及孫。引見，嗟歎之，（擇）〔擢〕爲議郎。〔四〇〕遂幸魏郡、河内，〔四一〕登太行。五月丙戌，詔曰：「鳳皇、黄龍、鸞鳥比集七郡，神雀、甘露降自京都。祖宗舊事，或班恩施。其賜百官錢各有差，天下吏爵，人三級；高年、鰥、寡、孤、獨帛，人一匹。令天下大酺五日。鳳皇、黄龍所集亭皆無出今年租賦，見者及太守、令、長、丞、尉帛各有差。」冬十一月壬辰，詔曰：「余末小子，託於君位，〔四二〕曷以恢崇，仁濟天下？三代推益，〔四三〕優劣殊軌，況（于）〔予〕頑陋，〔四四〕無以易民視聽，雖欲從之，末由也已。」博士曹褒覩兹詔也，知上有制作意，乃上疏曰：「昔聖人受命而王，莫不制禮作樂以著功德。功成作樂，治定制禮，所以協和天人，示人軌則也，故御應見瑞乃作。今皇天降（禮）〔祉〕，〔四五〕嘉瑞並臻，制作之符，甚於言語。宜定諸議，以成漢禮。」章下太常巢堪，以爲不可許。是歲，班超發諸國兵步騎二萬擊莎車，莎車求救於龜茲，王遣左將軍發温宿、姑墨、尉頭兵合五萬人助之。超召部曲及于闐、疎勒王議曰：「兵少不敵，計莫若各散去。于闐從此西，吾亦從此東，〔四六〕夜半聞鼓聲（使）〔便〕發。」〔四七〕衆以爲然。乃陰緩所得莎車生口。龜茲聞之喜，使左將軍將萬騎於西界欲遮于闐王。人定後，超乃召諸司馬勒兵厲衆，雞鳴馳赴莎車營，奄覆之，莎車驚怖，斬首五千餘級，大獲其馬畜財物，分兵收其穀。莎車遂降，自是威震天下，西域恐。

三年三月丙寅，太尉鄭弘薨。丁卯，大司馬（宗）〔宋〕由爲太尉。〔四八〕鄭弘字巨君，會稽山陰人也。曾祖自齊徙山陰，事博士焦貺，門徒數百人。當舉明經，其妻勸貺曰：「鄭生有卿相才，應此舉也。」從之。楚王英之謀反，誣天下知名者。貺爲河東太守，以楚事（御）〔遇〕疫病，〔四九〕道死，妻子閉詔獄，考掠連年。諸故人皆易姓名以避禍，弘獨髠首負鑕詣貺罪。（昭）〔明〕帝感（憒）〔悟〕，〔五〇〕乃原免家屬。弘送貺喪及妻子於陳留，畢葬旋鄉里，爲鄉嗇夫。太守第五倫行部見弘，〔五一〕問民得失，弘對甚明，倫甚奇之，擢爲督郵，舉孝廉，稍遷尚書僕射。上問弘，欲三河、三輔選尚書、御史、孝廉、茂才，餘郡不得選。弘對曰：「虞舜出於姚墟，夏禹生於石紐，二聖豈復出於三輔乎？陛下但當明敕有司，使得人爾。」上善其言。是時烏孫王遣子入侍，上問弘：「當答其使不？」弘對曰：「烏孫前爲大單于所攻，陛下使小單于往救之，尚未賞。今如答之，小單于不當怨乎？」上以弘議問侍中竇憲，對曰：「〔禮〕曰『禮有往來』，〔五二〕易曰『無往不復』，天地際也。弘章句諸生，不達國體。」上遂答烏孫使。小單于忿（悉）〔恚〕，〔五三〕攻金城郡，殺太守任昌。上謂弘曰：「朕前不從君議，果如此。」弘對曰：「竇憲姦臣也，有少正卯之行，未被兩觀之誅，陛下前何用其議？」〔五四〕遷大司農、太尉。數陳竇憲勢太盛，放權海内，言苦切。爲憲不容，奏弘漏泄奏事，坐詰讓，收印綬。弘乞骸，未許。疾篤，上書曰：「臣東野頑闇，本無尺寸之功，横蒙大恩，仍登上司，中夜怵惕，懼有折足之戒。自揆愚薄，無益國家之事，雖有殺身，焉可謝責！是以不敢雷同，指陳竇憲姦不慣漏露，言出患入。竇憲之姦惡，貫天達地，毒流八荒，虐聞四極，海内疑惑，賢愚疾惡。憲何術以迷主上，流言噂嗒，深可歎息。昔田氏篡齊，六卿分晋，漢事不遠，炳然可見。陛下處天子之尊，自（諸）〔謂〕保萬世之祚，〔五五〕無復累卵之危；信讒佞之臣，不計存亡之機。臣雖弱疾，命在移晷，身没之日，死不忘忠。願陛下爲堯、舜之君，誅四凶之罪，以素厭人鬼憤結之望。」章省，上遣太醫占弘疾。臨薨，悉皆還賜物，勑妻子葛巾布衣，殯以素棺。初，弘爲第五倫舉吏，其後並爲三公，當世以爲榮。是時，歲比不登，而諸王皆留京師，賞賜過厚。太尉掾何敞説太尉（宗）〔宋〕由曰〔五六〕：「禮：一穀不登則損服徹膳；五穀不登則廢祭祀，乘馬就牧。天下有飢寒者，若己使然。今比年傷於水旱，民不收，緣邊方外域，捐妻子，流離道路；中州内郡，公私屈（謁）〔竭〕，〔五七〕此宜損徹節用之時。國恩覆載，賞賜過度，但聞臘賜王主已下，傾竭帑藏。夫明君行賜以制，忠臣受賞盡度。明公位尊任重，責深負（天）〔大〕，〔五八〕上當匡正綱紀，下當安〔利〕元元，〔五九〕豈容無違而已哉！宜先正己率〔下〕，〔六〇〕奉（亦）還所得賜。」〔六一〕因陳得失，條奏王侯就國。孔僖、（孫）〔崔〕駰同習春秋，〔六二〕語吴王夫差時事，僖廢書而歎曰：「若是所謂畫龍不成反爲狗者。」駰曰：「昔者孝武皇帝始爲天子，方年十八，崇信聖道，師則先王，五六年間，號勝文、景。及後放恣，忘其前善。」僖曰：「書傳若此者多矣！」鄰房生梁郁遥和之曰：「如武帝亦爲畫龍不成復是狗邪？」僖、駰默然不荅。郁怒恨之，陰上書告駰、僖誹謗先帝，譏刺世事。下有司，駰詣吏受詰。僖上書曰：「言凡誹謗者，謂無事而虚加誣罔也。至如孝武之政，善惡顯在漢史，明如日月。是爲直説實事，非虚謗也。夫帝王爲善，則天下爲善咸歸焉；其不善，則天下之惡亦萃焉。斯皆有以致之，不可以責人也。陛下即位已來，政教未過，德澤有加，天下所共見也，臣等獨何譏刺哉？假使所言是也，則朝廷所宜改；所言非也，亦王者所宜含容。陛下不推其原，苟肆私忿，臣等即死，顧天下必迴視易聽，以此窺陛下心矣。」上始無罪駰等意，及得僖奏，下制勿問。僖以才學爲郎，校書東觀，上言圖讖非聖人書。駰子瑗，瑗子寔皆以才文顯。冬十月，西羌寇張掖、隴西、金城，護羌校尉傅育將兵擊之。

章和元年春正月，詔曰：「朕以不德，受祖宗弘烈，夙夜祗畏，無以章于先王。漢遭莽弊，〔六三〕禮壞樂崩，因循故事，多非經典，知其説者之於天下，豈不遠乎？」曹褒喟然歎曰：「昔奚斯頌魯，考甫詠殷。竭忠顯主之美者，當仁不讓，奈何疑焉！」遂復上疏陳制禮意，事下三公，未奏。上曰：「諺言作舍道邊，三年不成。」乃使褒於南宮、東觀差序禮事，依舊儀，參五經，驗以讖記，自天子至于庶人，百五十篇。褒字叔通，魯國薛人也。父充，建武中爲博士，議定封禪、七郊、三雍、大射、養老禮儀。明帝即位，充上言：「漢家再受命，乃有封禪之事，禮樂崩闕，不可爲後嗣法。五帝不相遵樂，三王不相襲禮，大漢宜制禮樂。」褒少有大度，結髮傳充學，尤多好禮事。常慕叔孫通爲漢制儀，晝夜研精，當其屬〔思〕，〔六四〕不覺旁之有人。舉孝廉，除郎，遷陳留圉令。捕得他郡盜徒五人，守馬嚴風縣殺之。褒曰：「夫絶人命者，天亦絶之。皋陶不爲盜制死刑，昔管仲遇盜而升諸公。今承旨而殺之，是逆天心，俯順人意，其罰重矣。如得全此而身坐之，願也。」遂不爲殺。嚴奏褒軟弱，免官，百姓號泣送之。三月，護羌校尉（博）〔傅〕育追虜出塞（遇塞）〔戰歿〕。〔六五〕夏四月丙子，令天下死罪囚減死一等，徙戍邊。廷尉郭躬上疏曰：「聖恩所以減天下死罪使戍邊者，欲實壃境而重人命也。去死就生，與老弱復相見，莫不懽喜。自丙子已來，犯罪〔亡命〕者甚多，〔六六〕應入重

〔論〕。〔六七〕今已牢獄者蒙更生之恩也，而始被執録者獨受大辟之刑，示不均也。書曰：『王道蕩蕩，無偏無黨。』〔宜〕均大恩以令民。」〔六八〕上善之，即詔悉赦焉。躬字仲孫，潁川陽翟人也。父弘，及寇恂等時爲決曹掾，諸罹文爲弘所決者無恨。治獄三十餘年，郡中稱之，比之東海于公。躬復以明法稱，稍遷尚書、廷尉。其決斷在哀矜，所免者甚衆，悉條諸文致重者四十餘事，奏除之。躬弟子鎮知名，後至廷尉，封侯。子孫皆修家業，以名理相待，爲公者一人，廷尉者八人，爲刺史二十餘人。〔六九〕六月戊辰，司徒桓虞策免，司空袁安爲司徒，光禄勳任隗爲司空。自元和已來，鳳凰、麒麟、白虎、黄龍、鸞鳥、嘉禾、朱草、三足烏、木連理爲異者數百，不可勝紀。咸曰：「福祥以爲瑞應。」何敞辟太尉宋由府，乃言於宋由、袁安曰：「瑞應依政而生。昔海鳥止魯，文仲祀之，君子譏焉。鴝鵒來巢，奪陽之象。孔子睹麟而泣曰：『吾道窮矣。』其後季氏有逐君之變，孔子有兩楹之殯。今非常鳥獸，品物非一，似鳳翔屋，怪草生庭，不可不察也。」由、安不敢應。秋七月，齊王晃坐事母不孝，貶爲（無）〔蕪〕湖侯。〔七〇〕壬戌，令（無）〔死〕罪囚減戍邊。〔七一〕八月，行幸九江。戊子，行幸（湘）〔沛〕，〔七二〕祠沛獻王。九月，行幸彭城及壽春，詔阜陵侯延與車駕會壽春。帝見延及妻子，愴然傷之，乃下詔曰：「蓋周封千八百而姬姓居半，所以楨榦王室也。朕巡狩，望江、淮，意在阜陵。與王相見，志意衰落，形體非故，一則以懼。今復阜陵侯爲阜陵王，增封四縣，并前爲五縣。以阜陵下濕，徙都壽春。加賜錢千萬，安車一乘，夫人及諸子賞賜各有差。」冬十月，北匈奴〔單于〕爲鮮卑所殺，〔七三〕降者十餘萬。南單于上言：「宜及北虜分爭，人民離散，出兵破北（城）〔成〕南，〔七四〕（兵）〔并〕爲一國，〔七五〕令漢家長無北顧之憂。臣素愚淺，兵衆單少，不足以防外内，願與執金吾耿秉、度遼將軍鄧弘、緣邊諸郡太守并力，冀因天時，乘聖帝威神，一舉平定。」上將許之。尚書（宗）〔宋〕意上疏曰〔七六〕：「匈奴處北（種分）〔極，界〕以沙漠，〔七七〕（間）〔簡〕賤禮儀，〔七八〕衣食殊俗，此乃天一種民也。自漢興已來，數發兵攻之，所得輒不足以復所害。呼韓邪單于奉藩，然中國亦疲（攻）〔於〕送迎之勞矣。〔七九〕光武皇帝躬擐金甲之難，深明天地之（明）〔界〕，〔八〇〕故因其來降，寵立以爲單于，羈縻畜養，邊民得以休息，迄今四十餘年。（令）〔今〕鮮卑奉順威靈，斬獲北單于名〔王〕已下萬計，〔八一〕中國坐〔享其〕功，〔八二〕而百姓不知其勞，漢興功烈，於斯爲盛。令南單于還塞外，所謂虎出於檻也，必興兵要利，内（持）〔恃〕於漢，〔八三〕其事得浸滋不息，而設費不得已。無故以萬安之計，而徵不可必之功，未見其聖也。」詔問執金吾耿秉，言可聽，師未出而帝寢疾。

（元）〔二〕年春二月壬辰，〔八四〕帝崩于章德殿。遺詔無起寢廟，如光武帝故事。是日太子即位，年十歲，太后臨朝。袁宏曰：非古也。易稱地道無成而代有終，禮有婦人三從之義，然則后妃之〔德〕，〔八五〕在於欽承天〔命〕，〔八六〕敬恭中饋而已。故雖人母之尊不得令於國，必有從於臣子者，則柔之性也。夫男女之别，自然之理，君臣酬咨，通物所因也。故百司並在，相與率職，必祠焉而後行，故有朝會享讌之禮，造膝請問之事。此蓋内外之分，不可得而同者也。古之王者必闢四門，開四聰，兼親賢而聽受焉，所以通天下之才，而示物至公也。自母后臨朝，必舅氏專權，非疎賢而樹親暱也。蓋管其號令者，必寄外氏，是實違天封，而訓民以私政之所階。〔國〕家制教關諸盛衰，〔八七〕建百司，修廢官，設冢卿以任權重，收王君薨幼，〔八八〕百官執事，總己思齊，聽於冢宰，所以大明公道，人自爲用，上下竟業，而名器已固，三代之道也。三月癸卯，葬孝章皇帝于敬陵。庚戌，太后詔曰：「皇帝幼年，惸惸在疚，朕且佐助〔德〕〔聽〕政，〔八九〕守文之際，必有内輔。故太尉鄧彪三讓彌高，海内歸仁，其以彪爲太傅，賜爵關内侯，録尚書事，百官總己以聽。」於是侍中竇憲管掌機密，三弟羅列，並據大位。上幼小，太后當朝，憲以外戚秉政，欲以經學爲名，乃上疏曰：「天下之命懸於天子，善在於所習，習與智長則〔功〕〔切〕而不〔對〕〔勤〕，〔九〇〕化與心成則忠道若性。昔周成王幼在襁褓，周公在前，史佚在後，太公在左，召公在右，中〔外〕〔立〕聽〔政〕朝。〔九一〕四聖維之，是以慮無遺計，舉〔無過事〕。〔九二〕孝昭皇帝八歲即位，大臣輔政，亦選名儒韋賢、蔡義、夏侯勝入授詩、書于禁中。伏惟皇帝，〔惟〕〔躬〕天然之資，〔九三〕不肅而成。然以至尊之德，獨對小臣，非所以揄揚聖心，增益輝光者。竊見屯騎校尉桓囊，結髮受學，白首不倦，經爲人師，行爲儒宗。昔侍帷幄，入授先帝，父子奕世，並爲帝師。愚以爲可長樂少府，入授帝經。」於是以蘘爲長樂少府，（傅）〔侍〕講禁中，〔九四〕歲餘遷太常。蘘授二帝，恩寵甚篤厚。〔子〕焉傳家業，〔九五〕至太傅。憲性褊急，數自困。輔政之後，遂作威福，睚眦之怨無不報。初，憲恨尚書陳寵，欲因事毀傷之，使與喪事。黄門郎鮑德與憲弟瓌厚善，懼寵不能自免，説瓌曰：「寵奉事先帝，深見委任。若以歲月言之，宜蒙功勞之報；以才量言之，應受器用之賞。不可以機微之故，以傷輔政之德。」於是憲出寵爲廣漢太守，抑强扶弱，人無訟者。先時（廣漢）〔雒縣〕城南有鬼哭聲，〔九六〕聞於府中。積數年，寵案行有骸骨不葬者多，乃歎曰：「儻在是乎！」使縣收斂埋藏之，由是遂止。時齊殤王子蘘鄉侯暢奔章帝哀，〔九七〕上書（來）〔未〕報，〔九八〕憲使客刺殺暢。太尉掾何敞請自往問變狀，太尉（宗）〔宋〕由不聽。〔九九〕敞固謂曰：「春秋稱三公爲宰者，言無不統也。暢宗室肺腑，茅土蕃臣，來即國憂，上書未報，而於城内見害。干國之紀，擅殺列侯，罪惡（之）次於大逆。〔一〇〇〕奉憲之吏莫敢追捕，明公處宰相之位，亦復不恤。四方聞之，謂京師何？昔陳平之言宰相，曰：『外鎮四夷，内撫諸夏，使卿大夫各得其宜。』今列侯私刃，不可謂撫；京尹廢職，不可謂宜；綱紀虧壞，責〔係〕不小。」〔一〇一〕遂驅而去，司徒、司空聞之，亦遽追掾吏。詔書疑暢弟陽，遣御史之齊考劾。尚書令韓陵以爲姦在京師，不宜舍近問遠。詔書遺陵，陵固執不從。後事發覺，憲懼誅，自請擊匈奴功以贖死。夏五月，京都旱。冬十月，侍中竇憲爲車騎將軍，與執金吾耿秉三萬騎征匈奴。司徒袁安與諸公卿詣朝堂諫曰：「今國用度不足，匈奴不犯塞，而勞軍遠攻，經沙漠之難，徼功萬里，非社稷計也。兵，凶器，聖王之所重。」不從。（大）〔太〕尉宋由不署名，〔一〇二〕公卿稍亦止。安獨與司空任隗固争，前後且十上，不從。是時諫者甚衆，尚書僕射郅壽下獄，御史何敞上疏諫曰：「臣聞聖主開直言之路，有不諱之詔，猶恐下情不達，復聽歌謡之詞，故天人並應，傳福無窮。臣伏見尚書僕射郅壽坐與諸尚書論擊匈奴下獄，奏劾大不敬。臣愚以爲壽備機密近臣，以匡輔爲職，若朝廷有失，默而不言，悖義背恩，其罪當誅。今壽違衆正議，欲以安宗廟，爲國永福也，豈有私心？如壽被誅，臣恐天下以壽忠直之故，横加誹謗之誅，殺傷和氣，忤逆陰陽，此誠不可。所以敢犯嚴威，不避夷滅，觸死瞽言，〔非〕爲壽也。」〔一〇三〕乃免壽。壽，郅惲之子也。憲遂出師。侍御史魯恭上疏諫曰：「夫天愛人，猶父之（封）〔愛〕子也。〔一〇四〕一物有不得其所，則天氣爲之錯亂，而況人乎？故愛民者，天下愛之。夷狄者，四方之異氣也。蹲夷踞肆，與鳥鳥無異，雜居中國，則錯亂天氣。是以聖王之制夷狄，羈縻不絶而已，不以傷害中國也。今邊境幸無事，宜當修仁行義，尚於無爲，令家給人足，各安産業。夫人（遂）〔道〕得於下，〔一〇五〕則陰陽和於上，然後祥風時雨覆被遠方，則夷狄慕德，重譯而至矣。惟陛下留聖恩，徵還二將，休罷士卒，以順天下心。」於是竇氏横甚，司徒袁安輒舉奏之。上雖不從，而權戚嚴憚焉。

## 【校勘記】

〔一〕詔東平(傳)〔傅〕　從南監本、龍谿本、學海堂本改。
〔二〕上〔以〕東海王行天子禮　從學海堂本補。
〔三〕悉詣東平(王)〔會〕葬　從學海堂本改。
〔四〕哀策(日)〔曰〕　從南監本、學海堂本改。
〔五〕〔超〕遣邑將烏孫侍子還京師　從後漢書班超列傳補。
〔六〕是〔何〕言之狹也　從後漢書班超列傳補。
〔七〕得沛人蔡(子)〔千〕秋　從後漢書儒林傳改。
〔八〕(官)〔至〕建武初　從南監本、龍谿本、學海堂本改。
〔九〕博士范(舛)〔升〕　從學海堂本改。
〔一〇〕(愍)〔明〕帝即位　從後漢書賈逵列傳改。
〔一一〕沈深有(司)〔用〕　從南監本、龍谿本、學海堂本改。
〔一二〕(逵讓)〔謂防〕曰　從學海堂本改。

〔一三〕屢空（王）〔且〕從孤竹於首陽矣　從南監本、龍谿本改。

〔一四〕逵才學（該）〔皆〕通　從南監本、龍谿本改。

〔一五〕詩之（夫）〔失〕愚　從南監本、龍谿本、學海堂本改。

〔一六〕今去聖人之〔世〕　從龍谿本、學海堂本補。

〔一七〕（泮）〔判〕而定之以爲六家　從龍谿本、學海堂本改。

〔一八〕班固演其（所）〔説〕　從龍谿本、學海堂本改。

〔一九〕（常）〔嘗〕試論之　從龍谿本改。

〔二〇〕虛（不）〔無〕以應其變　從南監本、龍谿本改。

〔二一〕夫以天下之事而〔爲〕以一人　從南監本、龍谿本、學海堂本補。

〔二二〕（雖）〔惟〕三者爲之慮　從南監本、龍谿本改。

〔二三〕非徒（筭）〔美〕其車服　從南監本、龍谿本、學海堂本改。

〔二四〕（表）〔畏〕衆寡之相犯　從南監本、龍谿本、學海堂本改。

〔二五〕故（則）〔明〕節儉以示人　從南監本、龍谿本、學海堂本改。

〔二六〕封東平王子尚爲成都王　後漢書章帝紀作「任城王」。

〔二七〕（父）以孝行稱　從後漢書鄧彪列傳删。

〔二八〕及〔父〕薨　從後漢書鄧彪列傳補。

〔二九〕固〔辭〕疾乞身　從學海堂本補。

〔三〇〕以禮讓(師)〔帥〕下　從南監本、龍谿本、學海堂本改。

〔三一〕貪與君意　語不可解。陳璞校云「句疑訛」。

〔三二〕行幸〔章〕陵　從學海堂本補。

〔三三〕(御)〔徵〕故臨淮太守朱暉　從南監本、龍谿本、學海堂本改。

〔三四〕(堂)〔帝〕舅(信)〔新〕陽侯　從南監本、龍谿本改「堂」爲「帝」。從後漢書朱暉傳改「信」爲「新」。

〔三五〕(後)〔復〕遣家丞致禮　從學海堂本改。

〔三六〕其所(投)〔拔〕用〔皆〕厲行士　從南監本、龍谿本、學海堂本改補。

〔三七〕盡其家貨　貨，後漢書朱暉列傳作「資」。

〔三八〕復(改轉)博奉高(羸)〔嬴〕三縣無出租賦　從南監本、龍谿本、學海堂本改。

〔三九〕時吏丁〔牧〕周栩　從學海堂本補。

〔四〇〕(擇)〔擢〕爲議郎　從學海堂本改。

〔四一〕遂幸魏郡河内　後漢書章帝紀作「幸東阿」。

〔四二〕託於君位　後漢書曹褒列傳作「託於數終」。

〔四三〕三代推益　後漢書曹褒傳作「三五步驟」。
〔四四〕況（于）〔予〕頑陋　從後漢書曹褒列傳改。
〔四五〕今皇天降（禮）〔祉〕　從後漢書曹褒列傳改。
〔四六〕于闐從此西吾亦從此東　後漢書班超列傳作「于寘從是而東長史亦於此西歸」。
〔四七〕聞鼓聲（使）〔便〕發　從南監本、龍谿本、學海堂本改。
〔四八〕大司馬（宗）〔宋〕由爲太尉　從學海堂本改。
〔四九〕以楚事（御）〔遇〕疫病　從南監本、龍谿本、學海堂本改。
〔五〇〕（昭）〔明〕帝感（憒）〔悟〕　從南監本、龍谿本、學海堂本改。
〔五一〕第五倫行部見弘　部，後漢書鄭弘列傳作「春」。
〔五二〕〔禮〕曰禮有往來　從南監本、龍谿本、學海堂本補。
〔五三〕小單于忿（悉）〔恚〕　從學海堂本改。
〔五四〕前何用〔其〕議　從龍谿本、學海堂本補。
〔五五〕自（諸）〔謂〕保萬世之祚　從龍谿本、學海堂本改。
〔五六〕太尉（宗）〔宋〕由　從學海堂本改。
〔五七〕公私屈（謁）〔竭〕　從龍谿本、學海堂本改。

〔五八〕責深負（天）〔大〕　從龍谿本、學海堂本改。
〔五九〕下當安（利）〔元元〕　從南監本、龍谿本、學海堂本補。
〔六〇〕宜先正己率〔下〕　從龍谿本、學海堂本補。
〔六一〕奉（亦）還所得賜　從龍谿本、學海堂本刪。
〔六二〕孔僖（孫）〔崔〕駰　從學海堂本改。
〔六三〕漢遭莽弊　後漢書曹褒列傳作「漢遭秦餘」。
〔六四〕當其屬〔思〕　從南監本、龍谿本、學海堂本補。
〔六五〕（博）〔傅〕育追虜出塞（遇塞）〔戰歿〕　從南監本、龍谿本、學海堂本改。
〔六六〕犯罪〔亡命〕者　從陳澧校、後漢書郭躬列傳補。
〔六七〕應入重〔論〕　從學海堂本補。
〔六八〕〔宜〕均大恩以令民　從學海堂本補。
〔六九〕爲公者一人廷尉者八人爲刺史二十餘人　後漢書郭躬列傳作「至公者一人，廷尉七人，侯者三人，刺史、二千石、侍中、中郎將者二十餘人」。
〔七〇〕貶爲（無）〔蕪〕湖侯　從南監本、龍谿本、學海堂本改。
〔七一〕令（無）〔死〕罪囚減戍邊　從南監本、龍谿本、學海堂本改。

〔七二〕行幸（湘）〔沛〕　從後漢書章帝紀改。
〔七三〕北匈奴〔單于〕爲鮮卑所殺　從後漢書南匈奴列傳補。
〔七四〕出兵破北（城）〔成〕南　從學海堂本改。
〔七五〕（兵）〔并〕爲一國　從後漢書南匈奴列傳改。
〔七六〕尚書（宗）〔宋〕意上疏　從學海堂本改。
〔七七〕匈奴處北（種分）〔極界〕以沙漠　從後漢書宋意列傳改。
〔七八〕（間）〔簡〕賤禮儀　從南監本、龍谿本、學海堂本改。
〔七九〕中國亦疲（攻）〔於〕送迎之勞矣　從龍谿本、學海堂本改。
〔八〇〕深明天地之（明）〔界〕　從龍谿本、學海堂本改。
〔八一〕（令）〔今〕鮮卑奉順威靈斬獲北單于名〔王〕已下　從龍谿本、學海堂本改補。
〔八二〕中國坐〔享其〕功　從龍谿本、學海堂本補。
〔八三〕內（持）〔恃〕於漢　從龍谿本、學海堂本改。
〔八四〕（元）〔二〕年春二月　從學海堂本改。
〔八五〕后妃之〔德〕　從文意補。
〔八六〕欽承天〔命〕　從文意補。

〔八七〕〔國〕家制教　從陳璞校補。
〔八八〕收王君蕘幼　陳璞校云「句有訛」。
〔八九〕朕且佐助（德）〔聽〕政　從後漢書和帝紀改。
〔九〇〕則（功）〔切〕而不（對）〔勤〕　從學海堂本改。
〔九一〕中（外）〔立〕聽（政）朝　從南監本、龍谿本、學海堂本改。
〔九二〕舉〔無過事〕　從學海堂本補。
〔九三〕（惟）〔躬〕天然之資　從學海堂本補。
〔九四〕（傅）〔侍〕講禁中　從學海堂本改。
〔九五〕〔子〕焉傳家業　從學海堂本補。
〔九六〕先時（廣漢）〔雒縣〕城南　從後漢書陳寵列傳改。
〔九七〕郁鄉侯暢　郁，後漢書何敞列傳作「都」。
〔九八〕上書（來）〔未〕報　從南監本、龍谿本、學海堂本改。
〔九九〕太尉（宗）〔宋〕由　從學海堂本改。
〔一〇〇〕罪惡（之）次於大逆　從陳璞校改。
〔一〇一〕責〔係〕不小　從龍谿本、學海堂本補。

〔一〇二〕（大）〔太〕尉宋由　從南監本、龍谿本、學海堂本改。

〔一〇三〕〔非〕爲壽也　從後漢書郅惲列傳補。

〔一〇四〕猶父之（封）〔愛〕子也　從南監本、學海堂本、龍谿本改。

〔一〇五〕夫人（遂）〔道〕得於下　從學海堂本改。

# 兩漢紀下　後漢紀

## 孝和皇帝紀上卷第十三

永元元年夏六月，竇憲、耿秉自〔朔〕方（朔）出塞三（十）〔千〕里，〔一〕斬首大獲，銘燕然山而還。即拜憲爲大將軍，封武陽侯，食邑二萬户。耿秉爲（筭）〔美〕陽侯。〔二〕憲讓不受，還〔京〕師（京）。〔三〕於是竇篤爲衛尉，景執金吾，瓌光禄勳。尊太后母比陽主爲長公主，益比陽〔湯〕沐邑二千（石）〔户〕。〔四〕憲等驕奢，不遵法度，唯瓌恭儉自守。尚書何（敞）〔敞〕上封事曰：〔五〕「臣聞忠臣憂世，譏刺貴臣，至以殺身滅家而（由）〔猶〕爲之者何？〔六〕誠君臣義重，情不能已也。臣見國之將危，家之將凶，皆有所由，較然易知，不可不察也。昔鄭莊不防段叔之禍也，後更滋蔓。竇憲兄弟（尊）〔專〕朝，〔七〕虐用百姓，殺戮盈溢，咸曰段叔、州吁將生于漢也。是臣前連上便宜，承陳得失，非爲嫉妬憲等也。誠欲絶其緜緜，塞其涓涓，上不欲皇太后損文母之號，（況）〔使〕陛下有失教之議，〔八〕下使憲等得保其福。然臧獲之謀，上安主父，下存主母，（由）〔猶〕不免於嚴怒，〔九〕況臣微末，敢竭愚忠哉！然臣累世蒙恩，位典機密，每念厚德，忽然忘生。雖知言必夷滅，誠不忍目見禍至，故敢書寫肝膽，舒度愚情。駙馬都尉瓌忠孝愛主，最自修整，聞瓌比自申陳，願抑損家權，退身避賢。宜順其意，斯誠宗廟之至計，竇氏之大福也。」敞辭旨切直深，爲憲等所怨。濟南王康，光武之子也，最爲尊重，而驕奢太甚，於是左遷敞爲濟南王太傅。司隸校尉司空蔡、河南尹王調，洛陽令李阜，皆竇氏之黨也，（秉）〔乘〕憲之勢，〔一〇〕枉法任情。尚書僕射樂恢奏免蔡等，外以清京都，內欲繩外戚，由是爲憲等所（滅）〔忌〕。〔一一〕瓌常欲往候恢，使人先言恢，恢謝而絕之。憲兄弟怒其異己，常欲陷害之。恢妻諫恢曰：「古有容身之道，何必以言取怒？」歎曰：「何忍素飡立人朝乎！」乃上疏曰：「臣聞百王之失，咸以陰盛凌陽，而權移於下；大臣專朝，而勢去公室。未有君德休明而臣下闚鬮，主一其柄而社稷傾危者。先帝早棄天下，況陛下富於春秋，今諸舅執政，外戚盈朝，非所以寧王室，示天下也。夫天地不交則衆生夭傷，君臣失序則萬民受殃，政失不救其弊不測，當今所急，上宜以義自割，下宜以謙自別。〔一二〕四舅保爵土於子孫，皇太后永無慙於宗廟，誠計之上者。」書御不省。恢乃乞骸骨，詔授恢爲騎都尉。憲風郡縣使迫脅恢，恢遂飲藥而死。天下聞之，皆以爲（怨）〔冤〕。〔一三〕恢字伯奇，京兆長陵人也。父爲吏，得罪於令，令將殺之。恢年十二，伏寺門外啼泣，不舍晝夜。令嘉其孝，赦其父罪。恢事博士焦貺，〔一四〕貺爲河東太守，恢隨之官，閉廬專精，不與掾吏交。後（況）〔貺〕有事被考，〔一五〕諸生皆繫獄，恢皎然得免。恢爲人廉潔抗厲，衡陽侯陰就聞，以禮請之，恢絶不答。杜陵人楊正嘗毀惡恢，然舉正子爲孝廉。恢善潁川〔杜〕安（王），〔一六〕（王）〔安〕上書，〔一七〕得爲巴郡太守。遺使貽恢書，恢不就，答之曰：「干主求禄，非平生操也。」其不念舊惡，耻交進趨，皆此類也。何敞既（傳）〔傅〕濟南，〔一八〕盡心輔道，歲餘，遷爲汝南太守。敞常疾俗吏苛刻以要名譽，爲政務崇寬和。立春日，乃召督郵還府，復遣吏案行屬縣，顯孝行，舉仁義。由是郡中翕然，百姓化之。其歸養老母、推財相讓者數百人。秋七月，會稽山崩。本志稱：劉向（日）〔曰〕〔一九〕：「山，陽，君也；水，臣也。君道崩壞，百姓失所。」竇太后攝政，竇憲專權之應也。

二年春正月，大赦天下。夏，耿秉出塞，至涿邪山，與北單于相遇，大戰，破之。秉字伯初，國之子也。魁梧有才略，善説司馬法，爲將常爲士卒先，休息不部陳，然遠（斤）〔斥〕候，〔二〇〕〔明〕要誓，〔二一〕士卒争爲致死。秉薨，謚壯侯。南單于聞秉薨，舉國發喪，（劈）〔剺〕面流血，〔二二〕得外國心如此。秉弟夔，壯勇有氣力，以軍功拜騎都尉，（常）〔嘗〕以精騎八百〔出塞於金微山，斬閼氏、名王以下〕，〔二三〕自漢軍〔所〕未至，〔二四〕封粟邑侯。五月丙辰，立皇弟惠爲〔濟〕北（海）王，開爲河間王，瑕爲城陽王；立故淮南（聞）〔頃〕王昞子側爲常山王，〔二五〕故齊王晃子忍爲齊王，北海王睦子威爲北海王。車師遣使奉獻。六月庚辰，封竇憲爲武陽侯，〔二六〕篤偃侯，景汝陽侯，瓌夏陽侯。憲獨不受封。辛卯，中山王焉薨，謚曰簡王。光武時，諸王皆就國，焉以郭后少子，故留京師。至永平初，乃就國，詔賜羽林右騎爲虎賁，又令上官屬子弟以爲官騎。焉皆上疏辭讓，詔曰：「諸侯出境，必有武備，夾谷之會，司馬以從。夫有文事必有武備，所以重蕃也。王無辭焉。」是夏，月氏王謝將七萬騎攻班超。超衆大恐，超曰：「月氏兵雖多，千里逾葱嶺，〔二七〕何足憂哉！但當收穀堅守，饑窮自降，不過數十日決矣。」謝攻超，不能下，抄掠無所得。超度其糧盡，必從龜茲求食，乃遣數千兵伏東界要之。謝果遣騎齎金銀珠玉往龜茲，伏兵遮擊，盡殺之，遣持所斬以示謝。謝大驚，即遣使請罪，願得生歸。超縱遣之。月氏震怖，歲歲奉貢。秋七月，大將軍竇憲出屯涼州。九月，匈奴北單于遣使款塞，願朝見。憲中護軍班固迎單于，單于爲南單于所破，遠遁(漢)〔漠〕北，〔二八〕固至私渠海而還。於是北單于地空。憲欲自爲功，乃立降者鹿蠡王阿修爲單于，〔二九〕因置中郎將領護軍，如南單于故事。事下公卿，太尉宋由、太常丁鴻、(少)〔大司農〕尹睦議以爲阿修誅君之子，〔三〇〕又與鮮卑、烏丸爲父兄之讎，不可立。南單于先帝所置，今首破北虜，新建大功，宜令并領降衆，以終先帝破北成南之策。議未定，安懼憲計遂行，復獨上封事曰：「臣聞功有難圖不可豫見者，事有較然易料不疑者，臣謂懼守正執平者。臣請以先帝旨意明之：光武皇帝本所以立南單于者，欲以安南定北，分匈奴之勢也。孝明皇帝欲褒成先帝之功，故赫然發怒，命將征伐。陛下奉承洪業，大開疆宇，大將軍遠出籍勝，此誠宣明祖宗餘志之弘勳也。〔三一〕自南單于歸德已來，四十餘年矣。三帝（績）〔積累〕以遺陛下，〔三二〕孳孳所成也。今南單于屯建大謀，深入匈奴，空盡（其盧）〔北虜〕，〔三三〕屯之大功也。輟而不圖，改立新降，以一朝之計，違三代之業，背先祖，棄舊恩，非計之長也。夫言行，君子之樞機；賞罰，治國之綱紀。論語曰：『言忠信，行篤敬，雖蠻貊之邦行矣。』今失信封南一屯，則百蠻不敢復保誓矣。阿修誅君子，於春秋之義所不當立；而烏丸、鮮卑新殺北單于，情莫不忿惡其讐。今而立之，則失意而懷怒矣。兵、食可（易）〔廢，信不可去〕。〔三四〕且漢故事，供給南單于費值歲一億九千餘萬。今北盧彌遠，其費過倍，是所以空盡天下也。」詔下其議於憲，更相難十餘條。憲負恃貴勢，言辭驕慢。安終不移，上卒從安議。

三年春正月甲子，皇帝加元服，儀用新禮。賜王公、列侯在京師者黃金，將、大夫、郎吏帛，及天下男子爵各有差；鰥、寡、孤、獨、貧不能自存者人帛一匹。酺飲五日。繫囚亡命贖罪，各有差。擢曹裒爲射聲校尉。尚書張敏奏裒擅制禮儀，破亂聖術，宜加削誅。上寢其奏。是後衆人不能信裒所制，又會禮儀轉迫，遂寢而不行。袁宏曰：夫禮（也）〔者〕，〔三五〕治心軌物，用之人道（者）也（者）。〔三六〕其本所由，在於愛敬，自然發於心誠而揚於事業者。

聖人因其自然而輔其性情，爲之節文，而宣以禮物，於是有尊卑親疏之序焉。推而長之，觸類而申之，天地鬼神之事，莫不備矣。古者民人淳朴，(至)〔制〕禮至簡，〔三七〕汙樽抔飲，可以盡懽於君親；蕢桴土鼓，可以致敬於鬼神。將之以誠，雖微物而可重獻之，由心雖蒲質而可薦。此蓋先王制禮之本也。中古損益，教行文質。范金合土而棟(比)〔宇〕之制麗矣，〔三八〕繪采集色而衣裳之度彰矣，比聲諧音而金石之品繁矣。夫簡朴不足以周務，故備物以致用；卑素不足以崇高，故富〔有〕以成業。〔三九〕此又先王用禮之意也。夫尊卑長幼不得而移者也，器服制度有時而變者也。小則凶荒殊典，大則革伏異禮，所以隨用合宜，易民視聽者也。此又先王變禮之旨也。是故王者之興，必先制禮，損益隨時，然後風教從焉。故曰「殷因於夏禮，所損益可知也；周因於殷禮，所損益可知也。」漢興撥亂，日不暇給，禮儀制度闕如也。賈誼曰：「夫立君臣，等上下，使綱紀有序，六親和睦，此非天之所設也。人之〔所爲〕，不修則壞。〔四〇〕宜定制度，興禮樂，(後)〔使〕諸侯軌道，〔四一〕百姓素朴。」乃草具儀，寢而不行。後之學者，董、劉之徒，亦言禮樂之用，而不能詳備其制度。夫政治綱紀之禮，哀樂死葬之節，有異於古矣。而言禮者，必證於古。古不可用，而事各有宜，是以人用其心，而家殊其禮，起而治之，不能紀其得失者，無禮之弊也。曹裒父子，慨然發憤，可謂得其時矣。然裒之所撰，多案古式，建用失宜，異於損益之道，所以廢而不修也。冬十月，幸長安，祠園陵。詔令大將軍憲與車駕會長安。時尚書見憲，皆欲釋仗稱萬歲。尚書令韓稜曰：「枉道事人臣，非所以立身也，且禮無爲人臣稱萬歲之制。」左右皆慚，遂已。十二月，龜茲、姑墨、温宿國皆降，乃以班超爲西域都護，徐幹爲長史，復置戊己校尉。唯焉耆、須尉黎以前殺都護陳睦，不内附。

四年春正月，龜茲王遣子奉獻。三月，司徒袁安薨。是時天子幼弱，外戚擅權，安每朝會，及在朝廷議國家，未嘗不慷慨流涕於言色，自天子及朝中大臣皆倚安。會病薨，朝野痛惜焉。初，安妻早卒，葬鄉里。臨終遺令曰：「備位宰相，當陪山林，不得歸骨舊葬。若母先在祖考墳壟，若鬼神有知，當留供養也；其無知，不煩徙也。」諸子不敢違。子賞車騎校尉，京〔屬〕〔蜀〕郡太守，〔四二〕敞司空；京子湯官至公輔。初，安辟廬江周榮，與語，甚器之，每預大議。及奏論竇憲，憲客徐齮脅之曰：「子爲袁公腹心，排大〔夫〕〔臣〕，〔四三〕竇氏刺客今至矣，子宜備之。」榮曰：「榮乃江淮孤生，蒙先帝大恩，備宰士正，爲竇氏所害，誠所甘心。」常勅妻子，蒼卒遇飛禍，無得殯斂，冀以區區腐身以悟朝廷。」及竇氏敗，榮召爲顯官，至尚書、郡守，有孫曰景，至太尉。四月丁丑，太常丁鴻上封事曰：「臣聞日者陽之精，守實不虧，君之象也；月者陰之精，盈〔數〕〔縮〕有常，〔四四〕臣之表也。故日蝕者，陰陵陽；月盛者，下驕盈也。變不虛生，各以類應。遠觀往古，近察漢興，傾危之禍，靡不由茲。故三桓專魯，陳氏擅齊，六卿分晋，吕族覆漢，哀、平之末，廟不血食，此皆失其權柄，以勢假人者也。故有周公之親，無其德不得行其勢。伏見大將軍竇憲，雖勑身自約，不敢僭差，然天下遠近皆惶怖承旨，小大望風，莫不影從。寵極則驕，驗見於天，雖欲隱諱，神昭垂象。閒者月滿不虧，此大臣驕溢之應也。陛下未悟，故天重見誡，日有蝕之，誠宜畏慎以防其禍也。詩云：『畏天之怒，不敢戲豫。』夫疏巖絶崖之水，由於涓涓；干雲蔽日之木，起於毫末。（有）前事之不忘，〔四五〕後事之明鏡。宜因大變，匡正其失，以塞天意。」上深納之。丙辰，京師地震。是時竇氏驕横，威震海内，其所置樹，皆名都大郡，乘勢賦斂，争相（路）〔賂〕遺，〔四六〕州郡望風，天下騷動，競侵陵小民，掠奪財物，攻亭毆吏，略人婦女，暴虐日甚，百姓苦之。又擅檄緣邊郡突騎善射有（財）〔材〕力者，〔四七〕二千石畏威不敢不送。司徒袁安、太尉任隗及有司數奏劾，皆寢。初，憲女壻射聲郭舉、衛尉鄧疊，母（兄）〔元〕出入禁中，〔四八〕謀圖不軌。上漸覺之，與清河王慶圖其事，使慶求外戚傳，因與中官鄭衆密謀之。衆勸上亟行其誅，上曰：「憲在外，恐變生，不可。」是月，憲還京師，（象由）〔衆白〕太后，〔四九〕帝當謹護璽綬。庚申，上幸北宫，詔公卿百官，使執金吾衛南、北宫。詔收憲大將軍印綬，封憲爲親軍侯；〔五〇〕篤、景、瓌皆就國；郭舉、鄧疊下獄誅。上以太后故，不欲極其獄，乃守憲等，選能相以逼迫之。憲、篤、景皆自殺，宗族免歸本郡。河南尹張酺上疏曰：「臣愚以爲竇氏之事，宜下理官，與天下共平其罪，恐後世不見其事。竇氏盛時，群臣莫不阿附，唯恐在後，皆以憲爲尹、吕，比鄧夫人於文母。及陛下發雷電之怒，皆以爲罪不容誅，何前後之相背也？賴聖朝明達析其中。伏見夏陽侯瓌前爲光禄勳，每與臣相見，常有勵節竭忠庶幾之心，檢敕賓客，未（常）〔嘗〕犯法。〔五一〕臣聞王政有三宥之義，故蔡叔流言，周公原本而誅。臣愚以爲可黜瓌爵關内侯，還京師竭忠，供養比陽主，以優屬垂示厚德。」上感酺言，徙瓌爲長沙侯。於是何敞、班固免歸家。敞子與瓌善，固黨於竇氏也。初，固不教兒子，兒子負固勢，不遵法度，吏民苦之。洛陽令种（競）〔兢〕嘗出，〔五二〕固奴干車（吁）〔訶〕，〔五三〕奴（辭）〔醉〕罵辱（競競）〔兢，兢〕大怒，〔五四〕畏憲，不敢發，心銜之。及憲賓客皆（披）〔被〕繫，〔五五〕兢因此捕繫固，遂死獄中。詔遣責兢，而主者（極）〔抵〕罪。〔五六〕固字孟堅，彪之子也。初，世祖問竇融在西州時，每所上章奏，誰與參之。融對曰：「皆班彪所爲也。」世祖雅聞彪名，將召之。會彪舉茂才，除令，以病免。後應三公之命，輒謝病去。復以司徒掾望都長，〔五七〕所歷二縣皆爲吏民所愛。彪既才高，而專心文史之間。司馬遷著史記，自太初已後闕而不録，其後好事者或頗綴録其〔時〕事（時），〔五八〕然多鄙俗，不足以繼其書。彪乃采前人遺事，旁貫異聞，作後傳數十篇，因斟酌前史而譏正其失。略曰：「唐、虞、三代，詩、書所及，世有史官，以司典籍，至于諸侯，國自有史。故孟子曰『（楚）〔晉〕之乘，〔五九〕（晉）〔楚〕之檮杌，〔六〇〕魯之春秋，其事一也』。定、哀之間，魯君子左丘明論集其文，作左傳三十篇，又撰異同號曰國語二十篇，由是乘、檮杌之事遂闇，而左氏、國語獨彰。又有記録黄帝以來至春秋時帝王、公、侯、卿大夫，號世本，十五篇。春秋之後，七國並争，秦并諸侯，則有戰國策三十二篇。漢定天下，大夫陸賈記録時功，作楚漢春秋九篇。孝武之世，太史令司馬遷采左氏、國語，删世本、戰國策，據楚、漢列國時事，上自黄帝，下訖獲麟，作本紀、世家、列傳、書、表凡百三十篇，而十篇缺焉。遷之所記，從漢元至武帝則紀其功，至其摭經傳，分散數家之事，〔六二〕甚多疏略，務欲以多聞廣博爲功，論議淺而不篤。其論術學，則崇黄、老而薄五經；序貨殖，則輕仁義而羞貧窮；尊游俠，則賤守節而貴俗功，此其大弊傷道，所以遇極刑之咎也。然善述事，辯而不華，質而不野，文質相稱，蓋良史之才也。誠令遷依五經之法言，同聖人之是非，意亦庶幾矣。夫百家之書，猶可法也。若左氏、國語、世本、戰國策、楚漢春秋、太史公書，今之所以知古，後之所由觀前，聖人之耳目也，焉可闕哉！」固九歲能屬文，五經百家之言，無不究覽。其學無常師，又不爲章句，訓詁通而已。性多愛，不以所長傲物，人皆重之。弱冠早孤，固以唐、虞、三代，詩、書所及，世有典籍。故雖堯之盛，必有典、謨之篇，然後冠德百王。漢紹堯運以建帝業，六世史臣乃追述功德，私作本紀，編於百王之末，厠於秦、項之列，太初以後，闕而不録，故采撰前紀，綴集所聞，以述漢書。元起高祖，終于孝平、王莽之誅，十有二世，二百三十年，綜其行事，旁貫五經，上下洽通，凡百篇。未成，明帝初，人有上書言固私改史記者，詔收固京兆獄，悉斂家書封上。是時扶風人蘇朗僞言圖讖事，下獄死。固弟超〔恐固〕爲郡所誣，〔六二〕乃詣闕上書，具陳固著述意，會郡亦封上固書。天子甚奇，徵詣校書部，除蘭臺令史，〔舉睢〕〔與前睢〕陽令陳宗、（故）長陵令尹敏、司隸從事孟異共作世祖本紀及世祖功臣、平林、新市、公孫述二十八篇，〔六三〕奏之。帝廼復使成前書，自永平始，研精積思二十餘年，至建初中，其書乃成。世甚重其書，學者靡不諷誦焉。自爲郎後，遂見親近，賞賜恩寵優渥。章帝好文章，逾益進幸，數入讀書禁中，或連日逮夜。每行巡狩，輒獻上賦頌，朝廷時有大議，令固問難於前，然位不過郎。固雖篤志於學，以述作爲務，然好傅會權寵，以文自通。至於其序事不激詭，不抑亢，贍而不穢，詳而有體，使讀之者亹亹而不厭，亦良史之才也。排死節，否正直，以苟免爲通，傷名教也。史遷之作，皆推之於談。彪經序其謀，略以舉矣，而固盡有功，豈不勝哉！竇氏既廢，天子追覽前議，嘉袁安之忠，知宋由之不正也，乃策免由。秋七月己丑，太尉宋由有罪自殺。八月，司空任隗薨。〔隗〕字仲和，〔六四〕光之子。初，光濟世祖於信都，封〔阿〕陵侯。〔六五〕光薨，隗襲爵。隗好黄、老，清静少欲，以功臣子行異於衆，擢爲（勇）〔虎〕賁中郎將，〔六六〕稍遷九卿三公。隗玄默守直，不求名譽，然内行仁義，世人以此服之，帝亦雅重焉。竇憲之專政，朝臣莫違，隗與袁安屢抗異議，於是天子追思隗忠，擢子屯爲步兵校尉。辛丑，大司農尹睦爲太尉，太傅鄧彪以老病罷，太尉睦代録尚書事。冬十月己亥，宗正劉方爲司空。

五年春正月己亥，大赦天下。辛卯，立皇弟萬歲爲宋王。二月，戊戌，詔有司省内外廐馬及上林池圃，悉以假貧民。甲寅，太傅鄧彪薨。竇氏之專權，彪守己而已。御史中丞周紆，國之司直也，屢忤竇氏，彪〔常〕〔嘗〕以事奏免紆，〔六七〕世以此譏之，然修禮教。〔二月〕戊午，〔六八〕隴西地震。三月庚寅，遣使分行貧民，開倉振廩。夏六月丁酉，郡國雨雹大如雞子。冬十月辛未，太尉尹睦薨。十一月己丑，太僕張酺爲太尉。

六年春正月，永昌夷獻犀象。司徒丁鴻〔薨。鴻〕字孝公，〔六九〕潁川定陵人也。父綝，從世祖征伐有功，封潁陽侯。鴻年十二，事太常桓榮，十六而章句通，布衣荷擔，不遠千里，質問異義，是以能成其名。初，綝從上時，鴻獨與弟盛居，困苦飢寒，〔帝〕〔常〕憐盛，〔七〇〕有委國志。及綝薨，既葬，鴻挂縗絰於冢廬而逃去，留書與盛曰：「鴻貪經書，不顧恩義，生不供養，死不飯唅，皇天先祖，並所不祐，身被大病，上不任爲蕃輔，下不〔言〕〔能〕守土。〔七一〕先上病狀，辭爵封於仲公，章寢不報。謹〔身〕〔自〕放棄，〔七二〕求良醫，如遂不瘳，永歸溝壑。」始鴻與九江人鮑俊友善，俊遇於東海，鴻佯狂不識俊。俊乃止而誚讓之曰：「有昔伯夷、吴札亂世權行，故得申志。漢有舊制，春秋不以家事廢王事，故與衛輒之〔子〕〔立〕。〔七三〕今以兄弟私恩而絶父不滅之基，未可謂智也。」鴻感悟，垂泣歎息，而還就國，教授楊州，稱之。鮑俊亦上書具言鴻至行，明帝甚(言)〔然〕之。〔七四〕詔徵鴻，召見，説文(候)〔侯〕一篇，〔七五〕賜御衣及綬，廩食公車，與博士同禮。頃之，拜侍中，徙封魯陽侯。華嶠曰：論語稱夫子温良恭儉讓以得之，行首乎？故嘗請論之：孔子曰：「太伯其可謂至德也已矣，三以天下讓，民無德而稱焉。」孟子曰：「聞伯夷之風者，貪夫廉，懦夫有立志。」然則太伯出於不苟得，未始有於讓也。是以太伯稱賢人，後之人慕而殉之。夫有殉則激詭生而取與妄矣。(故)〔至〕夫鄧彪、劉愷讓其弟以取義，〔七六〕使弟非服而已享其名，其於義不亦薄乎！又況乎于有國之紀，而使將來者妄舉措哉！古之君子，立言非將以啓天下之方悟者，立行非獨善其身，將以訓乎哉！原丁鴻之心，其本主於忠愛，何其終悟而從義也！以此殆知其殉尚異於數世也。二月乙未，司空劉方爲司徒，太常張奮爲司空。三月丙寅，〔詔三公、二千石〕〔七七〕舉賢良方正，直言極諫之士各一人。六月初伏日，(閑)〔閉〕關。〔七八〕秋七月，京都旱。司空張奮上疏曰：「歲比不登，人食不足，今復旱，秋稼未立，陽氣垂盡，日月迫促。夫國以民爲本，以穀爲命，政之急務，憂之重者也。臣恩尤深厚，受職過任，夙夜憂惶，章奏不能序心，願(封)〔對〕中常侍口陳得失。」〔七九〕上即引見。明日，車駕親幸洛陽寺，省録囚徒，於是大雨三(月)〔日〕。〔八〇〕南單于安國爲左賢王。〔師子〕次當爲單于，〔八一〕時數輕兵出塞，斬獲有功，故國中皆敬師子而不附安國，安國由是內病師子。匈奴降者異時居塞外，數爲師子所掠，故亦怨之。安國乃委計降者，使圖師子。安國既爲（嚴）〔單〕于，〔八二〕師子爲左賢王，覺知安國之謀，乃陰爲之備。每會議事，召師子，輒稱病不往，安國益忿。是時中郎將杜崇使安國，安國心不平，因上書告崇。崇敕西河太守令斷〔其章〕，〔八三〕安國欲自訴不得。而崇與度遼將軍朱徽上言：「南單于安國疏遠舊胡，親近新降，欲殺左賢王師子。宜徵西河、〔安〕定、上郡兵以爲之備。」〔八四〕公卿處議聽崇，遂發郡兵。南單于聞漢兵起，因舉兵〔欲〕誅師子。〔八五〕〔師子〕聞之，〔八六〕悉將衆入曼柏城。單于圍守之，殺傷甚多。於是杜崇、朱徽將兵〔赴之〕，〔八七〕而單于爲其（胥）〔骨〕都侯所殺，〔八八〕師子爲單于。既而天子知杜崇、朱徽之侵擾匈奴也，乃誅崇、徽。

七年春三月，班超發龜茲等八國兵七萬人討焉耆、尉黎二國。超遣人慰諭二國：「欲改過向善者，當遣大人來迎。」焉耆王廣與國中議曰：「先王前殺陳都護，今超都護將大兵來，故且作降重獻遺，令無入國。」北鞬支本匈奴人，舉國敬信之，乃遣奉牛酒迎超。超聞焉耆取信北鞬支，遂反縛，責曰：「汝匈奴侍子，（恃）〔持〕焉耆（擁）〔權〕，〔八九〕今都護來，王不以時迎，皆汝罪也。」（悉）〔欲〕斬之。〔九〇〕或謂超曰：「可便殺。」超曰：「非汝所及。此人權重於王，今未入其國而殺之，（疑）遂令自〔疑〕，〔九一〕設備守險，豈得到其城哉！」因責讓加賞賜遣〔之〕。〔九二〕北鞬支還，曰：「都護不疑我國矣。」廣乃與大人迎超於尉黎，奉上金銀、奴婢、牛馬，超受馬以給軍，餘總悉還之。超到焉耆，去城二十里，〔營〕大澤中。〔九三〕超乃揚聲欲重賜王以下，明日置酒，悉召諸國王。焉耆王廣、尉黎王泥與鞬支等四十一人詣超，其國相腹久等十七人逃，不至。超怒曰：「腹久何故不到，焉耆欲復反邪？」遂叱吏收廣、泥等於都護陳睦故城斬之，更立〔元孟〕爲王。〔九四〕持廣、泥首詣京師，因大縱兵抄掠。超留焉耆半歲，西域遂平。上嘉超，封超爲定遠侯。夏四月辛亥朔，日有蝕之。秋九月辛卯，〔九五〕京都地震。

八年春三月己丑，立皇后陰氏。賜天下男子爵各有差；鰥、寡、孤、獨、貧下不能自存者粟，人五斛。后，原庶侯識曾孫也。祖父永，明帝時爲侍中，親幸左右，異寵。后近，故有異寵。父綱爲屯騎校尉。八月辛酉，令天下死罪減一等，徙邊戍；亡命贖罪各有差。九月，京都蝗蟲。冬十月，北海王〔威〕有罪自殺，〔九六〕國除。十二月丁巳，南宫宣室災。

## 【校勘記】

〔一〕耿秉自〔朔〕方（朔）出塞三（十）〔千〕里　從南監本、龍谿本、學海堂本改。

〔二〕耿秉爲（筭）〔美〕陽侯　從學海堂本改。

〔三〕還〔京〕師（京）　從南監本、龍谿本、學海堂本乙正。

〔四〕益比陽〔湯〕沐邑二千（石）〔户〕　從南監本、龍谿本、學海堂本補改。

〔五〕尚書何（敞）〔敞〕　從南監本、龍谿本、學海堂本改。

〔六〕而（由）〔猶〕爲之者何　從龍谿本、學海堂本改。

〔七〕兄弟（尊）〔專〕朝　從學海堂本改。

〔八〕（況）〔使〕陛下有失教之議　從南監本、龍谿本、學海堂本改。

〔九〕（由）〔猶〕不免於嚴怒　從龍谿本、學海堂本改。

〔一〇〕（秉）〔乘〕憲之勢　從南監本、龍谿本改。

〔一一〕爲憲等所（滅）〔忌〕　從南監本、龍谿本、學海堂本改。

〔一二〕下宜以謙自別　後漢書樂恢列傳作「下以謙自引」。

〔一三〕皆以爲（怨）〔冤〕　從陳璞校改。

〔一四〕事博士焦貺　後漢書樂恢列傳作「焦永」。

〔一五〕後（況）〔貺〕有事被考　從南監本、龍谿本改。上文亦作「貺」。

〔一六〕恢善潁川〔杜〕安（王）　從後漢書樂恢列傳李賢注引華嶠書補、删。

〔一七〕（王）〔安〕上書　從後漢書樂恢列傳李賢注引華嶠書改。

〔一八〕何敞既（傳）〔傅〕濟南　從南監本、龍谿本、學海堂本改。

〔一九〕劉向（日）〔曰〕　從龍谿本、學海堂本改。

〔二〇〕然遠（斤）〔斥〕候　從南監本、龍谿本、學海堂本改。

〔二一〕〔明〕要誓　從後漢書耿弇列傳耿秉附傳補。

〔二二〕（劈）〔剺〕面流血　從龍谿本、學海堂本改。

〔二三〕（常）〔嘗〕以精騎八百〔出塞於金微山斬閼氏名王以下〕　從南監本、龍谿本、學海堂本改補。

〔二四〕自漢軍〔所〕未至　從龍谿本、學海堂本補。

〔二五〕立皇弟惠爲〔濟〕北（海）王……立故淮南（聞）〔頃〕王昞子惻爲常山王　從後漢書和帝紀、孝明八王列傳改。

〔二六〕封竇憲爲武陽侯　後漢書竇憲傳作「冠軍侯」。

〔二七〕千里逾葱嶺　後漢書班超列傳作「數千里逾葱嶺來」。

〔二八〕遠遁（漢）〔漠〕北　從南監本、龍谿本、學海堂本改。

〔二九〕鹿蠡王阿修　阿修，後漢書袁安列傳作「阿佟」。

〔三〇〕（少）〔大司農〕尹睦　從後漢書袁安列傳改。

〔三一〕此誠宣明祖宗餘志之弘勳也　後漢書袁安列傳作「此誠宣明祖宗崇立弘勳也」。

〔三二〕三帝（績）〔積累〕以遺陛下　從南監本、龍谿本、學海堂本改。

〔三三〕空盡（其盧）〔北虜〕　從南監本、龍谿本改。

〔三四〕兵食可（易）〔廢信不可去〕　從南監本、龍谿本、學海堂本改。

〔三五〕夫禮（也）〔者〕　從陳澧校改。

〔三六〕用之人道〔者〕也（者）　從南監本、龍谿本、學海堂本乙正。

〔三七〕（至）〔制〕禮至簡　從南監本、龍谿本、學海堂本改。

〔三八〕棟（比）〔宇〕之制麗矣　從南監本、龍谿本、學海堂本改。

〔三九〕故富〔有〕以成業　從文意補。

〔四〇〕人之〔所爲〕　從南監本、龍谿本、學海堂本補。

〔四一〕（後）〔使〕諸侯軌道　從南監本、龍谿本、學海堂本改。

〔四二〕京（屬）〔蜀〕郡太守　從後漢書袁安列傳改。

〔四三〕排大（夫）〔臣〕　從學海堂本改。

〔四四〕盈（數）〔縮〕有常　從龍谿本改。後漢書丁鴻列傳作「盈毁有常」。

〔四五〕（有）前事之不忘　從龍谿本、學海堂本删。

〔四六〕争相（路）〔賂〕遺　從龍谿本、學海堂本改。

〔四七〕突騎善射有(財)〔材〕力者　從文意改。
〔四八〕母(兄)〔元〕出入禁中　從學海堂本改。
〔四九〕(象由)〔衆白〕太后　從龍谿本、學海堂本改。
〔五〇〕封憲爲親軍侯　親軍侯，後漢書竇憲傳作「冠軍侯」。
〔五一〕未(常)〔嘗〕犯法　從龍谿本改。
〔五二〕洛陽令种(競)〔兢〕嘗出　從後漢書班彪列傳改。
〔五三〕固奴干車(吁)〔訶〕　從龍谿本、學海堂本改。
〔五四〕奴(辭)〔醉〕罵辱(競競)〔兢兢〕大怒　從龍谿本、學海堂本改。
〔五五〕憲賓客皆(披)〔被〕繫　從南監本、龍谿本、學海堂本改。
〔五六〕而主者(極)〔抵〕罪　從學海堂本改。
〔五七〕復以司徒掾望都長　後漢書班彪列傳作「後察司徒掾爲望都長」。
〔五八〕或頗綴録其(時)事(時)　從南監本、龍谿本、學海堂本乙正。
〔五九〕(楚)〔晉〕之乘　從龍谿本、學海堂本改。
〔六〇〕(晉)〔楚〕之檮杌　從龍谿本、學海堂本改。
〔六一〕分散數家之事　數，後漢書班彪列傳作「百」。當作「百」是。

〔六二〕固弟超〔恐固〕爲郡所誣　從後漢書班超列傳補。
〔六三〕（舉睢）〔與前睢〕陽令陳宗（故）長陵令尹敏　從學海堂本、後漢書班彪列傳改。
〔六四〕〔隗〕字仲和　從學海堂本補。
〔六五〕封〔阿〕陵侯　從學海堂本補。
〔六六〕擢爲（勇）〔虎〕賁中郎將　從龍谿本、學海堂本補。
〔六七〕彪（常）〔嘗〕以事奏免紆　從龍谿本、學海堂本改。
〔六八〕（二月）戊午　「二月」重出，逕删。
〔六九〕司徒丁鴻〔薨鴻〕字孝公　從後漢書和帝紀、通鑑卷四十八補。
〔七〇〕（帝）〔常〕憐盛　從龍谿本、學海堂本改。
〔七一〕下不（言）〔能〕守土　從南監本、龍谿本、學海堂本改。
〔七二〕謹（身）〔自〕放棄　從學海堂本改。
〔七三〕故與衛輒之（子）〔立〕　從學海堂本改。
〔七四〕明帝甚（言）〔然〕之　從龍谿本改。學海堂本作「賢之」。
〔七五〕説文（候）〔侯〕一篇　從龍谿本、學海堂本改。
〔七六〕（故）〔至〕夫鄧彪劉愷　從後漢書丁鴻列傳改。

〔七七〕〔詔三公二千石〕從陳澧校補。
〔七八〕（閑）〔閉〕關　從龍谿本、學海堂本改。
〔七九〕願（封）〔對〕中常侍口陳得失　從南監本、龍谿本、學海堂本改。
〔八〇〕大雨三（月）〔日〕　從後漢書張純列傳改。
〔八一〕〔師子〕次當爲單于　從南監本、龍谿本補。
〔八二〕安國既爲（嚴）〔單〕于　從學海堂本改。
〔八三〕令斷〔其章〕　從學海堂本補。
〔八四〕宜徵西河〔安〕定上郡兵　從學海堂本補。
〔八五〕因舉兵〔欲〕誅師子　從龍谿本補。
〔八六〕〔師子〕聞之　從南監本、龍谿本、學海堂本補。
〔八七〕杜崇朱徽將兵〔赴之〕　從學海堂本補。
〔八八〕爲其（胥）〔骨〕都侯　從學海堂本改。
〔八九〕（侍）〔持〕焉耆（擁）〔權〕　從後漢書班超列傳改。
〔九〇〕（悉）〔欲〕斬之　從南監本、龍谿本、學海堂本改。
〔九一〕（疑）遂令自〔疑〕　從學海堂本、後漢書班超列傳改。

〔九二〕加賞賜遺〔之〕　從學海堂本補。

〔九三〕〔營〕大澤中　從後漢書班超列傳補。

〔九四〕更立〔元孟〕爲王　從學海堂本補。

〔九五〕秋九月辛卯　後漢書孝和帝紀作「癸卯」。

〔九六〕北海王〔威〕有罪自殺　從學海堂本補。

# 兩漢紀下　後漢紀

## 孝和皇帝紀下卷第十四

九年春三月癸巳，濟南王康薨，謚曰安王。康不修法度，通賓客，人有上書告「康使中郎將張陽、董臣招來州郡姦猾顏忠、劉子産等案圖書，謀議不軌」。有司舉奏，明帝以至親不忍窮竟，削（視）〔祝〕阿、隰陰、東（胡）〔朝〕陽、安德、西平昌五縣。〔一〕康殖財貨，治宫室，奴婢至千餘人，廄馬千餘疋，田八百餘頃。何敞之爲傅，上疏諫曰：「蓋聞諸侯之義，以制節謹度爲忠，然後能保其社稷，和其民人。昔管仲相齊九合之功，而孔子譏其器小，以奢侈適上，不知禮也。今大王以骨肉之親，享蕃國之尊，當率先天下以爲化首。今國家制度王侯車服章事有其科，不可越也。夫文繁者質枯，木勝則人亡，經傳所載也。且君國者以道德仁義爲營，豈飾宫室充實廄馬爲尊哉？楚作章華，吴興姑蘇卒亡，景公千駟，民無所稱其（劾）〔效〕也。〔二〕如大王數游諸第，出入無節，或涉晨夜，非所以遠防未然，臨深履薄，垂示後〔詞〕〔嗣〕之法也。〔三〕願大王修恭儉，遵古制，以法自治，以禮率下，省奴婢之數，減乘馬之費，以禮起居，則敞之願。藥酒苦於口而利於病，至言逆耳而便於行，惟大王深察愚言。」王甚敬禮而不能改。夏五月，封皇后父陰綱爲〔吴〕防侯。〔四〕綱上疏辭位，以特進侯就第。綱弟鳳、謁爲〔爲〕郎中，〔五〕子軼、政比黄門郎。陰氏自建武以來，緣屬戚之故，世爲卿校，外典禁兵，内侍帷幄，賞賜恩寵，貴重當世。秋七月，蝗蟲飛過京都。閏月辛巳，皇太后竇氏崩。太尉張酺與司空、司徒共上〔奏〕依吕太后故事，〔六〕貶竇太后尊號，勿葬敬陵。百官言之者亦多。上手報酺曰：「禮，臣子無貶〔親〕之義。〔七〕今皇太后家雖不遵法度，然常欲自〔滅〕〔減〕損。〔八〕〔朕〕奉事十年，〔九〕恩不忍虧。案前世上官太后子奉終義從，其忽復議。」丙申，葬章德竇皇后。隴西羌犯塞，執金吾劉尚將三萬騎擊平之。九月庚申，司徒劉方有罪，自殺。初，梁貴人生和帝，竇后以爲己子，養而隱之。貴人者，梁竦女也。永平初，竦兄陵鄉侯松因事徙邊，後詔書聽還本郡，闔門不出，作經書數篇，〔一〇〕名曰七序。班固見而稱之曰：「昔孔子作春秋而〔賊〕〔亂〕臣〔亂〕〔賊〕子懼，〔一一〕梁竦作七序而竊位素〔湌〕〔餐〕者慙。」〔一二〕輕財好施，不〔得〕〔治〕産業。〔一三〕兄嫂舞陰長公主振施諸梁，親疏有序，然猶獨敬異竦，衣裘品物事殊別。竦未嘗獨饗，常與宗族共之。竦少長京師，逮父兄時遊士林，故不樂歸鄉里。雅有大志，每登高望遠，未曾不歎息曰：「大丈夫居世，生當封侯，死當廟食。詩、書足以自娛，州郡之職，但勞人耳。」竦生二男三女，長男棠及翟，長女嫕及二貴人。〔一四〕初，馬太后〔選〕良家女，〔一五〕貴人與姊以選入宮，得幸於帝，生和帝。竦不勝喜，與舞陰長公主（和）〔私〕相（罵）〔慶〕，〔一六〕語泄聞於竇氏。〔竇氏〕欲專名太子外家，〔一七〕心惡梁氏，欲毀（販）〔貶〕之，〔一八〕乃誣以惡逆。詔郡縣考竦，死獄中，家屬〔復徙九真〕。〔一九〕舞陰公主居新野，使者護守之。貴人與姊以憂死，〔葬禮〕有闕。〔二〇〕竇后崩，舞陰公主兄子梁扈遣從兄擅奏記三府曰〔二一〕：「春秋之義，母以子貴，漢家舊典也。今梁貴人親育聖躬，而不蒙尊號。」（補）〔三府〕得記，〔二二〕謝遣擅。太尉張酺獨見擅，具問之，曰：「此公之職而梁氏之福也。」會以蝗飛過（過）〔京〕師，〔二三〕召見對説，固具言擅記，上曰：「意云如酺，不知葬禮有闕也。」對曰：「陵上宜置長史，加祠祭之禮，收録諸舅以明親親。」上復曰：「於義如何？」酺曰：「今春秋之義，漢家有行事，梁、竇並爲名姓，保守河西，以忠獲封。竇憲兄弟不軌，太后謗議，籍籍聞於天下。姓族（死）〔無〕以逾梁氏，〔二四〕加以親外家，誠〔宜〕尊顯。」〔二五〕上曰：「非君孰爲朝廷恩大！〔二六〕家事籍籍，君所知。」上深納酺言，會貴人姊嫕上書曰：「同産女弟貴人，前充後宮，蒙先帝厚恩，得見寵幸。皇天所（壽）〔授〕，〔二七〕誕育陛下。爲竇憲兄弟譖虐，妾父竦冤死牢獄，骸骨不掩，〔老〕母孤弟，〔二八〕遠徙萬里。獨妾遺脱，逃伏草野，常恐没命，無由自達。值陛下神聖之德，統覽萬機。憲兄弟皆已伏誅，海內曠然，各得其所。妾得蘇息，拭目更視，乃敢昧死自陳。妾竊悲死父既冤，不可復生，母年七十，遠在絶域，不知死生。願乞母弟還本郡，收葬竦骨。妾聞文帝既立，薄氏蒙榮；宣帝繼統，史氏復興。妾自悲有薄、史之親，獨不蒙外戚餘恩。」辭甚悲切，上惻然感寤，使中常侍、掖庭令雜訊問，憑辭語證明。甲子，改殯梁貴人于承光宮，追尊爲皇太后，謚曰恭懷，葬于西陵。上乃別見憑，憑具自陳說。上歔欷流涕，留憑宮中，連日不出，賞財物第宅，旬月之間，貲累千萬。憑素有行，遂寵之，加號梁貴夫人；擢獎憑夫調爲羽林佐監。追加謚竦爲〔褒〕親愍侯，〔二九〕遣中謁者迎竦喪于京師，改殯之，賜東園畫棺、玉匣，冢葬於西陵旁，上親臨送。徵竦妻子還京師。（梁）〔宋〕貴人遇竇氏之譖，〔三〇〕葬禮有闕，清河王慶涕泣不敢言，常私祭于室。及梁后改葬，慶乃上書求上貴人冢，詔聽許。悲喜曰：「生雖不得供養，終得奉祭祀，私願畢矣。」太尉張酺上疏乞骸骨，上使中黃門問疾，加以珍羞。酺稱篤，詔曰：「元首不明，黎民困窮，朕與君同其憂責，豈可引退邪？其勿復言。」是時酺子蕃以郎侍講，上復詔蕃曰：「陰陽不調，朝廷望公以爲憂，託病自退，潔己而已，誰當與朕同心者？非所望於公也。」酺惶恐，詣闕謝，因起視事。酺自爲三公，父尚在，酺每還，父輒自田里來。適會歲臘，公卿罷朝，共詣酺父，上酒爲酺壽，極歡移日，當時以爲榮。冬十月癸卯，光祿勳呂蓋爲司徒。十一月丙寅，司空張奮老病致仕。壬申，太僕韓稜爲司（徒）〔空〕。〔三一〕奮在家，上疏曰：「〔孔子曰〕：〔三二〕『安上治民莫善於禮，移風易俗莫善於樂。』又曰：『揖讓而治天下者，禮樂之謂也。』先王之道於斯爲盛。故曰禮樂不興，刑罰不中，民無所措手足。漢既受命，禮樂宜作，圖讖明文（王）若〔是〕。〔三三〕是以先帝聖德遠監，每存禮樂。衆儒不達，多生駭異。臣累世輔位，而漢禮樂未定，誠切以爲憂負。臣犬馬齒盡，誠冀先死及見禮樂之定。」上善之。

十年夏五月，封梁堂爲樂平侯，〔三四〕雍爲乘氏侯，翟爲單父侯，位特進。堂等自九真還，過長沙，迫從竇懷，令自殺。秋九月庚戌，初復廪犧官。冬十二月戊辰，梁王暢薨，謚曰節王。母陰貴人有寵於明帝，暢尤（受辛諸）〔愛幸〕，〔三五〕國土（且）〔租〕入倍於〔諸〕國，〔三六〕章〔帝立〕，〔三七〕緣明〔帝〕意，〔三八〕賞賜（息）〔恩〕寵，〔三九〕務加篤厚，乃封暢舅陰棠爲西陵侯。暢性聰惠，然少驕貴，頗不遵法度。暢常夢見星宿，從官卞忌自言善占夢，又能使六丁神，暢使忌占夢卜筮。又使乳母王禮、侍史李阿與忌祠祭求福，言王當爲天子，暢心喜。永元初，豫州刺史舉奏暢，考訊，辭不（復）〔服〕。〔四〇〕有司請徵暢詣獄，天子以加恩，不忍聽。復奏徙九真，有詔削城武、單父二縣。暢懼，上疏辭謝曰：「臣天性狂愚，少長深宮。從官侍史利臣財物，暢無所照見，與相然諾，不自知陷死罪。自負自悔，無所復及。陛下聖德弘裕，枉法赦臣。上念以負先帝而令陛下收（恥）〔汙〕天下，〔四一〕誠無氣以息，筋骨不相連。臣暢知大貸不可再得，束身不敢復出（是載）〔入〕。〔四二〕。〔乞裁〕食（睦）〔睢〕陽、穀熟、虞、蒙、寧陵五縣，〔四三〕還餘所食四縣。臣暢小妻三十七，願還其無子者。選擇謹勑奴婢三百人，其餘所〔爰〕〔受〕虎賁、官騎、鼓吹、〔倉〕〔蒼〕頭、兵弩、厩馬上還本署。〔四四〕陛下加大恩，開臣自悔之門，假臣小善之路，令天下知臣得去死就生，頗能自悔。若不聽許臣，實無顏以久生，下入黄泉，無以見先帝。」詔曰：「唯王至親之屬，純淑之美，傅相不良，不能防邪，至令有司紛紛彰于内外。〔令至〕〔今王〕深思悔過以自尅責，〔四五〕朕惻然傷之。傳曰：『尅己復禮，天下歸仁。』其安心静意，茂休厥德，强食自愛，其何讓哉！」暢固請，章數十，上卒不許。

十一年春三月，遣使行郡國，水旱災、貧不能自存者廪貸穀食，令山林池澤勿收假税。夏四月丙寅，大赦天下。

十二年春三月，賜天下男子爵，各有差；鰥、寡、孤、獨、不能自存者粟，人三斛；博士弟子布三匹。夏閏四月戊辰，南郡秭歸山崩，壓殺百餘人。秋七月辛亥朔，日有蝕之。初，太尉張酺與司隸晏稱會于朝堂，酺從容謂稱曰：「三府掾史，多非其人。」既罷，稱奏令三府長〔史〕〔吏〕各實其掾史，〔四六〕酺以恨稱。會復共謝，以責稱。稱辭色不順，酺怒，廷叱之。稱乃奏酺以爲怨望。上以酺先帝師，優遊不斷，詔公卿廷議之。司徒呂蓋以爲酺知公門有儀，不屏氣鞠躬，而作色大言，不可示四方。乃策免酺曰：「詩云：『節彼南山，惟石巖巖。赫赫師尹，民具爾瞻。』今君在位八年于茲，康哉之歌既無聞焉，而於兩觀之下有醜慢之音，傷南山之體，虧穆穆之風，將何以宣示四方儀刑百寮？履霜知冰，朕甚〔懼〕焉。〔四七〕君其上太尉〔印〕綬。〔四八〕君自取之，靡有後言。」九月，太尉張酺策免歸里舍，謝（遺）〔遣〕門生，〔四九〕闔門不通賓客。中郎將敞等多言酺公直中正，不宜久棄草廬，上亦雅重之。數年，復以酺爲光禄勳。丙辰，〔五〇〕大司農張禹爲太尉。（東）〔冬〕，〔五一〕西域蒙奇、兜勒二國内屬。

十三年秋九月，詔曰：「水旱不節，蝗螟茲生，令天下田租皆半入，被災者除之。貧民受貸種食，皆勿收責。」冬十月，〔五二〕安息國獻師子、大雀。班超上書求代，曰：「臣聞太公封齊，五世葬周，故狐死首丘，代馬依風。夫周、齊同在中土千里之間爾，況於萬里絶域，小臣能無依風首丘之思哉？蠻夷畏壯侮老，自其天性。臣犬馬齒殲，常恐奄忽僵仆，孤魂棄捐。臣義不營私，竊恐後世以臣爲没西域。〔臣〕不敢望到酒泉郡，〔五三〕但願生入玉門關，以示邊境，威外〔夷〕。〔五四〕臣老病衰困，冒死瞽言，謹先遣子勇隨獻物入塞。以臣生在，令勇見中土。」超妹昭，（擢）〔懼〕超〕遂死於邊，〔五五〕上書曰：「妾同産兄西域都護超捐軀爲國，以功自效，賴陛下神靈，得待罪沙（漢）〔漠〕，〔五六〕至今積三十年矣。骨肉妻子，生不復相識。時人士衆，皆已死亡。超年至七十，衰老被病，扶杖而行，雖（以）〔欲〕竭盡其力，〔五七〕以報大恩，迫於歲暮，犬馬齒盡。蠻夷之性，悖逆侮老，恐開姦宄之源，生逆亂之心。而公卿大夫咸懷一切，而莫肯遠慮。如有卒暴，超之氣力不能從心，即恐上損國家累世之功，下棄忠臣竭力之用，以榮爲辱，誠可痛也。故超萬里歸誠，自陳苦急，延頸逾望，三年于茲。超有書與妾生訣，恐不復相見。妾誠〔復〕〔傷〕超以壯年竭力忠孝於沙漠，〔五八〕罷老則使捐棄于〔擴〕〔曠〕野，〔五九〕誠可哀憐。如不蒙救護，超後有一旦之變，〔異〕〔冀〕幸超家得蒙趙母、衛姬先請之貸。」〔六〇〕書奏，上感其言，乃徵超還，以校尉任尚代超。超到，拜射聲校尉，數月薨。朝廷愍惜之，賵贈甚多。子勇，復有功西域。初，尚與超書曰：「君侯在外國三十餘年，而小人猥承君後，任重慮淺，宜有以誨之。」超曰：「任君數當大位，豈班超所能及哉！必不得已，願進愚言。塞外吏士，本非孝子順孫，皆以過補屯部；蠻夷獸心，難養易動。今君性嚴急，清水無大魚。將軍宜寬小過，總大綱而已。」尚私謂所親曰：「我以班君當贈以奇策，今所云平平耳。」尚後竟遭邊禍，如超所言。袁宏曰：古之有天下者，非欲制御之也，貴在安靜之。故修己〔而〕〔無〕求於物，〔六一〕治內不務於外，自小至大，自近及遠，樹之有本，枝之有葉。故郊畿固而九服寧，中國實而四夷賓。夫唐、虞之盛，德澤之濃，正朔所及，五千〔里〕而已。〔六二〕自此以外，羈縻而弗有也。三代建國，弗動遠略。岐、邠、江、淮之間，習其故俗；朔野遼海之域，戎服不改。然而冕旒端委，南面稱王；君臣泰然，不以區宇爲狹也。故能天下乂安，享國長久。至于秦、漢，開其土宇，方于三五之宅，故以數倍矣。然顧瞻天下，未厭其心，乃復西通諸國，東略海外。故地廣而威刑不制，境遠而風化不同，禍亂薦臻，豈不斯失！當世之主，好爲身後之名，有爲之人，非能守其貧賤，故域外之事興，儌倖之人至矣。夫聖人爲治貴英才，安天下資群才，故儌倖之人，王制之所去也。班超之功非不可奇也，未有以益中國，正足以復四夷，故王道所不取也。戊辰，司徒呂蓋老病致仕。十二月丁丑，光禄勳魯恭爲司徒。恭字仲康，右扶風平陵人也。父武陵太守，卒官時恭年十二，弟丕年七歲，晝夜號泣，哀動路人。郡吏贈送，一皆不受，處喪如禮，鄉里奇之。年十五，與弟俱居太學，詣博士受業，閉門講誦，不隨儔黨，兄弟知名，爲學者所宗。扶風數以禮請，謝而不應，母强遣之，不得已而去，同業隨之者前後盈路。恭乃始爲新豐教授，以丕年小，欲就其名，常託病不仕。及丕舉方正，乃始爲郡吏，辟太尉掾，遷中牟令。民李勉爲母所言，恭召就責問，因爲陳父母恩德，勉慙悔返。恭爲政，專以德化，不任刑罰。〔敕令〕亭長（勑令）還牛，〔六三〕亭長不還，如是者三，遂不還。恭涕泣曰：「德化不行也。」欲解印綬去。掾吏涕泣，因爭，亭長即還牛，詣獄受罪，恭貰出不問。於是吏民敬信，皆不忍欺。是時天嘗蝗，獨不入中牟界。河南尹袁安恐有不實，使部掾肥親案行之，皆如所言。恭隨親行阡陌，坐桑下，雉過止其側。旁有小兒，親曰：「兒何不擊雉？」小兒曰：「雉方將雛雛。」親默然而起曰：「今來考君之短耳。蟲不犯境，此一異也；化及鳥獸，此二異也；豎子有仁心，此三異也。府掾久留，但擾賢〔者耳〕。」〔六四〕因還府以狀白安，安美其治。是年嘉禾生縣庭中，安具以狀上。詔舉賢良方正，恭薦中牟人王方，天子徵方，公車禮之，與公卿舉賢者同。上即位，徵爲博士、侍中。車馬每出郊廟，恭常陪乘。上顧問之，語及政治，有便於民者，無所隱諱。

十四年春二月，修西海郡。三月戊辰，上臨辟雍，(亭)〔饗〕射，〔六五〕大赦天下。夏六月，封中常侍鄭衆爲列侯，賞討竇氏之謀也。衆，南陽人。明帝時以謹慎事太子家，章帝即位，爲中常侍。竇憲專權，内外嵦附，衆獨不交結，一心王室。竇氏既誅，遷大長秋，天子常與謀國事。閹官專權，自衆始焉。辛卯，皇后陰氏廢。初，后與外祖母鄧祀呪詛。〔六六〕詔中常侍張禎、〔六七〕尚書陳褒於掖庭窮治其獄。父綱自殺，兄軼等徙合浦，母及后二姨母徙日南。祀等内外親，皆免歸本郡。冬十月辛卯，立皇后鄧氏。后，鄧訓女也。訓閨庭甚嚴，諸子進見，未嘗賜席；至於后，事無大小每輒咨之。弟邠曰：「平生不與諸男語，今豈年衰邪？」訓曰：「我不〔衰〕。〔六八〕是女(也)雖小，〔六九〕諸兒無及者，必有益於我家。」是以奇之。初，鄧禹佐命，位冠諸臣，常言曰：「我常將百萬衆，秋毫不犯，未嘗妄殺一人，子孫必當大興。」訓嘗爲謁者，治石臼河，甚有方，活數千人，謂弟邠曰：「吾聞活千人者有封子孫，豈其然乎！」訓生五男三女：長男隲，次京，次悝，次弘，次閶；長女燕，次綏，即后也，次容。后年五歲，祖母爲翦髮，老人目冥，并中后額，忍痛不言，一額盡傷。左右怪而問之，后曰：「太夫人慈恩爲斷髮，難，傷老人意，故忍之耳。」后姊燕早卒，有遺腹女娥在襁褓，后年十二，傷娥早孤，躬自養撫，由爲閨門所敬。與叔父郃及諸兄語，常問祖父禹爲布衣佐命時事。郃（苟）〔爲〕説結髮殖業，〔七〇〕著名鄉閭，遭世〔祖〕龍飛，〔七一〕（興）杖策歸（得）〔德〕，〔七二〕征伐四方，天下大定。功成之後，閨門自守，事寡姊盡禮敬〔訓〕，〔七三〕子孫〔有〕法。〔七四〕遭光武皇帝憂，悲哀吐血，因發病薨。后未嘗不歎息流涕，言立德之苦，乃至於斯。後通論〔語〕，〔七五〕志在經書，不問家事。后母非之，曰：「女人書足注疏通一孝經而已，今不務女工，長大寧舉博士邪？」后不欲重違母意，晝則修女工，夜則讀經傳，宗族皆號曰「諸生」。初，相工蘇大（偏）〔徧〕相家人，〔七六〕至后，大驚曰：「此成湯之骨法也，貴不可言。」室家乃竊喜而不（數）〔敢〕傳。〔七七〕后長七尺二寸，年十六，以選入掖庭爲貴人。承事陰后，夙夜兢兢，撫接同列，常克己以下之，遂有寵。每疾，上輒令母兄入視醫藥，不拘以日數。后輒言：「外家久在省中，令陛下有私妾之譏，下令妾被内顧不知足之謗。上下有損，誠不願也。」上曰：「他人以數入爲榮，而鄧貴人反爲憂，誠難及也。」諸貴人競自修飾，后獨衣不求綵裳，令侍者齎羸衣。設與陰氏同服，即時解易，不欲同服，避正（統）〔適〕也。〔七八〕上乃歎曰：「修德之苦，乃如是也。」上每訪問政事，謙退不敢對，欲令陰后得進，不獲已，然後塞所問。陰后短小，舉止時失儀，左右掩口而笑。后獨愴然不樂，爲之隱諱，若己之失。及與陰后進止，不敢正立，坐則爲之傴。所以苦心曲體，勞謙甚至，上愈重之。后每當進見，輒以疾退。御左右常爲上言，繼嗣不多，當普施恩惠，以獲子孫。發言懇惻，形于顏色。陰后素妬，見寵甚，多設方巧欲以危后。上嘗病，陰后曰：「我得意之後，皆當夷滅之。」后恐舉宗受禍，流涕曰：「竭節以事陰后，可謂至矣，竟不爲所祐，而當獲罪於天，無相禱。婦人雖無從死之節，然越姬有必死之志，上可以報上厚恩，次可解宗親之禍，下不令陰氏有人豕之譏。」即欲飲藥。會宮人救止，因詐言屬有來者，陛下病以差。信以爲然，故止。其後宮人告陰后巫（蟲）〔蠱〕事，〔七九〕后涕泣救護，無所不至。自陰后之廢，上歎曰：「聖后之尊，與帝同體，承宗廟，母天下，誰能當之？唯鄧貴人德冠後（廷）〔庭〕，〔八〇〕爲能光之耳。」初，陰后時諸家四時貢獻，以奢侈相高，器物皆飾以金銀。后不好玩弄，珠玉之物，不過於目。諸家歲時裁供紙墨，通殷勤而已。（後）〔后〕自入（官）〔宮〕後，〔八一〕遂博覽五經，百家圖讖無不畢覽，善易及陰陽占候希有者。上每欲官秩后諸兄，輒推誠固讓，自抑爲務，故隲終帝世不過虎賁中郎將。隲虎賁郎時，京、悝、弘、閶黄門郎。京早卒，贈以騎尉印綬。丁酉，司空韓稜薨，大司農徐防爲司空。

稜字伯師，潁川舞陽人。幼失父母，與孤弟居，壯大，推家財數百萬與從昆弟，鄉里高之。仕（郡）至〔郡〕功曹，〔八二〕太守葛興疾，錯亂，稜輔助經年，政令無闕。興子嘗出教轉吏，稜封還不聽，訟書以稜掩蔽興疾，專郡事，不得復爲吏。後解禁（綱）〔錮〕，〔八三〕辟司空府，稍遷至尚書令。在機密，數有忠言，進用良吏。章帝以稜憂國忘家，夙夜匪懈，數賞賜之。是時郅壽、陳寵俱爲尚書，皆以才能見重，帝賞三人寶劍，手自題其名：韓稜「龍泉」，郅壽「漢文」，陳寵「鍜成」。論者以爲稜淵深有謀，故得「龍泉」；壽含章明達，故得「漢文」；寵敦朴內濟，故得「鍜成」。防字謁卿，沛國銍人也。矜嚴有容貌，初爲郎，明帝見而異之，擢爲尚書郎。在臺閣十餘年，未嘗有過，稍遷至少府、大司農。憂勤於(衆)〔政〕事，〔八四〕所在著名跡。

十五年春二月，出廩貸郡國被災貧民，各有差。夏四月甲子晦，日有蝕之。冬十月戊申，行幸章陵，祠舊宅園廟。戊午，行幸雲夢。是時廣陵人王渙爲洛陽令，治有異迹。初，渙遊俠尚氣，晚節好儒術。爲治修名責實，抑强扶弱，并官職，吏輒兼書佐，小史無事，皆令讀孝經。病卒官，百姓無老幼皆叩心泣涕相賦斂，爲祭者數千人。渙喪當還鄉里新安道以西，道旁往往會聚設祭。吏問其故，盛言平常到洛爲吏卒所抄奪，王君到洛不復侵擾，故欲報恩。後民思其德，爲立祠安陽亭西，每有酒食，輒弦歌薦之。

十六年二月，以兗、豫、徐、冀民穀不登，(三)遣〔二〕府掾分行貧民，〔八五〕勸民盡地利，貧無所耕者爲顧。〔八六〕夏，客星入紫微宮。秋七月辛酉，司徒魯恭策免。庚午，光禄勳張酺爲司徒。八月己酉，司徒張酺薨。酺病困，敕其子曰：「顯節陵埽地露祭，欲率天下以儉也。吾爲三公，不能使從制，豈可犯之乎？無起祠堂，露祭而已。」上聞酺薨，愍焉縞素，即賜以印綬冢塋，恩寵隆加於相。酺字孟侯，汝南細陽人。永平中，崇尚儒術學，自皇太子諸王侯及臣子弟莫不受經，又爲外戚樊氏、郭氏、馬氏諸子弟立學，號曰「四姓小侯」，置五經師。酺以明經充焉。除廣平郎中，每朝會進見，輒講於上前，辭義高亮，音動左右。上新即位，應在（祠）朝廷，〔八七〕（爲）出爲外郡，〔八八〕內不自得，上疏願留左右。上不聽，賜錢三十萬，亟發之官。酺雖儒者，剛而有斷，下車擢用賢俊，挫擊豪强，旬月之間，郡中肅然。酺既出，上見諸王師傅，曰：「東郡太守張酺，講授畢，輒諫正，誾誾〔惻惻〕。〔八九〕時有小善，稱之不已。忠言蹇蹇，有史魚之風。」初，賈逵明古學，曹襃制漢禮，酺常非之。及爲太尉，上疏陳其不可，書五奏，上知酺守學不通，寢其奏者。十月辛卯，司空徐防爲司徒，大鴻臚陳寵爲司空。徵鉅鹿太守魏霸爲將作大匠。霸，濟陰人也。少失父母，兄弟同居數十年，妻子數執勤苦，動則推讓。爲（群）〔郡〕，〔九〇〕妻子不之官。霸以兄嫂勤而已獨榮樂，常衣布蔬食，敕妻子親之耕蠶，與兄弟子姪同勞逸。爲〔政〕寬恕而已，〔九一〕不求備於一人。掾吏有過，輒私責改；不改，休罷之，終不暴揚其惡。吏有相（讚）〔譖〕者，〔九二〕輒歎息曰：「某甲，賢者也。不及人短，太守以是重之。」其人慚責自引退。郡中化之，皆和睦。後拜太常，以病致仕，爲光祿大夫。霸妻死，長兄伯爲霸取妻，送至官舍。霸笑曰：「年老，兒子備具，何養他家婦邪？」自入拜其妻曰：「夫人視老夫何空中直，而空遠來使計？」〔九三〕義不相屈。即拜而出，妻慚求去，遂送還之。匈奴北單于遣使奉獻。

元興元年春三月，〔九四〕追爵謚皇后父鄧訓爲平壽敬侯。司空陳寵以非舊典也，太尉張酺、太尉張禹、司徒徐防以爲宜封。争之連日，乃從禹、防議，由是虎賁中郎將有恨寵。夏四月，封鄧禹、馮魴後爲列侯。丙午，〔九五〕大赦天下。五月癸酉，扶風雍地震。十二月辛未，帝崩于嘉德殿。〔九六〕初，數失皇太子，養於民間，群臣無知者，莫不惶懼，鄧后乃收皇太子於民間。皇子勝長，有疾。皇子隆生百餘日，后養之。太后乃引兄等定策禁中，立隆爲皇太子，是日即皇帝位，太后攝朝。賜天下男子爵，各有差；鰥、寡、孤、獨、篤癃不能自存者者粟，人三斛。封皇子勝爲平原王。詔曰：「昔唐、虞之盛，猶待四輔；周文之寧，實在多士；漢興，舊制咸宜，保傅並建左右，以參聽斷，太尉禹三世在位，黄髮罔僭。司徒防竭力致身，先帝嘉之。其以禹爲太傅，防爲太尉，參録尚書事，百官總己以聽政。」初，郡國定符瑞八十餘品，和帝恐虛妄，抑而不宣。

## 【校勘記】

〔一〕削〔視〕〔祝〕阿隰陰東〔胡〕〔朝〕陽安德西平昌五縣　從學海堂本、後漢書光武十王列傳改。

〔二〕民無所稱其〔効〕〔效〕　從龍谿本、學海堂本改。

〔三〕垂示後〔詞〕〔嗣〕之法也　從南監本、龍谿本、學海堂本改。

〔四〕陰綱爲〔吴〕防侯　從後漢書陰識列傳補。

〔五〕鳳謁爲（爲）郎中　從龍谿本删。

〔六〕共上〔奏〕依吕太后故事　從後漢書皇后紀補。

〔七〕臣子無貶〔親〕之義　從南監本、龍谿本、學海堂本補。

〔八〕然常欲自（滅）〔減〕損　從南監本、龍谿本、學海堂本改。

〔九〕〔朕〕奉事十年　從後漢書皇后紀補。

〔一〇〕作經書數篇　陳璞校云「經字疑衍」。

〔一一〕而（賊）〔亂〕臣（亂）〔賊〕子懼　從南監本、龍谿本改。

〔一二〕竊位素（湌）〔餐〕者慙　從龍谿本改。

〔一三〕不（得）〔治〕産業　從南監本、龍谿本改。

〔一四〕長女憑　憑，南監本、龍谿本作「嫕」。

〔一五〕馬太后〔選〕良家女　從陳澧校補。

〔一六〕與舞陰長公主（和）〔私〕相（罵）〔慶〕　從龍谿本、學海堂本改。

〔一七〕〔竇氏〕欲專名太子外家　從南監本、龍谿本、學海堂本補。

〔一八〕欲毁（販）〔貶〕之　從龍谿本、學海堂本改。

〔一九〕家屬〔復徙九真〕　從後漢書梁統列傳補。

〔二〇〕〔葬禮〕有闕　從龍谿本、學海堂本補。

〔二一〕從兄擅奏記三府　擅，後漢書梁統列傳作「禮」。

〔二二〕（補）〔三府〕得記　從龍谿本、學海堂本改。

〔二三〕蝗飛過（過）〔京〕師　從南監本、龍谿本、學海堂本改。

〔二四〕姓族（死）〔無〕以逾梁氏　從學海堂本改。

〔二五〕誠〔宜〕尊顯　從南監本、龍谿本、學海堂本補。

〔二六〕非君孰爲朝廷恩大　後漢書梁統列傳作「非君孰爲朕思之」。

〔二七〕皇天所（壽）〔授〕　從龍谿本、學海堂本改。

〔二八〕〔老〕母孤弟　從後漢書梁統列傳補。

〔二九〕謚竦爲〔褒〕親愍侯　從後漢書梁統列傳補。

〔三〇〕（梁）〔宋〕貴人　從學海堂本改。

〔三一〕韓稜爲司（徒）〔空〕　從學海堂本改。

〔三二〕〔孔子曰〕　從後漢書張純列傳補。

〔三三〕圖讖明文（王）若〔是〕　從南監本、龍谿本、學海堂本改。

〔三四〕封梁堂爲樂平侯　梁堂，後漢書梁統傳作「梁棠」。

〔三五〕暢尤（受辛諸）〔愛幸〕　從南監本、龍谿本、學海堂本改。

〔三六〕國土（且）〔租〕入倍於〔諸〕國　從南監本、龍谿本、學海堂本改。

〔三七〕章〔帝立〕　從南監本、龍谿本、學海堂本補。

〔三八〕緣明〔帝〕意　從南監本、龍谿本、學海堂本補。

〔三九〕賞賜（息）〔恩〕寵　從南監本、龍谿本、學海堂本改。

〔四〇〕辭不（復）〔服〕　從南監本、龍谿本、學海堂本改。

〔四一〕而令陛下收（耻）〔汙〕天下　從後漢書孝明八王列傳改。

〔四二〕不敢復出（是載）〔入〕　從南監本、龍谿本、學海堂本改。

〔四三〕〔乞裁〕食（睦）〔睢〕陽　從南監本、龍谿本、學海堂本改。

〔四四〕所（爰）〔受〕虎賁官騎鼓吹（倉）〔蒼〕頭　從南監本、龍谿本、學海堂本改。

〔四五〕（令至）〔今王〕深思悔過　從南監本、龍谿本、學海堂本改。

〔四六〕三府長（史）〔吏〕　從南監本、龍谿本改。

〔四七〕朕甚〔懼〕焉　從南監本、龍谿本、學海堂本補。

〔四八〕其上太尉〔印〕綬　從南監本、龍谿本補。

〔四九〕謝(遺)〔遺〕門生　從南監本、龍谿本、學海堂本改。

〔五〇〕丙辰　後漢書孝和帝紀作「丙寅」。

〔五一〕(東)〔冬〕　從南監本、龍谿本改。

〔五二〕冬十月　後漢書孝和帝紀作「冬十一月」。

〔五三〕〔臣〕不敢望到酒泉郡　從後漢書班超列傳補。

〔五四〕威外〔夷〕　從南監本、龍谿本、學海堂本補。

〔五五〕(擢)〔懼超〕遂死於邊　從南監本、龍谿本、學海堂本改。

〔五六〕待罪沙(漠)〔漠〕　從南監本、龍谿本、學海堂本改。

〔五七〕雖(以)〔欲〕竭盡其力　從後漢書班超列傳改。

〔五八〕妾誠(復)〔傷〕超　從南監本、龍谿本、學海堂本改。

〔五九〕棄于(擴)〔曠〕野　從南監本、龍谿本、學海堂本改。

〔六〇〕(異)〔冀〕幸超家　從南監本、龍谿本、學海堂本改。

〔六一〕故修己(而)〔無〕求於物　從南監本、龍谿本、學海堂本改。

〔六二〕五千〔里〕而已　從陳璞校改。

〔六三〕〔敕令〕亭長(勑令)還牛　從龍谿本、學海堂本乙正。

〔六四〕但擾賢〔者耳〕　從後漢書魯恭列傳補。

〔六五〕（亭）〔饗〕射　從學海堂本改。

〔六六〕外祖母鄧祀　鄧祀，後漢書皇后紀作「鄧朱」。

〔六七〕中常侍張禎　張禎，後漢書皇后紀作「張慎」。

〔六八〕我不〔衰〕　從南監本、龍谿本、學海堂本補。

〔六九〕是女（也）雖小　從學海堂本删。

〔七〇〕邠（苟）〔爲〕説結髮殖業　從南監本、龍谿本、學海堂本改。

〔七一〕遭世〔祖〕龍飛　從南監本、龍谿本、學海堂本補。

〔七二〕（興）杖策歸（得）〔德〕　從南監本、龍谿本、學海堂本改。

〔七三〕盡禮敬〔訓〕　從南監本、龍谿本、學海堂本補。

〔七四〕子孫〔有〕法　從南監本、龍谿本、學海堂本補。

〔七五〕後通論〔語〕　從南監本、龍谿本、學海堂本補。

〔七六〕相工蘇大（偏）〔徧〕相家人　從南監本、龍谿本、學海堂本改。

〔七七〕而不（數）〔敢〕傳　從南監本、龍谿本、學海堂本改。

〔七八〕避正（統）〔適〕也　從南監本、龍谿本、學海堂本改。

〔七九〕陰后巫（蟲）〔蠱〕事　從南監本、龍谿本、學海堂本改。

〔八〇〕德冠後（廷）〔庭〕　從龍谿本改。

〔八一〕（後）〔后〕自入（官）〔宮〕後　從南監本、龍谿本改。

〔八二〕仕（郡）至〔郡〕功曹　從後漢書韓稜列傳乙正。

〔八三〕後解禁（綱）〔錮〕　從後漢書韓稜列傳改。

〔八四〕憂勤於（衆）〔政〕事　從龍谿本改。

〔八五〕（三）遣〔三〕府　從學海堂本改。

〔八六〕爲顧　後漢書孝和帝紀作「爲雇犁牛直」。

〔八七〕應在（祠）朝廷　「祠」衍，逕删。

〔八八〕（爲）出爲外郡　「爲」衍，逕删。

〔八九〕闓闓〔惻惻〕　從後漢書張酺列傳補。

〔九〇〕爲（群）〔郡〕　從南監本、龍谿本、學海堂本改。

〔九一〕爲〔政〕寬恕　從學海堂本補。

〔九二〕吏有相（讚）〔譖〕者　從南監本、龍谿本改。

〔九三〕夫人視老夫何空中直而空遠來使計　東觀漢記作「夫人視老夫復何中而遂失計」。

〔九四〕春三月　龍谿本作「春二月」。

〔九五〕丙午　後漢書孝和帝紀作「庚午」。

〔九六〕帝崩于嘉德殿　嘉德殿，後漢書孝和帝紀作「章德前殿」。

# 兩漢紀下　後漢紀

## 孝殤皇帝紀卷第十五

延平元年春正月癸卯，光禄勳梁鮪爲司徒。三月甲申，葬孝和皇帝于(順)〔慎〕陵。〔一〕初，(是)〔賜〕周、馮貴人歸園。〔二〕太后詔曰：「朕與貴人託配后庭，十有餘年。上天不弔，先帝早棄天下，孤心煢煢，無所瞻仰。貴人當以舊(歸)典分〔歸外〕園(外)，〔三〕相戀之情，感增悲歎，燕燕之詩，曷能喻焉？其賜貴人〔王〕青蓋車，〔采飾輅〕驂馬各一〔駟〕，〔四〕黄金四十斤，雜綵三千匹。」初，和帝宮人吉成，成御者(志)〔恚〕恨成，〔五〕乃爲桐人書太后姓字埋之，事下掖庭考驗，皆以吉成所爲。太后獨念吉成我待之有恩，雖下賤猶人託賴，上在時〔未〕嘗(未)聞有惡言，〔六〕今我遇過於平常，何緣生此，不合人情。即自呼見，反覆實(劾)〔覈〕，〔七〕果其御者所爲。夏四月，虎賁中郎將鄧隲爲車騎將軍。初，隲與同郡袁良爲布衣之交，及隲當路，欲延良共議世事，良謝而絶之。司空陳寵薨。寵字昭公，沛國(佼)〔洨〕人也。〔八〕曾祖父咸，成、哀間以律令爲尚書，常誡子曰：「爲人議法，當依於輕，雖有百金之利，慎無案人也。」王莽之誅何武、鮑宣，咸乃歎曰：「易稱『君子見機而作，不俟終日』。吾可逝矣。」即乞骸骨。莽篡位，召咸爲掌寇大夫，謝病不肯應。時咸三子皆在位，乃悉令去官，父子相與歸田，歛家中律令文書壁藏之。寵父躬，復以律令爲廷尉監。寵少習家法，辟（太尉）〔司徒〕鮑昱府。〔九〕是時三府掾屬以不肯親事爲高，專務交游。寵嘗以事君之義當供所職，以佐政治，何得但出入養虛。故獨勤心於事，數爲昱陳當世治化。昱高其能，使掌天下獄訟，所平決無不壓伏。寵以律訟多錯，不良吏得生因緣，致〔輕〕重，〔一〇〕乃爲撰科條辭訟比例，使事類相從，以塞姦源，其後公府奉以爲法。寵雖傳文法，然兼通經籍，奏議溫邃，號爲名相。子忠，字伯〔始〕，〔一一〕傳家業才能，甚有聲譽。五月辛卯，大赦天下。壬辰，河東（恒）〔垣〕山崩。〔一二〕六月丁未，太常尹勤爲司空。詔曰：「自夏已來，陰雨過節，思惟愆失，深自克責。新遭大憂，接以未和，徹膳擯服，庶有益焉。其減太官、上方諸服御靡麗難成之物。」丁卯，詔免掖庭宮人六百餘人，皆爲庶人。尚敏上疏，陳興廣學校曰：「臣聞五經所以治學爲人，（三）〔五〕經不修，〔一三〕世道陵遲，學校不弘，則人名行不廣。故秦以坑儒而滅，漢以崇學而興，〔所〕以（苟）〔罔〕羅天下，〔一四〕（絶）〔統〕理陰陽，〔一五〕彌綸治道，而示民軌則也。光武中興，修（膳）〔繕〕太學，〔一六〕博士得（其）〔具〕五人，〔一七〕五經各叙其義，故能化澤沾洽，天下和平。自頃以來，五經頗廢，後進之士，趣於〔交〕〔文〕俗，〔一八〕宿儒舊學，無與傳業。是俗吏繁熾，儒生寡少。其在京師，不務經學，競於人事，爭於貨賄。太學之中，不聞談論之聲；從横之下，不覩講説之士。臣恐五經、六藝浸以陵遲，儒林學肆於是廢失。所以制御四夷者，以有道德仁義也。傳曰：『王者之臣，其實師也。』言其道德可師也。今百官伐閲，皆以通經爲名，無一人能稱。孔子曰：『無而爲有，虛而爲盈，難乎有恒矣。』自今官人，宜令取經學者，公府孝廉皆應詔，則人心專一，風化可淳也。」於是詔曰：「易稱『天垂象，聖人則之』。又云『聖人之情見於辭』。然則文章之作，將以幽讚神明，變暢萬物。秦燔詩書，禮毀樂崩。大漢之興，拾而弘之。至乎元康、五鳳之間，英豪四集，文章焕炳，六經之學，于斯爲盛。自頃已來，學者怠惰，遂以陵遲，宜令公卿、中二千石各舉隱逸大儒碩德高操，以勸後進。」初，陳留李充三徵不至，由是徵充爲博士，俄遷侍中。〔軍〕〔車〕騎將軍鄧隲屈己禮之，〔一九〕嘗設酒饌請充及朝大夫，酒酣，隲曰：「幸得託椒房，位上將，幕府初開，欲延天下英俊，君其〔未〕〔以〕聞。」〔二〇〕充曰：「將軍誠能招延俊乂，以光本朝，不爲難矣，但患不爲耳。」因説海内隱士，頗不合。隲舉胬〔啖〕充，〔二一〕曰：「君宜及温食之。」充受胬擲地，曰：「説士之樂甘於啖胬！」遂拂衣而出。侍中張孟諫曰〔二二〕：「聞足下面折鄧將軍以〔護〕〔讜〕言，〔二三〕責之過矣，非所以光祚子孫，誠不爲足下取此。」充曰：「大丈夫居世，貴行其志耳。『我躬不閔，遑恤我後』，何能爲子孫計！」由是不爲權貴所容。遷左中郎將，年八十三，後爲三老、五更，天子賜机杖，訪以國政。秋七月辛亥，〔二四〕帝崩崇德殿。初，清河王慶子（祐）〔祜〕生而有神光、赤虵之異，〔二五〕年十歲，善史書，喜經傳。和帝甚器之，號（日請）〔曰「諸生」〕，〔二六〕賞賜恩寵異於諸子。和帝崩，殤帝在抱，太后詔留清河邸以爲儲副。及殤帝崩，群臣皆爲屬意平原王勝。太后以前不立勝，恐爲患，與車騎將軍隲、虎賁中郎將悝等定策禁中。其夜，使〔隲〕持節以青〔蓋〕車（蓋以）迎（祐）〔祜〕於清河邸，〔二七〕癸丑，立爲長安侯。太后詔曰：「先帝聖德淑茂，早棄天下。朕撫育幼帝，日月有望，遭家不造，仍罹凶禍。朕惟平原王素被錮疾，念宗廟之重，思繼嗣之統，長安侯（祐）〔祜〕稟性忠孝，〔二八〕小心翼翼，年已十三，嶷然有成人之體，禮：『昆弟之子，猶子也。』其以（祐）〔祜〕爲孝和皇帝嗣，即皇帝位。」自延平初，鄧隲兄弟常在禁中，至是乃就第。丙寅，葬孝殤皇帝于康陵。己亥，隕石於陳留。冬，西域諸國反，都護任（上）尚〔上〕書求救，〔二九〕遣騎都尉班雄、校尉梁慬將五千人出塞。會尚自疏勒還，與慬共保龜茲，溫宿、姑墨二國將數萬人圍慬月餘。慬擊破之，斬首數萬級，道不通，慬遂留龜茲。初，西域自武帝時始通三十（大）〔六〕國，〔三〇〕其俗頗率著城郭田畜，地在匈奴之西，烏孫之南。〔南〕北有（太）〔大〕山，〔三一〕中央有河，東西六（十）〔千〕餘里，〔三二〕東則接漢，阸以玉門、陽關。出西域有兩道：從鄯善傍南山北（渡）〔陂〕河西行至莎車，爲南道；南道西逾葱嶺則出大月氏、安息。〔自〕車師前王庭隨北山，〔三三〕陂河西行至疏勒，爲北道；北道西逾葱嶺則出大宛、康〔居〕、奄蔡焉（耆）。〔三四〕匈奴强盛，常屬役匈奴。宣帝神爵中，漢置西域都護，王莽時數遣五威（德）〔將〕軍出西域。〔三五〕（覃）〔車〕師諸國貧困，〔三六〕由是故叛。而諸都護李宗抄暴南道，〔三七〕（攻）〔改〕其國號，〔三八〕以疏勒爲世善，姑墨爲積善，或易置王侯，於是西域與中國遂絶。和帝永元中，西域都護班超遣掾甘英臨大海而還，具言葱嶺西諸國地形風俗，而班勇亦見記其事，或與前史〔異〕，〔三九〕然近以審矣。自燉煌西出玉門、陽關，涉鄯善，通伊吾五千里，自伊吾通車師前部高昌壁，北通後部五百里，是匈奴、西域之門也。〔四〇〕伊吾地宜五穀、桑麻、蒲萄。其北有柳中，皆膏腴之地。故與匈奴争車師、伊吾（虚）之地，〔四一〕以制西域。故自鄯善國治驢泥城，去洛陽七千一百里。北通車師前、後王及（車）〔東〕且彌、（旱）〔卑〕陸、蒲類、（條）〔移〕支是爲車師六國，〔四二〕北與匈奴接。前部西通〔焉〕耆北道，〔四三〕後部西通烏孫。漢欲隔絶西域、匈奴，必得車師，屯田伊吾。焉耆治河南城，〔四四〕去洛陽八千二百里，東南與山離國接。其餘危須、尉黎、龜兹、姑墨、温宿、疏勒、休修、大宛、康居、大月氏、安息、大秦、烏弋、罽賓、莎車、于闐、且彌諸國轉相通，是（秦）爲西域。〔四五〕大月（城）〔氏〕去洛陽萬六千三百七十里，〔四六〕其東南數千里通天竺，天竺一名身毒，俗與月氏同，臨大水，西通大秦。從月氏南至西海，東至盤越國，皆身毒地。又有別城數十置王，〔四七〕而皆總名身毒。〔氏〕〔其〕俗修浮圖，〔四八〕道不伐殺，弱而畏戰。本傳曰：西域〔郭〕〔國〕俗造浮圖，〔四九〕本佛道，故大國之衆內數萬，小國〔數〕千，〔五〇〕而終不相兼并。及內屬之後，漢之姦猾與無行好利者屏守其中，至東京時，作謀茲生，〔五一〕轉相吞滅，習俗不可不慎，所以動之哉。西域之遠者，安息國也，去洛陽二萬五千里。北與康居，南與烏弋、山離相接，其地方數〔百〕〔千里〕。〔五二〕西至條支，馬行六〔千〕〔十〕日，〔五三〕臨海，暑熱卑〔溫〕〔濕〕，〔五四〕出師子、犀牛、犎牛、孔雀、〔大雀，大雀〕卵大如瓮，〔五五〕與西海接。自安息西關西至阿蠻國三千四百里。自阿蠻西至斯賓國，渡河西南至于羅國有九百六十里，安息西界極〔矣〕。〔五六〕其南乘海，乃通大秦，或數月歲云。〔五七〕大秦國一名黎軒，在海西，漢使皆自烏弋還，莫能通條支者。甘英踰懸度、烏弋山離抵條支，臨大海，欲渡，人謂英曰：「〔漢〕〔海〕廣大，〔五八〕水鹹苦不可食。往來者逢善風，時三月而渡；如風遲，則三歲，故入海者皆齎三歲糧。海中善使人思土戀慕，數有死亡者。」英聞之乃止，具問其土風俗。大秦地方數千〔里〕，〔五九〕四百餘城。小國役屬者數〔千戶〕〔十。石〕爲城郭，〔六〇〕〔別〕〔列〕置郵亭，〔六一〕皆堊塈之。有松柏諸木百草。民俗力田作，種植樹蠶桑。國〔土〕〔王〕髡頭而衣文繡，〔六二〕乘輜軿白蓋〔山中〕〔小車〕，〔六三〕出入擊鼓，有旌旗旛幟。起宮室，以水精爲柱及餘食器。王所治城周環百餘里，王有五宮，各相去十里。平旦至一宮聽事，止宿；明旦復至一宮；五日一遍而復還。常使一人持囊隨王車，民欲有言事者即以書投囊中。王至宮，散省分理其枉直，各有官曹。又置三十六相，〔六四〕皆會乃議事。王無常人，國中有災異，風〔雨〕不時（節），〔六五〕輒放去之，而更求賢人以爲王，〔受放〕者終無怨。〔六六〕多金、銀、真珠、珊瑚、琥魄、琉璃、金縷罽繡、雜色綾、塗布。又有細布，或言水羊毛、野蠶繭所作。會諸香煎以爲蘇合。凡外國諸珍異皆出焉。以金〔銀爲錢〕，〔六七〕銀錢十當金錢一。與天竺、安息交市於海中，其利十倍。其民質直，市無二價。穀食常賤，國内富饒。鄰國使到其界首者，乘驛詣王都，至則廩以金錢。及安帝元初中，日南塞外檀國獻幻人，能變化吐火，自支解，又善跳丸，能跳十丸。其人曰：「我海西人。」則是大秦也。自交州外塞檀國，諸蠻夷相通也；又有一道與益州塞外通大秦。人皆麤長大平正，若中國人，故云外國之大秦，而其（中）國常自言是〔中〕國一別。〔六八〕其王常欲通使於漢奉貢獻，而安息欲以漢繒綵與之交市，故遮不得令通。及桓帝建初中，王安都遣使者奉獻象牙、犀角、瑇瑁，〔六九〕始一通焉。其長老或傳言：「其國西有弱水，近日入所矣。」又云：「從安息陸道繞海北行出〔海〕西至大（海）〔秦〕，〔七〇〕人相連屬，十里一亭，三十里一（署）〔置〕，〔七一〕終無盜賊驚，〔七二〕而有猛虎、師子遮食行者，不有百餘人，齎（其）〔兵〕器，〔七三〕輒害之，不得過。」又言：「旁國渡海飛橋數百里。」所出奇異玉石諸物，多譎怪不經，故不述云，西南極矣。山離還，自條支東北通烏弋山離，可百餘日行。而烏弋山離、罽賓、莎車、于窴、寧彌諸國相接，遠者去洛陽二萬一千里，近者萬餘里焉。十二月甲子，清河王慶薨，謚曰孝王。慶善爲威容，進止可觀，自被廢黜，常居慎，密在宫省，語不及外。和帝爲太子，與慶相親，入則共室，出則同輿。及即位，政之大小與慶議之。慶逾益畏慎，夙夜戰慄，每當朝會，輒服候。且常謂左右曰：「我誠一國王，車馬器物亦足已矣。」內以論議，外與説左右，其一絶名此，皆此類也。初，宋貴人冢上無祠堂，慶每露祭，未嘗不流涕。和、殤二帝崩，慶常居倚廬，哭泣哀慟，遂以發病。病困，謂舅宋衍曰：「清河〔上〕〔土〕地下濕，〔一四〕欲乞骸骨於貴人冢傍，下棺而已。朝廷大恩，猶當有屋宇，子母并食，魂靈不暴露，死復何恨！」乃上書求葬於樊濯中貴人冢旁，不聽。慶將薨，歎曰：「不惜死也，但恨不見上爲貴人報讎耳。」因泣不能自勝，左右皆流涕。既薨，使司空持節護喪事，賜龍旗九旒，虎賁百人，儀比東海恭王。分清河封慶小子爲廣川王。

【校勘記】

〔一〕（順）〔慎〕陵　從後漢書孝殤帝紀改。李賢注：「在洛陽東南三十里。俗本作『順』者，誤。」

〔二〕初（是）〔賜〕周馮貴人歸園　從南監本、龍谿本、學海堂本改。

〔三〕當以舊（歸）典分〔歸外〕園（外）　從學海堂本、後漢書皇后紀改。

〔四〕其賜貴人〔王〕青蓋車〔采飾輅〕驂馬各一〔駟〕　從後漢書皇后紀補。

〔五〕成御者（志）〔恚〕恨成　從文意改。後漢書皇后紀「御者共枉吉成以巫蠱事」句可證。

〔六〕上在時〔未〕嘗（未）聞有惡言　從龍谿本、學海堂本乙正。

〔七〕反覆實（劾）〔覈〕　從後漢書皇后紀改。

〔八〕沛國（佼）〔洨〕人也　從南監本、後漢書陳寵列傳改。

〔九〕辟（太尉）〔司徒〕鮑昱府　從後漢書陳寵列傳改。按鮑昱爲太尉在辟陳寵後。

〔一〇〕致〔輕〕重　從學海堂本補。

〔一一〕字伯〔始〕　從後漢書陳寵列傳補。

〔一二〕河東（恒）〔垣〕山崩　從後漢書孝殤帝紀改。鈕永建校云：河東、恒山幾及千里，地不相及，當依范書作「河東垣山」爲正。

〔一三〕（三）〔五〕經不修　從南監本、龍谿本、學海堂本改。

〔一四〕〔所〕以（苟）〔罔〕羅天下　從南監本、龍谿本、學海堂本改。

〔一五〕（絶）〔統〕理陰陽　從南監本、龍谿本、學海堂本改。

〔一六〕修（膳）〔繕〕太學　從南監本、龍谿本、學海堂本改。

〔一七〕博士得（其）〔具〕五人　從南監本、龍谿本、學海堂本改。

〔一八〕趣於〔交〕〔文〕俗　從南監本、龍谿本、學海堂本改。

〔一九〕〔軍〕〔車〕騎將軍　從南監本、龍谿本、學海堂本改。

〔二〇〕君其〔未〕〔以〕聞　從學海堂本改。

〔二一〕隲舉禽〔唉〕充　從陳璞校、後漢書獨行列傳補。

〔二二〕張孟諫曰　張孟，後漢書獨行傳作「張孟舉」。

〔二三〕折鄧將軍以〔護〕〔讜〕言　從南監本、龍谿本、學海堂本改。

〔二四〕秋七月辛亥　後漢書孝殤帝紀作「八月」。

〔二五〕清河王慶子〔祐〕〔祜〕　從後漢書孝安帝紀改。

〔二六〕號〔日請〕〔曰諸生〕　從學海堂本改。

〔二七〕使〔隲〕持節以青〔蓋〕車〔蓋以〕迎〔祐〕〔祜〕於清河邸　從南監本、龍谿本、學海堂本、後漢書孝安帝紀改。

〔二八〕長安侯〔祐〕〔祜〕　從後漢書孝安帝紀改。通鑑胡注亦作「祜」。下改同。

〔二九〕都護任〔上〕尚〔上〕書求救　從龍谿本、學海堂本改。

〔三〇〕始通三十〔大〕〔六〕國　從龍谿本、學海堂本改。

〔三一〕〔南〕北有〔太〕〔大〕山　從學海堂本改。

〔三二〕東西六（十）〔千〕餘里　從學海堂本改。
〔三三〕（自）車師前王庭　從後漢書西域傳補。
〔三四〕大宛康〔居〕奄蔡焉（者）　從後漢書西域傳補改。
〔三五〕數遣五威（德）〔將〕軍　從漢書西域傳改。
〔三六〕（覃）〔車〕師諸國貧困　從南監本、龍谿本、學海堂本改。
〔三七〕李宗　漢書西域傳作「李崇」。
〔三八〕（攻）〔改〕其國號　從龍谿本、學海堂本改。
〔三九〕或與前史〔異〕　從龍谿本、學海堂本補。
〔四〇〕是匈奴西域之門也　漢書西域傳無「匈奴」二字。
〔四一〕車師伊吾（虛）之地　虛，從後漢書西域傳删。或疑作「盧」。
〔四二〕車師前後王及（車）〔東〕且彌（旱）〔卑〕陸蒲類（條）〔移〕支　從後漢書西域傳改。
〔四三〕通〔焉〕耆北道　從漢書西域傳補。
〔四四〕治河南城　後漢書西域傳作「治南河城」。
〔四五〕是（秦）爲西域　「秦」衍，逕删。
〔四六〕大月（城）〔氏〕　從學海堂本改。

〔四七〕又有別城數十置王　後漢書西域傳作「數百」。
〔四八〕(氏)〔其〕俗修浮圖　從南監本、龍谿本、學海堂本改。
〔四九〕西域(郭)〔國〕俗造浮圖　從陳璞校改。
〔五〇〕小國〔數〕千　從南監本、龍谿本、學海堂本補。
〔五一〕作謀茲生　茲，陳璞校云「當作滋」。
〔五二〕其地方數(百)〔千里〕　從後漢書西域傳改。
〔五三〕馬行六(千)〔十〕日　從學海堂本改。
〔五四〕暑熱卑(温)〔濕〕　從後漢書西域傳改。
〔五五〕孔雀〔大雀大雀〕卵大如瓮　從後漢書西域傳補。
〔五六〕安息西界極〔矣〕　從學海堂本、後漢書西域傳補。
〔五七〕或數月歲云　龍谿本作「或數歲月云」。
〔五八〕(漢)〔海〕廣大　從學海堂本改。
〔五九〕大秦地方數千〔里〕　從後漢書西域傳補。
〔六〇〕役屬者數(千户)〔十石〕爲城郭　從學海堂本、後漢書西域傳改。
〔六一〕(别)〔列〕置郵亭　從後漢書西域傳改。

〔六二〕國(土)〔王〕髡頭而衣文繡　從龍谿本、學海堂本改。

〔六三〕乘輜軿白蓋(山中)〔小車〕　從龍谿本、學海堂本改。

〔六四〕又置三十六相　相，後漢書西域傳作「將」。

〔六五〕風〔雨〕不時(節)　從後漢書西域傳補刪。

〔六六〕〔受放〕者終無怨　從後漢書西域傳補。

〔六七〕以金〔銀爲錢〕　從學海堂本補。

〔六八〕而其(中)國常自言是〔中〕國一別　從文意改。三國志烏丸鮮卑東夷傳裴注引魏略西戎傳作「自云本中國一別也」可證。

〔六九〕及桓帝建初中王安都遣使者奉獻象牙犀角瑇瑁　後漢書西域傳作「至桓帝延熹九年，大秦王安敦遣使自日南徼外獻象牙、犀角、瑇瑁」。

〔七〇〕北行出〔海〕西至大(海)〔秦〕　從後漢書西域傳補改。

〔七一〕三十里一(署)〔置〕　從後漢書西域傳改。李賢注云：「置，驛也。」

〔七二〕終無盜賊驚　驚，疑作「警」。後漢書西域傳作「終無盜賊寇警」。

〔七三〕齎(其)〔兵〕器　從後漢書西域傳改。

〔七四〕清河(上)〔土〕地下濕　從南監本、龍谿本、學海堂本改。

# 兩漢紀下　後漢紀

## 孝安皇帝紀上卷第十六

永初元年春正月癸酉，大赦天下。青、兖、豫、徐、冀、并六州民飢。三月癸酉，日有蝕之。詔公卿舉賢良方正、能直言極諫者各一人。夏四月，太傅張禹爲安鄉侯，太尉徐防爲龍節侯，司空尹勤爲傅亭侯，車騎將軍鄧隲爲上蔡侯，城門校尉悝爲（業）〔葉〕侯，〔一〕虎賁中郎將弘爲西平侯，黄門郎閶爲西華侯，食邑各萬户。隲奉節親迎，增封三千户。隲逃避使者，詣闕上疏固辭，乃許。五月戊寅，熒惑逆行守心。〔二〕本志以爲後周章謀廢帝之應也。立壽光侯（並）〔普〕爲北海王。〔三〕甲戌，長樂衛尉魯恭爲司徒。是時詔書令得案驗薄罪，〔四〕恭上疏諫曰：「詔書憂萬（人）〔民〕，〔五〕而郡國（記）〔託〕言勞來貧民，〔六〕多爲煩擾，逮證一人有疑罪，（近）〔延〕及良人數十人，〔七〕上逆時氣，妨廢農功。案易消息：四月乾卦用事，經曰『乾以美利利天下』，又曰『時乘六龍以御天』；五月姤卦用事，經曰『后以施命誥四方』。君以夏至之日止四方行者，助陰氣也，況於逮召考掠擾百姓哉！月令『孟夏斷薄刑』，謂正罪不欲令久繫，不謂可考正罪法也。故出輕繫，明不欲拘之也。月令，周世所造，而所據皆夏之時也，所變者唯正朔、衣裳、犧牲、徽號、器械而已，不可變易者也。易曰：『潛龍勿用。』言十一月、十二月也。又曰：『馴致其道，至堅冰也。』言五月微陰起，至十一月堅冰至也。十一月，中孚曰：『君子以議獄緩死。』可令疑罪皆詳議其法。大辟之罪，極盡冬月乃斷其獄。其立春在十二月中者，勿以報囚。」詔從之。爵太后鄧氏母〔爲〕新野君。〔八〕西羌叛，車騎將軍鄧隲率師擊之。是時水雨屢降，災虐並生，百姓飢饉，盜賊群起，於是策免太尉防、司空勤，太傅禹稱疾告退。丙戌，〔詔〕死罪以下及亡命贖罪，〔九〕各有差。庚寅，太傅張禹爲太尉，太常周章爲司空。十月，倭國遣使奉獻。初，上立非大臣意也，司空周章謀誅鄧隲兄弟，廢太后及上，立平原王爲帝，事發覺。十一月丁亥，司空周章有罪自殺，潁川太守張敏爲司空。十二月，郡國十八地震。李固曰：「地者陰也，法當安靜。今乃越陰之職，專陽之政，故應以震動，太后攝政之應也。」〔遣〕騎都尉王（仁）〔弘〕將兵迎（悝）〔憧〕，〔一〇〕將吏還入塞，遂棄西（城）〔域〕，〔一一〕都護任尚抵罪。

二年春，京師旱，太后親幸洛陽獄省罪囚繫。夏四月甲寅，濮陽（阿）城中失火，〔一二〕燒殺三千餘人。冬十一月，車騎將軍鄧隲與羌戰平襄，羌詐降，既而復叛，侵掠邊郡，吏民死者無數，并、涼遂虛。十二月，徵車騎將軍鄧隲還京師，遣使者迎拜隲爲大將軍，詔大鴻臚親迎，中常侍郊勞，以乘馬、束帛。於是悝爲執金吾，弘爲屯騎校尉，閶爲(捕)〔步〕兵校尉、郎中。〔一三〕潁川杜根與同署郎共諫太后不宜久攝政，太后怒，以絹囊盛根於殿撲殺之，其諫者皆以被撲(矣)〔死〕。〔一四〕根先知，召司撲者陰共爲意，乃使執撲者不加力。既畢，皆載出城外，根以撲輕得免，逃竄宜城山中爲酒家傭。積十年餘，酒家知其賢，常厚遇之。及鄧太后崩，天子知根等忠，普告天下，使錄其子孫。根乃自出，公車徵，轉遷至濟陰太守，以德讓爲政，移風易俗。是歲，郡國十地震。〔一五〕

三年春正月庚子，皇帝加元服。大赦天下。賜公卿已下天下男子爵，各有差。騎都尉任仁將兵討涼州。〔一六〕三月，京都飢，人相食。癸巳，〔一七〕司徒魯恭以災異策罷。恭再爲宰相，掾屬至卿大夫者數十人。恭門下耆生或望恭爲之論議，恭曰：「學之不講，是吾憂也，不有鄉舉乎？」終無所言。學者受業，必躬核問難，道成然後謝遣之。學者曰：「魯公謝與議論，不可虛得也。」謙退不伐有善，終不自顯，是以在位不以亮直稱。自爲三公，常稱病不視事，上輒遣小黃門問疾，喻令强起者數矣。至是遂稱疾篤，賜錢二十萬，年八十餘，終於家。賜至厚，以兩子爲郎。弟丕，字叔陵，以篤學質直稱，仕至侍中、三老。章帝初，對策曰：「政莫先於從民之所欲，除民之所惡，先教後刑，先近後遠。君爲陽，臣爲陰；君子爲陽，小人爲陰；京師爲陽，諸夏爲陰；男爲陽，女爲陰；樂和爲陽，憂苦爲陰。各得其所則和調，精誠之所發，無不感浹。吏多不良，在於賤德而貴功，欲速莫能修長久之道。古者貢士，得其人者有慶，不得其人者有讓，是以舉者務力行。選舉不實，咎在刺史、二千石。書曰：『天工，人其代之。』觀人之道，幼則觀其孝順而好學，長則觀其慈愛而能教。設難以觀其謀，煩事以觀其治。窮則觀其所守，達則觀其所施。此所以核之也。民多貧困者急，急則致寒，寒則萬物多不成，去本就末，奢所致也。制度明則民用足，刑罰不中則於名不正。正名之道所以明上下之稱，班爵號之制，定卿大夫之位也。獄訟不息，在爭奪之心不絕。法者，民之儀表也，法正則民慤。吏民凋弊所從久矣，不求其本，浸以益甚。吏政多欲速。又州官秩卑而任重，競爲小功，以求進取，生凋弊之俗。救弊莫若忠，故孔子曰：『孝慈則忠。』治姦詭之道，必明慎刑罰。孔子曰：『導之以禮樂，而民和睦，（悦）以犯難，〔一八〕民忘其死。』死且忘之，況使爲禮義乎！」丕後爲青州刺史，遷拜趙相，門徒數百人，吏民愛之。趙王嘗欲避疾，便時止於學（官）〔宮〕，〔一九〕丕不聽。王上書自言。詔下丕，丕上言曰：「禮，諸侯薨於（露）〔路〕寢，〔二〇〕大夫卒於適室，死生有命，本無偏旁可避者。學宮傳先王之禮樂，教化之處，不宜妨塞之。」詔書從之。丕每論難，稱曰：「經者傳先師之言，非從己出，不可相讓；相讓則道不明，若規矩權衡之不可枉也。難者必明其據，說者務（力）〔立〕其義，〔二一〕浮華無用之言不陳於前，故精不勞而道術逾彰也。」夏四月丙寅，大鴻臚夏勤爲司徒。以用度不足，令吏人入錢穀爲關內侯。以上林、廣城苑可墾闢者與貧民。五月丙申，立樂安侯子延平爲清河王。六月，烏桓寇代郡。秋七月，太后有疾，左右請禱，以人爲代。太后聞之怒，即勑掖庭令「何故有此不祥之言？自今已後祀，但謝過而已，不得復有此言」。冬十月，南單于擅叛，行車騎將軍、大司馬何熙將兵征擅，擅降。十二月辛酉，郡國九地震。有星孛于天苑。

四年春二月，匈奴寇常山。於時西北有事，民飢，國用不足，大將軍鄧隲欲棄涼州，專務北邊，曰：「譬家人衣壞，取一以相補，猶有所完。若不如此，將兩無所保。」公卿皆以爲然。郎中虞詡說太尉張禹曰〔三〕：「若大將軍之策，不可者三。」禹曰：「奈何？」詡曰：「先帝開土闢境，而今棄之，此不可一也。棄涼州即以三輔爲塞，園陵單外，此不可二也。諺曰：『關西出將，關東出相。』烈士武臣出涼州，土風壯猛，便習兵事。今羌、胡所以不過三輔爲腹心之害者，以涼州在其後也。涼州士民所以推鋒執鋭，蒙矢石於行陣，不避危亡，父死於前，子戰於後，無反顧之心者，爲臣屬於漢也。今推而捐之，割而棄之，庶人安土，不肯遷徙，必引領而怨曰：『中國棄我於夷狄。』雖赴義從善之人，不能無怨恨，卒然起謀以圖不軌，因天下之飢弊，乘海內之虛弱，豪傑相聚，量才（五）〔立〕帥，〔三〕驅氐、羌以爲前鋒，席卷而東，雖賁、育爲卒，太公爲將，猶不能當。如此則函谷以西園陵舊京非復漢有，此不可三也。議者喻以補衣猶有所完，詡恐疽食浸淫而無限極也。」禹曰：「意不及此，微君大計幾敗。然則計將安出？」詡曰：「所憂與明公異。恐涼州一旦有囂、述之變，宜且羅其雄傑，收其冠帶，引其牧守子弟於朝，令諸府各辟數人，外以勸其勤，內以散其謀。計之長者。」從之。俄而詡遷朝歌長。時朝歌多盜賊，連年不解，親舊皆勞弔之，曰：「得朝歌，(何)〔可〕哀也。」〔二四〕詡笑曰：「難者不避，易者(不)必從，〔二五〕臣之節也。不遇盤根錯節，無以別堅利。此乃吾立功之秋，怪吾子以此相勞也。」詡謁河內太守馬稜，稜曰：「君儒者，當謀謨廟堂，乃在朝歌，甚爲君憂之。」詡曰：「此賊犬羊相聚，以求溫飽耳，明府(未)〔無〕以爲憂。」〔二六〕稜曰：「何以言之？」對曰：「賊去敖倉不過百里，不知取以爲糧，青、冀流人前後連屬，不知略以爲衆，出入河山，守阨塞，此爲斷天下之右臂。今則不然，此無大計之效也。」於是詡悉罷戍兵而設方略，即時皆平。乙亥，詔曰：「自建初元年徙邊者各歸本郡，沒入爲官奴婢者免爲庶人。」三月，西羌寇漢中。戊子，杜陵園火。夏四月丁丑，大赦天下。新野君有疾，太后與上親幸其第，宿止連日，太尉張禹、司徒夏勤、司空張敏固諫，乃還。甲戌，新野君薨，太后制齊縗、上緦麻。贈送之禮，一依東海恭王，司空持節護喪事，隲等皆棄官行服。服除，有司奏隲等復輔政，固請乃止，非朝廷大議(未掌)〔不聞〕。〔二七〕元初中，悝、弘、閶並卒，〔二八〕未大歛，天子並封爵，太后輒不許。太后、上制服新野君，贈賵甚厚，使九卿護喪事。悝子廣宗襲爵爲(業)〔葉〕侯，〔二九〕弘子廣德爲西平侯，封京子寶爲安陽侯，閶子鳳爲侍中。初，都護任尚致鳳馬，及尚坐事，檻車徵，鳳懼其及己，私屬中郎馬融宜在臺閣。事發覺，鳳先自首，閶乃髡妻及鳳，上疏謝罪。新野君薨後，太后(崩)〔諒闇〕，〔三〇〕上見白首者未嘗不流涕，宗族耆老皆加親禮，讀書至「孝子事親喪親之禮」，常廢書噓欷。太后久執朝政，從〔子〕樂安侯康内懼盛滿，〔三一〕數上書諫，宜崇公室，挹損私權，言甚切至。太后怒，康廼託病不朝，太后使家舊〔婢〕往問之。〔三二〕初，外給使以宮中婢年長者爲中(夫)〔大〕人，〔三三〕因自以通，康曰：「汝非我家婢也，何自謂中(夫)〔大〕人？」〔三四〕婢聞之怒，因言託病不遜，遂免康官，遣歸國，絶康屬籍。

五年春正月庚辰朔，日有蝕之。本志以爲：正旦，王者聽朝之日也。是時太后攝政，天子守虛位，不得行其號令，蓋陽不克之象也。乙巳，〔三五〕太尉張禹以災異策罷。閏月戊戌，詔〔三公卿士〕舉賢良方正、〔三六〕能直言極諫之士各一人，及至孝與衆卓異者。冬，謁者劉珍上言曰：「竊見永平初虎賁中郎將梁松言皇太后宜入廟與陛下交獻，以彰至孝之心。孝明皇帝務遵經典，使公卿博士議，時太傅鄧禹奏宜如松言，光烈皇后於是入廟。惟皇太后聖德通靈，與神合契，宜入宗廟，如光烈皇后故事，率禮復古，垂示萬代。」事下公卿，僉曰宜如珍言。

六年春正月甲寅，皇太后初親祭於宗廟，與皇帝交獻，大臣命婦相禮儀。夏四月乙亥，司空張敏以久病策罷，太常劉愷爲司空。五月丙寅，群吏復秩賜爵有差。丁卯，封鄧禹、馮異等（後）九人〔後〕爲列侯。〔三七〕六月辛巳，大赦天下。丙申，河東水變色，皆赤如血。本志以爲鄧太后攝政之應也。

七年春，郡國十八地震。夏四月丙申晦，日有蝕之。

元初元年春正月甲子，賜天下男子爵，各有差；鰥、寡、篤癃、不能自存者粟，人三斛；貞婦人帛一匹。三月己卯，〔三八〕日南地坼，長一百餘里。夏四月丁酉，大赦天下。詔三公、卿士舉敦厚質直各一人。九月辛未，大司農司馬苞爲太尉。冬十月（戊十）〔戊子〕朔，〔三九〕日有蝕之。是歲，郡國十五地震。高句麗王宮數寇幽部。是歲，宮死，玄菟太守姚光上言，欲因其喪，發遼東、樂浪三郡兵出擊之。議者以爲可許，尚書陳忠曰：「前者宮桀惡，光不能討。今自死，宜遣使者弔問，因責讓宮時所犯，告以赦令，不加誅責，取其後善。」從之，句麗由是服焉。

二年春，以郡國被災，賑粟貧民。自上即位，至于是年，頻有水旱之災，百姓飢饉，每歲遣使者開倉廩，賑飢民。三月癸亥，京都大風拔樹。夏四月丙午，立皇后閻氏。河南滎陽人，暢之女也。暢有五男二女：長男顯，及術、景、曜、昆；長女迎，次姬，即后也。以選入掖庭爲貴人，有寵，立爲皇后。暢爲長水校尉。太尉司馬苞薨。秋七月，西羌犯境，右扶風〔仲光〕（太守种暠）、（南）安〔定〕太守杜（佐）〔恢〕擊之，〔四〇〕皆被害。九月壬午晦，日有蝕之。冬十月，〔中〕郎將任尚將兵屯三輔，〔四一〕懷令虞詡説尚曰：「使君奉國威靈，討捕叛羌，兵出已久而未有伏誅者，三州屯兵二十萬，民棄農桑，户無聊生，於此上聞，誠竊危之。」尚曰：「憂惶久矣，不知所出。」詡曰：「兵法：弱不攻强，走不（遂）〔逐〕飛，〔四二〕自然之勢也。今虜皆騎，馬尤良，一日之間行數百里，來如風雨，去如絶絃，以步追之，勢不相及，故所以曠日而無功也。爲君計者，莫如罷諸郡兵，令二十人共市一馬，民出數千錢得免介冑，去行伍。以萬騎之衆逐數千之虜，追尾掩截，其道自窮。便民利事，大功必立。」尚從之，大破羌戎，餘種悉降。上問何從發此計，尚表之受於懷令，虞詡由是知名。詡有將帥之任，乃遷武都太守。羌數千人於陳倉、殽谷欲遮道擊詡，詡乃宣言上書請兵，兵至（及）〔乃〕發。〔四三〕虜聞之，將謂實然，乃晨夜進道。時冬月多雪，使騾驢居首，人隨其後，日行百五六十里。勑吏士人作兩竈，日增之。或問曰：「孫臏減竈而君增之。兵法日行三十里而戒不虞，今日且二百里。何也？」詡曰：「虜多吾少，勢不相敵，緩行即爲虜所及，故兼道取疾，若舌之避齒耳。虜見吾竈多，謂（群）〔郡〕兵來迎，〔四四〕追吾必遲。孫臏見弱，吾欲見强，勢固不同也。」詡既到郡，兵不滿三千人，虜衆萬餘人攻赤亭。詡便出戰，勑曰：「吾言强弩發。」於是小弩先發，虜以爲弩力極，不能至，即皆解（施）〔弛〕。〔四五〕乃使强弩射之，發無不中。虜前行潰，乘勝追之，殺百餘人。詡謂掾吏曰：「何如？」皆謝曰：「所不及。」明日，令從東郭門出，北郭門入，貿易衣服，四轉無已。虜不知其數，謀將退。詡乃分數百兵險要處設伏，虜果引去，迎擊，大破之。於是羌畏伏，武都遂安。詡乃占相地勢，築營壁百八十所，招還流民三千餘户，郡以富實。冬十一月庚申，郡國十一地震。十二月庚戌，司空劉愷爲司徒，光禄勳袁敞爲司空。

三年春二月，郡國十地震。夏四月壬寅，封皇后父閻暢爲北宜春侯。冬十一月丙戌，初聽大臣行三年喪。郡國九地震。

四年春二月乙巳，日有蝕之，九江太守以聞。乙卯，大赦天下。壬戌，武庫火。夏四月戊申，司空袁敞薨。（微）〔敞〕字升平。〔四六〕少有節操，及在朝廷，廉潔無私。坐子與尚書郎張俊交通，漏泄省中語，策罷。敞不阿權勢，失鄧氏旨，遂自殺，朝廷隱之。敞死，葬以公禮，復位其子。五月丁丑，太常李咸爲司空。

五年秋七月丙子，詔有司由舊令，崇節儉，嫁娶送終不得奢侈。八月，鮮卑寇代郡。是歲，郡國十四地震。

六年春正月乙巳，〔四七〕京都、郡國三十二地震，〔四八〕水泉湧出，壞城郭宇舍，壓殺人。三月庚戌，〔四九〕初祀六宗於國北，儀比太社。夏五月，京師旱。七月，鮮卑入塞。冬十二月戊子朔，〔五〇〕日有蝕之。郡國八地震。是歲，北單于與車師後部王攻燉煌長史索班，殺之，遂略有北道。（逐）〔鄯善逼急，求救敦煌〕太守曹宗。〔五一〕宗請兵擊匈奴，報索班之耻，因復〔欲〕取西域。〔五二〕〔軍〕司（空司）〔馬班〕勇議曰〔五三〕：「愚以爲邊境者中國之脣齒，脣亡則齒寒，其理然也。先帝命將征伐，曠引年歲，然後西域內屬，邊境獲安。宗不度當時之宜，自見有喪敗之負，欲舉兵荒外以要功名，是爲始禍唱兵，其患難量也。今府藏未充，而當遠出師，師無後繼，是示弱於遠夷，暴短於海內，臣愚以爲不可許。燉煌郡舊有營兵〔三〕百人，今宜復置之。西域長史屯（蘭）樓蘭（樓），〔五四〕西當焉耆、龜茲，是則周遊一處而所制者多也。」公卿皆從勇議。勇習邊事，有籌策，於是以勇爲西域長史。頃之，勇發鄯善、車師前部王兵擊後部王，大破之。捕得後部王、匈奴使者，將至索班所沒處斬之，傳首洛陽。

永寧元年夏四月丙寅，立皇子保爲皇太子。大赦天下。賜公卿已下金帛；天下男子爵，各有差；鰥、寡、孤、獨、癃篤不能自存者人粟三斛；貞婦人帛一匹。己巳，立濟北王子萇爲樂城王，〔五五〕立河間王子翼爲平原王。萇驕淫失度，冀州刺史舉奏萇罪至不道。尚書侍郎（岑）〔泠〕宏議，〔五六〕以爲「〔自〕非聖人，〔五七〕不能無過，故王侯世子生，爲立賢師傅以訓導之，所以目不見〔惡〕，〔五八〕耳不聞非，能保其社稷，高明令終。萇少長蕃國，内無過庭之訓，外無師傅之道，血氣方剛，卒受榮爵，（機）〔幾〕微生過，〔五九〕遂陷不義。臣聞周官議親，惷愚見赦。萇不殺無辜，以譴訶爲非，無赫赫大惡，可裁削奪損其租賦，令得改過自新，革心向道。」詔貶萇爲臨湖侯。袁宏曰：昔王侯身能衣而宰設服，足能行而相者導進，口能言而行人稱辭。閑之有禮，輔之有物。少而習之，長而不改。和睦之性，與教而淳；淫僻之心，無由得生。若縱而任之，不爲師保，恣其嗜慾，而莫之禁禦。性氣既成，不可變易；情意流蕩，不可收復。故動之凶德而國殄身亡也。〔六月，羌寇張掖〕。〔六〇〕秋七月乙丑，〔六一〕日有蝕之，酒泉太守以聞。（六月，羌寇張掖。）〔六二〕十一月，司徒劉愷（固）〔因〕疾策罷，〔六三〕太常楊震爲司徒。

## 【校勘記】

〔一〕悝爲（業）〔葉〕侯　從南監本、學海堂本改。

〔二〕熒惑逆行守心　續漢書五行志繫於正月。

〔三〕壽光侯（並）〔普〕　從後漢書孝安帝紀改。

〔四〕是時詔書令得案驗薄罪　後漢書魯恭列傳作「和帝末，下令麥秋得案驗薄刑」。

〔五〕詔書憂萬（人）〔民〕　從後漢書魯恭列傳改。

〔六〕而郡國（記）〔託〕言　從龍谿本、學海堂本改。

〔七〕（近）〔延〕及良人　從龍谿本、學海堂本改。

〔八〕太后鄧氏母〔爲〕新野君　從學海堂本補。

〔九〕〔詔〕死罪以下　從學海堂本補。

〔一〇〕〔遣〕騎都尉王（仁）〔弘〕將兵迎（悝）〔慬〕　從後漢書梁慬列傳改。

〔一一〕遂棄西（城）〔域〕　從龍谿本、學海堂本改。

〔一二〕濮陽（阿）城中失火　從後漢書孝安帝紀删。孝安帝紀作「漢陽」。續漢書五行志作「漢陽河陽城中」。當是「漢陽」。

〔一三〕閶爲（捕）〔步〕兵校尉郎中　從龍谿本、學海堂本改。閶，後漢書鄧禹傳作「閭」。

〔一四〕皆以被撲（矣）〔死〕　從南監本、龍谿本、學海堂本改。

〔一五〕郡國十地震　十，後漢書安帝紀作「十二」。

〔一六〕騎都尉任仁將兵討涼州　後漢書孝安帝紀作「遣騎都尉任仁將兵討先零羌」。

〔一七〕癸巳　後漢書安帝紀作「壬寅」。

〔一八〕〔悦〕以犯難　從學海堂本改。

〔一九〕止於學（官）〔宫〕　從龍谿本、學海堂本改。

〔二〇〕薨於（露）〔路〕寢　從南監本、龍谿本、學海堂本改。

〔二一〕務（力）〔立〕其義　從後漢書魯恭列傳改。

〔二二〕説太尉張禹　後漢書虞詡列傳作「乃説李脩」。

〔二三〕量才（五）〔立〕帥　從龍谿本、學海堂本改。

〔二四〕（何）〔可〕哀也　從龍谿本、學海堂本改。

〔二五〕易者〔不〕必從　從學海堂本補。

〔二六〕明府（未）〔無〕以爲憂　從南監本、龍谿本、學海堂本改。

〔二七〕非朝廷大議（未掌）〔不聞〕　從南監本、龍谿本、學海堂本改。

〔二八〕悝弘閶並卒　閶，後漢書鄧禹列傳作「閭」。

〔二九〕襲爵爲（業）〔葉〕侯　從學海堂本改。

〔三〇〕太后（崩）〔諒闇〕　從學海堂本改。

〔三一〕從〔子〕樂安侯　從龍谿本、學海堂本改。

〔三二〕舊〔婢〕往問之　從學海堂本補。

〔三三〕年長者爲中（夫）〔大〕人　從學海堂本改。

〔三四〕何自謂中（夫）〔大〕人　從學海堂本改。

〔三五〕乙巳　後漢書安帝紀作「乙丑」。

〔三六〕詔〔三公卿士〕舉賢良方正　從學海堂本補。

〔三七〕封鄧禹馮異等（後）九人〔後〕爲列侯　從文意乙正。

〔三八〕三月己卯　三，後漢書孝安帝紀作「二」。

〔三九〕冬十月（戌十）〔戊子〕　從南監本、龍谿本、學海堂本改。

〔四〇〕右扶風〔仲光〕（太守种暠）（南）安〔定〕太守杜（佐）〔恢〕　從後漢書西羌傳改。鈕永建校云：种暠歷仕順、冲、質、桓四朝，安帝時未嘗爲右扶風，凉州亦無南安郡。蓋袁紀寫誤。

〔四一〕〔中〕郎將任尚　從龍谿本補。

〔四二〕走不（遂）〔逐〕飛　從南監本、龍谿本、學海堂本改。

〔四三〕兵至（及）〔乃〕發　從南監本、龍谿本、學海堂本改。

〔四四〕（群）〔郡〕兵來迎　從南監本、龍谿本、學海堂本改。

〔四五〕即皆解（施）〔弛〕　從南監本、龍谿本改。

〔四六〕（微）〔敞〕字升平　從龍谿本、學海堂本改。

〔四七〕春正月　後漢書孝安帝紀作「春二月」。

〔四八〕京都郡國三十二地震　後漢書孝安帝紀作「四十二」。

〔四九〕庚戌　後漢書孝安帝紀作「庚辰」。

〔五〇〕戊子　後漢書孝安帝紀作「戊午」。

〔五一〕（逐）〔鄯善逼急求救敦煌〕太守曹宗　從後漢書西域傳改。

〔五二〕因復〔欲〕取西域　從後漢書西羌傳補。

〔五三〕〔軍〕司（空司）〔馬班〕勇　從後漢書班超列傳改。

〔五四〕西域長史屯（蘭）樓蘭（樓）　從後漢書班超列傳删。

〔五五〕葴爲樂城王　城，後漢書孝安帝紀作「成」。

〔五六〕尚書侍郎（岑）〔冷〕宏　從學海堂本改。

〔五七〕以爲〔自〕非聖人　從後漢書孝明八王列傳李賢注引袁宏紀補。

〔五八〕目不見〔惡〕　從學海堂本補。

〔五九〕（機）〔幾〕微生過　從龍谿本、學海堂本改。

〔六〇〕〔六月羌寇張掖〕　從文意補。

〔六一〕乙丑　後漢書孝安帝紀作「乙酉」。

〔六二〕（六月羌寇張掖）　從文意删。

〔六三〕司徒劉愷（固）〔因〕疾策罷　從龍谿本改。

# 兩漢紀下　後漢紀

## 孝安皇帝紀下卷第十七

建光元年春正月，高麗寇玄菟。二月辛亥，〔一〕大赦天下。三月辛巳，〔二〕，皇太后鄧氏崩，癸未，大斂。封大將軍隲爲上蔡侯。丙子，〔三〕葬和熹鄧后。初，上少號聰明，故太后立之。後有不可意，上乳母王聖知之，見太后久不歸政，恐有廢置意。中常侍黄門郎李閏爲上伺候，及后崩，因言鄧悝兄弟嘗從尚書鄧防取廢帝故事，〔四〕謀欲立平原王爲帝。五月庚申，〔五〕有司奏故金吾悝、屯騎校尉弘、步兵校尉閶大逆無道，〔六〕宜追奪爵土，以明褒貶。遂免悝子廣宗、弘子廣德等爵，宗族皆免歸本郡。以隲不豫謀，徙封沙羅侯，〔七〕行道爲郡縣所逼，隲與鳳自殺。廣宗、隲從弟遵、約皆自殺。〔八〕唯廣德母與閻后同産，故得免。以樂安侯康賢而有行，徵爲太僕卿。初，河間孝王子蠡吾侯翼與諸王子朝京師，鄧太后善翼之爲人也，封翼爲平原王，因留京師。及太后崩，上以翼謀圖不軌，竊闚神器，乃貶翼復蠡吾侯。封中常侍李閏、江京爲列侯，賞發鄧氏之謀也。大司（徒）〔農〕朱寵，〔九〕隲之所舉，乃肉袒輿櫬上疏曰：「和熹皇后聖善之德爲漢文母。兄弟忠孝，同心憂國，宗廟有主，王室是賴。功成身退，讓國遜位，歷世外戚，無與爲比。當享積善之祐，宜象謙約之報。橫以宮人單辭，事不可信。隲等父母群從，不以壽終，尸喪流離，逆天（威）〔感〕人。〔一〇〕宜皆還葬，寵其遺孤，以答亡魂。」安帝初，天災疫，百姓飢饉，死者相望，盜賊群起，四夷反叛。隲等崇節儉，罷力役，推賢進能，盡心王室，故天下賴以復安。乃被誅責，其事闇昧，衆庶多稱其冤。上既聞之，又感寵之言，乃切詔州郡還隲等喪，葬（以）〔于〕舊（塋）〔塋〕，〔一一〕使使祠以中牢。諸從兄弟歸京師。袁宏曰：夫吉凶由人，而存亡有地，擇地而處，君子所以無咎也。長木之標，其勢必顛，勢極故也。勢極則受患，故無全物焉。然則貴盛之極，傾覆之所由也，外戚則尤甚焉。得之不以至公，宰割之日久也。夫人君之勢非不高且極也，置君於無過之地，萬人莫之計；人臣則不然，比肩而立，相與一體也。操大權於天下，萬物之所惡也，周公且猶狼狽，而況其餘乎！夫憑寵作威以取傾覆，理用等矣。若乃推心向善，而不免闇昧之誅，所處之地危也。死而不異二者自處之道，然未達擇地之方。昔楚人三世殺其君，將立王子搜，搜逃之丹穴，楚人承以玉輿，熏之以薪，乃出。故曰王子搜非惡爲王，惡其爲己患也。然則外戚之患也，非徒一己燋爛，而歷代貴寵未有（不）患其爲患，〔一二〕豈不哀哉！戊申，有司奏尊清河王爲孝德皇帝，左姬爲孝德皇后，宋貴人爲敬隱皇后。左姬，犍爲武陽人。父坐事，姬與姊妹俱入掖庭，和帝特詔分宫人賜諸王，以姬爲清河孝王。姬有令色，王絶重之，生孝安帝。於是天子始親萬機，尚書陳忠以爲首政之初，宜徵天下隱逸。乃詔公車以玄纁，徵南陽馮良、汝南周燮，皆稱疾不至。良字君卿，〔一三〕少爲縣吏，從尉迎督郵，良耻厮役，因毁其車馬，壞其衣冠，絶迹遠遁。妻子見敗車壞衣，皆以猛獸所食，遂發喪制服。良至犍爲，從師受業，十餘年還鄉里。雖處幽闇，必自整頓，非禮不動，鄉里以爲師，舉賢良方正敦朴皆不行。燮字彦祖，敦詩、書，非法不言，所與交游者不過數四人，室家相待如賓客，化行鄉黨。舉孝廉、茂才，公車再徵，皆不就。上新聽政，開諫諍路。尚書陳忠以直言爲名，而人主不能容，乃上書通廣帝意。曰：「臣聞人君廣山藪之大，納切直之言；忠臣盡蹇蹇之節，〔一四〕不畏逆耳之誅。是以高祖舍周昌桀、紂之譬，孝文嘉袁盎人豕之喻，世宗納東方朔宣室之正，孝元容薛廣德自刎之諫。陛下崇寬厚之德，〔一五〕推宋景之誠，引咎責躬，咨訪群吏。言事者新蒙采録，顯列二臺，必承風而靡，争效切直。如有管闚愚見，安陳得失；雖苦口逆耳，不得事實，宜優游寬容，以遵四帝之緒也。」秋七月己亥，〔一六〕大赦天下。八月甲子，故司徒劉愷爲太尉。九月戊子，上幸衛尉馮石〔上〕〔府，賜〕寶劍玉玦。〔一七〕冬十二月丙申，〔一八〕乃還宫。己丑，郡國三十五地震，壞城郭，壓殺人。本志以爲安帝不明，宫人與王聖專權之應也。鮮卑寇玄菟。庚子，絶大臣行三年喪。尚書陳忠上疏曰：「昔先王孝治天下，始於愛親，終於哀戚。上自天子，至於庶人，尊卑貴賤，其義一也。夫人生三年，乃免父母之懷，先聖緣情著其節制，故曰『臣有大喪，君三年不呼其門』。周室陵遲，禮制衰廢，蓼莪之人作詩自傷曰：『瓶之罄矣，惟罍之耻。』言己不得終竟子道者，亦上之耻也。高祖受命，蕭何創制，大臣有寧告之科，合於致憂之義。建武初，撥亂之世，國政草創，人倫未厚，鮮循三年之喪，以報顧復之恩。禮義之廢，實由於此。然仁道無遠，弘之即是。故籍田之（科）〔耕，〕起於太宗；〔一九〕孝廉之貢，發於孝武；郊祀之禮，定於元、成；三雍之序，備於永平，大臣送終，于今乃章。聖功美業，於是乎在。（盂）〔孟〕子有言〔二〇〕：『老以及老，幼以及幼，天下可運於掌。』臣願陛下登高北望，以甘陵之思，揆臣子之心，則海内群生，各得其所。」上不從。袁宏曰：古之帝王所以篤化美俗，率民爲善者也，因其自然而不奪其情，民猶有不及，而況毀禮止哀，滅其天（生）〔性〕乎！〔二一〕冬十月，羌寇張掖、武威。〔二二〕十二月，高句麗圍玄菟。

延光元年春，夫餘王遣兵助玄菟，使貢獻。三月丙午，大赦天下。賜天下男子爵，各有差；鰥、寡、孤、獨、篤癃、不能自存者粟，人三斛；貞婦人帛三匹。夏四月，京師地震。〔二三〕癸巳，司空陳褒以災異免。於是猶有風雷之變，有司復以追咎三公。尚書僕射陳忠上書曰：「臣聞『君使臣以禮，臣事君以忠』。故天子三公入則參議政事，出則司察群后。然王者虛己待以殊禮，在輿爲軾，〔二四〕在坐爲起。漢典舊事，丞相所總，靡有不聽。今之三公，有古之名而無其實，選舉誅賞，一由尚書。尚書之任重於三公，凌夷已來，其漸久矣。近以地震策免司空，今言者復欲切讓三公以解天意。臣愚闇，竊信宋景克己之誠。孝成皇帝時，妖星守心，納賁麗之說，令丞相方進自裁，卒不蒙其福。以此況之，是非之分，（其）〔具〕可詳見。〔二五〕今尚書奏事，有所請造，及決天下罪法，不依故事者，宜使左右責求其意，割而勿聽。上順古典之義，下防威福之專，置方圓於規矩，審輕重於權衡，誠國家之典，萬（國）〔世〕之法也。」〔二六〕忠意在褒崇大臣，待下以禮。九卿疾病，使者臨問，加賜錢帛，皆忠之議也。遷尚書令、司隸校尉。初，忠父太尉寵守正不事諸鄧，故忠不得志於其門。及鄧氏被誅，衆庶多冤之，而忠數上書陷（城）〔成〕其惡，〔二七〕奏劾司農朱寵；太子之廢，諸名臣來歷等守闕固争，忠又劾奏，當世以此譏忠。五月庚戌，宗正劉授爲司空。秋七月癸卯，京師地震。庚申，高句麗王乞降。八月，羌寇涼州。〔二八〕戊子，陽陵寢殿火，本志曰：「棄法律，逐大臣，殺太子，以妾爲妻，則火不炎上，謂火失其性而爲災也。今發于先陵，此天子將變象也。若曰不當廢太子以自翦，如火不當害先陵之寢也。」辛卯，黄龍見九真。九月戊申，〔二九〕郡國二十七地震。冬十月，鮮卑寇鴈門、定襄。十一月，鮮卑攻九原。〔三〇〕

二年春正月，燉煌太守張璫上書陳邊事曰：「臣在京師，亦以爲西域宜棄。今親踐其土地，乃知棄西域則河西不能自存。謹陳西域三策：今北虜呼衍王等展轉蒲類（秦）〔秦〕海左右，〔三一〕可發張掖、酒泉屬國之吏士、義從合三千五百人集崑崙塞，先擊呼衍王，絶其根本，因發鄯善兵五千人脅車師後部，此上計也。若不能出兵，可置軍司馬，將士五百人，四郡供其穀食，出據柳中，此中計也。如亦不能，則棄交河城，（放）〔收〕鄯善等悉使入塞，〔三二〕此下計也。」尚書陳忠上疏曰：「臣聞八蠻之寇，莫甚北虜。漢興，高祖窘平城之圍，太宗屈供奉之耻。故孝武憤怒，深惟久長之計，命遣虎臣，浮河絶漠，窮其虜庭。當斯之時，黔首隕於狼望之北（山），〔三三〕中國弊於盧山之壑，府庫殫竭，杼軸空虛，筭至車船，貲及六畜。夫豈不懷，慮有故也。遂規酒泉、燉煌四郡，以隔（兩）〔南〕羌，〔三四〕開三十六國，妻以公主，以斷其右臂。是以單于孤特，竄遁遠藏。至於宣、元遂（被）〔備〕蕃臣，〔三五〕關徼不閉，羽檄不行。由此察之，戎、狄可以威服，難以化洽。西域內附日久，區區東望叩關者數矣，此其不樂匈奴慕漢之效也。今北虜已破車師，勢必南攻鄯善，棄而不救，則諸國從矣。若然，則北虜財賄益增，（贍）〔膽〕勢益殖，〔三六〕威臨南羌，與之交連。如此，河西四郡危逼，不得不救，則百倍之役興，不貲之費發矣。今議者但念西域絶遠，恤之煩費，（有）〔不〕見先世苦心勤（精）〔勞〕之意。〔三七〕方今邊郡守禦之具不精，內郡武衛之備不修，燉煌孤（隅）〔危〕，〔三八〕遠來告急，復不〔轉〕〔輔〕助，〔三九〕〔出〕〔內〕無慰勞民吏，〔四〇〕外無威示百蠻。〔辟穀〕蹙〔國減〕土，〔四一〕經有明戒。臣以爲燉煌宜置校尉，案舊增四郡屯兵，以西撫三十六國。建屯益兵，宣揚雷風，冀以折衝萬里，震怖匈奴。」於是從之。夏四月戊子，爵乳母王聖爲野王君，聖女壻劉瓌爲朝陽侯。司〔空〕〔徒〕楊震詣闕上書曰〔四二〕：「臣聞高祖與群后約，非功臣不得封。攻城野戰，棄身沙漠，降服百蠻不羈之虜，然後得受茅土。故經制父死子繼，兄亡弟及，所以別親疏，殊適庶，尊國體，重繼嗣，防淫篡，絶姦謀，百王不易之道。天子〔不〕專封封有功，諸侯〔不〕專爵爵有德。〔四三〕今瓌無他功德，但以配阿母女，既忝位侍中，一時之間，超至封侯，〔不〕稽〔之〕舊制，〔四四〕不合經義，行人諠譁，百寮不安。臣誠知言與罪俱，辭與辜會，忝當萃翰之任，故不敢不盡言之。」上不從。又爲阿母起第舍，震復上疏曰：「臣聞古者三年耕有一年之儲，九年耕有三年之儲，故堯之遭洪水，民無菜色。傳曰：『國無三年之儲，非其國也。』故豐年知禮，凶年減除。臣伏念災害發起，彌以滋甚，百姓空虛，不能自贍。重以羌虜抄掠，〔二〕〔三〕邊雲擾，〔四五〕戰鬬之役至今未息，兵甲軍糧恒不足給，殆非社稷安寧之術。伏見興起津城門內第舍，雕繕之飾窮極巧妙，使者將作，轉相逼促。盛夏土王，攻山采石，百姓布野，農民廢業。臣聞『上之所取，財盡則怨，力盡則叛』。怨叛之民，不可復使。故曰：『百姓不足，君孰與足？』」上不從。冬十月辛未，太尉愷久病罷，司徒楊震爲太尉。是時京都、郡國

三十七地震。〔四六〕

三年春二月丙寅，〔四七〕上與太子行幸泰山，復濟陽今年田租。戊子，鳳凰集濟陽，賜見者帛二十匹，鳳凰所過亭部無出今年租。賜天下男子爵二級。壬辰，祠五帝于汶上明堂。戊戌，祠孔子于闕里，及七十二弟子。遂幸東平、魏郡、河內。壬戌，太尉楊震策免。初，河內人趙騰詣闕上書陳得失，〔四八〕收考治，詔下獄。震隱其狂直，上疏曰：「臣聞堯、舜之朝設直諫之鼓，誹謗之木，蓋欲闢廣四門，開直言之路，（轉）〔博〕采負薪，〔四九〕盡賢愚之情也。乞全騰性命，以納芻蕘之言。」不從，騰竟死於都市。中常侍樊豐等由是共稱譖震：「騰死之後，深用怨懟。」乃策免，收震印綬，遣歸本郡。到洛陽沈亭，〔五〇〕震顧諸子，謂門生曰：「人非金石，死者士之常。吾蒙恩居上司，疾姦臣樊豐之狡猾而不〔能〕誅，〔五一〕惡孽女王聖之傾亂而不能禁，知帑藏虛竭賞賜不節而不能實，何面目見日月！身死之日，但雜木爲棺，勿漆，布單衣，才足蓋形，勿歸塚次，勿設祭祀。」遂仰鴆而死。震字伯起，弘農華陰人也。博學無所不究，數十年不應州郡之命，衆人謂晚暮，而震志業愈篤。年過五十，乃應州郡之命。大將軍鄧隲聞而辟之，以爲賢。舉茂才，累遷荆州刺史、東萊太守。當之郡，道經昌邑，故〔所舉〕茂才王密爲昌邑令，〔五二〕謁見，至夜懷金十斤遺震。震曰：「故人知君，君不知故人也？」密曰：「暮夜無知者。」震曰：「君知，我知，天知，地知。何故無知？」密慙愧而出。震言行不媿於心，皆此類也。子孫常蔬食步行，故舊長者或諫，令爲開産業。震曰：「使後世稱曰清吏子孫，以此遺之，不亦貴乎！」及爲公卿，敦古守朴，推其誠心，每言事，不爲文辭，意在(臣)〔匡〕主(疾)〔絶〕姦而已。〔五三〕子秉，以義正知名。袁宏曰：夫生而樂存，天之性也；困而思通，物之勢也；愛而效忠，情之用也。故生苟宜存，則四體之重不可輕也；困必宜通，則天下之欲不可去也；愛必宜用，則北面之節不可廢也。此三塗者，其於趣舍之分，則有同異之辨矣；統體而觀，亦各天人之理也。是以君子行己業(心)〔必〕所託焉，〔五四〕古之道術有〔在〕於此者。〔五五〕(夷)明〔夷〕隱〔遁〕，〔五六〕困而不耻，箕子之心也；璩甯聞其風而悦之；舍否之通，利見大人，微子之趣也，叔孫通聞其風而行之；諫以弼君，死而不貳，比干之志也，楊震聞其風而守之。此數賢者，雖行其所聞，殉託不同，皆終始之道，而不由愧於心者也。是以聖人知天理之區別，即物性之所託，混衆流以弘通，不有滯於一方，然後品類不失其所，而天下各遂其生矣。然君子之動，非謀於衆也，求之天地之中，款之胸懷之内。苟當其心，雖殺身糜軀，未爲難也；苟非其志，雖舉世非之而不沮也。夏四月戊辰，光禄勳馮石爲太尉。五月，南單于左尸逐、燒當郡部扶渠當等反。〔五七〕秋八月辛巳，大鴻臚耿珍爲大將軍。戊子，麒麟一、白虎二同見陽翟。九月丁酉，廢皇太子保爲濟陰王。太子嘗有疾，避于野王君王聖第，太子乳母王男、厨監邴古與中常侍江京、樊豐及聖、永等争言相是非，〔五八〕遂誣譖男等，皆幽死獄，父母妻子（徒）〔徙〕日南。〔五九〕太子思戀男等，數為歎息。聖、永懼有後患，乃與京、豐共譖（構）〔搆〕太子。〔六〇〕是時閻后寵盛，京、豐媚於閻顯等，信之，遂與后共助毀太子。上召大將軍、公卿議太子應廢，（白）大將軍耿珍等（事）〔曰〕：「〔是〕不宜奉嫡嗣。」〔六一〕太常桓焉、太僕來（曆）〔歷〕、廷尉張皓曰：〔六二〕「郈古等所議謀，太子不知。經説年未十五，過惡不在身。太子少，宜選忠良師友，輔以禮義。廢置重事，此誠聖（恩）〔思〕所宜詳審。」〔六三〕上使中常侍奉詔脅諸大臣，大臣皆失色。來歷獨固争之，上乃免歷官，削爵土。是日太子廢。於是光禄勳祝諷、中郎將閭丘弘、符節令張敬、太中大夫第五頡、中散大夫曹成、諫議大夫李泰、羽林右監孔顯、治書侍御史龍調、衛尉丞欒闡、城門司馬徐崇、開封人鄭安世等守闕上書，訴太子之冤。癸巳，令天下死罪減一等，徙邊戍；亡命贖罪者，各有差。辛亥，黄龍見（曆）〔歷〕城。〔六四〕庚申晦，日有蝕之。冬十月壬午，鳳皇見新豐。本志曰：「皇之不極，是謂不建，時則有龍蛇之孽。」又曰：「視之不明，是謂不哲，時〔則〕有羽蟲之孽。」〔六五〕鳳皇者，陽明之應也。故非明王，則隱而不見。凡五色大鳥似鳳凰者，多為羽蟲之孽。是時上信讒，免楊震，廢太子，不哲之異也。」丁亥，行〔幸〕長安，〔六六〕祠陵廟。十二月乙未，黄龍見琅邪。是歲京師、郡〔國〕二十二地震。〔六七〕

四年春正月壬午，黄龍二、麒麟一見濮陽。三月戊午朔，日有蝕之。庚申，上幸宛，當祠章陵，覺體不安。乙丑，疾篤，自宛還。徵濟北、河間王子年十四已下、七歲已上詣京師。進號皇后母北宜春夫人爲滎陽君。丁卯，帝崩於葉，不發喪。庚午，還宫。辛未，乃發喪。皇后與兄閻顯謀以所徵濟北王子北鄉侯懿爲帝嗣，以閻顯爲車騎將軍。乙酉，北鄉侯即皇帝位，太后臨朝。夏四月丁酉，太尉馮石爲太傅，司徒劉喜爲太尉，〔六八〕參録尚書事，故司空李郃爲司徒。有司奏大將軍耿珍、中常侍樊豐、野王君王聖女永下獄誅。己酉，葬孝安〔皇〕帝於恭陵。〔六九〕六月乙巳，大赦天下。冬十月丙午，蜀郡、越嶲山崩，殺四百餘人。辛亥，北鄉侯薨。車騎將軍閻顯、中常侍江京等謀曰：「前不用濟北王，今立之，後必怨人。」乃言於太后，徵濟北王、河間王子，將以爲嗣。初，太子之廢，居于德陽殿西鐘下，中常侍黄門孫程、王成、王國等常懷憤懣，〔七〇〕謀欲立之，以告中常侍侯生、李閏，殺中常侍江京、陳達、劉安于省門之外，王成以劍脅李閏曰：「太子之廢，天下咸怨。今北鄉早薨，安帝無嗣。太子（保）〔聰〕明，〔七一〕天將啓之，從我乎？」閏許諾。成乃與閏列尚書將僕射以下到西鐘下立濟陰王爲皇帝。時年十一，升雲臺，召百官。顯聞帝立，懼不知所爲，小黄門樊登曰：「何不發兵擊之？」顯以太后詔〔召〕越騎校尉馮詩、虎賁中郎將閻景將兵屯平朔門。〔七二〕登引詩等入省，顯謂詩曰：「濟陰王立，非皇太后意，璽綬在此。苟盡力效功，封侯可得。」太后使授詩等曰：「能得濟陰王者封萬户侯，李閏者五千户侯。」〔詩〕等皆許諾。〔七三〕卒被召，所將吏士少，顯使詩與登迎吏士于左掖門外。詩因歸營，知事將敗，乃格殺登。閻景歸衛府，收兵將欲作亂。是時尚書郭鎮勒兵詣闕，遇景於公車門。鎮下車詔景，景以刃斫鎮，鎮抽劍斬景。戊午，使御史詣崇德殿，收顯等親族下獄誅，妻子徙日南。初，上之廢，閻后豫焉。議郎陳禪議以爲太后與上無母子之恩，當廢。群臣咸以爲宜。司徒掾周舉說司徒李咸曰〔七四〕：「昔瞽瞍常欲殺舜，舜事之逾謹。鄭武姜謀殺莊公，（奏）〔秦〕始皇與母隔絕，〔七五〕感考叔、茅焦之言，修復子道。斯皆前世之迹，書傳之所美也。今諸閻新誅，太后〔在〕前宮，〔七六〕恐悲生疾。如從禪（讓）〔議〕，〔七七〕若有變異，後世歸咎明公，不刊之事也。」以聞，上從之。丁卯，以王禮葬北鄉侯。辛巳，封孫程、王國等十九人爲列侯，司空劉授以阿附惡逆免。十二月，詔曰：「朕以不德，纂承洪緒，今陰陽不和，疾疫爲害，思聞忠正以匡不逮，其令三公、卿士舉賢良方正、能直言極諫之士各一人。」楊震門下人訟震之冤，天子（加）〔嘉〕震之忠，〔七八〕除二子爲郎，賜錢二十萬。以禮改葬之日，有大鳥，翼廣一丈三尺，集于柩前，低頭淚出，衆人莫（能）〔不〕驚（者）〔覩〕，〔七九〕葬畢，飛而衝天。甲申，少府陶敦爲司空。

## 【校勘記】

〔一〕辛亥　後漢書安帝紀作「癸亥」。

〔二〕辛巳　後漢書安帝紀作「癸巳」。
〔三〕丙子　後漢書安帝紀作「丙午」。
〔四〕鄧防　後漢書鄧禹列傳作「鄧訪」。
〔五〕庚申　後漢書孝安帝紀作「庚辰」。
〔六〕步兵校尉閶　閶，後漢書鄧禹列傳作「閶」。
〔七〕徙封沙羅侯　後漢書鄧禹列傳作「羅侯」。
〔八〕從弟遵約　約，後漢書鄧禹列傳作「豹」。
〔九〕大司（徒）〔農〕朱寵　從後漢書鄧禹列傳改。
〔一〇〕逆天（威）〔感〕人　從後漢書鄧禹列傳改。
〔一一〕葬（以）〔于〕舊（塋）〔塋〕　從南監本、龍谿本、學海堂本改。
〔一二〕未有（不）患其爲患　「不」衍，逕删。
〔一三〕良字君卿　後漢書周燮列傳作「君郎」。
〔一四〕蠱蹇蹇之節　後漢書陳寵列傳作「蹇諤之節」。
〔一五〕崇寛厚之德　後漢書陳寵列傳作「崇高宗之德」。
〔一六〕己亥　後漢書孝安帝紀作「己卯」。

〔一七〕上幸衛尉馮石(上)〔府賜〕寶劍玉玦　從學海堂本改。

〔一八〕十二月　後漢書孝安帝紀作「十一月」。

〔一九〕籍田之(科)〔耕〕　從後漢書陳寵列傳改。

〔二〇〕(盂)〔孟〕子有言　從龍谿本、學海堂本改。

〔二一〕滅其天(生)〔性〕　從龍谿本、學海堂本改。

〔二二〕冬十月羌寇張掖武威　後漢書西羌傳作「秋……麻奴等又敗武威、張掖郡兵於令居」。

〔二三〕夏四月京師地震　後漢書孝安帝紀作「夏四月癸未京師郡國二十一雨雹」。

〔二四〕在輿爲軾　後漢書陳寵列傳作「在輿爲下」。

〔二五〕(其)〔具〕可詳見　從龍谿本、學海堂本改。

〔二六〕萬(國)〔世〕之法也　從龍谿本改。

〔二七〕上書陷(城)〔成〕其惡　從龍谿本、學海堂本改。

〔二八〕八月羌寇涼州　後漢書孝安帝紀作「秋七月虔人羌叛」。

〔二九〕九月戊申　戊申，後漢書孝安帝紀作「甲戌」。

〔三〇〕鮮卑攻九原　後漢書孝安帝紀作「寇太原」。

〔三一〕轉蒲類(奏)〔秦〕海左右　從南監本、龍谿本、學海堂本、後漢書西域傳改。

〔三二〕（放）〔收〕鄯善等　從南監本、龍谿本、學海堂本改。

〔三三〕狼望之北（山）　從後漢書西域傳刪。

〔三四〕以隔（兩）〔南〕羌　從後漢書西域傳改。

〔三五〕遂（被）〔備〕蕃臣　從南監本、龍谿本、學海堂本改。

〔三六〕（瞻）〔贍〕勢益殖　從龍谿本、學海堂本改。

〔三七〕（有）〔不〕見先世苦心勤（精）〔勞〕之意　從南監本、龍谿本改。

〔三八〕燉煌孤（隅）〔危〕　從南監本、龍谿本改。

〔三九〕復不（轉）〔輔〕助　從南監本、龍谿本、學海堂本改。

〔四〇〕（出）〔內〕無慰勞民吏　從龍谿本、學海堂本改。

〔四一〕（辟穀）蹙〔國減〕土　從南監本、龍谿本改。

〔四二〕司（空）〔徒〕楊震　從後漢書楊震列傳改。下文亦作「司徒楊震爲太尉」。

〔四三〕天子（不）專封封有功諸侯（不）專爵爵有德　從後漢書楊震列傳刪。

〔四四〕〔不〕稽（之）舊制　從後漢書楊震列傳改。

〔四五〕（二）〔三〕邊雲擾　從後漢書楊震列傳改。

〔四六〕京都郡國三十七地震　三十七，後漢書安帝紀作「三二」。

〔四七〕丙寅　後漢書安帝紀作「丙子」。

〔四八〕河内人趙騰　後漢書楊震列傳作「河間男子趙騰」。

〔四九〕（轉）〔博〕采負薪　從後漢書楊震列傳改。

〔五〇〕洛陽沈亭　後漢書楊震列傳作「城西几陽亭」。

〔五一〕而不〔能〕誅　從南監本、龍谿本、學海堂本補。

〔五二〕故〔所舉〕茂才王密　從後漢書楊震列傳補。

〔五三〕意在（臣）〔匡〕主（疾）〔絶〕姦而已　從南監本、龍谿本改。

〔五四〕行己業（心）〔必〕所託焉　從龍谿本改。

〔五五〕有〔在〕於此者　從南監本、龍谿本、學海堂本補。

〔五六〕（夷）明〔夷〕隱〔遁〕　夷，從南監本、龍谿本乙正。遁，從文意補。

〔五七〕南單于左尸逐　後漢書孝安帝紀作「南匈奴左日逐王」。

〔五八〕厨監邴古　古，後漢書孝順帝紀作「吉」。

〔五九〕父母妻子（徒）〔徙〕日南　從南監本、龍谿本、學海堂本改。

〔六〇〕共譖（構）〔搆〕太子　從南監本、龍谿本、學海堂本改。

〔六一〕（白）大將軍耿珍等（事）〔曰是〕　從龍谿本、學海堂本改。

〔六二〕太僕來(曆)〔歷〕　從龍谿本、學海堂本改。

〔六三〕此誠聖(恩)〔思〕所宜詳審　從學海堂本改。

〔六四〕黄龍見(曆)〔歷〕城　從南監本、龍谿本、學海堂本改。

〔六五〕時〔則〕有羽蟲之孽　從南監本、龍谿本補。

〔六六〕行〔幸〕長安　從南監本、學海堂本、後漢書孝安帝紀補。

〔六七〕郡〔國〕二十二地震　從南監本、學海堂本、後漢書孝安帝紀補。

〔六八〕司徒劉喜爲太尉　劉喜，後漢書安帝紀作「劉熹」。

〔六九〕葬孝安〔皇〕帝　從南監本、龍谿本、學海堂本補。

〔七〇〕中常侍黄門孫程王成　王成，後漢書宦者列傳作「王康」。

〔七一〕太子(保)〔聰〕明　從龍谿本改。

〔七二〕太后詔〔召〕……閻景將兵屯平朔門　從後漢書宦者列傳補。景，宦者列傳作「崇」。平朔門，宦者列傳作「朔平門」。

〔七三〕〔詩〕等皆許諾　從南監本、龍谿本、學海堂本補。

〔七四〕周舉説司徒李咸　咸，後漢書周舉列傳作「郃」。

〔七五〕(奏)〔秦〕始皇與母隔絶　從龍谿本、學海堂本改。

〔七六〕太后〔在〕前宮　從學海堂本補。後漢書周舉列傳作「在離宮」。

〔七七〕如從禪（讓）〔議〕　從後漢書周舉列傳改。

〔七八〕天子（加）〔嘉〕震之忠　從南監本、龍谿本、學海堂本補。

〔七九〕衆人莫（能）〔不〕驚（者）〔覩〕　從龍谿本改。

# 兩漢紀下　後漢紀

## 孝順皇帝紀上卷第十八

永建元年春正月甲寅，大赦天下。賜男子爵各有差；鰥、寡、孤、獨、篤隆、不能自存者粟，人五石；貞婦人帛三匹。辛未，皇太后閻氏崩。辛巳，太傅馮石、太尉劉喜以阿黨權〔臣〕免，〔一〕司徒李（郃）〔郃〕以疾疫策罷。〔二〕二月甲申，葬安思閻皇后。丙戌，太常桓焉爲太傅，大鴻臚朱寵爲太尉，長樂少府朱倀爲司徒。凡三公居位或不書，史失之也。封尚書郭鎮爲定潁侯。是時司隸校尉虞詡糾正邪枉，無所迴避，中常侍張防等專權縱肆，詡奏免之。防遂譖訴詡等作威福，帝怒，下詡獄。浮陽侯孫程、祝阿侯張賢等知詡以忠獲罪，乃相率請詡，上引見之。程、賢曰：「陛下始與臣等造事之時，常疾姦臣，知其傾國。今即位而自爲，何以非先帝乎？司隸校尉虞詡爲陛下盡忠，無所迴避，反拘繫。常侍張防贓罪明正，陷構忠良。今星守羽林，其占宮中有姦臣。宜急出詡，收防送獄，以塞天變。」時防直上後，程叱防曰：「姦臣張防何不下殿！」即趨東廂。上召問諸尚書，尚書賈服素與防善，〔三〕遂（調）〔諷〕尚書奏詡。〔四〕會赦，以贖罪免死。秋九月，有司奏浮陽侯孫程、祝阿侯張賢爲司隸校尉虞詡訶叱左右，謗訕大臣，妄造不祥，干亂悖逆；王國等皆與程黨，久留京都，益其驕溢。詔免程等，徙爲都梁侯。程怨恨，封還印綬，更封爲宜城侯。冬十月辛巳，〔詔〕天下囚減死一等，〔五〕徙戍邊；亡命贖罪，各有差。丁亥，司徒朱倀以疾疫罷，司空陶敦有罪免；光禄勳許敬爲司徒，廷尉張晧爲司空。甲辰，詔曰：「朕以不德，統承大業。虐氣流行，厲疾爲災。重以水潦，秋稼漂没。每州郡所出，惻然自刻，其令當輸今年租者一切勿責。」

二年春二月，鮮卑寇遼東。三月戊申，詔徵南陽樊英、江夏黄瓊、會稽賀純、廣漢楊厚。英字季齊，南陽魯陽人也。隱居教授，受業者自（西）〔四〕方至。〔六〕安帝時博士公車徵，皆不至，及於是時又固辭疾篤，乃詔郡縣禮致之。英既至，天子爲設壇席，（筵）〔延〕問得失，〔七〕（世）拜五官中郎將。〔八〕遂稱疾篤，賜告歸，復追下詔，以光禄大夫居在所縣，賜穀千斛。常以八月存問高年，時致羊酒，如前世故事。英辭讓不受，有詔喻旨勿聽。英居家有法度，篤於鄉里，自陳寔之徒少時從英。英常病卧便坐，妻遣婢拜問疾，英下牀答拜。寔問之，英曰：「妻，齊也，共奉祭祀，禮無不答。」又有鄰人子止英家，每醉呴呼，曰：「其父臨死以相委屬，故收養之。」寔常以此稱焉。公卿大臣多薦江夏黃瓊之賢，於是公車徵瓊，至即稱疾不進。有司劾以不敬，詔下縣次引致。瓊不得已，前就徵，拜侍中。賀純、楊厚亦篤行士。夏六月乙酉，改殯皇妣李氏，追尊曰恭愍皇后。初，皇妣以宮人得幸於安帝而生上，閻后妬之，賜鴆死，〔葬〕於城北。〔九〕上即位，左右以聞，上噓唏發哀，乃親到瘞所，號咷斷絕。秋七月丙戌朔，〔一〇〕日有蝕之。西域長史班勇請兵擊焉耆，漢發河西四郡兵三千人詣勇。燉煌太守張朗有罪，欲以功自贖，即便宜領諸郡兵出塞。初，勇發諸國兵，使龜茲、鄯善自南道入，勇將諸郡兵率車師六國兵自北道入。會張朗（乃要）〔徼功〕，〔一一〕徑自尉黎入，焉耆王請降於朗，既而不出。漢兵罷還，焉耆王卒不加誅。漢以兩將不和，皆徵免，故勇不論。

三年春正月丙子，京師、漢陽地震，屋壓殺人。乙未，詔曰：「京都地動，漢陽尤甚，加以比年民饑，夙夜（祇）〔怟〕懔。〔一二〕群公卿士，其深思古典，有以消災復異，救此下民。忠信嘉謀，靡有所諱。其勿收漢陽今年田租。」秋七月丁酉，茂陵園火。九月，鮮卑寇漁陽。十二月乙亥，太傅桓焉以辟召非其人，免。

四年春正月丙寅，大赦天下。丙子，帝加元服。賜公卿已下天下男子爵，各有差；鰥、寡、孤、獨、篤癃、不能自存者帛，人一匹。五月，漢陽都尉獻大珠。〔一三〕詔曰：「海內有災，太官減膳，都尉不宣揚本朝而獻珠求媚，今其封還。」袁宏曰：夫飢而思食，寒而欲衣，生之所資也。遇其資則粳糧縕袍，快然自足矣。然富有天下者，其欲彌廣，雖方丈黼黻，猶曰不足，必求河海之珍，以充耳目之玩，則神勞於上，民疲於下矣。夫萬物之非能自止者也，上之所爲民之準的也，今以不止之性而殉準的於上，是彌而開之，使其侈競也。古之帝王不爲靡麗之服，不貴難得之貨，所以去華競以嘿止喧也。夫上苟不欲則物無由貴，物無由貴則難得之貨息，難得之貨息則民安本業，民安本業則衣食周，力任全矣。夫不明其本而禁其末，不去其華而密其實，雖誅殺日加而奢麗逾滋矣。秋八月丁巳，太尉朱寵、司空張皓以陰陽不和免。〔一四〕〔九月〕癸酉，〔一五〕大鴻臚龐參爲太尉，太常王龔爲司空。冬十一月，司徒許敬策免，宗正劉俊爲司徒。朱寵字仲威，京兆杜陵人也。初爲潁川太守，表孝悌儒義，理寃獄，撫孤老，功曹主簿皆選明經有高行者。每出行縣，使文學祭酒佩經書前驅，頓止亭傳，輒復教授。周旋阡陌，觀課農桑。吏安其政，民愛其禮。所至縣界，父老迎者常數千人。寵乃使三老御車問人得失，百姓翕然，治甚有聲。寵以正月歲首宴賜群吏，問公曹吏鄭凱曰：「聞貴郡山川多産奇士，前賢往哲可得聞乎？」對曰：「鄙郡炳嵩山之靈，受中岳之精，是以聖賢龍蟠，俊乂鳳集。昔許由、巢父耻受堯禪，洗耳河濱，重道輕帝，遁世高跱。樊仲父者，志潔心遐，耻飲山河之功，賤天下之重，抗節參雲。公儀、許由俱出陽城。留侯張良奇謀輔世，玄算入微，濟生民之命，恢帝王之略，功成而不居，爵厚而不受，出於輔成。

胡元安體曾參之至行，履樂正之純業，喪親泣血，骨立形存，精誠洞於神明，雉兔集其左右，出於潁陽。彪義山英姿秀偉，逸才挺出，究孔聖之房奧，存文武於將墜，文麗春華，辭蔚藻繢，出於昆陽。杜伯夷經學稱於師門，政事熙於國朝，清身不苟，有於陵之操，損己存公，有公儀之節，以榮華爲塵埃，以富貴爲厚累，草廬蓬門，藜藿不供，出於定陵。」寵曰：「太原周伯況、汝南周彥祖皆辭徵聘之寵，隱林藪之中，清邁夷、齊，節擬古人，恐貴郡之士未有如此者也。」凱對曰：「此二賢但讓公卿之榮耳。若許由不受堯位，樊仲父不屈當世，以此〔岨〕〔準〕之，〔一六〕不以遠乎？」寵徵入爲大鴻臚，拜太尉，自爲宰相，數抗直言。雖爲三公，卧布被，僅能覆身，食脱粟米，藜藿不厭，子弟同衣而出，并日而食。將薨，遺其子曰：「吾本寒賤諸生，才非周幹，横受朝恩，位過其任，不能竭身報國，負責深重。身没之後，百僚所賻贈，一無所受。素棺殯殮，疏布單衣，無設紱冕。殮畢，便以所有車牛夜載喪還鄉里，勿告群僚，以密静爲務。」許敬字鴻卿，汝南平輿人也。爲吏，有誣君者會於縣，令坐。敬拔刀斷席曰：「敬不忍與惡人連席。」由是知名。舉茂才，除南昌令，以土地卑濕不可迎親，親老則棄官歸供養。辟司徒府，稍遷江夏、沛相，自光禄勳入爲司徒。敬以臧否爲己任，仕於和、安之間，當竇、鄧、閻氏之盛，直道而進，無所屈撓。三家既敗，多有染汙者，敬居然自適，引謗不及己，當世以此奇之。

五年春正月，疏勒、大宛、莎車王遣使貢獻。夏四月，京都旱。冬十月丙寅，〔詔〕天下繫囚皆免死一等，〔一七〕徙邊戍。

六年，無事。

陽嘉元年春正月乙丑，立皇后梁氏。賜天下男子爵，各有差；鰥、寡、孤、獨、篤癃、貧不能自存者粟，人三斛。后，梁商女也。初，梁竦中子雍生商，商襲父爵，爲乘氏侯。商生三男四女：長曰冀，次曰不疑，次曰蒙；長女（田次姬）〔曰妠〕，〔一八〕即后也，次阿重。后生有光影之祥，及長，好史書，治韓詩，大義略舉，以列女圖常在左右，宗族中外咸敬異焉。商謂諸弟子曰：「我先人鎮撫西河，全濟生民，使免虎口之害，所活者不可勝數，而大位不究。夫積德之報不及其身，必流福子孫，當因此女興邪！」選入掖庭，相工茅通見之，驚曰：「此所謂日角偃月，相之極貴，臣未嘗見之。」於是以爲貴人。拜商侍中、屯騎校尉。貴人有寵，從容言於上曰：「陽以博施爲德，陰以不專爲義，螽斯之福，則百祚之興也。〔一九〕願陛下思天行之普達，〔二〇〕均貫魚之次序，使小妾得免罪謗之累。」於是上愈嘉之，親寵益固。三月庚辰，大赦天下。夏四月，有司依舊加梁商位特進，增國土。商上書讓曰：「祿命過厚，受祖考多福，又託日月末光。以斗筲之材，乘君子之器，懼有負乘之累，不守歷世之榮。誠不如舊制，與左賢同科。」書十餘上，帝輒敦喻之。商又上書讓校尉曰：「臣託椒房，被蒙榮寵，兼官二職，非材所堪。受寵戰慄，驚懼惶戚，不遑寧處。披露赤誠，敢遂狂狷。謹上屯騎校尉印綬。」上乃許焉。以特進就第，賜安車駟馬。頃之，拜執金吾。冬十月，望都狼食數十人。本志曰：「言之不從，則有毛蟲之孽。京房易曰：『君無道，害將及人，去之深山，全身厥災，狼食人。』」（申）〔辛〕酉，〔二〕詔天下死罪囚減罪一等，亡命贖罪各有差。鮮卑寇遼東。十一月丁未，東平王敞薨。敞有孝行，喪母三年如禮，詔書增户五千。是時長吏數易，去就煩費。尚書左雄上疏曰：「臣聞柔遠能邇，莫大寧民，寧民之務，莫重用賢。是以皋繇對禹，貴在知人。『安人則惠，黎民懷之』。昔三代垂統，封建侯伯，世位親親，民用和睦。宗周既滅，六國并秦，（抗）〔坑〕儒泯典，〔三〕革除五等，郡縣設令，封豕黎民。大漢受命，蠲其苛政，寬以三章，撫以因循。至於文、景，天下康乂。誠由玄靖淵嘿，使萬民不擾也。宣帝興於側陋，知世所疾，綜名核實，賞罰必行，刺史首相初拜，輒親見問之，觀其所由，退而考察以質其言。常歎曰：『民所以安而無愁者，政平（良）吏〔良〕也。〔四〕與我共此者，其唯良二千石乎！』以爲吏數變易，則下不安業；民知不久，則詐以求過。故二千石有治能者輒以璽書勉勵，增秩賜金，爵至封侯，公卿時缺則以次用之。是以吏稱其職，民安其業。故能降來儀之瑞，建中興之功。漢元至今，三百餘載，俗浸凋弊，巧僞滋萌，下飾其詐，上肆其殘。列城百里，轉動煩數。以殺害爲賢，以循理爲劣，以聚斂爲辨，以修己爲弱。髡鉗之戮，生於睚眦；覆尸之禍，成於喜怒。視民如寇，稅之如狼。監司相望，見非不舉。觀政於亭傳，責成於耳目。〔二四〕言善不稱德，論功不核實。虛誕者獲祐，束修者見黜。或因罪而致高，或處危以成名。所以天災屢降，治道未寧，皆由於此也。臣愚以爲長吏理績有顯效者，可就增秩，勿使移徙，非父母喪不得去官。其不從王制，錮之終身，雖赦令不在齒列。必競修善政，親撫百姓，率土之民，各寧其所。追配文、宣中興之軌，流光垂祚，永世不刊。」於是復伸無故去官之禁。閏月壬子，恭陵廟災。北海人郎顗上書曰：「臣聞天垂誡，地見災異，所以譴告人主，克己修德也。故應天以誠而不以言，導下以躬而不以刑。頃者宮殿官府多所治飾，昔盤庚遷殷，去奢即儉；夏后卑宮，盡力以致美。愚以爲諸所繕治，事可減省，以恤貧民，以賑孤寡，天之意也，人之願也。陛下躬親庶事，詔書每下，廣開不諱之路，以天下爲憂，百姓爲念。而不數見公卿，責以政事，誠優游養德之道也。然三公者，調和陰陽，儀刑百寮。今水旱連年，五穀不登，不能憂也。官失其序，庶事不治，不能正也。但遲迴偃仰，稱病自逸，忘天下之憂，甘燕安之樂，豈不謬哉！」尚書問狀，顗對，多言（數）術〔數〕占候之事，〔二五〕大旨以三公非其人，將有饑饉、水旱、地震、盜賊之變。其後海賊攻會稽，而青、徐盜賊起，西羌反。明年四月，京師地震。其夏大旱，略如其言。華嶠曰：漢之十葉，王莽簒位，聞道術之士西門君惠、李守等多稱讖云「劉秀爲天子」。自光武爲布衣時，數言此，及後終爲天子，故甚信其書。鄭興以忤意見疏，桓譚以遠斥憂死。及明、章二帝祖述此意，故後世爭爲圖（諱）〔緯〕之學，〔二六〕以矯世取資。是以通儒賈逵、馬融、張衡、朱穆、崔寔、荀爽之徒忿其若此，奏皆以爲虛妄不經，宜悉收藏之。惟斯事深奧，善言古者必有驗於今，善言天者必有驗於人，而托云天之曆數陰陽占候，今所宜急也。占候術數，能仰瞻俯察，衆諸人事，禍福吉凶，既應引之，教義亦有著明。此蓋道術之有益於後世，爲後人所尚也。

二年夏四月丁丑，封虎賁中郎將冀爲襄邑侯。執金吾商上書陳讓，辭意惻至，書十餘上，上遂聽許。爵阿母（宗）〔宋〕娥爲山陽君，〔二七〕尚書左雄諫曰：「臣聞高帝約，非劉氏不王，非功臣不封。孝安皇帝封江京、王聖等，皆有地震之異；永建二年封陰謀之功，又有日蝕之變。通道術之士，咸歸於封爵不時之咎。方今青、徐飢饉，盜賊未息。陛下乾乾勞思以濟民，宜清淨無爲，以求天意。誠不應追録小恩，以虧大典。」上不從。雄復諫曰：「臣聞君莫不好忠正，惡讒諛，而臣莫不以忠得罪，以讒得倖。蓋忠言難入，讒言順耳易從也。夫刑罪，人情之所甚惡也。是以世俗爲忠者少，而習諛者多。故令人主數聞其美，稀知其過，迷而不悟，至於危亡。臣伏見尚書故事，無乳母賜爵之制，唯先帝時阿母王聖爲野王君。造生讒賊廢立之禍，生則爲天下所咀嚼，死則爲海内所共快。桀、紂貴爲天子，而庸僕惡以爲比，以其富而無義也；夷、齊賤於匹夫，而王侯爭與爲類，以其貧而有德也。今阿母躬蹈儉約，以身率下，群僚蒸庶，莫不向風，而與王氏並同爵號，懼違本操，失其常願。愚以爲人心不相遠，其所不安，遠近一也。王聖之禍未絶於口，傾覆之勢危於壘卵。臣請歲以錢千萬給阿母，内可以盡恩愛之親，外可以不爲吏民之所怪也。」上〔遂〕〔卒〕不從。〔二八〕雄字伯豪，南陽〔沮〕〔涅〕陽人也。〔二九〕居貧好學經，常以服勤不足學，〔三〇〕足學者懈怠，宜崇經術，繕治太學。既爲尚書而陳之，帝從其言，更增弟子科，除儒者爲郎百餘人。雄上言曰：「郡國孝廉，古之貢士，出則宰民，宣協風教。若其面牆，無以施化，招災致禍，爲害不細。孔子曰『四十而不惑。』禮：『四十强而仕。』請自今孝廉不滿四十，〔三一〕不得察舉，皆先詣公府，諸生試家法，文吏試牋奏，〔覆〕〔副〕之端門，〔三二〕練其虚實，以觀異能，以美風俗。有不承科，正其罪法。」帝從之，詔郡國孝廉年四十已上考德行，試其經，奏其茂才異行如顔淵、子奇，不拘年齒。今舉孝廉，徐淑年未滿限，臺郎詰之。對曰：「詔書有『顔淵、子奇，不拘年齒』，是以本郡以臣充選。」郎不能屈。雄詰之曰：「昔顔淵、子奇問一知十，〔三三〕孝廉問一知幾邪？」淑無以對，乃却歸，郡守坐免。時郡國守相坐舉者百餘人。初，明帝時政嚴事峻，九卿皆鞭杖。雄上言曰：「九卿位亞三〔事〕〔等〕，〔三四〕班在大臣，行有佩玉之節，動有庠序之儀。加以鞭杖，誠非古典。」上即除之。袁宏曰：夫謀事作制令以經世訓物，使必可爲也。古者四十而仕，非謂彈冠之會，必將是年也。以爲可〔事〕〔仕〕之時，〔三五〕在於强盛，故舉大限以爲民表。且顔淵、子奇曠代一有，而欲以斯爲格，豈不偏乎？己亥，京都地震。五月庚子，詔曰：「朕以不德，統奉洪業，無以承順乾坤，協和陰陽，災眚屢見，咎徵仍彰。群公卿士將何以匡輔朕之不逮，奉答災異？災異不空設，必有所應。其各舉敦朴士一人，直言厥咎，靡有所諱。」漢中李固對曰：「愚以爲天不言，以災異爲譴告。政之治亂，主之得失，皆上帝所伺而應以災祥者也。王者父天母地，體其山川，今日蝕、地動、山崩、晝晦，主將安立，物將安寄？昔江京之姦，禍及骨肉，至令陛下幽廢，親履艱難。天誘其衷，陛下龍興，海内莫不忻悦。實有霈然改圖，抑退權臣，詢求善政，以順天意。夜而得之，坐而待旦。今則不然，政令紛紜，以復倣蹈前軌矣。臣伏在草澤，痛心疾首。誠以陛下聖德應期，實當嘉會，反衰弊之政，弘中興之美，其功甚易，譬猶指掌。臣聞善罰不如善政，善賞不如善教。善教之道，宜從内起。昔周宣、孝文，中興之主也，皆改華服，霈然易規，乃能移風易俗，及之於古。今封阿母，恩賞太過；常侍近臣，威權太重。臣案圖書，災異之發，亦以爲然。今宜斥退邪佞，投之四裔；引納方直，令在左右。陛下親發德音，以招群俊，臨御座，見公卿，言有稱意，即時施行，顯拔其人，以旌忠善。則陛下日有所聞，忠臣日有所獻，君臣相體，上下交泰。阿保雖有大功，勤勞之恩，可賜以貨賄，傳之子孫；列土分爵，實非天意。漢興已來，賢君相繼，豈無保乳之養？非不寵貴之，然上畏天威，俯察經典，不可，故不封也。梁氏子弟群從徵爲列侯，永平、建初故事，殆不如此。妃后之家所以少有存全者，非天性皆然，但坐權寵太過，天道惡盈也。天有北斗，所以斟酌元氣；帝有尚書，所以出納王命。若賦役平均，則百姓以安；萬機不治，則天下以亂。今陛下所共治天下者，外則公卿、尚書，内則常侍、黄門，譬猶一門之内，一家之事，安則共其福，危則同其禍。由是觀之，權柄不可不愼，號令不可不詳。夫人君之有政，猶水之有隄防。隄防完全，雖遭雨水霖潦，不能爲變；政教一立，暫遭凶年，不足爲憂。誠令隄防穿漏，萬夫同力，不能復救；政教一壞，賢智馳騖，不能復還。今隄防雖堅，漸有孔穴。譬之一人之身，本朝者，心腹也；州郡者，四支也。心腹痛則四支不舉，故臣之所憂在腹心之疾，非四支之患。臣以爲堅隄防，務政教，先安心腹，釐理本朝，雖有寇賊水旱之變，不足介意也。誠令隄防壞漏，心腹有疾，雖無水旱之災，天下固不可不憂矣。臣父故司徒臣郃受先帝厚恩，子孫不敢自比於餘隸，故敢依圖書悉心以對，不敢虚造。」扶風馬融獨對曰：「臣聞立天之道曰陰與陽，立地之道曰柔與剛。夫陰陽剛柔，天地所以立也。取仁於陽，資義於陰，柔以施德，剛以行刑，各順時月，以厚群生。帝王之法，天地設位，四時（伐）〔代〕序。〔三六〕王者奉順，則風雨時至，嘉禾繁植；天失其度，則咎徵並至，飢饉洊臻。今科條品制禁令，所以承天順民者備矣，悉矣，不可加矣。然而不平之（効）〔效〕，〔三七〕猶有咨嗟之怨者，百姓屢聞恩澤之聲，而未見惠和之實也。今從政者變忽法度，以殺戮威刑爲能〔咸〕〔賢〕。〔三八〕問其國〔首〕〔守〕相及令長何如，〔三九〕其稱之也，曰『太急』；其毀之也，曰『太緩』。夫急致寒，緩致燠，二者罪同，而論者許急，此陰陽所以不和也。復之之道，審察緩急之謗〔舉〕〔譽〕，〔四〇〕鈞同寒燠之罪罰，以崇王政，則陰陽和也。好惡既明，則宰官之吏知所避就。又正身以先之，〔不〕嚴以蒞之，〔四一〕不變則刑罰之。〔失〕〔夫〕知爲善之必利，〔四二〕爲惡之必害，孰能不化，則官良矣。臣聞洪範八政，以食爲首；周禮九職，以農爲本。民失耕桑，飢寒并至，盜賊之原所由起也。古之足民，仰足以養父母，俯足以畜妻子，然後敦五教，宣三德，則〔休〕嘉之化可致也。〔四三〕夫足者非能家給而人足，量其財用，爲其制度。故嫁娶之禮儉則婚姻以時矣，喪制之禮約則終者掩藏矣，不奪其時則農夫不失矣。夫妻子以累其心，産業以重其志，舍此而爲非者，雖有必不多矣。今則不然，此盜賊所以不息。誠使制度必行，禁令必止，則士者不濫。法式之外，百工不作無用之器，商賈不通難得之貨，農夫不失三時之務，〔各〕安所業，〔四四〕則盜賊消除，災害不起矣。」太史張衡對曰：「臣聞政善則休祥降，政惡則咎徵見，苟非聖人，或有失誤。昔成王疑周公而大風拔樹木，開金縢而反風至，天人之應，速於影響。故稱詩曰：『無曰高高在上，日監在茲。』間者京都地震，雷電赫怒。夫動靜無常，變改正道，則有奔雷土裂之異。自初舉孝廉，迄今二百歲矣，皆先孝行，行有餘力始〔革〕〔及〕文法。〔四五〕辛卯詔以能宣章句、奏案爲限，雖有至孝，猶不應科，此棄本而就末。曾子長於孝，然實魯鈍，文學不若游、夏，政事不若冉、季，今欲使一人兼之，苟外可觀，内（則）必有闕，〔四六〕則違選舉孝廉之（至）〔制〕矣。〔四七〕且郡國守相割符寧境爲大臣，一旦免黜十有餘人，吏民罷於送迎之役，新故交際，公私放濫，或臨政蒞民爲百姓取便，而以小過免之，是爲奪人父母使嗟號也。又察選舉，一任三府，臺閣祕密振暴於外，貨賂多行，人事流通，令真僞渾淆，昏亂清朝。此爲下陵上替，分威共德，災異之興，不亦宜乎！易『不遠復』，論『不憚改』，朋友交接且不宿過，況於帝王承天理物以天下爲公者乎！中間以來，妖星見於上，震裂著於下，天誡詳矣，可謂寒心。明者消禍於未萌，今既見矣，修政恐懼則轉禍爲福矣。」上覽衆對，以李固對爲第一。諸常侍悉叩頭謝罪，朝廷肅然。拜固爲議郎。權臣皆切齒於固，將加之罪，朝中名臣黄瓊等深救解之。歲中，梁商請爲從事中郎。商以后（父）輔政，〔四八〕柔和自守，内豎亂政，不能有所裁。固奏記於商曰：「今四海雲擾，背義趨利，父勸其子，兄勉其弟，皆先論價而後定位。夫致一賢則國賴其功，招一惡則天下被其害。數年已來，妖怪屢起，宫省之中，必有陰謀。將軍位尊世重，誠令王政一整，必享不朽之福。」商不能用。戊午，太尉龐參、司空（黄）〔王〕龔以災異免。〔四九〕六月，太常孔扶爲司空。丁丑，洛陽宣德亭地坼八十五丈。本志稱李固曰：「陰類專恣，將有分坼之象，其後中常侍專權忿争之應也。」八月己巳，大鴻臚施延爲太尉。冬十月，初隨月律作應鍾。

三年夏戊戌，大赦天下。賜民爵；八十已上米，人一斛；九十已上帛，人二匹，絮三斤。秋七月，羌寇（濮）〔漢〕陽。〔五〇〕冬十一月，羌寇武都。壬寅，司徒劉（愷）〔崎〕、司空孔扶以灾異免。〔五一〕己巳，大司農黄尚爲司徒，光禄勳王卓爲司空。

四年春二月丙子，詔曰：「自今中官得以養子爲後。」夏四月甲子，太尉施延以選舉貪汙免。戊寅，執金吾梁商爲大將軍，故太尉龐參爲太尉。商推誠實，不爲華飾。嘗病多藏厚亡爲子孫累，故衣裘車馬供用而已，租俸賞賜分與昆弟故舊。虚心下士，門無停賓。（儉）〔檢〕約宗族，〔五二〕親戚莫敢犯禁。朝廷由是敬憚之。在位所辟召皆四海英俊，其所招引推進如李固、周舉等數十人。時魏郡霍諝舅宋光爲人所誣引刊定詔書，繫洛陽獄，考訊楚毒。諝年十五，奏記於商曰：「諝聞春秋之義，原情定罪。傳曰：『人心不同，其若面焉。』斯蓋謂其天下窊隆廣狹高卑之形耳。至於鼻從目横，眉在眼上，未有不然者。人心異者，剛柔舒急倨敬之間。至於趣利避害，畏死樂生，亦復同也。諝與光骨肉之親，義有相隱，言光冤結，未有可信。請以人情平之：光衣冠子孫，徑路平易，位極州郡，日望徵辟，亦無瑕穢纖介之累，無故刊定詔書，欲何救解？就有所疑，當以道理求便，安能觸冒死禍，以解微細？譬諸附子療飢，酖毒止渴，未入腹胃，喉咽已絶，豈可爲哉！光不定制書，情既可原，臺閣執事，知而不治。吁嗟紫宮之門，泣血兩觀之下，傷和致災，爲害滋甚。明將軍德盛位尊，人臣無二，言行動天地，舉措移陰陽，誠肯留神省察，沛然信理，必有于公高門之福，和氣立應，天下幸甚。」商嘉謂辭意，即奏原光罪。閏月丁亥，日有蝕之。十二月甲寅，京都地震。詔百寮上封事，靡有所諱。

永和元年春正月己巳，大赦天下。詔問公卿：「北鄉侯宜加謚列昭穆與木主否？」群寮皆謂宜加謚。司隸校尉周舉議曰：「北鄉侯本非正統，姦臣所立，立未逾歲，年號未改，皇乾不祐，大命夭昏。孔子作春秋爲制，王子猛不稱崩，魯子野不書葬。北鄉無他功德，以王禮葬，於事已崇，不宜稱謚。」上從之。夏四月壬寅，追號皇后母開封君。冬十月丁未，永福殿火。〔五三〕〔十一月〕丙子，〔五四〕太尉龐參以久病策罷，故司空王龔爲太尉。（十月）武陵太守（王）〔奏〕蠻夷望上恩，〔五五〕請入貢，比漢民。議者以爲可聽，尚書令虞詡曰：「自古聖王不臣異俗，非德不能及，威不能加，以蠻夷獸心，貪婪難整，是故羈縻綏撫，受而不逆，叛而不追。今賦而稅之，必有怨叛，叛而伐之，必復興士衆。計其所得不償所費，必有後悔之不追。」上不從。詡字昇卿，陳國武平人。祖父經，爲獄吏，常（然）〔效〕于公之治獄。〔五六〕及詡之生，經曰：「吾雖不能及于公，子孫可至九卿。」故字曰昇卿。少失父母，與祖父母居。年十三，通尚書。國相見而奇之，欲以爲吏。詡曰：「祖母年九十，居貧，非詡無以供養。」乃止。

二年春，武陵蠻夷以貢非舊約，叛。三月乙卯，司空王卓薨。丁丑，光禄勳郭乾爲司空。夏四月丙申，地震。五月癸丑，山陽君宋（妖）〔娥〕有罪，〔五七〕歸里舍。秋七月，日南蠻反，交阯刺史樊演出討，失利，寇遂攻掠郡縣，上甚憂之。議者宜遣大將軍發荆、揚、兖、豫四萬人赴救，大將軍從事中郎李固議曰：「荆、揚安穩，發其吏救之可也。今荆、揚盜賊盤結，武陵、南郡〔蠻〕夷未集，〔五八〕長沙、桂陽數被徵發，難復擾動。其不可一也。兖、豫之民（間）〔聞〕萬里征役，〔五九〕無有還期，恐十五萬户不得一士，郡縣迫促，懼有叛亡。其不可二也。南州水土温暑，（如）〔加〕有瘴氣，〔六〇〕恐死者十四五，必道路奔散不能禁。其不可三也。士卒比到，萬里疲勞，不可復鬭。其不可四也。軍行三十里爲程，九千餘里，三百日乃到，計人日五升，用米十萬斛，〔六一〕尚不計將吏驢馬之食，但自致費（但）〔且〕若此。〔六二〕其不可五也。設使軍到，死亡者衆，不足當復益發，此爲刻割心腹而（樂）〔補〕四支。〔六三〕其不可六也。今二郡徒叛，還自相攻，但坐徵發之故，何況乃發四州赴萬里哉！其不可七也。前中郎將尹就使益州，益州諺曰：『虜來尚可，尹來殺我。』後就徵還，以兵付刺史張喬，因其民困，旬月破滅殄盡，此發將無益之效，州郡（不）可任之驗也。〔六四〕可但選有勇略仁惠以爲刺史、太守，勿與争鋒，以恩信招來，赦殺傷之罪，以息發軍。故并州刺史祝良性多勇決，及張喬前在益州，實有破虜之功，皆可任用也。文帝遣馮唐即赦魏尚〔爲〕雲中太守，〔六五〕〔哀帝〕就拜楚龔舍爲泰山太守。〔六六〕祝良等可用，皆宜即拜，便道之官。」於是拜祝(梁)〔良〕九真太守，〔六七〕張喬爲交阯太守，二郡即安。冬十月，行幸長安，祀陵廟。丁卯，京師地震。

三年春二月乙亥，京師地震。夏閏月己酉，京都地震。秋八月乙卯，太白晝見。本志以爲大將軍梁商父子貴盛之象也。己未，司徒黄尚以災異罷。九月癸酉，〔六八〕光禄〔勳〕劉壽爲司徒。〔六九〕十二月戊申，〔七〇〕日有蝕之，會稽九郡以聞，京師不見。

## 【校勘記】

〔一〕以阿黨權(臣)〔臣〕免　從南監本、龍谿本補。

〔二〕司徒李(郃)〔郃〕　從南監本、龍谿本改。

〔三〕尚書賈服　賈服，後漢書虞詡列傳作「賈朗」。

〔四〕遂(調)〔諷〕尚書奏詡　從南監本、龍谿本、學海堂本改。

〔五〕〔詔〕天下囚減死一等　從學海堂本補。

〔六〕受業者自(西)〔四〕方至　從南監本、龍谿本、學海堂本改。

〔七〕(筵)〔延〕問得失　從龍谿本、學海堂本改。

〔八〕(世)拜五官中郎將　從龍谿本、學海堂本删。

〔九〕〔葬〕於城北　從太平御覽一三七引續漢書補。
〔一〇〕秋七月丙戌　後漢書孝順帝紀作「甲戌」。
〔一一〕張朗（乃要）〔徼功〕　從後漢書班勇傳改。
〔一二〕夙夜（祇）〔怟〕懍　從南監本、龍谿本改。
〔一三〕漢陽都尉獻大珠　後漢書孝順帝紀作「桂陽太守文礱」。
〔一四〕太尉朱寵司空張皓以陰陽不和免　後漢書孝順帝紀作「太尉劉光、司空張皓免」。該紀又云永建二年秋七月壬午「太尉朱寵、司徒朱倀罷」。
〔一五〕〔九月〕癸酉　從後漢書孝順帝紀補。
〔一六〕以此（岨）〔準〕之　從龍谿本、學海堂本改。
〔一七〕〔詔〕天下繫囚　從學海堂本補。
〔一八〕長女（田次姬）〔曰妠〕　從後漢書皇后紀改。
〔一九〕則百祚之興也　太平御覽一三七引續漢書作「則百斯男之祚所由興也」。
〔二〇〕思天行之普達　達，太平御覽一三七引續漢書作「逮」。
〔二一〕（申）〔辛〕酉　從南監本、龍谿本、學海堂本改。
〔二二〕（抗）〔坑〕儒泯典　從南監本、龍谿本、學海堂本改。

〔二三〕政平（良）吏〔良〕　從南監本、龍谿本乙正。

〔二四〕責成於耳目　耳目，後漢書左雄列傳作「朞月」。

〔二五〕多言（數）術〔數〕占候之事　從陳璞校乙正。

〔二六〕後世爭爲圖（諱）〔緯〕之學　從龍谿本、學海堂本改。

〔二七〕（宗）〔宋〕娥爲山陽君　從學海堂本改。

〔二八〕上（遂）〔卒〕不從　從南監本、龍谿本、學海堂本改。

〔二九〕南陽（沮）〔涅〕陽人也　從南監本、龍谿本改。

〔三〇〕常以服勤不足學　陳璞校云「句疑有誤」。

〔三一〕不滿四十　後漢書左雄列傳作「年不滿四十」。

〔三二〕（覆）〔副〕之端門　從後漢書左雄列傳改。

〔三三〕昔顔淵子奇問一知十　後漢書左雄列傳此句無「子奇」，「問」作「聞」。

〔三四〕九卿位亞三（事）〔等〕　從龍谿本改。

〔三五〕以爲可（事）〔仕〕　從南監本、龍谿本、學海堂本改。

〔三六〕四時（伐）〔代〕序　從南監本、龍谿本、學海堂本改。

〔三七〕不平之（効）〔效〕　從南監本、龍谿本改。

〔三八〕以殺戮威刑爲能（咸）〔賢〕　從南監本、龍谿本、學海堂本改。

〔三九〕問其國（首）〔守〕相及令長何如　從南監本、龍谿本、學海堂本改。

〔四〇〕審察緩急之謗（舉）〔譽〕　從南監本、龍谿本、學海堂本改。

〔四一〕（不）嚴以莅之　從南監本、龍谿本删。

〔四二〕（失）〔夫〕知善爲之必利　從南監本、龍谿本、學海堂本改。

〔四三〕則〔休〕嘉之化可致也　從南監本、龍谿本、學海堂本補。

〔四四〕〔各〕安所業　從南監本、龍谿本、學海堂本補。

〔四五〕行有餘力始（革）〔及〕文法　從南監本、龍谿本、學海堂本改。

〔四六〕內（則）必有闕　從南監本、龍谿本、學海堂本删。

〔四七〕則違選舉孝廉之（至）〔制〕矣　從南監本、龍谿本、學海堂本改。

〔四八〕商以后〔父〕輔政　從南監本、龍谿本、學海堂本補。

〔四九〕司空（黄）〔王〕龔　從學海堂本改。

〔五〇〕羌寇（濮）〔漢〕陽　從後漢書孝順帝紀改。

〔五一〕司徒劉（愷）〔崎〕　從後漢書孝順帝紀改。　鈕永建校云：是時劉愷已卒，范書作「劉崎」是。

〔五二〕（儉）〔檢〕約宗族　從南監本、龍谿本改。

〔五三〕冬十月丁未永福殿火　後漢書順帝紀作「丁亥」「承福殿火」。

〔五四〕〔十一月〕丙子　從後漢書孝順帝紀補。

〔五五〕（十月）武陵太守（王）〔奏〕蠻夷望上恩　「十月」重出，逕删。王，從南監本、龍谿本、學海堂本改爲「奏」。

〔五六〕常（然）〔效〕于公之治獄　從南監本、龍谿本、學海堂本改。

〔五七〕宋（妖）〔娥〕有罪　從龍谿本、學海堂本改。

〔五八〕武陵南郡〔蠻〕夷未集　從後漢書南蠻列傳補。

〔五九〕兖豫之民（間）〔聞〕萬里征役　從南監本、龍谿本、學海堂本改。

〔六〇〕（如）〔加〕有瘴氣　從後漢書南蠻列傳改。

〔六一〕用米十萬斛　後漢書南蠻列傳作「六十萬斛」。

〔六二〕自致費（但）〔且〕若此　從學海堂本改。

〔六三〕刻割心腹而（樂）〔補〕四支　從後漢書南蠻列傳改。學海堂本作「藥四支」。

〔六四〕州郡（不）可任之驗也　從後漢書南蠻列傳删。

〔六五〕赦魏尚〔爲〕雲中太守　從後漢書南蠻列傳補。

〔六六〕〔哀帝〕就拜楚龔舍爲泰山太守　從後漢書南蠻列傳補。

〔六七〕於是拜祝（梁）〔良〕九真太守　從後漢書南蠻列傳改。

〔六八〕九月癸酉　癸酉，後漢書孝順帝紀作「己酉」。

〔六九〕光禄〔勳〕劉壽爲司徒　從後漢書孝順帝紀補。

〔七〇〕十二月戊申　戊申，後漢書孝順帝紀作「戊戌」。

# 兩漢紀下　後漢紀

## 孝順皇帝紀下卷第十九

四年春三月乙亥，京師地震。初，上之立，閹官之力也，由是寵之，始專政事，爭執權勢。中常侍張達等乃譖中常侍曹騰、孟賁與將軍商，〔一〕召諸王子請收之，上曰：「將軍父子我所親，必是共嫉之耳。」乃誅達等，辭及在位大臣。商上表曰：「春秋之義，功在元帥，罪在首惡，賞不僭濫，刑不淫濫，五帝三王所以致康乂也。竊聞考故中常侍張達等，語多所〔牽〕及大臣。〔二〕大獄一起，無辜者衆，非所以達和氣，平政化也。宜早決竟，以息逮捕之煩。」上從之。二月，以商少子虎賁中郎將不疑爲步兵校尉，商上書曰：「不疑童孺，猥處成人之位，是以寢不安席，食不甘味。昔者晏平仲辭鄁殿以守其富，公儀休不愛魚食以定其位。臣雖不才，亦願固福禄於聖世，故敢布腹心，觸罪歸誠。」上許之。以不疑爲侍中、奉車都尉。商疾邊吏失和，使羌戎不静。并州刺史來機、凉州刺史劉康當之官，商親喻之曰：

「戎狄荒服，蠻夷要服，言其荒忽無常。統領之道，亦無常法，臨事制（官）〔宜〕，〔三〕略依其俗。二君皆表素疾惡，欲分明白黑，孔子曰：『人而不仁，疾之已甚，亂也。』況戎狄乎！宜防其大惡，忍其小過。」機、康不從，羌戎擾動，機、康皆坐事徵。夏四月戊午，賜天下男子爵，各有差；鰥、寡、篤癃、不能自存者人粟五斛；貞婦帛，人三匹，九十已上人二匹。是時良二千石初有任峻、蘇章，後有陳琦、吴祐、第五訪之徒，海内稱之。峻字叔高，渤海蓨人也。爲劇令。洛陽自王奐之後，連詔三公特選，皆不稱職。峻以公能召拜，選文武吏，各盡其用，發剔姦盜不得旋踵，民間皆畏之，斷獄歲不過數十人。其威禁猛於王奐，而文理政教不如也。後爲太山太守。蘇章字孺（父）〔文〕，〔四〕京兆茂陵人也。〔五〕爲冀州刺史，勤卹百姓，摧破豪俠，坐免歸養，高於鄉里。時天下不治，民多悲苦，論者日夜稱章，朝廷遂不能復用之。陳琦字公魯，陳留人也。爲徐州刺史，時有盜賊，與吏士同寒苦，爭爲用。後遷琅邪相，天大旱，用功曹伏禹之言，條前相所賊殺無辜，齋戒設壇而祭之。數日，天下大雨。第五訪，字仲謀，京兆人也。初爲新都令，恩化大行，二年之間，〔六〕鄰縣歸之，户口十倍。遷張掖太守，民飢，米石數千，訪開倉廩賑之，不待上詔。謂掾吏曰：「民命在溝壑，太守權以救之。」由此一郡得全。朝廷降璽書嘉之。既而從輕騎循行田畝，勸民耕農，其年穀石百錢。後爲南陽太守，護羌、烏桓校尉，邊境伏其威信。

五年春二月戊申，京師地震。夏四月，南單于寇河西，天子（聞）〔開〕以恩信，〔七〕喻而降之。單于脱帽，辟帳謝罪。中郎將陳龜以單于無足可效，迫切令自殺，龜下獄。五月己丑晦，日有蝕之。秋七月，羌寇金城及三輔，將遣西師，謀元（師）〔帥〕，〔八〕僉曰：「（講）〔護〕羌校尉馬賢。」〔九〕大將軍梁商曰：「賢本西方斗筲之子，雖有割雞之效，然齒以老矣，不如太中大夫宋漢。」不從。丁丑，赦死罪以下及亡命贖罪各有差。八月，以弘農太守賢爲征西將軍，稽久不進。馬融知其將敗，上疏乞自效曰：「今雜種諸羌轉相鈔盜，宜及其未并，亟遣深入，破其支黨，而馬賢等處處留滯。羌胡百里望塵，千里聽聲。飲酒高會，不以爲慮，坐食穀米，未聞所擊，臣竊惑之。夫事不復校而可收名獲實，斯乃征討者之私便，非國家之公利也。臣聽輿人之頌云：『賢欲目前受降，使譁聲東聞，且懼士卒，將不堪命，有高克潰叛之變也。』臣又聞吳起爲將，暑不張蓋，寒不披裘，戎事不邇女器。今賢野次垂幕，珍肴雜遝，兒子侍妾，事與古反。臣兄弟受恩，誠私憤悒，鉛錫之（刃）〔刀〕，〔一〇〕以效一割之用。臣願請兵五千，纔加部隊之號，庶自率勵，與之齊勇。昔毛遂願處囊中，趙之厮養欲〔説〕燕，〔一一〕初爲衆笑，後效其功。臣託儒者，不便武職，猥陳此言，訪之群司，知當受虛誕之辜。唯加裁省。」不聽。融字季長，援兄子嚴之子也。兄續，博覽古今，同郡班固著漢書，（篇）〔缺〕其七表及天文志，〔一二〕有録無書，續盡踵而成之。融少篤學，多所通覽，大將軍鄧騭聞其才學，召爲舍人，非其好也，避地至涼州。會羌戎擾攘，邊穀踴貴，困厄甚，乃歎曰：「古人有言：『左手據天下圖，右手刎其喉，愚夫不爲也。』何則？生貴於天下。今以咫尺之耻而喪千金之軀，非老、莊之意也。」乃還應隲命。轉爲中郎，〔一三〕校書東觀十餘年，窮覽典籍，稍遷尚書、南郡太守，坐事髡徙朔方，遇赦還，爲議郎。融美才貌，解音聲，學不師受，皆爲之訓詁。弟子自遠方來受業者常千餘人。融外戚家，雖好儒術，而服飾甚麗，坐絳紗帳，侍婢數十，聲妓不乏於前，弟子以次相授，鮮有覩其面者。十一月，遣匈奴中郎將〔張耽〕將兵討南匈奴叛者，〔一四〕斬首二千餘級，叛者乞降。是時朝政多僻，競崇侈靡，侍中張衡上書曰：「臣伏惟陛下宣哲克明，繼體承天，中遭傾覆之變，以應潛龍之德。及乘雲高濟，盤桓天位，誠所謂將隆大任，必先倥傯之也。親履艱難，猶知物情。故能一貫萬機，無所疑惑。宜獲神祇之應，受黎庶之譽。而陰陽未知，災眚屢見。天道幽遠，成敗易覩，近世鄭、蔡、江、樊、周廣、王聖皆爲效矣。恭儉畏忌，必蒙（社）〔福〕祉；〔一五〕奢淫諂慢，鮮不夷戮。前事不忘，後事之師也。夫情勝其性，流遁忘返，豈惟不肖，中才皆然。苟非大賢，不能思義，故過結罪成。向使能瞻前顧後，援鏡自戒，則何陷於凶患乎！貴寵之臣，衆所屬仰，其有僭尤，上下知之。褒美誡惡，有心皆同，故怨讟溢乎四海，神明降其禍孽。頃年雨常不足，思求所失，則洪範所謂『僭恒陽若』也。懼群臣奢泰，昏迷典式，自下逼上，用速咎徵。又前年京都地震土裂，土裂者威分，地震者民擾也。君以靜唱，臣以動和，威自上出，不趣於下，禮之正也。竊懼君有厭倦，制不專己，恩不忍割，與衆共威。威不可分，德不可共。洪範曰：『臣有作福作威玉食，其害于而家，凶于而國。』天監孔明，雖疏不失。災異示人，前後數矣，未見所革，以復往悔。自非聖人，不能無過。願陛下思惟所見，稽古率舊，勿令刑德大柄，不由天斷。懲忿窒欲，事依禮制。禮制修〔則〕奢僭息；〔一六〕事合宜則無凶咎。然後神聖允塞，災沴不至矣。」衡雅〔以圖緯虛妄，非聖人之法，乃上疏曰：「臣聞聖人明審律曆以定吉凶，重之以卜筮，雜之以九宮，經天驗道，本盡於此。或觀星辰逆順，寒燠所由，或察龜策之占，巫覡之言，其所因者，非一術也。立言於前，有徵於後，故智者貴焉，謂之讖書。若夏侯勝、眭孟之徒，以道術立名，其所述著，無讖一言。〕〔一七〕劉向父子領校祕書，閱定九流，復無讖書。讖書出於哀、平之際，皆虛僞之徒以矯世取容，不可信也。」衡乃上書，（其）〔具〕陳讖不可用。〔一八〕衡字平子，南陽鄂人也。和帝世爲尚書郎。是時承平日久，天下奢泰，自王公至于庶人莫不逾制，故衡作二京賦諷焉。衡精微有文思，善於天文陰陽之數，由是遷太史令。衡作地動儀，以銅爲器，圓徑八尺，形似酒樽，合蓋充隆，飾以山龜鳥獸。樽中有都柱，旁行八道，施關發機，外有八方兆龍，首銜銅（九）〔丸〕，〔一九〕蟾蜍承之，其牙機巧制，皆隱樽中，張訖覆之以蓋，周密無際，若一體焉。地動搖樽，所從來龍機發則吐（九）〔丸〕，〔二〇〕蟾蜍張口受之，(九)〔丸〕聲振揚，〔二一〕(同)〔伺〕者覺知，〔二二〕，即省龍機，其餘七首不發，則知地震所起從來也，合契若神。自此之後，地動史官注記，記所從方起來，觀之者莫不服其奇。又作渾天儀。衡深歎揚雄太玄經，謂崔瑗曰：「觀太玄經，知子雲殆盡陰陽之數也。非特記傳之屬，實與五經相擬，漢得天下二百歲之書也。所以作者之數，必顯一世常然之符也。太玄四百歲其興乎！竭己之精思以揆其義，更使人難論陰陽之事。」久之出爲河間相。衡所著述皆傳於世。九月，太尉王龔以疾罷。初，龔患宦官之亂，上疏言其罪，宜罷(遺)〔遣〕逐之。〔二三〕宦官乃使客作飛章，欲陷龔以罪，詔太尉龔亟自實。從事中郎李固說大將軍梁商曰：「王公束脩勵節而受讒佞之患。夫三公尊重，舊典：不有大罪，不至輕問也。王公沈靜內明，若有他變，朝廷獲害忠良之名。語曰：『善人在患，(飯)〔飢〕不及餐。』〔二四〕宜救其艱。」商從之，由是得免。龔字伯宗，山陽高平人。安帝時爲司隸校尉，京邑肅然，有高(明)〔名〕於天下。〔二五〕初，龔夫人卒，龔與諸子並扶杖行服。是時山陽太守薛勤喪妻不哭，將殯，臨之曰：「幸不爲夭，復何恨哉！」議者兩譏焉。

六年春正月丙子，征西將軍馬賢討羌，到射姑山迴。〔二六〕三月庚午，〔二七〕司空郭虔久病策罷。丙午，太僕趙誡爲司空。〔二八〕秋八月丙午，大將軍梁商薨。初，商會於洛水，請從事中郎周舉，舉稱疾不行。商親昵皆會焉。倡樂既畢，終以薤露之歌，坐中皆流涕。舉聞而歎曰：「此所謂哀樂失時，非其所也。懼將有禍。」俄商疾困，移歸舊第，勑冀、不疑曰：「吾以無德，受恩深厚。生〔無〕補益朝廷，〔二九〕死必耗費帑藏，衣（食）〔衾〕（飲）〔飯〕含玉（神）珠〔神〕物，〔三〇〕無益朽骨，但增塵埃，我生平所不願。雖有聖人（神）〔之〕制，〔三一〕亦有權時之宜。方今邊境未寧，盜賊未息，朝廷用度常（若）〔苦〕不足。〔三二〕氣絶之後，便斂以時服，殯已便闔，闔（必）〔畢〕便葬。〔三三〕上無損於國，下從我本意。孝子善述人之志，忠臣每事依先公，必從吾言。使魂神有知，無恨於黄泉。」冀、不疑欲奉行，朝廷不聽，車駕親臨，謚曰忠侯。以河南尹冀爲〔大〕將軍，〔三四〕不疑爲河南尹。九月，羌寇武威。辛亥晦，日有蝕之。冬十一月，行車騎將軍、執金吾張喬兵屯三輔。

漢安元年春正月癸巳，大赦天下。二月丙辰，詔大將軍、公卿舉賢良方正、探賾索隱者各一人。夏六月，以匈奴立義王兜樓儲爲南單于，立於京師，公卿備位，使大鴻臚授印綬，引上殿，賞賜閼氏以下各有差。初，商病篤，上親臨幸，問以遺言。商對曰：「人之將死，其言也善。臣從事中郎將周舉，清高忠正，可重任也。」由是上拜舉諫議大夫。及是之時，連有變異，上思商言，召舉於顯親殿問之。舉對曰：「陛下初即位，遵修舊典，遠近肅然。頃年以來，稍違於前，朝多寵幸，禄不原德。府藏空匱，有瓦解之心。觀天察人，方古準今，誠可危懼。書曰『僭恒陽若』。夫僭差無度，則言不從而下不治；陽無以制，則上擾下竭。宜密嚴勑州郡，察强豪大姦，以時擒討。」於是下不循法，盜賊並起，殺長吏二千石，横行州郡，不能禁，歸罪刺史、二千石。上乃召舉與群議遣八使。秋八月，遣光禄大夫張綱、侍中杜喬等八人持節循行天下，表賢良，顯忠勤，貪汙有罪者雖刺史輒收以聞。喬等奉命而行，唯綱獨埋車輪於都亭不動，曰：「豺狼當路，安問狐狸！」遂上書曰：「大將軍梁冀、河南尹不疑蒙外戚之援，荷過厚之恩，以芻蕘之姿，居阿保之任，不能敷揚五教，翼贊日月，而專爲封豕長虵，肆其貪饕，甘心貨賄，縱恣無厭，多結諂諛，以害忠良。誠天威所不赦，大辟所宜加也。謹條其無君之心一十五事於左，皆忠臣之所切齒也。」書奏，京都振竦。時皇后内寵方盛，冀兄弟權重於主，諸梁姻族冠冕盈朝，上雖信綱言，然卒不罪冀。侍中杜喬奏免陳留太守梁讓、濟陽太守汜宫、濟北太守崔瑗贓罪狼籍，梁氏親黨也。薦泰山太守李固在郡忠能，徵固爲將作大匠。固亦方直不撓，好推賢士，上疏曰：「臣聞氣之清者爲精，人之清者爲賢。治身者以積精爲寶，治國者以積賢爲道。昔秦欲謀楚，遣使觀寶，楚王乃列其賢臣以爲國寶，秦使懼之，遂爲寢兵。魏文侯師子夏，友田子方，軾段干木之閭，群俊競至，名過齊桓，斯誠積賢之符(効)〔效〕也。〔三五〕陛下撥亂龍飛，初登大位，聘南陽樊英、徵江夏黄瓊、廣漢楊厚、會稽賀純，策書嗟歎，待以優位。是以巖穴幽人，肥遁之士，莫不彈冠振衣，樂爲時用，四海歡然，歸服聖德。自頃以來，漸更陵遲，諸侍中皆膏梁之餘，勢家子弟，無宿德名儒可顧問者。愚以爲瓊等久處郎署，已且十年，誠恨陛下隆崇於始而棄之於末也。光祿大夫周舉、侍中杜喬深沈正直，當世名臣，宜登常伯，豫聞國政者也。」天子納焉。大將軍梁冀怨張綱之奏己也，會廣陵賊張嬰殺刺史、二千石，冀以綱爲廣陵太守，若不爲嬰所殺，則欲以法繩之。前太守往，輒多請兵；及綱受拜，詔問：「當須兵幾何？」對曰：「無用兵爲。」遂單車之官，徑詣嬰壘門。嬰大驚，劇走閉壘。綱又於門外罷遣吏兵，獨留所親者十餘人，以書喻其長老素爲嬰所信者，請與相見，問以本變，因示以詔恩，使還嬰。嬰見綱推誠，即出見綱，綱延置上坐，問所疾苦。禮畢，乃喻之曰：「前後二千石多非其人，杜塞國恩，肆其私求，鄉郡遠天子，不能朝問之也，故民相聚以避害也。二千石信有罪矣，爲之者又非義也。忠臣不虧君以求榮，孝子不損父以求富。天子仁聖，欲文德以來之，故使太守來，思以爵祿相榮，不願以刑罰也。今誠轉禍爲福，若聞義不服，天子赫然發怒，大兵雲合，豈不危乎？今不料强弱，非明也；棄福取禍，非智也；去順效逆，非忠也；身絕無嗣，非孝也；背正從邪，非直也；見義不爲，非勇也。六者禍福之機也，宜深計其利害。」嬰聞泣曰：「荒裔愚臣，不能自通王室，數爲二千石所枉，不堪困苦，故遂相聚偷生，若魚遊釜中，知其不久，可且以喘息須臾耳。明府仁及草木，乃嬰等更生之澤也。愚戆自陷不義，實恐投兵之日，不免孥戮也。」綱曰：「豈其然乎！要之以天地，誓之以日月，方當相顯以爵位，何禍戮之有?」嬰曰:「苟赦其罪,得全首領,以就農畝,則抱戴没齒,爵位非望也!」嬰雖爲大賊,起於狂暴,自分必及禍,得綱言,曠若開明,乃辭還營。明日遂將所部萬餘人與妻子面縛謁綱,綱悉釋縛慰納,單車將嬰入營,置酒爲樂。大會月餘,撫循以意,莫不委心。謂嬰曰:「卿諸人積年爲害,一旦解散,方垂蕩然,當〔條〕名上(條),〔三六〕必受封賞。」嬰曰:「乞歸故業,不願復以穢名汙明時也。」綱以其至誠,乃各從其意,親悉爲安處居宅,子弟欲爲吏者聽之,不欲不强。爲吏則隨才任職,爲民則勸以農桑,四業並興,南州晏然。論綱功當封,爲冀所遏絶,故不侯。天子美其功,徵用之,疾病卒官,時年四十六,朝廷甚惜。嬰等三百餘人皆衰杖送喪,〔三七〕〔哀〕同考妣。〔三八〕封中常侍犨順爲列侯。冬十月辛未,太尉桓焉、司徒劉壽以災異罷。十一月,司隸校尉趙峻爲太尉,大司農胡廣爲司徒。十二月,封故征西將軍馬賢孫承光爲列侯,以賢死王事也。

二年冬十月辛丑,令郡國、中都官死罪繫囚犯大逆以下出縑贖罪。禁吏民無沽酒。十二月辛丑,死罪不能入贖者遣詣臨羌居〔作〕二歲。〔三九〕匈奴中郎將馬寔有功於邊,詔書褒獎,賜錢十萬。寔字伯騫,扶風茂陵人也。晝誦經書,夜習弓兵,希慕名流,交結豪傑,荷擔徒走不遠千里。山陽王暢知名當時,寔慕其名,故往之。暢欲觀其舉措,不即見,勑門曰:「行經日未旋。」〔四〇〕寔留住彌日,而故云「未還」。寔謂從者曰:「夫孝子事親,行不逾日,而至今不歸，非孝子也。」暢聞之，即引俱入，知其異士也。既入見其母，結好而退。寔臨退，執暢手曰：「太上立德，其次立功。幸俱生盛明之世，當垂名千載，不可徒存天壤之間。各遇當仁之功，勿相忘也。」歸舉孝廉，補尚書郎。西羌之難，王暢薦寔於執事，由是爲匈奴中郎將。

建康元年春，尚書僕射黄瓊上疏曰：「臣聞古之帝王，莫不敬恭神明，劬勞農事，必躬郊廟之禮，親籍田之勸，所以率先群萌，勉勸農功。昔宣王不籍千畝，虢公以爲大譏。伏惟陛下遵稽古之鴻業，體虔肅以應天，順時奉元，懷柔百神。雖詩詠成湯，書美文王，誠不能加。今廟祀適訖，而祈穀方至，恐左右忠孝，不欲屢勞聖躬，以爲親耕可廢。臣聞先王制典，籍田有日，司徒咸戒，司空除壇，所以迎氣東郊，以應時風。伏願陛下率群后冕旒三推，則和澤滂流，蒼生有賴。」上從之。夏四月辛巳，立皇子炳爲皇太子。大赦天下。賜男子爵各有差。上使中常侍高梵迎太子，不齎詔書，直詣承光宫，以車載太子出。太子太傅杜喬不能止，不知所爲。御史种暠適至，橫劍當車曰：「太子國之儲副，〔巨〕〔民〕命所繫。〔四一〕常侍來無詔書，何得將太子去，安知常侍非姦邪？今日之事，有死而已。」梵不敢争，遣詣尚書，得報乃聽。太子既至，上嘉暠持重，稱善者良久。秋八月，徐、揚州盜賊群起，遣御史中丞馮放督州郡兵討之。〔四二〕庚午，帝崩于玉堂，遺詔無起寢廟，衣皆以故，珠玉玩好皆不得下。是日太子即皇帝位，年二歲。太后臨朝，以太尉趙峻録尚書事。九月丙午，葬孝順皇帝於憲陵。尚書欒巴坐諫作陵不欲壞民冢下獄，免爲庶人。（丙午）京師地震，〔四三〕詔公卿、特進、校尉舉賢良方正、能直言極諫者各一人。皇甫規對策曰：「陛下聖德欽明，聞災責躬，咨嗟群寮，招延敢諫。臣得踐天庭，承大問，此誠臣寫憤畢命之期也。臣伏見孝順皇帝初勤王事，綱紀四方，天下欣然，幾以獲治。自後中常侍、小黄門（兄）〔凡〕數十人，〔四四〕同氣相求，如市賈焉，競思作變，導上以非。因緣嬖幸，受賂賣爵，分贓解罪，以攘天威。公卿以下至於佐吏，交私其門，終無紀極。頑凶子弟布列州郡，並爲豺狼，暴虐群生。天下擾擾，從亂如歸，至令風壞俗敗，招災致寇。今宜庭問百寮，常侍以下尤無狀者，亟便絀遣。與衆共之，披掃其黨，蕩滌其賄，以答天誡。大雅曰：『敬天之怒，無敢戲豫。』此之謂也。大將軍、河南尹處周、邵之任，爲社稷之鎮，加與王室舊有姻族，今日立號，雖尊可也。而天下區區，願其霈然增修謙節，省去游虞不急之費，減廬第無益之飾，近儒術，考論經書，輔佐日月，宜有至（劾）〔效〕。〔四五〕夫（朝）〔君〕者舟也，〔四六〕民者水也，朝之群臣乘舟人也，大將軍兄弟操楫者也。雖曰衆也，在所欲之，苟能卒志畢力，守遵常軌，以度元元，所謂福也。或乃怠弛中流，而捐棹放楫，將淪波濤，歸咎受愆，可不慎乎！臣生長邊遠，希步紫（微）〔庭〕，〔四七〕怖慴失守，言不盡心。」梁冀忿其間己，（第）〔以〕規對下第，〔四八〕拜郎中，託疾免歸。冬十一月，九江盜賊徐鳳稱上將軍，〔四九〕殺略吏民。己酉，令郡國死罪繫囚減死一等，徙邊戍。於是殤帝廟次在順帝下，鴻臚周舉議曰：「春秋：魯閔公無子，庶兄僖公代立，躋僖公於閔公上。孔子譏之，經書曰：『（大）〔有〕事于太廟，〔五〇〕躋僖公。』傳曰：『逆祀也。』至定公正而下之。孔子是之。經曰：『從祀先公。』爲萬代法也。殤帝在先，於親爲父，順帝在後，於親爲子，先後之義不可改，昭穆之序不可亂。」上不從。〔五一〕舉字宣光，汝南汝陽人也。聰敏多識，善屬文，學者爲之頌曰：「五經縱横周宣光。」初辟司徒椽，稍遷〔并〕州刺史。〔五二〕尚書令左雄薦舉爲尚書。俄而雄爲司隸，詔書選武猛任將帥者，選故冀州刺史馮直。直卒坐罪減死，又無武猛驗，舉劾奏雄。（之）〔後〕復爲尚書令。〔五三〕雄謂舉曰：「詔書使我選武猛，不使選清高。」舉曰：「詔書選武猛，不使君選貪汙也。」雄曰：「進君適所以自伐也。」舉曰：「昔趙宣子任韓厥爲司馬，厥以軍法戮宣子僕。宣子謂大夫曰：『可賀我矣。選厥也任其事。』今君不以舉之不才誤升諸朝，不敢阿君以爲君羞，不寤君之與宣子殊也。」雄謝而服之。舉公亮不撓，皆此類也。

【校勘記】

〔一〕中常侍張達　張達，後漢書孝順帝紀作「張逵」。該紀系此事於春正月。

〔二〕語多所〔牽〕及大臣　從後漢書梁統列傳補。

〔三〕臨事制（官）〔宜〕　從陳璞校改。

〔四〕蘇章字孺（父）〔文〕　從後漢書蘇章列傳改。

〔五〕京兆茂陵人也　後漢書蘇章列傳作「扶風平陵人」。龍谿本作「京兆杜陵人」。

〔六〕二年之間　二，後漢書循吏列傳作「三」。

〔七〕（聞）〔開〕以恩信　從南監本、龍谿本、學海堂本改。

〔八〕謀元（師）〔帥〕　從龍谿本改。

〔九〕（講）〔護〕羌校尉　從龍谿本、學海堂本改。

〔一〇〕鉛錫之（刃）〔刀〕　從南監本、龍谿本、學海堂本改。

〔一一〕趙之廝養欲〔說〕燕　從南監本、龍谿本、學海堂本補。

〔一二〕（篇）〔缺〕其七表及天文志　從南監本、龍谿本、學海堂本改。

〔一三〕轉爲中郎　後漢書馬融列傳作「校書郎中」。李賢注引謝承書及續漢書並云爲「校書郎，又拜郎中」。

〔一四〕遣匈奴中郎將〔張耽〕　從後漢書孝順帝紀補。又此事後漢書孝順帝紀於「夏五月」。

〔一五〕必蒙（社）〔福〕祉　從南監本、龍谿本、學海堂本改。

〔一六〕禮制修〔則〕奢僭息　從後漢書張衡列傳補。

〔一七〕〔以圖緯虛妄……無讖一言〕　此段原缺，其它各本亦缺。此從後漢書張衡列傳補。

〔一八〕（其）〔具〕陳讖不可用　從南監本、龍谿本、學海堂本改。

〔一九〕首銜銅（九）〔丸〕　從南監本、龍谿本、學海堂本改。

〔二〇〕機發則吐（九）〔丸〕　從龍谿本、學海堂本改。

〔二一〕（九）〔丸〕聲振揚　從龍谿本、學海堂本改。

〔二二〕（同）〔伺〕者覺知　從學海堂本改。

〔二三〕宜罷（遺）〔遣〕逐之　從南監本、龍谿本、學海堂本改。

〔二四〕（飯）〔飢〕不及餐　從南監本、龍谿本改。

〔二五〕有高（明）〔名〕於天下　從南監本、龍谿本、學海堂本改。

〔二六〕到射姑山迴　後漢書孝順帝紀作「賢軍敗没」。

〔二七〕三月庚午　庚午，後漢書孝順帝紀作「庚子」。

〔二八〕太僕趙誡爲司空　趙誡，後漢書順帝紀作「趙戒」。

〔二九〕生〔無〕補益朝廷　從龍谿本、學海堂本補。

〔三〇〕衣（食）〔衾〕（飲）〔飯〕含玉（神）珠〔神〕物　食，從後漢書梁統列傳改作「衾」。餘從龍谿本改。

〔三一〕雖有聖人(神)〔之〕制　從龍谿本、學海堂本改。

〔三二〕用度常(若)〔苦〕不足　從學海堂本改。

〔三三〕闕(必)〔畢〕便葬　從龍谿本、學海堂本改。

〔三四〕以河南尹冀爲〔大〕將軍　從後漢書孝順帝紀補。

〔三五〕積賢之符(効)〔效〕也　從龍谿本改。

〔三六〕當〔條〕名上(條)　從龍谿本乙正。

〔三七〕嬰等三百餘人　三，後漢書張皓列傳作「五」。

〔三八〕〔哀〕同考妣　從南監本、龍谿本、學海堂本補。

〔三九〕詣臨羌居〔作〕二歲　從後漢書孝順帝紀補。

〔四〇〕行經日未旋　旋，南監本、龍谿本作「還」。按「旋」「還」通。

〔四一〕(巨)〔民〕命所繫　從鈕永建校改。

〔四二〕御史中丞馮放　後漢書孝順帝紀作「馮赦」。

〔四三〕(丙午)京師地震　「丙午」重出，逕刪。

〔四四〕小黃門(兄)〔凡〕數十人　從南監本、龍谿本、學海堂本改。

〔四五〕宜有至(効)〔效〕　從龍谿本改。

〔四六〕夫（朝）〔君〕者舟也　從後漢書皇甫規列傳改。

〔四七〕希步紫（微）〔庭〕　從南監本、龍谿本、學海堂本改。步，後漢書皇甫規列傳作「涉」。

〔四八〕（第）〔以〕規對下第　從南監本、龍谿本、學海堂本改。

〔四九〕上將軍　後漢書孝沖帝紀作「無上將軍」。

〔五〇〕（大）〔有〕事于太廟　從後漢書周舉列傳改。

〔五一〕上不從　後漢書周舉列傳作「太后下詔從之」。

〔五二〕稍遷〔并〕州刺史　從後漢書周舉列傳補。

〔五三〕（之）〔後〕復爲尚書令　從龍谿本、學海堂本改。

# 兩漢紀下 後漢紀

## 孝質皇帝紀卷第二十 桓帝附

（元嘉）〔永熹〕元年春正月戊戌，〔一〕帝崩于玉堂。是時徐、揚州盜賊起，太后畏懼，欲徵諸國王侯到乃發喪。太尉李固曰：「帝雖幼弱，乃天下之君也。今日崩亡，百神感動，豈有臣子反共掩匿不舉哀邪？昔始皇崩於沙丘，胡亥、趙高隱而不發，詐定璽書以賜扶蘇，斂裹尸載鮑魚二千餘里。近安帝崩於葉，阿母王聖、耿珍、閻顯等遂倍濟陰，更議平原，載尸驅馳，還宮乃發。北鄉侯薨，閻后兄弟及江京等亦共隱秘，卒有孫程手刃之變。三主崩没，臣子掩蓋，日不移晷，旋受大禍。此天下之至忌，不可之至甚者也。」太后從之，即暮發喪。時清河王（森）〔蒜〕年二十餘，〔二〕最有名德，大臣歸心。固意欲立，謂冀曰：「今當立帝，宜擇長年明德，付以政事。願將軍審詳大計，陳平、周勃之引代王，霍光、安世之立宣帝，可以爲法。」初，章帝生千乘貞王伉，伉生樂安夷王胡，胡生嗣王鴻，鴻生建平侯續。〔三〕梁冀欲立幼主而專其權，與太后定策禁中。丙寅，〔四〕詔曰：「先帝早棄天下，胤嗣幼沖，何悟倉卒，仍遭不造。惟太后定之，考人神之誠，唯建平侯續幼而岐嶷，師傅不煩，年已八歲，克昌化之，形于體貌。春秋之義，爲人後者爲之子，其以續爲孝順皇帝嗣。」使（帝）〔冀〕持節迎續於都亭，〔五〕是日即皇帝位，太后臨朝。於是（蒜）〔蒜〕罷歸國，太尉固言於太后曰：「今東面有事，役費方興，新有（獻）〔憲〕陵之役，〔六〕百姓疲矣。大行皇帝尚幼，可於憲陵塋中造陵，依康陵之制，三分減一，以舒人力。」從之。太后以頻遭大憂，政之大小，悉委冢宰，是以固得盡心，多所匡正。數與梁冀違忤，由是疎之。己未，葬孝沖帝于懷陵。二月乙酉，大赦天下。賜男子爵，各有差；鰥、寡、孤、獨、癃、貧不能自存者粟，人三斛；貞婦帛，人二匹。三月，揚州盜賊馬勉自稱皇帝，〔七〕伏誅。夏五月丙辰，太后詔曰：「孝殤皇帝雖不永祚，即位踰年，君臣禮成。孝安皇帝承襲統業，而前世命恭陵爲康陵之上。追覽前代位第之宜，先後相踰。昔定公追順（祀）〔祀〕禮，〔八〕春秋善之。其令恭陵次康陵，憲陵次恭陵。」六月，鮮卑寇代郡，殺掠民吏。秋九月，庚戌，太傅趙（岐）〔峻〕薨。〔九〕冬十二月，九江盜賊華蓋自稱黑帝，〔一〇〕伏誅。

本初元年春正月，詔曰：「昔堯命四子，以欽天道，洪範九疇，休咎有象。夫瑞以和降，異以逆感，休徵應天，前聖所重。頃州郡輕慢，競逞殘暴，陷人（無）〔於〕罪。〔一一〕民罹其害，惡氣傷和，以致災（青）〔眚〕。〔二〕書曰：『明德慎罰。』方春東作，育養敬始。其勑有司，罪非殊死，且勿案驗，以崇在寬。」三月庚申，〔三〕詔曰：「九江、廣陵二郡俱罹寇害，殘夷最甚。民失農業，生者飢乏，死者委棄。昔之爲政，一物不得其所，若己（有）〔爲〕之。〔四〕今我元元，嬰此飢饉。方春賑貸掩骼之時，其調比郡見穀出廩，大小口各有差，收葬骸骨，悉心經營，以稱朕意。」夏四月，令將軍以下至六百石遣子詣太學試受業，滿歲課試，以高第五人補郎，次第五人太子舍人。六月丁巳，大赦天下。賜天下（異）〔男〕子爵，〔五〕各有差；鰥、寡、孤、獨、貧不能自存者粟，人三斛；貞婦帛，人三匹。閏月甲申，帝崩于玉堂。初，帝雖幼，知梁冀專權，頗以爲言，冀懼後不免，因行鴆毒。帝暴不預，太尉固入問疾，帝曰：「食煮餅，今腹中悶，得水尚可活。」冀曰：「吐利，不可飲水。」語未絕而崩。固號哭，欲推醫，冀不聽。固復欲立清河王（森）〔蒜〕，與大鴻臚杜喬言之於朝，衆皆同焉。初，章帝生河間王開，開生蠡吾侯翼，翼生志，梁冀以女弟配志，徵至京師。會帝崩，冀欲立志，逼于李固之議，至日暮而不定。中常侍曹騰聞之，恐，夜見大將軍冀曰：「將軍累世攝政，賓客縱橫，多有過差。清河王嚴明，若即位，將軍受禍不久矣。若立蠡吾侯，則富貴可保。」冀因言太后，定策禁中，先策免太尉李固。

袁宏曰：若李固者，幾古之善人也。將立昏闇，先廢李固。李固若存，則明必建，而天下弗違也。嘗試言之曰：夫稱善人者，不必無一惡；言惡人者，不必無一善。故惡(惡)極有時而(然)善，〔一六〕惡不絕善，中人皆是也。善不絕惡，故善人務去其惡；惡不絕善，故惡人猶貴於善。夫然，故惡理常賤，而善理常貴。今所以爲君子者，以其乘善理也，苟善理常貴，則君子之道存也。夫善殊積者物逾重，義殊多者世逾貴。善義之積一人之身耳，非有萬物之助而天下莫敢違，豈非道存故也。古之帝王恐年命不長，懼季世之陵遲，故辨方設位，明其輕重，選群臣之善以爲社稷之寄，蓋取其道存能爲天下正。嗚呼，善人之益，豈不大哉！於是司(空)〔徒〕胡廣爲太尉，〔一七〕司空趙誡爲司徒，太僕袁(陽)〔湯〕爲司空。〔一八〕太后詔曰：「孝質皇帝胤嗣不遂，奄忽夭昏。社稷之重，考宗室之賢，莫若蠡吾侯志，年已十五，嘉姿卓茂，又近爲孝順皇帝嗣。」庚寅，〔一九〕大將軍持節迎于夏門亭，是日即皇帝位。太后臨朝。太尉胡廣録尚書事。封帝弟名爲都鄉侯，悝爲蠡吾侯。秋九月，尊河間孝王曰孝穆皇(帝)，〔二〇〕趙姬曰孝穆皇后，蠡吾先侯曰孝崇皇，匽姬曰孝崇博園貴人。是歲，梁冀第池中船無故自覆，冀以問掾朱穆。穆對曰：「易稱：『利涉大川，乘木舟虛。』災異記曰：『利涉大川，濟渡萬民也。』舟船所以濟渡萬民，不絕遊戲。船覆者，天誡將軍以爲有德宰相當濟渡萬民於難，不可長念樂身務遊戲而已。」及帝即位，太后臨朝，穆素善推災異，欲輔道冀，以扶王室，乃奏記於冀曰：「宜專心公門，廣(求賢)能，〔二一〕斥逐邪惡。明年丁亥之歲，刑德合於乾位，易稱龍戰之會，其文曰：『龍戰于野，其道窮也。』謂陽將勝，而陰道負也。今年九月，天氣鬱冒，五位四候連失正氣，此互相明也。天地大驗，善道屬陽，惡道屬陰，若修正守陽，〔摧〕折陰類，〔二二〕則福從之矣。穆每事不逮，所好唯學，傳行師言，時有可試。願將軍少察〔愚〕言，〔二三〕申納諸家，而親其忠正，絶其姑息。夫人君不可不學，當以天地順道漸〔清〕〔漬〕其心。〔二四〕宜爲皇帝選置師傅及侍講者，得小心忠篤敦禮之士，將軍與之俱入，參觀講授，師賢法古，此猶倚南山而坐平原也，誰能傾之！」穆意欲言宦官，恐冀漏泄之，〔狀〕〔然〕不能已，〔二五〕復附以密記曰：「今年夏月〔運〕〔暈〕房星，〔二六〕明年又有小厄。當急誅姦臣爲天下所怨毒者，以塞天咎。議郎、大夫之位，本以試儒術高行之士，〔二七〕今多非其人。九卿之中，〔又〕〔有〕非任者。」〔二八〕穆又薦名士种暠、欒巴等。而其後劉文等謀反事起，有黄龍見沛國，於是冀以穆「龍戰」之言爲然，乃請暠爲從事中郎，薦巴爲議郎，舉穆高第，爲侍御史。穆自以冀故吏，數奏記諫曰：「今宦官俱用，〔益〕水〔益〕爲害。〔二九〕而京師之費十倍於前，河内一郡嘗調縑素綺縠纔八萬餘匹，今乃十五萬匹。官無見錢，皆出於民，民多流亡，皆虚張户口，户口既少，而無貲者多，當復割剥，公賦重斂。二千石長吏遇民如虜，或賣用田宅，或絶命捶楚，大小無聊，朝不保暮。又有浮遊之人稱矯賈販，不良長吏望爲驅使，令家人詐乘其勢。此類交錯不可分别，輒以託名尊府，結怨取讖。昔秦之末，不恤四方，近親市人，數如此故，以〔其〕〔爲〕安穩，〔三〇〕一旦瓦解，陳、項並起，至於土崩。近永和之末，人有離心，興徒發使，不復應命，懷糧廪兵，云當向雜，〔三一〕幸賴順烈皇后初政清浄，乃獲安寧。今民心事勢，復更戚戚，困於永和，撫安之急，誠在大將軍。先易二千石長吏非其人者，〔減〕廬第園池之作，〔三二〕距絶州郡貢獻，内以明己，外以解人之厄。今日行之，則今日從矣。」冀既貪放，而復納賂遺承事國家左右宦者，與之通爲姦利，任其子弟賓客以爲刺史、二千石。穆又奏記曰：「大將軍内有貴親之固，外有功業之重，誠不可復枉道散財以事左右近臣。宦者〔還〕〔選〕舉刑賞，〔三三〕有干典制，輒率公卿詣朝堂按其罪咎，則改節從訓，猶影響也。今反越津逾序，以大事小，以明事闇，從其過言，隨其失行。天下之事受其枉戾，傷損財物，壞亂綱紀，左右近官，並以私情干擾，天下雖大，而民無所容足也。〔餘〕尚可忍，〔三四〕官位之事，尤不可〔私〕，〔三五〕毒害流布，日夜廣遠。願大將軍省廢他事，十刻之間，考案古今官民之極，度數作趣，較然可見之。如不早悟，舟中之人，皆敵國也。若以穆輕愚，不信其言，可呼所親識古今者，請徵核其實，不可〔一日〕〔不〕誡，〔三六〕懼有後恨。」冀終不悟，報書云：「如此，僕亦無一可也？」其言雖切，然不甚罪也。初，大將軍商獻美人於順帝。美人姓友字通期，順帝以歸商，商不敢留而出嫁之，冀即遣客盜通期還。會商薨，冀行服於城西廬，常與之居。冀妻孫壽伺冀出，即多從倉頭，篡通期歸，治掠之，因言當上書告之。冀大恐，頓首請之於壽母，壽亦不得已而止之，遂幽閉通期。冀復私召往來，生子伯玉，匿不敢出。壽知之，使其子河南尹徹滅友氏家。〔三七〕冀恐壽害伯玉，常置複壁中，至年十五，冀被誅乃出。孫壽甚美而善（萬）〔爲〕妖惑，〔三八〕性鉗忌，能制御冀，冀不敢違。冀愛監奴秦（官）〔宫〕，〔三九〕官至太倉令，得出入壽所，每往來屏御者而私語，遂與（官）〔宫〕通，威振百寮，刺史、二千石皆謁辭之。冀用壽言，多斥奪諸梁在位者，外以爲謙讓。唯孫氏宗親相冒名爲侍中、中郎、校尉、守、長吏者十餘人，皆貪叨凶淫，使私客籍屬縣豪富大家，披以誹謗之罪，閉獄掠笞，使出錢自贖，不滿意者至於死（徒）〔徙〕，〔四〇〕哀號之聲滿天下。四方調發貢獻，半入冀家，先輸上第，而乘輿乃（問）〔用〕其次。〔四一〕又競上禮奉贄及吏民齎貨求官請罪者，道路相望。多遣賓客車騎出塞，交通外國，致汗血馬奇珍異物。因行道路，發取（妓）〔伎〕女御者，〔四二〕而所使人又乘勢横暴，略人妻妾，弄人婦女，毆撾吏卒，與盜賊無異。冀於洛陽城門内起甲第，而壽於對街起宅，競與冀相高。作陰陽殿，連閣通房，魚池釣臺。梁柱門户，銅沓紵漆，青瑣丹墀，刻鏤爲青龍白虎，畫以丹青雲氣。又采土築山，十里九坂，以象二殽，窮極工匠之巧。積（玉）金〔玉〕明珠充仞其中，〔四三〕起家（盧）〔廬〕，〔四四〕周環亦如之。又多規苑囿，西到弘農，東至滎陽，南及魯陽，北徑河渠，周旋千里。諸有山藪丘荒，皆樹旗，大題云「民不得犯」。又起苑於南城西，繚繞數十里，大興樓觀，發屬縣卒徒繕治，數年乃成。移檄發生兔，刻其毛以爲識，犯者罪至死。又發鷹犬於邊郡，部民護送，驅羊傳厨其食，募人求名馬至數千匹。西域嘗有賈客來，不知禁，誤殺一兔，轉相告言，死者十餘人。（而災）〔又妒〕害〔諸梁〕長者及諸弟，〔四五〕不欲令與己同。其不疑及蒙私遣人出獵上黨，冀聞，追捕其（追）〔賓〕客，〔四六〕一時殺三十餘人，無生還者。冀又起別第於城西以納姦亡命者寘其中，或取良民以爲奴婢，名曰「自賣民」，至千人，因負勢放縱，道市莫敢（聞）〔問〕者。〔四七〕冀與壽共乘輦，張羽蓋，飾以金銀，遊戲第中。賓客詣門不得通，請謝門者，門者累千金。十月，冀與壽及諸子相隨遊獵諸苑中，縱（作）酒〔作〕倡樂。〔四八〕

## 【校勘記】

〔一〕（元嘉）〔永熹〕元年　從後漢書孝冲帝紀改。

〔二〕清河王（森）〔蒜〕　從龍谿本、學海堂本改。以下「森」逕改爲「蒜」，不另出校記。

〔三〕建平侯續　續，後漢書孝質帝紀作「纘」。

〔四〕丙寅　後漢書質帝紀作「丙辰」。

〔五〕使（帝）〔冀〕持節　從後漢書孝質帝紀改。龍谿本、學海堂本作「使使持節」。

〔六〕新有（獻）〔憲〕陵之役　從後漢書李固列傳改。

〔七〕揚州盜賊馬勉自稱皇帝　後漢書孝質帝紀作「九江賊馬勉稱黃帝」。

〔八〕昔定公追順〔祀〕禮　從南監本、龍谿本補。

〔九〕太傅趙〔岐〕〔峻〕薨　從後漢書孝質帝紀改。

〔一〇〕九江盜賊華蓋　後漢書孝質帝紀作「歷陽賊華孟」。

〔一一〕陷人〔無〕〔於〕罪　從龍谿本、學海堂本改。

〔一二〕以致災〔青〕〔眚〕　從南監本、龍谿本、學海堂本改。

〔一三〕三月庚申　後漢書孝質帝紀作「二月庚辰」。

〔一四〕若己〔有〕〔爲〕之　從後漢書質帝紀改。

〔一五〕賜天下〔異〕〔男〕子爵　從南監本、龍谿本、學海堂本改。

〔一六〕惡〔惡〕極有時而〔然〕善　從陳璞校刪。

〔一七〕司〔空〕〔徒〕胡廣爲太尉　從後漢書孝質帝紀改。

〔一八〕太僕袁〔陽〕〔湯〕爲司空　從學海堂本、後漢書孝質帝紀改。

〔一九〕庚寅　後漢書桓帝紀作「閏月庚寅」。

〔二〇〕尊河間孝王曰孝穆皇〔帝〕　從後漢書孝桓帝紀刪。

〔二一〕廣〔求賢〕能　從後漢書朱穆列傳補。賢能，龍谿本、學海堂本作「庶能」。

〔二二〕〔摧〕折陰類　從龍谿本補。

〔二三〕少察〔愚〕言　從南監本、龍谿本、學海堂本補。

〔二四〕漸（清）〔漬〕其心　從南監本、龍谿本、學海堂本改。

〔二五〕（狀）〔然〕不能已　從龍谿本、學海堂本改。

〔二六〕夏月（運）〔暈〕房星　從南監本、龍谿本、學海堂本改。

〔二七〕本以試儒術高行之士　後漢書朱暉列傳作「本以式序儒術高行之士」。

〔二八〕（又）〔有〕非任者　從南監本、龍谿本改。

〔二九〕（螽）水〔螽〕爲害　從龍谿本乙正。

〔三〇〕以（其）〔爲〕安穩　從南監本、龍谿本、學海堂本改。

〔三一〕云當向雜　語不可解。龍谿本作「向雖」，亦不可解。陳璞校云「雜，疑作雒」。或是。

〔三二〕〔減〕盧第園池之作　從南監本、龍谿本、學海堂本補。

〔三三〕（還）〔選〕舉刑賞　從南監本、龍谿本、學海堂本改。

〔三四〕〔餘〕尚可忍　從南監本、龍谿本、學海堂本補。

〔三五〕尤不可〔私〕　從南監本、龍谿本、學海堂本補。

〔三六〕不可（一日）〔不〕誠　從南監本、龍谿本、學海堂本改。

〔三七〕河南尹徹滅友氏家　後漢書梁統列傳作「使子胤誅滅友氏」。

〔三八〕善(萬)〔爲〕妖惑　從龍谿本、學海堂本改。

〔三九〕監奴秦(官)〔宮〕　從龍谿本、學海堂本改。

〔四〇〕至於死(徒)〔徙〕　從南監本、龍谿本、學海堂本改。

〔四一〕乃(問)〔用〕其次　從龍谿本、學海堂本改。

〔四二〕發取(妓)〔伎〕女御者　古無「妓」字，當作「伎」。從中華書局標點本後漢書梁統列傳校勘記改。

〔四三〕積(玉)金〔玉〕明珠　從龍谿本、學海堂本乙正。

〔四四〕起家(盧)〔廬〕　從南監本、龍谿本改。

〔四五〕(而災)〔又妒〕害〔諸梁〕長者及諸弟　從南監本、龍谿本、學海堂本改。

〔四六〕追捕其(追)〔賓〕客　從龍谿本、學海堂本改。

〔四七〕道市莫敢(聞)〔問〕者　從南監本、龍谿本改。

〔四八〕縱(作)酒〔作〕倡樂　從南監本、龍谿本乙正。

# 兩漢紀下　後漢紀

## 孝桓皇帝紀上卷第二十一

建和元年春正月戊午，大赦天下。賜男子爵，各有差；鰥、寡、孤、獨、不能自存者粟，人三斛；貞婦帛，人三匹。二月，黄龍見譙。夏四月庚寅，京兆地震。以定策功，益封（太）〔大〕將軍梁冀萬户，〔一〕太尉胡廣爲安樂侯，司徒趙誡爲江南侯，司徒袁陽爲安國侯。六月，太尉胡廣以病（薨）〔罷〕，〔二〕光禄勳杜喬爲太尉。秋七月，立蠡吾侯悝爲勃海王。封少府梁不疑爲潁陽侯，不疑弟蒙爲西平侯，梁冀子胡狗爲襄邑侯，不疑子焉爲潁陰侯，冀孫祧爲城父侯。又封中常侍劉廣等爲列侯。太尉喬曰：「古之明君，皆以用賢賞罰爲務。失國之主，其朝豈無貞幹之臣、典誥之篇哉？患得賢不用其謀，韜書不施其教，聞善不信其義，聽讒不祥其理也。昔桀、紂之時，非無先王之書，折中之臣，然下愚難移，卒以亡國，已然之鑒也。陛下越從蕃王，〔三〕龍飛即位，應天順人，萬夫側望。〔四〕不急忠賢之賞，而先左右之封，傷善害德，讒諛暴興。大將軍梁冀兄弟姦邪傾動天下，皆有正卯之惡，未被兩觀之誅，而横見式叙，各受封爵，天下惆悵，人神共憤，非所爲賞必當功、罰必有罪也。夫有功而不賞，則爲善失其望；姦回而不誅，則爲惡遂其性。〔五〕故陳斧鉞而民不畏刑，班爵位而人不樂善。苟遂斯道，非徒傷治殄民，爲亂而已，至於喪身滅國，豈不慎哉！」喬字叔榮，河内林慮人也。少以孝悌稱，歷位尚書九卿，皆有名迹。是時梁氏貴盛，群臣莫不傾意，惟喬直道而行，在位者皆以爲不及也。八月，立皇后梁氏，太后之妹也。初，爲蠡吾侯妃，未及成禮，而帝即位，后入掖庭，數月，立爲皇后。九月，京師地震。甘陵人劉文謀立清河王蒜爲帝，蒜閉門拒文，事發覺，伏誅。貶蒜爲尉氏侯，徙桂陽郡，蒜自殺。冀於是誣太尉杜喬、故太尉李固與文通謀，喬、固皆下獄。固門生勃海王調等十餘人負鈇鑕詣闕理固。大將軍長史吴祐傷固之枉，與冀争之，冀怒不從。從事中郎馬融主爲冀作章表，融時在坐，祐謂融曰：「李公之罪成於卿手，李公若誅，卿何面目示天下人？」冀怒而起出，喬、固遂死獄中，郡守承旨殺之。固字子堅，漢中南鄭人，父郃，爲漢司徒。固躭志於學，雖三公子，常自負書千里尋師，親給灑掃。學行根深，無所不貫，四方之士自遠而來。僉曰「復至公輔矣」。初，固二子憲公、季公並爲長史，聞策免，皆棄官歸。固知罪之將及，乃命二公將小子燮還鄉里。固女文姬涕泣曰：「李氏滅矣！自太公已來，積德累仁，何故遇此？」密與二公謀共逃燮，

(室)〔託〕言還京師矣，〔六〕鄉人信之。後被郡書，二公皆受害。王成者，固之僕隸也，文姬厚爲其資，以燮屬成曰：「君執義於公家，其日久矣，是以臨危託君以六尺之孤。若李氏復存，君之名義齊於程、杵，富貴榮華與君同之。」成爲義士，乃將燮往徐州界，變姓名爲酒家僕，賣卜於市，陰相往來，會赦得免。而成病卒，燮厚葬之，四時祭焉。燮既歸，文姬涕泣相對，因屏人而言曰：「先公蹇蹇爲漢忠臣，雖死之日，猶生之年。然梁氏久暴，動協王威，令弟幸全血屬，豈非天乎！宜杜絶衆人，慎勿令斥言加於梁氏，加梁氏則連主上，連主上則禍重至矣。」燮敬從姊言，卒以獲全。燮學行才藝亞於固，官至京尹卒。吴祐，字季英，陳留長垣人。父恢，南海太守，欲漆簡寫尚書章句。時祐年十二，諫恢曰：「今君逾江、湖，越五嶺，僻在海邊，風俗雖陋，然多珍玩，上爲朝廷所疑，下爲權豪所望。此書若成，必載兼兩。昔馬援以薏苡興謗，王陽以衣囊儌名。嫌疑之戒，先賢所慎，願君少留意矣。」恢笑而撫其首曰：「吴氏世不乏季子矣。」遂然其意，輟而不寫。祐年二十喪父，服除，居無擔石之蓄，不受宗人之遺，牧豬長羅澤中。〔七〕年四十餘乃爲郡吏，舉孝廉，遷膠東侯相。政尚清静，以身率下，以褒賢賞善爲務。吏民有以罪過相告訴者，祐輒閉閤自責良久，然後問之。民有詞訟，先命三老、孝悌喻解之；不解，祐身至閭里自和之。自是之後，吏民不忍欺。十月，司徒趙誡爲太尉，司空袁湯爲司徒，故太尉胡廣爲司空。

二年正月甲子，皇帝加〔徽號〕〔元服〕。〔八〕庚午，大赦天下。賜王侯已下金帛，各有差。四月丙子，立都鄉侯予爲平原王。五月癸丑，北宮德陽殿火。六月，立徑城侯悝爲清河王，〔九〕改清河爲甘陵。七月，京師大水。十月，長平盜賊陳景自號爲「〔皇〕〔黄〕帝子」，〔一〇〕伏誅。

三年二月己丑，詔曰：「昔在前代，封墓軾閭，所以激忠厲俗，以光後昆。故光禄大夫周舉性侔夷、齊，直同史魚，入參讚納，出司京輦，有密静之風。予欽乃勳，將登三事，不幸夙終，朕甚惜焉！詩不云乎『肇敏戎功，用錫爾祉』。其賜錢千萬，以旌素節。」四月丁卯晦，雨肉大如手。〔一一〕本志曰：「視之不明，是謂不哲，時則赤祥。」雨肉，近赤祥也。是時太后攝政，梁冀專權，枉誅良臣李固、杜喬，天下寃之。十月，太尉趙誡以疾罷，司徒袁湯爲太尉。

和平元年正月甲子，大赦天下。己丑，太后詔曰：「曩者遭家不造，大禍薦臻。欽惟宗廟之重，社稷之大，爰立明哲，將即委授。而東南西北醜類未賓，故且總攝，助理萬機。今悉討除，遠慕復子明辟之義，其及今辰，皇帝稱制。」二月甲寅，皇太后梁氏崩。三月甲午，葬順烈皇后。乙酉，爵大將軍冀夫人爲襄城君。夏五月庚辰，尊匽貴人爲孝崇皇后，宫曰永樂，皆如長樂宫故事。以蕃后不得至京師，居真定五官。

元嘉元年正月癸酉，大赦天下。四月己丑，上微服幸河南梁不疑府。是日天大風，尚書楊秉諫曰：「臣聞瑞由德至，災應事興，傳曰：『禍福無門，唯人所召。』乃者暴風迅疾，殆必有異，上天不言，以災異譴告。是以孔子曰：『迅雷風烈，必有變動。』詩云：『敬天之怒，不敢驅馳。』王者至尊，出入有常，警蹕而行，清室而止，自非郊廟，鑾旗不駕。故詩稱『自郊徂宮』，易曰『王假有廟』，致孝享也。未有私從意志，日般遊諸臣之家，降尊亂卑，等威無別，宿衛守空宮，璽紱委女妾。設有非常之變，任章之謀，上負先帝，下悔靡及。臣奕世受恩，得備納言，又以薄學，充在勸講。特蒙光識，見照日月，恩重命輕，敢陳其愚。」大將軍冀怨秉，出爲扶風太守。初，秉侍講以經學見重，太常黄瓊以秉勸講帷幄，不宜外遷，留拜光禄大夫。當冀之時，抑而不用。十月，司空胡廣（薨）〔罷〕，〔三〕太常黄瓊爲司空。〔一三〕十一月辛巳，京師地震。詔百官上封事，靡有所諱，〔舉〕獨行之士各一人。〔一四〕安平崔寔，郡舉詣公事，稱病不對，退而論世事曰：「凡天下所以不治者，其患在世承平，政漸衰而不改，俗漸弊而不悟，習亂安危，忽不自覺。或耽荒嗜欲，不恤萬機；或悦衆言，莫知所從；或見信之臣，懷寵苟免，或疏遠之士，言以賤廢。是以紀綱弛而不振，智士（損）〔捐〕而不用。〔一五〕悲夫！自漢興以來，三百餘年矣。政令刓潰，上下懈怠，風俗凋弊，人民僞巧，百姓囂然，復思中興之功矣。救世之術，豈必堯、舜而治哉！期於紐絶拯撓，去其煩惑而已。是以受命之君，創制改物；中興之主，匡時補失。昔盤庚遷都以易殷民之弊，周穆改刑而正天下之失。俗人守古，不達權變，苟執所聞，忽略所見，焉可與論國家之事哉！故言事者，頗合聖聽，於今須有可采，輒見掎奪。何者？其頑士則闇於時權，其達者則寡於勝負，斯賈誼所以見悲於上世也。雖使稷、契猶不能行其志，而況下斯者乎！春秋之義，量力而舉，度德而行。今已不能用三代之法，故宜以霸道而理之，重賞罰，明法術。自非上德，嚴之則治，寬之則亂，其理然也。爲國之法，有似理身，平則致養，疾則〔致〕攻（治）。〔一六〕故德教者，治世之粱肉；刑法者，救亂之藥石也。今以德除殘，是猶粱肉治疾也，欲望療除，其可得乎？自數世以來，政多恩貸，御安轡馬而（忌）〔忘〕其銜，〔一七〕四牡橫馳，皇路險傾。必將鉗勒鞭撻以救奔敗，豈暇鳴鑾從容平路哉！」袁宏曰：觀崔寔之言，未達王霸之道也。常試言之：夫禮備者德成，禮順者情泰。德苟成，故能儀刑家室，化流天下；禮苟順，故能影響無遺，翼宣風化。古之聖人，知人倫本乎德義，萬物由乎化風，陶鑄因乎所受，訓導在乎對揚。崇軌儀於化始，必理備而居宗；明恭肅以弘治，則理盡而向化。斯乃君臣尊卑之基，而德和洽之本也。是以大道之行，上下順序，君唱臣和，其至德風教繫乎一人，政化行於四海，無犯禮而王迹彰矣。及哲王不存，禮樂凌遲，風俗自興，户皆爲政，君位且猶未固，而況萬物乎！於斯時也，臣子自盡之日，將守先王之故典，則元首有降替之憂；欲修封域之舊職，則根本無傾拔之慮。故忠奮之臣，推其義心，不忍其事，思屏王室，故有自下匡上之功，以卑援尊之事，雖失順序之道，然效忠之迹也。欲齊王體，則異乎承宣之美，欲同之不順，而終有翼戴之功。故聖人因事作制以通其變，而霸名生焉。春秋書齊、晉之功，仲尼美管仲之勳，所以括囊盛衰，彌綸名教者也。夫失仁而後義，必由於仁；失王而後霸，而致於霸必出於忠義。誠仁之不足，然未失其爲忠也。推斯以觀，則王霸之義於是見矣。初，上欲封大將軍梁冀，使公卿會議其禮，特進安樂侯胡廣、太常羊儒、司隸校尉祝恬、太中大夫邊韶等稱冀之德，宜比周公，錫之山川，封以附庸。司空黃瓊議曰：「昔周公輔相成王，制禮作樂，是以大啓土宇，賜以山川，郊祀天地，行天子禮，此百世未有，唯周公宜之耳。蕭何識高祖於泗上，霍光輔昭、宣於中興，皆益户增封，以顯其功。冀合食四縣，賞賜皆如霍光，使天下知賞必當功，爵不越德。」冀恨之，因地動策免瓊。丁亥，司空黃瓊以災異策免。是月，五色大鳥見己氏，時以爲鳳皇。本志以政理衰缺，梁冀專權，皆羽孽之異也。

二年正月丙辰，京師地震。四月甲寅，孝崇皇后崩，帝舉哀洛陽西鄉。有司奏：「禮爲人後，制服有降。公卿已下各差贈送之，禮儀比恭懷皇后。」是時大將軍梁冀輔政，匽氏無在位者。八月，黄龍見句陽，又見允（衙）〔街〕。〔一八〕十月乙亥，京師地震。

永興元年五月丙申，大赦天下。十一月丁丑，減天下人死罪一等。民飢，流亡數十萬口，〔一九〕詔所在賑給。太尉袁湯致仕。湯字仲河。初爲陳留太守，褒善叙舊，以勸風俗。嘗曰：「不値仲尼，夷、齊西山餓夫，柳下東國（默）〔黜〕臣，〔二〇〕致聲名不泯者，篇籍（浸）〔使〕然也。」〔二一〕乃使戶曹吏追録舊聞以爲耆舊傳。數年薨，追贈特進，謚曰康侯。子成，左中郎將，逢及隗並爲三公。太常胡廣爲太尉，太僕黃瓊爲司徒。

二年正月甲午，大赦天下。二月，初聽刺史、二千石三年喪。癸卯，京師地震。詔公卿舉賢良方正、能直言極諫者各一人。潁川荀淑對策，譏切貴幸，爲梁冀所忌，出爲朗陵侯相，吏民敬愛，稱爲神君焉。淑字季和。棄官隱居，以壽終。是時潁川鍾皓字季明，以德行稱，官至林慮長。初，皓爲本郡功曹，西門亭長陳寔未知名，皓獨敬異焉。皓初辟公府，太守問：「有誰可代君者？」皓曰：「明府必欲得其人，西門亭長陳寔可也。」自是名重海內。寔曰：「鍾君似不察人，不知何獨識我？」潁川李膺常嘆曰：「荀君清識難尚，鍾君至德可師。」皓之嫂，膺之姑也。有子曰覲，與膺同年，而並有令名。覲爲人好學慕古，有進退之行。膺祖太尉脩常言：「覲似我家性，國有道不廢，國無道免於刑戮者也。」復以膺妹妻之。覲屢被辟命，未嘗屈就。膺謂覲曰：「孟軻以爲『人無是非之心，非人也』。弟於是何太無皂白邪？」覲嘗以膺言告人曰：「元禮祖〔父〕在位，諸〔從〕並盛，〔二二〕又（諱）〔鍾〕公之甥，〔二三〕故得然乎？國武子好招人過以爲怨本，豈其（時）〔得〕保身全家？」〔二四〕袁宏曰：鍾生之言，君子之道，古之善人内修諸己，躬自厚而薄責於人。至其通者嘉善而矜不能，其狹者正身而不及於物。若其立朝，爲不得已而後明焉，事至而應之，非司人之短者也。如得其情，猶復託以藜蒸，使過而可得悔失，而自新之路長，君子道廣，而處身之途全矣。末世陵遲，臧否聿興，執銓提衡，稱量天下之人，揚清激濁，繩墨四海之士，於是德不周而怨有餘。故君子(之)道亢而無必全之體，〔二五〕小人途窮而有害勝之心，風俗凋薄，大路險巇，其在斯矣。六月乙丑，封乳母馬惠子初爲列侯。九月丁卯朔，日有蝕之。太尉胡廣免，司徒黄瓊爲太尉，光禄勳尹頌爲司徒。閏月，蜀郡盜賊李伯自稱太初皇帝，伏誅。

〔元〕〔永〕壽元年正月戊申，〔二六〕大赦天下。二月，司、冀民饑，人民相食，詔所在賑給各有差。時梁氏威勢傾天下，而上無繼嗣，災異數見，潁陰人劉陶上疏曰：「蓋人非天地無以寓生，天地非人無以爲靈，是故帝非民不立，民非帝不寧。夫天地之與帝，帝之與民，猶首之與足，相須而行，混同一體，自然之勢也。臣竊觀之，今玄象錯度，日月不明，地裂川溢，妖祥並興，胤嗣仍絶，民率流亡。昔夏癸由此而廢，商辛以斯而喪，若不悔痞，恐懼將無及矣。伏惟陛下年隆德茂，中天稱號，襲常存之爵，修不易之制，目不視鳴條之事，耳不聞檀車之聲，天災不卒有痛於肌膚，震蝕不卒有捐於己身。故篾三光之錯，不畏上天之怒，貽民飢之憂，忽震裂之變，輕無嗣之禍，殆國家之命，非所以彰美祖業、克保天祉者也。當今忠諫者誅，諛進者賞，嘉言結於忠舌，國命在於讒口，擅閻樂以咸陽，授趙高以車府。夫危非仁不扶，亂非智不救，故武丁得傅説，以消鼎雉之變，周宣用山甫，以濟(幽)〔夷〕、厲之荒。〔二七〕竊見冀州刺史朱穆、烏桓校尉李膺皆履正清修，貞介絶俗。穆前在冀州，彈糾豪桀，掃滅饕惡，肅清萬里，不仁者遠，雖山甫不畏强禦，誠無以逾也。膺前後歷職，正身率下，及掌戎馬，鎮撫北疆，神武揚于朔州，强胡懾於(漢)〔漠〕北，〔二八〕文既俎豆，武亦干戈，功遂身退，家無私積。斯則中興之良佐，國家之柱臣也。宜還本朝，夾輔王室，不合久屈閒曹，委於草莽。臣恐小人道長，遂成其敗，犯冒天威，〔二九〕言誠非議，知必以身脂鼎鑊，爲海内先笑，所學之事，將復何恨？不舉鬼谷之於東齊，習秦、儀之於周、魏，賈王孫於蜀都，交猗頓之貨殖，如此亦可以示王室之爵，置天地之位矣。臣始悲天下之可悲，今天下亦悲臣之愚惑矣。」書奏，上善其言。〔三〇〕六月，匈奴叛，中郎將張(涣)〔奂〕擊降之。〔三一〕太常韓縯爲司空。

二年春正月，初聽中常侍行三年喪。七月，鮮卑寇雲中。十月，京師地震。

三年春正月癸未，〔三二〕大赦天下。六月，司徒尹頌薨，〔三三〕司空韓縯爲司徒。是時有人上書，言人所以貧困者，貨輕也，欲更鑄錢。事下群臣及太學之士。時劉陶等在太學，議曰：

「(夫)〔伏〕讀鑄錢之詔，〔三四〕下及幽微，不遺窮賤，是以藿食之人敢懸書象魏，聽罪絳闕。蓋以爲當今之憂不在於此，在民有飢勞之怨，海内無耳目之變，乃箕子所爲佯愚而對也。

臣不達殷人佯愚之慮，欲於不問而言甲子之事，故念生鮮死，久復不敢極諫陳其要，請粗言生民之業。夫食者，有國之大寶，生民之至貴也。竊見比年已來，良苗盡於(螳)〔蝗〕螟之口，〔三五〕杼軸空於公孫之衣，〔三六〕野無青草，室如懸磬，所急朝夕之(湌)〔餐〕，〔三七〕所患靡盬之事，豈謂錢之(鉼)〔鍥〕薄、銖兩輕重哉？〔三八〕今議者不達農殖之本，多言鑄錢之便，或欲因緣行詐，以賈國利。國利將盡，取者爭競，故造鑄錢之端於是乎生。萬人鑄之，一人奪之，猶不能給。設令一人鑄之，則萬人奪之，雖以陰陽爲炭，萬物爲銅，役不食之民，使不饑之士，猶不足無厭之求也。陛下聖德，愍海内之憂，感天下之難，欲鑄錢齊貨以救其厄，此猶養魚於沸鼎之中，棲鳥於烈火之上。夫(火土湯)水〔木本〕魚鳥之所生，〔三九〕用之不時，必也焦爛。當今地廣而不得耕，民衆而無所食。群小競逐，呑噬無厭。誠恐卒有役夫窮匠，起於版築之間，投斤攘臂，登高大呼，則愁怨之人，狼跳虎駭，響應雲會，八方分崩，中夏魚潰。雖方尺之錢，不能救此。若不早寤，恐將及之。」上從之。

延(嘉)〔熹〕元年夏五月甲(戊)〔戌〕晦，〔四〇〕日有蝕之。京都蝗。六月，大赦天下。丙戌，初置博陵郡。(詠)〔誅〕侍中寇榮。〔四一〕榮，恂之曾孫。辯絜自善，少與人交，以此見害於貴寵。榮從兄子尚益陽長公主，帝又取其從孫女於後宮，左右益惡之。乃陷榮以罪，宗族遂免歸故郡。吏持之急，榮懼不免，奔闕自訟。未至，刺史張敬追劾榮以擅去邊，有詔捕榮。

榮亡命數年，會赦令，不得免，窮困，乃亡命山中，上書曰：「臣聞天地之於萬物也好生，帝王之於萬民也慈愛。陛下統天理物，作民父母，自生（育）〔齒〕已上，〔四二〕咸蒙德澤。而臣兄弟獨爲權門所嫉，以臣婚姻王室，謂臣將撫其背，奪其位，退其身，受其勢。於是造作飛章，被以臣宗，欲使墜於萬仞之坑，踐於必死之地，陛下忽慈母之仁，〔四三〕發投杼之怒。有司承旨，驅逐臣門。臣輒奔走本郡，没齒無怨。臣誠恐卒爲豺狼横見噬食，故冒死詣闕，披布肝膽。刺史張敬好爲諛諂，張設機牢，令陛下復興雷霆之怒。司隸校尉應奉、河南尹何豹、洛陽令袁騰三官並驅，若赴讎敵，威加亡罪，罰及朽骨，但未掘壙出骸，剖棺露胔耳。殘酷之吏，不顧無辜之害，欲使聖朝必加罰於臣宗。是以不敢觸突天威，而自竄山林，以（俟）陛下發神聖之聽，〔四四〕啓獨見之明，距讒慝之謗，絶邪巧之言，救可濟之民，援没溺之命。臣不意滯怒不爲春夏息，淹恚不爲順時怠，布告遠邇，求臣甚切，張羅海隅，置罝萬里，逐者窮人迹，追者極車軌，雖楚購伍員、漢求季布，無以復過也。自臣遇罰以來，三蒙赦令，無驗之罰，足以蠲除。而陛下疾臣逾深，有司咎臣甫力，止則見掃滅，行則爲亡虜，苟生則爲窮民，殛死則爲怨鬼，天廣而無以自覆，地厚而無以自載，蹈陸土有沈淪之憂，遠巖牆有鎮壓之患。精誠足以感天，而陛下不悟。如臣元惡大憝，足備刀鋸，陛下當班之市朝，坐之王庭，使三槐九棘平臣之罪。無緣〔至〕萬乘之前，〔四五〕永無見信之期也。勇者不逃死，智者不毁名，豈惜垂盡之命，願赴湘、沅之波。故假須臾之期，不勝首丘之情，欲犯(王)〔主〕怒、觸帝禁，〔四六〕伏於兩觀之下，陳寫痛毒之冤，然後登金鑊，入沸湯，雖死而不恨。悲夫，久生亦(後)〔復〕何聊賴！〔四七〕願陛下使臣一門頗有遺類，以崇天地寬厚之惠。謹先死陳情，臨章泣血。」上不省，遂滅寇氏。袁宏曰：寇榮之心良可哀矣，然終至滅亡者，豈非命也哉！性命之致，古人豈肯明之，其可略言乎。易稱「天之所助者」，信然。則順之與信，其天人之道乎！得失存亡，斯亦性命之極也。夫向之則吉，背之則凶，順之至也；推誠則通，易慮則塞，信之極也。故順之與信，存乎一己者也。而吉凶通塞，自外而入，豈非性命之理，致之由己者乎！夫以六合之大，萬物之衆，一體之所棲宅，猶秋毫之在馬背也，其所資因小許處耳，而賢者順之以通，不肖者逆之以塞，彼之所乘，豈異塗轍哉！致之在己，故禍福無門之殊應也。夫松竹貞秀，經寒暑而不衰；榆柳虛橈，盡一時而零落。此草木之性，脩短之不同者也。廉潔者必有貪濁之對，剛毅者必遇强勇之敵。此人事之對，感時之不同者也。咸自取之，豈有爲之者哉！萬物之爲，莫不皆然。動之猶己，應之在彼，猶影響形聲不可得而差者也。故君子之人知動靜，爲否泰，致之在己也。繕性治心，不敢違理，知外物之來，由内而至，故得失吉凶，不敢怨天。夫然遇泰而不變其情，遭否而不愠其心，未嘗非己，夫何悲哉！

二年三月甲午，絶刺史、二千石三年喪。六月，鮮卑寇遼東，度遼將軍李膺擊破之。膺字元禮，潁川襄城人。初爲蜀郡太守，威德並行，後轉護烏桓校尉。會匈奴攻雲中，殺略吏民，膺親率步騎臨陣交戰，斬首二千級。羌寇遠退，邊城安静，後以公事免官。天子賢劉陶之言，而嘉膺之能，遷度遼將軍。先時疏勒、龜兹數抄張掖、酒泉、雲中諸郡，吏民苦之，自膺在邊，皆不復爲害。匈奴、莎車、烏孫、鮮卑諸國常不賓附者，聞膺威名，莫不畏服，先時略取民男女皆送還塞下。遷河南尹、司隸校尉。膺風格秀整，高自標（特）〔持〕，〔四八〕欲以天下風教是非爲己任，後進之士有升其堂者皆以爲登龍門。七月，太尉黄瓊免，太常胡廣爲太尉。丙午，皇后梁氏崩。乙丑，葬懿獻梁皇后。於是梁冀專權，其同己者榮顯，違忤者劾死，百僚側目，莫不從命。省中咳唾之音，冀必知之。臺閣機事，先以聞冀，乃得奏御。内外恐懼，上下鉗口，而帝不得有所親任。上既不平之矣。冀以私憾專殺議郎邴尊，上益怒之。是時（豪）〔亳〕貴人見幸，〔四九〕冀嫉其寵，遣客夜盗其家，欲刺貴人母，母入宫求哀，因言冀之罪。八月癸酉，上問小黄門唐衡曰：「左右誰與冀不相得者？」衡曰：「單超、左悺前詣河南尹不疑，禮敬極簡，不疑收其兄弟送洛陽獄，二人詣謝而得免。徐璜、具瑗常私忿梁氏放横，口不敢言。」於是上呼超、悺入室，上曰：「梁將軍兄弟專朝，（追）〔迫〕脅外内，〔五〇〕公卿以下從其風旨。今欲誅之，於常侍意如何？」皆對：「誠爲國賊，當誅日久。臣等弱劣，未知聖意何如耳？」上曰：「審然者，常侍密圖之。」對曰：「圖之易耳，但恐陛下腹中狐疑。」上曰：「姦臣脅國，當伏其罪，復何狐疑！」於是令衡呼璜、瑗五人，遂於宅中定議，上齧超臂出血以爲盟。超等曰：「陛下今計已定，勿復更言，恐爲人所疑。」丁丑，冀心疑超等，使中黃門張惲入省宿，以防其變。瑗勑吏收惲，以自外來，謀圖不（輒）〔軌〕。〔五一〕於是帝幸前殿，召公卿勒兵，遣使者收冀大將軍印綬，更封北景都鄉侯。黃門令瑗將虎賁士千人，與司隸共捕冀宗親洛陽獄，無少長皆誅之。冀自殺，追廢懿獻后爲貴人。初上既與中官成謀，乃召尚書令尹勳使任其事。上素惡冀，倉卒恐不能辨，勳臨事明斷，甚有方略，冀既誅，上嘉其能。坐冀所連及公卿、列侯、校尉、刺史、二千石死者數十人，冀故吏、賓客免絀者三百餘人，朝廷爲之一空，唯光禄勳王躬、廷尉邯鄲義在焉。〔五二〕是時從禁中發，使者交馳道路，公卿失其度，州府、市朝、閭里鼎沸，數日乃定，百姓莫不稱快。冀財貨已充王府用，減天下租税之半。先時立名行高節之士多遭梁冀之害，免身苟容而已，莫敢潔去就矣。唯周協不屈其志，而獨能自免於難，故士以此服之也。協字巨勝，〔五三〕周舉之子。玄虛養道，以典、墳自娱。初以父任爲郎，自免歸。徵辟不就，杜門不出十餘年。及延（嘉）〔熹〕初，〔五四〕乃開門延客，遊談宴樂。是秋，梁冀誅，而協亦病卒，識者以爲知命。〔五五〕初冀之盛也，尚書陳霸上疏言其罪，請誅之。上不省。霸知爲冀所害，七日不食而死。戊寅，太尉胡廣、司徒韓纘以阿附梁冀減死一等。壬午，立皇后亳氏，實鄧后也。后即鄧香之女，香則禹之孫。初，后母（宜）〔宣〕起於微賤間，〔五六〕香生后，後適梁紀，故后冒姓梁氏。紀姊子孫壽，冀之妻也，進后入掖庭，有寵，立爲皇后。惡梁姓之同，改爲亳氏，封宣爲長安君，追尊香爲車騎將軍、安陽侯。宣子演，封南頓侯，位特進。后復姓鄧氏。徙宣爲昆陽君，演子康比陽侯，〔五七〕賞賜巨萬，封平梁冀之功也。白馬令李雲上書移副三府曰：「故大將軍梁冀雖持權日久，今得誅之，猶召家臣殪而殺也。而猥封謀臣萬户，高祖聞之得無見非，西北列將得無不事？孔子曰：『帝者，諦也。』今官位錯亂，小人日進，財貨公行，政治日消，是帝欲不諦乎？」上得雲奏，大怒，送雲黄門北寺，使中常侍管霸與御史、廷尉雜考之。弘農五官掾杜衆傷雲以忠獲罪，上書願與同日死。帝愈怒，遂并下廷尉。廷尉奏雲不遜，欲獲抗直之名，衆遠爲邀訴，皆大逆不道，請論如律。霸入奏，上在濯龍池，霸跪言曰：「雲野澤愚夫，衆郡中小吏，出於狂戇，不足加罪。」上謂霸曰：「使帝欲不諦，是何等語，而常侍欲原之耶？」顧小黄門吴伉可其奏。大鴻臚陳蕃上疏救雲曰：「臣聞所言雖不識禁忌干上，其意歸於憂國。但違將順之禮，禮譏暴諫。然亦有狂狷愚忠，不顧誅族（人）〔之〕禍者，〔五八〕古今有之。是以高祖忍周昌不諱之言，孝成皇帝赦朱雲腰領之誅，二主非不忿此二臣，以忠不思難，皆不罪之。今日殺李雲，天下猶言陛下誅諫臣，所以臣敢觸龍鱗也。」上不從。雲、衆死獄中，蕃免歸田里。袁宏曰：夫欲之則至，仁心獨行，人君之所易，人臣之所難也。動而有悔，希意（恂）〔循〕制，〔五九〕人臣之所易，人君之所難也。古之君臣，必觀其所易，而閑其所難，故上下恬然，莫不雍睦。逮于末世，斯道不存，君臣異心，上下乖違，各行所易，不顧其所難，難易之事交，而諫爭之議生也。夫諫之爲用，政之所難者也，處諫之情不同，故有三科焉。推誠心言之，於隱貴，於誠入，不求其功，諫之上也。率其所見，形於言色，面折庭爭，退無後言，諫之中也。顯其所短，明其不可，彰君之失以爲己名，諫之下也。夫不吝其過，與衆攻之，明君之所易，庸王之所難。觸其所難，暴而揚之。中諫其猶致患，而況下諫乎！故諫之爲道，天下之難事，死而爲之，忠臣之所易也。古之王者辦方正位，各有其事，在朝者必諫，在野者不言，所以明職分，別親疏也。忠愛心至，釋來而言者，王制所不禁也。無因而去，處言之地難，故君子罕爲也。十月，行幸長安，祠章陵。壬寅，中常侍單超爲車騎將軍。十二月，西戎犯塞，護羌校尉（段頴）〔段熲〕討之。〔六〇〕天竺國來獻。故太尉黃瓊爲太尉，光禄大夫祝恬爲司徒。詔曰：「太尉黃瓊清儉不撓，數有忠謇，加以典謀深奧，有師傅之義，連在三司，不阿權貴，疾風知勁草，朕甚嘉焉。其封瓊邟鄉侯。」瓊固讓，不聽。是時新誅梁冀，天下（相）〔想〕望異政，〔六一〕故瓊首爲三公，多奏州縣諸不法死徙者十餘人，海內翕然，副其耳目，上委任之。會單超等五侯擅權，瓊自度力不能制，乃稱疾不朝。上表曰：「臣聞天者務剛其氣，君者務强其政。是以王者居高履貴，則以德義爲首；臨危處難，則以忠賢爲助。故能長守萬國，保其社稷。而陛下即位以來，諸梁秉政，宦(堅)〔豎〕充朝，〔六二〕富擬王公，勢傾海内。言之者輒族滅，稱之者必〔顯〕榮(顯)。〔六三〕忠臣懼死而杜口，萬夫畏禍而括囊。故太尉李固、杜喬以直言干政，遂見殘滅，賢愚傷心。故白馬令李雲指言宦官，以忠獲罪，是使天下結舌，以忠爲諱也。徐璜、唐衡、單超、(貝)〔具〕瑗等於梁冀之盛，〔六四〕苟免相連，及其當誅，説以要賞。陛下不復澄清善惡，俱與忠臣尚書令尹勳等並時顯封，使朱紫不別，粉墨雜糅，所謂消金玉於沙礫，碎珪璧於泥塗。四方聞之，莫不叩心，傷陛下失賞於見誣，虧爵於姦臣。夫讒諛相(與)〔舉〕，〔六五〕無高而不升；阿黨相抑，無深而不淪。陛下年在方剛，聖慮未衰，願還既誤之封，折后族之勢。夫懷寶者須世，抱璞者待時，陛下誠能行臣所陳，則懷寶抱璞之徒，特將竭力致身以趨聖世。臣身輕任重，勤不補過，敢以垂死之年，陳不諱之言。」

三年正月丙(甲)〔申〕，〔六六〕大赦天下。丙午，車騎將軍單超薨。閏月，羌寇張掖，護羌校尉(段熲)〔段熲〕討之。〔六七〕五月甲戌，詔曰：「汝南太守張彪、故河南尹鮑吉與朕有潛龍之舊，皆封列侯。」六月辛酉，〔六八〕司徒祝恬薨，光禄勳种暠爲司徒。〔六九〕九月，泰山盜賊群起，十二月，〔遣〕中郎將宗資討之。〔七〇〕

## 【校勘記】

〔一〕益封(太)〔大〕將軍梁冀　從龍谿本、學海堂本改。

〔二〕胡廣以病(薨)〔罷〕　從後漢書孝桓帝紀改。

〔三〕越從蕃王　後漢書杜喬列傳作「越從藩臣」。

〔四〕萬夫側望　後漢書杜喬列傳作「萬邦攸賴」。

〔五〕爲惡遂其性　後漢書杜喬列傳作「爲惡肆其凶」。

〔六〕(室)〔託〕言還京師矣　從後漢書李固列傳改。

〔七〕牧猪長羅澤中　後漢書吴祐列傳作「長垣澤」。

〔八〕皇帝加(徽號)〔元服〕　從後漢書孝桓帝紀改。

〔九〕立徑城侯悝爲清河王　後漢書孝桓帝紀作「立安平王得子經侯理爲甘陵王」。

〔一〇〕陳景自號爲(皇)〔黄〕帝子　從學海堂本改。

〔一一〕四月丁卯晦　後漢書孝桓帝紀作「夏四月丁卯晦，日有食之」。「秋七月庚申，廉縣雨肉」。

〔一二〕司空胡廣(薨)〔罷〕　從後漢書孝桓帝紀改。

〔一三〕黄瓊爲司空　後漢書桓帝紀繫於十一月。

〔一四〕〔舉〕獨行之士各一人　從學海堂本補。

〔一五〕（損）〔捐〕而不用　從南監本、龍谿本、學海堂本改。
〔一六〕疾則〔致〕攻（治）　從南監本、龍谿本改。
〔一七〕而（忌）〔忘〕其銜　從南監本、龍谿本、學海堂本改。
〔一八〕又見允（衙）〔街〕　從後漢書孝桓帝紀改。李賢注：「允街，縣名，屬金城郡。」
〔一九〕民飢流亡數十萬口　後漢書孝桓帝紀繫於秋七月。
〔二〇〕柳下東國（默）〔黜〕臣　從南監本、龍谿本、學海堂本改。
〔二一〕篇籍（浸）〔使〕然也　從南監本、龍谿本、學海堂本改。
〔二二〕諸〔從〕並盛　從南監本、龍谿本、學海堂本補。
〔二三〕又（諱）〔鍾〕公之甥　從南監本、龍谿本、學海堂本改。
〔二四〕豈其（時）〔得〕保身全家　從南監本、龍谿本、學海堂本改。
〔二五〕故君子（之）道亢　從龍谿本删。
〔二六〕（元）〔永〕壽元年　從學海堂本改。
〔二七〕以濟（幽）〔夷〕厲之荒　從後漢書劉陶列傳改。
〔二八〕强胡懾於（漢）〔漠〕北　從南監本、龍谿本、學海堂本改。
〔二九〕犯冒天威　天威，龍谿本作「天顔」。

〔三〇〕書奏上善其言　後漢書劉陶列傳作「書奏不省」。

〔三一〕中郎將張（涣）〔奂〕擊降之　從後漢書孝桓帝紀改。

〔三二〕春正月癸未　癸未，後漢書孝桓帝紀作「己未」。

〔三三〕六月司徒尹頌薨　後漢書孝桓帝紀繫於冬十一月。

〔三四〕（夫）〔伏〕讀鑄錢之詔　從後漢書劉陶列傳改。

〔三五〕（螳）〔蝗〕螟之口　從南監本、龍谿本、學海堂本改。

〔三六〕公孫之衣　後漢書劉陶列傳作「公私之求」。

〔三七〕朝夕之（飡）〔餐〕　從龍谿本、學海堂本改。

〔三八〕豈謂錢之（鉼）〔鍥〕薄　從龍谿本、學海堂本改。

〔三九〕夫（火土湯）水〔木本〕魚鳥之所生　從後漢書劉陶列傳改。

〔四〇〕延（嘉）〔熹〕元年夏五月甲（戊）〔戌〕晦　從學海堂本改。

〔四一〕（詠）〔誅〕侍中寇榮　從南監本、龍谿本、學海堂本改。

〔四二〕自生（育）〔齒〕已上　從後漢書寇恂列傳改。

〔四三〕陛下忽慈母之仁　後漢書寇恂列傳「陛」上有「令」字。

〔四四〕以〔俟〕陛下發神聖之聽　從後漢書寇恂列傳補。

〔四五〕無緣〔至〕萬乘之前　從後漢書寇恂列傳補。

〔四六〕欲犯（王）〔主〕怒　從龍谿本、學海堂本改。

〔四七〕久生亦（後）〔復〕何聊賴　從南監本、龍谿本、學海堂本改。

〔四八〕高自標（特）〔持〕　從龍谿本、學海堂本改。

〔四九〕是時（豪）〔亳〕貴人見幸　從南監本、龍谿本、學海堂本改。

〔五〇〕（追）〔迫〕脅外內　從龍谿本改。

〔五一〕謀圖不（輒）〔軌〕　從南監本、龍谿本、學海堂本改。

〔五二〕唯光祿勳王躬廷尉邯鄲義在焉　後漢書梁統列傳作「唯尹勳、袁盱及廷尉邯鄲義在焉」。

〔五三〕協字巨勝　協，後漢書周舉列傳作「勰」。

〔五四〕及延（嘉）〔熹〕初　從陳璞校改。

〔五五〕識者以爲知命　後漢書周舉列傳作「蔡邕以爲知命」。

〔五六〕后母（宜）〔宣〕起於微賤　從南監本、龍谿本改。

〔五七〕演子康比陽侯　比陽侯，後漢書皇后紀作「沘陽侯」。

〔五八〕不顧誅族（人）〔之〕禍者　從南監本、龍谿本、學海堂本改。

〔五九〕希意（恂）〔循〕制　從龍谿本、學海堂本改。

〔六〇〕護羌校尉(段熲)〔段熲〕　從龍谿本、學海堂本改。
〔六一〕天下(相)〔想〕望異政　從南監本、龍谿本、學海堂本改。
〔六二〕宦(堅)〔豎〕充朝　從南監本、龍谿本、學海堂本改。
〔六三〕稱之者必〔顯〕榮(顯)　從龍谿本、學海堂本乙正。
〔六四〕(貝)〔具〕瑗等於梁冀之盛　從後漢書孝桓帝紀改。
〔六五〕夫讒諛相(與)〔舉〕　從後漢書黄瓊列傳改。
〔六六〕丙(甲)〔申〕　從南監本、龍谿本、學海堂本改。
〔六七〕護羌校尉(段穎)〔段熲〕討之　從龍谿本、學海堂本改。
〔六八〕六月辛酉　辛酉，後漢書桓帝紀作「辛丑」。
〔六九〕光禄勳种暠爲司徒　後漢書孝桓帝紀作「司徒盛允爲司徒」。延熹四年二月，「司徒盛允免，大司農种暠爲司徒」。
〔七〇〕〔遺〕中郎將宗資　從學海堂本補。

# 兩漢紀下　後漢紀

## 孝桓皇帝紀下卷第二十二

四年春正月辛丑，〔一〕南宮嘉德殿火。二月壬申，〔二〕武庫火。夏四月甲寅，〔封〕河間孝王（遷）〔開子博〕爲〔任城〕王。〔三〕五月，有星孛于大辰。丁卯，源陵長壽門火。〔四〕六月，羌寇金城、安定、漢陽、武威，殺吏民，中郎將皇甫規討羌，大破之。先是涼州刺史郭閎、漢陽太守趙喜、安定太守孫儁皆不任職，倚恃貴戚，有司不敢糾規，悉條奏其罪。羌人聞之翕然，乃喜，一時降者二十餘萬口。徵拜議郎。論功未畢，常侍左悺私求於規，規執正不許，悺遂以餘寇不絶收規下獄。學生張鳳等三百餘人守闕訟規，終不省，規竟坐論。會赦，復徵爲尚書。頃之，復爲中郎將，討梁、益叛羌有功，封喜城侯，固讓不受。規字威明，安定朝那人。初譏切梁氏，謝病歸，教授十餘年。冀既誅，旬月之間，禮辟五至，皆不就。公車徵，乃起爲太山太守。規好推賢達士，太傅陳蕃、太尉楊秉、長樂少府李膺、太守張奂，皆規所教授，致顯名於世。秋八月，關内侯以張掖、酒泉。〔五〕尚書令陳蕃薦五處士，曰：「臣聞善人者，天地之紀，治之所由也。詩云：『思皇多士，生此王國。』天誕俊乂，爲陛下出，當輔明時，左右大業者也。處士豫章徐稚、彭城姜肱、汝南袁閎、京兆韋著、潁川李曇，〔六〕德行純備，著于民聽，宜登論道，協亮天工，終能翼宣威德，增光日月者也。」詔公車備禮徵，皆辭疾不至。稚字孺子，豫章南昌人也。家貧，常自耕稼，非其衣不服，非其力不食。恭儉義讓，非禮不言，所居服其德化，道不拾遺。陳蕃嘗爲豫章太守，以禮請署功曹，稚爲之起，既謁而退。蕃饋之粟，受而分諸鄰里。舉有道，（起）家拜太原太守，〔七〕皆不就。諸公所辟雖不就，其有死喪者，負笈徒步千里赴弔，斗酒隻雞，藉以白茅，酹畢便退，喪主不得知也。初，稚少時遊國學中，江夏黃瓊教授於家，故稚從之，諮訪大義。瓊後仕進，位至三司，稚絶不復交。及瓊薨，當葬，稚乃往赴弔進酹，哀哭而去，人莫知者。時天下名士，四方遠近無不會者，各言「聞豫章徐孺子來，何不相見？」推問喪宰曰：「頃寧有書生來邪？」對曰：「先時有一書生來，衣麤薄而哭之哀，不記姓字。」僉曰：「必孺子也。」於是推選能言語者陳留茅季偉候與相見，酤酒市肉，稚爲飲食。季偉請國家之事，稚不答；更問稼穡之（家）〔事〕，〔八〕稚乃答之。季偉還爲諸君説之。或曰：「孔子云：『可與言而不與言，失人。』稚其失人乎？」郭林宗曰：「不如君言也。孺子之爲人也，清潔高廉，飢不可得食，寒不可得衣，而爲季偉飲酒食肉，此爲已知季偉之賢故也。所以不答國事者，是『其智可及，其愚不可及也』，何不知之乎？」是時宦豎專政，漢室侵亂，林宗周旋京師，誨誘不息。稚以書誡之曰：「大木將顛，非一繩所維，何爲棲棲，不遑寧處？」林宗感悟曰：「謹拜斯言，以爲師表。」姜肱字伯淮，彭城廣戚人。隱居静處，非義不行，敬奉舊老，訓導後進。常與小弟季江俱行，爲盜所劫，欲殺其弟。肱曰：「弟年稚弱，父母所矜，又未聘娶，願自殺以濟家弟。」季江復言曰：「兄年德在前，家之英俊，何害之？不如殺我。我頑闇，生無益於物，没不損於數，乞自受戮，以代兄命。」二人各争死於路。盜戢刃曰：「二君所謂義士。」棄物而去。肱車中尚有數千錢在席下，盜不見也，使從者追以與之。賊感之，亦復不取。肱以物已歷盜手，因以付亭長，委去。舉有道、方正皆不就。袁閎字夏甫，太傅安之玄孫。自安至閎四世三公，貴傾天下。閎玄静履真，不慕榮宦，身安茅茨，妻子御糟糠。父爲彭城（太守）〔相〕，〔九〕喪官，閎兄弟五人常步行隨柩車，號泣晝夜。從叔逢、隗並爲公輔，前後贈遺，一無所受，二公忿之。至於州府辟召，州郡禮命，皆不就。韋著字休明，京兆杜陵人。隱居講授，不修世務。李曇，字子雲，潁川陽翟人。少喪父，事繼母，繼母酷烈，曇奉逾謹，率妻子執勤苦，不以爲怨。曇身耕農以奉供養，得四時珍玩，未嘗不先拜而後進母。鄉里有父母者，宗其孝行以爲法度。徵聘不應，唯以奉親爲歡。

〔五年〕夏四月戊辰，〔一〇〕虎賁掖門火。五月，康陵園火。〔冬十月〕，〔一一〕武（陽）〔陵〕蠻夷反，〔一二〕車騎將軍馮緄討之。緄上書曰：「夫勢得容姦，伯夷可疑；不得容姦，盜跖可信。樂羊伐中山，反而語功，文侯示以謗書一篋。願請中常侍一人監軍財費。」尚書朱穆奏曰：「臣聞出郊之事，將軍制之，所以崇威信，合事宜也。即緄有嫌不當荷任，即緄無嫌義不見疑。樂羊戰國陪臣，猶賴見信之主，以全其功。況唐、虞之朝而有猜嫌之事哉？緄設虛端以自阻衞，爲臣不忠。」帝寢其奏。穆又上書言：「漢故事，中常侍或用士人。建武已來，乃悉用宦者。延平已來，寖益貴盛，假貂璫之飾，任常伯之職，天朝政事，一更其手，權傾天下，寵逼人主，子弟親戚，並荷職任，放濫驕逸，莫能禁御。無行之徒，媚求官爵，恃勢驕寵，漁食百姓。臣以爲可皆遣罷，率由舊章，博選天下清純之士達國體者，以補其虛。即陛下可爲堯、舜之君，衆僚皆爲稷、卨之臣矣。」上不從穆。後復見，口陳奏，上不悅。穆伏不起，左右叱穆出。於是宦者更共稱詔以詰讓，穆憤激發疽而卒。公卿以穆立節忠清，守死善道，宜蒙旌寵，以勸忠勤。乃追贈益州刺史。穆字公叔，南陽宛人。初爲冀州刺史，始濟河，長吏解印去者四十餘人。中常侍趙忠喪父，殮爲璵璠、玉匣。穆下郡考正，乃至發墓視屍。其家稱冤自訴，穆坐徵詣廷尉，髡輸左校。後得原歸家。頃之，朝臣多爲穆（怨）〔冤〕，〔一三〕由是徵命議郎、尚書。十一月，武陵蠻夷降。

六年春正月戊午，司徒种暠薨。大鴻臚許栩爲司徒。〔一四〕暠字景伯，河南洛陽人。父早亡，有財三千萬，暠皆以賑鄉里貧者，當時豪貴莫不遂識知之。年四十四，縣始召爲門下吏。時河南尹田歆外（生）〔甥〕王諶，〔一五〕名知人。歆謂之曰：「河南當舉六孝廉，皆得貴人書命，不宜相違，欲以五副之。自舉一清名堪成就者，上以報國，下以託子孫，汝助我索之。」諶答曰：「知臣莫若君，君爲二千石，當清察郡中，詢于賢良，諶安得知之？」歆曰：「郡中所送固凡庸耳，欲因汝之明（狀），〔一六〕〔求〕人之所不知而有奇者耳。」〔一七〕明日，諶東出送客，駐車太陽郭裏，見暠。還語歆曰：「爲君得孝廉矣。」問爲山澤，答曰：「洛陽門下吏也。」歆笑曰：「當得隱滯之（吏）〔夫〕，〔一八〕乃洛陽（夫）〔吏〕耶？」〔一九〕答曰：「夫異士不居山谷，但其居處異耳，德未必有也。處人間而有異而人不知，己獨知之，乃奇耳。若不相信，可召而與之言。」歆便於府召見於庭中，詰問職事長吏所施行。暠分別具對，皆有條理，乃署主簿功曹，舉孝廉，由是知名。二月戊戌，〔二〇〕大赦天下。夏四月辛亥，康陵東署大火。秋七月甲午，平陵園寢火。十月，上〔幸〕廣（城）〔成〕校獵。〔二一〕光禄勳陳蕃上書諫曰：「臣聞人主有事於苑囿，唯西郊順時講武，以殺（屬）〔禽〕助祭，〔二二〕盡孝敬之道也。違是則爲逸遊，肆樂情意。故皋陶誡舜曰：『無（敢）〔教〕遊逸。』〔二三〕周公誡成王曰：『無盤遊于田。』虞舜、成王猶有此誡，況德不及二主者哉！當今兵戎未戢，是陛下焦心坐而待旦之時也。而不以是，乃揚旌旗之耀，騁輿馬之觀，非聖賢卹民之意者也。」上不納。

七年春二月，太尉黄瓊薨。瓊字世英，江夏安陸人。清貞守正，進止必以禮。居宰相位，廉平公正，數納讜言，爲朝廷所重，上亦愍惜焉。贈車騎將軍、邟鄉侯印綬，謚曰昭侯。〔二四〕有孫曰琬。三月癸亥，殞石于右扶風。太常楊秉爲太尉。是時中常侍侯覽、（貝）〔具〕瑗驕縱最甚，〔二五〕選舉不實，政以賄成。秉奏覽等佞諂便僻，竊國權柄，召樹姦黨，賊害忠良，請免官理罪。奏〔入〕，〔二六〕尚書詰（椽）〔秉〕曰〔二七〕：「夫設官分職，各有司存。三公統外，御史察内。今越左右，何所依據？其開公具對。」秉便對曰：「除君之惡，唯力是視。鄧通失禮，申屠嘉召而責讓，文帝從而請之。漢故事，三公鼎司，無所不統。」尚書不能詰。上不得已，乃免覽官，瑗削國事。於是奏免刺史、郡守已下六十餘人，皆民之蠹也。夏四月乙丑，封皇后弟鄧庾爲育陽侯。秋九月，武陵蠻夷叛，寇掠數郡。荆州刺史度尚討之，將戰，（召）尚〔召〕治中別駕曰〔二八〕：「今後無轉輸，前有强敵。吏士捷獲已多，緩之則不肯力戰，急之則事情切迫，潛有逃竄。今與諸君俱處虎口，勝則功成，敗則無餘，爲之奈何？」諸從事者莫知所出。尚宣言曰：「今兵實少，未可進。當復須諸郡兵至，且各休息，聽其射獵。」軍中喜踴，大小皆出。尚密呼所親燔其積聚，獵者還，莫不涕泣。尚使人慰勞曰：「蠻人多寶，足富數世，諸卿但不併力耳。所亡何足介意！」其明旦，秣馬蓐食，徑赴（城）〔賊〕屯，〔二九〕

賊見尚晏然不圖，其吏士憤激，遂尅殄之。封〔右〕尚〔右〕鄉侯，〔三〇〕除一子爲郎。尚字博平，山陽湖陸人也。初爲上虞長，糾擿姦伏，縣中謂之神明。擢門下書佐朱俊，謂之幹世之才。俊後顯名，終如尚言。縣有孝女曹娥，年十四，父盱溺於江，不得尸，娥號慕不已，遂赴江而死，前後長吏莫有紀者。尚至官，改葬娥，樹碑表墓，以彰孝行。縣民故洛陽市長淳于翼學問淵深，大儒舊名，常隱於田里，希見長吏。尚往候之，晨到其門，翼不即相見。主簿曰：「還。」不聽，停車待之。翼晡乃見尚，尚宗其道德，極談乃退。其優賢表善，皆類此也。冬十月，行幸章陵，祠舊宅，遂有事於陵廟。戊辰，行幸於雲夢，臨〔漢〕水；〔三一〕〔還，幸新野，〕〔三二〕祠湖陽、新野公主、〔壽〕張敬侯、魯哀〔公〕〔王〕廟。〔三三〕是時勃海王悝驕慢僭侈，不奉法度，見上無子，陰有嗣漢之望。北軍中候史弼上疏曰：「臣聞帝王之於親戚，愛之雖隆，必示之以威禮；寵之雖貴，必示之以法度。如是，則和親之道興，骨肉之情固。昔襄王恣甘昭公，孝景皇帝驕梁孝王，二弟階寵，卒用悖慢，周有播蕩之禍，漢有袁盎之變。竊聞勃海王悝，恃至親之屬，藉偏私之愛，有僭慢之心，頗不用制度，外聚輕薄不逞之徒，內荒酒樂，出入無常，所與群居，皆家之棄子，朝之斥臣，有口無行，必有羊勝、伍被之類。州司不敢彈糾，傅相不能匡輔。陛下寬仁，隆於友于之義，不忍遏絕。恐遂滋蔓，爲害彌大。乞露臣奏，宣示百僚，使議於朝，明言其失，然後詔公卿平處其法。法決罪定，乃下不忍之詔。

臣下固執，然後少有所許。如是，則聖主無傷親之議，勃海長有享國之祚。不然，懼大獄將興，使者相望於道矣。」上以至親，不問其事。弼字公謙，陳留考城人。歷職忠謇，無所傾撓。自尚書爲平原太守，詔書下諸郡察黨人，時所在怖懼，皆有所舉，多至數千人，弼獨上言無黨人。從事主者坐問責曰：「詔書憎嫉黨人，懇極至諸郡皆有，平原何獨無？」弼對曰：「先王疆理天下，畫爲九壤，物土不同，風俗亦異。他郡自有，平原自無，胡可相比？若趨諾詔書，誣陷良善，平原之人皆爲黨乎？」從事大怒，奏弼罪，以贖免。遷河東太守。弼初至（鄉）〔郡〕，〔三四〕勑門下有請，一無所通。常侍侯覽遣諸生齎書求假鹽税及有所屬，門長不爲通，生詐稱自言者以見弼。弼怒，收付獄，即日考殺之。覽後以誣弼謗誹朝政，徵詣廷尉，論棄市。平原吏民走詣闕訟弼，得減死一等，刑竟歸田里。後數爲公卿所薦，拜彭城相。爲政務抑豪强，雖有縱放，然豪右斂手；小民有罪，率多恩貸。

八年春正月，使中常侍左悺之苦祠老子。上始好神仙之事。勃海王悝謀反，徙爲（定）〔廮〕陶王。〔三五〕丙申晦，日有蝕之。詔公、卿、校尉舉賢良方正各一人。河南劉淑對曰：「臣聞立天之道曰陰與陽，立人之道曰仁與義。故夫婦正則父子親，父子親則君臣通，君臣通則仁義立，仁義立則陰陽和而風雨時矣。夫吉凶在人，水旱由政。故勢在臣下則地震坤裂，下情不通則日月失明，百姓怨恨則水旱暴興，主人驕盈則澤不下流。由此觀之，君其綱也，臣其紀也。綱紀整則萬目張，君臣正則萬國理。故能父慈子孝，夫信婦貞，兄愛弟順。如此，則陰陽風雨時，萬物得所矣。」癸未，〔三六〕廢皇后鄧氏。后驕忌，喜與上所幸郭貴人更相譖訴，由是故以廢，憂死。親屬皆免歸本郡。三月辛巳，大赦天下。夏四月丁巳，壞諸淫祀。壬戌，河水清。五月丙戌，太尉楊秉薨。秉字叔節。少傳父業，隱居教授三十餘年，乃應司空之（命）〔辟〕，〔三七〕稍遷刺史、二千石。所歷皆有政迹，雖三公之子，經歷州郡，常布衣蔬食，老而不改。在公卿位，朝廷每有得失，便盡心正諫，退而削草，雖子弟不知也。秉不飲酒，早喪夫人，遂不復娶，所在以淳明稱。嘗曰：「我有三不惑：財、酒、色。」有子曰賜，亦顯行儒行。六月，匈奴寇邊，郎將度尚擊之。九月，京師地震。冬十月丙寅，太中大夫陳蕃爲太尉。〔三八〕蕃讓曰：「『不僭不忘，率由舊章』，臣不如太常胡廣；齊七政，訓五典，臣不如議郎王暢；文武兼資，折衝萬里，臣不如弛刑司隸李膺。」上不許。蕃又上書曰：「臣聞昔齊桓公任管仲，將正諸侯，先爲政令。今寇賊在外，四肢之疾耳。臣竊寢不能寐，食不能飽，憂陛下內政未治，忠言日疏。前梁冀五侯弄權，天啓陛下收而戮之，當時天下號爲小清。其前監未遠，旋起覆車之軌矣。往年地動、日蝕、火災，皆陰盛之應。願陛下割塞左右豫政之原，引納尚書朝省之事，簡練高潔，斥退佞邪。如此則天和於上，地洽於下矣。從陛下踐祚已來，大臣誰敢舉左右之罪？往者申屠嘉召鄧通，文帝遣詣嘉府，乃從而請之。三公之職，何所不統？但〔令〕〔今〕左右驕忿，〔三九〕欲令三公不得舉筆。臣蕃今擢自閭閻，特爲陛下日月所照，奈何受恩如臣，而當避難苟生，不敢正言？陛下雖厭臣毒言，人主有自勉强。」奏書，上不悦，愈以疾蕃。辛巳，立皇后竇氏。初，憲之誅，家屬廢爲庶民。武字游平，少有學行，常閑居大澤，不交世務，諸生自遠方來，授業百餘人，名聞關西。武生五男二女：長男紹，次機，次悋；長女妙，即后也。上以武三輔大族，武有盛名，后入掖庭，逾月立爲皇后。武甚不樂，輿疾至京師。拜武爲特進、城門校尉，封槐里侯。紹爲虎賁中郎將。武乃稱疾篤，固辭爵位。勃海盜賊蓋登自稱「太上皇帝」，伏誅。十二月，使中常侍管霸之苦祀老子。

九年春正月，沛國盜賊戴異自稱「上皇帝」，〔四〇〕伏誅。辛酉，太常胡廣爲司徒。三月辛巳，〔四一〕京師夜有火光，轉相驚譟。夏四月庚午，河水清。平原人襄楷詣闕上書曰：「臣聞天不言者，以文象設教。臣竊見往年五月，熒惑入紫微，犯帝座。其閏月，太白犯房、心。於占，天子凶。三月，洛陽城中夜無故云火光，人聲正諠。於占，皆不出三年，天子當之。春夏已來，皆有繁霜，皆用刑酷急不當罪使之然也。自陛下即位已來，誅寇氏、孫氏、鄧氏，其從坐者非一。李雲之死，天下知其冤也。自漢興已來，未有諫主被誅，用刑太深如今者也。昔文王能以一妻享十子之祚，今陛下宮女〔十〕〔千〕人，〔四二〕不如文王之一妻者，明刑重而無德也。臣聞布穀聞於孟夏，蟋蟀吟於始秋，物有微而至信，人有賤而必忠。臣雖極賤，思效愚誠，願賜清閑，極盡所言。」上即詔尚書召問，楷曰：「臣聞古者本無宦臣，孝武末，春秋高，數遊後宮，始置之耳。後稍見任，至孝順帝時遂益昌熾也。按天市内宦者四星不在太微中而在市中，明宦者但當侍坐，〔不〕得預内。今乃處古常伯之位，決謀於中，傾動内外，恐非天意也。」天子以楷章及對下有司，尚書奏：〔四三〕「自古有宦者之官，非近世所置。漢初張澤爲大謁者，佐絳侯；孝文使趙談參乘，而子孫昌盛。今楷不陳損益，而務析言破律，違背經義，僞託神靈。」於是論楷司寇。戊寅，特進竇武爲大將軍。〔四四〕武移病洛陽都亭，固讓至于數十，詔公車勿復通章。武惶恐，不得已就職。在公肅而不猛，其所交友，若陳仲舉、李元禮等，皆爲之論議而計政事焉。妻子惡衣食，車馬苟全而已，卑身正己，率宗族内外，僮僕莫敢違法者。六月庚午，〔四五〕祀老子濯龍中，用夜郊而樂。鮮卑、烏〔孫〕〔桓〕寇邊，〔四六〕匈奴中郎將張奐擊降之。自是宦者專權在位，子弟親屬及苟進之士連結依附以取榮寵，乘勢肆意，陵暴天下。於是善人君子懼，人倫虧廢，發憤忘難。初，陽翟令張輿，黄門張讓弟也，多殺無辜，贓餘千金。李膺初爲河南尹，收輿考殺之。尚書詰膺曰：「尹視事無幾，而多殺伐乎？」膺對曰：「昔孔子爲魯司寇，七日誅少正卯於兩觀之下。今臣列官已積二旬，〔四七〕私懼稽留爲愆，反獲速疾之譏。膺受之愬以關聖聽，自知罪死，期不旋踵。然臣愚計，乞留五月，〔四八〕尅殄元惡，然後退就湯鑊，始生之願也。」上不省，論輸左校。頃之，起家爲司隸校尉，振綱直繩，多所摧戮。河東太守單安、河內太守徐盛，中常侍單超、徐璜之弟也，憑寵干紀，瀆貨害政。沛國朱寓嘗爲司隸校尉，奏安、盛曰：「此等皆〔官〕〔宮〕豎昆叔，〔四九〕刀鋸之餘，橫蒙恩私，剖符三河，不能思展命力以答天地，敢張豺狼之口，吞噬百姓之命，罪深釁重，人鬼同疾。臣銜命操斤，翦其兇醜，輒考核贓罪，事皆伏。」上詔安、盛廷尉治罪。汝南人范滂，字孟博，郡召爲功曹，即〔騫〕〔褰〕衣就車，〔五〇〕急痛於時也。進善退惡，風教肅然。即中不便者，咸共疾之，所舉者謂之朋黨。後爲太尉黄瓊所辟，登車攬轡，有澄清天下之志。受詔冀州，〔百姓〕〔守令〕聞滂名，〔五一〕其有贓汙未發者，皆解印綬去。滂舉刺史、二千石二十餘人罪惡者，皆權豪之黨也。尚書詰滂曰：「所舉無乃猥多，恐有冤疑，其更詳核，勿拘於前。」滂對曰：「臣之所舉，自非饕穢姦罪，豈以汙臣簡札！臣以會日促迫，故先舉所聞，其未審者方當參實，以除凶類。臣聞農勤於除草，故穀稼豐茂；忠臣務在除姦，故令德道長。」滂覩時方艱難，知其志不行，乃投刺而去，於是〔中〕人恥懼，〔五二〕懷謀害正矣。山陽人張儉，字元節，以正直知州舉秀才，刺史非其人，謝病不起。太守翟超臨郡請爲東部督郵，儉解巾應之。儉舉劾中常侍侯覽前後請奪民田三百餘頃，第舍十六區，皆高樓，四周連閣，洞殿馳道周旋，類於宮省，豫作壽塚石椁，雙闕高十餘丈，以准陵廟，破人家居，發掘塚墓，及虜掠良人妻婦女，皆應没入。儉比上書，爲覽所遮截，卒不得上。儉行步至平陵，逢覽母乘軒，道從盈衢，儉官屬呵，不避路。儉按劍怒曰：「何等女子干督〔郵〕，〔五三〕此非賊邪！」使吏卒收覽母殺之，追擒覽家屬、賓客，死者百餘人，皆僵尸道路，伐其園宅，井堙木刊，雞犬器物，悉無餘類。覽素佞行，稱冤於上曰：「母及親屬無罪，横爲儉所殘害，皆大將軍竇武、前太尉〔掾〕范滂所諷。」〔五四〕上以儉郡吏，不先請奏，擅殺無辜，徵付廷尉。詔收儉，儉乃亡命逃竄，吏捕之急。儉與魯國孔褒有舊，後事發覺，儉走至東萊李篤家。督郵毛欽操兵至篤家，引欽就席曰：「明廷何爲枉駕自屈？」欽曰：「張儉負罪入君門，是以來耳。」篤曰：「儉負罪亡命，篤豈得藏之？若審在此，此人名士，明廷寧宜執之？」欽因起撫篤背曰：「蘧伯玉耻獨爲君子，足下爲仁義，奈何獨專美邪？」篤曰：「今欲分之，明廷載半去矣。」欽歎息而去。篤道儉經北海戲子然家，送入漁陽出塞，得免。其所經歷子然之徒皆伏誅，儉親屬内外並皆滅盡，於是佞幸内憾，媚上思報矣。初，河内張成，道術士也，知當大赦，使女殺人。〔五五〕李膺之爲司隸，收成殺之。是秋，覽等教成弟子牢順上書曰〔五六〕：「司隸李膺、御史中丞陳（蕃）〔翔〕、汝南范滂、潁川杜密、南陽岑晊等相與結爲黨，〔五七〕誹謗朝廷，迫脅公卿，自相薦舉。三桓專魯，六卿分晋，政在大夫，春秋所譏。」九月，詔收膺等三百餘人，其逋逃不獲者懸千金以購之，使者相望於道，其所連及死者不可勝數，而黨人之議始於此矣。上使中常侍王甫治黨事，太尉陳蕃曰：「所考者皆憂國患時，當官不橈，是何罪而乃爾邪？」不肯署名。上不從，遂皆下獄。獄吏曰：「諸人入獄者當祭皋陶酒。」范滂曰：「皋陶古之直臣。如滂無罪，當理滂於天；如其有罪，祭之何益！」衆人聞之，皆不祭。膺等皆三木囊頭，伏於階下，〔五八〕（王甫）〔滂〕次在後，〔五九〕因越前對。〔王甫〕問曰〔六〇〕：「合黨連群，必有盟誓，其所圖謀，皆何等邪？悉以情對。」滂曰：「竊聞仲尼之言『見善如不及，見不善如探湯』。欲使善善齊其清，惡惡同其汙，謂王政之所願聞，不悟反以爲黨。」王甫曰：「卿輩皆相拔舉，迭爲脣齒，其不合則見排擯，非黨而何？」滂乃仰天曰：「古之修善，自求多福，今之修善，乃陷大戮。死之日，願賜一畚，簿埋滂於首陽山側，上不負於皇天，下不愧於伯夷、叔齊。」甫爲之改容，即解桎梏，去囊頭。尚書霍諝以爲黨事無驗，表諫赦之，皆歸田里。滂發京師，道路迎者數千人。滂謂友人殷仲子、黄子敬曰：「今子相隨，是重吾禍也。」遂逃歸鄉里焉。陳留人夏馥，字子治，〔安〕貧樂道而不求當世。〔六一〕郡内多豪族，奢而薄德，未嘗過門，躬耕澤畔，以經書自娯，由是爲豪勢所非。而馥志業逾固，爲海内所稱，諸府交辟，天子玄纁徵，皆不就。嘗奔喪經洛陽，歷太學門，諸生曰：「此太學門也。」馥曰：「東野生希遊帝主之庭。」徑去不復顧。〔公〕卿聞而追之，〔六二〕不得而見也。黨事之興，馥名在捕中。馥乃髡鬚髮，易姓名，匿迹遠竄，爲人傭賃。馥弟静，駕車馬載絹餉之於溢陽縣客舍。〔六三〕

見馥顔色毁悴，不能復識也，聞其聲乃覺之。起，向之拜，馥避之不與言。夜至馥所，呼静語曰：「吾疾惡邪佞不〔與〕交通，〔六四〕以此獲罪。所以不耻飢寒者，求全身也，奈何載禍相餉也。」明旦各遂别去，以獲免。於是袁閎築室於庭。日於室中東向拜母，去前後門户。及母喪，亦不制服位。如此十五年，卒以壽終。是時太學生三萬餘人，皆推先陳蕃、李膺，被服其行。由是學生同聲競爲高論，上議執政，下譏卿士。范滂、岑晊之徒仰其風而扇之，於是天下翕然，以臧否爲談，名行善惡託以謡言曰：「不畏强禦陳仲舉，天下模楷李元禮。」公卿以下皆畏，莫不側席。又爲三君、八俊、八顧、八及之目，猶古之八元、八凱也。陳蕃爲三君之冠，王暢、李膺爲八俊之首，海内諸爲名節志義者皆附其風。膺等雖免廢，名逾盛，希之者唯恐不及涉其流者。時雖免黜，未及家，公府州郡争禮命之。申屠蟠嘗遊太學，退而告人曰：「昔戰國之世處士横議，列國之王争爲擁彗先驅，卒有坑儒之禍，今之謂矣。」乃絶迹於梁、碭之間，居三年而滂及難。袁宏曰：夫人生合天地之道，感於事動，性之用也。故動用萬方，參差百品，莫不順乎道，本乎情性者也。是以爲道者清净無爲，少思少欲，冲其心而守之，雖爵以萬乘，養以天下，不榮也。爲德者言而不華，默而有信，推誠而行之，不愧於鬼神，而况於天下乎！爲仁者博施兼愛，崇善濟物，得其志而中心傾之，然忘己以爲千載一時也。爲義者潔軌迹，崇名教，遇其節而明之，雖殺身糜軀，猶未悔也。故因其所弘則謂之風，節其所託則謂之流，自風而觀則同異之趣可得而見，以流而尋則好惡之心於是乎區別。是以古先哲王必節順群風而導物爲流之途，而各使自盡其業，故能班叙萬物之才，以成務經綸王略直道而行者也。中古陵遲，斯道替矣。上之才不能以至公御物，率以所好求物，下之人不能博通爲善，必以合時爲貴，故一方通而群方塞矣。夫好惡通塞，萬物之情也。背異傾同，世俗之心也。中智且猶不免，而況常人乎！故欲進之士，斐然向風，相與矯性違真，以徇一時之好，故所去不必同而不敢暴，則風俗遷矣。春秋之時，禮樂征伐，霸者迭興，以義相持，故道德仁義之風往往不絶，雖文辭音制漸相祖習，然憲章軌儀先王之餘也。戰國縱横，强弱相陵，臣主側席，憂在危亡，不曠日持久以延名業之士，而折節吐誠以招救溺之賓，故有開一説而饗執珪，起徒步而登卿相，而遊説之風盛矣。高祖之興，草創大倫，解褚衣而爲將相，舍介胄而居廟堂，皆風雲豪傑，屈起壯夫，非有師友淵深可得而觀，徒以氣勇武功彰於天下，而任俠之風盛矣。逮乎元、成、明、章之間，尊師稽古，賓禮儒術，故人重其學，各見是其業，徒守一家之説，以争異同之辯，而守文之風盛矣。自兹以降，主失其權，閹豎當朝，佞邪在位，忠義之士發憤忘難，以明邪正之道，而肆直之風盛矣。夫排憂患，釋疑慮，論形勢，測虚實，則遊説之風有益於時矣；然猶尚譎詐，明去就，間君臣，疏骨肉，使天下之人專俟利害，弊亦大矣。輕貨財，重信義，憂人之急，濟人之險，則任俠之風有益於時矣；然豎私惠，要名譽，感意氣，讎睚眦，使天下之人輕犯敘之權，弊亦大矣。執誠說，修規矩，責名實，殊等分，則守文之風有益於時矣；然立同異，結朋黨，信偏學，誣道理，使天下之人奔走爭競，弊亦大矣。崇君親，黨忠賢，潔名行，厲風俗，則肆直之風有益於時矣；然定臧否，窮是非，觸萬乘，陵卿相，使天下之人自置於必死之地，弊亦大矣。古之爲政，必置三公以論道德，樹六卿以議庶事，百司箴規諷諫，閭閻講肆以修明業。於是觀行於鄉閭，察議於親鄰，舉禮於朝廷，考績於所涖，使言足以宣彼我而不至於辯也，義足以通物心而不至於爲佞也，學足以通古今而不至於爲文也，直足以明正順而不至於爲狂也。野不議朝，處不談務，少不論長，賤不辯貴，先王之教也。傳曰：「不在其位，不謀其政。天下有道，庶人不議。」此之謂矣。苟失斯道，庶人干政，權移於下，物競所能，人輕其死，所以亂也。至乃夏馥毀形以免死，袁閎滅禮以自全，豈不哀哉！時諸黃門無功而侯者，大將軍竇武上表曰：「陛下即位以來，梁、孫、鄧、（毫）〔亳〕貴戚專勢，〔六五〕侵逼公卿，略驅吏民，惡熟罪深，或誅滅相續。以常侍黃門竊弄王命，欺罔競行，謗讟爭入，如忠臣李固、杜喬在朝，必竭忠奉之節，覺其姦萌，因造妖言，陷之禍門。陛下不察，加以大戮，寃感皇天，痛入后土，賢愚悲悼，小大傷摧。固等既歿，宦黨受封，快兇慝之心，張豺狼之口，天下咸言：『直如弦，死道邊；曲如鉤，封公侯。』謠言之作，正爲於此。陛下違漢舊典，謂必可行，自造制度，妄爵非人。今朝廷日衰，姦臣專政，臣恐有胡亥之難在於不久，趙高之變不朝則夕。臣實懷愚，不憚瞽言。使身死名著，碎體糞土，薦肉狐鼠，猶生之年，雖尊官厚禄，不以易之也。謹冒死陳得失之要凡七十餘條，伏惟陛下深思，臣言束骸候誅。」武數進忠言，辭旨懇惻，李膺等被赦，由武申救之也。

〔元〕〔永〕康元年春正月，〔六六〕西羌寇三輔，夫餘夷王寇玄菟。夏四月，中郎將張奂以南單于車兒不能治國事，上言更立左鹿蠡王都紺爲單于。詔曰：「春秋大居正，車兒一心同向化，何罪而黜？其遣還廷攝部落。」五月壬子晦，日有蝕之。六月甲寅，詔公、卿、校尉舉賢良方正各一人。潁川荀爽對策曰：「臣聞火生於木，故其德孝，漢之謚帝稱孝者，其義取此也。故漢制使天下皆講孝經，選吏能舉孝廉，蓋以孝爲務也。夫喪親，自盡孝之終也。今二千石不得終三年喪，恐非所以爲孝道而稱火德也。頃者胤嗣數乏，本枝不繁，其咎未必不由此。往者孝文勞謙自約，行過乎儉，故有遺詔以日易月，此謂夷、惠激俗適身而已，不可貫之萬世，〔爲〕後〔爲〕嗣德者也。〔六七〕雖古今損益，未能諒陰，可存其禮以示天下。又公卿、二千石皆輔主宣化，政之本也，而使不赴父母之喪，人義替矣。春秋傳曰：『上之所爲，民之歸也。』上使不爲，民或爲之，是以加罰。假若上之所爲，而民亦爲之，向其化也，又何誅焉？假使大臣皆不行三年之喪，何以責之？古者臣有大喪，則君三年不呼其門，可如舊禮，以美風俗。臣聞有夫婦然後有父子，有父子然後有上下，有上下然後有禮義。故夫婦之始，王教之端也。孔子曰：『天尊地卑，乾坤定矣。』書曰：『釐降二女于嬀汭。』言雖帝堯之女下嫁於虞，猶屈體降下，婦道於虞氏也。春秋之義，王姬嫁齊侯，使魯主之，不以天子之尊加諸侯也。今漢承秦法，設尚主之儀，以妻制夫，失陽唱之義，以卑臨尊，違乾坤之道。今誠改尚主之制，稱尊卑之性，則嘉瑞降天，吉符出地，是以萬物各得其叙矣。」書奏，爽即棄去之。〔六八〕庚子，〔六九〕大赦天下。秋八月，黃龍見巴郡。初，民就池浴相戲曰：「此中有黃龍。」因流行民間，太守上言，時史以書帝紀。是時政治衰缺，所居多言瑞應，皆此類也。本志曰：「瑞興非時則爲妖孽，爲言雖虛，此爲龍孽也。」冬十月壬戌，南宫平城内屋壞。十二月丁丑，帝崩于德陽殿。初，河南孝王生解瀆亭侯淑，淑生萇，萇生宏。帝崩無嗣，大將軍竇武召御史劉儵，儵盛稱宏於武。武與太后定策禁中，太后詔曰：「大行皇帝德配天地，光照上下，不獲胤嗣之祚，早棄萬國。朕憂心摧傷，追覽前代法，王后無適即擇賢，六親考德叙才，莫若解瀆亭侯宏，年十有二，嶷然有周成之質。春秋之義：爲人後者爲之子。其以宏爲〔大〕行皇帝嗣。」〔七〇〕使光禄大夫劉儵持節之國奉迎。

## 【校勘記】

〔一〕正月辛丑　辛丑，後漢書桓帝紀作「辛酉」。

〔二〕二月壬申　壬申，後漢書桓帝紀作「壬辰」。

〔三〕〔封〕河間孝王（遷）〔開子博〕爲〔任城〕王　從南監本、龍谿本、學海堂本改補。

〔四〕源陵　後漢書桓帝紀作「原陵」。

〔五〕關内侯以張掖酒泉　語殘缺不可解。諸本皆如此。

〔六〕豫章徐稚　稚，龍谿本、後漢書皆作「穉」。按「稚」、「穉」異體同義，通。

〔七〕（起）家拜太原太守　從後漢書徐穉列傳刪。李賢注：「家拜，就家而拜之也。」

〔八〕更問稼穡之（家）〔事〕　從南監本、龍谿本、學海堂本改。

〔九〕父爲彭城（太守）〔相〕　從後漢書袁安列傳改。按續漢書郡國志作「彭城國」。故此應爲「相」。

〔一〇〕〔五年〕夏四月戊辰　從後漢書孝桓帝紀補。

〔一一〕〔冬十月〕　從後漢書孝桓帝紀補。

〔一二〕武（陽）〔陵〕蠻夷反　從後漢書孝桓帝紀改。本卷下文亦作「武陵蠻夷」。

〔一三〕朝臣多爲穆（怨）〔冤〕　從南監本、龍谿本、學海堂本改。

〔一四〕大鴻臚許栩爲司徒　後漢書孝桓帝紀作「衛尉許栩」。

〔一五〕田歆外（生）〔甥〕　從學海堂本改。
〔一六〕因汝之明（狀）　從南監本、龍谿本、學海堂本刪。
〔一七〕〔求〕人之所不知　從南監本、龍谿本、學海堂本補。
〔一八〕隱滯之（吏）〔夫〕　從南監本、龍谿本、學海堂本改。
〔一九〕乃洛陽（夫）〔吏〕　從南監本、龍谿本、學海堂本改。
〔二〇〕二月　後漢書桓帝紀作「三月」。
〔二一〕上〔幸〕廣（城）〔成〕　從後漢書陳蕃列傳補「幸」，從後漢書孝順帝紀改「城」爲「成」。
〔二二〕以殺（屬）〔禽〕助祭　從後漢書陳蕃列傳改。
〔二三〕無（敢）〔教〕遊逸　從後漢書陳蕃列傳改。李賢注：「尚書咎繇謨曰『無教逸欲有邦』。」
〔二四〕謚曰昭侯　昭侯，後漢書黄瓊列傳作「忠侯」。
〔二五〕侯覽（貝）〔具〕瑗　從後漢書孝桓帝紀改。
〔二六〕奏〔入〕　從南監本、龍谿本、學海堂本補。
〔二七〕尚書詰（椽）〔秉〕　從南監本、龍谿本、學海堂本改。
〔二八〕（召）尚〔召〕治中別駕　從龍谿本乙正。
〔二九〕徑赴（城）〔賊〕屯　從後漢書度尚列傳改。

〔三〇〕封(右)尚〔右〕鄉侯　從龍谿本、學海堂本改。

〔三一〕臨〔漢〕水　從後漢書孝桓帝紀補。

〔三二〕〔還幸新野〕　從後漢書孝桓帝紀補。

〔三三〕〔壽〕張敬侯魯哀(公)〔王〕廟　從後漢書孝桓帝紀補改。

〔三四〕弼初至(鄉)〔郡〕　從南監本、龍谿本改。

〔三五〕徙爲(定)〔廮〕陶王　從後漢書孝桓帝紀改。

〔三六〕癸未　後漢書孝桓帝紀作「癸亥」。

〔三七〕乃應司空之(命)〔辟〕　從南監本、龍谿本改。

〔三八〕冬十月丙寅太中大夫陳蕃爲太尉　後漢書孝桓帝紀繫此事於秋七月。

〔三九〕但(令)〔今〕左右驕忿　從南監本、龍谿本、學海堂本改。

〔四〇〕自稱上皇帝　後漢書孝桓帝紀作「稱太上皇」。

〔四一〕三月辛巳　辛巳，後漢書桓帝紀作「癸巳」。

〔四二〕今陛下宮女(十)〔千〕人　從南監本、龍谿本改。後漢書襄楷列傳作「今宮女數千」。

〔四三〕〔不〕得預内　從南監本、龍谿本、學海堂本補。

〔四四〕特進竇武爲大將軍　後漢書竇武列傳延熹九年冬武拜城門校尉。孝靈帝紀建寧元年竇武爲大將軍。袁紀此處恐誤。

〔四五〕六月庚午　六月，後漢書孝桓帝紀作「秋七月」。

〔四六〕烏（孫）〔桓〕寇邊　從後漢書孝桓帝紀改。

〔四七〕今臣列官已積二旬　二，後漢書黨錮列傳作「一」。

〔四八〕乞留五月　月，後漢書黨錮列傳作「日」。

〔四九〕此等皆（官）〔宮〕豎昆叔　從龍谿本、學海堂本改。

〔五〇〕即（騫）〔褰〕衣就車　從南監本、龍谿本改。

〔五一〕（百姓）〔守令〕聞滂名　從學海堂本改。

〔五二〕於是〔中〕人恥懼　從南監本、龍谿本補。

〔五三〕何等女子干督〔郵〕　從學海堂本補。

〔五四〕前太尉〔掾〕范滂所諷　從學海堂本補。

〔五五〕使女殺人　後漢書黨錮列傳作「遂教子殺人」。

〔五六〕牢順上書　後漢書黨錮列傳作「牢脩」。

〔五七〕御史中丞陳（蕃）〔翔〕　從後漢書黨錮列傳改。

〔五八〕伏於階下　後漢書黨錮列傳作「暴於階下」。

〔五九〕（王甫）〔滂〕次在後　從後漢書黨錮列傳改。

〔六〇〕〔王甫〕問曰　從後漢書黨錮列傳補。

〔六一〕〔安〕貧樂道　從南監本、龍谿本、學海堂本補。

〔六二〕〔公〕卿聞而追之　從南監本、龍谿本、學海堂本補。

〔六三〕餉之於滏陽縣客舍　後漢書黨錮列傳作「追之於涅陽市中」。

〔六四〕吾疾惡邪佞不「與」交通　從南監本、龍谿本、學海堂本補。

〔六五〕鄧（毫）〔亳〕貴戚專勢　從龍谿本改。

〔六六〕（元）〔永〕康元年　從學海堂本改。

〔六七〕〔爲〕後（爲）嗣德者也　從南監本、龍谿本乙正。

〔六八〕爽即棄去之　後漢書荀爽傳作「爽即棄官去」。

〔六九〕庚子　後漢書桓帝紀作「庚申」。

〔七〇〕其以宏爲〔大〕行皇帝嗣　從南監本、龍谿本、學海堂本補。

# 兩漢紀下　後漢紀

## 孝靈皇帝紀上卷第二十三

建寧元年春正月己亥，上徵至。大將軍竇武持節迎于夏門亭，庚子，即皇帝位。以太尉陳蕃爲太傅，（以）〔與大〕將軍竇武（爲）〔及〕司徒胡廣録尚書事。〔一〕詔曰：「太傅陳蕃輔弼先帝，出納爲允，謇諤之節，宣于本朝。朕初踐祚，親授策命，忠篤之性，老而彌純。其封蕃爲高陽侯。」固讓不受，章十餘上，乃許。三月辛丑，〔二〕葬孝桓皇帝于宣陵。庚午，大赦天下。賜男子爵，孝悌、力田帛，各有差。夏四月甲午，〔三〕追尊祖解瀆亭侯淑爲孝元皇帝，考嗣侯萇爲孝仁皇帝，妃董姬爲愼園貴人。戊辰，以長樂衛尉王暢爲司空。五月丁未朔，日有蝕之。六月癸巳，録定策功封竇武、曹節等十一人爲列侯。八月，司空王暢以災異策罷，宗正劉寵爲司空。暢字叔茂，太尉龔之子也。初，暢爲南陽太守，設禁令，明賞罰。太守下車之後而故犯法者，發屋伐樹，塞井（移）〔夷〕竈，〔四〕豪强戰慄，晏開早閉，功曹張敞諫曰：「蓋聞諸經典，殷湯開三面之網，而四方歸仁；武王除炮烙之刑，而天下咸服。高祖創業，約法三章；孝文寬刑，號稱太宗。若夫卓茂、文翁之徒，皆去嚴刻，務崇温和。夫明哲之君，網漏吞舟之魚，然後三光明於上，民物和於下。愚謂舜舉皐陶，不仁者遠；隨會爲政，晋盜奔秦。治民在德，不在於刑。」暢於是崇寬慎刑，旌賢表德。暢以郡俗奢富，欲約己以矯之，乃衣大布，坐羊皮車，厩馬羸弊而不改之。同郡劉表時年十七，從暢受學。進諫曰：「蓋聞奢不僭上，儉不逼下，守道行禮，貴處可否之間。清不暴鱗，濁不汙泥，蘧伯玉耻獨爲君子。府君不希孔聖之明訓，而慕夷、齊之末操，無乃皎然自貴於世？」暢答曰：「昔公儀休在魯，拔園葵，去織婦；孫叔敖相楚，其子披裘刈薪。夫以約失之者鮮矣。聞伯夷之風者，貪夫廉，懦夫有立志。雖以不德，敢慕高風，且以矯俗也。」太后新攝政，政之巨細多委陳蕃、竇武，同心戮力，以獎王室，徵用天下名士參政事，於是天下英雋知其風指，莫不人人延頸（相）〔想〕望太平。〔五〕其後中常侍曹節與上乳母趙嬈求謟於太后，太后信之。數出詔命有所封拜，蕃、武每諫不許。會有日蝕之變，蕃謂武曰：「昔蕭望之爲石顯所殺，李、杜禍及妻子。有一石顯，望之尚爲之死，况數十人邪？趙夫人旦夕亂政，其患最甚。蕃以餘年，請爲將軍除之，因災之變以除佞臣，誰曰不可？」武亦謀之，深納蕃言。乃言之於太后曰：「故事，内官但典門户，給事左右而已。今乃參政事，貴顯朝廷，父子兄弟並在列位。

天下匈匈，多以爲患，今可悉除之。」太后曰：「此皆天所生，漢元以來世世用事，國之舊典，何可廢也？但誅其惡耳。」武性詳重，疑而未決。是時太白犯上，將星又入太微。侍中劉瑜素善天文，與蕃書曰：「星辰錯亂，不利大臣，前所謀者事，宜速斷之。」蕃、武得書將發，於是以朱寓爲司隸校尉，劉祐爲河南尹。武奏收中常侍曹節、長樂食監王甫等，使侍中劉瑜內其奏，謀頗泄漏。節等乃竊發瑜奏，且知其事，節曰：「前先帝宮人嫁，武父子載取之，各且十餘人，此大罪也。身自不正，何以正人？」中黄門朱（寓）〔瑀〕曰〔六〕：「其中放縱者罪當誅耳，我曹何罪？」乃與等輩十餘人結誅武等，是夜矯詔以王甫爲黄門令，持節誅尚書令尹勳，因共脅太后取璽綬。九月辛亥，節請帝御前殿，召公卿百官易拜司隸校尉、河南尹，遣中謁者分守南、北宮。節稱詔收大將軍竇武。武不受詔，與子紹將北宮二千人屯洛陽都亭。太傅陳蕃聞起兵，將官屬諸生八十餘人到承明門，使者不內，曰：「公未被詔召，何得勒兵入宮？」蕃曰：「趙鞅專兵向宮，以逐君側之惡，春秋義之。」有使者出開門，蕃到尚書門，正色曰：「大將軍竇武，忠以衛國，黄門常侍無道，欲誣忠良邪？」黄門王甫曰：「先帝新棄天下，山陵未成，武有何功？兄弟父子並封三侯。又設樂飲讌，多取掖庭宮人，旬日之間，資財巨萬。大臣若此，是爲道邪？公爲宰輔，苟相阿黨，復何求賊？」使劍士收蕃，蕃聲逾厲，辭氣不（橈）〔撓〕，〔七〕遂送蕃北寺獄。節又稱詔，以少府周（静）〔靖〕行車騎〔將〕軍，〔八〕

與匈奴中郎將張奐、王甫持節共以討武等，與武陳兵於闕下。(甫)〔武〕令其軍曰〔九〕：「黃門常侍反逆無道，何盡隨之反乎？先降有重賞。」中宮執勢久，士皆畏之。於是免武兵，數十人者各爲部歸於甫軍。自旦至食時，兵降且盡。武自殺，紹等走，靖等皆斬。紹弟機、親族賓客悉誅之。蕃亦被害。妻子徙日南，皇太后遷于雲臺。於是自公卿以下嘗爲蕃、武所舉，皆免官禁錮。蕃字仲舉，汝南平輿人。初，袁閎爲郡功曹，舉蕃以自代，曰：「陳蕃有匡弼之才，不可久屈，宜以禮致之。」於是爲郡功曹，舉賢良方正，皆不就。桓帝初，招延俊乂，徵拜爲議郎，起署爲尚書，稍遷九卿。初，爲豫章太守，獨設一榻以候徐孺子，餘人不得而接，其高簡亮正，皆此類也。丙辰，司徒胡廣爲太傅，録尚書事，司空劉寵爲司徒。寵字祖榮，東萊牟平人。初，爲會稽太守，正身率下，郡中大治，徵入爲將作大匠。山陰縣有數老父，年各八十餘，居若邪山下，去郡十里，聞寵當遷，相率共往送寵，人齎百錢。寵見老父曰：「何乃自苦來邪？」對曰：「山谷鄙老，生未嘗到郡縣。他時吏發不去，民間或狗吠竟夕，民不得安。自明府下車以來，吏稀至，民間狗不夜吠。老值聖化，今聞當見棄，故自力來送。」寵曰：「吾何能及公耶？甚勤苦父老！」爲選一大錢受之。故會稽號爲「取一錢」，其清如此。薄衣服，弊車馬。其與人交恂恂然，在朝廷正色，不可干以私。閉門靜居，不接賓客，教誨子孫而已。故進不見惡，退無謗言。封曹節十八人爲列侯，討陳、竇之功也。十月甲辰晦，日有蝕之。鮮卑犯幽州，殺略吏民，自此已後，無歲不犯塞。陳、竇之誅，海内冤之。曹節善招禮名賢以衛其罪，乃言於帝，就拜姜肱爲犍爲太守，韋著爲東海相。招書迫切，肱浮海遁逃，卒不屈去。著不得已，遂解巾臨郡，爲政任威刑。妻子放恣，爲受罰家所告，(輪)〔論〕輸左校。〔一〇〕刑(音)〔竟〕歸鄉里，〔一一〕爲姦人所殺。

二年春正月丁丑，大赦天下。迎慎(國)〔園〕董貴人幸南宮嘉德殿。〔一二〕二月己巳，〔一三〕尊董貴人爲孝(文)〔仁〕皇后，〔一四〕后置永〔樂〕宮如匽貴人之禮。〔一五〕貴人河間人，配解瀆侯萇，生帝。后兄子重爲五官中郎將。夏四月壬辰，青虵見御座殿軒。癸巳，大風折木。詔群臣各上封事，靡有所諱。議郎謝弼上疏曰：「蓋聞虵者，女子之祥也。皇太后幽隔空宮，愁感天心所致(于)〔也〕。〔一六〕皇太后定策帷幄，援立陛下，雖父兄不軌，非皇太后之罪。陛下當以其誅滅之故，特加慰釋之念；而反隔絶，靡有朝問之禮，大虧孝道，不可以示四方。昔周襄王不能事母，夷狄交侵，天命去之，遂陵遲不復興。禮：爲人後者爲之子。今以孝桓皇帝爲父，豈得不以皇太后爲母哉？援神契曰：『天子行孝，四夷和平。』方今邊境斥候，兵革鋒起，非孝無以濟之。願陛下上以堯、舜爲法，下以襄王爲戒，無令皇后憂愁於北宮。一旦有霧露之疾，陛下當何面目以見天下乎？」又匈奴中郎將張奐上書曰：「臣聞風爲號令動物通氣。木者火之本，相須乃明。虵者，屈伸隱顯似龍，順至爲休徵，逆來爲災殃。故大將軍竇武忠肅恭儉，有援立之功；太傅陳蕃敦方抗直，夙夜匪懈。一旦被誅，天下驚怛，海内嘿嘿，莫不哀心。昔周公既薨，成王葬不具禮，天乃大風，偃木折樹。成王發書感悟，備禮改葬，天乃立反風，其木樹盡起。今宜改葬蕃、武，（選）〔還〕其家屬，〔一七〕諸被禁錮，一宜蠲除。則災變可消，昇平可致也。」天子雖知奐言是，然迫於節等，不得從之。中官惡謝弼，出爲〔廣〕陵府丞，〔一八〕郡縣承旨，以他罪死獄中。張奐字然明，燉煌酒泉人。少與安定皇甫規俱顯當世，而奐又與規善。初，奐爲梁冀所辟，冀被誅，奐廢錮。衆人莫敢爲言，唯規數薦奐。由是爲武威太守、度遼將軍，幽、并清凈，吏民歌之。徵拜大司農，賜錢二十萬，除家一人爲郎。奐讓不受，願（徒）〔徙〕户華陰。〔一九〕舊制邊民不得内徙，唯奐因功得聽，故奐始爲弘農人。建寧初，奐新至未除，會陳、竇之事，中（賞）〔常〕侍曹節等承制使奐率五營士圍武。〔二〇〕武自殺，蕃下獄死，義士以此非奐。然素立清節，當可否之間，雖〔彊〕禦不敢奪也。〔二一〕後以黨事免官，禁錮河東，太守董卓慕其名，使兄遺奐縑百匹，奐不受，知卓有姦兇之心，遂與絶。至於朋友之饋，雖車馬不辭也。時被黨錮者多不守静，或徙或死，唯奐杜門不出，養徒著書矣。六月，司徒劉寵爲太尉。九月，江夏、丹陽蠻夷反。李膺等以赦獲免，而黨人之名書在王府，詔書每下，輒伸黨人之禁。陳、竇當朝後，親而用之，皆勤王政而盡心力，拔忠賢而疾邪佞。陳、竇已誅，中官逾專威勢，既息陳、竇之黨，又懼善人謀己，乃諷有司奏諸鉤黨者請下州郡考治。時上年十四，問節等曰：「何以爲鉤黨？」對曰：「鉤黨者，即黨人也。」上曰：「黨人何用爲而誅之邪？」對曰：「皆相舉群輩，欲爲不軌。」上曰：「黨人而爲不軌，不軌欲如何？」對曰：「欲圖社稷。」上乃可其奏。於是故司空王暢、太常趙典、大司空劉祐、長樂少府李膺、太僕杜密、尚書荀緄、朱寓、魏朗、侍中劉淑、劉瑜、左中郎將丁栩、潁川太守巴肅、沛相荀昱、議郎劉儒、故掾范滂皆下獄誅，皆民望也。其餘死者百餘人，天下聞之莫不垂泣。袁宏曰：夫稱至治者，非貴其無亂，貴萬物得所而不失其情也。言善教者，非貴其無害也，貴性理不傷，性命咸遂也。故治之興所以道通，群心在乎萬物之生也。古之聖人知其如此，故作爲名教，平章天下。天下既寧，萬物之生全也。保生遂性，久而安之，故名教之益，萬物之情大也。當其治隆，則資教以全生；及其不足，則立身以重教。然則教也者，存亡之所由也。夫道衰則教虧，幸免同乎苟生；教重則道存，滅身不爲徒死，所以固名教也。汙隆者，世時之盛衰也。所以亂而治理，不盡世弊，而教道不絕者，任教之人存也。夫稱誠而動，以理爲心，此情存乎名教者也。內不忘己以爲身，此利名教者也。情〔存〕於名教者少，〔二〕故道深於千載。利名教者衆，故道顯於當年。蓋濃薄之誠異，而遠近之義殊也。統體而觀，斯利名教之所取也。鄉人謂李膺曰：「可逃之乎？」膺歎曰：「事不辭難，罪不逃刑，臣之節也。吾年已七十，〔三〕禍自己招，復何避乎？」詔書至汝南，督郵吳道悲泣不忍出，縣中不知所爲。范滂聞之曰：「督郵何泣哉？此必爲吾也。」徑詣縣獄。縣令郭揖見滂曰：「天下大矣，子何爲在此？」滂曰：「何敢彰罪於君，使禍及老母。」滂與母訣曰：「滂承順教訓，不能保全其身，得下奉亡君於九泉，亦其願也。」母曰：「爾得李、杜齊名，吾復何恨！」三君、八雋之死，郭泰私爲之慟曰：「『人之云亡，邦國殄瘁。』漢室滅矣，未知瞻烏爰止于誰之屋？」泰字林（完）〔宗〕，〔二四〕太原介休人。少孤養母，年二十，爲縣小吏，喟然嘆曰：「大丈夫焉能處斗筲之役？」乃言於母，欲就師問。母對之曰：「無資奈何？」林宗曰：「無用資爲。」遂辭母而行，至成皋屈伯彥精廬，并日而食，衣不蓋形，人不堪其憂，林宗不改其樂。三年之後，藝兼游、夏。同邑宋仲字雋，有高才，諷書日萬言，與相友善，閒居逍遥。泰謂仲曰：「蓋昔之君子會友輔仁，夫周而不比，群而不黨，皆始於將順，終于匡救，濟俗變教，隆化之道也。」於是仰慕仲尼，俯則孟軻，周流華夏，采（褚）〔諸〕幽滯。〔二五〕泰始中，至京師，陳留人符融見而嘆曰：「高雅奇偉，達見清理，行不苟合，言不夸毗，此異士也。」言之於河南尹李膺，與相見曰：「吾見士多矣，未有如郭林宗者也。其聰識通朗，高雅密博，今之華夏鮮見其儔。」友而親之。陳留人韓卓，有知人之鑒，融見（原）〔卓〕，〔二六〕以己言告之。卓曰：「此太原士也。」他日，又以泰言告之，卓曰：「四海內士也，吾將見之。」於是驟見泰，謂融曰：「此子神氣冲和，言合規矩，高才妙識，罕見其倫。」陳留蒲亭亭長仇香年已長矣，泰見香在而言之，明日起朝之，曰：「君，泰之師，非泰之友。」陳留茅容，年四十矣，親耕隴畝，避雨樹下，衆人悉踐蹲，容獨蹵膝危坐。泰奇其異，請問舍所在，因寄宿。容明旦殺鷄作食，泰謂之爲己也。容分半食母，餘半（度）〔庋〕置，〔二七〕自與泰素餐。泰曰：「卿賢哉遠矣！郭泰猶減三牲之具以供賓旅，而卿如此，乃我友也。」起對之揖，勸令學問，卒成盛德。嘗止陳國文孝，童子魏昭求入其房供給灑掃，泰曰：「年少當精義書，曷爲（來）〔求〕近我乎？」〔二八〕昭曰：「蓋聞經師易遇，人師難遭，故欲以素絲之質附近朱藍耳。」泰美其言，聽與共止。嘗不佳，夜後命昭作粥，粥成進泰，泰一呵之曰：「爲長者作粥，不加意敬，使不可食。」以杯擲地。昭更爲粥重進，泰復呵之。如此者三，昭姿無變容，顔色殊悦。泰曰：「吾始見子之面，而今而後，知卿心耳。」遂友而善之。鉅鹿孟敏字叔達，客居太原，未有知名。叔達曾至市買甑，荷擔墮地，徑去不顧。時適遇林宗，林宗異而問之：「甑破可惜，何以不顧？」叔達曰：「甑既已破，視之無益。」林宗以爲有分決，與之言，知其德性，謂必爲善士，勸使讀書，游學十年，知名當世。其宗人犯法，恐至大辟，父老令至縣請之。叔達曰：「犯法當死，不應死自活。此明理也，何請之有？」父老董敦之曰：「儻其死者，此大事也，奈何以宜適而不受邪？」叔達不得已，乃行見楊氏令，不言而退。令曰：「孟徵君高雅絶世，〔二九〕雖其不言，吾爲原之矣。」初，汝南袁閎盛名蓋世，泰見之不宿而退；汝南黃憲邦邑有聲，天下未重，泰見之，數日乃去。薛恭祖曰：「聞足下見袁奉高車不停軌，鑾不輟軛；從黃叔度乃彌日信宿，非其望也。」林宗答曰：「奉高之器，譬諸汎濫，雖清易挹。叔度汪汪如萬頃之波，澄之而不清，橈之而不濁，其器深廣，難測量也，雖住稽留，不亦可乎！」由是憲名重於海內。初，泰嘗止陳留學宮，學生左原犯事斥逐，泰具酒食勞原於路側，謂之曰：「昔顏涿聚梁甫之大盜，段干木晉國之大駔，卒爲齊之忠臣，魏之名賢。且蘧伯玉、顏子淵猶有過，誰能無乎！慎勿恨之，責躬而已。」或曰：「何爲禮慰小人？」泰曰：「諸君黜人，不託以藜蒸，無有掩惡含垢之義。『人而不仁，疾之已甚，亂也』。吾懼其致害，故訓之。」後原結客謀構己者，至期曰：「林宗在此，負其前言。」於是去。後事發露，衆人咸自以蒙更生之賜於泰。泰謂濟陰黃元艾曰：「卿高才絕人，足爲偉器。然年過四十，名聲著矣。於此際當自匡持，不然將失之矣。」元艾笑曰：「但恐才力不然，至此年矣。若如所勑，敢自克保，庶不有累也。」林宗曰：「吾言方驗，卿其慎之。」元艾聲聞遂隆，後見司徒袁隗，隗歎其英異，曰：「若索女壻，如此善矣。」有人以隗言告元艾，又自生意謂之曰：「袁公有女，得無欲嫁與卿乎？」元艾婦夏侯氏有三〔子〕，〔三〇〕便遣歸家，將黜之，更索隗女也。夏侯氏父母曰：「婦人見去，當分釵斷帶，請還之。」遂還。元艾爲主人請親屬及賓客二十餘人，夏侯氏便於座中攘臂大呼，數元艾隱慝穢惡十五事，曰：「吾早欲棄卿去，而情所未忍耳，今反黜我！」遂越席而去。元艾諸事悉發露，由此之故廢棄當世。其弘明善惡，皆此類也。後遭母憂，喪過于哀。徐孺子荷擔來弔，以生芻一束頓廬前，既咭而退。或問：「此誰也？」林宗曰：「南州高士徐孺子者，其人諸生，吾不堪其喻也。」鉅鹿孫威直來弔，既而介休賈子序亦來弔，林宗受之。威直不辭而去，門人告之。林宗遣人追之，曰：「何去之疾也？」威直曰：「君，天下名士，門無雜賓，而受惡人之（哆）〔咭〕，〔三〕誠失其所望，是以去耳。」林宗曰：「宜先相問，何以便去邪？鄉里賈子序者，實有匈險之行，爲國人所棄。聞我遭喪，而洗心來弔，此亦未被大道之訓，而有修善之志也，吾故受之。若其遂變化者，棄損物更爲貴用；如其不然，不保其往也。且仲尼不逆互鄉，奈何使我拒子序也？」子序聞之，更自革修，終成善人。其善誘皆此類也。其所提拔在無聞之中，若陳元龍、何伯求，終成秀異者六十餘人；其所臨官，若陳仲弓、夏子治者十餘人，皆名德也。石雲考從容謂宋子俊曰：「吾與子不及郭生，譬諸由、賜不敢望回也。今卿言稱宋、郭，此河西之人疑卜商於夫子者也，若遇曾參之詰，何辭以對乎？」子俊曰：「魯人謂仲尼東家丘，蕩蕩體大，民不能名，子所明也。陳子禽以子貢賢於仲尼，淺見之言，故然有定邪？吾嘗與杜周甫論林宗之德也，清高明雅，英達瓌瑋，學問淵深，妙有俊才。然其愷悌玄澹，格量高俊，含弘博恕，忠粹篤誠，非今之人，三代士也，漢元以來未見其匹也。」周甫深以爲然。此乃宋仲之師表也，子何言哉？」於是勸林宗仕，泰曰：「不然也，吾夜觀乾象，晝察人事，天下所廢，不可支也。方今卦在明夷，爻直勿用之象，潛居利貞之秋也。猶恐滄海横流，吾其魚也。吾將巖棲歸神，咀嚼元氣，以修伯陽、彭祖之術，爲優哉游哉，聊以卒歲者。」遂辭王公之命，闔門教授。泰身長八尺，儀貌魁岸，善談論，聲音如鍾，宵行幽闇必正其衣服。家有書五千卷，率多圖緯星曆之事。與其等類行，晨則在前，暮則在後。所歷亭傳不處正堂，恒止逆旅之下，先加糞除而後處焉。及宿止，冬讓温厚，夏讓清凉，如鄉里或有爾者父母諺曰：「欲作郭林宗邪？」仇季字香智，陳留考城人，行至純嘿，鄉黨無知者。年四十，召爲縣吏，以科選爲蒲亭長，勸耕桑，合嫁娶。農事畢，令子弟群居，同學喪不辦者，躬自助之；其孤寡貧窮，令宗人相贍之；其剽輕無業者，宗人亦處業之，不從科者罰之。以穀代公賦，多少有次，行之朞月，里無盜竊。香初到亭，民有陳元者，獨與母居，供養有違，母詣香告元不孝。香驚曰：「吁，是何謂乎？近日過舍，廬落整頓，耕藝以時。此非惡人，但教化未至。且婦人守寡養孤，上欲激貞名於當世，中欲不負於黄泉，下欲育遺嗣而繼宗也。此三節者，婦人之妙行也。母既若斯華髮矣，奈何以〔一〕旦之忿棄歷年之勤乎？〔三〕且母養人孤遺，不能成濟，若死者有知，百歲之後，當何以見亡者？」母涕泣而起。香留爲具食，囑曰：「歸勿復言，吾方爲教之。」既而之田里，於衆中厲言曰：「此里當有孝子，陳元今何在？」衆指曰：「是也。」香起揖之孝行，慰勉之，謂衆曰：「此孝義里當見異，以陳元故，後諸鄉。」數日，齎酒禮到元家，上堂與相對，視其食飲之具，有異於他日，遂復陳孝行以誘其心，如是者數焉。元卒爲孝子，鄉邑所稱，縣表其閭，丞掾致禮。是時河内令王奂政尚嚴猛，聞香以德化民，署香主簿，請與相見。謂之曰：「聞在蒲亭，陳元不罰而化之，得無鷹鸇之志邪？」香曰：「以鷹鸇不若鸞凰，故不爲也。」奂謝遣曰：「枳棘之林非鸞所集，百里非大賢之路。」州郡並請，皆辭。以疾宴居，必正衣服。妻子有過，免冠自責，妻子庭謝思過。香冠，妻子乃敢升堂，終不加喜怒聲色。妻子事之，若事嚴君焉。黄憲字叔度，汝南慎陽人，父爲牛醫。憲識度淵深，時人莫得而測。年十四，潁川荀季和見而嘆曰：「足下吾之師也。」汝南周子居常曰：「吾旬月之間不見黄叔度，則鄙吝之心生矣。」時汝南戴叔鸞者，高邁之士也，當時意氣人所推服，然每見憲，未嘗不悵然自失。母問之曰：「汝何爲不樂，復從牛醫兒所來邪？」叔鸞跪曰：「良每自以才能不減叔度，至於面料其人，瞻之在前，忽焉在後，可爲良之師也。」舉孝廉，無就之意，其僚輩皆瞻望於憲，以爲準的，於是俱到京師，稱病而歸也。陳寔字仲弓，潁川許人。少爲縣吏，常給廝役。時縣吏鄧邵每出候賓，見寔執書立誦，邵嘉之，即解録遣使詣太學。寔推純誠，不厲名行，然羅居老少皆親而敬之。鄉閭訟者輒求正於寔，寔以理喻曲直，退無怨者。皆曰：「寧爲刑罰所及，不爲陳君所非。」寔嘗爲郡功曹。中常侍侯覽屬非其人，太守高倫出教教之，寔固請不可。太守曰：「侯常侍不可違，君勿言。」寔乃封教入見，必不得已，寔請自舉之，不足以〔陳〕〔損〕明德，〔三三〕退而署文學掾。於是鄉里咸以寔爲失舉。寔晏然自若。倫去郡，故人送於傳舍，乃具言其狀：「善稱君，惡稱己，陳君之謂也。」由是衆談咸服焉。辟黄瓊府，除聞喜、太丘長，其政不嚴而治，百姓愛敬之。長子紀，字元方；小子湛，字季方，皆以儒業德禮稱。紀子群，名重魏、晋，文帝嘗問群：「卿何如父祖？」群對曰：「臣祖寔不言而治，臣父紀言而行之，至於臣群有其言而必行。」是歲，爵號乳母趙嬈爲平氏君。

三年春，河内婦食夫，河南人夫食婦。冬，濟南盗賊群起。冬十月，大鴻臚喬玄爲司空。

四年春正月甲子，帝加元服，大赦天下。二月癸卯，地震，河水清。三月辛酉朔，日有蝕之。太尉劉寵、司空喬玄以災異策罷。〔三四〕夏四月，河東地裂十二處，各長十餘里。秋七月癸丑，立皇后宋氏。宋隱之從孫也，以選掖庭，立爲皇后。父豐爲執金吾，封不期侯。冬十月戊午，上率群臣朝皇太后于雲臺。初，太后有援立之功，竇氏雖誅，上心知之，故率群臣俱朝焉。黄門令董萌因上意數爲太后〔訴〕怨，〔三五〕上深納之，供給致養每過於〔别〕〔前〕。〔三六〕於是曹節、王甫共疾萌，以親附竇后，謗訕永樂〔宫〕，〔三七〕萌下獄死。

五年春正月，車駕上原陵，諸侯王、公（王）〔主〕、及外戚家婦女、郡國計吏、匈奴單于、西域三十六國侍子皆會焉，〔三八〕如會殿之儀禮。樂闋，百官受賜爵，計吏以次嚮殿前，上先帝御座，具言俗善惡民所疾苦。司徒椽蔡邕慨然歎曰：「聞古不墓祭，而上陵之禮如此其備也，察其本意，乃知孝明皇帝至孝惻隱，不易奪也。」或曰：「本意云何？」對曰：「西京之時，其禮不可得而聞也。光武世始葬于此，明帝嗣位逾年，群臣朝正，感先帝不復見此禮，乃率公卿百僚就陵而朝焉。蓋事亡如事存之意也，與先帝有瓜葛之親，男女畢會，郡計吏各向神坐而言，庶幾先帝魂神聞聽之也。今者日月久遠，非其時人，但見其禮，不知其哀，煩而不省者，先帝孝思之心者也。」

（僖）〔熹〕平元年春三月壬戌，〔三九〕太傅胡廣薨，贈安鄉侯印綬，謚曰文侯。廣字伯始，南郡華容人。初爲郡吏，在散輩中。太守法雄有子曰真，善知人，言於父雄曰：「南郡掾吏，其民略可知。今當舉孝廉，爲國選士，不可不擇，寧有其人乎？」雄曰：「未有所擬也。」真求與掾相見，獨奇廣。廣時年二十六，雄舉廣爲孝廉，至京師，廣爲天下第一。旬月拜尚書郎，稍遷九卿公輔。屢登三事，元老在位，國家多難，廢立邪正之間，以厚重自居，不能有所明。然年逾八十，繼母在堂，朝夕定省，子道不虧，傍無几杖，言不稱老，居喪盡禮。及廣薨，故吏自公卿大夫數百人，皆縗絰殯泣，自漢興以來未嘗有也。廣所臨治無秕政，世爲之諺曰：「天下中庸有胡公。」此時公輔者或樹私恩，爲子孫計，其後累世致公卿，而廣子孫無過二千石者。夏四月甲午，青蛇見御座，詔問群臣，靡有所諱。光禄（卿）〔勳〕楊賜上書曰〔四〇〕：「臣聞休徵則五福應，咎徵則六極至。夫善不妄來，災不空發，必應行而至。王者心有所惟，意有所想，未形顔色，則五星推移，陰陽乖動。以此觀之，知天之與人相去不遐。蛇者，於洪範鱗蟲之象，思心不逮之所致也。不逮之效，時則有龍蛇之孽。詩云：『惟虺惟蛇，女子之祥。』春秋書鄭昭公時兩蛇鬬於南門之外，其後昭公殆以女敗。昔周王承文王之盛，一朝晏（超）〔起〕，〔四一〕夫人不鳴璜，宫門不擊柝，關雎之人，見機而作。夫女謁行則讒夫昌，讒夫昌則苞苴通，殷湯以此自誡，即濟於旱亢之災。唯陛下思乾剛之道，别内外之宜，崇帝乙之制，受元吉之祉，抑皇后之權，割豔妻之愛，則蛇變可消，禎祥立應。殷戊、宋景，其事甚明。」上深納之。五月己未，大赦天下。常侍張樂、太僕侯覽專權驕恣，詔收印綬，覽自殺，阿黨者皆免。六月癸巳，皇太后竇氏崩，載衣車城南市舍。將殯，曹節、王甫欲用貴人禮。上曰：「太后親立朕身，統承大業。詩云：『無言不讎，無德不報。』胡可用貴人禮？」於是發喪成服。將葬，節、（孝）〔甫〕以竇氏之誅，〔四二〕不用太后禮，以馮貴人祔桓帝。公卿莫敢諫，河南尹李咸執藥上書曰：「臣聞禹、湯聞惡是用無過，桀、紂聞善以亡其國。中常侍曹節、張諫、王甫等因寵乘勢，賊害忠良，讒譖故大將軍竇武、太傅陳蕃，虚遭無形之釁，被以滔天之罪。陛下不復省覽，猥發雷霆之怒，海内賢愚莫不痛心。武以殁矣，無可柰何！皇太后親與孝桓皇帝共奉宗廟，母養蒸庶，繫于天心，仁風豐霈，四海所宗。禮，爲人後者爲人之子。陛下仰繼元帝，豈得不以太后爲母？存既未蒙顧復之報，殁又不聞諒闇之哀。太后未崩，武先坐誅，存亡各異，事不相逮。而恚武不已，欲貶太后，非崇有虞之孝，昭蒸蒸之仁，八方聞之，莫不泣血。昔秦始皇后不謹，陷幸郎吏，始皇暴怒，幽閉母后，感茅焦之言，立駕迎母，置酒作樂，供養如初。夫以秦后之惡，始皇之悖，尚納茅焦之語，不失母子之恩，豈況太后不以罪没；陛下之過，有重始皇。臣謹冒昧陳誠，左手齎章，右手執藥，詣闕自聞。唯陛下揆茅焦之諫，弘始皇之寤，復母子之恩，崇皇太后園陵之禮，上釋皇乾震動之怒，下解黎庶酸楚之情也。如遂不省，臣當飲鴆自裁，下覲先帝，具陳得失，終不爲刀鋸所裁。」章省，上感其言，使公卿更議，詔中常侍趙忠監臨議者。時衆官數百人，各相顧望，無敢下議。廷尉陳球曰：「皇太后以舊姓盛德選入椒房，宜配桓帝，是無所疑。」忠笑曰：「廷尉宜便下筆。」球遂下議曰：「皇太后在椒房有聰明母儀之德，遭天不造，援立聖明，承繼宗廟，功烈至重。先帝晏駕，而遇大獄，遷居空宫，不幸早世，家雖獲罪，非太后意。今若别葬，誠失天下之望。且馮貴人塚墓爲賊所掘，骸骨發露，與賊併尸，魂靈染汙，不宜配至尊。」忠省球議，作色曰：「陳廷尉此議甚健！」欲以蚩球，球曰：「陳、竇既冤，皇太后無辜被幽，臣常痛之。今日言之，退而受罪，乃臣宿昔之願也。」諸公卿皆從球議。奏御，節、甫復言曰：「竇氏罪深，無以爲比。」上曰：「雖犯惡逆，後有大德於朕。」節、甫於是不復言。七月甲寅，葬桓思竇皇后。冬十月丁亥，勃海王悝自殺。初，悝有罪，貶爲（癭）〔廮〕陶王，〔四三〕悝因黄門王甫求復其國，賂以租錢五十萬。桓帝不豫，詔復悝爲勃海王。甫以爲己功，趣責於悝，悝知帝意也，不與甫錢。由是甫謀悝大逆不道，諷司隸校尉（段熲）〔段熲〕奏治其獄，〔四四〕悝遂自殺。（乃）〔十一〕月，會稽人許生自稱「越王」，〔四五〕攻破郡縣。

二年春二月，大赦天下。夏四月，司隸校尉（段熲）〔段熲〕爲太尉。秋七月，光禄勳楊賜爲司空。

三年春二月己巳，大赦天下。太尉段熲以久疾策免，河南尹李咸爲太尉。夏四月，立河間王子虎爲濟南王，奉孝仁皇帝祀。冬十二月癸酉，日有蝕之。司空楊賜以疾策免。

**【校勘記】**

〔一〕（以）〔與大〕將軍竇武（爲）〔及〕司徒胡廣　從後漢書孝靈帝紀改。

〔二〕三月辛丑　後漢書孝靈帝紀作「二月辛酉」。

〔三〕夏四月甲午　夏四月，後漢書孝靈帝紀作「閏月」。

〔四〕塞井(移)〔夷〕竈　從後漢書王龔列傳改。
〔五〕延頸(相)〔想〕望太平　從南監本、龍谿本、學海堂本改。
〔六〕中黄門朱(寓)〔瑀〕　從學海堂本、後漢書竇武列傳改。
〔七〕辭氣不(橈)〔撓〕　從南監本、龍谿本、學海堂本改。
〔八〕以少府周(静)〔靖〕行車騎〔將〕軍　從龍谿本、學海堂本改、補。
〔九〕(甫)〔武〕令其軍曰　從龍谿本、學海堂本改。
〔一〇〕(輪)〔論〕輸左校　從龍谿本、學海堂本改。
〔一一〕刑(音)〔竟〕歸鄉里　從南監本、龍谿本改。
〔一二〕迎慎(國)〔園〕董貴人　從此紀建寧元年文改。
〔一三〕二月己巳　己巳，後漢書孝靈帝紀作「乙巳」。
〔一四〕孝(文)〔仁〕皇后　從後漢書孝靈帝紀改。
〔一五〕后置永〔樂〕宫　從後漢書孝靈帝紀李賢注引續漢志補。
〔一六〕愁感天心所致(于)〔也〕　從龍谿本、學海堂本改。
〔一七〕(選)〔還〕其家屬　從後漢書張奂列傳改。
〔一八〕出爲〔廣〕陵府丞　從後漢書謝弼列傳補。

〔一九〕願（徒）〔從〕户華陰　從龍谿本、學海堂本改。

〔二〇〕中（賞）〔常〕侍曹節　從龍谿本、學海堂本改。

〔二一〕雖〔彊〕禦不敢奪也　從龍谿本、學海堂本補。

〔二二〕情〔存〕於名教者少　從文意補。

〔二三〕吾年已七十　後漢書黨錮列傳作「吾年已六十」。

〔二四〕泰字林（完）〔宗〕　從龍谿本、學海堂本改。

〔二五〕采（褚）〔諸〕幽滯　從龍谿本、學海堂本改。

〔二六〕融見（原）〔卓〕　從龍谿本、學海堂本改。

〔二七〕餘半（度）〔庋〕置　從龍谿本、學海堂本改。

〔二八〕（來）〔求〕近我乎　從學海堂本改。

〔二九〕孟徵君高雅絶世　後漢書黨錮列傳孟敏傳云「後徵辟並不起，號曰『徵君』」。

〔三〇〕夏侯氏有三〔子〕　從龍谿本、學海堂本補。

〔三一〕受惡人之（啰）〔唁〕　從龍谿本改。

〔三二〕奈何以〔一〕旦之忿　從龍谿本、學海堂本補。

〔三三〕不足以（陳）〔損〕明德　從學海堂本改。

〔三四〕太尉劉寵司空喬玄以災異策罷　後漢書孝靈帝紀作「太尉聞人襲免，太僕李咸爲太尉」。

〔三五〕數爲太后〔訴〕怨　從後漢書皇后紀補。

〔三六〕每過於（別）〔前〕　從龍谿本改。

〔三七〕謗訕永樂〔宮〕　從後漢書皇后紀補。

〔三八〕諸侯王公（王）〔主〕　從龍谿本、學海堂本改。

〔三九〕（僖）〔熹〕平元年　從學海堂本改。

〔四〇〕光祿（卿）〔勳〕楊賜　從後漢書楊震列傳改。

〔四一〕一朝晏（超）〔起〕　從龍谿本、學海堂本改。

〔四二〕節（孝）〔甫〕以竇氏之誅　從龍谿本、學海堂本改。

〔四三〕貶爲（奭）〔廮〕陶王　從後漢書桓帝紀改。

〔四四〕校尉（叚熲）〔段熲〕奏治其獄　從龍谿本、學海堂本改。下改同。

〔四五〕（乃）〔十一月會稽人許生〕　從後漢書孝靈帝紀補。

# 兩漢紀下　後漢紀

## 孝靈皇帝紀中卷第二十四

（嘉）〔熹〕平四年春三月，〔一〕五經文字刻石立于太學之前。夏五月丁卯，大赦天下。延陵園災。冬十月，改平準爲中準，使中官爲之令，列爲内署，令丞悉用中官。初，虞大家以選入掖庭，生沖帝；陳夫人生質帝。沖帝早崩，政在梁氏，故未有謚號。議郎畢整上疏曰：「孝沖皇帝母虞大家，質帝母陳夫人皆誕育聖明，而未有謚號，今當以母氏序列。于外戚雖在薨歿，猶宜爵贈，況二母見存而無寵榮者乎！即違『母以子貴』之義，又不可示以後世。」上感其言，以虞大家爲貴人，陳夫人爲孝王妃，使中常侍持節告憲、懷二陵。大鴻臚袁隗爲司徒。

五年夏四月癸丑，大赦天下。五月，太尉李咸久病罷，光禄（勳）劉寬爲太尉。〔二〕閏月，永昌太守曹鸞下獄誅。初，鸞上書訟黨人曰：「夫黨人者，或耆年淵德，或衣冠英賢，皆宜股肱王室，左右大猷者也，而久被禁錮，辱在泥塗。謀反大逆尚蒙赦宥，黨人何罪，獨不開恕乎？所以災異屢見，水旱薦臻，皆由於斯。宜加沛然，以副天心。」有司奏，檻車徵鸞棄市。鸞年九十，本郡閔其〔無〕辜。〔三〕於是申黨人之例，父兄子弟、門生故吏皆免官禁錮。

冬十月，司徒袁隗久病策罷。隗字次陽，累世三公，貴傾當時。兄弟逢及隗並喜人事，外結英俊，内附宦官。中常侍袁朗，隗之宗人，用事於中，以逢、隗家世宰相，推而崇之以爲援。故袁氏寵貴當世，富侈過度，自漢公族未之有也。逢兄子紹，好士著名，賓客輜輳，紹折節下之，（所）〔不〕擇賢愚。〔四〕逢子術，亦任俠好士，故天下好事之人争赴其門，輜軿柴車常有千兩，寵臣中官皆患之。十二月丙戌，光禄大夫楊賜爲司徒。是時拜爵過差，游觀無度。賜歎曰：「吾世受國恩，又備宰相，安得拱默哉？」復上疏曰：「臣聞天生蒸民，不能自牧，故立君長使司牧之。是以文王日夜不食，以立雍熙之化。頃聞拜爵過多，每被尚書劾，非衆所歸，或不知何人。昔堯用舜，猶尚先試考績，以成厥功。今之所用無他名德，旬月之間，累遷高位；守道之徒，歷載不轉。勞逸無别，善惡同流。又聞微行數出諸苑囿，觀鷹犬之勞，極般游之樂，政事日隳，大化陵遲，忘乾乾不息，忽屢省之欽哉。陛下不顧二祖之勤止，追慕五宗之高蹤，殆非所謂光昭之美，而欲以望太平，是由曲表而求直影，却行而求（反）〔及〕前人。〔五〕惟陛下絶慢游之戲，念官人之重，割超越之恩，慎貫魚之次，以慰遐邇憤怨之望。臣受恩偏厚，忝師傅之任，不敢自同凡臣，括囊解咎。謹自手書。皁囊密上。」

六年春正月辛丑，大赦天下。二月，武庫東垣自壞。夏，鮮卑寇邊，烏丸校尉夏育上言：「鮮卑仍犯塞，百姓怨苦。自春以來三十餘（人）發，〔六〕請幽州諸郡兵出塞討之。」時故護羌校尉田晏以他事論刑，因中常侍王甫求爲將。甫建議當出軍與育併力，詔書遂用晏爲鮮卑中郎將，與匈奴中郎將臧旻、南單于三道並出。時大臣多以爲不便，議郎蔡邕議曰：「周有獫狁之役，漢有瀚海之事，征罰四夷，所由來尚矣。然而時有同異，勢有可否，不可一也。天設山河，秦築長城，漢起塞垣，所以分別内外，異殊俗也。其外則分之夷狄，其内則任之良吏。後嗣遵業，順奉所守，苟無慼國之幾，豈與蟲蚔之虜校往來之所傷哉！乃欲度塞出攻，雖破之不可彌盡，而本朝必爲之旰食。昔淮南王安諫伐越曰：『天子之兵有征無戰，言其莫敢校也。如使蒙死傲倖，以逆執事，廝養之卒有不備而歸者，雖得越王之首，猶爲大漢羞之。』而育欲以齊民易醜虜，射乾没以要功，就如其言猶已危矣，況其得失不可知也。昔朱（提）〔崖〕郡反，〔七〕孝元皇帝納賈捐之言，割而棄之。夫恤民救急，雖成郡列縣，猶尚棄之，況鄣塞之外，未嘗爲民居者乎？臣愚以爲宜止出攻之計，今諸郡修垣屯守衝要，以堅牢不動爲務。若乃守邊之術，李牧發其策，嚴尤申其要，遺業猶在，文章具存。循二子之策，守先帝之規，臣曰可矣。」育，下邳淮浦人。以忠直稱，所歷皆有名迹。八月，鮮卑中郎將田晏、匈奴中郎將臧旻、護烏(九)〔丸〕校尉夏育各將步卒萬餘人擊鮮卑，〔八〕三軍敗績，士馬死者萬數。冬十月癸丑朔，日有蝕之，趙相以聞。京師地震。十一月，太尉劉寬、司空陳球以災異罷。十二月，太常孟戫爲太尉，太僕陳耽爲司空，司徒楊賜以辟黨人免。

光和元年春二月辛亥朔，日有蝕之。己未，京師地震。初置鴻都門生，本頗以經學相招，後諸能爲尺牘詞賦及工書鳥篆者至數千人，或出典州郡，入爲尚書侍中，封賜侯爵。三月癸丑，光禄勳袁滂爲司徒。辛未，大赦。夏四月丙辰，京師地震。侍中寺雌鷄一身皆成雄，惟頭冠未變。五月壬午，無何白衣人入德陽門，(入)自稱梁伯夏，〔九〕又復曰：「伯夏教我上殿爲天子。」中黄門桓覽收之，遂亡失不見。蔡邕以爲(類)〔貌〕之不恭，〔一〇〕則有雞禍。頭爲元首，人君之象，今鷄一身已變未至於頭，而上知之，是將有事而不遂之象。又云：「成帝時男子王褒衣絳衣入宫，上殿曰：『天帝令我居此。』後王莽簒位。今(與)此〔與〕成帝相似而被服不同，〔一一〕又未入雲龍門，以往方今，將有王氏之謀，其事不成。」其後張角作亂，尋被誅滅。是月太尉孟戫、司空陳耽以災異罷，太常(袁)〔來〕豔爲司空。〔一二〕六月丁丑，温明殿庭中有黑氣長十餘丈，形貌似龍，詔問光禄楊賜、議郎蔡邕曰：「祥異禍福吉凶所在，以賜博學碩儒，故密詔問，宜極其意，靡有所隱。」賜仰嘆曰：「臣每讀張禹傳，何嘗不憤恚乎？吾以微學充先師之末，累世見寵，尚當上疏陳情，況今猥見訪問乎？」乃手書對曰：

「臣聞經傳所載，或得神以興，或得神以亡。國家休明，則降鑒其德；邪辟昏亂，則示其禍。今嘉德殿所見黑氣，考之經傳，應虹蜺妖邪之氣，不正之象也。春秋讖曰：『天投虹蜺，天下怨，海内亂。』加四百之期，亦復垂至。易曰：『天垂象，見吉凶，聖人則之。』疑妾媵之中有因愛放縱，左右嬖人共專國朝，欺罔日月。又鴻都門下，招會群小，旬月之間並各拔擢，縉紳之徒委伏畎畝，冠履倒易，陵谷代處，從小人之邪意，順無知之私欲。殆哉之危，莫過于今。幸賴皇天垂象譴告。周書曰：『天子見怪則脩德。』唯陛下慎經典之誡，圖變復之道，斥遠佞巧之臣，速徵鶴鳴之士，内親張仲，外任山甫，抑止槃游，留思庶政。冀天還威，衆變可彌。老臣受師傅之任，數蒙寵異之恩，豈敢愛惜垂没之年，而不盡其慺慺之心哉！」邕對曰：「天于大漢，殷勤不已，故屢出祅變譴責，欲令人君感悟。災眚之發，不于它所，遠則門垣，近在寺署，其爲監戒，可謂切至。虹蜺墮，雌雞化，皆婦人姦政之所致也。自踐祚已來，中宮無他逸寵，而乳母趙嬈，貴重赫赫，生則貲富侔於帑藏，死則丘墓逾於園陵。續爲永樂門吏霍玉，依阻城社，大爲姦猾，侮惑之罪，晚乃發露。虹蜺集庭，雌雞變化，豈不爲此？今者道路所言，復云有程〔夫〕〔大〕人者，〔一三〕宜深以趙、霍爲戒。近者不治，無以正遠。長水校尉趙玹、屯騎校尉蓋延，〔一四〕其貴已足，其富已甚。當以見私之故，早自引身，以解易傳『小人在位』之咎。廷尉郭僖，〔一五〕敦龐純厚，國之老成；光禄大夫橋玄，聰達方直，有山甫之姿；故太尉劉寵，忠實守正，剛直不曲：宜爲謀主，數見訪問。宰臣大臣，君之四體，不宜復聽納小史，雕琢大臣。願陛下忍而絶之，思惟萬機，以答天望。朝廷既自約厲，左右亦宜從化，天道惡滿，鬼神好謙。但臣愚戇，感激忘身，觸冒忌諱，手書具對。夫君臣不密，上有漏言之禍。願寢臣表，(無)〔庶〕使臣筆所及者得佐陛下盡忠。」〔一六〕書奏，趙玹、程黄聞之，共譖邕下獄，當棄市。中常侍吕强愍邕無罪，從上請邕，減死罪一等，徙朔方，遇赦還本郡。秋八月，有星孛于天市。冬十月，太尉張顥、司空(袁)〔來〕豔久病罷，〔一七〕太常陳球爲太尉，射(身)〔聲〕校尉袁逢爲司空。〔一八〕十一月，皇后宋氏廢。后無寵，宫人幸姬衆共譖愬，誣后以呪咀，上遂收后璽綬。后以憂死，父母兄弟皆被誅。諸常侍小黄門憐宋氏無辜，乃共葬后及父母兄弟於皐門亭宋氏舊塋也。丙子晦，日有蝕之。太尉陳球以災異罷。十二月丁巳，光禄(勳)〔大夫〕橋玄爲太尉。〔一九〕是歲，馬生人。京房易傳曰：「上亡太子，諸侯相伐，厥妖馬生人。」

二年春二月丁巳，司徒袁滂以災異罷，大鴻臚劉(郡)〔邵〕爲司徒。〔二〇〕滂字公熙，閎之孫也。純素寡欲，終不言人之短。當權寵之盛，或以同異致禍，滂獨中立於朝，故愛憎不及焉。乙丑，太尉橋玄、司空袁逢久病罷，太中大夫(段穎)〔段熲〕爲太尉，〔二一〕太常張濟爲司空。橋玄字公祖，梁國睢陽人。初爲梁州刺史，值梁州大饑，玄開倉以廪之。主者以舊典宜先表聞，玄曰：「民以死矣，廩訖乃上奏。」詔書以玄有汲黯憂民之心，復不得以爲常。玄有才明，長於知人。初見魏武帝於凡庸之中，玄甚異之，謂曰：「今天下將亂，非命世之才不能定也。定天下者，其在君乎！」夏四月丙戌，日有蝕之。辛巳，太尉（段潁）〔段熲〕有罪，下獄誅。初，黄門令王甫、大長秋曹節專權任勢，（潁）〔熲〕阿附甫等。尚書令（楊）〔陽〕球撫髀歎曰〔二二〕：「使球爲司隸，此等何得爾！」俄而球爲司隸，既拜，明日詣闕謝恩，會甫沐下舍，球因奏曰：「中常侍冠軍將軍王甫奉職多邪姦以事上，其所彈糾，皆曰睚眦。勃海之誅，宋后之廢，甫之罪也。太尉（段潁）〔段熲〕以征伐微功，位極人臣，不能竭忠報國，而諂佞幸，宜並誅戮，以示海内。」於是收（潁）〔熲〕、甫下獄，球親考之。甫子萌先爲司隸，遷永樂少府，亦併見收。萌謂球曰：「父子今當伏誅，亦以先後之義少假借老父。」球罵萌曰：「若以權勢爲官，無忠等者，司隸〔何〕云以先後之義乎？」〔二三〕萌曰：「若臨於坑相濟，憂汝獨不見隨吾後死邪？」於是球操捶杖之，甫、萌皆前死杖下。球勑都官從事曰：「先舉權貴大猾，乃議其餘耳。」公卿豪右若袁氏兒輩，從事自（辯）〔辨〕之，〔二四〕何須校尉邪？」於是權門股慄，京師肅然。球既誅甫，後欲收曹節，節等不敢出沐。會順帝虞貴人葬，百寮會葬，還入夏城門，曹節見謁於道旁，球大罵曰：「賊臣曹節。」節收淚於車中曰：「我自相食肉，何宜使犬舐其汁乎？」語諸常侍且便入省，勿過里舍也。節入譖球酷暴益甚，不爲百姓所安，上乃徙球爲衛尉。球叩頭自陳曰：「臣無清高之行，橫蒙犬鷹之任。前誅常侍王甫、太尉段熲，皆狐狸小醜，未足以宣示天下。今鴟梟翔於園林，豺狼噬於囿藪，臣誠耻之，願追詔書。」叩頭殿下。上呵曰：「衛尉拒詔邪！」至于再三，乃受。丁酉，大赦天下。秋七月，〔使〕匈奴中郎將(純)〔張〕修擅收斬單于呼演，〔二五〕更立右賢王羌深爲單于，修抵罪。冬十月，永樂少府陳球下獄死。初，球與司徒劉郃書曰：「公出自宗室，據台鼎之位，天下所望。今曹節等放縱爲天下害，而久(令)〔令〕在左右，〔二六〕賢兄侍中常爲節所害。可表(從)〔徙〕尚書令(楊)〔陽〕球爲司隸，〔二七〕以〔次〕收節等誅之。〔二八〕政出聖主，天下太平，可翹足而待。」(楊)〔陽〕球小妻程黃女，黃宮中用事，所謂程(夫)〔大〕人也。〔二九〕節等頗聞知，乃重賂黃，且迫脅之，惶怖告節等以球謀，因與節讒郃於上曰：「郃等常與陳、竇交通，又受取狼籍。步兵校尉劉納、永樂少府陳球交通，並通謀議。」上大怒，策郃、陳球、(楊)〔陽〕球、劉納皆下獄死。(楊)〔陽〕球字方正，漁陽泉州人，有勇氣。郡吏嘗辱球母，球合年少數十人，殺吏，滅其家，由是知名。九江山賊起，劫刺史。球以太尉掾爲九江太守，設方略，即時摧破，誅鋤豪强，郡中累足，遷甘陵相。時天下旱，司空張顥奏郡守長吏嚴酷貪汙者皆罷免之，球以嚴酷徵。詔書以九江時功拜議郎，遷將作大匠、尚書令。十一月，太常楊賜爲司徒。

三年春正月癸丑，〔三〇〕大赦天下。夏，虎見平樂觀下，又見憲陵。上詔問司徒楊賜，賜對曰：「虎者金行，參代之精，狼戾之獸也。今在位率多奢暴貪殘酷虐乎！」中郎將張均上言曰：「虎見憲陵，又見平樂觀下，隸皆訛言也。〔三一〕洪範之論，言之不從，則毛蟲之孽。虎者，西方之獸，爲禽剛猛强梁之物也，居而穴處，不可覩見。今於先帝園陵爲害，又言見於城下，皆在位者仁恩不著，有苛尅殺戮之意乎！此乃大兵劇賊之徵，不可不防也。」秋七月，大長秋曹節爲車騎將軍。九月辛酉，日有蝕之。詔群臣上封事，靡有所諱。郎中審忠上書曰：「臣聞治國之要得賢則安，失賢則危。故舜有五臣天下治；湯舉伊尹，不仁者遠。故太傅蕃、尚書令尹勳知中官姦亂，考其黨與。華容侯朱瑀知事覺露，禍及其身，乃與造逆謀，迫脅陛下，聚會群臣，因共割裂城社以相賞。父子兄弟被蒙尊榮，素所親厚布在州郡，皮剥小民，甚於狼虎。多畜財貨，繕治殿舍，車馬服飾，擬於大家。群公卿士杜口吞聲，州郡承風順指。故蟲蝗爲之生，夷狄爲之起。天意憤盈積十餘年矣，故頻年日有蝕之於上，地震於下，所以譴戒人主，欲令覺悟。今瑀等並在左右，陛下春秋富盛，懼惑佞諂，以作不軌。願陛下留漏刻之聽以省臣表，掃滅醜類，以答天怒。」章寢。有星孛于狼、（狐）〔弧〕，〔三二〕初作靈泉、（單）〔畢〕圭苑。〔三三〕司徒楊賜上書曰：「臣聞使者並出，規度城南民田，欲以爲苑者。昔先王制囿，裁足取牲以備三驅，薪采芻牧者往焉。故詩曰：『王在靈囿，麀鹿攸伏。』傳曰：『吾王不游，吾何以休。』皆被其德政，而樂何爲如此。（是）〔至〕六國之際，〔三四〕取獸者有罪，傷槐者被誅。孟軻謂梁惠王極陳其事。先帝之制，左開洪池，右作上林，不儉不泰，(禮)以合〔禮〕中。〔三五〕今猥規都城之側，以畜禽獸之物，非所保養民庶赤子之義。築郎不時，春秋有譏；盤于游田，周公作戒。(具)〔其〕城外之苑以有五六，〔三六〕足用逞情意，順四節，何必變革舊制，以罷民力。楚興章華，郢人乖叛；秦作阿房，黎甿憤怨。宜思夏后卑室之意，太宗露臺之費，慰此下民勞止之歌。」上欲止，侍中任芝、樂松等曰：「昔宣王囿五十里，民以爲大；文王百里，民以爲小。今造二苑與百姓共之，不妨於政，民蒙其澤。」上遂從之。閏月，司徒楊賜久病罷。冬十月，太常陳耽爲司徒。十一月，〔三七〕立皇后何氏。南陽(苑)〔宛〕人，〔三八〕以良家子選入掖庭，有寵，自貴人爲皇后。父真早卒，異母兄進爲河南尹，進弟苗越騎校尉。十二月，車騎將軍曹節罷。

四年春，初置騄驥厩丞，領受郡國調馬，而豪右辜搉，馬一匹至二百萬。夏四月庚午，〔三九〕大赦天下。司徒陳耽不堪其任，罷。〔四〇〕太常袁隗爲司徒。六月，追爵謚皇后父何真爲車騎將軍、舞陽宣懷侯。秋七月，五色鳥見于新城，衆鳥隨之，民謂之鳳皇。九月庚寅朔，日有蝕之。冬十月，太尉許郁(坐)〔坐〕辟召錯謬罷，〔四一〕太常楊賜爲太尉。車駕幸廣城。是歲，於後宮與人爲列肆販(買)〔賣〕，〔四二〕使相偷盜，争著進賢冠。又於西園駕四驢，上躬自操轡馳驅，周旋以爲歡樂。於是公卿貴戚轉相放效，至乘輜軿以爲騎從，(牙)〔互〕相請奪，〔四三〕

驢價與馬齊。本志曰：「行天者莫如龍，行地者莫如馬。詩云：『四牡騤騤，載是常服。』驢乃服重致遠，野人之所用，非帝王君子之所宜。駑服遲鈍之畜，而今貴之，天意若曰：『國且大亂，賢愚倒植，執政者皆如驢也。』」

五年春正月辛未，大赦天下。二月，大疫。三月，詔三公以謠言舉刺史、二千石貪汙濁穢爲蠹害者。夏，旱。五月庚申，永樂宮署災。秋七月，星孛于太微。

六年春三月辛未，大赦天下。夏，爵號皇后母爲舞陽君。秋，金城河水溢出二十餘里。

中平元年春正月，鉅鹿人張角謀反。初，角弟（良）〔梁〕、弟寶自稱大醫，〔四四〕事善道，疾病者輒跪拜首過，病者頗愈，轉相誑耀。十餘年間，弟子數十萬人，周徧天下，置三十六坊，各有所主，期三月五日起兵，同時俱發。角弟子濟陰人唐客上書告角，〔四五〕天子遣使者捕角，角等知事已露，因晨夜勑諸坊促令起兵。二月，角等皆舉兵，往往屯聚數十百輩，大者萬餘人，小者六七千人。州郡倉卒失據，二千石、長吏皆棄城遁走，京師振動。角黨皆著黃巾，故天下號曰黃巾賊。初，司徒楊賜、衛尉劉寬、司空張濟、御史劉陶並陳角反謀，宜時捕討以絶亂原，上不從。及角作亂，天子思陶言，封爲中陵侯。陶字子奇，潁川潁陰人。沈勇有大謀，不修威儀，不拘小節。與人交，志好不同，雖富貴不顧也；所行齊趣，雖貧賤必尊貴之。疾惡太甚，以此見憎。辟司徒府，遷尚書、侍中，以數直諫，爲權臣所惡，徙爲京兆尹。上素重陶才，徵爲諫議大夫。諸中官讒陶與張角通情，上遂疑之，收陶考黄門北寺。中官諷考，楚毒極至。陶對使者曰：「朝廷前封臣，云何不恒其德，反用佞邪之譖？臣恨不與伊、吕同儔，而與三人同輩。今上殺忠謇之臣，下有憔悴之民，亦在不久。然後悔於冤，臣將復何逮？」不食而死。三月戊申，河南尹何進爲大將軍，帥師次于都亭，自函谷、伊闕、太谷、轘轅、盟津皆置都尉，備張角也。於是考諸與角連及官省左右，死者數千人。上内憂黄巾，問掖庭令吕强何以静寇。對曰：「誅左右姦猾者；中常侍丁肅、徐演、李延、趙裕、郭耽，朝廷五人號爲忠清，誠可任用；赦黨人，簡選舉，何憂於賊？」上納其言。壬子，大赦黨人，皆除之。强字漢盛，河南成皋人。忠貞奉公，不與佞倖同。是時權邪怙寵，政以賄成，郡國貢獻，皆先餽賂然後得行，左右群臣好上私禮。强諫曰：「陛下物出天下，然而所輸之府輒有導行之財，皆出於民。今發十而貢一，費多而獻少，無爲使姦吏用巧，私門致富也。又阿媚之臣，好獻其私，容諂姑息進入。其所奉獻，皆御府所有，無爲使從諫之臣，得自媟黷也。舊選舉委任三府，尚書受奏御而已，各受試用，責以成功。功無可察，以事付尚書，尚書乃覆案虚實，行其罪罰。於是三公每有所選，參議掾屬咨其行狀，度其器能，然猶有〔溺〕職廢官，〔四六〕荒穢不治。今但任尚書，或有詔用，三公得免選舉之負，尚書又無考課之勤。陛下虚自勞苦，有廢亂之負，無所責也。」書奏，上以示中常侍夏惲、趙忠。忠、惲曰：

「此言是也。然强自負清潔，常怏怏有外心。」及赦黨人，中官疾之。於是諸常侍人人求退忠、惲，共構會强，云「與黨人謀，數讀霍光傳。强兄弟所在亦皆貪穢」。上聞强讀霍光傳，意不悦，使中黄門持兵召强。强聞上召，怒曰：「吾死，亂兵起矣。大丈夫欲書忠國史，無爲復對獄吏也。」遂自殺。詔公卿百官出馬弩各有差。中郎將盧植、左中郎將皇甫嵩、右中郎將朱儁各持節征黄巾。護軍司馬傅燮討賊形勢，燮上書諫曰：「臣聞天下之禍，所由於外，皆興於内。是故虞舜昇朝，先除四凶，然後用十六相。明惡人不去，則善人無由進。張角起於趙、魏，黄巾亂於六州。此皆釁發蕭牆，而禍延四海。臣受戎任，奉辭伐罪，始到潁川，戰無不剋。黄巾雖遏，其釁由内作耳。陛下仁德寬容，多所不忍，中官弄權，忠臣之憂愈深耳。何者？夫邪正之在國，猶冰炭不可同器而並存也。彼知正人之功顯，而危亡之兆見，皆將巧詞飾説，共長虚僞。孝子疑於屢至，市虎惑於三人。陛下不詳察之，臣恐白起復賜死於杜郵，而盡節效命之臣無所陳其忠矣。唯陛下察虞舜四罪之舉，使讒佞受放殛之罰，萬國知邪臣之爲誅首，忠正時得竭其誠，則善人思進，姦凶不討而自滅矣。臣聞忠臣之事君，猶孝子之事父。子之事父，焉得不盡情以言？使臣伏鈇鉞之戮，陛下少用其言，國之福也。」書奏，中常侍趙忠見而怨焉。夏四月，太尉楊賜以寇賊罷，太僕鄧盛爲太尉。司空張濟久病免，大司農張温爲司空。初賣官，自關内侯以下至虎賁、羽林入錢各有差。皇甫嵩、朱儁連戰失利，遣騎都尉曹操將兵助嵩等。五月乙卯，黄巾馬元義等於京都謀反，皆伏誅。皇甫嵩、朱儁擊黄巾波才於潁川，大破之，斬首數萬級。詔行車騎將軍，封都鄉侯，儁西鄉侯。於是傅燮功多應封，爲趙忠所譖，上識燮，不罪之，然不得封。左中郎將盧植征張角不剋，徵詣廷尉，減死罪一等。中郎將董卓代植，既受命，累破黄巾。角等保廣宗，植圍壍修梯，垂當拔之。上遣小黄門左豐觀賊形勢。或勸植以賂送豐，植不從。豐言於上曰：「廣宗賊易破耳！盧中郎固壘息軍，以待天誅。」上怒，植遂抵罪。六月，中郎將張均上書曰：「張角所以能興兵作亂，萬民樂附之者，原皆由十常侍多放，父子兄弟婚親賓客典據州郡，辜榷財利，侵冤百姓。百姓之冤無告訴，因起從角學道，謀議不軌，相聚爲賊。今悉斬十常侍，縣其頭於南郊以謝天下，即兵自消，可一戰而克也。」上以章示十常侍，皆免冠頓首，乞自致雒陽獄，家財助軍糧，子弟爲前鋒。上曰：「此則直狂子也。十常侍内有一人不善者耳。」天子使御史考諸爲角道者，御史奏均學黄巾道，收均，死獄中。秋八月，皇甫嵩擊黄巾卜已於東郡，大破之，斬首萬餘級。中郎將董卓征張角不克，徵詣廷尉，減死罪一等，以皇甫嵩代之。朱儁攻黄巾趙弘於南陽，自六月至八月不拔，有司奏徵儁，司空張温議曰：「昔秦用白起，燕信樂毅，亦曠歷年載，乃能剋敵。儁討潁川有效，引師南指，方略已設。臨軍易將，兵家所忌，可以少假日月，責其功效。」上從之，詔切責儁。儁懼誅，乃急擊弘，大破斬之，封儁上虞侯。賊復以韓忠爲帥，衆號十萬，據宛拒雋。儁兵力不敵，然欲急攻，乃先結壘起土山以臨之。因僞修攻具，耀兵於西南；儁身自被甲，將精卒乘其東北，遂得入城。忠乞降，議郎蔡邕、司馬張超皆欲聽之。儁曰：「兵有形同而勢異者。昔秦、項之際，民無定主，故有賞以勸來者；今海内一統，惟黄巾造寇，降之無可勸，罰之足以懲惡。今若受之，更開逆意，利則進戰，鈍則降服，縱敵長寇，非良計也。」因勒兵攻之，連戰不尅。儁登土山望之，顧謂邕曰：「吾知之矣。今外圍周固，内營逼急，忠故乞降，降又不受，所以死戰也。萬人同心，猶不可當，況十萬人乎，其害多矣！不如徹圍解弛，勢當自出，出則意散，必易破之。」即解圍入城，忠果自出。儁因自擊之，大破斬忠，乘勝逐北，斬首萬餘級。即拜儁爲車騎將軍，封錢唐侯，徵入爲光禄大夫。冬十月，皇甫嵩攻張角弟（良）〔梁〕於廣宗，〔四七〕大破之，斬首數萬級。角先病死，破棺戮尸。拜嵩爲車騎將軍，封槐里侯。嵩既破黄巾，威振天下，故信都令漢陽閻忠説嵩曰：「夫難得而易失者，時也；時至而不旋踵者，機也。故聖人常順時而動，智者必見機而發。今將軍遭難得之時，蹈之而不發，將何以權大名乎？」嵩曰：「何謂也？」忠曰：「天道無親，百姓與能。故有高人之功者，不受庸主之賞。今將軍受鈇鉞於暮春，收成功於末秋。兵動若神，謀不再計，攻堅易於折枯，摧敵甚於湯雪，旬月之間，神兵電掃，封（户）〔尸〕刻石，〔四八〕南面以報，威振本朝，聲馳海外，是以群雄迴首，百姓企踵，雖湯、武之舉，未有高將軍者也。身立高人之功，乃北面以事庸主，何以圖安也？」嵩曰：「夙夜在公，心不忘忠，何故不安？」忠曰：「不然。昔韓信不忍一餐之遇，棄三分之利，拒蒯通之説，忽鼎峙之勢，利劍揣其喉，乃嘆息而悔何以見烹於女子也！今主勢弱於劉、項，將軍權重於淮陰，指麾足以震風雨，叱咤足以興雷電。赫然奮發，因危抵頽，崇恩以綏前附，振武以臨後伏，徵冀方之士，勒七州之衆，羽檄先馳於前，大軍嚮振於後，蹈流漳河，飲馬盟津，誅中官之罪，除群怨之積。如此則無交兵，守無堅城，不招必影從，雖童兒可使奮空拳以致力，女子可使褰裳以用命，况厲熊羆之卒，因迅風之勢哉！功業已就，天下已順，乃請呼上帝，喻以大命，混齊六合，南面稱制，移神器於將興，推亡漢於已墜，實神機之至會，風發之良時。夫既朽不雕，衰世難佐。將軍雖欲委忠於難佐之朝，雕朽敗之木，猶逆坂走丸，必不可得也。方今權官群居，同惡如市，上不自由，政出左右，庸主之下難以久居，不賞之功讒人側目，如不早圖，後悔無及。」嵩懼曰：「黄巾小孽，非秦、項之敵也，新結易散，非我功策之能。民未忘主，而子欲逆求之，是虚造不冀之功，以速朝夕之禍，非移祚之時也。孰與委忠本朝，雖有多讒，不過放廢，猶有令名，死且不朽。逆節之論，吾所不敢也。」忠知計不用，乃佯狂爲巫。十一月，嵩又進兵擊張寶於下曲陽，斬之。於是黄巾悉破，其餘州所誅，一郡數千人。十二月，金城人邊章、韓（約）〔遂〕反。〔四九〕

## 【校勘記】

〔一〕（嘉）〔熹〕平四年　從學海堂本改。

〔二〕太尉李咸久病罷光禄〔勳〕劉寬爲太尉　從後漢書孝靈帝紀補。該紀繫此事於是年秋七月。

〔三〕本郡閔其〔無〕辜　從南監本、龍谿本、學海堂本補。

〔四〕（所）〔不〕擇賢愚　從南監本、龍谿本、學海堂本改。

〔五〕却行而求（反）〔及〕前人　從南監本、龍谿本、學海堂本改。

〔六〕自春以來三十餘（人）發　從後漢書鮮卑列傳删。

〔七〕昔朱（提）〔崖〕郡反　從漢書賈捐之傳改。

〔八〕護烏（九）〔丸〕校尉夏育　從南監本、龍谿本、學海堂本改。

〔九〕（入）自稱梁伯夏　從學海堂本删。

〔一〇〕以爲（類）〔貌〕之不恭　從龍谿本、學海堂本改。

〔一一〕（與）此〔與〕成帝相似　從南監本、學海堂本乙正。

〔一二〕太常（袁）〔來〕豔爲司空　從後漢書孝靈帝紀改。

〔一三〕復云有程（夫）〔大〕人者　從後漢書蔡邕列傳改。

〔一四〕屯騎校尉蓋延　蓋延，後漢書蔡邕列傳作「蓋升」。

〔一五〕廷尉郭僖　後漢書蔡邕列傳作「郭禧」。
〔一六〕（無）〔庶〕使臣筆所及　從南監本、龍谿本、學海堂本改。
〔一七〕司空（袁）〔來〕豔久病罷　從後漢書孝靈帝紀改。
〔一八〕射（身）〔聲〕校尉　從南監本、龍谿本、學海堂本改。
〔一九〕光禄（勳）〔大夫〕橋玄　從上文注改。
〔二〇〕大鴻臚劉（郡）〔邵〕爲司徒　從龍谿本、學海堂本改。後漢書孝靈帝紀作「劉郃」。
〔二一〕（段穎）〔段熲〕爲太尉　從龍谿本、學海堂本改。以下逕改。
〔二二〕尚書令（楊）〔陽〕球　從學海堂本改。以下逕改。
〔二三〕司隸〔何〕云以先後之義乎　從文意補。
〔二四〕從事自（辯）〔辨〕之　從龍谿本補。
〔二五〕〔使〕匈奴中郎將（純）〔張〕修　從後漢書孝靈帝紀補改。
〔二六〕而久（令）〔令〕在左右　從學海堂本改。
〔二七〕可表（從）〔徙〕尚書令（楊）〔陽〕球　從學海堂本改。
〔二八〕以〔次〕收節等　從後漢書陳球列傳補。
〔二九〕所謂程（夫）〔大〕人也　從後漢書蔡邕列傳改。

〔三〇〕正月癸丑　後漢書孝靈帝紀作「正月癸酉」。
〔三一〕隸皆訛言也　陳璞校云「隸疑衍」。
〔三二〕有星孛于狼(狐)〔弧〕　從學海堂本改。
〔三三〕初作靈泉(單)〔畢〕圭苑　從南監本、龍谿本、學海堂本改。靈泉，後漢書孝靈帝紀作「靈昆」。
〔三四〕(是)〔至〕六國之際　從南監本、龍谿本、學海堂本改。
〔三五〕(禮)以合〔禮〕中　從南監本、龍谿本、學海堂本乙正。
〔三六〕(具)〔其〕城外之苑　從南監本、龍谿本、學海堂本改。
〔三七〕十一月　後漢書孝靈帝紀作「十二月」。
〔三八〕南陽(苑)〔宛〕人　從後漢書孝靈帝紀改。
〔三九〕夏四月庚午　庚午，後漢書孝靈帝紀作「庚子」。
〔四〇〕司徒陳耽不堪其任罷　後漢書孝靈帝紀繫此事於五年三月。
〔四一〕太尉許郁〔坐〕辟召錯謬罷　陳璞校云「通鑑考異辟召上有坐字」。當是，今據補。
〔四二〕列肆販(買)〔賣〕　從龍谿本、學海堂本改。
〔四三〕(牙)〔互〕相請奪　從南監本、龍谿本、學海堂本改。
〔四四〕角弟(良)〔梁〕弟寶自稱大醫　從後漢書皇甫嵩朱儁列傳改。

〔四五〕濟陰人唐客上書　後漢書皇甫嵩朱儁列傳作「濟南唐周上書」。

〔四六〕猶有〔溺〕〔搦〕職廢官　從南監本、龍谿本、學海堂本改。

〔四七〕攻張角弟（良）〔梁〕於廣宗　從後漢書皇甫嵩朱儁列傳改。

〔四八〕封（户）〔尸〕刻石　從龍谿本、後漢書皇甫嵩朱儁列傳改。

〔四九〕邊章韓（約）〔遂〕反　從後漢書孝靈帝紀改。下改同。

# 兩漢紀下　後漢紀

## 孝靈皇帝紀下卷第二十五

中〔和〕〔平〕二年春二月丁卯，〔一〕故太尉劉寬薨，贈車騎將軍，謚曰〔郡〕〔昭〕烈侯。〔二〕寬字文饒，弘農華陰人也。少好學，博通群書。稍遷東海、南陽太守，遇民如子，口無惡言，吏民有罪，以蒲鞭鞭之，示耻辱而已。其善政歸之於下，有不善輒自剋責，庶民愛敬之。好與諸生論議，行縣使三老、學生自隨到亭傳，輒復講論，教化流行，不嚴而治。嘗有客遣奴酤酒，久而不還，及其還也，客不堪之，駡詈曰：「畜産。」寬須臾遣人視之，曰：「此人也，駡言畜産，恐其自殺。」夫人欲試寬一恚，伺當朝會，裝嚴已訖，使婢奉肉羹一盂。寬手未得持，放羹衣上，婢急收羹，寬言：「徐徐！羹爛汝乎？」其寬裕如此，内外稱爲長者，上深悼之。

袁宏曰：在溢則激，處平則恬，水之性也。急之則擾，緩之則静，民之情也。故善治水者引之使平，故無衝激之患；善治人者雖不爲盜，終歸刻薄矣。以民心爲治者，下雖不時整，終歸敦厚矣。老子曰：「古之爲道者不以明民，將以愚之。」故以智治國，國之賊也。羌、胡寇三輔，車騎將軍皇甫嵩征之。己酉，南宮雲臺災。庚戌，樂城門災，延及北闕嘉德殿、和歡殿。本志曰：「雲臺者，乃周家之所造也，圖書珍寶之所藏。京房易傳曰：『君不思道，厥妖火燒宮。』(夫)〔天〕戒若曰，〔三〕刑濫賞淫，何以舊典爲？故焚其秘府也。」收天下田畝十歲以治宮室，州縣送材及石，貴戚緣賤買入己，官皆先經貴戚然後得中，宮室連年不成，天下騷擾，起爲盜賊。司徒袁隗久病罷。三月，廷尉崔烈爲司徒。邊章、韓(約)〔遂〕寇三輔，中郎將董卓副皇甫嵩討之。於是關、隴擾攘，發役不供。司徒崔烈欲棄涼州，議郎傅燮進曰：「斬司徒，天下乃安。」有司奏燮廷辱大臣。有詔問本意。對曰：「昔冒頓至逆也，樊噲爲上將，云願得十萬衆橫行匈奴中，憤激奮厲，未失臣節也，不顧計之當與不當耳，季布猶廷斥曰『噲可斬』，前朝是之。今涼州天下之衝要，國家之蕃衞也。堯、舜時禹貢載之；殷、周之世列爲侯伯；高祖平海內，使酈商別定隴右；世宗拓境，列置四郡，議者以爲斷匈奴之右臂。今牧御者失理，使一州叛逆，天下騷動，陛下不安寢食。烈爲宰相，不念思所以緝之之策，乃欲棄一方萬里之士，臣竊惑之。左衽之虜，得此地爲患數世。今以勁士堅甲利兵，姦雄因之爲亂，此社稷之深憂也。且無涼州，則三輔危，三輔危則京都薄矣。若烈不知憂之，是極弊也；知而欲棄，是不忠也；二者擇而處之，烈必有之。」遂從燮議，亦不罪烈。由是朝廷益重燮，每公卿缺，議輒歸燮。夏五月，太尉鄧盛久病罷，太僕張延爲太尉。六月，以討張角功，封中常侍張讓等十二人爲列侯。秋七月，車騎將軍皇甫嵩征邊章、韓（約）〔遂〕，無功免。八月，司空張温爲車騎將軍，討章、（約）〔遂〕。九月，特進臨晋侯楊賜（受）〔爲〕司空。〔四〕冬十月，司空楊賜薨。策曰：「司空臨晋侯賜華嶽所挺，九德純備，三葉宰相，輔國以忠。昔朕初載受道帷幄，遂階成勳，以陟大猷。師範之功既昭於内，弼亮之勤亦著于外，雖受茅土，未答厥勳。哲人既没，將誰諮度？朕甚悼焉。今使左中郎將郭儀持節追贈特進、司空、驃騎將軍印綬，謚曰文烈侯。」賜字子獻，篤志於學，閑居教授，不應州郡之命。辟梁冀府，非其好也，因謝病去。舉高第，稍遷越騎校尉、光禄大夫。靈帝初，與劉寬、張濟侍講于華德殿。初，張角等誑耀百姓，天下惑之，襁負至者數十萬人。賜時居司徒，謂劉陶曰：「聞張角等黨輩熾盛，稍益滋蔓。今若下州郡捕討，恐驚動醜類，遂成反亂。今欲切勑刺史、二千石，采别流民，咸遣護送各歸本郡，以孤弱其黨。然後乃誅其渠帥，可不勞衆而定。何如？」陶曰：「此孫子所謂不戰而屈人之兵，廟勝之術也。」賜（衆）〔遂〕上書言之。〔五〕會賜去位，事留中。後帝徙南宫，閲故事，得賜所上奏及講時注籍，乃感悟。遂下詔曰：「大司馬楊賜，敦德允元，（中受）〔忠愛〕恭懿，〔六〕親以尚書侍講，累評張角始謀，禍釁未彰，賜陳便宜，欲緩誅夷，令德既光，嘉謀怛然。詩不云乎，『無德不報，無言不讎』。故褒城君孔霸、故太尉黄瓊侍講先帝，並宜受茅土之封。」賜上言曰：「臣前與故太尉劉寬、司徒張濟並被侍講，俱受三事；張角謀亂，又共陳便宜。而獨蒙師傅之澤，茅土之祚，而寬、濟不蒙雲雨之潤，乞減賜户以封寬、濟。」上雖不聽，嘉其至誠，乃封寬爲遂鄉侯，濟子根爲蔡陽侯。賜子彪忠厚有孝行，復纂其家業。光禄勳許相爲司空。十一月，張温、董卓擊張約，破之。約走金城。是歲，於後園造萬金堂，以爲私藏門，司農金錢繒帛積之於中；又還河間置田業，起第觀。上本侯家，居貧即位，常曰桓帝不能作家，曾無私錢，故爲私藏，復寄小黄門常侍家錢至數千萬。由是中官專朝，奢僭無度，各起第宅，擬〔則〕〔制〕宫室。〔七〕上嘗登永安樂侯臺，黄門常侍惡其登高，望見居處樓殿，乃使左右諫曰：「天子不當登高，登高則百姓虚。」自是之後，遂不敢復登臺榭。

三年春二月，太尉張延久病罷。庚戌，大赦天下。三月，車騎將軍張温爲太尉。夏五月壬辰晦，日有蝕之。詔公卿舉直言。

四年春正月己卯，大赦天下。二月，滎陽盜賊起，三月，河南尹何苗擊破之。以苗爲車騎將軍，封濟陽侯。夏，狄道人王國反。自黄巾之後，盜賊群起，殺刺史、二千石者往往而是。夏四月，太尉張温以寇賊未平罷，司徒崔烈爲太尉。五月，司空許相爲司徒，光禄勳丁宫爲司空。秋九月，大長秋趙忠爲車騎將軍，執金吾甄舉爲太僕，因謂忠曰：「傅南容有古人之節，前在軍有功不封，天下失望。今將軍當其任，宜進賢理枉，以副衆望。」忠納其言，遣弟延齎書致殷勤曰：「南容少答我常侍，萬户侯不足得也。」燮正色拒之曰：「遇與不遇，命也；有功不論，時也。傅燮豈無功而求私賞哉？」遂不答其書。忠愈恨燮，然憚其高明，不敢害，出爲漢陽太守。冬十月，零陵盜賊寇長沙，太守孫堅討破之，封堅爲烏程侯。十一月，太尉崔烈久病罷，大司農曹嵩爲太尉。是歲，漁陽人張純反。初發幽州烏桓以討凉州，故中山相張純請將之，不聽，使涿令公孫瓚。純忿不得將，因説故太山太守張舉曰：「烏桓數被徵發，死亡略盡，今不堪命，皆願作亂。國家作事如此，漢祚衰亡之徵。天下反覆率豎子，故若英雄起，則莫能禦。吾今欲率烏桓奉子爲君，何如？」舉曰：「漢祚終訖，故當有待之者。吾安可以若是？」純曰：「王者綱漏鹿走，則智多者得之，子勿憂也。」遂共率烏桓作亂，故人喜悦歸純，日十餘萬。

五年春正月丁酉，大赦天下。太尉曹嵩罷。二月，有星孛於紫宫。三月，少府樊陵爲太尉。夏五月，凉州刺史耿鄙擊王國，敗績。初，鄙合六郡兵將欲討國，漢陽太守傅燮諫之曰：「使君統政日淺，民未知化。孔子曰：『不教民戰，是謂棄之。』今率不教之民，越大隴之危，賊聞大軍將至，必萬人同心，其鋒難當也。萬一内變，悔何及也？不若息軍養德，明賞罰以教民戰。賊得寬容，必爲我怯，群惡争勢，其離可必。然後率已教之民，討離隙之賊，其功可立。今不爲萬全之福，而就危敗之禍，不爲使君取也。」鄙不從。臨陣，前鋒果敗，鄙爲別駕所害。國遂圍漢陽太守傅燮。時北胡騎數千在城外，皆叩頭流涕，欲令燮棄郡歸鄉里。燮子幹進曰：「國家昏亂，賢人斥逐，大人以正不容於朝。今天下以叛，兵不足以守，鄉里羌胡被大人恩者，欲令棄郡而歸。願大人許之，徐歸鄉里，率賢士大夫子弟而輔之。」言未終，燮歎曰：「汝知吾必死邪？蓋『聖達節，次守節』。且殷紂之暴，伯夷之不食周粟而死，仲尼以爲賢。今朝廷不甚殷紂，吾德不及伯夷，吾何行之乎？」王國使故酒泉太守黄衍説燮曰：「天下事已可知矣。先起者上有霸王之業，下成伊、吕之勳。天下非復漢有，府君寧有意爲吾屬師乎？」燮按劍叱之曰：「若非國家剖符之臣邪，求利焉逃其難？且諸侯死社稷者，正也。」遂麾左右出戰，臨陣而死。上甚悼惜之，策謚曰壯節侯。燮字南容，北地靈州人。身長八尺，嚴恪有志操威容，性剛直履正，不爲權貴改節。六月丙寅，風大起折木，太尉樊陵策罷，射聲校尉馬日磾爲太尉。秋八月，置西園三軍及典軍助軍，以小黄門蹇碩爲上軍校尉，虎賁中郎將袁紹爲中軍校尉，屯騎校尉鮑洪爲下軍校尉，議郎曹操爲典軍校尉。初，黄巾起，上留心戎事，碩壯健有武略，故親任之，使爲元帥，典護諸將，大將軍已下皆令屬焉。九月，司徒許相策免，司空丁宫爲司徒，光禄勳劉弘爲司空，（特進）〔衛尉〕董（卓）〔重〕爲驃騎將軍。〔八〕己未，詔曰：「頃選舉失所，多非其人。儒法雜揉，學道浸微。處士荀爽、陳紀、鄭玄、韓融、李楷耽道樂古，志行高潔，清貧隱約，爲衆所歸。其以爽等各補博士。」皆不至。融字元長，潁川人。博學不爲章句，皆究通其義。屢徵聘，皆不起，晚乃拜河南尹，(時)〔歷〕鴻臚太僕卿。〔九〕年七十餘，弟兄同居，閨庭怡怡，至于沒齒也。楷字公超，河南人。以至孝稱，棲遲山澤，學無不貫，徵聘皆不就。除平陵令，視事三日，復棄官隱居，學者隨之。所在城市華陰南土，遂有公超市。頻煩策命，就拜光禄大夫，固疾不起。乃命河南、弘農致玄纁束帛，欲必致之，楷終不屈。袁宏曰：布衣韋帶，白首不仕者有矣；結髮纓冠，老而不退者有矣。此二途者，古今之所同也。久而安之，故無中立之地焉。語曰：「山林之士往而不能反，朝廷之士入而不能出。」往而不反則能執意，入而不出失之遠矣。古之爲士，將以兼政，可則進，不可則止，量分受官，分極則身退矣。故於仕與不仕之間有止足焉。不仕則枯槁矣，遂仕則負累矣。若仕能止者在於可否之間，不同心乎！是時大將軍何進多辟海内名士，以爲己佐。鄭玄稱疾不到，州郡迫脅，不得已，玄幅巾詣進，進設几杖之禮，一宿而退，莫知其所。初，申屠蟠隱於梁、碭之間，免於黨人之禍，亦爲進所辟，逾年不至。進恨之，欲脅以威刑，使同郡黄忠與蟠書曰：「大將軍幕府初開，〔徵〕辟海内，〔一〇〕並延英俊，雖有高名盛德，不獲異遇。至如先生，特加殊禮，優而不名，設几杖之坐，引領東望，日夜以冀，彌秋歷冬，經邁二載，深拒以疾，無惠然之顧。重令爰中郎(昭)〔曉〕暢殷勤，〔一〕至于再三，而先生抗志彌高，所執益固。將軍於是憮然失望而有媿色，自以德薄，深用咎悔。僕竊論之，先生高則有餘，智則不足。當今西戎作亂，師旅在外，軍國異容，動有刑憲。今潁川荀爽輿病在道，北郡鄭玄北面受署。彼豈樂羈牽者哉，知時不可佚豫也。且昔人之隱，雖遭其時，猶放聲絶迹，巢棲茹薇，其不遇也，則裸身大笑，被髮狂歌。今先生處平壤，游人間，吟典籍，襲衣裳，行與昔人謬，而欲蹈其迹，擬其事，不亦難乎！僕願先生優游俯仰，貴處可否之間。孔氏可師，何必首陽。備託臭味，庶同休戚，是以假飛書以喻左右。〔二〕」蟠不答其書，亦無懼色。蟠字子龍，陳留外黄人。同縣大女侯玉爲父報讎，殺夫之從母兄，姑怒執玉送吏。時縣令梁配將斷其獄，蟠年十五，自精舍詣縣，奏記曰：「伏聞大女侯玉爲父報讎，獄鞫以法，不勝感悼己情，敢陳所聞。昔太原周黨感春秋之義，辭師復讎，當時論者猶高其節。況玉女弱，内無同生之謀，外無交游之助，直推父子之情，手〔刃〕莫大之讎。〔三〕當時聞之，人無勇怯，莫不張膽增氣，輕身重義，攘臂高談，稱羡其美。今聞玉幽執牢檻，罪名已定，皆心低意阻，惆悵悲歎。蟠以玉之節義，歷代未有，足以感無恥之孫，激忍辱之子。若其在昔，尚當旌閭表墓，以顯後嗣。況事在清聽，不加以義！」於是縣令具以狀聞，得減死一等。蟠學無常師，博覽無不通。初在太學，濟陰王子居病困臨卒，託蟠致喪，蟠即自負其尸，遂致濟陰。道遇司隸從事，嘉蟠志義，愍其負重，爲封過所傳，蟠不受，投地而去。舉有司，公車徵，諸所聘禮皆不就。董卓初徵天下賢儁，皆起家登宰相。蟠得徵書，時人皆勸之行，蟠笑而不答。居無何，而王室大亂。蟠年七十餘，以壽終。十月甲子，上觀耀兵於平樂觀。先是望氣者以爲京師當有大兵，流血兩宮。或説何進曰：「太公六韜有天子將兵事，以示四方。」進以爲然。乃言於上，（太）〔大〕發兵講武於平樂觀下，〔一三〕天子親擐甲胄，臨軍三匝。既罷，以兵屬大將軍進。初，漢陽太守蓋勳著績西州，知耿鄙之必敗也，自免歸家。於是徵爲武都太守。詔大將軍何進、上軍校尉蹇碩爲勳祖道，京師榮之。未至武都，徵爲討虜校尉。上問勳曰：「天下何以反？」勳對曰：「幸臣子弟擾之使然。」時碩子弟尤甚，天子顧而問碩，碩不能對。帝又謂勳曰：「吾以陳師於平樂觀，多出中藏以餌戰士，何如？」勳曰：「臣聞昔者先王耀德而不觀兵，今寇在遠而設陣於近，不足以昭果毅，衹足以瀆威武耳。」帝曰：「善。恨見卿晚，群臣初無是言也。」勳與劉虞、袁紹等並典禁軍，勳謂虞、紹曰：「吾見上，上甚聰明，但擁於左右耳。勇力誅嬖幸，然後徵拔英俊，以興漢室，功遂身退，豈不快邪！」虞、紹亦有宿謀，因共相結未發，而司隸校尉張温舉勳爲京兆尹。帝方倚勳，欲親近之，而碩等心憚，並勸帝從温議，遂拜京兆尹。小黄門高望，皇子（辯之）愛（之辯）臣也。〔一四〕因碩屬望子於勳，欲以爲孝廉，勳不肯。或謂勳曰：「皇子副主也，望其保也，碩帝之寵臣也，三怨成府，豈可救也？」勳曰：「選賢所以報國也。非賢不舉，雖死可悔乎！」是時王國衆十餘萬，三輔震〔動〕，〔一五〕勳自請發兵萬人分屯三輔。每有密事，帝呼詔問勳。勳雖身在外，甚見信重。乃著琴詩十二章奏之，帝善焉，數加賞賜。十二月，左將軍皇甫嵩、前將軍董卓屯右扶風，討王國。

六年春正月，王國攻陳倉，董卓將救之，謂（王）〔皇〕甫嵩曰〔一六〕：「智者不後時，勇者不留決。速救則城全，不救則城滅，復何疑哉？」嵩曰：「不然。善用兵者，全軍爲上，破軍次之，百戰百勝，不如不戰而屈人之兵也。上兵伐謀，故見可而進，知難而退，故速戰爲下。是以先爲不可勝，以待敵之可勝。不可勝在我，可勝在彼。彼守不足，我攻有餘。有餘者在於九天之上，不足者陷於九地之下。陳倉雖小，城守備固，非九地之陷也。國兵雖攻我所不拔，非九天之勢也。夫勢非九天，攻者受害；陷非九地，守者不拔。國今已陷受害之地，而陳倉保不拔之城，我可不煩兵而取全勝之功，將何救！」不從。國圍陳倉八十餘日，城中堅守，竟不能拔，賊衆疲弊，果自解去。嵩欲進兵擊之。卓曰：「不可。兵法：『窮寇勿迫，歸衆勿追。』今我追國，是追歸衆，迫窮寇也。困獸猶鬭，蠭蠆有毒，況大衆乎！」嵩曰：「不然。前吾不擊，避其鋭也。今而擊之，待其衰也。所擊疲墮，非歸衆也。國衆且走，莫有鬭志。以整擊亂，非窮寇也。」使卓爲殿，嵩自與國戰，大破斬之。由是卓恨嵩，陰與嵩有隙。徵卓爲少府，卓不肯就，上書輒行前將軍事。既而以卓爲并州牧，以兵屬皇甫嵩。卓又上書請將兵之官。嵩從子邐諫嵩曰：「本朝失政，能安危定傾者，惟大人與卓耳。今怨隙已結，二人不俱存。先人之言，兵家所重。卓被詔當放兵，而諷將士上書自請，此逆命也。彼度京師政亂，故敢躊躇，此懷姦也。二者刑所不赦，卓兇虐無親，將士不附。公爲元帥，仗國威以討之，上顯忠義，下除姦凶，此桓、文之舉也。」嵩曰：「專命亦罪也。不如顯奏，使朝廷裁之。」天子以責讓卓不受詔，選五千騎將自河津渡。上軍校尉蹇碩惡大將軍進兵强，欲進在外，因而間之。乃與常侍通謀説上，使進征邊章、韓約。帝從之，賜進戎車百乘，虎賁斧鉞。進亦知其謀，請中軍校尉袁紹東發徐、兗兵，以稽其行。三月己丑，光禄劉虞爲司馬，領幽州牧，〔擊〕張純。〔一七〕虞使公孫瓚擊純，大戰破之。純客王政斬純首降。封虞爲襄賁侯，瓚爲都亭侯，並鎮北邊。夏四月，太尉馬日磾罷。丙午朔，日有蝕之。丙辰，帝崩于嘉德殿。時蹇碩在省中，欲誅大將軍何進，使人迎進，欲與計事。進即駕往，司馬潘隱出迎進，因而〔逆〕〔目〕之。〔一八〕進馳去，屯百郡邸，稱疾不入。戊午，皇子辯即帝位，太后臨朝，大赦天下。封皇弟協爲渤海王。初，帝數失皇子，何太后生皇子辯，養於史道人家，故號爲史侯。王貴人生皇子協，養於董太后宮，號爲董侯。初，大臣請立太子，〔帝以〕辯輕佻無威儀，〔一九〕不可以爲宗廟主。然何后有寵，大將軍進權重，故久而不決。帝將崩，屬協於上軍校尉蹇碩。協疏幼少，在喪哀感，百官見者爲之感慟。壬戌，詔曰：「朕以眇身，君王海内，夙夜憂懼，靡知所濟。夫天、地、人道，其用在三，必須輔佐以昭其功。後將軍袁隗德量寬重，奕世忠恪，今以隗爲太傅，録尚書事。朕且諒闇，委成群后，各率其職，稱朕意焉。」上軍校尉蹇碩以帝輕佻不德，二舅好修虚名，無股肱之才，懼不能安社稷也，欲誅進等，立渤海王，與常侍趙忠、宋典書曰：「大將軍兄弟秉國威權，欲與天下黨人共誅内官。以碩有兵，尚且沈吟。觀其旨趣，必先誅碩，次及諸君。今欲除私讐以輔公家。是時上新崩，大行在前殿，左右悲哀，念在送終。碩雖用有謀策，其事未可知也。」忠、典以碩書告大將軍進，進誘諸常侍共誅碩。或曰：「碩先帝所置，所嘗倚仗，不可誅。」中常侍郭脈與進同郡，〔二〇〕素養育進，子弟遇之，曰：「進我所成就，豈有異乎？可卒聽之。」庚午，上軍校尉蹇碩下獄誅，兵皆屬進。中軍校尉袁紹説進曰：「黄門常侍秉權日久，永樂太后與之通謀，禍將至矣。將軍宜立大計，爲天下除患。」於是進、紹謀共圖中官。進厚遇紹及虎賁中郎將術，因以招引天下奇士陳紀、荀攸、何顒等（上）〔與〕同腹心。〔二一〕初驃騎將軍董重與大將軍何進權勢相害，中官協重以爲黨助，永樂亦欲與政事，何后不聽。永樂后怒曰：「汝怙大將軍邪？勑驃騎斷大將軍頭如反手耳！」何后聞之，以告進。五月，進與三公奏：「故事，蕃后不同居京師，請永樂宫還（太）〔故〕國。」〔二二〕於是驃騎將軍董重下獄死。永樂后怖，暴崩。衆以爲何后殺之。紹復説進曰：「前竇氏之敗，但坐語言漏泄，以五營兵士故也。五營皆畏中官，而竇后反用之，兵皆叛走，自取破滅。今將軍既有元舅之尊，二府並領勁兵，部曲將吏皆英俊之士，樂盡死力，事在掌握，天贊之時也。功著名顯，垂之後世，雖周之申伯，何足道哉！」進言之太后。太后曰：「中官領禁兵，自漢家故事，不可廢也。且先帝新棄天下，我奈何楚楚與士人對共事乎？」進承太后意，但欲誅其放縱者。紹以中官近至尊，今不廢滅，後益大患。初，進寒賤，依諸中官得貴幸，内嘗感之，而外好大名，復欲從紹等，計久不能決。太后母舞陽君及弟車騎將軍苗謂進曰：「始從南陽來，依内宫以致富貴。國家亦不容易，深思之，覆水不可收，悔常在後。」進入復言於太后曰：「大將軍專欲誅左右，以擅朝權。」太后疑焉。紹聞之懼，復説進曰：「形勢已露，將軍何不早決？事久變生，復爲竇氏矣！」於是進以紹爲司隸校尉，王允爲河南尹。乃召武猛都尉丁原、并州刺史董卓將兵向京師以脅太后。尚書盧植以爲誅中官不足外徵兵，且董卓凶（捍）〔悍〕而有精兵，〔二三〕必不可制。進不從。原將數千人寇河内，燒宫府及居人，以誅中官爲言，太后猶未寤。六月辛酉，葬孝（陵）〔靈〕皇帝于文陵。〔二四〕秋七月，徙渤海王協爲陳留王。董卓到澠池，上書曰：「中常侍張讓等竊幸乘寵，汩亂海内。昔趙鞅興晉陽之甲，以逐君側之惡。（以）〔乃〕鳴鐘鼓，〔二五〕以如洛陽。」進謂諸黄門曰：「天下匈匈，正患諸君耳。今董卓欲至，諸君何不各就國？」於是黄門各就里舍。是時進謀頗泄，諸黄門皆懼而思變。張讓子婦，太后之娣也。

讓叩頭向子婦曰：「老臣得罪，當與新婦俱歸私門。惟受恩累世，今當離宮殿，情懷戀戀，願一復入直，得暫奉望太后、陛下顏色，然後退就溝壑，死且不恨！」讓子婦言於舞陽君，入白，乃詔諸常侍皆復入直。八月庚寅，太白犯心星。戊辰，大將軍何進白太后，將決其事，謀欲盡誅諸常侍，選三署郎補其處。中常侍張讓、段珪相謂曰：「大將軍常稱疾，不臨喪葬，今忽入省，此意何爲？竇氏意復起邪？」使侍者聽之，(寘)〔具〕聞進言，〔二六〕出坐省户下，讓謂進曰：「天下憒憒，亦非獨我曹也。又先帝嘗與太后不快，幾至成敗，我曹泣涕救解，各出家財且千萬，共爲禮和悅上意，但欲託門户於卿耳。今卿云何欲滅我曹種族，不亦太甚乎？卿言省内濁穢，公卿已下，忠清爲誰乎？」於是尚方監渠穆拔劍斬進。珪、讓僞詔以故太尉樊陵爲司隸校尉，故司空許相爲河南尹。尚書得詔疑焉，請大將軍出議之。中黄門以進首與尚書，曰：「何進謀反，以伏誅。」進部曲將吴匡將兵在外，聞進被誅，欲將兵入，宫門閉。虎賁中郎將袁術燒南宫青瑣門，欲以迫出珪等。珪等不出，持太后、天子、陳留王幸北宫崇德殿。苗聞進死，陳兵朱雀闕下。進、苗素不相友善，進死，匡恐爲苗所害，乃言曰：「大將軍欲誅諸常侍，車騎不欲。今大將軍死，車騎在，殺大將軍者，即車騎也，吏士能爲大將軍復讎也？」進遇吏兵素有恩，皆涕泣曰：「願致死！」匡乃唼血爲誓，引兵攻苗，戰於闕下。兵破，斬苗首。於是司隸校尉袁紹斬僞司隸校尉樊陵、河南尹許相，勒兵捕諸中官，無少長皆誅之，死者二千餘人。引兵入宮，珪等迫急，復將天子、陳留王夜至小平津，六璽不自隨。是時宮中亂，百官無從者，惟河南部掾閔貢將十餘人從。會尚書盧植至，按劍責珪，珪等涕泣謝罪，又追兵至，珪等白上曰：「臣等死，天下大亂矣。」乃自投于河。辛未，帝還宮，公卿百姓迎於道。并州牧董卓適至，聞帝在外，單騎迎于北芒上。卓與帝言，不能對；與陳留王言，及禍亂之事。卓以王賢，有廢立之意。是日，幸崇德殿，大赦天下，得六璽，失傳國璽。武猛都尉丁原將河内救何氏，拜執金吾。何進兄弟既死，其部曲無所屬，皆歸卓。卓使原部曲司馬呂布盡并其衆，京師兵權惟卓爲盛。先是進遣騎都尉太山鮑信募兵，亦適至。信謂紹曰：「卓擁强兵，有異志，今不早圖，將爲所制。及初至疲勞，襲之可擒也。」紹畏卓，不敢發，信遂還鄉里。六月，雨，至于九月乃止。卓諷有司以久雨免司徒丁宮，司空劉弘，卓代爲司徒，假節鉞虎賁。癸酉，卓謂司隸校尉袁紹曰：「人主宜立賢明，天下豈有常！每念靈帝，使人憤毒。今當立董侯，不知能勝史侯否爲當？且爾劉氏種不足復遺。」紹曰：「今上未有不善害於天下。若明公違禮，任意廢嫡立庶，四海恐不從明公議也。」卓叱紹曰：「豎子！天下事豈不在我？我欲爲之，誰敢不從！」紹横刀長揖曰：「天下健者，豈唯董公！」既出，遂奔冀州。卓以廢帝議示太傅袁隗，隗報如議。九月甲戌，卓大會群臣于崇德殿，卓曰：「大者天地，其次君臣，所以爲治也。今皇帝闇弱，不可奉宗廟，爲天下主。今欲依伊尹、霍光故事，立陳留王，何如？」公卿已下皆惶恐，不敢對。盧植〔對曰〕〔二七〕：「按尚書：太甲既立不明，伊尹放之桐宮。又昌邑王立二十七日，罪過千條，是以霍光廢之。今上富於春秋，行未有失，此〔非〕前事之比也。」〔二八〕卓大怒，欲誅植。議郎彭伯諫曰：「盧尚書海内大儒，天下之望也。今先害之，恐天下震怖。」卓乃止。是日，卓脅太后與群臣廢帝爲弘農王。讀策，太后流涕，群臣莫敢言。丁宫曰：「天禍漢室，喪亂弘多。昔祭仲廢忽立突，春秋善之。今大臣量宜爲社稷計，誠合天心，請稱萬歲。」太傅袁隗解帝璽綬，立陳留王爲皇帝，年九歲。太后遷于永安宫。袁宏曰：丁宫可謂非人矣，以爲雖遇伊尹之事，猶將涕泣而從之，而況陵虐其君而助讚其惡？夫仁義者，人心之所有也。濃薄不同，故有至與不至焉。當其至者，在君親之難，若身首之相衛也。其不至者，猶有兒女之愛焉。無情於斯者，不得豫夫人倫矣。盧植稱病而退，從近關出。卓遣人殺之，不及。隱於上谷，數年後疾卒。植字子幹，涿人也。師事扶風馬融，與北海鄭玄友善，所學不守章句，皆研精其旨。身長八尺二寸，剛毅多大節，常喟然有濟世之志，不苟合取容，言論切直，不好文辭，飲酒至一石而不亂。融妃后家絲竹歌舞者不絕於前，植侍坐數年，目未嘗一眄，融以是尤敬異之。學終辭歸，闔門教授，不應州郡之命。建寧中，徵爲博士，補九江、廬江太守，爲政務在清净，弘大體而已。病去官，徵拜議郎，與蔡邕、楊彪等並在東觀，補續漢紀。

植將終，勑其子斂(其)〔具〕單衣，〔二九〕葬以土穴。其子從之。丙子，太后何氏崩，董卓殺之也。乙酉，司空董卓爲太尉。丙申，太中大夫楊彪爲司空，豫州牧黄琬爲司徒。冬十(一)月乙巳，〔三〇〕葬靈思何皇后。白波賊寇河東。十〔一〕月，〔三一〕太尉董卓爲相國，爵卓母爲池陽君，司徒黄琬爲太尉，司空楊彪爲司徒，光禄勳荀爽爲司空。卓雖無道，而外以禮賢爲名，黄琬、荀爽之舉，從民望也。又任侍中周毖、城門校尉伍瓊，沙汰穢惡，顯拔幽滯，於是以尚書韓馥爲冀州，侍中劉岱爲兖州，陳留孔胄爲豫州，潁川張咨爲南陽太守，東平張邈爲陳留太守。初，卓將兵東也，京兆尹蓋勳曰：「貪人敗類，京師其必有變。」乃爲之備。及卓廢帝，勳與卓書曰：「昔伊尹、霍光權以立功，人猶寒心，足下小醜，何以堪之？賀者在門，弔者在廬，可不慎哉！」卓得書，甚憚之。時皇甫嵩尚三萬餘人在扶風。勳乃密語嵩，欲討卓。卓亦深忌勳，使人安喻之，因徵勳爲議郎。

## 【校勘記】

〔一〕中(和)〔平〕二年　從龍谿本改。

〔二〕謚曰(郡)〔昭〕烈侯　從南監本、龍谿本、學海堂本改。

〔三〕(夫)〔天〕戒若曰　從南監本、龍谿本、學海堂本改。

〔四〕楊賜（受）〔爲〕司空　從南監本、龍谿本、學海堂本改。
〔五〕賜（衆）〔遂〕上書言之　從南監本、龍谿本、學海堂本改。
〔六〕（中受）〔忠愛〕恭懿　從南監本、龍谿本、學海堂本改。
〔七〕擬（則）〔制〕宮室　從南監本、龍谿本、學海堂本改。
〔八〕（特進）〔衛尉〕董（卓）〔重〕爲驃騎將軍　從後漢書孝靈帝紀改。
〔九〕（時）〔歷〕鴻臚太僕卿　從南監本、龍谿本改。
〔一〇〕〔徵〕辟海内　從南監本、龍谿本、學海堂本補。
〔一一〕（昭）〔曉〕暢殷勤　從南監本、龍谿本、學海堂本改。
〔一二〕手（刀）〔刃〕莫大之讎　從南監本、龍谿本、學海堂本改。
〔一三〕（太）〔大〕發兵講武　從南監本、龍谿本、學海堂本改。
〔一四〕皇子〔辯之〕愛（之辯）臣也　從學海堂本乙正。
〔一五〕三輔震〔動〕　從南監本、龍谿本補。
〔一六〕謂（王）〔皇〕甫嵩曰　從南監本、龍谿本、學海堂本改。
〔一七〕〔擊〕張純　從南監本、龍谿本、學海堂本補。
〔一八〕因而（逆）〔目〕之　從後漢書何進列傳改。

〔一九〕〔帝以〕辯輕佻無威儀　從後漢書何進列傳補。
〔二〇〕中常侍郭脤　後漢書何進列傳作「郭勝」。
〔二一〕（上）〔與〕同腹心　從龍谿本改。
〔二二〕請永樂宮還（太）〔故〕國　從南監本、龍谿本、學海堂本改。
〔二三〕董卓凶（捍）〔悍〕　從南監本、龍谿本、學海堂本改。
〔二四〕葬孝（陵）〔靈〕皇帝　從南監本、龍谿本、學海堂本改。
〔二五〕（以）〔乃〕鳴鐘鼓　從龍谿本、學海堂本改。
〔二六〕（冥）〔具〕聞進言　從後漢書何進列傳改。
〔二七〕盧植〔對曰〕　從南監本、龍谿本補。
〔二八〕此〔非〕前事之比也　從南監本、龍谿本、學海堂本補。
〔二九〕斂（其）〔具〕單衣　從南監本、龍谿本、學海堂本改。
〔三〇〕冬十（一）月　從後漢書孝獻帝紀刪。
〔三一〕十〔一〕月　從後漢書孝獻帝紀補。

# 兩漢紀下　後漢紀

## 孝獻皇帝紀卷第二十六

初平元年春正月辛亥，大赦天下。侍中周毖、城門校尉伍瓊説董卓曰：「夫廢立事大，非常人所及。袁紹不達大體，恐懼出奔，非有他志也。今購之急，勢必爲變。袁氏樹恩四世，門生故吏徧於天下，若收豪傑以聚徒衆，英雄因之而起，山東非公之有也。不如赦之，拜一郡守，則紹喜於免罪，必無患矣。」卓以爲然，乃以紹爲渤海太守。癸丑，卓殺弘農王。卓使郎中令（王）〔李〕儒進酖於王曰〔一〕：「服藥可以辟惡。」王曰：「我無疾，是欲殺我爾！」不肯，强之。於是王與唐姬及宮人飲（藥）〔讌别〕，〔二〕王自歌曰：「天道易兮運何艱！棄萬乘兮退守藩。逆臣見迫兮命不延，逝將去汝兮往幽玄！」唐姬起舞，歌曰：「皇天崩兮后土頹，身爲帝王兮命夭摧。死生異路兮從此乖，悼我煢獨兮心中哀！」因泣下，坐者皆悲。王謂唐姬曰：「卿故王者妃，勢不爲吏民妻，〔行〕矣。〔三〕自愛，從此與卿辭！」遂飲藥而死。

帝聞之，降坐盡哀。是時冀州刺史韓馥、豫州刺史孔伷、兗州刺史劉岱、陳留太守張邈、渤海太守袁紹、東海太守喬瑁、山陽太守袁遺、河南太守王匡、濟北相鮑信、後將軍袁術、議郎曹操等並興義兵，將以誅卓，衆各數萬人，推紹爲盟主。紹自號車騎將軍，操行奮武將軍。長沙太守孫堅亦起兵誅卓，比至南陽，衆數萬人。卓以堅爲破虜將軍，冀其和弭。堅討卓逾壯，進屯陽人。卓大怒，遣胡軫、吕布擊堅，戰于建平，堅大破之。卓以山東兵盛，欲徙都關中，召公卿議曰：「高祖都關中十一世。後漢中興，東都洛陽，從光武至今復十二世。案石苞室讖，宜復還都長安。」百官無敢應者。司徒楊彪曰：「遷都改制，天下大事，皆當因民之心，隨時之宜。昔盤庚五遷，殷民胥怨，故作三篇以曉諭之。往者王莽篡逆，變亂五常。更始、赤眉之變，焚燒長安，殘害百姓，民人流亡，百無一存。光武受命，更都洛陽，此其宜也。方今建立聖主，光隆漢祚，而無故捐宗廟宮殿，棄先帝園陵，百姓驚愕，不解此意，必糜沸螘聚，以致擾亂。石苞室讖妖邪之書，豈可信用？」卓作色曰：「楊公欲沮國家計邪？關東黄巾作亂，所在賊起，長安崤、函險固，國之重防。又隴右取材木，功夫不難，杜陵南山下有孝武帝故陶作甎處，一朝一夕可辦，宮室官府盍何足言！百姓小人何足與議！若有前却，以我大兵驅之，豈得自在？」百寮皆失色。太尉黄琬曰：「此大事，楊公語得無可思乎？」司空荀爽曰：「相國豈樂遷都邪？今山東兵起，非可一日禁也。而關西尚静，故當遷之，以圖秦、漢之勢也。堅争不止，禍必有所歸，吾不爲也。」卓使有司奏免二公。二月丁亥，太尉黄琬、司徒楊彪策罷。初，卓用伍瓊、周毖之議，選天下名士，馥等既出，皆舉兵圖卓，卓以瓊、毖賣己，心怒之。及議西遷，瓊、毖固諫，卓大怒曰：「君言當拔用善士，卓從二君計，不敢違天下心，諸君到官，舉兵相圖，卓何相負？」遂斬瓊、毖。彪、琬恐懼，詣卓謝曰：「因小人戀舊，非欲沮國事也，請以不及爲受罪。」卓不勝當時之忿，既殺瓊、毖，旋亦悔之，故表彪、琬爲光禄大夫。卓以河南尹朱儁爲太僕，以爲己副。儁不肯受，因進曰：「國不宜遷，必孤天下望，成山東之釁，臣不見其可也。」有司曰：「召見君受拜而君拒之，不問徙事而君陳之，何也？」儁曰：「副相國至重，非臣所堪；遷都非計，臣之所急也。辭所不堪，進其所急，臣之宜也。」有司曰：「遷都之事，初無此計也，就有未露，何所受聞？」儁曰：「相國董卓具爲臣説。」有司不能屈，於是朝之大臣及尚書郎華歆等皆稱焉。由是止不副卓，卓愈恨之。懼必爲卓所陷，乃奔荆州。光禄勳趙謙爲太僕，王允爲司徒，守尚書令。丁亥，天子遷都長安。卓留屯洛陽，盡焚宫室，徙民長安。壬辰，白虹貫日。三月己巳，車駕至長安，遭赤眉之亂，宫室焚盡，唯有高廟、京兆府舍，遂就都焉。戊午，卓殺太傅袁隗及其三子。是時袁紹屯河内，陳留太守張邈、兖州刺史劉岱、東郡太守喬瑁、山陽太守袁遺屯酸棗，後將軍袁術屯南陽。（豫）〔冀〕州刺史韓馥大會酸棗，〔四〕將盟，諸州郡更相推讓，莫有肯先(當)〔者〕。〔五〕廣陵功曹臧洪升壇操血曰：「漢室不幸，王綱失統，賊臣董卓，乘釁縱害，禍加至尊，虐流百姓。大懼淪喪社稷，翦覆四海。兗州刺史劉岱、豫州刺史孔伷、陳留太守張邈、東郡太守喬瑁、廣陵太守超等，糾合義兵，並赴國難。凡我同盟，齊心戮力，以致臣節，殞首喪元，必無二致。有渝此盟，俾墜其命，無克遺育。皇天后土，祖宗明靈，實皆監之。」洪辭氣慷慨，涕泣横下，聞其言者，雖卒伍厮養莫不激揚。卓兵强，紹等莫敢先進。曹操曰：「舉義兵，誅暴亂，今衆已合，諸君何疑(而)後？〔六〕使董卓聞山東兵起，倚王室之尊，據二周之險，東向以臨天下，雖以無道行之，猶足以爲患。今焚燒宫室，劫遷天子，海内震動，不知所歸，此天亡之時也，一戰而天下定矣，不可失也。」其引軍西戰於滎陽，操兵大敗。是時青州刺史焦和亦起兵討卓，(務)〔和〕及諸將西行，〔七〕不爲民人保鄣。始濟河，黄巾已入其境，青州殷實軍(革)〔强〕，〔八〕和望寇奔北，未嘗接風塵，交旗鼓也。好卜筮，信鬼神。入見其人，清談干霄；出觀其政，賞罰(靖)〔潰〕亂。〔九〕州遂蕭條，悉爲丘墟。頃之，和病卒，袁紹使臧洪領青州，撫和民衆，盜賊奔走。紹歎其能，徙爲東郡太守。夏四月，以大司馬劉虞爲太傅。尚書令王允奏曰：「太史王立説孝經六隱事，令朝廷行之，消却灾邪，有益聖躬。」詔曰：「聞王者當修德爾，不聞孔子制孝經有此而却邪者也。」允固奏請曰：「立學深厚，此聖人祕奥，行之無損。」帝乃從之。常以良日，王允與王立入爲帝誦孝經一章，以

（文）〔丈〕二竹簞畫九宮其上，〔一〇〕隨日時而出入焉。及允被害，乃不復行也。袁宏曰：神實聰明正直，依人而行者也。王者崇德，殷薦以爲饗天地，可謂至矣。若夫六隱之事，非聖人之道也，匹夫且猶不可，而況帝王之命乎！五月，司空荀爽薨。爽字慈明，朗陵令淑之子也。年十二，太尉杜喬師焉，舉孝廉、賢良。黨事禁錮，隱於海上，又南匿漢濱。黨事解，辟命交至，有道、博士徵，皆不就。獻帝初，董卓薦爽爲平原相，未到官，徵爲光禄勳，至府三日，遷司空。當是之時，忠正者慷慨，而懷道者深嘿。爽既解禍於董卓之朝，又旬日之間位極人臣，君子以此譏之。初，爽兄弟八人號曰「八龍」，爽最有儒雅稱。兄子彧，名重於世。六月辛未，光禄大夫种弗爲司空。卓發洛陽諸陵及大臣冢墓，壞洛陽城中鍾簴，鑄以爲錢，皆不成文；更鑄五銖錢，文章（城）〔輪〕郭不可把持，〔一一〕於是貨輕而物貴，穀一斛至數百萬。遼東太守公孫度自號爲平州牧，立漢世祖廟。單于羌渠既爲國人所殺，其子（孫）於扶羅應立，〔一二〕國人立須卜爲單于，於扶羅詣闕訟。會靈帝崩，王室亂，於扶羅將數千騎與白波賊寇冀州界，百姓皆高壁清野，抄掠少有所得，欲歸國，國人不受，遂止河東。

二年春正月辛丑，大赦天下。韓馥、袁紹自稱大將軍，遣使推大司馬劉虞爲帝，不聽；復勸虞承制封拜，又不聽，然猶與紹連結。二月丁丑，相國董卓爲太師。夏四月，卓西入關。卓使東中郎將董越屯澠池，寧輯將軍段猥屯華陰，中郎將牛輔屯安邑，其餘中郎〔將〕、校尉布在諸縣，〔一三〕不可勝紀，以禦山東。卓將至，公卿以下迎之，皆謁拜下，卓不爲禮。卓謂御史中丞皇甫嵩曰：「可以服未？」嵩曰：「安知明公乃至於是？」卓曰：「鴻鵠固有遠志，但鷰雀自不知爾。」嵩曰：「昔與公俱爲鴻鵠，但今日復變爲鳳皇爾。」卓乃大笑曰：「卿早服，何得不拜？」卓既爲太師，復欲稱尚父，以問左中郎將蔡邕。邕曰：「昔武王受命，太公爲太師，輔佐周室以伐無道，是以天下尊之，稱爲尚父。今之功德誠爲巍巍，宜須關東悉定，車駕西還，爲後議之。」卓乃止。於是卓乘金華青蓋車，時人號「竿摩車」，言逼上也。卓弟旻爲左將軍，兄子璜爲中軍校尉，宗族内外並列朝廷，呼召三臺，尚書以下皆詣卓府啓事，然後得行。築郿塢城，與長安城等，積穀爲三十年儲。云事成，雄據天下；不成，守此足以畢老。嘗行郿塢，公卿已下祖道於横門外。誘北〔地〕降者三百餘人於坐中，〔一四〕先拔其舌，或斬其手，或鑿其眼，未死偃轉杯桉之間。會者戰慄失匕箸，卓飲食自若。初，卓（飲）〔忌恨〕衛尉張温，〔一五〕乃使人誣温與袁術通謀，笞殺之。刑罰殘酷，愛憎相害，冤死者數千人，百姓嗷嗷，道路歎息。孫堅自陽人入洛陽，修復諸陵，引軍還魯陽。卓謂長史劉艾曰：「關東諸將數敗矣，無能爲也。唯孫堅小戇，諸將軍慎之。堅昔西征，其計策略與人同，無故從諸袁兒，終亦死爾。」艾曰：「堅用兵不如李傕、郭（圮）〔汜〕，〔一六〕堅前（舉）〔與〕羌戰於美陽，〔一七〕殆死，無能爲。」卓曰：「堅時將烏合兵，且戰有利鈍。卿今論關東大勢爾，亦終無所至。但殺二袁兒，則天下自服矣。」建武初，立宗廟於洛陽。元帝之於光武，父之屬也。故光武上繼元帝。又立親廟於洛陽，祭祀而已，不加名號。光武崩，以中興之主更爲起廟，上尊號曰世祖廟。以元帝於光武爲禰，故雖非宗，不毀也，後遂爲常。明帝遺詔無起寢廟，藏主於世祖廟更衣。更衣者，帝王入廟之便殿也。孝章不敢違命，以更衣（有）〔宜〕小，〔一八〕別上尊號曰顯宗。章帝崩，遺詔如先帝故事，和帝上尊號曰肅宗。後帝遵承，皆藏主於世祖廟，積多無別，是後顯宗但爲陵寢之號。和帝崩，上尊號曰穆宗。殤帝崩，鄧太后以尚嬰孩，不列於廟，就陵寢祭之而已。安帝殺大臣，廢太子，及崩，無上祖宗之奏，以建武以來無毀者，遂因陵號恭宗。順帝崩，上尊號曰孝宗。沖、質帝皆年少，早崩，依殤帝故事。桓帝崩，上尊號曰威宗。靈帝崩而天下亂，故未議祖宗之事。於是有司奏議宗廟迭毀，左中郎將蔡邕議曰：「漢承秦滅學之後，宗廟之制，不用周禮。每帝即（位）〔世〕，〔一九〕輒立一廟，不止於七昭穆，不定宗廟迭毀。孝元皇帝時丞相匡衡、御史大夫貢禹始建斯議，罷絀典禮。孝文帝、孝武帝、孝宣帝皆功德茂盛，爲宗不毀。初，孝（昭）〔宣〕尊崇孝武，〔二〇〕廟稱世宗。中正大臣夏侯勝猶執異議，不應爲宗。至孝（宣）〔成〕皇帝，〔二一〕議猶不定，太僕王舜、中壘校尉劉歆據經傳義處不可毀，上從其議。古人據正重慎，不敢私其君父，如此其至者也。後遭王莽之亂，光武皇帝受命中興，廟稱世祖。孝明皇帝政參文、宣，廟稱顯宗。孝章皇帝至孝蒸蒸，仁恩博大，廟稱肅宗。比方前世，得禮之宜。自此已下，政事多舋，權（稱）〔移〕臣下，〔二二〕嗣帝殷勤，各欲尊崇至親。而臣下懦弱，莫敢執正夏侯之議，故遂僭濫，無有防限。今聖朝遵復古禮，以求厥中，誠合事宜。孝元皇帝世在第八，〔光〕武皇帝世在第九，〔二三〕故元帝爲考廟，尊而奉之。孝明因循，亦不敢毀元帝。今於廟九世，非宗親盡宜毀，比惠、昭、成、哀、平帝，五年而再殷祭。孝安、孝桓、孝昭、孝和、孝靈在穆，四時常陳。孝和以下，穆宗、恭宗、威宗之號，皆宜省去，以遵先典，殊異祖宗不可參並之義。」從之。袁宏曰：光武之繫元帝，可謂正矣。夫君臣父子，名教之本也。然則名教之作，何爲者也？蓋準天地之性，求之自然之理，擬議以制其名，因循以弘其教，辯物成器，以通天下之務者也。是以高下莫尚于天地，故貴賤擬斯以辯物；尊卑莫大於父子，故君臣象茲以成器。天地無窮之道，父子不易之體。夫以無窮之天地，不易之父子，故尊卑永固而不逾，名教大定而不亂，置之六合，充塞宇宙，自（今）〔古〕及（古）〔今〕，〔二四〕其名不去者也。未有違（失）〔夫〕天地之性而可以序定人倫，〔二五〕（矣）〔失〕乎自然之理而可以彰明治體者也。〔二六〕末學庸淺，不達名教之本，牽於事用以惑自然之性，見君臣同於父子，謂兄弟可以相傳爲體，謂友（於）〔于〕齊於昭穆，〔二七〕違（自然）〔天地〕之本，〔二八〕滅自然之性，豈不哀哉！夫天地靈長，不能無否泰之變；父子自然，不能無夭絶之異。故父子相承，至順之至也；兄弟相及，變異之極也。變則求之於正，異則本之於順。故雖經百世而高卑之位〔張〕〔常〕崇，〔二九〕涉變通而昭穆之序不亂。由斯而觀，則君臣父子之道焉可忘哉！董卓問司徒王允曰：「欲得快司隸校尉，誰可者？」允曰：「唯有蓋京兆耳。」卓曰：「此人明智有餘，然則不可假以雄職也。」乃以勳爲越騎校尉。卓又畏其司戎，復出爲潁川太守。頃之，徵還京都。公卿見卓皆拜謁，勳獨長揖，與卓爭論，旁人皆失色，而勳意氣自若。初，河南尹朱儁數爲卓陳軍事，卓曰：「我爲將百戰百勝，卿勿妄說，且汙我刀鋸。」勳曰：「昔武丁之明，猶求箴諫，明公猶未及武丁也。」卓謝曰：「戲之爾。」勳强直，而内懼於卓，不得意，疽發背卒，時年五十一。遺令慙無以報先帝，〔易〕〔勿〕受賻贈。〔三〇〕卓心雖憾動，然外示寬厚，表賜東園祕器，送之如禮。勳字元固，燉煌廣至人。舉孝廉，爲漢陽長史。素與武都蘇正和有隙，及正和爲州從事，劾武威太守倚權貴恣行貪横，涼州刺史梁鵠懼其貴戚，欲殺正和以自解，以訪勳。或勸勳曰：「因此報仇。」勳曰：「不可。謀事殺良，非忠也；乘危，非仁也。忠仁棄之，人將不食我餘。」乃諫鵠曰：「夫緤食鷹鸇，欲其鷙也，鷙而烹之，何用哉？」鵠從其言。正和喜而求見勳，勳曰：「吾爲梁使君謀，不爲蘇正和也。」怨之如初。黄巾之起，故武威太守黄儁被徵，失期。鵠欲奏誅儁，勳爲言得免。儁以黄金二千斤與勳，勳謂儁曰：「吾以子罪在八議，故爲子言。吾豈賣評哉！」終辭不受。涼州刺史左昌，因軍法斷盜數千萬，勳諫不聽，乃怒勳，使屯河陽，欲因軍法罪之。而勳數有戰功，詔書勞勉焉。邊章之反，園昌逼急，昌以檄召勳。勳初與從事辛曾、孔常俱屯河陽，曾、常疑，不肯應檄。勳怒曰：「昔莊賈後期，穰苴奮鉞。今之從事，豈重於監軍哉！」常懼，乃從勳。至冀，親責數章等，責以背叛之罪。皆曰：「左使君若早從君言，以兵臨我，得自分明。今我罪已重，不可復降也。」皆泣涕而去。會叛羌圍護羌校尉夏育於畜官，勳與州郡并兵救育，至孤磐，〔三〕爲羌所破。勳被三創，前陣多死，勳使人書木表曰：「使國家尸我於此。」羌滇吾素爲勳所厚，乃以兵扞衆曰：「蓋長史清賢，汝曹殺之者爲負天。」勳仰駡曰：「死反虜，汝何知？促殺我！」衆相視而驚。滇吾以馬與勳，勳曰：「我欲死，不去也。」衆曰：「金城購君羊萬頭，馬千匹，欲與君爲一。」勳咄咄曰：「我死不知也。」羌遂囚勳，勳辭氣不撓，羌不敢害，送還郡。於是以勳爲漢陽太守，民飢相食，勳調穀廩之。諸富室或匿不肯出，勳曰：「吾知罪矣。」乃自出家穀以率之。郡中聞之，不督而送冀倉者二千餘斛，賴勳之得存者千餘人。六月丙戌，京師地震。卓問蔡邕，邕對曰：「地震陰盛，大臣逾制之所致也。公乘青蓋車，遠近以爲非宜。」卓從之，乘金華皁蓋車。秋七月，司空种弗以地震策免。癸卯，光祿勳淳于嘉爲司空。董卓既入關，袁紹還軍延津，使潁川荀諶説冀州刺史韓馥曰：「公孫瓚乘勝來南，而諸郡應之。袁車騎引軍東向，此其意不可知。竊爲將軍危之。」馥曰：「爲之奈何？」諶曰：「公孫瓚提燕、代之卒，其鋒不可當。

袁氏一時之傑，必不爲將軍下。夫冀州，天下之重資也，若兩雄并力，兵交於城下，危亡可立而待也。夫袁氏，將軍之舊也，且已同盟。當今爲將軍計者，莫若舉州以讓袁氏，袁氏得冀州，則瓚不與之争，必厚德將軍。冀州入於親友，是將軍有讓賢之名，而身安於泰山也。願將軍勿疑。」馥素恇怯，因然其計。馥長史耿武、别駕閔純、治中李曆、騎都尉沮授諫曰：「冀州雖鄙，帶甲百萬，穀支十年。袁紹孤客窮軍，仰我鼻息，譬如嬰兒在股掌之上，絶其哺乳，立可餓殺。奈何欲以冀州與之？」馥曰：「吾袁氏故吏，且才不如本初。度德而讓，古人所貴，諸君獨何病焉？」乃遣子送印綬以讓紹。紹既有冀州，辟授爲别駕從事。紹謂授曰：「今賊臣作變，朝廷遷移。孤歷世受寵，欲竭命致死，以復漢室。然桓公非夷吾不能成霸，越王非范蠡無以存國。今欲與君戮力同心，共安社稷。」授進曰：「將軍弱冠登朝，播名海内。值廢立之際，則忠義憤發。卓雖凶暴，弗能加兵。昔相如叱秦，晏嬰哭莊，方之將軍，曷足以喻？單騎出奔，則卓懷怖懼，濟河而北，則渤海稽首，擁一郡之卒，撮冀州之衆，威震河朔，名重天下。雖黄巾散亂，〔三〕黑山跋扈，舉軍東向，則青州可定；還討黑山，則張燕可滅；迴師北首，則劉虞必喪；震脅戎狄，則匈奴順從。横大河之北，合四州之地，收英雄之用，擁百萬之衆，迎大駕於長安，復宗廟於洛邑，號令天下，以討未服。以此争鋒，誰敢御之！比及數年，此功不難。」紹喜曰：「此孤之本心也。」即表授爲奮武將軍，使監護諸將。

袁紹以曹操爲東郡太守。初，潁川人荀彧，字文若，舉孝廉，爲亢父令。見天下將亂，棄官歸家，謂父老曰：「潁川四戰之地，天下今有變，常爲兵衝。密雖有固，適可避小寇，不足以捍大難，宜亟去鄉里。」人多懷土，不能從也。韓馥遣騎迎焉。會袁紹襲冀州，待彧以上賓之禮。彧弟諶，及同郡辛評、郭圖，皆爲紹任。彧知紹不能有成也，遂去紹歸曹操。操見彧悦曰：「吾子房也。」以爲司馬。時董卓兵强，山東震恐，彧説操曰：「董卓暴虐已甚，必以亂終，無能爲也。」操善之。丙寅，太尉趙謙久病策罷。辛酉，太常馬日磾爲太尉。公孫瓚以劉備爲平原相。十二月，録從入關者功，封侯賜爵各有差。司徒王允爲温侯，食邑五千户，固讓不受。尚書僕射士孫瑞説允曰：「天子裂土班爵，所以庸勳也。與董太師並位俱封，而獨勵高節，愚竊不安也。」允納其言，乃受二千户。是歲，長沙武陵人有死者經月復活。占曰：「至陰爲陽，下民爲上，將有自微賤而起者也。」

【校勘記】

〔一〕郎中令（王）〔李〕儒進酖　從後漢書皇后紀改。

〔二〕王與唐姬及宫人飲（藥）〔讌别〕　從後漢書皇后紀改。

〔三〕〔行〕矣　從太平御覽九二引袁山松書補。

〔四〕(豫)〔冀〕州刺史韓馥　從上文改。

〔五〕莫有肯先(當)〔者〕　從南監本、龍谿本、學海堂本改。

〔六〕諸君何疑〔而〕後　從南監本、龍谿本、學海堂本補。

〔七〕(務)〔和〕及諸將西行　從南監本、龍谿本改。

〔八〕青州殷實軍(革)〔强〕　從南監本、龍谿本、學海堂本改。

〔九〕賞罰(靖)〔潰〕亂　從龍谿本改。

〔一〇〕以(文)〔丈〕二竹簞　從龍谿本、學海堂本改。

〔一一〕文章(城)〔輪〕郭　從龍谿本、學海堂本改。

〔一二〕其子(孫)於扶羅　從後漢書南匈奴傳删。

〔一三〕其餘中郎〔將〕　從後漢書董卓列傳補。

〔一四〕誘北〔地〕降者　從後漢書董卓列傳補。

〔一五〕卓(飲)〔忌恨〕衛尉張温　從後漢書董卓列傳改。

〔一六〕李傕郭(圮)〔汜〕　從龍谿本、學海堂本改。

〔一七〕(舉)〔與〕羌戰於美陽　從龍谿本、學海堂本改。

〔一八〕以更衣(有)〔宜〕小　從龍谿本、學海堂本改。

〔一九〕每帝即(位)〔世〕　從續漢書劉昭注引袁山松書改。

〔二〇〕孝(昭)〔宣〕尊崇孝武　從續漢書劉昭注引袁山松書改。

〔二一〕至孝(宣)〔成〕皇帝　從續漢書劉昭注引袁山松書改。

〔二二〕權(稱)〔移〕臣下　從學海堂本、續漢書劉昭注引袁山松書改。

〔二三〕〔光〕武皇帝世在第九　從南監本、龍谿本補。

〔二四〕自(今)〔古〕及(古)〔今〕　從文意改。

〔二五〕違(失)〔夫〕天地之性　從南監本、龍谿本、學海堂本改。

〔二六〕(矣)〔失〕乎自然之理　從南監本、龍谿本、學海堂本改。

〔二七〕謂友(於)〔于〕齊於昭穆　從南監本、龍谿本、學海堂本改。

〔二八〕違(自然)〔天地〕之本　從南監本、龍谿本、學海堂本改。

〔二九〕高卑之位(張)〔常〕崇　從南監本、龍谿本、學海堂本改。

〔三〇〕(易)〔勿〕受賻贈　從南監本、龍谿本、學海堂本改。

〔三一〕至孤磐　後漢書蓋勳列傳作「狐槃」。

〔三二〕黄巾散亂　三國志袁紹傳作「黄巾猾亂」。

# 兩漢紀下　後漢紀

## 孝獻皇帝紀卷第二十七

三年春正月丁丑，大赦天下。牛輔遣李傕、郭汜、張（𠌫）〔濟〕、賈詡出兵（繫）〔擊〕關東，〔一〕先向孫堅。堅移屯梁東，大爲傕等所破。堅率千騎潰圍而去，復相合戰於陽人，大破傕軍。傕遂掠至陳留、潁川，荀彧鄉人多被殺掠。帝思東歸，使侍中劉和出關詣其父太傅劉虞，令將兵來迎，道經南陽，袁術利虞爲援，質劉和不遣，許以兵至俱西。命劉和爲書與虞，虞得書，遣數千騎詣術。公孫瓚知術有異志，不欲遣，乃止虞，虞不從。瓚懼術聞而怨之，亦遣其從弟越將千騎詣術以自結，陰教術執和奪其兵，由是虞、瓚有隙。初，五原人呂布便弓馬，膂力過人，既殺丁原，董卓信愛之，誓爲父子。卓自以遇人無禮，恐人謀己，行止常以布自衛。卓性剛褊，忿不思難，嘗以小失意拔手戟擲布，布捷避之，爲卓致謝，卓意亦解，由是陰怨〔卓〕。〔二〕卓嘗使布守中閤，布與卓侍婢私通，恐事發覺，心自不安。司徒王允以布州里壯徒，厚接納之。布詣允，陳卓幾見殺狀。允與僕射士孫瑞密謀誅卓，是以告布，使爲内應。布曰：「柰如父子何？」允曰：「君自姓吕，本非骨肉，今憂死不暇，何謂父子？」遂許之。夏四月，辛巳，帝有疾，既瘳，大會群臣於未央殿。卓置衛自其營至於掖門，士孫瑞使騎都尉李（順）〔肅〕將吕布親兵十人僞著衛士服於掖門。〔三〕卓將出，馬（散）〔敗〕不進，〔四〕卓怪之，欲還。布勸之，遂行。入門，衛士以戟刺之。卓衣内有鎧，不入，傷臂，墜車，大呼曰：「吕布何在？」對曰：「在此。」布曰：「有詔。」趣兵斬之。卓駡曰：「庸狗敢如是邪？」遂斬之。卓母子皆誅之，尸於市。司徒王允使人然火卓腹上，臭乃埋之。卓字仲穎，隴西臨洮人。少好任俠，嘗遊羌中，盡與諸帥相結。後歸耕於野，而豪帥有來從之者，卓與俱還，殺耕牛相與宴樂。諸豪帥感其意，歸相斂得雜畜千餘頭以贈之卓。桓帝末，以六郡良家子爲羽林郎，有才武膂力，雙帶兩鞬，左右馳射，稍以軍功遂至大將軍。卓之死，蔡邕在允坐，聞卓死，有嘆惜之音。允責邕曰：「國之大賊，弑主殘臣，天地所不覆，人臣所同疾。君爲王臣，世受國恩，國主危難，曾不倒戈。卓受大誅，而更嗟歎，禮之所去，刑之所取。」使吏收付廷尉治罪。邕謝允曰：「雖不忠，猶識大義，古今安危，耳所厭聞，口所常説，豈當以背國而向卓也？狂瞽之言，謬出患入，所謂邕也。願黥首爲刑，以繼漢史。」公卿惜邕才，咸共諫允。允曰：「昔武帝不殺司馬遷，使作謗書，流於後世。方今國祚中微，戎馬在郊，不可令佞臣執筆在幼主左右，後令吾徒受謗議。」遂殺邕。邕字伯喈，陳留圉人也。博學有雋才，善屬文，解音聲伎藝并術數之事，無不精綜。初辟司徒府吏，遷郎中，著作東觀，以直言被刑。初，太尉董卓見邕，甚重之。舉高第，補御史，又轉治書御史、尚書。三月之間，周歷三臺。左中郎將，封高陽侯。於是以呂布爲奮武將軍，假節開府，如三公。初，黄門郎荀攸與議郎鄭泰、何顒、侍中种輯謀曰：「董卓無道，甚於桀、紂，天下怨之，雖資强兵，實一匹夫耳。今直刺殺之，以謝百姓，然後據殽、函，挾王命以號令天下，桓、文之舉也。」事垂就而發覺，收顒、攸繫獄。顒憂懼自殺，攸言笑飲食自若。會卓死，得免，棄官歸鄉里。兗州刺史劉岱爲黄巾所殺，東郡（刺史）〔太守〕曹操爲兗州牧，〔五〕（繫）〔擊〕黄巾，〔六〕破之，降者三十餘萬人。五月丁未，〔七〕大赦天下。征西將軍皇甫嵩爲車騎將軍。董卓既死，牛輔爲其麾下所殺。李傕等還，以輔死，衆無所倚仗，欲各散歸。既無赦書，而聞長安中欲盡誅涼州人，憂恐不知所爲。賈詡曰：「聞長安中議欲盡殺涼州人，而諸君棄衆單行，即一亭長能束君矣。不如率衆而西，所在收兵以攻長安，爲董公報仇。幸而事濟，奉國家以正天下；若不濟，走未晚也。」衆以爲然。遂將其衆而西，所在收兵，攻至長安，衆十餘萬。卓故部將樊稠等合兵圍長安。劉表與袁紹連和，袁術怒，召孫堅攻表，戰於新野。表退，屯襄陽，堅悉衆圍之。表將黄祖自江夏來救表，堅逆擊破祖，乘勝將輕騎追之，爲祖伏兵所殺。堅子策、權，皆隨袁術。六月戊午，長安城陷，吕布與戰，不勝，將數百騎奔冀州。傕等入城内，殺太常种弗、太僕魯猷、大鴻臚周奂、城門校尉崔烈、越騎校尉王順，死者數十人。司徒王允挾乘輿上宣平城門，允謂傕等曰：「臣無作威作福，而乃放兵縱横，欲何爲乎？」傕曰：「董卓忠於陛下，而無辜爲吕布所殺。欲爲卓報布，不敢爲逆爾，請事竟詣廷尉受罪。」己未，大赦天下。拜李傕爲揚武將軍，郭汜爲揚烈將軍，樊稠等皆爲中郎將。甲子，李傕殺故太尉黄琬、司徒王允及其妻子，衆庶爲之流涕，莫敢收允。故吏京兆趙戩葬允。上以允爲忠，封其孫異爲安樂侯。允字子師，太原祁人。容儀雅重，非禮不動。郭林宗稱允曰：「宰相才也。」與之友善，仕爲郡主簿。太守劉偉受宦者趙津請託，召中都路拂爲五官掾。允以拂狡猾不良，封還偉教，至於四五，坐鞭杖數十，終不屈撓。拂由是廢棄，而允名震遠近。拂富於財，賓客數百，深怨允，常欲害之。允從者不過數人，每與拂遇，允常坐車中，按劍叱之，拂輒不敢當。辟司徒府，稍遷豫州刺史。黄巾賊别黨起於豫州，允擊，大破之。於是賊中得中常侍張讓書，允具以聞靈帝。帝深切責讓，讓辭謝，僅而得免。讓由是怨允，譖之於靈帝，詔徵允治罪。道遇赦，還官。後百餘日，復見徵。太尉楊賜與允書曰：「若以張讓事，百日再徵，宜深思之。」允故吏流涕進藥，允棄而不飲。會大將軍何進請允，得減死一等。遂變名姓，隱遁山藪。後何進表允爲從事中郎，遷河南尹、太僕。及在公輔，值國家禍亂，允外相彌縫，内謀王室，甚有大臣之度，自天子及國中皆倚允，卓亦雅信焉。卓既死，與士孫瑞議赦卓部曲，既而疑曰：「部曲從其主耳。今若名之惡逆而赦之，恐適使深自疑，非所以安之也。」乃止。或説允曰：「卓部曲素憚袁氏而畏關東，若一旦解兵開關，必人人自危。不如使皇甫嵩領其衆，因使屯陝以安之，徐與關東通謀，以觀其變。」允曰：「不然。關東舉義兵者，皆吾徒也。今若距險屯守陝，雖安涼州人，而疑關東之心也。」吕布將奔，謂允曰：「公可去矣。」允曰：「安國家，吾之上願也。若其不獲，則殺身以奉朝廷。幼主恃我而已，臨險難苟免，吾不爲也。努力謝關東諸公，當以國家爲念。」黄琬字子琰，太尉瓊之孫也。爲五官中郎將，所選舉皆貧約守志者。諸權富郎共疾之，構琬以爲黨，遂免官禁錮，幾將二十年。司空楊賜深敬重之，上書薦琬有撥亂之才，由是徵拜議郎，權爲青州刺史，遷侍中尚書。中平末，凉州叛，大將軍出征，軍調不足，富殖之徒多以財爲官者，或起家爲州郡。琬由是奏太尉樊稜、司徒許相皆竊位懷禄，苟進無耻，終無匡救之益，必有覆公折足之患，宜皆罷遣以清治路。軍費雖急，禮義廉耻，國之大本也，苟非其選，飛隼在墉，爲國生事，此猶負石救溺，不可不察。頃之，遷右扶風，歷九卿，徵爲豫州牧。值黄巾陸梁，民物凋弊，延納豪俊，整勒戎馬，征討群賊，威聲甚震。是時上遣下軍校尉鮑鴻征葛陂賊，鴻因軍徵發，欲盗官物，贓過千萬。琬乃糾奏其姦，論鴻如法。琬既名臣，又與王允同謀，故及於難。傕兵之入長安，太常种弗曰：「爲國大臣，不能禁暴禦侮，使白刃向宮，去將安之！」遂戰而死。弗字潁伯，司徒暠之子也。弗子邵爲使者，嘗迕於卓，左遷涼州刺史。徵爲九卿，辭曰：「我昔盡忠於國，爲邪臣所姤，父以身徇國，爲賊所害。夫爲臣子不能除殘去逆，何面目復見明主哉！」三輔之臣聞之，莫不感慟焉。初，南陽何顒、河内鄭泰好爲奇畫。顒逮郭林宗與之遊學，及黨事起，顒以被禁錮，乃變姓名，亡匿汝南，所至皆結豪傑，名顯荆、豫之間。靈帝末，君子多遇禍難，顒歲中率常再三私入洛陽，爲人解釋患難。泰知天下將亂，陰交結豪傑，家富於財，有田四百頃，而食常不足，名聞山東。王室西遷，泰以尚書郎從入關，是時京師饑乏，士人各各不得保其命，而泰日與賓客高會作倡樂，仰泰全濟者甚衆。長安既亂，南奔袁術，術以泰爲揚州刺史，未至而卒。丙子，前將軍趙謙爲司徒。尚書令朱雋之出奔也，與孫堅倶入洛陽，既而屯於中牟。李傕等既破長安，懼山東之圖己，而畏雋之名。傕用賈詡計，使人徵雋。軍吏皆不欲應，雋曰：「以君召臣，義不俟駕，況天子詔乎！且傕、汜小豎，樊稠庸兒，無他遠略，又勢均力敵，内難必作。吾乘其弊，事可圖也。」遂就徵，爲太僕。秋七月，李傕使樊稠至郿葬董卓，大風暴雨，流水入墓，漂其棺椁。庚子，太尉馬日磾爲太傅録尚書事。八月辛未，車騎將軍皇甫嵩爲太尉。使太傅馬日磾、太僕趙岐持節鎮關東。初，孫堅殺南陽太守張咨，袁術得據其郡，南陽户口數百萬，而術奢淫肆欲，徵發無度，百姓苦之。既而與紹有隙，又與劉表不平，引軍入陳留，曹操、袁紹會擊術，大破之。術將餘衆奔九江，殺揚州刺史陳温，領其州。李傕等欲術爲援，因令日磾即拜術爲左將軍，封陽翟侯，假節。日磾、趙岐俱在壽春。岐守志不撓，術憚之。日磾頗有求於術，術侵侮之，從日磾借節視之，因奪不還。日磾欲去，術又不遣，病其所守不及趙岐，嘔血而死。九月，揚武將軍李傕爲車騎將軍，封池陽侯，領司隸校尉，假節；郭汜爲後將軍，封鄜陽侯；樊稠爲右將軍，封萬年侯。傕、汜、稠擅朝政。張濟爲驃騎將軍，平陽侯，屯弘農。初，董卓入關，説韓遂、馬騰共圖山東。遂、騰見天下方亂，亦欲起兵倚卓。卓死，傕、汜攻破京師，遂、騰將兵救天子。是月，遂屯鄜，騰屯鄠。司徒趙謙以久病罷。甲申，司空淳于嘉爲司徒，光禄大夫楊彪爲司空，録尚書事。冬十月，荆州刺史劉表遣使貢獻，以表爲荆州牧。初，弘農王唐姬者，故會稽太守唐瑁女也。王薨，人欲嫁之，不從。及關中破，爲李傕所略，不敢自説也。傕欲妻之，唐姬不聽。尚書賈詡聞之，以爲宜加爵號，於是迎置於園，拜爲弘農王妃。李傕舉博士，李儒爲侍中。詔曰：「儒前爲弘農王郎中令，迫殺我兄，誠宜加罪。」辭曰董卓所爲，非儒本意，不可罰無辜也。」丁卯，日有重暈。太尉皇甫嵩以災異策免。光禄大夫周忠爲太尉，録尚〔書〕事。〔八〕嵩字義真，規之兄子也。善用兵，爲將，飲食舍止，必先將士然後至己，乃安焉。兵曹有所受賂者，嵩曰：「公素廉，必用乏也。」出錢賜之，吏慚即自殺。董卓之入，徵嵩爲城門校尉，嵩長史梁衍説嵩曰：「漢室微弱，宦豎亂朝，卓既誅之，不能盡忠奉主，而廢立縱意。今徵將軍，禍大則憂危，禍小則困辱。卓在洛陽，天子來西，以將軍之衆奉迎天子，發命海內，袁氏逼其東，將軍逼其西，則成禽矣。」嵩不從，遂就徵。有司承旨，奏嵩下吏，將殺之。嵩子堅壽與卓素善，詣卓請嵩，卓免之。華嶠曰：臣父袁每言臣祖歆〔云〕當〔時〕〔時〕人以皇甫嵩爲不伐，〔九〕故汝、豫之戰，歸功於朱儁；張角之捷，本之於盧植。蓋功名者，士之所宜重。誠能不争，天下莫之與争，則怨禍不深矣。

四年春正月甲寅朔，日有蝕之。未晡八刻，太史令王立奏曰：「日晷過度，無有變色。」於是朝臣皆賀。帝密令尚書候焉，未晡一刻而蝕。尚書賈詡奏：「立司候不明，疑悮上下。太尉周忠職所典掌，請皆治罪。」詔曰：「天道幽遠，事驗難明，且災異應政而至，雖探道知微，焉能不失！而欲歸咎史官，益重朕之不德。」〔一〇〕不從。於是避正殿，寢兵，不聽事。五月丁卯，〔一一〕大赦天下。徐州刺史陶謙遣使奉貢，以謙爲徐州牧。癸酉，無雲而雷。六月，華山崩。東海王子琬、琅邪王弟邈詣闕貢獻，以琬爲平原相，邈爲九江太守，皆封列侯。太尉周忠以災異罷。太僕朱儁爲太尉，録尚書事。己酉，以平原相劉備爲豫州牧。是時新遷都，宫人多無衣服，秋七月，帝欲發太府繒以作之。李傕不欲，曰：「宫中有衣，胡爲復作邪？」尚書郎吴碩素諂於傕，乃言曰：「關東未〔賓〕〔平〕，〔一二〕用度不足，近幸衣服，乃陵轢同寮。」尚書梁紹劾奏碩「以瓦器奉職天臺，不思先公而務私家，背奧媚竈，苟諂大臣。昔孔子誅少正卯以顯刑戮。碩宜放肆，以懲姦僞，若久舍不黜，必縱其邪惑，傷害忠正，爲患不細。」帝以碩，傕所愛，寢其奏。是時，帝使侍御史裴茂之詔獄，原輕繫者二百餘人，其中有善士爲傕所枉者。傕表之曰：「茂之擅出囚徒，疑有姦故，宜置于理。」詔曰：「災異數降，陰雨爲害。使者銜命，宣布恩澤，原解輕微，庶合天心，欲解冤結，而復罪之乎？一切勿問。」七月甲午，試耆儒三十餘人，上第賜郎中，次太子舍人，下第者罷。詔曰：「孔子歎『學之不講』，不講則所識日忘矣。今（者）〔耆〕儒年（餘）〔踰〕六十，〔三〕離本土，家餉不到，當展四體以餬口腹。幼童始學，老委農野，朕甚愍焉。其不在第者，爲太子舍人。」冬十月，太學行禮，車駕幸宣平城門臨觀之，賜博士以下各有差。辛丑，京師地震。有星孛于天市。占曰：「民將（徙）〔從〕，天子移都。」〔四〕其後上東遷之應也。司空楊彪以地震策罷。丙午，太常趙温爲司空，録尚書事。初，公孫瓚與劉虞有隙，虞懼其變，遣兵襲之。戒行人曰：「無傷餘人，殺一伯珪而已。」瓚放火燒虞營，虞兵悉還救火。虞懼奔居庸，欲召烏桓、鮮卑以自救。瓚引兵圍之，生執虞而歸。是時朝廷遣使者殷訓增虞封邑，督六州事；以瓚爲前將軍，封易侯。瓚誣虞欲稱尊號，脅訓誅之。於是虞故吏漁陽鮮于輔率其州人及三郡烏桓、鮮卑與瓚所置漁陽太守鄒丹戰於薊北，〔五〕大破之，斬丹。既而持其衆奉王命，帝嘉焉。袁紹又遣其將麴義及虞子合(繫)〔擊〕瓚。〔一六〕瓚敗，遂走還易。先有童謠曰：「燕南垂，趙北際，中央不合大如礪，唯有此中可避世。」瓚以爲易當之，乃築京固守，積粟三百萬斛。瓚曰：「昔謂天下事可指麾而定，今日視之，非我所決。不如(伏)〔休〕兵力田，〔一七〕食盡此穀，足知天下事矣。」初，劉虞歎曰：「賊臣作亂，朝廷播蕩，四方俄然，莫有固志。吾爲宗室遺老，不得自同於衆，今欲奉使展效臣節，安得不辱之士乎？」衆咸曰：「田疇其人也。」疇字子泰，右北平無終人也。好讀書，善擊劍，時年二十二。虞乃備禮請與相見，大悅之，遂署爲從事。與車騎，將行，疇曰：「今道路險遠，寇虜縱橫，稱官奉使，爲衆所指。今願以私行，期於得通而已。」虞從之。疇乃選(多)〔年〕少勇壯募從二十騎，〔一八〕虞自出祖而遣之。疇出塞外，傍北山直馳趣朔〔方〕，〔一九〕循(問經)〔間徑〕遂至長安致命，〔二〇〕詔拜騎都尉。疇以天(下)〔子〕方蒙塵，〔二一〕不可荷佩榮寵，固辭不受，朝廷甚義。三府並辟，皆不就，得報馳還。未至，虞已爲公孫瓚所殺。疇至，謁祭虞墓，陳發章表，哭泣而去。(瓚)〔瓚〕聞之，〔二二〕大怒，購求獲疇，謂曰：「汝何故自哭劉虞墓，而不送章報我乎？」疇曰：「漢報所言，於將軍未美，恐非所樂聞，故不進也。且將軍方舉大事，以求所欲，既滅無罪之君，又讎守義之臣。誠能行此，則燕、〔趙〕之士將蹈東海而死，〔二三〕豈有思從將軍者乎？」瓚壯其對，釋而不誅，拘之軍下，禁其故人莫得與之通。或說瓚曰：「田疇義士，君不能禮，而拘囚之，恐失衆心。」瓚乃遺疇。疇北歸，率舉宗族他附，從者亦數百人，掃地而盟曰：「君〔仇〕不報，〔二四〕吾不可以立世。」遂入徐無山，營深險平曠而居，躬耕以養父母，百姓歸之，數年間〔至〕五千餘家。〔二五〕疇謂其父老曰：「諸君不以疇不肖，遠來相就，衆成都邑而莫相統一，恐非久安之道，願推擇賢良長者以爲之主。」皆曰：「善。」僉共推疇。疇曰：「今來在此苟存而已，將圖大事，復(恐)〔讎〕雪耻。〔二六〕竊恐未得其志，而輕薄之徒自相侵侮，偷快一時，〔二七〕無深計遠慮。疇有愚計，與〔諸〕君行之可乎？」〔二八〕皆曰：「可。」乃爲約束相殺傷(把)〔犯〕盗争訟之法，〔二九〕法重至死，其次抵罪二十餘條；又制爲婚姻嫁娶之禮，興學校講授之業，班行其衆，衆皆便之。道不拾遺，北邊翕然，服其威信。烏桓、鮮卑並各遣屬通好，疇悉撫納，令不得爲寇。袁紹數遣使命，又即授將軍印綬，皆距而不當之。十二月辛丑，司空趙温以地震罷。乙巳，衛尉張喜爲司空，録尚書事。分漢陽郡爲永陽郡。是歲，袁術使孫策略地江東，軍及曲阿。揚州刺史劉繇敗績，將奔會稽。許邵曰：「會稽富，策之所貪，且窮在海(陽)〔隅〕，〔三〇〕不可往也。不如豫章，西接荆州，北連豫(章)〔壤〕，〔三一〕若收合吏民，(遺)〔遣使〕貢獻焉，〔三二〕與曹兖州相聞。雖有袁公路隔在其間，其人豺狼，不能久也。足下受王命，孟德、景升必相救濟。」繇從之。邵字子將，汝南平輿人也。少讀書，雅好三史，善與人論臧否之談，所題目皆如其言，世稱郭、(詩)〔許〕之鑒焉。〔三三〕廣陵徐球爲汝南太守，請邵爲功曹。球亦名士，解褐事之。同郡陳仲舉，名重當時，鄉里後進莫不造謁，邵獨不詣。蕃謂人曰：「長幼之序不可廢也，許君欲廢之乎？」邵曰：「陳侯崖岸高峻，百谷莫得而往。」遂不造焉。嘗至潁川，不詣陳仲弓。或問其故，邵曰：「此君之道廣，廣則不周，故不行也。」同郡袁（季）〔本〕初，〔三四〕公族豪俠，賓客輜輳，去濮陽令歸，從車甚盛，將入郡界，歎曰：「吾輿服，豈可令許子將見之乎？」謝遣賓客，以單車歸家。邵之見憚，皆此類也。司空楊彪辟不就，舉方正，公車徵，不行。或勸邵，邵曰：「方今小人道長，王室將亂，吾欲避地淮海，以全老幼。」及天下亂，邵至廣陵，徐州刺史陶謙禮之甚厚。邵曰：「陶恭祖外好聲名，內非其真。今徐州穀貴，小人在側，方厭賓客。待吾雖厚，其勢必薄。」乃渡江投劉繇。其後謙捕諸寓士，陳留史堅元、陳郡相仲華逃竄江湖，皆名士也。邵與劉繇俱行，終于豫章焉。

興平元年春正月辛酉，大赦天下。甲子，帝加元服。二月戊寅，有司奏立長秋。詔曰：「皇妣宅兆未卜，三年之戚，禮不言吉。朕雖不能終身思慕，其何忍言後宮之選乎？」於是太尉朱儁、司徒淳于嘉、司空張喜奏曰：「春秋之義，『母以子貴』。宜改葬皇妣，追上尊號，（曰）〔如〕穆宗、恭宗故事。」〔三五〕甲申，改葬皇妣王氏，號曰靈懷皇后。后，邯鄲人，祖苞，治尚書，爲五官中郎。父章，襲苞業，居貧不仕，有子二人：男〔曰〕斌，〔三六〕女曰榮，榮則后也。后以選入掖庭爲貴人，有寵妊身，怖畏何后，服藥欲除胎，胎安不動，又夢負日而行，遂生帝。何后惡之，鴆殺（靈）后。〔靈〕帝大怒，〔三七〕欲廢何后，諸黃門請，僅而得止。靈帝憫上早孤，追思王后，乃作令儀頌。初，上詔求斌，斌將妻子詣長安，賜第宅田業，遷執金吾，封都亭侯。丁亥，車駕耕于藉田。是時李傕等專亂，馬騰等私求不獲。騰怒，以益州牧劉焉宗室大臣，遣使招引，欲共誅傕等。焉遣子範將兵就騰。（岐）〔涼〕州刺史种邵，〔三八〕太常拂之子，拂爲（權）〔傕〕所害。〔三九〕中郎將杜稟與賈詡有隙，並與騰合，報其讎隙。於是傕、騰携貳，上遣使者和之，不從。（轉）〔韓〕遂率衆來欲和傕、騰，〔四〇〕既而復與騰合。壬申，騰、遂勒兵屯平樂觀，將圖長安。傕使樊稠、郭汜及兄子李利擊騰、遂，破之，邵、範等皆死。遂西走，稠追之。遂謂稠曰：「天地反覆未可知，本所争者非私怨，王家事耳。與足下州里，雖小有違，要當大同，欲相與善語，而不意後不可。」復乃交馬，共語良久，別去。庚申，赦騰。

夏四月，以馬騰爲安狄將軍，遂爲安（降）〔羌〕將軍。〔四一〕徐州牧陶謙、（比）〔北〕海相孔融謀迎天子還洛陽，〔四二〕會曹操襲（曹）〔徐〕州而止。〔四三〕陳留太守張邈反，吕布爲兖州牧，郡縣皆應之，唯（甄）〔鄄〕城、范（陽）、東阿三縣不從。〔四四〕邈使人告荀彧曰：「吕布將軍來助曹使君（繫）〔擊〕陶謙，〔四五〕宜給其食。」衆皆疑，彧知邈爲亂，即勒兵設備。時操軍攻謙，留守少，而布督將大吏多與邈謀。其夜（或）〔彧〕誅謀叛者數十人，〔四六〕衆乃定。豫州刺史郭貢率衆數萬人來至城下，（彧）〔或〕言與吕布同謀，〔四七〕衆甚懼。貢求見彧，彧將往，或曰：「君一州鎮也，往必危，不可。」或曰：「貢、邈分非素結，今來速，計必未定，及其未定說之，縱不爲用，可使中立。若先疑之，彼將怒而成計。」貢見或無懼意，謂甄城未易攻也，遂引兵去。操引軍還攻呂布。五月，即拜揚武將軍郭汜爲〔復〕〔後〕將軍，〔四八〕更封美陽侯；安集將軍樊稠爲右將軍，開府如三公。六月丙子，分河西〔四〕郡爲雍州。〔四九〕丁丑，京師〔起〕〔地〕震。〔五〇〕戊寅，又震。乙酉晦，〔五一〕日有蝕之。避正殿，寢兵，不聽事五日。秋七月壬子，太尉朱儁以災異策罷。戊午，太常楊彪爲太尉，録尚書事。甲子，即拜鎮南將軍楊定爲安西將軍，開府如三公。自四月不雨，至于七月，詔使侍御史侯汶洗囚徒，原輕繫。上避正殿。於是穀貴，大豆一斛至二十萬，長安中人相食，餓死甚衆。帝遣侍御史侯汶出太倉米豆爲貧人作糜，米豆各半，大小各有差。餓死者甚衆。帝疑稟賦不實，勑侍中劉艾取米豆各五升燒火於御前作糜，得二盆。於是艾出問〔尚〕書〔五二〕：「米豆五升得糜二盆，而民委頓何也？朕甚愍之。民不能自濟，故部使者出米豆，冀有益焉。御史不加隱卹，乃如是乎？」尚書以下詣省閤謝。奏收侯汶考治實，詔曰：「未忍致于理，杖五十。」亟遣上親所稟人名，於是悉得全濟。八月，馮翊羌寇屬縣，後將軍郭汜、右將軍樊稠等率衆破之，斬首數萬級。九月，曹操還鄄城，呂布屯山陽。冬十二月，司徒淳于嘉久病罷，衞尉趙温爲司徒，録尚書事。

## 【校勘記】

〔一〕李傕郭汜張（傕）〔濟〕賈詡出兵（繫）〔擊〕關東　從後漢書董卓列傳改「傕」爲「濟」。從南監本、龍谿本、學海堂本改「繫」爲「擊」。

〔二〕由是陰怨「卓」　從南監本、龍谿本補。

〔三〕騎都尉李（順）〔肅〕　從後漢書董卓列傳改。

〔四〕馬（散）〔敗〕不進　從南監本、龍谿本、學海堂本改。

〔五〕東郡（刺史）〔太守〕曹操爲兖州牧　從後漢書孝獻帝紀改。

〔六〕（繫）〔擊〕黄巾　從南監本、龍谿本、學海堂本改。

〔七〕五月丁未　後漢書孝獻帝紀作「五月丁酉」。

〔八〕録尚〔書〕事　從南監本、龍谿本、學海堂本補。

〔九〕歆〔云〕當（時）〔時〕人　從南監本、龍谿本、學海堂本改。

〔一〇〕未晡八刻……益重朕之不德　後漢書孝獻帝紀李賢注引袁宏紀作：「時未晡八刻。太史令王立奏曰：『晷過度，無變也。』朝臣皆賀。帝令候焉，未晡一刻而食。賈詡奏曰：『立司候不明，疑誤上下，請付理官。』帝曰：『天道遠，事驗難明，欲歸咎史官，益重朕之不德也。』」

〔一一〕五月丁卯　五月，後漢書孝獻帝紀作「正月」。

〔一二〕關東未(賓)〔平〕　從龍谿本改。
〔一三〕今(者)〔耆〕儒年(餘)〔踰〕六十　從南監本、龍谿本、後漢書孝獻帝紀改。
〔一四〕民將(徙)〔從〕天子移都　從後漢書孝獻帝紀李賢注引袁紀改。
〔一五〕戰於蒯北　後漢書公孫瓚列傳作「戰於潞北」。
〔一六〕麴義及虞子合(繫)〔擊〕瓚　從南監本、龍谿本、學海堂本改。
〔一七〕不如(伏)〔休〕兵力田　從後漢書公孫瓚列傳改。
〔一八〕選(多)〔年〕少勇壯　從南監本、龍谿本改。
〔一九〕馳趣朔〔方〕　從南監本、龍谿本、學海堂本補。
〔二〇〕循(問經)〔間徑〕遂至長安　從南監本、龍谿本、學海堂本改。
〔二一〕以天(下)〔子〕方蒙塵　從南監本、龍谿本、學海堂本改。
〔二二〕(瑣)〔瓚〕聞之　從南監本、龍谿本、學海堂本改。
〔二三〕燕〔趙〕之士　從南監本、龍谿本、學海堂本補。
〔二四〕君〔仇〕不報　從南監本、龍谿本、學海堂本補。
〔二五〕數年間〔至〕五千餘家　從南監本、龍谿本補。
〔二六〕復(恐)〔讎〕雪恥　從南監本、龍谿本、學海堂本改。

〔二七〕偷快一時　偷，龍谿本、學海堂本作「愉」。

〔二八〕與諸〔君〕行之　從三國志田疇傳補。

〔二九〕殺傷（把）〔犯〕盜爭訟之法　從三國志田疇傳改。

〔三〇〕窮在海（陽）〔隅〕　從學海堂本改。

〔三一〕北連豫（章）〔壤〕　從學海堂本改。

〔三二〕（遺）〔遣使〕貢獻焉　從學海堂本改。

〔三三〕世稱郭（詩）〔許〕之鑒焉　從後漢書許劭列傳改。

〔三四〕同郡袁（季）〔本〕初　從後漢書許劭列傳改。該傳作「同郡袁紹」。

〔三五〕（曰）〔如〕穆宗恭宗故事　從學海堂本改。

〔三六〕男〔曰〕斌　從龍谿本補。

〔三七〕鴆殺（靈）后〔靈〕帝大怒　從學海堂本改。

〔三八〕（岐）〔涼〕州　從後漢書种邵列傳改。

〔三九〕拂爲（權）〔傕〕所害　從龍谿本、學海堂本改。

〔四〇〕（轉）〔韓〕遂率衆　從學海堂本改。

〔四一〕遂爲安（降）〔羌〕將軍　從南監本、龍谿本、學海堂本改。

〔四二〕（比）〔北〕海相孔融　從南監本、龍谿本、學海堂本改。

〔四三〕曹操襲（曹）〔徐〕州而止　據文意改。

〔四四〕唯（甄）〔鄄〕城范（陽）東阿　從三國志張邈傳改。

〔四五〕曹使君（繫）〔擊〕陶謙　從南監本、龍谿本、學海堂本改。

〔四六〕其夜（或）〔彧〕誅謀叛者　從南監本、龍谿本、學海堂本改。

〔四七〕（彧）〔或〕言與呂布同謀　從三國志荀彧傳改。

〔四八〕郭汜爲（復）〔後〕將軍　從南監本、龍谿本、學海堂本改。

〔四九〕分河西〔四〕郡爲雍州　從後漢書獻帝紀補。

〔五〇〕京師（起）〔地〕震　從南監本、龍谿本、學海堂本改。

〔五一〕乙酉晦　後漢書獻帝紀作「乙巳晦」。

〔五二〕問〔尚〕書　從南監本、龍谿本、學海堂本補。

# 兩漢紀下　後漢紀

## 孝獻皇帝紀卷第二十八

二年春正月癸酉，大赦天下。即拜袁紹爲後將軍，〔一〕使持節冀州牧，封邟鄉侯。沮授說紹曰：「公累世輔弼，世濟忠義。今朝廷播越，宗廟毁壞，觀諸州郡，外託義兵，內懷相擒，未有存主卹民者也。今且州域粗定，宜迎大駕，安宫鄴都，挾天子而令諸侯，畜士馬以討不庭，誰能禦之？」紹說，將從之。郭圖、淳于瓊曰：「漢室陵遲，爲日久矣，今欲興之，不亦難乎！且今英雄據有州郡，動衆萬計，所謂秦失其鹿，先得者王。今迎天子以自近，動輒表聞，從之則權輕，違之則拒命，非計之善也。」授曰：「今迎朝廷，至義也。又於時宜，大計也。若不早圖，必有先之者。權不失機，功在速捷，其孰圖之！」紹不能從。是時以年不豐，民食不足，詔賣廄馬百餘匹，御府大司農出雜繒二萬匹與馬直，賜公卿已下及貧民不能自存者。李傕曰：「我邸閣儲跱少。」乃不承詔，悉載置其營。賈詡曰：「此乃上意，不可拒也。」不從。李傕、郭汜、樊稠各自以有功，爭權欲鬬者數矣。賈詡每以大體責之，雖內不能善，外相含容。初，樊稠擊馬騰等，李利戰不甚用力，稠叱之曰：「人欲截汝父頭，何敢如此，我不能斬卿邪？」利等怒，共譖之於傕。傕見稠勇而得衆心，亦忌之。二月，李傕殺右將軍樊稠、撫軍中郎將李象，由是諸將皆有疑心。傕數設酒請汜，或留汜止宿，汜妻懼（傕）與（汜）〔傕〕婢妾〔私〕而奪己愛，〔二〕思有以離間之。會傕送饋，妻乃以豉爲藥。汜將食，妻曰：「食從外來，儻或有故？」遂摘藥示之，曰：「一（捷）〔棲〕無兩雄，〔三〕我固疑將軍信李公也。」他日傕復請汜，大醉，汜疑傕藥之，絞糞汁飲之乃解。於是遂相疑，治兵相攻矣。上使侍中、尚書和傕、汜，不從，乃謀迎天子幸其營，夜有亡者告傕。三月丙寅，傕使兄子李暹將數千兵圍宮，以車三乘迎天子。太尉楊彪曰：「自古帝王，無在人家者。舉事當合天心，諸君作此，非是也。」暹曰：「將軍計定矣。」於是天子一乘，貴人伏氏一乘，黃門侍郎賈詡、左靈一乘，其餘諸臣皆步。司徒趙温、司空張喜聞有急，自其府出隨。乘輿既出，兵入殿中，掠宮人御物。是日，天子幸傕（宮）〔營〕，〔四〕又徙御府金帛乘輿器服置其營，遂放火燒宮殿（宮）〔官〕府居民悉盡。〔五〕天子復使公卿和傕汜，汜又留太尉楊彪、司空張喜、尚書王隆、光禄勳劉淵、衞尉士孫瑞、太僕韓融、廷尉宣璠、大鴻臚榮郃、大司農朱儁、將作大匠梁邵、屯騎校尉姜宣等。夏四月，郭汜饗公卿，議攻李傕，楊彪曰：「群臣共鬬，一人劫天子，一人質公卿，此可行乎？」汜怒，欲刃之。中郎將楊密諫汜，乃止。朱儁素剛直，遂發病死。儁字公偉，會稽上虞人。少好學，爲郡功曹。太守徐珪爲州所誣奏，郡吏謀賂宦官，儁曰：「明府爲州所枉，不思奮命，而欲行賂以穢清政，是有君無臣也。今州自有贓汙而求郡纖介，抱罪誣人，儁具知之，請詣京都，無以賂爲也。」珪曰：「卿之智情我所知也，今州奏已去，恐無及也。」儁曰：「操(曰)〔所〕作章，〔六〕疾馬兼追，足以先州。且尋郵推之，州書可得矣。」珪曰：「善。」儁即夜發輕騎數十人分伺，州書果得而鈔絕之。儁得獨至京師上書，告刺史罪，章即下，乃徵刺史，珪事得解。刺史家聞，使刺客分遮道欲殺儁。儁知，乃從洛陽尉司馬珍自匿，變服而去。珪大悅，儁由是顯名。舉孝廉，爲尚書郎，遷蘭陵令。(先)〔光〕和初，〔七〕交阯賊梁龍等攻郡縣，以儁治蘭陵有名，即拜交阯刺史。儁上書求過本郡募兵，天子許之，得以便宜從事。將家兵二千人，并郡所調合五千人，分兩道至州界，斬蒼梧太守陳紹，遣使喻以利害，降者數萬人，乃勒兵擊斬龍，旬月盡定。封都亭侯，賜黃金五十斤。甲午，立皇后伏氏。后琅邪東武人也。父完，深沉有大度，舉孝廉，稍遷五官中郎將、侍中，以選尚陽安長公主。主，桓帝女也，生五男一女：長男德，次雅，次后，次均，次尊，次朗。后以選入掖庭爲貴人，完遷執金吾。於是李傕召羌胡數千人，先以御物繒綵與之，許以宮人婦女，欲令攻郭汜。羌胡知非正，不爲盡力。郭汜與傕中郎將張苞、張寵等謀攻傕。丙申，兵交及帝殿前，又貫傕左耳。楊奉於外距汜，汜兵退，張苞、張寵因以所領兵詣汜。是日，傕復移乘輿幸北塢門，内外隔絶，諸侍臣皆有飢色，帝求米五斛、牛骨五具以賜左右。傕曰：「御餔上飯，何用米爲？」乃與腐牛骨，皆臭不可食。帝大怒，欲責（詰）之（詰），〔八〕侍中楊琦上封事曰：「傕邊鄙之人，習於夷風，今又自知所犯悖逆，常有（怏怏）〔怏怏〕之色，〔九〕欲轉車駕幸黄白城以舒其憤。臣願陛下宜恕忍之，未可顯其罪也。」上納之。初，傕屯黄白城，故謀欲徙，傕以司徒趙温不與己同，乃内温塢中。温聞傕欲移乘輿黄白城，與傕書曰：「公前託爲董公報仇，然實屠陷王城，殺戮大臣，天下不可，家見而户喻也。今争睚眦之隙，以成千（金）〔鈞〕之讐，〔一〇〕民在塗炭，各不聊生，曾不改悟，遂成禍亂。朝廷仍下明詔，欲令和解，詔命不行，恩澤日損，而復欲轉乘輿黄白城，此老夫所不解也。於易：『一過〔爲過〕，〔一一〕再爲涉，三而弗改，滅其頂，凶。』不如早共和解，引軍還屯，上安萬乘，下全生民，豈不幸甚！」傕大怒，欲遣人害之。其弟應，温故吏也，諫之數日，乃止。帝聞温與傕書，問侍中（當）〔常〕洽曰〔一二〕：「傕不知臧否，温言大切，可爲寒心。」洽曰：「李應以解之矣。」上乃悦。傕信鬼神，晝夜祭祀，爲董卓設坐，三牲祠之。祠畢，過問帝起居，因求入見。傕帶三刀，執一刀。侍中見傕，亦帶刀入侍，值傕數汜之罪，上面答之。傕出喜曰：「陛下賢主也。」傕曰：「侍中皆持刀，欲圖我乎？」侍中曰：「軍中自爾，國家之故事也。」傕乃安。閏月己卯，遣謁者僕射皇甫麗和傕、汜。麗先詣汜，汜從命；又詣傕，傕不聽，曰：「我有誅呂布之功，輔(功)〔政〕四年，〔一三〕三輔清淨，國家所知也。郭多，盜馬虜耳，何敢欲與吾等邪！必誅之。君觀吾方略士衆足(辨)〔辦〕郭多不？〔一四〕多又劫質公卿，所爲如是，而君苟欲左右之邪？」汜一名多。麗曰：「昔有窮后羿恃其善射，不思患難，以至於斃。近者董公强，將軍所知也，内有三公以爲主，外有縱横以爲黨，呂布受恩而反，圖之斯須之間，身首異處，此有勇而無謀也。今將軍身爲上將，抱鉞持節，子孫親族荷國寵榮。今汜質公卿，而將軍脅(之)〔主〕，〔一五〕誰輕重乎？張濟與郭多、楊定有謀，又爲冠帶所附。楊奉，白波(師)〔帥〕耳，〔一六〕猶知將軍所爲非是，將軍雖寵之，猶不輸力也。」傕不從，呵遣麗。麗曰：「傕不從詔，亂語不順。」侍中胡邈，傕所薦也，謂麗曰：「李將軍於卿，非常也。又皇甫公爲太尉，將軍力也。是言何謂乎？」麗曰：「吾累世受恩，又常在帷幄。君辱臣死，就爲李傕所殺，志無顧也。」上懼傕，聞麗言，勑麗令去。傕遣虎賁王昌呼麗欲殺之，昌諷麗令去。還曰：「臣追之不及。」辛巳，車騎將軍李傕爲大司馬。是夏，陶謙病死，劉備在徐州，曹操欲襲之。荀彧曰：「昔高祖保關中，光武據河内，皆深根固本以制天下。進可以勝敵，退足以堅守，雖有困敗，而終濟大業。將軍本以(衮)〔兖〕州首事，〔一七〕平山東之難，百姓歸心悦服。且河、濟，天下之要地也，人雖殘壞，猶易以自保，是亦將軍之關中、河内也。若不先定之根本，將何寄乎？今破李封、薛簡，若兵東擊陳宮，宮必不敢西顧，乘其間而收熟麥，約食畜穀，一舉而布可破也。布破，然後南結(楊)〔揚〕州，(兵)〔共〕討袁術，〔以〕臨淮、泗。〔一八〕若捨布而東，多留兵則不足用，少留兵則民皆保城，不得樵采。布乘虛寇暴，民心益危，雖甄城、范、衛可全，其餘非公之有，是無兗州也。若徐州不定，將軍安所歸乎？且陶謙雖死，徐州未易(忘)〔亡〕，〔一九〕彼懲往年之敗，將愧而結親，相爲表裏。今東方皆已收麥，必堅壁清野，以待將軍，將軍攻之不拔，掠之無所獲，不出十日，則十萬之衆未戰而自困也。前討徐州，威罰實行，其子弟念父兄，必人人自守而無降心，就(道)〔能〕破之，〔二〇〕尚不可有也。事故有棄此取彼者，以大易小可也，以安易危可也，唯一時之勢，不患本之不固可也。今三者莫利，願將軍熟慮之。」操乃止，復定兗州。六月，侍中楊琦、黄門侍郎丁沖、鍾繇、尚書左丞魯充、尚書郎韓斌與傕將楊奉、軍吏楊帛謀共殺傕，會傕以他事誅帛，奉將所領歸汜。庚午，鎮東將軍張濟自陝至，欲和傕、汜，遷乘輿幸他縣，使太官令孤篤、綏民校尉張裁宣喻十反。〔二一〕汜、傕許和，質其愛子。傕妻愛式，和計未定。而羌胡數來闚省問曰：「天子在此中邪？李將軍(計)〔許〕我宫人美女，〔二二〕今皆何所在？」帝患之，使侍中劉艾謂宣義將軍賈詡曰：「卿前奉職公忠，故仍升榮寵。今羌胡滿路，宜思方略。」詡乃召大帥飲食之，許以封賞，羌胡乃引去，傕由此單弱。於是尚書王復言和解之意，計以士衆轉少，從之。不以男，各女爲質，封爲君，食邑。復以汜從弟濟、從子繡、傕從弟桓爲質。秋七月甲子，車駕出宣平門，汜兵數百人前曰：「此天子非也？」左右皆將戟欲交，侍中劉（文）〔艾〕前曰〔二三〕：「是天子也！」使參乘高舉帷，「諸兵何敢逼至尊邪！」汜兵乃却，士衆皆稱萬歲。夜到霸陵，從者皆飢，張濟賦給各有差。傕出屯河陽。丙寅，以張濟爲驃騎將軍，封平陽侯，假節開府如三公。郭汜爲車騎將軍，假節。楊定爲後將軍，封列侯。董承爲安集將軍。追號乳母吕貴爲平氏君。郭汜欲令車駕幸高陵，公卿及濟以爲宜幸弘農，大會議之不決。詔尚書郭浦喻汜曰：「朕遭艱難，越在西都。感惟宗廟靈爽，何日不歎！天下未定，厥心不革。武夫宣威，儒德合謀。今得東移，望遠若近，視險如夷。弘農近郊廟，勿有疑也。」汜不從。上曰：「祖宗皆在洛陽，靈懷皇后宅兆立，未遑謁也。夢想東轅，日夜以冀臨河，誰謂其廣，望宋不謂其遠，而汜復欲西乎？」遂終日不食。浦曰：「可且幸近縣。」八月甲辰，車駕幸新豐。張濟諷尚書徵河西太守劉玄，欲以所親人代之。上曰：「玄在郡連年，若有治理，追遷之；若無異效，當有召罰。何緣無故徵乎？」尚書皆謝罪。上既（罪）〔知〕濟所諷也，〔二四〕詔曰：「濟有（拔）〔援〕車駕之功，〔二五〕何故無有表而私請邪？一切勿問。」濟聞之免冠徒跣謝。後將軍楊定請侍中尹忠爲長史，詔曰：「侍中近侍，就非其宜，必爲關東所笑。前在長安，李傕專政。今朕秉萬機，豈可復亂官爵邪？」時上年十五，每事出於胸懷，皆此類也。丙子，郭汜等令車駕幸郿。侍中（科）

〔种〕輯、城門校尉衆在汜營，〔二六〕密告後將軍楊定、安集將軍董承、興義將軍楊奉令會新豐，定等欲將乘輿還洛陽。郭汜自知謀泄，乃棄軍入南山。是月，曹操圍張超於雍丘。超曰：「救我者唯臧洪乎？」衆曰：「袁、曹方穆，而洪爲紹所用，必不敗好招禍，遠來赴此。」超曰：「子源天下義士，（大）〔必〕不背本也，〔二七〕但恐見禁制，不相及耳。」逮洪聞之，果徒跣號泣，並勒所令；又從袁紹請兵，欲救超，而紹終不聽，超遂族滅。洪由是怒紹，絶不與通。紹興兵圍之，不能下。紹使洪邑人陳琳以書喻洪，洪答曰：「隔闊相思，發於寤寐。幸相去步武之間耳，而以趣舍異規，不得相見，其爲悵恨，難爲心哉！僕小人也，本因行役，遂竊大州，恩深分厚，寧樂今日自還接刃？每登城勒兵，望主人之旗鼓，感故友之周旋，撫弦搦矢，不覺流涕之覆面也。當受任之初，自謂究竟大事，共尊王室也。豈寤天下不悦，本州見侵，郡將遘戹，請師見（下）〔拒〕，〔二八〕辭行（波）〔被〕拘，〔二九〕使洪故君有羑〔里〕之厄。〔三〇〕洪〔謀計〕棲遲，〔三一〕（求）〔喪〕忠孝之名，〔三二〕杖策携背，虧（孝）〔交友〕之（不名孤）〔分〕，〔三三〕揆此二者，與其不得已〔喪忠孝之名，與虧交友之道〕，〔三四〕輕重殊塗，親疏異（盡）〔畫〕，〔三五〕故便收淚告絶，用命此城，正以君子之違不適讎國故也。吾聞之：義不背親，忠不違君。昔晏嬰不降志於（直）〔白〕刃，〔三六〕南史不曲筆以求生，故身著圖（篆）〔象〕，〔三七〕名垂後世。況僕據金城之固，驅士民之力，散三年之畜以爲一年之資。但懼秋風揚塵，伯珪馬首南向，北鄙告倒懸之急，股肱奏乞歸之記耳。主人宜反旌退師，治兵鄴垣，何久辱盛怒，暴威於吾城下哉！行矣孔璋！足下徼利於境外，臧洪(投)〔受〕命於君親，〔三八〕吾子託身於盟主，臧洪策名於長安。子謂余身死而名滅，僕亦笑子生而無聞焉。悲哉！本同而末異，努力努力，夫復何言！」紹見洪書，知無降意，增兵急攻之。城中穀盡，外無强救。洪自度必不免，呼吏士謂曰：「袁氏無道，所圖不軌，且不救洪郡將，義不得不死。念諸(軍)〔君〕無事，〔三九〕宜與此禍，可先城未敗，將妻子出。」吏士皆垂泣曰：「明府與袁氏本無怨隙，今一朝爲郡將之故，自致殘困，吏民何忍當舍明府去也？」男女七八千人相枕而死，莫有離叛。城陷，紹素親洪，施帷幔大會諸將，見洪，謂曰：「臧洪何相負若此！今日服未？」洪據地(瞑)〔瞋〕目曰〔四〇〕：「諸袁事漢，四世五公，可謂受恩。今王室衰弱，無輔翊之急，欲因際會，希冀非望，多殺忠良，以立姦威。洪親見呼張陳留爲兄，則洪府君亦宜爲弟，同共戮力，爲國除害，何有擁衆而觀人屠滅！惜力不能推刃爲天下報讎，何謂服乎？」紹本愛洪，意欲服而原之，見洪辭切，終不爲用，乃殺之。冬十月戊戌，汜黨夏育、高碩等欲共爲亂，脅乘輿西行。侍中劉艾見火起不止，曰：「可出幸一營以避火難。」楊定、董承將兵迎天子幸楊奉營。上將出，夏育等勒兵欲止乘輿，楊定、楊奉力戰破之，斬首五千級。壬寅，行幸華陰。寧輯將軍段煨具服御及公卿已下資儲，欲上幸其營。煨與楊定有隙，迎乘輿不敢下馬。侍中种輯素與定親，乃言段煨欲反。上曰：「煨屬來迎，何謂反？」對曰：「迎不至界，拜不下馬，其色變也，必有異心。」於是太尉楊彪、司徒趙温、侍中劉艾、尚書梁紹等曰：「段煨不反，臣等敢以死保，車駕可幸其營。」董承、楊定言曰：「郭汜來，在（畏）〔煨〕營。」〔四一〕詔曰：「何以知之？」文禎、左靈曰：「弘農督郵知之。」因脅督郵曰：「今郭汜將七百騎來入煨營。」天子信之，（逐路）〔遂露〕次於道南。〔四二〕丁未，楊奉、董承、楊定將攻煨，使种輯、左靈請帝爲詔，上曰：「王者攻（代）〔伐〕，〔四三〕當上參天意，下合民心，司寇行刑，君爲之不舉，而欲令朕有詔邪？」不聽。輯固請，至夜半，猶弗聽。奉乃輒攻煨營。是夜有赤氣貫紫宮。定等攻煨十餘日，不下。煨供給御膳、百官，無有二意。司隸校尉管郃以爲不宜攻煨，急應解圍，速至洛陽。定等患之，使楊奉請爲己副，欲殺之。帝知其謀，不聽，詔使侍中尚書告喻之，定等奉詔還營。李傕、郭汜悔令車駕東，聞定攻段煨，相招共救之，因欲追乘輿。楊定聞傕、汜至，欲還藍田，爲汜所遮，單騎亡走。是時張濟復與傕、汜合謀，欲留乘輿於弘農。十二月，行幸弘農。濟、汜、傕追乘輿。衛將軍楊奉、射聲校尉（組）〔沮〕儁力戰，〔四四〕乘輿僅得免。儁被創墜馬，傕謂左右曰：「尚可活否？」儁罵之曰：「汝等凶逆，逼劫天子，使公卿被害，宮人流離，亂臣賊子，未有此也！」傕乃殺之。儁時年二十五，其督戰訾置負其屍而瘞之。〔四五〕濟等抄掠乘輿物及秘書典籍，公卿已下婦女死者不可勝數。壬申，行幸曹陽。傕、汜、濟并力來追，董承、楊奉間使至河東，招故白波帥李樂、韓暹、胡才及匈奴右賢王去卑，率其衆來，與傕等戰，大破之，斬首數千級。詔使侍中史恃、太僕韓融告張濟曰：「朕惟宗廟之重，社稷之靈，乃心東都，日夜以冀。洛陽丘墟，靡所庇廕，欲幸弘農，以漸還舊。諸軍不止其競，遂成禍亂，今不爲足，民在塗炭。濟宿有忠亮，乃心王室，前之受命來和傕、汜，元功既建，豈不惜乎！濟其廩給百官，遂究前勳。昔晉文公爲踐土之會，垂勳周室，可不勉哉！」於是董承等以新破傕等，可復東引。詔曰：「傕、汜自知罪重，將遂唐突，爲吏民害。可復待韓融還，乃議進退。」承等固執宜進。庚申，〔四六〕車駕發東。董承、李樂衛乘輿，胡才、楊奉、韓暹、匈奴右賢王於後爲距。傕等來追，王師敗績，殺光禄勳鄧淵、廷尉宣璠、少府田芬、御史鄧聘、大司農張義。是時司徒趙温、太常王絳、衛尉周忠、司隸校尉管郃爲傕所遮，欲殺之，賈詡曰：「此皆大臣，卿奈何害之也？」傕乃止。李樂曰：「事急矣，陛下宜御馬！」上曰：「不可。舍百官而去，此何辜哉？」弗聽。是時虎賁羽林行者不滿百人，傕等（統）〔繞〕營叫（喚）〔呼〕，〔四七〕吏士失色，各有分散之意。李樂懼，欲令車駕御船過砥柱，出孟津。詔曰：「千金之子，坐不垂堂。孔子慎馮河之危。此所謂安居之道乎？」（大）〔太〕尉楊彪曰〔四八〕：「臣弘農人也。自此東有三十六（難）〔灘〕，〔四九〕非萬乘所（當）〔登〕也。」〔五〇〕宗正劉（父）〔艾〕曰〔五一〕：「臣前爲陜令，知其險。舊故有河師，猶有傾危，況今無師。太尉所慮是也。」董承等以爲宜令劉太陽使李樂夜渡，具船舉火爲應。上與公卿步出營，臨河欲濟，岸高十餘丈，不得下。議欲續馬轡繫帝腰。時后兄伏德扶后，一手挾絹十（四）〔匹〕。〔五二〕董承使（荷）〔符節〕令孫儼從人間斫后，〔五三〕左靈曰：「（御）〔卿〕是何等人也？」〔五四〕以刀捍之，殺旁侍者，血濺后衣。伏德以馬轡不可親腰，以絹爲輦，下校尉向弘居前，負帝下至河邊。餘人皆匍匐下，或有從岸上自投，冠幘皆壞。既至河邊，士卒争赴舟，董承、李樂以戈擊（破）〔披〕之。〔五五〕帝乃御船，同舟渡者皇后、貴人、郭、趙二宮人、太尉楊彪、宗正劉艾、執金吾伏完、侍中种輯、羅邵、尚書文楨、郭浦、中丞楊衆、侍郎趙泳、尚書郎馮碩、中官僕射伏德、侍郎王稠、羽林郎侯折、衛將軍董承、南郡太守左靈、府史數十人。餘大官及吏民不得渡甚衆，婦女皆爲兵所掠奪，凍溺死者不可勝數。衛尉士孫瑞爲傕所殺。傕見河北有火，遣騎候之，適見上渡河，呼曰：「汝等將天子去邪？」董承懼，射之，以被爲幔。既渡，幸李樂營。河東太守王邑來貢獻，勞百官。丁亥，〔五六〕幸安邑。王邑賦公卿以下縣絹各有差，封邑爲列侯。庚子，拜胡才爲征北將軍，領并州牧；李樂爲征西將軍，領涼州牧；韓暹爲征東將軍，領幽州牧。皆假節開府如三公。遣太僕韓融至弘農與傕、汜連和，還所掠宮人、公卿百官及乘輿車駕數乘。是時蝗蟲大起，歲旱無穀，後宮食棗菜。諸將不能相率，上下亂，糧食盡。於是安東將軍楊奉、衛將軍董承、征東將軍韓暹謀以乘輿還洛陽。乙卯，建義將軍張陽自野王來，〔五七〕與董承謀迎乘輿還洛陽。〔拜〕安國將軍，〔五八〕封晉陽侯，假節開府如三公。袁術自以依據江、淮，帶甲數萬，加累世公侯，天下豪傑無非故吏，以爲袁氏出陳、舜之後，以黄乘赤，得運之次。時沛相陳珪，故太尉球〔弟〕之子也。〔五九〕術與珪俱公族子孫，少交遊，書與珪曰：「昔秦失其政，天下群雄争而取之，兼智勇者卒受其福。今世紛擾，復有瓦解之勢，誠英（人）〔雄〕有爲之時也。〔六〇〕與足下舊交，豈肯左右之乎？若集大事，子爲吾心膂。」珪答書曰：「（若）〔昔〕秦末世，〔六一〕肆暴恣情，虐流天下，毒被生民，民不堪命，故遂土崩。今雖季世，未有秦苛暴之亂也。曹將軍神武，應期興復典刑，掃平兇慝，清定海内，〔信〕有徵矣。〔六二〕足下當戮力同心，匡翼漢室，而陰謀不軌，以身試禍，豈不痛哉！若迷而知反，尚可以免。吾備舊知，請陳至情，雖逆於耳，骨肉之恩也。」天子之敗於曹陽，術會其衆謀曰：「劉氏微弱，海内鼎沸。吾家四世公輔，百姓所歸，欲應天順民，於諸君意何如？」衆莫敢對。主簿閻象進曰：「昔周自后稷、文王積德累功，三分天下，猶服事殷。明公雖奕世克昌，未〔若〕有（若）周之盛。〔六三〕漢室雖微，未有殷紂之暴。」術默然不悦，遂造符命，置百官焉。

## 【校勘記】

〔一〕即拜袁紹爲後將軍　後漢書袁紹列傳作「右將軍」。

〔二〕汜妻懼（傕）與（汜）〔傕〕婢妾〔私〕而奪己愛　從後漢書董卓列傳李賢注引袁宏紀改。

〔三〕一（捷）〔棲〕無兩雄　同上據改。

〔四〕天子幸傕（宫）〔營〕　從龍谿本、學海堂本改。

〔五〕燒宫殿（宫）〔官〕府居民　從後漢書董卓列傳改。

〔六〕操（曰）〔所〕作章　從龍谿本、學海堂本改。

〔七〕（先）〔光〕和初　從南監本、龍谿本、學海堂本改。

〔八〕欲責〔詰〕之（詰）　從龍谿本、學海堂本乙正。

〔九〕常有（快快）〔怏怏〕之色　從南監本、龍谿本、學海堂本改。

〔一〇〕以成千（金）〔鈞〕之讎　從學海堂本改。

〔一一〕一過〔爲過〕　從三國志董卓傳裴松之注引獻帝起居注補。

〔一二〕問侍中（當）〔常〕洽　從學海堂本改。

〔一三〕輔（功）〔政〕四年　從三國志董卓傳裴松之注引獻帝起居注改。

〔一四〕足（辨）〔辦〕郭多不　從三國志董卓傳裴松之注引獻帝起居注改。

〔一五〕而將軍脅（之）〔主〕　從學海堂本改。

〔一六〕白波（師）〔帥〕　從南監本、龍谿本、學海堂本改。

〔一七〕將軍本以（衮）〔兗〕州首事　從南監本、龍谿本、學海堂本改。

〔一八〕南結（楊）〔揚〕州（兵）〔共〕討袁術〔以〕臨淮泗　從南監本、龍谿本改。

〔一九〕徐州未易（忘）〔亡〕　從南監本、龍谿本改。

〔二〇〕就（道）〔能〕破之　從南監本、龍谿本、學海堂本改。

〔二一〕太官令狐篤綏民校尉張裁　後漢書董卓列傳李賢注引袁紀作「太官令孫篤、校尉張式」。

〔二二〕（許）〔許〕我宮人美女　從南監本、龍谿本、學海堂本改。

〔二三〕侍中劉（文）〔艾〕　從學海堂本改。

〔二四〕上既（罪）〔知〕濟所諷也　從陳璞校改。

〔二五〕濟有（拔）〔援〕車駕之功　從陳璞校改。

〔二六〕侍中（科）〔种〕輯　從南監本、龍谿本、學海堂本改。

〔二七〕（大）〔必〕不背本　從南監本、龍谿本、學海堂本改。

〔二八〕請師見（下）〔拒〕　從學海堂本改。

〔二九〕辭行（波）〔被〕拘　從南監本、龍谿本、學海堂本改。

〔三〇〕羑〔里〕之厄　從南監本、龍谿本、學海堂本補。
〔三一〕洪〔謀計〕棲遲　從南監本、龍谿本、學海堂本補。
〔三二〕（求）〔喪〕忠孝之名　從南監本、龍谿本、學海堂本改。
〔三三〕虧（孝）〔交友〕之（不名孤）〔分〕　從南監本、龍谿本、學海堂本改。
〔三四〕與其不得已〔喪忠孝之名與虧交友之道〕　從南監本、龍谿本補。
〔三五〕親疏異（盡）〔畫〕　從南監本、龍谿本、學海堂本改。
〔三六〕不降志於（直）〔白〕刃　從南監本、龍谿本、學海堂本改。
〔三七〕身著圖（篆）〔象〕　從學海堂本改。
〔三八〕（投）〔受〕命於君親　從龍谿本改。
〔三九〕念諸（軍）〔君〕無事　從南監本、龍谿本改。
〔四〇〕洪據地（瞑）〔瞋〕目曰　從學海堂本改。
〔四一〕在（畏）〔煨〕營　從南監本、龍谿本、學海堂本改。
〔四二〕（逐路）〔遂露〕次於道南　從後漢書董卓列傳李賢注引袁宏紀改。
〔四三〕王者攻（代）〔伐〕　從南監本、龍谿本、學海堂本改。
〔四四〕（俎）〔沮〕儁力戰　從南監本、龍谿本、學海堂本改。

〔四五〕其督戰訾置　後漢書董卓列傳李賢注引袁山松書作「訾賨」。

〔四六〕庚申　後漢書孝獻帝紀作「庚辰」。

〔四七〕傕等（統）〔繞〕營叫（喚）〔呼〕　從學海堂本改。

〔四八〕（大）〔太〕尉楊彪　從龍谿本、學海堂本改。

〔四九〕有三十六（難）〔灘〕　從南監本、龍谿本、學海堂本改。

〔五〇〕非萬乘所〔當〕登也　從後漢書董卓列傳李賢注引袁紀補。

〔五一〕宗正劉（父）〔艾〕　從南監本、龍谿本、學海堂本改。

〔五二〕挾絹十（四）〔匹〕　從學海堂本改。

〔五三〕使（荷）〔符節〕令孫儼　從學海堂本改。

〔五四〕（御）〔卿〕是何等人也　從學海堂本改。

〔五五〕以戈擊（破）〔披〕之　從後漢書董卓列傳改。

〔五六〕丁亥　後漢書獻帝紀作「乙亥」。

〔五七〕張陽自野王來　張陽，後漢書董卓列傳作「張楊」。

〔五八〕〔拜〕安國將軍　從學海堂本補。

〔五九〕故太尉球〔弟〕之子也　從後漢書陳球列傳補。

〔六〇〕誠英（人）〔雄〕有爲之時　從南監本、龍谿本、學海堂本改。
〔六一〕（若）〔昔〕秦末世　從南監本、龍谿本、學海堂本改。
〔六二〕〔信〕有徵矣　從南監本、三國志魏書董卓傳補。
〔六三〕未〔若〕有（若）周之盛　從三國志袁術傳乙正。

# 兩漢紀下　後漢紀

## 孝獻皇帝紀卷第二十九

建安元年春二月，執金吾伏完爲輔國將軍，開府如三公。是時董承、張陽欲天子還洛陽，〔一〕楊奉、李樂不欲。尚書上官洪言還洛之議，李樂輔洪。由是諸將錯亂，更相疑貳。董承奔野王，韓暹屯聞喜，胡才、楊奉之塢(卿)〔鄉〕，〔二〕欲攻韓暹。上使人喻止之。夏五月丙寅，遣使至楊奉、李樂、韓暹營，求送至洛陽，奉等從(詔)〔詔〕。〔三〕六月乙未，車駕幸聞喜。楊奉、胡才悔令乘輿去，乃與李樂議，欲還大駕，詐言當遊澠池東，以避匈奴。上不從。庚子，車駕從北道出，傍山而東，無匈奴寇。李樂愧其言，懼而辭還。是時糧食乏盡，張陽自野王迎乘輿，賑給百官。丙辰，〔四〕行至洛陽，幸故常侍趙忠宅。張陽治繕宮殿。丁丑，大赦天下。是月，孫策入會稽，太守王朗與策戰，敗績。八月辛丑，天子入南宮陽安殿。〔五〕陽以爲己功，故因以名。陽謂諸將曰：「天子當與天下共之，幸有公卿大臣。陽當捍外難，何事京都？」遂還野王。楊奉亦屯梁。癸卯，張陽爲大司馬，楊奉爲車騎將軍，韓暹爲大將軍，領司隸校尉，皆假節鉞。是以州郡各擁兵自爲，莫有至者。百官窮困，朝不及夕，尚書已下，自出采樵，或餓死墻壁間，爲吏兵所殺。暹等各矜其功，任意恣睢，干亂政事。於是曹操議欲迎乘輿，或曰：「山東未定，韓暹、楊奉親與天子還京，北連張陽，未可卒制。」司馬荀彧勸之曰：「昔高祖東征，爲義帝縞素，而天下歸心。自天子播越，將軍首唱義兵，徒以山東擾亂，未能遠赴關右，然猶分遣將帥，蒙險通使。雖禦難於外，乃心無不在王室，是將軍匡天下之素志也。今車駕旋軫，義士有存本之思，百姓懷感舊之哀。誠因此時奉主上以從民望，大義也；秉至公以服雄傑，大略也；扶弘義以致英儁，大德也。天下雖有逆節，必不能爲累，明矣。韓暹、楊奉，其敢爲害！若不時定，四方生心，後雖慮之，無能及也。」操從之。辛卯，操詣闕貢獻，廩公卿以下。操陳韓暹、張陽之罪。暹怖，單騎奔走。上以暹、陽有翼駕還洛之功，一切勿罪。於是誅羽林郎侯折、尚書馮碩、侍中臺崇，〔六〕討有罪也。封衛將軍董承、輔國將軍伏完、侍中丁〔冲〕、种輯、尚書僕射鍾繇、尚書郭浦、御史中丞董芬、彭城相劉艾、左馮翊韓斌、東（萊）〔郡〕太守楊衆、〔議郎〕羅邵、伏德、趙蕤爲列侯，〔七〕賞有功也。追贈射聲校尉沮儁爲弘農太守，（矜）〔旌〕死節也。〔八〕符節令董昭說曹操曰：「將軍興義兵以誅暴亂，朝天子，輔翼王室，此五霸之功也。已下諸將人人殊異，未必服從，今留匡弼，事勢不便，唯有移車駕幸許耳。然朝廷播越，新還舊都，遠近企望，冀一獲安，今復徙車駕，不厭衆心。夫行非常之事，乃有非常之功，願將軍策其多者。」操曰：「此孤之本志也。」遂言幸許之計，上從之。庚申，車駕東，楊奉自梁欲要車駕不及。己巳，車駕到許，幸（東）〔曹〕營。〔九〕甲戌，鎮東將軍曹操爲大將軍，更封武平侯。操固讓，不許。太尉楊彪、司空張喜以疾遜位。冬十月戊辰，右將軍袁紹爲太尉。紹耻班在操下，不肯（授）〔受〕，〔一〇〕操乃辭大將軍。丙戌，以操爲司空，領車騎將軍。辛卯，曹操征楊奉於梁，奉奔袁術。呂布襲徐州，劉備奔曹操。初，陳郡人袁涣爲劉備茂才，避地江、淮之間，爲呂布所拘。布令涣作書罵辱備，涣曰：「不可。」再三强之，不許。布大怒，以兵脅之曰：「爲之則生，不爲則死。」涣顔色不變，笑而應曰：「涣聞唯德可以辱人，不聞以罵。使彼固君子也，且不耻將軍之言；彼誠小人也，將復將軍之意，則辱在此不在於彼。且涣他日之事劉備，猶今日之事將軍也。如一旦去此，復罵辱將軍，可乎？」布慚而止。涣字曜卿，司徒滂之子也。涣少與弟（微）〔徽〕俱以德行稱。〔一一〕是時漢室衰微，天下將亂，涣與（微）〔徽〕閑居，從容謀安身避亂之地。涣慨然歎曰：「漢室陵遲，亂無日矣。苟天下不靖，〔一二〕逃將安之？若天將喪道，〔一三〕民以義存，唯强而有禮，可以庇身乎！」（微）〔徽〕曰：「古人有言：『知機其神乎！』見機而作，君子所以元吉也。天理盛衰，漢其已矣。〔一四〕夫有大功必有大事，此又君子之所深識，退藏於密者也。且兵革之興，外患衆矣，（微）〔徽〕將遠蹈山海以求免乎！〔一五〕天下淆亂，〔一六〕各行其所志。」（微）〔徽〕避地至交州，涣展轉劉備、袁術、吕布之間，晚乃遇曹公。涣説操曰：「夫兵者凶器也，不得已而用之。鼓之以道德，征之以仁義，兼撫其民，而除其害。夫然，故可與之死，可與之生。自大亂以來，十數年矣，民之欲安甚於倒懸，然而暴亂未息者何也？〔豈〕政失其道歟！〔一七〕復聞明君善於救世，亂則濟之以義，僞則鎮之以樸，世異事變，治國不同，不可不察也。夫制度損益，此古今之不必同者也。若夫惠愛天下而反之於正，雖以武平禍亂，而濟之以德，誠百王不易之道也。公明哲超世，古之所以得其民者，公既（動）〔勤〕之矣；〔一八〕今所以失其民者，公既戒之矣，海内賴公得免於危亡之禍。然而民未知義，唯公所訓之，則天下幸甚！」操重涣言，以爲軍諮祭酒。涣常謂人曰：「夫居兵亂之間，非吾所長，每（謙）〔讓〕不敢處也。」〔一九〕張濟自關中走南陽，爲飛矢所中死，從子繡領其衆，屯宛。天子既免曹陽，賈詡去李傕託于段煨，頃之，復歸張繡。

二年春正月，曹操征張繡，繡降。其季（弟）〔父〕濟妻，〔二〇〕國色也，操以爲妾。繡由是謀叛，襲操七軍，大敗之，殺其二子。自曹操之迎乘輿也，袁紹内懷不服。紹既兼河朔，天下畏其强。操方東憂吕布，南距張繡。及繡敗操軍，紹益自驕，而與操書悖慢。操大怒，動止容變於常，衆皆以爲失利於繡故也。僕射鍾繇以問尚書令荀彧，彧曰：「公以明哲，必不追咎往事也，殆有他慮乎？」遂見操以問焉。操以紹書示之，且曰：「今將征不義而力不敵，如何？」或對曰：「古之成敗，誠有其材，雖弱必强；苟非其人，其强易弱。劉、項之事，足以觀矣。今與公争天下者唯袁紹，紹貌外寬内忌，任人而疑其心；公明達不拘，唯材所宜，不問疏賤，此度勝也。紹遲重少決，失在後機；公能斷大事，應變有方，此謀勝也。紹御軍寬緩，法令不一，士卒雖衆，而實難用；公法令嚴明，賞罰必行，士卒雖寡，皆争致死，此武勝也。紹憑世資，從容飾智，收名譽，故士之寡能好聞者歸之；公以至仁待士，又推誠心，不爲虚美，行己謙恭儉約，而與有功者無吝，故忠正殺身之士咸願爲用，此德勝也。夫此四勝仗義征伐，誰敢不從？紹以四失背忠自專，强何能爲？」操悦。秋七月，即拜太尉袁紹爲大將軍。於是馬日磾喪還京師，將欲加禮。少府孔融議曰：「日磾以上公之尊，乘旄節之使，銜命直指，寧輯東夏，而曲媚賊臣，爲所牽率，章表署用，（輔俠）〔輒使〕首名，〔二一〕附下罔上，姦以事君。昔國佐當晋軍而不撓，宜僚臨白刃而正色。王室大臣，不得見脅爲辭。鄭人討幽公之亂，斲子家之棺。聖人哀矜，未忍追治，不宜加禮。」冬十月，謁者僕射裴茂督三輔諸軍，討李傕也。

三年春正月，破傕，〔二二〕斬之，夷三族。郭（圯）〔汜〕爲其將伍習所殺。〔二三〕李樂病死。胡才爲怨家所殺。張陽爲其將眭固所殺。馬騰、韓遂凉州自相攻擊。五月，韓暹、楊奉死。

秋七月，曹操征張繡，破之。荀彧說曹操曰：「不先取呂布，河北未易圖也。」操曰：「若袁紹侵擾關中、西羌，南誘蜀、漢，是我獨以兖州抗天下五分之一也。〔二四〕爲之奈何？」彧曰：「關中將帥以十數，莫能久相一。唯韓（暹）〔遂〕、馬騰最强，〔二五〕彼見山東之敗，必各擁衆自保全。若撫以恩德，使連和，相（推）〔持〕雖不能久，〔二六〕要公定山東，足以不動。〔二七〕鍾繇可屬以西事，公無憂也。」操從之。九月，曹操征呂布。是歲，袁（紹）〔術〕自立爲天子。〔二八〕術與楊彪婚親也，操（忘）〔忌〕彪忠正，〔二九〕收彪付獄，將殺之。孔融聞之，不及朝服，往見操曰：「楊彪累世清德，四葉重光。周書父子兄弟罪不相及，況袁氏之罪乎？易稱『積善餘慶』，但欺人耳。」操曰：「國家之意也。」融曰：「假使成王欲殺召公，則周公可得言不知耶？今天下纓緌縉紳之士，所以仰瞻明公者，以輔相漢室，舉直措枉，致之雍熙也。今橫殺無辜，則海內觀聽，誰不解體！孔融魯國之男子，明日便當拂衣而去，不復朝也。」操意解，乃免〔彪〕。〔三〇〕彪覩漢祚將微，自以累世公輔，耻事異姓，遂稱疾不行。徵鄭玄爲大司農，不至。玄字康成，北海高密人也。爲嗇夫，隱恤孤苦，閭里安之。家貧，雖得休假，常詣校官誦經。太守杜密異之，爲除吏録，使得極學。玄之右扶風，事南郡太守馬融。融門徒甚盛，弟子以相次受，至三年不得見。玄講習彌篤，晝夜不倦。融見奇之，引與相見，自篇籍之奧，無不精研。歎曰：「詩、書、禮、樂，皆以東矣。」會黨事起，而玄教授不輟，弟子數百人。中平初，悉解禁固，玄已六十餘矣，始爲王公所命，一無所就者。玄身長八尺，秀眉朗目，造次顛沛，非禮不動。黄巾賊數萬人經玄廬，皆爲之拜，高密一縣不被抄掠。袁紹嘗遇玄而不禮也，趙融聞之曰：「賢人者，君子之望也。不禮賢，是失君子之望。夫有爲之君，不失萬民之歡心，況於君子乎！失君子之望，難乎有爲也。」

四年春，曹操獲吕布，〔三〕斬之。二月，司空曹操讓位於太僕趙岐，不聽。三月，衛將軍董承爲車騎將軍。封操三千户，討吕布之功也，固讓不受。三月，袁紹討公孫瓚。六月，拜孫策爲會稽太守、討逆將軍，封吴陽侯。初，彭城人張昭避亂淮南，策賓禮之。及策東略，遂爲之謀主。聞袁術僭號，昭爲策書諫術曰：「昔者董卓無道，陵虐王室，禍加太后，暴及弘農，天子播越，宗廟焚毁，是以豪傑發憤，赫然俱起。元惡既斃，幼主東顧，乃使王人奉命，宣明朝恩，偃武修文，與之更始。而河北異謀，黑山不順，劉表僭亂於南，公孫叛逆於北，劉繇阻兵，劉備争盟，是以未獲承命，櫜弓戢戈也。當謂使君與國同規，舍是不卹，完然有自取之志，懼非海内企望之意。昔湯伐桀，稱『有夏多罪』；武王伐紂，曰『殷有重罰』。此二王者，雖有聖德，假使時無失道之過，何由逼而奪之也。今主上豈有惡於天下，徒以幼小脅於僭臣，異於湯、武之時也。又聞幼主明智聰敏，有夙成之德，天下雖未被恩，咸以歸心焉。若輔而興之，旦、奭之美，率土之所望也。使君五世相承，爲漢宰輔，榮寵之盛，莫與爲比，宜效忠守節，以報漢室。世人多惑圖緯之言，妄牽非類之文，苟以悅主爲美，不顧成敗之計，今古所慎也。忠言逆耳，駁議致憎，苟有益於尊明，則無所敢辭。」術始自以爲有淮南之衆，料策之必與己合，及得其書，遂愁沮發疾。〔三二〕袁紹自破公孫瓚，貢御希慢，私使主簿耿苞密白曰：「赤德運衰，曆數將改，宜順天意，以應民望。」紹以苞白事咨於軍府，議者咸以苞爲妖妄，宜誅。紹殺苞以悅衆，然遂有逆謀。於是紹將南出師以攻曹操，沮授、田豐諫曰：「師出歷年，百姓疲弊，倉庫無積，賦役方殷，此國之深憂也。宜遣使獻捷天子，務農逸民。若不得通，乃表曹操隔我王路，然後進屯黎陽，漸營河南，益作船舫，繕治器械，分遣精騎，抄掠邊鄙，令彼不得安，我（取）〔處〕其逸。〔三三〕三年之（中）〔內〕，〔三四〕事可坐定也。」審配、郭圖曰：「兵書之法，十圍五攻，敵則能戰。今以明公之神武，跨河朔之人衆，以伐曹氏，譬若覆手。今不時取，後難圖也。」授曰：「蓋救亂誅暴，謂之義兵；恃衆憑强，謂之驕兵。兵義無敵，驕者先滅。曹氏迎天子，建宮許都。今興師南向，於義則違。且廟勝之策，不在强弱。曹氏法令既行，士卒精鍊，非公孫瓚坐而受圍者也。今棄萬安之術，而興無名之兵，竊爲公危之。」圖曰：「武王伐紂，不爲（之）〔不〕義，〔三五〕況曹氏而云無稱！且公師武臣勇，將士憤怒，人思自騁，而不及時早定大業，慮之失者。夫『天與不取，反受其咎』。此越之所以霸、吳之所以亡也。監軍之計，而非見時知機之變。」紹從之。圖等因是譖授曰：

「授監統内外，威震三軍，若其浸盛，何以制之！夫臣與主同者昌，主與臣同者亡，黄石之所忌也。且御衆於外，不宜知内。」紹疑焉。乃分監軍爲三都督，使授及郭圖、淳于瓊各典一軍，遂南。冬十一月，張繡、賈詡降曹操。十二月甲辰，司隸校尉鍾繇持節鎮撫關中。庚辰，曹操率師拒袁紹於官渡。孔融謂荀彧曰：「紹地廣兵强，田豐、許攸智計之士也，爲之謀；審配、逢紀盡忠之臣也，任其事；顔良、文醜勇冠三軍，統其兵，殆難尅乎？」彧曰：「紹兵雖强而法不整，田豐剛而犯上，許攸貪而不治。審配專而無謀，逢紀果而自用，此二人留知後事者，〔若〕攸〔家〕犯其法，必不能從也，〔三六〕攸必爲變。顔良、文醜一夫之勇耳，可一戰而擒也。」袁術欲北至青州，曹操使劉備要擊之。會術病死，操悔遣備，追之不及，備遂據下邳。

五年春正月壬午，車騎將軍董承、偏將軍王服謀殺曹操，發覺，伏誅。初，承與劉備同謀，未發而備出，謂服曰：「郭〔圯〕〔汜〕有數百兵，〔三七〕壞李傕數萬人，但足下與吾同不耳？昔吕不韋之門須子楚而後高，今吾與子猶是也。」服惶恐不敢當，然兵又少，承曰：「舉事訖，得曹公成，兵不足邪？」服曰：「今京師豈有所任者乎？」承曰：「長水校尉种輯、議郎吴碩是吾腹心辦事者。」輯、碩皆被誅。曹操攻劉備，〔備〕奔袁紹。〔三八〕二月，遣沮授、郭圖、淳于瓊、顔良等攻劉延於白馬，紹引兵至黎陽。沮授臨發，會其宗族，散資財以與之，曰：

「夫勢存則威無不行，勢亡則不保一身。哀哉！」其弟宗曰：「曹公士馬不敵，兄何懼焉？」授曰：「以曹兗州之明略，又挾天子爲資，我雖剋伯珪，衆實疲弊，而將校主銳，軍之破敗，在此舉矣。〔楊〕〔揚〕雄有言曰〔三九〕：『六國蚩蚩，爲〔羸〕〔嬴〕弱姬。』〔四〇〕今之謂矣！」夏四月，曹操救劉延，大戰，斬顏良。秋七月辛巳，立皇子馮爲〔河〕〔南〕陽王。〔四一〕壬午，南陽王薨。八月，袁紹將濟河，沮授諫曰：「勝負變化，不可不詳。今宜留屯延津，分兵官渡，若剋獲，還迎不晚。設其有難，衆不可還。」〔詔〕〔紹〕不從。〔四二〕授臨濟歎曰：「上盈其志，下務其功，悠悠黃河，吾其反乎！」遂以疾辭，紹恨之。乃省其所部，併屬郭圖。遂軍官渡，紹衆盛，操軍大懼，與荀彧書，議欲還許以引紹。彧報曰：「紹聚官渡，欲與決勝負，公以至弱當至强，若不制，必爲所乘，是天下之大機也。且紹布衣之雄，能聚人而不能用也。以公神武明哲，而奉以大順，何向而不濟？今軍食雖少，未若楚、漢在滎陽、成皋間也。是時劉、項莫肯先退，先退者勢屈也。公以十分居一之衆，畫地而守之，扼其喉而不能進，已半年矣。情見勢竭，必將有變，此用奇之時，不可失也。」操從之。劉備去袁紹，南奔汝南。九月庚子朔，〔四三〕日有蝕之。詔公卿各上封事，靡有所諱。袁、曹相持於官渡，孫策欲襲許迎乘輿，部署未發，爲許貢客所害。先，吳郡太守許貢爲策所殺，其小子與客謀，報曰：「孫策勇銳，若多殺人於道，策必自出，則可擒也。」客從之，乃殺人於江邊。策聞之怒，單騎自出，客刺傷之。

將死，謂張昭曰：「中國亂，以吳、越之衆，三江之固，足可觀成敗，公等善輔吾弟。」呼權佩以印綬曰：「舉江東之衆，决機於兩陣之間，與天下争衡，卿不如我。任賢使能，各盡其力，以保江東，我不如卿。」初，策在吳，與張昭論曰：「今四海未定，當以武平之耳。」吳人陸績年少，在坐末，大聲言曰：「昔管夷吾相齊桓公，九合諸侯，一匡天下，不用兵車。孔子曰：『遠人不服，則修文德以來之。』今諸君不務道德懷取之術，而唯尚武，績雖童蒙，竊所未安也。」昭等異焉。績容貌雄壯，博學多識，星曆算數，無不該覽。及權統事，辟奏曹掾，以直道見憚。出爲鬱林太守，加偏將軍。績意在儒雅，非其志也，雖在軍旅，著述不廢，作渾天圖，注易，釋玄，皆傳於世。預自知亡日，乃爲辭曰：「有漢志人，吳郡陸績。幼敦詩書，長翫禮、易。受命南征，遘疾逼厄。遭命不永，嗚呼悲隔！」又曰：「從今已去六十年之外，車同軌，書同文，恨不及見也。」十一月甲子，曹操與袁紹戰於官渡，紹師大潰。沮授爲操軍人所執，授大呼曰：「授不降也，爲所執耳。」操與之有舊，逆謂之曰：「分野殊異，遂用阻絶，不圖今日乃相擒也。」授對曰：「冀州失策，以取奔北。授智力俱困，宜其見擒。」操曰：「本初無謀，不（相）用（君）計。〔四〕今喪亂過紀，國家未定，當相與圖之。」授曰：「叔父、母、弟懸命袁氏，若蒙公靈，速死爲福。」公歎曰：「孤早相得，天下不足慮也。」遂舍而厚遇之。頃之，謀歸袁氏，操殺之。

六年春三月，曹操以袁紹新敗，欲悉軍以征劉表，以問尚書令荀彧。彧曰：「今紹之敗，其衆離心，宜因而遂定，而欲遠背兗、豫，南軍江、漢。夫困獸猶鬬，況在紹乎？若紹收其餘燼，承虛以出，則公之事去矣。」四月，曹操將兵於河上。八月辛卯，侍中郗慮、尚書令荀彧、司隸鍾繇侍講于内。冬十一月，曹操征劉備，〔備〕奔劉表，〔四五〕屯新野。

七年夏五月庚戌，袁紹發病死。初，紹有三子：譚、熙、尚。譚長而惠，尚少而美。紹妻愛尚，數稱其才。紹以奇其貌，欲以爲後，乃出譚爲青州刺史。沮授諫曰：「世稱一兔走衢，萬人逐之，一人獲之，貪者悉止，分定故也。且年均以賢，德均則卜，古之制也。願上推先代成敗之誡，下思逐兔分定之義。」紹曰：「孤欲令三子各據一州，以觀其能。」授出曰：「禍其始此矣。」及紹未命而死，其別駕審配、護軍逢紀宿以驕侈爲譚所疾，於是紀外順紹妻，内慮私害，乃矯〔詔〕〔紹〕遺命，〔四六〕奉尚爲嗣。譚至，不得立，自稱車騎將軍，由是有隙。譚軍黎陽。九月，曹操征譚、尚。越嶲男子化爲婦人，周群曰：「將有易代之事者。」

八年春，操破譚、尚。秋七月，曹操上言：「守尚書令荀彧自在臣營，參同計畫，周旋征伐，每皆尅捷，奇策密謀，悉皆共決。及彧在臺，常思書往來，大小同策，詩美腹心，傳貴廟勝，勳業之定，彧之功也。而臣前後獨荷異寵，心所不安。彧與臣事通功並，宜進封賞，以勸後進者。」於是封彧爲萬歲亭侯。八月，曹操征劉表，軍次西平。譚、尚爭冀州。九月，公卿迎氣北郊，〔四七〕始用八佾。冬十月，曹操至黎陽。

九年夏四月，操拔邯鄲。秋八月，曹操破鄴，袁尚、熙奔匈奴。辛巳，封蕭何後爲安衆侯。九月，太中大夫孔融上書曰：「臣聞先分九圻，以遠及近，春秋内諸夏而外夷狄。詩云：『封畿千里，惟民所止。』故曰天子之居必以衆大言之。周室既衰，六國力征授賂，割裂諸夏，鎬京之制，商邑之度，歷載彌（人）〔久〕，〔四八〕遂以闇昧。秦兼天下，政不遵舊，革剗五等，掃滅侯甸，築城萬里，濱海立門，欲以六合爲一區，五服爲（羌）〔一家〕，〔四九〕關衛不要，遂使陳、項作難，家庭臨海，〔五〇〕擊柝不救。聖漢因循，未之匡改，猶依古法，潁川、南陽、陳留、上黨、三河近郡不封爵諸侯。臣愚以爲千里國内，可略從周官六鄉六遂之文，分（取）〔比〕北郡，〔五一〕皆令屬司隸校尉，（正）以〔正〕王賦，〔五二〕以崇帝室，投自近以寬遠，繇華貢獻，〔五三〕外薄四海，揆文奮武，各有典書。」帝從之。戊辰，以司空曹操領冀州牧。或説操曰：「宜復古制，置九州，則所制者廣大，天下服矣。」操將從之，荀（或）〔彧〕言於操曰〔五四〕：「冀州求公領牧，以要民心，甚善。至於分改九州，竊有疑焉。若是冀州，當取河東、馮翊、扶風、西河、并、幽之地，所奪者衆。前日公破袁尚，擒審配，海内震駭，人人自恐不保其土地，守其兵衆也。今便分屬冀州，將皆動心；且人多（悦）〔説〕關右將（皆）〔士〕以（動心）〔閉關〕之計。〔五五〕今〔聞〕此必以爲次第見奪，〔五六〕一旦生變，有守善者轉相脅爲非，則袁尚得寬其死，而袁譚懷貳，劉表遂有江、漢之間，天下未易圖也。願公引兵先定河北，然後修復舊京，南臨荆州，責王貢之不入。則天下咸知其意，人人自安。天下大定，乃議古制。」操曰：「微足下，失之者多矣！」遂寢九州之議。十月，有星孛于東井。分凉州四郡爲梁州。

十年春正月，曹操攻袁譚於南皮，大破斬之。丁丑，增封操萬二千户，平幽、冀之功也。八月，侍中荀悦撰政治得失，名曰申〔監〕〔鑑〕。〔五七〕既成而奏之曰：「夫道之本，仁義而已。五典以經之，群籍以緯之，詠之歌之，絃之舞之，前監既明，後復申之。致治之術，先屏四患，乃崇五政。一曰僞，二曰私，三曰放，四曰奢。僞亂俗，私壞法，放越軌，奢敗制。四者不除，則政末由行矣。其致也，俗亂則道荒，雖天下不得保其性也；法壞則世傾，雖人主不得守其度也；軌越則禮亡，雖聖人不得全其行矣；制敗則欲肆，雖四表不得充其求矣。是謂四患。修農桑以養其生，審好惡以正其俗，置文教以章其化，立武備以秉其威，制賞罰以統其法。是謂五政。民〔之〕不畏死，〔五八〕不可懼以罪。人不樂生，不可勸以善。雖使契布五教，咎繇作士，政不行矣。故在上者，先豐民財以定其志，帝耕籍田，后桑蠶宫，國無遊民，野無荒業，財賈不用，力不妄加，以周民事。是謂養生。君子之所以動天地，感神明，正萬物而成至治者，必乎〔真〕〔鎮〕定而已。〔五九〕故在上者審定好惡，〔好惡〕既〔安〕〔定〕乎功罪，〔六〇〕毁譽亦終於準驗。聽言責事，舉名察實，無或作詐僞淫巧以蕩衆心。故事無不核，物無不〔功〕〔切〕，〔六一〕善無不顯，惡無不彰，俗無姦詐，民無淫風。百姓上下覩利害之存乎己也，故肅敬其心，內不回惑，外無異望，則民志平矣。是謂正俗。君子以情用，小人以刑用。榮辱者，賞罰之精華也。故禮教榮辱以加君子，化其情也；桎梏以加小人，化其刑也。君子不犯辱，況於刑乎！小人不〔忘〕〔忌〕刑，〔六二〕況於辱乎！若〔其〕在〔具〕中人之倫，〔六三〕則禮刑兼焉。教化之廢，推中人而墮於小人之域；教〔行〕〔化〕之行，〔六四〕引中人而納於君子之塗。是謂章化。小人之情，緩則驕，驕則怠，怠則怨，怨則叛，危則謀亂，安則思欲，非威强無以懲之。故在上者，必有武備，以戒不虞，以遏寇虐。安居則寄之內政，有事則用之軍旅。是謂秉威。賞罰，政之柄也。賞〔以〕〔明〕罰審，〔六五〕信順令行；賞以勸善，罰以懲惡。人主不妄賞，非徒愛其財也；賞妄行，則善不勸矣。不妄罰，非徒矜其人也；罰妄行，則惡不懲矣。賞不勸謂之止善，罰不懲謂之縱惡。在上者能不止下爲善，不縱下爲惡，則國法立矣。是謂統法。四患既蠲，五政既立。行之以誠，守之以固，簡而不怠，疏而不失。無爲爲之，使自施之；無事事之，使自安之。不肅而成，不嚴而治，垂拱揖讓，而海內平矣。〔六六〕古者天子諸侯有事，必告于廟。〔廟〕〔朝〕有二史，〔六七〕左史記言，右史記事。事爲春秋，言爲尚書。君舉必記，善惡成敗，無不存焉。下及士庶，苟有茂異，咸在載籍。或有欲顯而不得，欲隱而名彰。得失一朝，榮辱千載。善人勸焉，淫人懼焉。可備史官，掌其典常。」上覽而善焉。悦字仲豫，潁川人也。少有才理，兼綜儒史。是時曹公專政，天子端拱而已。上既好文章，頗有才意，以漢書爲繁，使悦删取其要，爲漢紀三十篇。冬十一月，并州刺史高幹反。

十一年〔春〕正月，〔六八〕有星孛於北斗。占曰：「人主易位。」曹操征高幹，斬之。己丑，增封操，并前三萬户，食柘城、陽夏四縣，比鄧禹、吴漢故事。秋七月，武威太守張猛殺凉州刺史商邯。〔六九〕

## 【校勘記】

〔一〕張陽　後漢書孝獻帝紀作「張楊」。

〔二〕胡才楊奉之塢（卿）〔鄉〕　從南監本、龍谿本、學海堂本改。

〔三〕奉等從（韶）〔詔〕　從龍谿本、學海堂本改。

〔四〕丙辰　後漢書獻帝紀作「秋七月甲子」。

〔五〕入南宫陽安殿　後漢書獻帝紀作「楊安殿」。

〔六〕羽林郎侯折　後漢書董卓列傳李賢注引袁宏紀作「議郎侯祈」。

〔七〕侍中丁〔沖〕……東（萊）〔郡〕太守楊衆〔議郎〕羅邵　從後漢書董卓列傳李賢注引袁宏紀補改。

〔八〕（矜）〔旌〕死節也　從學海堂本、後漢書董卓列傳李賢注引袁宏記改。
〔九〕幸（東）〔曹〕營　從後漢書獻帝紀改。
〔一〇〕不肯（授）〔受〕　從南監本、龍谿本、學海堂本改。
〔一一〕涣少與弟（微）〔徽〕　從學海堂本改。以下逕改。
〔一二〕苟天下不靖　三國志魏書袁涣傳裴松之注引袁宏紀作「苟天下擾攘」。
〔一三〕若天將喪道　三國志魏書袁涣傳裴松之注引袁宏紀作「若天未喪道」。
〔一四〕漢其已矣　三國志魏書袁涣傳裴松之注引袁宏紀作「漢其亡矣」。
〔一五〕遠蹈山海以求免乎　三國志魏書袁涣傳裴松之注引袁宏紀作「遠蹈山海以求免身」。
〔一六〕天下淆亂　三國志魏書袁涣傳裴松之注引袁宏紀作「及亂作」。
〔一七〕〔豈〕政失其道歟　從南監本、龍谿本、學海堂本補。
〔一八〕公既（動）〔勤〕之矣　從南監本、龍谿本、學海堂本改。
〔一九〕每（謙）〔讓〕不敢處也　從龍谿本、學海堂本改。
〔二〇〕其季（弟）〔父〕濟妻　從南監本、龍谿本、學海堂本改。
〔二一〕（輔俠）〔輒使〕首名　從南監本、龍谿本、學海堂本改。
〔二二〕春正月破傕　春正月，後漢書獻帝紀作「夏四月」。

〔二三〕郭（圯）〔汜〕　從學海堂本改。

〔二四〕以兗州抗天下五分之一　三國志荀彧傳作「以兗、豫抗天下六分之五」，當是。

〔二五〕唯韓（暹）〔遂〕馬騰最强　從三國志魏書荀彧傳改。

〔二六〕相（推）〔持〕雖不能久　從三國志荀彧傳改。

〔二七〕足以不動　此上數句三國志魏書荀彧傳作「今若輔以恩德，遣使連和，相持雖不能久安，比公安定山東，足以不動」。

〔二八〕袁（紹）〔術〕自立爲天子　從南監本、龍谿本、學海堂本改。

〔二九〕操（忘）〔忌〕彪忠正　從南監本、龍谿本、學海堂本改。

〔三〇〕乃免〔彪〕　從南監本、龍谿本補。

〔三一〕四年春曹操獲吕布　後漢書孝獻帝紀作「三年十二月癸酉」。

〔三二〕遂愁沮發疾　後漢書孝獻帝紀作「夏六月，袁術死」。

〔三三〕我（取）〔處〕其逸　從龍谿本改。

〔三四〕三年之（中）〔内〕　從龍谿本改。

〔三五〕不爲（之）〔不〕義　從南監本、龍谿本、學海堂本改。

〔三六〕〔若〕攸〔家〕犯其法必不能從也　從三國志魏書荀彧傳改。從，荀彧傳作「縱」。從、縱通。

〔三七〕郭（圯）〔汜〕有數百兵　從學海堂本改。

〔三八〕〔備〕奔袁紹　從龍谿本、學海堂本補。

〔三九〕（楊）〔揚〕雄有言　從龍谿本改。

〔四〇〕爲（嬴）〔羸〕弱姬　從龍谿本改。

〔四一〕立皇子馮爲（河）〔南〕陽王　從後漢書孝獻帝紀改。

〔四二〕（詔）〔紹〕不從　從南監本、龍谿本、學海堂本改。

〔四三〕九月庚子　庚子，後漢書孝獻帝紀作「庚午」。

〔四四〕不（相）用〔君〕計　從學海堂本改。

〔四五〕〔備〕奔劉表　從南監本、龍谿本、學海堂本補。

〔四六〕乃矯（詔）〔紹〕遺命　從學海堂本改。

〔四七〕九月公卿迎氣北郊　九月，後漢書孝獻帝紀作「冬十月己巳」。

〔四八〕歷載彌（人）〔久〕　從龍谿本、學海堂本改。

〔四九〕五服爲（羌）〔一家〕　從學海堂本改。

〔五〇〕家庭臨海　陳璞校云「四字疑訛」。

〔五一〕分（取）〔比〕北郡　從陳澧校改。

〔五二〕（正）以〔正〕王賦　從陳澧校乙正。

〔五三〕投自近以寬遠繇華共獻　句不可解，陳璞校云「俱可疑」。

〔五四〕荀（或）〔彧〕言於操曰　從南監本、龍谿本、學海堂本改。

〔五五〕多（悦）〔説〕關右將（皆）〔士〕以（動心）〔閉關〕之計　從南監本、龍谿本、三國志荀彧傳改。

〔五六〕今〔聞〕此必以爲次第見奪　從南監本、龍谿本、三國志荀彧傳補。

〔五七〕名曰申（監）〔鑑〕　從龍谿本、後漢書荀悦列傳改。

〔五八〕民（之）不畏死　從南監本、龍谿本删。

〔五九〕必乎（真）〔鎮〕定而已　從南監本、龍谿本、學海堂本改。

〔六〇〕〔好惡〕既（安）〔定〕乎功罪　從南監本、龍谿本、學海堂本補改。

〔六一〕物無不（功）〔切〕　從後漢書荀悦列傳改。

〔六二〕小人不（忘）〔忌〕刑　從龍谿本改。

〔六三〕若〔其〕在（具）中人之倫　從龍谿本、學海堂本改。

〔六四〕教（行）〔化〕之行　從龍谿本、學海堂本改。

〔六五〕賞（以）〔明〕罰審　從南監本、龍谿本、學海堂本改。

〔六六〕而海内平矣　後漢書荀淑列傳是句下有「是謂爲政之方」句。

〔六七〕(廟)〔朝〕有二史　從後漢書荀淑列傳改。

〔六八〕十一年〔春〕正月　從後漢書孝獻帝紀補。

〔六九〕涼州刺史商邯　後漢書孝獻帝紀作「邯鄲商」。

# 兩漢紀下　後漢紀

## 孝獻皇帝紀卷第三十

十二年春，曹操上表曰：「昔袁紹入郊甸，戰於官渡，時兵少糧盡，圖欲還許。荀彧乃建進討之規，遂摧大逆，覆取其衆。此覩覩勝敗之機，略不（出）世〔出〕。〔一〕紹既破敗，臣糧亦盡，以爲河北未易圖也，欲南討劉表。（或）〔彧〕復止臣，〔二〕陳其得失，臣用反（於是）〔旆〕，〔三〕遂平四州。向使臣退於官渡，紹必鼓行而前；遂征劉表，則河北延其凶。計彧之二策，以（立）〔亡〕爲存，〔四〕以禍爲福，臣所不及也。是故先帝貴指縱之功，薄搏獲之賞；古人尚帷幄之規，下攻拔之捷。原其績效，足享高爵。而海内未喻其狀，所受不侔其功，臣誠惜之。乞重平議，增疇户邑。」（或）〔彧〕深辭讓。〔五〕操報之曰：「君之策謀，非但所表二事而已，前後謙沖，欲慕魯連先生乎？此聖人達節者所（以）〔不〕貴也。〔六〕昔介子推有言：『竊人之財，猶謂之盜。』況君密謀安衆，先於孤者以百數乎！以二事相還而復辭，何（敢）

〔取〕謙亮多邪？」〔七〕三月癸丑，增封守尚書令彧户一千，并前二千户。操欲表爲三公，〔或〕〔彧〕使荀攸〔深〕〔申〕讓至于十數，〔八〕乃止。是時曹公世子聰明尊雋，宜高選天下賢哲以師保之，輔成〔王〕〔至〕德。〔九〕及征行軍宜以爲副貳，使漸明御軍用〔兵〕之道。〔一〇〕操從之。秋八月，曹操登白狼山與匈奴〔冒〕〔蹋〕頓戰，〔一一〕大破斬之。袁尚、熙奔遼東，太守公孫康斬尚、熙首送京師。乙酉，封操三子爲列侯，操不受。冬十月，星孛于鶉尾。乙酉，〔一二〕濟南王斌爲黄巾所殺。劉備屯新野，荊州豪傑歸者日衆。琅邪陽都人諸葛亮，字孔明，躬耕隴畝，好爲梁甫吟。身長八尺，嘗自比於管仲、樂毅，時人莫之許也。唯博陵崔〔少〕〔州〕平、潁川徐元直與亮友善，〔一三〕謂之信然。於是徐庶見劉備曰：「諸葛孔明，卧龍也，將軍豈願見之乎？」備曰：「君與俱來。」庶曰：「此人宜可以就見，不可屈致，將軍且枉駕顧之。」由是備三詣其廬，因屏人而言曰：「漢室傾積，姦臣竊命，主上蒙塵。孤不量力度德，欲信大義於天下；而智術淺短，遂用猖蹷，至于今日。然志猶未已，君爲計將安出？」亮答曰：「自董卓以來，豪傑並起，跨州連郡，不可勝數。曹操比於袁紹，則名微而衆寡，遂能剋紹，以弱爲强，此非唯天時，抑亦人謀也。今已擁百萬之衆，挾天子而令諸侯，此誠不可與争鋒。孫權據有江東，已歷三世，國險而民附，賢能爲之謀，此可與之爲援，不可圖也。荊州北據漢、沔，利盡南海，東連吴、會，西通巴、蜀，此用武之國，而其主不能，殆天將所以資將軍也。益州險塞沃野，天府之地，高祖因之以成帝業。劉璋闇弱，張魯在北，民殷國富而不知存卹，智能之士思得明后。將軍既帝室之胄，信義著於四海，總(覽)〔攬〕英雄，〔一四〕思賢如渴，若跨有荆、益，保其巖阻，西和諸戎，南撫夷越，結好孫權，内修政治，天下有變，命一上將，將荆州之軍以向宛、洛，將軍身率益州之衆出於秦川，百姓孰不簞食壺漿以迎將軍者乎？如是，霸業可成，漢室復興也。」備曰：「善。」於是與亮情好日密，諸將不悦，備解之曰：「孤之有孔明，猶魚之得水。願諸君勿復言。」

十三年春正月癸未，司徒趙温請置丞相。〔一五〕秋七月，曹操征劉表。八月丁未，光禄大夫郄慮爲御史大夫。初，操以穀少禁酒，太中大夫孔融以爲不可，與操相覆疏，因以不合意。時中州略平，惟有吴、蜀。融曰：「文德以來之。」操聞之怒，以爲怨誹浮華，乃令軍諮祭酒路粹傅致其罪。壬子，太中大夫孔融下獄誅，妻子皆棄市。融字文舉，魯國人，孔子二十世孫。幼有異才，年十餘歲，隨父詣京都。時河南尹李膺有重名，勑門通簡，賓客非當世英賢及通家子孫，不見也。融欲觀其爲人，遂造膺門，曰：「我是李君通家子孫。」門者白膺，請見，曰：「高明父祖嘗與僕周旋乎？」融曰：「然。先君孔子與君李老君同德比義而(祖)〔相〕師友，〔一六〕則僕累世通家也。」衆坐莫不歎息，僉曰：「異童子也。」太中大夫陳檛後至，〔一七〕同坐以告禕。曰：「小時了了者，至大亦未能奇也。」融曰：「如足下幼時豈嘗惠乎？」〔一八〕膺大笑，謂融曰：「高明長大必爲（禕）〔偉〕器。」〔一九〕年十三，喪父，哀慕毁瘠，杖而後起，州里稱其至孝。初，山陽張儉與融兄裦友善，亡命來詣，裦適出。時融年十六，儉不告。融知儉長者，有窘迫色，謂曰：「吾獨不能爲君主也？」因留舍藏之。後以人客發泄，國相以下，密就掩捕，儉得脱走，收融及裦送獄。融曰：「保内藏舍者，融也，當坐之。」裦曰：「彼來求我，求我之由，非弟之過，我當坐之。」兄弟争死，郡縣疑不能決，乃上讞。詔書令裦坐之，融由是顯名。年二十八，爲北海太守。先是黄巾破青州，融收合夷民，〔二〇〕起兵自守。賊張饒等過青州，融逆擊，爲其所敗，收餘兵保朱虚。稱詔誘吏民，復置城邑，崇學校庠序，舉賢貢士，表顯耆儒。以彭璆爲方正，邴原有道，王修爲孝廉，告高密縣爲鄭玄特立鄉名曰「鄭公鄉」，又國人無後及四方遊士有死亡皆爲棺木而殯葬之，使甄子然臨配食縣（杜）〔社〕，〔二一〕其禮賢如此。劉備表融領青州刺史，年餘，爲群賊所攻，不能自守。建安初，徵爲將作大匠，遷少府，每朝會訪對，輒爲議主，諸卿大夫寄名而已。初，潁川陳紀論復肉刑書曰：「惟敬五刑，以成三德，易著劓、刖、滅趾之法，所以輔政助教，懲惡息殺也。且殺人償死，合於古制。至於傷人，或殘毁其體，而纔翦毛髮，非其理也。若用古刑，使淫者下蠶室，盗者刖其足，永無淫放穿窬之姦矣。」融難之曰：「古者吏端刑清，治無過差。百姓有罪，皆不之濫。末世凌遲，風化壞亂，法侮其民。故曰上失其道，民散久矣。而欲繩之以古制，投之以殘棄，非所謂與時消息也。紂斬一朝涉之脛，天下謂之無道。九牧之地〔千八百君，若各刖一人，是下常有〕千八百紂也，〔二二〕求世休和，不可得已。且被刑之人，慮不全生，志在思死，類多趨惡。夙沙亂齊，伊戾禍宋，趙高、英布，爲世大患。雖忠如鬻權，信如卞和，智如孫臏，冤如巷伯，才如史遷，達如子政，一離刀鋸，沒世不齒。是太甲之思庸，穆公之霸秦，陳湯之都賴，魏尚之邊功，無復悔也。」曹公將復肉刑，以衆議不同，乃止。袁宏曰：夫民心樂全而不能常〔全〕，〔二三〕蓋利用之物懸於外，而嗜慾之情動於內也。於是有進（即陵）〔取貪〕競之行，〔二四〕希求放肆不已，不能充其嗜慾也，則苟且僥倖之所生也。希求無厭，無以（疎）〔愜〕其欲（也），〔二五〕則姦僞忿怒之所興也。先王知其如此，而欲救弊，故先以德禮陶其心，其心不化，然後加以刑辟。書云：「百姓不親，五品不遜。汝作司徒，敬敷五教，五教在寬。蠻夷猾夏，寇賊姦宄。汝作士，五刑有服。」然德刑之設，參而用之者也。三代相因，其義詳焉。周禮：「使墨者守門，劓者守（閭）〔關〕，〔二六〕宮者守內，刖者守囿。」此肉刑之制，可得而論也。荀卿亦云：「殺人者死，傷人者刑，百王之所同，未知其所由來者也。」夫殺人者死，而相殺者不已，是大辟可以懲未殺，不能使天下無殺。傷人者刑，而害物者不息，是黥、劓可以懼未刑，不能使天下無刑也。故將欲止之，莫若先以德（禮）〔化〕。〔二七〕夫罪過彰著，然後入于刑辟，是將殺人者不必〔死，欲傷人者不必〕刑也。〔二八〕縱而不死，則陷於刑辟矣。故刑之所制，在於不可移之（也）〔地〕。〔二九〕禮教則不然，明其善惡，所以潛勸其情，消〔之〕於未（然）〔殺〕也。〔三〇〕示以耻辱，所以内〔愧〕其心，治之〔於〕未傷也。〔三一〕故過〔微〕而不至於著，〔三二〕罪薄而不及於刑（也）。〔三三〕終入辜辟者，非教化之所得也。故雖殘一物之生，刑一人之體，是除天下之害，夫何傷哉！率斯道也，風化可以漸淳，刑罰可以漸少，其理然也。苟不〔能〕化其心，〔三四〕而專任刑罰，民失義方，動陷刑網，求世休和，焉可得哉！周之成、康，豈案三千之文而致刑措之美乎！蓋德化（刑清所）〔漸漬〕，〔三五〕致斯有由也。漢初懲酷刑之弊，務寬厚之論，公卿大夫相與耻言人過。文帝登庸，加以玄默。張武受賂，賜金以愧其心；吴王不朝，崇禮以（讓）〔訓〕其失。〔三六〕是以吏民樂業，風化篤厚，斷獄四百，幾于刑措，豈非德刑〔兼〕用〔已然〕之效哉！〔三七〕世之論者，欲言刑罰之用，不先德教之益，失之遠矣。今大辟之罪與古同制，免死以下不過五歲，既釋鉗鎖，復〔得〕齒於人〔倫〕，〔三八〕是以民不耻惡，數爲盜姦，故刑徒多而亂不治也。苟教之所去，〔罰當其罪〕，〔三九〕一離刀鋸，没身不齒，鄰里且猶耻之，〔而況於鄉黨乎〕，〔四〇〕而況朝廷乎！如此，則夙沙、趙高之儔無所施其惡，則陳紀所謂無淫放穿窬之姦，於是全矣。古者察言觀行，而善惡彰焉，然則君子之去刑辟，固已遠矣。（設而）〔過誤〕不幸，〔四一〕則八議之所宥也。若（天下）〔夫卞〕和、史遷之冤，〔四二〕淫刑之所及也。苟失其道，或不免於大辟，而況肉刑哉！又相刑之與枉殺人，其理不同，則死生之論，善已疏矣。漢書：「斬右趾，及殺人先自告，吏坐受財，守官物而即盜之，皆棄市。」此班固所以謂「當生而令死」者也。今不忍截刻之慘，而安剿絶之悲，此皆治體之所先，而有國所宜改者也。劉表病死，少子琮領荆州。九月，劉琮降曹操。劉備率衆南行，曹操以精騎追之，及於當陽，備與諸葛亮等數十騎邪趣漢津。徐庶母見獲，庶辭備而指其心曰：「本與將軍共圖王霸之業，以此方寸之地也。今失老母，方寸亂矣。無益於事，請從此辭。」遂詣曹操。操既有荆州水軍十萬，將順流東伐，吴人振恐，議者咸勸孫權迎操。周瑜曰：「不然。操雖託名漢相，其實漢賊。將軍以神武雄才，兼仗父兄之烈，割據江東，地方數千里，精兵足用，英豪樂業，尚當横行天下，爲漢除殘去害，況操自送死，何迎之有？瑜得精兵三萬，保爲將軍破之！」權曰：「老賊欲廢漢天子自立久矣，徒忌二袁、劉表與孤耳。今數雄已滅，唯孤存。孤與老賊勢不兩立，君言當擊，甚與孤合，此天以君授孤也。」劉備至夏口，諸葛亮謂備曰：「事急矣，請求救於孫將軍。」時權軍於柴桑，備使亮説權曰：「海内喪亂，將軍起兵江東，豫州亦收衆漢南，與曹操並争天下。今操芟夷大難，略平矣，遂破荆州，威振四海。英雄無所用武，故豫州遁逃至此，將軍量力而處之！若能以吴、越之衆與中國抗行，不如早與之絶；若不能，何不案戈束甲，北面而事之乎？今將軍外託服從之名，内懷猶豫之計，事急而不斷，禍至無日矣！」權曰：「苟如君言，劉豫州何不事之乎？」亮曰：

「田横，齊之壯士耳，猶義不辱。況豫州王室之胄，英才蓋世，人之仰慕，若水之歸海。事之不濟，此乃天也，安能復爲之下！」權勃然曰：「吾不能以全吴之地，十萬之衆，受制於人，吾計決矣！非劉豫州莫可當曹操者，然豫州新敗之後，復能抗此難乎？」亮曰：「豫州雖敗，戰士還者精甲萬人。曹操之衆遠來疲弊，聞追豫州騎一日一夜行三百里，此所謂『强弩之末不能穿魯縞』者也。故兵法忌之，曰『必蹷上將軍』。且北方之人，不習水戰，又荆州之民附操者，逼以兵勢耳，非心（腹）〔服〕也。〔四三〕將軍誠能命猛將統兵數萬，與豫州協規同契，破操必矣。操敗必北還；如此則荆、吴之勢强，鼎足之形成。成敗之機，在於今日！」權大悦，即遣周瑜將水軍三萬隨亮詣備，并力拒操。冬十月癸未，日有蝕之。十二月壬午，徵前將軍馬騰爲衛尉。是月，曹操與周瑜戰於赤壁，操師大敗。

十四年，劉備以孫權行車騎將軍，備自領荆州，屯公安。七月，曹操征孫權。冬十月晦，日有蝕之。

十五年春二月乙巳，日有蝕之。

十六年春正月辛巳，以曹操世子丕爲五官中郎將，副丞相。三月，馬超、韓遂反。秋七月，操征超、遂，〔四四〕大破之。是歲，劉備入益州。

十七年春正月，加曹操入朝不趨，劍履上殿，贊拜不名。夏五月癸未，誅衛尉馬騰，超之父也。六月庚寅晦，日有蝕之。秋七月庚戌，立皇子臨爲濟陰王，〔四五〕懿爲山陽王，邈爲濟北王，敦爲東海王。冬十月，曹操征孫權，侍中、尚書令荀彧勞軍於譙。初，董（紹）〔昭〕等謂曹操宜進爵（郡）〔國〕公，〔四六〕九錫備物，以彰殊勳，密以語彧。彧曰：「曹公本興義兵以匡朝寧國，秉忠貞之誠，守退讓之實，君子愛人以（禮）〔德〕，〔四七〕不宜如此。」操由是心不平之。是行也，操請彧勞軍，因留彧以侍中、光禄大夫，持節，〔參〕丞相軍事，〔四八〕次壽春，彧以憂死。袁宏曰：夫默語（也）〔者〕，〔四九〕賢人之略也。政卷舒廢興之間，非所謂以智屈伸，貴其多筭，權其輕重，而揣難易。君子之行己也，必推其心而達其道，信其誠而行其義。義不違心，故百姓知其無私；道不失順，則天下以爲至當。其出也，忠著於時君，仁及於天下，匹夫匹婦莫不咨嗟者，以其致功之本義和也。若時不我與，中道而廢，内不負心，外不媿物，千載之下，觀其迹而悲其事，以爲功雖不就，道將（何）〔可〕成也。〔五〇〕及其默也，非義而後退，讓謀而後止，蓋取舍不同，故宛龍蟠以求其志，雖仁者之心，大存兼愛，援手而陷於不義，君子不爲也。苟爲斯道，四體且猶致患，而況萬物乎！漢自桓、靈，君失其柄，陵遲不振，亂殄海内，以弱致弊，虐不及民，劉氏之澤未盡，天下之望未改，故征伐者奉漢，拜爵賞者稱帝，名器之重，未嘗一日非漢。魏之（乎）〔平〕亂，資漢之義，功之尅濟，荀生之謀，謀適則勳隆，勳隆則移漢。劉氏之失天下，荀生爲之也。若始圖一匡，終與勢乖，情見事屈，容身無所，則荀生之識爲不智矣。若取濟生民，振其塗炭，百姓安而君位危，中原定而社稷亡，於魏雖親，於漢已疏，則荀生之功爲不義也。夫假人之器，乘人之權，既而以爲己有，不以仁義之心，終亦君子所耻也。一汙猶有慙色，而況爲之謀主，功奮於當年，迹聞於千載，異夫終身流涕，不敢謀燕之徒隸者，自已爲之功而已死之，殺身猶有餘媿，焉足以成名也。惜哉！雖名蓋天下而道不合順，終以憂卒，不殞不與義。故曰：「非智之難，處智之難；非死之難，處死之難。」嗚呼，後之君子，默語行藏之際，可不慎哉！

十八年春二月庚寅，〔五二〕省幽州、并州，以其郡國并屬冀州。省司隸校尉，以其郡國分屬豫州。省梁州，以其郡國并屬冀州。夏五月丙申，天子使御史大夫郗慮持節策命曹操爲公，曰：「朕以不德，少遭憫凶，越在西土，遷在唐、衛。當此之時，殆若綴旒，宗廟乏祀，社稷無位，群兇覬覦，分裂諸夏，率土之民，朕無獲焉，即我高祖之命將墜於地。朕用夙興假寐，振悼于厥心，曰『惟考惟祖，股肱先正。其孰恤朕躬？』乃誘天衷，誕育丞相，保乂我皇家，弘濟于艱難，朕實賴之。今將授君典禮，其敬聽朕命。昔者董卓初興國難，群后釋位以謀王室，君則首啓戎行，此君之忠於本朝也。後及黄巾反易天常，侵我三州，延及平民，君又翦之以寧東夏，此又君之功也。韓暹、揚奉專用威命，君則致討，克黜其難，遂遷許都，造我京邑，設官兆祀，不失舊物，天地鬼神於是獲乂，此又君之功也。袁術僭逆，肆于淮南，懾憚君靈，用丕顯謀，蘄陽之役，橋蕤授首，稜威南邁，術以殞潰，此又君之功也。迴戈東征，呂布就戮，乘轅將反，張陽殂斃，(睦)〔眭〕固伏罪，〔五二〕張繡稽服，此又君之功也。袁紹逆常，〔五三〕謀危社稷，憑恃其衆，稱兵内侮，當此之時，王師寡弱，天下寒心，莫有固志，君秉大節，精貫白日，奮其武怒，運其神策，致屆官渡，大殲醜類，俾我國家拯於危墜，此又君之功也。濟師黄河，拓定四州，袁譚、高幹，咸梟其首，海盜奔迸，黑山順軌，此又君之功也。烏桓三種，崇亂二世，袁尚因之，逼處塞北，束馬懸車，一征而滅，此又君之功也。劉表背誕，不供貢賦，王師首路，威風先逝，百城八郡，交臂屈膝，此又君之功也。馬超、成宜，同惡相濟，濱據河、潼，求逞所欲，殄之渭南，獻馘萬計，遂定邊城，撫和戎狄，此又君之功也。鮮卑、丁零重譯而至，(單)〔箄〕于、白屋〔五四〕請吏率職，此又君之功也。君有定天下之功，重之以明德，班序海内，宣美風俗，旁施勤教，表繼絶世，舊德前功，罔不咸秩。雖伊尹格于皇天，周公光于四海，方之(滅)〔蔑〕如也。〔五五〕朕聞先王並建明德，胙之以土，分之以民，崇其寵章，備其禮物，所以藩衛王室，左右厥世也。其在周成，管、蔡不静，懲難念功，乃使邵康公賜齊太公履，東至于海，西至于河，南至于穆陵，北至于無棣，五侯九伯，實得征之，世祚太師，以表東海。爰及襄王，亦有楚人不恭王職，又命晋文登爲侯伯，錫以二輅虎賁、斧鉞、秬鬯、弓矢，大啓南陽，世作盟主。故周室之不壞，繫二國之是賴。今君丕稱顯德，明保朕躬，奉答天命，導揚弘烈，綏寧九域，莫不率俾，功高伊、周，而賞卑於齊、晉，朕甚恧焉。朕以眇眇之身，託于兆民之上，永思厥艱，若涉（泉水）〔淵冰〕，〔五六〕非君攸濟，朕無任焉。今以冀州之河東、河內、魏郡、趙國、中山、常山、鉅鹿、安平、甘陵、平原凡十郡，封君爲魏國公。錫君玄土，苴以白茅，爰契爾龜，用建冢社。昔在周室，畢公、毛公入爲卿佐，周、邵師保出爲二伯，外內之任，君實宜之。其以丞相領冀州牧如故。又加君九錫，其敬聽朕命。以君經緯禮律，爲民軌儀，使安職業，無或遷志，是用錫君大輅、戎輅各一，玄牡二駟。君勸分務本，穡人昏作，粟帛滯積，大業惟興，是用錫君衮冕之服，赤舄副焉。君敦尚廉讓，俾民興行，少長有禮，上下咸和，是用錫君軒懸之樂，（八）〔六〕佾之舞。〔五七〕君宣翼風化，爰及四方，遠人（迴）〔革〕面，〔五八〕華夏充實，是用錫〔君〕朱户以居。〔五九〕君研其明哲，思帝所難，官才任賢，群善必舉，是用錫君納陛以登。君秉國之鈞，正色處中，纖毫之惡，靡不抑退，是用錫君虎賁之士三百人。君糾逖天刑，章厥有罪，犯關干紀，莫匪誅殛，是用錫君斧鉞各一。君龍驤虎視，旁眺八維，掩討逆節，折衝四海，是用錫君彤弓一，彤矢百，玈弓十，盧矢千。君以温恭爲基，孝友爲德，明允篤誠，感于朕思，是用錫君秬鬯一卣，圭瓚副焉。魏國宜置丞相已下群臣百僚，皆如漢初諸侯王制。往（歟）〔欽〕哉，〔六〇〕敬服朕命！簡卹爾衆，時亮庶工，用終爾顯德，對揚我高祖之休命！」六月己巳，徙趙王珪爲博陵王。

十九年春三月癸未，改授魏公金璽、赤紱、遠遊冠。夏五月，劉備克成都，遂有益州。諸葛亮爲股肱，乃峻刑法，自君子小人咸懷怨歎。法正諫曰：「昔高祖入關，約法三章，秦民知德。今君假借威力，跨有一州，初有其國，未垂惠撫；且客主之義，宜相降下，願緩刑弛禁，以慰其望。」亮曰：「君知其一，未知其二。秦以無道，政苛民怨，一夫揮臂，天下土崩，高祖因之，以成帝業。劉璋闇弱，自是已來有累世之恩，支柱羈縻，示相承奉，德政不修，威刑不肅。寵之以位，位極則賤；順之以恩，恩竭則慢。所以致弊，實由此也。吾今先威以法，法行則知恩；限之以爵，爵加則知榮。恩榮並濟，上下有節，爲治之要，於此爲著。」冬十一月丁卯，皇后伏氏廢，非上意也。曹操使人收后，后被髮徒跣而出。上謂御史大夫郗慮曰：「郗公，天下寧有是乎？」后見殺之日，后父完及宗族死者百有餘人。

二十年春正月，立皇后曹氏，操女也。初，操以二女爲貴人，大貴人立爲皇后。三月，曹操征張魯，秋七月，魯遂降。

二十一年春正月己丑，封魏公子六人爲列侯。夏四月甲午，進魏公爵爲王。五月己亥朔，日有蝕之。

二十二年夏四月，命魏王建天子旌旗，出警入蹕。冬十月，命魏王冕有十二旒，乘金根車，設五時副車。是歲大疫。

二十三年春正月甲子，太醫令吉平、少府耿熙等謀誅曹操，〔六一〕發覺，伏誅。三月，有星孛于東井。

二十四年春三月壬子晦，〔六二〕日有蝕之。夏五月，劉備取漢中。秋八月，諸葛亮等上言曰：「唐堯至聖而四凶在朝，周成仁賢而四國作難，高后稱制而諸吕竊命，孝昭幼冲而上官逆謀，皆憑世寵，藉履國威權，窮凶極亂，社稷幾危。非大舜、周公、朱虚、博陸則不能擒凶討逆，扶危定傾。伏惟陛下誕姿聖德，統理萬邦，而遭家運不造之難。董卓首亂，蕩覆京畿，曹操階禍，竊執天衡；皇后太子，鴆殺見害，剥畏天下，殘毁民物。久令陛下蒙塵幽處，人神無位，遏絶王命，厭昧皇極，欲佻神器。左將軍領司隸校尉豫、荆、益等州牧宜成亭侯備授朝爵秩，念在輸力，以狥國難。覩其機兆，赫然發憤，與車騎將軍董承謀共誅操，將安國（静）〔靖〕難，〔六三〕克寧舊都。會承不密，令操遊魂遂得長惡，殘泯海内。臣等每懼王室大有閻樂之禍，小有定安之變，夙夜惴惴，戰慄累息。昔在虞書，敦序九族，周監二代，封建同姓，詩著其義，歷載長久。漢興之初，割裂疆土，尊王子弟，是以卒折諸吕之難，而成太宗之基。亮等以備肺腑枝葉，宗子藩翰，心存國家，念在弭亂。自備破收漢中，海内英雄望風蟻附，而爵號不顯，九錫未加，非所以鎮衛社稷，光照萬世。奉辭在外，詔命斷絶。昔西河太守梁統等值漢中興，限於河山，位同權均，不能相率，咸推竇融以爲元帥，卒立績效，推破隗嚚。今社稷之難甚於隴、蜀，操外吞天下，内殘群僚，朝廷有蕭墻之危，而禦侮未立，可謂寒心。臣等輒依舊典，立備爲漢中王，拜大司馬，董齊六軍，糾合同盟，掃滅凶逆。以漢中、巴、蜀、廣漢、犍爲爲國，所置（置）依漢初立諸侯王故典。〔六四〕夫權宜之制，苟利國家，專之可也。然後功成事立，臣等退伏矯罪，雖死無恨。」遂於（江）〔沔〕陽設壇場，〔六五〕御王冠于劉備。

備上言曰：「臣以具臣之才，荷上將之任，董督三軍，奉辭于外，不能除寇（静）〔靖〕難，〔六六〕以匡王室，久使陛下聖教陵遲，六合否而不泰，惟憂反側，疢如疾首。曩者董卓造爲亂階，自是之後，群凶縱横，殘剥海内。賴陛下聖德威靈，人神同應，或忠義奮討，或上天降罰，暴逆並殪，以漸冰消。惟獨曹操，久未梟除，侵擅國威，恣心極亂。臣等昔與車騎將軍董承同謀討操，機事不密，承見陷害，臣播越失據，忠義不果。遂得使操窮凶極逆，主后戮殺，皇子鴆害。雖糾合同盟，念在奮力，懦弱不武，歷年無效。常恐殞殁，孤負國恩，假寐永歎，夕惕若厲。今臣群僚以爲昔在虞書敦叙九族，庶明厲翼，五帝以來，此道不廢。周監二代，建諸姬姓，實賴晋、鄭夾輔之福。高祖龍興，尊王子弟，大啓九國，卒斬諸吕，以安（太）〔大〕宗。〔六七〕今操惡直醜正，寔繁有徒，包藏禍心，篡逆已顯。既王室微弱，帝族無位，斟酌古式，依假權宜，上臣大司馬漢中王，所獲已過，不宜復忝高位，以重罪謗。群臣見逼，迫以大義。追惟寇賊不梟，國難未已，宗廟傾危，社稷將墮，〔六八〕誠臣深憂碎首之責。若應權通變，以寧聖主，雖越水火，所不敢辭，常慮於懷，以防後悔。輒順衆議，拜授印璽，以崇國威。仰惟爵高寵厚，俯思自效，憂深責重，驚悸累息，如臨于谷。輒將率六軍，順時撲討，以寧社稷，以報萬分。」九月，丞相掾魏諷謀誅曹操，發覺伏誅。諷有威名，潛結義士，坐死者數十人。

二十五年春正月庚子，魏王曹操薨，謚曰武王。壬寅，詔曰：「魏太子丕：昔皇天（據）〔授〕乃顯考以翼我皇家，〔六九〕遂攘〔除〕群凶，〔七〇〕戡定九州，弘功茂績，光于宇宙，朕用垂拱（三）〔負扆二〕十有餘載。〔七一〕天不慭遺一老，永保余一人，早世潛神，哀悼〔傷〕切（傷）。〔七二〕丕奕世宣明，宜秉文武，紹熙前緒。今使使持節御史大夫華歆奉策詔授丕丞相印（授）〔綬〕、魏王璽紱，〔七三〕領冀州牧。方今外有遺虜，遐夷未賓，旗鼓尚在邊境，干戈不得韜刃，斯乃播揚洪烈，立功垂名之秋也。豈得修諒闇之禮，究曾、閔之志哉！其敬服朕命，抑弭憂懷，旁祗厥序，時亮（天）〔庶〕工，〔七四〕以稱朕意。於戲，可不勉乎！」二月丁未朔，日有蝕之。冬十月乙卯，詔曰：「朕在位三十有二載，遭天下蕩覆，幸賴宗廟之靈，危而復存。然瞻仰天文，俯察民心，炎精之數既終，行運在乎曹氏。是以前王既樹神武之績，今王又光裕明德以應其期，是曆數昭明，亦可知矣。夫（人）〔大道〕之行，〔七五〕天下爲公，選賢與能，故唐堯不私於厥子，而名播於無窮。朕羨而慕之，今其追踵堯典，禪位于魏王。」乃告宗廟，使御史大夫張音奉皇帝璽綬禪位于魏王曰：「咨爾魏王：昔者帝堯禪位于虞舜，舜亦以命禹，天命不于常，惟歸有德。漢道陵遲，世失其序，降及朕躬，大亂滋昏，群凶肆逆，宇（宙）〔内〕傾覆。〔七六〕賴武王拯兹難于四方，惟清區夏，以〔保〕綏我宗廟，〔七七〕豈余一人獲乂，俾九服實受其賜。今王欽承前緒，光于乃德，恢文武之大業，昭爾考之弘烈。皇天降瑞，人神告徵，誕惟亮采，師錫朕命，僉曰爾（禮）度克協于虞舜，〔七八〕用率我唐典，敬遜爾位。於戲！天之曆數在爾躬，允執其中，天禄永終。君其祗奉大化，饗兹萬國，以肅天道。」〔七九〕庚午，魏王即皇帝位，改年曰黄初。魏帝既受禪，問尚書陳群曰：「朕應天順民，卿等以爲何如？」群對曰：「臣與華歆俱事漢朝，雖欣聖化，義形于色。」袁宏曰：夫君位，萬物之所重，王道之至公。所重在德，則弘濟於仁義；至公無私，故變通極於代謝。是以古之聖人，知治亂盛衰，有時而然也。故大建名教以統群生，本諸天人而深其關鍵，以德相傳，則禪讓之道也。暴極則變，變則革代之義也。廢興取與，各有其會，因時觀民，理盡而動，然後可以經綸丕業，弘貫千載。是以有德之興，靡不由之，百姓與能，人鬼同謀，屬于蒼生之類，未有不蒙其澤者也。其政化遺惠，施及子孫，微而復隆，替而復興，豈無僻王，賴前哲以免。及其亡也，刑罰淫濫，民不堪命，匹夫匹婦莫不憔悴於虐政，忠義之徒無由自效其誠，故天下囂然新主之望。由兹而言，君理既盡，雖庸夫得自絶於桀、紂；暴虐未極，（徒於）〔縱〕文王不得擬議於南面，〔八〇〕其理然也。漢自桓、靈，君道陵遲，朝綱雖替，虐不及民。雖宦豎乘間竊弄權柄，然人君威尊未有大去王室，世之忠賢皆有寧本之心，若誅而正之，使各率職，則二祖（文）〔明〕章之業復陳乎目前，〔八〕雖曰微弱，亦可輔之。時獻帝幼沖，少遭凶亂，流離播越，罪不由己，故老後生，未有過也。其上者悲而思之，人懷匡復之志，故助漢者協從，背劉者衆乖，此蓋民未忘義，異乎秦、漢之勢。魏之討亂，實因斯資。旌旗所指，則以伐罪爲名；爵賞所加，則以輔順爲首。然則劉氏之德未泯，忠義之徒未盡，何言其亡也？漢苟未亡，則魏不可取。今以不可取之，實而冒揖讓之名，因輔弼之功，而當代德之號，欲比德堯、舜，豈不誣哉！初魏王欲以楊彪爲太尉，彪辭曰：「嘗已爲漢三公，遭世衰亂，不能立尺寸之益。若復爲魏氏之臣，於義既無所爲，於國選亦不爲榮也。」遂聽所守。及魏受禪，乃下詔曰：「夫先王制几杖之賜，所以賓禮黄耇，褒崇元老也。昔孔光、卓茂皆以淑德高年，受茲嘉錫。公故漢宰臣，乃祖已來，世著忠賢。公年過七十，行不踰（距）〔矩〕，〔八二〕可謂老成人矣。所宜寵異，以彰舊德，其錫公延年杖及伏几。延請之日，使杖入侍，又使著鹿皮帽冠。」彪上章固讓，不聽。年八十四，以壽終。彪字文先，幼習祖考之業，以孝義稱。自爲公輔，值王室大亂，彪流離播越，經歷艱難，以身衛主，不失中正，天下以此重之。自震至彪，四世宰輔，皆以儒素，名德相承。秉、賜雖方節不及震，然其恭謹孝友篤誠，不忝前列也。有子曰修，少有俊才，而德業之風盡矣。至魏初，坐事誅。癸酉，魏以河内之山陽封漢帝爲山陽公，行漢正朔焉。明年，劉備自立爲天子。

## 【校勘記】

〔一〕略不（出）世〔出〕　從學海堂本乙正。

〔二〕（或）〔彧〕復止臣　從南監本、龍谿本、學海堂本改。

〔三〕臣用反（於是）〔旆〕　從學海堂本改。

〔四〕以（立）〔亡〕爲存　從南監本、龍谿本、學海堂本改。

〔五〕（或）〔彧〕深辭讓　從南監本、龍谿本、學海堂本改。

〔六〕此聖人達節者所（以）〔不〕貴也　從三國志荀彧傳裴注引彧別傳文改。

〔七〕何（敢）〔取〕謙亮多邪　從南監本、龍谿本、學海堂本改。

〔八〕（或）〔彧〕使荀攸（深）〔申〕讓至于十數　從南監本、龍谿本、學海堂本改。

〔九〕輔成（王）〔至〕德　從南監本、龍谿本、學海堂本改。

〔一〇〕御軍用〔兵〕之道　從龍谿本、學海堂本補。

〔一一〕與匈奴（冒）〔蹋〕頓戰　從後漢書孝獻帝紀改。

〔一二〕乙酉　後漢書獻帝紀作「乙巳」。

〔一三〕博陵崔（少）〔州〕平　從南監本、龍谿本、學海堂本改。
〔一四〕總（覽）〔攬〕英雄　從三國志諸葛亮傳改。
〔一五〕司徒趙温請置丞相　後漢書獻帝紀作「司徒趙温免」。
〔一六〕而（祖）〔相〕師友　從南監本、龍谿本、學海堂本改。
〔一七〕太中大夫陳禕　陳檛，三國志崔琰傳裴注引續漢書作「陳煒」。
〔一八〕豈嘗惠乎　惠，學海堂本作「慧」。按「惠」、「慧」通。
〔一九〕高明長大必爲（禕）〔偉〕器　從南監本、龍谿本改。
〔二〇〕收合夷民　後漢書孔融列傳作「收合士民」。陳璞校云「夷疑吏」。
〔二一〕配食縣（杜）〔社〕　從南監本、龍谿本、學海堂本改。
〔二二〕〔千八百君若各刖一人是下常有〕千八百紂也　從南監本、龍谿本、學海堂本補。
〔二三〕而不能常〔全〕　從學海堂本、三國志鍾繇傳裴注引袁宏紀補。
〔二四〕有進（即陵）〔取貪〕競之行　從學海堂本、三國志鍾繇傳裴注引袁宏紀改。
〔二五〕無以（疏）〔愜〕其欲（也）　從學海堂本、三國志鍾繇傳裴注引袁宏紀改。
〔二六〕劓者守（間）〔關〕　從學海堂本、三國志鍾繇傳裴注引袁宏紀改。
〔二七〕莫若先以德（禮）〔化〕　從學海堂本、三國志鍾繇傳裴注引袁宏紀改。

〔二八〕不必〔死欲傷人者不必〕刑也　從學海堂本、三國志鍾繇傳裴注引袁宏紀補。

〔二九〕在於不可移之（也）〔地〕　從學海堂本、三國志鍾繇傳裴注引袁宏紀改。

〔三〇〕消〔之〕於未（然）〔殺〕也　從學海堂本、三國志鍾繇傳裴注引袁宏紀改。

〔三一〕所以內〔愧〕其心治之〔於〕未傷也　從學海堂本、三國志鍾繇傳裴注引袁宏紀改。

〔三二〕過〔微〕而不至於著　從南監本、學海堂本、三國志鍾繇傳裴注引袁宏紀補。

〔三三〕罪薄而不及於刑（也）　從學海堂本、三國志鍾繇傳裴注引袁宏紀刪。

〔三四〕苟不〔能〕化其心　從學海堂本、三國志鍾繇傳裴注引袁宏紀補。

〔三五〕蓋德化（刑清所）〔漸漬〕　從學海堂本、三國志鍾繇傳裴注引袁宏紀改。

〔三六〕崇禮以（讓）〔訓〕其失　從學海堂本、三國志鍾繇傳裴注引袁宏紀改。

〔三七〕豈非德刑〔兼〕用〔已然〕之效哉　從學海堂本、三國志鍾繇傳裴注引袁宏紀補。

〔三八〕復〔得〕齒於人〔倫〕　從學海堂本、三國志鍾繇傳裴注引袁宏紀補。

〔三九〕〔罰當其罪〕　從學海堂本、三國志鍾繇傳裴注引袁宏紀補。

〔四〇〕〔而況於鄉黨乎〕　從三國志鍾繇傳裴注引袁宏紀補。

〔四一〕（設而）〔過誤〕不幸　從三國志鍾繇傳裴注引袁宏紀改。

〔四二〕若（天下）〔夫下〕和史遷　從學海堂本、三國志鍾繇傳裴注引袁宏紀改。

〔四三〕非心（腹）〔服〕也　從龍谿本改。

〔四四〕秋七月操征超　秋七月，後漢書孝獻帝紀作「秋九月」。

〔四五〕秋七月庚戌立皇子臨爲濟陰王　後漢書孝獻帝紀作「九月」、「熙爲濟陰王」。

〔四六〕董（紹）〔昭〕等謂曹操宜進爵（郡）〔國〕公　從龍谿本、學海堂本改。後漢書荀彧列傳亦作「國公」。

〔四七〕君子愛人以（禮）〔德〕　從後漢書荀彧列傳改。

〔四八〕持節〔參〕丞相軍事　從後漢書荀彧列傳補。

〔四九〕夫默語（也）〔者〕　從南監本、龍谿本、學海堂本改。

〔五〇〕道將（何）〔可〕成也　從南監本、龍谿本改。

〔五一〕春二月庚寅　春二月，後漢書孝獻帝紀作「春正月」。

〔五二〕（睦）〔眭〕固伏罪　從龍谿本、學海堂本改。

〔五三〕袁紹逆常　三國志魏書武帝紀作「逆亂天常」。

〔五四〕（單）〔箄〕于白屋　從三國志魏書武帝紀改。

〔五五〕方之（滅）〔蔑〕如也　從龍谿本、學海堂本改。

〔五六〕若涉（泉水）〔淵冰〕　從三國志魏書武帝紀改。

〔五七〕（八）〔六〕佾之舞　從龍谿本、學海堂本改。
〔五八〕遠人（迴）〔革〕面　從三國志魏書武帝紀改。
〔五九〕錫〔君〕朱户　從龍谿本、學海堂本補。
〔六〇〕往（欵）〔欽〕哉　從南監本、龍谿本、學海堂本改。
〔六一〕少府耿熙　耿熙，後漢書孝獻帝紀作「耿紀」。
〔六二〕春三月壬子晦　三月，後漢書孝獻帝紀作「二月」。
〔六三〕將安國（静）〔靖〕難　從龍谿本改。
〔六四〕所置（置）依漢初立諸侯王故典　從龍谿本、學海堂本删。
〔六五〕遂於（江）〔沔〕陽設壇場　從三國志蜀書先主傳改。
〔六六〕除寇（静）〔靖〕難　從龍谿本、學海堂本改。
〔六七〕以安（太）〔大〕宗　從龍谿本、學海堂本改。
〔六八〕社稷將墮　龍谿本作「社稷將墜」。
〔六九〕皇天（據）〔授〕乃顯考　從三國志魏書文帝紀裴注引袁宏紀改。
〔七〇〕遂攘〔除〕群凶　從三國志魏書文帝紀裴注引袁宏紀補。
〔七一〕垂拱（三）〔負扆二〕十有餘載　從三國志魏書文帝紀裴注引袁宏紀改。

〔七二〕哀悼〔傷〕切（傷）　從三國志魏書文帝紀裴注引袁宏紀乙正。
〔七三〕丞相印（授）〔綬〕　從南監本、龍谿本、三國志魏書文帝紀裴注引袁宏紀改。
〔七四〕時亮（天）〔庶〕工　從三國志魏書文帝紀裴注引袁宏紀改。
〔七五〕夫（人）〔大道〕之行　從三國志魏書文帝紀裴注引袁宏紀改。
〔七六〕宇（宙）〔内〕傾覆　從三國志魏書文帝紀改。
〔七七〕以〔保〕綏我宗廟　從三國志魏書文帝紀改。
〔七八〕僉曰爾（禮）度克協于虞舜　從三國志魏書文帝紀删。
〔七九〕以肅天道　三國志魏書文帝紀作「以肅承天命」。
〔八〇〕（徒於）〔縱〕文王不得擬議於南面　從南監本、龍谿本、學海堂本改。
〔八一〕二祖（文）〔明〕章之業　從南監本、龍谿本、學海堂本改。
〔八二〕行不踰（距）〔矩〕　從龍谿本、學海堂本改。

# 重刻兩漢紀後序

右荀悦前漢紀三十卷，袁宏後漢紀三十卷，祥符中刊版於錢塘，版廢幾百年，今始合二書，用諸家（博）〔傳〕本，〔一〕校其異同，撥其譌誤，稍條然可讀，遂再刻之。夫兩漢之事最備者，繇司馬遷、班固、范曄與夫荀悦、袁宏之書俱存故也。其事咸萃於編年，故曰紀；其事分於傳、表、紀、志，故曰書。讀荀、袁之紀，如未嘗有班、范之書；讀班、范之書，亦如未嘗有荀、袁之紀也。各以所序自達於後世。〔二〕荀悦之作後於班固，而袁宏之作先於范曄。或先或後，或略或詳，其體製凡例，則猶黑白之不相亂，河、漢之不相涉也。荀、袁二紀於朝廷紀綱，禮樂刑政，治亂成敗，忠邪是非之際，指陳論著，每致意焉。故其詞縱横放肆，反復辯達，明白條暢，既啓告當代，而垂訓無窮，其爲書卓矣。然比班、范二史，缺裂不傳，僅存篇目，蓋因緣世故，自有次第，而顯晦若有時也。編修王公敦閲古訓，博極群書。其出使浙東也，既刻劉氏外紀以足資治通鑑，又重刻舊唐書，至刻此兩漢紀，其艱其勤，尤爲盡力。諸書咸備，然後（綢）〔紬〕繹上下數千載間，〔三〕侵尋相接矣。其發揮（欲）〔興〕廢，〔四〕用心高遠，以加惠學者，非異時刻一書一集之比。僕嘗謂：「校讎是正文字，固儒者先務，然執一而意改者，所當慎也。蓋一字之疑，後或得善本正之。若率以意改，即疑成實，傳世行後，此字繇我而廢，故學者貴於弛張變通也。」公聞僕語，欣然有取，輒敢載之篇末。因論公覃思，此二紀謂與漢書不同，使並傳于後，未易以彼廢此，而一字不可相雜之本意，其不苟如此。抑以見瓌奇偉麗之觀，必待人而後彰也。

紹興十二年六月甲子日　汝陰王銍序

【校勘記】

〔一〕（博）〔傳〕　從文意改。

〔二〕各以所序　龍谿本作「各以所存」。

〔三〕（綢）〔紬〕繹上下數千載間　從南監本、學海堂本改。

〔四〕其發揮（欲）〔興〕廢　從南監本、龍谿本改。

# 附録

## 後漢紀三十卷安徽巡撫采進本

四庫全書總目卷四七

晉袁宏撰。宏字彥伯，陽夏人。太元初官至東陽太守。事跡具晉書文苑傳。是書前有宏自序，稱「嘗讀後漢書，煩穢雜亂，聊以暇日，撰集爲後漢紀。其所綴會漢紀案此漢紀蓋指荀悦之書涉及東漢初事者，非張璠書也。謝承書、司馬彪書、華嶠書、謝沈書、漢山陽公紀、漢靈獻起居注、漢名臣奏，旁及諸郡耆舊先賢傳，凡數百卷。前史闕略，多不次序，錯謬同異，誰使正之？經營八年，疲而不能定，頗有傳者。始見張璠所撰書，其言漢末之事差詳，故復探而益之」云云。蓋大致以漢紀爲準也。案隋志載璠書三十卷，今已散佚，惟三國志注及後漢書注間引數條。今取與此書互勘，璠紀所有，此書往往不載，其載者亦多所點竄，互有詳略。如璠紀稱盧芳安定人，屬國夷數十畔在參䜌，芳從之，詐姓劉氏。此書則作劉芳，安定三川人，本姓盧氏。王莽末，天下咸思漢，芳由是詐稱武帝後，變姓名爲劉文伯。及莽敗，芳與三川屬國羌胡起兵北邊。以及朱穆論梁冀池中舟覆，吳祐諫父寫書事，皆較璠紀爲詳。璠紀稱明德馬皇后不喜出游，未嘗臨御窗牖；此書則作性不喜出入遊觀。璠紀稱楊秉嘗曰「我有三不惑：酒、色、財也」。此書删下一句。又如序王龔與薛勤喪妻事，璠紀先敍龔而追敍勤，此書則先敍勤而後敍龔。敍呂布兵敗、勸王允同逃事，璠紀敍在長安陷時，此書追敍於後，亦頗有所移置。而核其文義，皆此書爲長。其體例雖仿荀悦書，而悦書因班固舊文翦裁聯絡；此書則抉擇去取，自出鑒裁，抑又難於悦矣。劉知幾史通正史篇稱世言漢中興作史者唯袁、范二家，以配蔚宗，要非溢美也。

## 袁宏傳

晋書卷九十二

袁宏字彦伯，侍中猷之孫也。父勖，臨汝令。宏有異才，文章絶美，曾爲詠史詩，是其風情所寄。少孤貧，以運租自業。謝尚時鎮牛渚，秋夜乘月，率爾與左右微服泛江。會宏在舫中諷詠，聲既清會，辭又藻拔，遂駐聽久之，遣問焉。答云：「是袁臨汝郎誦詩。」即其詠史之作也。尚傾率有勝致，即迎之舟，與之譚論，申旦不寐，自此名譽日茂。

尚爲安西將軍、豫州刺史，引宏參其軍事。累遷大司馬桓温府記室。温重其文筆，專綜書記。後爲東征賦，賦末列稱過江諸名德，而獨不載桓彝。時伏滔先在温府，又與宏善，苦諫之。宏笑而不答。温知之甚忿，而憚宏一時文宗，不欲令人顯問。後游青山飲歸，命宏同載，衆爲之懼。行數里，問宏云：「聞君作東征賦，多稱先賢，何故不及家君？」宏答曰：「尊公稱謂非下官敢專，既未遑啓，不敢顯之耳。」温疑不實，乃曰：「君欲爲何辭？」宏即答云：「風鑒散朗，或搜或引，身雖可亡，道不可隕，宣城之節，信義爲允也。」温泫然而止。宏賦又不及陶侃，侃子胡奴嘗於曲室抽刃問宏曰：「家君勳跡如此，君賦云何相忽？」宏窘急，答曰：「我已盛述尊公，何乃言無？」因曰：「精金百汰，在割能斷，功以濟時，職思静亂，長沙之勳，爲史所贊。」胡奴乃止。

後爲三國名臣頌曰：

夫百姓不能自牧，故立君以治之；明君不能獨治，則爲臣以佐之。然則三五迭隆，歷代承基，揖讓之與干戈，文德之與武功，莫不宗匠陶鈞而群才緝熙，元首經略而股肱肆力。雖遭羅不同，迹有優劣，至於體分冥固，道契不墜，風美所扇，訓革千載，其揆一也。故二八升而唐朝盛，伊吕用而湯武寧，三賢進而小白興，五臣顯而重耳霸。中古陵遲，斯道替矣。居上者不以至公理物，爲下者必以私路期榮，御員者不以信誠率衆，執方者必以權謀自顯。於是君臣離而名教薄，世多亂而時不治，故蘧甯以之卷舒，柳下以之三黜，接輿以之行歌，魯連以之赴海。衰世之中，保持名節，君臣相體，若合符契，則燕昭、樂毅古之流矣。夫未遇伯樂，則千載無一驥；時值龍顔，則當年控三傑，漢之得賢，於斯爲貴。高祖雖不以道勝御物，群下得盡其忠；蕭曹雖不以三代事主，百姓不失其業。静亂庇人，抑亦其次。夫時方顛沛，則顯不如隱；萬物思治，則默不如語。是以古之君子不患弘道難，患遭時難；遭時匪難，遇君難。故有道無時，孟子所以咨嗟；有時無君，賈生所以垂泣。夫萬歲一期，有生之通塗；千載一遇，賢智之佳會。遇之不能無欣，喪之何能無慨。古人之言，信有情哉！余以暇日常覽國志，考其君臣，比其行事，雖道謝先代，亦異世一時也。

文若懷獨見之照，而有救世之心，論時則人方塗炭，計能則莫出魏武，故委圖霸朝，豫謀世事。舉才不以標鑒，故人亡而後顯；籌畫不以要功，故事至而後定。雖亡身明順，識亦高矣。

董卓之亂，神器遷逼，公達慨然，志在致命。由斯而譚，故以大存名節。至如身爲漢隸而跡入魏幕，源流趣舍，抑亦文若之謂。所以存亡殊致，始終不同，將以文若既明且哲，名教有寄乎！夫仁義不可不明，則時宗舉其致；生理不可不全，故達識攝其契。相與弘道，豈不遠哉！

崔生高朗，折而不撓，所以策名魏武、執笏羆朝者，蓋以漢主當陽，魏后北面者哉！若乃一旦進璽，君臣易位，則崔生所以不與，魏氏所以不容。夫江湖所以濟舟，亦所以覆舟；仁義所以全身，亦所以亡身。然而先賢玉摧於前，來哲攘袂於後，豈天懷發中，而名教束物者乎！

孔明盤桓，俟時而動，遐想管樂，遠明風流，治國以禮，人無怨聲，刑罰不濫，没有餘泣，雖古之遺愛，何以加兹！及其臨終顧託，受遺作相，劉后授之無疑心，武侯受之無懼色，繼體納之無貳情，百姓信之無異辭，君臣之際，良可詠矣！

公瑾卓爾，逸志不群，總角料主，則素契於伯符；晚節曜奇，則三分於赤壁。惜其齡促，志未可量。

子布佐策，致延譽之美，輟哭止哀，有翼戴之功，神情所涉，豈徒謇諤而已哉！然杜門不用，登壇受譏。夫一人之身所照未異，而用舍之間俄有不同，況沈跡溝壑，遇與不遇者乎！

夫詩頌之作，有自來矣。或以吟詠情性，或以紀德顯功，雖大指同歸，所託或乖。若夫出處有道，名體不滯，風軌德音，爲世作範，不可廢也。復綴序所懷，以爲之贊曰：

火德既微，運纏大過。洪飈扇海，二溟揚波。虯獸雖驚，風雲未和。潛魚擇川，高鳥候柯。赫赫三雄，並迴乾軸。競收杞梓，爭采松竹。鳳不及棲，龍不暇伏。谷無幽蘭，嶺無停菊。

英英文若，靈鑒洞照。應變知微，頤奇賞要。日月在躬，隱之彌曜。文明暎心，鑽之愈妙。滄海橫流，玉石俱碎。達人兼善，廢己存愛。謀解時紛，功濟宇内。始救生靈，終明風概。

公達潛朗，思同蓍蔡。運用無方，動攝群會。爰初發迹，遘此顛沛。神情玄定，處之彌泰。愔愔幕裏，算無不經，亹亹通韵，跡不暫停。雖懷尺璧，顧哂連城。智能極物，愚足全生。

郎中温雅，器識純素。貞而不諒，通而能固。恂恂德心，汪汪軌度。志成弱冠，道敷歲暮。仁者必勇，德亦有言。雖遇履尾，神氣恬然。行不修飾，名節無愆。操不激切，素風愈鮮。

邈哉崔生，體正心直。天骨疏朗，牆岸高嶷。忠存軌跡，義形風色。思樹芳蘭，翦除荆棘。人惡其上，世不容哲。琅琅先生，雅杖名節。雖遇塵霧，猶震霜雪。運極道消，碎此明月。

景山恢誕，韵與道合。形器不存，方寸海納。和而不同，通而不雜。遇醉忘辭，在醒貽答。

長文通雅，義格終始。思戴元首，擬伊同恥。人未知德，懼若在己。嘉謀肆庭，讜言盈耳。玉生雖麗，光不踰把。德積雖微，道暎天下。

邈哉太初，宇量高雅。器範自然，標準無假。全身由直，跡洿必僞。處死匪難，理存則易。萬物波蕩，孰任其累！六合徒廣，容身靡寄。君親自然，匪由名教。愛敬既同，情禮兼到。

烈烈王生，知死不撓。求仁不遠，期在忠孝。

玄伯剛簡，大存名體。志在高構，增堂及陛。端委獸門，正言彌啓。臨危致命，盡其心禮。

堂堂孔明，基宇宏邈。器同生靈，獨稟先覺。標牓風流，遠明管樂。初九龍盤，雅志彌確。百六道喪，干戈迭用。苟非命世，孰掃雰雺！宗子思寧，薄言解控。釋褐中林，鬱爲時棟。

士元弘長，雅性内融。崇善愛物，觀始知終。喪亂備矣，勝塗未隆。先生標之，振起清風。綢繆哲后，無妄惟時。夙夜匪懈，義在緝熙。三略既陳，霸業已基。

公琰殖根，不忘中正。豈曰模擬，實在雅性。亦既羈勒，負荷時命。推賢恭己，久而可敬。

公衡沖達，秉志淵塞。媚兹一人，臨難不惑。疇昔不造，假翮鄰國。進能徽音，退不失德。六合紛紜，人心將變。鳥擇高梧，臣須顧眄。

公瑾英達，朗心獨見。披草求君，定交一面。桓桓魏武，外託霸跡。志掩衡霍，恃戰忘敵。卓卓若人，曜奇赤壁。三光參分，宇宙暫隔。

子布擅名，遭世方擾。撫翼桑梓，息肩江表。王略威夷，吴魏同寶。遂贊宏謨，匡此霸道。桓王之薨，大業未純。把臂託孤，惟賢與親。輟哭止哀，臨難忘身。成此南面，實由老臣。才爲世生，世亦須才。得而能任，貴在無猜。

昂昂子敬，拔跡草萊。荷檐吐奇，乃構雲臺。

子瑜都長，體性純懿。諫而不犯，正而不毅。將命公庭，退忘私位。豈無鶺鴒，固慎名器。

伯言謇謇，以道佐世。出能勤功，入亦獻替。謀寧社稷，解紛挫鋭。正以招疑，忠而獲戾。

元歎邈遠，神和形檢。如彼白珪，質無塵點。立行以恒，匡主以漸。清不增潔，濁不加染。

仲翔高亮，性不和物。好是不群，折而不屈。屢摧逆鱗，直道受黜。歎過孫陽，放同賈屈。

莘莘衆賢，千載一遇。整轡高衢，驤首天路。仰揖玄流，俯弘時務。名節殊塗，雅致同趣。日月麗天，瞻之不墜。仁義在躬，用之不匱。尚想遐風，載揖載味。後生擊節，懦夫增氣。

從桓温北征，作北征賦，皆其文之高者。嘗與王珣、伏滔同在温坐。温令滔讀其北征賦，至「聞所傳於相傳，云獲麟於此野，誕靈物以瑞德，奚授體於虞者！疚尼父之洞泣，似實慟而非假。豈一性之足傷，乃致傷於天下」，其本至此便改韵。珣云：「此賦方傳千載，無容率耳。今於『天下』之後，移韵徙事，然於寫送之致，似爲未盡。」滔云：「得益寫韵一句，或爲小勝。」温曰：「卿益思之。」宏應聲答曰：「感不絶於余心，愬流風而獨寫。」珣誦味久之，謂滔曰：「當今文章之美，故當共推此生。」

性强正亮直，雖被温禮遇，至於辯論，每不阿屈，故榮任不至。與伏滔同在温府，府中呼爲「袁伏」。宏心恥之，每歎曰：「公之厚恩未優國士，而與滔比肩，何辱之甚。」

謝安常賞其機對辯速。後安至揚州刺史，宏自吏部郎出爲東陽郡，乃祖道於冶亭。時賢皆集，安欲以卒迫試之，臨別執其手，顧就左右取一扇而授之曰：「聊以贈行。」宏應聲答曰：「輒當奉揚仁風，慰彼黎庶。」時人歎其率而能要焉。

宏見漢時傅毅作顯宗頌，辭甚典雅，乃作頌九章，頌簡文之德，上之於孝武。

太元初，卒於東陽，時年四十九。撰後漢紀三十卷及竹林名士傳三卷、詩、賦、誄、表等雜文凡三百首，傳於世。

三子：長超子，次成子，次明子。明子有父風，最知名，官至臨賀太守。

# 中國史學基本典籍叢刊　書目

穆天子傳匯校集釋
國語集解
吴越春秋輯校彙考
越絶書校釋
西漢年紀
兩漢紀
漢官六種
東觀漢記校注
校補襄陽耆舊記（附南雍州記）
十六國春秋輯補
洛陽伽藍記校箋
建康實録
荆楚歲時記
大唐創業起居注箋證（附壺關録）
貞觀政要集校（修訂本）
唐六典
蠻書校注
十國春秋
皇朝編年綱目備要
皇宋十朝綱要校正
隆平集校證
宋史全文
宋太宗皇帝實録校注
金石録校證
靖康稗史箋證
中興遺史輯校
鄂國金佗稡編續編校注
皇宋中興兩朝聖政輯校
續宋中興編年資治通鑑
續編兩朝綱目備要
宋季三朝政要箋證
宋代官箴書五種

契丹國志
西夏書校補
大金弔伐録校補
大金國志校證
聖武親征録（新校本）
元朝名臣事略
明本紀校注
皇明通紀
明季北略
明季南略
國初群雄事略
小腆紀年附考
小腆紀傳
廿二史劄記校證

中華書局

封面設計 豐雷 周玉